합격을 앞당기는
해커스 한국사 능력검정시험 심화(1·2·3급) 한권합격
추가자료

한국사능력검정시험 인강 **30% 할인 쿠폰**   `K683 BB34 K705 F000`
한국사 시대흐름잡기 특강 **무료 수강권**   `E2A2 BB36 K374 3000`

이용방법 해커스한국사 사이트(history.Hackers.com) 접속 후 로그인 ▶
사이트 메인 우측 상단의 **[나의 정보]** 클릭 ▶ **[나의 쿠폰]** 클릭 ▶ **[쿠폰/수강권 등록]** 클릭 ▶
위 쿠폰번호 등록 후 **[마이클래스]**에서 수강

* 쿠폰 유효기간: 2026년 12월 31일까지
* 쿠폰 등록 직후 강의가 지급되며, 지급일로부터 30일간 수강 가능합니다.
* 본 쿠폰은 한 ID당 1회에 한해 등록 및 사용 가능합니다.

▲ 할인쿠폰 바로가기

▲ 무료 수강권 바로가기

폰 안에 쏙! 시험 직전 막판 암기자료 3종(PDF)   `K3LD 4569 KXPX 1389`

1) 폰 안에 쏙! 빈출 문화재 퀴즈
2) 폰 안에 쏙! 빈출 인물 프로필 사전
3) 폰 안에 쏙! 혼동 포인트 30

온라인 모의고사(PDF)   `CLDF 1288 DJEG 1597`

이용방법 해커스한국사 사이트(history.Hackers.com) 접속 후 로그인 ▶ 사이트 메인 상단의 **[교재/자료]** 클릭 ▶
[교재 자료 다운로드] 페이지에서 본 교재 우측의 해당자료 **[다운로드]** 클릭 ▶
위 쿠폰번호 입력 후 이용

무료 데일리 복습 문제

이용방법 해커스한국사 사이트(history.Hackers.com) 접속 후 로그인 ▶ 사이트 메인 상단의 **[무료콘텐츠]** 클릭 ▶
[한국사 기출선지퀴즈/데일리 한국사 퀴즈] 클릭 후 이용

한국사 단기합격의 모든 것, 해커스한국사   history.Hackers.com

해커스 한국사능력검정시험 심화 [1·2·3급] 한권합격 이 특별한 이유!

1

빈출 개념과 문제 해결력을 쌓으며 합격 실력 완성!

최근 5개년 기출 1,350문제를 빈틈없이 분석하여 뽑아낸 **빈출 개념**과 **기출 자료&선택지 특강**으로 어떤 문제가 나와도 풀 수 있는 문제 해결력을 쌓을 수 있어요.

2

또 나올 키워드와 흐름을 반복 학습하며 암기 강화!

핵심 키워드 암기와 **개념 확인 퀴즈**로 시험에 또 나올 흐름과 키워드를 반복 학습하며 암기를 강화할 수 있어요.

상 선사 시대-조선 전기　　하 조선 후기-현대　　빈출개념 압축노트

3

기출 트렌드에 따라 PICK한 기출문제로 실전 감각 극대화!

최근 5개년 기출 트렌드에 따라 **시험에 또 나올 기출문제**를 풀며 학습한 개념을 확인하고 실전 감각을 끌어올릴 수 있어요.

4

한국사능력검정시험 맞춤 부록으로 확실하게 학습 마무리!

한능검 단골 테마 TOP3로 시대를 아우르는 개념까지 잡고, **실력 점검 기출 모의고사**를 풀어보며 확실하게 학습을 마무리하세요!

해커스한국사 단기 합격생이 말하는
한능검 합격의 비밀!

한달 만에 노베이스에서 1급 따기!

교재는 개념만 나와있지 않고 **바로 뒷장에 해당 개념에 관한 문제들이 나와있어서** 공부하기 편했습니다.
시대별로 기출문제를 정리해 푸니까 머릿속에 정리되는 느낌이 들더라구요.
선생님께서 강의 중간중간에 암기꿀팁 같은 거 알려주셔서 시험볼 때까지 절대 까먹지 않았습니다.

선*진 (icecr****012)

꼼꼼하고 꽉찬 개념 정리 덕에 수월하게 공부했습니다!

무료로 볼 수 있는 인강이어도 꼼꼼하고 꽉찬 개념 정리 덕에 수월하게 공부했습니다!
특히 후반부에 출제예상 부분과 빈출, 지역과 문화재를 정리를 잘해주셔서 두 번이나 보고 제대로 외워가려 했습니다. 덕분에 다소 어려웠던 출제 난이도였음에도 좋은 성적으로 합격할 수 있었습니다.

박*규 (vp****76)

이동할 때도 편리하게 한국사 공부!

해커스 교재가 가장 맘에 든 이유는 매 **기출 주제마다 초성 키워드가 있어서 암기에 도움이 된다는 것**과 문제풀이를 하고 나서 **오답 클리어를 보면 오답에 대해 정확하고 짧은 설명으로 암기에 도움**을 주고자 노력한 게 보인다는 겁니다. 또 해커스 사이트를 통해 **빈출 키워드와 문화유산 사진** 등을 다운받아서 **스마트폰에 저장하고 지하철로 이동할 때 공부**하니 더욱 편리하게 공부할 수도 있었어요!

김*철 (mc****3)

노베이스도 거뜬히 합격했어요!

저 같은 경우는 문화재를 외우는 게 너무 어려워서 포기를 해야 하나 싶었는데 울며 겨자 먹기로 **하루에 한 번씩 미니북과 빈출 문화재 퀴즈만 보면서 외웠습니다.** 결과는 성공 ㅎㅎ!!
57회 문화재 파트 문제 다 정답! 많은 수험생들을 합격으로 이끌어주셔서 너무 감사합니다.
노베이스였던 저한테 도움이 많이 됐어요!

김*경 (ga****13)

한국사 단기합격의 모든 것, 해커스한국사   history.Hackers.com

해커스
한국사
능력
검정시험 심화 [1·2·3급]

한권합격 ㈜ 선사 시대 - 조선 전기

해커스

개념과 문제 해결력 동시에 잡는
이 책의 활용법

1 흐름 잡는 개념 학습과 함께 기출 분석 특강으로 문제 해결력 쌓기!

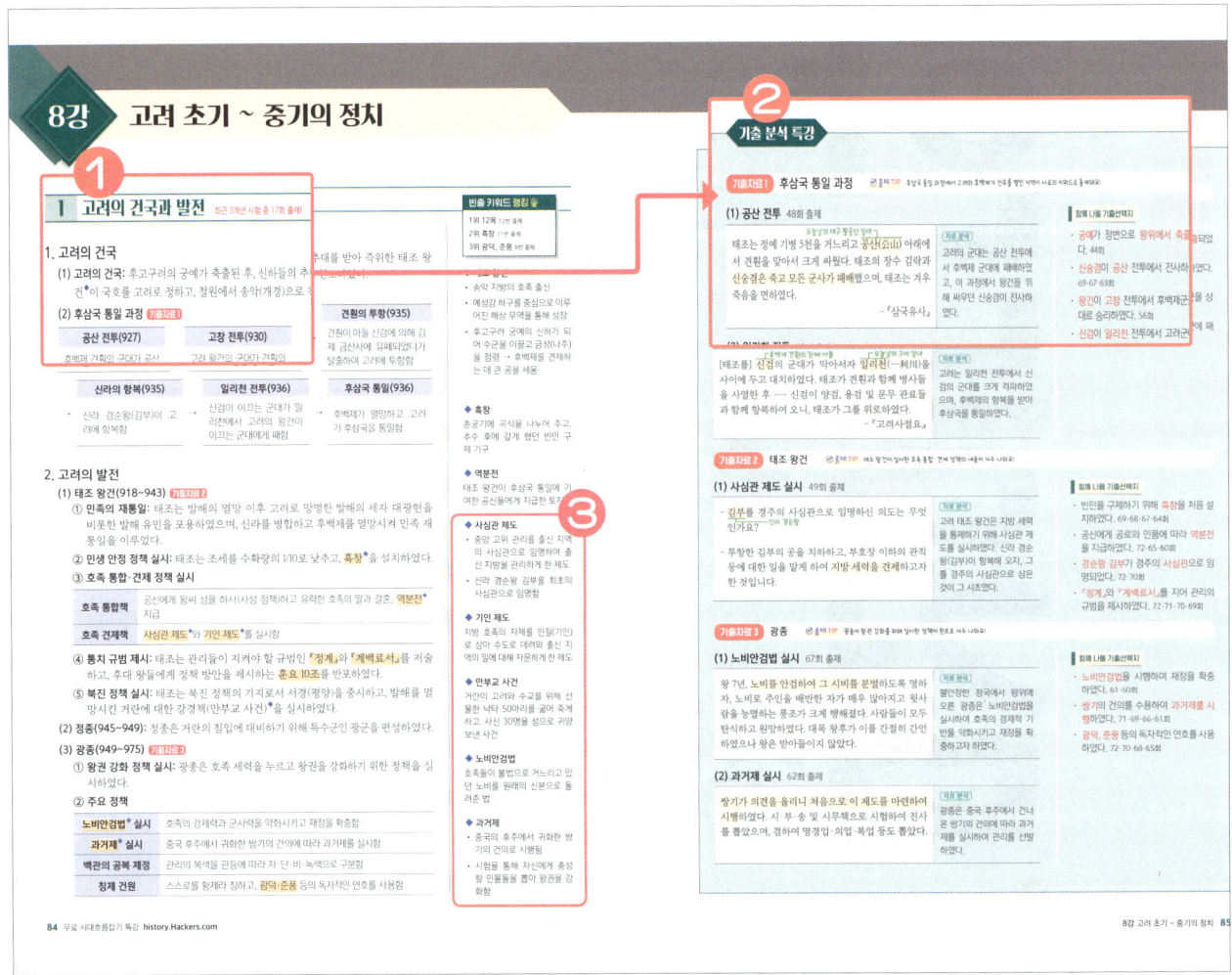

❶ **읽기만 해도 흐름이 잡히고 쉽게 이해되는 빈출 개념**

철저한 기출 분석으로 실제 시험에 자주 나오는 핵심 개념만 모아 정리했어요. 읽기만 해도 누구나 쉽게 흐름을 잡을 수 있어요.

❷ **학습한 개념을 바로 문제에 적용해볼 수 있는 [기출 분석 특강]**

왼쪽 페이지에서 학습한 빈출 개념이 문제에 어떻게 나오는지, 오른쪽 페이지에서 바로 적용해 볼 수 있어요. 중요하지만 어려운 기출자료를 쉽게 이해하고, 함께 나올 기출선택지까지 학습하면 어떤 문제가 나와도 자신 있게 풀 수 있는 문제 해결력이 완성됩니다.

❸ **처음 보는 개념도 술술 이해되는 한능검 기출 용어**

낯설고 어려운 역사 용어도 이해하기 쉽도록 설명하여 처음 보는 개념도 더욱 쉽게 학습할 수 있어요.

2 또 나올 개념은 자연스럽게 반복 학습하며 확실하게 암기하기!

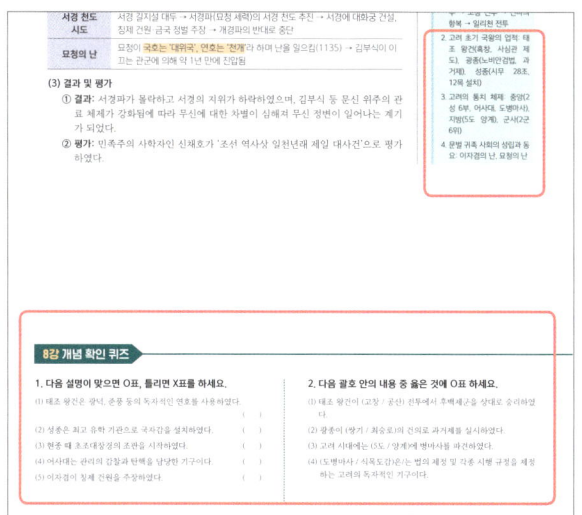

10분 컷! 핵심 키워드 암기 & 개념 확인 퀴즈
학습 후 무조건 시험에 나오는 핵심 키워드만 모아 빠르게 암기하고, 간단한 퀴즈를 풀며 개념을 제대로 학습하였는지 확인하세요.

시대별 핵심 키워드로 마무리 체크
꼭 암기해야 할 주요 시대 흐름과 핵심 키워드를 빠르게 암기하세요!

3 출제 트렌드를 반영한 기출문제 풀며 실력 완성하기!

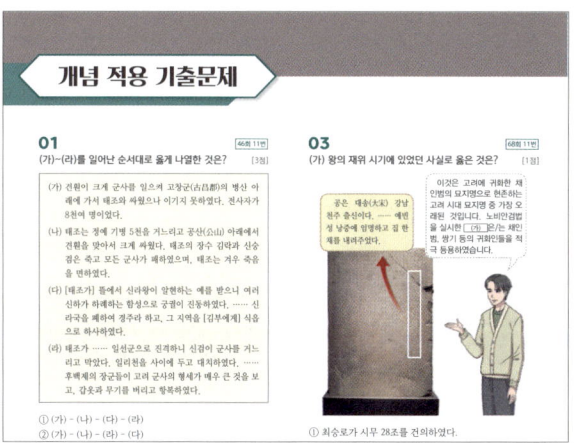

개념 적용 기출문제
합격을 위해 꼭 필요한 문제만 풀며 학습한 개념을 문제에 적용하고 실력을 쌓을 수 있어요!

실력 점검 기출 모의고사
그동안 학습한 시대의 기출문제를 실제 시험처럼 1회분 풀어보면서 최종 실력을 점검하세요!

강의를 그대로 담아낸 이 책의 차례

개념과 문제 해결력 동시에 잡는 이 책의 활용법	2
강의를 그대로 담아낸 이 책의 차례	4
한 번에 합격!을 위한 맞춤 학습 플랜	6
해커스가 알려주는 한국사능력검정시험 A to Z	8

상권 01~15강 선사 시대~조선 전기
하권 16~30강 조선 후기~현대

※ 본 교재는 총 2권, 30강으로 구성되어 있습니다.

Ⅰ. 선사 시대

1강	구석기 시대 ~ 철기 시대	12
2강	고조선과 여러 나라의 성장	20
	선사 시대 핵심 키워드 마무리 체크	28

Ⅱ. 고대

3강	고구려	32
4강	백제	40
5강	신라와 가야	48
6강	통일 신라와 발해	56
7강	고대의 경제·사회·문화	68
	고대 핵심 키워드 마무리 체크	80

Ⅲ. 고려 시대

8강	고려 초기 ~ 중기의 정치	84
9강	무신 집권기 ~ 고려 후기의 정치	96
10강	고려의 대외 관계	106
11강	고려의 경제와 사회	114
12강	고려의 문화	122
	고려 시대 핵심 키워드 마무리 체크	132

Ⅳ. 조선 전기

13강	조선 전기의 정치	136
14강	조선 전기의 대외 관계와 양 난	148
15강	조선 전기의 경제·사회·문화	158
조선 전기 핵심 키워드 마무리 체크		168

한능검 단골 테마

단골 테마 1	지역사	172
단골 테마 2	세시 풍속	178
단골 테마 3	유네스코에 등재된 우리 문화재	182

부록 실력 점검 기출 모의고사(선사 시대 ~ 조선 전기) 190

한 번에 합격!을 위한 맞춤 학습 플랜

📋 이 책 한 권만 집중 학습하는 15일 학습 플랜

- 상권 딱 한 권만 집중 학습하고 싶은 분들

학습 내용	□ 1일차	□ 2일차	□ 3일차	□ 4일차	□ 5일차
	1~2강	• 선사 마무리 체크 • 3강	4강	5강	6강

학습 내용	□ 6일차	□ 7일차	□ 8일차	□ 9일차	□ 10일차
	• 7강 • 고대 마무리 체크	8강	9강	10강	• 11강

학습 내용	□ 11일차	□ 12일차	□ 13일차	□ 14일차	□ 15일차
	• 12강 • 고려 마무리 체크	13강	14강	• 15강 • 조선 전기 마무리 체크	• 한능검 단골 테마 • 기출 모의고사 • 온라인 1회분

📋 두 권으로 모든 시대를 쭉 학습하는 한 달 학습 플랜

• 상·하 두 권으로 모든 시대를 한 달 간 학습하고 싶은 분들

	1일차	2일차	3일차	4일차	5일차
학습 내용	[상권] 시작 1~2강	• 선사 마무리 체크 • 3강	4강	5강	6강

	6일차	7일차	8일차	9일차	10일차
학습 내용	• 7강 • 고대 마무리 체크	8강	9강	10강	11강

	11일차	12일차	13일차	14일차	15일차
학습 내용	• 12강 • 고려 마무리 체크	13강	14강	• 15강 • 조선 전기 마무리 체크	• 한능검 단골 테마 • 기출 모의고사

	16일차	17일차	18일차	19일차	20일차
학습 내용	[하권] 시작 16~17강	• 18강 • 조선 후기 마무리 체크	19강	20강	21강

	21일차	22일차	23일차	24일차	25일차
학습 내용	• 22강 • 근대 마무리 체크	23강	24강	25강	• 26강 • 일제 마무리 체크

	26일차	27일차	28일차	29일차	30일차
학습 내용	27강	28강	29강	• 30강 • 현대 마무리 체크 • 기출 모의고사	• 최신 기출 1회분 • 온라인 1회분

해커스가 알려주는
한국사능력검정시험 A to Z

◆ 한국사능력검정시험이란?

한국사능력검정시험은 한국사와 관련된 유일한 국가 자격 시험으로 국사편찬위원회에서 주관합니다. 한국사에 대한 전국민적 공감대를 형성하고 역사에 대한 관심을 확산·심화시키기 위한 목적으로 시행되는 시험이며, 선발 시험(상대 평가)이 아닌 일정 수준의 점수를 취득하면 인증서가 주어지는 인증 시험입니다.

◆ 한국사능력검정시험의 인증 등급 기준

종류	인증등급	급수 인증 기준	평가 수준	문항수
심화	1급	80점 이상	대학교 교양 및 전공 학습, 고등학교 심화 수준	50문항 (5지 택1)
심화	2급	70점 이상 80점 미만	대학교 교양 및 전공 학습, 고등학교 심화 수준	50문항 (5지 택1)
심화	3급	60점 이상 70점 미만	대학교 교양 및 전공 학습, 고등학교 심화 수준	50문항 (5지 택1)
기본	4급	80점 이상	중·고등학교 학습, 초등학교 심화 수준	50문항 (4지 택1)
기본	5급	70점 이상 80점 미만	중·고등학교 학습, 초등학교 심화 수준	50문항 (4지 택1)
기본	6급	60점 이상 70점 미만	중·고등학교 학습, 초등학교 심화 수준	50문항 (4지 택1)

◆ 한국사능력검정시험의 인증 등급 기준

구분		제73회	제74회	제75회	제76회
시험일		2월 16일(일)	5월 24일(토)	8월 9일(토)	10월 18일(토)
원서 접수 기간	정기 * 시도별 해당 접수일에만 접수 가능하므로, 홈페이지를 참고하세요	1월 14일(화) 10:00 ~1월 21일(화) 17:00	4월 22일(화) 10:00 ~4월 29일(화) 17:00	7월 8일(화) 10:00 ~7월 15일(화) 17:00	9월 16일(화) 10:00 ~9월 23일(화) 17:00
원서 접수 기간	추가	1월 27일(월) 10:00 ~1월 31일(금) 17:00	5월 6일(화) 10:00 ~5월 9일(금) 17:00	7월 22일(화) 10:00 ~7월 25일(금) 17:00	9월 30일(화) 10:00 ~10월 3일(금) 17:00
시험 결과 발표		2월 28일(금)	6월 5일(금)	8월 22일(금)	10월 31일(금)

※ 한국사능력검정시험은 시험장이 한정되어 있으므로, 특별히 원하는 지역이나 시험장이 있는 응시자는 서둘러 접수하는 것을 추천합니다.
※ 위 일정은 사정에 따라 일부 변경하여 운영할 수 있습니다.

◆ 한국사능력검정시험의 활용 및 특전 (2025년 4월 기준)

1. 각종 공무원 시험의 응시자격 부여

- 국가·지방공무원 7급 공개경쟁채용시험(2급 이상)
- 5급 국가공무원 공개경쟁채용시험(2급 이상)
- 외교관 후보자 선발시험(2급 이상)
- 교원임용시험(3급 이상)
- 지역인재 7급 수습직원 선발시험 추천자격 요건

2. 한국사 시험 대체

- 군무원 공개경쟁채용시험의 한국사 시험
- 국비 유학생, 해외파견 공무원 선발시험의 한국사 시험
- 이공계 전문연구요원(병역) 선발 시 한국사 시험
- 경찰청 및 해양경찰청 순경 공개경쟁채용시험의 한국사 시험
- 소방 및 소방 간부후보생 공개경쟁채용시험의 한국사 시험
- 우정 9급(계리) 공개채용 필기시험의 한국사 시험
- 국회 8급 공개채용 필기시험의 한국사 시험

3. 일부 공기업 및 민간 기업 채용·승진

- 한국공항공사 5급(1급)
- 국민체육진흥공단(1~3급)
- 인천국제공항공사(2급 이상)
- 한국무역보험공사(2급 이상)
- 한국전력공사(3급 이상)
- 한국 콜마(2급 이상) 외 다수

4. 가산점 부여

- 공무원 경력경쟁채용시험
- 4대 사관학교(공군·육군·해군·국군간호사관학교) 입시
  ※ 학교별 가산점 부여 방식이 상이함

※ 한국사능력검정시험은 자체적인 유효 기간이 없습니다. 그러나 인증서를 요구하는 기관·기업마다 인정 기간·가산점 부여 방법 등이 다르므로, 반드시 지원하는 시험·기관·기업을 통해 인정 기간 및 가산점 부여 방법을 확인하시기 바랍니다.

◆ 한국사능력검정시험 To Do 리스트

시험 D-DAY

☑ 시험장 준비물 챙기기

① 수험표

② 신분증

③ 컴퓨터용 수성 사인펜, 수정 테이프

시험 응시 직후

☑ 바로 채점하기

해커스 한국사능력검정시험 실시간 풀서비스!
해커스한국사 홈페이지(history.Hackers.com)에서 오늘 본 시험의 정답과 해설을 확인하고 합격 여부를 예측해보세요.

합격자 발표일

☑ 시험 결과 확인하기

- 한국사능력검정시험 홈페이지(http://www.historyexam.go.kr/)에서 성적 통지서와 인증서를 출력할 수 있어요.

- 별도로 성적 통지서와 인증서를 발급해주지 않으니 필요할 때마다 직접 출력해야 합니다.

해커스 한국사능력검정시험 심화(1·2·3급) **한권합격**

I. 선사 시대

1강 구석기 시대 ~ 철기 시대

2강 고조선과 여러 나라의 성장

| 구석기 시대 시작 약 70만 년 전 | 삼국 건국 기원전 1세기경 | 고려 건국 918년 |

선사 시대 — 고대 — 고려 시대

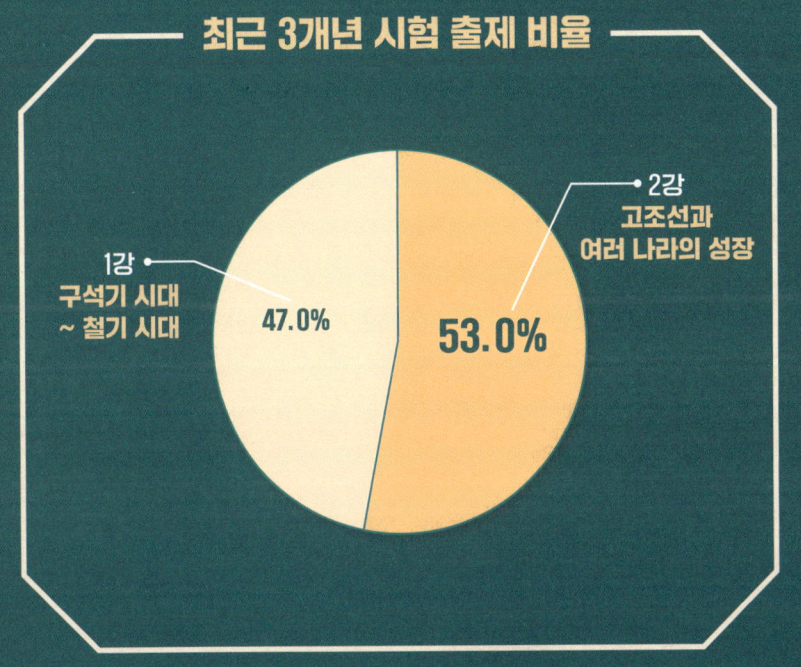

최근 3개년 시험 출제 비율

- 1강 구석기 시대 ~ 철기 시대: 47.0%
- 2강 고조선과 여러 나라의 성장: 53.0%

1위 2강 고조선과 여러 나라의 성장
53.0%
각 나라의 특징과 풍속을 묻는 문제가 주로 출제됩니다.

2위 1강 구석기 시대 ~ 철기 시대
47.0%
각 시대의 대표적인 유물을 통해 시대를 구분하는 연습이 필요합니다.

조선 건국 1392년	흥선 대원군 집권 1863년	국권 피탈 1910년	광복 1945년
조선 시대	근대	일제 강점기	현대

1강 구석기 시대 ~ 철기 시대

1 구석기 시대와 신석기 시대 최근 3개년 시험 중 8회 출제!

빈출 키워드 랭킹
1위 동굴, 막집 13번 출제
2위 가락바퀴 10번 출제
3위 주먹도끼 9번 출제

1. 구석기 시대 기출자료 1

(1) 도구
① 뗀석기: 돌을 깨뜨리고 떼어 내어 날을 만든 도구인 뗀석기를 주로 사용하였다.
② 주요 뗀석기: 주먹도끼, 찍개, 슴베찌르개◆, 찌르개, 밀개, 긁개 등이 있다.

주먹도끼	슴베찌르개

◆ 슴베찌르개
슴베(뾰족하고 긴 부분)를 나무에 꽂아 창과 같은 용도로 사용한 뗀석기

(2) 생활 모습
① 경제: 사냥과 채집, 어로(물고기잡이) 활동을 통해 식량을 구하였다.
② 주거: 식량을 찾아 이동 생활을 하며 주로 동굴이나 강가의 막집◆에서 거주하였다.

(3) 사회: 계급이 없는 평등한 공동체 생활을 하였다.
(4) 주요 유적: 공주 석장리 유적, 연천 전곡리 유적◆, 단양 수양개 유적 등이 있다.

◆ 막집
강가 근처의 언덕에 나무 줄기 등을 얽어 지은 집

2. 신석기 시대 기출자료 2

(1) 도구
① 간석기: 갈돌과 갈판◆, 돌낫, 화살촉 등 돌을 갈아서 만든 간석기를 사용하였다.
② 토기: 빗살무늬 토기, 이른 민무늬 토기, 덧무늬 토기 등을 만들어 식량을 조리·저장하였다.
③ 수공업 도구: 가락바퀴로 실을 뽑고, 뼈바늘을 이용하여 옷과 그물을 만들었다.

◆ 연천 전곡리 유적
- 한쪽을 뾰족하게 날을 세워 만든 아슐리안형 주먹도끼가 발견됨
- 동아시아에 찍개 문화만 존재했다는 기존 학설을 뒤집음

◆ 갈돌과 갈판
나무 열매나 곡물의 껍질을 벗기고 가루로 만드는 데 사용함

갈돌과 갈판	빗살무늬 토기	가락바퀴

(2) 생활 모습
① 경제: 농경(밭농사 중심)과 목축을 시작하여 식량을 생산하였으나, 여전히 열매 채집과 사냥·물고기 잡이도 함께 하였다.
② 주거: 수확을 하기 위해 한 곳에 머물면서 정착 생활이 시작되었고, 주로 강가나 바닷가에 움집◆을 짓고 살았다.
(3) 사회: 구석기 시대와 마찬가지로 계급이 없는 평등한 공동체 생활을 하였다.
(4) 주요 유적: 서울 암사동 유적, 제주 고산리 유적, 부산 동삼동 유적, 양양 오산리 유적 등이 있다.

◆ 움집
- 신석기 시대의 주거지
- 땅을 판 후 기둥을 세우고 지붕을 얹어 만듦

기출 분석 특강

기출자료 1 구석기 시대
✅ **출제 TIP** 주요 뗀석기의 이름이 꼭 자료에 나오니, '주먹도끼'와 '찍개'는 꼭 암기하세요!

(1) 구석기 시대 59회 출제

충청북도 청주시 오송읍에서 **주먹도끼, 찍개** 등 이 시대의 대표적 유물인 **뗀석기**가 다수 발굴되었습니다. 이번 발굴로 청주시 일대에 이 시대의 유적이 다수 분포되어 있음을 알 수 있습니다.

자료 분석
구석기 시대에는 주먹에 쥐고 사용하는 도끼 형태인 주먹도끼와 돌을 떼어 내서 만든 찍개를 사용하였다.

(2) 구석기 시대 53회 출제

공주 석장리 유적

주먹도끼, 찍개 등 (가) 시대의 대표적 유물이 한반도 남부에서 최초로 출토된 곳이다. 또한 집자리 유적도 발굴되어 (가) 시대에 사람들이 이곳에서 생활하였음을 알 수 있다.

자료 분석
구석기 시대의 유적인 공주 석장리 유적에서는 남한 최초로 주먹도끼, 찍개 등의 뗀석기가 출토되었다.

> **함께 나올 기출선택지**
> - **주먹도끼, 찍개** 등의 **뗀석기**를 처음 제작하였다. 73·72회
> - 사냥을 위해 **슴베찌르개**를 처음 제작하였다. 37회
> - 주로 동굴에 살면서 **사냥과 채집**을 하였다. 56회
> - 주로 **동굴**이나 **막집**에서 거주하였다. 73·72·70·69회
> - 계급이 없는 **평등한 공동체 생활**을 하였다. 52회

기출자료 2 신석기 시대
✅ **출제 TIP** 신석기 시대의 토기 이름이 자료의 힌트로 자주 나와요!

(1) 신석기 시대 58회 출제

부산 동삼동 유적에서 출토된 **빗살무늬 토기**는 **농경과 정착 생활**이 시작된 (가) 시대의 대표적 유물 중 하나입니다. 이 유적에서는 곡물 등을 가공하는 데 사용한 **갈돌과 갈판**도 출토되었습니다.

자료 분석
신석기 시대에는 빗살무늬 토기 등을 만들어 남은 식량을 저장하거나 음식을 조리하는 데 사용하였다. 또한 곡물을 가공하기 위해 갈돌과 갈판을 사용하였다.

(2) 신석기 시대 56회 출제

이것은 제주 고산리 유적에서 발굴된 **이른 민무늬 토기**입니다. 이 토기의 출토로 우리나라의 (가) 시대가 기원전 8000년경부터 시작되었음을 알게 되었습니다. 고산리 유적에서는 화살촉, **갈돌, 갈판** 등의 석기도 나왔습니다.

자료 분석
제주 고산리 유적에서는 신석기 시대의 대표 토기인 이른 민무늬 토기를 비롯하여, 갈돌과 갈판 등의 석기가 출토되었다.

(3) 신석기 시대 61회 출제

강원도 **양양군 오산리**에서 (가) 시대 마을 유적이 발굴되었습니다. 약 8천 년 전에 형성된 집터에서는 (가) 시대를 대표하는 유물인 **빗살무늬 토기와 덧무늬 토기**를 비롯하여 **이음낚시**, 그물추 등이 출토되었습니다.
└ 신석기 시대의 고기잡이 도구

자료 분석
양양 오산리 유적에서는 신석기 시대에 사용된 빗살무늬 토기와 덧무늬 토기 등의 유물이 출토되었다.

> **함께 나올 기출선택지**
> - **빗살무늬 토기**를 만들어 식량을 저장하였다. 71·68·67·63회
> - **가락바퀴**를 이용하여 실을 뽑았다. 58·54·51회
> - **가락바퀴와 뼈바늘**을 이용하여 옷을 만들기 시작하였다. 73·70·69·68회
> - **농경과 목축**을 통하여 식량을 생산하였다. 71·61회
> - **정착 생활**을 하게 되면서 **움집**이 처음 만들어졌습니다. 39·37회
> - 계급이 없는 **평등한 공동체 생활**을 하였다. 52·45회

1강   구석기 시대 ~ 철기 시대

2   청동기 시대와 철기 시대   최근 3개년 시험 중 8회 출제!

1. 청동기 시대 [기출자료1]
(1) 도구
- ① 청동기: 거푸집♦을 이용하여 비파형동검 등의 청동검을 제작하거나, 의례 도구로 청동 거울(거친무늬 거울)과 청동 방울을 제작하였다.
- ② 석기: 벼 등의 곡식을 수확하는 데 반달 돌칼 등 간석기를 사용하였다.
- ③ 토기: 민무늬 토기, 송국리식 토기, 미송리식 토기, 붉은 간 토기 등을 제작하였다.

(2) 생활 모습
- ① 계급 발생: 농업 생산력의 증가로 잉여 생산물이 발생하며 사유 재산이 생겼고, 이에 따라 빈부 격차가 나타나면서 계급이 발생하였다.
- ② 지배층의 출현: 권력과 경제력을 가진 지배자(군장)가 등장하였고, 지배자가 죽으면 많은 인력을 동원하여 고인돌이나 돌널무덤을 축조하였다.

2. 철기 시대 [기출자료2]
(1) 도구
- ① 철기: 호미, 쟁기, 쇠스랑 등의 철제 농기구와 철제 무기를 제작하여 사용하였다.
- ② 청동기: 거푸집을 이용하여 세형동검 등을 제작하였다.

(2) 생활 모습
- ① 경제: 중국과 교류할 때 명도전, 반량전, 오수전, 화천 등의 중국 화폐를 사용하였다.
- ② 한자 사용: 창원 다호리 유적에서 붓이 출토되어 한자를 사용하였음을 파악할 수 있다.

빈출 키워드 랭킹
1위 고인돌 11번 출제
2위 반달 돌칼 8번 출제
3위 명도전 6번 출제

◆ 거푸집
청동 등의 금속 제품을 제작하기 위한 틀

◆ 비파형동검

◆ 반달 돌칼

10초 컷! 핵심 키워드 암기
1. 구석기 시대: 주먹도끼, 찍개, 사냥과 채집, 동굴과 막집
2. 신석기 시대: 갈돌과 갈판, 빗살무늬 토기, 가락바퀴, 농경과 목축 시작, 정착 생활
3. 청동기 시대: 비파형동검, 반달 돌칼, 계급 발생, 고인돌
4. 철기 시대: 철제 농기구, 세형동검, 명도전, 반량전

1강 개념 확인 퀴즈

1. 다음 설명이 맞으면 O표, 틀리면 X표를 하세요.
(1) 구석기 시대의 사람들은 주로 동굴이나 막집에서 살았다. ( )
(2) 구석기 시대에는 평등한 공동체 생활을 하였다. ( )
(3) 신석기 시대에는 갈돌과 갈판 등의 간석기를 사용하였다. ( )
(4) 신석기 시대에는 명도전, 반량전 등의 화폐가 유통되었다. ( )
(5) 청동기 시대에는 많은 인력이 고인돌 축조에 동원되었다. ( )

2. 다음 괄호 안의 내용 중 옳은 것에 O표 하세요.
(1) (구석기 / 신석기) 시대의 유적으로는 연천 전곡리 유적이 있다.
(2) (신석기 / 청동기) 시대에는 농경과 목축이 처음 시작되었다.
(3) 신석기 시대에는 실을 뽑기 위해 (가락바퀴 / 주먹도끼)를 처음 사용하였다.
(4) 철기 시대에는 거푸집을 이용하여 (세형동검 / 비파형동검)을 제작하였다.

기출 분석 특강

기출자료 1 청동기 시대
✅ 출제 TIP 자료와 정답 선택지에 '고인돌'이 자주 나와요!

(1) 청동기 시대 68회 출제

우리 박물관에서는 2000년 유네스코 세계유산으로 등재된 고창 **고인돌** 유적을 소개하는 특별전을 마련하였습니다. 고인돌은 **계급이 발생**한 **(가)** 시대를 대표하는 무덤입니다. 사진을 통해 다양한 고인돌의 형태를 살펴보시기 바랍니다.	**자료 분석** 청동기 시대는 계급이 발생한 시대로, 지배층이 죽으면 많은 인력을 동원하여 거대한 규모의 무덤인 고인돌을 축조하였다.

(2) 청동기 시대 52회 출제

우리 박물관에서는 **부여 송국리** 유적에서 출토된 유물을 소개하는 특별전을 마련하였습니다. **(가)** 시대의 대표적 유물인 **민무늬 토기**와 **비파형동검** 등을 통해 당시의 생활 모습을 살펴보시기 바랍니다.	**자료 분석** 부여 송국리 유적에서는 청동기 시대의 민무늬 토기와 청동으로 제작한 비파형동검이 출토되었다.

함께 나올 기출선택지
- **비파형동검**과 **청동 거울** 등을 제작하였다. 67회
- 거푸집을 이용하여 **청동검**을 제작하였다. 56회
- **반달 돌칼**로 벼를 수확하였다. 73·69·68회
- **고인돌, 돌널무덤** 등을 축조하였다. 61·56회

기출자료 2 철기 시대

(1) 철기 시대 중국과의 교류 14회 출제

경남 **창원 다호리**에서 다량의 유물들이 발견되었다. 널무덤에서 발견된 **붓**을 비롯하여 통나무 목관, **오수전**, 감과 밤 등이 담긴 옻칠 제사 용기 등이 발굴되었다.	**자료 분석** 창원 다호리 유적에서는 한자 사용을 알 수 있는 붓과 중국 화폐인 오수전이 발굴되었다.

함께 나올 기출선택지
- 쟁기, 쇠스랑 등의 **철제 농기구**를 제작하였다. 65·62·56회
- 거푸집을 이용하여 **세형동검**을 만들었다. 71·63·58회
- **명도전, 반량전** 등의 화폐를 사용하였다. 66·64회

---

3. 질문에 맞는 답을 고르세요.

(1) 구석기 시대의 생활 모습은?
 ① 계급이 없는 평등한 공동체 생활을 하였다.
 ② 가락바퀴를 이용하여 실을 뽑았다.

(2) 신석기 시대의 생활 모습은?
 ① 빗살무늬 토기를 만들어 식량을 보관하였다.
 ② 오수전, 화천 등의 중국 화폐로 교역하였다.

(3) 청동기 시대의 생활 모습은?
 ① 반달 돌칼을 사용하여 벼를 수확하였다.
 ② 무리를 지어 이동 생활을 하였다.

정답
1. (1) ○ (2) ○ (3) ○ (4) X(철기 시대) (5) ○
2. (1) 구석기 (2) 신석기 (3) 가락바퀴 (4) 세형동검
3. (1) ①(②은 신석기 시대) (2) ①(②은 철기 시대) (3) ①(②은 구석기 시대)

개념 적용 기출문제

01
(가) 시대의 생활 모습으로 옳은 것은? [71회 01번] [1점]

[체험 프로그램 기획안]
(가) 시대로 떠나는 시간 여행
■ 기획 의도
뗀석기를 처음 사용한 (가) 시대 사람들의 생활을 다양한 활동을 통해 체험할 수 있는 기회를 마련하고자 함.
■ 체험 프로그램 예시
[주먹도끼로 고기 자르기] [마찰식 점화법으로 불 피우기]
■ 장소: 연천 전곡리 유적 체험 마당

① 주로 동굴이나 바위 그늘에서 살았다.
② 청동 방울 등을 의례 도구로 사용하였다.
③ 따비와 괭이로 땅을 갈아 농사를 지었다.
④ 거푸집을 이용하여 세형동검을 제작하였다.
⑤ 빗살무늬 토기를 만들어 식량을 저장하였다.

02
(가) 시대의 생활 모습으로 옳은 것은? [66회 01번] [1점]

공주 석장리 (가) 축제
♥ 20개
내가 만든 주먹도끼 구경할 사람?
#공주_석장리_유적 #뗀석기_제작_체험
댓글 2개
○○○: 주먹도끼가 뭐야?
△△△: (가) 시대의 대표적인 유물이야. 동물을 사냥하거나 가죽을 벗기는 등 다양한 용도로 사용했대.

① 반달 돌칼로 벼를 수확하였다.
② 주로 동굴이나 막집에서 살았다.
③ 반량전, 명도전 등 화폐를 사용하였다.
④ 빗살무늬 토기를 만들어 식량을 저장하였다.
⑤ 가락바퀴와 뼈바늘을 이용하여 옷을 만들었다.

03
밑줄 그은 '이 시대'의 생활 모습으로 옳은 것은? [63회 01번] [1점]

이 그림은 한 미군 병사가 경기도 연천군 전곡리에서 이 시대의 대표적인 유물인 주먹도끼 등을 발견하고 그린 것입니다. 그가 발견한 아슐리안형 주먹도끼는 이 시대 동아시아에는 찍개 문화만 존재하고 주먹도끼 문화는 없었다는 모비우스(H. Movius)의 학설을 뒤집는 증거가 되었습니다.

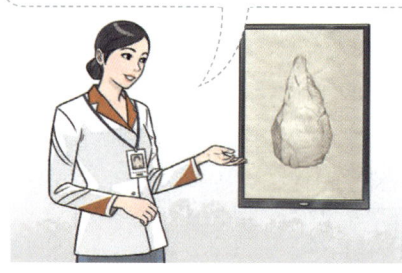

① 소를 이용하여 깊이갈이를 하였다.
② 빗살무늬 토기에 식량을 저장하였다.
③ 지배층의 무덤으로 고인돌을 만들었다.
④ 거푸집을 사용하여 세형동검을 제작하였다.
⑤ 주로 동굴이나 강가의 막집에서 거주하였다.

04
(가) 시대의 생활 모습으로 가장 적절한 것은? [69회 01번] [1점]

초대합니다
수장고에서 찾아낸 유물 이야기
우리 박물관은 수장고의 유물을 선정하여 분기별로 특별 전시회를 개최하고 있습니다. 이번 전시회에서는 (가) 시대를 주제로 한 유물들이 전시될 예정입니다.
■ 대표 전시 유물
동삼동 패총 유적에서 출토된 빗살무늬 토기로 짧은 사선 무늬, 생선뼈무늬 등이 잘 드러납니다. 농경과 목축이 시작된 (가) 시대에 식량의 저장과 조리를 위해 이와 같은 토기가 제작되었습니다.
■ 기간: 2024.○○.○○.~○○.○○.
■ 장소: △△ 박물관 특별 전시실

① 반달 돌칼을 이용하여 벼를 수확하였다.
② 주로 동굴이나 강가의 막집에 거주하였다.
③ 가락바퀴와 뼈바늘로 옷을 만들어 입었다.
④ 많은 인력을 동원하여 고인돌을 축조하였다.
⑤ 주먹도끼, 찍개 등의 뗀석기를 처음 제작하였다.

해설

01 구석기 시대 정답 ①

자료 분석

뗀석기 + 주먹도끼 + 연천 전곡리 → 구석기 시대

구석기 시대는 돌을 깨뜨려서 날을 만든 도구인 뗀석기를 사용하던 시대로, 이 시대 사람들은 찍개, 찌르개, 주먹도끼 등을 사용하여 사냥을 하였다. 이러한 구석기 시대의 대표적인 유적지로는 연천 전곡리 유적, 공주 석장리 유적 등이 있다.

선택지 분석

① 주로 동굴이나 바위 그늘에서 살았다. → 구석기 시대
  ㄴ 구석기 시대에는 주로 동굴, 바위 그늘에서 살거나 강가의 막집에서 거주하였다.
② 청동 방울 등을 의례 도구로 사용하였다. → 청동기 시대
③ 따비와 괭이로 땅을 갈아 농사를 지었다. → 청동기 시대
④ 거푸집을 이용하여 세형동검을 제작하였다. → 철기 시대
⑤ 빗살무늬 토기를 만들어 식량을 저장하였다. → 신석기 시대

빈출 개념 구석기 시대

시기	약 70만년 전부터 시작
도구	뗀석기(주먹도끼, 찍개 등), 뼈도구
경제	사냥, 채집, 어로(물고기 잡이)
사회	평등 생활, 무리 생활, 이동 생활
주거	동굴, 바위 그늘, 막집
주요 유적지	공주 석장리, 연천 전곡리, 단양 수양개 유적 등

02 구석기 시대 정답 ②

자료 분석

공주 석장리 + 주먹도끼 + 뗀석기 → 구석기 시대

구석기 시대는 돌을 깨뜨려서 날을 만든 도구인 뗀석기를 사용하던 시대로, 이 시대 사람들은 주먹도끼, 찍개 등을 사용하여 사냥을 하였다. 이러한 구석기 시대의 대표적인 유적지로는 공주 석장리 유적, 연천 전곡리 유적 등이 있다.

선택지 분석

① 반달 돌칼로 벼를 수확하였다. → 청동기 시대
② 주로 동굴이나 막집에서 살았다. → 구석기 시대
  ㄴ 구석기 시대에는 주로 동굴이나 강가의 막집에서 살면서 주먹도끼, 찍개 등을 사용하여 사냥하거나 열매를 채집을 하였다.
③ 반량전, 명도전 등 화폐를 사용하였다. → 철기 시대
④ 빗살무늬 토기를 만들어 식량을 저장하였다. → 신석기 시대
⑤ 가락바퀴와 뼈바늘을 이용하여 옷을 만들었다. → 신석기 시대

03 구석기 시대 정답 ⑤

자료 분석

경기도 연천군 전곡리 + 주먹도끼 → 구석기 시대

구석기 시대는 돌을 깨뜨려서 날을 만든 도구인 뗀석기를 사용하던 시대로, 이 시대 사람들은 주먹도끼, 찍개 등을 이용하여 사냥을 하였다.

선택지 분석

① 소를 이용하여 깊이갈이를 하였다. → 철기 시대
② 빗살무늬 토기에 식량을 저장하였다. → 신석기 시대
③ 지배층의 무덤으로 고인돌을 만들었다. → 청동기 시대
④ 거푸집을 사용하여 세형동검을 제작하였다. → 철기 시대
⑤ 주로 동굴이나 강가의 막집에서 거주하였다. → 구석기 시대
  ㄴ 구석기 시대에는 이동 생활을 하였기 때문에 주로 동굴이나 강가의 막집에 거주하였다.

04 신석기 시대 정답 ③

자료 분석

빗살무늬 토기 + 농경과 목축이 시작 → 신석기 시대

신석기 시대는 돌을 갈아 날을 만든 간석기를 사용한 시대로, 기후가 온난해지면서 밭농사 중심의 농경과 목축을 시작하여 식량을 생산하였다. 이에 따라 신석기 시대 사람들은 정착 생활을 하게 되어 바닷가나 강가에 움집을 짓고 거주하였다. 또한 이 시기에는 남은 식량을 저장하기 위해 빗살무늬 토기와 같은 토기를 제작하였다.

선택지 분석

① 반달 돌칼을 이용하여 벼를 수확하였다. → 청동기 시대
② 주로 동굴이나 강가의 막집에 거주하였다. → 구석기 시대
③ 가락바퀴와 뼈바늘로 옷을 만들어 입었다. → 신석기 시대
  ㄴ 신석기 시대에는 가락바퀴를 이용하여 실을 뽑고 뼈바늘로 옷을 만들어 입었다.
④ 많은 인력을 동원하여 고인돌을 축조하였다. → 청동기 시대
⑤ 주먹도끼, 찍개 등의 뗀석기를 처음 제작하였다. → 구석기 시대

빈출 개념 신석기 시대

도구	· 간석기: 돌보습, 돌괭이, 갈돌과 갈판 · 수공업 도구: 가락바퀴, 뼈바늘 · 토기: 빗살무늬 토기, 이른 민무늬 토기 등
경제	농경(밭농사 중심)과 목축, 채집, 어로(물고기잡이)
사회	씨족 사회, 평등 사회
주거	움집(정착 생활)
주요 유적지	서울 암사동, 제주 한경 고산리, 부산 동삼동 등

개념 적용 기출문제

05
밑줄 그은 '이 시대'의 생활 모습으로 옳은 것은? [1점]

① 소를 이용하여 깊이갈이를 하였다.
② 반량전, 명도전 등의 화폐를 사용하였다.
③ 청동 방울 등을 의례 도구로 이용하였다.
④ 거푸집을 이용하여 세형동검을 제작하였다.
⑤ 가락바퀴와 뼈바늘을 이용하여 옷을 만들었다.

07
(가) 시대의 생활 모습으로 옳은 것은? [1점]

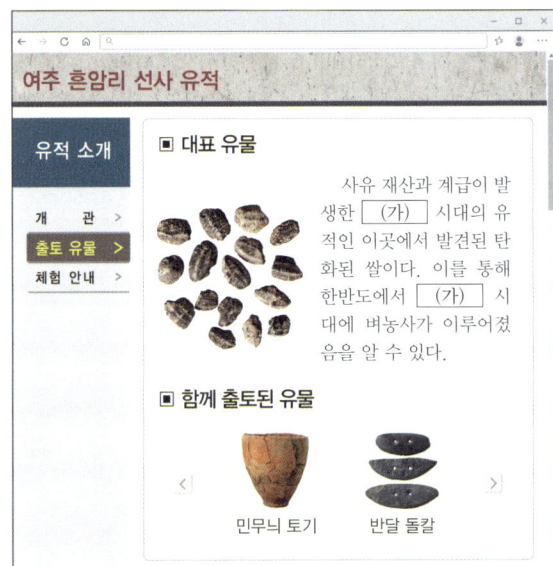

① 주로 동굴이나 강가의 막집에서 살았다.
② 지배층의 무덤으로 고인돌을 축조하였다.
③ 농경과 목축을 시작하여 식량을 생산하였다.
④ 호미, 쇠스랑 등의 철제 농기구를 제작하였다.
⑤ 주먹도끼, 찍개 등의 뗀석기를 처음 제작하였다.

06
(가) 시대의 생활 모습으로 옳은 것은? [1점]

① 주로 동굴이나 막집에 거주하였다.
② 고인돌, 돌널무덤 등을 축조하였다.
③ 명도전을 이용하여 중국과 교역하였다.
④ 농경과 목축을 통하여 식량을 생산하였다.
⑤ 비파형동검과 거친무늬 거울 등을 제작하였다.

08
(가) 시대의 생활 모습으로 옳은 것은? [1점]

① 철제 무기로 정복 활동을 벌였다.
② 주로 동굴이나 막집에서 거주하였다.
③ 소를 이용한 깊이갈이가 일반화되었다.
④ 비파형동검과 청동 거울 등을 제작하였다.
⑤ 빗살무늬 토기에 음식을 저장하기 시작하였다.

해설

05 신석기 시대   정답 ⑤

자료 분석

갈돌과 갈판 + 농경과 정착 생활이 시작됨 → 신석기 시대

신석기 시대에는 기후가 온난해지면서 농경과 목축을 시작하여 식량을 생산하였다. 이 시대 사람들은 나무 열매나 곡물 껍질을 벗기는 갈돌과 갈판 등의 도구를 사용하였다. 또한 이 시대에는 남은 식량을 저장하기 위해서 이른 민무늬 토기, 빗살무늬 토기와 같은 토기를 제작하기도 하였다.

선택지 분석

① 소를 이용하여 깊이갈이를 하였다. → 철기 시대
② 반량전, 명도전 등의 화폐를 사용하였다. → 철기 시대
③ 청동 방울 등을 의례 도구로 이용하였다. → 청동기 시대
④ 거푸집을 이용하여 세형동검을 제작하였다. → 철기 시대
⑤ 가락바퀴와 뼈바늘을 이용하여 옷을 만들었다.
→ 신석기 시대
└ 신석기 시대에는 가락바퀴를 이용하여 실을 뽑고 뼈바늘을 이용하여 옷을 만들었다.

06 신석기 시대   정답 ④

자료 분석

강원도 양양군 오산리 + 빗살무늬 토기 → 신석기 시대

신석기 시대는 돌을 갈아서 만든 간석기를 사용한 시대로, 남은 식량을 저장하기 위해 빗살무늬 토기와 덧무늬 토기 등과 같은 토기가 제작되었다. 한편 신석기 시대의 대표적인 유적지로는 서울 암사동 유적, 강원도 양양 오산리 유적 등이 있다.

선택지 분석

① 주로 동굴이나 막집에 거주하였다. → 구석기 시대
② 고인돌, 돌널무덤 등을 축조하였다. → 청동기 시대
③ 명도전을 이용하여 중국과 교역하였다. → 철기 시대
④ 농경과 목축을 통하여 식량을 생산하였다. → 신석기 시대
└ 신석기 시대에는 농경과 목축을 시작하였으며, 이를 통하여 식량을 생산하였다.
⑤ 비파형동검과 거친무늬 거울 등을 제작하였다.
→ 청동기 시대

07 청동기 시대   정답 ②

자료 분석

사유 재산과 계급이 발생 + 민무늬 토기 + 반달 돌칼
→ 청동기 시대

청동기 시대는 농업 생산력의 증가로 발생한 잉여 생산물을 힘이 강한 사람이 더 많이 차지하면서 사유 재산과 계급이 발생하였다. 또한 이 시대에는 벼농사가 시작되었으며, 곡식을 수확할 때 반달 돌칼과 같은 농경용 석기를 사용하였고, 민무늬 토기 등을 제작하기도 하였다.

선택지 분석

① 주로 동굴이나 강가의 막집에서 살았다. → 구석기 시대
② 지배층의 무덤으로 고인돌을 축조하였다. → 청동기 시대
└ 청동기 시대에는 계급이 발생하면서 지배자인 군장이 등장하였고, 지배층의 무덤으로 고인돌을 축조하였다.
③ 농경과 목축을 시작하여 식량을 생산하였다. → 신석기 시대
④ 호미, 쇠스랑 등의 철제 농기구를 제작하였다. → 철기 시대
⑤ 주먹도끼, 찍개 등의 뗀석기를 처음 제작하였다. → 구석기 시대

빈출 개념 청동기 시대

도구	· 농기구: 돌도끼, 홈자귀, 반달 돌칼 · 의례 도구: 거친무늬 거울, 청동 방울 · 토기: 민무늬 토기, 송국리식 토기 등
경제	벼농사 시작, 사유 재산 제도 발생
사회	계급 사회, 군장 등장

08 청동기 시대   정답 ④

자료 분석

계급이 출현함 + 환호, 고인돌 → 청동기 시대

청동기 시대에는 농업 생산력의 증가로 발생한 잉여 생산물을 힘이 강한 사람이 더 많이 차지하면서 사유 재산과 계급이 발생하였으며, 지배자의 무덤으로 고인돌을 만들기도 하였다. 또한 청동기 시대에는 부족 간의 전쟁이 빈번해지면서, 마을 주변에 목책(울타리), 환호(마을을 둘러싼 도랑) 등의 방어 시설을 설치하였다.

선택지 분석

① 철제 무기로 정복 활동을 벌였다. → 철기 시대
② 주로 동굴이나 막집에서 거주하였다. → 구석기 시대
③ 소를 이용한 깊이갈이가 일반화되었다. → 고려 시대
④ 비파형동검과 청동 거울 등을 제작하였다. → 청동기 시대
└ 청동기 시대에는 비파형동검과 청동 거울 등을 제작하였다.
⑤ 빗살무늬 토기에 음식을 저장하기 시작하였다.
→ 신석기 시대

2강 고조선과 여러 나라의 성장

1 고조선 최근 3개년 시험 중 6회 출제!

1. 고조선의 건국과 발전 기출자료 1
(1) 건국과 단군 신화
  ① 건국: 단군왕검이 기원전 2333년에 청동기 문화를 바탕으로 우리 역사상 최초의 국가인 고조선을 건국하였다.
  ② 단군 신화: 단군 신화의 내용을 통해 고조선이 농경 사회, 제정일치 사회였음을 알 수 있다.
(2) 발전
  ① 중국 연과의 대립: 스스로 왕을 칭하며 중국 전국 7웅 중 하나인 연과 대립할 만큼 성장하였으나, 연의 장수 진개의 공격을 받아 영토를 빼앗겼다.
  ② 정치 조직 정비: 부왕과 같은 강력한 왕이 등장하여 준왕에게 왕위를 세습하였으며, 왕 밑에 상·경·대부·장군 등 관직을 두었다.
(3) 위만 조선의 성립과 발전
  ① 성립: 위만이 중국의 진·한 교체기(기원전 2세기)에 유이민을 이끌고 준왕에게 투항하였으며, 세력을 키운 후 준왕을 몰아내고 왕위에 올랐다(위만 조선).
  ② 발전: 진번과 임둔을 복속하여 세력을 확장하였으며, 한반도 남부의 진국과 중국의 한 사이에서 중계 무역으로 경제적 이익을 독점하였다.
(4) 멸망: 우거왕 때 중국 한 무제의 공격을 받아 수도 왕검성이 함락되면서 멸망하였다.
(5) 사회: 사회 질서를 유지하기 위해 범금 8조(8조법)를 제정하였다.

빈출 키워드 랭킹
1위 범금 8조 10번 출제
2위 단군왕검 2번 출제
3위 위만 1번 출제

◆ **단군 신화**
• 내용: 하늘에서 내려온 환웅이 곰에서 사람이 된 웅녀와 혼인함 → 둘 사이에서 태어난 단군왕검이 고조선을 세움
• 의미
  - 농경 사회: 환웅이 데려온 풍백(바람), 우사(비), 운사(구름)가 농경과 관계되는 일을 주관함
  - 제정일치 사회: 단군(제사장) + 왕검(정치적 군장)

◆ **범금 8조**
• 내용: 8개의 조항 중 살인죄, 상해죄, 절도죄에 대한 3개 조항의 내용만 전해짐
• 의미: 생명과 사유 재산 중시, 형벌 제도 존재

2 여러 나라의 성장 최근 3개년 시험 중 12회 출제!

1. 부여와 고구려 기출자료 2

구분	부여	고구려
위치	만주 쑹화(송화)강 유역의 넓은 평야 지대	압록강 유역의 만주 졸본 지역
정치	왕 아래의 마가, 우가, 저가, 구가 등 가(加)들이 별도의 행정 구역인 사출도를 다스림	• 왕 아래에 상가·대로·패자 등 관직이 있었음 • 대가들이 사자·조의·선인 등 관리를 거느림 • 제가 회의에서 국가의 중대사를 결정함
경제	특산물로 말, 주옥, 모피가 생산됨	집마다 부경이라는 창고를 두어 곡식을 저장함
풍속과 문화	• 영고(제천 행사): 매년 12월에 하늘에 제사를 지냄 • 순장(장례 풍속): 왕이 죽으면 신하나 노비를 함께 묻음 • 1책 12법(법률): 도둑질한 자에게 12배로 배상하게 함	• 동맹(제천 행사): 매년 10월에 하늘에 제사를 지냄 • 서옥제(혼인 풍속): 혼인 후 신랑이 신부 집 뒤꼍에 지어진 조그만 집(서옥)에 살다가, 자식이 장성하면 신랑 집으로 돌아감 • 1책 12법(법률): 도둑질한 자에게 12배로 배상하게 함

빈출 키워드 랭킹
1위 사출도 12번 출제
2위 소도 11번 출제
3위 책화 8번 출제

◆ **제가 회의**
부족을 지배하는 여러 '가(加)'가 모인 회의라는 의미로, 고구려의 중대사를 결정함

기출 분석 특강

기출자료 1 - 고조선의 건국과 발전
✓ 출제TIP 고조선과 연관된 키워드가 두루 출제되니, 내용을 꼼꼼하게 알아둬야 해요!

(1) 고조선의 건국 59회 출제

우리 역사상 최초의 국가인 [(가)] 을/를 건국한 단군왕검의 이야기가 뮤지컬로 탄생하였습니다.

1막 환웅이 신단수에 내려오다
2막 웅녀, 환웅과 혼인하다 ─ 단군 신화에 나오는 단군왕검의 어머니로, 곰에서 사람이 됨
3막 단군왕검이 나라를 세우다

자료 분석
고조선은 우리 역사상 최초의 국가로, 고조선을 건국한 단군왕검은 환웅과 웅녀가 혼인하여 낳은 아들이라는 내용의 신화가 전해져 내려온다.

(2) 위만의 이주 52회 출제

연(燕)의 [(가)] 이/가 망명하여 오랑캐의 복장을 하고 동쪽으로 패수를 건너 준왕에게 항복하였다. …… [(가)] 이/가 망명자들을 꾀어내어 그 무리가 점점 많아지자, 준왕에게 사람을 보내 "한의 군대가 열 갈래로 쳐들어오니 [왕궁에] 들어가 숙위하기를 청합니다."라고 속이고 도리어 준왕을 공격하였다.

─ 중국의 입장에서 오랑캐 옷이므로 조선인의 옷을 뜻함

자료 분석
위만은 유이민을 이끌고 고조선 준왕에게 투항하였다. 이후 점차 세력을 키운 위만은 준왕을 몰아내고 왕위에 올랐다.

(3) 범금 8조(8조법) 39회 출제

범금 8조가 있다. 남을 죽이면 즉시 죽음으로 갚고 ─살인죄, 남을 상해하면 곡식으로 배상한다. 남의 물건을 훔친 자가 남자면 그 집의 노로 삼으며 여자면 비로 삼는데, 자신의 죄를 용서받으려는 자는 한 사람마다 50만[전]을 내야 한다.
─상해죄 ─절도죄

자료 분석
고조선의 범금 8조를 통해 당시 고조선이 생명과 사유 재산을 중시하였으며, 형벌 제도가 존재하였다는 것을 알 수 있다.

함께 나올 기출선택지
- 전국 7웅 중 하나인 연과 대립할 만큼 강성하였다. 59회
- 연의 장수 진개의 공격을 받았다. 64·61회
- 왕 아래 상, 대부, 장군 등의 관직을 두었다. 72회
- 진번과 임둔을 복속하여 세력을 확장하였다. 68·52회
- 한 무제의 공격으로 멸망하였다. 64·62·55회
- 사회 질서를 유지하기 위해 범금 8조를 만들었다. 73·71·66·65·64회
- 살인, 절도 등의 죄를 다스리는 범금 8조가 있었다. 57회

기출자료 2 - 부여와 고구려
✓ 출제TIP 부여와 고구려의 제천 행사인 '영고'와 '동맹'이 힌트로 자주 나와요!

(1) 부여의 풍속 60회 출제

이것은 쑹화강 유역에 위치했던 이 나라의 유물로 고대인의 얼굴을 추정해 볼 수 있는 귀중한 자료입니다. 이 나라에는 영고라는 제천 행사와 형사취수제라는 풍속이 있었다고 전해집니다.

자료 분석
만주 쑹화강 유역의 넓은 평야를 중심으로 발달한 부여는 매년 12월에 영고라는 제천 행사를 열어 하늘에 제사를 지냈다.

(2) 고구려의 정치와 풍속 57회 출제

그 나라에는 왕이 있고, 벼슬로는 상가·대로·패자·고추가·주부·우태·승·사자·조의·선인이 있으며, 신분의 높고 낮음에 따라 각각 등급을 두었다. …… 10월에 지내는 제천 행사는 국중대회로 이름하여 동맹이라 한다.
─ 『삼국지』 동이전

자료 분석
고구려는 왕 아래 상가, 패자, 고추가 등의 관직이 있었으며 대가들은 사자·조의·선인의 관리를 거느렸다. 한편 고구려는 10월에 동맹이라는 제천 행사를 열었다.

함께 나올 기출선택지
- 부여 – 여러 가(加)들이 별도로 사출도를 주관하였다. 73·72·71·70·69회
- 부여 – 12월에 영고라는 제천 행사를 열었다. 73·67·64회
- 부여 – 도둑질한 자에게 12배로 배상하게 하였다. 73·59회
- 고구려 – 대가들이 사자, 조의, 선인을 거느렸습니다. 68·52·51회
- 고구려 – 제가 회의에서 나라의 중대사를 결정하였다. 73·70·61회
- 고구려 – 집집마다 부경이라는 창고가 있었다. 72·68·65·64·63회
- 고구려 – 서옥제라는 혼인 풍습이 있었다. 71·57회
- 고구려 – 도둑질한 자에게 12배로 배상하게 하였다. 73·59회

2강 고조선과 여러 나라의 성장

2강 고조선과 여러 나라의 성장

2. 옥저와 동예 [기출자료 1]

구분	옥저	동예
위치	함경도 및 강원도 북부의 동해안에 위치하여 선진 문화의 수용이 늦음	
정치	• 후, 읍군, 삼로 등의 군장이 자기 부족을 통치하는 군장 국가였음 • 고구려의 압력을 받아 연맹 왕국으로 성장하지 못하고 군장 국가 단계에서 멸망함	
경제	맥포(삼베), 어염(생선과 소금), 해산물 등을 고구려에 공물로 납부함	단궁, 과하마, 반어피 등이 특산물로 유명함
풍속과 문화	• 민며느리제(혼인 풍속): 여자가 어렸을 때 남자 집에 가서 살다가 성장한 후에 남자가 여자 집에 예물을 치르고 혼인함 • 가족 공동묘(골장제): 가족이 죽으면 가매장하였다가 나중에 그 뼈를 추려서 가족 공동 무덤인 커다란 목곽에 안치함	• 무천(제천 행사): 매년 10월에 하늘에 제사를 지냄 • 책화: 다른 부족의 영역을 침범하면 노비·소·말 등으로 변상하게 함

◆ 단궁, 과하마, 반어피
• 단궁: 짧고 튼튼한 활
• 과하마: 과일 나무 아래를 지날 수 있을 정도로 키가 작은 말
• 반어피: 바다표범의 가죽

3. 삼한 [기출자료 2]

(1) **성립**: 한반도 남부에서 삼한(마한, 진한, 변한)이 성립되었으며, 목지국◆을 비롯한 여러 소국들의 연맹체 형태로 이루어졌다.
(2) **정치**: 신지·읍차라 불리는 지배자가 있었고, 제사장인 천군과 신성 지역인 소도가 존재하였다.
(3) **경제**: 벼농사가 발달하였고, 변한은 철이 많이 생산되어 낙랑과 왜에 철을 수출하고 덩이쇠를 화폐처럼 사용하였다.
(4) **풍속**: 씨뿌리기가 끝난 5월(수릿날)과 추수를 마친 10월(계절제)에 제천 행사를 열었다.

◆ 목지국
마한의 소국 중 하나로, 삼한 가운데 마한의 세력이 가장 커 목지국의 지배자가 삼한을 대표함

10초 컷! 핵심 키워드 암기
1. 고조선: 단군왕검, 상·경·대부, 위만, 범금 8조
2. 여러 나라의 성장: 부여(사출도, 영고), 고구려(서옥제, 동맹), 옥저(민며느리제), 동예(무천, 책화), 삼한(신지·읍차, 천군, 소도)

2강 개념 확인 퀴즈

1. 다음 설명이 맞으면 O표, 틀리면 X표를 하세요.
(1) 고조선에는 상, 경, 대부 등의 관직이 있었다. (   )
(2) 부여는 목지국을 비롯한 많은 소국으로 이루어졌다. (   )
(3) 변한에서는 철이 많이 생산되었다. (   )

2. 다음 괄호 안의 내용 중 옳은 것에 O표 하세요.
(1) 고구려에는 혼인 풍속으로 (서옥제 / 민며느리제)가 있었다.
(2) 동예는 매년 10월에 (동맹 / 무천)이라는 제천 행사를 열었다.
(3) (옥저 / 삼한)에는 신지, 읍차라 불리는 지배자가 있었다.

기출 분석 특강

기출자료 1 옥저와 동예 ✅ 출제TIP 옥저와 동예의 풍속이 자료와 선택지에 모두 자주 나와요!

(1) 옥저의 민며느리제 55회 출제

여자의 나이가 열 살이 되기 전에 혼인을 약속하고, 신랑 집에서 맞이하여 장성할 때까지 기른다. 여자가 장성하면 여자 집으로 돌아가게 한다. 여자 집에서는 돈을 요구하는데, 신랑 집에서 돈을 지불한 후 다시 데리고 와서 아내로 삼는다.

자료 분석
옥저에는 여자가 어렸을 때 남자 집에 가서 살다가 성장한 후에 남자가 여자 집에 예물을 치르고 혼인하는 민며느리제가 있었다.

(2) 동예의 풍속과 문화 57회 출제

그 나라의 풍속은 산천을 중요시하여 산과 내마다 각기 구분이 있어 함부로 들어가지 않는다. …… 해마다 10월이면 하늘에 제사를 지내는데, 주야로 술을 마시고 노래를 부르며 춤추니 이를 무천이라 한다.
– 『삼국지』「동이전」

자료 분석
동예에는 다른 부족의 영역을 함부로 침범하면 노비나 소, 말 등으로 갚게 하는 책화의 풍습이 있었다. 매년 10월에는 무천이라는 제천 행사를 열었다.

함께 나올 기출선택지
- 옥저·동예 – 삼로라 불린 우두머리가 읍락을 다스렸다. 55회
- 옥저·동예 – 읍군이나 삼로라는 지배자가 있었다. 50·43회
- 옥저 – 혼인 풍습으로 민며느리제가 있었다. 71·70·69·68·66회
- 옥저 – 가족의 유골을 한 목곽에 안치하는 풍습이 있었다. 46회
- 동예 – 특산물로 단궁, 과하마, 반어피가 유명하였다. 68·61·56·55회
- 동예 – 무천이라는 제천 행사를 열었다. 70·67·59회
- 동예 – 읍락 간의 경계를 중시하는 책화가 있었어요. 71·69·65·64회

기출자료 2 삼한 ✅ 출제TIP 삼한은 '신지', '읍차', '천군'과 같은 정치와 관련된 키워드가 힌트로 자주 나와요!

(1) 삼한의 정치와 풍속 69회 출제

해마다 5월이면 씨뿌리기를 마치고 귀신에게 제사를 지낸다. 떼를 지어 모여서 노래와 춤을 즐기며 술 마시고 노는데 밤낮으로 쉬지 않는다. …… 국읍에 각각 한 사람씩을 세워서 천신의 제사를 주관하게 하는데, 이를 천군이라 부른다. – 『삼국지』 위서 동이전

자료 분석
삼한은 제사장인 천군이 별도로 신성한 지역인 소도를 주관하는 제정 분리 사회였으며, 5월과 10월에 풍요를 기원하는 제천 행사를 열었다.

함께 나올 기출선택지
- 목지국 등 많은 소국들로 이루어졌다. 52회
- 신지, 읍차라 불린 지배자가 있었다. 70·69회
- 제사장인 천군과 신성 지역인 소도가 존재하였어요. 64·62·61·60회
- 변한 – 낙랑과 왜에 철을 수출하였다. 63·59·57·56회

---

3. 질문에 맞는 답을 고르세요.

(1) 고조선에 대한 설명은?
 ① 연의 장수 진개의 공격을 받아 영토를 빼앗겼다.
 ② 국가의 중대사를 정사암에서 논의하였다.

(2) 부여에 대한 설명은?
 ① 영고라는 제천 행사를 열었다.
 ② 낙랑과 왜에 철을 수출하였다.

(3) 옥저에 대한 설명은?
 ① 읍군이나 삼로라는 지배자가 있었다.
 ② 집집마다 부경이라는 창고가 있었다.

(4) 삼한에 대한 설명은?
 ① 도둑질한 자에게 12배로 배상하게 하였다.
 ② 신성 지역인 소도가 존재하였다.

정답
1. (1) O (2) X(삼한) (3) O
2. (1) 서옥제 (2) 무천
   (3) 삼한
3. (1) ①(②은 백제)
   (2) ①(②은 변한)
   (3) ①(②은 고구려)
   (4) ②(①은 부여, 고구려)

개념 적용 기출문제

01 42회 02번
(가)에 들어갈 내용으로 옳은 것은? [2점]

말풍선: 기원전 2세기경에 위만이 준왕을 몰아내고 왕이 된 이후 고조선의 상황에 대해 이야기해 볼까요?

(가)

말풍선: 우거왕이 왕검성을 침략한 한 무제의 군대에 맞서 저항했습니다.

① 지방의 여러 성에 욕살, 처려근지 등을 두었습니다.
② 제가 회의에서 나라의 중요한 일을 결정하였습니다.
③ 한(漢)과 진국(辰國) 사이에서 중계 무역을 하였습니다.
④ 전국 7웅 중 하나인 연과 대적할 만큼 성장하였습니다.
⑤ 부왕(否王) 등 강력한 왕이 등장하여 왕위를 세습하였습니다.

02 65회 02번
(가) 국가에 대한 설명으로 옳은 것은? [2점]

> 니계상 참이 사람을 시켜 (가) 의 왕 우거를 죽이고 와서 항복하였다. 그러나 왕검성은 끝내 함락되지 않았기에 우거왕의 대신(大臣) 성기가 한(漢)에 반기를 들고 공격하였다. 좌장군은 우거왕의 아들 장과 항복한 상 노인의 아들 최로 하여금 그 백성을 달래고 성기를 주살하도록 하였다. 드디어 (가) 을/를 평정하고 진번·임둔·낙랑·현도군을 설치하였다. - 「한서」

① 동맹이라는 제천 행사를 열었다.
② 신성 지역인 소도가 존재하였다.
③ 읍락 간의 경계를 중시하는 책화가 있었다.
④ 여러 가(加)들이 별도로 사출도를 다스렸다.
⑤ 사회 질서를 유지하기 위해 범금 8조를 두었다.

03 71회 02번
다음 검색창에 들어갈 나라에 대한 설명으로 옳은 것은? [2점]

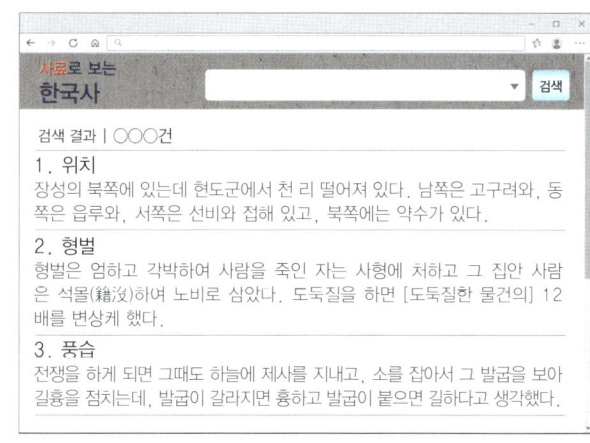

① 신성 지역인 소도가 있었다.
② 혼인 풍습으로 민며느리제가 있었다.
③ 읍락 간의 경계를 중시하는 책화가 있었다.
④ 여러 가(加)들이 각각 사출도를 주관하였다.
⑤ 사회 질서를 유지하기 위해 범금 8조를 만들었다.

04 68회 03번
다음 자료에 해당하는 나라에 대한 설명으로 옳은 것은? [2점]

> ○ 산릉과 넓은 못[澤]이 많아서 동이 지역에서는 가장 넓고 평탄한 곳이다. …… 사람들은 체격이 크고 성품은 굳세고 용감하며, 근엄·후덕하여 다른 나라를 쳐들어가거나 노략질하지 않는다.
> ○ 은력(殷曆) 정월에 지내는 제천 행사는 국중 대회로 날마다 마시고 먹고 노래하고 춤추는데, 그 이름을 영고라 했다. - 「삼국지」 위서 동이전

① 신성 지역인 소도가 존재하였다.
② 혼인 풍습으로 민며느리제가 있었다.
③ 여러 가(加)들이 각각 사출도를 주관하였다.
④ 특산물로 단궁, 과하마, 반어피가 유명하였다.
⑤ 왕 아래 상가, 대로, 패자 등의 관직이 있었다.

해설

01 위만 조선 시기의 상황   정답 ③

자료 분석

> 위만이 준왕을 몰아내고 왕이 된 이후 고조선 → 위만 조선
>
> 기원전 2세기경 중국의 진·한 교체기에 고조선으로 망명한 유이민 출신의 위만이 세력을 키운 뒤 고조선의 준왕을 축출하고 왕위에 올랐다. 그러나 고조선은 위만의 손자인 우거왕 때 한 무제의 공격을 받아 수도 왕검성이 함락되면서 멸망하였다(기원전 108).

선택지 분석

① 지방의 여러 성에 욕살, 처려근지 등을 두었습니다.
  → 고구려

② 제가 회의에서 나라의 중요한 일을 결정하였습니다.
  → 고구려

③ 한(漢)과 진국(辰國) 사이에서 중계 무역을 하였습니다.
  → 위만 조선
  ㄴ 위만 조선은 중국의 한과 한반도 남부의 진국 사이에서 중계 무역을 통해 경제적 이익을 독점하였다.

④ 전국 7웅 중 하나인 연과 대적할 만큼 성장하였습니다.
  → 고조선

⑤ 부왕(否王) 등 강력한 왕이 등장하여 왕위를 세습하였습니다. → 고조선

03 부여   정답 ④

자료 분석

> 남쪽은 고구려 + 도둑질을 하면 12배를 변상케 함 → 부여
>
> 부여는 만주 쑹화강 유역의 평탄하고 넓은 지대에서 성장하였으며, 남쪽으로는 고구려와 접해 있었다. 부여에는 1책 12법의 조항이 있어 남의 물건을 훔치면 12배로 배상하게 하였고, 소를 죽여 그 발굽의 모양으로 길흉을 점치는 우제점법이 있었다.

선택지 분석

① 신성 지역인 소도가 있었다. → 삼한

② 혼인 풍습으로 민며느리제가 있었다. → 옥저

③ 읍락 간의 경계를 중시하는 책화가 있었다. → 동예

④ 여러 가(加)들이 각각 사출도를 주관하였다. → 부여
  ㄴ 부여에는 왕 아래에 마가·우가·저가·구가의 여러 가(加)들이 별도로 행정 구역인 사출도를 다스렸다.

⑤ 사회 질서를 유지하기 위해 범금 8조를 만들었다. → 고조선

빈출 개념 부여

위치	만주 쑹화(송화)강 유역
정치	5부족 연맹체 사출도(마가, 우가, 저가, 구가)
경제	농경과 목축
사회	제천 행사: 영고(12월) 풍습: 순장, 1책 12법(남의 물건을 훔치면 12배로 배상) 등

02 고조선   정답 ⑤

자료 분석

> 왕 우거(우거왕) + 왕검성 → 고조선
>
> 위만 집권 이후인 기원전 2세기경에는 지리적 이점을 이용하여 한반도 남부의 진과 중국의 한 사이에서 중계 무역으로 경제적 이익을 독점하였다. 이에 우거왕 때 중국의 한 무제가 고조선을 침공하였고, 고조선은 약 1년간 항전하였으나 수도 왕검성이 함락되며 멸망하였다.

선택지 분석

① 동맹이라는 제천 행사를 열었다. → 고구려

② 신성 지역인 소도가 존재하였다. → 삼한

③ 읍락 간의 경계를 중시하는 책화가 있었다. → 동예

④ 여러 가(加)들이 별도로 사출도를 다스렸다. → 부여

⑤ 사회 질서를 유지하기 위해 범금 8조를 두었다. → 고조선
  ㄴ 고조선은 사회 질서를 유지하기 위해 살인, 절도 등의 죄를 다스리는 범금 8조를 두었다.

04 부여   정답 ③

자료 분석

> 제천 행사 + 영고 → 부여
>
> 부여는 철기 문화를 바탕으로 등장한 여러 나라 중 하나로, 만주 쑹화강 유역의 평탄하고 넓은 평야 지대를 중심으로 성장하였다. 12월에 영고라는 제천 행사를 실시하여 하늘에 제사를 지냈고, 형이 죽은 뒤 동생이 형수를 아내로 삼는 형사취수제도 실시되었다.

선택지 분석

① 신성 지역인 소도가 존재하였다. → 삼한

② 혼인 풍습으로 민며느리제가 있었다. → 옥저

③ 여러 가(加)들이 각각 사출도를 주관하였다. → 부여
  ㄴ 부여에서는 왕 아래에 마가·우가·저가·구가의 여러 가(加)들이 별도로 행정 구역인 사출도를 주관하였다.

④ 특산물로 단궁, 과하마, 반어피가 유명하였다. → 동예

⑤ 왕 아래 상가, 대로, 패자 등의 관직이 있었다. → 고구려

개념 적용 기출문제

05
48회 02번
밑줄 그은 '이 나라'에 대한 설명으로 옳은 것은? [2점]

> 이 나라에는 왕이 있고 벼슬로는 상가·대로·패자·고추가·주부·우태·승·사자·조의·선인이 있으며, 존비(尊卑)에 따라 각각 등급을 두었다. 모든 대가들도 스스로 사자·조의·선인을 두었는데, 그 명단은 모두 왕에게 보고하여야 한다. …… 범죄자가 있으면 제가들이 모여 회의하여 즉시 사형에 처하고, 그 처자는 노비로 삼는다.
> — 『삼국지』 「동이전」

① 집집마다 부경이라는 창고가 있었다.
② 12월에 영고라는 제천 행사를 열었다.
③ 혼인 풍습으로 민며느리제가 있었다.
④ 읍락 간의 경계를 중시하는 책화가 있었다.
⑤ 제사장인 천군과 신성 지역인 소도가 존재하였다.

06
66회 02번
다음 자료에 해당하는 나라에 대한 설명으로 옳은 것은? [2점]

> 호의 수는 5천인데 대군왕은 없으며 읍락에는 각각 대를 잇는 우두머리가 있다. …… 여러 읍락의 거수(渠帥)들은 스스로를 삼로라 일컬었다. …… 장사를 지낼 때에는 큰 나무 곽을 만든다. 길이가 10여 장이나 되며 한쪽을 열어 놓아 문을 만든다. 사람이 죽으면 임시로 매장한다. 겨우 시체가 덮일 만큼 묻었다가 가죽과 살이 다 썩은 다음에 뼈만 추려 곽 속에 넣는다. 온 집 식구를 하나의 곽 속에 넣어 두는데, 죽은 사람의 숫자만큼 나무를 깎아 생전의 모습과 같이 만들었다.
> — 『삼국지』 「동이전」

① 신성 지역인 소도가 존재하였다.
② 혼인 풍습으로 민며느리제가 있었다.
③ 범금 8조를 통해 사회 질서를 유지하였다.
④ 여러 가(加)들이 각각 사출도를 주관하였다.
⑤ 정사암에 모여 국가의 중대사를 논의하였다.

07
70회 02번
(가) 나라에 대한 설명으로 옳은 것은? [2점]

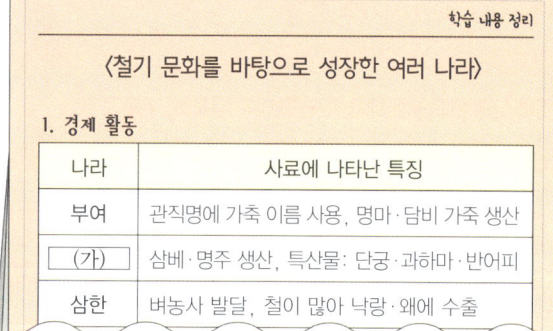

① 신지, 읍차 등의 지배자가 있었다.
② 혼인 풍습으로 민며느리제가 있었다.
③ 10월에 무천이라는 제천 행사를 열었다.
④ 여러 가(加)들이 각각 사출도를 주관하였다.
⑤ 제가 회의에서 나라의 중대사를 결정하였다.

08
61회 02번
(가) 나라에 대한 설명으로 옳은 것은? [1점]

〈한국사 발표 대회〉
여러 나라의 성장: (가)
- 5월과 10월에 제천 행사를 지냈습니다.
- 신지, 읍차 등으로 불리는 지배자가 있었습니다.
- 목지국, 사로국, 구야국 등 여러 소국으로 이루어졌습니다.

① 신성 지역인 소도가 존재하였다.
② 연의 장수 진개의 공격을 받았다.
③ 혼인 풍습으로 민며느리제가 있었다.
④ 여러 가(加)들이 별도로 사출도를 주관하였다.
⑤ 특산물로 단궁, 과하마, 반어피가 유명하였다.

해설

05 고구려   정답 ①

자료 분석

사자·조의·선인 + 제가들이 모여 회의함 → 고구려

고구려는 만주 졸본 지역에서 성장한 나라로, 왕 아래에 상가, 고추가 등의 대가들이 있었고, 이들은 각각 사자, 조의, 선인 등의 관리를 거느렸다. 대가들은 제가 회의를 통해 국가의 중대사를 논의하고 결정하였으며, 범죄자에 대한 처벌을 의논하기도 하였다.

선택지 분석

① 집집마다 부경이라는 창고가 있었다. → 고구려
   ┗ 고구려의 지배층은 집집마다 부경이라는 창고를 두어 곡식을 저장하였다.
② 12월에 영고라는 제천 행사를 열었다. → 부여
③ 혼인 풍습으로 민며느리제가 있었다. → 옥저
④ 읍락 간의 경계를 중시하는 책화가 있었다. → 동예
⑤ 제사장인 천군과 신성 지역인 소도가 존재하였다. → 삼한

06 옥저   정답 ②

자료 분석

삼로 + 사람이 죽으면 임시로 매장함 + 온 집 식구를 하나의 곽 속에 넣어 둠 → 골장제 → 옥저

옥저는 함경도 해안 지역에 위치한 군장 국가로, 사람이 죽으면 가매장하였다가 가족의 유골을 한 목곽에 안치하는 가족 공동 무덤(골장제)의 풍습이 있었다.

선택지 분석

① 신성 지역인 소도가 존재하였다. → 삼한
② 혼인 풍습으로 민며느리제가 있었다. → 옥저
   ┗ 옥저에는 여자가 어렸을 때 남자 집에서 살다가 성장한 후 남자가 여자 집에 예물을 치르고 혼인을 하는 풍습인 민며느리제가 있었다.
③ 범금 8조를 통해 사회 질서를 유지하였다. → 고조선
④ 여러 가(加)들이 각각 사출도를 주관하였다. → 부여
⑤ 정사암에 모여 국가의 중대사를 논의하였다. → 백제

07 동예   정답 ③

자료 분석

단궁·과하마·반어피 → 동예

동예는 후, 읍군, 삼로라는 지배자가 자기 부족을 통치한 군장 국가로, 산과 내(강)로 구분된 읍락 간의 경계를 중시하여 다른 부족이 경계를 침범하면 노비나 소, 말 등으로 변상하게 하는 책화의 풍습이 있었다. 동예의 대표적인 특산물로 단궁(활), 반어피(바다표범 가죽), 과하마(작은 말) 등이 있었다.

선택지 분석

① 신지, 읍차 등의 지배자가 있었다. → 삼한
② 혼인 풍습으로 민며느리제가 있었다. → 옥저
③ 10월에 무천이라는 제천 행사를 열었다. → 동예
   ┗ 동예는 매년 10월에 무천이라는 제천 행사를 열어 하늘에 제사를 지냈다.
④ 여러 가(加)들이 각각 사출도를 주관하였다. → 부여
⑤ 제가 회의에서 나라의 중대사를 결정하였다. → 고구려

빈출 개념 동예

위치	강원도 동해안 지역
정치	읍군, 삼로가 다스리는 군장 국가
경제	특산물: 단궁, 과하마, 반어피
사회	· 제천 행사: 무천(10월) · 풍습: 족외혼, 책화

08 삼한   정답 ①

자료 분석

5월과 10월에 제천 행사 + 신지·읍차 → 삼한

삼한은 목지국, 사로국, 구야국 등 여러 소국으로 이루어진 연맹체 국가로, 한반도 남부에 위치해 있다. 삼한에는 신지·읍차 등으로 불리는 지배자가 있었으며, 해마다 씨를 뿌리고 난 뒤인 5월(수릿날)과 가을 곡식을 거두어 들이는 10월(계절제)에 제천 행사를 열어 하늘에 제사를 지냈다.

선택지 분석

① 신성 지역인 소도가 존재하였다. → 삼한
   ┗ 삼한에는 신성 지역인 소도가 존재하여, 제사장인 천군이 이곳을 다스렸다.
② 연의 장수 진개의 공격을 받았다. → 고조선
③ 혼인 풍습으로 민며느리제가 있었다. → 옥저
④ 여러 가(加)들이 별도로 사출도를 주관하였다. → 부여
⑤ 특산물로 단궁, 과하마, 반어피가 유명하였다. → 동예

선사 시대 핵심 키워드 마무리 체크

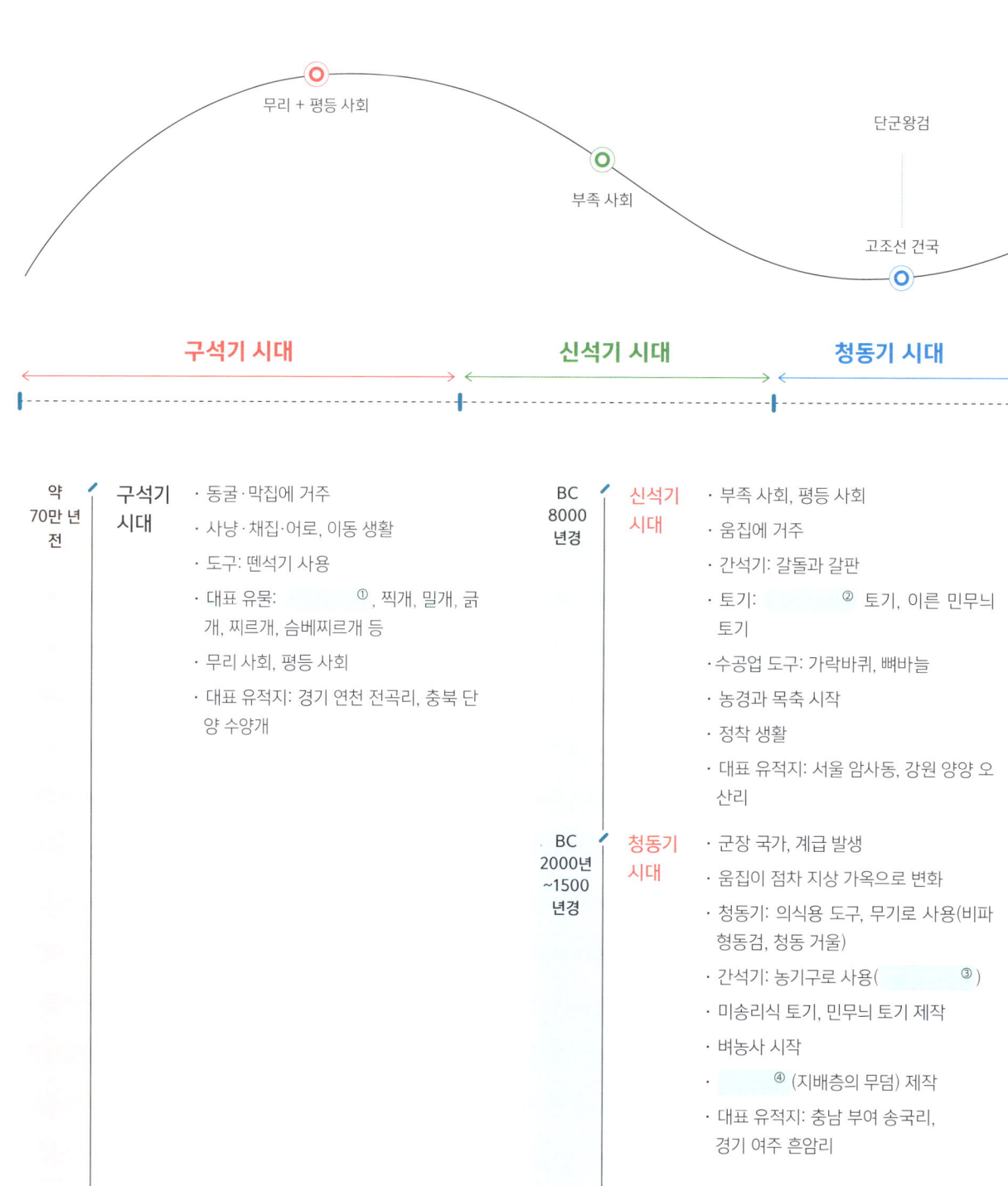

	구석기 시대		신석기 시대		청동기 시대
약 70만 년 전	**구석기 시대**	・동굴·막집에 거주 ・사냥·채집·어로, 이동 생활 ・도구: 뗀석기 사용 ・대표 유물: ①_____, 찍개, 밀개, 긁개, 찌르개, 슴베찌르개 등 ・무리 사회, 평등 사회 ・대표 유적지: 경기 연천 전곡리, 충북 단양 수양개			
			BC 8000 년경	**신석기 시대**	・부족 사회, 평등 사회 ・움집에 거주 ・간석기: 갈돌과 갈판 ・토기: ②_____ 토기, 이른 민무늬 토기 ・수공업 도구: 가락바퀴, 뼈바늘 ・농경과 목축 시작 ・정착 생활 ・대표 유적지: 서울 암사동, 강원 양양 오산리
			BC 2000년 ~1500 년경	**청동기 시대**	・군장 국가, 계급 발생 ・움집이 점차 지상 가옥으로 변화 ・청동기: 의식용 도구, 무기로 사용(비파형동검, 청동 거울) ・간석기: 농기구로 사용(_____③) ・미송리식 토기, 민무늬 토기 제작 ・벼농사 시작 ・_____④ (지배층의 무덤) 제작 ・대표 유적지: 충남 부여 송국리, 경기 여주 흔암리

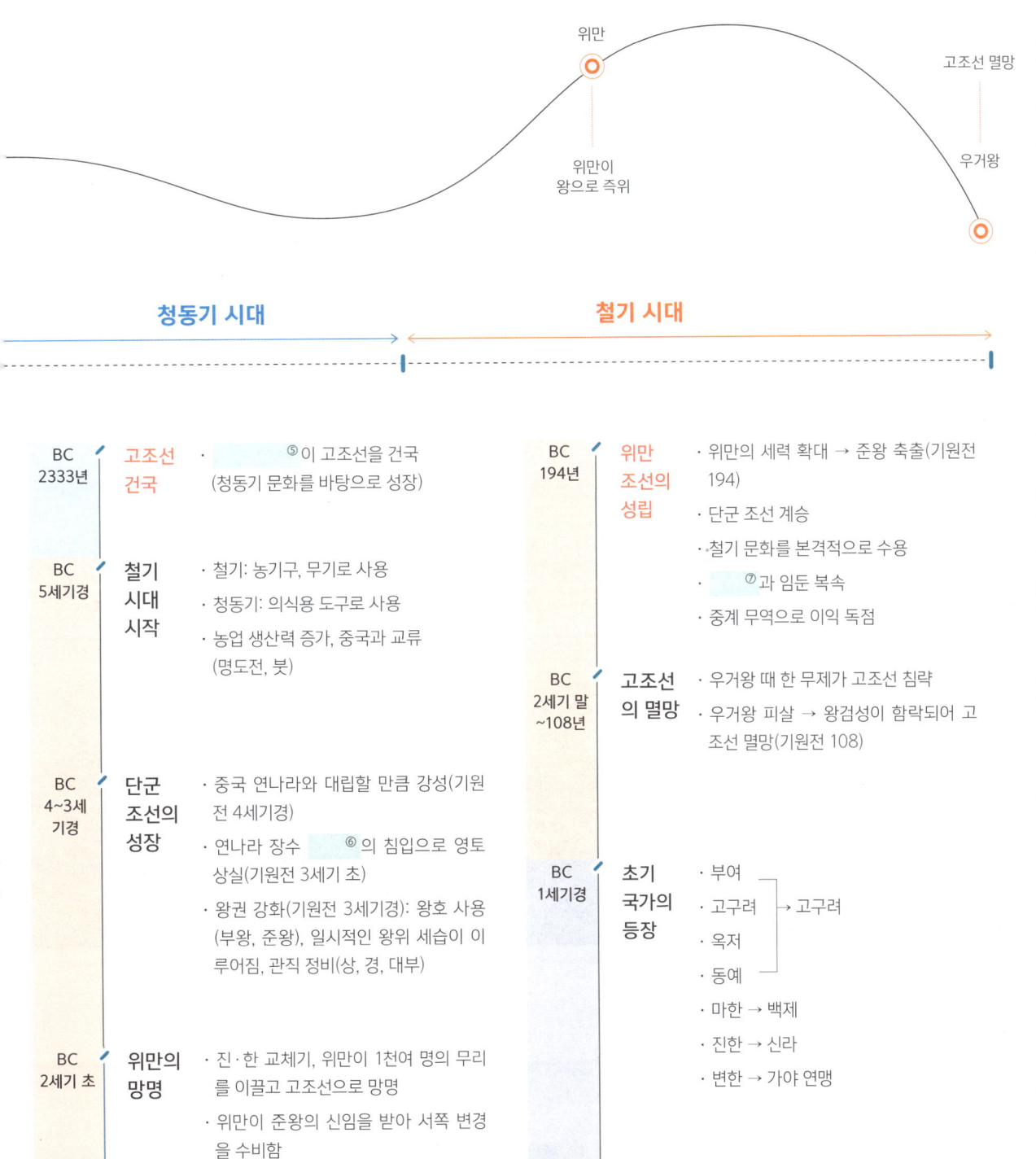

정답 ① 주먹도끼 ② 빗살무늬 ③ 반달 돌칼 ④ 고인돌 ⑤ 단군왕검 ⑥ 진개 ⑦ 진번

해커스 한국사능력검정시험 심화(1·2·3급) 한권합격

Ⅱ. 고대

- **3강** 고구려
- **4강** 백제
- **5강** 신라와 가야
- **6강** 통일 신라와 발해
- **7강** 고대의 경제·사회·문화

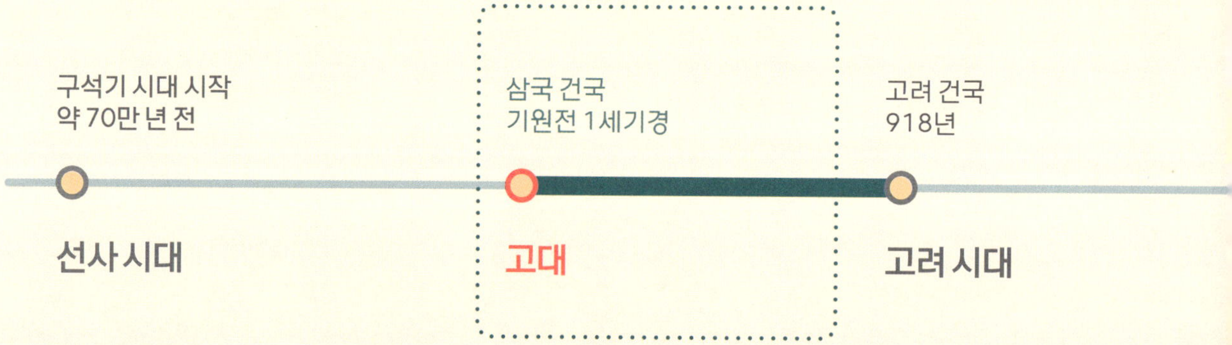

구석기 시대 시작 약 70만 년 전	삼국 건국 기원전 1세기경	고려 건국 918년
선사 시대	고대	고려 시대

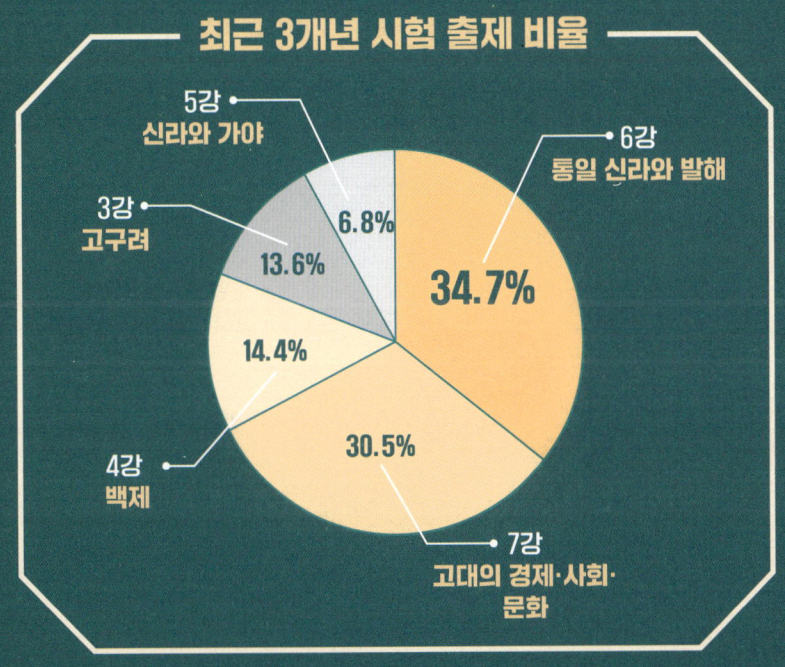

최근 3개년 시험 출제 비율

- 6강 통일 신라와 발해 34.7%
- 7강 고대의 경제·사회·문화 30.5%
- 4강 백제 14.4%
- 3강 고구려 13.6%
- 5강 신라와 가야 6.8%

1위 6강 통일 신라와 발해 34.7%
통일 신라 왕들의 업적과 발해의 통치 체제를 묻는 문제가 자주 출제됩니다.

2위 7강 고대의 경제·사회·문화 30.5%
통일 신라의 승려와 고대의 탑, 불상 등의 문화유산을 고르는 문제가 출제됩니다.

3위 4강 백제 14.4%
백제는 주요 왕의 업적과 백제 부흥 운동 과정을 묻는 문제가 주로 출제됩니다.

조선 건국 1392년	흥선 대원군 집권 1863년	국권 피탈 1910년	광복 1945년
조선 시대	근대	일제 강점기	현대

3강 고구려

1 고구려의 건국과 발전 최근 3개년 시험 중 10회 출제!

빈출 키워드 랭킹
1위 진대법 10번 출제
2위 평양 천도 7번 출제
3위 영락 6번 출제

1. 고구려의 건국
(1) **주몽(동명성왕)**: 부여에서 온 주몽이 졸본 지역에서 고구려를 건국하였다.
(2) **유리왕**: 졸본에서 국내성으로 수도를 옮긴 후 세력을 확대하였다.

2. 고구려의 성장 [기출자료1]
(1) **태조왕**: (동)옥저를 정복하고 동해안으로 진출하였다.
(2) **고국천왕**
   ① **5부 개편**: 부족적 성격의 5부를 행정적 성격의 5부로 개편하였다.
   ② **진대법 실시**: 을파소의 건의에 따라 빈민 구휼 제도인 진대법◆을 실시하였나.
(3) **미천왕**: 중국 요동 지역의 서안평을 공격하고 한이 설치한 낙랑군과 대방군을 축출하여 영토를 확장하였다.
(4) **고국원왕**: 전연 모용황의 침공으로 수도인 환도성이 함락되었으며, 백제 근초고왕이 평양성을 공격하자 이를 방어하다 전사하였다.
(5) **소수림왕**
   ① **국가 발전의 토대 마련**: 아버지인 고국원왕이 전사한 국가 위기 상황에서 즉위하여, 위기를 극복하기 위해 국가 체제를 정비하였다.
   ② **주요 정책**

불교 수용	중국의 전진과 수교하고, 승려인 순도를 통해 불교를 수용한 후 공인함
율령 반포	국가 통치의 기본법인 율령◆을 반포하여 중앙 집권 체제를 강화함
태학 설립	우리나라 최초의 국립 대학인 태학◆을 설립하여 인재를 양성하고 유학을 보급함

3. 고구려의 전성기
(1) **광개토 대왕** [기출자료2]
   ① **정복 활동**: 백제를 공격하여 한강 이북 지역을 차지하였고, 거란과 후연(선비족)을 공격하여 만주 및 요동 지역으로 진출하였다.
   ② **신라 구원**: 신라 내물 마립간의 요청을 받아들여 신라에 침입한 왜를 격퇴하고, 왜에 우호적이었던 금관가야를 공격하였다.
   ③ **연호 사용**: 영락이라는 독자적인 연호를 사용하여 자주성을 드러내었다.
(2) **장수왕** [기출자료3]
   ① **평양 천도**: 도읍을 국내성에서 평양으로 옮겨 남진 정책을 추진하였다.
   ② **한성 공격**: 백제의 수도 한성을 공격하여 개로왕을 전사시키고, 한강 유역을 차지하였다.
   ③ **광개토 대왕릉비◆ 건립**: 아버지인 광개토 대왕의 업적을 기리기 위하여 광개토 대왕릉비를 건립하였다.

◆ **진대법**
봄에 백성들에게 곡식을 빌려주고, 가을에 갚도록 한(춘대추납) 구휼 제도

◆ **율령**
- 율: 사회 질서 유지를 위한 형률
- 령: 행정 체계 정비를 위한 법령

◆ **태학**
- 소수림왕 때 설립된 일종의 국립 교육 기관
- 귀족의 자제를 대상으로 유학을 교육함

◆ **광개토 대왕릉비**
- 광개토 대왕의 업적을 기리기 위해 아들 장수왕이 세운 비석
- 고구려의 건국 과정, 광개토 대왕의 업적 등이 기록되어 있음

기출 분석 특강

기출자료 1 고구려의 성장

> 출제 TIP 고구려 초기의 왕의 업적이 선택지로 자주 출제돼요!

(1) 고국천왕 39회 출제

『삼국사기』에 따르면, 사냥을 나갔던 고국천왕이 길에서 슬피 우는 사람을 만나 그 연유를 물었더니 "가난하여 품을 팔며 어머니를 간신히 모셨는데, 올해는 흉년이 극심해 품을 팔 곳도 찾을 수 없고 곡식을 구하기도 어려워 어찌 어머니를 봉양할까 걱정되어 울고 있습니다."라고 답하였다. 왕이 그를 불쌍히 여겨 위로하고, 재상 을파소와 논의하여 대책을 마련하였다.
└ 진대법 실시

자료 분석 고국천왕은 식량이 떨어지는 춘궁기에 백성들에게 곡식을 빌려주고, 추수기에 갚도록 하는 구휼 제도인 진대법을 실시하여 빈민을 구제하였다.

(2) 소수림왕 68회 출제

진(秦)왕 부견이 사신과 승려 순도를 보내 불상과 경문을 주었다. 왕이 사신을 보내 답례로 방물(方物)을 바쳤다.
└ 불교 수용

자료 분석 소수림왕은 중국의 전진에서 온 승려 순도를 통해 불교를 수용·공인하였다.

함께 나올 기출선택지
- 태조왕 – 고구려가 (동)옥저를 정복하여 영토를 확장하였다. 48·45회
- 고국천왕 – 을파소를 등용하고 진대법을 시행하였다. 68·65·62·61회
- 미천왕이 서안평을 공격하여 영토를 확장하였다. 68·56회
- 미천왕 – 낙랑군을 축출하여 영토를 확장하였다. 70·69·66·65회
- 미천왕 – 고구려가 대방군을 축출하고 영토를 확장하였다. 39회
- 고국원왕이 백제의 평양성 공격으로 전사하였다. 54회
- 소수림왕 – 전진의 순도를 통해 불교를 수용하였다. 70·60회
- 소수림왕 – 태학을 설립하여 인재를 양성하였다. 68·61·56회

기출자료 2 광개토 대왕

(1) 광개토 대왕의 신라 구원 46회 출제

> 출제 TIP 광개토 대왕의 정복 활동이 자료로 제시됩니다

왕이 보병과 기병 5만 명을 보내어 신라를 구원하게 하였다. …… 고구려군이 막 도착하니 왜적이 퇴각하였다. 그 뒤를 급히 추격하여 임나가라의 종발성에 이르니 성이 곧 항복하였다. …… 예전에는 신라 매금이 몸소 [고구려에 와서] 보고를 하며 명을 받든 적이 없었는데, …… 신라 매금이 …… 조공하였다.
└ 신라 내물 마립간

자료 분석 광개토 대왕은 신라 내물 마립간의 요청으로 신라에 침입한 왜를 격퇴하였다. 한편, 이를 계기로 신라는 고구려의 내정 간섭을 받게 되었다.

함께 나올 기출선택지
- 광개토 대왕 – 영락이라는 독자적 연호를 사용하였다. 72·70·68·66회
- 고구려의 광개토 대왕이 백제를 공격하였다. 45회
- 광개토 대왕 – 신라에 군대를 파견하여 왜를 격퇴하였다. 69·63·59회
- 광개토 대왕 – 고구려가 후연을 공격하고 요동 땅을 차지하였다. 41회

기출자료 3 장수왕

(1) 한성 함락 60회 출제

> 출제 TIP 장수왕의 한성 함락은 사이의 사실을 묻는 문제의 자료로 자주 제시되고 있어요!

┌ 장수왕의 이름
고구려 왕 거련(巨連)이 몸소 군사를 거느리고 백제를 공격하였다. 백제 왕 경(慶)이 아들 문주를 (신라에) 보내 구원을 요청하였다. 왕이 군사를 내어 구해주려 했으나 미처 도착하기도 전에 백제가 이미 (고구려에) 함락되었고, 경 역시 피살되었다.
                                                  – 『삼국사기』
└ 개로왕의 이름

자료 분석 장수왕은 남진 정책을 추진하여 백제의 수도인 한성을 공격·함락하였다. 이때 백제 개로왕이 피살되었고, 고구려는 한강 유역을 차지하게 되었다.

함께 나올 기출선택지
- 장수왕이 평양으로 천도하고 남진을 추진하였다. 61회
- 장수왕이 한성을 공격하여 함락시켰다. 58회

3강 고구려

2 수·당과의 항쟁과 고구려의 멸망 최근 3개년 시험 중 6회 출제!

1. 고구려의 수·당 침입 격퇴 과정 기출자료1

고구려의 수 공격 (598)	수 문제의 고구려 침입(598)	수 양제의 고구려 침입(612)	살수 대첩 (고구려 vs 수, 612)
수가 중국을 통일하자, 고구려 영양왕이 수의 요서 지방을 선제 공격함	수 문제가 30만 대군을 이끌고 고구려에 침입하였으나, 성과 없이 퇴각함	수 양제가 대군을 이끌고 고구려에 침입함	고구려 **을지문덕**이 살수에서 수의 군대를 크게 격파함

수 멸망, 당 건국 (618)	고구려의 천리장성◆ 축조 시작(631)	연개소문의 정변 (642)	안시성 전투 (고구려 vs 당, 645)
수가 거듭된 전쟁으로 멸망함 → 당 건국 후 당 태종이 팽창 정책을 추진함	고구려 영류왕이 당의 침입에 대비하여 **천리장성 축조를 시작**함	연개소문이 정변을 일으켜 **보장왕을 옹립**함 → 정권 장악 후 대당 강경책을 실시함	당 태종이 침입하자, 안시성에서 군·민이 협력하여 당군을 격파함

2. 고구려의 멸망과 부흥 운동

(1) 고구려의 멸망
① **지배층의 분열:** 수·당과의 전쟁으로 국력이 약해진 상황에서 연개소문의 사망 후 지배층이 분열되었다.
② **평양성 함락:** 나·당 연합군의 공격으로 **평양성이 함락되면서 고구려가 멸망**하였다(668).

(2) 고구려 부흥 운동 기출자료2
① **부흥 운동:** 고구려의 장군 **검모잠**이 **안승**(보장왕의 자손)을 왕으로 추대하고 부흥 운동을 전개하였으나, 지배층의 내분으로 안승이 검모잠을 죽이고 신라로 망명하였다.
② **신라의 지원:** **문무왕**이 금마저(익산)에 보덕국을 세우고, **안승을 보덕국왕으로 임명**하였다.

빈출 키워드 랭킹
1위 살수 대첩 10번 출제
2위 보덕국 7번 출제
3위 검모잠 4번 출제

◆ 천리장성
- 고구려가 당의 침입을 막기 위해 축조한 장성
- 영류왕 때부터 축조하기 시작하여 보장왕 때 완성함
- 연개소문이 천리장성의 축조를 관리·감독함

10초 컷! 핵심 키워드 암기
1. 건국과 발전: 소수림왕(불교 수용, 율령 반포, 태학 설립), 광개토 대왕(신라 구원), 장수왕(평양 천도, 한성 함락)
2. 수·당과의 항쟁: 살수 대첩(을지문덕, 수) → 안시성 전투(당)
3. 멸망과 부흥 운동: 멸망 → 부흥 운동(검모잠, 안승), 신라 문무왕의 지원

3강 개념 확인 퀴즈

1. 다음 설명이 맞으면 O표, 틀리면 X표를 하세요.
(1) 고국천왕은 을파소를 등용하고 진대법을 실시하였다. ( )
(2) 장수왕은 영락이라는 연호를 사용하였다. ( )
(3) 수의 침입에 대비하여 천리장성을 축조하였다. ( )

2. 다음 괄호 안의 내용 중 옳은 것에 O표 하세요.
(1) 미천왕이 (서안평 / 후연)을 공격하여 영토를 확장하였다.
(2) (소수림왕 / 광개토 대왕)이 율령을 반포하였다.
(3) (을지문덕 / 검모잠)이 고구려 부흥 운동을 전개하였다.

기출 분석 특강

기출자료 1 고구려의 수·당 침입 격퇴 과정

> **출제TIP** 고구려 말의 수·당 침입 격퇴 과정은 사이 시기의 사실을 묻는 문제로 자주 출제돼요!

(1) 살수 대첩 49회 출제

살수에 이르러 [수의] 군대가 반쯤 건너자 을지문덕이 군사를 보내 그 후군을 공격하였다. 우둔위 장군 신세웅을 죽이니, [수의] 군대가 걷잡을 수 없이 모두 무너져 9군의 장수와 병졸이 도망쳐 돌아갔다.
― 『삼국사기』

[자료 분석] 수나라 양제가 대군을 이끌고 고구려에 침입하자, 을지문덕이 수의 군대를 유인하여 살수에서 대승을 거두었다(살수 대첩).

함께 나올 기출선택지
- 을지문덕이 살수에서 승리하였다. 73·71·70·67·66회
- 연개소문을 보내어 천리장성을 축조하였다. 51회
- 당의 침입에 대비하여 천리장성을 축조하였다. 61회
- 연개소문이 정변을 일으켜 권력을 장악하였다. 72·69·61회
- 고구려가 당의 침입에 대비하여 천리장성을 축조하였다. 61회

(2) 연개소문의 정변 73회 출제

연개소문은 왕의 조카인 장을 왕으로 세우고(보장왕) 스스로 막리지가 되었다. 그 관직은 당의 병부상서 겸 중서령의 직임과 같다.

[자료 분석] 연개소문은 천리장성 축조를 감독하면서 키운 군사력을 바탕으로 정변을 일으켜 보장왕을 옹립하고 스스로 막리지가 되어 정권을 장악하였다.

기출자료 2 고구려 부흥 운동

(1) 고구려 부흥 운동 55회 출제

> **출제TIP** '검모잠'과 '안승' 두 인물의 이름이 힌트로 자주 나와요!

검모잠이 남은 백성들을 거두어 신라로 향하였다. 안승을 맞아 들여 임금으로 삼았다. 다식 등을 신라로 보내어 고하기를, "지금 신 등이 나라의 귀족 안승을 받들어 임금으로 삼았습니다. 원컨대 변방을 지키는 울타리가 되어 영원토록 충성을 다하고자 합니다."라고 하였다. 신라 왕은(신라 문무왕) 그들을 금마저에 정착하게 하였다.

[자료 분석] 고구려 멸망 후, 검모잠이 안승을 왕으로 추대하고 부흥 운동을 전개하였으나, 내분으로 실패하였다. 한편 신라 문무왕은 당나라를 견제하기 위해 고구려 유민들을 금마저(익산)에 정착시켰다.

함께 나올 기출선택지
- 검모잠이 안승을 왕으로 추대하고 부흥 운동을 전개하였다. 65·59·56회
- 안승이 신라에 의해 보덕국왕으로 책봉되었다. 68·67·60·58회
- 문무왕이 안승을 보덕국왕으로 책봉하였다. 68·67·61회

---

3. 질문에 맞는 답을 고르세요.

(1) 고국원왕 전사 이후의 사실은?
   ① 태조왕이 옥저를 복속시켰다.
   ② 광개토 대왕이 백제를 공격하였다.

(2) 장수왕 때의 사실은?
   ① 국내성에서 평양으로 도읍을 옮겼다.
   ② 백제가 고구려의 평양성을 공격하였다.

(3) 살수 대첩 이후의 사실은?
   ① 연개소문이 정권을 장악하였다.
   ② 영양왕이 요서를 공격하였다.

(4) 고구려 부흥 운동에 대한 설명은?
   ① 안승을 왕으로 받들었다.
   ② 복신과 도침이 주도하였다.

[정답]
1. (1) ○ (2) X(광개토 대왕) (3) X(당)
2. (1) 서안평 (2) 소수림왕 (3) 검모잠
3. (1) ②(①은 고국원왕 전사 이전)
   (2) ①(②은 고국원왕 때)
   (3) ①(②은 살수 대첩 이전)
   (4) ①(②은 백제 부흥 운동)

개념 적용 기출문제

01 65회 05번
다음 상황 이후에 있었던 사실로 옳은 것은? [2점]

> 10월에 백제왕이 병력 3만 명을 거느리고 평양성을 공격해 왔다. 왕이 군대를 출정시켜 백제군을 막다가 날아온 화살에 맞아 이달 23일에 세상을 떠났다.

① 유리왕이 졸본에서 국내성으로 천도하였다.
② 미천왕이 낙랑군을 축출하여 영토를 확장하였다.
③ 소수림왕이 불교를 공인하고 율령을 반포하였다.
④ 고국천왕이 을파소를 등용하고 진대법을 실시하였다.
⑤ 유주자사 관구검이 이끄는 군대가 환도성을 함락하였다.

03 66회 04번
밑줄 그은 '왕'에 대한 설명으로 옳은 것은? [2점]

> ○ 기해년에 백제가 맹세를 어기고 왜와 화통하였다. 왕이 순행하여 평양으로 내려갔는데, 신라에서 사신을 보내어 아뢰기를, "왜인이 국경에 가득 차 성지(城池)를 파괴하고 있습니다. …… 귀부하여 명을 받고자 합니다."라고 하였다.
>
> ○ 경자년에 왕이 보병과 기병 5만 명을 보내서 신라를 구원하게 하였다. 군대가 남거성을 거쳐 신라성에 이르니 왜적이 많았다. 군대가 도착하자 왜적이 퇴각하였다.

① 대가야를 병합하였다.
② 평양으로 도읍을 옮겼다.
③ 22담로에 왕족을 파견하였다.
④ 영락이라는 연호를 사용하였다.
⑤ 낙랑군을 몰아내고 영토를 확장하였다.

02 70회 04번
(가) 왕의 재위 시기에 있었던 사실로 옳은 것은? [2점]

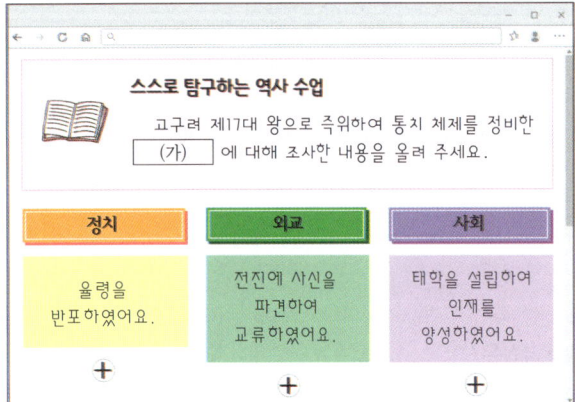

① 승려 순도를 통해 불교를 수용하였다.
② 낙랑군을 축출하여 영토를 확장하였다.
③ 영락이라는 독자적인 연호를 사용하였다.
④ 을지문덕이 살수에서 수의 군대를 물리쳤다.
⑤ 이문진이 유기를 간추린 『신집』 5권을 편찬하였다.

04 60회 05번
다음 검색창에 들어갈 왕에 대한 설명으로 옳은 것은? [2점]

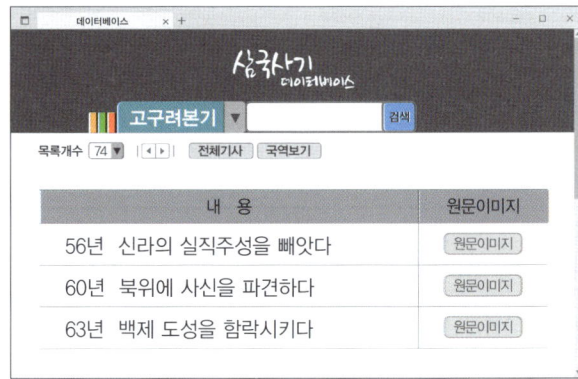

① 도읍을 국내성에서 평양으로 옮겼다.
② 낙랑군을 몰아내고 영토를 확장하였다.
③ 을파소의 건의로 진대법을 실시하였다.
④ 영락이라는 독자적 연호를 사용하였다.
⑤ 전진의 순도를 통해 불교를 수용하였다.

해설

01 고국원왕 전사 이후의 사실 정답 ③

자료 분석

백제왕 + 평양성을 공격 + 왕이 세상을 떠남 → 평양성 전투 → 고국원왕 전사(371)

고구려 고국원왕은 백제 근초고왕과 황해도 지역을 두고 대결하고 있었으며, 백제군이 고구려의 평양성을 공격해오자 이를 방어하다가 날아온 화살에 맞아 전사하였다(371). 이러한 국가적 위기 상황에서 즉위한 소수림왕은 통치 체제를 정비하여 사회적 안정을 이루고자 하였다.

선택지 분석

① 유리왕이 졸본에서 국내성으로 천도하였다. → 3년
② 미천왕이 낙랑군을 축출하여 영토를 확장하였다. → 313년
③ 소수림왕이 불교를 공인하고 율령을 반포하였다.
  → 372년, 373년
  ㄴ 고구려 고국원왕 전사(371) 이후 즉위한 소수림왕은 불교를 공인(372)하고 율령을 반포(373)하는 등 통치 체제를 정비하였다.
④ 고국천왕이 을파소를 등용하고 진대법을 실시하였다.
  → 194년
⑤ 유주자사 관구검이 이끄는 군대가 환도성을 함락하였다.
  → 246년

02 고구려 소수림왕 정답 ①

자료 분석

율령을 반포함 + 태학을 설립함 → 고구려 소수림왕

고구려 소수림왕은 아버지 고국원왕이 평양성 전투에서 전사하자 뒤이어 즉위한 왕으로, 통치 체제를 정비하여 사회적 안정을 이루고 위기를 극복하고자 하였다. 우선 중국의 전진과 수교하여 사신을 파견하였으며, 국가 통치의 기본법인 율령을 반포하여 중앙 집권 체제를 강화하였다. 또한 우리나라 최고의 국립 대학인 태학을 설립하여 인재를 양성하고 유학을 보급하였다.

선택지 분석

① 승려 순도를 통해 불교를 수용하였다. → 소수림왕
  ㄴ 소수림왕은 중국 전진의 승려인 순도를 통해 불교를 수용·공인하였다.
② 낙랑군을 축출하여 영토를 확장하였다. → 미천왕
③ 영락이라는 독자적인 연호를 사용하였다. → 광개토 대왕
④ 을지문덕이 살수에서 수의 군대를 물리쳤다. → 영양왕
⑤ 이문진이 『유기』를 간추린 『신집』 5권을 편찬하였다.
  → 영양왕

03 고구려 광개토 대왕 정답 ④

자료 분석

보병과 기병 5만 명을 보내서 신라를 구원하게 함 → 고구려 광개토 대왕

고구려 광개토 대왕은 고구려의 전성기를 이끈 왕으로, 신라 내물 마립간의 요청에 따라 5만 명의 군사를 보내 신라에 침입한 왜를 격퇴하였으며, 거란과 후연(선비족) 등을 공격하여 만주와 랴오둥(요동) 지역을 확보하였다.

선택지 분석

① 대가야를 병합하였다. → 신라 진흥왕
② 평양으로 도읍을 옮겼다. → 고구려 장수왕
③ 22담로에 왕족을 파견하였다. → 백제 무령왕
④ 영락이라는 연호를 사용하였다. → 고구려 광개토 대왕
  ㄴ 고구려 광개토 대왕은 우리나라 최초로 '영락'이라는 독자적인 연호를 사용하였다.
⑤ 낙랑군을 몰아내고 영토를 확장하였다. → 고구려 미천왕

빈출 개념 고구려 광개토 대왕의 업적

정복 활동	북으로는 랴오둥(요동) 지역, 남으로는 한강 이북 지역 확보
신라 구원	신라를 공격한 왜 격퇴
연호 사용	우리나라 최초로 독자적인 연호인 '영락' 사용

04 고구려 장수왕 정답 ①

자료 분석

고구려 + 백제 도성을 함락 → 고구려 장수왕

고구려 장수왕은 백제의 도성인 한성을 공격하여 백제 개로왕을 전사시키고 한강 유역까지 영토를 확장하였다.

선택지 분석

① 도읍을 국내성에서 평양으로 옮겼다. → 장수왕
  ㄴ 고구려 광개토 대왕의 뒤를 이어 즉위한 장수왕은 남진 정책을 추진하기 위해 도읍을 국내성에서 평양으로 옮겼다.
② 낙랑군을 몰아내고 영토를 확장하였다. → 미천왕
③ 을파소의 건의로 진대법을 실시하였다. → 고국천왕
④ 영락이라는 독자적 연호를 사용하였다. → 광개토 대왕
⑤ 전진의 순도를 통해 불교를 수용하였다. → 소수림왕

개념 적용 기출문제

05 [53회 03번]
(가)~(다)를 일어난 순서대로 옳게 나열한 것은? [3점]

> (가) 온달이 왕에게 아뢰기를, "신라가 한강 이북 땅을 빼앗아 군현으로 삼았습니다. …… 저에게 군사를 주신다면 단번에 우리 땅을 반드시 되찾겠습니다."라고 하였다.
>
> (나) 10월에 백제 왕이 병력 3만 명을 거느리고 평양성을 공격해 왔다. 왕이 군대를 내어 막다가 날아온 화살에 맞아 이달 23일에 서거하였다.
>
> (다) 9월에 왕이 병력 3만 명을 거느리고 백제를 침략하여 도읍 한성을 함락하였다. 백제 왕 부여경을 죽이고 남녀 8천 명을 포로로 잡아 돌아왔다.

① (가) - (나) - (다)
② (가) - (다) - (나)
③ (나) - (가) - (다)
④ (나) - (다) - (가)
⑤ (다) - (나) - (가)

06 [50회 05번]
(가), (나) 사이의 시기에 있었던 사실로 옳은 것은? [3점]

> (가) 고구려 왕 거련(巨璉)이 군사 3만 명을 이끌고 와서 왕도인 한성을 포위하였다. 왕이 성문을 닫고서 나가 싸우지 못하였다. 고구려 군사가 네 길로 나누어 협공하고, 바람을 타고 불을 놓아 성문을 불태웠다. 사람들이 매우 두려워하여 나가서 항복하려는 자들도 있었다. 왕이 어찌할 바를 몰라 수십 명의 기병을 거느리고 성문을 나가 서쪽으로 달아나니, 고구려 군사가 추격하여 왕을 해쳤다.
>
> (나) 여러 장수가 안시성을 공격하였다. …… 60일 동안 50만 명의 인력을 동원하여 밤낮으로 쉬지 않고 토산을 쌓았다. 토산의 정상은 성에서 몇 길 떨어져 있고 성 안을 내려다 볼 수 있었다. 도중에 토산이 허물어지면서 성을 덮치는 바람에 성벽의 일부가 무너졌다. …… 황제가 여러 장수에게 명하여 안시성을 공격하였으나, 3일이 지나도록 이길 수 없었다.

① 미천왕이 서안평을 점령하였다.
② 을지문덕이 살수에서 수의 군대를 물리쳤다.
③ 고국원왕이 백제의 평양성 공격으로 전사하였다.
④ 관구검이 이끄는 위의 군대가 고구려를 침략하였다.
⑤ 광개토 대왕이 군대를 보내 신라에 침입한 왜를 격퇴하였다.

07 [69회 05번]
(가), (나) 사이의 시기에 있었던 사실로 옳은 것은? [2점]

> (가) 을지문덕이 우중문에게 시를 보내 이르기를, "신묘한 계책은 천문을 다 헤아렸고 기묘한 계획은 지리를 모두 통달하였도다. 싸움에 이겨 이미 공로가 드높으니 만족할 줄 알고 그치기를 바라노라."라고 하였다.
>
> (나) 안시성 사람들이 황제의 깃발과 일산을 멀리서 바라보고, 곧장 성에 올라 북을 치고 소리를 질렀다. 황제가 화를 내자, 이세적은 성을 함락하는 날에 남자를 모두 구덩이에 묻어 죽이자고 청하였다. 안시성 사람들이 이를 듣고 더욱 굳게 지키니, 오래도록 공격하여도 함락되지 않았다.

① 관구검이 환도성을 공격하여 함락하였다.
② 계백이 이끄는 군대가 황산벌에서 항전하였다.
③ 연개소문이 정변을 일으켜 권력을 장악하였다.
④ 광개토 대왕이 신라에 침입한 왜를 격퇴하였다.
⑤ 미천왕이 낙랑군을 축출하여 영토를 확장하였다.

08 [55회 06번]
다음 자료의 상황이 나타난 시기를 연표에서 옳게 고른 것은? [2점]

> 검모잠이 남은 백성들을 거두어 신라로 향하였다. 안승을 맞아 들여 임금으로 삼았다. 다식(多式) 등을 신라로 보내어 고하기를, "지금 신 등이 나라의 귀족 안승을 받들어 임금으로 삼았습니다. 원컨대 변방을 지키는 울타리가 되어 영원토록 충성을 다하고자 합니다."라고 하였다. 신라 왕은 그들을 금마저에 정착하게 하였다.

612	618	645	660	676	698
	(가)	(나)	(다)	(라)	(마)
살수대첩	당 건국	안시성 전투	사비성 함락	기벌포 전투	발해 건국

① (가) ② (나) ③ (다) ④ (라) ⑤ (마)

해설

05 고구려의 항쟁   정답 ④

자료 분석

- (가) 온달 + 신라가 한강 이북 땅을 빼앗음 → 온달의 출정(6세기)
- (나) 백제 왕(근초고왕) + 평양성을 공격 + 날아온 화살에 맞아 이달 23일에 서거 → 고국원왕 전사(4세기)
- (다) 백제를 침략하여 도읍 한성을 함락 + 백제 왕 부여경을 죽임 → 장수왕의 한성 함락(5세기)

- (가) 고구려 영양왕 때 장군 온달이 신라에게 빼앗긴 한강 이북 지역을 되찾기 위해 출정하였으나, 아단성(현재의 아차산성으로 추정) 전투에서 전사하였다(6세기).
- (나) 고구려 고국원왕은 백제 근초고왕이 평양성을 공격해오자 이를 방어하다가 날아온 화살에 맞아 전사하였다(4세기).
- (다) 고구려 장수왕은 백제를 공격하여 수도인 한성을 함락시키고 백제 개로왕(이름은 부여경)을 전사시켰다(5세기).

선택지 분석

① (가) - (나) - (다)
② (가) - (다) - (나)
③ (나) - (가) - (다)
④ (나) - (다) - (가)
    ↳ 순서대로 나열하면 (나) 고국원왕 전사(4세기) - (다) 장수왕의 한성 함락(5세기) - (가) 온달의 출정(6세기)이다.
⑤ (다) - (나) - (가)

06 장수왕의 한성 공격과 안시성 전투 사이의 사실   정답 ②

자료 분석

- (가) 고구려 왕 거련 + 한성을 포위함
  → 장수왕의 한성 공격(5세기 후반)
- (나) 안시성을 공격함 → 안시성 전투(7세기 중반)

- (가) 고구려 장수왕(이름은 거련)은 수도를 국내성에서 평양으로 옮기고 한성을 공격하여 백제 개로왕을 전사시켰다(5세기 후반).
- (나) 수 멸망 후 건국된 당이 팽창 정책을 펼치자 당시 고구려의 집권자이던 연개소문은 대당 강경책을 추진하였다. 이에 당은 고구려를 침략하였으나, 안시성 전투에서 크게 패하였다(7세기 중반).

선택지 분석

① 미천왕이 서안평을 점령하였다. → 4세기 초반, (가) 이전
② 을지문덕이 살수에서 수의 군대를 물리쳤다. → 7세기 초반
    ↳ 7세기 초에 고구려 장수 을지문덕이 살수에서 수의 군대를 물리쳤다.
③ 고국원왕이 백제의 평양성 공격으로 전사하였다.
    → 4세기, (가) 이전
④ 관구검이 이끄는 위의 군대가 고구려를 침략하였다.
    → 3세기, (가) 이전
⑤ 광개토 대왕이 군대를 보내 신라에 침입한 왜를 격퇴하였다.
    → 4세기 말, (가) 이전

07 살수 대첩과 안시성 전투 사이의 사실   정답 ③

자료 분석

- (가) 을지문덕 + 우중문 → 살수 대첩(612)
- (나) 안시성 + 함락되지 않음 → 안시성 전투(645)

- (가) 중국을 통일한 수나라의 양제가 고구려를 침입하자, 고구려 을지문덕이 살수에서 우중문이 이끈 수의 군대를 크게 격파하였다(살수 대첩, 612).
- (나) 수가 멸망하고 당이 건국되어 팽창 정책을 펼치자 당시 고구려의 집권자이던 연개소문은 대당 강경책을 추진하였다. 이에 당 태종은 고구려를 침략하였으나 안시성에서 군·민의 결사적인 저항으로 끝까지 함락하지 못하고 돌아갔다(안시성 전투, 645).

선택지 분석

① 관구검이 환도성을 공격하여 함락하였다. → 246년, (가) 이전
② 계백이 이끄는 군대가 황산벌에서 항전하였다.
    → 660년, (나) 이후
③ 연개소문이 정변을 일으켜 권력을 장악하였다. → 642년
    ↳ 살수 대첩 이후 수나라가 멸망하고 당나라가 건국된 상황에서, 천리장성 축조의 감독을 맡은 고구려 연개소문은 642년에 정변을 일으켜 권력을 장악하고 대당 강경책을 추진하였다.
④ 광개토 대왕이 신라에 침입한 왜를 격퇴하였다.
    → 400년, (가) 이전
⑤ 미천왕이 낙랑군을 축출하여 영토를 확장하였다.
    → 313년, (가) 이전

08 고구려 부흥 운동   정답 ④

자료 분석

검모잠 + 안승을 맞아들여 임금으로 삼음 → 고구려 부흥 운동

수·당과의 오랜 전쟁과 지배층의 분열로 국력이 약해진 고구려는 나·당 연합군의 공격을 받고 멸망하였다(668). 이에 고구려의 장군인 검모잠은 보장왕의 서자(혹은 외손자) 안승(안순)을 왕으로 추대하고 고구려 부흥 운동을 전개하였으나, 지배층의 내분으로 실패하였다.

선택지 분석

① (가)
② (나)
③ (다)
④ (라)
    ↳ 백제의 사비성이 함락(660)되며 백제가 멸망하고, 뒤이어 나·당 연합군에 의해 고구려도 멸망(668)하였다. 이에 고구려의 장군인 검모잠이 보장왕의 서자(혹은 외손자)인 안승을 왕으로 추대하고 고구려 부흥 운동을 전개하였다.
⑤ (마)

4강 백제

1 백제의 건국과 발전 최근 3개년 시험 중 10회 출제!

빈출 키워드 랭킹
1위 대야성 전투 10번 출제
2위 22담로 8번 출제
3위 사비 천도 6번 출제

1. 백제의 건국과 성장
(1) **건국**: 고구려 계통의 온조가 한강 유역의 토착 세력과 위례성(한성)에서 백제를 건국하였다.
(2) **고이왕**: 좌평제와 16관등제◆를 정비하는 등 체제를 정비하였다. 또한 마한의 중심 세력인 목지국을 병합하여 영토를 확장하였다.

◆ **좌평제와 16관등제**
- 좌평제: 나라의 일을 6좌평(백제의 16관등 중 가장 높은 등급)이 나누어 맡도록 함
- 16관등제: 관등을 16개로 나누고 관등에 따라 관복의 색을 달리함

2. 백제의 전성기
(1) **근초고왕** [기출자료1]

정복 활동	마한의 전 지역을 정복하여 전라도 지역 차지, 고구려 평양성 공격(고국원왕 전사, 371)
대외 교류	중국 동진과 교류하고, 중국 요서·산둥 지방과 일본 큐슈(규슈) 지방까지 진출함
역사서 편찬	박사 고흥으로 하여금 역사서인 『서기』를 편찬하게 함

(2) **침류왕**: 중국 동진에서 온 인도 승려 마라난타로부터 불교를 수용 및 공인하였다.

3. 백제의 위기 [기출자료2]
(1) **비유왕**: 고구려 장수왕의 남진 정책에 대항하여 신라와 동맹을 체결하였다(나·제 동맹◆, 433).
(2) **개로왕**: 고구려를 견제하기 위해 중국 북위에 군사를 요청하는 국서를 전송(472)하였으나, 장수왕의 공격으로 한성이 함락되면서 전사하였다(475).
(3) **문주왕**: 개로왕이 전사하고 한성이 함락되자, 웅진(공주)으로 천도하였다.

◆ **나·제 동맹**
신라(나) 눌지 마립간과 백제(제) 비유왕의 동맹을 일컫는 말

4. 백제의 중흥 노력 [기출자료3]
(1) **동성왕**: 신라와 결혼 동맹◆을 체결하여 나·제 동맹을 강화하였다.
(2) **무령왕**: 지방에 22담로◆를 두고 왕족을 파견하여 지방에 대한 통제를 강화하였으며, 중국 남조의 양과 외교 관계를 강화하였다.
(3) **성왕**

사비 천도	웅진에서 대외 진출이 용이한 사비(부여)로 천도함
국호 변경	국호를 남부여로 변경함
체제 정비	중앙 관청을 22부로 정비하고, 행정 구역을 5부(수도)와 5방(지방)으로 나눔
한강 유역 일시 회복	신라 진흥왕과 연합하여 고구려를 공격하고 한강 하류를 회복함 → 진흥왕의 배신으로 한강 유역을 상실함 → 신라의 관산성을 공격하였으나 전투에서 전사함 (관산성 전투, 554).

(4) **무왕**: 금마저(익산)에 미륵사를 건립하고, 금마저로의 천도를 시도하였다.
(5) **의자왕**: 윤충을 보내 신라의 대야성을 비롯한 40여 성을 함락하였다(대야성 전투, 642).

◆ **나·제 결혼 동맹**
- 백제 동성왕과 신라 소지 마립간 사이에 체결된 동맹
- 동성왕은 신라 귀족인 이찬 비지의 딸을 아내로 맞아들임

◆ **담로**
- 지방의 중심지에 설치한 백제의 행정 구역
- 지방에 대한 통제력을 강화하기 위해 국왕의 자제나 왕족을 보내 다스리게 함

기출 분석 특강

기출자료 1 근초고왕

(1) 근초고왕의 평양성 공격 32회 출제 출제 TIP 근초고왕의 업적은 '고구려 평양성 공격'이 자주 나와요!

자료	자료 분석
고구려가 군사를 동원하여 공격해 왔다. …… 그 해 겨울, 왕이 태자와 함께 정병 3만 명을 거느리고 고구려에 침입하여 평양성을 공격하였다. 고구려왕 사유가 힘을 다해 싸우다가 화살에 맞아 사망하였다. - 『삼국사기』 └ 고구려 고국원왕	근초고왕은 고구려 고국원왕의 선제 공격을 막아낸 후, 고구려의 평양성을 공격하여 고국원왕을 전사시켰고, 황해도 일대까지 진출하였다.

함께 나올 기출선택지
- 근초고왕이 마한을 정벌하였다. 36회
- 근초고왕 – 평양성을 공격하여 고국원왕을 전사시켰다. 73·69·64회
- 근초고왕 – 고흥에게 『서기』를 편찬하게 하였다. 67·66·64·62회

기출자료 2 백제의 위기

(1) 개로왕의 북위 국서 전달 61회 출제

자료	자료 분석
연흥 2년에 여경[개로왕]이 처음으로 사신을 보내 표를 올렸다. "신의 나라는 고구려와 함께 부여에서 나왔으므로 우호가 돈독하였는데, 고구려의 선조 쇠[고국원왕]가 우호를 가벼이 깨트리고 직접 군사를 지휘하여 우리의 국경을 짓밟았습니다. …… 속히 장수를 보내 구원하여 주십시오." - 『위서』	개로왕은 고구려 장수왕이 남진 정책을 추진하여 백제를 위협하자, 외교적 방법으로 이를 견제하기 위해 중국 북위에 원병을 요청하는 국서를 전송하기도 하였다.

함께 나올 기출선택지
- 개로왕이 북위에 사신을 보내 고구려 공격을 요청하였다. 67·64·59회
- 백제의 문주왕이 웅진으로 천도하였다. 45회

기출자료 3 백제의 중흥 노력

출제 TIP 특히 무령왕과 성왕의 활동이 선택지로 자주 출제돼요!

(1) 무령왕 53회 출제

자료	자료 분석
백제 제25대 왕인 (가) 의 무덤 발굴 50주년을 기념하는 행사가 공주시에서 열립니다. (가) 은/는 백가의 난을 평정하고 22담로에 왕족을 파견하였습니다. 그의 무덤은 피장자와 축조 연대가 확인된 유일한 백제 왕릉입니다. └ 무령왕릉	무령왕은 백제의 제25대 왕으로, 지방 행정 구역인 22담로를 두고 왕족을 파견하여 지방에 대한 통제를 강화하였다.

(2) 관산성 전투 55회 출제

자료	자료 분석
왕 31년 7월에 신라가 동북쪽 변경을 빼앗아 신주(新州)를 설치하였다. …… [이듬해] 7월에 왕이 신라를 습격하려고 몸소 보병과 기병 50명을 거느리고 밤에 구천(狗川)에 이르렀다. 신라의 복병이 일어나 더불어 싸웠으나 [적의] 병사들에게 살해되었다.	성왕은 신라 진흥왕과 연합하여 한강 하류를 일시적으로 회복하였으나, 진흥왕의 배신으로 한강 유역을 상실하였다. 이에 성왕은 신라의 관산성을 공격하였으나 기습을 받아 전사하였다.

(3) 의자왕의 대야성 함락 57회 출제

자료	자료 분석
백제의 장군 윤충이 군사를 거느리고 대야성을 공격하여 함락하였다. 이때 도독인 이찬 품석과 사지(舍知) 죽죽, 용석 등이 죽었다.	의자왕은 장군 윤충을 보내 신라의 대야성을 비롯한 40여 성을 빼앗았다.

함께 나올 기출선택지
- 동성왕이 나·제 동맹을 강화하였다. 70·61회
- 무령왕 – 지방에 22담로를 두어 왕족을 파견하였다. 71·68·66·62회
- 성왕 – 사비로 천도하고 국호를 남부여로 고쳤다. 73·71회
- 성왕 – 진흥왕과 연합하여 한강 하류 지역을 되찾았다. 69·50회
- 성왕이 관산성 전투에서 전사하였다. 62·61회
- 무왕 – 금마저에 미륵사를 창건하였다. 73·72·69·67·64회
- 의자왕이 윤충을 보내 대야성을 함락시켰다. 73·71·70·69회

4강 백제 41

4강 백제

2 백제의 멸망 최근 3개년 시험 중 7회 출제!

빈출 키워드 랭킹
1위 황산벌 전투 9번 출제
2위 복신과 도침 7번 출제
3위 백강 전투 2번 출제

1. 백제의 멸망 기출자료1
(1) **황산벌 전투**: 나·당 연합군이 백제를 공격하자 의자왕이 계백의 결사대를 황산벌로 보냈으나, 신라 김유신의 군대에 패배하였다.
(2) **사비성 함락**: 나·당 연합군의 공격으로 수도 사비성이 함락되고, 웅진에 있던 의자왕이 항복하면서 백제가 멸망하였다(660).

2. 백제 부흥 운동 기출자료2
(1) 부흥 운동
  ① **복신과 도침**: 주류성에서 의자왕의 아들 부여풍을 왕으로 추대하고 부흥 운동을 펼쳤다.
  ② **흑치상지**: 임존성을 중심으로 부흥 운동을 전개하여 소정방이 이끄는 당군을 격파하고, 200여 개의 성을 수복하는 등의 성과를 거두었다.
(2) **백강 전투**: 왜의 수군이 백제 부흥군을 지원하기 위해 왔으나, 백강 하류에서 나·당 연합군에게 패배하며 부흥 운동이 실패하였다(663).

10초 컷! 핵심 키워드 암기
1. 성장과 전성기: 고이왕(좌평제, 16관등제), 근초고왕(고구려 평양성 공격)
2. 위기와 중흥 노력: 개로왕(한성 함락), 문주왕(웅진 천도), 무령왕(22담로), 성왕(사비 천도, 남부여, 관산성 전투)
3. 멸망과 부흥 운동: 황산벌 전투 → 사비성 함락 → 멸망 → 부흥 운동(복신, 도침, 흑치상지) → 백강 전투 패배

4강 개념 확인 퀴즈

1. 다음 설명이 맞으면 O표, 틀리면 X표를 하세요.
(1) 침류왕은 내신 좌평 등 6좌평의 관제를 정비하였다. ( )
(2) 근초고왕은 박사 고흥에게 『서기』를 편찬하게 하였다 ( )
(3) 의자왕은 금마저에 미륵사를 창건하였다. ( )

2. 다음 괄호 안의 내용 중 옳은 것에 O표 하세요.
(1) 개로왕은 고구려를 견제하기 위해 중국 (북위 / 양)에 국서를 보냈다.
(2) 성왕은 (웅진 / 사비)로 천도하였다.
(3) 흑치상지가 (주류성 / 임존성)을 거점으로 백제 부흥 운동을 전개하였다.

기출 분석 특강

기출자료 1 | 백제의 멸망
✓ 출제 TIP '황산벌 전투'와 '계백'이 자료의 힌트로 자주 나와요!

(1) 황산벌 전투 62회 출제

┌ 백제 의자왕
왕은 당과 신라 군사들이 이미 백강과 탄현을 지났다는 소식을 듣고 장군 계백에게 결사대 5천 명을 거느리고 황산으로 가서 신라 군사와 싸우게 하였다. 계백은 4번 싸워서 모두 이겼으나 군사가 적고 힘이 모자라서 마침내 패하고 계백이 사망하였다.

[자료 분석] 나·당 연합군이 백제를 공격하자, 의자왕은 계백의 결사대 5천 명을 황산벌로 보냈다. 그러나 신라 김유신의 군대에 패배하였고, 곧이어 백제가 멸망하였다.

함께 나올 기출선택지
- 계백의 결사대가 황산벌에서 패배하였다. 72·69·68·66회
- 백제 – 나·당 연합군에 의해 멸망하였다. 45회

기출자료 2 | 백제 부흥 운동

(1) 복신과 도침 59회 출제

복신은 일찍이 군사를 거느렸는데, 이때 승려 도침과 함께 주류성에 근거하여 반란을 일으키고, 왜국에 있던 왕자 부여풍을 맞이하여 왕으로 세웠다.

[자료 분석] 백제 멸망 후, 복신이 도침과 함께 주류성에서 백제 부흥 운동을 펼쳤다. 이들은 왜에 있던 의자왕의 아들 부여풍을 왕으로 세웠다.

함께 나올 기출선택지
- 복신과 도침이 부여풍을 왕으로 추대하였다. 73·68·62·58회
- 부여풍이 왜군과 함께 백강에서 당군에 맞서 싸웠다. 67·61·53회

(2) 백강 전투 65회 출제

당의 손인사, 유인원과 신라왕 김법민은 육군을 거느려 나아가고, 유인궤 등은 수군과 군량을 실은 배를 거느리고 백강으로 가서 육군과 합세하여 주류성으로 갔다. 백강 어귀에서 왜의 군사를 만나 …… 그들의 배 4백 척을 불살랐다.

[자료 분석] 백제 멸망 이후 왜의 수군이 백제 부흥군을 지원하기 위하여 백강 입구까지 왔으나 나·당 연합군에 크게 패하였다. 이후 주류성을 중심으로 전개되던 백제 부흥 운동은 실패하였다.

---

3. 질문에 맞는 답을 고르세요.

(1) 근초고왕의 업적은?
① 마라난타를 통해 불교를 수용하였다.
② 평양성을 공격하여 고국원왕을 전사시켰다.

(2) 무령왕의 업적은?
① 나·제 동맹을 체결하였다.
② 지방에 22담로를 설치하였다.

(3) 의자왕 재위 시기의 사실은?
① 백제가 관산성 전투에서 패배하였다.
② 신라를 공격하여 대야성을 점령하였다.

(4) 백제 멸망 이후의 사실은?
① 백강 전투가 일어났다.
② 계백이 이끄는 결사대가 신라군에 맞서 싸웠다.

정답
1. (1) X(고이왕) (2) O (3) X(무왕)
2. (1) 북위 (2) 사비 (3) 임존성
3. (1) ②(①은 침류왕)
   (2) ②(①은 비유왕)
   (3) ②(①은 성왕 때)
   (4) ①(②은 백제 멸망 이전)

개념 적용 기출문제

01
밑줄 그은 '왕'의 업적으로 옳은 것은? [2점]　32회 02번

> 고구려가 군사를 동원하여 공격해 왔다. 왕이 이를 듣고 패하(浿河) 강가에 군사를 매복시키고 그들이 오기를 기다려 급히 치니 고구려 군사가 패하였다. 그 해 겨울, 왕이 태자와 함께 정병 3만 명을 거느리고 고구려에 침입하여 평양성을 공격하였다. 고구려왕 사유가 힘을 다해 싸우다가 화살에 맞아 사망하였다.　- 「삼국사기」

① 익산에 미륵사를 창건하였다.
② 신라를 공격하여 대야성을 함락시켰다.
③ 동진으로부터 전래된 불교를 수용하였다.
④ 사비로 천도하고 국호를 남부여로 고쳤다.
⑤ 고흥으로 하여금 『서기』를 편찬하게 하였다.

02
다음 상황이 나타난 배경으로 옳은 것은? [3점]　61회 06번

> 연흥 2년에 여경[개로왕]이 처음으로 사신을 보내 표를 올렸다. "신의 나라는 고구려와 함께 부여에서 나왔으므로 우호가 돈독하였는데, 고구려의 선조인 쇠[고국원왕]가 우호를 가벼이 깨트리고 직접 군사를 지휘하여 우리의 국경을 짓밟았습니다. 신의 선조인 수[근구수왕]는 군대를 정비하고 공격하여 쇠의 머리를 베어 높이 매다니, 이후 감히 남쪽을 엿보지 못하였습니다. 그런데 고구려가 점점 강성해져 침략하고 위협하니 원한이 쌓였고 전쟁의 참화가 30여 년 이어졌습니다. …… 속히 장수를 보내 구원하여 주십시오."　- 「위서」

① 을지문덕이 살수에서 승리하였다.
② 동성왕이 나·제 동맹을 강화하였다.
③ 성왕이 관산성 전투에서 전사하였다.
④ 계백의 결사대가 황산벌에서 패배하였다.
⑤ 장수왕이 평양으로 천도하고 남진을 추진하였다.

03
다음 자료에 나타난 사건의 영향으로 가장 적절한 것은? [3점]　70회 03번

> 왕이 문주에게 일러 말하기를, "내가 어리석고 밝지 못하여 간사한 사람[도림]의 말을 믿어 이 지경이 되었다. …… 나는 마땅히 사직에서 죽겠지만, 네가 이곳에서 함께 죽는 것은 이로울 게 없다. 어찌 난을 피하여 나라의 계통을 잇지 않겠는가?"라고 하였다. …… 고구려의 대로 제우·재증걸루·고이만년 등이 북성을 공격하여 7일 만에 빼앗았다. 이동하여 남성을 공격하니 성 안 사람들이 두려워하였다. 왕이 성을 나와 도망하자, 고구려 장수 재증걸루 등이 왕을 보고 말에서 내려 절한 다음에 그 얼굴을 향해 세 번 침을 뱉고는 죄를 나열한 다음 포박하여 아차성 아래로 보내 죽였다.

① 고구려가 평양으로 천도하였다.
② 동성왕이 나·제 동맹을 강화하였다.
③ 고국원왕이 근초고왕의 공격을 받아 전사하였다.
④ 백제가 고구려를 견제하고자 북위에 국서를 보냈다.
⑤ 신라가 왜를 격퇴하기 위해 고구려에 군사를 청하였다.

04
(가)에 들어갈 내용으로 적절한 것은? [2점]　69회 04번

 한국사 교양 강좌

우리 학회는 백제 웅진기의 역사를 주제로 교양 강좌를 운영하고 있습니다. 이번 달에는 백제 중흥의 기틀을 마련한 왕에 대한 강좌를 준비하였습니다.

- 제1강 - 동성왕을 시해한 백가를 처단하다
- 제2강 - 지방의 22담로에 왕족을 파견하다
- 제3강 - 　　(가)
- 제4강 - 공주 왕릉원에 안장되다

■ 주최: □□학회
■ 일시: 2024년 2월 매주 수요일 19:00~21:00
■ 장소: ○○대학교 인문대학 대강의실

① 금마저에 미륵사를 창건하다
② 윤충을 보내 대야성을 함락하다
③ 평양성을 공격하여 고국원왕을 전사시키다
④ 진흥왕과 연합하여 한강 하류 지역을 수복하다
⑤ 사신을 보내 중국 남조의 양과 외교 관계를 강화하다

해설

01 근초고왕 정답 ⑤

자료 분석

> 고구려에 침입하여 평양성을 공격 → 백제 근초고왕
>
> 백제 근초고왕은 고구려 평양성을 공격하여 고구려 고국원왕을 전사시키고, 황해도 일대까지 진출하는 등 활발한 정복 활동을 전개하였다.

선택지 분석

① 익산에 미륵사를 창건하였다. → 무왕
② 신라를 공격하여 대야성을 함락시켰다. → 의자왕
③ 동진으로부터 전래된 불교를 수용하였다. → 침류왕
④ 사비로 천도하고 국호를 남부여로 고쳤다. → 성왕
⑤ 고흥으로 하여금 『서기』를 편찬하게 하였다. → 근초고왕
  ㄴ 백제 근초고왕은 박사 고흥으로 하여금 백제의 역사서인 『서기』를 편찬하도록 하였다.

빈출 개념 근초고왕의 업적

평양성 공격	· 마한의 전 지역을 정복하여 전라도 지역 차지 · 고구려의 평양성을 공격(고국원왕 전사)
대외 교류	중국 요서·산동 지방 및 일본의 규슈(큐슈) 지방까지 진출
역사서 편찬	박사 고흥에게 역사서인 『서기』를 편찬하게 함

02 백제 개로왕의 북위 국서 전달 정답 ⑤

자료 분석

> 여경[개로왕] + 고구려가 점점 강성해짐 + 장수를 보내 구원
> → 개로왕의 북위 국서 전달
>
> 5세기에 고구려 장수왕이 평양으로 천도하고 남진 정책을 추진하자, 개로왕은 이를 견제하기 위해 중국의 북위에 군사를 요청하는 국서를 전달하기도 하였다.

선택지 분석

① 을지문덕이 살수에서 승리하였다. → 살수 대첩
② 동성왕이 나·제 동맹을 강화하였다. → 나·제 결혼 동맹
③ 성왕이 관산성 전투에서 전사하였다. → 관산성 전투
④ 계백의 결사대가 황산벌에서 패배하였다. → 황산벌 전투
⑤ 장수왕이 평양으로 천도하고 남진을 추진하였다.
  → 평양 천도, 개로왕의 북위 국서 전달의 배경
  ㄴ 고구려 장수왕은 국내성에서 평양으로 천도하고 남진 정책을 추진하였다.

03 고구려의 한성 점령의 영향 정답 ②

자료 분석

> 문주 + 고구려 → 고구려의 한성 점령(475)
>
> 5세기에 백제는 고구려 장수왕의 공격으로 개로왕이 전사하고 수도인 한성이 함락되는 등 큰 위기를 맞았다. 개로왕의 뒤를 이어 즉위한 문주왕은 웅진(공주)으로 천도하였고 동성왕 때 신라 왕실에 사신을 보내 결혼 동맹을 요청하자, 이에 신라의 왕이었던 소지 마립간이 동성왕의 요청을 받아들여 이벌찬 비지의 딸을 시집보내면서, 두 국가 사이에 동맹 관계가 강화되었다(나·제 결혼 동맹).

선택지 분석

① 고구려가 평양으로 천도하였다. → 고구려의 평양 천도
② 동성왕이 나·제 동맹을 강화하였다.
  → 고구려의 한성 점령의 영향
  ㄴ 고구려 장수왕의 공격으로 백제의 수도인 한성이 함락되자, 백제 동성왕은 신라와 결혼 동맹을 통해 나·제 동맹을 강화하여 고구려의 남진 정책에 대항하고자 하였다.
③ 고국원왕이 근초고왕의 공격을 받아 전사하였다.
  → 평양성 전투
④ 백제가 고구려를 견제하고자 북위에 국서를 보냈다.
  → 북위에 국서 전송
⑤ 신라가 왜를 격퇴하기 위해 고구려에 군사를 청하였다.
  → 고구려의 신라 구원

04 백제 무령왕 정답 ⑤

자료 분석

> 22담로에 왕족을 파견 → 백제 무령왕
>
> 백제 무령왕은 웅진 시기에 백제의 중흥을 위해 노력한 왕으로, 지방에 행정 구역을 22담로를 두고 왕족을 파견하여 지방에 대한 통제를 강화하였다. 또한 무령왕은 중국 남조의 양나라와 외교 관계를 강화하였는데, 이는 양나라에 파견된 백제의 사신이 그려진 양직공도와 중국 남조의 영향을 받아 축조된 벽돌 무덤인 무령왕릉을 통해서 알 수 있다.

선택지 분석

① 금마저에 미륵사를 창건하다 → 무왕
② 윤충을 보내 대야성을 함락하다 → 의자왕
③ 평양성을 공격하여 고국원왕을 전사시키다 → 근초고왕
④ 진흥왕과 연합하여 한강 하류 지역을 수복하다 → 성왕
⑤ 사신을 보내 중국 남조의 양과 외교 관계를 강화하다
  → 무령왕
  ㄴ 백제 무령왕은 사신을 보내 중국 남조의 양나라와 외교 관계를 강화하여 활발하게 교류하였다.

개념 적용 기출문제

05
[67회 03번]
다음 자료에 해당하는 왕에 대한 설명으로 옳은 것은? [1점]

| 백제 제26대 왕 명농. 지혜와 식견이 뛰어나고 결단력이 있었다. | 웅진에서 사비로 도읍을 옮기고 백제의 중흥을 꾀했다. | 구천(관산성 부근)에서 신라의 복병에게 목숨을 잃었다. |

① 국호를 남부여로 개칭하였다.
② 금마저에 미륵사를 창건하였다.
③ 고흥에게 『서기』를 편찬하게 하였다.
④ 윤충을 보내 대야성을 함락하였다.
⑤ 동진에서 온 마라난타를 통해 불교를 수용하였다.

07
[43회 07번]
다음 상황이 나타난 시기를 연표에서 옳게 고른 것은? [3점]

> 흑치상지가 좌우의 10여 명과 함께 [적을] 피해 본부로 돌아가 흩어진 자들을 모아 임존산(任存山)을 지켰다. 목책을 쌓고 굳게 지키니 열흘 만에 귀부한 자가 3만여 명이었다. 소정방이 병사를 보내 공격하였는데, 흑치상지가 죽음을 두려워하지 않고 막아 싸우니 그 군대가 패하였다. 흑치상지가 본국의 2백여 성을 수복하니 소정방이 토벌할 수 없어서 돌아갔다.

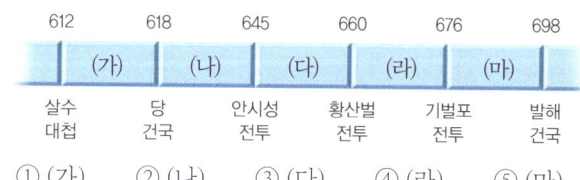

① (가) ② (나) ③ (다) ④ (라) ⑤ (마)

06
[59회 03번]
(가), (나) 사이의 시기에 있었던 사실로 옳은 것은? [2점]

> (가) 대야성에서 패하였을 때 도독인 품석의 아내도 죽었는데, 바로 춘추의 딸이었다. [김춘추가] 말하기를, "신이 고구려에 사신으로 가서 군사를 청하여 백제에 원수를 갚고자 합니다."라고 하자 왕이 허락하였다.
>
> (나) 복신은 일찍이 군사를 거느렸는데, 이때 승려 도침과 함께 주류성에 근거하여 반란을 일으키고, 왜국에 있던 왕자 부여풍을 맞이하여 왕으로 세웠다.

① 당이 안동 도호부를 설치하였다.
② 나·당 연합군이 사비성을 함락하였다.
③ 신라가 매소성 전투에서 승리하였다.
④ 고구려가 신라에 침입한 왜를 격퇴하였다.
⑤ 백제와 왜의 연합군이 백강 전투에서 패배하였다.

08
[58회 06번]
(가), (나) 사이의 시기에 있었던 사실로 옳은 것은? [3점]

> (가) 백제의 남은 적군이 사비성으로 진입하여 항복해 살아남은 사람들을 붙잡아 가려고 하였으므로, 유수(留守) 유인원이 당과 신라 사람들을 보내 이를 쳐서 쫓아냈다. …… 당 황제가 좌위중랑장 왕문도를 웅진도독으로 삼았다.
>
> (나) 손인사, 유인원과 신라왕 김법민은 육군을 거느려 나아가고, 유인궤와 별수(別帥) 두상과 부여융은 수군과 군량을 실은 배를 거느리고 백강으로 가서 육군과 합세하여 주류성으로 갔다. 백강 어귀에서 왜국 군사를 만나 …… 그들의 배 4백 척을 불살랐다.

① 사찬 시득이 기벌포에서 당군을 격파하였다.
② 의자왕이 윤충을 보내 대야성을 함락시켰다.
③ 복신과 도침이 부여풍을 왕으로 추대하였다.
④ 계백이 이끄는 군대가 황산벌에서 항전하였다.
⑤ 안승이 신라에 의해 보덕국왕으로 책봉되었다.

해설

05 백제 성왕 정답 ①

자료 분석

> 백제 제26대 왕 명농 + 웅진에서 사비로 도읍을 옮김
> → 백제 성왕

백제의 제26대 왕인 성왕은 백제의 중흥을 위해 노력한 왕으로, 수도를 웅진(공주)에서 대외 진출이 편리한 사비(부여)로 옮겼다. 체제 정비를 위해 중앙에 22부의 관청을 설치하고, 수도를 5부, 지방을 5방으로 정비하였다. 또한 신라 진흥왕과 연합하여 한강 하류 지역을 회복하였으나, 진흥왕의 배신으로 한강 하류 지역을 빼앗겼다. 이에 성왕은 빼앗긴 한강 유역을 되찾기 위해 직접 신라를 공격하였으나, 관산성에서 전사하였다(관산성 전투).

선택지 분석

① 국호를 남부여로 개칭하였다. → 성왕
  ㄴ 성왕은 수도를 웅진에서 사비로 옮기고, 국호를 '백제'에서 '남부여'로 개칭하였다.
② 금마저에 미륵사를 창건하였다. → 무왕
③ 고흥에게 『서기』를 편찬하게 하였다. → 근초고왕
④ 윤충을 보내 대야성을 함락하였다. → 의자왕
⑤ 동진에서 온 마라난타를 통해 불교를 수용하였다. → 침류왕

06 대야성 전투와 백제 부흥 운동 사이의 사실 정답 ②

자료 분석

> (가) 대야성에서 패함 + 김춘추 → 대야성 전투(642)
> (나) 복신 + 도침 + 주류성 → 백제 부흥 운동(660)

(가) 신라는 선덕 여왕 때 백제 의자왕의 공격으로 대야성이 함락되는 등 위기를 겪었다(대야성 전투, 642). 이에 신라의 김춘추는 고구려에 군사를 요청하였으나 실패하였다.
(나) 백제 멸망 이후 복신과 도침은 주류성을 근거지로 하여 백제 부흥 운동을 전개(660)하였으며, 이듬해에 왜에 있던 왕자 부여풍을 왕으로 세웠다.

선택지 분석

① 당이 안동 도호부를 설치하였다. → 668년, (나) 이후
② 나·당 연합군이 사비성을 함락하였다. → 660년
  ㄴ 나·당 연합군이 사비성을 함락하여 백제를 멸망(660)시킨 이후에 복신과 도침이 백제 부흥 운동을 전개하였다.
③ 신라가 매소성 전투에서 승리하였다. → 675년, (나) 이후
④ 고구려가 신라에 침입한 왜를 격퇴하였다. → 400년, (가) 이전
⑤ 백제와 왜의 연합군이 백강 전투에서 패배하였다. → 663년, (나) 이후

07 백제 부흥 운동 정답 ④

자료 분석

> 흑치상지 + 임존산을 지킴 + 소정방 → 백제 부흥 운동

백제 부흥 운동은 백제가 멸망(660)한 이후 각지에서 전개되었다. 복신과 도침은 주류성을 중심으로 활동하며 부여풍을 왕으로 추대하였으며, 흑치상지는 임존성을 근거지로 당나라 장수 소정방이 이끄는 당군에 저항하였다.

선택지 분석

① (가)
② (나)
③ (다)
④ (라)
  ㄴ 황산벌 전투 이후 백제가 멸망(660)하자, 흑치상지는 임존성을 근거지로 하여 당나라 장수 소정방이 이끄는 당군을 격퇴하는 등 백제 부흥 운동을 전개하였다.
⑤ (마)

08 백제 멸망과 백강 전투 사이의 사실 정답 ③

자료 분석

> (가) 백제 + 항복 + 당 황제가 웅진도독으로 삼음
>   → 백제 멸망(660)
> (나) 백강 + 주류성 + 왜국 군사 → 백강 전투(663)

(가) 백제는 660년에 나·당 연합군에 의해 수도 사비성이 함락되면서 멸망하였다. 이후 당이 옛 백제 지역을 다스리고자 웅진 도독부를 설치하자, 이에 저항하며 곳곳에서 백제 부흥 운동이 일어났다.
(나) 백제 부흥 운동은 주류성을 거점으로 한 복신 등이 활약하며 한때 크게 세력을 떨쳤다. 그러나 663년에 백제 부흥군을 도우러 온 왜의 수군이 백강 근처에서 나·당 연합군에 패배(백강 전투)하면서 결국 실패하였다.

선택지 분석

① 사찬 시득이 기벌포에서 당군을 격파하였다.
  → 676년, (나) 이후
② 의자왕이 윤충을 보내 대야성을 함락시켰다.
  → 642년, (가) 이전
③ 복신과 도침이 부여풍을 왕으로 추대하였다. → 661년
  ㄴ 백제 멸망(660) 이후인 661년에 백제 부흥 운동을 전개하고 있던 복신과 도침이 부여풍을 왕으로 추대하였다.
④ 계백이 이끄는 군대가 황산벌에서 항전하였다.
  → 660년, (가) 이전
⑤ 안승이 신라에 의해 보덕국왕으로 책봉되었다.
  → 674년, (나) 이후

5강 신라와 가야

1 신라의 건국과 성장 최근 3개년 시험 중 3회 출제!

빈출 키워드 랭킹
1위 동시전 설치 10번 출제
2위 우산국 정복 9번 출제
3위 화랑도 개편 6번 출제

1. 신라의 건국
(1) **건국**: 진한의 소국 중 하나인 사로국(경주 지방)에서 시작하였고, 경주 지역의 토착민 세력과 유이민 집단의 결합을 바탕으로 박혁거세가 신라를 건국하였다(기원전 57).
(2) **초기의 정치 형태**: 박·석·김의 3성이 번갈아 가며 왕위를 차지하였다.

2. 신라의 성장
(1) **내물 마립간**: 최고 지배자의 칭호◆를 '이사금'에서 '마립간'으로 변경하였으며, 고구려 광개토 대왕의 도움을 받아 왜를 격퇴하였다.
(2) **눌지 마립간**: 백제 비유왕과 나·제 동맹을 체결하였다(433).
(3) **지증왕** [기출자료1]

국호·왕호 변경	국호를 '신라'로 정하고, 왕호를 '마립간'에서 '왕'으로 변경함
정복 활동	이사부를 파견하여 우산국(울릉도)을 정벌함
경제 정책	농업 생산력을 높이기 위해 순장을 금지하고, 우경◆을 장려함, 동시전을 설치함

(4) **법흥왕** [기출자료2]

국가 체제 정비	· 중앙 부서인 병부와 귀족들의 대표인 상대등◆을 설치함 · 국가 통치의 기본법인 율령을 반포하여 중앙 집권 체제를 강화함
불교 공인	이차돈의 순교를 계기로 불교를 공인함
정복 활동	금관가야를 정복(532)하고, 금관가야의 마지막 왕인 김구해에게 벼슬을 줌
연호 사용	건원이라는 독자적인 연호를 사용하여 자주성을 드러냄

3. 신라의 전성기
(1) **진흥왕** [기출자료3]

정복 활동	· 한강 유역 확보: 백제 성왕과 연합하여 고구려가 차지하고 있던 한강 상류 지역을 점령하고, 이후 백제를 공격하여 한강 하류 지역까지 확보함 · 대가야 정복: 이사부를 보내 대가야를 공격하여 멸망시키고 영토를 확장함
비석 건립	단양 신라 적성비와 4개의 순수◆비(북한산비, 창녕비, 황초령비, 마운령비)를 건립함
화랑도 개편	청소년 집단인 화랑도◆를 국가적인 조직으로 정비함
역사서 편찬	신하 거칠부로 하여금 역사서인 『국사』를 편찬하게 함

(2) **선덕 여왕**: 자장의 건의로 황룡사 구층 목탑을 건립하였으며, 천문 관측을 위해 첨성대를 축조하였다.
(3) **진덕 여왕**: 김춘추를 당에 파견하여 당 태종과 나·당 동맹을 체결하였다(648).

◆ **최고 지배자의 칭호 변경**
거서간 → 차차웅 → 이사금 → 마립간 → 왕의 순으로 칭호가 변경됨

◆ **우경**
소를 이용해 농사를 짓는 일

◆ **동시전**
수도인 경주에 설치된 동시(시장)를 감독하기 위해 설치된 관청

◆ **상대등**
신라의 귀족 회의인 화백 회의의 대표자로, 국정을 총괄함

◆ **순수**
왕이 나라 안의 지역을 직접 살피며 돌아다니는 일

◆ **화랑도**
· 신라의 청소년 수련 단체이자 일종의 군사 조직
· 국선도, 풍월도라고도 불림
· 승려 원광이 작성한 세속 5계를 규범으로 삼음

기출 분석 특강

기출자료 1 지증왕

(1) 국호·왕호 변경 51회 출제
출제 TIP '신라'와 '왕'이라는 키워드가 힌트로 자주 나와요!

여러 신하들이 아뢰기를 "…… 신(新)은 '덕업이 날로 새로워진다'는 뜻이고, 라(羅)는 '사방(四方)을 망라한다'는 뜻이므로 이를 나라 이름으로 삼는 것이 마땅하다고 여겨집니다. …… 삼가 신라국왕(新羅國王)이라는 칭호를 올립니다."라고 하였다. 왕이 이를 따랐다. - 『삼국사기』

자료 분석
지증왕은 사로국, 사라국 등으로 불리던 국호를 '신라'로 정하고, 왕호를 대군장을 뜻하는 '마립간'에서 중국식 칭호인 '왕'으로 변경하였다.

함께 나올 기출선택지
- 국호를 신라로 확정하고 왕이라는 칭호를 사용하였다. 37회
- 이사부를 보내 우산국을 복속시켰다. 71·67·66·64·63회
- 시장을 관리하는 관청인 동시전을 설치하였다. 73·71·67·66회

기출자료 2 법흥왕

출제 TIP 법흥왕의 다양한 업적이 자료와 선택지에 골고루 나와요!

(1) 율령 반포와 상대등 설치 43회 출제

○ 정월에 율령을 반포하고, 처음으로 관리들의 공복(公服)을 제정하였다. 붉은 빛과 자주 빛으로 등급을 표시하였다.
○ 4월에 이찬 철부를 상대등으로 삼아 나라의 일을 총괄하게 하였다. 상대등의 관직은 이때 처음 생겼는데, 지금의 재상과 같다. - 『삼국사기』

자료 분석
법흥왕은 국가 체제 정비에 힘써 국가 통치의 기본법인 율령을 반포하고 관리의 공복을 제정하였다. 또한 귀족의 대표인 상대등을 설치하였다.

함께 나올 기출선택지
- 병부와 상대등을 설치하였다. 71회
- 이차돈의 순교를 계기로 불교를 공인하였다. 69·66·63·62회
- 신라가 금관가야를 병합하였다. 66회
- 건원이라는 독자적인 연호를 사용하였다. 67·60회

(2) 금관가야 정복 49회 출제

- 금관국의 김구해가 세 아들과 함께 나라의 보물을 가지고 와서 항복하였다고 하네. ┌금관가야의 마지막 왕
- 나도 들었네. 우리 왕께서 그들을 예로써 대접하여 높은 벼슬을 주고, 그가 다스리던 금관국을 식읍으로 삼게 하였다는군.

자료 분석
법흥왕은 금관가야를 복속시키고, 마지막 왕인 김구해에게 벼슬을 주어 신라의 귀족에 편입시켰다.

기출자료 3 진흥왕

(1) 대가야 정복 47회 출제

왕이 이찬 이사부에게 명령하여 가라국(加羅國)을 습격하게 하였다. …… 대군이 승세를 타서 마침내 그 나라를 멸망시켰다. └대가야

자료 분석
진흥왕은 이사부를 보내 대가야를 공격하여 멸망시키고, 고령 지역까지 영토를 확장하였다.

함께 나올 기출선택지
- 대가야를 정복하여 영토를 확장하였다. 68회
- 화랑도를 국가 조직으로 개편하였다. 68·66·63회
- 거칠부에게 『국사』를 편찬하게 하였다. 73·69·68·67회

(2) 『국사』 편찬 44회 출제
출제 TIP '거칠부'와 '국사' 키워드가 힌트로 자주 나와요!

이찬 이사부가 아뢰기를, "국사(國史)라는 것은 군주와 신하의 선악을 기록하여 만대에 포폄(褒貶)을 보여 주는 것이니 편찬하지 않으면 후대에 무엇을 보이겠습니까?" 라고 하였다. 이에 왕이 …… 대아찬 거칠부 등에게 명하여 널리 문사들을 모아서 [이를] 편찬하도록 하였다. └옳고 그름이나 선하고 악함을 판단하여 결정함 - 『삼국사기』

자료 분석
진흥왕은 이사부의 건의에 따라 거칠부로 하여금 역사서인 『국사(國史)』를 편찬하도록 하였다.

5강 신라와 가야

5강 신라와 가야

2 가야 연맹 최근 3개년 시험 중 5회 출제!

빈출 키워드 랭킹
1위 금관가야 10번 출제
2위 대가야 3번 출제
3위 김해 대성동 2번 출제

1. 가야 연맹의 정치 기출자료1
(1) **전기 가야 연맹의 성립**: 김수로왕◆이 김해에 건국한 금관가야가 전기 가야 연맹을 주도하였다.
(2) **전기 가야 연맹의 해체**: 고구려 광개토 대왕이 신라를 침입한 왜를 공격하는 과정에서 금관가야까지 공격을 받아 큰 타격을 입어 쇠퇴하였고, 그 결과 전기 가야 연맹이 해체되었다.
(3) **후기 가야 연맹의 성립**: 금관가야가 쇠퇴한 이후, 이진아시왕이 건국한 고령의 대가야를 중심으로 후기 가야 연맹이 결성되었다.
(4) **후기 가야 연맹의 쇠퇴**: 백제와 신라의 압박을 받아 후기 가야 연맹이 쇠퇴하였다.
(5) **가야의 멸망**: 금관가야는 신라 법흥왕에 의해 멸망(532)하였으며, 이후 대가야는 신라 진흥왕에 의해 멸망하였다(562).

◆ **김수로왕**
- 금관가야를 세운 왕으로, 김해 김씨의 시조
- 『삼국유사』에 가장 먼저 알에서 나온 김수로가 9명의 촌장의 추대를 받아 금관가야의 왕이 되었다는 가야의 건국 신화가 기록되어 있음

2. 가야의 경제와 문화유산
(1) **경제**: 금관가야는 풍부한 철을 낙랑과 왜에 수출하였으며, 덩이쇠를 화폐처럼 이용하였다.
(2) **문화유산**

김해 대성동 고분군(금관가야)		고령 지산동 고분군(대가야)	
철제 갑옷	청동솥	판갑옷과 투구	금동관

10초 컷! 핵심 키워드 암기
1. 신라의 성장과 전성기: 지증왕(국호 신라, 왕 칭호), 법흥왕(율령 반포, 불교 공인, 금관가야 정복), 진흥왕(한강 유역 확보, 대가야 정복, 화랑도 개편, 『국사』 편찬)
2. 가야 연맹: 전기 가야 연맹(금관가야), 후기 가야 연맹(대가야)

5강 개념 확인 퀴즈

1. 다음 설명이 맞으면 O표, 틀리면 X표를 하세요.
(1) 내물 마립간은 고구려 광개토 대왕의 도움으로 왜를 격퇴하였다. (　)
(2) 지증왕은 건원이라는 연호를 사용하였다. (　)
(3) 진흥왕은 대가야를 정복하였다. (　)

2. 다음 괄호 안의 내용 중 옳은 것에 O표 하세요.
(1) 지증왕은 왕호를 (이사금 / 마립간)에서 왕으로 변경하였다.
(2) 법흥왕은 (이차돈 / 이사부)의 순교를 계기로 불교를 공인하였다.
(3) 후기 가야 연맹은 (김해 / 고령) 지역의 대가야를 중심으로 결성되었다.

기출 분석 특강

기출자료 1 | 가야 연맹의 정치

출제 TIP 금관가야, 대가야의 지역과 왕의 이름이 자료에 힌트로 자주 나와요!

(1) 금관가야 48회 출제

자료	자료 분석
이곳은 김해 대성동 고분군 108호분 발굴 조사 설명회 현장입니다. 대형 덩이쇠 40매와 둥근고리큰칼, 화살촉 등 130여 점의 철기 유물이 출토되었습니다. 이번 발굴로 김수로왕이 건국하였다고 전해지는 (가) 에 대한 연구가 활발하게 이루어질 전망입니다.	김수로왕이 김해에 건국한 금관가야는 덩이쇠를 만들어 화폐처럼 이용하였다. 한편 덩이쇠는 김해 대성동 고분군 등에서 발견되었다.

(2) 대가야 73회 출제

자료	자료 분석
이 그림은 (가) 의 시조인 이진아시왕의 표준 영정입니다. 『신증동국여지승람』 등의 기록에 따르면 수로왕과 형제인 그는 고령 일대를 중심으로 나라를 세웠다고 합니다.	이진아시왕은 고령 일대를 중심으로 대가야를 세웠으며, 후기 가야 연맹을 주도하였다.

(3) 금관가야의 멸망 44회 출제

자료	자료 분석
김구해가 아내와 세 아들, 즉 큰 아들 노종, 둘째 아들 무덕, 셋째 아들 무력과 함께 나라의 창고에 있던 보물을 가지고 와서 항복하였다. [법흥]왕이 예로써 그들을 우대하여 높은 관등을 주고 본국을 식읍으로 삼도록 하였다. - 『삼국사기』	금관가야의 마지막 왕인 김구해가 법흥왕에게 항복하자, 법흥왕은 이들을 신라의 진골 귀족으로 편입시키는 등 우대해주었다.

함께 나올 기출선택지

- 금관가야 – 시조 김수로왕의 설화가 『삼국유사』에 전해진다. 44회
- 금관가야 – 일부 왕족이 멸망 후 신라의 진골로 편입되었다.
- 대가야 – 후기 가야 연맹을 주도하였다. 43회
- 금관가야 – 법흥왕 때 신라에 복속되었다. 71·60회
- 대가야 – 진흥왕 때 신라에 복속되었다. 73회
- 금관가야 – 철이 많이 생산되어 낙랑과 왜에 수출하였다. 68·63·59·58회

---

3. 질문에 맞는 답을 고르세요.

(1) 지증왕의 업적은?
① 김씨에 의한 왕위 계승권을 확립하였다.
② 국호를 신라로 확정하였다.

(2) 신라의 한강 유역 확보 이전의 사실은?
① 신라가 금관가야를 복속시켰다.
② 신라가 매소성에서 당군을 물리쳤다.

(3) 진흥왕의 업적은?
① 첨성대를 세워 천체를 관측하였다.
② 마운령, 황초령 등에 순수비를 세웠다.

(4) 가야 연맹의 경제 상황은?
① 집집마다 부경이라는 창고가 있었다.
② 철이 많이 생산되어 왜 등에 수출하였다.

정답

1. (1) ○ (2) X(법흥왕) (3) ○
2. (1) 마립간 (2) 이차돈 (3) 고령
3. (1) ②(①은 내물 마립간) (2) ①(②은 한강 유역 확보 후) (3) ②(①은 선덕 여왕) (4) ②(①은 고구려)

개념 적용 기출문제

01
밑줄 그은 '왕'에 대한 설명으로 옳은 것은? [2점] 71회 06번

말풍선1: 여러 신하들이 국호를 신라로 확정하고 임금의 호칭을 신라 국왕으로 하자고 건의하니, 왕께서 이를 따르셨다고 하네.

말풍선2: 나도 들었네. 작년에는 순장을 금지한다는 명을 내리셨지. 앞으로 우리나라의 발전이 기대되는구먼.

① 병부와 상대등을 설치하였다.
② 백제 비유왕과 동맹을 체결하였다.
③ 이사부를 보내 우산국을 복속시켰다.
④ 매소성 전투에서 당의 군대를 격파하였다.
⑤ 김흠돌의 난을 진압하고 귀족들을 숙청하였다.

02
밑줄 그은 '이 왕'에 대한 설명으로 옳은 것은? [2점] 54회 04번

이것은 국보 제242호인 울진 봉평리 신라비로 병부를 설치하고 율령을 반포한 이 왕 때 건립되었습니다. 이 비석에는 신라 6부의 성격과 관등 체계, 지방 통치 조직과 촌락 구조 등 당시 사회상을 알려주는 내용이 담겨 있습니다.

① 이사부를 보내 우산국을 복속하였다.
② 관료전을 지급하고 녹읍을 폐지하였다.
③ 이차돈의 순교를 계기로 불교를 공인하였다.
④ 인재 등용을 위해 독서삼품과를 시행하였다.
⑤ 거칠부에게 명하여 『국사』를 편찬하게 하였다.

03
밑줄 그은 '이 왕'의 업적으로 옳은 것은? [2점] 69회 02번

말풍선1: 이 비석은 원래 도선국사비, 무학대사비 등으로 알려져 있었지.

말풍선2: 맞아. 그런데 조선 후기에 김정희가 『금석과안록』에서 이 왕이 건립한 순수비임을 고증하였어.

① 관료전을 지급하고 녹읍을 폐지하였다.
② 인재 등용을 위해 독서삼품과를 실시하였다.
③ 이차돈의 순교를 계기로 불교를 공인하였다.
④ 지방관을 감찰하기 위해 외사정을 파견하였다.
⑤ 대아찬 거칠부에게 명하여 『국사』를 편찬하였다.

04
밑줄 그은 '왕'의 업적으로 옳은 것은? [2점] 63회 07번

○ 담당 관청에 명하여 월성의 동쪽에 새 궁궐을 짓게 하였는데, 그곳에서 황룡이 나타났다. 왕이 이것을 기이하게 여기고는 [계획을] 바꾸어 사찰을 짓고, '황룡'이라는 이름을 내려 주었다.

○ [거칠부가] 왕의 명령을 받들어 여러 문사(文士)를 모아 『국사』를 편찬하였다.
— 『삼국사기』

① 이사부를 보내 우산국을 복속시켰다.
② 예성강 이북에 패강진을 설치하였다.
③ 관료전을 지급하고 녹읍을 폐지하였다.
④ 국가적인 조직으로 화랑도를 개편하였다.
⑤ 이차돈의 순교를 계기로 불교를 공인하였다.

해설

01 신라 지증왕 정답 ③

자료 분석
국호를 신라로 확정함 + 신라 국왕 → 신라 지증왕

신라 지증왕은 6세기에 신라의 정치 제도를 정비한 왕이다. 그는 재위 기간에 국호를 '사로국'에서 '신라'로 바꾸었으며, 지배자의 칭호를 '마립간'에서 중국식 칭호인 '왕'으로 변경하였다. 또한 노동력을 확보하기 위해 순장을 금지하고 소를 이용해 농사를 짓는 우경을 보급하여 농업 생산력을 증대시켰다.

선택지 분석
① 병부와 상대등을 설치하였다. → 법흥왕
② 백제 비유왕과 동맹을 체결하였다. → 눌지 마립간
③ **이사부를 보내 우산국을 복속시켰다. → 지증왕**
  └ 신라 지증왕은 장군 이사부를 보내 우산국(울릉도)을 복속시켰다.
④ 매소성 전투에서 당의 군대를 격파하였다. → 문무왕
⑤ 김흠돌의 난을 진압하고 귀족들을 숙청하였다. → 신문왕

02 신라 법흥왕 정답 ③

자료 분석
병부를 설치 + 율령을 반포 → 신라 법흥왕

신라 법흥왕은 6세기 신라의 통치 질서를 정비하고 왕권을 강화한 왕으로, 군사 업무를 담당하는 중앙 부서로 병부를 설치하여 군사권을 장악하였다. 또한 국가의 기본법인 율령을 반포하였다.

선택지 분석
① 이사부를 보내 우산국을 복속하였다. → 지증왕
② 관료전을 지급하고 녹읍을 폐지하였다. → 신문왕
③ **이차돈의 순교를 계기로 불교를 공인하였다. → 법흥왕**
  └ 법흥왕은 이차돈의 순교를 계기로 불교를 공인하였다.
④ 인재 등용을 위해 독서삼품과를 시행하였다. → 원성왕
⑤ 거칠부에게 명하여 『국사』를 편찬하게 하였다. → 진흥왕

빈출 개념 | 신라 법흥왕의 업적

통치 질서 정비	· 군사권 장악을 위해 병부 설치 · 화백 회의의 주관자이자 귀족 대표인 상대등 설치 · 율령 반포 · 백관의 공복 제정
왕권 강화	신라 최초로 '건원'이라는 연호 사용
불교 공인	이차돈의 순교를 통해 불교 공인
정복 활동	금관가야 정복

03 신라 진흥왕 정답 ⑤

자료 분석
김정희가 『금석과안록』에서 순수비임을 고증함 → 신라 진흥왕

신라 진흥왕은 신라를 전성기로 이끈 왕으로, 활발한 정복 활동을 전개하였다. 또한 개척한 영토를 순행하고 이를 기념하기 위해 북한산·창녕·황초령·마운령 등에 순수비를 건립하였는데, 그 중 북한산비는 조선 후기 김정희가 저술한 『금석과안록』에서 신라 진흥왕이 건립한 순수비임이 처음으로 고증되었다.

선택지 분석
① 관료전을 지급하고 녹읍을 폐지하였다. → 신문왕
② 인재 등용을 위해 독서삼품과를 실시하였다. → 원성왕
③ 이차돈의 순교를 계기로 불교를 공인하였다. → 법흥왕
④ 지방관을 감찰하기 위해 외사정을 파견하였다. → 문무왕
⑤ **대아찬 거칠부에게 명하여 『국사』를 편찬하였다. → 진흥왕**
  └ 진흥왕은 대아찬 거칠부에게 명하여 역사서인 『국사』를 편찬하였다.

04 신라 진흥왕 정답 ④

자료 분석
사찰을 짓고, '황룡'이라는 이름을 내림 + 거칠부 + 『국사』를 편찬 → 신라 진흥왕

신라 진흥왕은 신라를 전성기로 이끈 왕으로, 활발한 정복 활동을 전개하였다. 또한 신라 최대의 사찰인 황룡사를 완공하였으며, 거칠부로 하여금 역사서인 『국사』를 편찬하게 하였다.

선택지 분석
① 이사부를 보내 우산국을 복속시켰다. → 지증왕
② 예성강 이북에 패강진을 설치하였다. → 선덕왕
③ 관료전을 지급하고 녹읍을 폐지하였다. → 신문왕
④ **국가적인 조직으로 화랑도를 개편하였다. → 진흥왕**
  └ 진흥왕은 인재를 양성하기 위하여 청소년 집단인 화랑도를 국가적인 조직으로 개편하였다.
⑤ 이차돈의 순교를 계기로 불교를 공인하였다. → 법흥왕

빈출 개념 | 신라 진흥왕의 업적

정복 활동	· 고구려의 단양 적성 지역 점령 후 단양 적성비 건립 · 백제 성왕과 연합하여 한강 상류 지역 차지, 이후 백제가 차지한 한강 하류 지역까지 탈취 · 고령 지역의 대가야 정복, 함경도 지방까지 진출 · 순수비(북한산비·창녕비·황초령비·마운령비) 건립
체제 정비	청소년 집단인 화랑도를 국가 조직으로 개편
문화 사업	거칠부에게 역사서인 『국사』를 편찬하게 함

개념 적용 기출문제

05
(가) 나라에 대한 설명으로 옳은 것은? [1점] 71회 03번

① 법흥왕 때 신라에 복속되었다.
② 서옥제라는 혼인 풍습이 있었다.
③ 6좌평이 중요한 국사를 논의하였다.
④ 만장일치제로 운영된 화백 회의가 있었다.
⑤ 지방에 22담로를 두어 왕족을 파견하였다.

06
(가) 나라의 문화유산으로 옳은 것은? [2점] 48회 03번

이곳은 김해 대성동 고분군 108호분 발굴 조사 설명회 현장입니다. 대형 덩이쇠 40매와 둥근고리큰칼, 화살촉 등 130여 점의 철기 유물이 출토되었습니다. 이번 발굴로 김수로왕이 건국하였다고 전해지는 (가) 에 대한 연구가 활발하게 이루어질 전망입니다.

① 　② 　③
④ 　⑤

07
(가) 나라에 대한 탐구 활동으로 가장 적절한 것은? [3점] 58회 04번

진흥왕이 이찬 이사부에게 명령하여 (가) 을/를 공격하게 하였다. 이때 사다함은 나이가 15~16세였는데 종군하기를 청하였다. …… (가) 사람들이 뜻하지 않은 병사들의 습격에 놀라 막아내지 못하였고, 대군이 승세를 타서 마침내 멸망시켰다.

① 안동 도호부가 설치된 경위를 찾아본다.
② 22담로에 왕족이 파견된 목적을 알아본다.
③ 중앙 관제가 3성 6부로 정비된 계기를 파악한다.
④ 최고 지배자의 호칭인 이사금의 의미를 검색한다.
⑤ 고령 지역이 연맹의 중심지로 성장하는 과정을 조사한다.

08
(가) 나라의 문화유산으로 옳은 것은? [2점] 41회 04번

고령군은 본래 (가) (으)로 시조 이진아시왕에서 도설지왕까지 모두 16대에 걸쳐 520년간 이어졌던 곳이다. 진흥왕이 공격하여 멸망시키고 그 땅을 군(郡)으로 삼았다. 경덕왕이 이름을 고쳐 지금(고려)에 이르고 있다.
— 『삼국사기』

① 　② 　③
④ 　⑤

해설

05 금관가야 정답 ①

자료 분석
> 수로왕이 건국함 → 금관가야
>
> 금관가야는 김수로왕이 김해에서 건국한 나라로, 전기 가야 연맹을 주도하였다. 금관가야는 김해에서 생산되는 풍부하고 질 좋은 철을 바탕으로 덩이쇠를 만들어 화폐처럼 사용하였고, 이를 낙랑과 왜에 수출하였다.

선택지 분석
① 법흥왕 때 신라에 복속되었다. → 금관가야
  ㄴ 금관가야는 마지막 왕인 김구해가 항복하면서 법흥왕 때 신라에 복속되었다.
② 서옥제라는 혼인 풍습이 있었다. → 고구려
③ 6좌평이 중요한 국사를 논의하였다. → 백제
④ 만장일치제로 운영된 화백 회의가 있었다. → 신라
⑤ 지방에 22담로를 두어 왕족을 파견하였다. → 백제

07 대가야 정답 ⑤

자료 분석
> 진흥왕 + 이사부에게 명령하여 공격 + 멸망시킴 → 대가야
>
> 대가야는 이진아시왕이 경상북도 고령을 중심으로 건국한 나라이다. 5세기 초 김해 지역의 금관가야가 고구려 광개토 대왕의 공격으로 쇠퇴하자 대가야가 후기 가야 연맹을 주도하였다. 그러나 대가야는 6세기에 신라 진흥왕이 보낸 이사부의 공격을 받아 멸망하였으며, 이로 인해 가야 연맹은 완전히 해체되었다.

선택지 분석
① 안동 도호부가 설치된 경위를 찾아본다. → 고구려
② 22담로에 왕족이 파견된 목적을 알아본다. → 백제
③ 중앙 관제가 3성 6부로 정비된 계기를 파악한다.
  → 발해
④ 최고 지배자의 호칭인 이사금의 의미를 검색한다.
  → 신라
⑤ 고령 지역이 연맹의 중심지로 성장하는 과정을 조사한다.
  → 대가야
  ㄴ 대가야는 고령 지역을 중심으로 건국된 나라로, 후기 가야 연맹을 주도하였다.

06 금관가야의 문화유산 정답 ③

자료 분석
> 김해 대성동 고분군 + 김수로왕이 건국함 → 금관가야
>
> 금관가야는 김수로왕이 김해 지역에서 건국한 나라로, 전기 가야 연맹을 주도하였다. 한편 금관가야의 대표적인 유적으로는 경상남도 김해의 대성동 고분군이 있다.

선택지 분석
①  → 산수무늬 벽돌 (백제)
② → 칠지도(백제)
③  → 철제 갑옷 (금관가야)
  ㄴ 철제 갑옷은 김해 대성동 고분군에서 출토된 금관가야의 문화유산이다.
④  → 무령왕릉 석수 (백제)
⑤  → 돌사자상 (발해)

08 대가야의 문화유산 정답 ①

자료 분석
> 고령군 + 시조 이진아시왕 + 진흥왕이 공격하여 멸망
> → 대가야
>
> 대가야는 이진아시왕이 고령 지방을 중심으로 건국한 나라로, 후기 가야 연맹을 주도하였다. 대가야는 우수한 철기 문화를 바탕으로 백제·신라와 대등하게 세력을 다툴 만큼 성장하였으나, 점차 세력이 약해지다가 결국 신라 진흥왕의 공격을 받아 멸망하였다.

선택지 분석
①  → 금동관 (대가야)
  ㄴ 대가야의 유적인 고령 지산동 고분군에서 출토된 금동관이다.
②  → 부여 능산리사지 석조사리감(백제)
③  → 천마도(신라)
④  → 금동 연가 7년명 여래 입상(고구려)
⑤  → 돌사자상(발해)

6강 통일 신라와 발해

1 통일 신라 _{최근 3개년 시험 중 11회 출제!}

빈출 키워드 랭킹
1위 관료전, 녹읍 10번 출제
2위 독서삼품과 9번 출제
3위 기벌포 전투 7번 출제

1. 신라의 삼국 통일 과정 [기출자료1]

(1) **고구려와의 동맹 시도(642)**: 선덕 여왕 때 백제 의자왕의 공격으로 대야성이 함락되자, 김춘추◆를 고구려에 보내 군사를 요청하였으나 실패하였다.

(2) **나·당 동맹 체결(648)**: 진덕 여왕 때 김춘추를 당에 파견하여 당과 나·당 동맹을 체결하였다.

(3) **백제의 멸망(660)**: 신라 김유신의 군대가 황산벌에서 계백의 결사대를 격파하였다. 곧이어 나·당 연합군의 공격으로 사비성이 함락되고, 웅진에 있던 의자왕이 항복하면서 멸망하였다.

(4) **백제 부흥 운동**: 복신과 도침(주류성), 흑치상지(임존성)가 백제 부흥 운동을 전개하였으나, 백강 전투(663)에서 나·당 연합군에 패배하면서 백제 부흥 운동이 실패로 끝났다.

(5) **고구려 멸망(668)**: 고구려는 수·당과의 전쟁으로 국력이 약해졌고, 연개소문의 사망 후 지배층이 분열되었다. 결국 나·당 연합군의 공격으로 평양성이 함락되면서 멸망하였다.

(6) **고구려 부흥 운동**: 검모잠이 안승◆을 왕으로 추대하고 고구려 부흥 운동을 전개하였으나 지배층의 내분으로 실패하였다.

(7) **나·당 전쟁(670~676)**
① **배경**: 당이 백제와 고구려 멸망 이후 각각 웅진 도독부와 안동 도호부◆를 설치하고, 신라에는 계림 도독부를 설치하여 한반도 전체를 지배하려는 야심을 드러냈다.
② **과정**: 매소성 전투(675)와 기벌포 전투(676)에서 승리하면서 한반도에서 당을 축출하고, 대동강에서 원산만에 이르는 영토를 차지하며 삼국 통일을 달성하였다.

2. 통일 신라의 발전

(1) **문무왕**: 고구려를 멸망시키고 나·당 전쟁에서 승리하여 삼국 통일을 달성하였으며, 지방관을 감찰하기 위해 외사정이라는 관리를 파견하였다.

(2) **신문왕** [기출자료2]
① **왕권 강화**: 김흠돌의 난◆을 진압하며 진골 귀족 세력을 숙청하고 왕권을 강화하였다.
② **토지 제도 정비**: 관료전을 지급하고, 녹읍을 폐지하여 귀족들의 경제적 기반을 약화시켰다.
③ **통치 체제 정비**

지방 행정 조직	9주 5소경의 지방 행정 조직을 완비함
군사 제도	9서당(중앙군)과 10정(지방군)의 군사 제도를 완비함
국학 설립	국학을 설립하여 귀족 자제를 대상으로 유학 교육을 실시함

④ **감은사 완공**: 문무왕 때부터 짓기 시작한 감은사◆를 완공하였다.

◆ **김춘추(태종 무열왕)**
- 선덕 여왕 때 고구려 연개소문에게 군사를 요청하였으나 실패함
- 진덕 여왕 때 당으로 건너가 당 태종과 군사 동맹을 체결함
- 진골 귀족 출신 최초로 왕위에 오름(태종 무열왕)

◆ **안승**
- 고구려 보장왕의 외손자(혹은 서자)
- 고구려 부흥 운동 과정에서 일어난 내분으로 검모잠을 죽이고 신라에 망명함
- 당을 견제하려는 신라 문무왕에 의해 금마저(익산)의 보덕국왕에 임명되기도 함

◆ **웅진 도독부와 안동 도호부**
- 당이 고구려와 백제 멸망 이후 해당 지역을 통치하기 위해 세운 통치 기관
- 백제의 옛 수도였던 웅진에 웅진 도독부를, 고구려의 수도였던 평양에 안동 도호부를 설치함

◆ **김흠돌의 난**
- 신문왕 즉위 초에 왕의 장인인 김흠돌이 일으킨 반란
- 이 사건을 진압하는 과정에서 다른 진골 귀족 세력도 숙청하여 왕권을 강화시킴

◆ **감은사**
- 문무왕이 부처의 힘으로 왜의 침입을 막기 위해 짓기 시작한 절
- 아들 신문왕이 완성하였으며 아버지 문무왕의 은혜에 감사한다는 뜻으로 절의 이름을 감은사라 지음

기출 분석 특강

기출자료 1 신라의 삼국 통일 과정
출제 TIP 주로 삼국 통일 과정의 순서를 묻는 문제가 출제돼요!

(1) 나·당 동맹 체결 48회 출제

당에 파견되었던 이찬 김춘추가 오늘 무사히 귀국하였습니다. 김춘추는 그곳에서 큰 환대를 받았고, 태종의 군사적 지원을 이끌어 내는 성과를 거두었습니다.

자료 분석
진덕 여왕 때 김춘추가 군사 지원요청을 위해 당에 파견되었고, 그 결과 나·당 동맹이 체결되었다.

(2) 기벌포 전투 69회 출제

┌ 신라가 백제 멸망 후 사비에 설치한 주
사찬 시득이 수군을 거느리고 소부리주 기벌포에서 설인귀와 싸웠는데 연이어 패배하였다. 그러나 이후 크고 작은 22번의 싸움에서 승리하여 4천여 명을 죽였다.

자료 분석
신라는 기벌포에서 설인귀가 이끄는 당의 수군을 상대로 승리를 거둠으로써 한반도에서 당을 축출하고 삼국 통일을 달성하였다.

함께 나올 기출선택지
- 김춘추가 당과의 군사 동맹을 성사시켰다. 71·65·64·62회
- 계백의 결사대가 황산벌에서 패배하였다. 72·69·68·66·61회
- 백제와 왜의 연합군이 백강 전투에서 패배하였다. 59회
- 당이 안동 도호부를 설치하였다. 59회
- 문무왕이 안승을 보덕왕으로 책봉하였다. 61·60·58회
- 신라가 매소성 전투에서 승리하였다. 71·59·52회
- 사찬 시득이 기벌포에서 당군을 격파하였다. 73·66회

기출자료 2 신문왕

(1) 9주 5소경 완비 57회 출제
출제 TIP 신문왕 문제에 '9주'가 힌트로 자주 나와요!

- 완산주를 다시 설치하고 용원을 총관으로 삼았다. 거열주를 나누어 청주(菁州)를 두니 처음으로 9주가 되었다.
  └ 5소경 중 하나(오늘날의 청주)
- 서원소경을 설치하고 아찬 원태를 사신(仕臣)으로 삼았다. 남원소경을 설치하고 여러 주와 군의 주민들을 옮겨 그곳에 나누어 살게 하였다.
  └ 5소경 중 하나(오늘날의 남원)

자료 분석
신문왕은 완산주와 청주 등을 설치하여 9주를 완비하고, 서원소경과 남원소경 등을 설치하여 9주 5소경의 지방 행정 조직을 완비하였다.

(2) 신문왕의 왕권 강화 정책 62회 출제

제목 ○○왕, 왕권을 강화하다.
1화 진골 귀족 김흠돌의 반란을 진압하다.
2화 국학을 설치하여 인재를 양성하다.
3화 9주를 정비하여 지방 통치 체제를 갖추다.

자료 분석
신문왕은 즉위 후 장인인 김흠돌이 일으킨 난을 진압하며 관련된 귀족들을 제거하였다. 또한 국학을 설치하여 인재 양성에 힘쓰며 왕권을 강화하였다.

(3) 감은사 완공 46회 출제

오늘은 감은사를 완성한 왕에 대해 이야기해 볼게요. 그는 동해의 용이 되어 나라를 지키겠다는 유언을 남긴 선왕에 감사하는 마음을 담아 감은사라는 이름을 붙였다고 해요. 또한 김흠돌의 난을 진압하고 진골 귀족을 숙청하여 왕권을 강화했어요.
            └ 문무왕

자료 분석
신문왕은 문무왕 때부터 짓기 시작한 절을 완성하고, 아버지인 문무왕의 은혜에 감사한다는 뜻으로 절의 이름을 감은사라고 하였다.

함께 나올 기출선택지
- 김흠돌이 반란을 도모하였다. 72·68회
- 김흠돌을 비롯한 진골 귀족 세력을 숙청하였다. 73·71·63회
- 지방 행정 제도를 9주 5소경으로 정비하였어요. 46회
- 9서당 10정의 군사 조직을 갖추었다. 72·70·65회
- 관료전을 지급하고 녹읍을 폐지하였다. 71·69·67·64회
- 국학을 설립하여 유학을 교육하였다. 51회

6강 통일 신라와 발해

(3) 경덕왕
① 한화 정책 실시: 중앙 관료의 칭호와 지방 행정 구역의 명칭을 중국식으로 변경하였다.
② 불국사·석굴암 창건: 김대성의 발원으로 불국사와 석굴암을 창건하였다.

3. 통일 신라의 통치 체제 기출자료1

(1) 중앙 통치 조직: 국왕 직속 기구인 집사부와 그 장관인 시중(중시)을 중심으로 국정을 운영하였으며, 집사부 아래에 병부, 사정부 등 13부(총 14부)를 두어 행정 업무를 분담하였다.

(2) 지방 행정 제도
① 9주 5소경: 전국을 9주로 나누고, 군사·행정상의 요충지에 특별 행정 구역인 5소경을 설치하였다.
② 특수 행정 구역: 일반 농민보다 더 많은 공물을 부담하는 향·부곡이 존재하였다.
③ 지방 통제 정책

외사정	지방관을 감찰하기 위해 외사정을 파견함(문무왕)
상수리 제도	지방 세력 견제를 위해 지방 귀족(향리)을 일정 기간 수도에 머무르게 한 제도

(3) 군사 제도
① 9서당(중앙군): 민족 융합 정책으로 9서당에 고구려, 백제, 말갈인을 포함시켰다.
② 10정(지방군): 9주에 1정씩 배치하고, 북쪽 국경 지대인 한주에는 1정을 더 배치하였다.

(4) 관리 등용 제도: 원성왕 때 독서삼품과를 실시하여 관리 등용에 참고하였다.

◆ 집사부
국왕의 직속 기관으로, 왕명을 받들어 행정을 집행하고 국정을 총괄함

◆ 9주
옛 고구려, 백제와 기존의 신라 지역에 각각 세 주씩 할당하여 9주를 설치함

◆ 독서삼품과
유교 경전의 이해 수준을 시험하여 관리 채용에 참고하는 제도

2 발해
최근 3개년 시험 중 13회 출제!

빈출 키워드 랭킹
1위 주자감 9번 출제
2위 해동성국 4번 출제
3위 5경 15부 62주 3번 출제

1. 발해의 건국과 발전 기출자료2

(1) 대조영(고왕): 대조영이 고구려 유민을 이끌고 만주 지린성 동모산에서 나라를 세웠다.

(2) 무왕(대무예)

영토 확장	동북방의 여러 세력을 복속시켜 북만주 일대를 장악함
대당 강경책	· 동생 대문예를 보내 당과 연결을 시도한 흑수말갈을 정벌하게 함 · 장문휴의 수군을 보내 당나라 산둥 반도의 등주를 공격해 당의 군대를 격파함
연호 사용	인안이라는 독자적인 연호를 사용함

(3) 문왕(대흠무)

체제 정비	· 3성 6부의 중앙 정치 조직을 정비함 · 중경 현덕부 → 상경 용천부 → 동경 용원부로 수도를 옮김
친당 정책	당과 친선 관계를 맺고 선진 문물을 수용하며 통치 체제를 정비함
연호 사용	대흥, 보력이라는 독자적인 연호를 사용함

기출 분석 특강

기출자료 1 　통일 신라의 통치 체제

(1) 중앙 통치 조직　36회 출제

> ✅ **출제 TIP** 　통일 신라의 중앙 정치 기구의 이름이 힌트로 자주 나와요!

- 집사부, 병부, 위화부 등 총 14개의 중앙 부서 운영
- 집사부의 장관인 시중이 왕명을 받들어 국정 수행
- 감찰 기구인 사정부를 두어 관리의 비리 방지
- 중앙 교육 기관으로 국학 설치

자료 분석
통일 신라는 국왕의 직속 기구인 집사부와 그 장관인 시중을 중심으로 국정을 운영하였다. 또한 집사부를 비롯하여 감찰 기구인 사정부 등 14개의 중앙 부서를 두어 행정 업무를 분담하였다.

함께 나올 기출선택지
- 집사부 외 13부를 두고 행정 업무를 분담하였다. 73·68회
- 9주 5소경의 지방 제도를 운영하였다. 55회
- 수도의 위치가 치우친 것을 보완하기 위해 5소경을 설치하였다. 55회
- 상수리 제도를 실시하여 지방 세력을 견제하였다. 70·63·60회
- 9서당 10정의 군사 조직을 갖추었다. 72·70·68·62회
- 관리 선발을 위해 독서삼품과를 실시하였다. 72·71·70·67·66회

(2) 독서삼품과　62회 출제

처음으로 독서삼품을 정하여 관리를 선발하였다. 『춘추좌씨전』, 『예기』, 『문선』을 읽고 그 뜻에 능통하면서 아울러 『논어』와 『효경』에 밝은 자를 상품(上品)으로, 『곡례』와 『논어』, 『효경』을 읽은 자를 중품(中品)으로, 『곡례』와 『효경』을 읽은 자를 하품(下品)으로 하였다.

자료 분석
통일 신라는 원성왕 때 유교 경전의 이해 수준을 시험하여 관리 채용에 참고하는 독서삼품과를 처음으로 실시하였다.

기출자료 2 　발해의 건국과 발전

(1) 무왕의 대당 강경책　52회 출제

> ✅ **출제 TIP** 　발해 무왕과 문왕의 이름이 자료에 힌트로 자주 나와요!

대무예가 대장 장문휴를 보내 수군을 거느리고 등주를 공격하였다. 당 현종은 급히 대문예에게 유주의 군사를 거느리고 반격하게 하고, 태복경 김사란을 보내 신라군으로 하여금 (가) 의 남쪽을 치게 하였다. 날씨가 매우 추운 데다 눈이 한 길이나 쌓여서 군사들이 태반이나 얼어 죽으니, 공을 거두지 못하고 돌아왔다.
└ 대문예(무왕의 동생, 당에 투항함)

자료 분석
당이 흑수말갈과 연합하려는 움직임을 보이자, 발해 무왕은 장문휴가 이끄는 수군을 보내 당나라 산둥 반도의 등주를 선제 공격하였다. 이에 당은 발해에 반격하는 한편, 신라에 발해의 남쪽을 공격할 것을 요청하였다.

함께 나올 기출선택지
- 무왕 – 대문예로 하여금 흑수말갈을 정벌하게 하였다. 38회
- 무왕 – 장문휴를 보내 당의 등주를 공격하였다. 73·67·65·61회
- 무왕 – 인안(仁安)이라는 독자적인 연호를 사용하였다. 47회
- 문왕 – 수도를 중경 현덕부에서 상경 용천부로 옮겼다. 63회
- 문왕 – 대흥이라는 연호를 사용하였다. 41회
- 발해는 전성기에 해동성국이라고도 불렸다. 46회
- 선왕 – 5경 15부 62주의 지방 행정 제도를 확립했어요. 70·63·56회

(2) 문왕　38회 출제

- ▶ 재위 기간: 737년~793년
- ▶ 이름: 대흠무
- ▶ 존호: 대흥보력효감금륜성법대왕
- ▶ 자녀: 정혜 공주, 정효 공주 등

자료 분석
발해 문왕은 대흥, 보력 등의 독자적인 연호를 사용하였다. 문왕의 연호는 딸인 정혜 공주와 정효 공주의 묘에도 기록되어 있다.

6강 통일 신라와 발해

(4) 선왕(대인수)

영토 확장	고구려의 옛 땅을 대부분 회복함 → 중국으로부터 해동성국◆이라고 불림
체제 정비	5경 15부 62주의 지방 통치 체제를 완비함

◆ 해동성국
'바다 동쪽의 융성한 나라'라는 뜻

2. 발해의 통치 체제 [기출자료1]

(1) 중앙 통치 조직: 당의 3성 6부제를 수용하였으나, 명칭과 운영에서 독자성을 유지하였다.

3성	정당성·선조성·중대성으로 구성되었고, 정당성의 장관인 대내상이 국정을 총괄함
6부	정당성 아래에 6부를 두고, 좌사정과 우사정이 3부씩 관할하도록 함
기타	중정대(관리들의 비리 감찰), 주자감(국립 대학), 문적원(서적 관리) 등

(2) 지방 행정 제도: 선왕 때 5경 15부 62주◆의 지방 행정 제도를 갖추었다.
(3) 군사 제도: 중앙군을 10위로 편성하여 왕궁과 수도의 경비를 담당하게 하였다.

◆ 5경 15부 62주
- 5경: 수도를 포함한 전략적 요충지(상경, 중경, 동경, 남경, 서경)
- 15부: 지방 행정의 중심지
- 62주: 부 아래에 설치됨

3. 발해의 고구려 계승 의식 [기출자료2]

(1) 주민 구성: 고구려 출신이 지배층의 대부분을 차지하였다.
(2) 명칭 사용: 일본에 보낸 국서에 '고려' 또는 '고려 국왕(고구려왕)'이라는 명칭을 사용하였다.
(3) 문화적 유사성: 온돌 장치나 정혜 공주 묘의 모줄임 천장◆ 구조 등 생활 양식이나 고분 양식 등 문화적 요소가 고구려와 유사하였다.

◆ 모줄임 천장
- 고구려 무덤 양식의 천장 구조
- 한 벽의 중간 지점에서 인접 벽의 중간 점을 기다란 돌로 덮어 모서리를 줄여 나가다가 천장을 막는 양식

3 통일 신라의 혼란과 후삼국 시대
최근 3개년 시험 중 17회 출제!

빈출 키워드 랭킹
1위 광평성 11번 출제
2위 원종·애노의 난 7번 출제
3위 후당·오월 사신 파견 5번 출제

1. 통일 신라의 사회 혼란

(1) 배경: 어린 나이로 왕위에 오른 혜공왕이 반란으로 피살된 후 진골 귀족 간의 왕위 쟁탈전이 전개되었고, 이로 인해 왕권이 약화되었다.

(2) 신라 하대◆의 주요 반란 [기출자료3]

김헌창의 난	• 웅천주(공주) 도독 김헌창이 자신의 아버지 김주원이 원성왕에 밀려 왕위에 오르지 못한 것에 불만을 품고 난을 일으킴 • 국호를 장안, 연호를 경운이라 하였으나 진압됨(헌덕왕, 822)
장보고의 난	장보고가 자신의 딸을 왕비로 옹립시키는 것이 좌절되자, 청해진을 거점으로 반란을 도모하였으나 실패함(문성왕, 846)
원종과 애노의 난	진성 여왕 때 가혹한 수탈에 반발하여 사벌주(상주)에서 원종과 애노가 난을 일으킴(진성 여왕, 889)
적고적의 난	진성 여왕 때의 농민 반란으로, 붉은 바지(적고)를 입음(진성 여왕, 896)

◆ 신라 하대
혜공왕(무열왕 직계) 사후 선덕왕(내물왕계)이 즉위한 이후부터 신라 멸망 때까지를 신라 하대라고 함

기출 분석 특강

기출자료 1 발해의 통치 체제

(1) 중앙 통치 조직 56회 출제

> 출제 TIP 발해의 3성의 명칭이 자료에서 힌트로 자주 나와요!

[그 나라의] 관제에는 선조성이 있는데, 좌상·좌평장사·시중·좌상시·간의가 소속되어 있다. 중대성에는 우상·우평장사·내사·조고사인이 소속되어 있다. 정당성에는 대내상 1명을 좌·우상의 위에 두었고, 좌·우사정 각 1명을 좌·우평장사의 아래에 배치하였다.
― 『신당서』

자료 분석
발해는 당의 3성 6부제를 수용하되 독자적으로 운영하였다. 3성은 정당성·선조성·중대성으로 구성되었으며, 정당성의 장관인 대내상이 국정을 총괄하였다.

함께 나올 기출선택지
- 3성 6부의 중앙 관제를 정비하였다. 47회
- 정당성의 대내상이 국정을 총괄하였다. 72회
- 중정대를 두어 관리를 감찰하였다. 73회
- 주자감을 설치하여 인재를 양성하였다. 73·67회

기출자료 2 발해의 고구려 계승 의식

(1) 고려 명칭 사용 59회 출제

> 출제 TIP '고려' 혹은 '고려 국왕'이라는 키워드가 자주 나와요!

- 이것은 일본 나라현 헤이조큐 유적에서 출토된 목간입니다. 목간에 보이는 '고려'라는 명칭을 통해 일본은 이 국가를 고려, 즉 고구려를 계승한 것으로 인식하고 있었음을 알 수 있습니다.
- 고려에 보낸 사절이 귀국하였으니, 천평보자 2년(758) 10월 28일 위계를 두 단계 올린다.

자료 분석
발해는 일본에 보낸 국서에 '고려' 또는 '고려 국왕'이라는 명칭을 사용하여 고구려 계승 의식을 나타냈다. 이에 일본에서도 발해를 '고려'라고 지칭하였다.

(2) 발해의 온돌 유적 59회 출제

이곳은 해동성국이라 불렸던 (가) 의 온돌 유적으로 함경남도 신포시 오매리에서 발견되었습니다. …… 이는 (가) 이/가 고구려의 온돌 양식을 계승하여 발전시켰다는 사실을 잘 보여줍니다.

자료 분석
발해의 온돌 장치가 고구려의 온돌 장치와 유사한 모습인 것을 통해 발해와 고구려의 문화적 유사성을 파악할 수 있다.

함께 나올 기출선택지
- 대조영이 고구려 유민을 이끌고 지린성 동모산에서 건국하였다. 61·56회
- 고구려와 당의 양식이 혼합된 벽돌무덤을 만들었다. 56회

기출자료 3 신라 하대의 주요 반란

(1) 김헌창의 난 54회 출제

웅천주 도독 헌창이 아버지 주원이 왕이 되지 못함을 이유로 반란을 일으켜, 국호를 장안이라고 하고 연호를 세워 경운 원년이라 하였다. ― 『삼국사기』

자료 분석
웅천주 도독 김헌창은 아버지 김주원이 왕위에 오르지 못한 데에 불만을 품고 반란을 일으켰으나 실패하였다.

(2) 진성 여왕 때의 농민 반란 53회 출제

> 출제 TIP '원종과 애노'는 자료와 선택지에 모두 자주 나와요!

- 며칠 전 붉은 바지를 입은 도적들이 나라의 서남쪽에서 봉기하였다고 하네.
- 적고적 말이지? 7년 전에는 원종과 애노가 세금 독촉 때문에 봉기하더니, 요즘 들어 나라에 변란이 자주 일어나 걱정이구만.

자료 분석
진성 여왕 때 사회 혼란이 심화되면서 원종과 애노의 난, 적고적(붉은 바지를 입은 도적)의 난 등의 농민 반란이 일어났다.

함께 나올 기출선택지
- 헌덕왕 ― 김헌창이 웅천주에서 반란을 일으켰다. 73·67회
- 장보고가 왕위 쟁탈전에 가담하였다. 67회
- 문성왕 ― 장보고가 청해진을 거점으로 반란을 도모하였다. 41회
- 진성 여왕 ― 원종과 애노가 사벌주에서 봉기하였다. 72·69·68·63회

6강 통일 신라와 발해

(3) 새로운 세력과 선종의 등장

호족	• 지방 토착 세력, 중앙 권력에서 지방으로 밀려난 세력, 군진 세력 등으로 구성됨 • 중앙의 지방 통제력이 약화되자 자신의 근거지에서 <mark>반독립적인 세력으로 성장</mark>함 • 스스로를 성주 또는 장군이라 칭하면서 통치하는 지방에서 지배력을 행사함
6두품	신라의 골품제 사회를 비판하며 유학을 바탕으로 한 사회 개혁안을 제시함
선종◆	• 실천적·개혁적인 성향을 갖고 있어 호족과 농민들에게 호응을 얻음 • 호족의 지원으로 각지에 <mark>9개의 선종 사원(9산 선문)</mark>◆이 건립됨

2. 후삼국 시대◆

(1) 후백제 [기출자료1]
① **건국:** <mark>견훤</mark>이 <mark>완산주(전주)에서 건국</mark>하였다(900).
② **성장:** 충청도와 전라도 지역을 차지하여 경제 기반을 확보하였고, <mark>중국의 후당·오월에 사신을 파견</mark>하는 등 대중국 외교에 적극적이었다.
③ **한계:** <mark>신라의 수도 금성(경주)을 습격</mark>하여 경애왕을 죽게 하는 등 신라에 적대적이었다. 또한 조세를 지나치게 수취하였으며 호족 포섭에도 실패하였다.

(2) 후고구려 [기출자료2]
① **건국:** 신라 왕족 출신인 <mark>궁예</mark>가 양길의 아래에서 힘을 기른 후 <mark>송악(개성)에서 건국</mark>하였다(901).
② **성장:** 강원도, 경기도 일대를 점령하고 한강 유역을 확보하였다.
③ **국호 변경:** 국호를 '후고구려'에서 '<mark>마진</mark>'으로 바꾼 후 <mark>철원으로 천도</mark>하였고, 다시 '마진'에서 '<mark>태봉</mark>'으로 국호를 변경하였다.
④ **관제 정비:** 국정 총괄 기관인 <mark>광평성</mark>을 비롯한 각종 정치 기구를 마련하였다.
⑤ **한계:** 지나친 조세 수취와 미륵 신앙을 통한 전제 정치로 신망을 잃은 궁예가 왕위에서 축출되었고, 왕건이 왕위에 올라 고려를 건국하였다(918).

◆ **선종**
수행을 통해 스스로 깨달음을 얻는 것을 중시한 불교 종파

◆ **9산 선문**
• 선종 관련 종파 가운데 대표적인 9개를 일컫는 말
• 가지산문, 실상산문, 희양산문 등이 있음

◆ **후삼국 시대**
• 후백제·후고구려(이후 고려)·신라의 삼국이 대립하던 시기
• 견훤이 후백제를, 궁예가 후고구려를 건립하면서 통일 신라는 다시 삼국으로 분열되어 후삼국 시대를 맞이함

10초 컷! 핵심 키워드 암기

1. 신라의 삼국 통일 과정: 나·당 동맹 → 백제 멸망 → 고구려 멸망 → 나·당 전쟁(매소성, 기벌포 전투) → 삼국 통일
2. 발해: 대조영(발해 건국), 무왕(당의 등주 공격, 인안), 문왕(대흥, 보력), 선왕(해동성국, 5경 15부 62주), 3성 6부
3. 신라 하대의 주요 반란: 김헌창의 난, 장보고의 난, 원종과 애노의 난, 적고적의 난
4. 후삼국 시대: 후백제(견훤), 후고구려(궁예)

6강 개념 확인 퀴즈

1. 다음 설명이 맞으면 O표, 틀리면 X표를 하세요.

(1) 통일 신라 문무왕은 지방관을 감찰하기 위해 외사정을 파견하였다. ( )
(2) 통일 신라는 중앙 정치 조직으로 집사부를 포함한 14부를 두었다. ( )
(3) 발해 무왕은 대흥, 보력이라는 독자적인 연호를 사용하였다. ( )
(4) 신라 하대에는 호족이 반독립적인 세력으로 성장하였다. ( )

2. 다음 괄호 안의 내용 중 옳은 것에 O표 하세요.

(1) 신문왕은 지방을 (9주 5소경 / 5경 15부 62주)(으)로 정비하였다.
(2) 통일 신라의 중앙군은 (9서당 / 10위)(으)로 구성되었다.
(3) 발해 (무왕 / 문왕)은 장문휴를 보내 당의 등주를 공격하게 하였다.
(4) 발해는 (국학 / 주자감)을 두고 귀족 자제를 교육하였다.
(5) (견훤 / 궁예)은/는 송악에서 후고구려를 건국하였다.

기출 분석 특강

기출자료 1 후백제

(1) 견훤 56회 출제   ✅ 출제TIP 견훤이 활동한 지역 이름이 자료의 힌트로 나와요!

[왕의] 총애를 받던 측근들이 정권을 마음대로 휘둘러 기강이 문란해졌다. 이에 (가) 이/가 몰래 [왕위를] 넘겨다보는 마음을 갖고 …… 드디어 **무진주를 습격하여 스스로 왕이 되었으나**, 아직 감히 공공연하게 왕을 칭하지는 못하였다. …… 서쪽으로 순행하여 **완산주에 이르니 그 백성들이 환영하였다.**
— 『삼국사기』

(광주, 전주 표시)

자료 분석
견훤은 신라 하대의 혼란을 틈타 무진주(광주) 일대를 장악하여 세력을 확장하였으며, 이후 완산주(전주)를 도읍으로 삼고 후백제를 건국하였다.

함께 나올 기출선택지
- **견훤**이 **완산주**를 도읍으로 후백제를 건국하였다. 72회
- **후당, 오월**에 사신을 파견하였다. 66·64회
- **신라의 금성**을 습격하여 경애왕을 죽게 하였다. 61회

기출자료 2 후고구려

(1) 궁예 64회 출제   ✅ 출제TIP 궁예가 바꾼 나라 이름과 수도를 옮긴 지역이 힌트로 나와요!

- **송악**을 근거지로 삼아 나라를 세우다
- 국호를 **마진**으로 정하고, 연호를 무태라고 하다
- 수도를 **철원**으로 옮기다

자료 분석
궁예는 송악(개성)에서 후고구려를 건국한 후 '마진'으로 국호를 변경하였으며, 철원으로 천도하였다.

함께 나올 기출선택지
- 궁예가 국호를 **마진**으로 바꾸고 **철원**으로 천도하였다. 63·54회
- 궁예가 국호를 **태봉**으로 바꾸었다. 70회
- **광평성** 등 각종 정치 기구를 마련하였다. 73·72·71·70·66회

---

3. 질문에 맞는 답을 고르세요.

(1) 문무왕의 업적은?
  ① 김흠돌 등 진골 귀족 세력을 숙청하였다.
  ② 매소성 전투에서 당군을 격파하였다.

(2) 통일 신라의 통치 제도는?
  ① 관리 감찰을 위해 사정부를 두었다.
  ② 중앙 관제를 3성 6부로 정비하였다.

(3) 발해 무왕 시기의 사실은?
  ① 장문휴가 등주를 공격하였다.
  ② 국호를 남부여로 변경하였다.

(4) 견훤의 활동은?
  ① 국호를 마진으로 바꾸었다.
  ② 후당, 오월에 사신을 파견하였다.

정답
1. (1) O (2) O
   (3) X(발해 문왕) (4) O
2. (1) 9주 5소경 (2) 9서당
   (3) 무왕 (4) 주자감
   (5) 궁예
3. (1) ②(①은 신문왕)
   (2) ①(②은 발해)
   (3) ①(②은 백제 성왕)
   (4) ②(①은 궁예)

개념 적용 기출문제

01   53회 05번
(가), (나) 사이의 시기에 있었던 사실로 옳은 것은? [3점]

> (가) 고구려 왕이 "마목현과 죽령은 본래 우리나라 땅이니 만약 이를 돌려주지 않는다면 돌아가지 못하리라."라고 말하였다. 김춘추가 "국가의 영토는 신하가 마음대로 할 수 있는 것이 아니므로 신은 감히 명령을 따를 수 없습니다."라고 대답하니, 왕이 분노하여 그를 가두었다.
>
> (나) 관창이 "아까 내가 적진에 들어가서 장수를 베고 깃발을 빼앗지 못한 것이 심히 한스럽다. 다시 들어가면 반드시 성공하리라."라고 말하였다. 관창은 적진에 돌입하여 용감히 싸웠으나, 계백이 그를 사로잡아 머리를 베어 말 안장에 매달아서 돌려보냈다. 이를 본 신라군이 죽음을 각오하고 진격하니 백제 군사가 대패하였다.

① 안승이 보덕국왕으로 임명되었다.
② 신라가 당과 군사 동맹을 체결하였다.
③ 관산성 전투에서 백제 왕이 피살되었다.
④ 흑치상지가 임존성에서 군사를 일으켰다.
⑤ 부여풍이 백강에서 왜군과 함께 당군에 맞서 싸웠다.

02   69회 07번
(가)~(다)를 일어난 순서대로 옳게 나열한 것은? [3점]

> (가) 사찬 시득이 수군을 거느리고 소부리주 기벌포에서 설인귀와 싸웠으나 패배하였다. 다시 나아가 크고 작은 22번의 싸움에서 승리하고, 4천여 명의 목을 베었다.
>
> (나) 흑치상지가 도망하여 흩어진 무리들을 모으니, 열흘 사이에 따르는 자가 3만여 명이었다. …… 흑치상지가 별부장 사타상여를 데리고 험준한 곳에 웅거하여 복신과 호응하였다.
>
> (다) 검모잠이 국가를 다시 일으키기 위하여 당을 배반하고 보장왕의 외손 안승을 세워 임금으로 삼았다. 당 고종이 대장군 고간을 보내 행군총관으로 삼고 병력을 내어 그들을 토벌하니, 안승이 검모잠을 죽이고 신라로 달아났다.

① (가) - (나) - (다)
② (가) - (다) - (나)
③ (나) - (가) - (다)
④ (나) - (다) - (가)
⑤ (다) - (나) - (가)

03   62회 08번
(가)에 들어갈 내용으로 옳은 것은? [2점]

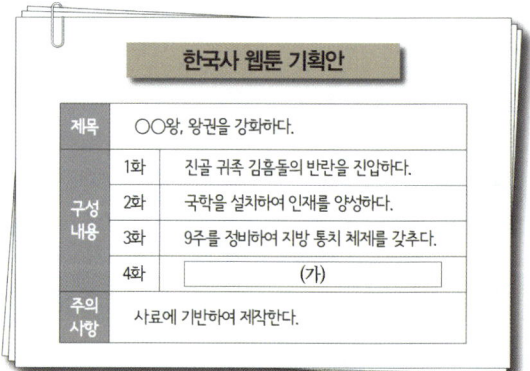

① 관료전을 지급하고 녹읍을 폐지하다.
② 마립간이라는 칭호를 처음 사용하다.
③ 이사부를 보내 우산국을 복속시키다.
④ 화랑도를 국가적 조직으로 개편하다.
⑤ 이차돈의 순교를 계기로 불교를 공인하다.

04   56회 08번
지도와 같이 행정 구역을 정비한 국가에 대한 설명으로 옳은 것을 <보기>에서 고른 것은? [3점]

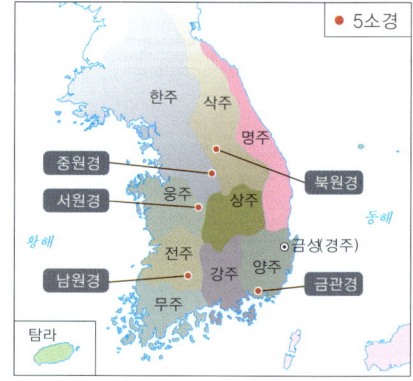

〈보기〉
ㄱ. 9서당 10정의 군사 조직을 운영하였다.
ㄴ. 욕살, 처려근지 등을 지방관으로 파견하였다.
ㄷ. 상수리 제도를 실시하여 지방 세력을 견제하였다.
ㄹ. 북계에 병마사를 파견하여 적의 침입에 대비하였다.

① ㄱ, ㄴ   ② ㄱ, ㄷ   ③ ㄴ, ㄷ   ④ ㄴ, ㄹ   ⑤ ㄷ, ㄹ

해설

01 신라의 고구려 동맹 시도와 황산벌 전투 사이의 사실 정답 ②

자료 분석

(가) 고구려 왕 + 김춘추 → 신라의 고구려 동맹 시도(642)
(나) 계백 + 신라군 + 백제 군사가 대패 → 황산벌 전투(660)

(가) 신라는 백제 의자왕의 공격으로 대야성 등이 함락되자, 김춘추를 고구려에 보내 군사를 요청하였다. 그러나 협상에 실패하고, 김춘추는 고구려에 억류되었다가 탈출하였다(642).
(나) 나·당 연합군이 백제를 공격하자, 의자왕은 계백의 결사대를 보내 대항하였으나 황산벌 전투에서 김유신이 이끄는 신라군에게 대패하였다(660).

선택지 분석

① 안승이 보덕국왕으로 임명되었다. → 674년, (나) 이후
② 신라가 당과 군사 동맹을 체결하였다. → 648년
 └ 김춘추가 고구려와의 동맹 시도에 실패(642)한 이후, 진덕 여왕이 김춘추를 당에 파견하여 신라와 당 사이에 나·당 동맹이 결성되었다(648).
③ 관산성 전투에서 백제 왕이 피살되었다. → 554년, (가) 이전
④ 흑치상지가 임존성에서 군사를 일으켰다. → 660년, (나) 이후
⑤ 부여풍이 백강에서 왜군과 함께 당군에 맞서 싸웠다.
 → 663년, (나) 이후

02 삼국 통일의 과정 정답 ④

자료 분석

(가) 기벌포 + 설인귀 → 기벌포 전투(676)
(나) 흑치상지 + 복신 → 백제 부흥 운동(660~663)
(다) 안승이 검모잠을 죽이고 신라로 달아남
 → 안승의 신라 망명(670)

(가) 신라는 당의 설인귀가 이끄는 수군을 기벌포에서 격퇴(676)하였다.
(나) 백제가 멸망한 후, 복신과 도침은 주류성을 중심으로, 흑치상지는 임존성을 근거지로 하는 등 백제 부흥 운동을 전개하였다(660~663).
(다) 고구려 멸망 이후 고구려 장군인 검모잠이 안승(보장왕의 서자 혹은 외손자)을 왕으로 추대하고 고구려 부흥 운동을 전개하였다. 그러나 지배층의 내분으로 안승이 검모잠을 죽이고 신라에 망명하였다(670).

선택지 분석

① (가) - (나) - (다)
② (가) - (다) - (나)
③ (나) - (가) - (다)
④ (나) - (다) - (가)
 └ 순서대로 나열하면 (나) 백제 부흥 운동(660~663) - (다) 안승의 신라 망명(670) - (가) 기벌포 전투(676)이다.
⑤ (다) - (나) - (가)

03 통일 신라 신문왕 정답 ①

자료 분석

김흠돌의 반란을 진압함 + 국학을 설치함 + 9주
→ 통일 신라 신문왕

통일 신라 신문왕은 즉위 초에 일어난 김흠돌의 반란을 진압하고 난에 가담한 진골 귀족 세력을 숙청하여 왕권을 강화하였다. 또한 체제 정비의 일환으로 지방 제도를 9주 5소경으로 정비하였으며, 국립 교육 기관인 국학을 설립하여 유학을 교육하였다.

선택지 분석

① 관료전을 지급하고 녹읍을 폐지하다. → 신문왕
 └ 신문왕은 관료들에게 봉급의 개념으로 관료전을 지급하고, 귀족들의 경제적 기반이었던 녹읍을 폐지하였다.
② 마립간이라는 칭호를 처음 사용하다. → 내물 마립간
③ 이사부를 보내 우산국을 복속시키다. → 지증왕
④ 화랑도를 국가적 조직으로 개편하다. → 진흥왕
⑤ 이차돈의 순교를 계기로 불교를 공인하다. → 법흥왕

04 통일 신라의 통치 제도 정답 ②

자료 분석

5소경 → 통일 신라

통일 신라는 삼국 통일로 넓어진 영토를 효율적으로 관리하기 위해 전국을 9개의 주로 나누고, 수도인 금성(경주) 외의 중요한 지역에 특별 행정 구역인 5소경을 설치하여 9주 5소경의 지방 행정 제도를 완비하였다.

선택지 분석

ㄱ. 9서당 10정의 군사 조직을 운영하였다. → 통일 신라
 └ 통일 신라는 중앙군인 9서당과 지방군인 10정으로 이루어진 군사 조직을 운영하였다.
ㄴ. 욕살, 처려근지 등을 지방관으로 파견하였다. → 고구려
ㄷ. 상수리 제도를 실시하여 지방 세력을 견제하였다. → 통일 신라
 └ 통일 신라는 지방 세력을 견제하기 위해 각 주의 향리 1명을 일정 기간 수도에 머무르게 하는 상수리 제도를 실시하였다.
ㄹ. 북계에 병마사를 파견하여 적의 침입에 대비하였다. → 고려

① ㄱ, ㄴ ② ㄱ, ㄷ ③ ㄴ, ㄷ ④ ㄴ, ㄹ ⑤ ㄷ, ㄹ

개념 적용 기출문제

05
밑줄 그은 '이 국가'에 대한 설명으로 옳은 것은? [2점]

정혜 공주 무덤의 구조도   정혜 공주 묘지석

지린성 둔화에서 발견된 이 국가의 정혜 공주 무덤은 모줄임 천장 구조의 굴식 돌방 무덤으로 고구려 양식을 계승하고 있다. 또한 내부에서 출토된 묘지석에 '황상'이라는 칭호가 사용된 점을 통해 이 국가의 자주성을 확인할 수 있다.

① 서경을 북진 정책의 기지로 삼았다.
② 정당성의 대내상이 국정을 총괄하였다.
③ 영락이라는 독자적인 연호를 사용하였다.
④ 군사 조직으로 9서당 10정을 편성하였다.
⑤ 관리 선발을 위해 독서삼품과를 시행하였다.

06
(가), (나) 사이의 시기에 볼 수 있는 모습으로 가장 적절한 것은? [3점]

(가) 선덕왕이 죽었는데 아들이 없자, 여러 신하들이 회의를 한 후에 왕의 조카인 김주원을 옹립하고자 하였다. 주원의 집은 왕경에서 북쪽으로 20리 떨어진 곳에 있었는데, 마침 큰비가 와서 알천의 물이 넘쳐 주원이 건너 오지 못하였다. …… 여러 사람들의 뜻이 모아져 김경신이 왕위를 계승하도록 하였다. - 『삼국사기』

(나) 나라 안의 모든 주군에서 공물과 부세를 보내지 않아, 창고가 텅텅 비어 나라 재정이 궁핍해졌다. 왕이 사신을 보내 독촉하니 곳곳에서 도적이 벌떼처럼 일어났다. 이때 원종과 애노 등이 사벌주에 근거하여 반란을 일으켰다. - 『삼국사기』

① 『계백료서』를 읽는 관리
② 녹읍 폐지를 명하는 국왕
③ 성균관에서 공부하는 학생
④ 초조대장경을 조판하는 장인
⑤ 김헌창의 난을 진압하는 군인

07
(가) 인물에 대한 설명으로 옳은 것은? [2점]

나는 지금 경주 포석정지에 와 있어. 『삼국사기』에 의하면 이곳은 경애왕이 연회를 벌이다가 (가) 의 습격을 받은 곳이야.

(가) 에 대해 더 알려 줄래?

그는 공산 전투에서 고려군에 대승을 거두기도 했어.

① 훈요 10조를 남겼다.
② 경주의 사심관으로 임명되었다.
③ 금마저에 미륵사를 창건하였다.
④ 완산주를 도읍으로 삼아 나라를 세웠다.
⑤ 광평성을 비롯한 정치 기구를 마련하였다.

08
(가) 인물의 활동으로 옳은 것은? [2점]

○ 북원의 도적 우두머리인 양길은 (가) 이/가 자신을 배신한 것을 미워하여 국원 등 10여 곳의 성주들과 그를 칠 것을 모의하고 비뇌성 아래로 진군하였다. 그러나 양길의 병사는 패배하여 흩어져 달아났다. - 『삼국사기』

○ [태조가] 수군을 거느리고 서해로부터 광주(光州) 부근에 이르러 금성군을 쳐서 함락하고 10여 군현을 공격하여 차지하였다. 이에 금성군을 고쳐서 나주라 하고 군사를 나누어서 지키게 한 뒤 돌아왔다. …… (가) 이/가 변경의 일을 물었는데, 태조가 변방을 안정시키고 경계를 넓힐 전략을 보고하였다. 좌우의 신하가 모두 [태조를] 주목하게 되었다. - 『고려사』

① 일리천 전투에서 신검의 군대를 물리쳤다.
② 9산 선문 중 하나인 가지산문을 개창하였다.
③ 문무 관료전을 지급하고 녹읍을 폐지하였다.
④ 광평성을 비롯한 각종 정치 기구를 마련하였다.
⑤ 『정계』와 『계백료서』를 지어 관리의 규범을 제시하였다.

해설

05 발해 정답 ②

자료 분석

정혜 공주 무덤 → 발해

발해는 고구려 유민 출신인 대조영이 만주 지린성(길림성) 동모산 기슭에 건국한 나라이다. 한편 문왕의 둘째 딸인 정혜 공주의 묘는 고구려 양식을 계승하여 모줄임 천장 구조의 굴식 돌방무덤으로 축조되었으며, 아버지인 문왕을 황제를 의미하는 황상으로 표현한 묘지가 발견되었다.

선택지 분석

① 서경을 북진 정책의 기지로 삼았다. → 고려
② 정당성의 대내상이 국정을 총괄하였다. → 발해
  ㄴ 발해의 중앙 정치 기구인 3성 중 정당성의 장관인 대내상이 발해의 국정을 총괄하였다.
③ 영락이라는 독자적인 연호를 사용하였다. → 고구려
④ 군사 조직으로 9서당 10정을 편성하였다. → 통일 신라
⑤ 관리 선발을 위해 독서삼품과를 시행하였다. → 통일 신라

06 원성왕 즉위와 원종·애노의 난 사이의 사실
정답 ⑤

자료 분석

(가) 선덕왕이 죽음 + 김경신이 왕위를 계승함
    → 원성왕 즉위(785)
(나) 원종과 애노 등이 사벌주에 근거하여 반란을 일으킴
    → 원종·애노의 난 (889, 진성 여왕)

(가) 신라 하대에 선덕왕이 죽은 후 신하들이 선덕왕의 조카인 김주원을 왕으로 옹립하였으나, 이를 몰아내고 김경신(원성왕)이 왕위 다툼 끝에 즉위하였다(원성왕 즉위, 785).
(나) 신라 하대인 진성 여왕 때 정부의 과도한 세금 수취와 귀족의 수탈에 반발하여 원종·애노의 난(889)이 일어났다.

선택지 분석

① 『계백료서』를 읽는 관리 → 태조 왕건, 고려 초기
② 녹읍 폐지를 명하는 국왕 → 신문왕, 신라 중대
③ 성균관에서 공부하는 학생 → 공민왕, 고려 말
④ 초조대장경을 조판하는 장인 → 고려 현종, 고려 초기
⑤ 김헌창의 난을 진압하는 군인 → 822년
  ㄴ 원성왕 즉위(785) 이후인 헌덕왕 때 웅천주(공주) 도독 김헌창이 아버지 김주원이 왕위를 계승하지 못한 데에 불만을 품고 난(822)을 일으켰으나, 실패하였다.

07 견훤 정답 ④

자료 분석

경애왕 + 습격 + 공산 전투에서 고려군에 대승을 거둠 → 견훤

견훤은 신라 하대의 호족으로, 후백제를 세웠다. 그는 신라에 대한 강경책을 전개하여, 신라의 수도인 금성(경주)을 습격하고 경애왕을 죽게 하였다. 이때 견훤은 신라의 구원 요청을 받고 출정한 태조 왕건의 고려군과 공산(대구 팔공산)에서 전투를 벌였는데, 이 전투에서 고려군을 크게 무찔렀다(공산 전투).

선택지 분석

① 훈요 10조를 남겼다. → 태조 왕건
② 경주의 사심관으로 임명되었다. → 경순왕(김부)
③ 금마저에 미륵사를 창건하였다. → 백제 무왕
④ 완산주를 도읍으로 삼아 나라를 세웠다. → 견훤
  ㄴ 견훤은 전라도 지방의 군사력을 토대로 완산주(전주)를 도읍으로 삼아 후백제를 세웠다.
⑤ 광평성을 비롯한 정치 기구를 마련하였다. → 궁예

08 궁예 정답 ④

자료 분석

북원의 도적 우두머리인 양길을 배신함 → 궁예

궁예는 신라의 왕족 출신으로, 통일 신라 말의 호족인 북원의 도적 우두머리인 양길의 아래에서 힘을 키워 스스로 왕에 오르고 송악(개성)을 도읍으로 후고구려를 건국하였다. 또한 왕건에게 수군을 지휘하게 하여 후백제의 금성을 공격해 차지하고 나주로 고쳤다(903).

선택지 분석

① 일리천 전투에서 신검의 군대를 물리쳤다. → 태조 왕건(고려)
② 9산 선문 중 하나인 가지산문을 개창하였다.
  → 체징(통일 신라)
③ 문무 관료전을 지급하고 녹읍을 폐지하였다.
  → 신문왕(통일 신라)
④ 광평성을 비롯한 각종 정치 기구를 마련하였다.
  → 궁예(후고구려)
  ㄴ 궁예는 국정 총괄 기구인 광평성을 비롯한 각종 정치 기구를 마련하였다.
⑤ 『정계』와 『계백료서』를 지어 관리의 규범을 제시하였다.
  → 태조 왕건(고려)

7강 고대의 경제·사회·문화

1 고대의 경제 최근 3개년 시험 중 9회 출제!

빈출 키워드 랭킹
- 1위 관료전, 녹읍 10번 출제
- 2위 솔빈부의 말 9번 출제
- 3위 청해진 8번 출제

1. 통일 신라의 경제 [기출자료1]

(1) 토지 제도의 변천

관료전 지급 (신문왕)	→	녹읍◆ 폐지 (신문왕)	→	정전 지급 (성덕왕)	→	녹읍 부활 (경덕왕)
왕권 강화를 위해 조세만 수취할 수 있는 <mark>관료전을 지급</mark>함		<mark>녹읍을 폐지</mark>하여 귀족들의 경제적 기반을 약화시킴		백성들에게 정전을 지급하여 국가의 토지 지배력을 강화함		진골 귀족의 반발로 녹읍이 부활함

◆ **녹읍**
관리에게 주던 토지로, 수조권뿐만 아니라 노동력 징발권까지 주어졌기 때문에 귀족들의 주요 수입원이었음

(2) 민정 문서(신라 촌락 문서): 일본 도다이사(동대사) 쇼소인(정창원)에서 발견되었다.

목적	<mark>조세 징수</mark>와 <mark>노동력 징발</mark>에 활용하기 위함
작성 방법	토착 세력인 촌주가 매년 변동 사항을 조사하여 3년마다 작성함
기록 내용	호(戶)의 등급과 변동 상황, 성별·연령별 인구 규모, 논·밭의 면적 등을 기록함

(3) 대외 교류: 당항성(한강 유역)과 울산항이 유명하였는데, 그 중 울산항은 국제 무역항으로 번성하여 <mark>아라비아 상인들까지 왕래</mark>하였다. 당에는 <mark>신라방</mark>◆을 형성하여 활발하게 교역하였다.

(4) 장보고◆**의 활동:** 완도에 <mark>청해진을 설치</mark>하고 해적을 소탕하여 해상 무역권을 장악하였다.

◆ **신라방**
중국 당나라의 동해안 일대에 설치되었던 신라인의 집단 거주 지역

2. 발해의 경제

(1) 농업과 목축: 주로 밭농사를 실시하였고 목축이 발달하여 <mark>솔빈부의 말</mark>이 특산물로 유명하였다.

(2) 대외 교류: 영주도(당), 일본도, 거란도, <mark>신라도</mark> 등의 교역로를 설치하고 교역하였다.

◆ **장보고**
- 당 무령군의 소장으로 활동하다가 신라에 귀국
- 청해진을 설치하고 서남해안의 해상 무역을 장악함

2 고대의 사회 최근 3개년 시험 중 3회 출제!

빈출 키워드 랭킹
- 1위 정사암 회의 12번 출제
- 2위 진대법 10번 출제
- 3위 골품제 9번 출제

1. 삼국의 사회 [기출자료2]

고구려	· 지배층은 고씨(왕족) + 5부 출신 귀족으로 구성됨, <mark>제가 회의</mark>(귀족 회의) · 지방의 여러 성에 지방관으로 <mark>욕살, 처려근지</mark> 등을 둠 · 고국천왕 때 빈민 구제 제도인 <mark>진대법을 실시</mark>함
백제	지배층은 부여씨(왕족) + 8성의 귀족으로 구성됨, <mark>정사암 회의</mark>(귀족 회의)
신라	· <mark>골품제</mark>◆: 출신에 따라 골과 품으로 신분을 나눈 신라만의 신분 제도 · 화백 회의(귀족 회의)

◆ **골품제**
- 성골과 진골이라는 2개의 골과 6두품에서 1두품에 이르는 6개의 두품을 포함하여 모두 8개의 신분 계급으로 구성됨
- 골품에 따라 관등 승진의 제한이 있었으며 집과 수레의 크기 등 일상 생활까지 규제함

2. 발해의 사회

(1) 사회 구조: 지배층은 대씨(왕족)와 고씨 등 고구려계였고, 피지배층은 대부분 말갈인이었다.

기출 분석 특강

기출자료1 통일 신라의 경제
✅ 출제 TIP '민정 문서'와 '청해진'이 자료의 힌트로 자주 출제돼요!

(1) 민정 문서(신라 촌락 문서) 63회 출제

- 소장처: 일본 도다이사 쇼소인
- 소개: 이 문서는 조세 수취와 노동력 동원에 활용할 목적으로 작성된 것이다. 여기에는 [(가)]의 5소경 중 하나인 서원경 부근 4개 촌락의 인구 현황, 토지의 종류와 면적, 뽕나무와 잣나무 수, 소와 말의 수 등을 3년마다 조사한 내용이 상세히 기재되어 있다.
  - 통일 신라
  - 오늘날의 청주

[자료 분석] 통일 신라의 민정 문서는 촌주가 촌락의 인구 수, 토지의 종류와 면적 등의 변동 사항을 매년 조사하여 3년마다 작성한 것이다.

(2) 대외 교류 59회 출제

이 석상은 원성왕릉 앞에 세워진 무인상이다. 부리부리한 눈이나 이국적인 얼굴 윤곽과 복식은 흥덕왕릉 앞에 있는 무인상과 더불어 서역인의 모습을 하고 있다. 이는 당시 [(가)]이/가 아라비아 등 서역인과 더불어 활발하게 교류하였다는 주장을 뒷받침해 준다.
- 통일 신라

[자료 분석] 통일 신라의 울산항은 국제 무역항으로 번성하여 아라비아 상인들까지 왕래하였다. 이는 서역인의 모습을 하고 있는 원성왕릉의 무인상을 통해 알 수 있다.

(3) 장보고의 활동 59회 출제

장보고가 귀국 후 왕을 알현하여, "온 중국이 우리나라 사람을 노비로 삼고 있습니다. 바라옵건대 청해에 진을 설치하여 해적이 사람을 중국으로 잡아가는 것을 막으십시오."라고 아뢰었다. 왕이 장보고에게 군사 1만 명을 주어서 지키게 하였다.

[자료 분석] 장보고는 당에서 무령군 소장을 역임하다가 귀국 후, 전라도 완도에 청해진을 설치하고 해적을 소탕하여 서남해안의 해상 무역권을 장악하였다.

함께 나올 기출선택지
- 백성에게 정전이 지급되었다. 63회
- 민정 문서(신라 촌락 문서) - 호구를 남녀별·연령별로 구분하여 파악하였다. 26회
- 세금 수취를 위해 3년마다 작성되었다. 66·58·54회
- 울산항, 당항성이 무역항으로 번성하였다. 63·56회
- 당항성, 영암이 국제 무역항으로 번성하였다. 64·61·59회
- 신라방을 형성하여 중국과 활발히 교역하였다. 53회
- 청해진을 설치하여 해상 무역을 전개하였다. 71·69회

기출자료2 삼국의 사회
✅ 출제 TIP 삼국의 귀족 회의 이름이 자료와 선택지에 자주 나와요!

(1) 백제 - 정사암 회의 30회 출제

이곳 천정대는 [(가)]의 귀족들이 모여 국가의 중대사를 논의하였던 정사암(政事岩)으로 추정되는 장소이다. 『삼국유사』에는 '재상(宰相)을 선출할 때 3~4명의 후보자 이름을 적어 상자에 넣어 밀봉한 뒤 정사암에 놓아두었다가 얼마 후에 상자를 열어 이름 위에 표시가 있는 사람을 재상으로 삼았다.'라고 기록되어 있다.

[자료 분석] 백제는 정사암 회의라는 귀족 회의가 있어, 귀족들이 정사암이라는 바위에 모여 재상 선출 및 국가의 중대사를 논의하였다.

(2) 신라 - 골품제 55회 출제

- 축하드립니다. 이번에 대아찬으로 승진하셨다고 들었습니다.
  - 신라의 17 관등 중 제5등 관계로 진골만 오를 수 있음
- 고맙네. 하지만 6두품인 자네는 이 제도 때문에 아찬에서 더 이상 올라갈 수 없다는 것이 안타깝네그려.
  - 골품제
  - 신라의 17 관등 중 제6등 관계

[자료 분석] 골품제는 출신에 따라 골과 품으로 신분을 나눈 신라의 신분 제도였다. 골품에 따라 관등 승진의 제한이 있었는데, 6두품은 6등급(아찬)까지만 승진할 수 있었다.

함께 나올 기출선택지
- 고구려 - 제가 회의에서 나라의 중요한 일을 결정하였다. 73·70회
- 고구려 - 지방 장관으로 욕살, 처려근지 등을 두었다. 73·69·68회
- 백제 - 왕족인 부여씨와 8성의 귀족이 지배층을 이루었다. 73·68·64·61회
- 백제 - 정사암에 모여 재상을 선출하였다. 73·72·70·69회
- 신라 - 골품제라는 엄격한 신분제를 마련하였다. 67회
- 신라(골품제) - 집과 수레의 크기 등 일상 생활까지 규제하였다. 55회
- 신라 - 골품에 따라 관등 승진에 제한이 있었다. 69·63·61회
- 신라 - 만장일치제로 운영된 화백 회의가 있었다. 71·62·60회

7강 고대의 경제·사회·문화 **69**

7강 고대의 경제·사회·문화

3 고대의 문화 - 사상과 종교 _{최근 3개년 시험 중 13회 출제!}

빈출 키워드 랭킹
- 1위 혜초, 최치원 7번 출제
- 2위 원효 6번 출제
- 3위 의상 5번 출제

1. 불교

(1) 삼국의 불교 수용 및 공인

고구려	소수림왕 때 중국 전진의 승려인 순도를 통해 수용함
백제	침류왕 때 중국 동진에서 온 인도 승려 마라난타를 통해 수용함
신라	법흥왕 때 이차돈의 순교를 계기로 공인함

(2) 신라의 불교 발전 - 주요 승려들의 활동 [기출자료1]

원효	• **일심 사상** 주장: 모든 것이 한마음에서 나온다는 일심 사상의 이론적 체계를 완성함 • 불교의 대중화: 아미타 신앙♦을 전파하고 **무애가**(불교의 이치를 담은 노래)를 민간에 유포함 • 저술: 『**십문화쟁론**』, 『**대승기신론소**』, 『**금강삼매경론**』 등
의상	• **화엄 사상** 전파: 당에서 화엄 사상을 공부하고 돌아와 **영주 부석사를 건립**하고 화엄 사상을 전파함 • **관음 신앙 강조**: 질병, 재해 등 현세의 고난에서 구제받고자 하는 관음 신앙을 강조하고 **양양 낙산사를 건립**함 • 저술: 『**화엄일승법계도**』(화엄 사상 정리) 등
혜초	인도와 중앙아시아 지역의 풍물을 기록한 『**왕오천축국전**』을 저술함

◆ **아미타 신앙**
'나무아미타불'만 외우면 극락왕생할 수 있다는 불교 신앙

◆ **화엄 사상**
모든 존재가 상호 의존적이면서 서로 조화를 이루고 있다는 사상

2. 도교 [기출자료2]

(1) 특징: 삼국 시대에 당으로부터 전래되었으며, 신선 사상과 결합하여 불로장생을 추구하였다. 또한 고구려 연개소문은 당에 도사 파견을 요청하였다.

(2) 문화유산: 고구려 강서 대묘의 사신도, **백제 금동대향로**♦, 산수무늬 벽돌, 사택지적 비문, 무령왕릉의 지석 등에 도교 사상이 반영되어 있다.

◆ **백제 금동대향로**

- 부여 능산리 절터에서 출토됨
- 불교를 상징하는 연꽃과, 도교를 상징하는 봉황과 신선이 산다는 삼신산의 봉우리가 형상화되어 있음

3. 유학

(1) 교육과 역사서

구분	고구려	백제	신라
교육	수도에 **태학을 설립**하여 유학을 교육하고, 지방은 경당에서 학문과 무예를 가르침	오경박사, 의박사, 역박사를 두어 유학과 기술학을 교육함	임신서기석을 통해 유교 경전을 공부했다는 사실을 알 수 있음
역사서	이문진의 『신집』(영양왕)	고흥의 『서기』(근초고왕)	거칠부의 『국사』(진흥왕)

(2) 통일 신라의 유학자 [기출자료3]
① **설총**: 한자의 음과 훈을 차용한 **이두**♦를 **체계적으로 정리**하고, 신문왕에게 「화왕계」라는 글을 바쳐 유교적 도덕 정치를 강조하였다.
② **김대문**: 진골 귀족 출신으로 『**화랑세기**』, 『고승전』 등을 저술하였다.
③ **최치원**: 6두품 출신으로 당의 **빈공과**♦에 **합격**하였으며, 「격황소서」와 『계원필경』 등을 저술하였다. 신라 귀국 후에는 진성 여왕에게 사회 개혁안인 **시무책 10여 조**를 올렸다.

◆ **이두**
한자의 음과 훈을 빌려 우리말을 표기하던 방법

◆ **빈공과**
당에서 외국 학생들을 대상으로 실시한 과거 시험

기출 분석 특강

기출자료 1 신라의 불교 발전 – 주요 승려들의 활동

(1) 원효 61회 출제

출제 TIP 원효가 저술한 책의 이름이 자료와 선택지에 자주 나와요!

이곳은 (가) 의 생애와 활동을 주제로 한 전시실입니다. 그는 『금강삼매경론』, 『대승기신론소』 등을 저술하여 불교 교리 연구에 힘썼으며, 무애가를 짓고 정토 신앙을 전파하여 불교 대중화에 앞장섰습니다.
— 아미타 신앙

자료 분석 신라의 승려 원효는 불교 교리를 연구하여 『금강삼매경론』, 『대승기신론소』 등을 저술하였으며, 무애가를 지어 불교의 대중화에도 기여하였다.

함께 나올 기출선택지
- 원효 – 일심 사상과 화쟁 사상을 주장하였다. 61회
- 원효 – 무애가를 지어 불교 대중화에 힘썼다. 71·70·67·60회
- 원효 – 『대승기신론소』, 『십문화쟁론』을 저술하였다. 38회
- 원효 – 『금강삼매경론』을 저술하였다. 47회

(2) 의상 51회 출제

당에 유학했던 대사가 공부를 마치고 귀국길에 오르자 그를 사모했던 선묘라는 여인이 용으로 변하여 귀국길을 도왔다. …… 이러한 연유로 이 절을 '돌이 공중에 떴다'는 의미의 부석사(浮石寺)로 불렀다.

자료 분석 신라의 승려 의상은 당에서 화엄 사상을 공부하고 귀국한 후 영주 부석사를 창건하였다.

- 의상 – 부석사를 창건하였다. 47회
- 의상 – 현세의 고난에서 구제받고자 하는 관음 신앙을 강조하였다. 67회
- 의상 – 『화엄일승법계도』를 지어 화엄 사상을 정리하였다. 70·66·65·60회

(3) 혜초 55회 출제

8세기 인도와 중앙아시아의 실상을 전해주는 중요한 기록을 남긴 신라 승려가 있다. 글로벌 시대를 맞아 (가) 의 기록이 우리에게 남긴 의미를 재조명한다.

자료 분석 신라의 승려 혜초는 인도와 아프가니스탄 등 중앙아시아 지역을 순례한 후, 이 지역의 풍물을 기록한 『왕오천축국전』을 남겼다.

- 혜초 – 인도와 중앙아시아를 다녀와서 『왕오천축국전』을 남겼다. 71·70·65·63·62회

기출자료 2 도교

(1) 도교 문화유산 – 백제 금동대향로 64회 출제

출제 TIP 정답 선택지로 백제 금동대향로의 사진이 자주 나와요!

부여 능산리 절터에서 출토되었다. 백제의 공예 기술 수준을 보여주는 문화유산으로 불교와 도교 사상 등을 복합적으로 반영하고 있다.

자료 분석 백제 금동대향로는 부여 능산리 절터에서 출토된 백제의 문화유산으로, 불교를 상징하는 연꽃과 도교를 상징하는 삼신산(신선이 사는 산)의 봉우리가 표현되어 있다.

함께 나올 기출선택지
- 백제 금동대향로 69·66·64·59회

기출자료 3 통일 신라의 유학자

(1) 최치원 52회 출제

출제 TIP 최치원이 저술한 글과 책의 이름이 자료의 힌트로 나와요!

이곳은 중국 양저우에 있는 이 인물의 기념관입니다. 그는 당에 유학하여 빈공과에 급제하였고, 황소의 난이 일어나자 「격황소서(檄黃巢書)」를 지어 이름을 떨쳤습니다. 또한 당에서 쓴 글을 모은 『계원필경』을 남겼습니다.

자료 분석 6두품 출신 최치원은 당에 유학하여 빈공과에 급제하였으며, 당에서 반란을 일으킨 황소에게 항복을 권유하는 「격황소서(토황소격문)」를 짓기도 하였다.

함께 나올 기출선택지
- 설총 – 한자의 음훈을 빌려 우리말을 표기한 이두를 정리하였다. 62·57회
- 김대문이 『화랑세기』를 저술하였다. 58회
- 최치원 – 진성 여왕에게 시무책 10여 조를 올렸다. 65·64·63·62회

7강 고대의 경제·사회·문화

4 고대의 문화 – 문화유산   최근 3년간 시험 중 11회 출제!

빈출 키워드 랭킹
- 1위 금동 연가 7년명 여래 입상 8번 출제
- 2위 익산 미륵사지 석탑 6번 출제
- 3위 부여 정림사지 오층 석탑 5번 출제

1. 고대의 고분 [기출자료1]

구분		양식	대표 고분	특징
고구려	초기	돌무지무덤	장군총◆	돌을 정밀하게 쌓아 올린 무덤
	후기	굴식 돌방무덤	무용총, 강서 대묘	· 돌로 널방을 만들고 흙으로 덮어 봉분을 만듦 · 모줄임 천장 구조, 고분 벽화가 있음
백제	한성시기	돌무지무덤	서울 석촌동 고분군	고구려의 돌무지무덤과 비슷한 형태
	웅진시기	벽돌무덤	무령왕릉◆	중국 남조의 영향을 받음
	사비시기	굴식 돌방무덤	부여 능산리 고분군	규모는 작지만 세련된 고분이 제작됨
신라	초기	돌무지덧널무덤	천마총, 호우총	· 나무 덧널 위에 돌을 쌓고 그 위에 흙을 쌓아 만듦 · 도굴이 어려워 껴묻거리(부장품)가 그대로 남아 있음
	6세기 이후	굴식 돌방무덤	경주 김유신묘	무덤의 둘레돌에 12지 신상을 조각하는 독특한 양식이 나타남

◆ **장군총**

◆ **무령왕릉**

- 공주 송산리 6호분 배수로 공사 중 발견된 무령왕과 왕비의 무덤
- 고분에서 무덤의 주인을 알 수 있는 지석(매지권)과 석수(진묘수)가 발견됨
- 일본산 금송으로 만든 관이 출토되어 일본과의 교류를 파악할 수 있음

2. 고대의 탑 [기출자료2]

(1) 삼국 시대의 탑

익산 미륵사지 석탑(백제)	부여 정림사지 오층 석탑 (백제)	경주 분황사 모전 석탑 (신라)
· 목탑의 구조를 석재로 표현함 · 금제 사리 장엄구◆가 출토됨	백제 멸망 후 당의 장수 소정방이 쓴 글이 새겨져 있음	돌을 벽돌 모양으로 다듬어 쌓은 모전 석탑

(2) 통일 신라와 발해의 탑

경주 감은사지 동·서 삼층 석탑 (통일 신라)	경주 불국사 삼층 석탑 (통일 신라)	화순 쌍봉사 철감선사 승탑 (통일 신라)	영광탑(발해)
2층 기단 위에 3층의 탑신부로 구성됨	『무구정광대다라니경』◆이 출토됨	승려의 사리를 봉안한 승탑	당의 영향을 받은 전탑

◆ **미륵사지 석탑 금제 사리 장엄구**
- 미륵사지 석탑 해체·수리 과정에서 발견됨
- 금제 사리봉영기(미륵사의 창건 배경과 건립 연대가 기록됨)와 청동합 등이 담겨 있음

◆ **『무구정광대다라니경』**
- 경주 불국사 삼층 석탑에서 발견됨
- 현존하는 세계에서 가장 오래된 목판 인쇄물

기출 분석 특강

기출자료 1 고대의 고분

(1) 백제 무령왕릉 51회 출제

출제 TIP 백제 무령왕릉의 특징이 고분 문제에서 가장 자주 나오는 내용이에요!

올해는 백제의 고분 중 피장자와 축조 연대가 확인되는 유일한 무덤인 [(가)] 발굴 50주년이 되는 해입니다. 우리 학회는 이를 기념하여 '[(가)] 출토 유물로 본 동아시아 문화 교류'를 주제로 학술 대회를 개최합니다.

- 진묘수를 통해 본 도교 사상
- 금동제 신발의 제작 기법 분석
- 금송으로 만든 관을 통해 본 일본과의 교류

자료 분석
무령왕릉은 백제의 고분 중 축조 연대가 확인되는 유일한 무덤으로, 공주 송산리 고분군에 위치하고 있다. 한편 무령왕릉은 중국 남조의 영향을 받아 벽돌무덤으로 축조되었으며, 이곳에서는 일본산 금송으로 만든 관이 출토되었다. 이를 통해 백제와의 문화 교류를 파악할 수 있다.

함께 나올 기출선택지
- 무용총(고구려) – 당시 생활상을 담은 수렵도 등의 벽화가 남아 있다. 44회
- 백제 – 서울 석촌동 고분군에 위치하고 있다. 51회
- 무령왕릉(백제) – 중국 남조의 영향을 받아 벽돌로 축조하였다. 72·68회
- 무령왕릉 – 매지권(買地券)이 새겨진 지석과 석수가 출토되었다. 55회

기출자료 2 고대의 탑

출제 TIP 탑이 위치한 지역이 자료의 힌트로 꼭 나와요!

(1) 익산 미륵사지 석탑 62회 출제

2009년 이 탑의 해체 수리 중에 사리장엄구와 금제 사리봉영기가 발견되었다. …… 이 탑을 세운 주체가 『삼국유사』에 나오는 선화 공주가 아니라 백제 귀족의 딸로 밝혀져 서동 왕자와 선화 공주 설화의 진위 여부에 대한 논란이 일어나기도 하였다.

자료 분석
백제의 익산 미륵사지 석탑은 현존하는 우리나라에서 가장 오래된 석탑이다. 석탑의 해체 및 수리 과정에서 출토된 금제 사리봉영기를 통해 이 탑이 백제 무왕 때 건립되었음이 밝혀졌다.

(2) 경주 분황사 모전 석탑 67회 출제

국보로 지정된 [(가)]은 현존하는 신라 탑 중에 가장 오래된 것으로 평가받습니다. 이 탑은 돌을 벽돌 모양으로 다듬어 쌓았다는 특징이 있으며, 선덕 여왕 3년에 건립된 것으로 추정됩니다.

자료 분석
경주 분황사 모전 석탑은 현존하는 신라의 가장 오래된 석탑이다. 모전이라는 명칭과 같이 돌을 벽돌 모양으로 다듬어 쌓는 전탑 양식으로 만들어졌다.

(3) 화순 쌍봉사 철감선사 승탑 36회 출제

○ 장소: 전라남도 화순군 쌍봉사
○ 소개: 철감선사 도윤의 사리를 모신 팔각 원당형 승탑으로 뛰어난 조형미를 갖추고 있다. 신라 하대 선종의 유행과 깊은 관련이 있는 문화유산이다.

자료 분석
화순 쌍봉사 철감선사 승탑은 통일 신라의 승탑으로, 승려 철감선사 도윤의 사리를 봉안하였다. 한편 승탑은 신라 하대에 선종이 유행하면서 제작되기 시작하였다.

함께 나올 기출선택지
- 익산 미륵사지 석탑 72·67·63·62회

- 경주 분황사 모전 석탑 72·71·67회

- 화순 쌍봉사 철감선사 승탑 72회

7강 고대의 경제·사회·문화

3. 고대의 불상 [기출자료 1]

금동 연가 7년명 여래 입상 (고구려)	서산 용현리 마애 여래 삼존상(백제)	경주 배동 석조 여래 삼존 입상 (신라)

광배 뒷면에 '연가 7년'이라는 글씨가 새겨져 있음	절벽에 조각(마애)된 불상으로, 백제의 미소라는 별칭이 있음	푸근한 자태와 신라 조각의 정수를 보여줌
금동 미륵보살 반가사유상 (삼국)	경주 석굴암 본존불 (통일 신라)	이불 병좌상(발해)

반가의 자세로 생각에 빠진 모습을 표현함	신라 예술의 균형미를 보여줌	두 부처가 나란히 앉아 있는 모습을 표현함

◆ 마애
절벽에 새겨진 불상의 이름에 붙는 명칭

10초 컷! 핵심 키워드 암기

1. 통일 신라 토지 제도의 변천: 관료전 지급 → 녹읍 폐지 → 정전 지급 → 녹읍 부활
2. 삼국의 귀족 회의: 제가 회의(고구려), 정사암 회의(백제), 화백 회의(신라)
3. 신라의 주요 승려: 원효(무애가, 『십문화쟁론』), 의상(『화엄일승법계도』)
4. 고대의 탑: 익산 미륵사지 석탑(백제), 경주 불국사 삼층 석탑(통일 신라)
5. 고대의 불상: 금동 연가 7년명 여래 입상(고구려), 서산 용현리 마애 여래 삼존상(백제), 경주 석굴암 본존불(신라)

7강 개념 확인 퀴즈

1. 문화유산과 명칭이 일치하면 O표, 틀리면 X표를 하세요.

(1) 익산 미륵사지 석탑 (　)   (2) 영광탑 (　)   (3) 이불 병좌상 (　)

2. 다음 괄호 안의 내용 중 옳은 것에 O표 하세요.

(1) 성덕왕은 (관료전 / 정전)을 지급하여 국가의 토지 지배력을 강화하였다.

(2) 원효는 (『금강삼매경론』 / 『화엄일승법계도』)을/를 저술하였다.

(3) 장군총은 (백제 / 고구려)의 대표적인 고분이다.

(4) (금동 연가 7년명 여래 입상 / 경주 석굴암 본존불)의 광배 뒷면에는 연대를 알 수 있는 글씨가 새겨져 있다.

기출 분석 특강

기출자료 1 고대의 불상

✅ 출제 TIP 불상의 사진이 정답 선택지로 제시되니, 각 나라와 불상의 모습을 잘 구분하세요!

(1) 금동 연가 7년명 여래 입상 69회 출제

- 경상남도 의령군에서 출토되어 1964년에 국보로 지정되었어.
- 고구려 승려들이 만든 천불(千佛) 중 하나야.
- 광배 뒷면에 고구려의 연호로 추정되는 연가(延嘉)라는 글자가 새겨져 있어.

[자료 분석]
금동 연가 7년명 여래 입상은 고구려의 대표적인 불상으로, 광배 뒷면에 '연가(延嘉) 7년'이라는 고구려의 연호 및 연대가 새겨져 있어 제작 연대가 파악되었다.

[함께 나올 기출선택지]
- 금동 연가 7년명 여래 입상
  69·68·66·65회

(2) 금동 미륵보살 반가사유상 57회 출제

- 삼산관을 쓰고 깊은 생각에 빠져 있는 모습의 이 불상을 가상 박물관에서 볼 수 있다니 너무 신기하다.
  └ 삼면이 각각 둥근 산 모양을 이루는 관
- 나도 그래. 다음 전시실에는 이 불상과 재료만 다를 뿐 모습이 매우 닮은 일본 교토 고류사의 불상이 있다고 해. 그것도 보러 가자.

[자료 분석]
금동 미륵보살 반가사유상은 삼국 시대에 만들어진 금동 불상으로 반가의 자세로 깊은 생각에 빠진 모습을 표현한 것이다. 이러한 양식은 일본에 전파되어 일본 교토 고류사의 목조 미륵보살 반가사유상에 영향을 주기도 하였다.

- 금동 미륵보살 반가사유상
  63·60·57회

---

3. 질문에 맞는 답을 고르세요.

(1) 통일 신라의 경제 상황은?
  ① 청해진에서 교역 물품을 점검하는 군졸
  ② 솔빈부의 특산물인 말을 판매하는 상인

(2) 골품제에 대한 설명은?
  ① 후주 출신인 쌍기의 건의로 실시되었다.
  ② 집과 수레의 크기 등 일상 생활까지 규제하였다.

(3) 원효의 활동은?
  ① 『대승기신론소』, 『십문화쟁론』을 저술하였다.
  ② 『왕오천축국전』을 남겼다.

(4) 최치원에 대한 설명은?
  ① 진성 여왕에게 시무책 10여 조를 올렸다.
  ② 한자의 음훈을 빌려 이두를 정리하였다.

[정답]
1. (1) X(경주 불국사 삼층 석탑)
   (2) O (3) O
2. (1) 정전 (2) 『금강삼매경론』
   (3) 고구려
   (4) 금동 연가 7년명 여래 입상
3. (1) ①(②은 발해)
   (2) ②(①은 고려의 과거제)
   (3) ①(②은 혜초)
   (4) ①(②은 설총)

개념 적용 기출문제

01
[72회 06번]
(가)에 들어갈 내용으로 가장 적절한 것은? [1점]

```
한국사 교양 강좌
통일 신라의 경제

◆ 강좌 주제 ◆
제1강: 촌락 문서에 나타난 수취 체제의 특징
제2강: 서시와 남시 설치를 통해 본 상업 발달
제3강:     (가)

■ 일시: 2024년 10월 △△일 △△시 ~ △△시
■ 장소: ○○대학교 대강당
```

① 상평창과 물가 조절
② 은병이 화폐 유통에 미친 영향
③ 진대법으로 알아보는 빈민 구제
④ 덩이쇠 수출을 통해 본 낙랑과의 교역
⑤ 울산항을 통한 아라비아 상인들과의 교류

03
[39회 04번]
밑줄 그은 '대책'으로 옳은 것은? [1점]

> **고구려에서 찾은 사회 보장 제도**
>
> 사회 보장 제도란 빈곤, 질병 등 사회적 위험으로부터 국민을 보호하기 위한 국가의 조직적 행정을 말한다. 전통 사회의 구휼 정책도 그 범주에 넣을 수 있는데, 고구려에서도 유사한 사례를 찾을 수 있다. 『삼국사기』에 따르면, 사냥을 나갔던 고국천왕이 길에서 슬피 우는 사람을 만나 그 연유를 물었더니, "가난하여 품을 팔며 어머니를 간신히 모셨는데, 올해는 흉년이 극심해 품을 팔 곳도 찾을 수 없고 곡식을 구하기도 어려워 어찌 어머니를 봉양할까 걱정되어 울고 있습니다."라고 답하였다. 왕이 그를 불쌍히 여겨 위로하고, 재상 을파소와 논의하여 대책을 마련하였다.

① 진대법을 실시하여 빈민을 구제하였다.
② 상평창을 설치하여 물가를 조절하였다.
③ 『구황촬요』를 간행하여 기근에 대비하였다.
④ 구제도감을 설립하여 백성을 구호하였다.
⑤ 혜민국을 마련하여 병자에게 약을 지급하였다.

02
[64회 08번]
(가) 국가의 경제 상황으로 옳은 것은? [2점]

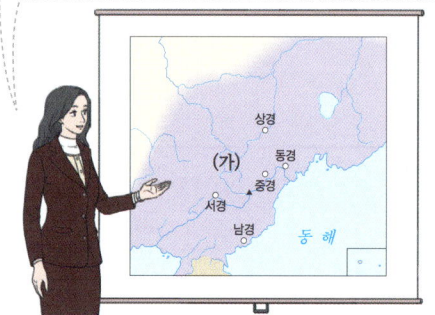

이 지도는 (가) 의 전성기 영역을 나타낸 것입니다. 이 국가에서는 각지에서 말이 사육되었는데, 그중에서도 솔빈부의 말은 당에 수출될 정도로 유명하였습니다. 특히, 고구려 유민 출신으로 산둥 반도 지역을 장악하였던 이정기 세력에게 많은 말을 수출하였습니다.

① 벽란도를 통해 아라비아 상인과 무역하였다.
② 구황 작물로 감자, 고구마를 널리 재배하였다.
③ 해동통보를 발행하여 화폐 유통을 추진하였다.
④ 시장을 관리하는 관청인 동시전을 설치하였다.
⑤ 거란도, 영주도 등을 통해 주변국과 교역하였다.

04
[55회 05번]
밑줄 그은 '이 제도'에 대한 설명으로 옳은 것은? [1점]

(축하드립니다. 이번에 대아찬으로 승진하셨다고 들었습니다.)

(고맙네. 하지만 6두품인 자네는 이 제도 때문에 아찬에서 더 이상 올라갈 수 없다는 것이 안타깝네 그려.)

① 원화(源花)에 기원을 두고 있다.
② 을파소의 건의로 처음 마련되었다.
③ 서얼의 관직 진출을 법으로 제한하였다.
④ 집과 수레의 크기 등 일상 생활을 규제하였다.
⑤ 문무 5품 이상 관리의 자손을 대상으로 하였다.

해설

01 통일 신라의 경제   정답 ⑤

자료 분석

통일 신라의 경제

통일 신라 시기에는 조세를 수취하기 위한 목적으로 토착 세력인 촌주가 매년 변동 사항을 조사하여 3년마다 촌락 문서(민정 문서)를 작성하였다. 한편, 인구와 물자의 증가로 기존의 동시만으로는 상품 수요를 감당할 수 없게 되자 수도인 경주에 서시와 남시를 추가로 설치하였다.

선택지 분석

① 상평창과 물가 조절 → 고려·조선
② 은병이 화폐 유통에 미친 영향 → 고려
③ 진대법으로 알아보는 빈민 구제 → 고구려
④ 덩이쇠 수출을 통해 본 낙랑과의 교역 → 변한, 금관가야
⑤ 울산항을 통한 아라비아 상인들과의 교류 → 통일 신라
  ㄴ 통일 신라는 울산항을 통해 아라비아 상인들과 교류하는 등 무역 활동을 전개하였다.

02 발해의 경제 상황   정답 ⑤

자료 분석

솔빈부의 말은 당에 수출될 정도로 유명 → 발해

발해는 농업에서 농사를 짓긴 하였으나, 주로 목축이 발달하여 돼지, 소, 말, 양 등을 사육하였다. 그중에서 솔빈부의 말은 당으로 수출될 만큼 유명하였다.

선택지 분석

① 벽란도를 통해 아라비아 상인과 무역하였다. → 고려
② 구황 작물로 감자, 고구마를 널리 재배하였다. → 조선
③ 해동통보를 발행하여 화폐 유통을 추진하였다. → 고려
④ 시장을 관리하는 관청인 동시전을 설치하였다. → 신라
⑤ 거란도, 영주도 등을 통해 주변국과 교역하였다. → 발해
  ㄴ 발해는 거란도(거란), 영주도(당), 일본도(일본) 등의 교통로를 통해 주변국과 교역하였다.

03 진대법   정답 ①

자료 분석

고구려 + 구휼 정책 + 고국천왕 + 을파소 → 진대법

진대법은 춘궁기에 백성에게 곡식을 빌려주었다가 추수기에 갚도록 한 고구려의 구휼 제도이다. 이 제도는 사냥을 나갔다가 흉년이 들어 양식을 구하지 못해 울고 있는 백성의 사연을 들은 고구려 고국천왕이 국상인 을파소의 건의를 수용하면서 시행되었다.

선택지 분석

① 진대법을 실시하여 빈민을 구제하였다. → O
  ㄴ 진대법은 빈민을 구제하기 위해 실시된 고구려의 빈민 구휼 제도이다.
② 상평창을 설치하여 물가를 조절하였다.
  → 고려, 조선의 사회 제도
③ 『구황촬요』를 간행하여 기근에 대비하였다.
  → 조선의 사회 제도
④ 구제도감을 설립하여 백성을 구호하였다.
  → 고려의 사회 제도
⑤ 혜민국을 마련하여 병자에게 약을 지급하였다.
  → 고려의 사회 제도

04 골품제   정답 ④

자료 분석

6두품 + 아찬에서 더 이상 올라갈 수 없음 → 골품제

골품제는 출신 성분에 따라 골과 품으로 신분을 나눈 신라의 신분 제도로, 성골·진골·6두품·5~1두품으로 구성되었다. 신라인들은 골품제에 따라 관등 승진의 제한이 있어, 진골 이상만 5관등인 대아찬부터 1관등인 이벌찬까지 승진이 가능하였고, 6두품은 6관등인 아찬에서 더 이상 올라갈 수 없었다.

선택지 분석

① 원화(源花)에 기원을 두고 있다. → 화랑도(신라)
② 을파소의 건의로 처음 마련되었다. → 진대법(고구려)
③ 서얼의 관직 진출을 법으로 제한하였다. → 과거제 중 문과(조선)
④ 집과 수레의 크기 등 일상 생활을 규제하였다. → 골품제
  ㄴ 골품제는 관직 승진뿐 아니라 집과 수레의 크기 등 일상 생활까지 규제하였다.
⑤ 문무 5품 이상 관리의 자손을 대상으로 하였다.
  → 음서 제도(고려)

개념 적용 기출문제

05
(가) 승려에 대한 설명으로 옳은 것은? [2점] [70회 06번]

일체유심조
모든 것은 마음먹기에 달려 있다!
우리 역사상 불교 발전에 가장 크게 이바지한 승려를 가리는 이번 투표에서 여러분들의 현명한 선택을 기다립니다.
■ 주요 활동
• 「금강삼매경론」, 「대승기신론소」 등 저술
• 일심 사상과 화쟁 사상 주장

기호 ○번 (가)

① 구법 순례기인 「왕오천축국전」을 남겼다.
② 황룡사 구층 목탑의 건립을 건의하였다.
③ 무애가를 지어 불교 대중화에 기여하였다.
④ 화랑도의 규범으로 세속 5계를 제시하였다.
⑤ 「화엄일승법계도」를 지어 화엄 사상을 정리하였다.

07
(가)~(다)에 대한 설명으로 옳은 것은? [3점] [72회 10번]

사진으로 보는 신라의 탑
(가) 경주 분황사 모전 석탑
(나) 경주 감은사지 동 삼층 석탑
(다) 화순 쌍봉사 철감선사탑

① (가) - 내부에서 「무구정광대다라니경」이 발견되었다.
② (가) - 1층 탑신에 당의 장수 소정방의 명으로 새긴 글이 있다.
③ (나) - 자장의 건의로 건립되었다.
④ (나) - 돌을 벽돌 모양으로 다듬어 쌓았다.
⑤ (다) - 선종의 영향을 받아 만들어졌다.

06
(가) 인물에 대한 설명으로 옳은 것은? [2점] [70회 08번]

[역사 다큐멘터리 기획안]

도당 유학생, 서로 다른 길을 걷다

■ 기획 의도
당에 건너가 유학했던 6두품들이 신라로 돌아온 이후의 행보를 알아본다.

■ 구성 내용
1. (가) , 진성 여왕에게 시무책 10여 조를 올리다
2. 최승우, 견훤의 신하로 왕건에게 보내는 격문을 짓다
3. 최언위, 고려에 투항하여 문한관으로 문명을 떨치다

① 향가 모음집인 「삼대목」을 편찬하였다.
② 외교 문서인 「청방인문표」를 작성하였다.
③ 「격황소서」를 지어 문장가로서 이름을 떨쳤다.
④ 유식의 교의를 담은 「해심밀경소」를 저술하였다.
⑤ 국왕에게 조언하는 내용의 「화왕계」를 저술하였다.

08
다음 설명에 해당하는 문화유산으로 옳은 것은? [2점] [69회 06번]

문화유산 발표 대회

경상남도 의령군에서 출토되어 1964년에 국보로 지정되었어.

고구려 승려들이 만든 천불(千佛) 중 하나야.

광배 뒷면에 고구려의 연호로 추정되는 연가(延嘉)라는 글자가 새겨져 있어.

①  ②  ③

④ 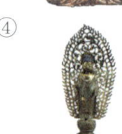 ⑤

해설

05 원효 정답 ③

자료 분석

『금강삼매경론』 + 일심 사상과 화쟁 사상 주장 → 원효

원효는 신라 6두품 출신의 승려로, 모든 것이 한마음에서 나온다는 일심 사상과 종파 간의 대립을 해소하여 더 높은 차원으로 통합하자는 화쟁 사상을 주장하였다. 주요 저서로는 불교 이론을 정리한 『십문화쟁론』, 대승 불교의 사상과 체계를 이해하기 쉽게 풀이한 『대승기신론소』, 『금강삼매경』을 해석한 『금강삼매경론』 등을 저술하였다.

선택지 분석

① 구법 순례기인 『왕오천축국전』을 남겼다. → 혜초
② 황룡사 구층 목탑의 건립을 건의하였다. → 자장
③ 무애가를 지어 불교 대중화에 기여하였다. → 원효
　ㄴ 원효는 무애가라는 불교의 이치를 담은 가요를 지어 불교 대중화에 기여하였다.
④ 화랑도의 규범으로 세속 5계를 제시하였다. → 원광
⑤ 『화엄일승법계도』를 지어 화엄 사상을 정리하였다. → 의상

빈출 개념 원효

불교의 대중화	무애가(불교의 이치를 담은 노래)를 지어 민간에 유포함
일심 사상 주장	모든 진리는 한마음에서 나온다는 일심 사상을 주장함
저술	『십문화쟁론』, 『대승기신론소』, 『금강삼매경론』 등

06 최치원 정답 ③

자료 분석

진성 여왕에게 시무책 10여 조를 올림 → 최치원

최치원은 신라 말에 활동한 6두품 출신 유학자로, 당에 유학하여 외국인을 대상으로 하는 과거 시험인 빈공과에 급제하였다. 당에서 귀국한 최치원은 신라 사회를 개혁하기 위해 진성 여왕에게 시무책 10여 조를 올렸다.

선택지 분석

① 향가 모음집인 『삼대목』을 편찬하였다. → 대구화상, 위홍
② 외교 문서인 「청방인문표」를 작성하였다. → 강수
③ 「격황소서」를 지어 문장가로서 이름을 떨쳤다. → 최치원
　ㄴ 최치원은 당에서 관직 생활을 하던 중 황소의 난이 일어나자, 항복을 권유하는 격문인 「격황소서」를 지어 문장가로서 이름을 떨쳤다.
④ 유식의 교의를 담은 『해심밀경소』를 저술하였다. → 원측
⑤ 국왕에게 조언하는 내용의 「화왕계」를 저술하였다. → 설총

07 신라의 탑 정답 ⑤

자료 분석

신라의 탑

(가) 경주 분황사 모전 석탑은 선덕 여왕 때 돌을 벽돌 모양으로 다듬어 쌓은 석탑으로, 현존하는 신라 석탑 중에 가장 오래되었다.
(나) 경주 감은사지 동·서 삼층 석탑은 문무왕 때 만들기 시작하여 신문왕 때 완성된 석탑으로, 이중 기단 위에 3층의 탑신부로 구성된 전형적인 통일 신라의 석탑이다.
(다) 화순 쌍봉사 철감선사탑은 선종의 영향을 받아 만들어진 통일 신라의 탑으로, 철감선사 도윤의 유골을 안치한 팔각 원당형으로 만들어진 승탑이다.

선택지 분석

① (가) - 내부에서 『무구정광대다라니경』이 발견되었다.
　→ 경주 불국사 삼층 석탑
② (가) - 1층 탑신에 당의 장수 소정방의 명으로 새긴 글이 있다.
　→ 부여 정림사지 오층 석탑
③ (나) - 자장의 건의로 건립되었다. → 경주 황룡사 구층 목탑
④ (나) - 돌을 벽돌 모양으로 다듬어 쌓았다.
　→ 경주 분황사 모전 석탑
⑤ (다) - 선종의 영향을 받아 만들어졌다. → 화순 쌍봉사 철감선사탑
　ㄴ 화순 쌍봉사 철감선사탑은 통일 신라 시기에 지어진 승탑으로, 당시 유행하던 선종의 영향을 받아 만들어졌다.

08 금동 연가 7년명 여래 입상 정답 ②

자료 분석

고구려 + 연가 → 금동 연가 7년명 여래 입상

금동 연가 7년명 여래 입상은 경상남도 의령에서 출토된 고구려의 대표적인 불상이다. 이 불상은 광배(후광)가 있는 것이 특징이며, 광배의 뒷면에 '연가 7년'이라는 명문이 새겨져 있어 제작 연대를 추정할 수 있다.

선택지 분석

① → 영주 부석사 소조 여래 좌상 (고려)
② → 금동 연가 7년명 여래 입상 (고구려)
③ → 경주 구황동 금제 여래 좌상 (통일 신라)
　ㄴ 금동 연가 7년명 여래 입상은 고구려의 대표적인 불상으로, 광배의 뒷면에 '연가 7년'이라는 명문이 새겨져 있는 것이 특징이다.

④ → 익산 왕궁리 오층 석탑 금동 여래 입상 (백제)
⑤ → 이불 병좌상 (발해)

고대 핵심 키워드 마무리 체크

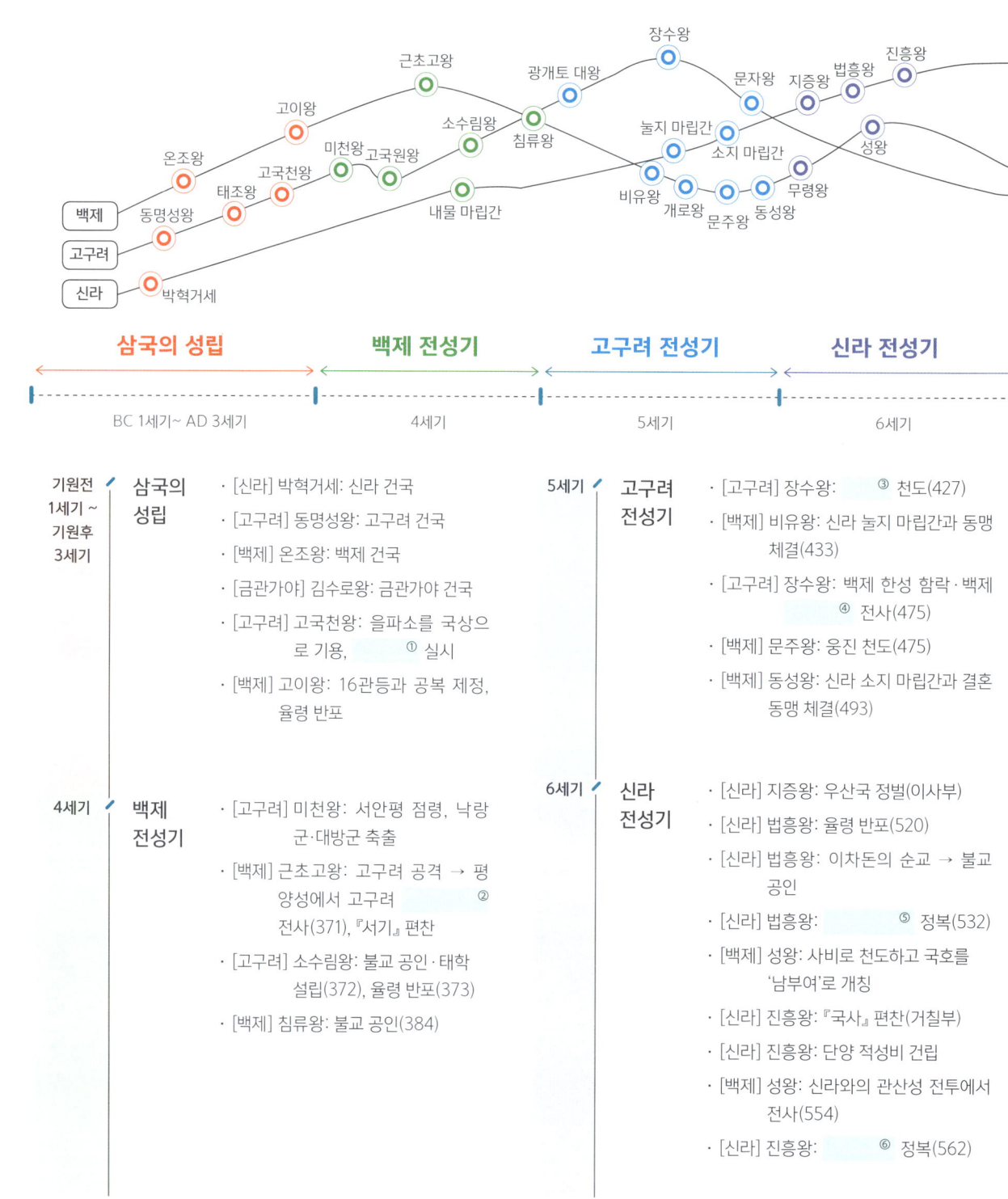

* 학습한 내용을 빈칸에 채워보세요. 정답은 하단에 있습니다.

7세기	신라의 삼국 통일	· [고구려] 영양왕: ⑦ 대첩(612) · [백제] 의자왕: 신라 대야성 함락(642) · [고구려] 보장왕: 안시성 전투(645) · [신라] 진덕 여왕: 나·당 동맹 체결 · [백제] 의자왕: 멸망(660) · [고구려] 보장왕: 멸망(668) · [신라] 문무왕: 삼국 통일 완성(676) · [신라] 신문왕: 김흠돌의 난 진압, 국학 설치, ⑧ 지급, 녹읍 폐지 · [발해] 대조영: 진국(발해) 건국(698)
8세기	남북국 시대	· [신라] 성덕왕: 정전 지급 · [발해] 무왕: 장문휴를 보내 산둥 반도 등주 공격 · [신라] 경덕왕: 녹읍 부활

8세기 후반~ 9세기	신라 하대의 혼란	· [신라] 혜공왕: 왕위 쟁탈전 · [신라] 원성왕: ⑨ 실시 · [발해] 선왕: 5경 15부 62주 완비, '⑩'이라 불림 · [신라] 헌덕왕: 김헌창의 난 · [신라] 흥덕왕: 장보고, 청해진 설치 · [신라] 진성 여왕: 원종·애노의 난, 적고적의 난
10세기 초	후삼국 시대와 고려의 성립	· [후백제] 견훤: 후백제 건국(900) · [후고구려] 궁예: 후고구려 건국(901) · [고려] 태조 왕건: 고려 건국(918) · [발해] 대인선: 거란의 침입으로 멸망 · [신라] 경순왕: 고려에 항복(935) · [후백제] ⑪ 전투에서 고려에 패배, 멸망(936) · [고려] 태조 왕건: 후삼국 통일(936)

정답 ① 진대법 ② 고국원왕 ③ 평양 ④ 개로왕 ⑤ 금관가야 ⑥ 대가야 ⑦ 살수 ⑧ 관료전 ⑨ 독서삼품과 ⑩ 해동성국 ⑪ 일리천

해커스 한국사능력검정시험 심화(1·2·3급) **한권합격**

Ⅲ. 고려 시대

- **8강** 고려 초기 ~ 중기의 정치
- **9강** 무신 집권기 ~ 고려 후기의 정치
- **10강** 고려의 대외 관계
- **11강** 고려의 경제와 사회
- **12강** 고려의 문화

구석기 시대 시작	삼국 건국	고려 건국
약 70만 년 전	기원전 1세기경	918년
선사 시대	고대	**고려 시대**

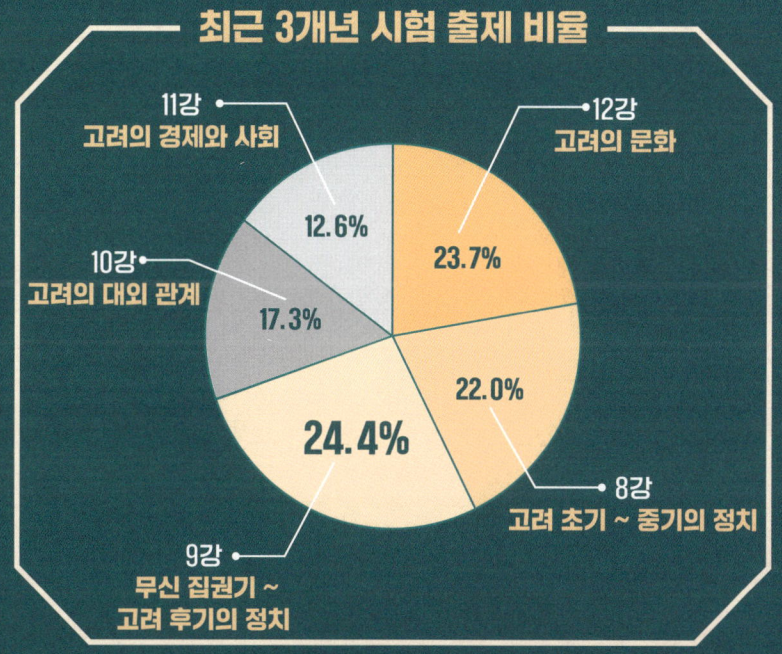

최근 3개년 시험 출제 비율

- 11강 고려의 경제와 사회: 12.6%
- 12강 고려의 문화: 23.7%
- 10강 고려의 대외 관계: 17.3%
- 8강 고려 초기 ~ 중기의 정치: 22.0%
- 9강 무신 집권기 ~ 고려 후기의 정치: 24.4%

1위 9강 무신 집권기 ~ 고려 후기의 정치 24.4%
무신 집권기의 반란과 공민왕의 개혁 정치에 대한 문제가 주로 출제됩니다.

2위 12강 고려의 문화 23.7%
고려 시대에 활동한 승려와 문화유산을 고르는 문제가 반드시 출제됩니다.

3위 8강 고려 초기 ~ 중기의 정치 22.0%
고려 초기를 이끈 왕들의 업적을 묻는 문제가 주로 출제됩니다.

조선 건국 1392년	흥선 대원군 집권 1863년	국권 피탈 1910년	광복 1945년
조선 시대	근대	일제 강점기	현대

8강 고려 초기 ~ 중기의 정치

1 고려의 건국과 발전 _{최근 3개년 시험 중 17회 출제!}

빈출 키워드 랭킹
- 1위 12목 12번 출제
- 2위 흑창 11번 출제
- 3위 광덕, 준풍 8번 출제

1. 고려의 건국
(1) **고려의 건국**: 후고구려의 궁예가 축출된 후, 신하들의 추대를 받아 즉위한 태조 왕건이 국호를 고려로 정하고, 철원에서 송악(개경)으로 천도하였다.

(2) **후삼국 통일 과정** [기출자료 1]

공산 전투(927)	→	고창 전투(930)	→	견훤의 투항(935)
후백제 견훤의 군대가 공산에서 고려 왕건의 군대를 상대로 승리		고려 왕건의 군대가 견훤의 군대를 고창에서 격퇴 → 고려가 주도권을 장악함		견훤이 아들 신검에 의해 김제 금산사에 유폐되었다가 탈출하여 고려에 투항함

신라의 항복(935)	→	일리천 전투(936)	→	후삼국 통일(936)
신라 경순왕(김부)이 고려에 항복함		신검이 이끄는 군대가 일리천에서 고려의 왕건이 이끄는 군대에게 패함		후백제가 멸망하고 고려가 후삼국을 통일함

2. 고려의 발전

(1) **태조 왕건(918~943)** [기출자료 2]
① **민족의 재통일**: 태조는 발해의 멸망 이후 고려로 망명한 발해의 세자 대광현을 비롯한 발해 유민을 포용하였으며, 신라를 병합하고 후백제를 멸망시켜 민족 재통일을 이루었다.
② **민생 안정 정책 실시**: 태조는 조세를 수확량의 1/10로 낮추고, **흑창**을 설치하였다.
③ **호족 통합·견제 정책 실시**

호족 통합책	공신에게 왕씨 성을 하사(사성 정책)하고 유력한 호족의 딸과 결혼, **역분전** 지급
호족 견제책	**사심관 제도**와 **기인 제도**를 실시함

④ **통치 규범 제시**: 태조는 관리들이 지켜야 할 규범인 『정계』와 『계백료서』를 저술하고, 후대 왕들에게 정책 방안을 제시하는 **훈요 10조**를 반포하였다.
⑤ **북진 정책 실시**: 태조는 북진 정책의 기지로서 서경(평양)을 중시하고, 발해를 멸망시킨 거란에 대한 강경책(만부교 사건)을 실시하였다.

(2) **정종(945~949)**: 정종은 거란의 침입에 대비하기 위해 특수군인 광군을 편성하였다.

(3) **광종(949~975)** [기출자료 3]
① **왕권 강화 정책 실시**: 광종은 호족 세력을 누르고 왕권을 강화하기 위한 정책을 실시하였다.
② **주요 정책**

노비안검법 실시	호족의 경제력과 군사력을 약화시키고 재정을 확충함
과거제 실시	중국 후주에서 귀화한 쌍기의 건의에 따라 과거제를 실시함
백관의 공복 제정	관리의 복색을 관등에 따라 자·단·비·녹색으로 구분함
칭제 건원	스스로를 황제라 칭하고, **광덕·준풍** 등의 독자적인 연호를 사용함

◆ **태조 왕건**
- 송악 지방의 호족 출신
- 예성강 하구를 중심으로 이루어진 해상 무역을 통해 성장
- 후고구려 궁예의 신하가 되어 수군을 이끌고 금성(나주)을 점령 → 후백제를 견제하는 데 큰 공을 세움

◆ **흑창**
춘궁기에 곡식을 나누어 주고, 추수 후에 갚게 했던 빈민 구제 기구

◆ **역분전**
태조 왕건이 후삼국 통일에 기여한 공신들에게 지급한 토지

◆ **사심관 제도**
- 중앙 고위 관리를 출신 지역의 사심관으로 임명하여 출신 지방을 관리하게 한 제도
- 신라 경순왕 김부를 최초의 사심관으로 임명함

◆ **기인 제도**
지방 호족의 자제를 인질(기인)로 삼아 수도로 데려와 출신 지역의 일에 대해 자문하게 한 제도

◆ **만부교 사건**
거란이 고려와 수교를 위해 선물한 낙타 50마리를 굶어 죽게 하고, 사신 30명을 섬으로 귀양 보낸 사건

◆ **노비안검법**
호족들이 불법으로 거느리고 있던 노비를 원래의 신분으로 돌려준 법

◆ **과거제**
- 중국의 후주에서 귀화한 쌍기의 건의로 시행됨
- 시험을 통해 자신에게 충성할 인물들을 뽑아 왕권을 강화함

기출 분석 특강

기출자료 1 　후삼국 통일 과정　　🔍 출제 TIP　후삼국 통일 과정에서 고려와 후백제가 전투를 벌인 지역이 사료의 키워드로 출제돼요!

(1) 공산 전투 48회 출제

태조는 정예 기병 5천을 거느리고 <u>공산(公山)</u> 아래에서 (오늘날의 대구 팔공산 일대) 견훤을 맞아서 크게 싸웠다. 태조의 장수 김락과 신숭겸은 죽고 모든 군사가 패배했으며, 태조는 겨우 죽음을 면하였다. – 『삼국유사』	**자료 분석** 고려의 군대는 공산 전투에서 후백제 군대에 패배하였고, 이 과정에서 왕건을 위해 싸우던 신숭겸이 전사하였다.

(2) 일리천 전투 48회 출제

[태조를] <u>신검</u>의 군대가 막아서자 <u>일리천(一利川)</u>을 사이에 두고 대치하였다. 태조가 견훤과 함께 병사들을 (후백제 견훤의 첫째 아들) (오늘날의 구미 일대) 사열한 후 …… 신검이 양검, 용검 및 문무 관료들과 함께 항복하여 오니, 태조가 그를 위로하였다. – 『고려사절요』	**자료 분석** 고려는 일리천 전투에서 신검의 군대를 크게 격파하였으며, 후백제의 항복을 받아 후삼국을 통일하였다.

함께 나올 기출선택지

- 궁예가 정변으로 왕위에서 축출되었다. 44회
- 신숭겸이 공산 전투에서 전사하였다. 69·67·63회
- 왕건이 고창 전투에서 후백제군을 상대로 승리하였다. 56회
- 신검이 일리천 전투에서 고려군에 패배하였다. 71·67·64·60회

기출자료 2 　태조 왕건　　🔍 출제 TIP　태조 왕건이 실시한 호족 통합·견제 정책의 내용이 자주 나와요!

(1) 사심관 제도 실시 49회 출제

– <u>김부</u>를 경주의 사심관으로 임명하신 의도는 무엇인 (신라 경순왕) 가요? – 투항한 김부의 공을 치하하고, 부호장 이하의 관직 등에 대한 일을 맡게 하여 <u>지방 세력을 견제</u>하고자 한 것입니다.	**자료 분석** 고려 태조 왕건은 지방 세력을 통제하기 위해 사심관 제도를 실시하였다. 신라 경순왕(김부)이 항복해 오자, 그를 경주의 사심관으로 삼은 것이 그 시초였다.

함께 나올 기출선택지

- 빈민을 구제하기 위해 흑창을 처음 설치하였다. 69·68·67·64회
- 공신에게 공로와 인품에 따라 역분전을 지급하였다. 72·65·60회
- 경순왕 김부가 경주의 사심관으로 임명되었다. 72·70회
- 『정계』와 『계백료서』를 지어 관리의 규범을 제시하였다. 72·71·70·69회

기출자료 3 　광종　　🔍 출제 TIP　광종이 왕권 강화를 위해 실시한 정책이 힌트로 자주 나와요!

(1) 노비안검법 실시 67회 출제

왕 7년, 노비를 안검하여 그 시비를 분별하도록 명하자, 노비로 주인을 배반한 자가 매우 많아지고 윗사람을 능멸하는 풍조가 크게 행해졌다. 사람들이 모두 탄식하고 원망하였다. 대목 왕후가 이를 간절히 간언하였으나 왕은 받아들이지 않았다.	**자료 분석** 불안정한 정국에서 왕위에 오른 광종은 노비안검법을 실시하여 호족의 경제적 기반을 약화시키고 재정을 확충하고자 하였다.

(2) 과거제 실시 62회 출제

쌍기가 의견을 올리니 처음으로 이 제도를 마련하여 시행하였다. 시·부·송 및 시무책으로 시험하여 진사를 뽑았으며, 겸하여 명경업·의업·복업 등도 뽑았다.	**자료 분석** 광종은 중국 후주에서 건너온 쌍기의 건의에 따라 과거제를 실시하여 관리를 선발하였다.

함께 나올 기출선택지

- 노비안검법을 시행하여 재정을 확충하였다. 61·60회
- 쌍기의 건의를 수용하여 과거제를 시행하였다. 71·69·66·61회
- 광덕, 준풍 등의 독자적인 연호를 사용하였다. 72·70·68·65회

8강 고려 초기 ~ 중기의 정치

(4) 경종(975~981): 경종은 전시과 제도를 마련하여 전·현직 관리들에게 토지에 대한 수조권을 지급하였다.

(5) 성종(981~997) 기출자료1
① **유교 정치 이념 확립:** 성종은 최승로의 시무 28조◆를 수용하여 유교를 정치 이념으로 삼았다.
② **통치 체제 정비**

중앙 체제 정비	2성 6부, 중추원과 삼사, 도병마사와 식목도감을 정비함
지방 제도 정비	• 전국 주요 지역에 12목을 설치하고 지방관을 파견함 • 향리 제도를 마련하여 지방 중소 호족을 향리(호장, 부호장)로 편입함
교육 제도 정비	개경에 국자감(국립 대학) 설립, 12목에 경학 박사와 의학 박사 등을 파견함

③ **경제·사회·문화 정책**

의창·상평창 설치	• 태조 때 설치된 흑창을 확대·개편하여 의창을 설치함 • 물가 조절 기구로 상평창(개경·서경·12목)을 설치함
기타	건원중보(화폐) 주조, 연등회와 팔관회◆ 폐지

④ **대외 정책:** 거란의 1차 침입(993) 때 서희의 외교 담판을 통해 거란으로부터 강동 6주를 획득하였다.

(6) 현종(1009~1031) 기출자료2
① **지방 제도 확립:** 5도(일반 행정 구역)와 양계(군사 행정 구역)의 지방 제도를 확립하였다.
② **대외 관계:** 거란의 2·3차 침입을 받았으며, 개경을 떠나 나주까지 피란을 가는 등 위기를 겪었다. 또한 거란의 침입을 극복하고자 초조대장경의 간행을 시작하였다.

◆ **시무 28조**
• 최승로가 성종에게 건의한 28개 조항의 정치 개혁안
• 정치 이념으로 유교 채택 및 지방관 파견 등을 주장함

◆ **연등회와 팔관회**
• 연등회: 정월 보름이나 2월에 등을 켜고 부처에게 복을 비는 불교 행사
• 팔관회: 고려 시대에 개최된 불교 행사

2 고려의 통치 체제 최근 3개년 시험 중 5회 출제!

1. 중앙 정치 조직 기출자료3

2성	• 중서문하성: 재신과 낭사◆로 구성된 중앙 최고 관서, 수장인 문하시중이 국정을 총괄함 • 상서성: 6부를 관장하며 행정 업무를 집행함
6부	이부·병부·호부·형부·예부·공부로 구성됨 → 실제 행정 업무를 담당함
중추원	군사 기밀과 왕명 출납을 담당함
어사대	관리의 감찰과 탄핵을 담당함
삼사	화폐·곡식의 출납에 대한 회계를 담당함
도병마사	• 국방·군사 문제를 담당함 • 원 간섭기인 충렬왕 때 도평의사사로 개편됨	• 고려의 독자적인 회의 기구 • 중서문하성의 재신과 중추원의 추밀 등 고위 관리들이 모여 국가 중대사를 결정함
식목도감	법제·격식 문제를 담당한 입법 기구
대간	어사대의 관원과 중서문하성의 낭사로 구성됨, 간쟁·봉박·서경권◆을 행사함

빈출 키워드 랭킹
1위 중추원 4번 출제
2위 향·부곡·소 3번 출제
3위 어사대 2번 출제

◆ **재신과 낭사**
• 재신: 2품 이상, 국가의 중요 정책 심의, 6부의 판사 겸임
• 낭사: 3품 이하, 정책 비판

◆ **간쟁·봉박·서경권**
• 간쟁: 왕의 정치적 잘못을 논하는 것
• 봉박: 잘못된 왕명을 시행하지 않고 되돌려 보내는 것
• 서경: 관리의 임명 등에 동의하는 것

기출 분석 특강

기출자료 1 | 성종
> **출제 TIP** '최승로'와 '12목'이 성종 문제의 힌트로 자주 나와요!

(1) 최승로의 시무 28조 수용 54회 출제

왕이 "중앙의 5품 이상 관리들은 각자 **봉사**(왕에게 밀봉하여 올리던 글)를 올려 **시정(時政)**의 잘잘못을 논하라."라고 명령하였다. **최승로가 상소**하였는데 대략 다음과 같은 내용이었다. "…… 신이 또 **시무(時務) 28조**를 기록하여 장계와 함께 따로 봉하여 올립니다." — 『고려사절요』
(그 당시의 정책)

[자료 분석] 성종이 5품 이상의 관리들에게 정치의 득실을 논하여 올리게 하자, 최승로는 28개의 조항으로 정리하여 성종에게 올렸다. 성종은 이를 수용하여 통치 체제를 정비하였다.

[함께 나올 기출선택지]
- **최승로의 시무 28조**를 받아들여 통치 체제를 정비하였다. 72·58회
- **12목**에 **지방관**을 처음으로 파견하였다. 67·61회
- 지방 세력 통제를 위해 **향리제를 정비**하였다. 46회
- 빈민 구제를 위해 **의창**이 설치되었다. 48회

(2) 12목 설치 59회 출제

왕이 말하기를, "비록 내 몸은 궁궐에 있지만 마음은 언제나 백성에게 치우쳐 있다. …… 이에 지방 수령들의 공(功)에 의지해 백성들의 소망에 부합하고자 **12목 제도**를 시행한다."라고 하였다.

[자료 분석] 성종은 지방의 주요 거점인 12목에 관리를 파견하여 중앙 집권 체제를 강화하였다.

기출자료 2 | 현종

(1) 현종 재위 시기의 대외 관계 54회 출제

- **거란이 침략했을 때 개경을 떠나 나주까지 피란을 가**는 등 위기를 겪기도 했어.
- 이 왕 때 **초조대장경 조판을 시작**했어.
  (고려 현종 때 거란의 침입을 물리치기 위하여 판각한 우리나라 최초의 대장경)

[자료 분석] 현종은 거란의 2차 침입 때 나주까지 피란을 가는 위기를 겪었다. 또한 부처의 힘으로 국난을 극복하고자 초조대장경 조판을 시작하였다.

[함께 나올 기출선택지]
- **5도 양계**의 지방 제도가 확립되었다. 34회
- **거란**이 침입하여 왕이 **나주까지 피난**하였다. 60회
- 국난 극복을 기원하며 **초조대장경이 조판**되었다. 70·62회

기출자료 3 | 고려의 중앙 정치 조직

(1) 어사대 66회 출제

고려의 관청으로 **정치의 잘잘못을 가리고 풍속을 교정**하며, **관리들의 부정을 감찰하고 탄핵**하는 일을 담당함.

[자료 분석] 어사대는 고려 시대에 관리의 비리를 감찰한 기구로, 대표 관원으로는 어사대부가 있었다.

[함께 나올 기출선택지]
- 중서문하성 – **국정을 총괄**하는 최고 중앙 관서였다. 53회
- 어사대 – **관리의 비리를 감찰**하고 풍기를 단속하였다. 60회
- 어사대 – 소속 관원이 낭사와 함께 **서경권**을 행사하였다. 67·66회
- 삼사 – **화폐와 곡식의 출납 회계**를 담당하였다. 60·59회
- 도병마사 – 원 간섭기에 **도평의사사**로 개편되었다. 67·66회
- 대간 – 어사대의 **관원**과 중서문하성의 **낭사**로 구성되었다. 36회

(2) 도병마사 48회 출제

고려의 회의 기구로 중서문하성과 중추원의 고위 관료들이 모여 주로 **국방과 군사 문제**를 다루었다. 대내적인 법제와 격식을 관장하는 식목도감과 함께 합의제로 운영되었다.

[자료 분석] 도병마사는 고려의 독자적인 회의 기구로, 중서문하성과 중추원의 고위 관료들이 모여 국방과 군사 문제 등을 논의하였다.

8강 고려 초기 ~ 중기의 정치

2. 지방 행정 조직 기출자료1
(1) **5도**: 일반 행정 구역으로, **안찰사**를 파견하였다. 도 아래 주·군·현을 설치하고 지방관을 파견하였는데, 지방관(수령)이 파견된 주현과 지방관이 파견되지 않은 속현이 존재하였다.
(2) **양계(북계·동계)**: 국경 지대에 위치한 군사 행정 구역으로, **병마사**를 파견하였다.
(3) **향·부곡·소♦**: 하층 양인들이 거주하는 특수 행정 구역이었다. 이곳에 거주하는 주민들의 신분은 양인이었으나, 일반 농민에 비해 신분적인 차별을 받았다.

◆ 향·부곡·소
- 향·부곡: 농민이 거주함
- 소: 국가가 필요한 물품을 생산하는 수공업자가 거주함

3. 군사 제도와 관리 등용 제도
(1) **군사 제도** 기출자료2
  ① **중앙군**: **2군♦**(국왕의 친위 부대)과 **6위**(수도 방위와 국경 방어 담당)로 구성되었다.
  ② **지방군**: 주현군(5도에 주둔한 예비군)과 주진군(양계에 주둔한 상비군)으로 구성되었다.
(2) **관리 등용 제도** 기출자료3
  ① **과거 제도**: 광종 때 쌍기의 건의로 실시되기 시작하였으며, 양인 이상이면 응시할 수 있었다.

문과	제술과(문학적 재능과 정책 시험), 명경과(유교 경전의 이해 정도)를 실시함
잡과	법률·회계·지리 등의 기술학 시험, 주로 하급 향리의 자제·백정(농민) 등이 응시함
승과	승려 대상의 과거 제도, 교종선·선종선으로 구분하여 실시함

  ② **음서♦ 제도**: 과거를 거치지 않고 관리로 등용하는 제도로, 왕족·공신의 후손이나 5품 이상 문무 관리의 자손 등을 대상으로 하였다.

◆ 2군
국왕의 친위 부대로, 응양군과 용호군으로 구성됨

◆ 음서
아들과 사위, 친손과 외손 모두 음서의 혜택을 누릴 수 있었음

3 문벌 귀족 사회의 성립과 동요
최근 3개년 시험 중 6회 출제!

빈출 키워드 랭킹
1위 묘청 9번 출제
2위 이자겸, 척준경 6번 출제
3위 칭제 건원 3번 출제

1. 이자겸의 난(1126) 기출자료4
(1) **배경**
  ① **문벌 귀족♦ 사회의 형성**: 고려 초기 지방 호족이나 신라의 6두품 출신 유학자들이 중앙 관료로 진출하여 여러 대에 걸쳐 고위 관직자를 배출하면서 문벌 귀족 가문을 형성하였다.
  ② **이자겸의 권력 독점**: 왕실의 외척인 경원 이씨 중 예종 사후 인종이 즉위하는데 공을 세운 이자겸♦은 예종의 측근 세력을 숙청하는 등 권력을 독점하였다.
(2) **전개**

| 이자겸의
왕위 찬탈 시도 | 이자겸 세력의 권력 독점 → 인종 측근 세력의 반발 → 인종의 이자겸 제거 계획 → **이자겸이 척준경과 함께 난**을 일으킴(1126) |
| 인종의 반격 | 인종이 척준경을 회유하여 이자겸 제거 → 인종이 척준경도 축출함 |

(3) **결과**: 왕궁이 불타며 왕실의 권위가 하락하였고, 난의 수습 과정에서 김부식 등의 개경파와 정지상 등의 서경파가 성장하였다.

◆ 문벌 귀족
- 과거와 음서로 관직을 독점함
- 5품 이상의 고위 관료에게 지급한 토지이자 세습이 가능했던 공음전의 혜택을 받음
- 다른 문벌 귀족 가문이나 왕실과 폐쇄적인 혼인 관계를 형성함

◆ 이자겸
- 딸을 예종과 인종에게 시집보내 인종의 외할아버지이자 장인이었음
- 난을 일으켜 권력을 장악하고 금의 사대 요구를 받아들임

기출 분석 특강

기출자료 1 고려의 지방 행정 조직

(1) 고려의 지방 제도 32회 출제
출제 TIP 5도 양계가 그려진 지도가 자료로 자주 출제돼요!

[자료 분석] 고려는 지방 행정 구역을 크게 5도와 양계로 나누었다. 5도는 일반 행정 구역이었으며, 양계는 북쪽 국경을 방어하기 위한 군사 행정 구역이었다. 또한 향·부곡·소의 특수 행정 구역을 운영하기도 하였다.

- 질문: 지도와 같은 행정 구역이 나타난 시기의 지방 제도에 대해 알려 주세요.
- 답변: 특수 행정 구역인 향, 부곡, 소 등이 있었어요.

[함께 나올 기출선택지]
- 5도 – 지방관으로 안찰사를 파견했습니다. 47회
- 수령이 파견되지 않은 속현이 존재하였다. 33회
- 국경 지역인 양계에 병마사를 파견했어요. 72회
- 특수 행정 구역으로 향, 부곡, 소가 있었다. 68회

기출자료 2 고려의 군사 제도

(1) 2군 6위 51회 출제

목종 5년에 6위의 직원을 마련하여 두었는데, 뒤에 응양군(鷹揚軍)과 용호군(龍虎軍)의 2군을 설치하고, 6위의 위에 있게 하였다. 뒤에 또 중방을 설치하고, <u>2군·6위의 상장군과 대장군이 모두 회합하게 하였다.</u>
└ 고려 시대 중앙군의 최고 지휘관

[자료 분석] 고려는 중앙군을 2군 6위로 편성하였는데 2군은 궁궐과 왕실 호위를, 6위는 개경과 국경 지역의 방어를 담당하였다.

[함께 나올 기출선택지]
- 2군 6위의 군사 조직을 운영하였다. 55회
- 주진군 – 국경 지역인 북계와 동계에 배치되었다. 58회

기출자료 3 고려의 관리 등용 제도

(1) 과거 제도 41회 출제

┌ 고려 시대의 시험 종류로, 문과에 해당함
제술업·명경업의 두 업(業)과 의업·복업(卜業)·지리업·율업·서업·산업(算業) …… 등의 잡업이 있었는데, 각각 그 업으로 시험을 쳐서 벼슬길에 나아가게 하였다.
                              └ 잡과   – 『고려사』

[자료 분석] 고려 시대의 과거 제도는 제술과 명경과로 구성된 문과와 기술학 시험을 보는 잡과 등으로 구성되었다.

[함께 나올 기출선택지]
- 과거 제도 – 후주 출신인 쌍기의 건의로 실시되었다. 69·66·61회
- 음서 제도 – 5품 이상 문무 관리를 대상으로 마련되었다. 55회

기출자료 4 이자겸의 난

(1) 이자겸의 난 65회 출제
출제 TIP 이자겸과 척준경의 이름이 자료의 힌트로 나옵니다!

이자겸과 척준경이 왕을 위협하여 남궁(南宮)으로 거처를 옮기게 하고 안보린, 최탁 등 17인을 죽였다. 이 외에도 죽인 군사가 헤아릴 수 없을 정도였다.
       └ 인종   – 『고려사』

[자료 분석] 인종의 외할아버지이자 장인인 이자겸은 척준경과 난을 일으켜 왕을 위협하였다.

[함께 나올 기출선택지]
- 왕실의 외척인 이자겸이 권력을 독점하였다. 55회
- 이자겸과 척준경이 반란을 일으켜 궁궐을 불태웠다. 70·66회

8강 고려 초기 ~ 중기의 정치

2. 묘청의 서경 천도 운동(묘청의 난, 1135) [기출자료 1]

(1) 배경: 이자겸의 난 이후 인종은 왕권을 회복하기 위해 정치 개혁을 추진하였다. 이 과정에서 김부식◆ 중심의 개경파와 묘청·정지상 중심의 서경파가 대립하게 되었다.

구분	개경파	서경파
성격	보수 세력	개혁 세력
대표 인물	김부식	묘청, 정지상
계승 의식	신라 계승 의식	고구려 계승 의식
주장	금과의 사대 관계 유지	서경 천도, 금국 정벌, 칭제 건원◆
사상적 기반	유교 사상	풍수지리 사상

(2) 전개

서경 천도 시도	서경 길지설 대두 → 서경파(묘청 세력)의 서경 천도 추진 → 서경에 대화궁 건설, 칭제 건원·금국 정벌 주장 → 개경파의 반대로 중단
묘청의 난	묘청이 국호는 '대위국', 연호는 '천개'라 하며 난을 일으킴(1135) → 김부식이 이끄는 관군에 의해 약 1년 만에 진압됨

(3) 결과 및 평가
① **결과:** 서경파가 몰락하고 서경의 지위가 하락하였으며, 김부식 등 문신 위주의 관료 체제가 강화됨에 따라 무신에 대한 차별이 심해져 무신 정변이 일어나는 계기가 되었다.
② **평가:** 민족주의 사학자인 신채호가 '조선 역사상 일천년래 제일 대사건'으로 평가하였다.

◆ **김부식**
- 고려 중기 문벌 출신의 유학자
- 묘청의 난을 진압함
- 인종의 명으로 역사서인 『삼국사기』를 편찬함

◆ **칭제 건원**
왕을 황제라고 칭하고, 연호를 사용하자는 주장

10초 컷! 핵심 키워드 암기
1. 후삼국 통일 과정: 공산 전투 → 고창 전투 → 신라의 항복 → 일리천 전투
2. 고려 초기 국왕의 업적: 태조 왕건(흑창, 사심관 제도), 광종(노비안검법, 과거제), 성종(시무 28조, 12목 설치)
3. 고려의 통치 체제: 중앙(2성 6부, 어사대, 도병마사), 지방(5도 양계), 군사(2군 6위)
4. 문벌 귀족 사회의 성립과 동요: 이자겸의 난, 묘청의 난

8강 개념 확인 퀴즈

1. 다음 설명이 맞으면 O표, 틀리면 X표를 하세요.
(1) 태조 왕건은 광덕, 준풍 등의 독자적인 연호를 사용하였다. ( )
(2) 성종은 최고 유학 기관으로 국자감을 설치하였다. ( )
(3) 현종 때 초조대장경의 조판을 시작하였다. ( )
(4) 어사대는 관리의 감찰과 탄핵을 담당한 기구이다. ( )
(5) 이자겸이 칭제 건원을 주장하였다. ( )

2. 다음 괄호 안의 내용 중 옳은 것에 O표 하세요.
(1) 태조 왕건이 (고창 / 공산) 전투에서 후백제군을 상대로 승리하였다.
(2) 광종이 (쌍기 / 최승로)의 건의로 과거제를 실시하였다.
(3) 고려 시대에는 (5도 / 양계)에 병마사를 파견하였다.
(4) (도병마사 / 식목도감)은/는 법의 제정 및 각종 시행 규정을 제정하는 고려의 독자적인 기구이다.

기출 분석 특강

기출자료 1 묘청의 서경 천도 운동(묘청의 난)

(1) 묘청의 서경 천도 운동 61회 출제

✅ **출제 TIP** '서경'과 '궁궐'이라는 키워드가 힌트로 자주 출제돼요!

> 묘청 등이 왕에게 말하기를, "신들이 보건대 **서경의 임원역**은 음양가들이 말하는 **대화세(大華勢)**이니 만약 이곳에 궁궐을 세우고 옮기시면 천하를 병합할 수 있을 것이요, 금이 공물을 바치고 스스로 항복할 것입니다."라고 하였다.
> ─ 풍수지리설에서 '큰 꽃이 핀 것 같다는 길지'를 뜻하는 말

자료 분석
인종 때 이자겸의 난으로 궁궐이 불타 없어지자, 묘청 등 서경파는 풍수지리설을 내세워 수도를 서경으로 옮길 것을 주장하였다.

(2) 묘청의 난 65회 출제

> **묘청이 서경을 근거지로 삼고 반란**을 일으켰다. …… 국호를 **대위**, 연호를 **천개**, 그 군대를 **천견충의군**이라 불렀다.

자료 분석
묘청은 서경 천도에 실패하자 서경에서 난을 일으켜 국호를 대위국, 연호는 천개, 군대를 천견충의군이라 하여 난을 일으켰다.

(3) 신채호의 묘청의 난 평가 40회 출제

> - 단재 **신채호** 선생은 이 사건을 **조선 역사상 일천년래 제일 대사건**으로 평가하였습니다. 그 이유가 무엇인가요?
> - 선생은 이 사건을 진취 사상 대 보수 사상의 싸움으로 보아, 전자가 패하고 후자가 승리하면서 우리 역사가 사대적, 보수적으로 전개되었다고 이해하였기 때문입니다.

자료 분석
민족주의 사학자인 단재 신채호는 묘청의 난을 '조선 역사상 일천년래 제일 대사건'으로 평가하였다.

함께 나올 기출선택지

- **묘청** 등이 중심이 되어 **서경 천도를** 주장하였다. 66·52·51회
- 묘청이 **칭제 건원**과 **금국 정벌**을 주장하였다. 67·57회
- **서경**에서 난을 일으키고 **국호를 대위**로 하였다. 71·69회
- **김부식** 등이 이끈 **관군에 의해** 진압되었다. 63·59회

---

3. 질문에 맞는 답을 고르세요.

(1) 고려 광종의 정책은?
① 전국에 12목을 설치하고 관리를 파견하였다.
② 노비안검법을 시행하여 재정을 확충하였다.

(2) 고려 시대 삼사의 역할은?
① 화폐, 곡식의 출납과 회계를 맡았다.
② 왕명 출납과 군사 기밀을 담당하였다.

(3) 인종 재위 시기에 있었던 사실은?
① 왕실의 외척인 이자겸이 권력을 독점하였다.
② 망이·망소이가 공주 명학소에서 봉기하였다.

(4) 묘청에 대한 설명은?
① 무신 정권을 타도하고자 하였다.
② 수도를 서경으로 옮길 것을 주장하였다.

정답
1. (1) X(광종) (2) ○ (3) ○ (4) ○ (5) X(묘청)
2. (1) 고창 (2) 쌍기 (3) 양계 (4) 식목도감
3. (1) ②(①은 성종)
 (2) ①(②은 중추원)
 (3) ①(②은 명종 재위 시기)
 (4) ②(①은 김보당, 조위총 등)

개념 적용 기출문제

01
(가)~(라)를 일어난 순서대로 옳게 나열한 것은? [3점] 46회 11번

> (가) 견훤이 크게 군사를 일으켜 고창군(古昌郡)의 병산 아래에 가서 태조와 싸웠으나 이기지 못하였다. 전사자가 8천여 명이었다.
>
> (나) 태조는 정예 기병 5천을 거느리고 공산(公山) 아래에서 견훤을 맞아서 크게 싸웠다. 태조의 장수 김락과 신숭겸은 죽고 모든 군사가 패하였으며, 태조는 겨우 죽음을 면하였다.
>
> (다) [태조가] 뜰에서 신라왕이 알현하는 예를 받으니 여러 신하가 하례하는 함성으로 궁궐이 진동하였다. …… 신라국을 폐하여 경주라 하고, 그 지역을 [김부에게] 식읍으로 하사하였다.
>
> (라) 태조가 …… 일선군으로 진격하니 신검이 군사를 거느리고 막았다. 일리천을 사이에 두고 대치하였다. …… 후백제의 장군들이 고려 군사의 형세가 매우 큰 것을 보고, 갑옷과 무기를 버리고 항복하였다.

① (가) - (나) - (다) - (라)
② (가) - (나) - (라) - (다)
③ (나) - (가) - (다) - (라)
④ (나) - (가) - (라) - (다)
⑤ (다) - (가) - (나) - (라)

02
(가) 왕에 대한 설명으로 옳은 것은? [1점] 69회 10번

> 이 불상은 충청남도 논산시에 있는 개태사지 석조 여래 삼존 입상으로, 큼직한 손과 신체의 굴곡이 거의 드러나지 않는 원통형의 형태가 특징입니다. 개태사는 후삼국을 통일한 (가) 이/가 이를 기념하여 세운 사찰입니다.

① 관학 진흥을 위해 양현고를 설치하였다.
② 쌍기의 건의를 받아들여 과거제를 시행하였다.
③ 전국에 12목을 설치하고 지방관을 파견하였다.
④ 전시과 제도를 처음 마련하여 관리에게 토지를 지급하였다.
⑤ 후대 왕들이 지켜야 할 정책 방향을 담은 훈요 10조를 남겼다.

03
(가) 왕의 재위 시기에 있었던 사실로 옳은 것은? [1점] 68회 11번

> 공은 대송(大宋) 강남 천주 출신이다. …… 예빈성 낭중에 임명하고 집 한 채를 내려주었다.

> 이것은 고려에 귀화한 채인범의 묘지명으로 현존하는 고려 시대 묘지명 중 가장 오래된 것입니다. 노비안검법을 실시한 (가) 은/는 채인범, 쌍기 등의 귀화인들을 적극 등용하였습니다.

① 최승로가 시무 28조를 건의하였다.
② 경기에 한하여 과전법이 실시되었다.
③ 신돈이 전민변정도감의 판사가 되었다.
④ 빈민 구제 기관인 흑창이 처음 설치되었다.
⑤ 광덕, 준풍 등의 독자적 연호가 사용되었다.

04
다음 검색창에 들어갈 왕의 재위 기간에 있었던 사실로 옳은 것은? [2점] 72회 11번

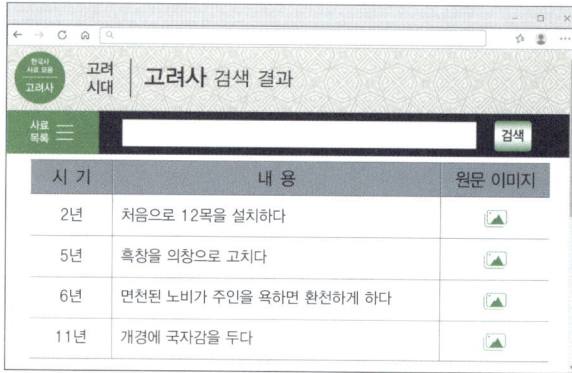

고려사 검색 결과

시기	내용	원문 이미지
2년	처음으로 12목을 설치하다	
5년	흑창을 의창으로 고치다	
6년	면천된 노비가 주인을 욕하면 환천하게 하다	
11년	개경에 국자감을 두다	

① 관학을 진흥하고자 양현고를 설치하였다.
② 광덕, 준풍 등의 독자적 연호를 사용하였다.
③ 주전도감을 설치하여 해동통보를 발행하였다.
④ 『정계』와 『계백료서』를 지어 관리의 규범을 제시하였다.
⑤ 최승로의 시무 28조를 받아들여 통치 체제를 정비하였다.

해설

01 후삼국 통일 과정 정답 ③

자료 분석
- (가) 견훤 + 고창 + 태조 → 고창 전투(930)
- (나) 태조 + 공산 + 견훤 → 공산 전투(927)
- (다) 태조 + 신라국을 폐함 → 신라 경순왕의 항복(935)
- (라) 태조 + 일리천 + 후백제 → 일리천 전투(936)

(가) 태조 왕건이 이끄는 고려의 군대가 고창(안동)에서 견훤의 후백제군에게 승리하였고, 이 전투로 고려가 후삼국의 주도권을 장악하였다(930).
(나) 견훤의 신라 침입으로, 고려 태조 왕건은 신라를 구원하고자 출정하였다. 그러나 고려군은 공산(대구 팔공산)에서 후백제군에게 대패하였다(927).
(다) 후삼국의 주도권을 고려가 가져가자, 신라 경순왕이 고려에 항복하였다. 이후 태조 왕건은 신라 경순왕(김부)을 경주의 사심관으로 삼고 그 지역을 식읍으로 주었다(935).
(라) 태조 왕건의 고려군은 일리천(구미)에서 신검의 후백제군을 상대로 크게 승리한 후, 신검의 항복을 받아 후삼국을 통일하였다(936).

선택지 분석
① (가) - (나) - (다) - (라)
② (가) - (나) - (라) - (다)
③ (나) - (가) - (다) - (라)
ㄴ 순서대로 나열하면 (나) 공산 전투(927) - (가) 고창 전투(930) - (다) 신라 경순왕의 항복(935) - (라) 일리천 전투(936)가 된다.
④ (나) - (가) - (라) - (다)
⑤ (다) - (가) - (나) - (라)

02 태조 왕건 정답 ⑤

자료 분석
후삼국을 통일함 → 태조 왕건

태조 왕건은 고려를 건국하고 후삼국을 통일한 왕으로, 왕권을 안정시키기 위해 『정계』와 『계백료서』를 지어 관리가 지켜야 할 규범을 제시하였다. 한편 태조 왕건은 936년에 후삼국을 통일하고 이를 기념하기 위해 충청남도 논산시에 개태사라는 사찰을 세웠다.

선택지 분석
① 관학 진흥을 위해 양현고를 설치하였다. → 예종
② 쌍기의 건의를 받아들여 과거제를 시행하였다. → 광종
③ 전국에 12목을 설치하고 지방관을 파견하였다. → 성종
④ 전시과 제도를 처음 마련하여 관리에게 토지를 지급하였다. → 경종
⑤ 후대 왕들이 지켜야 할 정책 방향을 담은 훈요 10조를 남겼다. → 태조 왕건
ㄴ 태조 왕건은 후대 왕들이 지켜야 할 10가지 도리를 담은 훈요 10조를 남겼다.

03 광종 정답 ⑤

자료 분석
노비안검법을 실시 + 쌍기 → 광종

광종은 왕위 다툼으로 혼란한 상황 속에서 즉위하여 왕권 강화 정책을 시행하였다. 노비안검법을 시행하여 억울하게 노비가 된 자들을 양인으로 해방시켜 호족 세력의 경제적·군사적 기반을 약화시켰다. 또한 중국 출신 쌍기 등 중국에서 귀화한 인물들을 적극 등용하였으며, 쌍기의 건의에 따라 과거제를 시행하여 새로운 인재를 등용하였다.

선택지 분석
① 최승로가 시무 28조를 건의하였다. → 성종
② 경기에 한하여 과전법이 실시되었다. → 공양왕
③ 신돈이 전민변정도감의 판사가 되었다. → 공민왕
④ 빈민 구제 기관인 흑창이 처음 설치되었다. → 태조 왕건
⑤ 광덕, 준풍 등의 독자적 연호가 사용되었다. → 광종
ㄴ 광종 때 스스로를 황제로 칭하고 광덕, 준풍이라는 독자적인 연호가 사용되었다.

04 성종 정답 ⑤

자료 분석
12목을 설치 + 국자감 → 성종

성종은 주요 지역에 12목을 설치하고 지방관을 파견하여 지방에 대한 통제를 강화하였고, 태조 왕건 때 설치된 빈민 구휼 기관인 흑창을 의창으로 확대·개편하였다. 또한 국립 교육 기관인 국자감을 개경에 설치하였다.

선택지 분석
① 관학을 진흥하고자 양현고를 설치하였다. → 예종
② 광덕, 준풍 등의 독자적 연호를 사용하였다. → 광종
③ 주전도감을 설치하여 해동통보를 발행하였다. → 숙종
④ 『정계』와 『계백료서』를 지어 관리의 규범을 제시하였다. → 태조 왕건
⑤ 최승로의 시무 28조를 받아들여 통치 체제를 정비하였다. → 성종
ㄴ 성종 때 최승로의 시무 28조를 받아들여 12목을 설치하고 지방관을 파견하는 등 통치 체제를 정비하였다.

빈출 개념 | 고려 성종의 업적

유교 정치 이념 확립	시무 28조를 토대로 유교적 통치 체제 정비
통치 체제 정비	· 2성 6부제 정비 · 12목 설치, 지방관 파견 · 국자감 설치, 12목에 경학 박사와 의학 박사 파견
사회 제도 실시	의창, 상평창 설치

개념 적용 기출문제

05 | 67회 18번

㉠~㉣ 기구에 대한 설명으로 옳은 것을 <보기>에서 고른 것은? [2점]

> 🔍 **역사 돋보기** 왕실과의 혼인을 통한 이자겸의 출세
>
> 음서로 관직에 진출한 이자겸은 1108년 둘째 딸이 예종의 비가 되면서 빠른 속도로 출세하였다.
> 1109년 ㉠추밀원(중추원) 부사, 1111년 ㉡어사대의 대부가 된다. 1113년에는 ㉢상서성의 좌복야에 임명되었고, 1118년 재신으로서 판이부사를 맡았으며, 1122년 ㉣중서문하성 중서령에 오른다.

〈보기〉
ㄱ. ㉠ - 군사 기밀과 왕명 출납을 담당하였다.
ㄴ. ㉡ - 소속 관원이 낭사와 함께 서경권을 행사하였다.
ㄷ. ㉢ - 화폐·곡식의 출납과 회계를 담당하였다.
ㄹ. ㉣ - 원 간섭기에 도평의사사로 개편되었다.

① ㄱ, ㄴ ② ㄱ, ㄷ ③ ㄴ, ㄷ ④ ㄴ, ㄹ ⑤ ㄷ, ㄹ

07 | 64회 12번

밑줄 그은 '반란'이 일어난 시기를 연표에서 옳게 고른 것은? [1점]

> 이것은 경원 이씨 가문의 이자연 묘지명으로, 딸 셋을 모두 문종의 왕비로 보냈다는 내용이 기록되어 있습니다. 훗날 이자연의 손자 또한 딸들을 왕비로 보내 최고 권력을 누렸는데, 이에 위협을 느낀 인종이 그를 제거하려 하자 척준경과 함께 반란을 일으켰습니다.

1104	1135	1170	1196	1270	1351
(가)	(나)	(다)	(라)	(마)	
별무반 조직	묘청의 난	무신 정변	최충헌의 집권	개경 환도	공민왕 즉위

① (가) ② (나) ③ (다) ④ (라) ⑤ (마)

06 | 68회 12번

(가) 시대의 지방 통치 체제에 대한 설명으로 옳은 것은? [2점]

> 개경으로 가는 주요 길목인 혜음령에 세워졌던 혜음원에는 행인의 안전한 통행을 위한 숙소와 사원이 있었습니다. 혜음원지를 통해 개경 외에 남경, 동경 등이 설치되었던 (가) 시대 원(院)의 모습을 유추할 수 있습니다.

① 22담로에 왕족을 파견하였다.
② 전국에 9주 5소경을 설치하였다.
③ 특수 행정 구역으로 향, 부곡, 소가 있었다.
④ 지방관을 감찰하기 위하여 외사정을 두었다.
⑤ 지방 행정 구역을 8도에서 23부로 개편하였다.

08 | 55회 15번

다음 대화에 나타난 사건에 대한 설명으로 옳은 것은? [2점]

① 국왕이 나주까지 피란하였다.
② 초조대장경 간행의 계기가 되었다.
③ 김부식 등이 이끈 관군에 의해 진압되었다.
④ 이성계가 정권을 장악하는 결과를 가져왔다.
⑤ 여진 정벌을 위한 별무반 편성에 영향을 주었다.

해설

05 고려의 중앙 정치 기구   정답 ①

자료 분석

추밀원(중추원) + 어사대 + 상서성 + 중서문하성
→ 고려의 중앙 정치 기구

고려는 중앙 정치 기구를 2성 6부제로 정비하였는데, 2성은 중서문하성과 상서성으로 이루어졌다. 중서문하성은 고려의 최고 관서로 장관인 문하시중이 국정을 총괄하였으며, 상서성은 6부를 총괄하고 실제 행정 업무를 담당하였다. 이 외에도 고려의 중앙 정치 기구 중 하나인 중추원은 군사 기밀과 왕명 출납을 담당하였으며, 어사대는 관리의 비리 감찰과 탄핵을 담당하였다.

선택지 분석

ㄱ. ㉠ - 군사 기밀과 왕명 출납을 담당하였다. → 중추원
    ㄴ 중추원은 군사 기밀과 왕의 명령을 전달하는 출납을 담당하였다.
ㄴ. ㉡ - 소속 관원이 낭사와 함께 서경권을 행사하였다.
    → 어사대
    ㄴ 어사대의 소속 관원은 중서문하성의 낭사와 함께 관리 임명에 대한 동의권인 서경권을 행사하였다.
ㄷ. ㉢ - 화폐·곡식의 출납과 회계를 담당하였다. → 삼사
ㄹ. ㉣ - 원 간섭기에 도평의사사로 개편되었다. → 도병마사

① ㄱ, ㄴ   ② ㄱ, ㄷ   ③ ㄴ, ㄷ   ④ ㄴ, ㄹ   ⑤ ㄷ, ㄹ

06 고려 시대의 지방 통치 체제   정답 ③

자료 분석

개경 외에 남경, 동경 → 고려 시대

고려 시대에는 지방 행정 조직이 5도와 양계로 정비되어, 일반 행정 구역인 5도에 안찰사가, 군사 행정 구역인 양계에는 병마사가 파견되었다. 그 안에 3경, 4도호부, 8목을 비롯하여 군·현·진 등을 설치하였다. 3경은 처음에 수도인 개경과 서경(평양), 동경(경주)이었으나, 문종 대에 한양을 남경으로 승격시키고 동경 대신 남경(서울)을 3경으로 편제하였다.

선택지 분석

① 22담로에 왕족을 파견하였다. → 백제
② 전국에 9주 5소경을 설치하였다. → 통일 신라
③ 특수 행정 구역으로 향, 부곡, 소가 있었다. → 고려 시대
    ㄴ 고려에는 특수 행정 구역으로 향·부곡·소가 있었는데, 이곳의 주민들은 일반 농민보다 더 많은 세금을 부담하는 등 차별을 받았다.
④ 지방관을 감찰하기 위하여 외사정을 두었다. → 통일 신라
⑤ 지방 행정 구역을 8도에서 23부로 개편하였다.
    → 제2차 갑오개혁

07 이자겸의 난   정답 ①

자료 분석

인종이 그(이자겸)를 제거하려 하자 척준경과 함께 반란을 일으킴 → 이자겸의 난(1126)

이자겸은 예종 사후 인종이 즉위하는 데 공을 세웠으며, 인종과 자신의 딸을 혼인시켜 왕의 장인이자 외조부로서 권력을 독점하였다. 이에 인종이 이자겸을 제거하려 하자, 이를 알게 된 이자겸은 척준경과 함께 난을 일으켜 왕을 위협하고 정권을 장악하였다(이자겸의 난, 1126). 이후 인종은 척준경을 회유하여 이자겸을 제거하고 난을 진압하였다.

선택지 분석

① (가)
    ㄴ 고려 인종 때 이자겸이 왕의 장인이자 외조부로서 권력을 장악하자, 인종은 이자겸을 제거하고자 하였다. 그러나 이를 알게 된 이자겸은 척준경과 함께 난을 일으켜 왕을 위협하고 반대파를 제거하였다(이자겸의 난, 1126).
② (나)
③ (다)
④ (라)
⑤ (마)

08 묘청의 난   정답 ③

자료 분석

서경 천도 + 금국 정벌 → 묘청의 난

묘청의 난은 고려 인종 때 묘청 등이 서경 천도에 실패하자 서경에서 일으킨 반란이다. 김부식 등 개경파의 반대로 서경 천도에 실패한 묘청은 서경에서 난을 일으켜 연호를 천개로 하는 대위국을 세웠으나, 김부식이 이끄는 관군에 의해 진압되었다(묘청의 난, 1135). 한편, 이 사건에 대해 민족주의 사학자 신채호는 『조선사연구초』에서 '조선 역사상 일천년래 제일 대사건'으로 평가하기도 하였다.

선택지 분석

① 국왕이 나주까지 피란하였다. → 거란의 2차 침입
② 초조대장경 간행의 계기가 되었다. → 거란의 2차 침입
③ 김부식 등이 이끈 관군에 의해 진압되었다. → 묘청의 난
    ㄴ 묘청은 서경에서 난을 일으켰으나, 김부식 등이 이끈 관군에 의해 진압되었다.
④ 이성계가 정권을 장악하는 결과를 가져왔다. → 위화도 회군
⑤ 여진 정벌을 위한 별무반 편성에 영향을 주었다. → 여진의 성장

9강 무신 집권기 ~ 고려 후기의 정치

1 무신 정권의 성립과 전개 최근 3개년 시험 중 3회 출제!

빈출 키워드 랭킹
1위 최충헌 10번 출제
2위 만적의 난 9번 출제
3위 망이·망소이의 난 8번 출제

1. 무신 정권의 성립(무신 정변) 기출자료1
(1) **배경:** 묘청의 난 이후 무신을 하대하는 분위기가 지속되고 군인전을 제대로 지급받지 못한 하급 군인들의 불만이 고조되었다.
(2) **전개:** 정중부·이의방 등의 무신이 보현원 사건을 계기로 문신을 제거하고(무신 정변), 의종을 폐위한 후 명종을 임금으로 세우며 정권을 장악하였다.
(3) **무신 정권 성립:** 초기에는 정권이 불안정하여 정중부, 경대승, 이의민 등이 차례로 집권하였다.

정중부 (1170~1179)	· 이의방 일파를 제거함(1174) · 반 무신의 난: 의종의 복위를 주장하며 동북면 병마사 김보당이 봉기하였고(김보당의 난), 서경 유수 조위총이 정중부를 제거하고자 난을 일으킴(조위총의 난) · 망이·망소이의 난: 공주 명학소에서 망이·망소이가 가혹한 수탈에 저항하여 봉기함
경대승 (1179~1183)	정중부를 제거하고 권력을 장악하였으며, 사병 집단인 도방을 설치함
이의민 (1183~1196)	· 천민 출신으로 경대승이 죽은 후 집권하였다가 최충헌에 의해 제거됨 · 김사미·효심의 난: 운문(김사미) 지역과 초전(효심) 지역을 중심으로 봉기함

◆ **보현원 사건**
· 보현원에서 열린 연회에서 대장군 이소응이 젊은 문신 한뢰에게 모욕을 당한 사건
· 무신 정변의 직접적인 원인이 됨

2. 최씨 무신 정권의 전개
(1) **최충헌 집권기(1196~1219)** 기출자료2
① **봉사 10조 제시:** 최충헌이 사회 혼란을 극복하기 위해 명종에게 사회 개혁안인 봉사 10조를 올렸으나 실제로 시행되지는 않았다.
② **교정도감 설치:** 최충헌은 자신의 반대 세력을 제거할 목적에서 임시 기구로 교정도감을 설치하고 교정도감의 장관인 교정별감의 자리에 올라 국정 전반을 장악하였다. 이후 교정도감은 최씨 무신 정권의 최고 권력 기구로 활용되었다.
③ **도방 확대:** 최충헌은 경대승이 조직한 사병 집단인 도방을 확대하여 최씨 정권의 군사적 기반을 확충하였다.
④ **만적의 난 발생:** 최충헌의 노비 만적을 중심으로 개경에서 신분 해방을 주장하며 봉기하였으나 사전에 발각되어 실패하였다.
⑤ **최광수의 난 발생:** 최광수를 중심으로 서경에서 고구려 부흥을 외치며 봉기하였다.

(2) **최우 집권기(1219~1249)** 기출자료3
① **기구 설치:** 최우는 인사 행정 기구인 정방을 자신의 집에 설치하였으며, 문신 숙위 기구인 서방을 설치하였다.
② **삼별초 조직:** 최우가 치안 유지를 위해 야별초를 조직하여, 최씨 무신 정권의 군사적 기반인 삼별초(좌·우별초, 신의군)가 성립되는 계기를 마련하였다.
③ **대몽 항쟁 전개:** 몽골의 침략에 대비하기 위해 강화도로 천도(1232)하였다.

◆ **봉사 10조**
· 최충헌이 권력 장악 후 명종에게 올린 사회 개혁안
· 정변의 정당성 확보와 최충헌의 권력 안정에 기여함

◆ **교정도감**
· 최충헌이 반대파를 감시하기 위해 설치하였으며, 이후 무신 정권의 최고 권력 기구로 발전함
· 교정도감의 장관인 교정별감은 대대로 최씨 일가가 세습함

◆ **삼별초**
· 최우가 치안을 위해 설치한 야별초가 분리된 좌별초, 우별초와 대몽 항쟁 과정에서 몽골에 포로로 잡혔다가 탈출한 병사들인 신의군으로 구성됨
· 최씨 무신 정권의 군사적 기반이었음

기출 분석 특강

기출자료 1 무신 정권의 성립

✅ 출제 TIP 무신 정변을 주도한 인물과 무신 집권기의 반란을 주도한 인물이 힌트로 자주 출제돼요!

(1) 무신 정변 59회 출제

| 이의방과 이고가 정중부를 따라가 몰래 말하기를, "오늘날 문신들은 득의양양하여 술을 취하도록 마시고 음식을 배불리 먹는데, 무신들은 모두 굶주리고 고달프니 이것을 어찌 참을 수 있습니까."라고 하였다. └ 무신에 대한 차별 대우 |

자료 분석
정중부, 이의방, 이고 등은 무신에 대한 차별 대우에 불만을 품고 문신 세력을 제거하는 무신 정변을 일으켰다.

(2) 망이·망소이의 난 73회 출제

망이 등이 …… "이미 우리 고을을 현으로 승격시키고 또 수령을 두어 안무하더니, 돌이켜 다시 군대를 내어 토벌하러 와서 우리 어머니와 아내를 가두었으니 그 뜻은 어디에 있는가? …… 반드시 개경까지 가고야 말겠다."라고 하였다.

자료 분석
고려 시대의 특수 행정 구역 중 하나인 공주 명학소의 망이·망소이는 가혹한 수탈에 반발하여 봉기를 일으켰다.

함께 나올 기출선택지
- 정중부, 이의방 등이 정변을 일으켰다. 62회
- 의종이 왕위에서 쫓겨나 거제도로 추방되었다. 32회
- 김보당이 의종 복위를 주장하며 동계에서 군사를 일으켰다. 72·66·64·61회
- 조위총이 군사를 일으켜 정중부 등의 제거를 도모하였다. 61회
- 공주 명학소에서 망이·망소이가 봉기하였다. 67·66·64·62회
- 경대승이 정중부 등을 제거하고 권력을 장악하였다. 69회

기출자료 2 최충헌 집권기

(1) 최충헌의 봉사 10조 제시 36회 출제

○ 역적 이의민이 선왕인 의종을 시해하고 백성을 괴롭히며 왕위를 엿보기까지 하였으므로 신이 제거하였습니다. 폐하께서는 낡은 것을 개혁하고 새로운 정치를 도모하시기 바랍니다.
○ 그대가 올린 봉사 10조를 잘 읽어 보았소.

자료 분석
최충헌은 이의민을 제거한 후, 사회 혼란을 극복하기 위해 명종에게 사회 개혁안인 봉사 10조를 올렸다.

(2) 만적의 난 67회 출제

만적 등 6명이 북산에서 땔나무를 하다가, 공사(公私) 의 노복들을 불러 모아 모의하며 말하기를, "국가에서 경인년과 계사년 이래로 높은 관직도 천예(賤隸)에서 많이 나왔으니, 장상(將相)에 어찌 씨가 있겠는가?……"라고 하였다. …… 가노(家奴) 순정이 한충유에게 변란을 고하자 한충유가 최충헌에게 알렸다. 마침내 만적 등 100여 명을 체포하여 강에 던졌다.
└ 천한 종
└ 장수와 재상

자료 분석
최충헌의 노비 만적은 개경에서 노비들을 모아 신분 해방을 주장하며 봉기를 일으킬 것을 계획하였다. 그러나 이는 사전에 발각되어 실패하였다.

함께 나올 기출선택지
- 최충헌이 봉사 10조를 올려 시정 개혁을 건의하였다. 71·66·64·59회
- 교정도감이 국정을 총괄하는 기구로 부상하였다. 72회
- 최충헌이 교정별감이 되어 국정 전반을 장악하였다. 69·62·60회
- 만적이 개경에서 신분 해방을 도모하였다. 71·70·61·59회

기출자료 3 최우 집권기

(1) 최우의 정방 설치 72회 출제

✅ 출제 TIP 최우가 설치한 기구인 정방이 힌트로 제시되고 있어요!

┌ 최충헌의 아들로, 최충헌의 뒤를 이어 최씨 무신 정권의 집권자가 됨
백관이 최우의 집에 나아가 정년도목(政年都目)을 올리니, 최우가 청사에 앉아 받았다. …… 이때부터 최우는 정방을 자기 집에 두고 백관의 인사 행정을 처리하였다.   - 『고려사절요』

자료 분석
최충헌의 뒤를 이어 최씨 무신 정권의 집권자가 된 최우는 인사 행정 담당 기구인 정방을 자신의 집에 설치하였다.

함께 나올 기출선택지
- 최우가 정방을 설치하여 인사권을 장악하였다. 63·51회
- 최우가 강화도로 수도를 옮겨 장기 항전에 대비하였다. 69·65·61·59회

9강 무신 집권기 ~ 고려 후기의 정치

(3) 붕괴기
① **최씨 무신 정권의 종결:** 최우에 이어 최항, 최의가 집권하였으나 최의가 김준에게 피살되면서 최씨 무신 정권이 종결되었다(1258).
② **무신 정권의 종결:** 김준 이후 임연, 임유무 부자가 권력을 잡았으나 원종 때 임유무가 제거되면서 무신 정권이 끝나고 원 간섭기가 시작되었다(1270).

2 원 간섭기와 공민왕의 개혁 정치 최근 3개년 시험 중 18회 출제!

빈출 키워드 랭킹
1위 만권당 10번 출제
2위 전민변정도감 8번 출제
3위 요동 정벌 7번 출제

1. 원 간섭기
(1) **원의 내정 간섭** 기출자료 1
① **부마국 체제 성립:** 고려 왕이 원의 공주와 결혼해 고려가 원의 부마(사위)국이 되면서 원의 명령에 의해 국왕이 자주 바뀌게 되었다.
② **관제와 왕실 호칭 격하**

중앙 관제 격하	2성을 첨의부로, 6부를 4사로, 중추원을 밀직사로 바꿈
왕실 호칭 격하♦	왕의 시호 앞에 '충성할 충(忠)'자를 사용하게 하고, 폐하를 전하로, 태자를 세자로, 선지를 왕지로, 짐을 고로 바꿈

③ **정동행성 설치:** 충렬왕 때 일본 원정을 위한 정동행성이 원에 의해 설치되었고, 일본 원정이 끝난 이후에도 존속되어 고려의 내정을 간섭하였다.
④ **다루가치 파견:** 원이 내정 간섭을 위해 감찰관으로 다루가치를 파견하였다.
⑤ **영토 상실:** 원이 우리 영토에 쌍성총관부♦(화주), 동녕부(평양), 탐라총관부(제주도)라는 통치 기관을 설치하고 이 지역을 직접 다스렸다.
⑥ **인적·물적 수탈**

공녀 징발	결혼도감을 통해 고려의 처녀들이 원의 공녀로 징발됨
응방 설치	매를 징발하기 위한 관청을 설치함

(2) **원 간섭기의 개혁 정치**
① **충렬왕:** 빼앗긴 토지와 노비 문제를 해결하기 위한 임시 기구로 전민변정도감♦을 설치하였으며, 동녕부와 탐라총관부를 원으로부터 반환 받았다.
② **충선왕:** 왕명의 출납을 담당하는 관청인 사림원을 설치하였으며, 원의 수도인 연경(베이징)에 학문 연구소인 만권당을 설립해 이제현 등이 원의 유학자들과 교류하게 하였다.

(3) **원 간섭기의 사회 모습** 기출자료 2
① **사회 혼란:** 친원 세력인 권문세족♦이 고위 관직을 독점하고 농장을 확대하여 사회 혼란이 심화되었다.
② **풍속 변화:** 지배층을 중심으로 변발, 족두리, 호복 등 몽골 풍습(몽골풍)이 유행하였으며, 일찍 결혼하는 풍속인 조혼이 성행하였다.
③ **문화 발전:** 원을 통해 성리학, 수시력(역법), 화약 제조법 등이 도입되었다.

♦ **왕실 호칭 격하**

이전	원 간섭기
폐하	전하
태자	세자
짐(朕)	고(孤)
선지	왕지

♦ **쌍성총관부**
- 원이 철령 이북 지역을 직접 지배할 목적으로 화주에 설치한 기관
- 공민왕 때 무력으로 수복함

♦ **전민변정도감**
- 불법으로 노비가 된 이들을 양민으로 해방시키고 불법 취득한 토지를 원래 주인에게 돌려주기 위해 설치한 임시 기구
- 원종, 충렬왕, 공민왕, 우왕 때 설치됨

♦ **권문세족**
고려 전기의 문벌 귀족, 친원 세력, 무신 집권기 때 성장한 계층 등으로 이루어짐

기출 분석 특강

기출자료 1 — 원의 내정 간섭

(1) 고려 왕실의 호칭 격하 54회 출제

> 출제 TIP: 원이 내정 간섭을 하며 새롭게 등장한 관직과 기구들이 힌트로 등장하고 있어요!

─ 원이 고려의 내정을 간섭하기 위해 파견한 감찰관
다루가치가 왕을 비난하면서 말하기를, "선지(宣旨)라 칭하고, 짐(朕)이라 칭하고, 사(赦)라 칭하니 어찌 이렇게 참람합니까?"라고 하였다. …… 이에 선지를 왕지(王旨)로, 짐을 고(孤)로, 사를 유(宥)로, 주(奏)를 정(呈)으로 고쳤다.
└ 분수에 넘침

자료 분석
고려가 원의 부마국이 되면서, 고려는 부마국에 맞게 왕실의 호칭을 격하(등급이나 지위를 낮춤)하였다.

(2) 쌍성총관부 설치 60회 출제

용진현 출신 조휘와 정주 출신 탁청이 화주 이북 지방을 몽골에 넘겨주었다. 몽골은 화주에 쌍성총관부를 설치하고 조휘를 총관으로, 탁청을 천호(千戶)로 임명하였다.

자료 분석
원은 고려의 영토인 화주에 쌍성총관부라는 통치 기관을 설치하고, 이 지역을 직접 다스렸다.

(3) 공녀 징발 61회 출제

이것은 수령 옹주 묘지명입니다. … 딸이 공녀로 원에 끌려가자 그 슬픔으로 병을 얻어 세상을 떠났습니다. 수령 옹주가 살았던 이 시기에는 많은 여성이 공녀로 끌려갔습니다.
└ 공물로 바치는 여자라는 뜻

자료 분석
고려는 결혼도감을 통해 고려의 처녀를 공녀로 징발해 원에 보내었다.

함께 나올 기출선택지
- 중서문하성과 상서성이 첨의부로 격하되었다. 66회
- 충렬왕 때 일본 원정을 위해 정동행성이 설치되었다. 60회
- 충렬왕이 원의 요청으로 일본 원정에 참여하였다. 68회
- 탐라총관부가 설치된 목적을 살펴본다. 35회
- 공녀를 보내기 위해 결혼도감을 설치하였다. 59회

기출자료 2 — 원 간섭기의 사회 모습

(1) 친원 세력의 성장 59회 출제

─ 원 세조의 딸이자 충렬왕의 왕비
인후는 …… 처음 이름은 홀랄대였다. 제국 공주의 겁령구였는데, 겁령구는 중국 말로 사적으로 소속된 사람이다. 제국 공주를 따라 와서 중랑장에 임명되었다. …… [인후는] 장순룡 및 차신과 더 좋은 저택을 짓기 위해 경쟁했는데, 사치스러움과 분수에 넘치는 것이 극에 달하였다.

자료 분석
원 간섭기에는 고려에 시집 온 원의 공주를 따라온 자들이나 몽골어를 할 수 있는 역관 등 친원 세력이 권문세족이 되었다. 이들의 사치스러운 생활로 고려 사회의 혼란도 심해졌다.

(2) 변발 55회 출제

> 출제 TIP: 원 간섭기에 유행했던 풍습인 '변발'이 자료에 힌트로 제시됩니다!

왕이 이분희 등에게 변발을 하지 않았다고 책망하였더니 그들이 대답하기를 "신 등이 변발하는 것을 싫어해서가 아니라 오직 뭇 사람들이 그렇게 하여 상례(常例)가 되기를 기다렸을 뿐입니다."라고 하였다. …… 왕은 입조(入朝)하였을 때에 이미 변발하였지만, 나라 사람들이 아직 하지 않았기 때문에 이를 책망한 것이다.
└ 몽골 사람들의 머리 모양으로, 머리를 길게 땋아 늘인 형태

자료 분석
원 간섭기에 몽골식 머리 모양인 변발이 고려에 들어왔으며, 지배층을 중심으로 유행하였다.

함께 나올 기출선택지
- 권문세족이 도평의사사를 장악했어요. 72회
- 지배층을 중심으로 변발과 호복이 유행하였다. 70·69·68·62회
- 원 간섭기에 인간의 심성과 우주의 원리를 탐구하는 성리학이 전래되었다. 33회

9강 무신 집권기 ~ 고려 후기의 정치

2. 공민왕의 개혁 정치

(1) 배경: 대외적으로 원·명 교체기였기 때문에 원의 간섭이 약화된 상황이었고, 대내적으로 신진 사대부◆가 성장하여 왕권 강화의 기반이 마련되었다.

(2) 개혁 정책 `기출자료 1`

반원 자주 정책	• 친원 세력 숙청: 고려의 권문세족인 기철 등 친원 세력을 숙청함 • 기구 혁파: 정동행성 이문소◆를 폐지함 • 관제 복구: 원의 연호 사용을 중지하고, 격하된 관제를 복구함 • 영토 회복: 무신 유인우, 이자춘 등이 쌍성총관부를 공격하여 철령 이북의 땅을 수복함 • 몽골풍 폐지: 변발을 금지하고, 호복(오랑캐의 복장)을 폐지함
왕권 강화 정책	• 정방 폐지: 인사권을 장악하기 위해서 인사 행정을 담당하던 정방을 폐지함 • 성균관 정비: 성균관을 순수 유학 교육 기관으로 개편함 • 전민변정도감 설치: 권문세족의 경제적 기반을 약화시키기 위해 승려 신돈을 등용하고 전민변정도감을 설치함

◆ **신진 사대부**
고려 말에 과거를 통해 중앙 정계에 진출한 세력으로, 성리학을 개혁 사상으로 수용함

◆ **정동행성 이문소**
정동행성의 부속 관서로, 고려의 내정을 간섭하고 친원 세력을 대변하는 역할을 함

3. 고려 말의 정치 상황 `기출자료 2`

(1) 신진 세력의 성장: 공민왕의 지원 아래 신진 사대부가 성장하였고, 홍건적과 왜구의 침입을 격퇴하는 과정에서 신흥 무인 세력(최영, 이성계 등)이 성장하였다.

(2) 최영의 집권과 왕권 회복: 우왕 때 최영이 이성계와 사대부 세력의 지원을 받아, 이인임 등의 권문세족을 축출하여 왕권을 회복하고 권력을 잡았다.

(3) 고려의 멸망 과정

최영의 요동 정벌	위화도 회군	과전법 제정	고려 멸망 및 조선 건국
우왕 때 명이 철령 이북의 땅을 요구하자 최영은 이성계에게 요동 정벌을 명령함	→ 요동 정벌에 반대한 이성계가 위화도에서 회군한 뒤 정권을 장악	→ 이성계와 조준 등의 혁명파 사대부가 공양왕을 옹립한 뒤, 과전법을 마련함	→ 이성계가 공양왕에게 양위를 받아 왕위에 오르며 고려가 멸망하고 조선이 건국됨

10초 컷! 핵심 키워드 암기
1. 무신 집권자: 정중부 → 경대승 → 이의민 → 최충헌 → 최우
2. 원 간섭기: 부마국 체제, 중앙 관제·왕실 호칭 격하, 정동행성 설치, 다루가치 파견, 쌍성총관부 설치

9강 개념 확인 퀴즈

1. 다음 설명이 맞으면 O표, 틀리면 X표를 하세요.

(1) 무신 집권기에 공주 명학소에서 망이·망소이가 봉기하였다. ( )

(2) 원 간섭기에 교정도감이 설치되었다. ( )

(3) 공민왕이 기철을 비롯한 친원 세력을 숙청하였다. ( )

2. 다음 괄호 안의 내용 중 옳은 것에 O표 하세요.

(1) 최충헌이 (시무 28조 / 봉사 10조)를 올려 시정 개혁을 건의하였다.

(2) 최우가 인사 행정 담당 기구로 (정방 / 도방)을 설치하였다.

(3) (최영 / 이성계)이/가 위화도에서 회군하였다.

기출 분석 특강

기출자료 1 공민왕의 개혁 정책

(1) 친원 세력 숙청 49회 출제

출제 TIP 당시 원의 연호와 친원 세력의 대표 인물인 기철이 힌트로 제시됩니다.

왕이 지정(至正) 연호의 사용을 중지하고 교서를 내려 말하기를, "……기철 등이 군주의 위세를 빙자하여 나라의 법도를 뒤흔들었다. …… 이제 다행히도 조종(祖宗)의 영령에 기대어 기철 등을 처단할 수 있었다."라고 하였다.
― 『고려사』
(원의 연호 / 고려 원 간섭기의 대표적인 친원 세력)

자료 분석 공민왕은 원의 간섭이 약화된 틈을 타 원의 연호 사용을 중지하고, 기철을 비롯한 친원 세력을 숙청하였다.

(2) 쌍성총관부 수복 60회 출제

동북면 병마사 유인우가 쌍성을 함락시키자 총관 조소생, 천호 탁도경이 도망치니 화주, 등주, 정주 등이 수복되었다.
(쌍성총관부 / 철령 이북 지역)

자료 분석 공민왕은 유인우 등을 보내 쌍성총관부를 공격하여, 철령 이북 땅을 수복하였다.

함께 나올 기출선택지
- 기철을 비롯한 **친원 세력을 숙청**하였다. 45회
- **정동행성 이문소**를 폐지하였다. 56회
- **중서문하성과 상서성을 복구**하였다. 49회
- **쌍성총관부를 공격**하여 철령 이북의 영토를 되찾았다. 69·63·58회
- 인사 행정을 담당하던 **정방을 폐지**하였다. 67회
- 국자감을 **성균관**으로 개칭하고 유학 교육을 강화하였다. 59·58회
- 신돈이 **전민변정도감**의 책임자가 되었다. 71·68·62·59회

기출자료 2 고려 말의 정치 상황

(1) 위화도 회군 63회 출제

출제 TIP 사건이 일어난 지역인 위화도가 직접적인 힌트로 자주 제시됩니다.

대군이 압록강을 건너서 위화도에 머물렀다. …… 이성계가 회군한다는 소식을 듣고 앞다투어 모여든 사람이 천여 명이나 되었다.

자료 분석 우왕 때 이성계는 최영의 명령으로 요동 정벌에 나섰으나, 위화도에서 회군을 단행하여, 최영을 제거하고 정권을 장악하였다.

함께 나올 기출선택지
- **최영**에 의해 **이인임 일파가 축출**되었다. 59회
- **최영**이 **철령위** 설치에 반발하여 **요동 정벌**을 추진하였다. 72·71·61회
- **이성계**가 **위화도**에서 회군하여 정권을 장악하였다. 65회

---

3. 질문에 맞는 답을 고르세요.

(1) 무신 정변 이후의 사실은?
① 왕실의 외척인 이자겸이 난을 일으켰다.
② 만적을 비롯한 노비들이 신분 해방을 도모하였다.

(2) 원 간섭기의 모습은?
① 변발과 호복이 지배층을 중심으로 유행하였다.
② 삼수병으로 구성된 훈련도감이 창설되었다.

(3) 공민왕의 정책은?
① 중서문하성과 상서성을 복구하였다.
② 조준 등의 건의로 과전법을 제정하였다.

(4) 위화도 회군 이후의 사실은?
① 요동 정벌이 추진되었다.
② 조준 등의 건의로 과전법을 제정하였다.

정답
1. (1) ○
   (2) X(무신 집권기 때) (3) ○
2. (1) 봉사 10조 (2) 정방
   (3) 이성계
3. (1) ②(①은 무신 정변 이전)
   (2) ①(②은 조선 후기)
   (3) ①(②은 공양왕)
   (4) ②(①은 위화도 회군 이전)

개념 적용 기출문제

01 [66회 14번]
다음 자료에 나타난 상황 이후의 사실로 옳은 것은? [2점]

> 경대승이 정중부를 죽이자, 조정 신하들이 대궐에 나아가 축하하였다. 경대승이 말하기를 "임금을 죽인 사람이 아직 살아 있는데, 무슨 축하인가?"라고 하였다. 이의민은 이 말을 듣고 매우 두려워하여 날랜 사람들을 모아서 대비하였다. 또한 경대승의 도방(都房)에서 자기들이 싫어하는 사람을 죽일 것을 모의한다는 말을 들었다. 이의민이 더욱 두려워하여 마을에 큰 문을 세워 밤마다 경계하였다.

① 묘청 등이 서경 천도를 주장하였다.
② 최충헌이 왕에게 봉사 10조를 올렸다.
③ 강조가 정변을 일으켜 왕을 폐위하였다.
④ 이자겸과 척준경이 반란을 일으켜 궁궐을 불태웠다.
⑤ 김보당이 폐위된 왕의 복위를 주장하며 군사를 일으켰다.

03 [60회 15번]
다음 상황 이후에 전개된 사실로 옳은 것은? [2점]

> 백관이 최우의 집에 나아가 정년도목(政年都目)을 올리니, 최우가 청사에 앉아 받았다. 6품 이하는 당하(堂下)에서 두 번 절하고 땅에 엎드려 감히 고개를 들지 못하였다. 이때부터 최우는 정방을 자기 집에 두고 백관의 인사 행정을 처리하였다. ―『고려사절요』

① 삼별초가 용장성에서 항전하였다.
② 정중부 등이 김보당의 반란을 진압하였다.
③ 빈민 구제를 위한 흑창을 처음 설치하였다.
④ 공주 명학소에서 망이·망소이가 봉기하였다.
⑤ 최충헌이 교정별감이 되어 국정을 총괄하였다.

02 [67회 13번]
(가) 인물의 활동으로 옳은 것은? [2점]

> 이것은 이의민을 제거하고 정권을 장악한 (가) 의 묘지명 탁본입니다. 여기에는 그가 명종의 퇴위와 신종의 즉위에 관여한 사실 등이 기록되어 있습니다.

① 인사 행정을 담당하던 정방을 폐지하였다.
② 교정도감을 두어 국가의 중요한 사무를 처리하였다.
③ 삼별초를 이끌고 진도로 이동하여 대몽 항쟁을 펼쳤다.
④ 화약과 화포 제작을 위한 화통도감 설치를 건의하였다.
⑤ 후세의 정책 방향을 제시하기 위해 훈요 10조를 남겼다.

04 [72회 14번]
(가)~(다)를 일어난 순서대로 옳게 나열한 것은? [3점]

> (가) 왕이 먼저 나라 안의 신하들을 권유하여 개경으로 환도하게 하였다. 여러 신하들이 말하기를 "임금의 명령인데, 감히 따르지 않을 수 있겠는가?"라고 하였으므로, 임유무가 화가 나서 어떻게 해야 할지를 알지 못하였다.
>
> (나) 조위총이 군사를 일으키자, 이의방이 이의민을 정동 대장군 지병마사로 임명하였다. 이의민이 군사를 거느리고 전투에 나섰다가 날아오는 화살에 눈을 맞았으나, 철령으로 진군하여 사방에서 북을 치고 고함을 지르면서 급습하여 크게 격파하였다.
>
> (다) 백관이 최우의 집에 나아가 정년도목(政年都目)을 올렸다. 최우가 청사에 앉아 그것을 받았다. 6품 이하는 당하(堂下)에서 두 번 절하고 땅에 엎드려 감히 고개를 들고 보지 못하였다. 이때부터 최우는 정방을 그의 집에 두고 백관의 인사 행정을 처리하였다.

① (가) - (나) - (다)   ② (가) - (다) - (나)
③ (나) - (가) - (다)   ④ (나) - (다) - (가)
⑤ (다) - (나) - (가)

해설

01 경대승 집권 이후의 사실　　　정답 ②

자료 분석

경대승이 정중부를 죽임 → 경대승 집권(1179)

경대승은 무신 정권 초기의 집권자였던 정중부 등을 제거하고 권력을 장악한 인물로, 자신의 신변을 보호하기 위한 사병 집단인 도방을 처음 설치하였다.

선택지 분석

① 묘청 등이 서경 천도를 주장하였다. → 1128년
② 최충헌이 왕에게 봉사 10조를 올렸다. → 1196년
　└ 경대승 집권(1179) 이후인 1196년에 당시 집권자였던 이의민을 제거하고 권력을 잡은 최충헌은 명종에게 봉사 10조를 올려 시정 개혁을 건의하였다.
③ 강조가 정변을 일으켜 왕을 폐위하였다. → 1009년
④ 이자겸과 척준경이 반란을 일으켜 궁궐을 불태웠다.
　→ 1126년
⑤ 김보당이 폐위된 왕의 복위를 주장하며 군사를 일으켰다.
　→ 1173년

02 최충헌　　　정답 ②

자료 분석

이의민을 제거하고 정권을 장악함 → 최충헌

최충헌은 무신 정권 초기의 집권자였던 이의민을 제거하고 권력을 장악한 인물로, 이때부터 60여 년간 최우, 최항, 최의에 이르는 최씨 무신 정권이 이어졌다. 한편, 최충헌은 왕위 계승에도 관여하여 명종을 폐위하고 신종을 왕으로 추대하기도 하였다.

선택지 분석

① 인사 행정을 담당하던 정방을 폐지하였다. → 공민왕
② 교정도감을 두어 국가의 중요한 사무를 처리하였다.
　→ 최충헌
　└ 최충헌은 국정 총괄 기구로 교정도감을 두고, 수장인 교정별감이 되어 국가의 중요한 사무를 처리하였다.
③ 삼별초를 이끌고 진도로 이동하여 대몽 항쟁을 펼쳤다.
　→ 배중손
④ 화약과 화포 제작을 위한 화통도감 설치를 건의하였다.
　→ 최무선
⑤ 후세의 정책 방향을 제시하기 위해 훈요 10조를 남겼다.
　→ 태조 왕건

03 최우의 정방 설치 이후의 사실　　　정답 ①

자료 분석

최우 + 정방을 자기 집에 둠 → 최우의 정방 설치(1225)

최우는 자신의 집에 인사 행정 기구를 담당하는 기구인 정방을 설치(1225)하여 인사권을 장악하였다.

선택지 분석

① 삼별초가 용장성에서 항전하였다.
　→ 삼별초의 대몽 항쟁기(1270~1273)
　└ 최우가 정방을 설치한 이후, 고려는 몽골과 강화를 맺고 개경으로의 환도를 결정하였다. 이에 반발한 삼별초는 진도 용장성 등에서 독자적인 대몽 항쟁을 전개하였다.
② 정중부 등이 김보당의 반란을 진압하였다. → 정중부 집권기
③ 빈민 구제를 위한 흑창을 처음 설치하였다.
　→ 태조 왕건 재위 시기
④ 공주 명학소에서 망이·망소이가 봉기하였다. → 정중부 집권기
⑤ 최충헌이 교정별감이 되어 국정을 총괄하였다.
　→ 최충헌 집권기

04 무신 집권기의 주요 사건　　　정답 ④

자료 분석

(가) 개경으로 환도하게 함 → 개경 환도(1270)
(나) 조위총이 군사를 일으킴 → 조위총의 난(1174)
(다) 최우 + 정방을 그의 집에 둠 → 정방 설치(1225)

(가) 강화도로 도읍을 옮겨 대몽 항쟁을 전개하던 고려 정부는 몽골과 강화를 맺은 뒤 옛 수도였던 개경으로 환도하였다(1270).
(나) 무신 정변을 일으킨 정중부·이의방 등을 타도하기 위해 서경 유수 조위총이 서경에서 난을 일으켰다(조위총의 난, 1174). 조위총은 동계와 북계에 격문을 돌려 서경으로 모이라고 하였고, 이에 40여 성이 호응하여 중앙 정부에 반기를 들었다. 반란은 한때 북쪽 지방을 모두 점령하는 등 크게 확산하였으나, 1176년 정부군에 의해 진압되었다.
(다) 최우는 자신의 집에 인사 행정 담당 기구인 정방을 설치(1225)하여 권력을 강화하고 인사권을 장악하였다. 한편 최우 집권기에 고려는 몽골의 침입을 받게 되었고, 몽골과의 장기 항쟁을 위해 최우는 강화도로 천도(1232)하였다.

선택지 분석

① (가) - (나) - (다)
② (가) - (다) - (나)
③ (나) - (가) - (다)
④ (나) - (다) - (가)
　└ 순서대로 나열하면 (나) 조위총의 난(1174) - (다) 정방 설치(1225) - (가) 개경 환도(1270)이다.
⑤ (다) - (나) - (가)

개념 적용 기출문제

05
52회 13번

다음 상황 이후에 전개된 사실로 옳은 것은? [2점]

> 고려의 태자가 배알하니 쿠빌라이가 기뻐하며 말하기를, "고려의 세자가 스스로 오니 이는 하늘의 뜻이다."라고 하였다. 강회선무사 조양필이 말하기를, "고려는 비록 소국이나 20여 년간 군사를 동원하였어도 아직 신하가 되지 않았습니다. …… 이는 한 명의 병졸도 수고롭게 하지 않고 한 나라를 얻는 것입니다."라고 하였다.

① 쌍기의 건의로 과거제가 도입되었다.
② 동북면 병마사 김보당이 난을 일으켰다.
③ 이제현이 만권당에서 유학자들과 교류하였다.
④ 묘청 등이 중심이 되어 서경 천도를 주장하였다.
⑤ 최충헌이 봉사 10조를 올려 시정 개혁을 건의하였다.

06
68회 16번

다음 서술형 평가의 답안에 들어갈 내용으로 가장 적절한 것은? [2점]

> **서술형 평가** ○학년 ○○반 이름: ○○○
>
> ◎ 아래의 인물들이 활동한 시기에 볼 수 있는 사회 모습에 대해 서술하시오.
>
> ○ 윤수는 응방을 관리하였는데 권력을 믿고 악행을 행하여 사람들로부터 비난받았다.
> ○ 유청신은 몽골어를 익혀 여러 차례 원에 사신으로 가서 공을 세우고 충렬왕의 총애를 받아 장군이 되었다.
> ○ 기철과 형제들은 누이 동생이 원 순제의 황후가 된 후 국법을 무시하고 횡포를 부렸다.
>
> 답안

① 왕조 교체를 예언하는 『정감록』이 유포되었습니다.
② 대각국사 의천이 해동 천태종을 개창하였습니다.
③ 지배층을 중심으로 변발과 호복이 유행하였습니다.
④ 가혹한 수탈에 저항하여 망이·망소이가 봉기하였습니다.
⑤ 상민층이 납속과 공명첩을 활용하여 신분 상승을 꾀하였습니다.

07
66회 15번

밑줄 그은 '왕'의 재위 기간에 볼 수 있는 모습으로 가장 적절한 것은? [1점]

> 이자춘이 쌍성 등지의 천호들을 거느리고 내조하니 왕이 맞이하며 말하기를, "어리석은 민(民)을 보살펴 편안하게 하느라 얼마나 노고가 많았는가?"라고 하였다. 그때 어떤 사람이 '기철이 쌍성의 반민(叛民)들과 몰래 내통하여 한패로 삼아 역모를 도모하려 한다'고 밀고하였다. 왕이 이자춘에게 이르기를, "경은 마땅히 돌아가서 우리 민을 진정시키고, 만일 변란이 일어나면 마땅히 내 명령대로 하라."라고 하였다. …… 이자춘이 명령을 듣고 곧 행군하여 유인우와 합세한 후 쌍성총관부를 공격하여 격파하였다.

① 초량 왜관에서 교역하는 상인
② 내의원에서 『동의보감』을 읽는 의원
③ 주자감에서 유학을 공부하는 학생
④ 전민변정도감에 억울함을 호소하는 농민
⑤ 황룡사 구층 목탑의 건립에 참여하는 장인

08
67회 19번

다음 상황이 나타난 시기를 연표에서 옳게 고른 것은? [2점]

> 명 황제가 말하기를, "철령을 따라 이어진 북쪽과 동쪽과 서쪽은 원래 개원로(開元路)*가 관할하던 군민(軍民)이 속하던 곳이니, 한인·여진인·달달인·고려인을 그대로 요동에 소속시켜라."라고 하였다. …… 왕은 최영과 함께 요동을 공격하기로 계책을 결정하였으나, 감히 드러내어 말하지 못하고 사냥 간다는 핑계를 대고 서쪽으로 해주에 행차하였다.
>
> *개원로(開元路): 원이 설치한 행정 구역

(가)	(나)	(다)	(라)	(마)
1351 공민왕 즉위	1359 홍건적 침입	1380 황산 대첩	1391 과전법 실시	1394 한양 천도	1400 태종 즉위

① (가) ② (나) ③ (다) ④ (라) ⑤ (마)

해설

05 고려 태자의 쿠빌라이 배알 이후의 사실 정답 ③

자료 분석

고려의 태자가 배알함 + 쿠빌라이
→ 고려 태자의 쿠빌라이 배알(고종)

고종은 몽골과의 강화를 추진하기 위해 태자(이후 원종)를 몽골에 보냈고, 태자는 몽골에서 세력 다툼을 하던 쿠빌라이를 배알(지위가 높은 사람을 찾아가 뵘)하였다. 원종 즉위 후 몽골에 친조(제후가 천자를 찾아 뵘)하였으며, 쿠빌라이가 원을 건국하자 아들 왕심(이후 충렬왕)과 원 세조(쿠빌라이)의 딸을 혼인시킬 것을 청하였다. 이로써 고려가 원의 사위국이 되어 원 간섭기가 본격적으로 시작되었다.

선택지 분석

① 쌍기의 건의로 과거제가 도입되었다. → 고려 초기(광종)
② 동북면 병마사 김보당이 난을 일으켰다. → 무신 집권기(명종)
③ 이제현이 만권당에서 유학자들과 교류하였다.
→ 원 간섭기(충숙왕)
ㄴ 고려의 태자가 몽골의 쿠빌라이를 배알한 후, 원 간섭기인 충숙왕 때 이제현이 만권당에서 유학자들과 교류하였다.
④ 묘청 등이 중심이 되어 서경 천도를 주장하였다.
→ 문벌 귀족 집권기(인종)
⑤ 최충헌이 봉사 10조를 올려 시정 개혁을 건의하였다.
→ 무신 집권기(명종)

06 원 간섭기의 사회 모습 정답 ③

자료 분석

응방 + 기철 → 원 간섭기

원 간섭기는 고려가 몽골이 세운 원나라의 간섭을 받던 시기로, 고려 정부가 몽골과 강화를 맺고 개경으로 환도하면서부터 시작되었다. 이 시기에는 매를 징발하기 위한 관청으로 응방이 설치되었고 기철 등의 친원 세력이 권문세족으로 성장하여 고위 관직을 독점하기도 하였다.

선택지 분석

① 왕조 교체를 예언하는 『정감록』이 유포되었습니다.
→ 조선 후기
② 대각국사 의천이 해동 천태종을 개창하였습니다.
→ 문벌 귀족 집권기
③ 지배층을 중심으로 변발과 호복이 유행하였습니다.
→ 원 간섭기
ㄴ 원 간섭기에는 변발과 호복 등 몽골 풍습이 지배층을 중심으로 유행하였다.
④ 가혹한 수탈에 저항하여 망이·망소이가 봉기하였습니다.
→ 무신 집권기
⑤ 상민층이 납속과 공명첩을 활용하여 신분 상승을 꾀하였습니다. → 조선 후기

07 공민왕 정답 ④

자료 분석

쌍성총관부를 공격하여 격파함 → 공민왕

공민왕은 원 간섭기에 즉위하였으나, 원·명 교체기를 이용하여 반원 자주 정책을 펼쳤다. 공민왕 재위 기간에는 우선 기철을 비롯한 친원 세력을 숙청하고, 원의 내정 간섭 기구였던 정동행성 이문소를 폐지하였다. 또한 유인우, 이자춘 등에게 쌍성총관부를 공격하게 하여 철령 이북의 땅을 수복하였다.

선택지 분석

① 초량 왜관에서 교역하는 상인 → 조선 후기
② 내의원에서 『동의보감』을 읽는 의원 → 조선 후기 광해군
③ 주자감에서 유학을 공부하는 학생 → 발해
④ 전민변정도감에 억울함을 호소하는 농민 → 고려 공민왕
ㄴ 공민왕 재위 시기에는 권문세족을 견제하기 위해 전민변정도감을 운영하여 권문세족이 불법적으로 차지한 토지나 노비를 되찾아 바로잡도록 하였다.
⑤ 황룡사 구층 목탑의 건립에 참여하는 장인 → 신라 선덕 여왕

08 우왕과 최영의 요동 정벌 정답 ③

자료 분석

명 황제 + 철령 + 요동에 소속 + 왕이 최영과 함께 요동을 공격하기로 함 → 우왕과 최영의 요동 정벌(1388)

고려 우왕 때인 1388년에 명이 철령 이북의 땅을 차지하려 철령위를 설치하겠다고 통보하자, 최영은 요동 정벌을 주장하였다. 이에 이성계가 4불가론(요동 정벌에 반대하는 4가지 이유)을 들며 요동 정벌에 반대하였으나, 우왕과 최영의 명으로 요동 정벌을 나서게 되었다. 그러나 이성계가 위화도에서 회군을 단행한 후 우왕과 최영을 몰아내어 요동 정벌을 이루지 못하였다(위화도 회군, 1388).

선택지 분석

① (가)
② (나)
③ (다)
ㄴ 고려 말 우왕 때 신흥 무인 세력인 이성계가 황산 대첩(1380)에서 왜구를 격퇴하며 성장하였다. 이후 이성계는 명이 철령 이북의 땅을 차지하려는 움직임에 반발한 우왕과 최영의 명으로 요동 정벌(1388)에 나서게 되었다. 그러나 요동 정벌에 반대했던 이성계는 위화도 회군(1388)을 단행한 뒤 실권을 장악하였고, 이후 고려 공양왕 때 조준 등의 건의로 과전법을 실시(1391)하였다.
④ (라)
⑤ (마)

10강 고려의 대외 관계

1 거란·여진과의 대외 관계 최근 3개년 시험 중 11회 출제!

1. 거란의 침입과 격퇴
(1) **건국 초기의 관계**: 태조 왕건이 발해를 멸망시킨 거란에 대한 강경책을 실시하여 **만부교 사건**◆이 일어났으며, 정종은 거란의 침입에 대비하기 위해 **광군을 조직**하였다.

(2) **거란의 침입 과정** [기출자료1]

1차 침입(성종)	거란 장수 소손녕이 침입함 → **서희**가 외교 담판(993)으로 **강동 6주를 획득**함
2차 침입(현종)	거란이 **강조의 정변**◆을 구실로 재침입함 → 개경이 함락되고, **현종이 나주까지 피난**을 감 → 무신 **양규가 흥화진 전투에서 승리**함 → 현종의 입조를 조건으로 거란이 철수함
3차 침입(현종)	거란 장수 소배압이 강동 6주의 반환을 요구하며 침입함 → **강감찬**이 **귀주에서 거란군을 격퇴**함(귀주 대첩, 1019)

(3) **영향**: 개경에 **나성을 축조**하고, 압록강 ~ 도련포에 **천리장성**◆을 **축조**하였다.

2. 여진 정벌과 금의 사대 요구 수용
(1) **여진 정벌 과정** [기출자료2]

여진과의 전투 패배(숙종)	→	별무반◆ 조직 (숙종, 1104)	→	여진 정벌과 동북 9성 축조 (예종, 1107)
고려가 기병(말을 탄 군사) 중심인 여진과의 전투에서 패배함		**윤관**이 숙종에게 기병을 양성할 것을 건의해 **별무반을 조직**함		윤관이 별무반을 이끌고 여진을 정벌함 → **동북 9성을 축조**함 → 2년 후 반환

(2) **금의 사대 요구 수용**: 여진족이 세력을 키워 금을 건국한 후 고려에 사대 관계를 요구하자, 당시 집권자였던 **이자겸·척준경이 권력 유지를 위해 금의 사대 요구를 수용**하였다(1126).

◆ **만부교 사건**
태조 왕건이 거란에서 수교를 위해 선물로 보낸 낙타 50마리를 만부교 밑에서 굶어 죽게 하고, 사신들을 섬으로 귀양 보낸 사건

◆ **강조의 정변**
고려의 무신 강조가 목종을 폐위하고 현종을 왕위에 올린 사건

◆ **천리장성**
- 고려가 거란과 여진의 침입을 막기 위해 국경 지대인 압록강에서 도련포까지 축조한 장성
- 덕종 때 축조하기 시작하여 정종 때 완성됨

◆ **별무반**
- 고려 숙종 때 조직된 특수군
- 신기군(기병), 신보군(보병), 항마군(승병)으로 구성됨
- 예종 때 윤관이 별무반을 이끌고 여진을 정벌함

빈출 키워드 랭킹
1위 서희, 별무반 10번 출제
2위 동북 9성 7번 출제
3위 강감찬, 귀주 6번 출제

---

2 몽골·홍건적·왜구와의 대외 관계 최근 3개년 시험 중 11회 출제!

1. 몽골의 침입과 대몽 항쟁 [기출자료3]

1차 침입	고려에 왔던 몽골 사신 **저고여가 국경 지대에서 피살**된 것을 구실로 몽골군이 침입함 → **박서가 귀주성에서 저항**하였으며, 몽골이 고려와 강화를 맺고 돌아감
2차 침입	당시 무신 정권의 집권자인 **최우가 강화도로 천도**한 것을 구실로 몽골군이 재침입함 → 승려 **김윤후**◆가 **처인성에서 적장 살리타를 사살**함(처인성 전투, 1232)
3차 침입	경주 황룡사 구층 목탑이 소실되었으며, **팔만대장경(재조대장경) 조판이 시작**됨
5차 침입	김윤후와 하층민들이 충주산성에서 몽골군을 물리침(충주성 전투, 1253)
6차 침입	충주 다인철소 주민들이 몽골군에 맞서 싸움

빈출 키워드 랭킹
1위 김윤후 10번 출제
2위 삼별초 8번 출제
3위 진포 5번 출제

◆ **김윤후**
- 대몽 항쟁기에 활약한 고려의 승려
- 몽골의 2차 침입 때 처인성 전투에서 적장 살리타를 사살함
- 몽골의 5차 침입 때 충주성 전투에서 몽골군을 물리침

기출 분석 특강

기출자료 1 — 거란의 침입 과정
✓ 출제 TIP 거란의 침입 때 활약한 주요 인물의 이름이 힌트로 출제됩니다!

(1) 거란의 1차 침입 55회 출제

┌ 고려 성종
왕이 서경에서 안북부까지 나아가 머물렀는데, **거란의 소손녕**이 봉산군을 공격하여 파괴하였다는 소식을 듣자 더 가지 못하고 돌아왔다. **서희를 보내 화의를 요청**하니 침공을 중지하였다.

[자료 분석] 고려 성종 때 거란 장수 소손녕이 고려를 침공하자, 고려의 서희가 소손녕과 외교 담판을 벌였다.

(2) 거란의 3차 침입 – 귀주 대첩 63회 출제

[(가)]의 병사들이 귀주를 지나가자 강감찬 등이 동쪽 교외에서 전투를 벌였다. …… 적병이 북쪽으로 달아나자 아군이 그 뒤를 쫓아가서 공격하였는데, 석천을 건너 반령에 이르기까지 시신이 들에 가득하였다.

[자료 분석] 고려 현종 때 거란이 고려를 3차 침입하자, 강감찬이 귀주에서 거란군을 크게 격퇴하였다.

함께 나올 기출선택지
- 태조 왕건이 거란을 배척하여 **만부교 사건**이 일어났다. 67회
- **광군**을 조직하여 침입에 대비하였다. 72·71·69·63회
- **서희**가 외교 담판을 벌여 **강동 6주를 획득**하였다. 70·67·65·64회
- 거란의 침략을 피해 왕(현종)이 **나주**까지 피난하였다. 60회
- **강감찬**이 **귀주**에서 대승을 거두었다. 64회
- 거란의 침입에 대비하여 개경에 **나성**을 축조하였다. 70·65·61·59회
- 압록강에서 도련포까지 **천리장성**을 축조하였다. 67회

기출자료 2 — 여진 정벌 과정

(1) 별무반 조직 54회 출제
✓ 출제 TIP 별무반의 구성이 힌트로 출제되고 있어요!

이곳은 오연총 장군을 모신 덕산사입니다. 원래 함경도 경성에 있던 사당을 지금의 전라남도 곡성으로 옮겨 왔습니다. 그는 **신기군, 신보군, 항마군**으로 편성된 별무반의 부원수로 활약하였습니다.
└ 신기군은 기병, 신보군은 보병, 항마군은 승병

[자료 분석] 고려 숙종 때 윤관의 건의로 신기군(기병), 신보군(보병), 항마군(승병)으로 이루어진 별무반이 조직되었다.

함께 나올 기출선택지
- **신기군, 신보군, 항마군** 등으로 구성된 **별무반**을 조직하였다. 71·68·63·60회
- **윤관**이 여진을 정벌하고 **동북 9성**을 쌓았다. 72·69·66·65회

기출자료 3 — 몽골의 침입과 대몽 항쟁
✓ 출제 TIP 몽골의 침입 때 활약한 주요 인물이 힌트로 출제됩니다!

(1) 몽골의 1차 침입 58회 출제

병마사 박서는 김중온에게 성의 동서쪽을, 김경손에게는 성의 남쪽을 지키게 하였다. …… **우별초**가 모두 땅에 엎드리고 응하지 않자 김경손은 그들을 성으로 돌려 보내고 12명의 군사와 함께 나아가 싸웠다.
└ 최씨 무신 정권의 군사적 기반이었던 삼별초 중 하나임   – 『고려사』

[자료 분석] 최우 집권기에 몽골이 1차 침입하자, 박서가 귀주성에서 몽골의 침입에 항전하였다.

(2) 몽골의 5차 침입 60회 출제

몽골군이 쳐들어와 충주성을 70여 일간 포위하니 비축한 군량이 거의 바닥났다. 김윤후가 괴로워하는 군사들을 북돋우며, "만약 힘을 다해 싸운다면 **귀천을 가리지 않고 모두 관작을 제수할 것이니 불신하지 말라.**"라고 하였다.

[자료 분석] 몽골의 5차 침입 때 김윤후가 하층민들을 이끌고 충주산성에서 몽골군을 물리쳤다. 이때 김윤후는 사기를 높이고자 하층민들에게 신분 상승을 약속하였다.

함께 나올 기출선택지
- **강화도**로 도읍을 옮겨 항전하였다. 71·69·65·63회
- **김윤후**가 **처인성**에서 살리타를 사살하였다. 70·64·62·57회
- 몽골의 침입으로 **황룡사 구층 목탑**이 소실되었다. 69회
- 대장도감을 설치하여 **팔만대장경을 간행**하였다. 57회
- **다인철소** 주민들이 **충주** 지역에서 저항하였다. 62회

10강 고려의 대외 관계 107

10강 고려의 대외 관계

2. 삼별초의 항쟁
(1) **배경**: 고려 정부가 몽골과 강화를 맺고 개경으로 환도(1270)하자, 삼별초가 이에 반발하였다.

(2) **삼별초의 항쟁 과정** 기출자료1

강화도	배중손의 지휘 아래 왕족 승화후 온을 왕으로 추대함 → 진도로 이동함
진도	• 진도에 용장성을 쌓고 도읍을 건설하였으며, 일본에 국서를 보내 대몽 연합 전선을 제의함 • 고려·원 연합군과의 전투에서 배중손이 사망하자 김통정의 지휘로 제주도로 이동함
제주도	김통정의 지휘 아래 항전하였으나, 고려·원 연합군에 의해 진압됨(1273)

3. 홍건적의 침입과 격퇴
(1) **1차 침입(1359)**: 공민왕 때 홍건적◆이 침입하였으나 이승경·이방실 등이 격퇴하였다.

(2) **2차 침입(1361)**: 홍건적의 침입으로 개경이 함락되어, 공민왕이 왕비인 노국 공주와 함께 복주(안동)로 피난하였다. 이때 이방실·정세운·최영·이성계 등이 홍건적을 격퇴하였다.

4. 왜구의 침입과 격퇴 기출자료2
(1) **왜구 격퇴**: 우왕 때 홍산 대첩(1376, 최영), 진포 대첩(1380, 최무선◆, 화포 이용), 황산 대첩(1380, 이성계) 등의 전투에서 왜구의 침입을 물리쳤다.

(2) **쓰시마 섬 정벌**: 창왕 때 박위가 쓰시마 섬(대마도)을 정벌하였다(1389).

◆ **홍건적**
중국의 한족 반란군으로, 머리에 붉은 두건을 쓰고 있어서 홍건적이라 불림

◆ **최무선**
화약 제조법을 익힌 후 우왕에게 화약·화포를 제작하는 화통도감의 설치를 건의함

10초 컷! 핵심 키워드 암기
1. 거란: 1차(서희) → 2차(양규) → 3차(강감찬)
2. 여진: 별무반 조직 → 여진 정벌(윤관) → 동북 9성 축조
3. 몽골: 강화 천도 → 처인성 전투(김윤후) → 삼별초 항쟁
4. 왜구: 진포 대첩(최무선), 황산 대첩(이성계)

10강 개념 확인 퀴즈

1. 다음 설명이 맞으면 O표, 틀리면 X표를 하세요.
(1) 거란의 침입을 물리치기 위해 대장도감을 설치하여 팔만대장경을 간행하였다. ( )
(2) 몽골의 침입에 대비하기 위해 천리장성을 축조하였다. ( )
(3) 이성계가 내륙까지 쳐들어와 약탈하던 왜구를 황산에서 물리쳤다. ( )

2. 다음 괄호 안의 내용 중 옳은 것에 O표 하세요.
(1) 거란의 1차 침입 때 서희가 외교 담판을 벌여 (강동 6주 / 동북 9성)을/를 획득하였다.
(2) 숙종 때 윤관의 건의로 (삼별초 / 별무반)을/를 조직하였다.
(3) 몽골의 침입 때 (최충헌 / 최우)이/가 강화도로 도읍을 옮겨 장기 항전을 준비하였다.

기출 분석 특강

기출자료 1 | 삼별초의 항쟁 과정

(1) 삼별초의 항쟁 57회 출제

✅ **출제 TIP** 삼별초의 구성 중 하나인 신의군이 힌트로 제시되고 있어요!

> 지원(至元) 7년, 원종이 강화에서 송경(松京)[개경]으로 환도할 적에 장군 홍문계 등이 나라를 그르친 권신 임유무를 죽이고 왕이 정권을 되찾을 수 있도록 하였다. 권신의 가병, 신의군[삼별초 중 하나임] 등의 부대가 승화후(承化侯)[승화후 온]를 옹립하고 반역을 도모하면서, 미처 강화를 떠나지 못한 신료와 군사들을 강제로 이끌고 남쪽으로 항해하여 가니 배의 행렬이 길게 이어졌다.

자료 분석
고려 정부가 몽골과 강화를 맺고 개경으로 환도할 것을 결정하자, 무신 정권의 군사적 기반이었던 삼별초가 반발하였다. 삼별초는 승화후 온을 왕으로 추대한 뒤, 진도로 이동하였다.

함께 나올 기출선택지
- 배중손이 이끄는 삼별초가 진도에서 항전하였다. 65·61회
- 삼별초가 진도와 제주도로 근거지를 옮기면서 항쟁하였다. 38·36회

기출자료 2 | 왜구의 침입과 격퇴

(1) 진포 대첩 65회 출제

✅ **출제 TIP** 왜구를 물리친 지역과 전투의 주요 인물이 힌트로 제시됩니다.

> 나세, 심덕부, 최무선 등이 진포에 이르러, 최무선이 만든 화포를 처음으로 사용하여 그 배들을 불태웠다.

자료 분석
고려 우왕 때 왜구가 침입하자, 나세·심덕부·최무선 등은 진포에서 왜구를 크게 격퇴하였다.

함께 나올 기출선택지
- 최무선이 진포에서 왜구를 격퇴하였다. 70회
- 나세, 심덕부 등이 진포에서 왜구를 격퇴하였다. 62·56회
- 화포를 이용하여 진포에서 대승을 거두었다. 42회

---

3. 질문에 맞는 답을 고르세요.

(1) 거란의 침입에 대한 고려의 대응은?
① 개경에 나성을 쌓아 침입에 대비하였다.
② 화포를 이용하여 진포에서 대승을 거두었다.

(2) 여진에 대한 고려의 대응은?
① 동북 9성을 축조하였다.
② 박위를 파견하여 근거지를 토벌하였다.

(3) 몽골의 침입에 대한 고려의 대응은?
① 박서가 귀주성에서 항전하였다.
② 광군을 조직하여 침입에 대비하였다.

(4) 다음 중 먼저 일어난 전투는?
① 처인성에서 몽골 장수 살리타를 사살하였다.
② 강감찬이 귀주에서 외적을 격퇴하였다.

정답
1. (1) X(몽골의 침입)
   (2) X(거란의 침입) (3) O
2. (1) 강동 6주
   (2) 별무반 (3) 최우
3. (1) ①(②은 왜구에 대한 고려의 대응)
   (2) ①(②은 왜구에 대한 고려의 대응)
   (3) ①(②은 거란에 대한 고려의 대응)
   (4) ②(①은 몽골 침입 때)

개념 적용 기출문제

01
(가)~(다) 학생이 발표한 내용을 일어난 순서대로 옳게 나열한 것은? [2점]

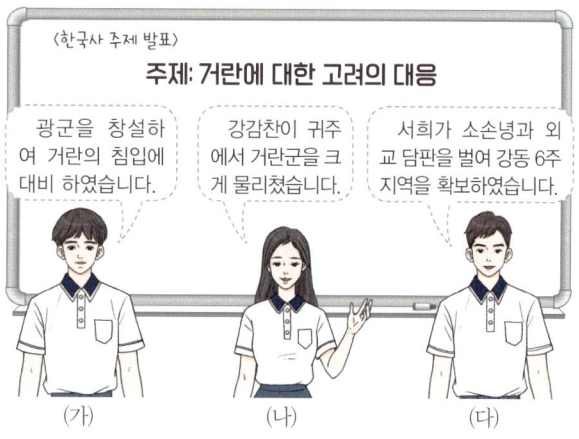

① (가) - (나) - (다)
② (가) - (다) - (나)
③ (나) - (가) - (다)
④ (나) - (다) - (가)
⑤ (다) - (나) - (가)

03
(가)에 대한 고려의 대응으로 옳은 것은? [2점]

> 변방의 장수가 보고하기를, "[(가)]이/가 매우 사나워 변방의 성을 침입하고 있습니다."라고 하였다. …… 드디어 출병하기로 의논을 정하여 윤관을 원수로 삼고 지추밀원사 오연총을 부원수로 삼았다. 윤관이 아뢰기를, "신이 일찍이 선왕의 밀지를 받들었고 지금 또 엄명을 받았으니, 어찌 감히 삼군을 통솔하여 [(가)]의 보루를 깨뜨리고 우리의 강토를 개척하여 나라의 수치를 씻지 않겠습니까."라고 하였다.

① 광군을 창설하여 침입에 대비하였다.
② 박위를 파견하여 근거지를 토벌하였다.
③ 강화도로 도읍을 옮겨 장기 항전을 준비하였다.
④ 선물 받은 낙타를 만부교에서 굶어 죽게 하였다.
⑤ 동북 9성을 설치하고 경계를 알리는 비석을 세웠다.

02
(가) 시기에 있었던 사실로 옳은 것은? [3점]

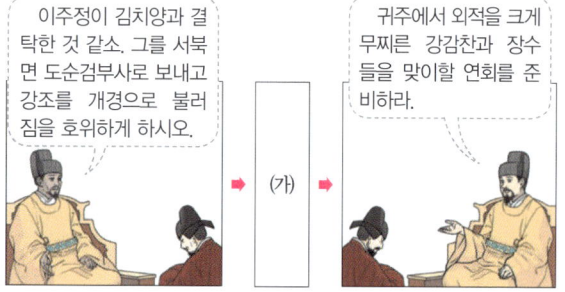

① 화통도감이 설치되어 화포가 제작되었다.
② 신돈이 전민변정도감의 설치를 건의하였다.
③ 거란이 침입하여 왕이 나주까지 피난하였다.
④ 노비안검법의 실시로 국가 재정이 확충되었다.
⑤ 신기군, 신보군, 항마군 등으로 구성된 별무반이 조직되었다.

04
(가), (나) 사이의 시기에 있었던 사실로 옳은 것은? [2점]

> (가) 윤관이 포로 346구와 말 96필, 소 300여 마리를 바쳤다. 의주와 통태진·평융진에 성을 쌓고, 함주·영주·웅주·길주·복주, 공험진과 함께 북계 9성이라 하였다.
>
> (나) 그해 12월 16일에 처인부곡의 작은 성에서 적과 싸우던 중 화살로 적의 괴수인 살리타를 쏘아 죽였습니다. 사로잡은 자들이 많았으며 나머지 무리는 무너져 흩어졌습니다.

① 외침에 대비하여 광군을 조직하였다.
② 서희의 활약으로 강동 6주를 획득하였다.
③ 이제현이 만권당에서 유학자들과 교유하였다.
④ 묘청 등이 칭제 건원과 금 정벌을 주장하였다.
⑤ 압록강에서 도련포까지 천리장성을 축조하였다.

해설

01 거란에 대한 고려의 대응 정답 ②

자료 분석

- (가) 광군을 창설 → 광군 창설(정종)
- (나) 강감찬 + 귀주에서 거란군을 크게 물리침 → 귀주 대첩(현종)
- (다) 서희 + 소손녕과 외교 담판을 벌여 강동 6주 지역을 확보 → 서희의 외교 담판(성종)

(가) 정종(3대) 때 거란이 고려를 침입할 움직임을 보이자, 이를 대비하기 위한 지방 군사 조직으로 광군을 창설하였다(947).
(나) 현종 때 2차 침입의 철수 조건인 현종의 입조가 지켜지지 않자, 거란은 고려를 3차 침입하였다(1018). 이때 강감찬이 이끄는 고려군이 귀주에서 거란군을 크게 격파하였다(1019).
(다) 성종 때 거란이 송과의 친선 관계를 끊을 것을 요구하며 고려를 1차 침입하였다(993). 이때 서희가 거란의 장수 소손녕과 외교 담판을 벌여 압록강 동쪽의 강동 6주를 획득하였다.

선택지 분석

① (가) - (나) - (다)
② (가) - (다) - (나)
  └ 순서대로 나열하면 (가) 광군 창설(정종) - (다) 서희의 외교 담판(성종) - (나) 귀주 대첩(현종)이다.
③ (나) - (가) - (다)
④ (나) - (다) - (가)
⑤ (다) - (나) - (가)

02 강조의 정변과 귀주 대첩 사이의 사실 정답 ③

자료 분석

- 강조를 개경으로 부름 → 강조의 정변(목종, 1009)
- 귀주에서 외적을 크게 무찌른 강감찬 → 귀주 대첩(현종, 1019)

고려 목종의 모후인 천추 태후와 김치양이 왕위를 엿보자, 서북면 도순검사 강조가 정변을 일으켜 김치양 일파를 제거하고, 목종을 폐위시킨 뒤 현종을 옹립하였다(강조의 정변, 1009). 이 사건을 구실로 거란이 고려에 2차 침입하였으나, 거란은 현종의 입조를 조건으로 철수하였다. 그러나 현종이 입조를 하지 않자 거란은 고려에 3차 침입하였고, 강감찬이 귀주에서 거란의 10만 대군을 격파하였다(귀주 대첩, 1019).

선택지 분석

① 화통도감이 설치되어 화포가 제작되었다. → 고려 우왕
② 신돈이 전민변정도감의 설치를 건의하였다. → 공민왕
③ 거란이 침입하여 왕이 나주까지 피난하였다. → 고려 현종
  └ 강조의 정변(1009) 이후 이를 구실로 거란이 고려에 2차 침입하자 수도 개경이 함락되었고, 현종이 나주까지 피난하였다(1011).
④ 노비안검법의 실시로 국가 재정이 확충되었다. → 고려 광종
⑤ 신기군, 신보군, 항마군 등으로 구성된 별무반이 조직되었다. → 고려 숙종

03 여진에 대한 고려의 대응 정답 ⑤

자료 분석

- 변방 + 윤관 → 여진에 대한 고려의 대응

고려는 기병 중심인 변방의 여진에게 패하자, 숙종 때 윤관의 건의로 여진 정벌을 위해 신기군(기병), 신보군(보병), 항마군(승병) 등으로 구성된 특수 부대인 별무반을 조직하였다.

선택지 분석

① 광군을 창설하여 침입에 대비하였다.
  → 거란에 대한 고려의 대응
② 박위를 파견하여 근거지를 토벌하였다.
  → 왜구에 대한 고려의 대응
③ 강화도로 도읍을 옮겨 장기 항전을 준비하였다.
  → 몽골에 대한 고려의 대응
④ 선물 받은 낙타를 만부교에서 굶어 죽게 하였다.
  → 거란에 대한 고려의 대응
⑤ 동북 9성을 설치하고 경계를 알리는 비석을 세웠다.
  → 여진에 대한 고려의 대응
  └ 고려는 예종 때 윤관이 별무반을 이끌고 여진을 정벌한 뒤 동북 9성을 설치하고, 경계를 알리는 비석을 세웠다.

04 동북 9성 축조와 처인성 전투 사이의 사실 정답 ④

자료 분석

- (가) 윤관 + 북계 9성 → 동북 9성 축조(1107, 예종)
- (나) 처인부곡 + 적의 괴수인 살리타를 쏘아 죽임 → 처인성 전투(1232, 고종)

(가) 예종 때 윤관이 별무반을 이끌고 여진을 정벌하여 동북 9성을 축조하였다(1107). 그러나 동북 9성의 관리에 어려움을 겪은 고려 정부는 여진이 그 지역의 반환을 요청하자, 매년 고려에 조공을 바치는 조건으로 2년 만에 동북 9성을 여진에게 돌려주었다.
(나) 고종 때 몽골이 고려를 2차 침입하자, 승려 김윤후가 처인성(처인부곡)에서 몽골군의 적장 살리타를 사살하였다(1232, 처인성 전투).

선택지 분석

① 외침에 대비하여 광군을 조직하였다. → 정종, (가) 이전
② 서희의 활약으로 강동 6주를 획득하였다. → 성종, (가) 이전
③ 이제현이 만권당에서 유학자들과 교유하였다.
  → 충숙왕, (나) 이후
④ 묘청 등이 칭제 건원과 금 정벌을 주장하였다. → 인종
  └ 인종 때 묘청 등 서경파가 서경 천도, 금국(여진) 정벌, 칭제 건원을 주장하였다.
⑤ 압록강에서 도련포까지 천리장성을 축조하였다.
  → 덕종, (가) 이전

개념 적용 기출문제

05
71회 15번

(가)에 대한 고려의 대응으로 옳은 것은? [2점]

○ 박서는 김중온의 군사로 성의 동서쪽을, 김경손의 군사로는 성의 남쪽을, 별초 250여 인은 나누어 3면을 지키게 하였다. (가) 의 군사들이 성을 여러 겹으로 포위하고 공격하자 성안의 군사들이 갑자기 나가 싸워 그들을 패주시켰다.

○ 송문주는 귀주에서 종군하였던 사람인데 그 공으로 낭장(郎將)으로 초수(超授)되었다. 이후 죽주 방호별감이 되었을 때, (가) 이/가 죽주성에 이르러 보름 동안이나 다방면으로 공격하였으나 성을 빼앗지 못하고 물러갔다.

① 강화도로 도읍을 옮겨 항전하였다.
② 광군을 창설하여 침입에 대비하였다.
③ 화통도감을 설치하여 군사력을 증강하였다.
④ 철령위 설치에 반발하여 요동 정벌을 추진하였다.
⑤ 신기군, 신보군, 항마군으로 구성된 별무반을 창설하였다.

06
68회 15번

(가) 군사 조직에 대한 설명으로 옳은 것은? [2점]

이것은 태안 마도 3호선에서 발굴된 죽찰입니다. 적외선 촬영 기법을 통해 상어를 담은 상자를 우□□별초도령시랑 집에 보낸다는 문장이 확인되었습니다. 우□□별초는 우별초로 해석되는데, 우별초는 최씨 무신 정권이 조직한 (가) 의 하나로 시랑은 장군 격인 정 4품이었습니다.

앞면 　앞면　　뒷면　　뒷면
　　　적외선　　　　　적외선

① 후금의 침입에 대비하고자 창설되었다.
② 원의 요청으로 일본 원정에 참여하였다.
③ 신기군, 신보군, 항마군으로 편성되었다.
④ 진도에서 용장성을 쌓고 몽골에 대항하였다.
⑤ 응양군과 용호군으로 구성된 국왕의 친위 부대였다.

07
50회 16번

(가)~(다)를 일어난 순서대로 옳게 나열한 것은? [3점]

(가) 양규가 이수에서 전투를 벌이다가 석령까지 추격하여 2,500여 명의 머리를 베고 사로잡혔던 남녀 1,000여 명을 되찾아 왔다.

(나) 윤관 등이 여러 군사들에게 내성(內城)의 목재와 기와를 거두어 9성을 쌓게 하고, 변경 남쪽의 백성을 옮겨 와 살게 하였다.

(다) 적군이 30일 동안 귀주성을 포위하고 온갖 방법으로 공격하였으나, 박서가 임기응변으로 대응하여 굳게 지켰다. 이에 적군이 이기지 못하고 물러났다.

① (가) - (나) - (다)
② (가) - (다) - (나)
③ (나) - (가) - (다)
④ (나) - (다) - (가)
⑤ (다) - (가) - (나)

08
60회 11번

(가)~(다)를 일어난 순서대로 옳게 나열한 것은? [2점]

(가) 백관을 소집하여 금을 섬기는 문제에 대한 가부를 의논하게 하니 모두 불가하다고 하였다. 이자겸, 척준경만이 "사신을 보내 먼저 예를 갖추어 찾아가는 것이 옳습니다."라고 하니 왕이 이 말을 따랐다.

(나) 나세·심덕부·최무선 등이 왜구를 진포에서 공격해 승리를 거두고 포로 334명을 구출하였으며, 김사혁은 패잔병을 임천까지 추격해 46명을 죽였다.

(다) 몽골군이 쳐들어와 충주성을 70여 일간 포위하니 비축한 군량이 거의 바닥났다. 김윤후가 괴로워하는 군사들을 북돋우며, "만약 힘을 다해 싸운다면 귀천을 가리지 않고 모두 관작을 제수할 것이니 불신하지 말라."라고 하였다.

① (가) - (나) - (다)
② (가) - (다) - (나)
③ (나) - (가) - (다)
④ (나) - (다) - (가)
⑤ (다) - (가) - (나)

해설

05 몽골에 대한 고려의 대응   정답 ①

자료 분석

박서 + 송문주 + 죽주성 → 몽골에 대한 고려의 대응

고려는 몽골 사신 저고여가 국경 지대에서 피살당한 사건을 계기로 몽골의 1차 침입을 받았다. 이때 박서가 귀주성에서 몽골에 항전하였으나, 결국 수도인 개경이 포위되며 고려는 몽골과 강화를 맺었다. 하지만 이후 몽골은 여러 차례 고려에 침입하였는데, 몽골의 3차 침입 때 죽주 방호별감인 송문주는 죽주성에서 몽골군을 격퇴하였다.

선택지 분석

① **강화도로 도읍을 옮겨 항전**하였다. → 몽골에 대한 고려의 대응
  └ 고려 무신 집권기 때의 집권자였던 최우는 강화도로 도읍을 옮겨 몽골에 항전하였다.
② **광군을 창설**하여 침입에 대비하였다.
  → 거란에 대한 고려의 대응
③ **화통도감을 설치**하여 군사력을 증강하였다.
  → 왜구에 대한 고려의 대응
④ **철령위 설치**에 반발하여 요동 정벌을 추진하였다.
  → 명에 대한 고려의 대응
⑤ 신기군, 신보군, 항마군으로 구성된 **별무반을 창설**하였다.
  → 여진에 대한 고려의 대응

06 삼별초   정답 ④

자료 분석

우별초 + 최씨 무신 정권 → 삼별초

삼별초는 무신 집권기에 최우가 치안 유지를 위해 설치한 야별초에서 비롯한 군사 조직으로 좌별초·우별초·신의군으로 구성되었으며, 최씨 무신 정권의 군사적 기반이었다. 이후 고려 정부가 몽골과 강화를 맺고 강화도에서 개경으로 환도하자, 삼별초는 이에 반발하며 배중손을 중심으로 강화도에서 진도로 이동해 용장성을 쌓고 대몽 항쟁을 전개하였다. 배중손이 죽은 뒤에는 김통정의 지휘로 제주도로 이동하여 항전을 계속하였으나, 정부군에 의해 진압되었다.

선택지 분석

① **후금의 침입**에 대비하고자 창설되었다. → 어영청(조선)
② **원의 요청**으로 일본 원정에 참여하였다. → X
③ 신기군, 신보군, 항마군으로 편성되었다. → 별무반(고려)
④ **진도에서 용장성을 쌓고 몽골에 대항**하였다. → 삼별초(고려)
  └ 삼별초는 고려 정부의 개경 환도 결정에 반발하여 진도에서 용장성을 쌓고 몽골에 대항하였다.
⑤ **응양군과 용호군**으로 구성된 국왕의 친위 부대였다.
  → 2군(고려)

07 고려의 대외 항쟁   정답 ①

자료 분석

(가) 양규 → 거란의 2차 침입(11세기 초)
(나) 윤관 + 9성 → 동북 9성 축조(12세기 초)
(다) 귀주성 + 박서 → 몽골의 1차 침입(13세기)

(가) 거란의 2차 침입: 11세기 초, 강조의 정변을 구실로 거란이 재침입하였다. 이때 무신 양규가 흥화진 전투에서 거란을 상대로 승리를 거두었으며, 거란에게 잡혀가는 백성을 구하였다.
(나) 동북 9성 축조: 12세기 초 윤관은 별무반을 이끌고 여진족을 정벌하였으며, 동북 지방 일대에 9성을 쌓았다(동북 9성).
(다) 몽골의 1차 침입: 13세기 고려에서 공물을 받아가던 몽골 사신 저고여가 고려의 국경 지대에서 피살되었다. 몽골은 이를 구실로 고려에 침입하였으나, 귀주성에서 박서가 몽골군에 완강히 저항하였다.

선택지 분석

① **(가) - (나) - (다)**
  └ 순서대로 나열하면 (가) 거란의 2차 침입(11세기 초) - (나) 동북 9성 축조(12세기 초) - (다) 몽골의 1차 침입(13세기)이다.
② (가) - (다) - (나)
③ (나) - (가) - (다)
④ (나) - (다) - (가)
⑤ (다) - (가) - (나)

08 고려의 대외 항쟁   정답 ②

자료 분석

(가) 금을 섬기는 문제 + 이자겸
  → 금의 사대 요구 수용(12세기)
(나) 최무선 + 진포 → 진포 대첩(14세기 말)
(다) 충주성 + 김윤후 → 충주성 전투(13세기)

(가) 금의 사대 요구 수용: 12세기에 여진이 세력을 키워 금을 건국하고 고려에 사대 관계를 요구하였다. 이에 권력을 장악하고 있던 이자겸은 권력 유지를 위해 금의 사대 요구를 수용하였다.
(나) 진포 대첩: 14세기 말에 나세, 심덕부, 최무선 등이 화통도감에서 제작한 화포를 이용하여 진포에서 왜구를 물리쳤다.
(다) 충주성 전투: 13세기 몽골의 5차 침입 때 김윤후가 충주성에서 관노들과 함께 몽골군의 침입에 항전하였다.

선택지 분석

① (가) - (나) - (다)
② **(가) - (다) - (나)**
  └ 순서대로 나열하면 (가) 금의 사대 요구 수용(12세기) - (다) 충주성 전투(13세기) - (나) 진포 대첩(14세기 말)이다.
③ (나) - (가) - (다)
④ (나) - (다) - (가)
⑤ (다) - (가) - (나)

11강 고려의 경제와 사회

1 고려의 경제 최근 3개년 시험 중 15회 출제!

빈출 키워드 랭킹
1위 해동통보 12번 출제
2위 은병(활구) 10번 출제
3위 벽란도, 경시서 9번 출제

1. 토지 제도의 변천 [기출자료 1]
(1) **역분전 지급**: 태조 왕건이 후삼국 통일의 공신에게 공로와 인품에 따라 토지를 지급하였다.
(2) **전시과의 성립과 정비**
  ① **특징**: 관리에게 전지와 시지를 차등적으로 지급한 제도로, 토지의 소유권이 아닌 세금을 거둘 수 있는 권리인 수조권만 지급하였으며, 원칙적으로 세습이 불가능하였다.
  ② **정비 과정**

토지 제도	특징
시정 전시과(경종)	전·현직 관리에게 인품과 공복을 기준으로 전지와 시지를 차등 지급함
개정 전시과(목종)	전·현직 관리에게 인품을 배제하고 관등만 고려하여 지급함
경정 전시과(문종)	현직 관리에게 지급하고, 무관에 대한 대우를 개선시킴

(3) **과전법의 시행**
  ① **목적**: 공양왕 때 권문세족의 토지를 몰수하여 국가 재정 기반을 확충하고, 신진 사대부의 경제적 기반을 확보하기 위해 실시하였다.
  ② **특징**: 정도전과 조준 등의 주도로 시행되었으며, 경기 지역에 한정하여 과전을 지급하였다.

◆ **전지와 시지**
- 전지: 농사를 지을 수 있는 땅(전답)
- 시지: 땔감을 거둘 수 있는 땅(임야)

◆ **인품**
시정 전시과의 지급 기준으로, 관리가 속한 가문, 관리의 세력 등을 의미함

2. 농업·수공업·상업의 발달 [기출자료 2]
(1) **고려 말 농업 기술의 발달**: 문익점이 원에서 가져온 목화씨의 재배를 성공하였으며, 문신 이암은 농서인『농상집요』를 원으로부터 소개하고 보급하였다.
(2) **수공업의 발달**: 고려 전기에는 관청 수공업과 소 수공업이 발달하였다. 고려 후기에는 농촌의 가내 수공업과 사원 수공업이 발달하였다.
(3) **상업의 발달**
  ① **도시 상업의 발달**

상점 설치	· 시전(시가지에 있는 큰 상점): 개경과 서경에 설치함 · 관영 상점(나라에서 운영하는 상점): 개경과 서경 등 대도시에 서적점, 약점, 다점 등을 설치함
경시서 설치	시전의 상행위를 감독하는 관청인 경시서가 설치됨

  ② **화폐 주조**

건원중보	성종 때 주조된 우리나라 최초의 화폐
삼한통보·해동통보	숙종 때 설치된 주전도감에서 주조된 화폐
은병(활구)	숙종 때 우리나라의 지형을 본떠서 제작된 고액 화폐

  ③ **무역 활동**: 예성강 하구의 벽란도가 국제 무역항으로 발달하여, 송·거란·여진뿐만 아니라 아라비아(대식국) 상인과도 교역하였다.

◆ **문익점**
고려의 문신으로, 공민왕 때 원에 갔다가 돌아오면서 목화씨를 가져와 재배에 성공하며 목화의 보급에 크게 기여함

◆ **고려 수공업의 발달**
- 관청 수공업: 중앙과 지방의 관청에서 관리함
- 소 수공업: 소의 주민이 광산물이나 옷감, 종이 등을 생산하여 관청에 공물로 납부함
- 사원 수공업: 사원의 승려들이 물품을 생산함

◆ **주전도감**
숙종 때 의천의 건의로 설치된 화폐 주조 기관

◆ **은병**
- 숙종 때 제작된 고액 화폐로, 우리나라의 지형을 본떠 은 1근으로 제작함
- 입구가 넓다하여 민간에서는 활구라고 불림

기출 분석 특강

기출자료 1 · 고려 토지 제도의 변천
✓ 출제 TIP 각 토지 제도의 특징이 힌트로 출제됩니다!

(1) 역분전 71회 출제

> 처음으로 역분전을 정하였다. 통일할 때 조정의 관리들과 군사들에게 관계(官階)는 논하지 않고, 그 사람의 성품과 행동이 착하고 악함과 공로가 크고 작음을 참작하여 차등 있게 주었다.

[자료 분석] 태조 왕건은 후삼국 통일에 공을 세운 공신들에게 인품과 공로에 따라 역분전을 지급하였다.

(2) 개정 전시과 71회 출제

> 12월에 문무 양반 및 군인들의 전시과를 개정하였다. 제1과는 전지 100결, 시지 70결을 지급한다. …… 제18과는 전지 20결을 지급한다. 이 한(限)에 들지 못한 자에게는 모두 전지 17결을 주기로 하고 이것을 통상의 법식으로 한다.

[자료 분석] 목종 때 시정 전시과를 개정하여 관등에 따라 18과로 나누어 전지(농사를 짓는 땅)와 시지(땔감을 거두는 땅)를 차등 지급하는 개정 전시과를 실시하였다.

(3) 경정 전시과 60회 출제

> 문종 30년 양반 전시과를 다시 개정하였다. 제1과는 전지 100결, 시지 50결(중서령·상서령·문하시중) …… 제18과는 전지 17결(한인·잡류)로 한다.

[자료 분석] 문종 때 개정 전시과를 다시 개정한 경정 전시과를 실시하였다.

[함께 나올 기출선택지]
- **공신**에게 공로와 인품에 따라 **역분전**을 지급하였다. 72·71·65·60회
- **전시과 제도**를 마련하여 관리에게 토지를 지급하였다. 69·67·62회
- 시정 전시과 – 관리의 **인품과 공복을 기준**으로 하여 토지를 지급하였다. 40회
- 개정 전시과 – **관등**에 따라 관리에게 전지와 시지를 차등 지급하였다. 43회
- 경정 전시과 – **현직 관리**에게 전지와 시지를 지급하였다. 39회

기출자료 2 · 고려 농업·수공업·상업의 발달

(1) 농업 – 『농상집요』의 보급 60회 출제

> 원의 간섭을 받던 시기에 이암이 우리나라에 소개했다고 전해지는 농서입니다. 원에서 편찬된 이 책은 경간(耕墾)·파종 등 10문(門)으로 구성되어 있으며, 화북 지방의 농법을 수록하고 있습니다.

[자료 분석] 고려 말 문신 이암이 원에서 편찬된 농서인 『농상집요』를 고려에 들여왔다.

(2) 상업 – 경시서의 운영과 은병의 사용 69회 출제

> 도평의사사에서 방을 붙여 알리기를, "지금부터 은병 1개를 쌀로 환산하여 개경에서는 15~16석, 지방에서는 18~19석의 비율로 하되, 경시서에서 그 해의 풍흉을 살펴 그 값을 정할 것이다." 라고 하였다.

[자료 분석] 고려는 시전의 상행위를 감독하는 관청인 경시서를 운영하였으며, 숙종 때 은병이라는 화폐를 제작 및 유통하였다.

(3) 상업 – 벽란도 65회 출제

> 흑산도에서 섬들을 지나 7일이면 예성강에 이른다. …… 거기서 3일이면 연안에 닿는데, 벽란정이라는 객관이 있다. 사신은 여기에서부터 육지에 올라 험한 산길을 40여 리쯤 가면 (가) 고려 의 수도에 도달한다. – 『송사』

[자료 분석] 고려는 예성강 하구의 벽란도가 국제 무역항으로 번성하였으며, 이곳으로 외국 사신이 드나들기도 하였다.

[함께 나올 기출선택지]
- 중국 화북 지방의 농법을 정리한 『**농상집요**』가 소개되었다. 53회
- 『농상집요』 – 목화 재배와 양잠 등 중국 **화북 지방의 농법** 소개 50회
- **경시서**의 관리들이 수도의 시전을 감독하였다. 66·64·61·60회
- **서적점, 다점** 등의 **관영 상점**이 운영되었다. 69·66회
- 금속 화폐인 **건원중보**가 주조되었다. 72·63·62회
- **주전도감**을 설치하여 **해동통보**를 발행하였다. 69·65회
- **활구**라고 불리는 **은병**을 주조하였다. 66·65·63·61회
- 예성강 하구의 **벽란도**가 국제 무역항으로 번성하였다. 71·70·66·63회

11강 고려의 경제와 사회

2 고려의 사회 최근 3개년 시험 중 1회 출제!

빈출 키워드 랭킹
1위 의창 4번 출제
2위 제위보, 구제도감 2번 출제
3위 혜민국 1번 출제

1. 고려의 신분 제도

귀족	· 구성: 왕족·공신과 5품 이상의 고위 관리로 구성됨 · 특징: 음서와 공음전(5품 이상의 관리에게 지급된 토지)의 혜택을 받았음 · 변천: 호족 → 문벌 귀족 → 무신 → 권문세족 → 신진 사대부
중간 계층	· 구성: 서리(하급 관리), 향리◆(지방 행정 실무 관리) 등으로 구성됨 · 특징: 직역을 세습하고 그 대가로 국가로부터 토지인 외역전 등을 지급받았음
양민	백정(일반 백성), 향·부곡·소민(특수 집단민) 등으로 구성됨
천민	대다수가 노비로, 매매·상속·증여의 대상이 됨

◆ **향리**
· 신라 말의 호족을 재편하는 과정에서 등장함
· 지방의 실질적 지배층인 상층 향리와 말단 행정을 담당하는 하층 향리로 구성됨
· 과거를 통해 정계에 진출하여 신진 사대부로 성장함

2. 고려의 사회 제도 기출자료1

제위보	광종 때 설치된 기구로, 기금을 만들어 이자로 빈민을 구제함
의창	성종 때 설치된 빈민 구제 기구로, 곡식을 빌려줌
상평창	성종 때 설치된 물가 조절 기구, 개경·서경·12목에 설치됨
구제도감	병자의 치료를 위해 설치한 임시 구호 시설
혜민국	예종 때 설치된 기구로, 병자에게 의약품을 지급함
동·서 대비원	환자의 치료와 빈민 구제를 담당한 기구

10초 컷! 핵심 키워드 암기
1. 고려의 토지 제도 변천: 역분전 → 시정 전시과 → 개정 전시과 → 경정 전시과 → 과전법
2. 고려의 사회 제도: 제위보·의창(빈민 구제), 구제도감·혜민국(병자 치료)

11강 개념 확인 퀴즈

1. 다음 설명이 맞으면 O표, 틀리면 X표를 하세요.
(1) 고려 시대에는 활구라고 불리는 은병이 유통되었다. (   )
(2) 시정 전시과는 현직 관리만을 대상으로 지급하였다. (   )
(3) 광종 때 물가 조절 기구인 상평창이 설치되었다. (   )

2. 다음 괄호 안의 내용 중 옳은 것에 O표 하세요.
(1) 고려 공양왕 때 경기 지역에 한정하여 (개정 전시과 / 과전법)을/를 실시하였다.
(2) 고려 시대에 시전의 상행위를 감독하는 관청으로 (경시서 / 구제도감)을 설치하였다.

기출 분석 특강

기출자료 1 　고려의 사회 제도　✅ **출제 TIP** '의창'과 '구제도감'이 고려 시대의 힌트로 자주 나와요!

(1) 의창 58회 출제

중서성에서 아뢰었다. "지난해 관내 서도의 주현에 흉년이 들어 백성이 굶주리고 있습니다. 사창과 공해(公廨)의 곡식을 내어 경작을 원조하고, 가난하여 스스로 살아갈 수 없는 자는 의창을 열어 진휼하십시오."
— 관청
— 가난하여

자료 분석
고려는 성종 때 의창을 설치하여, 흉년이 들었을 때 백성들에게 곡식을 빌려주었다.

(2) 구제도감 52회 출제

1. 기능
(가) 시대에 재해가 발생했을 때 설치한 임시 기구로서 전염병 퇴치, 병자 치료 등의 임무를 수행하며 백성을 구호하였다.
— 고려 시대

2. 관련 사료
왕이 명하기를, "도성 안의 백성들이 역질에 걸렸으니 구제도감을 설치하여 치료하고, 시신과 유골은 거두어 비바람에 드러나지 않게 매장하라."라고 하였다.
— 전염병

자료 분석
고려 시대에는 재해가 발생하여 전염병이 유행하면 임시 기구로 구제도감을 설치하여, 환자의 치료를 담당하게 하였다.

함께 나올 기출선택지
- 기금을 모아 그 이자로 빈민을 도와주는 **제위보**를 운영하였다. 70회
- 빈민 구제를 위해 **의창**이 설치되었다. 58회
- **상평창**을 설치하여 물가를 조절하였다. 72회
- **구제도감**을 설립하여 백성을 구호하였다. 70회
- 병자에게 의약품을 제공하는 **혜민국**이 있었어요. 65회
- 개경에 국립 의료기관인 **동·서 대비원**을 설치하였다. 52회

---

3. 질문에 맞는 답을 고르세요.

(1) 전시과 제도에 대한 설명은?
① 관직을 기준으로 토지를 지급하였다.
② 수신전과 휼양전을 지급하였다.

(2) 고려의 경제 상황은?
① 송상이 전국 각지에 송방을 설치하였다.
② 벽란도가 국제 무역항으로 번성하였다.

(3) 고려 시대의 사회 제도는?
① 진대법을 실시하여 빈민을 구제하였다.
② 개경에 국립 의료 기관인 동·서 대비원을 설치하였다.

정답
1. (1) O
   (2) X(전·현직 관리 대상)
   (3) X(성종 때)
2. (1) 과전법 (2) 경시서
3. (1) ①(②은 과전법)
   (2) ②(①은 조선 후기)
   (3) ②(①은 고구려)

개념 적용 기출문제

01
60회 16번

(가), (나)에 해당하는 토지 제도에 대한 설명으로 옳은 것은? [3점]

> (가) 문종 30년 양반 전시과를 다시 개정하였다. 제1과는 전지 100결, 시지 50결(중서령·상서령·문하시중) …… 제18과는 전지 17결(한인·잡류)로 한다.
>
> (나) 공양왕 3년 도평의사사에서 글을 올려 과전의 지급에 관한 법 제정을 건의하니 왕이 허락하였다. …… 1품부터 9품의 산직까지 나누어 18과로 하였다.

① (가) - 조준 등의 건의로 제정되었다.
② (가) - 관등과 인품을 기준으로 수조권을 주었다.
③ (나) - 개국 공신에게 역분전을 지급하였다.
④ (나) - 지급 대상 토지를 원칙적으로 경기 지역에 한정하였다.
⑤ (가), (나) - 수조권 외에 노동력을 징발할 수 있는 권한을 주었다.

02
72회 16번

(가) 국가의 경제 상황으로 옳은 것은? [2점]

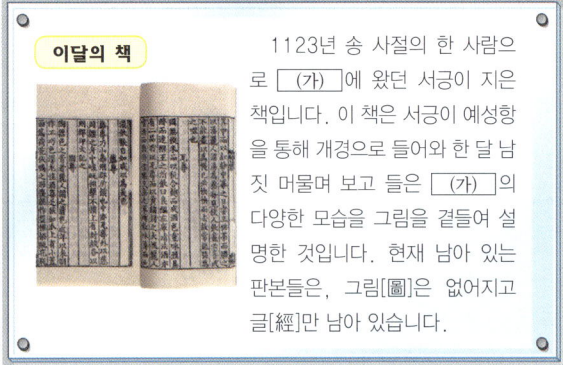

이달의 책
1123년 송 사절의 한 사람으로 (가) 에 왔던 서긍이 지은 책입니다. 이 책은 서긍이 예성항을 통해 개경으로 들어와 한 달 남짓 머물며 보고 들은 (가) 의 다양한 모습을 그림을 곁들여 설명한 것입니다. 현재 남아 있는 판본들은, 그림[圖]은 없어지고 글[經]만 남아 있습니다.

① 솔빈부의 말이 특산품으로 유명하였다.
② 송상이 전국 각지에 송방을 설치하였다.
③ 서적점, 다점 등의 관영 상점을 운영하였다.
④ 집집마다 부경이라고 불리는 창고가 있었다.
⑤ 광산을 전문적으로 경영하는 덕대가 나타났다.

03
70회 11번

(가) 국가의 경제 상황으로 옳은 것은? [1점]

① 특산품으로 솔빈부의 말이 유명하였다.
② 풍흉에 따라 9등급으로 전세를 거두었다.
③ 감자, 고구마 등의 작물이 널리 재배되었다.
④ 경시서의 관리들이 시전의 상행위를 감독하였다.
⑤ 설점수세제를 시행하여 민간의 광산 개발을 허용하였다.

04
62회 12번

(가) 국가의 경제 상황으로 옳은 것은? [2점]

이것은 양산 통도사 국장생 석표입니다. 통도사의 경계를 표시하기 위해 세운 석표 중 하나로 '상서호부(尙書戶部)의 승인으로 세웠다'는 내용이 새겨져 있습니다. 국사·왕사 제도를 두어 불교를 장려했던 (가) 시대에 국가와 사찰의 관계를 파악할 수 있는 문화유산입니다.

① 삼한통보, 해동통보 등이 발행되었다.
② 특산품으로 솔빈부의 말이 유명하였다.
③ 만상이 대청 무역으로 부를 축적하였다.
④ 시장을 감독하는 관청인 동시전이 설치되었다.
⑤ 광산을 전문적으로 경영하는 덕대가 등장하였다.

해설

01 경정 전시과와 과전법 정답 ④

자료 분석

(가) 문종 + 전시과를 다시 개정 → 경정 전시과

(나) 공양왕 + 과전의 지급 → 과전법

(가) 경정 전시과는 고려 문종 때 개정 전시과를 개정하여 현직 관리에게만 전지(농사를 짓는 땅)와 시지(땔감을 얻을 수 있는 땅)를 지급한 토지 제도이다. 또한 이때 무관에 대한 대우를 개선하였다.

(나) 과전법은 고려 말 공양왕 때 국가 재정을 확보하고 신진 사대부의 경제적 기반을 마련하기 위해 정도전, 조준 등 혁명파 사대부의 건의로 제정된 제도이다.

선택지 분석

① (가) - 조준 등의 건의로 제정되었다. → 과전법

② (가) - 관등과 인품을 기준으로 수조권을 주었다.
  → 시정 전시과

③ (나) - 개국 공신에게 역분전을 지급하였다. → X

④ (나) - 지급 대상 토지를 원칙적으로 경기 지역에 한정하였다. → 과전법
  ㄴ 과전법은 관리에게 경기 지역에 한정하여 토지의 수조권을 지급한 토지 제도이다.

⑤ (가), (나) - 수조권 외에 노동력을 징발할 수 있는 권한을 주었다. → 녹읍, 식읍(신라)

02 고려의 경제 상황 정답 ③

자료 분석

송 + 예성항을 통해 개경으로 들어옴 → 고려

고려 시대에는 예성강 하구의 벽란도가 국제 무역항으로 번성하면서 활발한 대외 무역이 전개되었다. 고려는 벽란도를 통해 송·일본·대식국(아라비아) 상인들과 활발한 무역 활동을 전개하였으며, 특히 대식국의 상인들은 고려에 물품을 바치고 하사품을 받아가기도 하였다.

선택지 분석

① 솔빈부의 말이 특산품으로 유명하였다. → 발해

② 송상이 전국 각지에 송방을 설치하였다. → 조선

③ 서적점, 다점 등의 관영 상점을 운영하였다. → 고려
  ㄴ 고려에서는 개경, 서경 등 대도시에 서적점, 다점 등의 관영 상점을 운영하였다.

④ 집집마다 부경이라고 불리는 창고가 있었다. → 고구려

⑤ 광산을 전문적으로 경영하는 덕대가 나타났다. → 조선

03 고려의 경제 상황 정답 ④

자료 분석

특수 행정 구역이었던 소 + 공주 명학소에서 봉기 → 고려

고려 시대에는 지방 행정 조직으로 특수 행정 구역인 향·부곡·소를 운영하였다. 향과 부곡의 주민들은 주로 농업에 종사하였으며, 소의 주민들은 수공업에 종사하며 국가에 필요한 물품을 생산하였다. 이곳의 주민들은 신분상 양인이었으나, 일반 군현의 주민에 비하여 많은 차별을 받았다. 이에 무신 집권기에는 공주 명학소에서 망이·망소이가 가혹한 수탈에 저항하여 무리를 모아 봉기하였다(망이·망소이의 난).

선택지 분석

① 특산품으로 솔빈부의 말이 유명하였다. → 발해

② 풍흉에 따라 9등급으로 전세를 거두었다. → 조선

③ 감자, 고구마 등의 작물이 널리 재배되었다. → 조선

④ 경시서의 관리들이 시전의 상행위를 감독하였다. → 고려
  ㄴ 고려는 시전의 상행위를 감독하고 물가를 조절하는 기관으로 경시서를 설치하였다.

⑤ 설점수세제를 시행하여 민간의 광산 개발을 허용하였다.
  → 조선

04 고려의 경제 상황 정답 ①

자료 분석

국사·왕사 제도를 두어 불교를 장려함 → 고려

고려는 태조 왕건 때부터 불교를 숭상하여 국가적으로 지원하였으며, 광종 때 승과 제도, 국사(국가의 스승)·왕사(국왕의 스승) 제도를 두었다.

선택지 분석

① 삼한통보, 해동통보 등이 발행되었다. → 고려
  ㄴ 고려 숙종 때 주전도감을 설치하여 삼한통보, 해동통보, 은병(활구) 등의 화폐를 발행하였다.

② 특산품으로 솔빈부의 말이 유명하였다. → 발해

③ 만상이 대청 무역으로 부를 축적하였다. → 조선

④ 시장을 감독하는 관청인 동시전이 설치되었다. → 신라

⑤ 광산을 전문적으로 경영하는 덕대가 등장하였다. → 조선

빈출 개념 고려의 화폐 주조

성종	최초의 화폐인 건원중보 발행
숙종	· 승려 의천의 건의로 주전도감(화폐 주조 담당 관청) 설치 · 삼한통보, 해동통보와 고액 화폐인 은병(활구) 등을 주조

11강 고려의 경제와 사회 **119**

개념 적용 기출문제

05 [66회 10번]
다음 제도를 시행한 국가의 경제 상황으로 옳지 않은 것은? [2점]

> 문종 3년 5월 양반 공음전시법을 정하였다. 1품은 문하시랑평장사 이상으로 전지 25결, 시지 15결이다. 2품은 참정 이상으로 전지 22결, 시지 12결이다. 3품은 전지 20결, 시지 10결이다. 4품은 전지 17결, 시지 8결이다. 5품은 전지 15결, 시지 5결이다. 이를 모두 자손에게 전하여 주게 한다. …… 공음전을 받은 자의 자손이 사직을 위태롭게 할 것을 꾀하거나 모반이나 대역에 연좌되거나, 여러 공죄나 사죄를 범하여 제명된 것 이외에는 비록 그 아들에게 죄가 있더라도 그 손자에게 죄가 없다면 공음전시의 3분의 1을 지급한다.

① 활구라고 불리는 은병이 유통되었다.
② 벽란도가 국제 무역항으로 번성하였다.
③ 서적점, 다점 등의 관영 상점이 운영되었다.
④ 경시서의 관리들이 수도의 시전을 감독하였다.
⑤ 설점수세제의 시행으로 민간의 광산 개발이 허용되었다.

06 [56회 14번]
다음 사건이 전개된 시기의 사회 모습으로 옳은 것은? [2점]

> **사건 일지**
> 2월 10일 망이 등이 다시 반란을 일으켜 가야사를 습격함.
> 3월 11일 망이 등이 홍경원에 불을 지르고 승려 10여 명을 죽임.
> 6월 23일 망이가 사람을 보내 항복을 청함.
> 7월 20일 망이·망소이 등을 체포하여 청주 감옥에 가둠.

① 서얼이 통청 운동을 전개하였다.
② 원종과 애노가 사벌주에서 봉기하였다.
③ 적장자 위주의 상속 제도가 확립되었다.
④ 읍락 간의 경계를 중시하는 책화가 있었다.
⑤ 특수 행정 구역인 소의 주민들이 차별을 받았다.

07 [58회 12번]
다음 상황이 나타난 시기의 사회 시책으로 옳은 것은? [2점]

> ○ 왕이 명하였다. "도성 안의 백성들이 역질에 걸렸으니 구제도감을 설치하여 치료하고, 시신과 유골은 거두어 비바람에 드러나지 않게 매장하라."
> ○ 중서성에서 아뢰었다. "지난해 관내 서도의 주현에 흉년이 들어 백성이 굶주리고 있습니다. 사창과 공해(公廨)의 곡식을 내어 경작을 원조하고, 가난하여 스스로 살아갈 수 없는 자는 의창을 열어 진휼하십시오."

① 유랑민을 구휼하는 활인서를 두었다.
② 백성들에게 곡식을 빌려주는 진대법을 실시하였다.
③ 국산 약재와 치료법을 소개한 『향약집성방』을 편찬하였다.
④ 기근에 대비하기 위해 『구황촬요』를 간행하여 보급하였다.
⑤ 기금을 모아 그 이자로 빈민을 구제하는 제위보를 운영하였다.

08 [52회 12번]
(가) 시대의 정책으로 옳은 것을 <보기>에서 고른 것은? [2점]

> **역사 용어 해설**
> **구제도감**
> 1. 기능
> (가) 시대에 재해가 발생했을 때 설치한 임시 기구로서 전염병 퇴치, 병자 치료 등의 임무를 수행하며 백성을 구호하였다.
>
> 2. 관련 사료
> 왕이 명하기를, "도성 내의 백성들이 역질에 걸렸으니 구제도감을 설치하여 이들을 치료하고, 시신과 유골은 거두어 비바람에 드러나지 않게 매장하라."라고 하였다.

<보기>
ㄱ. 기근에 대비하기 위하여 『구황촬요』를 간행하였다.
ㄴ. 개경에 국립 의료기관인 동·서 대비원을 설치하였다.
ㄷ. 호조에서 정한 사창절목에 따라 사창제를 시행하였다.
ㄹ. 기금을 모아 그 이자로 빈민을 구휼하는 제위보를 운영하였다.

① ㄱ, ㄴ ② ㄱ, ㄷ ③ ㄴ, ㄷ ④ ㄴ, ㄹ ⑤ ㄷ, ㄹ

해설

05 고려의 경제 상황 정답 ⑤

자료 분석

문종 + 공음전시법 → 고려

고려는 관리에게 관직 복무의 대가로 등급의 높고 낮음에 따라 전지(농사를 짓는 땅)와 시지(땔감을 얻을 수 있는 땅)를 지급하는 전시과 제도를 실시하였다. 이러한 전시과는 문종 때 경정 전시과로 정비되었고, 현직 관리를 중심으로 토지를 지급하고 무관에 대한 대우를 개선하였다. 이때 5품 이상의 관리에게 세습이 가능한 토지인 공음전을 지급하였다.

선택지 분석

① 활구라고 불리는 은병이 유통되었다. → 고려
② 벽란도가 국제 무역항으로 번성하였다. → 고려
③ 서적점, 다점 등의 관영 상점이 운영되었다. → 고려
④ 경시서의 관리들이 수도의 시전을 감독하였다. → 고려
⑤ 설점수세제의 시행으로 민간의 광산 개발이 허용되었다.
  → 조선
  ┗ 조선 효종 때 설점수세제를 시행하여 관청에서 세금을 징수하는 조건으로 민간의 광산 개발이 허용되었다.

06 고려 시대의 사회 모습 정답 ⑤

자료 분석

망이·망소이 → 망이·망소이의 난 → 고려 시대

고려 시대에는 지방 행정 조직으로 특수 행정 구역인 향·부곡·소를 운영하였다. 향과 부곡의 주민들은 주로 농업에 종사하였으며, 소의 주민들은 수공업에 종사하며 국가에 필요한 물품을 생산하였다. 한편, 무신 집권기에는 공주 명학소에서 망이·망소이가 가혹한 수탈에 저항하여 무리를 모아 봉기하였다(망이·망소이의 난).

선택지 분석

① 서얼이 통청 운동을 전개하였다. → 조선 후기
② 원종과 애노가 사벌주에서 봉기하였다. → 신라 하대
③ 적장자 위주의 상속 제도가 확립되었다. → 조선 후기
④ 읍락 간의 경계를 중시하는 책화가 있었다. → 동예
⑤ 특수 행정 구역인 소의 주민들이 차별을 받았다.
  → 고려 시대
  ┗ 고려 시대에는 특수 행정 구역인 소가 있었으며, 이곳 주민들은 신분상 양민이지만 일반 군현의 주민에 비하여 차별을 받았다.

07 고려 시대의 사회 시책 정답 ⑤

자료 분석

구제도감 + 의창 → 고려 시대

고려 시대에는 민생을 안정시키기 위한 여러 사회 정책을 시행하였다. 우선 성종은 태조 왕건 때 설치된 빈민 구휼 기관인 흑창을 의창으로 확대·개편하였고, 예종은 구제도감을 설치하여 전염병 퇴치, 병자 치료 등을 담당하게 하였다.

선택지 분석

① 유랑민을 구휼하는 활인서를 두었다. → 조선 시대
② 백성들에게 곡식을 빌려주는 진대법을 실시하였다.
  → 고구려
③ 국산 약재와 치료법을 소개한 『향약집성방』을 편찬하였다.
  → 조선 전기
④ 기근에 대비하기 위해 『구황촬요』를 간행하여 보급하였다.
  → 조선 전기
⑤ 기금을 모아 그 이자로 빈민을 구제하는 제위보를 운영하였다. → 고려 시대
  ┗ 고려 시대에는 일정 기금을 모아 그 이자로 빈민을 구제하는 기구인 제위보를 운영하였다.

08 고려 시대의 사회 정책 정답 ④

자료 분석

구제도감 → 고려 시대

고려 시대에는 민생을 안정시키기 위한 여러 정책을 시행하였다. 이에 예종 때에는 구제도감을 설치하여 전염병 퇴치, 병자 치료 등을 담당하게 하였다.

선택지 분석

ㄱ. 기근에 대비하기 위하여 『구황촬요』를 간행하였다.
  → 조선 전기
ㄴ. 개경에 국립 의료기관인 동·서 대비원을 설치하였다.
  → 고려 시대
  ┗ 고려 시대에는 환자 치료와 빈민 구제를 위해 개경에 국립 의료 기관인 동·서 대비원을 설치하였다.
ㄷ. 호조에서 정한 사창절목에 따라 사창제를 시행하였다.
  → 흥선 대원군 집권기(조선)
ㄹ. 기금을 모아 그 이자로 빈민을 구휼하는 제위보를 운영하였다. → 고려 시대
  ┗ 고려 광종 때에는 일정 기금을 모아 그 이자로 빈민을 구제하는 제위보를 운영하였다.

① ㄱ, ㄴ ② ㄱ, ㄷ ③ ㄴ, ㄷ ④ ㄴ, ㄹ ⑤ ㄷ, ㄹ

12강 고려의 문화

1 고려의 유학과 불교 사상 최근 3개년 시험 중 13회 출제!

빈출 키워드 랭킹
1위 만권당 10번 출제
2위 국자감, 7재 7번 출제
3위 의천 5번 출제

1. 고려의 유학

(1) 유학의 발달 과정
① **고려 초기**: 자주적·주체적 성격의 유교를 정치 이념으로 정립하였으며, 대표 학자로는 최승로가 있다.
② **고려 중기**: 문벌 귀족 사회의 발달로 유교 사상이 점차 보수적 성향으로 기울었으며, 대표 학자로는 최충과 김부식 등이 있다.
③ **고려 후기** [기출자료1]

성리학의 전래	충렬왕 때 안향이 성리학◆을 소개함
성리학의 전파	이제현◆이 원의 연경에 설치된 만권당에서 원의 성리학자들과 교류한 뒤 귀국하여 이색 등에게 성리학을 전파함
성리학의 확산	공민왕 때 이색이 성균관에서 정몽주, 정도전 등에게 성리학을 가르침

(2) 유학 교육 기관
① **관학(관립 학교)**: 중앙에는 국자감을 설치하여 유학(국자학·태학·사문학)과 기술학(율학·서학·산학)을 교육하였고, 지방에는 향교를 설치하여 지방 관리와 서민 자제들을 교육하였다.
② **사학(사립 학교)**: 최충의 9재 학당(문헌공도)을 포함한 12개의 사학(사학 12도)이 융성하여 관학이 위축되었다.
③ **관학 진흥책** [기출자료2]

숙종	국자감에 출판을 담당하는 서적포를 두어 서적 간행을 활성화함
예종	· 국자감(국학)에 전문 강좌인 7재◆ 설치 · 일종의 장학 재단인 양현고 설치 · 왕실 도서관 겸 학문 연구소인 청연각·보문각 등을 설치
인종	국학의 교육 과정을 경사 6학으로 정비하고, 지방 교육을 강화함

(3) 주요 역사서 [기출자료3]

『삼국사기』	· 인종 때 김부식이 왕명을 받아 편찬한 현존하는 우리나라 최고(最古)의 역사서 · 유교적 합리주의 사관에 기초하여 본기·열전 등 기전체◆ 형식으로 서술함
『동명왕편』	· 이규보가 고구려 건국 시조인 동명왕(주몽)의 일대기를 서사시 형태로 서술함 → 고구려 계승 의식이 반영됨 · 『동국이상국집』(이규보의 문집)에 수록되어 있음
『삼국유사』	· 승려 일연이 편찬한 역사서로, 「왕력」·「기이」편 등으로 구성됨 · 불교사를 중심으로 단군의 고조선 건국 이야기와 고대의 민간 설화, 삼국의 건국 신화 등을 수록함
『제왕운기』	· 충렬왕 때 이승휴가 편찬한 역사서로, 단군의 고조선 건국 이야기부터 고려 충렬왕 때까지의 역사를 서사시로 정리함 · 상권은 중국사, 하권은 우리나라 역사에 관한 내용을 서술함

◆ **성리학**
· 인간의 심성과 우주의 원리 문제를 철학적으로 탐구하는 신유학
· 고려 시대에는 실천적 성격이 강조됨

◆ **이제현**
· 충선왕이 설립한 만권당에서 원의 성리학자들과 교류함
· 공민왕 즉위 후 문하시중으로 국정을 총괄함
· 주요 저술: 『역옹패설』(시화집), 『사략』(역사서)

◆ **7재**
· 고려 예종 때 국자감(국학)에 설치한 7종의 전문 강좌
· 제1재에서 6재까지는 유학을 가르치고, 제7재는 무술을 가르침

◆ **기전체 형식**
역사서를 본기(천자의 활동), 세가(제후의 활동), 열전(주요 인물의 활동), 지(제도와 문물), 표(연표) 등의 항목으로 구분하여 서술하는 방식

기출 분석 특강

기출자료 1 고려 후기의 유학

(1) 이제현 56회 출제

> ┌원의 수도
> 연경에 도착해 이제야 소식을 전하네. …… 그림을 보니 만권당에서 원의 학자들과 함께 공부하던 나의 젊은 시절이 생각 난다네. 혼탁한 세상 편치만은 않지만 곧 개경에서 볼 수 있기를 바라네. – 영원한 벗, 익재
> 　　　　　　　　　　　　　　└이제현의 호

자료 분석 이제현은 고려 후기의 유학자로 충선왕이 원의 수도인 연경에 설치한 만권당에서 원의 성리학자들과 교류하였다.

함께 나올 기출선택지
- 이제현 – 역사서인 『사략』을 저술하였다. 62회
- 이제현 – 만권당에서 원의 학자들과 교유하다. 72·71·68·67회
- 이색 – 성균관의 대사성이 되어 정몽주 등을 학관으로 천거하였다. 62회

기출자료 2 고려의 관학 진흥책   ✓출제 TIP 서적포와 7재, 양현고가 주로 힌트로 제시됩니다!

(1) 고려의 관학 진흥책 57회 출제

> ┌9재 학당이라고도 함
> 최충이 세운 문헌공도를 비롯한 사학 12도에 학생이 몰려들어 사학이 크게 융성하고 있다. 이러한 상황에서 국자감 운영에 어려움을 겪게 되자, 정부는 제술업, 명경업 등에 새로 응시하려는 사람은 국자감에 300일 이상 출석해야 한다는 규정을 만드는 등 관학을 진흥하기 위한 방안을 마련하고 있다.

자료 분석 최충의 9재 학당(문헌공도)을 비롯한 사학 12도가 융성하여 관학이 위축되자, 고려 정부는 관학을 진흥시키고자 노력하였다.

함께 나올 기출선택지
- 국자감에 서적포를 설치하였다. 56·53회
- 관학 진흥을 목적으로 양현고를 운영하였다. 72·69·67·65회
- 전문 강좌인 7재가 설치되어 운영되었다. 72·71·67·64·62회

(2) 7재 설치 60회 출제

> 7재를 두었는데, 『주역』을 공부하는 여택재, 『상서』를 공부하는 대빙재, 『모시(毛詩)』를 공부하는 경덕재, 『주례』를 공부하는 구인재, 『대례(戴禮)』를 공부하는 복응재, 『춘추』를 공부하는 양정재, 『무학』을 공부하는 강예재이다.

자료 분석 예종은 관학을 진흥시키기 위하여 국자감에 전문 강좌인 7재를 설치하였다.

기출자료 3 고려의 주요 역사서

(1) 『삼국사기』 61회 출제

> ┌고려 인종 ┌김부식
> 우리 해동의 삼국도 역사가 오래되었으니 마땅히 책을 써야 합니다. 그러므로 폐하께서 이 늙은 신하에게 편찬하도록 하셨습니다. 폐하께서 이르시기를, "삼국은 중국과 통교하였으므로 『후한서』나 『신당서』에 모두 삼국의 열전이 있지만, 상세히 실리지 않았다. …"라고 하셨습니다.

자료 분석 김부식은 고려 인종의 명을 받아 삼국의 역사를 기전체 형식으로 서술한 『삼국사기』를 편찬하였다.

(2) 『삼국유사』 61회 출제

> 제왕이 일어날 때는 반드시 보통 사람과 다른 점이 있었고, 그러한 후에야 제왕의 지위를 얻고 대업을 이루었다. …… 그러므로 삼국의 시조가 모두 신이한 데서 나왔다고 해서 무엇이 괴이하다고 하겠는가. 이것이 책 첫머리에 「기이」편이 실린 까닭이다.

자료 분석 일연은 「왕력」편과 「기이」편 등으로 구성된 역사서인 『삼국유사』를 편찬하였는데, 「기이」편에는 삼국의 건국 신화 등이 수록되어 있다.

함께 나올 기출선택지
- 『삼국사기』 – 우리나라 최고(最古)의 역사서이다. 58회
- 『삼국사기』 – 유교 사관에 입각하여 기전체 형식으로 서술하였다. 61회
- 『동명왕편』 – 서사시 형태로 고구려 계승 의식이 반영되었다. 71·67·66회
- 일연이 불교 관련 설화를 중심으로 『삼국유사』를 저술하였다. 67·66·65·61회
- 『삼국유사』, 『제왕운기』 – 단군의 고조선 건국 이야기를 수록하였다. 73·66·58회

12강 고려의 문화

2. 고려의 불교 - 주요 승려의 활동 기출자료1

균여	광종 때 활동한 승려로, 향가인 「보현십원가」를 지어 불교 교리를 전파함
각훈	왕명에 의해 승려(고승)들의 전기를 정리하여 『해동고승전』을 편찬함
의천 (대각국사)	· 교선 통합: 불교 교단의 통합을 위해 국청사를 중심으로 해동 천태종을 창시하고 교종을 중심으로 선종 통합을 시도하였으며, 이를 사상적으로 뒷받침하고자 교관겸수◆를 주장함 · 활동: 화폐 유통의 필요성을 주장하며 숙종에게 주전도감의 설치를 건의하였으며, 교장(속장경) 편찬을 위해 『신편제종교장총록』을 편찬함
지눌 (불일보조국사)	· 수선사 결사 운동: 불교계 개혁을 위해 순천 송광사(수선사)를 중심으로 독경과 선을 수행하자는 수선사 결사 운동을 전개하였으며, 결사 운동의 수행 방향으로 돈오점수와 정혜쌍수◆를 강조함 · 저술: 『권수정혜결사문』을 작성하고 『수심결』을 저술함
혜심	『선문염송집』을 편찬하고 유·불 일치설을 주장하여 심성의 도야를 강조함
요세	법화 신앙을 중심으로 강진 만덕사에서 백련 결사를 주도함

◆ **교관겸수**
- 이론적인 교리 체계인 교(敎)와 실천 수행법인 지관(止觀)을 함께 닦아야 한다는 사상
- 이론의 연마와 실천을 함께 강조함

◆ **돈오점수와 정혜쌍수**
- 돈오점수: 어느 순간 깨우친 바를 점진적으로 수행하는 자세
- 정혜쌍수: 선과 교학을 나란히 수행하되 선을 중심으로 교학을 포용하자는 이론

2 고려의 문화유산과 과학 기술 발달
최근 3개년 시험 중 17회 출제!

빈출 키워드 랭킹
1위 평창 월정사 팔각 구층 석탑 7번 출제
2위 『직지심체요절』 6번 출제
3위 영주 부석사 무량수전 5번 출제

1. 고려의 문화유산

(1) 사원 기출자료2
① **주심포 양식◆ 건물:** 안동 봉정사 극락전, 영주 부석사 무량수전, 예산 수덕사 대웅전 등이 있다.
② **다포 양식◆ 건물:** 황해도 사리원의 성불사 응진전 등이 있다.

▲ 안동 봉정사 극락전

▲ 영주 부석사 무량수전

▲ 예산 수덕사 대웅전

▲ 황해도 사리원 성불사 응진전

◆ **주심포 양식**
지붕의 무게를 받치는 공포가 기둥 위에만 있는 건축 양식

◆ **다포 양식**
공포가 기둥과 기둥 사이에도 있는 건축 양식

(2) 탑 기출자료3
① **석탑:** 신라 석탑보다 안정감이 부족하나 자연스러운 모습의 다각 다층탑이 유행하였다.
② **승탑:** 신라 말에 유행하던 승탑이 고려 시대에도 활발하게 제작되었다.

▲ 평창 월정사 팔각 구층 석탑

▲ 개성 경천사지 십층 석탑

▲ 충주 정토사지 홍법국사탑

기출 분석 특강

기출자료 1 고려의 불교 – 주요 승려의 활동
출제 TIP 의천의 교관겸수, 지눌의 돈오점수와 정혜쌍수가 힌트로 제시됩니다!

(1) 의천 61회 출제

(다) 은/는 문종의 아들로 태어나 11세에 출가하였다. 31세에 송으로 건너가 고승들과 불법을 토론하고 불교 서적을 수집하여 귀국하였다. 국청사를 중심으로 천태종을 창시하였으며, 교선 통합을 사상적으로 뒷받침하기 위해 교관겸수를 제창하였다.
— 교종과 선종

자료 분석 의천은 국청사를 중심으로 해동 천태종을 창시하였으며, 교종과 선종을 통합하기 위해 교관겸수를 주장하였다.

함께 나올 기출선택지
- 의천 – 천태종을 개창하여 불교 통합에 힘썼다. 68·66·63회
- 의천 – 이론 연마와 수행을 함께 강조하는 교관겸수를 제시하였다. 70회
- 지눌 – 정혜쌍수와 돈오점수를 수행 방법으로 제시하였다. 61회
- 지눌 – 불교 개혁을 주장하며 수선사 결사를 조직하였다. 65·62회
- 혜심 – 심성의 도야를 강조한 유·불 일치설을 제창하였다. 71·66·65·63회
- 요세 – 법화 신앙을 바탕으로 백련 결사를 주도하였습니다. 70회

(2) 지눌 34회 출제

자기의 본성을 보면, 이 성품에는 본래 번뇌가 없다. 번뇌가 없는 지혜의 성품은 본래 스스로 갖추어져 있어서 모든 부처와 털끝만큼도 다르지 않다. 이를 돈오(頓悟)라고 한다. …… 따라서 그 깨달음에 의지해 닦고 점차 익혀 공(功)을 이루고, 오랫동안 성태(聖胎)를 기르면 성(聖)을 이루게 된다. 이를 점수(漸修)라고 한다.
— 참선과 수양을 통해 어느 순간 진리를 깨닫는 것
— 깨우친 바를 점진적으로 수행하는 것
— 『수심결(修心訣)』

자료 분석 지눌은 불교계 개혁을 위해 결사 운동을 전개하였는데, 수행 방향으로 내가 부처임을 깨닫고 꾸준한 수행으로 이를 확인해야 한다는 돈오점수를 주장하였다.

기출자료 2 고려의 사원

(1) 영주 부석사 무량수전 52회 출제

국보 제18호인 (가) 은 고려 시대의 목조 건물로, 배흘림 기둥에 주심포 양식으로 축조되었습니다. 건물 내부에는 국보 제45호인 소조 여래 좌상이 봉안되어 있습니다.
— 항아리와 같이 가운데가 볼록한 기둥 형태

자료 분석 영주 부석사 무량수전의 내부에는 통일 신라의 전통 양식을 계승하여 제작된 소조 여래 좌상이 봉안되어 있다.

함께 나올 기출선택지
- 안동 봉정사 극락전 65·57회

- 영주 부석사 무량수전 65·64·59회

기출자료 3 고려의 탑

(1) 평창 월정사 팔각 구층 석탑 66회 출제

- 소재지: 강원도 평창군
- 소개: 고려 시대 다각 다층 석탑을 대표하는 작품이다. …… 2000년대 들어 실시된 조사 결과 석탑의 조성 연대가 고려 전기로 밝혀졌다.

자료 분석 평창 월정사 팔각 구층 석탑은 고려 전기의 대표적인 다각 다층탑이다.

함께 나올 기출선택지
- 평창 월정사 팔각 구층 석탑 72·69·66회

- 개성 경천사지 십층 석탑 71·66회

(2) 개성 경천사지 십층 석탑 56회 출제

유물 특징
- 원의 영향을 받아 대리석으로 만든 석탑
- 원각사지 십층 석탑에 영향을 주었음

자료 분석 개성 경천사지 십층 석탑은 원의 영향을 받아 대리석으로 만들어졌으며, 원각사지 십층 석탑에 영향을 주었다.

12강 고려의 문화

(3) 불상 [기출자료1]

▲ 하남 하사창동 철조 석가여래 좌상   ▲ 논산 관촉사 석조 미륵보살 입상   ▲ 안동 이천동 마애여래 입상   ▲ 파주 용미리 마애이불 입상   ▲ 영주 부석사 소조 여래 좌상

(4) 청자와 공예
① 청자: 11세기에 순수 청자가 제작되었으며, 12세기에는 상감 청자◆가 주로 만들어졌다.
② 공예: 금속 공예에서 은입사 기술◆이 발달하였으며, 옻칠한 바탕에 자개를 붙여 무늬를 나타낸 나전 칠기가 만들어졌다.

▲ 청자 참외모양 병   ▲ 청자 상감 운학문 매병   ▲ 청동 은입사 포류수금문 정병   ▲ 나전 국화 넝쿨무늬 합

◆ 상감 청자
자기 표면을 파내고 그 자리를 백토나 흑토 등으로 메워 무늬를 내는 상감법을 활용하여 만든 청자

◆ 은입사 기술
청동이나 구리 등 금속 그릇에 은실을 이용해 문양을 넣는 기법

2. 고려의 과학 기술 발달

활판 인쇄술	우왕 때 청주 흥덕사에서 현존하는 가장 오래된 금속 활자본인 『직지심체요절』이 간행됨
의학	고종 때 우리나라에 현존하는 가장 오래된 의학서인 『향약구급방』이 간행됨
무기 제조술	최무선의 건의로 설치한 화통도감에서 화약과 화포를 제작함

10초 컷! 핵심 키워드 암기
1. 고려의 유학과 불교 사상
   - 관학 진흥책: 7재·양현고 설치, 청연각 설치(예종)
   - 역사서: 『삼국사기』(김부식), 『삼국유사』(일연)
   - 승려: 의천, 지눌
2. 고려의 문화유산과 과학 기술
   - 사원: 안동 봉정사 극락전, 영주 부석사 무량수전
   - 탑: 개성 경천사지 십층 석탑
   - 불상: 논산 관촉사 석조 미륵보살 입상
   - 과학 기술: 『직지심체요절』, 화약·화포(화통도감)

12강 개념 확인 퀴즈

1. 고려의 문화유산이 맞으면 O표, 틀리면 X표를 하세요.

(1) ( )   (2) ( )   (3) ( )

2. 다음 괄호 안의 내용 중 옳은 것에 O표 하세요.

(1) (최충 / 이제현)이 원의 만권당에서 유학자들과 교류하였다.
(2) (『삼국사기』/ 『삼국유사』)는 현존하는 우리나라 최고(最古)의 역사서이다.
(3) 지눌은 (국청사 / 송광사)를 중심으로 불교 개혁 운동을 전개하였다.

기출 분석 특강

기출자료 1 고려의 불상   ✔ 출제 TIP 고려 시대의 불상은 위치한 지역이 힌트로 제시됩니다!

(1) 하남 하사창동 철조 석가여래 좌상 60회 출제

- 종목: 보물
- 소장처: 국립중앙박물관

경기도 하남시 하사창동에서 발견된 철불이다. 고려 초기 호족의 후원을 받아 제작되었으며, 석굴암 본존불의 양식을 이어받았다.

[자료 분석] 하남 하사창동 철조 석가여래 좌상은 고려 초기에 통일 신라의 석굴암 본존불 양식을 이어받아 만들어졌다.

함께 나올 기출선택지

- 하남 하사창동 철조 석가여래 좌상 63·60회

(2) 논산 관촉사 석조 미륵보살 입상 42회 출제

- 우리 고장의 문화유산에 대해 말해 보자.
- 국보 제323호이자 고려 시대 최대 규모의 불상인 (가) 이/가 있어.
- 은진 미륵이라고도 불리는데, 거대하고 투박하면서도 지역적 특색을 담고 있지.

[자료 분석] 논산 관촉사 석조 미륵보살 입상은 지역 특색을 반영한 고려 시대 최대 규모의 석불로, 은진 미륵이라고도 불린다.

- 논산 관촉사 석조 미륵보살 입상 71·69·67회

- 안동 이천동 마애여래 입상 67회

(3) 파주 용미리 마애이불 입상 55회 출제

이 불상은 천연 암벽을 이용하여 몸체를 만들고 머리는 따로 만들어 올렸습니다. 눈, 코, 입 등을 크게 만들어 거대한 느낌을 주며 조형미는 다소 떨어지지만 지방화된 불상 양식을 잘 보여줍니다.
- 소재: 경기도 파주시

[자료 분석] 파주 용미리 마애이불 입상은 암벽에 몸을 새기고 머리는 따로 제작하여 올린 불상으로, 2구의 불상이 나란히 있는 모습을 표현하였다.

- 파주 용미리 마애이불 입상 67회

---

3. 질문에 맞는 답을 고르세요.

(1) 고려의 관학 진흥책은?
① 전문 강좌인 7재를 개설하였다.
② 수도에 4부 학당을 두었다.

(2) 『삼국유사』에 대한 설명은?
① 기전체 형식으로 서술되었다.
② 단군왕검의 건국 이야기가 기록되어 있다.

(3) 의천의 활동은?
① 교관겸수를 제시하였다.
② 정혜결사를 통해 불교 개혁에 앞장섰다.

(4) 고려의 과학 기술에 대한 설명은?
① 화통도감을 설치하였다.
② 『임원경제지』가 저술되었다.

정답
1. (1) X(고구려) (2) O (3) O
2. (1) 이제현 (2) 『삼국사기』 (3) 송광사
3. (1) ①(②은 조선) (2) ②(①은 『삼국사기』) (3) ①(②은 지눌) (4) ①(②은 조선 후기)

개념 적용 기출문제

01 [71회 17번]
다음 가상 인터뷰의 주인공에 대한 설명으로 옳은 것은? [3점]

최근에 『역옹패설』을 저술하셨는데 독자들이 관심 가질 만한 내용을 소개해 주세요.

고위 관리 유청신이 원의 사신과 몽골말로 직접 대화하자 홍자번이 역관을 심하게 꾸짖었고, 이에 유청신이 부끄러워한 일화가 실려 있습니다.

① 『불씨잡변』을 지어 불교를 비판하였다.
② 정혜결사를 통해 불교 개혁에 앞장섰다.
③ 「청방인문표」를 지어 인질의 석방을 요구하였다.
④ 고구려 계승 의식을 강조한 『동명왕편』을 지었다.
⑤ 만권당에서 조맹부, 요수 등의 문인들과 교유하였다.

03 [58회 15번]
다음 검색창에 들어갈 역사 자료에 대한 설명으로 옳은 것은? [2점]

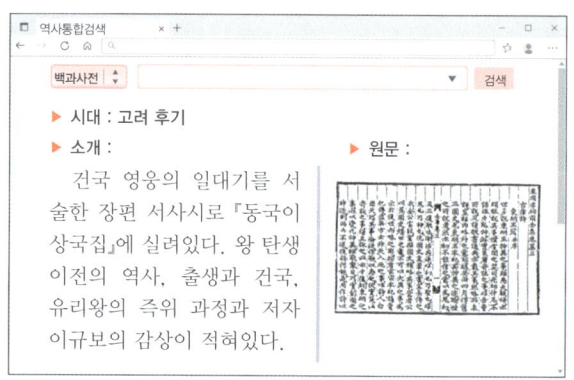

① 고구려 계승 의식이 반영되었다.
② 남북국이라는 용어가 처음 사용되었다.
③ 「사초」, 『시정기』 등을 바탕으로 편찬하였다.
④ 단군의 고조선 건국 이야기를 수록하였다.
⑤ 현존하는 우리나라 최고(最古)의 역사서이다.

02 [71회 13번]
(가)에 들어갈 내용으로 가장 적절한 것은? [2점]

① 국자감에 전문 강좌인 7재를 개설하였어.
② 사액 서원에 서적과 노비 등을 지급하였어.
③ 독서삼품과를 실시하여 인재를 등용하였어.
④ 초계문신제를 시행하여 문신을 재교육하였어.
⑤ 흥왕사에 교장도감을 두고 속장경을 편찬하였어.

04 [59회 18번]
밑줄 그은 '역사서'에 대한 설명으로 옳은 것은? [1점]

① 편년체 형식으로 기술되었다.
② 고조선의 건국 이야기가 서술되었다.
③ 남북국이라는 용어가 처음 사용되었다.
④ 왕명에 의해 고승들의 전기가 기록되었다.
⑤ 고구려 시조의 일대기가 서사시로 표현되었다.

해설

01 이제현   정답 ⑤

자료 분석

『역옹패설』을 저술 → 이제현

이제현은 고려 후기의 성리학자로, 호는 익재이다. 그는 충선왕이 원의 연경(베이징)에 설치한 학문 연구소인 만권당에서 조맹부, 요수 등의 원의 성리학자들과 교류하였으며, 이후 귀국하여 이색 등에게 성리학을 전파하였다. 그의 대표적인 저술로는 역사·인물의 일화 등을 수록한 『역옹패설』과 정통 의식과 대의명분을 강조한 역사서인 『사략』 등이 있다.

선택지 분석

① 『불씨잡변』을 지어 불교를 비판하였다. → 정도전
② 정혜결사를 통해 불교 개혁에 앞장섰다. → 지눌
③ 「청방인문표」를 지어 인질의 석방을 요구하였다. → 강수
④ 고구려 계승 의식을 강조한 『동명왕편』을 지었다. → 이규보
⑤ 만권당에서 조맹부, 요수 등의 문인들과 교유하였다.
   → 이제현
   ㄴ 이제현은 고려 후기의 성리학자로, 충선왕이 원의 연경에 설치한 학문 연구소인 만권당에서 조맹부, 요수 등의 문인들과 교유하였다.

02 고려의 관학 진흥책   정답 ①

자료 분석

관학 진흥 + 서적포 → 고려의 관학 진흥책

고려 문벌 귀족 집권기에는 최충이 세운 문헌공도를 비롯한 사학 12도가 크게 융성하였다. 이에 따라 상대적으로 관학이 위축되자, 고려 정부는 관학 진흥을 위해 여러 정책을 시행하였다. 우선 숙종 때에는 국자감에 출판을 담당하는 서적포를 두어 서적 간행을 활성화하였으며, 이후 예종 때 일종의 장학 재단인 양현고를 설치하여 장학 기금을 마련하기도 하였다.

선택지 분석

① 국자감에 전문 강좌인 7재를 개설하였어.
   → 고려의 관학 진흥책
   ㄴ 고려 예종 때 관학을 진흥하기 위해 국자감에 전문 강좌인 7재를 개설하였다.
② 사액 서원에 서적과 노비 등을 지급하였어.
   → 조선 서원의 권위 인정
③ 독서삼품과를 실시하여 인재를 등용하였어.
   → 통일 신라 원성왕의 인재 등용 제도
④ 초계문신제를 시행하여 문신을 재교육하였어.
   → 조선 정조의 인재 양성 정책
⑤ 흥왕사에 교장도감을 두고 속장경을 편찬하였어. → X

03 『동명왕편』   정답 ①

자료 분석

건국 영웅의 일대기를 서술한 장편 서사시 + 『동국이상국집』 + 이규보 → 『동명왕편』

『동명왕편』은 고려 무신 집권기에 활동한 문신 이규보가 고구려 건국 영웅인 동명왕(주몽)의 일대기를 서사시 형태로 서술한 역사서로, 이규보의 문집인 『동국이상국집』에 실려 있다. 동명왕 탄생 이전의 역사, 출생과 건국, 후계자인 유리왕에 관한 내용과 이규보 본인의 감상으로 구성되어 있다.

선택지 분석

① 고구려 계승 의식이 반영되었다. → 『동명왕편』
   ㄴ 『동명왕편』은 고구려 동명왕(주몽)에 대한 영웅 서사시로, 고구려 계승 의식이 반영되었다.
② 남북국이라는 용어가 처음 사용되었다. → 『발해고』
③ 「사초」, 「시정기」 등을 바탕으로 편찬하였다.
   → 『조선왕조실록』
④ 단군의 고조선 건국 이야기를 수록하였다.
   → 『삼국유사』, 『제왕운기』 등
⑤ 현존하는 우리나라 최고(最古)의 역사서이다. → 『삼국사기』

04 『삼국유사』   정답 ②

자료 분석

일연 + 불교사를 중심으로 민간 설화 등을 수록 → 『삼국유사』

『삼국유사』는 고려 충렬왕 때 승려 일연이 저술한 역사서로, 불교사를 중심으로 고대의 민간 설화 등을 수록하였다.

선택지 분석

① 편년체 형식으로 기술되었다. → 『조선왕조실록』 등
② 고조선의 건국 이야기가 서술되었다. → 『삼국유사』
   ㄴ 『삼국유사』는 일연이 불교사를 중심으로 편찬한 역사서로, 고조선의 건국 이야기가 기록되어 있다.
③ 남북국이라는 용어가 처음 사용되었다. → 『발해고』
④ 왕명에 의해 고승들의 전기가 기록되었다. → 『해동고승전』
⑤ 고구려 시조의 일대기가 서사시로 표현되었다. → 『동명왕편』

개념 적용 기출문제

05 65회 13번
(가)에 들어갈 내용으로 옳은 것은? [2점]

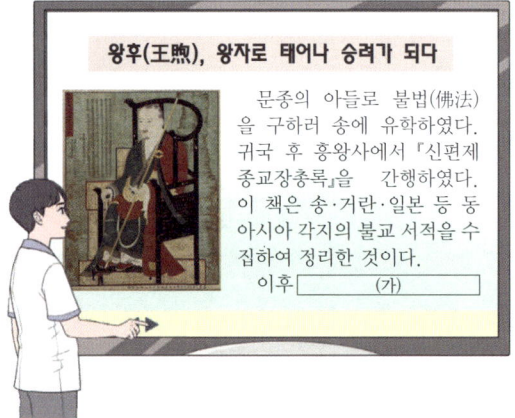

① 국청사의 주지가 되어 해동 천태종을 개창하였다.
② 불교 개혁을 주장하며 수선사 결사를 조직하였다.
③ 『선문염송집』을 편찬하고 유·불 일치설을 주장하였다.
④ 불교 관련 자료를 중심으로 『삼국유사』를 집필하였다.
⑤ 인도와 중앙아시아를 순례하고 『왕오천축국전』을 남겼다.

06 70회 12번
(가)~(마)에 들어갈 내용으로 적절한 것은? [3점]

〈한국사 학술 강좌〉
인물로 보는 고려 불교사

우리 학회에서는 고려 승려들의 활동을 통해 불교사의 흐름을 파악하는 자리를 마련하였습니다. 관심 있는 분들의 많은 참여를 바랍니다.

■ 강좌 주제 ■
제1강 균여, (가)
제2강 의천, (나)
제3강 지눌, (다)
제4강 요세, (라)
제5강 혜심, (마)

• 일시: 2024년 ○○월 ○○일 09:00~17:00
• 장소: □□ 박물관 대강당
• 주최: △△ 학회

① (가) - 법화 신앙에 중점을 둔 백련 결사를 제창하다
② (나) - 심성의 도야를 강조한 유·불 일치설을 주장하다
③ (다) - 『권수정혜결사문』을 작성하여 정혜쌍수를 강조하다
④ (라) - 이론과 수행을 함께 강조하는 교관겸수를 제시하다
⑤ (마) - 「보현십원가」를 지어 불교 교리를 대중에게 전파하다

07 65회 17번
(가)에 해당하는 문화유산으로 옳은 것은? [2점]

충청남도 예산군에 있는 이 건물은 맞배 지붕에 주심포 양식입니다. 건물 보수 중 묵서명이 발견되어 충렬왕 34년이라는 정확한 건립 연도를 알게 되었습니다.

①  수덕사 대웅전
② 화엄사 각황전
③  부석사 무량수전
④  봉정사 극락전
⑤  법주사 팔상전

08 69회 16번
밑줄 그은 '국가'의 문화유산으로 옳지 않은 것은? [2점]

이것은 왕실의 종친인 신안공 왕전이 몽골의 침략을 받던 시기에 국가의 태평을 기원하며 발원한 법화경서탑도(法華經書塔圖)입니다. 감색 종이에 금가루 등으로 법화경 수만 자를 한 자씩 써서 칠층 보탑을 형상화한 것이 특징입니다.

해설

05 의천   정답 ①

자료 분석
문종의 아들 + 흥왕사에서 『신편제종교장총록』을 간행함
→ 의천

대각국사 의천은 문종의 넷째 아들로, 교종과 선종으로 나뉜 불교 교단의 통합을 추진하였다. 그는 이론의 연마와 실천을 함께 강조하는 교관겸수를 주장하였으며, 흥왕사에서 고려·송·요 등의 불교 주석서를 모은 목록인 『신편제종교장총록』을 간행하였다.

선택지 분석
① 국청사의 주지가 되어 해동 천태종을 개창하였다. → 의천
   └ 의천은 고려 시대의 승려로, 국청사의 주지가 되어 교종을 중심으로 선종을 통합하기 위해 해동 천태종을 개창하였다.
② 불교 개혁을 주장하며 수선사 결사를 조직하였다. → 지눌
③ 『선문염송집』을 편찬하고 유·불 일치설을 주장하였다.
   → 혜심
④ 불교 관련 자료를 중심으로 『삼국유사』를 집필하였다.
   → 일연
⑤ 인도와 중앙아시아를 순례하고 『왕오천축국전』을 남겼다.
   → 혜초(신라)

06 고려 승려들의 활동   정답 ③

자료 분석
고려 승려들의 활동

고려 시대에는 주요 승려들이 다양한 활동을 전개하였다. 대표적인 승려로는 균여, 각훈, 의천, 지눌, 혜심, 요세 등이 있다.

선택지 분석
① (가) - 법화 신앙에 중점을 둔 백련 결사를 제창하다 → 요세
② (나) - 심성의 도야를 강조한 유·불 일치설을 주장하다
   → 혜심
③ (다) - 『권수정혜결사문』을 작성하여 정혜쌍수를 강조하다
   → 지눌
   └ 지눌은 『권수정혜결사문』을 작성하여 선정과 지혜를 함께 닦아 수행해야 한다는 정혜쌍수를 강조하였다.
④ (라) - 이론과 수행을 함께 강조하는 교관겸수를 제시하다
   → 의천
⑤ (마) - 「보현십원가」를 지어 불교 교리를 대중에게 전파하다
   → 균여

07 예산 수덕사 대웅전   정답 ①

자료 분석
충청남도 예산군 + 맞배 지붕 + 주심포 양식
→ 예산 수덕사 대웅전

예산 수덕사 대웅전은 대표적인 고려 시대의 목조 건축물이다. 이 건물은 지붕의 무게를 받치는 공포가 기둥 위에만 있는 주심포 양식으로 지어졌으며, 지붕 측면 벽의 형태가 삼각형으로 된 맞배 지붕인 것이 특징이다.

선택지 분석

①    ②    ③

수덕사 대웅전   화엄사 각황전   부석사 무량수전
→ 충청남도 예산군에 위치한 건물   → 전라남도 구례군에 위치한 건물   → 경상북도 영주시에 위치한 건물

└ 예산 수덕사 대웅전은 고려 시대의 목조 건축물로, 맞배 지붕과 주심포 양식으로 축조되었다.

④    ⑤

봉정사 극락전   법주사 팔상전
→ 경상북도 안동시에 위치한 건물   → 충청북도 보은군에 위치한 건물

08 고려의 문화유산   정답 ①

자료 분석
몽골의 침략을 받던 시기 → 고려

고려는 고려 고종 때 몽골 사신 저고여가 국경에서 살해된 것을 계기로 몽골로부터 1차 침입을 받은 것을 시작으로, 6차례에 걸쳐 침입을 받았다.

선택지 분석

①    ②    ③

→ 백제 금동 대향로   → 논산 관촉사 석조 미륵보살 입상   → 청자 투각칠보 문 뚜껑 향로

└ 백제 금동 대향로는 백제의 문화유산으로 도교의 이상 세계를 형상화하였으며 부여 능산리 절터에서 발굴되었다.

④    ⑤

→ 평창 월정사 팔각 구층 석탑   → 청동 은입사 포류 수금문 정병

고려 시대 핵심 키워드 마무리 체크

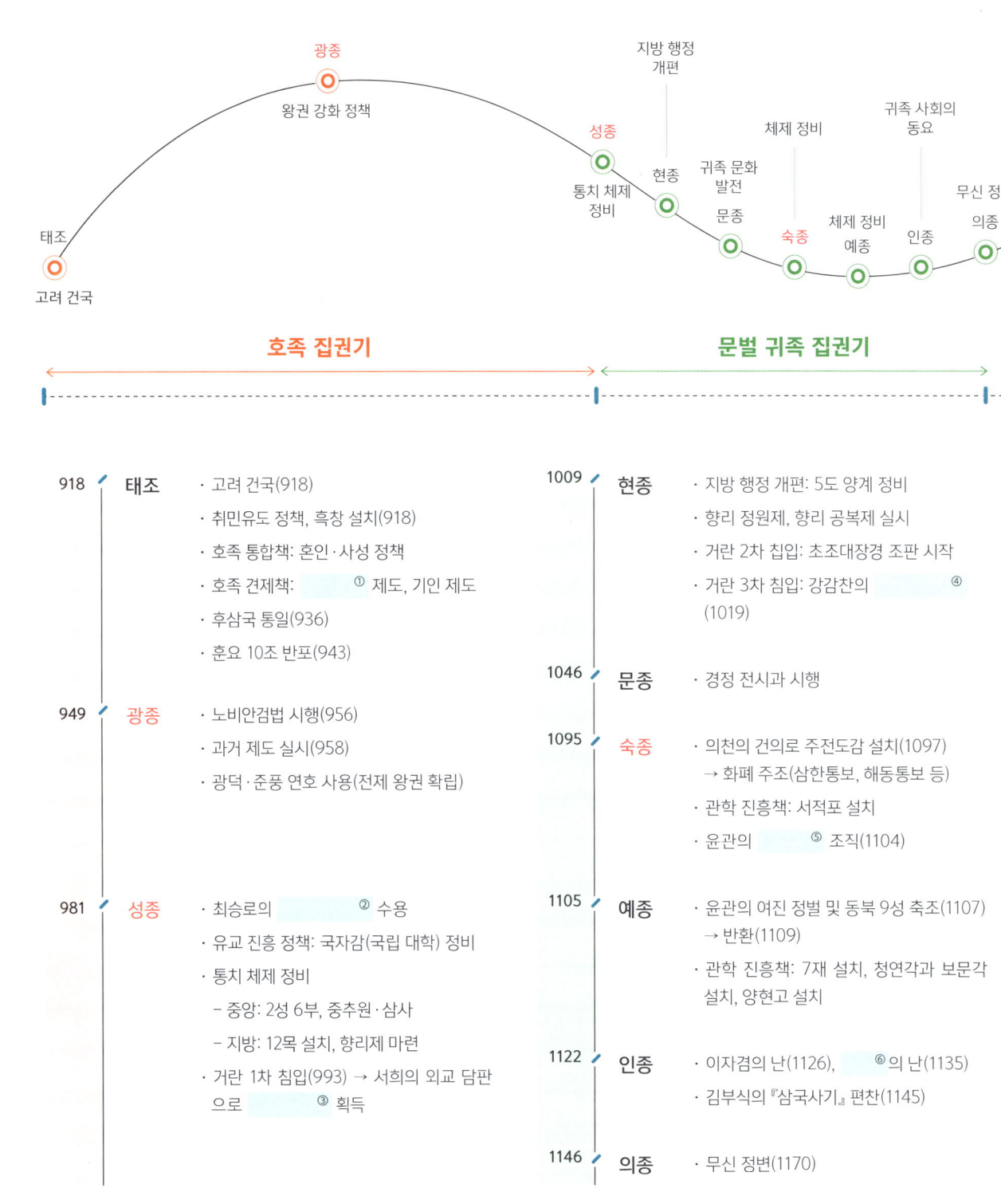

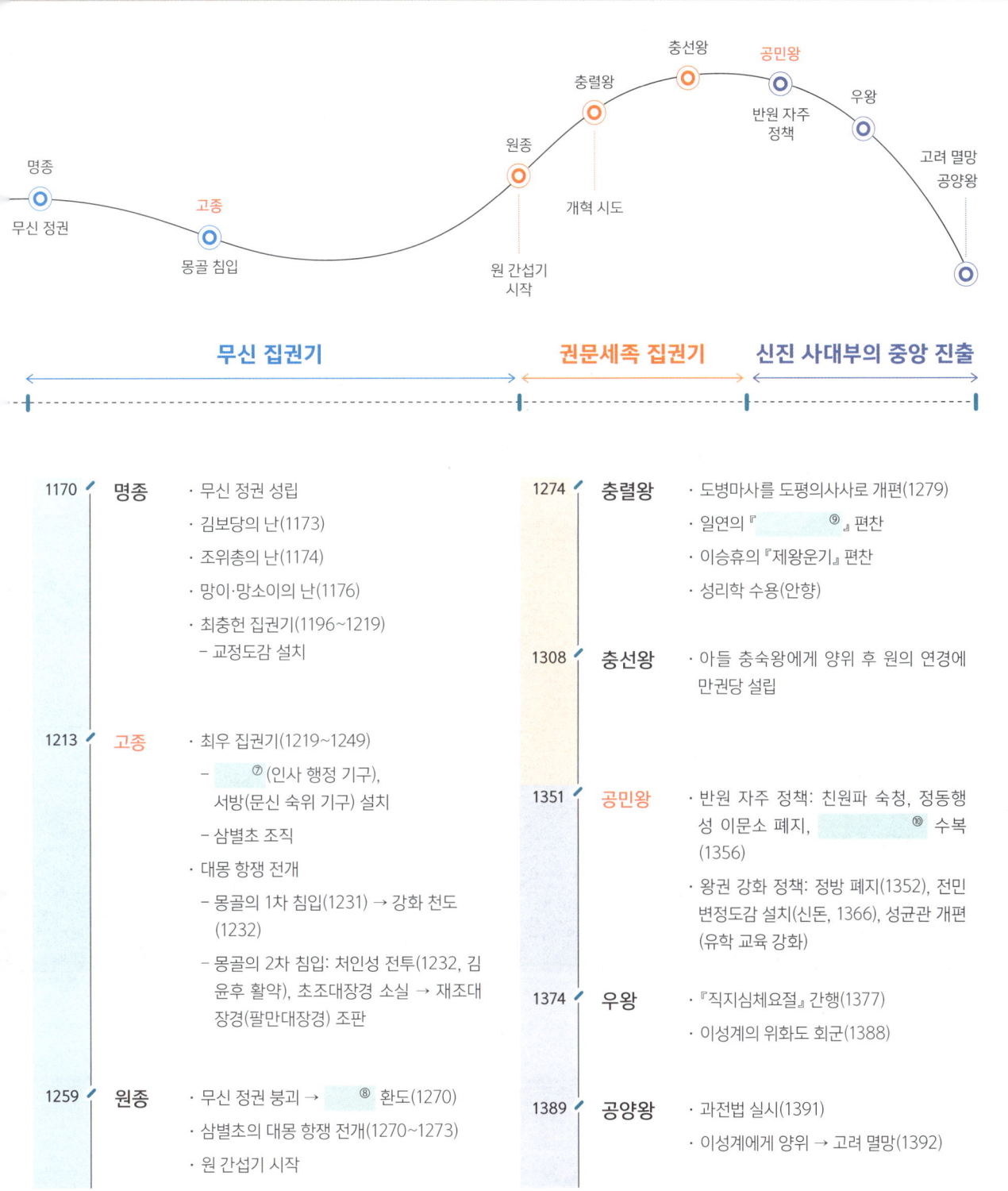

정답 ① 사심관 ② 시무 28조 ③ 강동 6주 ④ 귀주 대첩 ⑤ 별무반 ⑥ 묘청 ⑦ 정방 ⑧ 개경 ⑨ 삼국유사 ⑩ 쌍성총관부

해커스 한국사능력검정시험 심화(1·2·3급) 한권합격

Ⅳ. 조선 전기

- **13강** 조선 전기의 정치
- **14강** 조선 전기의 대외 관계와 양 난
- **15강** 조선 전기의 경제·사회·문화

구석기 시대 시작	삼국 건국	고려 건국
약 70만 년 전	기원전 1세기경	918년
선사 시대	고대	고려 시대

최근 3개년 시험 출제 비율

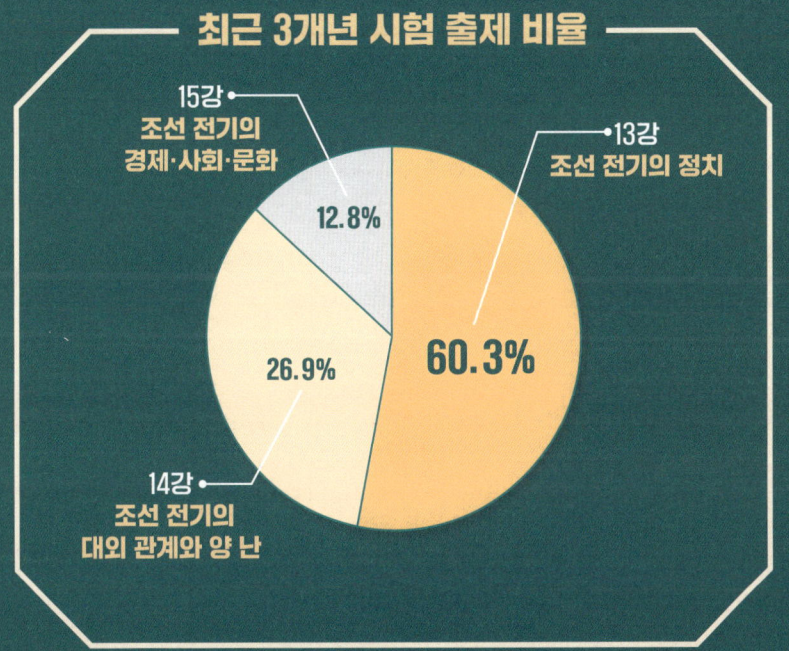

- 15강 조선 전기의 경제·사회·문화 12.8%
- 13강 조선 전기의 정치 60.3%
- 14강 조선 전기의 대외 관계와 양 난 26.9%

1위 13강 조선 전기의 정치 60.3%
조선 초기 국가의 기틀을 마련한 왕의 업적과 사화에 대한 문제가 주로 출제됩니다.

2위 14강 조선 전기의 대외 관계와 양 난 26.9%
임진왜란과 병자호란의 전개 과정을 묻는 문제가 주로 출제됩니다.

3위 15강 조선 전기의 경제·사회·문화 12.8%
조선 전기 토지 제도의 변천 과정에 대해 물어보는 문제가 출제됩니다.

조선 건국 1392년	흥선 대원군 집권 1863년	국권 피탈 1910년	광복 1945년
조선 시대	근대	일제 강점기	현대

13강 조선 전기의 정치

1 조선의 건국과 발전 최근 3개년 시험 중 26회 출제!

빈출 키워드 랭킹
1위 세종 27번 출제
2위 성종 22번 출제
3위 태종 15번 출제

1. 조선의 건국과 기틀 마련

(1) 조선의 건국 과정

위화도 회군(1388)	→	과전법 제정(1391)	→	조선 건국(1392)
이성계가 우왕을 내쫓고 최영을 제거한 후 정치·군사적 실권을 장악함		정도전, 조준 등 혁명파 사대부◆의 건의로 실시하여 경제적 실권을 장악함		이성계가 즉위하고, 이듬해에 국호를 조선으로 바꿈

(2) 태조 이성계 기출자료1
① **수도 정비**: 개경에서 한양으로 천도하고, 경복궁과 종묘·사직 등을 건설하였다.
② **정도전 등용**: 『조선경국전』(재상 중심 정치를 주장), 『불씨잡변』(불교 비판) 등을 저술하였다.
③ **제1차 왕자의 난 발생**: 세자 책봉에 불만을 품은 이방원◆이 세자인 이복동생 이방석을 죽이고, 개국 공신인 정도전과 남은 등을 제거하였다.

(3) 태종 이방원 기출자료2
① **왕권 강화 정책**: 6조 직계제◆를 실시하고, 군사권을 장악하고자 공신과 왕족들이 소유한 사병을 혁파하였다. 또한 문하부 낭사를 분리하여 사간원으로 독립◆시켰다.
② **경제 정책**: 양전 사업과 호패법◆을 실시하였다.
③ **사회 정책**: 백성들의 억울함을 풀어주기 위해 신문고를 처음으로 설치하였다.
④ **문화 정책**: 세계 지도인 혼일강리역대국도지도를 제작하였으며, 활자 주조 관청인 주자소를 설치하고 활자인 계미자를 주조하였다.

2. 조선의 체제와 문물 정비

(1) 세종 기출자료3
① **유교 정치 실현**: 의정부 서사제◆를 실시하였으며, 유학 연구 기관인 집현전을 확대·개편하였다.
② **수취 체제 정비**: 연분 9등법과 전분 6등법의 공법을 시행하여 조세를 차등 부과하였다.
③ **대외 정책**

여진	4군(최윤덕) 6진(김종서)◆ 설치 → 압록강~두만강 유역의 북방 영토 개척
일본	쓰시마 섬 정벌(이종무), 제포(진해)·염포(울산)·부산포의 3포 개항, 계해약조 체결

④ **문화 정책**

훈민정음 창제	훈민정음(한글) 창제, 「용비어천가」 등의 한글 서적 간행
과학 기구 제작	측우기(강우량 측정), 앙부일구(해시계), 자격루(물시계), 혼천의(천체 관측) 제작
편찬 사업	『칠정산』(역법), 『농사직설』(농업), 『삼강행실도』(윤리), 『향약집성방』(의학) 편찬
활자 주조	금속 활자인 갑인자 주조

◆ **혁명파 사대부**
- 고려 말 급진적 개혁을 추구하고 새로운 왕조 개창을 주장한 자들로, 정도전, 조준 등이 있음
- 혁명파 사대부들은 점진적 개혁을 추구하고 고려 왕조 유지를 주장한 온건파 사대부들을 제거하는 등 조선 건국을 주도함

◆ **이방원**
- 태조 이성계의 다섯째 아들로, 조선 건국에 큰 공을 세움
- 제1, 2차 왕자의 난을 겪은 후 즉위함(태종)

◆ **6조 직계제**
국정을 운영할 때 재상 합의 기구인 의정부를 거치지 않고 6조가 직접 국왕에게 결재받는 제도로, 의정부의 기능을 약화시켰음

◆ **사간원 독립**
언론 기능을 담당하던 문하부 낭사를 분리해 사간원으로 독립시켜, 대신과 왕실 외척 세력 등 왕권에 위협이 될만한 세력을 견제하는 데 활용함

◆ **호패법**
조세·군역 부과 등에 활용하기 위해 16세 이상 남자에게 일종의 신분증인 호패를 발급하여, 이를 가지고 다니게 한 제도

◆ **의정부 서사제**
6조에서 올린 사항을 의정부가 논의한 후 왕의 결재를 받는 제도

◆ **4군 6진**
- 세종 때 압록강(4군)과 두만강(6진) 유역에 건설한 군사 시설
- 4군 6진의 설치로 압록강과 두만강을 경계로 하는 오늘날의 국경선이 확정됨

기출 분석 특강

기출자료 1   태조 이성계

(1) 정도전의 『불씨잡변』 48회 출제

✅ 출제 TIP   『불씨잡변』은 정도전을 찾는 키워드로 자주 제시됩니다!

선유(先儒)가 불씨(佛氏)의 지옥설을 논박하여 말하기를, "…… 불법(佛法)이 중국에 들어오기 전에도 죽었다가 다시 살아난 사람들이 있었는데, 어째서 한 사람도 지옥에 들어가 소위 시왕(十王)이란 것을 본 자가 없단 말인가? 그 지옥이란 없기도 하거니와 믿을 수 없음이 명백하다."라고 하였다.
― 『삼봉집』

[자료 분석] 태조 이성계의 조선 건국에 큰 역할을 한 정도전은 『불씨잡변』을 저술하여 성리학의 입장에서 불교를 비판하였다.

[함께 나올 기출선택지]
- 정도전 ― 『불씨잡변』을 지어 불교를 비판하였다. 73·72·71·67회
- 정도전 ― 『조선경국전』을 저술하여 통치 제도 정비에 기여하였다. 68회
- 왕위 계승을 둘러싸고 왕자의 난이 발생하였다. 71·60회

기출자료 2   태종

✅ 출제 TIP   태종의 문화 정책으로는 주자소 설치와 계미자 주조가 자주 출제됩니다!

(1) 태종의 정책 59회 출제

- 얼마 전에 임금께서 원통하고 억울한 일을 당한 백성들을 위해 신문고를 설치하라고 명하셨다더군.
- 뿐만 아니라 문하부를 없애고 의정부를 설치하면서 문하부 낭사를 사간원으로 독립시키셨다네.

[자료 분석] 태종은 문하부의 낭사를 사간원으로 독립시켜 대신들과 왕실 외척 세력을 견제하였다. 한편 태종은 백성들의 억울함을 풀어주기 위해 신문고를 설치하였다.

(2) 주자소 설치와 계미자 주조 49회 출제

- 왕은 … 주자소를 설치하고 구리로 글자 자형을 떠서 활자를 만드는 대로 인출(印出)하게 하였다.
- 왕이 … 이직 등에게 십만 자를 주조하게 하였는데, 이것이 계미자이다.

[자료 분석] 태종은 주자소를 설치하여 활자의 주조와 인쇄를 담당하도록 하였고, 활자인 계미자를 주조하였다.

[함께 나올 기출선택지]
- 왕권 강화를 위해 6조 직계제가 실시되었다. 72·70회
- 문하부 낭사를 분리하여 사간원으로 독립시켰다. 70회
- 호구를 정확하게 파악하기 위한 호패법을 시행하였습니다. 40회
- 세계 지도인 혼일강리역대국도지도가 제작되었다. 69·68·62회
- 주자소를 설치하여 계미자를 주조하였다. 72·68·65·63·61회

기출자료 3   세종

✅ 출제 TIP   세종의 업적은 다양한 분야에서의 업적이 골고루 출제됩니다!

(1) 4군 설치 46회 출제

그림은 이 왕의 명을 받은 최윤덕 장군 부대가 올라산성에서 여진족을 정벌하는 장면입니다. 그 결과 조선은 압록강 유역을 개척하고 여연·자성·무창·우예 등 4군을 설치하였습니다.

(이 왕 → 세종)

[자료 분석] 세종은 최윤덕을 압록강 지역에 파견하여 4군을 설치하여, 압록강 유역의 북방 영토를 개척하였다.

(2) 훈민정음 창제 58회 출제

이 서사시는 조선의 건국 시조들을 찬양하고 왕조의 창업을 합리화한 것으로, 이 왕이 정인지, 권제 등에게 명하여 훈민정음으로 편찬하도록 하였습니다.
제1장 해동의 여섯 용이 나시어서 그 행하신 일마다 모두 하늘이 내리신 복이시니 …

(→ 「용비어천가」, 이 왕 → 세종)

[자료 분석] 세종은 훈민정음(한글)을 창제하였으며, 「용비어천가」 등의 한글 서적을 간행하였다.

[함께 나올 기출선택지]
- 학문 연구 기관으로 집현전을 설치하였다. 69·66회
- 연분 9등법을 시행하여 수취 체제를 정비하였다. 58회
- 4군 6진을 설치하여 북방 영토를 개척하였다. 62·55회
- 이종무가 왜구의 근거지인 쓰시마 섬을 정벌하였다. 72·70·69·67·66회
- 일본과의 무역을 허용하고 계해약조를 체결하였다. 65·61회
- 삼남 지방의 농법을 소개한 『농사직설』이 편찬되었다. 73·69·68회
- 금속 활자인 갑인자를 제작하였다. 64·52회

13강 조선 전기의 정치   **137**

13강 조선 전기의 정치

(2) 세조(수양 대군) 기출자료1
① 권력 장악: 계유정난◆을 통해 정권을 장악한 후 조카 단종을 몰아내고 즉위하였다.
② 왕권 강화 정책

6조 직계제 실시	강력한 왕권 행사를 위해 재실시함
집현전·경연 폐지	단종 복위 운동◆을 계기로 집현전과 경연을 폐지함
유향소 폐지	이시애의 난◆ 진압 후 이를 후원하였다는 이유로 유향소를 폐지함

③ 직전법 실시: 관리에게 지급할 토지가 부족해지자, 직전법을 실시하여 현직 관리에게만 토지의 수조권을 지급하였다.

(3) 성종 기출자료2
① 『경국대전』◆ 반포: 법전인 『경국대전』을 완성·반포하여 국가의 통치 규범을 마련하였다.
② 홍문관 설치: 홍문관을 설치하여 집현전을 계승하게 하고, 경연◆을 활성화하였다.
③ 관수 관급제 실시: 국가가 농민에게 직접 조세를 거둔 후에 관리들에게 지급하는 관수 관급제를 실시하였다.
④ 편찬 사업: 『동문선』(문학), 『동국여지승람』(지리), 『악학궤범』(음악), 『국조오례의』(의례), 『동국통감』(역사) 등을 편찬하였다.

◆ 계유정난
계유년(1453)에 수양 대군이 한명회, 권람 등과 함께 김종서, 황보인 등을 제거하고 정권을 장악한 사건

◆ 단종 복위 운동
성삼문·박팽년 등 집현전 학사들이 단종의 복위를 시도함

◆ 이시애의 난
함경도 토착 세력인 이시애가 지역 차별 등에 반발하여 일으킨 난

◆ 『경국대전』
• 세조 때 편찬하기 시작하여 성종 때 완성·반포한 조선의 기본 법전
• 「이전」, 「호전」, 「예전」, 「병전」, 「형전」, 「공전」의 6전으로 구성됨

◆ 경연
왕에게 『대학』 등의 유학 경서를 강론하는 제도

2 조선의 통치 체제 최근 3개년 시험 중 9회 출제!

빈출 키워드 랭킹
1위 승정원 9번 출제
2위 홍문관 8번 출제
3위 의금부 6번 출제

1. 중앙 정치 조직 기출자료3

의정부	재상(영의정·좌의정·우의정)의 합의를 통해 국정을 총괄한 조선의 최고 권력 기관		
6조	정책을 집행한 행정 기관, 이조·호조·예조·병조·형조·공조로 구성됨		
승정원	왕명의 출납을 담당한 국왕의 비서 기관, 은대라고도 불림		
의금부	반역죄, 강상죄 등 국가의 대역 죄인을 심판한 국왕 직속의 사법 기관		
사헌부	대사헌을 수장으로 함, 관리의 비리를 감찰함	양사(대간): 사헌부와 사간원으로 구성, 서경권◆ 행사	삼사: 언론을 담당한 청요직◆으로, 권력 독점과 부정을 방지함
사간원	대사간을 수장으로 함, 정책에 대한 간언·간쟁을 담당함		
홍문관◆	대제학을 수장으로 한 국왕의 자문 기구, 경연을 주관함		
기타	한성부(수도의 행정·치안 담당), 춘추관(역사서 편찬), 성균관(최고 교육 기관)		

2. 지방 행정 조직
(1) 지방 행정 구역: 전국을 8도로 나누고 관찰사를 파견하여 관할 군현의 수령을 감독·평가하도록 하였다. 8도 아래의 부·목·군·현에는 지방의 행정·사법·군사권을 행사하는 수령을 파견하여 농업 발전, 교육 진흥 등 7가지 업무를 수행하도록 하였다(수령 7사◆).

◆ 홍문관
집현전의 기능을 계승하였으며, 옥당·옥서라고도 불림

◆ 서경권
5품 이하 관리의 임명에 대한 동의권

◆ 청요직
청빈함을 요구하는 직책이라는 뜻

◆ 수령 7사
• 조선 시대 수령이 지방 통치에 있어서 힘써야 할 7가지 임무
• 농업 장려, 인구 확보, 교육 진흥, 군정에 만전을 기할 것, 부역의 균등, 소송의 간결, 향리의 부정 방지가 있음

기출 분석 특강

기출자료 1 세조
> ✅ 출제 TIP 계유정난과 왕권 강화책과 관련된 내용이 주로 자료로 제시됩니다!

(1) 6조 직계제 재실시 51회 출제

계유년에 황보인 등을 제거하고 권력을 장악한 이후 즉위한 왕은 강력한 왕권을 행사하고자 육조 직계제를 부활시켰다. 이번 조치는 형조의 사형수 판결을 제외한 육조의 서무를 직접 왕에게 보고하도록 한 것이다. 따라서 이전보다 더욱 강력한 육조 직계제가 시행될 것으로 예상된다.
- 계유정난
- 왕 → 세조

자료 분석
세조는 계유정난을 통해 권력을 장악한 이후 조카인 단종을 몰아내고 즉위하였다. 이후 강력한 왕권 행사를 위하여 6조에서 의정부를 거치지 않고 국왕에게 곧바로 보고하는 6조 직계제를 재실시하였다.

함께 나올 기출선택지
- 계유정난을 통해 수양 대군이 정권을 장악하였다. 65회
- 단종 복위 운동을 계기로 집현전을 폐지하였다. 72회
- 함길도 토착 세력이 일으킨 이시애의 난을 진압하였다. 70·65회
- 현직 관리에게만 수조권을 지급하는 직전법을 실시하였다. 73·68·63회

기출자료 2 성종

(1) 편찬 사업 72회 출제
> ✅ 출제 TIP 성종 때 편찬된 서적들의 이름과 내용을 파악하세요!

전하께서 성군을 이으셨으니, 예악(禮樂)으로 태평 시절을 일으키실 때가 바로 지금이다. …… 이에 성현 등에게 명하여 다시 교정하게 하였다. 책이 완성되자 『악학궤범』이라고 이름 지었다.

자료 분석
성종 때 성현 등에 의해 음악의 이론과 역사를 집대성한 이론서인 『악학궤범』이 간행되었다.

함께 나올 기출선택지
- 국가의 기본 법전인 『경국대전』이 완성되었다. 72·71·68·66회
- 집현전을 계승한 홍문관을 설치하였다. 58회
- 궁중 음악을 집대성한 『악학궤범』을 편찬하였다. 73·69·66회

기출자료 3 조선의 중앙 정치 조직
> ✅ 출제 TIP 중앙 정치 조직의 별칭과 역할이 자료의 힌트로 자주 나와요!

(1) 승정원 60회 출제

이것은 우부승지 이현보와 그가 속한 (가) 관원들의 친목 모임을 그린 그림이다. 상단에는 계회 모습이 그려져 있고, 중단에는 축하 시, 하단에는 도승지 등 계원의 관직과 성명이 기록되어 있다. 은대는 (가) 의 별칭이며, 정원으로 약칭되기도 하였다.

자료 분석
승정원은 왕명의 출납을 담당한 국왕의 비서 기관으로 도승지를 중심으로 6명의 승지가 각각 6조를 분담하였다. 한편 승정원은 은대, 정원 등의 별칭이 있었다.

(2) 사헌부 61회 출제

1. 개요
조선 시대에 언론 활동, 풍속 교정, 백관에 대한 규찰과 탄핵 등을 관장하던 기구이다. 대사헌, 집의, 장령, 감찰 등의 직제로 구성되어 있다.
- 백관 → 모든 관리
- 대사헌 → 사헌부의 수장

자료 분석
사헌부는 언론 활동, 풍속 교정, 백관에 대한 규찰과 탄핵 등을 관장하던 기구로, 수장인 대사헌을 중심으로 운영되었다.

(3) 의금부 58회 출제

이 책에는 조선 시대에 왕명으로 (가) 에서 중죄인을 추국한 결과가 기록되어 있다. 조옥(詔獄)이라고도 불린 (가) 은/는 강상죄·반역죄 등을 처결하였으며 판사·도사 등의 관직이 있었다.

자료 분석
의금부는 조선 시대 국왕 직속의 특별 사법 기구로, 강상죄·반역죄 등 국가의 대역 죄인을 처결하였다.

함께 나올 기출선택지
- 승정원 - 왕명 출납을 맡은 왕의 비서 기관이었다. 69·68·62·60회
- 승정원 - 은대(銀臺), 후원(喉院)이라고도 불리었다. 72·61회
- 의금부 - 국왕 직속 사법 기구로 반역죄, 강상죄 등을 처결하였다. 71·68회
- 사간원, 사헌부 - 5품 이하 관리의 임명 과정에서 서경권을 행사하였다. 71·69·61회
- 홍문관 - 사헌부, 사간원과 함께 3사로 불렸다. 73·63·62·59회
- 홍문관 - 학술 기관으로 경연을 관장하였다. 69·64·60회
- 한성부 - 수도의 치안과 행정을 담당하였다. 71·69·68회
- 춘추관 - 『실록』을 보관하고 관리하는 업무를 관장하였다. 62회
- 춘추관 - 역사서를 편찬하고 사고에 보관하는 일을 맡았다. 69회

13강 조선 전기의 정치

(2) 향촌 사회 통제 기구 [기출자료 1]

유향소	수령을 보좌하고 향리를 감찰한 향촌 자치 기구로, 좌수와 별감이라는 임원을 선출함
경재소	유향소를 통제하기 위해 중앙에 설치된 기구로, 고위 관리가 자신의 출신 지역 경재소를 관장함

3. 관리 등용 제도와 군사 제도

(1) 관리 등용 제도

과거 제도◆	· 문과◆: 소과(생원·진사시)와 대과로 구성되었음 · 무과: 무신 선발을 위한 시험 · 잡과: 역과, 의과 등 기술관 선발을 위한 시험으로 주로 중인이 응시함
기타	음서, 취재(간단한 시험을 통해 하급 관리 선발), 천거(고관의 추천을 통해 등용)

(2) 군사 제도

중앙군	5위로 구성되어, 궁궐과 수도의 방어를 담당함
지방군	영진군 체제(영이나 진에 소속되어 복무) → 진관 체제(지역 단위 방위 체제)로 운영

◆ **조선의 과거 제도**
- 법제상 양인 이상이면 응시가 가능하였음
- 3년마다 정기적으로 실시되는 식년시와 부정기적으로 시행되는 증광시(국가의 특별한 경사에 실시), 알성시(국왕의 성균관 문묘 제례 시 실시) 등이 있었음

◆ **문과**
탐관오리의 자제·서얼·재가한 여자의 자손은 응시가 불가했음

---

3 사화의 발생과 붕당의 형성
최근 3개년 시험 중 12회 출제!

빈출 키워드 랭킹
1위 조광조 12번 출제
2위 「조의제문」 9번 출제
3위 을사사화 7번 출제

1. 훈구와 사림

(1) 훈구와 사림◆

훈구	조선 건국에 공을 세운 혁명파 사대부, 세조의 즉위에 공을 세운 공신들
사림	조선 건국에 참여하지 않고 지방에서 학문 연구와 교육에 힘쓴 신진 사대부

(2) 사림의 진출: 성종 때부터 김종직 등 사림이 중앙 정계에 진출하기 시작하였고, 주로 삼사에 등용된 사림이 훈구를 비판하면서 두 세력의 대립이 심화되었다.

2. 사화의 전개

(1) 무오사화(1498, 연산군) [기출자료 2]

원인	사림 김일손이 스승 김종직의 「조의제문」◆을 실록의 초안인 「사초」에 기록함
전개	훈구가 이를 문제 삼자, 연산군이 김일손을 처형하고 다수의 사림들을 유배 보냄

(2) 갑자사화(1504, 연산군) [기출자료 3]

원인	연산군의 측근 세력이 권력 독점을 위해 연산군에게 폐비 윤씨 사사 사건을 고발함
전개	사건을 주도한 훈구와 이에 연루된 김굉필 등의 사림이 제거됨

(3) 중종반정(1506): 두 차례의 사화와 연산군의 폭정으로 반정이 일어나 연산군이 폐위되고 중종이 즉위하였다. 한편 이 과정에서 공을 세운 훈구 세력이 권력을 장악하였다.

◆ **훈구와 사림**
- 훈구: 막대한 토지를 소유한 대지주 출신으로, 중앙 집권과 부국강병을 추구함
- 사림: 향촌의 중소 지주 출신으로, 향촌 자치와 왕도 정치를 추구함

◆ **「조의제문」**
- 김종직이 항우에게 죽은 초나라 의제를 기리며 쓴 글로, 단종의 왕위를 찬탈한 세조를 비판한 글로 평가됨
- 무오사화의 직접적인 계기가 됨

기출 분석 특강

기출자료 1 | 향촌 사회 통제 기구

(1) 유향소 65회 출제

우부승지 김종직이 아뢰기를, "고려 태조는 여러 고을에 영을 내려 공변되고 청렴한 선비를 뽑아서 향리들의 불법을 규찰하게 하였으므로 간사한 향리가 저절로 없어져 5백 년간 풍화를 유지할 수 있었습니다. 우리 조정에서는 **이시애의 난 이후** (가) 이/가 **혁파**되자 간악한 향리들이 불의를 자행하여서 건국한 지 1백 년도 못 되어 풍속이 쇠퇴해졌습니다. …… 청컨대 (가) 을/를 **다시 설립하여 향풍을 규찰**하게 하소서."라고 하였다.

자료 분석
유향소는 지방 사족들이 조직한 향촌 자치 기구로, 좌수와 별감이라는 임원을 선출하여 수령 감시 및 보좌, 향리 규찰, 풍속 교정 등의 기능을 담당하였다. 한편, 유향소는 세조 때 이시애의 난이 원인이 되어 혁파되었다가, 성종 때 이르러 부활하였다.

함께 나올 기출선택지
- 유향소 – **좌수와 별감**을 선발하여 운영되었다. 67·57회
- **경재소**를 두어 **유향소를 통제**하였어요. 38회

기출자료 2 | 무오사화
출제 TIP 「조의제문」이 자료와 선택지의 핵심 키워드로 자주 제시됩니다.

(1) 무오사화 63회 출제

왕이 전지하기를, "김종직은 보잘것없는 시골의 미천한 선비였는데, 선왕께서 발탁하여 경연에 두었으니 은혜와 총애가 더없이 컸다고 하겠다. 그런데 지금 그의 **제자 김일손**이 「사초」에 부도덕한 말로써 선왕 대의 일을 거짓으로 기록하고, 또 **스승인 김종직의 「조의제문」을 싣고서 그 글을 찬양**하였으니, 형명(刑名)을 의논하여 아뢰라."라고 하였다.

자료 분석
무오사화는 연산군 때 일어난 사건으로, 사림인 김일손이 스승 김종직의 「조의제문」을 「사초」에 기록한 것이 원인이 되었다. 이로 인해 김일손이 처형되고, 다수의 사림들이 유배되었다.

(2) 무오사화 66회 출제

정문형, 한치례 등이 의논하기를, "지금 **김종직의 「조의제문」**을 보니, 차마 읽을 수도 볼 수도 없습니다. …… 마땅히 대역의 죄로 논단하고 **부관참시해서 그 죄를 분명히 밝혀** 신하들과 백성들의 분을 씻는 것이 사리에 맞는 일이옵니다."라고 하였다.

자료 분석
무오사화가 일어나자, 사건의 원인이 된 「조의제문」을 쓴 김종직이 부관참시당하였다.

함께 나올 기출선택지
- 김종직 – **무오사화의 발단**이 된 「**조의제문**」을 작성하였다. 60회
- 「**조의제문**」이 발단이 되어 **김일손 등이 처형**되었다. 64·61회

기출자료 3 | 갑자사화
출제 TIP '폐비 윤씨'가 자료에서 힌트로 나옵니다.

(1) 갑자사화 61회 출제

윤필상, 유순 등이 **폐비(廢妃) 윤씨의 시호**를 의논하며 "시호와 휘호를 함께 의논하겠습니까?"라고 아뢰니, "시호만 정하는 것이 합당하겠다."라고 하였다. …… 승정원에 전교하기를 "폐비할 때 의논에 참여한 재상, 궁궐에서 나갈 때 시위한 재상, 사약을 내릴 때 나가 참여한 재상 등을 『승정원일기』에서 조사하여 아뢰라."라고 하였다.

자료 분석
연산군의 측근 세력이 사림파와 훈구파를 몰아내고 권력을 독차지하기 위해 연산군에게 폐비 윤씨 사사 사건에 일부 훈구 세력이 관련되어 있음을 보고하였고, 이로 인해 사건에 가담한 훈구와 이에 연루된 사람들도 처벌되었다.

함께 나올 기출선택지
- **폐비 윤씨 사사 사건**의 전말이 알려져 김굉필 등이 처형되었다. 73·71·68회

13강 조선 전기의 정치

(4) 기묘사화(1519, 중종) 기출자료1

원인	중종이 반정 공신인 훈구를 견제하기 위해 조광조를 비롯한 사림을 등용함 → 조광조가 현량과(천거제) 실시, 소격서 폐지, 위훈 삭제(반정 공신의 거짓 공훈 삭제) 등 급진적인 개혁을 추진함
전개	조광조가 추진한 위훈 삭제에 반발한 훈구에 의해 조광조를 비롯한 사림이 제거됨

(5) 을사사화(1545, 명종) 기출자료2

배경	중종의 뒤를 이어 즉위한 인종이 일찍 죽고 명종이 즉위하면서, 윤임 등 인종의 외척(대윤)과 윤원형 등 명종의 외척(소윤) 사이에 권력 다툼이 발생함
전개	소윤 세력이 대윤 세력을 역적으로 몰아 숙청하였고, 연관된 사림까지 피해를 입음
영향	윤원형 등 권세가들의 부패가 심해져 임꺽정과 같은 도적이 나타남

(6) **정미사화**: 양재역 벽서 사건◆을 구실로 윤원형 세력이 이언적 등 반대파를 숙청하였다.

3. 붕당의 형성

(1) **배경**: 사화로 피해를 입은 사림이 선조 즉위 후 중앙 정계에 재진출하여 정국을 주도하였다.

(2) **사림의 분화**: 이조 전랑 임명 문제를 두고 김효원(신진 사림)과 심의겸(기성 사림)이 대립하다가, 정치적·학문적 입장에 따라 동인과 서인◆으로 나뉘어 붕당이 형성되었다.

(3) **동인의 분화**: 정여립 모반 사건 때 동인이 서인 정철에 의해 피해를 입었고(기축옥사), 건저의 사건◆으로 동인이 정철을 공격하였다. 동인이 정철 처리에 대한 입장을 두고 북인과 남인으로 분화되었다.

◆ **양재역 벽서 사건**
윤원형 일파와 명종의 어머니인 문정 왕후를 비판하는 익명의 벽서가 붙은 사건

◆ **동인과 서인**
- 동인: 김효원을 지지한 신진 사림으로, 이황과 조식의 학문을 계승함
- 서인: 심의겸을 지지한 기성 사림으로, 이이와 성혼의 학문을 계승함

◆ **건저의 사건**
서인인 정철이 선조에게 광해군을 세자로 책봉할 것을 건의(건저의)하자, 동인이 이를 빌미로 정철과 서인을 공격한 사건

10초 컷! 핵심 키워드 암기

1. 조선 초기의 왕: 태종(6조 직계제 실시, 사간원 독립), 세종(집현전 개편, 4군 6진 설치, 훈민정음 반포), 성종(『경국대전』 반포, 홍문관 설치)
2. 조선의 삼사: 사헌부, 사간원, 홍문관
3. 사화의 전개 과정: 무오사화 → 갑자사화 → 중종반정 → 기묘사화 → 을사사화

13강 개념 확인 퀴즈

1. 다음 설명이 맞으면 O표, 틀리면 X표를 하세요.

(1) 태종은 계유정난을 통해 권력을 장악한 후 즉위하였다. ( )
(2) 한성부는 수도의 치안과 행정을 담당하였다. ( )
(3) 폐비 윤씨 사사 사건을 빌미로 갑자사화가 일어났다. ( )

2. 다음 괄호 안의 내용 중 옳은 것에 O표 하세요.

(1) 세종은 (6조 직계제 / 의정부 서사제)를 실시하였다.
(2) (사헌부 / 사간원)은/는 관리의 비리와 감찰을 담당하였다.
(3) (김종직 / 조광조)의 「조의제문」은 무오사화의 직접적 원인이 되었다.

기출 분석 특강

기출자료 1 기묘사화

(1) 조광조 69회 출제

이곳은 경기도 용인시에 있는 심곡 서원입니다. 반정 공신의 위훈 삭제 등 개혁을 추진하다가 사사된 인물의 학문과 덕행을 추모하기 위해 세워졌습니다. 이 인물에 대해 알고 있는 내용을 대화창에 올려주세요.
– 호는 정암으로, 소격서 폐지에 앞장섰어요.

자료 분석
조광조는 중종 때 등용된 사림으로 소격서 폐지, 현량과 실시, 위훈 삭제 등 급진적인 개혁을 추진하다가 훈구에 의해 기묘사화 때 제거되었다.

함께 나올 기출선택지
- 조광조의 개혁 정치 – **현량과**를 통해 신진 사림이 등용되었다. 64·55회
- **위훈 삭제**를 주장한 **조광조 일파가 축출**되었다. 73·64·60회

기출자료 2 을사사화

(1) 을사사화 48회 출제

정유년 이후부터 조정 신하들 사이에는 **대윤**이니 **소윤**이니 하는 말들이 있었다. …… **자전(慈殿)**은 밀지를 **윤원형**에게 내렸다. 이에 이기, 임백령 등이 고변하여 큰 화를 만들어 냈다.
— 임금의 어머니

자료 분석
을사사화는 인종의 외척(윤임, 대윤)과 명종의 외척(윤원형, 소윤)이 대립하다가 소윤이 대윤을 숙청하는 과정에서 이에 연관된 사림까지 피해를 입은 사건이다.

함께 나올 기출선택지
- **외척 간의 대립**으로 을사사화가 발생하였다. 71회
- **윤임 일파가 제거**되는 결과를 가져왔다. 66·61·57회
- 외척 세력인 **대윤과 소윤의 대립**으로 일어났다. 43회

---

3. 질문에 맞는 답을 고르세요.

(1) 태종의 업적은?
① 이시애의 난을 진압하였다.
② 주자소를 두어 계미자를 주조하였다.

(2) 성종의 업적은?
① 금속 활자인 갑인자를 제작하였다.
② 『경국대전』을 완성하여 통치 체제를 정비하였다.

(3) 관찰사에 대한 설명은?
① 관내 군현의 수령을 감독하였다.
② 출신지의 경재소를 관장하였다.

(4) 을사사화에 대한 설명은?
① 대윤과 소윤의 권력 다툼이 계기가 되었다.
② 위훈 삭제에 대한 훈구 세력의 반발이 원인이었다.

정답
1. (1) X(세조) (2) ○ (3) ○
2. (1) 의정부 서사제 (2) 사헌부 (3) 김종직
3. (1) ②(①은 세조)
   (2) ②(①은 세종)
   (3) ①(②은 정부의 고위 관리)
   (4) ①(②은 기묘사화)

개념 적용 기출문제

01
47회 18번

(가)~(다)를 일어난 순서대로 옳게 나열한 것은? [2점]

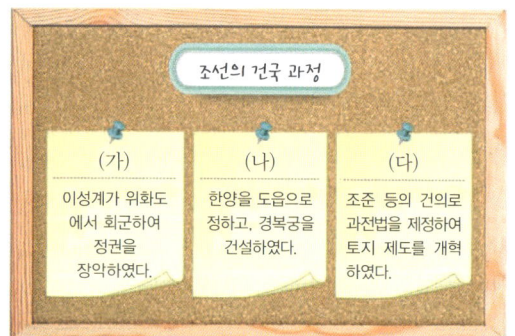

조선의 건국 과정

(가) 이성계가 위화도에서 회군하여 정권을 장악하였다.

(나) 한양을 도읍으로 정하고, 경복궁을 건설하였다.

(다) 조준 등의 건의로 과전법을 제정하여 토지 제도를 개혁하였다.

① (가) - (나) - (다)
② (가) - (다) - (나)
③ (나) - (가) - (다)
④ (나) - (다) - (가)
⑤ (다) - (나) - (가)

02
70회 17번

(가) 왕에 대한 설명으로 옳은 것은? [2점]

오늘 말씀해 주실 삼공신회맹문에는 어떤 내용이 담겨 있나요?

이 문서에는 두 차례에 걸친 왕자의 난으로 즉위한 (가) 이/가 삼공신들과 함께 종묘사직 및 산천에 제를 올려 충의와 신의를 맹세한 내용이 기록되어 있습니다. 삼공신은 개국공신, 제1차 왕자의 난에서 공을 세운 정사공신, 제2차 왕자의 난을 평정하는 데 도움을 준 좌명공신을 말합니다.

개국정사좌명삼공신회맹문

① 『경국대전』을 완성하여 통치 체제를 정비하였다.
② 초계문신제를 시행하여 문신들을 재교육하였다.
③ 길주를 근거지로 일어난 이시애의 난을 진압하였다.
④ 문하부를 폐지하고 낭사를 사간원으로 독립시켰다.
⑤ 붕당의 폐해를 경계하기 위한 탕평비를 건립하였다.

03
64회 17번

밑줄 그은 '왕'의 재위 시기에 있었던 사실로 옳은 것은? [2점]

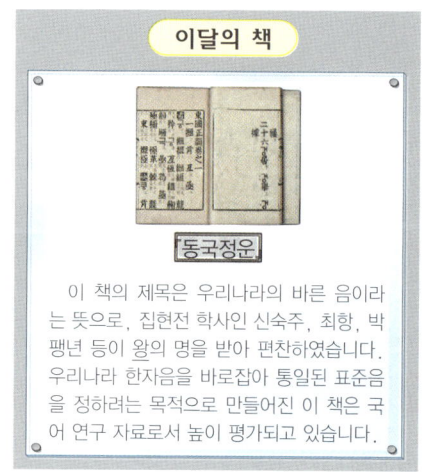

이달의 책

동국정운

이 책의 제목은 우리나라의 바른 음이라는 뜻으로, 집현전 학사인 신숙주, 최항, 박팽년 등이 왕의 명을 받아 편찬하였습니다. 우리나라 한자음을 바로잡아 통일된 표준음을 정하려는 목적으로 만들어진 이 책은 국어 연구 자료로서 높이 평가되고 있습니다.

① 금속 활자인 갑인자가 제작되었다.
② 수도 방어를 위해 금위영이 설치되었다.
③ 훈련 교범인 『무예도보통지』가 편찬되었다.
④ 국가의 기본 법전인 『경국대전』이 완성되었다.
⑤ 신진 인사를 등용하기 위해 현량과가 시행되었다.

04
72회 20번

밑줄 그은 '전하'의 재위 기간에 있었던 사실로 옳은 것은? [2점]

전하께서 성군을 이으셨으니, 예악(禮樂)으로 태평 시절을 일으키실 때가 바로 지금이다. 장악원 소장의 의궤와 악보가 오랜 세월이 지나서 끊어지고 문드러졌다. 다행히 보존된 것 역시 모두 엉성하고 오류가 있으며 빠진 것이 많다. 이에 성현 등에게 명하여 다시 교정하게 하였다. 책이 완성되자 『악학궤범』이라고 이름 지었다.

① 예악을 정리한 『가례집람』이 저술되었다.
② 국가의 기본 법전인 『경국대전』이 완성되었다.
③ 외교 문서를 집대성한 『동문휘고』가 편찬되었다.
④ 붕당의 폐해를 경계하기 위한 탕평비가 건립되었다.
⑤ 이조 전랑 임명을 둘러싸고 김효원과 심의겸이 대립하였다.

해설

01 조선의 건국 과정   정답 ②

자료 분석

(가) 이성계가 위화도에서 회군 → 위화도 회군(1388)
(나) 한양을 도읍으로 정함 → 한양 천도(1394)
(다) 조준 등의 건의 + 과전법 제정 → 과전법 제정(1391)

(가) 고려 우왕 때 명이 철령 이북의 땅을 차지하려 하자, 이성계는 우왕과 최영의 명으로 요동 정벌에 나섰다. 그러나 요동 정벌에 반대한 이성계는 위화도 회군하여 최영을 제거하고 정권을 장악하였다(위화도 회군, 1388).
(나) 태조 이성계는 왕위에 올라 조선을 건국(1392)한 후, 한양을 도읍으로 정하여 천도하고 경복궁을 건설하였다(한양 천도, 1394).
(다) 정권을 장악한 이성계는 우왕과 창왕을 연이어 폐하고 공양왕을 추대하였다. 이후 조준 등의 건의로 토지 제도인 과전법을 제정하여 신진사대부의 경제적 기반을 마련하였다(과전법 제정, 1391).

선택지 분석

① (가) - (나) - (다)
② **(가) - (다) - (나)**
  ㄴ 순서대로 나열하면 (가) 위화도 회군(1388) - (다) 과전법 제정(1391) - (나) 한양 천도(1394)이다.
③ (나) - (가) - (다)
④ (나) - (다) - (가)
⑤ (다) - (나) - (가)

02 태종   정답 ④

자료 분석

두 차례에 걸친 왕자의 난으로 즉위함 → 태종

태종은 제1·2차 왕자의 난을 진압하고 조선의 제3대 왕으로 즉위하였다. 이후 그는 왕권을 강화하기 위해 정책 집행 기관인 6조에서 의정부의 심의를 거치지 않고 국왕에게 직접 보고하는 6조 직계제를 실시하였다. 또한 태종은 궁궐에 신문고라는 북을 설치하여 억울한 일을 당한 백성들이 국왕에게 호소할 수 있도록 하였다.

선택지 분석

① 『경국대전』을 완성하여 통치 체제를 정비하였다. → 성종
② 초계문신제를 시행하여 문신들을 재교육하였다. → 정조
③ 길주를 근거지로 일어난 이시애의 난을 진압하였다. → 세조
④ 문하부를 폐지하고 낭사를 사간원으로 독립시켰다. → 태종
  ㄴ 태종은 문하부를 폐지하고 언론 기능을 담당하던 낭사를 사간원으로 독립시켜 대신들을 견제하였다.
⑤ 붕당의 폐해를 경계하기 위한 탕평비를 건립하였다. → 영조

03 세종   정답 ①

자료 분석

『동국정운』 + 집현전 → 세종

세종은 조선의 제4대 왕으로, 민생 안정에 도움을 주기 위한 여러 정책을 실시하였다. 훈민정음(한글)을 창제하고, 「용비어천가」 등의 한글 서적을 간행하였으며, 신숙주·최항·박팽년 등에게 우리나라 최초의 표준음에 관한 운서인 『동국정운』을 편찬하게 하였다.

선택지 분석

① 금속 활자인 갑인자가 제작되었다. → 세종
  ㄴ 세종 때 금속 활자인 갑인자가 제작되었다.
② 수도 방어를 위해 금위영이 설치되었다. → 숙종
③ 훈련 교범인 『무예도보통지』가 편찬되었다. → 정조
④ 국가의 기본 법전인 『경국대전』이 완성되었다. → 성종
⑤ 신진 인사를 등용하기 위해 현량과가 시행되었다. → 중종

빈출 개념 세종의 업적

유교 정치 실현	의정부 서사제 실시, 집현전 강화
수취 체제 정비	전분 6등법(비옥도 기준), 연분 9등법(풍흉 기준) 실시
대외 정책	· 여진: 4군(최윤덕) 6진(김종서) 개척 · 일본: 대마도 정벌(이종무), 계해약조 체결
문화 정책	· 훈민정음 창제 · 측우기·앙부일구·자격루·혼천의 등 제작 · 『농사직설』(농서), 『삼강행실도』(윤리서), 『칠정산』(역법서) 등 편찬 · 갑인자(활자) 주조

04 성종   정답 ②

자료 분석

『악학궤범』 → 성종

성종 재위 기간에는 다양한 분야의 서적이 편찬되었다. 대표적으로 성현 등에 의해 음악의 이론과 역사 등을 집대성한 이론서인 『악학궤범』이 간행되었다.

선택지 분석

① 예악을 정리한 『가례집람』이 저술되었다. → 선조
② 국가의 기본 법전인 『경국대전』이 완성되었다. → 성종
  ㄴ 성종 때 세조 때부터 만들기 시작한 국가의 기본 법전인 『경국대전』이 완성되었다.
③ 외교 문서를 집대성한 『동문휘고』가 편찬되었다. → 정조
④ 붕당의 폐해를 경계하기 위한 탕평비가 건립되었다. → 영조
⑤ 이조 전랑 임명을 둘러싸고 김효원과 심의겸이 대립하였다. → 선조

개념 적용 기출문제

05
68회 25번

(가) 관서에 대한 설명으로 옳은 것은? [2점]

체험 활동 소감문
2023년 12월 2일 ○○○

지난 토요일에 '승경도' 놀이를 체험했다. 승경도는 조선 시대 관직 이름을 적은 놀이판이다. 윷을 던져 말을 옮기는데, 승진을 할 수도 있지만 자칫하면 파직이 되거나 사약까지 받을 수 있어 흥미진진했다.

놀이 규칙에 은대법이 있는데, (가) 을/를 총괄하는 도승지 자리에 도착한 사람은 당하관 자리에 있는 사람들이 던진 윷의 결괏값을 이용할 수 있는 규칙이다. 은대가 무엇인지 몰랐는데, (가) 을/를 뜻함을 알게 되었다.

① 수도의 행정과 치안을 맡아보았다.
② 재상들이 합의하여 국정을 총괄하였다.
③ 반역죄, 강상죄를 범한 중죄인을 다스렸다.
④ 왕의 비서 기관으로 왕명의 출납을 담당하였다.
⑤ 외적의 침입에 대비하기 위한 임시 기구로 설치되었다.

06
69회 20번

(가) 기구에 대한 설명으로 옳은 것은? [2점]

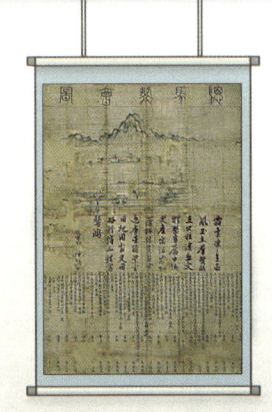

총마계회도(驄馬契會圖)
총마들의 모임을 기념하기 위해 그린 그림으로, 총마는 감찰의 별칭이다. 감찰은 대사헌을 수장으로 하는 (가) 의 관원으로, 관리의 위법 사항을 규찰하였다. 그림에는 계회 장소의 모습과 함께 왕이 내린 시문, 참석자 명단 등이 담겨 있다.

① 수도의 행정과 치안을 담당하였다.
② 왕명 출납을 맡은 왕의 비서 기관이었다.
③ 왕에게 경서 등을 강론하는 경연을 주관하였다.
④ 역사서를 편찬하고 사고에 보관하는 일을 맡았다.
⑤ 5품 이하 관리의 임명 과정에서 서경권을 행사하였다.

07
71회 21번

밑줄 그은 '이 사건'에 대한 설명으로 옳은 것은? [2점]

이곳은 이언적의 위패를 모신 경주 옥산 서원입니다. 이언적은 이른바 대윤과 소윤이라는 정치 세력 간의 갈등으로 윤임 등 대윤 세력이 탄압받은 이 사건 당시 관련자들의 처리를 두고 갈등이 생기자 스스로 관직에서 물러났습니다. 이후 양재역 벽서 사건에 연루되어 유배되었습니다.

① 김종직의 「조의제문」이 발단이 되었다.
② 폐비 윤씨 사사 사건이 원인이 되었다.
③ 왕실 외척 간의 권력 다툼으로 일어났다.
④ 진성 대군이 왕으로 즉위하는 결과를 가져왔다.
⑤ 조광조 등이 반정 공신의 위훈 삭제를 주장하였다.

08
55회 20번

다음 상황 이후에 전개된 사실로 옳은 것은? [3점]

선전관 이용준 등이 정여립을 토벌하기 위하여 급히 전주에 내려갔다. 무리들과 함께 진안 죽도에 숨어 있던 정여립은 군관들이 체포하려 하자 자결하였다.

① 이시애가 길주를 근거지로 난을 일으켰다.
② 기축옥사로 이발 등 동인 세력이 제거되었다.
③ 양재역 벽서 사건으로 이언적 등이 화를 입었다.
④ 수양 대군이 김종서 등을 살해하고 권력을 장악하였다.
⑤ 이조 전랑 임명을 둘러싸고 사림이 동인과 서인으로 나뉘었다.

해설

05 승정원 정답 ④

자료 분석
도승지 + 은대 → 승정원

승정원은 조선 시대 왕명을 주요 관청에 전달하거나 하부의 보고 및 청원들을 왕에게 전달하는 왕명의 출납을 담당한 왕의 비서 기관으로, 은대, 후원, 정원 등의 별칭으로 불리기도 하였다. 승정원은 수장인 도승지를 포함한 6명의 승지가 있어, 각각 6조를 맡아 담당하였다.

선택지 분석
① 수도의 행정과 치안을 맡아보았다. → 한성부
② 재상들이 합의하여 국정을 총괄하였다. → 의정부
③ 반역죄, 강상죄를 범한 중죄인을 다스렸다. → 의금부
④ 왕의 비서 기관으로 왕명의 출납을 담당하였다. → 승정원
  └ 승정원은 조선 시대에 왕명의 출납을 담당한 왕의 비서 기관으로, 은대라는 별칭으로 불리기도 하였다.
⑤ 외적의 침입에 대비하기 위한 임시 기구로 설치되었다.
  → 비변사

06 사헌부 정답 ⑤

자료 분석
대사헌을 수장으로 함 + 관리의 위법 사항을 규찰 → 사헌부

사헌부는 언론 활동, 풍속 교정, 관리에 대한 규찰과 탄핵 등을 관장하던 조선 시대의 중앙 정치 기구로, 수장인 종2품 대사헌을 비롯하여 집의, 장령, 지평, 감찰로 구성되었다. 사헌부는 사간원, 홍문관과 함께 3사로 불리며 여론을 모으는 언론 기능을 수행하였다.

선택지 분석
① 수도의 행정과 치안을 담당하였다. → 한성부
② 왕명 출납을 맡은 왕의 비서 기관이었다. → 승정원
③ 왕에게 경서 등을 강론하는 경연을 주관하였다. → 홍문관
④ 역사서를 편찬하고 사고에 보관하는 일을 맡았다. → 춘추관
⑤ 5품 이하 관리의 임명 과정에서 서경권을 행사하였다.
  → 사헌부
  └ 사헌부는 사간원과 함께 양사로 불리며 5품 이하 관리의 임명 과정에서 동의권인 서경권을 행사하였다.

빈출 개념 사헌부

기능	관리의 비리 감찰과 탄핵 등을 담당
수장	종2품의 대사헌
특징	• 사간원과 함께 양사 또는 대간이라 불렸으며, 5품 이하의 관리를 처음 임명할 때 동의권(서경권)을 행사함 • 홍문관·사간원과 함께 삼사로 불림, 언론 기능 수행

07 을사사화 정답 ③

자료 분석
대윤과 소윤 → 을사사화

을사사화는 명종 때 왕의 외척들 간의 권력 다툼이 원인이 되어 이에 연루된 사림 세력이 화를 입은 사건이다. 조선 중종의 뒤를 이어 즉위한 인종이 일찍 죽고 어린 동생인 명종이 즉위하자, 인종과 명종의 외척 간에 권력 다툼이 발생하였다. 명종의 외척인 소윤 세력(윤원형 일파)이 인종의 외척인 대윤 세력(윤임 일파)의 견제를 받았기 때문에 명종이 즉위한 후 소윤 세력(윤원형 일파)이 대윤 세력(윤임 일파)을 역적으로 몰아 숙청하였으며, 이에 연루된 사림 세력까지 피해를 보게 되었다.

선택지 분석
① 김종직의 「조의제문」이 발단이 되었다. → 무오사화
② 폐비 윤씨 사사 사건이 원인이 되었다. → 갑자사화
③ 왕실 외척 간의 권력 다툼으로 일어났다. → 을사사화
  └ 을사사화는 인종의 외척인 윤임 등의 대윤 세력과 명종의 외척 세력인 윤원형 등의 소윤 세력 간의 권력 다툼으로 인해 일어났다.
④ 진성 대군이 왕으로 즉위하는 결과를 가져왔다. → 중종반정
⑤ 조광조 등이 반정 공신의 위훈 삭제를 주장하였다.
  → 조광조의 위훈 삭제 주장

08 정여립 모반 사건 이후의 사실 정답 ②

자료 분석
정여립을 토벌 → 정여립 모반 사건(선조)

정여립 모반 사건은 선조 때 동인이었던 정여립이 반란을 계획했다는 사실이 발각된 사건으로, 이로 인해 동인이 정계에서 대거 축출되었다.

선택지 분석
① 이시애가 길주를 근거지로 난을 일으켰다. → 이시애의 난(세조)
② 기축옥사로 이발 등 동인 세력이 제거되었다. → 기축옥사(선조)
  └ 정여립 모반 사건을 처리하는 과정에서 일어난 기축옥사로 이발 등 동인 세력이 제거되었다.
③ 양재역 벽서 사건으로 이언적 등이 화를 입었다.
  → 정미사화(명종)
④ 수양 대군이 김종서 등을 살해하고 권력을 장악하였다.
  → 계유정난(단종)
⑤ 이조 전랑 임명을 둘러싸고 사림이 동인과 서인으로 나뉘었다. → 동·서 분당(선조)

14강 조선 전기의 대외 관계와 양 난

1 조선 전기의 대외 관계와 왜란 최근 3개년 시험 중 11회 출제!

1. 조선 전기의 대외 관계

명	정기적(하정사, 성절사, 천추사, 동지사◆)·부정기적으로 명에 사신을 파견함
여진	한성에 북평관을 설치하고, 경성과 경원에 무역소를 두어 무역을 허용함
일본	· 삼포 왜란: 중종 때 삼포의 왜인들이 무역 통제에 반발하여 일으킴 · 을묘왜변: 명종 때 조선의 무역 통제 강화에 반발한 왜인들이 침입함

2. 왜란 - 임진왜란과 정유재란

(1) 왜란의 전개 과정 [기출자료1]

① **임진왜란 발발:** 왜군의 침입 → 부산진·동래성 함락 → 충주 탄금대 전투 패배(신립) → 선조의 의주 피난
② **수군의 활약:** 옥포 해전 승리 → 사천 해전 승리 → 한산도 대첩(학익진 전법◆) 승리
③ **의병의 항쟁:** 전국 각지에서 자발적으로 조직하여 왜군을 격퇴하였으며, 대표적인 의병장으로는 곽재우, 고경명, 정문부 등이 있었다.
④ **조선의 반격:** 진주 대첩 승리(김시민) → 조·명 연합군의 평양성 탈환 → 행주 대첩 승리(권율) → 휴전 협상 시작(명-일본)
⑤ **정유재란 발발:** 휴전 협상 결렬 → 일본의 재침입(정유재란) → 칠천량 해전 패배(원균) → 명량 해전◆ 승리(이순신) → 도요토미 히데요시 사망, 왜군 철수 → 노량 해전 승리

(2) 왜란 이후 일본과의 관계

① **기유약조 체결:** 광해군 때 일본과 기유약조◆를 체결하여 국교를 재개하고, 제한된 범위 내에서의 교섭을 허용하였다.
② **조선 통신사 파견:** 일본 에도 막부의 요청으로 쇼군이 바뀔 때마다 통신사◆를 파견하였다. 통신사는 19세기 초까지 조선의 선진 문물을 일본에 전파하는 사절단의 역할을 하였다.

3. 광해군의 전란 수습책 [기출자료2]

(1) 민생 안정책

① **대동법 실시:** 기존의 토산물 대신 소유한 토지 결수에 따라 쌀, 동전 등으로 공납을 납부하는 대동법을 경기도에 한해서 실시하였다.
② **『동의보감』 완성:** 허준이 전통 한의학을 정리한 『동의보감』을 완성하였다.

(2) 중립 외교 정책

① **배경:** 명이 쇠퇴하고 후금(여진)이 성장하는 상황에서, 명이 조선에 원군을 요청하였다.
② **전개:** 강홍립을 도원수로 삼아 명을 지원하도록 하였으나, 전투 상황에 따라 대처하도록 명령하였다. 이후 강홍립은 사르후 전투에서 후금에 항복하였다.
③ **결과:** 명과 후금 사이에서 신중한 중립 외교 정책을 전개하여 국가를 안정시켰으나, 인조반정의 빌미가 되었다.

빈출 키워드 랭킹
1위 탄금대 전투 5번 출제
2위 행주 대첩 3번 출제
3위 평양성 탈환 2번 출제

◆ **명에 파견한 사신**
· 하정사: 정월 초에 파견
· 성절사: 황제 생일에 파견
· 천추사: 태자 생일에 파견
· 동지사: 동지에 파견

◆ **학익진 전법**
학이 날개를 펼친 모습으로 적을 포위하는 전법

◆ **명량 해전**
이순신이 이끄는 조선 수군이 소수의 병력으로 명량 해협에서 왜군을 크게 격파한 전투

◆ **기유약조**
광해군 때 일본과의 통교를 허용하기 위해 대마도주와 맺은 조약

◆ **조선 통신사**
· 조선 시대에 일본에 파견된 사절단
· 관련 기록물이 유네스코 세계기록유산으로 등재됨

기출 분석 특강

기출자료 1 | 왜란의 전개 과정
출제 TIP 임진왜란의 전투 순서를 잘 파악하세요!

(1) 탄금대 전투 55회 출제

신립, 탄금대에서 패배
삼도 순변사 신립이 이끄는 관군이 탄금대에서 적군에게 패배, 충주 방어에 실패하였다. 신립은 탄금대에 배수진을 쳤으나, …… 신립은 종사관 김여물과 최후의 돌격을 감행하였으나 실패하자 전장에서 순절하였다.

[자료 분석] 신립은 충주 탄금대에서 배수의 진을 치고 결사적으로 싸우다가 왜군에 패하고 전사하였다.

(2) 조·명 연합군의 평양성 탈환 67회 출제

조·명 연합군, 평양성 탈환
평안도 도체찰사 류성룡, 도원수 김명원이 이끄는 관군이 명 제독 이여송 부대에 합세하여 평양성을 되찾았다. 이번 전투에서 아군의 불랑기포를 비롯한 화포가 위력을 발휘하여 일본군은 크게 패하고 남쪽으로 내려갔다.

[자료 분석] 임진왜란이 일어나자 선조는 명에 원군을 요청하였다. 이에 조·명 연합군이 결성되어 평양성을 탈환하였다.

(3) 행주 대첩 62회 출제

권율이 정병 4천 명을 뽑아 행주산 위에 진을 치고는 책(柵, 울타리)을 설치하여 방비하였다. …… 적은 올려다보고 공격하는 처지가 되어 탄환도 맞지 못하는데 반해 호남의 씩씩한 군사들은 모두 활쏘기를 잘하여 쏘는 대로 적중시켰다. …… 적이(왜군) 결국 패해 후퇴하였다.
- 『선조수정실록』

[자료 분석] 권율의 부대가 행주산성에서 왜군에 포위된 상황에서, 의병과 주민들과 합심하여 왜군을 격퇴하였다.

함께 나올 기출선택지
- 1592년 4월 – 신립이 탄금대에서 배수의 진을 치고 왜군에 항전하였다. 72·67·62회
- 1592년 7월 – 이순신이 한산도 대첩에서 승리하였다. 67·62회
- 곽재우가 의병장이 되어 의령 등에서 활약하였다. 62회
- 고경명 등이 의병장으로 활약하였다. 72회
- 1592년 10월 – 김시민이 진주성에서 적군을 크게 물리쳤다. 66·61회
- 1593년 1월 – 조·명 연합군이 평양성을 탈환하였다. 65·55회
- 1597년 9월 – 이순신이 명량에서 대승을 거두었다. 58회
- 삼수병으로 구성된 훈련도감이 설치되었다. 71·70·57회
- 정문부가 길주에서 의병을 이끌었다. 71·61회

기출자료 2 | 광해군의 전란 수습책

(1) 『동의보감』 완성 32회 출제

왕이 이르기를, "양평군 허준은 일찍이 의방(醫方)을 찬집(撰集)하라는 선왕(선조)의 특명을 받아 몇 년 동안 자료를 수집하였고, 심지어 유배되어 옮겨 다니는 가운데서도 그 일을 쉬지 않고 하여 이제 비로소 책으로 엮어 올렸다. ……"라고 하였다.

[자료 분석] 허준은 왜란 중에 선조의 명을 받아 『동의보감』 편찬을 시작하였고, 광해군 때 이를 완성하였다.

(2) 중립 외교 정책 35회 출제

고금천하의 법 중에 군율보다 엄격한 것은 없습니다. 그런데 강홍립, 김경서 등은 중국 군대와 함께 적지에 깊숙이 들어가서 힘껏 싸우다 죽지 않고 도리어 투항을 청하여 적의 뜰에 무릎을 꿇었으니, 신하의 대의가 땅을 쓸듯이 완전히 없어졌습니다.

[자료 분석] 광해군은 명이 조선에 원군을 요청하자, 강홍립을 파견하여 명을 지원하도록 하되 전투 상황에 따라 대처하도록 하는 중립 외교를 전개하였다.

함께 나올 기출선택지
- 전통 한의학을 정리한 『동의보감』을 간행하였다. 69·68·64·63회
- 명과 후금 사이에서 중립 외교를 펼쳤다. 39회
- 강홍립이 사르후 전투에 참전하였다. 72·69·65·64회

14강 조선 전기의 대외 관계와 양 난

2 호란과 양 난 이후 통치 체제의 변화 최근 3개년 시험 중 10회 출제!

빈출 키워드 랭킹
- 1위 나선 정벌 12번 출제
- 2위 병자호란 10번 출제
- 3위 훈련도감 9번 출제

1. 인조반정과 이괄의 난 기출자료 1
(1) 인조반정(1623)
① 원인: 서인들이 광해군의 중립 외교 정책과 폐모살제◆에 반발하였다.
② 결과: 광해군이 폐위되고 인조가 즉위하였으며, 북인이 몰락하고 서인이 정권을 장악하였다.

(2) 이괄의 난(1624)
① 전개: 인조반정의 공신이었던 이괄이 공신 책봉에 불만을 품고 난을 일으켜 도성을 점령하자, 인조가 도성을 떠나 공산성(공주)으로 피란하기도 하였다.
② 결과: 반란이 진압되었으나 반란의 잔당들이 후금으로 도망쳐 조선의 정세를 전달하였고, 이는 정묘호란이 일어나는 계기가 되었다.

◆ 폐모살제
광해군이 계모인 인목 대비를 폐위 후 유폐시키고, 이복동생인 영창 대군을 살해한 것

2. 호란 – 정묘호란과 병자호란
(1) 정묘호란(1627)
① 원인: 서인 정권이 친명 배금 정책◆을 실시하여 후금을 자극하였다.
② 전개: 후금이 광해군을 위해 보복한다는 명분으로 조선에 침입하였다. 이에 인조는 강화도로 피난하고, 정봉수(용골산성)와 이립(의주) 등이 의병을 이끌고 후금군에 항전하였다.
③ 결과: 후금과 정묘약조를 체결하여 형제 관계를 맺었다.

◆ 친명 배금 정책
명과 친하게 지내고 후금을 배척하는 정책

(2) 병자호란(1636) 기출자료 2
① 원인: 후금이 청으로 국호를 고친 후 조선에 군신 관계를 요구하자, 청의 요구에 대해 주화론(최명길)과 주전론(윤집)◆으로 국론이 분열되었다. 이후 조선 내에서 주전론이 우세해지자 청이 조선을 침략하였다.
② 전개: 임경업이 백마산성에서 항전하고 김상용이 강화도에서 순절하였으며, 김준룡이 광교산(용인)에서 항전하였다. 한편 인조는 남한산성으로 피난하여 청군에 저항하였다.
③ 결과: 인조가 청에 항복하면서 조선은 청과 군신 관계를 체결하였으며(삼전도의 굴욕◆), 소현 세자, 봉림 대군과 척화론자 등이 청에 볼모(인질)로 끌려가게 되었다.

◆ 주화론과 주전론
- 주화론: 전쟁을 피하고 화친을 맺자는 의견
- 주전론: 전쟁을 주장하는 의견

◆ 삼전도의 굴욕
- 남한산성에서 항전하던 인조가 청에 굴복하여 삼전도에서 치욕적인 항복을 한 사건
- 인조는 청 태종에게 세 번 절하고 아홉 번 머리를 조아리는 삼궤구고두례를 행함

(3) 호란 이후 청과의 관계 기출자료 3
① 북벌 추진: 효종 때 송시열 등 서인의 주도로 어영청을 중심으로 청에 대한 치욕을 갚자는 북벌이 추진되었다.
② 나선 정벌: 효종 때 러시아가 청을 자극하자, 청의 요청으로 나선 정벌을 위해 두 차례에 걸쳐 조총 부대를 파병하였다.
③ 백두산 정계비 건립: 간도 지역을 두고 청과 국경 분쟁이 발생하자, 숙종 때 양국 대표가 백두산 일대를 답사한 뒤 국경을 확정하고 백두산 정계비를 건립하였다.
④ 북학론 대두: 청의 발전된 문물을 배우고 적극 수용하자는 북학론이 대두하였다.

기출 분석 특강

기출자료 1 — 인조반정과 이괄의 난

(1) 인조반정 44회 출제

3월 14일	광해를 폐하여 군으로 봉하다. 이광정, 이귀, 김류 등에게 관직을 제수하다.
3월 15일	영창 대군 등의 관봉(官封)을 회복하도록 명하다. (관리나 왕족에게 주는 작위) 인목 대비의 의복을 바꿀 시일을 정하도록 예조에 하교하다.

자료 분석
서인은 광해군의 중립 외교와 영창 대군 사사, 인목 대비 유폐를 명분으로 반정을 단행하였다. 결국 광해군이 폐위되고 인조가 즉위하였으며, 북인이 몰락하였다.

함께 나올 기출선택지
- 광해군 – **인목 대비 유폐**와 **영창 대군 사사**를 명분으로 폐위되었다. 46회
- **인조반정**으로 북인 세력이 몰락하였다. 65·63회
- 인조반정 – 서인 세력이 **폐모살제**를 이유로 반정을 일으켰다. 58회
- 공신 책봉 문제로 **이괄이 반란**을 일으켰다. 53회
- **이괄**이 난을 일으켜 **한양을 점령**하였다. 64·61회

(2) 이괄의 난 71회 출제

임금(인조)이 여러 도(道)에 명을 내렸다. "나라의 운세가 매우 좋지 않아 역적 이괄이 군사를 일으켰는데, 여러 장수들이 좌시하여 수도가 함락되고 말았다. …… 종사와 자전을 염려하여 남쪽으로 피란하기로 결정하였다."

자료 분석
공신 책봉에 불만을 품었던 이괄은 난을 일으켰다. 이때 수도인 한성이 함락되어 인조가 공산성으로 피란하였다.

기출자료 2 — 병자호란

(1) 병자호란 58회 출제

출제 TIP 남한산성이 자료의 키워드로 제시됩니다

최명길을 보내 오랑캐(청을 지칭함)에게 강화를 청하면서 그들의 진격을 늦추도록 하였다. 왕(인조)이 수구문(水溝門)을 통해 남한산성으로 향했다. 변란이 창졸 간에 일어났기에 도보로 따르는 신하도 있었고 성안 백성의 통곡 소리가 하늘을 뒤흔들었다.

자료 분석
조선이 청의 군신 관계 요구를 거절하자 청이 조선을 침략하였다. 이에 인조는 남한산성으로 피난하여 청군에 저항하였다.

함께 나올 기출선택지
- **임경업**이 **백마산성**에서 항전하였다. 60회
- **김준룡**이 **광교산 전투**에서 승리하였다. 72·65·57회
- **김상용**이 **강화도**에서 순절하였다. 66·64회
- 인조가 **남한산성으로 피신**하여 청군에 항전하였다. 45회
- **소현 세자**와 **봉림 대군** 등이 청에 **인질**로 끌려갔다. 53회

(2) 삼전도의 굴욕 52회 출제

용골대 등이 왕(인조)을 인도하여 들어가 단 아래에 북쪽을 향해 자리를 마련하고 왕에게 자리로 나아가기를 청하였다. 왕이 세 번 절하고 아홉 번 머리를 조아리는 예(삼궤구고두례)를 행하였다.

자료 분석
병자호란 때 청에 항복한 인조는 삼전도에서 청 태종에게 세 번 절하고 아홉 번 머리를 조아리는 예를 행하였다.

기출자료 3 — 호란 이후 청과의 관계

(1) 백두산 정계비 건립 40회 출제

오라총관 목극등이 국경을 정하기 위하여 백두산에 이르렀다. 우리나라에서는 접반사 박권, 함경도 순찰사 이선부, 역관 김경문 등을 보내어 응접하게 하였다. 목극등이 중천의 물줄기가 나뉘는 위치에 앉아서 말하기를, "이곳이 분수령이라 할 수 있다."라고 하고, 그곳에 경계를 정하고 돌을 깎아서 비를 세웠다.
　　　　　　　　　　　　　　　　　－『만기요람』

자료 분석
병자호란 이후 간도 지역을 두고 청과 국경 분쟁이 발생하자, 숙종 때 청의 목극등과 조선의 박권이 만나 백두산 일대를 답사하고 백두산 정계비를 건립하여 국경선을 확정하였다.

함께 나올 기출선택지
- 송시열 – **기축봉사**를 올려 명에 대한 의리를 내세웠다. 63·60회
- 효종 – **어영청**을 중심으로 **북벌**이 추진되었다. 73·71·68·63회
- 효종 때 **나선 정벌**에 **조총 부대**가 동원되었다. 73·72·70회
- 숙종 때 청과의 경계를 정한 **백두산 정계비**를 세웠다. 65·58회

14강 조선 전기의 대외 관계와 양 난

3. 양 난 이후 통치 체제의 변화
(1) 비변사의 기능 강화 [기출자료1]
  ① **설치**: 삼포 왜란을 계기로 여진과 왜구에 대비하기 위한 임시 기구로 처음 설치되었다.
  ② **상설 기구화**: 을묘왜변을 계기로 독립된 정식 관청이 되면서 상설 기구화되었다.
  ③ **최고 기구화**◆: 임진왜란 이후 비변사의 조직과 기능이 확대되어 모든 정무를 총괄하는 국정 최고 기구로 자리잡게 되었다.

(2) 중앙군 개편 – 5군영 체제 [기출자료2]

군영	설치	특징
훈련도감	선조(1593)	· 임진왜란 중 유성룡의 건의로 설치됨 · 포수(조총)·사수(활)·살수(창·칼)의 삼수병으로 편제됨 · 장기간 근무를 하고 일정한 급료를 받는 일종의 상비군
어영청	인조(1623)	· 후금의 침입에 대비하여 설치됨 · 효종 때 수도 방어와 북벌 담당으로 강화됨
총융청	인조(1624)	· 이괄의 난 진압 이후 설치됨, 경기 지역의 속오군에 배치됨 · 북한산성을 중심으로 경기 북부의 수비를 담당함
수어청	인조(1626)	정묘호란 이후 남한산성을 중심으로 경기 남부의 수비를 담당함
금위영	숙종(1682)	· 국왕 호위·수도 방어 담당, 기병과 번상병(보병) 등으로 구성 · 금위영의 설치로 5군영 체제가 완성됨

(3) 지방군 개편
  ① **방어 체제**: 제승방략 체제에서 진관 체제로 복구되었다.
  ② **속오군**: 양반에서 노비까지 전 계층으로 구성된 지방군으로, 평상시에는 생업에 종사하다가 유사시에 전투에 동원되었다.

◆ 비변사의 최고 기구화
군사 문제뿐만 아니라 외교, 재정, 사회, 인사 문제 등 거의 모든 정무를 총괄하게 되면서 국가 최고 정무 기구로 발전함

10초 컷! 핵심 키워드 암기
1. 왜란: 충주 탄금대 전투 → 한산도 대첩 → 진주 대첩 → 행주 대첩 → 명량 해전 → 노량 해전
2. 광해군: 대동법 실시, 『동의보감』 편찬, 중립 외교
3. 호란: 인조반정 → 이괄의 난 → 정묘호란 → 병자호란 → 삼전도의 굴욕 → 북벌
4. 통치 체제 변화: 비변사(국정 최고 기구), 5군영 완성

14강 개념 확인 퀴즈

1. 다음 설명이 맞으면 O표, 틀리면 X표를 하세요.
(1) 임진왜란 때 권율이 진주성에서 왜군에 승리하였다. ( )
(2) 이괄의 난은 광해군의 폐모살제에 반발하여 일어났다. ( )
(3) 효종 때 어영청을 중심으로 북벌이 추진되었다. ( )

2. 다음 괄호 안의 내용 중 옳은 것에 O표 하세요.
(1) 이순신은 (한산도 대첩 / 명량 해전)에서 학익진 전법을 사용하여 승리하였다.
(2) (정묘호란 / 병자호란)의 결과 조선은 청과 군신 관계를 체결하였다.
(3) 숙종 때 (수어청 / 금위영)이 설치되면서 5군영 체제가 완성되었다.

기출 분석 특강

기출자료 1 | 비변사의 기능 강화

(1) 비변사의 확대 59회 출제

출제 TIP 비변사가 확대되는 계기가 된 사건을 잘 파악하세요!

- 중종 때 삼포 왜란을 계기로 설치되었고, 을묘왜변을 겪으면서 상설 기구화되었고, 양 난을 거치며 국정을 총괄하는 기구로 발전하였다.
- 중외(中外)의 군국 기무를 모두 관장한다. …… 도제조는 현임과 전임 의정(議政)이 겸하고, 제조는 정원에 제한이 없으며 임금에게 보고하여 임명한다. 이·호·예·병·형조 판서, 양국 대장, 양도 유수, 대제학은 당연히 겸직한다. ㅡ『속대전』

자료 분석
비변사는 임진왜란 이후 국가의 중요 관원들로 구성원이 확대되었다. 이에 군사 문제뿐만 아니라 거의 모든 정무를 총괄하게 되면서 국가 최고 정무 기구로 발전하였다.

함께 나올 기출선택지
- 중종 때 외침에 대비하기 위해 임시 기구로 비변사가 설치되었다. 68·56회
- 비변사가 임진왜란을 거치면서 국정 최고 기구로 성장하였다. 61회

기출자료 2 | 중앙군 개편 - 5군영 체제

(1) 훈련도감 55회 출제

- 오늘은 5군영 중 가장 먼저 설치된 (가) 의 운영 상황을 알 수 있는 자료인 『훈국등록』에 대해 알아보겠습니다.
- 『훈국등록』에는 급료를 받는 상비군이 주축인 (가) 소속 군인들의 궁궐과 도성 수비, 국왕 호위, 훈련 상황 등 업무 내용이 기록되어 있습니다.

자료 분석
훈련도감은 5군영 중 가장 먼저 설치되었다. 훈련도감은 포수(조총)·사수(활)·살수(창·칼)의 삼수병으로 구성되었으며, 장기간 근무를 하고 일정한 급료를 받는 일종의 상비군이었다.

함께 나올 기출선택지
- 인조 때 수도의 방어를 담당하는 어영청을 설치하였다. 39회
- 인조 때 도성을 방비하기 위하여 총융청을 설치하였다. 67회
- 인조 때 총융청과 수어청을 설치하여 도성을 방어하였다. 52회
- 숙종 때 수도 방어를 위하여 금위영을 창설하였다. 73·71회

---

3. 질문에 맞는 답을 고르세요.

(1) 선조의 의주 피난 이후의 사실은?
 ① 조·명 연합군이 평양성을 탈환하였다.
 ② 송상현이 동래성 전투에서 항전하였다.

(2) 광해군 재위 시기의 사실은?
 ① 허준이 『동의보감』을 편찬하였다.
 ② 영정법이 실시되었다.

(3) 정묘호란에 대한 설명은?
 ① 정봉수가 용골산성에서 항전하였다.
 ② 김상용이 강화도에서 순절하였다.

(4) 효종의 업적은?
 ① 나선 정벌에 조총 부대를 파견하였다.
 ② 청과의 국경을 정하는 백두산 정계비를 세웠다.

정답
1. (1) X(김시민) (2) X(인조반정) (3) O
2. (1) 한산도 대첩 (2) 병자호란 (3) 금위영
3. (1) ①/②은 선조의 의주 피난 이전
   (2) ①/②은 인조
   (3) ①/②은 병자호란
   (4) ①/②은 숙종

개념 적용 기출문제

01
(가) 전쟁 중에 있었던 사실로 옳은 것은? [2점]

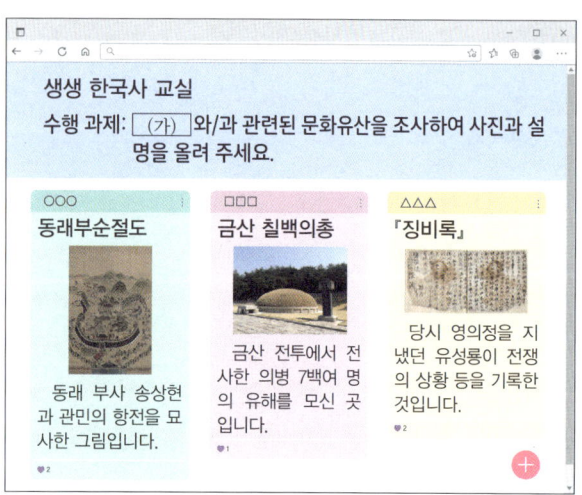

① 김상용이 강화도에서 순절하였다.
② 이괄이 이끈 반란군이 도성을 장악하였다.
③ 정봉수와 이립이 용골산성에서 항전하였다.
④ 김시민이 진주성에서 적군을 크게 물리쳤다.
⑤ 이종무가 적의 근거지인 쓰시마 섬을 정벌하였다.

02
밑줄 그은 '이 전쟁' 중에 있었던 사실로 옳지 않은 것은? [2점]

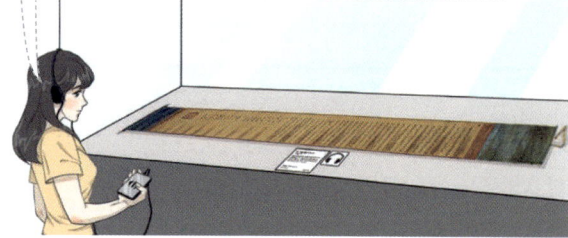

① 임경업이 백마산성에서 항전하였다.
② 조·명 연합군이 평양성을 탈환하였다.
③ 권율이 행주산성에서 크게 승리하였다.
④ 조헌이 금산에서 의병을 이끌고 활약하였다.
⑤ 이순신이 한산도 앞바다에서 학익진을 펼쳐 승리하였다.

03
(가) 사절단에 대한 설명으로 옳은 것은? [2점]

『사로승구도』는 1748년 에도 막부의 요청으로 조선이 일본에 파견한 (가) 이/가 부산에서 에도에 이르는 여정을 담은 작품입니다. 일본의 명승지나 사행 중 겪은 인상적인 광경을 30장면으로 표현하였는데, 위 그림은 사절단이 에도로 들어갈 때 보았던 모습을 그린 것입니다.

① 연행사라는 이름으로 보내졌다.
② 암행어사의 형태로 비밀리에 파견되었다.
③ 민영익, 홍영식, 서광범 등이 참여하였다.
④ 사행을 다녀온 여정을 『조천록』으로 남겼다.
⑤ 관련 기록물이 세계 기록유산에 등재되었다.

04
밑줄 그은 '이 왕'이 추진한 정책으로 옳은 것은? [2점]

① 6조 직계제를 처음으로 실시하였다.
② 학문 연구 기관으로 집현전을 두었다.
③ 전란의 피해를 복구하고 『동의보감』을 간행하였다.
④ 역대 문물 제도를 정리한 『동국문헌비고』를 편찬하였다.
⑤ 시전 상인의 특권을 축소하는 신해통공을 단행하였다.

해설

01 임진왜란   정답 ④

자료 분석

동래 부사 송상현 + 금산 전투 + 『징비록』 → 임진왜란

선조 때 왜군이 조선에 침략하며 임진왜란이 발발하였다. 부산 동래성 전투에서 송상현이 항전하였으나 부산이 함락되고, 신립이 충주 탄금대 전투에서 왜군에게 대패하였다. 불리한 전세가 계속되는 상황에서 조헌 등이 의병을 이끌고 금산 전투에서 활약하였다. 한편, 조선 전기 문신이었던 유성룡은 임진왜란의 원인, 전황 등을 기록한 『징비록』을 편찬하였다.

선택지 분석

① 김상용이 강화도에서 순절하였다. → 병자호란(인조)
② 이괄이 이끈 반란군이 도성을 장악하였다.
 → 이괄의 난(인조)
③ 정봉수와 이립이 용골산성에서 항전하였다.
 → 정묘호란(인조)
④ 김시민이 진주성에서 적군을 크게 물리쳤다.
 → 임진왜란(선조)
 ㄴ 임진왜란 때 진주 목사였던 김시민이 진주성에서 적군을 크게 물리쳤다(진주 대첩).
⑤ 이종무가 적의 근거지인 쓰시마 섬을 정벌하였다.
 → 쓰시마 섬 정벌(세종)

02 임진왜란   정답 ①

자료 분석

김시민 + 진주성 전투 + 왜군 → 임진왜란

선조 때 임진왜란의 발발로 부산이 함락되고, 선조가 북상하는 왜군을 피해 의주로 피난하는 등 불리한 전세가 계속되었다. 이러한 상황에서 진주 목사 김시민이 진주성에서 왜군을 상대로 크게 승리하였다(진주 대첩).

선택지 분석

① 임경업이 백마산성에서 항전하였다. → 병자호란
 ㄴ 인조 재위 시기에 일어난 병자호란 때 임경업이 백마산성에서 청군에 항전하였다.
② 조·명 연합군이 평양성을 탈환하였다. → 임진왜란
③ 권율이 행주산성에서 크게 승리하였다. → 임진왜란
④ 조헌이 금산에서 의병을 이끌고 활약하였다. → 임진왜란
⑤ 이순신이 한산도 앞바다에서 학익진을 펼쳐 승리하였다.
 → 임진왜란

03 조선 통신사   정답 ⑤

자료 분석

에도 막부의 요청 + 일본에 파견 → 조선 통신사

임진왜란 이후 조선은 일본과 외교 관계를 단절하였다. 그러나 일본의 에도 막부는 조선의 선진 문물을 수용하고, 막부의 쇼군(장군)이 바뀔 때마다 그 권위를 인정받고자 조선에 사절 파견을 요청하였다. 이에 조선 정부는 17~19세기에 12차례에 걸쳐 조선 통신사를 파견하였는데, 조선 통신사는 외교 사절의 역할뿐만 아니라 조선의 선진 문물을 일본에 전파하는 문화 사절단의 역할을 하였다.

선택지 분석

① 연행사라는 이름으로 보내졌다. → X
② 암행어사의 형태로 비밀리에 파견되었다. → 조사 시찰단
③ 민영익, 홍영식, 서광범 등이 참여하였다. → 보빙사
④ 사행을 다녀온 여정을 『조천록』으로 남겼다. → X
⑤ 관련 기록물이 세계 기록유산에 등재되었다. → 조선 통신사
 ㄴ 조선 통신사 관련 기록물이 2017년에 유네스코 세계 기록유산에 등재되었다.

04 광해군   정답 ③

자료 분석

동생 영창 대군을 죽이고 어머니 인목 대비를 폐위함 → 광해군

광해군은 대외적으로 중립 외교를 추진하였다. 당시 여진이 후금을 건국하며 명을 위협하자, 명이 조선에 원군을 요청하였다. 광해군은 강홍립을 파견하여 명의 요청을 수용하되, 적당히 싸우다가 후금에 투항하도록 하였다. 이로 인해 조선은 후금과의 갈등을 피할 수 있었다. 한편 광해군은 왕권을 강화하기 위해 이복동생인 영창 대군을 죽이고, 그의 어머니인 인목 대비를 폐위하였다. 결국 이를 명분으로 인조반정을 일으킨 서인 세력에 의해 광해군은 폐위되었다.

선택지 분석

① 6조 직계제를 처음으로 실시하였다. → 태종
② 학문 연구 기관으로 집현전을 두었다. → 세종
③ 전란의 피해를 복구하고 『동의보감』을 간행하였다.
 → 광해군
 ㄴ 광해군은 전란의 피해를 복구하고 허준이 저술한 의학서인 『동의보감』을 간행하였다.
④ 역대 문물 제도를 정리한 『동국문헌비고』를 편찬하였다.
 → 영조
⑤ 시전 상인의 특권을 축소하는 신해통공을 단행하였다.
 → 정조

14강 조선 전기의 대외 관계와 양 난   **155**

개념 적용 기출문제

05
(가), (나) 사이의 시기에 있었던 사실로 옳은 것은? [3점]

> (가) 왕에게 이괄 부자가 역적의 우두머리라고 고해바친 자가 있었다. 하지만 왕은 "반역은 아닐 것이다."라고 하면서도, 이괄의 아들인 이전을 잡아오라고 명하였다. 이에 이괄은 군영에 있던 장수들을 위협하여 난을 일으켰다.
>
> (나) 최명길을 보내 오랑캐에게 강화를 청하면서 그들의 진격을 늦추도록 하였다. 왕이 수구문(水溝門)을 통해 남한산성으로 향했다. 변란이 창졸 간에 일어났기에 도보로 따르는 신하도 있었고 성안 백성의 통곡 소리가 하늘을 뒤흔들었다. 초경을 지나 왕의 가마가 남한산성에 도착하였다.

① 정봉수가 용골산성에서 항전하였다.
② 이순신이 명량에서 대승을 거두었다.
③ 권율이 행주산성에서 적군을 격퇴하였다.
④ 서인 세력이 폐모살제를 이유로 반정을 일으켰다.
⑤ 정여립 모반 사건을 계기로 기축옥사가 발생하였다.

06
밑줄 그은 '전란' 중에 있었던 사실로 옳은 것은? [2점]

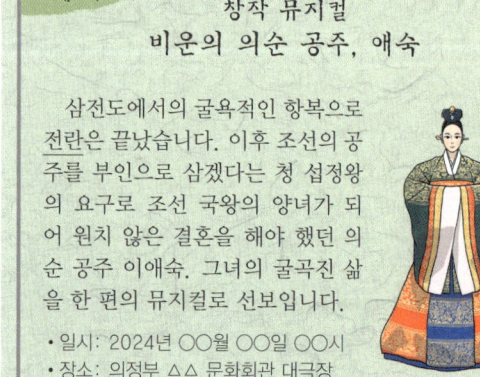

초대합니다
창작 뮤지컬
비운의 의순 공주, 애숙

삼전도에서의 굴욕적인 항복으로 전란은 끝났습니다. 이후 조선의 공주를 부인으로 삼겠다는 청 섭정왕의 요구로 조선 국왕의 양녀가 되어 원치 않은 결혼을 해야 했던 의순 공주 이애숙. 그녀의 굴곡진 삶을 한 편의 뮤지컬로 선보입니다.
• 일시: 2024년 ○○월 ○○일 ○○시
• 장소: 의정부 △△ 문화회관 대극장

① 이종무가 대마도를 정벌하였다.
② 강홍립이 사르후 전투에 참전하였다.
③ 김준룡이 광교산 전투에서 승리하였다.
④ 조헌이 금산에서 의병을 이끌고 활약하였다.
⑤ 신립이 탄금대에서 배수의 진을 치고 전투를 벌였다.

07
(가)에 대한 설명으로 옳은 것을 <보기>에서 고른 것은? [2점]

> 변방의 일은 병조가 주관하는 것입니다. …… 그런데 근래 변방 일을 위해 (가) 을/를 설치했고, 변방에 관계되는 모든 일을 실제로 다 장악하고 있습니다. …… 혹 병조 판서가 참여하는 경우가 있기는 하지만 도리어 지엽적인 입장이 되어버렸고, 참판 이하의 당상관은 전혀 일의 내용을 모르고 있습니다. …… 청컨대 혁파하소서.

〈보기〉
ㄱ. 왕명 출납을 맡은 왕의 비서 기관이었다.
ㄴ. 임진왜란 이후 조직과 기능이 확대되었다.
ㄷ. 조광조를 비롯한 사림의 건의로 혁파되었다.
ㄹ. 세도 정치 시기에 외척의 세력 기반이 되었다.

① ㄱ, ㄴ ② ㄱ, ㄷ ③ ㄴ, ㄷ ④ ㄴ, ㄹ ⑤ ㄷ, ㄹ

08
(가)~(다)를 일어난 순서대로 옳게 나열한 것은? [2점]

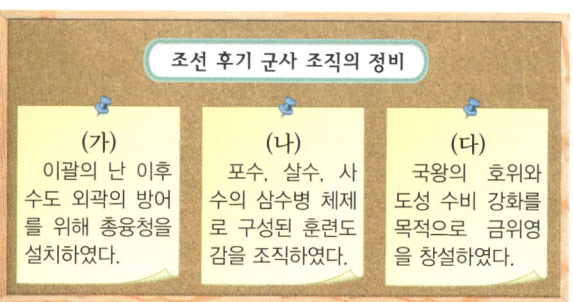

조선 후기 군사 조직의 정비

(가) 이괄의 난 이후 수도 외곽의 방어를 위해 총융청을 설치하였다.
(나) 포수, 살수, 사수의 삼수병 체제로 구성된 훈련도감을 조직하였다.
(다) 국왕의 호위와 도성 수비 강화를 목적으로 금위영을 창설하였다.

① (가) - (나) - (다)
② (가) - (다) - (나)
③ (나) - (가) - (다)
④ (나) - (다) - (가)
⑤ (다) - (나) - (가)

해설

05 이괄의 난과 병자호란 사이의 사실 정답 ①

자료 분석

(가) 이괄 + 난을 일으킴 → 이괄의 난(1624)
(나) 최명길 + 오랑캐에게 강화를 청함 + 남한산성
 → 병자호란(1636)

(가) 인조반정의 공신이었던 이괄이 공신 책봉에 불만을 품고 반란을 일으켰다가 실패하였다(이괄의 난, 1624).
(나) 인조 때 후금이 국호를 청으로 바꾼 후 조선에 군신 관계를 요구하였다. 이에 최명길이 청과의 강화를 주장하였음에도 청과 싸우자는 주전론이 우세해지자 청이 조선을 침략하였고, 인조는 남한산성으로 피난하였다(병자호란, 1636).

선택지 분석

① 정봉수가 용골산성에서 항전하였다. → 정묘호란(인조)
 └ 이괄의 난(1624)에 가담한 일부 무리가 후금으로 도망쳐 인조반정의 부당성을 주장하였다. 이에 후금이 광해군을 위해 보복한다는 명분으로 조선을 침략하였고(정묘호란), 이때 정봉수가 용골산성에서 항전하였다(1627).
② 이순신이 명량에서 대승을 거두었다.
 → 정유재란(선조), (가) 이전
③ 권율이 행주산성에서 적군을 격퇴하였다.
 → 임진왜란(선조), (가) 이전
④ 서인 세력이 폐모살제를 이유로 반정을 일으켰다.
 → 인조반정, (가) 이전
⑤ 정여립 모반 사건을 계기로 기축옥사가 발생하였다.
 → 기축옥사(선조), (가) 이전

06 병자호란 정답 ③

자료 분석

삼전도에서 굴욕적인 항복 → 병자호란

병자호란은 조선 후기 인조 때 주전론(전쟁하기를 주장하는 의견)의 영향으로 조선이 청의 군신 관계 요구를 거절하자 일어난 전쟁이다. 청이 조선을 침입하자 인조는 남한산성으로 피란하여 남한산성을 포위한 청군에 저항하였다. 그러나 결국 인조가 삼전도에서 청에 굴욕적인 항복을 하면서 조선은 청과 군신 관계를 체결하였고, 소현 세자와 봉림 대군 등이 청에 인질로 끌려가게 되었다.

선택지 분석

① 이종무가 대마도를 정벌하였다. → X
② 강홍립이 사르후 전투에 참전하였다. → X
③ 김준룡이 광교산 전투에서 승리하였다. → 병자호란
 └ 병자호란 때 김준룡이 남한산성으로 진군하던 중, 용인의 광교산에서 청의 군대를 상대로 승리하였다(광교산 전투).
④ 조헌이 금산에서 의병을 이끌고 활약하였다. → 임진왜란
⑤ 신립이 탄금대에서 배수의 진을 치고 전투를 벌였다.
 → 임진왜란

07 비변사 정답 ④

자료 분석

변방 일을 위해 설치 + 변방에 관계되는 모든 일을 실제로 다 장악 → 비변사

비변사는 중종 때 3포 왜란을 계기로 국방 문제를 논의하기 위해 설치된 임시 회의 기구였다. 명종 때 일어난 을묘왜변을 계기로 상설 기구화되었으며, 임진왜란 이후 조직과 기능이 확대되며 모든 국가 정무를 총괄하는 기구가 되었다. 특히 세도 정치 시기에는 외척 세력이 비변사의 주요 관직을 독차지하며 외척의 세력 기반이 되었다.

선택지 분석

ㄱ. 왕명 출납을 맡은 왕의 비서 기관이었다. → 승정원
ㄴ. 임진왜란 이후 조직과 기능이 확대되었다. → 비변사
 └ 비변사는 임진왜란 이후 구성원이 대폭 확대되면서 그 조직과 기능이 확대되었다.
ㄷ. 조광조를 비롯한 사림의 건의로 혁파되었다. → 소격서
ㄹ. 세도 정치 시기에 외척의 세력 기반이 되었다. → 비변사
 └ 비변사는 세도 정치 시기에 핵심 정치 기구 역할을 하면서 외척의 세력 기반이 되었다.

① ㄱ, ㄴ ② ㄱ, ㄷ ③ ㄴ, ㄷ ④ ㄴ, ㄹ ⑤ ㄷ, ㄹ

08 조선 후기 군사 조직의 정비 정답 ③

자료 분석

(가) 이괄의 난 이후 + 총융청을 설치함 → 총융청 설치(인조)
(나) 훈련도감을 조직함 → 훈련도감 조직(선조)
(다) 금위영을 창설함 → 금위영 창설(숙종)

(가) 인조 때 이괄의 난을 진압한 후 도성 수비의 중요성을 인지하고 각각 북한산성과 남한산성을 중심으로 하는 총융청과 수어청을 설치하였다.
(나) 선조 때 임진왜란 도중 중앙군인 5위를 대신할 새로운 군대의 필요성이 떠오르자, 유성룡의 건의로 훈련도감이 조직되었다. 훈련도감은 조총을 다루는 포수와 활을 다루는 사수, 창과 칼을 다루는 살수의 삼수병 체제로 편제되었다.
(다) 숙종 때 국왕 호위와 수도 방어의 역할을 담당하는 금위영을 설치하였다. 금위영이 설치되면서 조선 후기의 5군영 체제가 완성되었다.

선택지 분석

① (가) - (나) - (다)
② (가) - (다) - (나)
③ (나) - (가) - (다)
 └ 순서대로 나열하면 (나) 훈련도감 조직(선조) - (가) 총융청 설치(인조) - (다) 금위영 창설(숙종)이다.
④ (나) - (다) - (가)
⑤ (다) - (나) - (가)

15강 조선 전기의 경제·사회·문화

1 조선 전기의 경제 최근 3개년 시험 중 0회 출제!

1. 조선 전기 토지 제도의 변화 기출자료1

과전법 (고려 공양왕, 1391)	· 목적: 신진 사대부의 경제적 기반 마련, 국가 재정 확충 · 내용: 전·현직 관리에게 등급(18과)에 따라 경기 지역에 한정하여 토지에 대한 수조권 지급, 세습 금지 원칙(예외적으로 수신전·휼양전◆ 지급)
직전법 (세조, 1466)	· 배경: 관리들의 토지 세습으로 관리에게 지급할 토지 부족 · 내용: 현직 관리에게만 토지에 대한 수조권 지급, 수신전·휼양전 폐지
관수 관급제 (성종, 1470)	· 배경: 관리들이 퇴직에 대비하여 농민들로부터 세금을 과다하게 걷음 · 내용: 지방 관청에서 관리 대신 조세를 거둔 뒤 관리에게 지급
직전법 폐지 (명종, 1556)	· 배경: 국가 재정이 부족해지고, 관리들은 농장을 확대하여 경제 기반으로 삼음 · 내용: 직전법을 폐지하고 관리들에게 녹봉만 지급(수조권 소멸)

2. 조선 전기의 수취 제도 기출자료2

전세	세종 때 공법◆(전분 6등법, 연분 9등법)을 마련하여 전세를 차등 징수함(최고 20두~최저 4두)
공납	· 내용: 호(집)를 기준으로 토산물 징수, 상공(정기적), 별공(부정기적), 진상(지방관이 지방의 특산물을 바침)으로 구분 · 폐단: 방납◆의 성행 → 농민들에게 대가를 비싸게 받는 등의 폐단이 발생함
역	· 내용: 군역(군사 훈련과 전쟁 동원, 군대에 소요되는 비용 부담)과 요역(공사에 동원)이 있음 · 폐단: 군역과 요역 기피 현상 → 방군수포와 대립◆ 성행

빈출 키워드 랭킹
1위 과전법 9번 출제
2위 직전법 7번 출제
3위 연분 9등법 6번 출제

◆ 수신전·휼양전
· 수신전: 죽은 관료의 재혼하지 않은 아내에게 지급된 토지
· 휼양전: 죽은 관료의 어린 자식에게 지급된 토지

◆ 공법
· 전분 6등법: 토지 비옥도에 따라 토지를 1~6등급으로 구분
· 연분 9등법: 해마다 풍흉에 따라 상상년~하하년의 9등급으로 구분

◆ 방납
토산물을 대신 납부해주고 농민들에게 그 대가를 받음

◆ 방군수포와 대립
· 방군수포: 관청이나 군대에서 포를 받고 군역을 면제해주는 것
· 대립: 사람을 사서 대신 역을 지게 하는 것

2 조선 전기의 사회 최근 3개년 시험 중 1회 출제!

1. 신분 제도

양반	본래 문반과 무반의 관료를 뜻하였으나, 추후 그 가문까지 칭하는 신분으로 정착함
중인	서얼(양반 첩의 자식), 향리, 역관·기술관·의관 등의 기술직 중인으로 구성
상민	조세·공납·역의 의무를 부담한 농민과 수공업자, 상인 등이 속하며, 신량역천◆도 포함됨
천민	노비◆, 백정, 무당, 광대 등으로 구성됨

2. 향약 기출자료3

기원	중종 때 조광조가 시작하고, 이황(예안 향약)과 이이(해주 향약)에 의해 전국적으로 확산됨
구성원	전체 향촌민(양반~천민)을 포함하며, 약정·도약정 등의 간부는 주로 지방 사족이 맡음
역할	향촌 자치를 실현하고 사회의 풍속을 교화하는 역할을 함
폐단	지방 사족이 주민들을 수탈하는 수단으로 악용됨

빈출 키워드 랭킹
1위 향약 3번 출제
2위 노비 2번 출제
3위 서얼 1번 출제

◆ 신량역천
· 신분은 양인이지만, 천역을 담당한 계층
· 조례(관청의 잡일), 나장(형사), 수군, 봉수군, 조졸 등

◆ 노비
· 재산으로 취급되어 매매·상속·증여의 대상이 됨
· 장례원이라는 관청을 통해 국가의 관리를 받음

기출 분석 특강

기출자료 1 조선 전기의 토지 제도

(1) 과전법 72회 출제   출제TIP 과전법의 특징이 자료에서 제시돼요!

┌ 고려 후기의 최고 정치 기구
도평의사사가 글을 올려 과전을 주는 법을 정하자고 요청하니 왕이 따랐다. …… 경기는 사방의 근원이니 마땅히 과전을 설치하여 사대부를 우대하였다. 무릇 경성에 살며 왕실을 보위하는 자는 현직 여부에 상관없이 직위에 따라 과전을 받게 하였다.

자료 분석
과전법은 고려 말인 공양왕 때 제정된 토지 제도로, 18등급에 따라 전·현직 관리들에게 경기 지역에 한정하여 토지의 수조권을 지급하였다.

함께 나올 기출선택지
- 경기 지역에 한하여 과전법이 실시되었다. 71·68·59회
- 조준 등의 건의로 과전법이 제정되었다. 60·58회
- 현직 관리에게만 수조권을 지급하는 직전법을 실시하였다. 73·68·63회
- 직전법 – 수신전, 휼양전 등의 명목으로 세습되는 토지를 폐지하였다. 65회
- 관리에게 녹봉을 지급하고 수조권을 폐지하였다. 53회

(2) 직전법 53회 출제

- 성종: 그대들의 의견을 말해 보도록 하라.
- 김유: 우리나라의 수신전, 휼양전 등은 진실로 아름다운 것이지만 오히려 일이 없는 자가 앉아서 그 이익을 누린다고 하여 세조께서 과전을 없애고 이 제도를 만드셨습니다. └ 직전법

자료 분석
과전이 수신전, 휼양전의 명목으로 세습되자, 관리에게 지급할 토지가 부족해졌다. 이에 세조 때 직전법을 실시하여 현직 관리에게만 토지를 지급하였다.

기출자료 2 조선 전기의 수취 제도

(1) 공법 시행 55회 출제

┌ 세종
오늘 왕께서 공법을 윤허하셨습니다. 이 법의 내용은 전품을 6등급으로, 풍흉을 9등급으로 나누어 전세를 수취하는 것입니다. 일찍이 왕께서는 법안을 논의할 때 백성들의 의견을 들어보라 명하셨고, 전제상정소에서 이를 참조하여 마련하였습니다.
└ 땅의 품(토지의 비옥도)

자료 분석
세종은 합리적인 조세 수취를 위해 토지 비옥도를 기준으로 하는 전분 6등법과, 풍흉을 기준으로 하는 연분 9등법의 공법을 시행하여 조세를 차등 부과하였다.

함께 나올 기출선택지
- 전세를 풍흉에 따라 9등급으로 차등 과세하였다. 72·65회
- 토지의 비옥도에 따라 6등급으로 나누어 전세를 거두었다. 50회

기출자료 3 향약

(1) 향약 64회 출제

처음 (가) 을/를 정할 때 약문(約文)을 동지에게 두루 보이고 그 마음을 바로잡고, 몸가짐을 단속하고, 착하게 살고, 허물을 고치기 위해 약계(約契)에 참례하기를 원하는 자 몇 사람을 가려 서원에 모아 놓고 약법(約法)을 의논하여 정한 다음 도약정(都約正), 부약정 및 직월(直月)·사화(司貨)를 선출한다. ……

자료 분석
향약은 일종의 향촌 규약으로, 규약문을 통해 도약정(회장), 부약정(부회장), 직월, 사화 등의 직책과 지켜야 할 사항을 정하였다.

함께 나올 기출선택지
- 향약 – 풍속 교화와 향촌 자치 등의 역할을 하였다. 64회

15강 조선 전기의 경제·사회·문화

3 조선 전기의 문화 최근 3개년 시험 중 8회 출제!

1. 편찬 사업 기출자료1

역사서	• 『조선왕조실록』: 태조~철종까지의 역사를 편년체 형식으로 서술한 역사서, 춘추관의 실록청에서 『사초』, 『시정기』, 『승정원일기』 등을 바탕으로 편찬함 • 『고려사』: 세종 때 편찬을 시작하여 문종 때 완성하였으며, 조선 건국의 정통성을 강조함 • 『동국통감』: 성종 때 서거정이 고조선부터 고려까지의 역사를 편년체 형식으로 편찬함
지도·지리서	• 혼일강리역대국도지도: 태종 때 제작된 우리나라 최초의 세계 지도 • 『동국여지승람』: 성종 때 편찬된 지리서로, 전국의 지리와 풍속, 단군 신화 등이 수록됨
윤리·의례서	• 『삼강행실도』: 세종 때 모범이 될 충신·효자·열녀 등의 행적을 글·그림으로 설명한 윤리서 • 『국조오례의』: 성종 때 신숙주·정척 등이 국가의 여러 행사에 필요한 의례를 정비한 의례서

2. 과학 기술 기출자료2

천문학	천상열차분야지도(태조), 혼천의·간의(천체 관측, 세종), 자격루·앙부일구(시간 측정, 세종), 측우기(강우량 측정, 세종)
역법	『칠정산』(세종): 한양을 기준으로 한 역법서, 「내편」과 「외편」으로 구성됨
인쇄술	활자 주조 담당 관청인 주자소 설치, 계미자(태종)·갑인자(세종) 주조
농업	• 『농사직설』(세종): 우리 풍토에 맞는 농법을 종합하여 편찬한 농서 • 『금양잡록』(성종): 강희맹이 손수 농사를 지은 경험과 견문을 종합한 농서
의학	『향약집성방』(세종): 국산 약재를 소개하고, 치료 예방법을 제시함

3. 건축과 예술 기출자료3

(1) 건축

궁궐 건축	• 경복궁: 조선 건국 이후 태조 때 한양으로 천도하며 지은 궁궐 • 창덕궁: 태종 때 지은 궁궐, 유네스코 세계 문화유산에 등재됨 • 종묘: 왕과 왕비의 신주를 모신 사당, 유네스코 세계 문화유산에 등재됨
원각사지 십층 석탑	세조 때 건립한 탑으로, 경천사지 십층 석탑의 영향을 받음

(2) 예술

그림	몽유도원도(안견), 고사관수도(강희안), 초충도(신사임당) 등
공예	분청사기(15세기), 백자(16세기)

빈출 키워드 랭킹
1위 『농사직설』 8번 출제
2위 계미자 7번 출제
3위 『칠정산』 6번 출제

◆ 서거정
• 고조선부터 고려까지의 역사를 서술한 『동국통감』과 삼국 시대부터의 시와 산문을 수록한 『동문선』을 편찬함

◆ 천상열차분야지도
태조 때 고구려의 천문도를 바탕으로 돌에 새긴 천문도

◆ 『칠정산』
• 세종 때 이순지, 김담 등이 우리나라 최초로 한양을 기준으로 천체 운동을 정확하게 계산하여 편찬한 역법서
• 중국의 수시력을 해설한 「내편」과 아라비아의 회회력을 해설한 「외편」으로 구성됨

◆ 원각사지 십층 석탑

◆ 몽유도원도(안견)

◆ 분청사기
청자에 분을 칠하여 만든 회청색의 도자기

▲ 분청사기 음각어문 편병

기출 분석 특강

기출자료 1 조선 전기의 편찬 사업

(1) 『동국통감』 38회 출제

신 서거정 등이 『동국통감』을 완성하여 바치나이다. 삼국 이하 여러 역사책에서 뽑아내고 중국 역사에서 가려내서 편년체로 기록하였습니다.

자료 분석
성종 때 서거정 등에 의해 단군 조선부터 고려 말까지의 역사를 편년체 형식으로 기록한 『동국통감』이 편찬되었다.

함께 나올 기출선택지
- 『동국통감』(성종) – 고조선부터 고려까지의 역사를 편년체로 정리하였다. 67·61회
- 세계 지도인 혼일강리역대국도지도가 제작되었다. 69·68·62회
- 전국의 지리, 풍속 등이 수록된 『동국여지승람』이 편찬되었다. 68·61회
- 국가의 의례를 정비한 『국조오례의』가 완성되었다. 70·64·63회

(2) 『동국여지승람』 49회 출제

- 『동국여지승람』에 대해 조사한 내용을 알려 줄래?
- 노사신, 양성지 등이 『팔도지리지』 등을 참고하여 이 왕 때 완성한 지리지야. — 성종
- 각 지역의 지도와 지리, 풍속 등을 총 50권에 수록하였고, 이후 증보되어 『신증동국여지승람』으로 편찬되었어.

자료 분석
성종 때 노사신, 양성지 등이 『팔도지리지』 등을 참고하여 인문 지리서인 『동국여지승람』을 편찬하였다. 이후 중종 때는 『동국여지승람』을 증보하여 『신증동국여지승람』을 편찬하였다.

기출자료 2 조선 전기 과학 기술의 발달

(1) 세종 대 과학 기술의 발달 40회 출제 **출제 TIP** 세종 때 만들어진 과학 기구들이 힌트로 제시됩니다.

- 질문: 세종 대에는 실용적인 학문이 발전하고 여러 분야에 걸쳐 과학 기술의 진전이 이루어졌습니다. 그 구체적인 사례로 무엇이 있을까요?
- 답변: 시간을 측정하기 위해 해시계인 앙부일구가 만들어졌어요. 한양을 기준으로 한 역법서인 『칠정산』이 편찬되었어요.

자료 분석
세종 대에는 과학 기술이 발전하여 장영실에 의해 해시계인 앙부일구와 물시계인 자격루 등이 제작되었으며, 우리나라 최초로 한양을 기준으로 천체 운동을 계산한 역법서인 『칠정산』 「내·외편」이 편찬되기도 하였다.

함께 나올 기출선택지
- 장영실이 자동 시보 장치를 갖춘 자격루를 제작하였다. 52회
- 강우량을 측정하기 위한 측우기가 제작되었다. 35회
- 한양을 기준으로 역법을 정리한 『칠정산』이 제작되었다. 73·72·63·62회
- 우리 풍토에 맞는 농법을 소개한 『농사직설』이 편찬되었다. 73·69·68회
- 강희맹이 농서인 『금양잡록』을 저술하였다. 35회
- 국산 약재와 치료 방법을 정리한 『향약집성방』이 간행되었다. 58회

기출자료 3 조선 전기의 건축과 예술

(1) 원각사지 십층 석탑 57회 출제 **출제 TIP** 원각사지 십층 석탑은 '세조'가 힌트로 자주 나와요!

- (가) 에 대해 조사한 내용을 올려 주세요.
- 세조 때 축조하였으며, 현재 국보로 지정되어 있습니다.
- 대리석으로 만든 이 탑의 각 면에는 부처, 보살, 천인상 등이 새겨져 있습니다.

자료 분석
원각사지 십층 석탑은 세조 때 축조된 탑으로, 고려 원 간섭기에 건립된 경천사지 십층 석탑의 영향을 받아 대리석으로 세워진 것이 특징이다.

함께 나올 기출선택지
- 세조 때 원각사지 십층 석탑이 건립되었다. 59회
- 원각사지 십층 석탑 57회

15강 조선 전기의 경제·사회·문화

4 조선의 교육 기관과 성리학 최근 3개년 시험 중 3회 출제!

빈출 키워드 랭킹
1위 성균관 8번 출제
2위 이황 7번 출제
3위 향교 5번 출제

1. 조선의 교육 기관 기출자료1

성균관	· 정의: 한양에 설치된 조선 최고의 학부이자 고등 교육 기관 · 입학 대상: 15세 이상의 소과 합격자(생원·진사) · 대표 건물: 대성전(문묘의 정전, 공자 사당이자 성현에게 제사를 지내는 곳), 명륜당(강의실), 동재·서재(기숙사) 등
4학 (4부 학당)	한양에 설치된 중등 교육 기관(중학·동학·서학·남학)
향교	· 정의: 지방의 부·목·군·현에 각각 하나씩 설립된 중등 교육 기관 · 특징: 중앙에서 교관인 교수와 훈도를 파견함 · 대표 건물: 대성전(문묘의 정전, 공자 사당이자 성현에게 제사를 지내는 곳), 명륜당(강의실), 동재·서재(기숙사) 등
서원	· 정의: 지방 사림이 선현 제사와 성리학 연구를 위해 설립한 교육 기관 · 시초: 풍기 군수 주세붕이 세운 백운동 서원♦을 시작으로 서원이 설립됨 · 발전: 국왕으로부터 편액(간판)과 함께 서적 등을 받는 사액 서원이 등장함
서당	지방에 설치된 초등 교육 기관으로, 선비와 평민의 자제를 가르침

◆ 백운동 서원
· 풍기 군수 주세붕이 안향을 기리기 위해 건립한 서원
· 이황의 건의로 소수 서원이라는 이름을 받고 사액 서원이 됨

2. 성리학의 발전 – 이황과 이이 기출자료2

퇴계 이황	· 주세붕이 세운 백운동 서원을 사액 서원으로 공인할 것을 건의함 · 경상도 안동 지역에서 예안 향약을 실시함 · 기대승과 사단 칠정(四端七情)에 대한 논쟁을 전개하여 성리학에 대한 이해를 심화시킴 · 저술: 『성학십도』(군주의 도를 도식으로 설명), 『주자서절요』(주자의 저술에서 중요한 것을 뽑음)
율곡 이이	· 황해도 해주 지역에서 해주 향약을 실시함 · 저술: 『성학집요』(군주의 덕목), 『동호문답』(개혁 방안), 『격몽요결』(성리학 입문서)

10초 컷! 핵심 키워드 암기
1. 조선 전기 토지 제도의 변천: 과전법 → 직전법 → 관수 관급제 → 직전법 폐지(녹봉제)
2. 조선 전기의 문화: 『동국통감』(역사), 『동국여지승람』(지리), 『칠정산』(천문), 『농사직설』(농업), 원각사지 십층 석탑(건축), 몽유도원도(예술)
3. 조선의 교육 기관: 성균관(최고 학부), 향교(지방, 중등), 서원(사림 건립)
4. 성리학의 발전: 이황(『성학십도』), 이이(『성학집요』)

15강 개념 확인 퀴즈

1. 다음 설명이 맞으면 O표, 틀리면 X표를 하세요.
(1) 직전법의 실시로 수신전·휼양전이 폐지되었다. ( )
(2) 세종 때 우리나라 최초의 세계 지도인 혼일강리역대국도지도가 제작되었다. ( )
(3) 향교는 지방의 부·목·군·현에 설립된 중등 교육 기관이다. ( )

2. 다음 괄호 안의 내용 중 옳은 것에 O표 하세요.
(1) (전분 6등법 / 연분 9등법)은 풍흉에 따라 차등으로 전세를 부과한 것이다.
(2) 세종 때 우리 풍토에 맞는 농법을 소개한 (『농사직설』 / 『금양잡록』)이 편찬되었다.
(3) 이황은 군주의 도를 도식으로 설명한 (『성학십도』 / 『성학집요』)를 편찬하였다.

기출 분석 특강

기출자료 1 조선의 교육 기관

(1) 향교 54회 출제

이곳은 경기도 수원시에 위치한 조선 시대 지방 교육 기관인 [(가)] 입니다. 대부분 지방 관아 가까운 곳에 위치하였으며 제향 공간인 대성전, 강학 공간인 명륜당, 기숙사인 동재와 서재 등으로 이루어져 있습니다.

자료 분석
향교는 조선 시대에 지방에 설립된 중등 교육 기관으로, 성현에 대한 제사를 담당하는 대성전, 강학 공간인 명륜당, 기숙사인 동재와 서재 등으로 이루어졌다.

함께 나올 기출선택지
- 성균관 – 소과에 합격한 생원, 진사에게 입학 자격이 부여되었다. 56회
- 수도에 4부 학당을 두었다. 63회
- 향교 – 전국의 부·목·군·현에 하나씩 설립되었다. 67·60회
- 향교 – 중앙에서 교수와 훈도를 파견하였다. 67·64회
- 서원 – 주세붕이 최초의 서원인 백운동 서원을 건립하였다. 73·67회
- 서원 – 국왕으로부터 편액과 함께 서적 등을 받기도 하였다. 46회

기출자료 2 성리학의 발전

(1) 이황 52회 출제

✓ 출제 TIP 이황의 저술인 『성학십도』가 힌트로 제시됩니다.

이 자료는 [(가)]이/가 지어 왕(선조)에게 바친 『성학십도』의 일부입니다. 그는 성리학에 대한 체계적 이해를 바탕으로 군주가 스스로 인격과 학문을 수양하기 위해 노력해야 함을 강조하였습니다.

자료 분석
이황은 선조에게 군주의 도를 도식으로 설명한 『성학십도』를 바쳐 군주가 인격과 학문을 수양하기 위해 스스로 노력해야 함을 강조하였다.

함께 나올 기출선택지
- 이황 – 기대승과 사단칠정 논쟁을 전개하였다. 71·60회
- 이황이 군주의 도를 도식으로 설명한 『성학십도』를 지었다. 73·68회
- 이이가 『동호문답』을 통해 다양한 개혁 방안을 제시하였다. 57회
- 이이가 『성학집요』를 저술하여 군주가 수양해야 할 덕목을 제시하였다. 69·63·58회

---

3. 질문에 맞는 답을 고르세요.

(1) 과전법에 대한 설명은?
① 지급 대상 토지를 경기 지역에 한정하였다.
② 전지와 시지를 지급하였다.

(2) 세종 재위 시기의 사실은?
① 역법서인 『칠정산』이 만들어졌다.
② 『동국여지승람』이 편찬되었다.

(3) 성종 재위 시기의 사실은?
① 음악 이론 등을 집대성한 『악학궤범』이 간행되었다.
② 물시계인 자격루가 만들어졌다.

(4) 서원에 대한 설명은?
① 중앙에서 교수와 훈도가 파견되었다.
② 국왕으로부터 편액과 함께 서적 등을 받기도 하였다.

정답
1. (1) O (2) X(태종) (3) O
2. (1) 연분 9등법
   (2) 『농사직설』
   (3) 『성학십도』
3. (1) ①(②은 고려의 전시과)
   (2) ①(②은 성종 재위 시기)
   (3) ①(②은 세종 재위 시기)
   (4) ②(①은 향교)

개념 적용 기출문제

01
[53회 19번]

밑줄 그은 '이 제도'에 대한 설명으로 옳은 것은? [2점]

#3. 궁궐 안
성종이 경연에서 신하들과 토지 제도 개혁을 논의하고 있다.
성종: 그대들의 의견을 말해 보도록 하라.
김유: 우리나라의 수신전, 휼양전 등은 진실로 아름다운 것이지만 오히려 일이 없는 자가 앉아서 그 이익을 누린다고 하여 세조께서 과전을 없애고 이 제도를 만드셨습니다.

① 전지와 시지를 등급에 따라 지급하였다.
② 풍흉에 관계없이 전세 부담액을 고정하였다.
③ 현직 관리에게만 토지의 수조권을 지급하였다.
④ 관리에게 녹봉을 지급하고 수조권을 폐지하였다.
⑤ 개국 공신에게 인성, 공로를 기준으로 토지를 지급하였다.

03
[67회 20번]

밑줄 그은 '이 역사서'에 대한 설명으로 옳은 것은? [3점]

대개 이미 지나간 나라의 흥망은 장래의 교훈이 되기 때문에 이 역사서를 편찬하여 올리는 바입니다. …… 범례는 사마천의 『사기』를 따르고, 대의(大義)는 모두 왕께 아뢰어 재가를 얻었습니다. 본기(本紀)라는 이름을 피하고 세가(世家)라고 한 것은 명분의 중요성을 나타내기 위함이며, 가짜 왕인 신씨들[신우, 신창]을 세가에 넣지 않고 열전으로 내린 것은 그들이 왕위를 도둑질한 사실을 엄히 논죄하려는 것입니다.

① 발해사를 우리 역사로 체계화하였다.
② 고구려 시조의 일대기를 서사시로 표현하였다.
③ 불교사를 중심으로 고대의 민간 설화를 수록하였다.
④ 고조선부터 고려 말까지의 역사를 연대순으로 기록하였다.
⑤ 조선 건국을 정당화하는 입장에서 고려의 역사를 정리하였다.

02
[64회 19번]

(가)에 대한 설명으로 옳은 것은? [2점]

1. 처음 (가) 을/를 정할 때 약문(約文)을 동지에게 두루 보이고 그 마음을 바로잡고, 몸가짐을 단속하고, 착하게 살고, 허물을 고치기 위해 약계(約契)에 참례하기를 원하는 자 몇 사람을 가려 서원에 모아 놓고 약법(約法)을 의논하여 정한 다음 도약정(都約正), 부약정 및 직월(直月)·사화(司貨)를 선출한다. ……
1. 물건으로 부조할 때는 약원이 사망하였다면 초상 치를 때 사화가 약정에게 고하여 삼베 세 필을 보내고, 같은 약원들은 각각 쌀 다섯되와 빈 거적때기 세 닢씩 내어서 상을 치르는 것을 돕는다.
— 『율곡전서』

① 7재라는 전문 강좌를 두었다.
② 옥당이라고 불리며 경연을 담당하였다.
③ 중앙에서 파견된 교수나 훈도가 지도하였다.
④ 풍속 교화와 향촌 자치 등의 역할을 하였다.
⑤ 매향(埋香) 활동 등 각종 불교 행사를 주관하였다.

04
[53회 21번]

(가)에 해당하는 문화유산으로 옳은 것은? [2점]

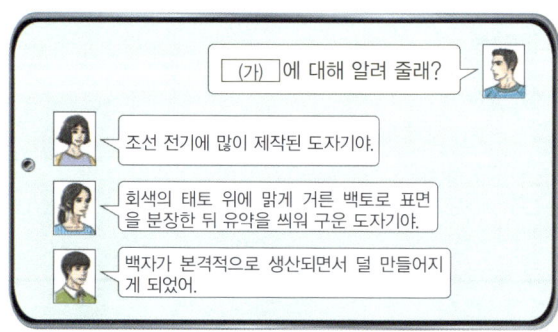

(가) 에 대해 알려 줄래?
- 조선 전기에 많이 제작된 도자기야.
- 회색의 태토 위에 맑게 거른 백토로 표면을 분장한 뒤 유약을 씌워 구운 도자기야.
- 백자가 본격적으로 생산되면서 덜 만들어지게 되었어.

①  ②  ③

④  ⑤

해설

01 직전법   정답 ③

자료 분석

수신전, 휼양전 + 세조 + 과전을 없앰 → 직전법

조선 초기의 토지 제도인 과전법은 원칙적으로 토지의 세습을 금지하였으나, 수신전(죽은 관료의 아내에게 지급된 토지)과 휼양전(죽은 관료의 어린 자식에게 지급된 토지)의 명목으로 토지가 세습되었다. 이로 인해 새로 관직에 임명된 관리에게 줄 토지가 부족해지자, 세조는 직전법을 실시하여 현직 관리에게만 토지의 수조권(조세를 거둘 수 있는 권리)을 지급하였고, 수신전과 휼양전을 폐지하였다.

선택지 분석

① 전지와 시지를 등급에 따라 지급하였다. → 전시과(고려)
② 풍흉에 관계없이 전세 부담액을 고정하였다. → 영정법(조선)
③ 현직 관리에게만 토지의 수조권을 지급하였다.
  → 직전법(조선)
  ㄴ 직전법은 조선 전기 세조 때 관리에게 지급할 토지가 부족해지자 현직 관리에게만 토지의 수조권을 지급한 제도이다.
④ 관리에게 녹봉을 지급하고 수조권을 폐지하였다.
  → 녹봉제(조선)
⑤ 개국 공신에게 인성, 공로를 기준으로 토지를 지급하였다.
  → 역분전(고려)

02 향약   정답 ④

자료 분석

약문 + 도약정 + 부약정 → 향약

향약은 중종 때 조광조에 의해 처음 시행된 향촌 규약(향촌 내 사람들 간의 약속)으로, 규약문을 통해 도약정(회장), 부약정(부회장) 등의 직책과 지켜야 할 사항을 정하였다. 향약은 전통적인 공동 조직과 미풍양속을 계승하고 유교 윤리를 통해 향촌 질서를 수립하고자 하였으며, 풍속 교화와 향촌 자치의 역할을 하였다.

선택지 분석

① 7재라는 전문 강좌를 두었다. → 국자감
② 옥당이라고 불리며 경연을 담당하였다. → 홍문관
③ 중앙에서 파견된 교수나 훈도가 지도하였다. → 향교
④ 풍속 교화와 향촌 자치 등의 역할을 하였다. → 향약
  ㄴ 향약은 조선 사회의 풍속 교화와 향촌 자치 등의 역할을 하였다.
⑤ 매향(埋香) 활동 등 각종 불교 행사를 주관하였다. → 향도

03 『고려사』   정답 ⑤

자료 분석

본기라는 이름을 피하고 세가라고 한 것 + 가짜 왕인 신씨들 [신우, 신창]을 세가에 넣지 않고 열전으로 내린 것 → 『고려사』

『고려사』는 고려 시대의 역사를 기전체 형식으로 정리한 역사서로, 세종의 명으로 편찬이 시작되어 문종 때에 완성되었다. 한편 『고려사』는 이전 왕조인 고려 무신 집권기부터 우왕, 창왕 때까지의 폐정을 경계하고자 하는 목적에서 편찬되었다.

선택지 분석

① 발해사를 우리 역사로 체계화하였다. → 『발해고』
② 고구려 시조의 일대기를 서사시로 표현하였다. → 『동명왕편』
③ 불교사를 중심으로 고대의 민간 설화를 수록하였다.
  → 『삼국유사』
④ 고조선부터 고려 말까지의 역사를 연대순으로 기록하였다.
  → 『동국통감』
⑤ 조선 건국을 정당화하는 입장에서 고려의 역사를 정리하였다. → 『고려사』
  ㄴ 『고려사』는 조선 건국을 정당화하는 입장에서 고려 태조부터 공양왕까지의 역사를 정리하였다.

04 분청사기   정답 ④

자료 분석

조선 전기 + 회색의 태토 위에 맑게 거른 백토로 표면을 분장함 → 분청사기

분청사기는 회색의 바탕 흙 위에 맑게 거른 백토를 입힌 뒤 유약을 씌워 구운 도자기로, 고려 말인 14세기 말부터 제작되기 시작하였다. 조선 전기에 많이 제작되다가 16세기에 백자가 유행하면서 점차 생산이 줄어 들었다.

선택지 분석

①
→ 청자 상감 운학문 매병(고려)

②
→ 백자 청화 매죽문 항아리(조선)

③
→ 청자 참외모양 병(고려)

④
→ 분청사기 음각어문 편병(조선)
ㄴ 분청사기 음각어문 편병은 조선 전기에 제작된 도자기로, 두 마리의 물고기가 생동감 넘치는 선으로 표현되어 있다.

⑤
→ 삼채 향로(발해)

15강 조선 전기의 경제·사회·문화 **165**

05
(가)에 들어갈 작품으로 옳은 것은? [1점]

대표 전시 작품

(가)

조선 전기 시·그림·글씨에 모두 뛰어난 것으로 유명했던 강희안의 대표작으로 간결하고 과감한 필치가 돋보인다.

①  ②  ③
④  ⑤

06
(가) 교육 기관에 대한 설명으로 옳은 것은? [1점]

조사 보고서
1. 주제: 조선의 교육 기관 (가) 을/를 찾아서
2. 개관
중종 38년(1543) 풍기 군수 주세붕이 처음 건립하였다. 국왕으로부터 현판과 토지, 노비 등을 받기도 하였다. 흥선 대원군에 의해 정리되어 47곳이 남았는데, 이 중 대표적인 9곳이 유네스코 세계유산으로 등재되었다.
3. 주요 건물 배치도

① 전국의 모든 군현에 하나씩 설치되었다.
② 선현의 제사와 유학 교육을 담당하였다.
③ 전문 강좌인 7재가 설치되어 운영되었다.
④ 중앙에서 교수나 훈도를 교관으로 파견하였다.
⑤ 소과에 합격한 생원, 진사에게 입학 자격이 부여되었다.

07
밑줄 그은 '이 인물'에 대한 설명으로 옳은 것은? [3점]

해주 향약을 시행하여 향촌 교화에 힘썼던 이 인물에 대해 말해 보자.

『동호문답』에서 수취 제도 개편 등 다양한 개혁 방안을 제시하였어.

『격몽요결』을 저술하여 체계적인 성리학 교육에 힘썼어.

① 명에 대한 의리를 내세운 기축봉사를 올렸다.
② 청으로부터 시헌력을 도입하자고 건의하였다.
③ 양반의 허례와 무능을 풍자한 「양반전」을 저술하였다.
④ 예학을 조선의 현실에 맞게 정리한 『가례집람』을 지었다.
⑤ 군주가 수양해야 할 덕목과 지식을 담은 『성학집요』를 집필하였다.

08
(가) 인물에 대한 설명으로 옳은 것은? [3점]

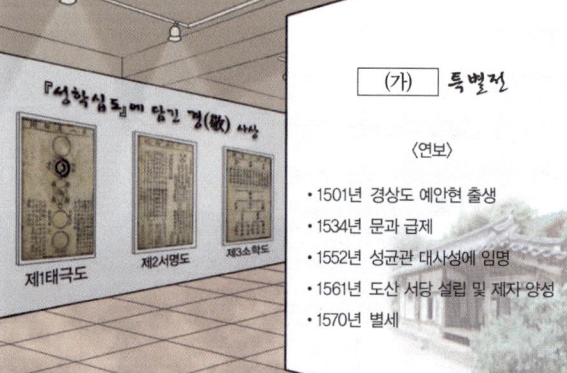

(가) 특별전
〈연보〉
· 1501년 경상도 예안현 출생
· 1534년 문과 급제
· 1552년 성균관 대사성에 임명
· 1561년 도산 서당 설립 및 제자 양성
· 1570년 별세

① 기대승과 사단칠정 논쟁을 전개하였다.
② 일본에 다녀와서 『해동제국기』를 편찬하였다.
③ 양명학을 연구하여 강화 학파를 형성하였다.
④ 기축봉사를 올려 명에 대한 의리를 내세웠다.
⑤ 무오사화의 발단이 된 「조의제문」을 작성하였다.

해설

05 고사관수도   정답 ④

자료 분석

조선 전기 + 강희안의 대표작 → 고사관수도

인재 강희안은 조선 전기의 대표적인 화가로, 시·글·글씨에 모두 뛰어난 것으로 유명하였다. 대표 작품인 고사관수도는 깎아지는 듯한 절벽을 배경에 두고 바위에 기대어 엎드린 자세로 물을 바라보고 있는 선비의 유유자적한 모습을 간결하고 과감한 필치로 그려냈으며, 인물의 내면 세계를 잘 표현한 것이 특징이다.

선택지 분석

①  → 매화초옥도(전기)

②  → 월하정인(신윤복)

③  → 송석원시사야연도(김홍도)

④  → 고사관수도 (강희안)
ㄴ 고사관수도는 조선 전기의 화가인 강희안의 대표작으로, 간결하고 과감한 필치로 인물의 내면 세계를 표현한 것이 특징이다.

⑤  → 금강전도(정선)

06 서원   정답 ②

자료 분석

주세붕이 처음 건립 + 국왕으로부터 현판과 토지, 노비 등을 받기도 함 + 흥선 대원군에 의해 정리 → 서원

서원은 조선 시대에 지방 사림이 설립한 사립 교육 기관으로, 중종 때 풍기 군수 주세붕이 처음 건립한 백운동 서원이 시초가 되었다. 서원들 중 권위를 인정 받은 서원은 사액 서원이라 하여 국왕으로부터 현판(간판)과 토지·노비 등을 받기도 하였다. 그러나 서원이 붕당의 근거지가 되고 백성을 수탈하는 등의 폐단을 일삼자, 흥선 대원군은 47개의 서원만 남기고 대부분의 서원을 정리하였다. 한편 서원 중 9곳은 2019년에 유네스코 세계유산으로 등재되었다.

선택지 분석

① 전국의 모든 군현에 하나씩 설치되었다. → 향교(조선)

② 선현의 제사와 유학 교육을 담당하였다. → 서원(조선)
ㄴ 서원은 지방 사림이 설립한 조선의 사립 교육 기관으로, 선현의 제사와 유학 교육을 담당하였다.

③ 전문 강좌인 7재가 설치되어 운영되었다. → 국자감(고려)

④ 중앙에서 교수나 훈도를 교관으로 파견하였다. → 향교(조선)

⑤ 소과에 합격한 생원, 진사에게 입학 자격이 부여되었다.
→ 성균관(조선)

07 이이   정답 ⑤

자료 분석

해주 향약 + 『동호문답』 + 『격몽요결』을 저술 → 이이

이이는 조선 시대의 성리학자로, 성리학을 처음 배우는 학도들의 입문서로 『격몽요결』을 편찬하였다. 또한 여러 개혁 방안을 문답 형식으로 묶은 『동호문답』을 통해 현실적인 개혁 방안을 제시하였으며, 해주 향약을 만들어 향약 보급에 기여하였다.

선택지 분석

① 명에 대한 의리를 내세운 기축봉사를 올렸다. → 송시열

② 청으로부터 시헌력을 도입하자고 건의하였다. → 김육

③ 양반의 허례와 무능을 풍자한 『양반전』을 저술하였다.
→ 박지원

④ 예학을 조선의 현실에 맞게 정리한 『가례집람』을 지었다.
→ 김장생

⑤ 군주가 수양해야 할 덕목과 지식을 담은 『성학집요』를 집필하였다. → 이이
ㄴ 이이는 군주가 수양해야 할 덕목과 지식을 담은 『성학집요』를 집필하여 선조에게 바쳤다.

08 이황   정답 ①

자료 분석

『성학십도』 + 도산 서당 설립 및 제자 양성 → 이황

이황은 조선 전기의 성리학자로, 선조에게 군주의 도를 도식으로 설명한 『성학십도』를 지어 바쳤다. 또한 그는 도산 서당을 건립하여 제자들을 양성하기도 하였다.

선택지 분석

① 기대승과 사단칠정 논쟁을 전개하였다. → 이황
ㄴ 이황은 기대승과 사단칠정에 대한 논쟁을 벌여 성리학의 이해를 심화시켰다.

② 일본에 다녀와서 『해동제국기』를 편찬하였다. → 신숙주

③ 양명학을 연구하여 강화 학파를 형성하였다. → 정제두

④ 기축봉사를 올려 명에 대한 의리를 내세웠다. → 송시열

⑤ 무오사화의 발단이 된 『조의제문』을 작성하였다. → 김종직

조선 전기 핵심 키워드 마무리 체크

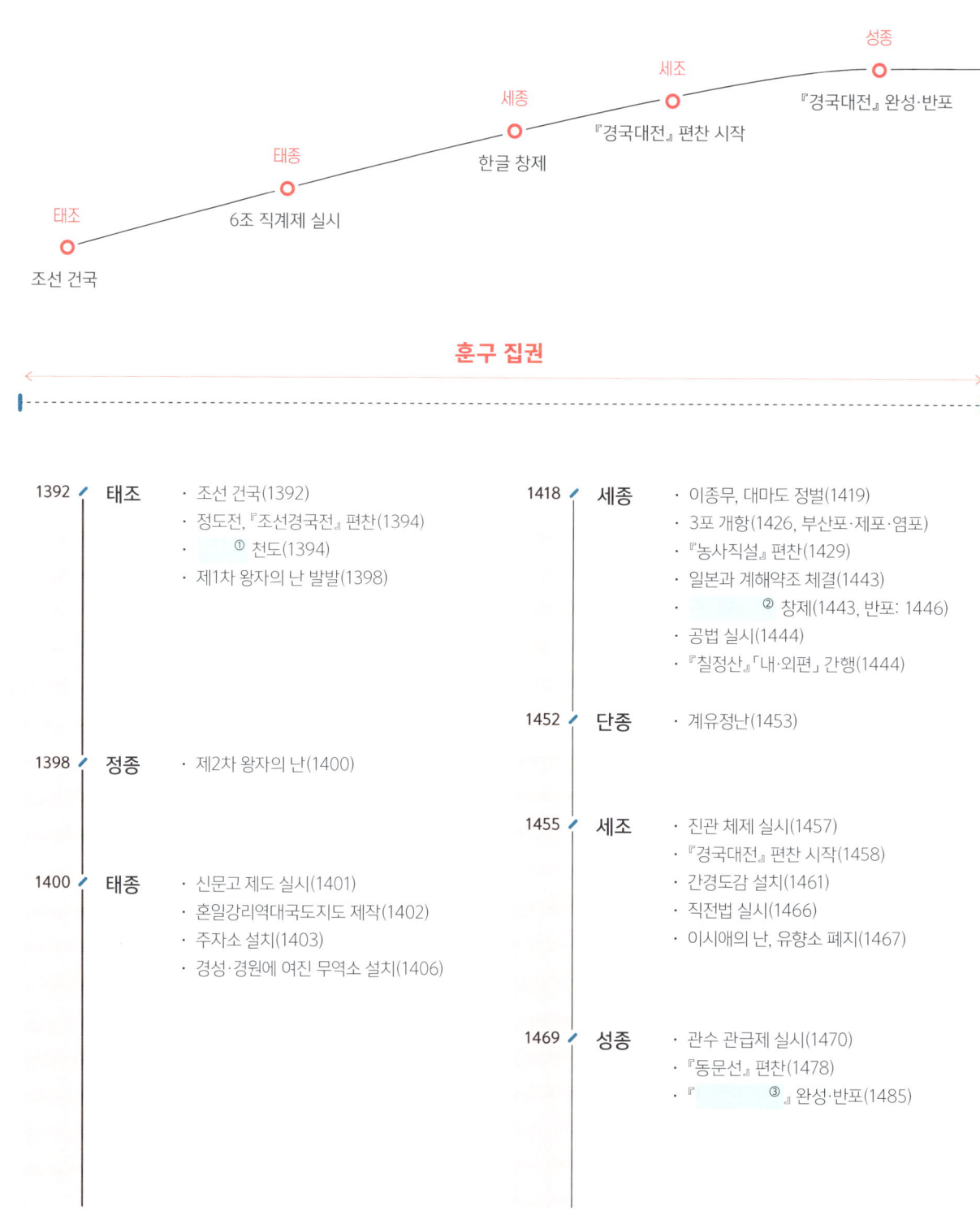

연도	왕	주요 사건
1392	태조	• 조선 건국(1392) • 정도전, 『조선경국전』 편찬(1394) • ① ___ 천도(1394) • 제1차 왕자의 난 발발(1398)
1398	정종	• 제2차 왕자의 난(1400)
1400	태종	• 신문고 제도 실시(1401) • 혼일강리역대국도지도 제작(1402) • 주자소 설치(1403) • 경성·경원에 여진 무역소 설치(1406)
1418	세종	• 이종무, 대마도 정벌(1419) • 3포 개항(1426, 부산포·제포·염포) • 『농사직설』 편찬(1429) • 일본과 계해약조 체결(1443) • ② ___ 창제(1443, 반포: 1446) • 공법 실시(1444) • 『칠정산』 「내·외편」 간행(1444)
1452	단종	• 계유정난(1453)
1455	세조	• 진관 체제 실시(1457) • 『경국대전』 편찬 시작(1458) • 간경도감 설치(1461) • 직전법 실시(1466) • 이시애의 난, 유향소 폐지(1467)
1469	성종	• 관수 관급제 실시(1470) • 『동문선』 편찬(1478) • 『ⓘ ___ ③』 완성·반포(1485)

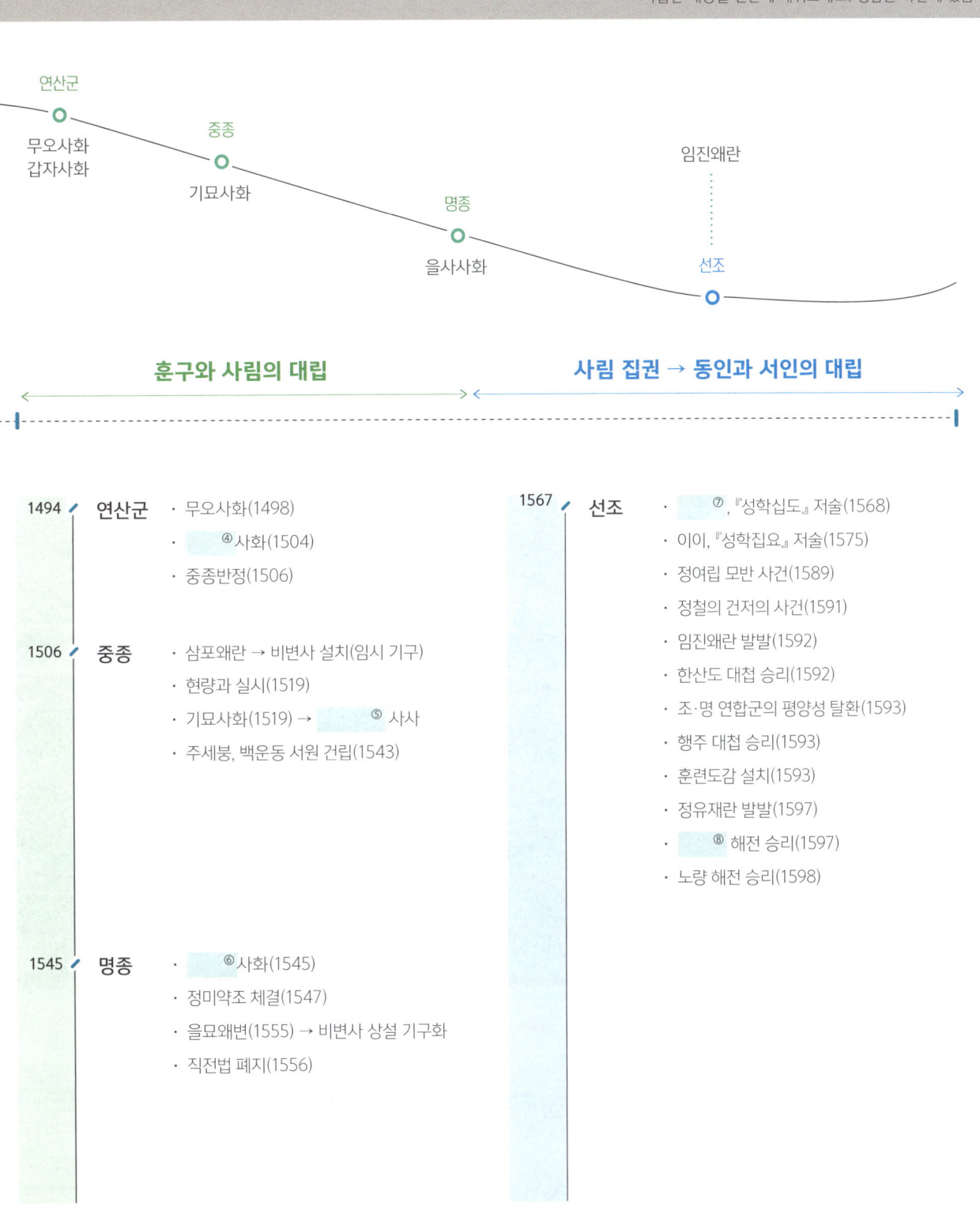

해커스 한국사능력검정시험 심화(1·2·3급) **한권합격**

한능검 단골 테마

1. 지역사
2. 세시 풍속
3. 유네스코에 등재된 우리 문화재

구석기 시대 시작 약 70만 년 전	삼국 건국 기원전 1세기경	고려 건국 918년
선사 시대	고대	고려 시대

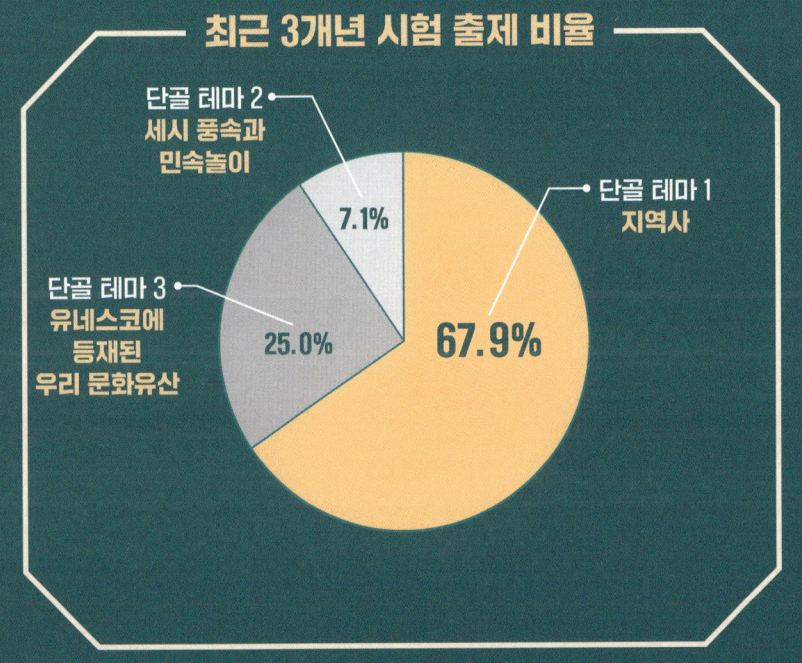

최근 3개년 시험 출제 비율

- 단골 테마 2 세시 풍속과 민속놀이 7.1%
- 단골 테마 3 유네스코에 등재된 우리 문화유산 25.0%
- 단골 테마 1 지역사 67.9%

1위 단골 테마 1 지역사 67.9%
지역사는 전주, 안동, 독도가 자주 출제됩니다.

2위 단골 테마 3 유네스코에 등재된 우리 문화유산 25.0%
각 문화유산과 관련된 역사적 사실이 자료로 출제됩니다.

3위 단골 테마 2 세시 풍속과 민속놀이 7.1%
각 세시 풍속의 날짜와 특징을 기억해야 합니다.

조선 건국 1392년	흥선 대원군 집권 1863년	국권 피탈 1910년	광복 1945년
조선 시대	근대	일제 강점기	현대

단골테마 1 지역사

1 한반도 최근 3개년 시험 중 17회 출제!

빈출 키워드 랭킹
- 1위 평양 8번 출제
- 2위 부산 7번 출제
- 3위 공주 6번 출제

지역	시대	내용
평양 (서경) 기출자료 1	고대	고구려 장수왕이 천도한 곳이며, 고구려 멸망 이후 당에 의해 안동 도호부가 설치됨
	고려	인종 때 묘청이 서경(평양) 길지설을 내세우며 서경 천도 운동을 전개함
	조선	임진왜란 때 조·명 연합군이 평양성을 탈환함, 유상의 활동 거점
	근대	신미양요의 발단이 된 제너럴셔먼호 사건이 발생함, 대성 학교가 설립됨
	일제	조만식의 주도로 조선 물산 장려회가 발족되어 물산 장려 운동이 전개됨, 강주룡◆이 을밀대 지붕에서 고공 농성을 전개함
	현대	남북 협상, 제1, 2차 남북 정상 회담이 개최됨
원산	근대	강화도 조약을 통해 개항됨, 원산 학사가 설립됨
	일제	원산 노동자 총파업이 전개됨
개성 (개경) 기출자료 2	고대	궁예가 후고구려를 건국함(송악)
	고려	• 고려의 수도로, 만월대 등의 유적이 남아 있음 • 만적의 난이 발생함, 정몽주가 개성 선죽교에서 이방원에 의해 피살됨
	조선	송상의 근거지
	현대	6·25 전쟁의 정전 회담이 시작됨, 개성 공단이 건설됨
서울	조선	조선의 수도로, 선농단, 사직단, 동관왕묘◆ 등의 문화유산이 있음
	근대	시전 상인들이 황국 중앙 총상회를 조직함
	일제	의열단원 나석주가 조선 식산 은행에, 김익상이 조선 총독부에 폭탄을 투척함, 강우규가 사이토 총독에게 폭탄을 투척함
	현대	제1차 미·소 공동 위원회가 개최됨
공주	고대	• 백제 문주왕 때 천도한 백제의 두 번째 수도(웅진)로, 송산리 고분군, 공산성 등이 있음 • 통일 신라 때 김헌창(웅천주 도독)의 난이 발생함
	고려	공주 명학소에서 망이·망소이가 난을 일으킴
	근대	제2차 동학 농민 운동 때 우금치 전투가 전개됨
충주	고대	충주 고구려비, 통일 신라의 탑평리 칠층 석탑 등이 위치해 있음
	조선	탄금대에서 신립이 배수의 진을 치고 왜군에 항전함
청주	고대	신라 촌락 문서(민정 문서)의 소재지임(통일 신라의 서원경)
	고려	흥덕사에서 『직지심체요절』이 간행됨
대구	고대	통일 신라 신문왕이 천도를 시도함(달구벌), 공산 전투(후백제 vs 고려)
	근대	서상돈, 김광제의 주도로 국채 보상 운동이 시작됨
	현대	이승만 정부 때 2·28 민주 운동◆이 일어남
부산 기출자료 3	조선	임진왜란 때 부사 송상현과 첨사 정발이 순절함, 초량 왜관이 설치됨
	일제	의열단원 박재혁이 부산 경찰서에 폭탄을 투척함
진주	조선	임진왜란 때 진주 대첩(김시민)이 전개됨, 임술 농민 봉기가 일어남
	일제	형평 운동을 주도한 조선 형평사가 조직됨
전주 기출자료 4	고대	견훤이 후백제를 건국함(완산주)
	조선	태조 이성계의 어진(왕의 초상화)을 모신 경기전과 『조선왕조실록』 등을 보관하던 사고가 설치됨
	근대	동학 농민 운동 당시에 동학 농민군과 정부군이 전주 화약을 맺음

◆ **강주룡**
- 일제에 항거하여 노동 운동을 벌인 여성 노동자
- 평원 고무 공장 여공 파업과 시위를 주도함
- 평양 을밀대 지붕 위에서 고공 농성을 벌임

◆ **선농단, 사직단, 동관왕묘**
- 선농단: 국왕이 신농, 후직에게 제사 지내는 곳
- 사직단: 토지신과 곡물신에게 제사 지내는 곳
- 동관왕묘: 중국 촉의 장수인 관우의 제사를 지내는 곳

◆ **2·28 민주 운동**
자유당이 민주당 장면 후보의 선거 유세장에 가지 못하게 하자, 이에 반발한 대구 학생들이 시위를 전개한 사건

기출 분석 특강

기출자료 1 평양

출제 TIP 평양과 관련해서는 을밀대가 가장 자주 출제돼요!

(1) 평양 43회 출제

답사 계획서
- 주제: (가) 의 유적과 인물을 찾아서
- 기간: 2019년 ○○월 ○○일~○○일
- 일정 및 경로
  · 1일차: 대동문 → 보통문 → 을밀대 → 부벽루
  · 2일차: 안학궁 터 → 대성산성

자료 분석
평양은 고대에 고구려 장수왕이 국내성에서 천도한 지역으로, 이때 안학궁과 을밀대 등이 세워졌다. 한편 일제 강점기에 강주룡은 을밀대 지붕에서 고공 농성을 전개하기도 하였다.

함께 나올 기출선택지
- 장수왕 때 국내성에서 천도하여 도읍으로 삼은 곳이다. 57회
- 미국 상선 제너럴셔먼호가 관민들에 의해 불태워졌다. 43회
- 조만식 등을 중심으로 조선 물산 장려회가 발족되었다. 43회
- 강주룡이 을밀대 지붕에서 고공 농성을 전개하였다. 71·69·68·64회

기출자료 2 개성

(1) 개성 57회 출제

출제 TIP 개성은 고려 시대와 현대의 관련 사건이 자주 출제됩니다!

이 곡은 전수린이 고향인 (가) 에 들렀다가 옛 궁터인 만월대를 보고 작곡한 노래로, 일제에 국권을 빼앗긴 설움을 대변하여 장안의 화제가 되었다. 이 곡의 배경인 (가) 의 만월대에서는 2007년부터 남북 공동 발굴이 이루어져 금속 활자를 비롯하여 기와 및 도자기 등 다양한 유물이 출토되었다.

자료 분석
개성은 고려의 수도로, 고려 시대의 유적인 만월대 등이 남아있다. 만월대 유적에서는 2007년부터 남북 공동 발굴을 통해 다양한 유물이 출토되었다.

함께 나올 기출선택지
- 만적을 비롯한 노비들이 신분 해방을 도모하였다. 63회
- 유엔군과 공산군 사이의 첫 번째 정전 회담이 열린 곳이다. 57회
- 남북한 경제 협력 사업의 일환으로 공단이 건설되었다. 49회

기출자료 3 부산

(1) 부산 57회 출제

탐구 활동 계획서
○학년 ○반 이름 ○○○
1. 주제: (가) 지역을 중심으로 본 조선의 대외 관계
2. 탐구 방법: 문헌 조사, 인터넷 검색 등
3. 탐구 내용
 가. 대일 무역의 거점, 초량 왜관
 나. 개항 이후 설정된 조계의 기능
 다. 관세 문제로 일어난 두모포 수세 사건

자료 분석
부산은 조선 후기에 일본과의 무역이 이루어지던 초량 왜관이 설치된 지역이다. 이후 강화도 조약의 체결로 개항되었으며, 조계(개항장의 외국인 거주지)가 설치되기도 하였다.

함께 나올 기출선택지
- 임진왜란 중 부사 송상현과 첨사 정발이 순절하였다. 53회
- 내상이 무역 활동을 전개하였다. 63회
- 박재혁이 경찰서에서 폭탄을 터뜨리는 의거를 일으켰어요. 69·59회

기출자료 4 전주

(1) 전주 52회 출제

출제 TIP 전주는 후백제의 수도였던 점이 자료에서 힌트로 출제됩니다!

답사 자료집 우리 고장 역사 탐방
우리가 살펴볼 문화유산
[동고산성] 견훤이 세운 후백제와의 관련성을 짐작하게 해주는 수막새 등이 출토되었다.
[경기전] 태조 이성계의 어진을 모셨던 곳이며, 그 옆에는 실록을 보관하던 사고가 있었다.

자료 분석
전주는 고대에 견훤이 후백제를 건국하고 수도로 삼은 지역이다. 또한 조선 시대에는 태조 이성계의 어진(왕의 초상화)을 모신 경기전과 『조선왕조실록』을 보관하던 사고가 설치되기도 하였다.

함께 나올 기출선택지
- 견훤이 후백제의 도읍으로 삼았어요. 59회
- 태조의 어진을 모신 경기전이 건립된 장소를 조사한다. 60회
- 동학 농민군과 정부 사이에 화약이 체결된 곳이다. 65회

단골테마 1 지역사

2 섬 최근 3개년 시험 중 2회 출제!

빈출 키워드 랭킹
- 1위 강화도 4번 출제
- 2위 제주도 3번 출제
- 3위 독도, 거문도 2번 출제

지역	시대	내용
강화도 (기출자료 1)	선사	고인돌 유적지가 있음
	고려	· 몽골 침입기의 임시 수도, 삼별초의 항쟁이 전개됨 · 팔만대장경이 조판됨
	조선	『조선왕조실록』을 보관하는 사고(史庫)가 설치됨, 강화 학파가 형성됨
	근대	병인·신미양요, 운요호 사건이 일어남, 강화도 조약이 체결됨
울릉도·독도 (기출자료 2)	고대	신라 지증왕 때 이사부가 우산국(울릉도)과 부속 섬(독도)을 복속시킴
	조선	· 『세종실록』「지리지」에 우리나라 영토로 기재됨 · 숙종 때 안용복이 일본으로 건너가 우리나라 영토임을 확인 받고 돌아옴
	근대	· 대한 제국 칙령 제41호를 통해 울릉도를 울도군으로 승격시키고, 울도 군수가 독도를 관할하도록 함 · 일본이 러·일 전쟁 중 불법으로 독도를 자국 영토에 편입함
제주도	고려	삼별초의 마지막 근거지, 원 간섭기에 탐라총관부가 설치됨
	조선	김만덕이 빈민 구제 활동을 전개함, 하멜 일행이 표류하다 도착함
	현대	제주 4·3 사건이 발생하여 많은 주민이 희생됨
절영도	근대	러시아가 조차를 요구함
진도	고려	삼별초가 용장성을 쌓고 대몽 항쟁을 전개함
거문도	근대	영국이 러시아의 남하를 구실로 불법 점령한 거문도 사건이 일어남
완도	고대	통일 신라 때 장보고가 해군 무역 기지인 청해진을 설치함
거제도	현대	6·25 전쟁 때 포로 수용소가 설치됨
흑산도	조선	조선 후기에 정약전이 유배간 곳으로, 정약전은 이곳에서 『자산어보』를 저술함

10초 컷! 핵심 키워드 암기
1. 한반도
   - 평양: 고구려 장수왕의 천도, 강주룡의 을밀대 고공 농성
   - 개성: 고려의 수도, 정전 회담 개최
   - 부산: 초량 왜관 설치
   - 전주: 후백제의 수도, 경기전 설치
2. 섬
   - 강화도: 몽골 침입기의 임시 수도, 병인양요, 신미양요, 강화도 조약 체결
   - 독도: 『세종실록』「지리지」, 대한 제국 칙령 제41호
   - 거문도: 거문도 사건

단골 테마 1 개념 확인 퀴즈

1. 다음 설명이 맞으면 O표, 틀리면 X표를 하세요.

(1) 평양은 고려의 수도로, 만월대 등의 유적이 남아 있다. ( )
(2) 서울은 강우규가 사이토 총독에게 폭탄을 투척하는 의거를 일으킨 지역이다. ( )
(3) 거문도는 근대에 영국이 러시아의 남하를 구실로 불법 점령한 섬이다. ( )

2. 다음 괄호 안의 내용 중 옳은 것에 O표 하세요.

(1) (원산 / 개성)에서 만적을 비롯한 노비들이 신분 해방을 도모하였다.
(2) (전주 / 진주)에서 조선 형평사가 조직되었다.
(3) (흑산도 / 완도)는 통일 신라 때 장보고가 해군 무역 기지인 청해진을 설치한 섬이다.

기출 분석 특강

기출자료 1 강화도
✓ 출제 TIP 강화도는 근대와 관련한 키워드가 자료와 선택지의 힌트로 자주 출제돼요!

(1) 강화도 51회 출제

답사 계획서
◆ 주제: 섬에서 만나는 제국주의 열강의 침입과 저항
◆ 일시: 2021년 ○○월 ○○일 09:00~18:00
◆ 경로: 외규장각 → 연무당 옛터 → 광성보 → 정족산성 → 초지진

자료 분석
강화도에서는 근대에 병인양요가 일어났으며, 이때 정족산성에서 양헌수 부대가 프랑스군을 격퇴하였다. 또한 신미양요가 일어나기도 하였는데, 이때에는 어재연 부대가 광성보에서 미군에 항전하였다.

함께 나올 기출선택지
- 몽골에 항전할 때 임시 수도였다. 45회
- 양헌수 부대가 적군을 물리쳤다. 51회
- 프랑스군이 『의궤』를 약탈하였다. 59·51회
- 어재연 부대가 결사 항전하였다. 66회
- 조·일 수호 조규가 체결되었다. 51회

기출자료 2 울릉도·독도

(1) 독도 45회 출제 ✓ 출제 TIP 독도는 관련 자료나 문서의 내용이 자료로 출제됩니다.

우리 땅인 (가) 의 역사
- 1454년 『세종실록』「지리지」
  (가) 와/과 무릉은 거리가 서로 멀지 않아 날씨가 맑으면 볼 수 있다고 기록됨 ─ 울릉도
- 1906년 심흥택 보고서
  울도 군수 심흥택이 (가) 이/가 울도군의 관할이라는 내용이 들어간 문서를 정부에 보고하였음.

자료 분석
독도는 『세종실록』「지리지」에 우리나라 영토로 기재되어 있다. 또한 대한 제국 시기에는 칙령 제41호를 통해 울릉도를 울도군으로 승격시키고, 울도 군수가 독도를 관할하도록 하였다.

함께 나올 기출선택지
- 지증왕이 이사부를 보내 복속한 지역과 부속 도서를 찾아본다. 56회
- 안용복이 일본에 건너가 우리 영토임을 주장하였다. 58회
- 대한 제국이 칙령을 통해 울릉 군수가 관할하도록 하였다. 58회
- 러·일 전쟁 때 일본이 불법으로 자국 영토로 편입하였다. 58회

---

3. 질문에 맞는 답을 고르세요.

(1) 공주에 대한 설명은?
  ① 망이·망소이가 봉기하였다.
  ② 정몽주가 이방원 세력에 의해 피살되었다.

(2) 충주에 대한 설명은?
  ① 금속 활자본인 『직지심체요절』이 간행되었다.
  ② 신립이 탄금대에서 배수의 진을 치고 싸웠다.

(3) 대구에 대한 설명은?
  ① 정약전이 유배 중에 『자산어보』를 저술하였다.
  ② 김광제 등의 발의로 국채 보상 운동이 일어났다.

(4) 강화도에 대한 설명은?
  ① 몽골에 항전할 때 임시 수도였다.
  ② 하멜 일행이 표류하다 도착한 곳이다.

정답
1. (1) X(개성) (2) ○ (3) ○
2. (1) 개성 (2) 진주 (3) 완도
3. (1) ①(②은 개성)
    (2) ②(①은 청주)
    (3) ②(①은 흑산도)
    (4) ①(②은 제주도)

개념 적용 기출문제

01
[68회 29번]

다음 특별전에서 볼 수 있는 도시의 역사에 대한 설명으로 적절하지 않은 것은? [2점]

① 고려 태조 왕건이 도읍으로 삼았다.
② 원의 영향을 받은 경천사지 십층 석탑이 축조되었다.
③ 조선 후기 송상이 근거지로 삼아 전국적으로 활동하였다.
④ 일제 강점기 강주룡이 을밀대 지붕 위에서 고공 농성을 하였다.
⑤ 북위 38도선 분할 이후 남한에 속했다가 정전 협정으로 북한 지역이 되었다.

02
[69회 25번]

(가) 지역에서 있었던 사실로 옳은 것은? [2점]

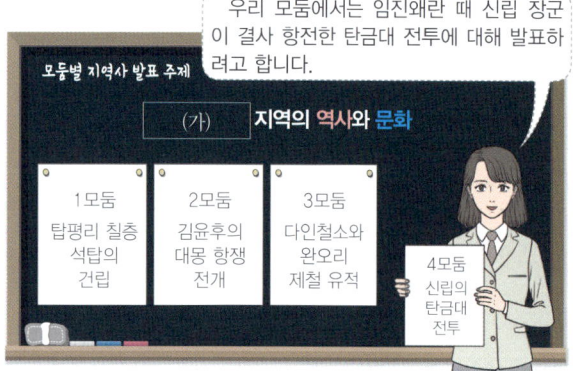

① 제1차 미·소 공동 위원회가 개최되었다.
② 명 신종을 기리는 만동묘가 건립되었다.
③ 강주룡이 을밀대 지붕에서 고공 농성을 벌였다.
④ 고구려비가 남한 지역에서 유일하게 발견되었다.
⑤ 박재혁이 경찰서에서 폭탄을 터뜨리는 의거를 일으켰다.

03
[60회 26번]

다음 지역에 대한 탐구 활동으로 옳은 것은? [2점]

① 장용영의 외영이 설치된 위치를 파악한다.
② 홍경래가 난을 일으켜 점령한 지역을 알아본다.
③ 인조가 피신하여 청군과 항전을 벌인 곳을 찾아본다.
④ 태조의 어진을 모신 경기전이 건립된 장소를 조사한다.
⑤ 유계춘이 백낙신의 수탈에 맞서 봉기한 지역을 검색한다.

04
[59회 42번]

(가) 지역에 대한 탐구 활동으로 가장 적절한 것은? [1점]

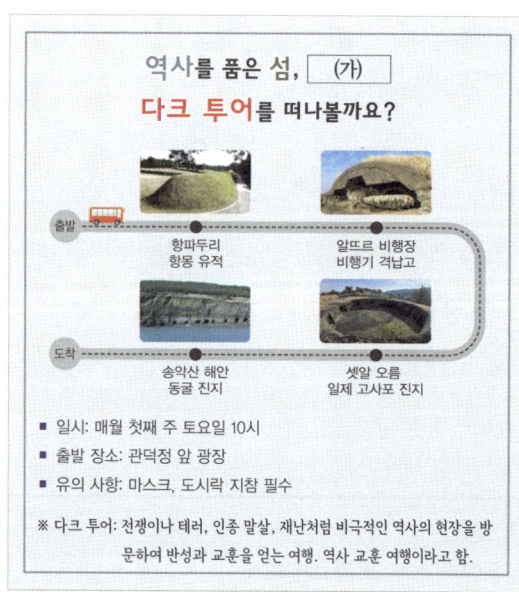

① 정약전이 『자산어보』를 저술한 곳을 알아본다.
② 프랑스군이 외규장각 도서를 약탈한 장소를 살펴본다.
③ 지주 문재철에 맞서 소작 쟁의가 일어난 곳을 찾아본다.
④ 4·3 사건으로 많은 주민이 희생된 주요 장소를 조사한다.
⑤ 러시아가 저탄소 설치를 위해 조차를 요구한 곳을 검색한다.

해설

01 개성 정답 ④

자료 분석

송악 → 개성

개성은 송악, 개주 등으로 불리기도 하였으며 태조 왕건 이래 고려가 멸망하기 전까지 고려의 도읍지였던 지역이다. 한편 개성 일대의 고려 시대 유적들로 구성된 개성 역사 유적 지구가 2013년에 유네스코 세계 문화유산에 등재되었다.

선택지 분석

① 고려 태조 왕건이 도읍으로 삼았다. → 개성
② 원의 영향을 받은 경천사지 십층 석탑이 축조되었다. → 개성
③ 조선 후기 송상이 근거지로 삼아 전국적으로 활동하였다. → 개성
④ 일제 강점기 강주룡이 을밀대 지붕 위에서 고공 농성을 하였다. → 평양
 ㄴ 평양은 일제 강점기 때 여성 노동자 강주룡이 임금 삭감에 저항하여 을밀대 지붕에서 고공 농성을 전개한 지역이다.
⑤ 북위 38도선 분할 이후 남한에 속했다가 정전 협정으로 북한 지역이 되었다. → 개성

02 충주 정답 ④

자료 분석

김윤후의 대몽 항쟁 전개 + 신립의 탄금대 전투 → 충주

충청북도 충주는 삼국 시대부터 교통의 요지였던 지역으로, 통일 신라 석탑 중 규모가 가장 크고 높은 충주 탑평리 칠층 석탑이 위치해 있다. 또한 고려 시대에는 김윤후가 충주성에서 관노들과 함께 몽골군의 침입에 항전하기도 하였다. 한편 충주에는 조선 시대에 발발한 임진왜란 때 신립이 배수의 진을 치고 왜군에 항전한 탄금대가 위치해 있다.

선택지 분석

① 제1차 미·소 공동 위원회가 개최되었다. → 서울
② 명 신종을 기리는 만동묘가 건립되었다. → 괴산
③ 강주룡이 을밀대 지붕에서 고공 농성을 벌였다. → 평양
④ 고구려비가 남한 지역에서 유일하게 발견되었다. → 충주
 ㄴ 충주에서는 남한 지역에서 유일하게 고구려가 한강 유역에 진출하였음을 보여주는 충주 고구려비가 발견되었다.
⑤ 박재혁이 경찰서에서 폭탄을 터뜨리는 의거를 일으켰다. → 부산

03 전주 정답 ④

자료 분석

후백제 + 전라 감영 + 전동 성당 → 전주

전라북도 전주는 신라 하대에 호족 세력인 견훤이 후백제를 건국하고 도읍으로 정한 지역으로, 동고산성에서는 '전주성'이 적힌 수막새(기와) 등 후백제와 관련된 유물이 출토되었다. 또한 조선 시대에는 각 도의 관찰사가 거처하는 감영을 두었는데, 전주에 전라도의 감영(전라 감영)이 있었다. 한편 전주의 전동은 조선 후기 천주교 박해 순교지가 되었으며, 일제 강점기에 전동 성당이 건립되기도 하였다.

선택지 분석

① 장용영의 외영이 설치된 위치를 파악한다. → 수원
② 홍경래가 난을 일으켜 점령한 지역을 알아본다.
 → 정주, 가산 등
③ 인조가 피신하여 청군과 항전을 벌인 곳을 찾아본다.
 → 경기도 광주·성남·하남시 일대
④ 태조의 어진을 모신 경기전이 건립된 장소를 조사한다.
 → 전주
 ㄴ 전주에는 조선 태조 이성계의 어진(왕의 초상화)을 모신 경기전이 설치되었다.
⑤ 유계춘이 백낙신의 수탈에 맞서 봉기한 지역을 검색한다.
 → 진주

04 제주도 정답 ④

자료 분석

항파두리 항몽 유적 + 알뜨르 비행장 → 제주도

제주도는 고려 시대에 삼별초가 김통정의 지휘 아래 마지막까지 대몽 항쟁을 전개한 곳으로, 삼별초의 마지막 근거지인 항파두리 항몽 유적이 있다. 한편 제주도에는 일제가 주민들을 강제 동원하여 건설한 군사 시설 등의 유적도 있는데, 대표적으로 알뜨르 비행장과 연합군의 상륙에 대비해 만든 송악산 해안 동굴 진지가 있다.

선택지 분석

① 정약전이 『자산어보』를 저술한 곳을 알아본다. → 흑산도
② 프랑스군이 외규장각 도서를 약탈한 장소를 살펴본다.
 → 강화도
③ 지주 문재철에 맞서 소작 쟁의가 일어난 곳을 찾아본다.
 → 암태도
④ 4·3 사건으로 많은 주민이 희생된 주요 장소를 조사한다.
 → 제주도
 ㄴ 제주도에서는 광복 이후 남한만의 단독 정부 수립에 반대하며 일어난 봉기의 진압 과정에서 주민들이 희생된 제주 4·3 사건이 발생하였다.
⑤ 러시아가 저탄소 설치를 위해 조차를 요구한 곳을 검색한다.
 → 영도(절영도)

단골테마 2 세시 풍속

1 세시 풍속 최근 3개년 시험 중 2회 출제!

빈출 키워드 랭킹
1위 단오 4번 출제
2위 한식 3번 출제
3위 동지 2번 출제

설날 (음력 1월 1일)	· 한 해의 시작인 음력 정월 초하루 · 어른에게 세배하고 떡국을 먹으며, 윷놀이·널뛰기 등을 즐김
정월 대보름 (음력 1월 15일)	· 1년 중 첫 보름달이 뜨는 날 · 부럼 깨기, 쥐불놀이, 달집 태우기◆, 차전놀이 등을 함 · 귀밝이술·오곡밥·묵은 나물·부럼 등을 먹음
삼짇날 (음력 3월 3일) 기출자료 1	· 강남 갔던 제비 오는 날이라고도 하며, 답청절이라고도 불림 · 각시놀음, 활쏘기 대회 등을 하였으며, 진달래꽃으로 화전을 부쳐먹음
한식 (양력 4월 5·6일경)	· 동지부터 105일째 되는 날로, 불을 피우지 않고 찬 음식을 먹는 풍습이 있음 · 차례를 지내고 성묘를 하며, 묘가 헐었으면 잔디를 새로 입히기도 함
단오 (음력 5월 5일) 기출자료 2	· 1년 중 양기가 가장 왕성한 날로 여겨지며 수릿날, 중오절, 천중절 등으로 불림 · 여자들은 창포 삶은 물로 머리를 감고, 창포 뿌리를 깎아 비녀를 만듦 · 씨름·널뛰기·그네뛰기·석전 등을 즐기고, 수레바퀴 모양의 수리취떡을 만들어 먹음 · 임금은 신하들에게 무더위를 잘 견디라는 의미로 부채(단오선)를 선물함
유두 (음력 6월 15일)	· 일가 친지들이 맑은 시내에 가서 몸을 닦은 후 음식을 먹으면서 하루를 보냄 · 조상과 농신(農神)에게 정갈한 음식물로 제를 지내 안녕과 풍년을 기원함
칠석 (음력 7월 7일)	· 옷과 책을 햇볕에 말리며 직녀성에 바느질 솜씨가 좋아지기를 빎 · 의복과 서적 말리기·시짓기·칠석제 등을 지내고 밀전병·호박전 등을 만들어 먹음
백중 (음력 7월 15일)	· 호미 씻는 날, 머슴날 등으로 불림 · 동네 머슴들을 하루 쉬게 하고 돈을 주어 즐기게 함
추석 (음력 8월 15일)	· 중추절, 가배, 한가위라고도 불리는 대표적인 명절 · 새로 수확한 곡식(햇곡식)과 과일로 차례를 지내고, 송편을 만들어 먹음 · 줄다리기·씨름·강강술래 등을 즐김
동지 (양력 12월 22일경)	· 1년 중 밤이 가장 길고 낮이 가장 짧은 날로 작은 설이라고도 불림 · 귀신을 쫓기 위해 새알심이 들어간 팥죽을 먹고, 집 안 곳곳에 팥죽을 뿌림

◆ 달집 태우기
· 정월 대보름날 밤 생솔가지나 나뭇더미를 쌓아 달집을 짓고, 달이 떠오르면 불을 질러 태우는 민속놀이
· 액운을 물리치고 건강을 기원하였음

10초 컷! 핵심 키워드 암기
- 삼짇날: 음력 3월 3일, 답청절, 화전
- 한식: 양력 4월 5·6일경, 찬 음식을 먹는 풍습
- 단오: 음력 5월 5일, 수릿날, 수리취떡
- 추석: 음력 8월 15일, 한가위, 송편
- 동지: 양력 12월 22일경, 팥죽

단골 테마 2 개념 확인 퀴즈

1. 다음 설명이 맞으면 O표, 틀리면 X표를 하세요.
(1) 한식에는 불을 피우지 않고 찬 음식을 먹는 풍습이 있다. (   )
(2) 유두는 머슴날이라고 불리기도 하였다. (   )

2. 다음 괄호 안의 내용 중 옳은 것에 O표 하세요.
(1) (정월 대보름 / 단오)에는 부스럼 예방을 위한 부럼 깨기를 하였다.
(2) (칠석 / 동지)은/는 1년 중 밤이 가장 길고 낮이 가장 짧은 날이다.

기출 분석 특강

기출자료 1 삼짇날

(1) 삼짇날 58회 출제

강남 갔던 제비가 돌아온다는 중삼일(重三日)은 본격적인 봄의 시작을 알리는 날이다. 이날에는 들에 나가 푸른 새잎을 밟는 풍습이 있어 답청절이라고 부른다. 답청의 풍습은 신윤복의 <연소답청(年少踏靑)>에 잘 나타나 있다.

◆ 날짜: 음력 3월 3일
◆ 음식: 화전, 쑥떡
◆ 풍속: 노랑나비 날리기, 활쏘기

자료 분석

삼짇날은 음력 3월 3일로 강남 갔던 제비가 돌아오는 날이라고도 하며, 들에 나가 푸른 새잎을 밟는 풍습이 있어 답청절이라고도 불린다. 또한 이날에는 진달래꽃으로 화전을 부쳐먹는 풍습이 있었다.

함께 나올 기출선택지
- 삼짇날의 유래를 알아본다. 58회
- 진달래꽃으로 화전 부치기 35회

기출자료 2 단오

(1) 단오 56회 출제

- 음력 5월 5일로 수릿날이라고도 한다. 1년 중 양기가 가장 왕성한 날이라 여겼다. 무더위를 잘 견디라는 의미로 왕이 이날 신하들에게 부채를 선물하였다는 기록이 있다.
- 씨름, 그네뛰기
- 수리취떡 만들어 먹기
- 창포물에 머리 감기

자료 분석

단오는 음력 5월 5일로 수릿날이라고도 불리며, 1년 중 양기가 가장 왕성한 날로 여겨진다. 이날 여자들은 창포 삶은 물로 머리를 감는 풍속이 있었다. 또한 씨름, 그네뛰기 등을 즐기기도 하였다.

함께 나올 기출선택지
- 단오날에 즐기는 민속놀이를 찾아본다. 58회
- 창포를 삶은 물로 머리 감기 35회
- 그네뛰기, 씨름 등의 민속놀이를 즐겼다. 33회
- 임금이 신하들에게 부채를 나누어 주었다. 33회

---

3. 질문에 맞는 답을 고르세요.

(1) 삼짇날의 세시 풍속은?
  ① 진달래꽃으로 화전 부치기
  ② 창포 물에 머리 감기

(2) 단오의 세시 풍속은?
  ① 수리취떡 만들어 먹기
  ② 팥죽에 넣을 새알심 만들기

정답
1. (1) ○ (2) X(백중)
2. (1) 정월 대보름 (2) 동지
3. (1) ①(②은 단오)
   (2) ①(②은 동지)

개념 적용 기출문제

01
다음 세시 풍속에 대한 탐구 활동으로 가장 적절한 것은? [2점]

이달의 세시 풍속
푸른 새잎을 밟는 날, 답청절(踏靑節)

강남 갔던 제비가 돌아온다는 중삼일(重三日)은 본격적인 봄의 시작을 알리는 날이다. 이날에는 들에 나가 푸른 새잎을 밟는 풍습이 있어 답청절이라고 부른다. 답청의 풍습은 신윤복의 〈연소답청(年少踏靑)〉에 잘 나타나 있다.

◆ 날짜: 음력 3월 3일
◆ 음식: 화전, 쑥떡
◆ 풍속: 노랑나비 날리기, 활쏘기

① 칠석날의 전설을 검색한다.
② 한식날의 의미를 파악한다.
③ 삼짇날의 유래를 알아본다.
④ 동짓날에 먹는 음식을 조사한다.
⑤ 단오날에 즐기는 민속놀이를 찾아본다.

02
(가)에 행해지던 풍습으로 가장 적절한 것은? [1점]

우리 나라의 세시 풍속
조상에 제사 지내고 성묘하는 날, (가)

1. 문헌 자료
병조에서 아뢰기를, "동지로부터 105일이 지나면, 세찬 바람과 심한 비가 있으니 (가) (이)라 부른다고 합니다. …… 원컨대, 지금부터 (가) 에는 밤낮으로 불과 연기를 일절 금지하고, 관리들이 순찰하게 하옵소서."라고 하였다. — 「세종실록」

2. 관련 행사
'손 없는 날' 또는 '귀신이 꼼짝 않는 날'로 여겨 산소에 손을 대도 탈이 없다고 한다. 그래서 산소에 잔디를 새로 입히는 개사초(改莎草)를 하거나, 비석 또는 상석을 세우거나 이장을 하였다.

① 진달래꽃으로 화전 부치기
② 새알심을 넣어 팥죽 만들기
③ 창포를 삶은 물로 머리 감기
④ 불을 사용하지 않고 찬 음식 먹기
⑤ 부스럼을 예방하기 위한 부럼 깨기

03
(가)에 들어갈 세시 풍속으로 옳은 것은? [1점]

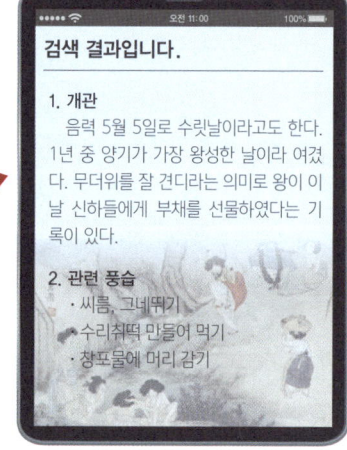

검색 결과입니다.
1. 개관
음력 5월 5일로 수릿날이라고도 한다. 1년 중 양기가 가장 왕성한 날이라 여겼다. 무더위를 잘 견딘다는 의미로 왕이 이 날 신하들에게 부채를 선물하였다는 기록이 있다.

2. 관련 풍습
· 씨름, 그네뛰기
· 수리취떡 만들어 먹기
· 창포물에 머리 감기

① 한식   ② 백중   ③ 추석
④ 단오   ⑤ 정월 대보름

04
밑줄 그은 '이날'에 해당하는 세시 풍속으로 옳은 것은? [1점]

이곳은 남원 광한루원의 오작교입니다. 조선 시대 남원 부사 장의국이 헤어져 있던 견우와 직녀가 오작교에서 만난다는 전설을 형상화하여 만들었습니다. 음력 7월 7일인 이날에는 여인들이 별을 보며 바느질 솜씨가 좋아지기를 비는 풍속이 있었습니다.

① 단오   ② 칠석   ③ 백중   ④ 동지   ⑤ 한식

해설

01 삼짇날 — 정답 ③

자료 분석

답청절 + 강남 갔던 제비가 돌아옴 + 음력 3월 3일 → 삼짇날

삼짇날은 음력 3월 3일로 '강남 갔던 제비가 돌아오는 날'이라고도 하며, 새봄을 맞아 들판에 나가 봄을 즐기기 때문에 답청절이라고도 한다. 삼짇날에는 진달래꽃을 뜯어 화전을 만들어 먹거나, 각시풀을 나뭇가지에 묶어 인형처럼 가지고 노는 풀각시 놀이 등 봄을 즐기는 놀이를 행하였다.

선택지 분석

① 칠석날의 전설을 검색한다. → 칠석
② 한식날의 의미를 파악한다. → 한식
③ 삼짇날의 유래를 알아본다. → 삼짇날
  ↳ 삼짇날은 음력 3월 3일로, 강남 갔던 제비가 오는 날이라고 하며, 들에 나가 푸른 새잎을 밟는 풍습이 있어 답청절로도 불린다.
④ 동짓날에 먹는 음식을 조사한다. → 동지
⑤ 단오날에 즐기는 민속놀이를 찾아본다. → 단오

02 한식 — 정답 ④

자료 분석

동지로부터 105일 + 밤낮으로 불과 연기를 일절 금지 → 한식

한식은 동지로부터 105일이 되는 날인 양력 4월 5·6일경으로, 불의 사용을 금지하며 찬 음식을 먹는 고대 중국의 풍습에서 시작되었다. 이에 이날에는 밤낮으로 불과 연기를 일절 금지하고 찬 음식을 먹었으며, '손 없는 날' 또는 '귀신이 꼼짝 않는 날'로 여겨지기도 하였다.

선택지 분석

① 진달래꽃으로 화전 부치기 → 삼짇날
② 새알심을 넣어 팥죽 만들기 → 동지
③ 창포를 삶은 물로 머리 감기 → 단오
④ 불을 사용하지 않고 찬 음식 먹기 → 한식
  ↳ 한식은 양력 4월 5·6일경으로, 불의 사용을 금지하고 찬 음식을 먹는 풍습이 있다.
⑤ 부스럼을 예방하기 위한 부럼 깨기 → 정월 대보름

03 단오 — 정답 ④

자료 분석

음력 5월 5일 + 수릿날 + 1년 중 양기가 가장 왕성한 날 → 단오

단오는 음력 5월 5일로, 수릿날이라고도 불렸으며, 1년 중 양기가 가장 왕성한 날로 여겨졌다. 단오에는 임금이 신하들에게 무더위를 잘 견디라는 의미로 부채인 단오선을 선물하였다는 기록이 있다. 이 밖에도 씨름, 그네뛰기 등을 즐겼으며, 여자들은 창포 삶은 물로 머리를 감는 풍습이 있었다.

선택지 분석

① 한식 → 양력 4월 5·6일
② 백중 → 음력 7월 15일
③ 추석 → 음력 8월 15일
④ 단오 → 음력 5월 5일
  ↳ 단오는 음력 5월 5일로, 수릿날이라고도 불렸으며 1년 중 양기가 가장 왕성한 날로 여겨졌다.
⑤ 정월 대보름 → 음력 1월 15일

04 칠석 — 정답 ②

자료 분석

견우와 직녀가 오작교에서 만남 + 음력 7월 7일 → 칠석

칠석은 음력 7월 7일로, 헤어져 있던 견우와 직녀가 1년에 한 번 까마귀와 까치들이 만들어준 오작교에서 만나는 날이기도 하다. 이날에는 옷과 책을 햇볕에 말리고 직녀성에 바느질 솜씨가 좋아지기를 비는 풍속이 있었다. 또한 칠석 음식으로 밀전병을 만들어 먹고, 칠석 놀이라 하여 술과 안주를 갖추어 가무로 밤이 깊도록 놀기도 하였다.

선택지 분석

① 단오 → 음력 5월 5일
② 칠석 → 음력 7월 7일
  ↳ 칠석은 음력 7월 7일로, 이날에는 옷과 책을 햇볕에 말리며 직녀성에 바느질 솜씨가 좋아지기를 비는 풍속이 있었다.
③ 백중 → 음력 7월 15일
④ 동지 → 양력 12월 22·23일경
⑤ 한식 → 양력 4월 5·6일경

단골테마 3 유네스코에 등재된 우리 문화재

1 유네스코 세계유산 최근 3개년 시험 중 6회 출제!

빈출 키워드 랭킹
- 1위 창덕궁 5번 출제
- 2위 수원 화성 4번 출제
- 3위 산사, 한국의 산지 승원, 종묘 1번 출제

합천 해인사 장경판전	· 팔만대장경 목판을 보관하기 위해 지은 조선 시대의 건축물 · 과학적으로 대장경을 보관하기에 용이함
종묘 (기출자료 1)	· 조선의 왕과 왕비의 신주를 모시고 제사를 지내던 사당 · 태조 이성계가 왕실의 정통성 확립을 위해 한양으로 천도하면서 짓기 시작함
석굴암·불국사	· 통일 신라 경덕왕 때 김대성이 불국토를 실현하기 위해 건립함 · 신라인들의 예술 감각과 뛰어난 기술이 주변 환경과 잘 어우러져 고대 불교 예술의 정수를 보여줌
창덕궁 (기출자료 2)	· 태종 때 경복궁의 이궁으로 지은 궁궐로, 임진왜란 때 불에 탄 것을 광해군 때 중건하여 이후 정궁 역할을 함 · 자연과 건축물이 조화롭게 배치된 후원이 특징임 · 조선 후기 정조 때 후원에 왕실 도서관인 규장각을 설치함 · 주요 건물: 인정전, 돈화문, 주합루 등
수원 화성	· 정조가 건설하려 한 이상 도시로, 군사적·행정적·상업적 기능을 보유함 · 정약용이 거중기를 이용하여 시공 기간을 단축함 · 축조 과정을 정리한 『화성성역의궤』를 편찬함
고창·화순·강화 고인돌 유적	한 지역에 수백 기 이상의 고인돌이 집중 분포되어 있어 한국 청동기 시대의 사회 구조, 고인돌의 변천 등을 파악할 수 있는 유적지
경주 역사 유적 지구 (기출자료 3)	· 경주에 흩어져 있는 신라의 유적 지구로 남산 지구, 월성 지구, 대릉원 지구◆, 황룡사 지구, 산성 지구의 5지구로 구성됨 · 대표 유적지: 황룡사(지), 계림, 안압지(동궁과 월지)와 첨성대 등
제주 화산섬과 용암 동굴	· 제주도에 위치한 한국 최초의 세계 자연유산 지구 · 거문오름 용암 동굴계, 성산 일출봉 응회구, 한라산의 3구역으로 구성됨
조선 왕릉	조선의 왕, 왕비 및 추존된 왕, 왕비의 무덤과 부속 시설
한국의 역사 마을 : 하회와 양동	· 조선 초기의 유교적 양반 문화를 반영한 역사적인 씨족 마을 · 안동의 하회 마을과 경주의 양동 마을로 구성됨
남한산성◆	조선 시대에 유사시에 대비하여 임시 수도로서 기능을 담당하도록 건설된 산성
백제 역사 유적 지구 (기출자료 4)	· 백제의 옛 수도였던 공주시, 부여군과 천도를 시도했다고 알려진 익산시의 역사 유적 · 대표 유적지: 공주 공산성, 공주 송산리 고분군◆, 부여 사비성, 부여 정림사지, 익산 미륵사지◆, 익산 왕궁리 유적 등
산사, 한국의 산지 승원	· 한국 불교의 깊은 역사성을 보여줌 · 양산 통도사, 영주 부석사, 안동 봉정사, 보은 법주사, 공주 마곡사, 순천 선암사, 해남 대흥사 등 7곳의 산지 승원
한국의 서원	· 향촌 지식인인 사림에 의해 건립된 조선 시대의 성리학 교육 시설 · 영주 소수 서원, 함양 남계 서원, 경주 옥산 서원, 안동 도산 서원, 장성 필암 서원, 대구 도동 서원, 안동 병산 서원, 정읍 무성 서원, 논산 돈암 서원 등 9곳의 서원으로 구성됨
한국의 갯벌	서천갯벌(충남 서천), 고창갯벌(전북 고창), 신안갯벌(전남 신안), 보성-순천갯벌(전남 보성·순천) 등 총 4개로 구성된 자연유산
가야 고분군	고대 가야 문명의 정체성을 보여주는 김해 대성동 고분군, 함안 말이산 고분군, 합천 옥전 고분군, 고령 지산동 고분군, 고성 송학동 고분군, 창녕 교동과 송현동 고분군, 남원 유곡리와 두락리 고분군 등 7개의 가야 고분군

◆ **대릉원 지구**
- 신라 왕실과 귀족들의 무덤이 모여 있는 곳
- 이곳에 있는 돌무지덧널무덤인 천마총에서 천마도가 출토됨

◆ **남한산성**
병자호란 때 인조가 청군을 피해 남한산성으로 피신함

◆ **공주 송산리 고분군**
- 백제 왕실의 무덤
- 무령왕릉이 위치하고 있음

◆ **익산 미륵사지**
- 백제 무왕 때 건립한 미륵사의 절터
- 미륵사지 석탑의 해체 및 보수 과정에서 금제 사리봉영기가 발견됨

기출 분석 특강

기출자료 1 종묘

(1) 종묘 68회 출제

이 건물은 (가) 의 정전입니다. (가) 은/는 태조 이성계가 개경에 처음 세웠는데, 도읍을 한양으로 옮긴 후 지금의 위치에 건립하였습니다. 사직과 더불어 왕조 국가를 표현하는 상징이었습니다.

자료 분석
종묘는 조선의 왕과 왕비의 신주를 모시고 제사를 지내던 사당으로, 태조 이성계가 왕실의 정통성 확립을 위해 한양으로 천도하면서 짓기 시작한 건축물이다.

함께 나올 기출선택지
- 역대 국왕과 왕비의 신주가 모셔져 있다. 68회

기출자료 2 창덕궁

(1) 창덕궁 53회 출제 ✓출제TIP 창덕궁의 주요 건물들이 자료에 힌트로 제시돼요!

조선의 역대 왕들이 가장 많이 머문 궁궐, (가)
서울 종로구 율곡로 99
부용정과 부용지 (정원과 연못) 연경당 (접견실)
후원 입구 인정전 (정전) 돈화문 (정문)

자료 분석
창덕궁은 조선 태종 때 경복궁의 이궁으로 지은 궁궐이다. 주요 건물로는 인정전과 돈화문이 있으며 자연과 건축물이 조화롭게 배치된 후원이 특징이다.

함께 나올 기출선택지
- 태종이 도읍을 한양으로 다시 옮기며 건립하였다. 70·66·64회
- 후원에 왕실 도서관인 규장각이 있었다. 60회
- 왕실 도서관인 규장각이 설치된 곳이다. 53회

기출자료 3 경주 역사 유적 지구

(1) 경주 역사 유적 지구 36회 출제 ✓출제TIP 경주 역사 유적 지구에 포함된 대표 유적지가 자료에 제시됩니다.

답사 계획서
■ 주제: 경주에서 만나는 신라의 발자취
■ 경로: 김유신묘 → 천마총 → 첨성대 → 황룡사터 → 분황사

자료 분석
경주 역사 유적 지구는 경주에 흩어져 있는 신라의 유적 지구로, 대표 유적으로는 천마총, 첨성대, 황룡사터, 분황사 등이 있다.

함께 나올 기출선택지
- 천마총 – 돌무지덧널무덤의 내부 구조와 특징을 검색한다. 36회
- 분황사 모전 석탑 – 모전 석탑의 제작 방식을 알아본다. 36회

기출자료 4 백제 역사 유적 지구

(1) 백제 역사 유적 지구 68회 출제

답사 계획서
◆ 주제: 백제 왕들의 흔적을 찾아서
◆ 기간 2023년 ○○월 ○○일~○○일
◆ 답사 지역 및 일정 안내
1일차 (가) 공산성 (나) 무령왕릉
2일차 (다) 부소산성 (라) 능산리 고분군
3일차 (마) 왕궁리 유적

자료 분석
백제 역사 유적 지구는 백제의 옛 수도였던 공주시, 부여군과 천도를 시도했다고 알려진 익산시의 역사 유적이다. 대표 유적으로는 공주 공산성과 송산리 고분군, 부여 관북리 유적과 부소산성 및 능산리 고분군, 익산 왕궁리 유적 등이 있다.

함께 나올 기출선택지
- 송산리 고분군 – 무령왕과 왕비의 무덤이 발굴되었다. 65회
- 미륵사지 – 석탑 해체 과정에서 금제 사리봉영기가 발견되었다. 54회

단골테마 3 유네스코에 등재된 우리 문화재

2 유네스코 세계 기록유산 최근 3개년 시험 중 4회 출제!

빈출 키워드 랭킹
- 1위 『조선왕조실록』 7번 출제
- 2위 『직지심체요절』 4번 출제
- 3위 『승정원일기』 2번 출제

『조선왕조실록』	태조~철종까지의 통치 내용을 「사초」, 『시정기』 등을 바탕으로 기록한 편년체 역사서
『훈민정음』 해례본	『훈민정음』에 대해 설명한 일종의 한문 해설서
『승정원일기』	조선 시대 승정원에서 국왕의 일상 업무 내용 등을 일지 형식으로 작성한 것
『직지심체요절』 기출자료 1	고려 우왕 때 청주 흥덕사에서 금속 활자로 간행된 현존하는 가장 오래된 금속 활자본으로, 현재 프랑스 국립 도서관에서 보관 중
고려대장경판 및 제경판	· 고려 시대에 부처의 힘으로 몽골의 침입을 극복하기 위해 제작함 · 팔만대장경이라고도 불리며, 불교 문헌을 집대성하여 간행한 대장경
『의궤』◆ 기출자료 2	· 조선 왕실의 중요 행사를 글과 그림으로 기록한 의례서 · 왕이 열람하는 어람용 1권과 보관 목적의 분상용을 10권 이내로 제작함
『동의보감』	허준이 편찬한 의학 지식과 치료법에 관한 백과사전식 의서
5·18 민주화 운동 기록물	5·18 민주화 운동의 발발과 진압, 진상 규명 및 보상 등과 관련된 문서·사진·영상
『일성록』	정조가 세손 시절부터 일기 형식으로 기록한 것이 정조 즉위 후 국정 기록이 됨
새마을 운동 기록물	새마을 운동 당시의 행정 문서, 편지, 교재, 사진과 영상 등의 자료
『난중일기』	이순신이 임진왜란 때 쓴 친필 일기
한국의 유교 책판	조선 시대에 718종의 유교 서책을 간행하기 위해 판각한 책판
'이산가족을 찾습니다' 기록물	남한 내에서 흩어진 이산가족을 찾기 위해 1983년 KBS에서 방영된 특별 생방송의 녹화 원본, 업무 수첩, 신청서 등의 기록물
조선 왕실 어보와 어책	조선 왕실에서 책봉·존호 수여 시 제작된 의례용 도장인 어보와 그 교서인 어책
조선 통신사 기록물	조선 후기에 일본의 초청으로 파견되었던 조선 통신사에 관한 기록물
국채 보상 운동 기록물	1907년부터 1910년까지 전개된 국채 보상 운동의 전 과정을 보여주는 기록물
4·19 혁명 기록물	2·28 대구 학생 시위부터 4·19 혁명까지의 전후 과정과 관련된 일체의 기록물
동학 농민 혁명 기록물	1894년~1895년 조선에서 발발한 동학 농민 혁명과 관련된 기록물

◆ 『의궤』
병인양요 때 프랑스군에게 약탈당했다가, 2011년에 영구 임대의 방식으로 모두 반환됨

10초 컷! 핵심 키워드 암기
1. 유네스코 세계유산: 종묘, 창덕궁, 경주 역사 유적 지구, 백제 역사 유적 지구 등
2. 유네스코 세계 기록유산: 『조선왕조실록』, 『승정원일기』, 『직지심체요절』, 『의궤』 등

단골 테마 3 개념 확인 퀴즈

1. 다음 설명이 맞으면 O표, 틀리면 X표를 하세요.
(1) 종묘는 조선의 역대 왕과 왕비의 신주를 모시고 제사를 지내던 사당이다. (   )
(2) 창덕궁은 정약용이 거중기를 이용하여 시공 기간을 단축한 건물이다. (   )
(3) 남한산성은 병자호란 때 인조가 피난한 곳이다. (   )

2. 다음 괄호 안의 내용 중 옳은 것에 O표 하세요.
(1) (『직지심체요절』 / 팔만대장경)은 고려 시대에 최씨 무신 정권의 후원을 받아 제작되었다.
(2) (『승정원일기』 / 『의궤』)는 왕실의 주요 행사를 글과 그림으로 기록한 것이다.

기출 분석 특강

기출자료 1 『직지심체요절』

(1) 『직지심체요절』 54회 출제

국외 소재 우리 문화유산을 찾기 위해 헌신한 박병선 박사를 조명하는 다큐멘터리가 방영될 예정입니다. 그녀는 청주 흥덕사에서 금속 활자로 간행된 (가) 을/를 프랑스 국립 도서관에서 발견하였습니다. 또한 외규장각 의궤의 반환을 위해서도 노력하였습니다.

자료 분석

『직지심체요절』은 고려 시대에 청주 흥덕사에서 금속 활자로 간행되었으며, 현존하는 가장 오래된 금속 활자본이다. 2001년 유네스코 세계기록유산에 등재되었으며, 현재는 프랑스 국립 도서관에서 보관하고 있다.

함께 나올 기출선택지
- 청주 흥덕사에서 금속 활자로 간행하였다. 60회
- 현존하는 최고(最古)의 금속 활자본이다. 68회
- 현재 프랑스 국립 도서관에 보관되어 있다. 35회

기출자료 2 『의궤』

(1) 『의궤』 62회 출제

저는 지금 파리에서 열린 한지 공예 특별전에 나와 있습니다. 이 작품은 영조와 정순 왕후의 혼례식 행렬을 1,100여 점의 닥종이 인형으로 재현한 것입니다. 조선 시대 왕실이나 국가의 큰 행사가 있을 때 일체의 관련 사실을 글과 그림으로 기록한 책인 (가) 을/를 바탕으로 제작되었습니다.

자료 분석

『의궤』는 조선 왕실의 결혼, 장례, 연회 등 국가적인 중요 행사를 글과 그림으로 기록한 책으로, 2007년에 유네스코 세계 기록유산으로 등재되었다.

함께 나올 기출선택지
- 왕의 열람을 위한 어람용이 따로 제작되었다. 62회
- 병인양요 당시 일부가 프랑스군에게 약탈되었다. 62회

---

3. 질문에 맞는 답을 고르세요.

(1) 한국의 서원에 대한 설명은?
  ① 좌수와 별감을 두고 운영하였다.
  ② 지방의 사림 세력이 주로 설립하였다.

(2) 『일성록』에 대한 설명은?
  ① 정조가 세손 시절부터 쓴 일기에서 유래하였다.
  ② 국왕의 비서 기관에서 발행한 관보이다.

정답
1. (1) O (2) X(수원 화성) (3) O
2. (1) 팔만대장경 (2) 『의궤』
3. (1) ②(①은 유향소) (2) ①(②은 『승정원일기』)

개념 적용 기출문제

01
(가) 문화유산에 대한 설명으로 옳은 것은? [1점] · 68회 27번

이 건물은 (가) 의 정전입니다. (가) 은/는 태조 이성계가 개경에 처음 세웠는데, 도읍을 한양으로 옮긴 후 지금의 위치에 건립하였습니다. 사직과 더불어 왕조 국가를 표현하는 상징이었습니다.

① 경내에 조선 총독부 청사가 세워졌다.
② 역대 국왕과 왕비의 신주가 모셔져 있다.
③ 대성전과 명륜당을 중심으로 구성되어 있다.
④ 일제 강점기에 창경원으로 격하되기도 하였다.
⑤ 토지와 곡식의 신에게 제사를 지내는 공간이다.

02
(가)~(마)에 대한 설명으로 적절하지 <u>않은</u> 것은? [3점] · 70회 22번

답사 계획서
- 주제: 불교 문화유산이 숨 쉬는 곳, 산사(山寺)를 찾아서
  - 유네스코가 주목한 사찰을 중심으로
- 기간: 2024년 ○○월 ○○일~○○일
- 경로: 보은 법주사 → 영주 부석사 → 안동 봉정사 → 합천 해인사 → 순천 선암사

(가) 보은 법주사
(나) 영주 부석사
(다) 안동 봉정사
(라) 합천 해인사
(마) 순천 선암사

① (가) - 오층 목조탑 내부에 부처의 일생을 그린 팔상도가 있다.
② (나) - 배흘림 기둥에 주심포 양식으로 축조된 무량수전이 있다.
③ (다) - 현존하는 우리나라 최고(最古)의 목조 건물인 극락전이 있다.
④ (라) - 팔만대장경판을 보관하고 있는 장경판전이 있다.
⑤ (마) - 『무구정광대다라니경』이 발견된 삼층 석탑이 있다.

03
(가) 문화유산에 대한 설명으로 옳은 것을 <보기>에서 고른 것은? [2점] · 62회 48번

저는 지금 파리에서 열린 한지 공예 특별전에 나와 있습니다. 이 작품은 영조와 정순 왕후의 혼례식 행렬을 1,100여 점의 닥종이 인형으로 재현한 것입니다. 조선 시대 왕실이나 국가의 큰 행사가 있을 때 일체의 관련 사실을 글과 그림으로 기록한 책인 (가) 을/를 바탕으로 제작되었습니다.

— <보기> —
ㄱ. 「사초」와 『시정기』를 바탕으로 편찬되었다.
ㄴ. 연대순으로 기록하는 편년체로 구성되었다.
ㄷ. 왕의 열람을 위한 어람용이 따로 제작되었다.
ㄹ. 병인양요 당시 일부가 프랑스군에게 약탈되었다.

① ㄱ, ㄴ ② ㄱ, ㄷ ③ ㄴ, ㄷ ④ ㄴ, ㄹ ⑤ ㄷ, ㄹ

04
(가) 문화유산에 대한 설명으로 옳은 것은? [2점] · 68회 17번

2023년 프랑스 국립 도서관에서 열린 '인쇄하다! 구텐베르크의 유럽' 전에서 (가) 이/가 공개되었습니다.

1973년 '동양의 보물' 전 이후 50년 만에 대중에게 전시되었다는 점에서 의미가 있습니다.

승려 백운이 편찬한 불서로 제자들이 1377년 청주 흥덕사에서 인쇄하였습니다. 현재 하권만 프랑스에 남아 있습니다.

① 신미양요 때 미군이 탈취하였다.
② 현존하는 최고(最古)의 금속 활자본이다.
③ 거란의 침입을 물리치기 위해 제작하였다.
④ 장영실, 이천 등이 제작한 활자로 인쇄하였다.
⑤ 불국사 삼층 석탑을 보수하는 과정에서 발견되었다.

해설

01 종묘 정답 ②

자료 분석

> 태조 이성계 + 한양 + 사직과 더불어 왕조 국가를 표현하는 상징 → 종묘
>
> 종묘는 조선의 역대 국왕과 왕비에게 제사를 지내는 조선 왕조의 사당이다. 태조 이성계는 한양으로 천도하면서 경복궁의 동쪽의 왕실의 정통성을 확립하기 위한 종묘를 건설하였다. 한편 종묘는 1995년에 유네스코 세계 문화유산으로 등재되었다.

선택지 분석

① 경내에 조선 총독부 청사가 세워졌다. → 경복궁
② 역대 국왕과 왕비의 신주가 모셔져 있다. → 종묘
　ㄴ 종묘의 정전에는 조선의 역대 국왕과 왕비의 신주가 모셔져 있다.
③ 대성전과 명륜당을 중심으로 구성되어 있다. → 성균관, 향교
④ 일제 강점기에 창경원으로 격하되기도 하였다. → 창경궁
⑤ 토지와 곡식의 신에게 제사를 지내는 공간이다. → 사직단

02 유네스코가 주목한 사찰 정답 ⑤

자료 분석

> 유네스코가 주목한 사찰
>
> 2018년에 한국의 불교의 깊은 역사성을 보여주는 양산 통도사, 영주 부석사, 안동 봉정사, 보은 법주사, 공주 마곡사, 순천 선암사, 해남 대흥사 등 7곳의 산지 승원이 유네스코 세계 문화유산에 등재되었다. 또한 합천 해인사는 대장경을 보관하기 위한 건물인 장경판전이 위치해 있으며, 이 건물은 1995년에 유네스코 세계 문화유산에 지정되었다.

선택지 분석

① (가) - 오층 목조탑 내부에 부처의 일생을 그린 팔상도가 있다. → 보은 법주사
② (나) - 배흘림 기둥에 주심포 양식으로 축조된 무량수전이 있다. → 영주 부석사
③ (다) - 현존하는 우리나라 최고(最古)의 목조 건물인 극락전이 있다. → 안동 봉정사
④ (라) - 팔만대장경판을 보관하고 있는 장경판전이 있다. → 합천 해인사
⑤ (마) - 『무구정광대다라니경』이 발견된 삼층 석탑이 있다. → 경주 불국사
　ㄴ 세계 최고(最古)의 목판 인쇄물인 『무구정광대다라니경』은 경주 불국사 안에 있는 불국사 삼층 석탑(석가탑)에서 발견되었다.

03 『의궤』 정답 ⑤

자료 분석

> 조선 시대 왕실이나 국가의 큰 행사가 있을 때 + 글과 그림으로 기록한 책 → 『의궤』
>
> 『의궤』는 조선 시대에 왕실이나 국가에 큰 행사(결혼, 장례, 연회 등)가 있을 때 이와 관련된 일체의 관련 사실을 글과 그림으로 기록한 의례서로, 왕이 열람하는 어람용 1권과 보관 목적의 분상용 10권 이내로 제작하였다. 한편 주요 『의궤』로는 『화성성역의궤』, 『원행을묘정리의궤』 등이 있다.

선택지 분석

ㄱ. 「사초」와 『시정기』를 바탕으로 편찬되었다.
　→ 『조선왕조실록』
ㄴ. 연대순으로 기록하는 편년체로 구성되었다.
　→ 『조선왕조실록』
ㄷ. 왕의 열람을 위한 어람용이 따로 제작되었다. → 『의궤』
　ㄴ 『의궤』는 보관 목적을 위한 분상용 외에, 왕이 열람하는 어람용이 따로 제작되었다.
ㄹ. 병인양요 당시 일부가 프랑스군에게 약탈되었다. → 『의궤』
　ㄴ 『의궤』는 병인양요 당시 일부가 프랑스군에게 약탈되었으며, 이는 2011년에 영구 임대의 방식으로 모두 반환되었다.

① ㄱ, ㄴ　② ㄱ, ㄷ　③ ㄴ, ㄷ　④ ㄴ, ㄹ　⑤ ㄷ, ㄹ

04 『직지심체요절』 정답 ②

자료 분석

> 청주 흥덕사에서 인쇄함 → 『직지심체요절』
>
> 『직지심체요절』은 고려 우왕 때인 1377년에 청주 흥덕사에서 간행되었으며, 개항 이후 프랑스로 반출되었던 것을 박병선 박사가 프랑스 국립 도서관에서 발견하였다. 이후 가치를 인정받아 2001년에 유네스코 세계 기록유산으로 등재되었다.

선택지 분석

① 신미양요 때 미군이 탈취하였다. → 어재연 장군 수자기 등
② 현존하는 최고(最古)의 금속 활자본이다. → 『직지심체요절』
　ㄴ 『직지심체요절』은 현존하는 세계 최고(最古)의 금속 활자본으로, 그 가치를 인정받아 2001년 유네스코 세계 기록유산으로 등재되었다.
③ 거란의 침입을 물리치기 위해 제작하였다. → 초조대장경
④ 장영실, 이천 등이 제작한 활자로 인쇄하였다.
　→ 『동국정운』 등
⑤ 불국사 삼층 석탑을 보수하는 과정에서 발견되었다.
　→ 『무구정광대다라니경』

해커스한국사
history.Hackers.com

해커스 한국사능력검정시험 심화(1·2·3급) **한권합격**

실력 점검
기출 모의고사

선사 시대 ~ 조선 전기

* 시험 전 준비물: 필기도구, 시계

한국사능력검정시험 심화
기출 모의고사 선사 시대 ~ 조선 전기

01 밑줄 그은 '이 시대'의 생활 모습으로 옳은 것은?

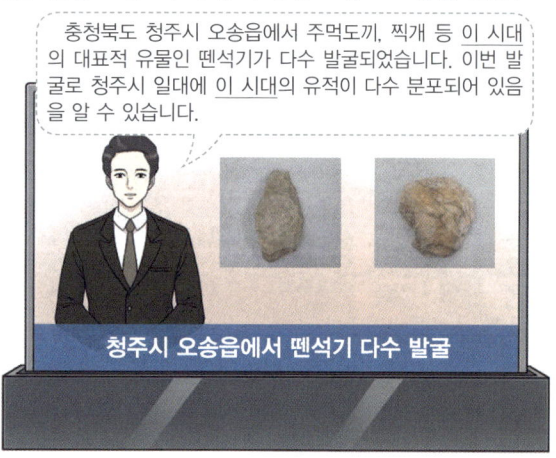

> 충청북도 청주시 오송읍에서 주먹도끼, 찍개 등 이 시대의 대표적 유물인 뗀석기가 다수 발굴되었습니다. 이번 발굴로 청주시 일대에 이 시대의 유적이 다수 분포되어 있음을 알 수 있습니다.
>
> 청주시 오송읍에서 뗀석기 다수 발굴

① 철제 무기로 정복 활동을 벌였다.
② 주로 동굴이나 막집에서 거주하였다.
③ 명도전을 이용하여 중국과 교역하였다.
④ 반달 돌칼을 사용하여 벼를 수확하였다.
⑤ 빗살무늬 토기를 제작하여 식량을 저장하였다.

02 (가) 시대의 생활 모습으로 옳은 것은?

> 부산 동삼동 유적에서 출토된 빗살무늬 토기는 농경과 정착 생활이 시작된 (가) 시대의 대표적 유물 중 하나입니다. 이 유적에서는 곡물 등을 가공하는 데 사용한 갈돌과 갈판도 출토되었습니다.

① 가락바퀴를 이용하여 실을 뽑았다.
② 주로 동굴이나 막집에서 거주하였다.
③ 명도전, 반량전 등의 화폐가 유통되었다.
④ 거푸집을 이용하여 세형동검을 만들었다.
⑤ 쟁기, 쇠스랑 등의 철제 농기구를 사용하였다.

03 (가) 시대의 생활 모습으로 옳은 것은?

> 이곳은 유네스코 세계유산으로 등재된 화순 고인돌 유적입니다. 여기에는 계급이 발생한 (가) 시대의 고인돌이 밀집되어 있고, 인근에서는 덮개돌을 캐낸 채석장이 발견되어 고인돌의 축조 과정을 살펴볼 수 있습니다.

① 소를 이용하여 깊이갈이를 하였다.
② 주로 동굴이나 바위 그늘에서 살았다.
③ 반달 돌칼을 사용하여 곡물을 수확하였다.
④ 빗살무늬 토기를 제작하여 식량을 저장하였다.
⑤ 주먹도끼, 찍개 등 뗀석기를 만들기 시작하였다.

04 밑줄 그은 '이 나라'에 대한 탐구 활동으로 가장 적절한 것은?

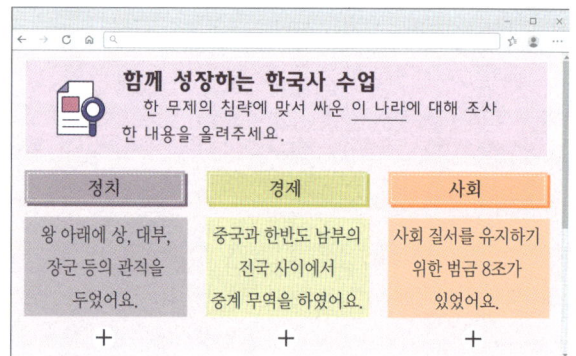

> 함께 성장하는 한국사 수업
> 한 무제의 침략에 맞서 싸운 이 나라에 대해 조사한 내용을 올려주세요.
>
> | 정치 | 경제 | 사회 |
> |---|---|---|
> | 왕 아래에 상, 대부, 장군 등의 관직을 두었어요. | 중국과 한반도 남부의 진국 사이에서 중계 무역을 하였어요. | 사회 질서를 유지하기 위한 범금 8조가 있었어요. |

① 임신서기석의 내용을 분석한다.
② 칠지도에 새겨진 명문을 해석한다.
③ 수도 왕검성의 위치에 대한 자료를 검색한다.
④ 10월에 지냈던 제천 행사인 동맹을 살펴본다.
⑤ 국가의 중대사를 논의한 화백 회의에 대해 조사한다.

05 다음 자료에 해당하는 나라에 대한 설명으로 옳은 것은?

> ○ 현도의 북쪽 천 리 쯤에 있다. 남쪽은 고구려와 동쪽은 읍루와 서쪽은 선비와 접해 있고, 북쪽에는 약수(弱水)가 있다. 면적은 사방 이천 리이며, 본래 예(濊)의 땅이다.
> ○ 사람이 죽어 장사 지낼 때는 곽은 사용하나 관은 쓰지 않고, 사람을 죽여서 순장하는데 많을 때는 100명 가량이 된다. 왕의 장례에는 옥갑을 사용하므로 한(漢)의 조정에서는 언제나 옥갑을 미리 현도군에 갖다 두어, 왕이 죽으면 그 옥갑을 취하여 장사 지내게 하였다.
> — 『후한서』

① 읍군, 삼로 등의 군장이 있었다.
② 혼인 풍속으로 민며느리제가 있었다.
③ 12월에 영고라는 제천 행사를 열었다.
④ 신성 구역인 소도에서 천군이 제사를 주관하였다.
⑤ 읍락 간의 경계를 중시하는 책화라는 풍습이 있었다.

06 다음 자료에 해당하는 나라에 대한 설명으로 옳은 것은?

> 대군장이 없고 관직으로는 후·읍군·삼로가 있다. …… 해마다 10월이면 하늘에 제사를 지내는데, 밤낮으로 술 마시고 노래 부르며 춤추니 이를 무천이라 한다. …… 낙랑의 단궁이 그 지방에서 산출되고 무늬 있는 표범이 많다. 과하마가 있으며 바다에서는 반어가 난다.
> — 『후한서』

① 신성 지역인 소도가 존재하였다.
② 혼인 풍속으로 민며느리제가 있었다.
③ 읍락 간의 경계를 중시하는 책화가 있었다.
④ 제가 회의에서 나라의 중대사를 결정하였다.
⑤ 여러 가(加)들이 별도로 사출도를 주관하였다.

07 (가)~(라)에 들어갈 내용으로 옳은 것을 <보기>에서 고른 것은?

〈여러 나라의 제천 행사〉

나라	내용
부여	(가)
고구려	(나)
동예	(다)
삼한	(라)

〈보기〉
ㄱ. (가) – 무천이라는 제천 행사에서 밤낮으로 음주가무를 즐겼다.
ㄴ. (나) – 10월에 지내는 제천 행사는 국중대회로 동맹이라 하였다.
ㄷ. (다) – 영고라는 제천 행사를 열고 죄수를 풀어주기도 하였다.
ㄹ. (라) – 씨뿌리기가 끝난 5월과 농사를 마친 10월에 제사를 지냈다.

① ㄱ, ㄴ ② ㄱ, ㄷ ③ ㄴ, ㄷ ④ ㄴ, ㄹ ⑤ ㄷ, ㄹ

08 (가), (나) 국가의 사회 모습에 대한 설명으로 옳은 것은?

> (가) 왕의 성은 부여씨이고, [왕을] '어라하'라고 하며 백성들은 '건길지'라고 부른다. 모두 중국 말로 왕이라는 뜻이다. …… 도성에는 1만 가(家)가 거주하며 5부로 나뉘는데 상부·전부·중부·하부·후부라고 하며, 각각 5백 명의 군사를 거느린다. [지방의] 5방에는 각기 방령 1인을 두는데 달솔로 임명하고, 군에는 군장(郡將) 3인이 있으니 덕솔로 임명한다.
> — 『주서』
>
> (나) 60개의 주현이 있으며, 큰 성에는 녹살 1인을 두는데 도독과 비슷하다. 나머지 성에는 처려근지를 두는데 도사라고도 하며, 자사와 비슷하다. …… [수도는] 5부로 나뉘어 있다.
> — 『신당서』

① (가) – 사회 질서를 유지하기 위해 범금 8조를 두었다.
② (가) – 거란도, 일본도 등을 통해 주변 국가와 교류하였다.
③ (나) – 태학과 경당을 두어 인재를 양성하였다.
④ (나) – 정사암 회의에서 국가 중대사를 논의하였다.
⑤ (가), (나) – 골품에 따라 관등 승진에 제한이 있었다.

09 밑줄 그은 '왕'의 업적으로 옳은 것은?

> ○ <u>왕</u>은 이름이 구부이고, 고국원왕의 아들이다. 신체가 장대하고, 웅대한 지략이 있었다.
> ○ 진(秦)왕 부견이 사신과 승려 순도를 보내 불상과 경문을 주었다. <u>왕</u>이 사신을 보내 답례로 방물(方物)을 바쳤다.
> – 『삼국사기』

① 태학을 설립하여 인재를 양성하였다.
② 도읍을 국내성에서 평양으로 옮겼다.
③ 서안평을 점령하여 영토를 확장하였다.
④ 영락이라는 독자적인 연호를 사용하였다.
⑤ 을파소를 등용하고 진대법을 시행하였다.

10 (가)~(다) 학생이 발표한 내용을 일어난 순서대로 옳게 나열한 것은?

① (가) - (나) - (다)
② (가) - (다) - (나)
③ (나) - (가) - (다)
④ (나) - (다) - (가)
⑤ (다) - (나) - (가)

11 (가) 나라에 대한 설명으로 옳은 것은?

① 집사부를 비롯한 14부를 두었다.
② 집집마다 부경이라는 창고가 있었다.
③ 대가들이 사자, 조의, 선인을 거느렸다.
④ 철이 많이 생산되어 낙랑, 왜 등에 수출하였다.
⑤ 왕족인 부여씨와 8성의 귀족이 지배층을 이루었다.

12 밑줄 그은 '왕'의 업적으로 옳은 것은?

> 여러 신하들이 아뢰기를 "…… 신(新)은 '덕업이 날로 새로워진다'는 뜻이고, 라(羅)는 '사방(四方)을 망라한다'는 뜻이므로 이를 나라 이름으로 삼는 것이 마땅하다고 여겨집니다. 또 살펴보건대 옛날부터 국가를 가진 이는 모두 제(帝)나 왕(王)을 칭하였는데, 우리 시조께서 나라를 세운 지 지금 22대에 이르기까지 방언으로만 부르고 높이는 호칭을 정하지 못하였으니, 이제 여러 신하들이 한 마음으로 삼가 신라국왕(新羅國王)이라는 칭호를 올립니다."라고 하였다. <u>왕</u>이 이를 따랐다.
> – 『삼국사기』

① 병부를 설치하고 율령을 반포하였다.
② 이사부를 보내 우산국을 복속시켰다.
③ 대가야를 병합하여 영토를 확장하였다.
④ 국학을 설립하여 유학 교육을 진흥시켰다.
⑤ 자장의 건의로 황룡사 구층 목탑을 건립하였다.

13 (가), (나) 사이의 시기에 있었던 사실로 옳은 것은?

> (가) 당의 손인사, 유인원과 신라왕 김법민은 육군을 거느려 나아가고, 유인궤 등은 수군과 군량을 실은 배를 거느리고 백강으로 가서 육군과 합세하여 주류성으로 갔다. 백강 어귀에서 왜의 군사를 만나 …… 그들의 배 4백 척을 불살랐다.
>
> (나) 이근행이 군사 20만 명을 이끌고 매소성에 머물렀다. 신라군이 공격하여 달아나게 하고 말 3만여 필을 얻었는데, 노획한 병장기의 수도 그 정도 되었다.

① 장문휴가 당의 등주를 공격하였다.
② 원광이 왕명으로 걸사표를 작성하였다.
③ 을지문덕이 살수에서 대승을 거두었다.
④ 김춘추가 당과의 군사 동맹을 성사시켰다.
⑤ 검모잠이 안승을 왕으로 세워 부흥 운동을 벌였다.

14 밑줄 그은 '이 왕'의 업적으로 옳은 것은?

① 거칠부에게 『국사』를 편찬하게 하였다.
② 이사부를 보내 우산국을 복속하였다.
③ 건원이라는 독자적 연호를 사용하였다.
④ 관료전을 지급하고 녹읍을 폐지하였다.
⑤ 관리 선발을 위해 독서삼품과를 실시하였다.

15 밑줄 그은 '이 나라'에 대한 설명으로 옳은 것은?

> ○ 조영이 죽으니, 이 나라에서는 고왕이라 하였다. 아들 무예가 왕위에 올라 영토를 크게 개척하니, 동북의 모든 오랑캐들이 겁을 먹고 그를 섬겼다.
> ○ 처음에 이 나라의 왕이 자주 학생들을 경사의 태학에 보내어 고금의 제도를 배우고 익혀 가더니, 드디어 해동성국이 되었다. 그 땅에는 5경 15부 62주가 있다.
> — 「신당서」

① 정사암 회의를 개최하였다.
② 9서당 10정의 군사 조직을 갖추었다.
③ 욕살, 처려근지 등의 지방관을 두었다.
④ 인안, 대흥 등 독자적인 연호를 사용하였다.
⑤ 광평성을 비롯한 각종 정치 기구를 마련하였다.

16 교사의 질문에 대한 학생의 답변으로 옳은 것은?

① 김흠돌이 반란을 도모하였어요.
② 김사미와 효심이 난을 일으켰어요.
③ 원종과 애노가 사벌주에서 봉기하였어요.
④ 김유신이 비담과 염종의 난을 진압하였어요.
⑤ 복신과 도침이 주류성에서 군사를 일으켰어요.

17 (가) 인물에 대한 설명으로 옳은 것은?

① 공산 전투에서 전사하였다.
② 금마저에 미륵사를 창건하였다.
③ 후당과 오월에 사신을 파견하였다.
④ 김흠돌 등 진골 세력을 숙청하였다.
⑤ 국호를 마진으로 바꾸고 철원으로 천도하였다.

18 교사의 질문에 대한 학생의 답변으로 가장 적절한 것은?

① 삼한통보와 해동통보를 발행하였어요.
② 특산품으로 솔빈부의 말이 유명하였어요.
③ 고구마, 감자 등의 구황 작물을 재배하였어요.
④ 특수 행정 구역인 소에서 여러 물품을 생산하였어요.
⑤ 조세 수취를 위해 3년마다 촌락 문서를 작성하였어요.

19 (가) 인물에 대한 설명으로 옳은 것은?

> 왕이 고구려가 자주 국경을 침략하는 것을 걱정하여 수에 군사를 요청해 고구려를 치고자 하였다. 이에 (가) 에게 명하여 걸사표를 짓도록 하였다. (가) 이/가 말하기를, "자기가 살고자 남을 멸하는 것은 출가한 승려로서 적합한 행동은 아니지만, 제가 대왕의 땅에서 살고 대왕의 물과 풀을 먹고 있으니 어찌 감히 명을 따르지 않겠습니까."라고 하면서 글을 써서 올렸다.

① 구법 순례기인 『왕오천축국전』을 남겼다.
② 황룡사 구층 목탑의 건립을 건의하였다.
③ 무애가를 지어 불교 대중화에 기여하였다.
④ 사군이충 등을 포함한 세속 5계를 제시하였다.
⑤ 풍수지리 사상이 반영된 『송악명당기』를 저술하였다.

20 (가)~(다) 지역에 대한 설명으로 옳지 않은 것은?

① (가) - 고구려에서 남하한 온조가 도읍으로 삼았다.
② (나) - 문주왕 때 천도한 곳이다.
③ (나) - 중국 남조의 영향을 받은 벽돌 무덤이 있다.
④ (다) - 왕궁리 오층 석탑이 있다.
⑤ (다) - 백제 금동대향로가 출토되었다.

21 (가)에 들어갈 내용으로 가장 적절한 것은?

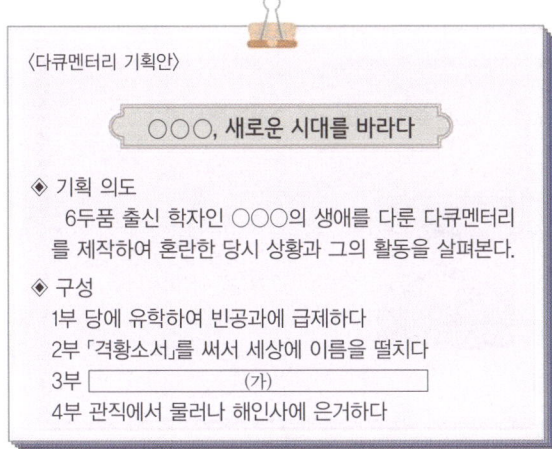

<다큐멘터리 기획안>

○○○, 새로운 시대를 바라다

◆ 기획 의도
  6두품 출신 학자인 ○○○의 생애를 다룬 다큐멘터리를 제작하여 혼란한 당시 상황과 그의 활동을 살펴본다.
◆ 구성
  1부 당에 유학하여 빈공과에 급제하다
  2부 「격황소서」를 써서 세상에 이름을 떨치다
  3부 _____(가)_____
  4부 관직에서 물러나 해인사에 은거하다

① 「화왕계」를 지어 국왕에게 조언하다
② 외교 문서인 「청방인문표」를 작성하다
③ 진성 여왕에게 시무책 10여 조를 올리다
④ 청해진을 중심으로 해상 무역을 전개하다
⑤ 인도와 중앙아시아를 순례하고 『왕오천축국전』을 남기다

22 강연자의 질문에 대한 청중의 답변으로 가장 적절한 것은?

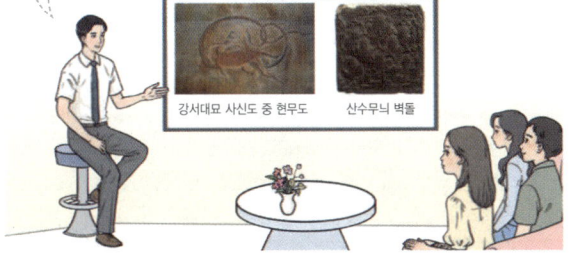

화면에 보이는 고구려의 사신도와 백제 산수무늬 벽돌은 신선 사상을 기반으로 불로장생을 추구하는 이 종교의 내용이 잘 표현된 문화유산입니다. 이 종교와 관련된 역사적 사실은 무엇이 있을까요?

① 간경도감에서 경전이 간행되었습니다.
② 연개소문이 당에 도사 파견을 요청하였습니다.
③ 과거 시험의 교재로 『사서집주』가 채택되었습니다.
④ 범일이 9산 선문 중 하나인 사굴산문을 개창하였습니다.
⑤ 주요 경전의 이름이 새겨진 임신서기석이 만들어졌습니다.

23 (가)에 해당하는 문화유산으로 옳은 것은?

국보로 지정된 (가) 은 현존하는 신라 탑 중에 가장 오래된 것으로 평가받습니다. 이 탑은 돌을 벽돌 모양으로 다듬어 쌓았다는 특징이 있으며, 선덕 여왕 3년에 건립된 것으로 추정됩니다.

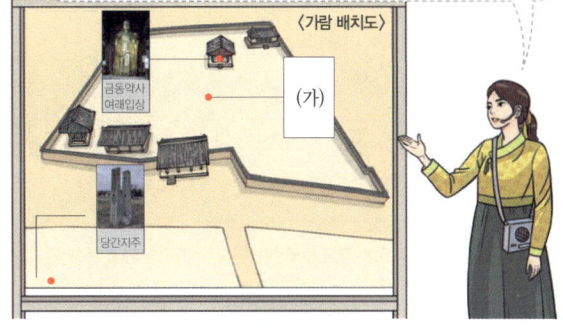

①  ②  ③

④  ⑤

24 다음 상황 이후에 있었던 사실로 옳은 것은?

파진찬 신덕, 영순 등이 신검에게 견훤을 금산사에 유폐하고 사람을 보내 금강을 죽이도록 권하였다. 신검이 대왕을 자칭하고 국내에 대사면령을 내렸다. 교서에서 이르기를, "…… 왕위를 어리석은 아이에게 줄 뻔하였다. 다행스러운 것은 상제께서 진정한 마음을 내리시니 군자들이 허물을 고쳤고 맏아들인 나에게 명하여 이 한 나라를 다스리게 하셨다는 점이다. ……"라고 하였다.

① 궁예가 광평성을 설치하였다.
② 장문휴가 당의 등주를 공격하였다.
③ 신숭겸이 공산 전투에서 전사하였다.
④ 왕건이 일리천 전투에서 승리하였다.
⑤ 김헌창이 웅천주에서 반란을 일으켰다.

25 (가) 왕의 재위 시기에 있었던 사실로 옳은 것은?

〈탐구 활동 보고서〉
○학년 ○반 이름: △△△

1. 주제: (가) , 안정과 통합을 꾀하다
2. 방법: 『고려사』 사료 검색 및 분석
3. 사료 내용과 분석

사료 내용	분석
명주의 순식이 투항하자 왕씨 성을 내리다.	지방 호족 포섭
『정계』와 『계백료서』를 지어 반포하다.	관리의 규범 제시
흑창을 두어 가난한 백성에게 곡식을 빌려주다.	민생 안정

① 개국 공신에게 역분전을 지급하였다.
② 외침에 대비하여 광군을 조직하였다.
③ 광덕, 준풍 등의 독자적 연호를 사용하였다.
④ 관학 진흥을 목적으로 양현고를 운영하였다.
⑤ 주전도감을 설치하여 해동통보를 발행하였다.

26 (가)에 대한 고려의 대응으로 옳은 것은?

현종 2년에 (가) 의 군주가 크게 군사를 일으켜 정벌하러 오자 왕이 남쪽으로 피란하였는데, (가) 군대는 여전히 송악성에 주둔하고 물러가지 않았습니다. 이에 현종이 여러 신하와 함께 더할 수 없는 큰 바람을 담아 대장경판을 새겨서 완성할 것을 맹세한 뒤에야 적의 군대가 스스로 물러갔습니다. - 『동국이상국집』

① 처인성에서 살리타를 사살하였다.
② 박위를 파견하여 근거지를 토벌하였다.
③ 개경을 방어하기 위해 나성을 축조하였다.
④ 삼수병으로 구성된 훈련도감을 설치하였다.
⑤ 강화도로 도읍을 옮겨 장기 항전을 준비하였다.

27 ㉠~㉤ 기구에 대한 설명으로 옳은 것은?

인물의 생애로 보는 고려의 정치 기구

윤관

- 출생년 미상
- 1095년 ㉠ 상서성 좌사낭중
- 1101년 ㉡ 추밀원(중추원) 지주사
- 1102년 ㉢ 어사대 어사대부
- 1103년 ㉣ 한림원 학사승지
- 1108년 ㉤ 중서문하성 문하시중
- 1111년 별세

① ㉠ - 학술 기관으로 경연을 관장하였다.
② ㉡ - 『실록』을 보관하고 관리하는 업무를 맡았다.
③ ㉢ - 관리의 비리를 감찰하고 풍기를 단속하였다.
④ ㉣ - 수도의 치안과 행정을 주관하였다.
⑤ ㉤ - 화폐와 곡식의 출납에 대한 회계를 담당하였다.

28 (가)~(다)를 일어난 순서대로 옳게 나열한 것은?

(가) 왕이 보현원 문에 들어서자 …… 이고 등이 왕을 모시던 문관 및 대소 신료, 환관들을 모두 살해하였다. …… 정중부 등이 왕을 모시고 환궁하였다.

(나) 이자겸과 척준경이 왕을 위협하여 남궁(南宮)으로 거처를 옮기게 하고 안보린, 최탁 등 17인을 죽였다. 이 외에도 죽인 군사가 헤아릴 수 없을 정도였다.

(다) 묘청이 서경을 근거지로 삼고 반란을 일으켰다. …… 국호를 대위, 연호를 천개, 그 군대를 천견충의군이라 불렀다.

① (가) - (나) - (다)
② (가) - (다) - (나)
③ (나) - (가) - (다)
④ (나) - (다) - (가)
⑤ (다) - (가) - (나)

29 (가), (나) 사이의 시기에 있었던 사실로 옳은 것은?

> (가) 최우가 녹전거(祿轉車) 100여 대를 빼앗아 집안의 재물을 강화도로 옮기니, 수도가 흉하였다. …… 또 사자(使者)를 여러 도에 나누어 보내어, 백성을 산성과 섬으로 옮겼다.
>
> (나) 김방경과 흔도(忻都), 홍차구, 왕희, 왕옹 등이 3군을 거느리고 진도를 토벌하여 크게 격파하고, 승화후 왕온을 죽였다. 김통정이 남은 무리를 이끌고 탐라로 도망하여 들어갔다.

① 양규가 곽주성을 급습하여 탈환하였다.
② 최무선이 진포에서 왜구를 격퇴하였다.
③ 강조가 정변을 일으켜 국왕을 폐위하였다.
④ 김윤후가 처인성에서 살리타를 사살하였다.
⑤ 이자겸과 척준경이 반란을 일으켜 궁궐을 불태웠다.

30 다음 자료를 활용한 탐구 활동으로 가장 적절한 것은?

> 시중 김방경과 대장군 인공수를 [상국(上國)]에 파견하여 표문을 올렸다. "우리나라는 근래 역적을 소탕하는 대군에 군량을 공급하는 일로 이미 해마다 백성에게서 양식을 거두어 들였습니다. 게다가 일본 정벌에 필요한 전함을 건조하는 데 장정들이 모두 징발되었고 노약자들만 겨우 밭 갈고 씨 뿌리는 일을 하고 있습니다."

① 삼전도비가 건립된 계기를 찾아본다.
② 정동행성이 설치되는 배경을 살펴본다.
③ 사심관 제도가 시행된 원인을 조사한다.
④ 조위총의 난이 전개되는 과정을 알아본다.
⑤ 『권수정혜결사문』이 작성된 목적을 파악한다.

31 다음 자료에 나타난 시기의 사회 모습으로 옳은 것은?

> 인후는 …… 처음 이름은 훌랄대였다. 제국 공주의 겁령구였는데, 겁령구는 중국 말로 사적으로 소속된 사람이다. 제국 공주를 따라 와서 중랑장에 임명되었다. 왕이 그를 장군으로 임명하고 싶어 이름을 바꾸라고 명령하자, 훌랄대가 대장군 인공수에게 말하기를 "내가 당신과 친한 사이이니 그대의 성을 빌리면 어떻겠소?"라고 하고, 드디어 성명을 바꾸어 인후라고 하였다. [인후는] 장순룡 및 차신과 더 좋은 저택을 짓기 위해 경쟁했는데, 사치스러움과 분수에 넘치는 것이 극에 달하였다.

① 최충이 9재 학당을 설립하였다.
② 빈민 구제를 위해 흑창이 설치되었다.
③ 대각국사 의천이 천태종을 개창하였다.
④ 만적이 개경에서 신분 해방을 도모하였다.
⑤ 지배층을 중심으로 변발과 호복이 유행하였다.

32 다음 사건이 일어난 시기를 연표에서 옳게 고른 것은?

> 조일신이 전 찬성사 정천기 등과 함께 기철·기륜·기원·고용보 등을 제거할 것을 모의하고 그들을 체포하게 하였는데, 기원은 잡아서 목을 베고 나머지는 모두 도망갔다. 조일신이 그 무리를 거느리고 나아가서 왕이 있던 궁궐을 포위하고, 숙직하고 있던 판밀직사사 최덕림, 상호군 정환 등 여러 사람을 죽였다.

918	1009	1126	1198	1270	1392
	(가)	(나)	(다)	(라)	(마)
고려 건국	강조의 정변	이자겸의 난	만적의 난	개경 환도	고려 멸망

① (가) ② (나) ③ (다) ④ (라) ⑤ (마)

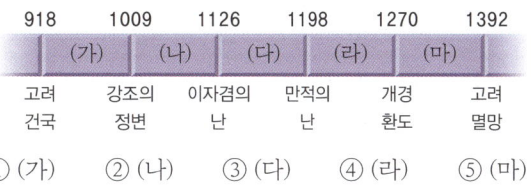

33 (가)에 들어갈 내용으로 옳은 것은?

① 독서삼품과를 통해 인재를 등용하였어요.
② 사액 서원에 서적과 노비를 지급하였어요.
③ 중등 교육 기관으로 4부 학당을 설립하였어요.
④ 양현고를 설치하여 장학 기금을 마련하였어요.
⑤ 초계문신제를 시행하여 문신을 재교육하였어요.

34 밑줄 그은 '토지 제도'가 시행된 국가의 경제 상황으로 옳은 것은?

① 초량 왜관을 통해 일본과 무역하였다.
② 독점적 도매 상인인 도고가 활동하였다.
③ 시장을 관리하는 관청인 동시전이 설치되었다.
④ 국가 주도로 삼한통보, 해동통보가 발행되었다.
⑤ 민간의 광산 개발을 허용하는 설점수세제를 시행하였다.

35 (가)에 들어갈 문화유산으로 적절하지 <u>않은</u> 것은?

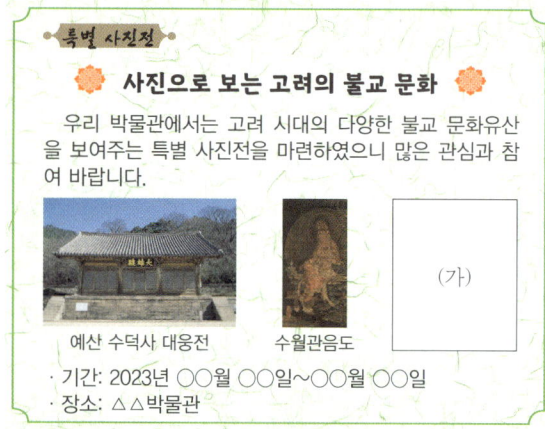

①  평창 월정사 팔각 구층 석탑
② 논산 관촉사 석조 미륵보살 입상
③  원주 법천사지 지광국사 탑비
④  보은 법주사 팔상전
⑤  영주 부석사 무량수전

36 밑줄 그은 '이 왕'의 재위 시기에 있었던 사실로 옳은 것은?

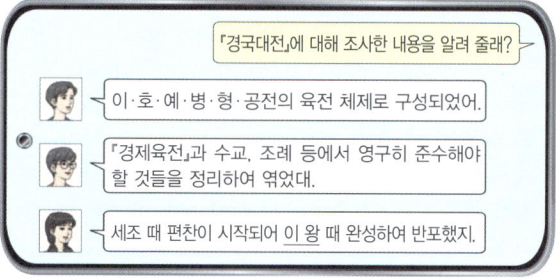

① 독립된 간쟁 기관으로 사간원이 설치되었다.
② 함길도 토착 세력인 이시애가 난을 일으켰다.
③ 직제가 개편된 홍문관에서 경연을 주관하였다.
④ 집현전 관리를 대상으로 사가 독서제가 시행되었다.
⑤ 붕당의 폐해를 경계하기 위한 탕평비가 건립되었다.

37 (가) 기구에 대한 설명으로 옳은 것은?

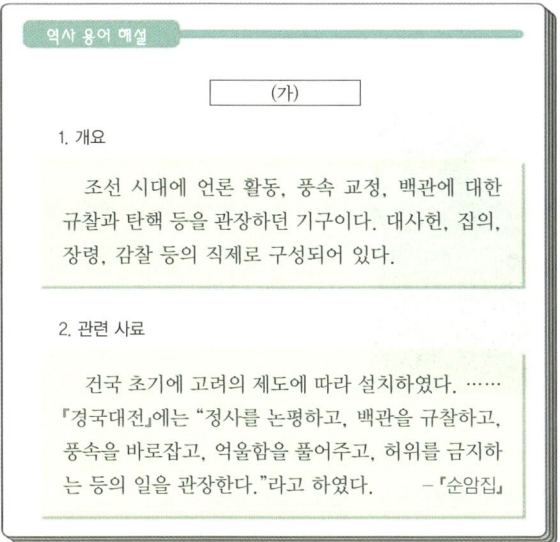

① 업무 일지인 『내각일력』을 작성하였다.
② 고려의 삼사와 같은 기능을 수행하였다.
③ 은대(銀臺), 후원(喉院)이라고도 불리었다.
④ 임진왜란을 거치면서 국정 전반을 총괄하였다.
⑤ 5품 이하의 관리 임명에 대한 서경권을 행사하였다.

39 (가), (나) 사이의 시기에 있었던 사실로 옳은 것은?

(가) 유자광이 김종직의 「조의제문」을 구절마다 풀이해서 아뢰기를, "감히 이와 같은 부도한 말을 했으니, 청컨대 법에 의하여 죄를 다스리시옵소서. 이 문집 및 판본을 다 불태워버리고 간행한 사람까지 아울러 죄를 다스리시기를 청하옵니다."라고 하였다.

(나) 박원종 등이 궐문 밖에 진군하여 대비(大妃)에게 아뢰기를, "지금 임금이 도리를 잃어 정치가 혼란하고, 민생은 도탄에 빠지고, 종사는 위태롭습니다. 진성 대군은 대소 신민의 촉망을 받은 지 이미 오래이므로, 이제 추대하고자 하오니 감히 대비의 분부를 여쭙니다."라고 하였다.

① 서인이 반정을 일으켜 정권을 장악하였다.
② 위훈 삭제를 주장한 조광조 일파가 제거되었다.
③ 이인좌를 중심으로 한 일부 소론 세력이 난을 일으켰다.
④ 폐비 윤씨 사사 사건을 빌미로 김굉필 등이 처형되었다.
⑤ 희빈 장씨 소생의 원자 책봉 문제로 환국이 발생하였다.

38 (가) 인물에 대한 설명으로 옳은 것은?

① 두만강 일대에 6진을 개척하였다.
② 탄금대에서 배수의 진을 치고 싸웠다.
③ 조총 부대를 이끌고 나선 정벌에 나섰다.
④ 왜구의 근거지인 쓰시마 섬을 정벌하였다.
⑤ 외교 담판을 통해 강동 6주를 획득하였다.

40 (가)에 들어갈 내용으로 가장 적절한 것은?

① 『성학집요』를 지어서 임금에게 바쳤어요.
② 김종직의 「조의제문」을 「사초」에 포함시켰어요.
③ 최초의 서원인 백운동 서원을 건립하였어요.
④ 『소학』의 보급과 현량과 실시를 주장하였어요.
⑤ 재상 중심의 정치를 강조한 『조선경국전』을 저술하였어요.

41 ㉠~㉤에 대한 탐구 활동으로 가장 적절한 것은?

> ㉠왕이 어려서 즉위하여 모후(母后)가 수렴청정을 하고, 사람 간에 큰 옥사가 연달아 일어난 데다가 ㉡요승(妖僧)을 높이고 사랑하여 불교를 숭상했으나 모두 왕의 뜻은 아니었다. …… ㉢부세는 무겁고 부역은 번거로웠으며 흉년으로 백성들이 고달프고 도적이 성행하여 국내의 재력이 고갈되었다. 그래서 왕이 비록 성덕(盛德)을 품었어도 끝내 하나도 펴지 못했으니 참으로 애석하다. 그러다가 ㉣문정 왕후가 돌아가신 후에 국정을 주관하게 되자 …… ㉤을사사화 때 화를 당한 사람들을 풀어 주고 먼 곳으로 쫓겨난 사람들을 모두 내지로 옮겼다.

① ㉠ - 1차 왕자의 난이 일어난 이유를 찾아본다.
② ㉡ - 황사영 백서 사건이 가져온 결과를 살펴본다.
③ ㉢ - 예송 논쟁의 발생 배경을 파악한다.
④ ㉣ - 갑술환국의 전개 양상을 정리한다.
⑤ ㉤ - 윤임 일파가 축출되는 과정을 조사한다.

42 다음 기사에 보도된 전투 이후의 사실로 옳지 않은 것은?

> **역사 신문**
> 제△△호　　　　　　　　　　○○○○년 ○○월 ○○일
>
> **신립, 탄금대에서 패배**
>
> 삼도 순변사 신립이 이끄는 관군이 탄금대에서 적군에게 패배, 충주 방어에 실패하였다. 신립은 탄금대에 배수진을 쳤으나, 고니시 유키나가가 이끄는 적군에게 둘러싸여 위태로운 상황에 놓였다. 신립은 종사관 김여물과 최후의 돌격을 감행하였으나 실패하자 전장에서 순절하였다.

① 김시민이 진주성에서 항쟁하였다.
② 조·명 연합군이 평양성을 탈환하였다.
③ 이순신이 한산도에서 대승을 거두었다.
④ 송상현이 동래성 전투에서 항전하였다.
⑤ 권율이 행주산성에서 적군을 격퇴하였다.

43 (가)에 대한 조선의 정책으로 옳은 것은?

이달의 인물
우리 외교를 빛낸 인물, 이예

■ **생몰**: 1373년~1445년
■ **경력**: 통신부사, 첨지중추원사, 동지중추원사

울산의 아전 출신으로 호는 학파(鶴坡), 시호는 충숙(忠肅)이다. 수십 차례 (가) 에 파견되어 외교 문제를 해결하려고 노력하였다. 특히 조선과 (가) 사이에 세견선의 입항 규모를 정한 계해약조 체결에 기여하였다.

① 하정사, 성절사 등을 파견하였다.
② 경성, 경원에 무역소를 설치하였다.
③ 광군을 조직하여 침입에 대비하였다.
④ 부산포, 제포, 염포의 삼포를 개항하였다.
⑤ 사절 왕래를 위하여 북평관을 개설하였다.

44 (가)에 들어갈 내용으로 옳지 않은 것은?

>
> 〈역사 다큐멘터리 제작 기획안〉
>
> **15세기 조선, 과학을 꽃 피우다**
>
> 1. **기획 의도**: 조선 초, 부국강병과 민생 안정을 위해 과학 기술 분야에서 노력한 모습을 살펴본다.
>
> 2. **구성**
>   1부 태양의 그림자로 시간을 보는 앙부일구
>   2부 ────(가)────
>   3부 외적의 침입에 대비한 신무기, 신기전과 화차

① 『기기도설』을 참고하여 설계한 거중기
② 국산 약재와 치료법을 소개한 『향약집성방』
③ 한양을 기준으로 한 역법서인 『칠정산』「내편」
④ 활판 인쇄술의 발달을 가져온 계미자와 갑인자
⑤ 우리나라 실정에 맞는 농법을 소개한 『농사직설』

45 밑줄 그은 '이 전쟁' 중에 있었던 사실로 옳은 것은?

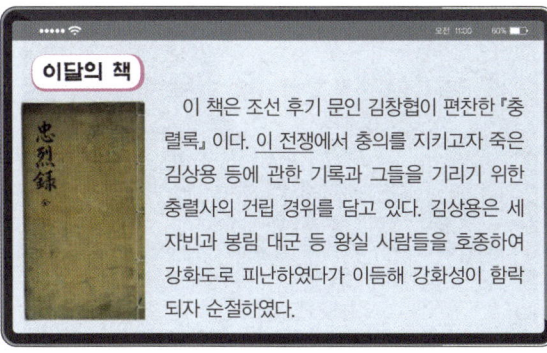

이 책은 조선 후기 문인 김창협이 편찬한 『충렬록』이다. 이 전쟁에서 충의를 지키고자 죽은 김상용 등에 관한 기록과 그들을 기리기 위한 충렬사의 건립 경위를 담고 있다. 김상용은 세자빈과 봉림 대군 등 왕실 사람들을 호종하여 강화도로 피난하였다가 이듬해 강화성이 함락되자 순절하였다.

① 조·명 연합군이 평양성을 탈환하였다.
② 강홍립이 사르후 전투에 참전하였다.
③ 김준룡이 광교산 전투에서 승리하였다.
④ 김종서가 두만강 일대에 6진을 개척하였다.
⑤ 곽재우, 김천일 등이 의병장으로 활약하였다.

46 밑줄 그은 '이 부대'에 대한 설명으로 옳은 것은?

전시된 그림은 이 부대의 분영인 북일영과 활터의 풍경을 묘사한 김홍도의 작품입니다. 임진왜란 중 류성룡의 건의로 편성된 이 부대는 직업 군인의 성격을 띤 상비군이었습니다.

북일영도

① 용호군과 함께 2군으로 불렸다.
② 진도에서 용장성을 쌓고 항전하였다.
③ 국경 지역인 북계와 동계에 배치되었다.
④ 포수, 살수, 사수의 삼수병으로 편제되었다.
⑤ 국왕의 친위 부대로 수원 화성에 외영을 두었다.

47 (가) 인물에 대한 설명으로 옳은 것은?

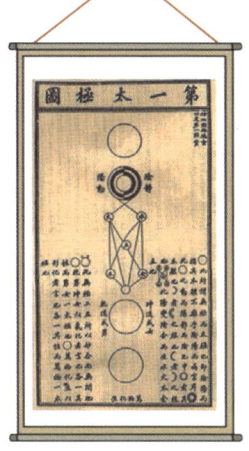

이 자료는 (가) 이/가 지어 왕에게 바친 『성학십도』의 일부입니다. 그는 성리학에 대한 체계적 이해를 바탕으로 군주가 스스로 인격과 학문을 수양하기 위해 노력해야 함을 강조하였습니다.

① 양명학을 연구하여 강화 학파를 형성하였다.
② 일본에 다녀와서 『해동제국기』를 편찬하였다.
③ 예안 향약을 시행하여 향촌 교화를 위해 노력하였다.
④ 유학 경전을 주자와 달리 해석한 『사변록』을 저술하였다.
⑤ 『가례집람』을 저술하여 예학을 조선의 현실에 맞게 정리하였다.

48 (가)에 들어갈 세시 풍속에 대한 설명으로 옳지 않은 것은?

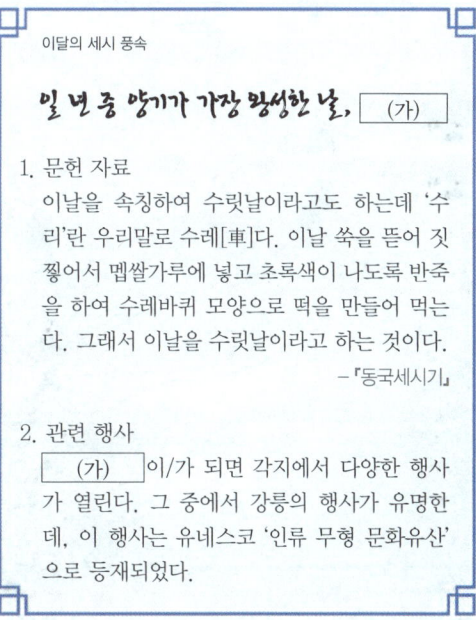

이달의 세시 풍속

일 년 중 양기가 가장 왕성한 날, (가)

1. 문헌 자료
이날을 속칭하여 수릿날이라고도 하는데 '수리'란 우리말로 수레[車]다. 이날 쑥을 뜯어 짓찧어서 멥쌀가루에 넣고 초록색이 나도록 반죽을 하여 수레바퀴 모양으로 떡을 만들어 먹는다. 그래서 이날을 수릿날이라고 하는 것이다.
— 『동국세시기』

2. 관련 행사
(가) 이/가 되면 각지에서 다양한 행사가 열린다. 그 중에서 강릉의 행사가 유명한데, 이 행사는 유네스코 '인류 무형 문화유산'으로 등재되었다.

① 앵두로 화채를 만들어 먹었다.
② 창포를 삶은 물로 머리를 감았다.
③ 들판에 쥐불을 놓으며 풍년을 기원했다.
④ 그네뛰기, 씨름 등의 민속놀이를 즐겼다.
⑤ 임금이 신하들에게 부채를 나누어 주었다.

49 다음 지역에 대한 탐구 활동으로 적절한 것은?

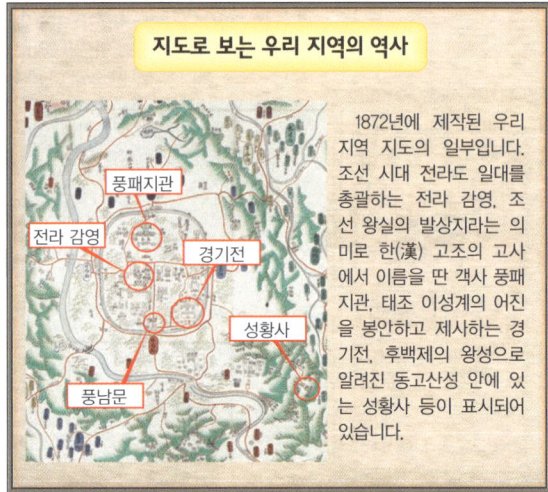

지도로 보는 우리 지역의 역사

1872년에 제작된 우리 지역 지도의 일부입니다. 조선 시대 전라도 일대를 총괄하는 전라 감영, 조선 왕실의 발상지라는 의미로 한(漢) 고조의 고사에서 이름을 딴 객사 풍패지관, 태조 이성계의 어진을 봉안하고 제사하는 경기전, 후백제의 왕성으로 알려진 동고산성 안에 있는 성황사 등이 표시되어 있습니다.

① 유형원이 『반계수록』을 저술한 장소를 답사한다.
② 견훤이 아들 신검에 의해 유폐된 장소를 알아본다.
③ 동학 농민군이 정부와 화약을 맺은 장소를 조사한다.
④ 기묘사화로 유배된 조광조가 사사된 장소를 검색한다.
⑤ 임병찬이 의병을 일으킨 무성 서원이 있는 장소를 찾아본다.

50 (가) 궁궐에 대한 설명으로 옳은 것은?

2023 달빛기행

유네스코 세계유산에 등재된 조선의 궁궐 (가) 에 여러분을 초대합니다. 달빛과 별이 어우러진 밤하늘 아래 자연과 어우러진 고궁의 아름다움을 느껴 보시기 바랍니다.

◈ 관람 동선 ◈
돈화문 → 금천교 → 인정전 → 낙선재 → 부용지 → 연경당 → 후원 숲길 → 돈화문

● 일시: 2023년 ○○월 ○○일 19:00~21:00
● 주관: △△ 문화재단

① 일제에 의해 동물원 등이 설치되었다.
② 도성 내 서쪽에 있어 서궐이라고 불렸다.
③ 인목 대비가 광해군에 의해 유폐된 장소이다.
④ 정도전이 궁궐과 주요 전각의 명칭을 정하였다.
⑤ 태종이 도읍을 한양으로 다시 옮기며 건립하였다.

실력 점검
기출 모의고사 정답 및 해설

문번	정답	출제 포인트
1	②	구석기 시대
2	①	신석기 시대
3	③	청동기 시대
4	③	고조선
5	③	부여
6	③	동예
7	④	여러 나라의 제천 행사
8	③	백제와 고구려의 사회 모습
9	①	소수림왕
10	⑤	백제의 성장과 발전
11	④	금관가야
12	②	지증왕
13	⑤	백강 전투와 매소성 전투 사이의 사실
14	④	신문왕
15	④	발해
16	③	진성 여왕 재위 시기의 사실
17	③	견훤
18	⑤	통일 신라의 경제 상황
19	④	원광
20	④	백제의 도읍지
21	③	최치원
22	②	도교
23	④	경주 분황사 모전 석탑
24	④	견훤의 금산사 유폐 이후의 사실
25	①	태조 왕건

문번	정답	출제 포인트
26	③	거란에 대한 고려의 대응
27	③	고려의 정치 기구
28	④	고려 시대 반란의 전개 과정
29	④	강화 천도와 삼별초의 항쟁 사이의 사실
30	②	충렬왕 때의 일본 원정
31	⑤	원 간섭기의 사회 모습
32	⑤	공민왕의 반원 자주 정책 시기
33	④	고려의 관학 진흥책
34	④	고려의 경제 상황
35	④	고려 시대의 문화유산
36	③	성종
37	⑤	사헌부
38	①	김종서
39	④	무오사화와 중종반정 사이의 사실
40	④	조광조
41	⑤	명종 재위 시기의 주요 사실
42	④	충주 탄금대 전투 이후의 사실
43	④	일본에 대한 조선의 정책
44	①	조선 전기의 과학 기술
45	③	병자호란
46	④	훈련도감
47	③	이황
48	③	단오
49	③	전주
50	⑤	창덕궁

01 [선사 시대] 구석기 시대   정답 ②

정답 치트키 주먹도끼, 찍개 + 뗀석기 → **구석기 시대**

② 구석기 시대에는 주로 동굴이나 강가의 막집에서 살면서 주먹도끼, 찍개 등을 사용하여 사냥과 채집을 하였다.

오답 클리어

① 철기 시대: 철제 무기를 사용하여 정복 활동을 전개하였다.
③ 철기 시대: 중국의 화폐인 명도전을 이용하여 중국과 교역하였다.
④ 청동기 시대: 반달 모양의 간석기인 반달 돌칼을 이용하여 벼를 수확하였다.
⑤ 신석기 시대: 빗살무늬 토기를 만들어 식량을 저장하는 데 사용하였다.

02 [선사 시대] 신석기 시대   정답 ①

정답 치트키 빗살무늬 토기 + 농경과 정착 생활이 시작 + 갈돌과 갈판 → **신석기 시대**

① 신석기 시대에는 가락바퀴를 이용하여 실을 뽑고 뼈바늘로 옷과 그물을 만들었다.

오답 클리어

② 구석기 시대: 이동 생활을 하여 주로 동굴이나 강가의 막집에서 거주하였다.
③ 철기 시대: 중국의 화폐인 명도전, 반량전 등이 유통되었다.
④ 철기 시대: 금속 제품을 제작하는 틀인 거푸집을 이용하여 세형동검을 만들었다.
⑤ 철기 시대: 쟁기, 쇠스랑 등의 철제 농기구를 사용하여 농업 생산력이 증가하였다.

03 [선사 시대] 청동기 시대   정답 ③

정답 치트키 고인돌 + 계급이 발생 → **청동기 시대**

③ 청동기 시대에는 반달 모양의 간석기인 반달 돌칼을 이용하여 곡물을 수확하였다.

오답 클리어

① 고려 시대: 소를 이용해 밭을 가는 깊이갈이(우경)는 철기 시대에 시작된 것으로 추측되며, 이후 고려 시대에 일반화되었다.
② 구석기 시대: 주로 동굴이나 바위 그늘에서 살거나 강가에 막집을 짓고 살았다.
④ 신석기 시대: 빗살무늬 토기를 만들어 식량을 저장하는 데 사용하였다.
⑤ 구석기 시대: 주먹도끼, 찍개 등 돌을 깨뜨려 날을 만든 도구인 뗀석기를 만들기 시작하였다.

04 [선사 시대] 고조선   정답 ③

정답 치트키 왕 아래 상, 대부, 장군 + 범금 8조 → **고조선**

③ 고조선은 왕검성을 수도로 하였다. 왕검성의 정확한 위치에 대해서는 지금의 요동 지역이라는 설, 지금의 평양 지역이라는 설 등의 여러 가지 설이 있다.

오답 클리어

① 신라: 임신서기석은 신라의 두 청년이 유교 경전을 읽기로 약속한 내용이 새겨진 비석으로, 당시 신라에서 유교 경전을 공부하였음을 알 수 있다.
② 백제: 칠지도는 백제 근초고왕 때 일본에 보낸 것으로 추정되는 칼이다.
④ 고구려: 매년 10월에 동맹이라는 제천 행사를 열어 하늘에 제사를 지냈다.
⑤ 신라: 국가의 중대사를 논의한 귀족 회의 기구인 화백 회의가 있었으며, 만장일치제로 운영되었다.

05 [선사 시대] 부여   정답 ③

정답 치트키 남쪽은 고구려 + 사람을 죽여서 순장 → **부여**

③ 부여는 12월에 영고라는 제천 행사를 열어 하늘에 제사를 지냈다.

오답 클리어

① 옥저, 동예: 읍군, 삼로라는 군장이 각 부족을 다스리는 군장 국가였다.
② 옥저: 혼인 풍속으로 여자 아이를 신랑 집에서 데려다 키운 후 혼인을 하는 민며느리제가 있었다.
④ 삼한: 신성 구역인 소도에서 제사장인 천군이 제사를 주관하였다.
⑤ 동예: 읍락 간의 경계를 중시하여 다른 부족의 영역을 침범할 경우 노비, 소, 말 등으로 변상하는 책화의 풍습이 있었다.

06 [선사 시대] 동예   정답 ③

정답 치트키 후·읍군·삼로 + 10월 + 무천 → **동예**

③ 동예는 산과 내(강)로 구분된 읍락 간의 경계를 중시하여, 다른 부족을 침범하면 노비나 소, 말 등으로 변상하게 하는 책화의 풍습이 있었다.

오답 클리어

① 삼한: 제사장인 천군이 다스리는 신성 지역인 소도가 존재하였다.
② 옥저: 여자가 어렸을 때 남자 집에서 살다가 성장한 후 남자가 여자 집에 예물을 치르고 혼인을 하는 풍습인 민며느리제가 있었다.
④ 고구려: 귀족들이 제가 회의에서 국가의 중대사를 논의하고 결정하였다.
⑤ 부여: 왕 아래에 있는 마가, 우가, 저가, 구가라는 가(加)들이 별도로 행정 구역인 사출도를 주관하였다.

07 [선사 시대] 여러 나라의 제천 행사 정답 ④

정답 치트키 여러 나라의 제천 행사

④ 옳은 것을 모두 고르면 ㄴ, ㄹ이다.
ㄴ. 고구려는 매년 10월에 동맹이라는 제천 행사를 열어 하늘에 제사를 지냈다.
ㄹ. 삼한은 매년 5월에는 수릿날, 10월에는 계절제를 열어 곡식의 파종과 추수가 끝날 때마다 제천 행사를 거행하였다.

오답 클리어

ㄱ. 동예: 10월에 무천이라는 제천 행사를 열어 하늘에 제사를 지내고 밤낮으로 술 마시며 노래 부르고 춤을 추었다.
ㄷ. 부여: 사냥철이 시작되는 12월에 영고라는 제천 행사를 열었는데, 이때 노래와 춤을 즐겼으며, 죄수를 석방하기도 하였다.

08 [고대] 백제와 고구려의 사회 모습 정답 ③

정답 치트키 (가) 왕의 성은 부여씨 + 5방 + 방령 → **백제**
(나) 처려근지 + 5부 → **고구려**

③ 고구려는 국립 대학인 태학과 지방 교육 기관인 경당을 두어 인재를 양성하였다.

오답 클리어

① 고조선: 사회 질서를 유지하기 위해 살인, 상해, 절도 등의 죄를 다스리는 범금 8조를 두었다.
② 발해: 거란도, 영주도, 일본도 등 대외 교통로를 통해 주변 국가와 교류하였다.
④ 백제: 귀족들이 정사암 회의에서 재상 선출 및 국가 중대사를 논의하였다.
⑤ 신라: 골품에 따라 관등 승진에 제한을 둔 골품제가 있었다.

09 [고대] 소수림왕 정답 ①

정답 치트키 고국원왕의 아들 + 승려 순도 → **소수림왕**

① 소수림왕은 우리나라 최초의 국립 대학인 태학을 설립하여 인재를 양성하고 유학을 보급하였다.

오답 클리어

② 장수왕: 도읍을 국내성에서 평양으로 옮기고 남진 정책을 추진하였다.
③ 미천왕: 중국 요동 지역의 서안평을 점령하여 영토를 확장하였다.
④ 광개토 대왕: 영락이라는 독자적인 연호를 사용하여 자주성을 드러내었다.
⑤ 고국천왕: 을파소를 등용하고, 춘궁기에 백성들에게 곡식을 빌려주고 추수기에 갚도록 하는 구휼 제도인 진대법을 시행하여 빈민을 구제하였다.

10 [고대] 백제의 성장과 발전 정답 ⑤

정답 치트키 (가) 도읍을 사비로 옮기고 국호를 남부여라 함 → **성왕**
(나) 마라난타를 통해 불교를 수용함 → **침류왕**
(다) 고구려의 평양성을 공격함 → **근초고왕**

⑤ 순서대로 나열하면 (다) 근초고왕 - (나) 침류왕 - (가) 성왕이다.
(다) 근초고왕은 백제의 전성기를 이끈 제13대 왕이다. 활발한 정복 활동을 벌이며 남으로는 마한을 모두 정복하였고, 황해도 지역을 놓고 고구려와 대결하면서 고구려의 평양성을 공격하여 고국원왕을 전사시켰다.
(나) 침류왕은 백제 제15대 왕으로, 동진에서 온 승려 마라난타를 통해 불교를 수용·공인하였다.
(가) 성왕은 백제의 중흥을 위해 노력한 제26대 왕으로, 도읍을 웅진(공주)에서 대외 진출이 편리한 사비(부여)로 옮겼으며, 국호를 '백제'에서 '남부여'로 변경하였다.

11 [고대] 금관가야 정답 ④

정답 치트키 김해 봉황동 유적 + 김수로왕 → **금관가야**

④ 금관가야는 철이 많이 생산되어 낙랑, 왜 등에 수출하였다.

오답 클리어

① 통일 신라: 중앙 정치 조직으로 국정을 총괄하는 집사부를 비롯한 14개의 부를 두었다.
② 고구려: 집집마다 부경이라는 창고에 약탈한 곡식을 저장하였다.
③ 고구려: 왕 아래 상가, 고추가 등의 대가라고 불리는 관리들이 각기 사자, 조의, 선인 등의 관리를 거느렸다.
⑤ 백제: 왕족인 부여씨와 연씨, 사씨 등 8성의 귀족이 지배층을 이루었다.

12 [고대] 지증왕 정답 ②

정답 치트키 신(新) + 라(羅) + 나라 이름으로 삼는 것이 마땅함 + 신라국왕(新羅國王)이라는 칭호 → **지증왕**

② 지증왕은 장군 이사부를 보내 우산국(울릉도)을 복속시켰다.

오답 클리어

① 법흥왕: 군사 업무를 관장하는 부서인 병부를 설치하고, 국가 통치의 기본법인 율령을 반포하였다.
③ 진흥왕: 대가야를 공격하여 멸망시키고 영토를 확장하였다.
④ 신문왕: 국립 교육 기관인 국학을 설립하여 유학 교육을 실시하였다.
⑤ 선덕 여왕: 승려 자장의 건의로 호국의 염원을 담아 황룡사 구층 목탑을 건립하였다.

13 [고대] 백강 전투와 매소성 전투 사이의 사실   정답 ⑤

🔑 정답 치트키   (가) 백강 + 주류성 + 왜의 군사 → **백강 전투(663)**
(나) 이근행 + 매소성 → **매소성 전투(675)**

⑤ 고구려 멸망(668) 이후인 670년경 검모잠이 고구려 보장왕의 외손자(혹은 서자)였던 안승을 왕으로 세워 고구려 부흥 운동을 벌였다.

✅ 오답 클리어

① (나) 이후: 732년에 발해 장문휴가 당의 등주(산둥 지방) 지역을 선제 공격하였다.
② (가) 이전: 608년에 신라 원광이 왕명으로 수에 고구려 공격을 위해 군사를 청하는 걸사표를 작성하였다.
③ (가) 이전: 612년에 고구려 을지문덕이 살수에서 수의 군대에게 대승을 거두었다(살수 대첩).
④ (가) 이전: 648년에 신라 김춘추가 당으로 건너가, 당 태종과의 군사 동맹을 성사시켰다.

14 [고대] 신문왕   정답 ④

🔑 정답 치트키   김흠돌의 난을 진압함 + 감은사를 완공함 + 9주 → **신문왕**

④ 신문왕은 관료들에게 봉급의 개념으로 관료전을 지급하고, 귀족들의 경제적 기반이었던 녹읍을 폐지하였다.

✅ 오답 클리어

① 진흥왕: 이사부의 건의로 거칠부에게 역사서인 『국사』를 편찬하게 하였다.
② 지증왕: 장군 이사부를 보내 우산국(지금의 울릉도)을 복속하였다.
③ 법흥왕: 건원이라는 독자적인 연호를 사용하여 자주성을 드러내었다.
⑤ 원성왕: 관리 선발을 위해 유교 경전의 이해 수준을 시험하여 관리 임용에 참고하는 독서삼품과를 실시하였다.

15 [고대] 발해   정답 ④

🔑 정답 치트키   고왕 + 무예 + 해동성국 + 5경 15부 62주 → **발해**

④ 발해는 무왕 때 인안, 문왕 때 대흥 등 독자적인 연호를 사용하였다.

✅ 오답 클리어

① 백제: 귀족들이 정사암이라는 바위에 모여 재상을 선출하고 국가의 중대사를 논의하는 정사암 회의를 개최하였다.
② 통일 신라: 신문왕 때 중앙군과 지방군으로 각각 9서당과 10정의 군사 조직을 갖추었다.
③ 고구려: 지방의 여러 성에 지방관으로 욕살, 처려근지 등을 두었다.
⑤ 후고구려: 국정 총괄 기구인 광평성을 비롯한 각종 정치 기구를 마련하였다.

16 [고대] 진성 여왕 재위 시기의 사실   정답 ③

🔑 정답 치트키   **진성 여왕(887~897)**

③ 진성 여왕 때 원종과 애노가 가혹한 수탈에 반발하여 사벌주(상주)에서 봉기하였다.

✅ 오답 클리어

① 신문왕(통일 신라): 681년에 신문왕의 장인인 김흠돌이 반란을 도모하였으나 진압되었다.
② 명종(고려): 무신 집권기인 1193년에 지배층의 수탈에 반발하여 김사미(운문)와 효심(초전)이 난을 일으켰다.
④ 진덕 여왕(신라): 신라 선덕 여왕 때 일어난 비담과 염종의 난을 김유신이 진덕 여왕 때인 647년에 진압하였다.
⑤ 태종 무열왕(신라): 660년에 백제가 멸망한 이후 복신과 도침이 주류성에서 군사를 일으키고 백제 부흥 운동을 전개하였다.

17 [고대] 견훤   정답 ③

🔑 정답 치트키   완산주를 도읍으로 삼아 나라를 세움 + 경애왕을 죽게 함 + 금산사에 유폐됨 → **견훤**

③ 후백제의 견훤은 중국의 후당과 오월에 사신을 파견하여 적극적으로 교류하였다.

✅ 오답 클리어

① 김락, 신숭겸 등(고려): 후백제와의 공산 전투에서 전사하였다.
② 무왕(백제): 금마저(익산)에 미륵사라는 절을 창건하고 익산으로의 천도를 추진하였다.
④ 신문왕(통일 신라): 장인 김흠돌이 반란을 일으키자, 김흠돌을 비롯한 진골 귀족 세력을 숙청하였다.
⑤ 궁예(후고구려): 후고구려의 국호를 마진으로 바꾸고, 송악(개성)에서 철원으로 천도하였다.

18 [고대] 통일 신라의 경제 상황   정답 ⑤

🔑 정답 치트키   청해진을 설치함 → **통일 신라**

⑤ 통일 신라는 촌락의 경제 상황을 파악하여 조세 수취를 하기 위해 촌주가 3년마다 촌락 문서(민정 문서)를 작성하였다.

✅ 오답 클리어

① 고려: 숙종 때 국가 주도로 삼한통보와 해동통보 등의 화폐가 발행되었다.
② 발해: 목축이 발달하여 특산품으로 솔빈부의 말이 유명하였다.
③ 조선: 조선 후기에 고구마, 감자 등의 구황 작물이 전래되어, 농민들이 이를 재배하였다.
④ 고려: 특수 행정 구역인 소에서 국가에 필요한 여러 물품을 생산하였다.

19 [고대] 원광 정답 ④

정답 치트키 걸사표를 짓도록 함 → **원광**

④ 원광은 사군이충(충성으로써 임금을 섬긴다) 등을 포함한 화랑도의 규범인 세속 5계를 제시하였다.

오답 클리어

① 혜초: 인도와 중앙아시아를 다녀와 그 나라의 풍물을 기록한 구법 순례기인 『왕오천축국전』을 남겼다.
② 자장: 선덕 여왕에게 황룡사 구층 목탑의 건립을 건의하였다.
③ 원효: 무애가라는 불교의 이치를 담은 가요를 지어 불교 대중화에 기여하였다.
⑤ 도선: 풍수지리 사상이 반영된 지리 도참서인 『송악명당기』를 저술하였다.

20 [고대] 백제의 도읍지 정답 ④

정답 치트키
(가) 석촌동 고분군 → **서울**
(나) 공산성 + 무령왕릉 → **공주**
(다) 부소산성 + 능산리 고분군 → **부여**

④ 익산에는 백제계 석탑 양식에 신라 탑의 양식이 일부 어우러진 왕궁리 오층 석탑이 있다.

오답 클리어

① 서울: 고구려에서 남하한 온조가 도읍으로 삼은 지역이다.
② 공주: 한성(서울)이 고구려 장수왕에게 함락당하고 개로왕이 전사하자 문주왕 때 천도한 지역이다.
③ 공주: 중국 남조의 영향을 받은 벽돌 무덤인 무령왕릉이 있는 지역이다.
⑤ 부여: 성왕 때 천도한 곳으로, 능산리 절터에서 백제 금동대향로가 출토되었다.

21 [고대] 최치원 정답 ③

정답 치트키 6두품 출신 + 빈공과에 급제 + 「격황소서」 → **최치원**

③ 최치원은 6두품 출신의 유학자로, 당에 유학한 뒤 귀국하여 진성 여왕에게 개혁안인 시무책 10여 조를 올렸다.

오답 클리어

① 설총: 6두품 출신으로, 「화왕계」를 지어 신문왕에게 유교적 도덕 정치의 실현을 조언하였다.
② 강수: 신라 중대의 6두품 출신 유학자로, 당나라에 갇혀 있는 김인문의 석방을 요청한 외교 문서인 「청방인문표」를 작성하였다.
④ 장보고: 완도에 설치한 해상 무역 기지인 청해진을 중심으로 당·일본과 해상 무역을 전개하였다.
⑤ 혜초: 신라의 승려로, 인도와 중앙아시아를 순례하고 그 지역의 풍물을 기록한 『왕오천축국전』을 남겼다.

22 [고대] 도교 정답 ②

정답 치트키 고구려의 사신도 + 백제 산수무늬 벽돌 + 신선 사상 + 불로장생을 추구 → **도교**

② 연개소문은 당에 도교의 도사 파견을 요청하는 등 불교를 견제하기 위해 도교를 장려하였다.

오답 클리어

① 불교: 조선 세조 때 간경도감을 설치하여 경전을 간행하였다.
③ 성리학(유교): 고려 말에 과거 시험의 교재로 『사서집주』가 채택되었다.
④ 선종(불교): 신라 말 승려인 범일이 9산 선문 중 하나인 사굴산문을 개창하였다.
⑤ 유교: 『시경』·『상서』·『예기』 등 유교에서 강조하는 주요 경전의 이름이 새겨진 임신서기석이 만들어졌다.

23 [고대] 경주 분황사 모전 석탑 정답 ④

정답 치트키 현존하는 신라 탑 중에 가장 오래된 것 + 돌을 벽돌 모양으로 다듬어 쌓음 → **경주 분황사 모전 석탑**

④ 경주 분황사 모전 석탑은 현재 남아 있는 신라 탑 중에 가장 오래된 것으로, 돌을 벽돌 모양으로 다듬어 쌓은 탑이다.

오답 클리어

① 경주 불국사 삼층 석탑(통일 신라): 통일 신라의 석탑으로, 2층 기단 위에 3층의 탑신부로 구성되었다.
② 부여 정림사지 오층 석탑(백제): 1층 탑신부에 당나라 장수 소정방이 백제를 평정한 자신의 공적을 새겨 놓아 평제탑으로 불리기도 하였다.
③ 영광탑(발해): 중국(당)의 영향을 받아 만들어진 발해의 전탑(벽돌 탑)이다.
⑤ 익산 미륵사지 석탑(백제): 목탑 양식을 반영하여 만든 석탑으로, 현존하는 삼국 시대 석탑 중 가장 규모가 크다.

24 [고려 시대] 견훤의 금산사 유폐 이후의 사실 정답 ④

정답 치트키 신검 + 견훤을 금산사에 유폐 → **견훤의 금산사 유폐(935)**

④ 견훤의 금산사 유폐(935) 이후인 936년에 고려 태조 왕건이 일리천 전투에서 후백제의 신검을 격퇴하였고, 후백제가 멸망하면서 후삼국을 통일하였다.

오답 클리어

모두 견훤의 금산사 유폐(935) 이전의 사실이다.
① 904년에 후고구려 궁예가 국정 총괄 기구인 광평성을 설치하였다.
② 발해 무왕 때인 732년에 장문휴가 당의 등주를 공격하였다.
③ 927년에 고려의 신숭겸이 공산 전투에서 후백제군과 싸우다가 전사하였다.
⑤ 신라 하대 헌덕왕 때인 822년에 웅천주(공주) 도독 김헌창이 국호를 장안, 연호를 경운으로 하여 반란을 일으켰다.

25 [고려 시대] 태조 왕건 정답 ①

정답 치트키 『정계』와 『계백료서』를 지어 반포함 + 흑창을 둠
→ **태조 왕건**

① 태조 왕건은 개국 공신에게 공로와 인품에 따라 역분전을 차등 지급하였다.

오답 클리어

② 정종(3대): 거란의 침입에 대비하여 광군을 조직하였다.
③ 광종: 스스로를 황제로 칭하고 광덕, 준풍 등의 독자적 연호를 사용하였다.
④ 예종: 관학 진흥을 목적으로 일종의 장학 재단인 양현고를 설치하여 운영하였다.
⑤ 숙종: 주전도감을 설치하여 해동통보와 은병(활구) 등 화폐를 발행하였다.

26 [고려 시대] 거란에 대한 고려의 대응 정답 ③

정답 치트키 현종 + 왕이 남쪽으로 피란 + 대장경판
→ **거란에 대한 고려의 대응**

③ 고려는 거란의 침략에 대비하여 나성을 축조해 수도 개경을 방어하였다.

오답 클리어

① 몽골이 고려를 2차 침입하자, 김윤후가 처인성에서 적장 살리타를 사살하였다(처인성 전투).
② 고려 창왕 때 박위를 파견하여 왜구의 근거지였던 대마도(쓰시마 섬)를 토벌하였다.
④ 임진왜란 중이었던 조선 선조 때 포수(조총), 살수(창·칼), 사수(활)의 삼수병으로 구성된 훈련도감을 설치하였다.
⑤ 고려 고종 때 몽골이 고려를 1차 침입한 뒤 강화를 맺고 돌아가자, 당시 집권자였던 최우가 강화도로 도읍을 옮겨 장기 항전을 준비하였다.

27 [고려 시대] 고려의 정치 기구 정답 ③

정답 치트키 고려의 정치 기구

③ 어사대는 고려의 정치 기구로, 관리의 감찰 및 탄핵과 풍기 단속을 담당하였다.

오답 클리어

① 홍문관(조선): 국왕의 자문 기구이자 학술 기구로, 경연을 관장하였다.
② 춘추관(조선): 『실록』을 보관하고 관리하는 업무를 맡았던 기구이다.
④ 한성부(조선): 수도인 한성의 치안과 행정을 주관한 기구이다.
⑤ 삼사(고려): 화폐와 곡식의 출납과 회계를 담당한 기구이다.

28 [고려 시대] 고려 시대 반란의 전개 과정 정답 ④

정답 치트키 (가) 보현원 + 정중부 → **무신 정변(1170)**
(나) 이자겸과 척준경이 왕을 위협
→ **이자겸의 난(1126)**
(다) 묘청 + 서경을 근거지로 삼고 반란을 일으킴
→ **묘청의 난(1135)**

④ 순서대로 나열하면 (나) 이자겸의 난(1126) - (다) 묘청의 난(1135) - (가) 무신 정변(1170)이다.

(나) 고려 인종 때 이자겸이 왕의 장인이자 외조부로서 권력을 장악하자, 인종이 이자겸을 제거하고자 하였다. 그러나 이를 알게 된 이자겸은 척준경과 함께 난을 일으켜 왕을 위협하고 반대파를 제거하였다(이자겸의 난, 1126). 이에 인종이 척준경을 회유하여 이자겸을 제거하고 척준경을 축출하여 난을 진압하였다.
(다) 서경 출신 승려인 묘청이 풍수지리설을 내세워 인종에게 서경 천도 등을 주장하였으나, 서경 천도에 실패하였다. 이에 묘청은 국호를 대위국, 연호를 천개, 군대를 천견충의군이라 하여 난(묘청의 난, 1135)을 일으켰으나, 김부식이 이끄는 관군에 의해 진압되었다(1136).
(가) 묘청의 난 이후 보수적인 문신 세력이 득세하면서 무신을 하대하는 분위기가 더욱 심해지고 군인전을 제대로 지급받지 못한 하급 군인들의 불만이 고조되었다. 이에 정중부, 이의방, 이고 등의 무신들이 보현원에서 문신을 제거하고 권력을 장악하였다(무신 정변, 1170).

29 [고려 시대] 강화 천도와 삼별초의 항쟁 사이의 사실 정답 ④

정답 치트키 (가) 최우 + 강화도로 옮김 → **강화 천도(1232)**
(나) 김방경 + 진도 + 김통정 + 탐라
→ **삼별초의 항쟁(1270~1273)**

④ 고려의 승려인 김윤후는 몽골의 2차 침입 때 처인성에서 몽골 장수 살리타를 사살하였다(1232).

오답 클리어

① (가) 이전: 1010년 거란의 2차 침입 때 양규가 곽주성에 머무르고 있던 거란군을 급습해 성을 탈환하였다.
② (나) 이후: 1380년에 최무선이 화통도감에서 제작한 화포를 이용하여 진포에서 왜구를 상대로 대승을 거두었다.
③ (가) 이전: 목종의 모후인 천추 태후와 김치양이 왕위를 엿보자, 1009년에 강조가 정변을 일으켜 목종을 폐위하고 현종을 옹립하였다.
⑤ (가) 이전: 1126년에 인종의 장인이자 외조부인 이자겸이 권력을 장악하고 척준경이 반란을 일으켜 궁궐을 불태웠다.

30 [고려 시대] 충렬왕 때의 일본 원정 정답 ②

정답 치트키 김방경 + 일본 정벌 → **충렬왕 때의 일본 원정**

② 정동행성은 고려 원 간섭기인 충렬왕 때 원이 일본 원정을 위해 고려에 설치한 기구로, 일본 원정이 실패한 이후에도 존속하여 고려의 내정에 간섭하였다.

☑ 오답 클리어

① 병자호란의 결과 조선 인조는 삼전도에 직접 나가 항복하면서 청과 군신 관계를 맺었는데(1637, 삼전도의 굴욕), 당시 청 태종이 자신의 공덕을 자랑하기 위해 전승비를 세울 것을 강요하여 삼전도비가 건립되었다.
③ 고려 태조 왕건은 호족 세력을 견제하기 위해 사심관 제도를 시행하였다. 사심관 제도는 중앙 고관을 출신 지역의 사심관에 임명하고, 관할 지역에 문제가 생겼을 경우에 연대 책임을 지도록 하는 제도로, 고려에 항복한 신라 경순왕 김부가 최초로 경주의 사심관으로 임명되었다.
④ 고려 무신 집권기에 서경 유수 조위총이 무신 정변을 일으킨 정중부, 이의방 등을 제거하기 위해 난을 일으켰다.
⑤ 고려 무신 집권기에 활동한 승려 지눌은 세속화된 당시의 불교를 비판하였고, 『권수정혜결사문』을 작성하여 '선정과 지혜를 함께 닦아 수행해야 한다'는 정혜쌍수를 강조함으로써 불교 개혁에 앞장섰다.

31 [고려 시대] 원 간섭기의 사회 모습 정답 ⑤

🔎**정답 치트키** 제국 공주 + 겁령구 → 원 간섭기

⑤ 원 간섭기에는 변발과 호복 등 몽골 풍습이 지배층을 중심으로 유행하였다.

☑ 오답 클리어

① 문벌 귀족 집권기: 고려 문종 때 최충이 사립 교육 기관으로 9재 학당을 세워 유학 교육을 실시하였다.
② 호족 집권기: 고려 태조 왕건이 빈민을 구제하기 위해 흑창을 처음 설치하여 춘궁기에 백성에게 곡식을 빌려주었다가 추수기에 갚도록 하였다.
③ 문벌 귀족 집권기: 고려 숙종 때 대각국사 의천이 교종을 중심으로 선종을 통합하기 위해 해동 천태종을 개창하였다.
④ 무신 집권기: 신종 때 당시 집권자였던 최충헌의 사노비 만적이 개경에서 신분 해방을 도모하였으나 실패하였다.

32 [고려 시대] 공민왕의 반원 자주 정책 시기 정답 ⑤

🔎**정답 치트키** 기철·기원 등을 제거
→ 공민왕의 반원 자주 정책 시기

⑤ 개경 환도(1270) 이후 원 간섭기에 즉위한 공민왕은 원의 간섭에서 벗어나기 위해 적극적으로 반원 자주 정책을 실시하였으며, 기철을 비롯한 친원 세력을 숙청하였다.

33 [고려 시대] 고려의 관학 진흥책 정답 ④

🔎**정답 치트키** 관학을 진흥 + 서적포 + 7재 → 고려의 관학 진흥책

④ 고려 예종 때 관학을 진흥하기 위해 장학 재단인 양현고를 두어 장학 기금을 마련하였다.

☑ 오답 클리어

① 통일 신라 시기에 원성왕은 유교 경전의 이해 수준을 시험하여 관리를 채용하는 독서삼품과를 시행하여 인재를 등용하였다.
② 조선 시대에는 국왕으로부터 편액(간판)을 받은 사액 서원에 서적과 노비 등을 지급하였다.
③ 조선 시대에는 한양에 설치된 중등 교육 기관으로 4부 학당을 설립하였다.
⑤ 조선 후기에 정조는 인재 양성을 위해 초계문신제를 시행하여 젊고 유능한 문신들을 선발하여 재교육하였다.

34 [고려 시대] 고려의 경제 상황 정답 ④

🔎**정답 치트키** 관직과 위계의 높고 낮음을 기준으로 전지와 시지를 지급 → 전시과 제도 → 고려

④ 고려 숙종 때 주전도감이 설치되어 국가 주도로 삼한통보와 해동통보 등의 화폐가 발행되었다.

☑ 오답 클리어

① 조선: 조선 후기에 부산의 초량 왜관을 통해 일본과 무역하였다.
② 조선: 조선 후기에 독점적 도매 상인인 도고가 활동하여 한 가지 물품을 대량으로 취급하였다.
③ 신라: 지증왕 때 시장을 관리하는 관청인 동시전이 설치되었다.
⑤ 조선: 효종 때 설점수세제를 시행하여 관청에서 세금을 징수하는 조건으로 민간의 광산 개발을 허용하였다.

35 [고려 시대] 고려 시대의 문화유산 정답 ④

🔎**정답 치트키** 고려 시대 + 불교 문화유산 → 고려 시대의 문화유산

④ 보은 법주사 팔상전은 조선 후기의 건축물로, 현존하는 유일한 조선 시대의 오층 목탑이다.

☑ 오답 클리어

① 평창 월정사 팔각 구층 석탑: 고려 전기의 석탑으로, 송의 영향을 받은 다각 다층탑이다.
② 논산 관촉사 석조 미륵보살 입상: 고려 초기에 제작된 거대한 규모의 불상으로, 논산시 은진면에 있어 '은진 미륵'이라고도 불린다.
③ 원주 법천사지 지광국사 탑비: 고려 전기에 건립된 탑비로, 승려 지광국사 해린의 행적을 기록하였다.
⑤ 영주 부석사 무량수전: 고려 시대의 목조 건축물로, 배흘림 기둥에 주심포 양식으로 축조되었다.

36 [조선 전기] 성종 정답 ③

🔎**정답 치트키** 『경국대전』 + 세조 때 편찬이 시작되어 완성하여 반포함 → 성종

③ 성종 때 직제가 개편된 홍문관에서 유학의 경서와 사서를 강론하는 경연을 주관하였다.

☑ 오답 클리어

① 태종: 문하부를 폐지하고 언론 기능을 담당하는 독립된 간쟁 기관으로 사간원이 설치되었다.

② 세조: 함길도 토착 세력인 이시애가 길주에서 난을 일으켰으나 진압되었다.
④ 세종: 젊은 집현전 관리를 대상으로 휴가를 주어 독서에 전념할 수 있도록 하는 사가 독서제가 시행되었다.
⑤ 영조: 붕당의 폐해를 경계하기 위해 성균관 입구 앞에 탕평비가 건립되었다.

37 [조선 전기] 사헌부 정답 ⑤

정답 치트키 언론 활동, 풍속 교정, 백관에 대한 규찰 + 대사헌 → **사헌부**

⑤ 사헌부는 사간원과 함께 양사로 불리며 5품 이하 관리의 임명 과정에서 동의권인 서경권을 행사하였다.

오답 클리어
① 규장각: 정조가 설립한 왕실 도서관이자 연구 기관으로, 업무 일지인 『내각일력』을 작성하였다.
② 호조: 재정 관련 부서로, 고려의 삼사와 같은 기능을 수행하였다.
③ 승정원: 왕명의 출납을 담당한 국왕의 비서 기관으로, 은대(銀臺), 후원(喉院)이라고도 불리었다.
④ 비변사: 3포 왜란을 계기로 외적의 침입에 대비하기 위해 설치된 임시 기구였으나, 이후 을묘왜변을 계기로 상설 기구화되었고, 임진왜란을 거치면서 국정 전반을 총괄하였다.

38 [조선 전기] 김종서 정답 ①

정답 치트키 문종 대 『고려사절요』 편찬 총괄 + 계유정난 때 살해됨 → **김종서**

① 김종서는 세종 때 두만강 지역에 파견되어 여진을 정벌하고 6진을 개척하였다.

오답 클리어
② 신립: 임진왜란 초기인 1592년에 탄금대에서 배수의 진을 치고 일본군에 항전하였으나 패배하였다.
③ 변급, 신류: 효종 때 청의 요청으로 조총 부대를 이끌고 나선 정벌에 나섰다.
④ 이종무: 세종 때 왜구의 근거지인 쓰시마 섬(대마도)을 정벌하였다.
⑤ 서희: 고려의 문신이자 외교가로, 거란의 장수 소손녕과 외교 담판을 통해 강동 6주를 획득하였다.

39 [조선 전기] 무오사화와 중종반정 사이의 사실 정답 ④

정답 치트키 (가) 김종직의 「조의제문」 → **무오사화(1498)**
(나) 임금이 도리를 잃어 정치가 혼란 + 진성 대군 + 추대하고자 함 → **중종반정(1506)**

④ 연산군 때 무오사화(1498)에 이어 폐비 윤씨 사사 사건을 빌미로 갑자사화(1504)가 일어나고, 폭정이 심해지자 훈구는 연산군을 폐위하고 진성 대군(중종)을 왕으로 추대하였다(중종반정, 1506).

오답 클리어
모두 중종반정(1506) 이후의 사실이다.
① 1623년에 서인이 일으킨 반정을 통해 광해군이 폐위되고 인조가 즉위하였으며(인조반정), 서인이 정권을 장악하였다.
② 1519년에 조광조의 개혁 정치와 위훈 삭제 주장에 반발한 훈구 세력에 의해 조광조를 비롯한 사림 세력이 제거되었다(기묘사화).
③ 1728년에 이인좌를 중심으로 한 일부 소론 세력이 경종의 죽음에 영조와 노론이 관계되었다고 주장하며 난을 일으켰다(이인좌의 난).
⑤ 1689년에 숙종이 희빈 장씨의 아들을 원자로 책봉한 것에 대한 문제를 둘러싸고 환국이 발생하여 서인이 피해를 입었다(기사환국).

40 [조선 전기] 조광조 정답 ④

정답 치트키 위훈 삭제 등 개혁을 추진 → **조광조**

④ 조광조는 중종 때 『소학』의 보급과 일종의 천거제인 현량과 실시를 주장하였다.

오답 클리어
① 이이: 군주가 수양해야 할 덕목과 지식을 담은 『성학집요』를 지어 임금인 선조에게 바쳤다.
② 김일손: 스승인 김종직의 「조의제문」을 「사초」에 포함시켰다.
③ 주세붕: 조선 중종 때 최초의 서원인 백운동 서원을 건립하였다.
⑤ 정도전: 재상 중심의 정치를 강조한 법전인 『조선경국전』을 저술하였다.

41 [조선 전기] 명종 재위 시기의 주요 사실 정답 ⑤

정답 치트키 문정 왕후 + 을사사화 → **명종 재위 시기**

⑤ 명종 때 외척 간의 대립으로 윤원형 등의 소윤 세력이 윤임 등 대윤 세력을 축출한 을사사화가 발생하였다.

오답 클리어
① 태조 이성계 때 세자 책봉에 불만을 품은 이방원이 세자인 이복동생 이방석과 개국 공신인 정도전, 남은 등을 제거하는 제1차 왕자의 난을 일으켰다.
② 순조 때 신유박해가 일어나자, 황사영이 북경에 있는 주교에게 외국 군대의 출병을 요청하는 서신을 보내려다가 발각되었고 이로 인해 천주교 탄압이 심해지게 되었다.
③ 현종 때 효종과 효종비 사후에 자의 대비(인조의 계비)의 상복을 입는 기간을 두고 서인과 남인 사이에 예송이 전개되었다.
④ 숙종 때 남인이 인현 왕후 복위 운동을 구실로 서인 제거를 시도하였으나 실패하고 몰락하였다. 이후 인현 왕후가 복위되고, 왕비로 책봉되었던 희빈 장씨는 희빈으로 강등되었으며, 서인이 재집권하게 되었다(갑술환국).

42 [조선 전기] 충주 탄금대 전투 이후의 사실   정답 ④

정답치트키 신립 + 탄금대 → 충주 탄금대 전투(1592. 4.)

④ 1592년 4월에 왜군이 부산을 침입한 직후 송상현이 동래성 전투에서 항전하였으나 패배하였다. 이후 북상하는 왜군에 맞서 신립이 충주 탄금대에서 방어하였으나 패배하였다.

오답 클리어

① 1592년 10월에 진주 목사 김시민이 진주성에서 왜군을 상대로 크게 승리하였다(진주 대첩).
② 1593년 1월에 조선은 명의 원군과 조·명 연합군을 결성하고 왜군으로부터 평양성을 탈환하였다.
③ 1592년 7월에 이순신의 수군이 한산도에서 왜군을 상대로 대승을 거두면서 전세가 서서히 역전되기 시작하였다(한산도 대첩).
⑤ 1593년 2월에 권율이 행주산성에서 왜군을 격퇴하였다(행주 대첩).

43 [조선 전기] 일본에 대한 조선의 정책   정답 ④

정답치트키 세견선의 입항 규모를 정한 계해약조 → 일본에 대한 조선의 정책

④ 조선은 일본에 대한 회유책으로 부산포, 제포, 염포의 3포를 개항하여 일본인의 거류와 제한된 무역을 허용하였다.

오답 클리어

① 조선은 명·청에 정기적인 사신으로 하정사, 성절사 등을 파견하였다.
② 조선은 여진에 대한 회유책으로 경성, 경원에 무역소를 설치하고 교역을 허용하였다.
③ 고려는 거란의 침입에 대비하여 정종 때 광군을 조직하였다.
⑤ 조선은 여진 사절이 머무를 수 있도록 수도인 한양에 북평관을 개설하였다.

44 [조선 전기] 조선 전기의 과학 기술   정답 ①

정답치트키 15세기 조선 + 과학 기술 → 조선 전기의 과학 기술

① 조선 후기 정조 때 정약용이 『기기도설』을 참고하여 거중기를 설계하였으며, 거중기를 이용하여 수원 화성을 건설하였다.

오답 클리어

② 조선 전기에는 국산 약재와 치료법을 소개한 『향약집성방』이 편찬되었다.
③ 조선 전기에는 한양을 기준으로 천체 운동을 계산한 『칠정산』「내편」이 편찬되었다.
④ 조선 전기에는 금속 활자인 계미자와 갑인자가 주조되었다.
⑤ 조선 전기에는 우리 풍토에 맞는 농법을 정리한 『농사직설』이 편찬되었다.

45 [조선 후기] 병자호란   정답 ③

정답치트키 김상용 + 봉림 대군(효종) + 강화도로 피난 → 병자호란

③ 병자호란 때 김준룡이 남한산성으로 진군하던 중, 용인의 광교산에서 청의 군대를 상대로 승리하였다(광교산 전투).

오답 클리어

① 임진왜란: 조·명 연합군이 왜군으로부터 평양성을 탈환하였다.
② 사르후 전투: 후금의 공격을 받은 명이 조선에 원군을 요청하자, 당시 중립 외교를 펼치던 광해군의 명으로 강홍립이 이끄는 부대가 파견되어 사르후 전투에 참전하였다.
④ 6진 개척: 세종 때 김종서가 여진족을 몰아내고 두만강 일대에 6진을 개척하여 영토를 확장하였다.
⑤ 임진왜란: 선조 때 곽재우, 김천일 등이 의병장으로 활약하여 왜군을 물리쳤다.

46 [조선 후기] 훈련도감   정답 ④

정답치트키 임진왜란 중 류성룡의 건의로 편성됨 + 직업 군인의 성격을 띤 상비군 → 훈련도감

④ 훈련도감은 임진왜란 중 류성룡(유성룡)의 건의로 설치된 군사 조직으로, 포수(조총)·살수(창·칼)·사수(활)의 삼수병으로 편제되었다.

오답 클리어

① 응양군: 고려 시대 중앙군인 2군 중 하나로, 용호군과 함께 궁성을 호위하는 국왕의 친위군이었다.
② 삼별초: 고려 최씨 무신 정권의 사병 조직으로, 고려 정부가 몽골과 강화를 맺고 개경으로 환도하는 것에 반발하여 진도에 용장성을 쌓고 항전하였다.
③ 주진군: 고려의 지방군으로, 군사 행정 구역인 양계(북계, 동계)에 배치된 상비군이었다.
⑤ 장용영: 조선 정조가 왕권 강화를 위해 설치한 국왕의 친위 부대로, 서울에 내영, 수원 화성에 외영을 두었다.

47 [조선 전기] 이황   정답 ③

정답치트키 『성학십도』를 지어 왕에게 바침 → 이황

③ 이황은 중국의 여씨 향약을 본떠 만든 예안 향약을 시행하여 향촌 교화를 위해 노력하였다.

오답 클리어

① 정제두: 양명학을 연구하여 강화도를 중심으로 강화 학파를 형성하였다.
② 신숙주: 일본에 다녀와서 일본의 정치·외교·사회·풍속 등을 정리한 『해동제국기』를 편찬하였다.
④ 박세당: 유학 경전을 주자와 달리 해석한 『사변록』을 저술하여 독자적인 해석을 시도하였다.
⑤ 김장생: 주자의 『가례』를 해설하고 조선의 현실에 맞게 보완한 『가례집람』을 저술하였다.

48 [세시 풍속] 단오 정답 ③

정답 치트키 수릿날 + 수레바퀴 모양의 떡 → **단오**

③ 정월 대보름은 음력 1월 15일로, 들판에 쥐불을 놓으며 풍년을 기원했다.

오답 클리어

① 단오에는 앵두로 화채를 만들어 먹었다.
② 단오에 여자들은 액운을 쫓기 위해 창포 삶은 물로 머리를 감았다.
④ 단오에는 그네뛰기, 씨름 등의 민속놀이를 즐겼다.
⑤ 단오에는 임금이 신하들에게 부채(단오선)를 나누어 주었다.

49 [시대 통합] 전주 정답 ③

정답 치트키 경기전 + 후백제의 왕성 → **전주**

③ 전주는 동학 운동 당시 동학 농민군이 정부와 화약을 체결한 지역이다.

오답 클리어

① **부안**: 조선 후기의 실학자 유형원이 국가 운영과 개혁에 대한 견해를 담은 『반계수록』을 저술한 지역이다.
② **김제**: 견훤이 왕위 계승을 둘러싼 내분으로 아들 신검에 의해 유폐된 금산사가 있는 지역이다.
④ **화순(능주)**: 위훈 삭제에 반발하여 훈구 세력이 일으킨 기묘사화로 조광조가 유배된 지역이다.
⑤ **정읍(태인)**: 최익현과 임병찬이 의병을 일으킨 무성 서원이 있는 지역이다.

50 [시대 통합] 창덕궁 정답 ⑤

정답 치트키 유네스코 세계 유산에 등재된 조선의 궁궐 + 돈화문 → **창덕궁**

⑤ 창덕궁은 태종이 도읍을 한양으로 다시 옮기며 건립하였다.

오답 클리어

① **창경궁**: 일제 강점기에 일제에 의해 동물원, 식물원 등이 설치되었고, 명칭이 창경원으로 격하되었다.
② **경희궁**: 조선 후기 광해군 때 창건된 궁궐로, 도성 내 서쪽에 있어 서궐이라고 불렸다.
③ **덕수궁**: 인목 대비(선조의 계비)가 광해군에 의해 폐위되어 유폐된 장소이다.
④ **경복궁**: 조선의 정궁으로, 조선 왕조를 설계한 정도전이 경복궁이라는 궁궐의 명칭과 근정전 등 주요 전각의 명칭을 정하였다.

2025 최신개정판

해커스
한국사
능력
검정시험 심화 [1·2·3급]

한권합격

개정 3판 3쇄 발행 2026년 1월 5일
개정 3판 1쇄 발행 2025년 4월 18일

지은이	해커스 한국사연구소
펴낸곳	㈜챔프스터디
펴낸이	챔프스터디 출판팀

주소	서울특별시 서초구 강남대로61길 23 ㈜챔프스터디
고객센터	02-537-5000
교재 관련 문의	publishing@hackers.com
	해커스한국사 사이트(history.Hackers.com) 교재 Q&A 게시판
동영상강의	history.Hackers.com

ISBN	978-89-6965-607-0 (13910)
Serial Number	03-03-01

저작권자 ⓒ 2025, 챔프스터디

이 책의 모든 내용, 이미지, 디자인, 편집 형태에 대한 저작권은 저자에게 있습니다.
서면에 의한 저자와 출판사의 허락 없이 내용의 일부 혹은 전부를 인용, 발췌하거나 복제, 배포할 수 없습니다.

한국사능력검정시험 1위,
해커스한국사
history.Hackers.com

해커스한국사

· 한국사능력검정시험 전문 스타강사의 **본 교재 인강**(교재 내 할인쿠폰 수록)
· 연표와 스토리로 정리하는 **시대흐름잡기 무료 특강**
· 실전을 미리 경험하는 FINAL 실력 점검 기출문제·무료 온라인 모의고사
· **폰 안에 쏙! 시험 직전 막판 암기자료 3종**
  (빈출 문화재 퀴즈, 빈출 인물 프로필 사전, 혼동 포인트 30)

주간동아 선정 2022 올해의 교육 브랜드 파워 온·오프라인 한국사능력검정시험 부문 1위

해커스잡·해커스공기업 누적 수강건수 700만 선택

취업교육 1위 해커스

합격생들이 소개하는 **단기합격 비법**

삼성 그룹
최종 합격!

오*은 합격생

정말 큰 도움 받았습니다!
삼성 취업 3단계 중 많은 취준생이 좌절하는 GSAT에서
해커스 덕분에 합격할 수 있었다고 생각합니다.

국민건강보험공단
최종 합격!

신*규 합격생

모든 과정에서 선생님들이 최고라고 느꼈습니다!
취업 준비를 하면서 모르는 것이 생겨 답답할 때마다, 강의를 찾아보며 그 부분을
해결할 수 있어 너무 든든했기 때문에 모든 선생님께 감사드리고 싶습니다.

해커스 대기업/공기업 대표 교재

GSAT 베스트셀러
279주 1위

7년간 베스트셀러
1위 326회

[279주 베스트셀러 1위] YES24 수험서 자격증 베스트셀러 삼성 GSAT 분야 1위(2014년 4월 3주부터, 1판부터 20판까지 주별 베스트 1위 통산)
[326회] YES24/알라딘/반디앤루니스 취업/상식/적성 분야, 공사 공단 NCS 분야, 공사 공단 수험서 분야, 대기업/공기업/면접 분야 베스트셀러 1위 횟수 합계
(2016.02.~2023.10/1~14판 통산 주별 베스트/주간 베스트/주간집계 기준)
[취업교육 1위] 주간동아 2024 한국고객만족도 교육(온·오프라인 취업) 1위
[700만] 해커스 온/오프라인 취업강의(특강) 누적신청건수(중복수강/무료 강의 포함/2015.06~2024.11.28)

대기업

공기업

최종합격자가
수강한 강의는?
지금 확인하기!

해커스잡 **ejob.Hackers.com**

합격을 앞당기는

해커스 한국사 능력검정시험 심화(1·2·3급) 한권합격

추가자료

한국사능력검정시험 인강 **30% 할인 쿠폰**   `K683 BB34 K705 F000`

한국사 시대흐름잡기 특강 **무료 수강권**   `E2A2 BB36 K374 3000`

이용방법 해커스한국사 사이트(history.Hackers.com) 접속 후 로그인 ▶
사이트 메인 우측 상단의 **[나의 정보]** 클릭 ▶ **[나의 쿠폰]** 클릭 ▶ **[쿠폰/수강권 등록]** 클릭 ▶
위 쿠폰번호 등록 후 **[마이클래스]** 에서 수강

* 쿠폰 유효기간: 2026년 12월 31일까지
* 쿠폰 등록 직후 강의가 지급되며, 지급일로부터 30일간 수강 가능합니다.
* 본 쿠폰은 한 ID당 1회에 한해 등록 및 사용 가능합니다.

▲ 할인쿠폰 바로가기

▲ 무료 수강권 바로가기

폰 안에 쏙! 시험 직전 막판 암기자료 3종(PDF)   `K3LD 4569 KXPX 1389`

1) 폰 안에 쏙! 빈출 문화재 퀴즈
2) 폰 안에 쏙! 빈출 인물 프로필 사전
3) 폰 안에 쏙! 혼동 포인트 30

온라인 모의고사(PDF)   `CLDF 1288 DJEG 1597`

이용방법 해커스한국사 사이트(history.Hackers.com) 접속 후 로그인 ▶ 사이트 메인 상단의 **[교재/자료]** 클릭 ▶
[교재 자료 다운로드] 페이지에서 본 교재 우측의 해당자료 **[다운로드]** 클릭 ▶
위 쿠폰번호 입력 후 이용

무료 데일리 복습 문제

이용방법 해커스한국사 사이트(history.Hackers.com) 접속 후 로그인 ▶ 사이트 메인 상단의 **[무료콘텐츠]** 클릭 ▶
[한국사 기출선지퀴즈/데일리 한국사 퀴즈] 클릭 후 이용

한국사 단기합격의 모든 것, 해커스한국사   history.Hackers.com

해커스 한국사능력검정시험 심화 [1·2·3급] 한권합격이 특별한 이유!

1
빈출 개념과 문제 해결력을 쌓으며 합격 실력 완성!

최근 5개년 기출 1,350문제를 빈틈없이 분석하여 뽑아낸 **빈출 개념**과 **기출 자료&선택지 특강**으로 어떤 문제가 나와도 풀 수 있는 문제 해결력을 쌓을 수 있어요.

2
또 나올 키워드와 흐름을 반복 학습하며 암기 강화!

핵심 키워드 암기와 **개념 확인 퀴즈**로 시험에 또 나올 흐름과 키워드를 반복 학습하며 암기를 강화할 수 있어요.

(상) 선사 시대-조선 전기　(하) 조선 후기-현대　빈출개념 압축노트

3

기출 트렌드에 따라 PICK한 기출문제로 실전 감각 극대화!

최근 5개년 기출 트렌드에 따라 **시험에 또 나올 기출문제**를 풀며 학습한 개념을 확인하고 실전 감각을 끌어올릴 수 있어요.

4

한국사능력검정시험 맞춤 부록으로 확실하게 학습 마무리!

한능검 단골 테마 TOP3로 시대를 아우르는 개념까지 잡고, **실력 점검 기출 모의고사**를 풀어보며 확실하게 학습을 마무리하세요!

해커스한국사 단기 합격생이 말하는
한능검 합격의 비밀!

한달 만에 노베이스에서 1급 따기!

교재는 개념만 나와있지 않고 **바로 뒷장에 해당 개념에 관한 문제들이 나와있어서** 공부하기 편했습니다.
시대별로 기출문제를 정리해 푸니까 머릿속에 정리되는 느낌이 들더라구요.
선생님께서 강의 중간중간에 암기꿀팁 같은 거 알려주셔서 시험볼 때까지 절대 까먹지 않았습니다.

선*진 (icecr****012)

박*규 (vp****76)

꼼꼼하고 꽉찬 개념 정리 덕에 수월하게 공부했습니다!

무료로 볼 수 있는 인강이어도 꼼꼼하고 꽉찬 개념 정리 덕에 수월하게 공부했습니다!
특히 후반부에 출제예상 부분과 빈출, 지역과 문화재를 정리를 잘해주셔서 두 번이나 보고 제대로 외워가려 했습니다. 덕분에 다소 어려웠던 출제 난이도였음에도 좋은 성적으로 합격할 수 있었습니다.

이동할 때도 편리하게 한국사 공부!

해커스 교재가 가장 맘에 든 이유는 매 **기출 주제마다 초성 키워드가 있어서** 암기에 도움이 된다는 것과 문제풀이를 하고 나서 **오답 클리어를 보면** 오답에 대해 정확하고 짧은 설명으로 암기에 도움을 주고자 노력한 게 보인다는 겁니다. 또 해커스 사이트를 통해 **빈출 키워드와 문화유산 사진 등을 다운받아서 스마트폰에 저장하고 지하철로 이동할 때 공부하니** 더욱 편리하게 공부할 수도 있었어요!

김*철 (mc****3)

김*경 (ga****13)

노베이스도 거뜬히 합격했어요!

저 같은 경우는 문화재를 외우는 게 너무 어려워서 포기를 해야 하나 싶었는데 울며 겨자 먹기로 **하루에 한 번씩 미니북과 빈출 문화재 퀴즈만 보면서 외웠습니다.** 결과는 성공 ㅎㅎ!!
57회 문화재 파트 문제 다 정답! 많은 수험생들을 합격으로 이끌어주셔서 너무 감사합니다.
노베이스였던 저한테 도움이 많이 됐어요!

한국사 단기합격의 모든 것, 해커스한국사   history.Hackers.com

해커스
한국사
능력
검정시험 심화 [1·2·3급]

한권합격 ㊦ 조선 후기 - 현대

해커스

개념과 문제 해결력 동시에 잡는
이 책의 활용법

1 흐름 잡는 개념 학습과 함께 기출 분석 특강으로 문제 해결력 쌓기!

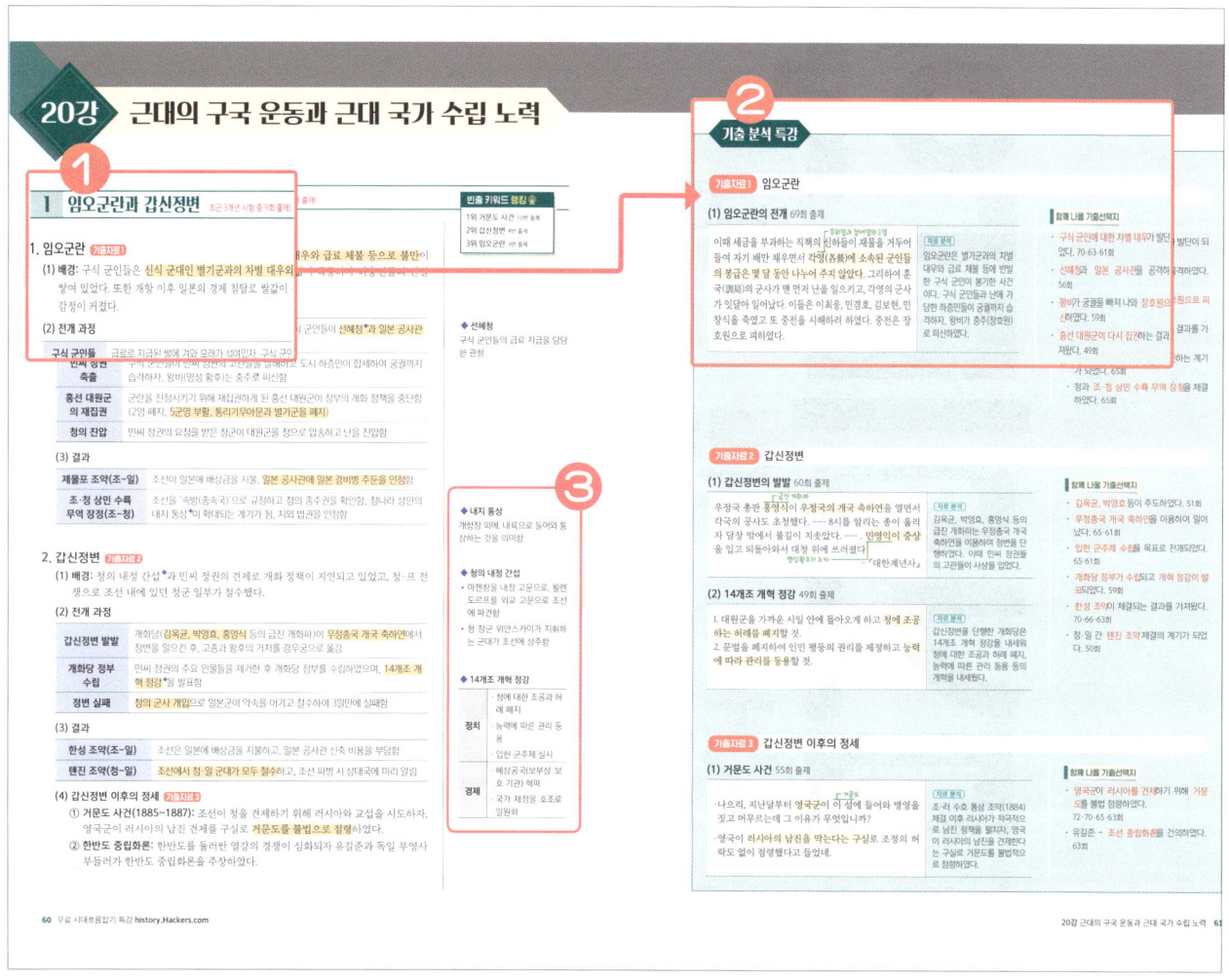

❶ 읽기만 해도 흐름이 잡히고 쉽게 이해되는 빈출 개념

철저한 기출 분석으로 실제 시험에 자주 나오는 핵심 개념만 모아 정리했어요. 읽기만 해도 누구나 쉽게 흐름을 잡을 수 있어요.

❷ 학습한 개념을 바로 문제에 적용해볼 수 있는 [기출 분석 특강]

왼쪽 페이지에서 학습한 빈출 개념이 문제에 어떻게 나오는지, 오른쪽 페이지에서 바로 적용해 볼 수 있어요. 중요하지만 어려운 기출자료를 쉽게 이해하고, 함께 나올 기출선택지까지 학습하면 어떤 문제가 나와도 자신 있게 풀 수 있는 문제 해결력이 완성됩니다.

❸ 처음 보는 개념도 술술 이해되는 한능검 기출 용어

낯설고 어려운 역사 용어도 이해하기 쉽도록 설명하여 처음 보는 개념도 더욱 쉽게 학습할 수 있어요.

2 또 나올 개념은 자연스럽게 반복 학습하며 확실하게 암기하기!

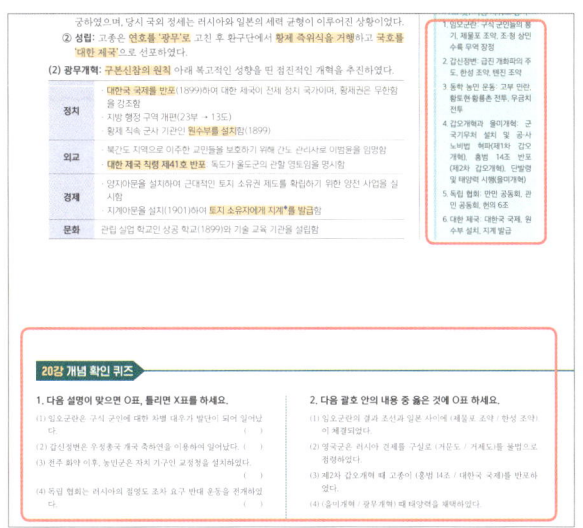

10분 컷! 핵심 키워드 암기 & 개념 확인 퀴즈
학습 후 무조건 시험에 나오는 핵심 키워드만 모아 빠르게 암기하고, 간단한 퀴즈를 풀며 개념을 제대로 학습하였는지 확인하세요.

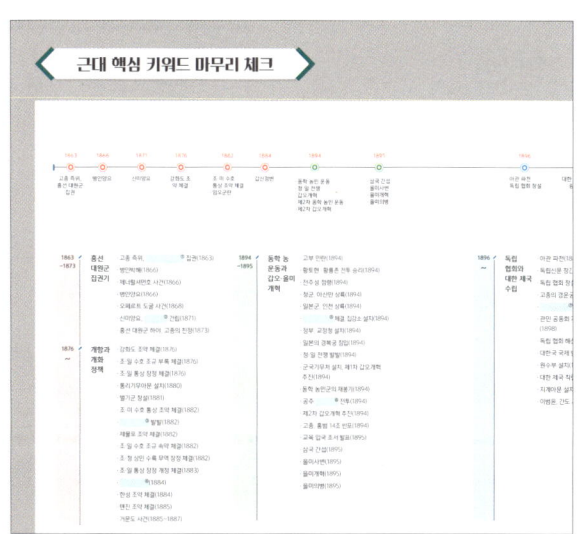

시대별 핵심 키워드로 마무리 체크
꼭 암기해야 할 주요 시대 흐름과 핵심 키워드를 빠르게 암기하세요!

3 출제 트렌드를 반영한 기출문제 풀며 실력 완성하기!

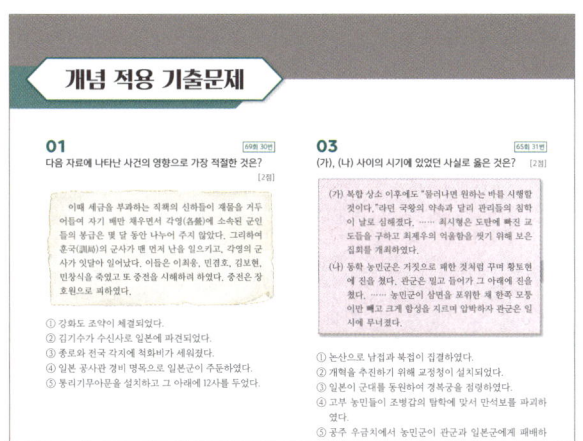

개념 적용 기출문제
합격을 위해 꼭 필요한 문제만 풀며 학습한 개념을 문제에 적용하고 실력을 쌓을 수 있어요!

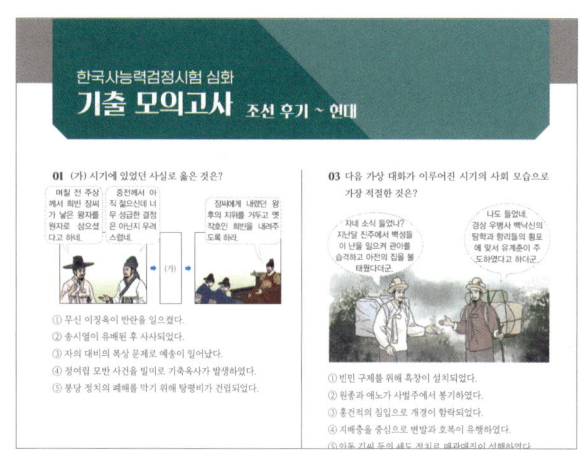

실력 점검 기출 모의고사
그동안 학습한 시대의 기출문제를 실제 시험처럼 1회분 풀어보면서 최종 실력을 점검하세요!

강의를 그대로 담아낸 이 책의 차례

개념과 문제 해결력 동시에 잡는 이 책의 활용법 ... 2
강의를 그대로 담아낸 이 책의 차례 ... 4
한 번에 합격!을 위한 맞춤 학습 플랜 ... 6
해커스가 알려주는 한국사능력검정시험 A to Z ... 8

상권 01~15강 선사 시대~조선 전기
하권 16~30강 조선 후기~현대

※ 본 교재는 총 2권, 30강으로 구성되어 있습니다.

V. 조선 후기

16강 조선 후기의 정치 ... 12
17강 조선 후기의 경제와 사회 ... 24
18강 조선 후기의 문화 ... 34
조선 후기 핵심 키워드 마무리 체크 ... 46

VI. 근대

19강 흥선 대원군 집권 시기와 개항 ... 50
20강 근대의 구국 운동과 근대 국가 수립 노력 ... 60
21강 일제의 침략과 국권 수호 운동 ... 72
22강 근대의 문화 ... 82
근대 핵심 키워드 마무리 체크 ... 90

VII. 일제 강점기

23강	1910년대의 통치와 민족 운동	94
24강	1920년대의 통치와 민족 운동	104
25강	1930년대 이후의 통치와 민족 운동	116
26강	일제 강점기의 문화	126
일제 강점기 핵심 키워드 마무리 체크		134

VIII. 현대

27강	대한민국 정부 수립 과정	138
28강	이승만 정부 ~ 박정희 정부	146
29강	전두환 정부와 민주화 운동	158
30강	노태우 정부~문재인 정부	166
현대 핵심 키워드 마무리 체크		174

부록 실력 점검 기출 모의고사(조선 후기 ~ 현대)   178

한 번에 합격!을 위한 맞춤 학습 플랜

📋 이 책 한 권만 집중 학습하는 15일 학습 플랜

• 하권 딱 한 권만 집중 학습하고 싶은 분들

학습 내용	1일차	2일차	3일차	4일차	5일차
	16~17강	• 18강 • 조선 후기 마무리 체크	19강	20강	21강

학습 내용	6일차	7일차	8일차	9일차	10일차
	• 22강 • 근대 마무리 체크	23강	24강	25강	• 26강 • 일제 마무리 체크

학습 내용	11일차	12일차	13일차	14일차	15일차
	27강	28강	29강	• 30강 • 현대 마무리 체크 • 기출 모의고사	• 최신 기출 1회분 • 온라인 1회분

📋 두 권으로 모든 시대를 쭉 학습하는 한 달 학습 플랜

• 상·하 두 권으로 모든 시대를 한 달 간 학습하고 싶은 분들

	☐ 1일차	☐ 2일차	☐ 3일차	☐ 4일차	☐ 5일차
학습 내용	[상권] 시작 1~2강	• 선사 마무리 체크 • 3강	4강	5강	6강

	☐ 6일차	☐ 7일차	☐ 8일차	☐ 9일차	☐ 10일차
학습 내용	• 7강 • 고대 마무리 체크	8강	9강	10강	11강

	☐ 11일차	☐ 12일차	☐ 13일차	☐ 14일차	☐ 15일차
학습 내용	12강 • 고려 마무리 체크	13강	14강	• 15강 • 조선 전기 마무리 체크	• 한능검 단골 테마 • 기출 모의고사

	☐ 16일차	☐ 17일차	☐ 18일차	☐ 19일차	☐ 20일차
학습 내용	[하권] 시작 16~17강	• 18강 • 조선 후기 마무리 체크	19강	20강	21강

	☐ 21일차	☐ 22일차	☐ 23일차	☐ 24일차	☐ 25일차
학습 내용	• 22강 • 근대 마무리 체크	23강	24강	25강	• 26강 • 일제 마무리 체크

	☐ 26일차	☐ 27일차	☐ 28일차	☐ 29일차	☐ 30일차
학습 내용	27강	28강	29강	• 30강 • 현대 마무리 체크 • 기출 모의고사	• 최신 기출 1회분 • 온라인 1회분

해커스가 알려주는
한국사능력검정시험 A to Z

◆ 한국사능력검정시험이란?

한국사능력검정시험은 한국사와 관련된 유일한 국가 자격 시험으로 국사편찬위원회에서 주관합니다. 한국사에 대한 전국민적 공감대를 형성하고 역사에 대한 관심을 확산·심화시키기 위한 목적으로 시행되는 시험이며, 선발 시험(상대 평가)이 아닌 일정 수준의 점수를 취득하면 인증서가 주어지는 인증 시험입니다.

◆ 한국사능력검정시험의 인증 등급 기준

종류	인증등급	급수 인증 기준	평가 수준	문항수
심화	1급	80점 이상	대학교 교양 및 전공 학습, 고등학교 심화 수준	50문항 (5지 택1)
	2급	70점 이상 80점 미만		
	3급	60점 이상 70점 미만		
기본	4급	80점 이상	중·고등학교 학습, 초등학교 심화 수준	50문항 (4지 택1)
	5급	70점 이상 80점 미만		
	6급	60점 이상 70점 미만		

◆ 한국사능력검정시험의 인증 등급 기준

구분		제73회	제74회	제75회	제76회
시험일		2월 16일(일)	5월 24일(토)	8월 9일(토)	10월 18일(토)
원서 접수 기간	정기 * 시도별 해당 접수일에만 접수 가능하므로, 홈페이지를 참고하세요.	1월 14일(화) 10:00 ~1월 21일(화) 17:00	4월 22일(화) 10:00 ~4월 29일(화) 17:00	7월 8일(화) 10:00 ~7월 15일(화) 17:00	9월 16일(화) 10:00 ~9월 23일(화) 17:00
	추가	1월 27일(월) 10:00 ~1월 31일(금) 17:00	5월 6일(화) 10:00 ~5월 9일(금) 17:00	7월 22일(화) 10:00 ~7월 25일(금) 17:00	9월 30일(화) 10:00 ~10월 3일(금) 17:00
시험 결과 발표		2월 28일(금)	6월 5일(금)	8월 22일(금)	10월 31일(금)

※ 한국사능력검정시험은 시험장이 한정되어 있으므로, 특별히 원하는 지역이나 시험장이 있는 응시자는 서둘러 접수하는 것을 추천합니다.
※ 위 일정은 사정에 따라 일부 변경하여 운영할 수 있습니다.

◆ 한국사능력검정시험의 활용 및 특전 (2025년 4월 기준)

1. 각종 공무원 시험의 응시자격 부여

- 국가·지방공무원 7급 공개경쟁채용시험(2급 이상)
- 5급 국가공무원 공개경쟁채용시험(2급 이상)
- 외교관 후보자 선발시험(2급 이상)
- 교원임용시험(3급 이상)
- 지역인재 7급 수습직원 선발시험 추천자격 요건

2. 한국사 시험 대체

- 군무원 공개경쟁채용시험의 한국사 시험
- 국비 유학생, 해외파견 공무원 선발시험의 한국사 시험
- 이공계 전문연구요원(병역) 선발 시 한국사 시험
- 경찰청 및 해양경찰청 순경 공개경쟁채용시험의 한국사 시험
- 소방 및 소방 간부후보생 공개경쟁채용시험의 한국사 시험
- 우정 9급(계리) 공개채용 필기시험의 한국사 시험
- 국회 8급 공개채용 필기시험의 한국사 시험

3. 일부 공기업 및 민간 기업 채용·승진

- 한국공항공사 5급(1급)
- 국민체육진흥공단(1~3급)
- 인천국제공항공사(2급 이상)
- 한국무역보험공사(2급 이상)
- 한국전력공사(3급 이상)
- 한국 콜마(2급 이상) 외 다수

4. 가산점 부여

- 공무원 경력경쟁채용시험
- 4대 사관학교(공군·육군·해군·국군간호사관학교) 입시
  ※ 학교별 가산점 부여 방식이 상이함

※ 한국사능력검정시험은 자체적인 유효 기간이 없습니다. 그러나 인증서를 요구하는 기관·기업마다 인정 기간·가산점 부여 방법 등이 다르므로, 반드시 지원하는 시험·기관·기업을 통해 인정 기간 및 가산점 부여 방법을 확인하시기 바랍니다.

◆ 한국사능력검정시험 To Do 리스트

시험 D-DAY

☑ 시험장 준비물 챙기기

① 수험표
② 신분증
③ 컴퓨터용 수성 사인펜, 수정 테이프

시험 응시 직후

☑ 바로 채점하기

해커스 한국사능력검정시험 실시간 풀서비스!
해커스한국사 홈페이지(history.Hackers.com)에서 오늘 본 시험의 정답과 해설을 확인하고 합격 여부를 예측해보세요.

합격자 발표일

☑ 시험 결과 확인하기

- 한국사능력검정시험 홈페이지(http://www.historyexam.go.kr/)에서 성적 통지서와 인증서를 출력할 수 있어요.
- 별도로 성적 통지서와 인증서를 발급해주지 않으니 필요할 때마다 직접 출력해야 합니다.

해커스 한국사능력검정시험 심화(1·2·3급) **한권합격**

V. 조선 후기

16강 조선 후기의 정치

17강 조선 후기의 경제와 사회

18강 조선 후기의 문화

| 구석기 시대 시작 약 70만 년 전 | 삼국 건국 기원전 1세기경 | 고려 건국 918년 |

선사 시대   고대   고려 시대

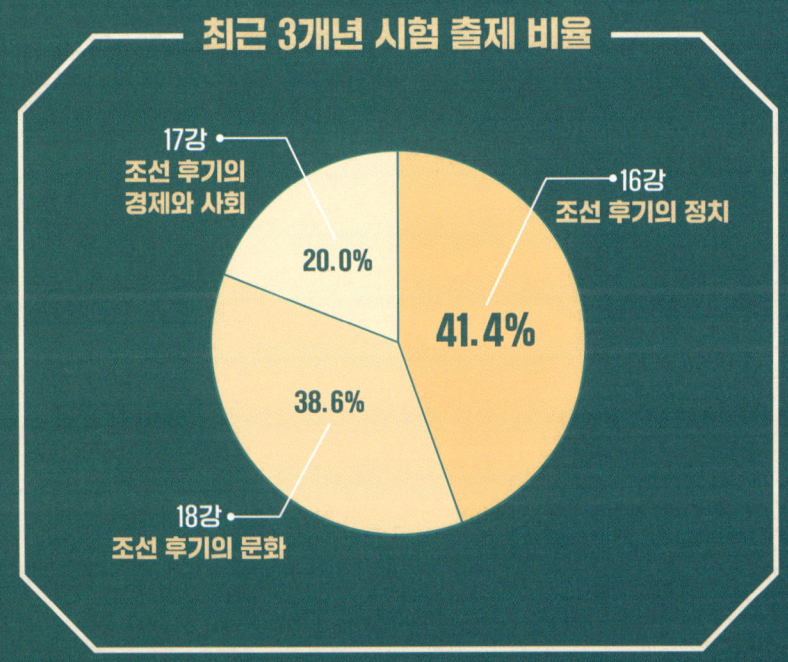

최근 3개년 시험 출제 비율

- 17강 조선 후기의 경제와 사회 20.0%
- 16강 조선 후기의 정치 41.4%
- 18강 조선 후기의 문화 38.6%

1위 16강 조선 후기의 정치 41.4%
환국의 전개 과정과 영조와 정조의 탕평 정치에 대한 내용이 주로 출제됩니다.

2위 18강 조선 후기의 문화 38.6%
조선 후기 실학자의 활동과 서민 문화의 등장을 파악해야 합니다.

3위 17강 조선 후기의 경제와 사회 20.0%
조선 후기에 변화한 경제·사회 모습을 알아두어야 합니다.

조선 건국 1392년	흥선 대원군 집권 1863년	국권 피탈 1910년	광복 1945년
조선 시대	근대	일제 강점기	현대

16강 조선 후기의 정치

1 붕당 정치의 전개와 변질 최근 3개년 시험 중 7회 출제!

빈출 키워드 랭킹
1위 예송 11번 출제
2위 기사환국 7번 출제
3위 경신환국 4번 출제

1. 붕당 정치의 전개

(1) 광해군~효종 시기의 붕당 정치

광해군	북인이 서인과 남인을 배제하고 정국을 주도하였으나 서인 세력이 일으킨 인조반정으로 몰락함
인조	서인의 주도 하에 남인 일부가 정치에 참여하며 상호 비판과 공존 체제를 형성함
효종	호란 이후 추진된 북벌에 대해 서인(북벌 지지)과 남인(북벌 반대)의 대립이 발생함

(2) 예송◆ 논쟁(현종) 기출자료1

① 논점: 효종과 효종 비의 사망 후 자의 대비의 복상 기간을 두고, <mark>남인과 서인 간에 전례 문제가 발생</mark>하였다.

② 전개 과정

1차 예송 (기해예송)	• 효종의 사망 후에 발생하였으며, 1차 예송의 결과 <mark>서인이 승리함</mark> • 서인: 송시열 등이 신권 강화론을 바탕으로 <mark>1년설(기년설)을 주장함</mark> • 남인: 허목 등이 왕권 강화론을 바탕으로 <mark>3년설을 주장함</mark>
2차 예송 (갑인예송)	• 효종 비의 사망 후에 발생하였으며, 2차 예송의 결과 <mark>남인이 승리함</mark> • 서인: 신권 강화론을 바탕으로 9개월설(대공설)을 주장함 • 남인: 왕권 강화론을 바탕으로 1년설(기년설)을 주장함

◆ **예송**
• 성리학에서 중시하는 예법을 둘러싼 논쟁
• 효종(인조의 둘째 아들)의 왕위 계승에 대한 정통성과 관련하여 인조의 계비(효종의 계모)인 자의 대비의 복상 기간(상복 착용 기간) 문제를 둘러싸고 발생함

2. 붕당 정치의 변질

(1) 환국◆의 전개(숙종) 기출자료2

① 원인: 숙종 때 왕권 강화를 위해 실시한 편당적인 인사 조치로 환국이 발생하였다.

② 전개 과정

경신환국	• 원인: 남인인 허적이 왕실용 천막을 무단으로 사용하여 숙종의 불신을 샀고, 때마침 서인이 <mark>허견(허적의 서자)</mark> 등의 역모를 고발함 • 결과: 허적과 윤휴 등 남인이 몰락하고 서인 집권(서인이 남인 처벌 문제를 두고 강경파 노론과 온건파 소론으로 분화)
기사환국	• 원인: 희빈 장씨 아들(경종)의 원자(元子)◆ 정호에 서인이 반대함 • 결과: <mark>서인(송시열 등)이 축출</mark>되고 남인이 정권을 장악하였으며, 인현 왕후가 폐위되고 <mark>희빈 장씨가 왕비로 책봉</mark>됨
갑술환국	• 원인: 남인이 인현 왕후 복위 운동을 전개한 서인을 제거하려다 실패함 • 결과: 남인이 몰락하고 인현 왕후가 복위되었으며 죽은 송시열의 지위가 복구됨, 서인이 재집권한 후 노론과 소론이 정국을 주도함

◆ **환국**
집권 붕당과 이를 견제하는 붕당이 서로 교체되어 정국이 급격하게 전환되는 현상

◆ **원자**
• 국왕과 왕비 사이에 낳은 맏아들을 칭함 → 일반적으로 성장 후 세자에 책봉됨
• 숙종이 희빈 장씨(후궁, 남인의 지지)의 소생(경종)을 원자로 정하자 송시열 등(서인)이 반대함
  → 기사환국의 계기가 됨

(2) 노론과 소론의 대립

① 노론과 소론의 대립 격화: 갑술환국 이후 노론과 소론의 쟁론이 시작되었으며, 경종 즉위 후 세제 책봉과 세제 대리 청정 문제를 둘러싸고 대립이 격화되었다.

② 신임사화(1721~1722): 연잉군(이후 영조)의 세제 책봉 문제와 대리청정 문제◆가 대두한 상황에서 소론(경종 지지)이 노론(연잉군 지지)을 제거하고 실권을 장악하였다.

◆ **대리청정 문제**
경종의 질환을 이유로 노론이 세제의 대리청정을 건의한 사건

기출 분석 특강

기출자료 1 예송 논쟁   ✓ 출제 TIP 자의 대비와 복상이라는 키워드가 힌트로 제시됩니다!

(1) 1차 예송 68회 출제

○ 송준길이 아뢰었다. "적처(嫡妻) 소생이라도 둘째부터는 서자입니다. …… 둘째 아들은 비록 왕통을 계승하였더라도 (그를 위해서는) **3년복**을 입어서는 안 됩니다."

○ **허목**이 상소하였다. "**장자**를 위해 3년복을 입는다는 것은 위로 쳐서 정체(正體)이기 때문입니다. …… 첫째 아들이 죽어서 적처 소생의 둘째를 세우는 것도 역시 장자라고 부릅니다."

자료 분석
효종의 사망 이후 인조의 계비이자 효종의 새어머니(현종의 할머니)였던 자의 대비의 복상 기간을 두고 서인은 효종이 적장자가 아닌 둘째 아들이라는 이유로 1년설을, 남인은 3년설을 주장하였다.

함께 나올 기출선택지
- 자의 대비의 복상 문제로 예송이 전개되었다. 69·67·66회
- 서인과 남인 사이에 발생한 전례 문제이다. 43회
- 서인 – 기해예송에서 자의 대비의 기년복을 주장하였다. 44회
- 남인 – 효종 비의 사망 이후 전개된 예송의 결과 정국을 주도하였다. 33회
- 남인 – 갑술환국으로 정계에서 축출되었다. 62회

기출자료 2 환국의 전개   ✓ 출제 TIP 각 환국과 관련된 주요 인물들이 힌트로 제시됩니다!

(1) 경신환국 57회 출제

임금이 전교하기를, "내 생각에는 **허적**(남인의 대표 인물)이 혹시 **허견**(허적의 서자)의 **모반** 사실을 알지 못했는가 하였는데, 문안(文案)을 보니 준기를 산속 정자에 숨긴 사실이 지금 비로소 드러났으니, 알고서도 엄호한 정황이 분명하여 감출 수가 없었다. 그저께 허적에게 **사약을 내려 죽인** 것도 이 때문이다."라고 하였다.

자료 분석
숙종 때 허적이 숙종의 불신을 산 상황에서 허적의 아들 허견의 역모(모반)가 계기가 되어 허적을 비롯한 남인이 정계에서 축출되었다.

(2) 기사환국 61회 출제

임금이 말하기를, "**송시열**(서인의 대표 인물)은 산림의 영수로서 나라의 형세가 험난한 때에 감히 **원자**(元子)의 명호를 정한 것이 너무 이르다고 하였으니, 삭탈 관작하고 성문 밖으로 내쳐라.…"라고 하였다.

자료 분석
숙종이 희빈 장씨 아들의 명호를 원자로 정하자, 송시열이 너무 이르다며 반대하였다. 이에 숙종은 송시열을 비롯한 서인을 축출하였다.

(3) 갑술환국 61회 출제

비망기를 내려, "국운이 안정되어 **왕비**(인현 왕후(서인 계열))가 복위하였으니, 백성에게 두 임금이 없는 것은 고금을 통한 의리이다. 장씨의 왕후 지위를 거두고 옛 작호인 **희빈**(장희빈(남인 계열))을 내려 주되, 세자가 조석으로 문안하는 예는 폐하지 않도록 하라."라고 하였다.

자료 분석
숙종은 갑술환국을 통해 서인 계열의 인현 왕후를 복위시켰으며, 왕비로 책봉했던 남인 계열의 희빈 장씨를 다시 강등시켰다.

함께 나올 기출선택지
- 서인이 경신환국으로 정권을 장악하였다. 49·44회
- 경신환국 – 허적과 윤휴 등 남인들이 대거 축출되었다. 64회
- 기사환국 – 희빈 장씨 소생의 원자 책봉 문제로 환국이 발생하였다. 66·60회
- 기사환국 – 인현 왕후가 폐위되고 남인이 권력을 차지하였다. 70·65회
- 남인 – 갑술환국으로 정계에서 축출되었다. 62회
- 갑술환국 – 남인이 축출되고 노론과 소론이 정국을 주도하였다. 41회

16강 조선 후기의 정치

2 영조와 정조의 탕평 정치와 개혁 정책
최근 3개년 시험 중 12회 출제!

빈출 키워드 랭킹
1위 초계문신제 11번 출제
2위 탕평비 7번 출제
3위 장용영 6번 출제

1. 영조

(1) 영조 즉위 직후의 상황 기출자료1
① **탕평 교서 발표**: 영조는 탕평 교서를 발표하여 탕평에 대한 강한 의지를 드러냈다.
② **이인좌의 난(1728)**: 정계에서 축출된 소론과 남인의 일부 세력이 경종의 죽음에 영조와 노론이 관계되었다고 주장하며 이인좌를 중심으로 반란을 일으켰다.

(2) 영조의 탕평 정치
① **탕평파 등용**: 온건하고 타협적인 탕평파를 등용하는 완론 탕평을 시행하여 왕권을 뒷받침하도록 하였다.
② **탕평비 건립**: 붕당의 폐해를 경계하기 위해 성균관 입구에 탕평비를 건립하였다.
③ **이조 전랑의 권한 약화**: 붕당 간의 대립 완화를 위해 이조 전랑이 갖고 있던 후임자 추천권과 삼사의 관리를 선발하던 관행(통청권) 등을 폐지하였다.
④ **한계**: 영조의 강력한 왕권으로 붕당 간의 다툼을 일시적으로 억누른 것에 불과하였으며, 사도 세자의 죽음을 계기로 당파가 벽파와 시파로 분열되는 등 갈등은 지속되었다.

(3) 영조의 개혁 정책 기출자료2

제도 정비	· 균역법 실시(1750): 군역의 부담을 줄이기 위하여 군포를 2필에서 1필로 줄임 · 사회 정책: 신문고 부활, 청계천 준설(준천사 설치)
편찬 사업	『동국문헌비고』(백과사전), 『속대전』(법전) 등

◆ 탕평비

2. 정조

(1) 정조의 탕평 정치
① **배경**: 정조는 왕세손 시절부터 시파와 벽파◆의 갈등을 경험하였고, 즉위 후 각 붕당의 주장이 옳은지 그른지를 명백히 가리는 강력한 탕평책을 추진하고자 하였다 (준론 탕평).
② **능력 중시**: 각 붕당의 입장을 떠나 능력 있는 사람을 등용하여 왕권을 강화하였으며, 국정 운영에 필요한 경우 부친인 사도 세자의 추숭◆을 반대한 노론 벽파와도 교류하였다.

(2) 정조의 개혁 정책 기출자료3

왕권 강화 정책	· 초계문신제 시행: 인재를 양성하기 위해 젊고 유능한 문신을 초계문신으로 선발하여 재교육하고 학문 연구에 힘쓰도록 함 · 장용영 설치: 국왕의 친위 부대인 장용영을 설치하고 서울에 내영, 수원 화성에 외영을 둠 · 규장각 설치: 왕실 도서관으로 규장각을 설치하여 학문 연구 기관이자 정책 연구를 담당하는 핵심 기구로 발전시켰으며, 검서관에 서얼 출신을 등용함(이덕무, 유득공, 박제가) · 수원 화성 건립: 정치적 이상을 실현하는 상징적 도시로 육성함
경제 정책	신해통공을 반포하여 육의전◆을 제외한 시전 상인의 금난전권◆을 철폐함
편찬 사업	『대전통편』(법전), 『동문휘고』(외교 문서 집대성), 『무예도보통지』(종합 무예서), 『일성록』(국왕의 동정·국정 기록, 정조의 개인 일기에서 공식 국정 일기로 전환) 등

◆ **시파와 벽파**
· 시파: 사도 세자의 신원 회복을 통해 정조의 권위를 높이려는 입장 → 노론 일부와 남인·소론 중심
· 벽파: 영조의 처분이 정당하였음을 주장하며, 사도 세자의 신원에 반대하는 입장 → 노론 강경파 중심

◆ **추숭**
왕위에 오르지 못하고 죽은 사람에게 왕의 칭호를 주는 것

◆ **육의전**
한양 종로에 있던 시전으로 비단, 무명, 명주, 종이, 건어물, 모시 등을 판매함

◆ **금난전권**
시전 상인(국가의 허가를 받아 수도에서 장사하는 상인)들이 비시전 상인들의 가게인 난전을 통제할 수 있는 권리

기출 분석 특강

기출자료 1 영조 즉위 직후의 상황

(1) 이인좌의 난 46회 출제

✅ 출제 TIP '세제'가 영조를 지칭하는 것임을 알고 있어야 합니다!

이 책은 이승원이 무신난(戊申亂)의 전개 과정을 기록한 일기로, …… 무신난은 이인좌, 정희량 등이 세제(世弟)였던 [(가)] 의 즉위 과정에 의혹을 제기하며 일으킨 반란이다.
└ 왕위를 이어 받을 왕의 동생

자료 분석
영조 즉위 초 이인좌, 정희량 등은 정계에서 축출된 소론과 남인 일부 세력을 모아, 경종의 죽음에 영조가 관련이 있다고 주장하며 반란을 일으켰다.

함께 나올 기출선택지
- 이인좌를 중심으로 소론 세력 등이 난을 일으켰다. 65·64·63회
- 이인좌의 난 진압 47회

기출자료 2 영조의 개혁 정책

(1) 영조의 정책 68회 출제

✅ 출제 TIP 탕평, 청계천, 『속대전』이 자료의 힌트로 제시됩니다!

그는 즉위 후 탕평 교서를 반포하고 탕평비를 건립하였다. 준천사를 신설하여 홍수에 대비하였으며, 신문고를 다시 설치하여 백성들의 억울함을 듣고자 하였다.

자료 분석
영조는 붕당의 폐해를 경계하기 위하여 성균관 입구에 탕평비를 건립하였으며, 홍수를 대비하기 위해 준천사를 신설하였다. 또한 백성들의 억울함을 풀어주기 위해 신문고를 다시 설치하였다.

함께 나올 기출선택지
- 붕당의 폐해를 경계하기 위한 탕평비가 건립되었다. 72·70·69·67회
- 군역 부담을 줄이기 위해 균역법을 제정하였다. 68·61회
- 준천사를 신설하여 홍수에 대비하였다. 52회
- 『동국문헌비고』를 편찬하여 역대 문물을 정리하였다. 73·69·66·64회
- 통치 체제를 정비하기 위해 『속대전』이 간행되었다. 72·70·66·65회

(2) 『속대전』 편찬 57회 출제

┌ 성종 때 완성된 조선의 기본 법전
[(가)] 때 『경국대전』을 개정 및 증보하여 편찬한 법전이다. 『경국대전』의 규정이 그대로 유지된 것은 싣지 않고, 기존 규정이 변경되거나 신설된 조목만을 수록하였다.

자료 분석
영조는 『경국대전』 이후의 법령을 모아 『경국대전』을 개정·증보한 『속대전』이라는 법전을 편찬하였다.

기출자료 3 정조의 개혁 정책

✅ 출제 TIP 초계문신제, 수원 화성, 장용영이 자료의 힌트로 제시됩니다!

(1) 초계문신제 실시 59회 출제

[(가)] 이/가 지은 것으로 군주를 모든 하천에 비치는 달에 비유하여 국왕 중심의 정국 운영을 강조하는 내용이 담겨 있다. 그는 초계문신제를 실시하여 자신의 정책을 뒷받침하는 인재를 양성하고자 하였다.

자료 분석
정조는 젊고 유능한 문신을 초계문신으로 선발하여 재교육하고 학문 연구에 힘쓰게 하여, 자신의 정책을 뒷받침하는 인재를 양성하였다.

함께 나올 기출선택지
- 초계문신제를 시행하여 문신들을 재교육하였다. 72·71·70·69회
- 국왕의 친위 부대인 장용영을 설치하였다. 73·71·70·68·59회
- 육의전을 제외한 시전 상인의 금난전권이 폐지되었다. 62·61·60회
- 통치 체제를 재정비하기 위해 『대전통편』을 간행하였다. 71·62회
- 외교 문서를 집대성한 『동문휘고』를 간행하였다. 72·64회

(2) 정조의 왕권 강화 정책 56회 출제

이곳은 수원 화성 성역과 연계하여 축조된 축만제입니다. [(가)] 은/는 축만제 등의 수리 시설 축조와 둔전 경영을 통해 수원 화성의 수리, 장용영의 유지, 백성의 진휼을 위한 재원을 마련하였습니다.

자료 분석
정조는 자신의 정치적 이상을 실현할 도시로 수원 화성을 건립하였으며, 이곳에 국왕의 친위 부대인 장용영의 외영을 두었다.

16강 조선 후기의 정치

16강 조선 후기의 정치

3 세도 정치와 사회 변혁의 움직임 최근 3개년 시험 중 10회 출제!

빈출 키워드 랭킹
1위 임술 농민 봉기 11번 출제
2위 신유박해 6번 출제
3위 홍경래의 난 4번 출제

1. 세도 정치의 전개와 폐해 기출자료1

(1) 세도 정치의 출현과 전개
① **의미**: 세도 정치는 특정 소수 가문이 권력을 독점하는 정치 형태를 가리킨다.
② **배경**: 강력한 왕권을 행사하던 영조와 정조 사후 나이 어린 왕이 즉위하면서 탕평 정치의 균형이 붕괴되어 왕실 외척을 중심으로 소수 유력 가문에 권력이 집중되었다.
③ **전개**

순조	• 정조 사후에 정순 왕후의 수렴청정◆으로 노론 벽파가 권력을 장악함 → 국정 상태가 정조의 개혁 이전으로 되돌아감 • 정순 왕후 사후, 순조의 장인인 김조순을 중심으로 안동 김씨 가문이 권력을 장악하면서 세도 정치가 시작됨
헌종	헌종이 어린 나이로 즉위하자 외척인 풍양 조씨 가문이 득세함
철종	철종이 즉위하면서 안동 김씨 가문이 다시 권력을 장악함

◆ **수렴청정**
나이 어린 왕을 대신하여 국왕의 어머니나 할머니가 나라의 일을 결정하는 정치 형태를 이르는 말

(2) 세도 정치의 폐해
① **비변사의 강화**: 비변사가 국정 총괄 기구로 자리 잡고 소수의 외척 가문이 비변사의 요직을 독점하여 권력을 장악하였다.
② **부정부패 만연**: 과거제의 운영에 각종 부정 행위가 발생하였고, 매관매직이 성행하였다.
③ **삼정의 문란◆**: 전정(토지의 세금), 군정(군역을 대신해 내는 포), 환곡의 문란이 심화되었다.
④ **농민 저항의 확산**: 삼정의 문란, 자연재해 등으로 농민들이 봉기를 일으켰다.

◆ **삼정의 문란**
• 전정: 황폐한 땅이나 토지 대장에 없는 땅에 세금 징수
• 군정: 인징(이웃에게 부과), 족징(친척에게 부과), 백골징포(사망자에게 부과), 황구첨정(어린아이에게 부과)
• 환곡: 필요 이상의 곡식을 강제로 빌려주고 비싼 이자를 붙여 강제 징수

2. 세도 정치 시기 민중 봉기의 확산 기출자료2

(1) 홍경래의 난(순조, 1811)
① **원인**: 세도 정치 시기의 수탈과 중앙 진출 제한, 상공업 활동 억압 등 서북인(평안도 지역 사람)에 대한 차별 대우가 원인이 되었다.
② **전개**: 순조 때 몰락 양반인 홍경래와 우군칙을 중심으로 영세 농민·중소 상인·광산 노동자 등이 합세하여 봉기하였다. 이들은 가산에서 봉기를 일으켜 정주성 등 청천강 이북 지역을 거의 장악하였으나, 결국 관군에게 진압되었다.

(2) 임술 농민 봉기(철종, 1862)
① **원인**: 경상 우병사 백낙신의 수탈이 원인이 되었다.
② **전개**: 철종 때 몰락 양반인 유계춘을 중심으로 진주에서 봉기하였고, 봉기가 전국으로 확산되었다. 이에 정부는 사건 수습을 위해 박규수를 안핵사로 파견하였고, 삼정이정청◆을 설치하여 삼정의 문란을 시정할 것을 약속하였다.
③ **한계**: 삼정이정청이 4개월 만에 폐지되면서 근본적인 해결책 마련에는 실패하였다.

◆ **삼정이정청**
삼정의 폐단을 바로잡기 위해 설치한 임시 기구

기출 분석 특강

기출자료 1 — 세도 정치의 전개와 폐해
출제 TIP 대표적인 세도 가문인 안동 김씨가 힌트로 자주 제시돼요!

(1) 세도 정치 시기 71회 출제

이 우표 속 그림은 국왕의 혼인을 축하하기 위해 거행된 진하례 모습을 그린 궁중 행사도입니다. 그림에 보이는 왕실 행사의 화려함과는 달리 **안동 김씨 등 외척 세력이 세 왕에 걸쳐 60여 년 동안 권력을 잡은** 이 시기에는 국왕의 실권이 많이 위축되었습니다.

자료 분석 세도 정치 시기는 안동 김씨 등 외척 세력이 권력을 잡은 시기로, 순조, 헌종, 철종 때까지 60년 동안 전개되었다.

함께 나올 기출선택지
- **안동 김씨** 등의 세도 정치로 매관매직이 성행하였다. 69회
- **비변사**가 세도 정치 시기에 **외척의 세력 기반**이 되었다. 40회
- **군정의 문란**으로 고통받는 농민 43회
- **환곡의 부담**으로 마을을 떠나는 농민 31회

(2) 세도 정치의 전개 43회 출제

이곳은 강화도의 용흥궁으로 **철종**이 왕위에 오르기 전에 살았던 곳이다. 농사를 짓던 그는 **헌종**이 후사없이 승하하자 안동 김씨인 순원 왕후의 영향력으로 왕위에 올랐다. 그는 순원 왕후의 수렴청정을 받고, 김문근의 딸을 왕비로 맞이하면서 안동 김씨의 세도에 눌려 제대로 된 정치를 할 수 없었다. 이러한 상황은 소수의 외척 가문이 비변사의 요직을 독점하여 권력을 장악한 이 시기에 왕권이 약화된 모습을 보여준다.

자료 분석 헌종과 철종 대에는 세도 정치가 전개되어 헌종 대에는 풍양 조씨 가문이 득세하였고, 철종 대에는 안동 김씨 가문이 권력을 장악하였다.

기출자료 2 — 세도 정치 시기 민중 봉기의 확산
출제 TIP 각 민중 봉기와 연관된 주요 인물이 힌트로 제시됩니다!

(1) 홍경래의 난 53회 출제

┌ 평안도 관찰사
평안 감사가 "이달 19일에 관군이 **정주성을 수복하고** 두목 홍경래 등을 죽이거나 사로잡았습니다."라고 임금께 보고하였다.
└ 홍경래, 우군칙 등이 봉기를 일으키고 장악한 곳

자료 분석 홍경래와 우군칙 등은 가산을 시작으로 정주성 등 청천강 이북 지역을 거의 장악했으나, 관군에 의해 진압되었다.

(2) 임술 농민 봉기 61회 출제

┌ 사건의 처리를 위해 파견된 임시 관직
진주 안핵사 박규수에게 하교하기를, "얼마 전에 있었던 진주의 일은 전에 없던 변괴였다. 관원은 백성을 달래지 못하였고, 백성은 패악한 습관을 버리지 못하였다. 누가 그 허물을 책임져야 하겠는가. 신중을 기하여 혹시 한 사람이라도 억울하게 처벌 받는 일이 없게 하라. 그리고 포리(逋吏)*를 법에 따라 처벌할 경우 죄인을 심리하여 처단할 방법을 상세히 구별하라."라고 하였다.
*포리(逋吏): 관아의 물건을 사사로이 써버린 아전

자료 분석 경상 우병사 백낙신의 수탈로 진주의 백성들이 봉기를 일으키자, 조선 정부는 사건의 수습을 위해 박규수를 안핵사로 파견하였다.

함께 나올 기출선택지
- 홍경래의 난 – **서북인에 대한 차별**에 반발하여 일어났다. 54·52회
- 홍경래의 난 – 지역 차별에 반발한 **홍경래가 주도**하여 봉기하였다. 63회
- 홍경래의 난 – **홍경래, 우군칙 등이 주도**하였다. 61회
- 임술 농민 봉기 – 몰락 양반 유계춘이 주도하였다. 46회
- 임술 농민 봉기 – **박규수가 안핵사로 파견**되었다. 70·69·67회
- 임술 농민 봉기 – **삼정이정청이 설치**되는 계기가 되었다. 67·61회
- 임술 농민 봉기 – **삼정의 문란을 해결하고자 삼정이정청을 설치**하였다. 71·70·66·65회

16강 조선 후기의 정치

3. 새로운 사상의 등장

(1) 예언 사상: 조선 후기의 사회 혼란으로 왕조의 교체를 예언한 『정감록』◆과 미륵 신앙 등 예언 사상이 등장하여 유행하였다.

(2) 천주교(서학) 기출자료 1

도입	17세기에 청에 다녀온 사신들에 의해 서학으로 소개됨
확산	18세기 후반 남인 시파들(정약전 등)이 신앙 활동을 전개하였고, 평등 사상 등의 교리가 백성들의 호응을 얻어 신자들이 점차 증가함
탄압	조상에 대한 제사와 신주를 모시는 문제로 정부의 탄압을 받음 - 신해박해(정조): 진산 사건(조상에 대한 제사와 신주를 모시는 것을 거부하고 천주교식 장례를 치름)을 일으킨 윤지충, 권상연을 처형함 - 신유박해(순조): 순조 즉위 후 노론 벽파가 남인 시파를 탄압하기 위해 남인 시파가 믿는 천주교를 박해함 → 이가환, 이승훈, 정약종 등이 처형되고 정약용 등이 유배되었으며, 황사영 백서 사건으로 탄압이 심화됨 - 기해박해(헌종): 정하상 등 많은 신도와 신부가 처형됨 - 병오박해(헌종): 한국인 최초의 신부인 김대건이 체포되면서 시작되었으며, 김대건 신부가 처형됨

(3) 동학 기출자료 2

창시	철종 때 최제우(최복술)가 서학에 반대한다는 의미로 동학을 창시함
주요 사상	마음 속에 한울님을 모시는 시천주와 인내천 사상 등 평등 사상을 강조하고, 유·불·선을 바탕으로 민간 신앙의 요소도 포함됨
확산	민중들의 지지를 받았으며 경주를 중심으로 삼남 지방에 널리 보급됨
탄압	혹세무민의 죄목으로 교조(1대 교주) 최제우가 처형됨
정비	2대 교주 최시형이 최제우가 지은 『동경대전』과 『용담유사』를 간행하여 교리를 정리하고, 포접제를 통해 교단 조직을 정비함

◆ 『정감록』
조선 후기에 민간에서 유행한 예언서로, 조선 왕조가 망하고 정씨 왕조가 계룡산을 수도로 하여 새로운 나라를 건국한다는 내용을 담고 있음

10초 컷! 핵심 키워드 암기

1. 붕당 정치의 전개와 변질: 예송(현종), 경신환국·기사환국·갑술환국(숙종)
2. 영조와 정조의 개혁 정치
   - 영조: 탕평비 건립, 균역법 시행, 『속대전』 편찬
   - 정조: 초계문신제 실시, 장용영 설치, 수원 화성 건립, 금난전권 철폐
3. 세도 정치와 사회 변혁의 움직임
   - 홍경래의 난(순조), 임술 농민 봉기(철종)
   - 천주교 박해, 동학 창시

16강 개념 확인 퀴즈

1. 다음 설명이 맞으면 O표, 틀리면 X표를 하세요.

(1) 희빈 장씨 소생의 원자 책봉 문제로 기사환국이 발생하였다. ( )

(2) 경상 우병사 백낙신의 수탈이 원인이 되어 홍경래의 난이 일어났다. ( )

(3) 천주교는 『동경대전』과 『용담유사』를 경전으로 삼았다. ( )

2. 다음 괄호 안의 내용 중 옳은 것에 O표 하세요.

(1) 영조는 통치 체제를 정비하기 위해 (『속대전』 / 『대전통편』)을 편찬하였다.

(2) 정조는 정책 연구를 담당하는 핵심 기구로 (삼정이정청 / 규장각)을 설치하였다.

(3) 신유박해로 (최제우 / 정약용)이/가 유배되었다.

기출 분석 특강

기출자료 1 천주교

출제 TIP 각 천주교 박해와 연관된 인물이 힌트로 잘 출제됩니다!

(1) 신해박해 63회 출제

전라도 관찰사 정민시가 [진산의] 죄인 **윤지충과 권상연**에 대한 조사 결과를 아뢰었다. "…… 근래에 그들은 평소 살아 계신 부모나 조부모처럼 섬겨야 할 **신주를 태워 없애면서도** 이마에 진땀 하나 흘리지 않았으니 정말 흉악한 일입니다. 제사를 폐지한 일은 오히려 부차적입니다."

자료 분석
정조 때 윤지충 등이 조상에 대한 제사와 신주를 모시는 것을 거부하고 천주교식으로 제사를 지내자, 정부는 이들을 처형하였다.

함께 나올 기출선택지
- **제사와 신주를 모시는** 문제로 정부의 **탄압**을 받았다. 57회
- **신유박해**로 많은 **천주교도가 처형**되었다. 61회
- **정약종 등이 희생**된 **신유박해**가 일어났다. 66·53회
- 신유박해 – **황사영 백서 사건의 원인**이 되었다. 69회

(2) 신유박해 50회 출제

사헌부에서 아뢰기를, "아! 통분스럽습니다. **이가환, 이승훈, 정약용**의 죄가 무거우니 이를 어찌 다 처벌할 수 있겠습니까? **사학(邪學)**[천주교]이란 것은 반드시 나라에 흉악한 화를 가져오고야 말 것입니다."라고 하였다.

자료 분석
순조 때 남인 시파를 탄압하기 위해 천주교를 박해한 사건이 일어났으며, 이로 인해 이승훈 등이 처형되고 정약용이 유배되었다.

기출자료 2 동학

(1) 동학의 창시 48회 출제

출제 TIP 동학을 창시한 인물과 동학의 창시 목적이 힌트로 출제됩니다

경주 사람 **최복술**[최제우]은 아이들에게 공부 가르치는 것을 직업으로 삼았다. 그런데 **양학(洋學)**[서학]이 갑자기 퍼지는 것을 차마 보고 앉아 있을 수 없어서, 하늘을 공경하고 순종하는 마음으로 글귀를 지어, (가) (이)라 불렀다. 양학은 음(陰)이고, (가) 은/는 양(陽)이기 때문에 양을 가지고 음을 억제할 목적으로 글귀를 외우고 읽고 하였다.

자료 분석
철종 때 최제우(최복술)가 서학(양학)이 퍼지는 것에 위기감을 느끼고, 서학에 반대한다는 의미로 동학을 창시하였다.

함께 나올 기출선택지
- **최제우**가 **동학을 창시**하였다. 53·47회
- 마음 속에 한울님을 모시는 **시천주를 강조**하였다. 48회
- **『동경대전』**과 **『용담유사』**를 경전으로 삼았다. 66·58회

V. 조선 후기

해커스 한국사능력검정시험 심화(1·2·3급) 한권합격

---

3. 질문에 맞는 답을 고르세요.

(1) 기해예송에 대한 설명은?
① 동인이 남인과 북인으로 분열되었다.
② 서인과 남인 사이에 발생한 전례 문제이다.

(2) 영조의 업적은?
① 탕평비를 건립하였다.
② 신해통공으로 시전 상인의 특권을 축소하였다.

(3) 정조 때의 사실은?
① 준천사를 신설하여 홍수에 대비하였다.
② 대외 관계를 정리한 『동문휘고』를 간행하였다.

(4) 홍경래의 난에 대한 설명은?
① 사건 수습을 위해 박규수가 안핵사로 파견되었다.
② 세도 정치기의 수탈과 지역 차별에 반발하였다.

정답
1. (1) ○ (2) X(임술 농민 봉기) (3) X(동학)
2. (1) 『속대전』 (2) 규장각 (3) 정약용
3. (1) ②(①은 정여립 모반 사건, 정철의 건저의 사건)
   (2) ①(②은 정조)
   (3) ②(①은 영조 때)
   (4) ②(①은 임술 농민 봉기)

16강 조선 후기의 정치

개념 적용 기출문제

01   68회 26번
다음 상황이 나타난 시기를 연표에서 옳게 고른 것은? [3점]

○ 송준길이 아뢰었다. "적처(嫡妻) 소생이라도 둘째부터는 서자입니다. …… 둘째 아들은 비록 왕통을 계승하였더라도 (그를 위해서는) 3년복을 입어서는 안 됩니다."
○ 허목이 상소하였다. "장자를 위해 3년복을 입는다는 것은 위로 쳐서 정체(正體)이기 때문입니다. …… 첫째 아들이 죽어서 적처 소생의 둘째를 세우는 것도 역시 장자라고 부릅니다."

(가)	(나)	(다)	(라)	(마)
계유정난	중종반정	을사사화	인조반정	경신환국	이인좌의 난

① (가)   ② (나)   ③ (다)   ④ (라)   ⑤ (마)

03   45회 26번
다음 상황 이후에 전개된 사실로 옳은 것은? [3점]

임금이 말하기를, "송시열은 산림(山林)의 영수로서 나라의 형세가 험난한 때에 감히 원자의 명호를 정한 것이 너무 이르다고 하였으니, 삭탈 관작하고 성문 밖으로 내쳐라. 반드시 송시열을 구하려는 자가 있겠지만, 그런 자는 비록 대신이라 하더라도 용서하지 않을 것이다."라고 하였다.

① 공신 책봉 문제로 이괄의 난이 일어났다.
② 정여립 모반 사건으로 옥사가 발생하였다.
③ 허적과 윤휴 등 남인들이 대거 축출되었다.
④ 북인이 서인과 남인을 배제하고 권력을 장악하였다.
⑤ 인현 왕후가 폐위되고 희빈 장씨가 왕비로 책봉되었다.

02   57회 22번
(가), (나) 사이의 시기에 있었던 사실로 옳은 것은? [3점]

(가) 임금이 전교하기를, "내 생각에는 허적이 혹시 허견의 모반 사실을 알지 못했는가 하였는데, 문안(文案)을 보니 준기를 산속 정자에 숨긴 사실이 지금 비로소 드러났으니, 알고서도 엄호한 정황이 분명하여 감출 수가 없었다. 그저께 허적에게 사약을 내려 죽인 것도 이 때문이다."라고 하였다.

(나) 임금이 명하기를, "국운이 평안하고 태평함을 회복하여 중전이 복위하였으니, 백성에게 두 임금이 없는 것은 고금을 통하는 도리이다. 장씨에게 내렸던 왕후의 지위를 거두고, 옛 작호인 희빈을 내려 주도록 하라. 다만 세자가 조석으로 문안하는 것은 폐하지 말라."라고 하였다.

① 양재역 벽서 사건이 발생하였다.
② 송시열이 관작을 삭탈당하고 유배되었다.
③ 자의 대비 복상 문제로 예송이 전개되었다.
④ 정여립 모반 사건으로 기축옥사가 일어났다.
⑤ 붕당의 폐해를 막기 위해 탕평비가 세워졌다.

04   66회 23번
(가) 왕에 대한 설명으로 옳은 것은? [1점]

특별 전시회
탕평 군주 (가) 을/를 만나다
■ 기간: 2023년 ○○월 ○○일~○○월 ○○일
■ 장소: △△박물관 특별 전시실

전시 유물 소개
「수문상친림관역도」
한성의 홍수 예방을 위해 실시한 청계천 준설 공사 현장을 (가) 이/가 지켜보는 모습을 담은 그림

「균역사실」
균역법의 제정 배경 및 과정, 균역청의 운영 등을 담은 책

① 학문 연구 기관으로 집현전을 두었다.
② 삼수병으로 구성된 훈련도감을 설치하였다.
③ 『속대전』을 편찬하여 통치 체제를 정비하였다.
④ 궁중 음악을 집대성한 『악학궤범』을 편찬하였다.
⑤ 시전 상인의 특권을 축소하는 신해통공을 단행하였다.

해설

01 기해예송   정답 ④

자료 분석

둘째 아들 + 3년복 + 허목 + 장자 → 기해예송(1659)

현종 때 서인과 남인 사이에서 상복에 대한 규정을 두고 예송이 전개되었다. 우선 현종 때 효종 사후 자의 대비의 상복 착용 기간을 두고 기해예송(1차 예송)이 발생하였다. 서인은 신권 강화의 입장에서 효종이 적장자가 아닌 둘째 아들이라는 이유로 기년설(1년설)을 주장하였다. 반면에 남인은 왕권 강화의 입장에서 왕가와 사대부의 예는 다르다는 이유로 3년설을 주장하였으나, 서인의 주장이 받아들여졌다.

선택지 분석

① (가)
② (나)
③ (다)
④ (라)
  ┗ 현종 때 효종 사후 자의 대비의 상복 착용 기간을 두고 서인과 남인 사이에서 기해예송(1차 예송, 1659)이 발생하였다. 이때 서인은 기년설(1년설)을 남인은 3년설을 주장하였으며, 서인의 주장이 받아들여졌다.
⑤ (마)

02 경신환국과 갑술환국 사이의 사실   정답 ②

자료 분석

(가) 허적 + 허견의 모반 사실 → 경신환국(숙종)
(나) 장씨에게 내렸던 왕후의 지위를 거둠 → 갑술환국(숙종)

(가) 숙종 때 남인 허적이 왕의 불신을 산 상황에서, 서인이 허견(허적의 서자)의 모반 사건을 고발하였다. 이에 남인들이 대거 축출되고 서인이 권력을 장악하였다(경신환국).
(나) 기사환국으로 권력을 장악한 남인은 인현 왕후 복위 운동을 빌미로 서인을 제거하려다 실패하며 몰락하였다. 이후 인현 왕후가 복위되고, 왕비로 책봉되었던 희빈 장씨는 희빈으로 강등되었다(갑술환국).

선택지 분석

① 양재역 벽서 사건이 발생하였다. → 명종, (가) 이전
② 송시열이 관작을 삭탈당하고 유배되었다. → 숙종
  ┗ 숙종 때 경신환국으로 서인이 집권하게 된 이후, 서인 송시열이 희빈 장씨가 낳은 아들의 명호를 원자(왕의 적장자)로 정한 것에 반대하다 관작을 삭탈당하고 유배되었다(기사환국).
③ 자의 대비 복상 문제로 예송이 전개되었다. → 현종, (가) 이전
④ 정여립 모반 사건으로 기축옥사가 일어났다. → 선조, (가) 이전
⑤ 붕당의 폐해를 막기 위해 탕평비가 세워졌다. → 영조, (나) 이전

03 기사환국 이후의 사실   정답 ⑤

자료 분석

송시열 + 원자의 명호를 정한 것이 너무 이르다고 함 + 삭탈 관작하고 성문 밖으로 내침 → 기사환국(숙종, 1689)

기사환국은 조선 숙종 때 희빈 장씨의 아들의 명호를 원자(왕과 왕비의 적장자, 즉 세자)로 책봉하는 문제를 두고 발생하였다. 숙종은 송시열이 후궁이 낳은 왕자에게 원자의 명호를 정한 것이 너무 이르다며 반대하자, 송시열의 관작을 삭탈하고 유배보냈다.

선택지 분석

① 공신 책봉 문제로 이괄의 난이 일어났다. → 이괄의 난(인조)
② 정여립 모반 사건으로 옥사가 발생하였다. → 기축옥사(선조)
③ 허적과 윤휴 등 남인들이 대거 축출되었다.
  → 경신환국(숙종, 1680)
④ 북인이 서인과 남인을 배제하고 권력을 장악하였다.
  → 북인 권력 장악(광해군)
⑤ 인현 왕후가 폐위되고 희빈 장씨가 왕비로 책봉되었다.
  → 기사환국(숙종, 1689)
  ┗ 기사환국으로 서인 계열인 인현 왕후가 폐위되고 남인 계열인 희빈 장씨가 왕비로 책봉되었다.

04 영조   정답 ③

자료 분석

탕평 군주 + 청계천 준설 + 균역법 → 영조

영조는 붕당 간의 대립을 완화하고자 탕평 정치(완론 탕평)를 실시하였다. 탕평책의 시행으로 정국이 안정되자, 영조는 여러 개혁 정책을 실시하였다. 우선 균역법을 실시하여 백성들의 군포 부담을 2필에서 1필로 경감하였고, 자주 범람하여 백성들에게 피해를 입힌 청계천의 준설 사업을 실시하였다.

선택지 분석

① 학문 연구 기관으로 집현전을 두었다. → 세종
② 삼수병으로 구성된 훈련도감을 설치하였다. → 선조
③ 『속대전』을 편찬하여 통치 체제를 정비하였다. → 영조
  ┗ 영조는 『경국대전』 이후의 법령을 모아 정리한 법전인 『속대전』을 편찬하여 통치 제도를 정비하였다.
④ 궁중 음악을 집대성한 『악학궤범』을 편찬하였다. → 성종
⑤ 시전 상인의 특권을 축소하는 신해통공을 단행하였다. → 정조

개념 적용 기출문제

05
72회 28번

(가) 왕에 대한 설명으로 옳은 것은? [2점]

가상 현실 버스에 오신 여러분 환영합니다. 지금 창문 스크린으로 보고 계신 것은 『무예도보통지』에 실린 무예 동작입니다. (가) 의 명으로 이덕무, 박제가, 백동수 등이 편찬한 『무예도보통지』에는 기존의 『무예신보』에 마상 무예가 추가되어 총 24개의 무예가 실려있습니다. 이 책은 장용영의 훈련 교재로 사용되었습니다.

① 백두산 정계비를 세워 청과의 국경을 정하였다.
② 삼군부를 부활시켜 군사 업무를 담당하게 하였다.
③ 통치 체제를 정비하기 위해 『속대전』을 편찬하였다.
④ 규장각에 검서관을 두어 서얼 출신 학자들을 기용하였다.
⑤ 한양을 기준으로 역법을 정리한 『칠정산』「내편」을 제작하였다.

07
64회 21번

다음 상황이 전개된 배경으로 옳은 것은? [2점]

며칠 전 안핵사로 파견된 박규수가 전하께 특별 기구 설치를 상소하였다고 하네.

그렇다네. 전하께서 이를 받아들여 삼정이정청을 설치하고, 각 고을마다 대책을 모아 올려 보내라고 명하셨지.

① 이만손 등이 영남 만인소를 올렸다.
② 운요호가 강화도와 영종도를 공격하였다.
③ 동학교도가 교조 신원을 주장하며 삼례 집회를 개최하였다.
④ 황사영이 외국 군대의 출병을 요청하는 백서를 작성하였다.
⑤ 백낙신의 탐학이 발단이 되어 진주에서 농민들이 봉기하였다.

06
59회 28번

다음 대화에 나타난 사건에 대한 설명으로 옳은 것은? [1점]

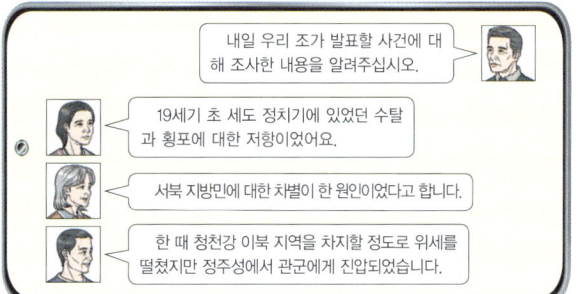

내일 우리 조가 발표할 사건에 대해 조사한 내용을 알려주십시오.

19세기 초 세도 정치기에 있었던 수탈과 횡포에 대한 저항이었어요.

서북 지방민에 대한 차별이 한 원인이었다고 합니다.

한 때 청천강 이북 지역을 차지할 정도로 위세를 떨쳤지만 정주성에서 관군에게 진압되었습니다.

① 홍경래, 우군칙 등이 주도하였다.
② 청군이 파병되는 결과를 가져왔다.
③ 제물포 조약이 체결되는 배경이 되었다.
④ 보국안민, 제폭구민을 기치로 내걸었다.
⑤ 박규수가 안핵사로 파견되는 계기가 되었다.

08
67회 28번

다음 상황이 나타난 시기를 연표에서 옳게 고른 것은? [3점]

> 사학(邪學) 죄인 황사영은 사족으로서 사술(邪術)에 미혹됨이 가장 심한 자였다. [그는] 의금부에서 체포하려는 것을 미리 알고 피신하였는데, 상복을 입고 성명을 바꾸거나 토굴에 숨어서 종적을 감춘 지 반년이 지났다. 포청에서 은밀히 염탐하여 지금에야 제천 땅에서 붙잡았다. 그의 문서를 수색하던 중 백서를 찾는데, 장차 북경의 천주당에 전하려고 한 것이었다.

(가)	(나)	(다)	(라)	(마)
1728 이인좌의 난	1746 『속대전』 편찬	1791 신해박해	1811 홍경래의 난	1834 헌종 즉위	1862 임술 농민 봉기

① (가) ② (나) ③ (다) ④ (라) ⑤ (마)

해설

05 정조
정답 ④

자료 분석

『무예도보통지』 + 장용영 → 정조

정조는 왕권 강화를 위한 다양한 정책을 추진하였다. 우선 인재 양성을 위해 젊고 유능한 관리를 재교육하는 초계문신제를 실시하였으며, 국왕의 친위 부대로 장용영을 설치하였다. 또한 왕실 도서관이자 학문 연구 기관인 규장각을 설치하였으며, 수원에 화성을 건립하여 자신의 정치적 이상을 실현하는 상징적인 도시로 육성하였다. 또한 이덕무, 박제가, 백동수 등으로 하여금 총 24개의 무예를 정리한 훈련 교범인 『무예도보통지』를 편찬하도록 하였다.

선택지 분석

① 백두산 정계비를 세워 청과의 국경을 정하였다. → 숙종
② 삼군부를 부활시켜 군사 업무를 담당하게 하였다.
　→ 고종(흥선 대원군 집권기)
③ 통치 체제를 정비하기 위해 『속대전』을 편찬하였다. → 영조
④ 규장각에 검서관을 두어 서얼 출신 학자들을 기용하였다.
　→ 정조
　┗ 정조는 규장각에 검서관을 두어 박제가, 이덕무 등 서얼 출신 학자들을 기용하였다.
⑤ 한양을 기준으로 역법을 정리한 『칠정산』 「내편」을 제작하였다. → 세종

06 홍경래의 난
정답 ①

자료 분석

세도 정치기에 있었던 수탈과 횡포에 대한 저항 + 서북 지방민에 대한 차별 + 청천강 이북 지역을 차지 → 홍경래의 난

홍경래의 난은 조선 후기 순조 때 일어난 농민 봉기로, 세도 정치 시기의 수탈과 서북(평안도) 지역에 대한 차별에 반발하여 일어났다. 당시 평안도 지역은 청과의 무역이 활발하였으나, 세도 정권의 상공업 통제와 가혹한 수탈로 불만이 쌓였으며, 관직 진출과 승진에 있어서도 차별을 받았다. 이에 봉기를 일으켰고, 이들은 한때 청천강 이북 지역을 거의 점령하며 위세를 떨쳤으나 정주성에서 관군에 진압되었다.

선택지 분석

① 홍경래, 우군칙 등이 주도하였다. → 홍경래의 난
　┗ 홍경래의 난은 세도 정치기의 수탈과 서북 지방에 대한 차별에 저항하여 일어났으며, 홍경래와 우군칙 등이 주도하였다.
② 청군이 파병되는 결과를 가져왔다.
　→ 임오군란, 동학 농민 운동 등
③ 제물포 조약이 체결되는 배경이 되었다. → 임오군란
④ 보국안민, 제폭구민을 기치로 내걸었다. → 동학 농민 운동
⑤ 박규수가 안핵사로 파견되는 계기가 되었다. → 임술 농민 봉기

07 임술 농민 봉기
정답 ⑤

자료 분석

안핵사로 파견된 박규수 + 삼정이정청을 설치함
→ 임술 농민 봉기

임술 농민 봉기는 철종 때 일어난 농민 봉기로, 진주에서 시작되어 점차 전국으로 확대되었다. 이에 조선 정부는 사건을 수습하기 위해 박규수를 안핵사(사건의 처리를 위해 파견된 임시 관직)로 파견하였다. 이후 박규수의 건의에 따라 삼정의 문란을 시정하기 위한 기구로 삼정이정청이 설치되었으나, 4개월 만에 폐지되면서 근본적인 해결책 마련에는 실패하였다.

선택지 분석

① 이만손 등이 영남 만인소를 올렸다. → 영남 만인소
② 운요호가 강화도와 영종도를 공격하였다. → 운요호 사건
③ 동학교도가 교조 신원을 주장하며 삼례 집회를 개최하였다.
　→ 삼례 집회
④ 황사영이 외국 군대의 출병을 요청하는 백서를 작성하였다.
　→ 황사영 백서 사건
⑤ 백낙신의 탐학이 발단이 되어 진주에서 농민들이 봉기하였다. → 임술 농민 봉기
　┗ 임술 농민 봉기는 철종 때 경상 우병사 백낙신의 탐학이 발단이 되어 진주에서 농민들이 봉기한 사건이다.

08 황사영 백서 사건(신유박해)
정답 ③

자료 분석

황사영 + 백서 + 북경의 천주당에 전하려고 한 것
→ 황사영 백서 사건(1801, 순조)

황사영 백서 사건은 순조 때 정권을 장악한 노론 벽파가 남인 시파를 탄압하기 위해 신유박해를 일으키자, 황사영이 서양 군대를 동원하여 신앙의 자유를 확보해 달라는 밀서를 흰 비단에 써서 베이징(북경) 주재 주교에게 전달하려다 발각된 사건이다. 이 사건으로 인해 천주교 박해는 더욱 심화되었다.

선택지 분석

① (가)
② (나)
③ (다)
　┗ 순조 재위 시기인 1801년 신유박해 때 천주교 신자 황사영이 외국 군대의 출병을 요청하는 백서를 작성하여 전달하려다 발각되었고(황사영 백서 사건), 이로 인해 천주교 박해는 더욱 심화되었다.
④ (라)
⑤ (마)

17강 조선 후기의 경제와 사회

1 조선 후기의 경제 최근 3개년 시험 중 14회 출제!

빈출 키워드 랭킹
1위 대동법 10번 출제
2위 상품 작물 9번 출제
3위 균역법 7번 출제

1. 조선 후기 수취 제도의 개편 기출자료 1

(1) 영정법
① 내용: 전세를 풍흉에 관계없이 토지 1결당 미곡 4~6두로 고정하였다.
② 결과: 전세 납부액은 줄었지만, 수수료나 운송비 등이 붙어 농민들의 부담이 커졌다.

(2) 대동법
① 내용: 집집마다 토산물을 징수하던 공물 납부 방식 대신 소유한 토지 결수(면적)에 따라 쌀(1결당 12두)·삼베·무명·동전 등으로 차등 납부하게 하였다.
② 운영: 담당 관청으로 선혜청을 설치하였으며, 국가에서 거두어들인 세금을 공인에게 주고, 공인은 필요한 물품을 조달하여 국가에 납부하는 방식으로 운영되었다.
③ 시행 과정

광해군	이원익의 건의에 따라 경기도에서 선혜법이라는 이름으로 처음 시행됨
효종	김육 등이 시행 규칙을 수정·보완하여 확대함
숙종	전국으로 확대 실시함

④ 결과: 관청에 필요한 물품을 납부하는 상인인 공인이 등장하였으며, 공인이 시장에서 물품을 구매하여 상품 수요가 증가하자 각 지방에 장시가 발달하였다.

(3) 균역법
① 내용: 1년에 2필씩 내던 군포를 절반인 1필로 줄였다.
② 재정 보충책

결작	지주(토지 소유자)에게 1결당 미곡 2두를 부과함
선무군관포	일부 상류층에게 선무군관이라는 명예직을 주고 1년에 군포 1필을 징수함
잡세	어장세·염세 등의 잡세를 국가 재정으로 귀속시킴

③ 결과: 일시적으로 지주의 부담이 증가하고 농민의 부담이 줄어들었으나, 결작이 소작농에게 전가되면서 농민의 부담이 다시 증가하였다.

2. 조선 후기의 경제 발달

(1) 농업의 발달 기출자료 2
① 모내기법(이앙법)◆ 확대: 벼와 보리의 이모작이 가능해졌으며, 논의 잡초를 제거하는 노동력이 줄어들어 적은 노동력으로 많은 땅을 농사지을 수 있게 되었다.
② 상품 작물 재배: 소득이 높은 담배와 면화, 인삼, 고추 등이 상품 작물로 재배 및 판매되었다.
③ 구황 작물◆ 전래: 고구마, 감자 등의 구황 작물이 전래되어 재배되었다.

(2) 수공업의 발달: 17세기에 민간 수공업자들이 상인·공인으로부터 물품 주문과 함께 자금, 원료를 미리 받아 제품을 생산하는 선대제 수공업이 유행하였으며, 18세기 후반부터 독자적으로 생산한 제품을 직접 판매하는 독립 수공업자가 등장하였다.

◆ **모내기법**
- 모를 어느 정도 기른 다음 논에 옮겨 심는 방법으로, 모를 기르는 동안 논에서 보리를 기를 수 있었기 때문에 이모작이 가능해졌음
- 제초에 드는 노동력을 감소시키는 농법이기 때문에 적은 노동력으로 많은 생산량을 얻을 수 있음

◆ **구황 작물**
기후의 영향을 크게 받지 않아 흉년이 들 때 큰 도움이 되는 작물

기출 분석 특강

기출자료 1 | 조선 후기 수취 제도의 개편
✅ 출제 TIP 각 수취 제도의 특징이 힌트로 출제됩니다!

(1) 영정법 33회 출제

> (가) 의 실시
> ○ 배경
> - 재정 수입 감소, 농민 생활 피폐
> - 전분 6등, 연분 9등의 복잡한 징수 절차로 인한 수취의 어려움 ┈ 공법
> ○ 결과 ┈ 수수료나 운송비 등이 포함됨
> - 안정적인 국가 재정의 확보
> - 부가세 증가로 인해 농민의 실질적 부담 감소 효과는 미흡

[자료 분석] 세종 때 시행된 공법의 징수 절차가 복잡하여 수취의 어려움을 겪자, 인조 때 전세를 4~6두로 고정한 영정법이 시행되었다. 그러나 전세 납부액이 줄어들었음에도 수수료나 운송비 등이 추가 세금으로 붙어 농민들의 부담은 커지게 되었다.

(2) 대동법 65회 출제

> ┈ 토산물을 대신 납부해주고 그 대가를 받는 것
> 광해군 때 이원익이 방납의 폐단을 혁파하고자 선혜청을 두고 (가) 을/를 실시할 것을 청하였다. …… 맨 먼저 경기도 내에 시범적으로 실시하니 백성들은 대부분 편리하게 여겼다.

[자료 분석] 대동법은 방납의 폐단을 해결하기 위해 광해군 때 경기도에서 시범적으로 처음 실시되었다.

(3) 균역법 69회 출제

> 양역(良役)의 편중됨이 실로 양민의 뼈를 깎아 지탱하지 못하는 폐단이 됩니다. 전하께서 이를 불쌍하게 여겨 2필의 역을 특별히 1필로 감하였으니, 이는 천지와 같은 큰 은덕이요 죽은 사람을 살려 주는 은혜입니다.

[자료 분석] 영조는 군역의 폐단을 해결하기 위해 균역청을 설치하고 군포를 2필에서 1필로 줄이는 균역법을 실시하였다.

함께 나올 기출선택지

- 영정법 – 인조 때 **전세를 1결당 4~6두로 고정**하는 영정법을 제정하였다. 66회
- 대동법 – **토지 1결당 미곡 12두를 부과**하였다. 47회
- 대동법 – **특산물 대신 쌀, 베, 동전 등으로 납부**하게 하였다. 73·69회
- 대동법 – 관청에 물품을 조달하는 **공인이 등장**하는 배경이 되었다. 72·70·69·65회
- 균역법 – **영조 때 1년에 2필씩 걷던 군포를 1필로 줄이는 균역법**을 시행하였다. 50회
- 균역법 – 일부 부유한 양민에게 **선무군관포를 징수**하였다. 72·54회
- 균역법 – 재정을 보충하기 위해 지주에게 **결작**이 부과되었다. 70회
- 균역법 – **어장세, 염세 등이 국가 재정으로 귀속**되었다. 70회

기출자료 2 | 조선 후기 농업의 발달
✅ 출제 TIP 조선 후기에 상품 작물로 재배되었던 작물들이 힌트로 출제됩니다!

(1) 상품 작물의 재배 60회 출제

> ○ 집집마다 인삼을 심어서 돈을 물 쓰듯이 한다고 하는데, 재산을 만드는 방법으로는 이보다 나은 것이 없다고 한다.
> ○ 어제 울타리 밖의 몇 되지기 밭에 담배를 파종하였다.
> ○ 금년에는 목화가 풍년이 들었는데, 어제는 시장에서 25근에 100전이었다고 한다.

[자료 분석] 조선 후기에는 소득이 높은 인삼, 담배, 목화 등을 상품 작물로 재배 및 판매하였다.

(2) 상품 작물과 구황 작물의 재배 30회 출제

> 서도 지방의 담배밭, 북도 지방의 삼밭, 한산의 모시밭, 전주의 생강밭, 강진의 고구마밭, 황주의 지황밭은 모두 상상등(上上等)의 논보다 그 이익이 10배에 달한다. – 『경세유표』

[자료 분석] 조선 후기에는 담배 등의 상품 작물과 함께 고구마, 감자 등의 구황 작물도 전래되어 재배되었다.

함께 나올 기출선택지

- **모내기법의 확대로 벼와 보리의 이모작**이 성행하였다. 72회
- **담배, 인삼** 등의 **상품 작물**을 재배하는 농민 70·65·63회
- **담배와 면화** 등이 **상품 작물**로 재배되었다. 72·61회
- **감자, 고구마** 등의 **구황 작물**이 재배되었다. 71·70·69·66회

17강 조선 후기의 경제와 사회 25

17강 조선 후기의 경제와 사회

(3) 광업의 발달
① **민영 광산 증가**: 민간인에게 광물 채굴을 허용하는 대신 관청에 세금을 납부하게 하여(설점수세제) 민간의 광산 개발이 허용되었고, 자유로운 채굴이 가능해졌다.
② **잠채 성행**: 정부의 허가 없이 몰래 광물을 채굴하는 잠채가 성행하였다.
③ **덕대 등장**: 광산 경영 전문가인 덕대가 광산을 전문적으로 경영하였다.

(4) 상업의 발달 [기출자료1]
① **사상◆의 성장**

배경	정조 때 신해통공의 반포로 육의전을 제외한 시전 상인의 금난전권이 폐지되면서 사상의 자유로운 상업 활동이 보장됨
활동	• 이현(동대문)·칠패(남대문)를 비롯하여 개성·평양 등 지방에서도 활동함 • 일부는 독점적 도매 상인인 도고로 성장하여 매점매석을 통해 부를 축적함
대표 사상	• 송상(개성): 전국 각지에 송방이라는 지점을 설치하고 인삼을 판매하였으며, 사개치부법이라는 독자적인 회계법을 사용함 • 경강 상인(한강): 정부의 세곡 운송을 주도하고, 선박 건조업 등에도 진출함 • 기타: 동래의 내상(왜관에서 대일 무역 전개), 의주의 만상(책문 후시를 통해 대청 무역 주도), 평양의 유상(대청 무역 전개)

◆ **사상**
조선 후기에 각 지방의 장시를 연결하여 물품을 교역하고, 전국 각지에 거점을 두어 상권을 장악한 상인

② **장시·포구 상업의 발달**

장시	• 성장: 상업의 발달에 따라 지방의 장시가 증가함 • 특징: 장시들을 연결하고 생산자와 소비자를 이어주는 보부상◆이 활발한 활동을 전개하면서 여러 장시가 하나의 유통망으로 연계됨
포구	• 성장: 수로 교통의 발달로 포구가 상업의 중심지로 성장함(강경포 등) • 특징: 객주·여각 등이 포구에서 중개·금융·숙박업 등에 주력함

◆ **보부상**
• 봇짐이나 등짐을 지고 돌아다니며 물건을 파는 상인
• 지방 장시를 연결하여 하나의 유통망을 형성하고 생산자와 소비자를 이어줌

③ **대외 무역의 발달**

대청 무역	의주의 만상·개성의 송상이 주도하고, 공적인 개시 무역과 사적인 후시 무역이 발달함
대일 무역	동래의 내상이 주도하여 주로 부산의 초량 왜관에서 개시 무역과 후시 무역을 전개함

④ **화폐의 발달**: 상공업 발달에 따라 인조 때 상평통보를 처음 주조하였고, 숙종 때 이를 법화로 채택하여 전국적으로 유통하였다. 그러나 전황◆이 발생하기도 하였다.

◆ **전황**
화폐를 고리대나 재산 축적에 이용함에 따라 일어난 화폐 부족 현상

2 조선 후기의 사회 최근 3개년 시험 중 0회 출제!

빈출 키워드 랭킹
1위 중인 4번 출제
2위 공노비 해방 3번 출제
3위 통청 운동 2번 출제

1. 조선 후기 사회 구조의 변동
(1) 신분제의 동요 [기출자료2]
① **양반 증가**: 임진왜란 이후 모자란 국가 재정의 확충을 위해 시행된 납속책·공명첩 등으로 양반이 증가하였고, 부농층이 족보 위조로 신분을 획득하며 양반의 수가 증가하였다.
② **양민·천민(노비) 감소**: 양민이 양반으로 신분 상승을 하자, 그 수가 줄어들어 국가 재정이 감소하였으며, 세금을 내는 양민층을 늘리기 위해 노비종모법과 공노비 해방을 실시하였다.

기출 분석 특강

기출자료1 조선 후기 상업의 발달
✅ 출제 TIP 조선 후기에 등장한 새로운 상업 관련 키워드들이 힌트로 제시됩니다.

(1) 사상의 성장 72회 출제

비변사의 계사에, "현재 시전의 병폐로 서울과 지방의 백성이 원망하는 바는 오로지 도고(都庫)에 있습니다. 시중 시세를 조종하여 홀로 이익을 취하니 그 폐단은 한이 없습니다. …… 엄한 형벌로 다스려 후일을 징계하도록 분부하는 것이 어떻겠습니까?" 하니 윤허한다고 답하였다.
└ 독점적 도매 상인

자료 분석
조선 후기에는 사상 중 일부가 독점적 도매 상인인 도고로 성장하여 매점매석을 통해 부를 축적하였다.

(2) 대외 무역의 발달 49회 출제

┌사신의 행차 ┌의주를 거점으로 한 사상 ┌개성을 거점으로 한 사상
사행(使行)이 책문을 출입할 때에는 만상과 송상 등이 은과 인삼을 몰래 가지고 인부나 말 속에 섞여들어 물건을 팔아 이익을 꾀하였다. 되돌아올 때는 수레를 일부러 천천히 가게 하고 사신을 먼저 책문으로 나가게 하여 거리낄 것이 없게 한 뒤에 저희 마음대로 매매하고 돌아오는데 이것을 책문 후시라 한다.
└ 만주의 책문에서 이루어진 조선과 청 상인 사이의 사무역

자료 분석
조선 후기에는 의주의 만상과 개성의 송상이 청과의 무역을 주도하였는데, 이들은 공적인 개시 무역뿐만 아니라 사적인 후시 무역에도 적극 참여하였다.

(3) 전황의 발생 48회 출제

선혜청 당상 민응수가 "지금 돈이 귀해진 것은 공가(公家)에서 거두어 숨겨 두고 부민(富民)들이 쌓아 두어 유통이 되지 않아서입니다. 만일 관가의 돈을 쌓아 두는 폐단을 없애고 민간의 돈을 유통시키는 효과가 있게 한다면, 전황(錢荒)의 폐단을 구할 수 있을 것입니다."라고 하였다. 임금이 말하기를, "더 주조하는 길밖에 다른 도리가 없으니, 후일 다시 의논하여 아뢰도록 하라."라고 하였다. └ 화폐 유통이 부족한 현상

자료 분석
조선 후기 숙종 때 상평통보가 법화로 채택되어 전국적으로 유통되었다. 그러나 당시 사람들이 화폐를 고리대나 재산 축적에 이용하며, 화폐 부족 현상인 전황이 발생하기도 하였다.

함께 나올 기출선택지
- 독점적 도매 상인인 **도고**가 활동하였다. 69회
- **송상**이 전국 각지에 **송방**을 설치하였다. 61회
- **내상, 만상** 등이 무역을 통해 부를 축적하였다. 47회
- **송상, 만상**이 **대청 무역**으로 부를 축적하였다. 62회
- **책문 후시**를 통한 교역이 활발하였다. 52회
- **초량 왜관**을 통해 일본과 교역하였다. 66·65·61회
- **장시**에서 물품을 파는 보부상 68·66·62회
- **상평통보**로 물건을 거래하는 **보부상** 73·70회
- **상평통보**를 발행하여 법화로 사용하였다. 66·64회

기출자료2 조선 후기 신분제의 동요

(1) 공노비 해방 39회 출제
✅ 출제 TIP 노비 문서를 불태운 상황과 조선 후기를 유추할 수 있는 키워드가 힌트로 출제됩니다!

┌왕실에 소속된 노비
임금이 백성을 대할 때는 귀천이 없고 내외 없이 균등하게 적자로 여겨야 하는데, 노라고 하고 비라고 하여 구분하는 것이 어찌 똑같이 동포로 여기는 뜻이겠는가. 내노비 36,974명과 시노비 29,093명을 모두 양민으로 삼도록 허락하고 승정원에 명을 내려 노비 문서를 모아 돈화문 밖에서 불태우도록 하라.
└창덕궁의 정문   └각 관서에 소속된 노비

자료 분석
조선 후기 순조 때 세금을 납부하는 양민층을 늘리기 위해 노비 문서를 불태워 각 궁방과 중앙 관서의 공노비를 해방하였다.

함께 나올 기출선택지
- 양반 증가 – 상민층이 **납속**과 **공명첩**을 활용하여 신분 상승을 꾀하였습니다. 68회
- **순조** 때 각 **궁방과 중앙 관서의 공노비를 해방**하였다. 68·57회

17강 조선 후기의 경제와 사회

(2) 중인들의 신분 상승 운동 기출자료1

서얼	• 임진왜란 이후 납속책·공명첩 등을 통해 관직에 진출함 • 정조 때 이덕무·유득공·박제가 등 서얼들이 규장각 검서관으로 등용됨 • 통청 운동으로 문과에 응시할 수 있는 권리(허통)와 청요직◆에 진출할 수 있는 권리(통청)를 획득함
기술직 중인	• 서얼들의 통청 운동에 자극받은 기술직 중인들이 철종 때 신분 상승을 추구하였으나 실패함 • 외교 업무에 종사한 역관들은 외래 문화 수용에 선구적인 역할을 함 • 문예 모임인 시사를 조직하여 위항 문학 활동을 함
향리	향리에 대한 처우 개선을 요구하는 상소를 올림

◆ 청요직
• 홍문관, 사간원, 사헌부 등의 관직
• 청요직 출신은 고관으로 진출하는 것이 유리하였기 때문에 관리들이 선망하는 자리였음

2. 조선 후기 향촌 질서의 변화

(1) **양반 지배력 약화:** 양반이 경제력을 상실하면서 양반의 권위가 약화되었다.

(2) **부농층의 도전:** 부농층이 수령과 결탁하여 향안에 이름을 올리고 향회를 장악하려고 하였다.

(3) **향전의 발생** 기출자료2
① **배경:** 향촌 운영을 둘러싸고 구향(기존 양반)과 신향(부농층을 비롯한 새로운 세력)의 대립이 격화되면서 향전이 발생하였다.
② **전개:** 신향은 수령을 중심으로 한 관권과 타협적인 관계를 유지하면서 향촌 사회를 장악하였다. 반면 구향들은 촌락 단위의 자치 조직인 동약 등을 통해 향촌 내에서의 입지를 유지하고자 하였다.
③ **결과:** 수령과 향리들의 세력이 강해지며 농민에 대한 수탈이 강화되었고 향회가 수령의 부세 자문 기구로 전락하였다.

> **10초 컷! 핵심 키워드 암기**
> 1. 조선 후기의 경제
>   - 수취 제도의 개편: 영정법, 대동법, 균역법
>   - 농업의 발달: 모내기법의 확대, 상품 작물 재배
>   - 상업의 발달: 사상의 성장, 상평통보 유통
> 2. 조선 후기의 사회
>   - 신분제의 동요: 양반의 증가, 중인의 신분 상승 운동

17강 개념 확인 퀴즈

1. 다음 설명이 맞으면 O표, 틀리면 X표를 하세요.
(1) 영정법은 공인이 등장하는 계기가 되었다. ( )
(2) 조선 후기에는 모내기법이 전국적으로 확산되었다. ( )
(3) 조선 후기에 송상은 전국 각지에 송방이라는 지점을 설치하였다. ( )

2. 다음 괄호 안의 내용 중 옳은 것에 O표 하세요.
(1) (대동법 / 균역법) 시행으로 부족해진 국가 재정을 보충하기 위해 토지 소유자에게 결작을 거두었다.
(2) 조선 후기에 의주의 만상이 (대청 / 대일) 무역으로 부를 축적하였다.
(3) 정조 때 (서얼 / 기술직 중인)이/가 규장각 검서관으로 등용되었다.

기출 분석 특강

기출자료1 중인들의 신분 상승 운동

(1) 기술직 중인 40회 출제   ✓ 출제 TIP 위항 문학과 시사가 힌트로 제시됩니다!

> 중인·서얼·서리 출신의 하급 관리 등에 의해 이루어진 문학
> 이 책은 (가) 출신인 유재건이 지은 인물 행적기로, **위항 문학 발달**에 크게 기여하였다. (가) 은/는 자신들의 신분에 따른 사회적인 차별에 불만이 많았는데, 시사를 조직하는 등의 문예 활동을 통해 스스로의 위상을 높이고자 하였다. 책의 서문에는 이항*에 묻혀 있는 유능한 인사들의 행적을 기록하여 세상에 널리 알리고자 이 책을 썼다고 밝히고 있다.
> * 이항: 마을의 거리

자료 분석
조선 후기에 기술직 중인들은 문예 모임인 시사를 조직하여 위항 문학 활동을 펼치며 자신들의 위상을 높이고자 하였다.

함께 나올 기출선택지
- 서얼 – **청요직 통청**을 요구하는 상소를 집단으로 올렸다. 34회
- 서얼 – 조선 후기에 **통청 운동**으로 청요직 진출을 시도하였다. 58회
- 기술직 중인 – **시사**를 조직하여 활동하는 **역관** 60회
- **역관**이 **시사(詩社)**에 참여해 **위항 문학 활동**을 하였다. 71회

기출자료2 향전의 발생

(1) 신향과 구향 47회 출제   ✓ 출제 TIP 신향과 구향을 통해 조선 후기임을 파악할 수 있어야 해요!

> 경상도 영덕의 오래되고 유력한 가문은 모두 남인이고, 이른바 **신향(新鄕)**은 서인이라고 자칭하는 자들입니다. 요즘 서인이 향교를 장악하면서 **구향(舊鄕)**과 마찰을 빚고 있던 중, 주자의 초상화가 비에 젖자 신향은 자신들이 비난을 받을까 봐 책임을 전가시킬 계획을 꾸몄습니다. 그래서 주자의 초상화와 함께 송시열의 초상화도 숨기고 남인이 훔쳐갔다는 말을 퍼뜨렸습니다.

자료 분석
조선 후기에는 향촌 운영을 둘러싸고 구향과 신향의 대립이 격화된 향전이 발생하기도 하였다.

함께 나올 기출선택지
- 향회가 수령의 부세 자문 기구로 점차 변화하였다. 19회

---

3. 질문에 맞는 답을 고르세요.

(1) 대동법에 대한 설명은?
① 일부 상류층에게 선무군관포를 징수하였다.
② 특산물 대신 쌀, 베, 동전 등으로 납부하게 하였다.

(2) 균역법에 대한 설명은?
① 토지 1결당 미곡 12두를 부과하였다.
② 1년에 2필씩 내던 군포를 절반인 1필로 줄였다.

(3) 조선 후기의 경제 모습은?
① 고액 화폐인 활구가 주조되었다.
② 담배, 고추 등 상품 작물이 재배되었다.

(4) 기술직 중인에 대한 설명은?
① 매매, 증여, 상속의 대상이 되었다.
② 조선 후기에 시사(詩社)를 조직하였다.

정답
1. (1) X(대동법) (2) O (3) O
2. (1) 균역법 (2) 대청 (3) 서얼
3. (1) ②(①은 균역법)
   (2) ②(①은 대동법)
   (3) ②(①은 고려 시대)
   (4) ②(①은 노비)

개념 적용 기출문제

01
밑줄 그은 '이 법'에 대한 설명으로 옳은 것은? [1점] [72회 25번]

이원익은 방납의 폐단을 없애고자 선혜청을 두고 이 법을 실시할 것을 주장했습니다.

방납의 폐단을 개혁하고자 한 인물
이이 / 유성룡 / 이원익 / 김육

① 양반에게도 군포를 거두었다.
② 토지 1결당 쌀 2두의 결작을 부과하였다.
③ 전세를 풍흉에 따라 9등급으로 차등 과세하였다.
④ 부족한 재정 보충을 위해 선무군관포를 징수하였다.
⑤ 관청에 물품을 조달하는 공인이 등장하는 배경이 되었다.

02
밑줄 그은 '대책'에 대한 탐구 활동으로 가장 적절한 것은? [2점] [69회 19번]

양역(良役)의 편중됨이 실로 양민의 뼈를 깎아 지탱하지 못하는 폐단이 됩니다. 전하께서 이를 불쌍하게 여겨 2필의 역을 특별히 1필로 감하였으니, 이는 천지와 같은 큰 은덕이요 죽은 사람을 살려 주는 은혜입니다. …… 그러나 이미 포를 감하였으니 마땅히 그 대신할 것을 보충해야 하나 나라의 재원은 한정이 있습니다. …… 이에 신들은 감히 눈앞의 한때 일을 다행으로 여기지 않고 좋은 대책을 찾아 반드시 오래도록 이어지게 하겠습니다.

① 공인이 등장하게 된 배경을 살펴본다.
② 당백전 발행이 끼친 영향을 파악한다.
③ 선무군관포를 징수한 목적을 찾아본다.
④ 토산물을 쌀, 동전 등으로 납부하게 한 원인을 조사한다.
⑤ 전세를 풍흉에 따라 9등급으로 차등 부과한 이유를 알아본다.

03
다음 자료에 나타난 시기의 경제 상황으로 옳지 않은 것은? [1점] [72회 27번]

비변사의 계사에, "현재 시전의 병폐로 서울과 지방의 백성이 원망하는 바는 오로지 도고(都庫)에 있습니다. 시중 시세를 조종하여 홀로 이익을 취하니 그 폐단은 한이 없습니다. 한성부에서 엄히 금하도록 하되 그 가운데 매우 심하게 폐단을 빚는 3강(한강·용산강·서강)의 시목전(柴木廛)·염해전(鹽醢廛)과 같은 무리는 그 주모자를 색출하여 형조로 송치해서 엄한 형벌로 다스려 후일을 징계하도록 분부하는 것이 어떻겠습니까?" 하니 윤허한다고 답하였다.

① 금속 화폐인 건원중보가 주조되었다.
② 담배와 면화 등의 상품 작물이 재배되었다.
③ 보부상이 장시를 돌아다니며 상업 활동을 하였다.
④ 모내기법의 확대로 벼와 보리의 이모작이 성행하였다.
⑤ 설점수세제의 시행으로 민간의 광산 개발이 허용되었다.

04
밑줄 그은 '이 시기'의 경제 상황으로 옳은 것은? [1점] [63회 25번]

시(詩)로 만나는 한국사

이현과 종루 그리고 칠패는
도성의 3대 시장이라네
온갖 장인들이 살고 일하니
사람들이 많아서 어깨를 부딪히네
온갖 재화가 이익을 좇아
수레가 끊임없네
봉성의 털모자, 연경의 비단실
함경도의 삼베, 한산의 모시
쌀, 콩, 벼, 기장, 조, 피, 보리
……

[해설] 이것은 한양의 모습을 그린 「성시전도」를 보고 박제가가 지은 시의 일부이다. 시의 내용을 통해 이 시기 생동감 있는 시장의 모습을 엿볼 수 있다.

① 백성에게 정전이 지급되었다.
② 서경에 관영 상점이 설치되었다.
③ 금속 화폐인 건원중보가 주조되었다.
④ 벽란도가 국제 무역항으로 번성하였다.
⑤ 인삼, 담배 등이 상품 작물로 재배되었다.

해설

01 대동법 정답 ⑤

자료 분석

이원익 + 방납의 폐단 + 선혜청 → 대동법

대동법은 조선 후기 광해군 때 공물을 현물 대신 쌀, 베 등으로 납부하게 한 제도로, 방납의 폐단을 해결하기 위해 이원익 등의 건의로 시행되었다. 당시에는 공물을 대신 납부해주고 농민들에게 그 대가를 받는 방납이 성행하였는데, 점차 대가를 비싸게 받는 등 폐단이 심해졌다. 이에 광해군은 담당 관청으로 선혜청을 설치하고 경기도에서 시범적으로 대동법을 실시하였다. 이에 따라 농민들은 집집마다 현물을 내는 대신 토지 결 수를 기준으로 쌀, 베 등을 공물로 납부하게 되었고, 그 결과 농민들의 세금 부담이 줄어들었다.

선택지 분석

① 양반에게도 군포를 거두었다. → 호포제
② 토지 1결당 쌀 2두의 결작을 부과하였다. → 균역법
③ 전세를 풍흉에 따라 9등급으로 차등 과세하였다.
→ 연분 9등법
④ 부족한 재정 보충을 위해 선무군관포를 징수하였다. → 균역법
⑤ 관청에 물품을 조달하는 공인이 등장하는 배경이 되었다.
→ 대동법
ㄴ 대동법은 관청에 물품을 조달하는 공인이 등장하는 배경이 되었다.

02 균역법 정답 ③

자료 분석

2필의 역을 특별히 1필로 감함 → 균역법

균역법은 조선 영조 때 백성들의 군역 부담을 줄이기 위해 실시한 제도로, 군포를 2필에서 기존의 절반인 1필로 줄였다. 이로 인해 감소한 국가 재정을 보충하기 위하여 토지를 소유하고 있는 자에게 토지 1결당 미곡 2두의 결작을 부과하였다. 또한 어장세, 염세, 선박세 등의 잡세 수입도 국가 재정으로 귀속시켰다.

선택지 분석

① 공인이 등장하게 된 배경을 살펴본다. → 대동법
② 당백전 발행이 끼친 영향을 파악한다. → 물가 상승
③ 선무군관포를 징수한 목적을 찾아본다. → 균역법
ㄴ 균역법의 시행으로 부족해진 재정을 보충하기 위해 지방의 토호나 부유한 집안 등 일부 부유한 양민에게 선무군관이라는 명예직을 수여한 후 선무군관포를 징수하였다.
④ 토산물을 쌀, 동전 등으로 납부하게 한 원인을 조사한다.
→ 대동법
⑤ 전세를 풍흉에 따라 9등급으로 차등 부과한 이유를 알아본다. → 연분 9등법

03 조선 후기의 경제 상황 정답 ①

자료 분석

비변사 + 도고 → 조선 후기

조선 후기에는 비변사가 국정 총괄 기구로 자리 잡았다. 이로 인해 기존의 의정부·6조 중심의 행정 체계가 유명무실화되었으며, 세도 정치 시기에는 비변사가 외척 세력의 권력 기반으로 활용되었다. 또한 조선 후기에는 독점적 도매 상인인 도고가 등장하여 한 가지 물품을 대량으로 취급하며 홀로 이익을 취하는 등 폐단이 발생하기도 하였다.

선택지 분석

① 금속 화폐인 건원중보가 주조되었다. → 고려 시대
ㄴ 금속 화폐인 건원중보는 우리나라 최초의 화폐로, 고려 성종 때 주조되었다.
② 담배와 면화 등의 상품 작물이 재배되었다. → 조선 후기
③ 보부상이 장시를 돌아다니며 상업 활동을 하였다. → 조선 후기
④ 모내기법의 확대로 벼와 보리의 이모작이 성행하였다.
→ 조선 후기
⑤ 설점수세제의 시행으로 민간의 광산 개발이 허용되었다.
→ 조선 후기

04 조선 후기의 경제 상황 정답 ⑤

자료 분석

이현과 종루 그리고 칠패 + 장인들 → 조선 후기

조선 후기에는 한양(서울) 도성 안에 이현(동대문), 종루(종로), 칠패(남대문) 등에서 시전 상인과 사상들이 활발한 상업 활동을 전개하였다.

선택지 분석

① 백성에게 정전이 지급되었다. → 통일 신라
② 서경에 관영 상점이 설치되었다. → 고려 시대
③ 금속 화폐인 건원중보가 주조되었다. → 고려 시대
④ 벽란도가 국제 무역항으로 번성하였다. → 고려 시대
⑤ 인삼, 담배 등이 상품 작물로 재배되었다. → 조선 후기
ㄴ 조선 후기에는 농민들이 소득이 높은 인삼, 담배, 고추 등을 상품 작물로 재배·판매하였다.

개념 적용 기출문제

05
[70회 25번]
다음 상황이 나타난 시기에 볼 수 있는 모습으로 적절하지 않은 것은? [1점]

> 김화진 등이 아뢰기를, "…… 만상과 송상이 함께 수많은 가죽을 마음대로 밀무역을 합니다. 수달 가죽은 금지 품목 가운데 하나인데 변경을 지키는 관리들이 대수롭지 않게 여겨 1년, 2년이 되면 곧 일상적인 물건과 같아지니 …… 이후로는 한결같이 법전에 의거하여 금지 조항을 거듭 자세히 밝혀서 송상과 만상에게 법을 범해서는 안 되며, 범하는 사람이 있으면 일일이 적발하여 법에 따라 엄격하게 처벌한다는 것을 분명히 알게 해야 합니다. 아울러 살피지 못한 변방의 관리들도 드러나는 대로 무겁게 다스린다는 뜻을 분명히 알게 해야 합니다.……"라고 하니, 임금이 그리하라 하였다.

① 채굴 노동자를 고용하는 덕대
② 벽란도에서 교역하는 송의 상인
③ 상평통보로 물건을 거래하는 보부상
④ 포구에서 물품의 매매를 중개하는 여각
⑤ 담배, 인삼 등 상품 작물을 재배하는 농민

07
[40회 21번]
(가) 신분에 대한 설명으로 옳은 것은? [2점]

「이향견문록」

이 책은 (가) 출신인 유재건이 지은 인물 행적기로, 위항 문학 발달에 크게 기여하였다. (가) 은/는 자신들의 신분에 따른 사회적인 차별에 불만이 많았는데, 시사(詩社)를 조직하는 등의 문예 활동을 통해 스스로의 위상을 높이고자 하였다. 책의 서문에는 이항(里巷)*에 묻혀 있는 유능한 인사들의 행적을 기록하여 세상에 널리 알리고자 이 책을 썼다고 밝히고 있다.

* 이항: 마을의 거리

① 매매, 증여, 상속의 대상이 되었다.
② 장례원을 통해 국가의 관리를 받았다.
③ 공장안에 등록되어 수공업 제품 생산을 담당하였다.
④ 양인이지만 천역을 담당하는 신량역천으로 분류되었다.
⑤ 관직 진출 제한을 없애달라는 소청 운동을 전개하였다.

06
[44회 24번]
(가), (나)에 대한 설명으로 가장 적절한 것은? [2점]

> 조선 후기에 활동한 상인에 대해 말해볼까요?
> 개성 상인인 (가) 은/는 사개치부법이라는 회계법을 고안했어요.
> (나) 은/는 한강을 무대로 정부의 세곡 운송을 주도했고, 강상(江商)이라 불리기도 했어요.

① (가) - 혜상공국을 통해 정부의 보호를 받았다.
② (가) - 전국 각지에 송방이라는 지점을 설치하였다.
③ (나) - 책문 후시를 통해 청과의 무역을 주도하였다.
④ (나) - 금난전권을 행사해 사상의 활동을 억압하였다.
⑤ (가), (나) - 근대적 상회사인 대동 상회를 설립하였다.

08
[35회 31번]
(가)에 대한 설명으로 옳은 것을 <보기>에서 고른 것은? [1점]

> 지난 을축년 영중추부사 이원익이 정승으로 있을 때에, …… (가) 의 관직 진출을 허용하도록 정하였습니다. 양첩 소생은 손자 대에 가서 허용하고, 천첩 소생은 증손 대에 가서 허용하며, 과거에 급제한 뒤에는 요직은 허용하되 청직은 허용하지 않는 것으로 임금님의 재가를 받았습니다. …… 지금부터는 전교하신 대로 재능에 따라 의망(擬望)*하는 것이 어떻겠습니까?
> *의망: 관직 후보자를 추천하는 것

〈보기〉
ㄱ. 화척, 양수척 등으로 불렸다.
ㄴ. 수차례 통청 운동을 전개하였다.
ㄷ. 규장각 검서관에 등용되기도 하였다.
ㄹ. 차별 철폐를 위해 조선 형평사를 조직하였다.

① ㄱ, ㄴ ② ㄱ, ㄷ ③ ㄴ, ㄷ ④ ㄴ, ㄹ ⑤ ㄷ, ㄹ

해설

05 조선 후기의 모습 정답 ②

자료 분석

만상과 송상 → 조선 후기

조선 후기에는 사상이 자유롭게 상업 활동을 전개하였다. 의주를 중심으로 활동한 만상은 책문(의주 맞은편)에서 이루어진 밀무역인 책문 후시를 통해 청나라와의 무역을 주도하였으며, 개성을 중심으로 활동한 송상은 전국 각지에 송방이라는 지점을 설치하고 청나라에 인삼을 판매하였다.

선택지 분석

① 채굴 노동자를 고용하는 덕대 → 조선 후기
② 벽란도에서 교역하는 송의 상인 → 고려 시대
ㄴ 고려 시대에는 예성강 하구의 벽란도가 국제 무역항으로 번성하여 송·일본·아라비아 상인들이 왕래하는 등 교류가 활발하였다.
③ 상평통보로 물건을 거래하는 보부상 → 조선 후기
④ 포구에서 물품의 매매를 중개하는 여각 → 조선 후기
⑤ 담배, 인삼 등 상품 작물을 재배하는 농민 → 조선 후기

06 송상과 경강 상인 정답 ②

자료 분석

(가) 개성 상인 → 송상
(나) 한강을 무대로 정부의 세곡 운송을 주도함 → 경강 상인

조선 후기에는 상품 화폐 경제의 발달로 전국 각지에서 사상이 성장하였다. 우선 개성의 송상은 주로 인삼을 재배하고 판매하였으며, 사개치부법이라는 독자적인 회계법을 사용하였다. 한편 경강 상인은 한강을 근거지로 미곡, 소금, 어물 등의 운송과 거래를 장악하며 성장하였다. 또한 경강 상인은 정부의 세곡 운송을 주도하기도 하였다.

선택지 분석

① (가) - 혜상공국을 통해 정부의 보호를 받았다. → 보부상
② (가) - 전국 각지에 송방이라는 지점을 설치하였다. → 송상
ㄴ 송상은 조선 후기에 개성을 근거지로 활동하였으며, 전국 각지에 송방이라는 지점을 설치하였다.
③ (나) - 책문 후시를 통해 청과의 무역을 주도하였다. → 만상
④ (나) - 금난전권을 행사해 사상의 활동을 억압하였다.
→ 시전 상인
⑤ (가), (나) - 근대적 상회사인 대동 상회를 설립하였다. → X

07 중인 정답 ⑤

자료 분석

『이향견문록』+ 위항 문학 + 시사를 조직 → 중인

조선 후기에 중인들은 위항 문학을 발전시켰으며, 일종의 문예 모임인 시사를 조직하는 등 활발한 문예 활동을 전개하였다. 대표적인 위항 문학으로는 『이향견문록』, 『연조귀감』 등이 있다.

선택지 분석

① 매매, 증여, 상속의 대상이 되었다. → 노비
② 장례원을 통해 국가의 관리를 받았다. → 노비
③ 공장안에 등록되어 수공업 제품 생산을 담당하였다.
→ 상민(수공업자)
④ 양인이지만 천역을 담당하는 신량역천으로 분류되었다.
→ 신량역천
⑤ 관직 진출 제한을 없애달라는 소청 운동을 전개하였다.
→ 중인
ㄴ 조선 후기에 중인들은 관직 진출의 제한을 없애달라는 소청 운동을 전개하였다.

08 서얼 정답 ③

자료 분석

양첩 소생, 천첩 소생 → 서얼

서얼은 양반의 자손 가운데 첩의 소생을 뜻하는 말로, 중인과 같은 신분적 처우를 받아 중서라고도 불렸다. 이들은 문과에 응시하는 것이 금지되었고, 무반직에 급제하여도 승진이 제한되었으며, 그 자손도 차별받았다. 이러한 상황에서 영·정조 때 서얼들은 수차례 집단으로 상소하며 허통(문과에 응시할 수 있는 권리)과 통청(청요직에 진출할 수 있는 권리)을 요구하는 신분 상승 운동을 지속적으로 전개하였다.

선택지 분석

ㄱ. 화척, 양수척 등으로 불렸다. → 백정
ㄴ. 수차례 통청 운동을 전개하였다. → 서얼
ㄴ 서얼은 조선 후기에 집단적으로 통청 운동을 전개하며, 청요직으로의 진출을 허용해 줄 것을 요구하였다.
ㄷ. 규장각 검서관에 등용되기도 하였다. → 서얼
ㄴ 서얼인 박제가, 유득공, 이덕무는 정조에게 능력을 인정받아 규장각 검서관에 등용되었다.
ㄹ. 차별 철폐를 위해 조선 형평사를 조직하였다. → 백정

① ㄱ, ㄴ   ② ㄱ, ㄷ   ③ ㄴ, ㄷ   ④ ㄴ, ㄹ   ⑤ ㄷ, ㄹ

18강 조선 후기의 문화

1 성리학의 변화와 양명학의 수용 최근 3개년 시험 중 0회 출제!

빈출 키워드 랭킹
1위 정제두 9번 출제
2위 박세당 1번 출제

1. 성리학의 변화
(1) **성리학의 절대화(교조화)**: 서인 정권은 의리 명분론을 강화하고 주자 중심의 성리학을 절대화하면서 자신들의 학문적 기반을 강화하였다.
(2) **성리학의 상대화**: 17세기 후반에 윤휴는 유교 경전의 재해석을 시도하였으며, 박세당은 『사변록』에서 유교 경전의 독자적 해석을 시도하였다.
(3) **성리학의 이론 논쟁(호락 논쟁)**: 18세기에 노론 내부에서는 '인간과 사물의 본성에 대한 문제를 두고 호론과 낙론◆으로 나누어져 논쟁이 전개되었다.

2. 양명학의 수용 기출자료1
(1) **특징**: 성리학의 절대화를 비판하고 심즉리, 지행합일◆ 등을 주장하며 실천성을 강조하였다.
(2) **전래와 수용**: 중종 때 조선에 전래되었으나 이황의 비판을 받았다. 이후 17세기 후반부터 본격적으로 수용되어 왕실 종친과 소론을 중심으로 연구되었다.
(3) **학파의 형성**: 하곡 정제두가 강화도에서 양명학을 연구하며 강화 학파를 형성하였다.

◆ **호론과 낙론**
- 호론: 인물과 사물의 본성이 다르다는 주장
- 낙론: 인물과 사물의 본성이 같다는 주장

◆ **지행합일**
앎과 실천은 함께 해야 함

2 실학의 등장과 국학 연구의 확대 최근 3개년 시험 중 16회 출제!

빈출 키워드 랭킹
1위 정약용 12회 출제
2위 김정희 10회 출제
3위 홍대용, 박지원 9회 출제

1. 실학◆
(1) **중농학파 실학자** 기출자료2
① **특징**: 농업 중심의 개혁과 지주 전호제의 혁파를 주장하였으며, 그중에서 토지 제도의 개혁(분배 강조)을 가장 중시하였다.
② **대표 학자**

반계 유형원	· 균전론 주장: 자영농 육성을 위해 신분에 따른 토지의 차등 분배를 주장함 · 주요 저술: 『반계수록』
성호 이익	· 한전론 주장: 영업전◆ 설정 및 토지 매매의 제한(토지 소유의 하한선 설정)을 주장함 · 6좀 지적: 나라를 좀먹는 여섯 가지의 폐단으로 노비 제도, 과거 제도, 양반 무벌 제도, 미신, 승려, 게으름을 지적함 · 주요 저술: 『성호사설』, 『곽우록』 등
다산 정약용	· 여전론 주장: 마을 단위의 토지 분배와 공동 경작, 노동량에 따른 수확물의 차등 분배를 주장함 → 이후 타협안으로 정전론◆을 주장함 · 거중기 설계: 『기기도설』을 참고하여 거중기를 설계함 → 화성 축조에 이용함 · 종두법 연구: 종두법(홍역)에 대해 연구하고 실험하여 『마과회통』을 저술함 · 주요 저술: 『목민심서』(지방 행정 개혁), 『경세유표』(국가 제도 개혁), 『흠흠신서』 등

◆ **실학**
17~18세기 양반 사회의 모순을 개혁하기 위해 사실을 기반으로 진리를 탐구하는 실사구시의 학문으로 등장

◆ **영업전**
한 가정이 생활을 유지하는 데 필요한 일정한 토지

◆ **정전론**
전국의 토지를 국유화하여 정전(井田)을 편성한 다음, 노동력의 양과 질에 따라 토지를 차등적으로 분급하는 제도

기출 분석 특강

기출자료 1 양명학의 수용

(1) 양명학 30회 출제　✅ **출제 TIP** 정제두와 강화 학파가 힌트로 제시됩니다!

○○신문
제△△호 ○○○○년 ○○월 ○○일
특집: 강화 학파의 발자취를 찾아서
이곳은 강화 학파의 태두인 정제두의 묘이다. 그는 심즉리(心卽理), 치양지(致良知)를 주요 내용으로 한 (가) 을/를 연구하였으며, 강화도에서 후진 양성에 힘을 기울여 이광사 등 많은 제자를 길러냈다.

자료 분석
양명학의 이론으로는 심즉리(인간의 마음이 곧 이치라는 뜻), 치양지(사람은 누구나 마음속에 양지를 지니고 있으므로 평등함), 지행합일(앎과 실천은 함께 해야 함) 등이 있다.

함께 나올 기출선택지
· 정제두 - 양명학을 연구하여 강화 학파를 형성하였다. 72·71·68·67회

기출자료 2 중농학파 실학자

✅ **출제 TIP** 학자들의 대표적인 주장이나 저술이 힌트로 제시됩니다!

(1) 유형원 44회 출제

이곳은 (가) 이/가 낙향하여 학문 연구에 전념했던 전라북도 부안군의 반계 서당입니다. 그는 이곳에서 제자들을 양성하며 『반계수록』을 저술하였습니다.

자료 분석
반계 유형원은 전라북도 부안에서 자신의 개혁 사상을 담은 『반계수록』을 저술하였다.

(2) 이익 65회 출제

- 『성호사설』에서 6가지 좀의 하나로 과업을 말씀하셨는데요. 어떤 점이 문제인가요?
- 요즘 과거를 준비하는 유생들은 부모 형제와 생업도 팽개치고 종일토록 글공부만 하고 있으니, 이는 인간의 본성을 망치는 재주일 뿐입니다. 다행히 급제라도 하면 교만하고 사치스러워져, 끝없이 백성의 것을 빼앗아 그 욕심을 채웁니다. 때문에 나라를 좀먹는 존재로 표현했습니다.

자료 분석
이익은 『성호사설』에서 나라를 좀먹는 여섯 가지의 폐단(6좀)으로 노비 제도, 과거 제도, 양반 문벌 제도, 미신, 승려, 게으름을 지적하였다.

(3) 정약용 41회 출제

이제 농사를 짓는 사람은 전지(田地)를 얻게 하고 농사를 짓지 않는 사람은 전지를 얻지 못하게 하고자 한다면, 여전(閭田)의 법을 시행하여 나의 뜻을 이룰 수 있을 것이다. 무엇을 여전이라 하는가? 산골짜기와 천원(川原)의 형세로써 나누어 경계로 삼아 그 안을 여라 한다. …… 여에는 여장(閭長)을 두고 무릇 한 여(閭)의 전지는 그 여의 사람들로 하여금 다 함께 경작하게 한다. …… 추수 때에는 …… 그 양곡을 나누는데, 먼저 국가에 세를 내고 그 다음은 여장의 봉급을 주고, 그 나머지를 가지고 자부에 의해, 일한 만큼 (여민에게) 분배한다.
　　　　　　　　　　　　　　　└ 마을

자료 분석
정약용은 마을 단위로 토지를 분배하여 마을 사람들이 공동 경작하게 하고, 그중 일부를 국가에 세금으로 바친 뒤 남은 것을 노동량에 따라 수확물을 차등 분배하자는 여전론을 주장하였다.

함께 나올 기출선택지
· 유형원 - 『반계수록』에서 토지 제도 개혁론을 제시하였다. 41회
· 이익 - 『성호사설』에서 한전론을 주장하였다. 58회
· 정약용 - 『목민심서』에서 지방 행정의 개혁안을 제시하다 56회
· 정약용 - 『기기도설』을 참고하여 거중기를 설계하였다. 69·68·64회
· 정약용 - 『마과회통』에서 홍역에 대한 의학 지식을 정리하였다. 65회
· 정약용 - 『경세유표』를 저술하여 국가 제도의 개혁 방향을 제시하였다. 68·60·58회
· 정약용 - 여전론을 통해 마을 단위의 공동 경작을 주장하였다. 67회

18강 조선 후기의 문화

(2) 중상학파 실학자 기출자료1
① **특징:** 토지 생산성 증대와 상공업의 활성화를 추구하였다. 또한 청나라 문물을 수용하여 부국강병과 이용후생에 힘쓸 것을 주장하였는데, 이는 북학론으로 발전하였다.
② **대표 학자**

농암 유수원	· 『우서』에서 사농공상의 직업적 평등과 전문화를 주장함 · 상공업의 진흥을 주장함
담헌 홍대용	· 중국 중심 세계관 비판: 『의산문답』에서 지전설, 무한 우주론◆을 주장하여 중국 중심의 세계관을 비판함 · 혼천의 제작: 천체의 운행과 위치를 측정하는 기구인 혼천의를 제작함 · 주요 저술: 『의산문답』, 『임하경륜』, 『담헌서』
연암 박지원	· 청의 문물 수용을 주장함, 수레와 선박의 이용을 강조함, 화폐 유통의 필요성을 강조함 · 한전론 주장: 토지 소유의 상한선을 설정한 후 그 이상의 소유를 금지하자고 주장 · 박규수(박지원의 손자), 오경석 등의 초기 개화론자들에게 영향을 줌 · 주요 저술: 『열하일기』(연행사◆를 따라 청에 다녀온 후 집필한 일기), 「양반전」(양반의 위선을 풍자한 소설), 「허생전」(경제 상황을 비판한 소설)
초정 박제가	· 생산과 소비의 관계를 우물에 비유(우물론◆)하여 절약보다 소비를 권장함 · 『북학의』에서 청의 문물 수용을 강조하고 수레와 선박의 이용을 권장함 · 서얼 출신으로 정조 때 규장각 검서관에 등용됨 · 주요 저술: 『북학의』

◆ **무한 우주론**
지구가 우주의 중심이 아니라 무수한 별 중 하나라는 주장

◆ **연행사**
청나라의 수도 연경(베이징)에 간 사신

◆ **박제가의 우물론**
생산과 소비의 관계를 우물에 비유하여, 우물을 사용하지 않으면 마르는 것과 같이 절약보다는 소비를 해야 생산이 늘어나고 국가 경제가 발전한다고 주장함

2. 국학 기출자료2
(1) 지리 연구

『동국지리지』	한백겸이 광해군 때 지은 역사 지리지로, 삼한의 위치를 고증함
『아방강역고』	정약용이 우리나라의 역사 지리를 정리한 지리지
『택리지』	이중환이 각 지방의 자연 환경, 경제, 풍속, 인물 등을 분석하여 정리한 지리지
동국지도	정상기가 영조 때 최초로 100리 척(尺)을 적용하여 제작한 지도
대동여지도	김정호가 철종 때 목판으로 인쇄한 지도로, 10리마다 눈금으로 거리를 표시하여 산맥·하천·포구·도로망을 정밀하게 표현함

(2) 역사 연구

『동사강목』	안정복이 고조선부터 고려까지의 역사를 정리한 역사서
『연려실기술』	이긍익이 기사본말체로 조선 왕조의 역사를 객관적으로 서술한 역사서
『발해고』	유득공이 통일 신라와 발해를 합쳐서 남북국이라는 용어를 처음 사용함
『금석과안록』	김정희가 북한산비와 황초령비 신라 진흥왕 순수비임을 처음 고증함

기출 분석 특강

기출자료 1   중상학파 실학자   ✓ 출제 TIP   각 학자들의 대표 저술이 힌트로 제시됩니다!

(1) 유수원 31회 출제

> ┌ 다섯 가지 내장
> 이미 문벌에 따라 사람을 기용하니, 사람이면 모두 오장(五臟)과 칠규(七竅)가 있는데 어느 어리석은 사람이 양반이나 중인이 되려고 하지 않고, 군보(軍保)의 천역(賤役)을 즐겨 지려 하겠는가? ……
>   └ 얼굴에 있는 구개의 구멍   - 『우서(迂書)』
>   눈 2, 코 2, 귀 2, 입

자료 분석
유수원은 자신의 저술인 『우서』에서 사농공상의 직업적 평등을 주장하였다.

(2) 홍대용 62회 출제

> 실옹이 웃으며 말하기를, "…… 대저 땅덩이는 하루 동안에 한 바퀴를 도는데, 땅 둘레는 9만 리이고 하루는 12시간이다. 9만 리 넓은 둘레를 12시간에 도니 번개나 포탄보다도 더 빠른 셈이다."라고 하였다.

자료 분석
홍대용은 실옹과 허자의 대화 형식을 빌려 『의산문답』을 저술하였으며, 지전설, 무한 우주론을 주장하여 중국 중심의 세계관을 비판하였다.

(3) 박제가 69회 출제

> 이것은 청의 화가 나빙이 그린 (가) 의 초상으로, 이별의 아쉬움을 표현한 시가 함께 있습니다. (가) 은/는 연행사의 일원으로 여러 차례 청에 가서 그곳의 문인들과 폭넓게 교유하였습니다. 이 과정에서 『북학의』를 저술하여 청의 문물을 적극적으로 수용할 것을 주장하였습니다.

자료 분석
박제가는 연행사의 일원으로 여러 차례 청을 방문하였으며, 『북학의』를 저술하여 청의 문물을 적극적으로 수용할 것을 주장하였다.

함께 나올 기출선택지

- 유수원 - 『우서』에서 사농공상의 직업적 평등을 주장하였다. 70회
- 홍대용 - 『의산문답』에서 무한 우주론을 주장하였다. 69·66회
- 홍대용 - 『의산문답』에서 중국 중심의 세계관을 비판하였다. 67·65·60회
- 홍대용 - 천체의 운행과 위치를 측정하는 혼천의를 제작했어. 50회
- 박지원 - 「양반전」을 지어 양반의 허례와 무능을 풍자하였다. 72·70·69회
- 박지원 - 『열하일기』에서 화폐 유통의 필요성을 강조하였다. 54회
- 박지원 - 『열하일기』에서 수레와 선박의 사용을 강조하였다. 71회
- 박제가 - 『북학의』에서 재물을 우물에 비유하여 절약보다 소비를 권장하다. 58·56회
- 박제가 - 『북학의』를 저술하여 수레와 배의 이용을 권장하였다. 68회

기출자료 2   조선 후기의 국학

(1) 『발해고』 61회 출제

>   ┌ 백제   ┌ 고구려   ┌ 신라
> …… 부여씨가 망하고 고씨가 망하니 김씨가 그 남쪽 땅을 차지하고 대씨가 그 북쪽 땅을 차지하여 발해라 하였다. 이것을 남북국이라 한다. 그러니 마땅히 남북국사가 있어야 한다.

자료 분석
『발해고』는 유득공이 저술한 역사서로, 유득공은 이 책에서 통일 신라와 발해를 합쳐 남북국이라는 용어를 처음 사용하였다.

(2) 『금석과안록』 55회 출제

>   ┌ 신라 진흥왕 순수비 중 하나
> 이 비는 …… 탁본을 한 결과 비의 형태는 황초령비와 서로 흡사하였고, 제1행 진흥의 진(眞) 자는 약간 마멸되었으나 여러 차례 탁본을 해서 보니, 진(眞) 자임에 의심할 여지가 없었다. …… 마침내 진흥왕의 고비(古碑)로 정하고 보니, 1200년 전의 고적(古蹟)임이 밝혀져 무학비라고 하는 황당무계한 설이 깨지게 되었다.
>   - 『완당집』
>   └ 추사 김정희의 또 다른 호

자료 분석
김정희는 『금석과안록』에서 북한산비가 황초령비와 유사하다는 사실과 비석의 진(眞)자를 통해 신라 진흥왕의 순수비임을 고증하였다.

함께 나올 기출선택지

- 동국지도 - 최초로 100리 척이 적용되었다. 54회
- 대동여지도 - 목판으로 인쇄되었으며 10리마다 눈금이 표시되어 있다. 52회
- 『발해고』(유득공) - 남북국이라는 용어를 처음 사용하였다. 73·65회
- 『금석과안록』(김정희) - 북한산비가 진흥왕 순수비임을 고증하였다. 71·70·65회

18강 조선 후기의 문화   37

18강 조선 후기의 문화

3 조선 후기 문화의 새로운 경향 최근 3개년 시험 중 11회 출제!

빈출 키워드 랭킹
1위 시사 7회 출제
2위 보은 법주사 팔상전 6회 출제
3위 한글 소설 4회 출제

1. 서민 문화의 발달

(1) 공연의 성행

판소리	· 특징: 감정 표현이 직접적이고 솔직하여 서민 문화의 중심으로 성장함 · 대표 작품: 「춘향가」·「심청가」·「흥보가」·「적벽가」·「수궁가」 등
탈춤	마을 굿의 일부로 공연되었으며 사회적 모순에 대해 폭로하고 풍자함
산대놀이	가면극이 오락으로 정착한 것으로, 상인과 중간층의 지원을 받아 성행함

(2) 문학에서의 새로운 경향 기출자료1

한글 소설	『홍길동전』, 『춘향전』, 『박씨전』 등의 한글 소설이 유행하였으며, 여성들을 중심으로 세책이 성행함
사설시조	남녀 간의 사랑이나 현실에 대한 비판 등 서민의 감정을 솔직하게 표현함
시사	중인 이하의 계층이 문예 모임인 시사를 조직하여 활동함
위항◆ 문학	서울을 중심으로 중인 이하 서민 계층에 의해 문학 활동이 활발하게 전개됨
전기수	소설을 읽어 주고 일정한 보수를 받는 전기수가 등장함

◆ **세책**
돈을 주고 책을 대여하는 방식으로, 조선 후기에 여성들을 중심으로 성행함

◆ **위항**
'좁고 지저분한 거리'라는 뜻으로, 서민들의 거처를 뜻함

2. 예술의 새로운 경향

(1) 그림 기출자료2

① **진경 산수화**: 겸재 정선을 중심으로 자연을 사실적으로 표현한 진경 산수화가 유행하였다.

② **풍속화**: 단원 김홍도가 서민의 생활을 익살스럽게 묘사하였으며, 혜원 신윤복은 양반과 부녀자의 생활과 유흥, 남녀 사이의 애정을 감각적·해학적으로 묘사하였다. 또한 김득신은 김홍도와 비슷한 화풍을 보였다.

③ **기타**: 강세황이 서양화 기법을 접목한 영통동구도를, 김정희는 세한도 등의 문인화를 그렸다.

▲ 인왕제색도(정선)

▲ 금강전도(정선)

▲ 씨름(김홍도)

▲ 무동(김홍도)

▲ 단오풍정(신윤복)

▲ 월하정인(신윤복)

▲ 파적도(김득신)

▲ 영통동구도(강세황)

▲ 세한도(김정희)

기출 분석 특강

기출자료 1 조선 후기 문학의 새로운 경향

출제 TIP 한글 소설, 시사 등 조선 후기에 등장한 새로운 경향들이 출제됩니다.

(1) 한글 소설의 유행 53회 출제

┌ 돈을 받고 책을 빌려주는 사람

가만히 살펴보니, 최근 여자들이 서로 다투어 즐겨하는 것이 오직 패설(稗說)*을 숭상하는 일이다. 패설은 날로 달로 증가하여 그 종류가 이미 엄청나게 되었다. 세책가에서는 패설을 깨끗이 필사하여, 빌려 보는 자가 있으면 그 값을 받아서 이익으로 삼는다. 부녀들은 …… [패설을] 서로 다투어 빌려다가 온종일 허비하니 음식이나 술을 어떻게 만드는지, 베를 어떻게 짜는지에 대해서도 모르게 되었다.   - 『번암집』

* 패설(稗說): 민간에서 떠도는 이야기를 주제로 한 소설

[자료 분석] 조선 후기에는 돈을 받고 소설을 빌려주는 세책가가 등장하여, 여성들을 중심으로 세책이 성행하였다.

[함께 나올 기출선택지]
- 한글 소설과 사설시조가 유행하였다. 35회
- 『홍길동전』, 『박씨전』 등의 한글 소설이 널리 읽혔다. 64·57회
- 한글 소설을 읽어 주는 전기수 62·60회
- 시사에서 시를 낭송하는 중인 73회

(2) 시사 36회 출제

이 그림은 김홍도가 중인들의 시사(詩社) 광경을 그린 '송석원시사야연도'입니다. 당시 중인들은 시사를 조직해 활발한 문예 활동을 전개하기도 하였습니다.

[자료 분석] 조선 후기에는 중인들이 문예 모임인 시사를 조직하여 활동하였다.

기출자료 2 조선 후기의 그림

출제 TIP 조선 후기 화가들의 호가 힌트로 제시됩니다!

(1) 단원 김홍도 70회 출제

┌ 김홍도의 호

이 작품은 조선 후기 대표적 풍속 화가인 단원 (가) 이/가 나귀를 타고 유람하는 나그네의 시점으로 그린 행려풍속도병입니다. 8폭 병풍에는 계절에 따라 변해가는 산수와 대장간, 나루터 등 다양한 세상살이의 모습이 생동감 있게 표현되어 있습니다. 각 폭의 그림 위쪽에는 그의 스승인 강세황의 그림평이 적혀 있습니다.

[자료 분석] 단원 김홍도는 조선 후기의 대표적인 화가로, 풍속화, 산수화 등 다양한 분야의 그림 작품을 그렸다.

(2) 세한도 56회 출제

□□ 신문
제△△호 2020년 ○○월 ○○일

┌ 김정희의 호
국민의 품에 안긴 조선 후기 명화
추사 김정희의 대표작이 소장자의 뜻에 따라 ○○박물관에 기증되었다. 그동안 기탁 형태로 관리되었으나 온전히 국가에 귀속된 것이다. 이 작품은 김정희가 제주도 유배 중일 때 사제의 의리를 변함없이 지킨 제자 이상적에게 그려준 것으로, 시서화(詩書畵)의 일치를 추구하였던 조선 시대 문인화의 진수를 보여준다.

[자료 분석] 추사 김정희는 조선 후기의 대표적인 문인화가이다. 김정희의 대표적인 작품인 세한도는 그가 제주도에 유배되어 있을 때 제자인 이상적에게 그려준 그림이다.

[함께 나올 기출선택지]
- 인왕제색도 등 진경 산수화가 그려졌다. 59회
- 인왕제색도 (정선)

65·63회

- 씨름 (김홍도)

70회

- 단오풍정 (신윤복)

61회

- 영통동구도 (강세황)

73·70회

- 세한도 (김정희)

65·61회

18강 조선 후기의 문화 39

18강 조선 후기의 문화

(2) **서예·공예** 기출자료 1
① **서예:** 추사 김정희가 자신만의 독특한 서체를 창안하여 서예의 새로운 경지를 개척하였다.
② **공예:** 백자 위에 청색(코발트) 안료로 무늬를 넣는 청화 백자가 유행하였다.

(3) **건축** 기출자료 2
① **사원 건축:** 다층 건물이지만 통층 구조♦인 거대한 규모의 사원 건축물이 주로 건립되었다.
② **기타:** 정조 때 정약용의 거중기를 이용하여 만든 성곽 시설인 수원 화성이 축조되었다.

◆ **통층 구조**
외부에서 보면 여러 층이지만 내부는 층의 구분 없이 하나로 통하는 구조

▲ 김제 금산사 미륵전   ▲ 구례 화엄사 각황전   ▲ 보은 법주사 팔상전   ▲ 수원 화성

3. 과학 기술의 발달

(1) **서양 문물의 전래:** 17세기경부터 중국을 오가던 사신과 서양 선교사를 통해 서양 문물이 전래되어, 이광정은 세계 지도(곤여만국전도)를, 정두원은 화포, 천리경, 자명종 등을 들여왔다.

(2) **천문학:** 최한기가 『해국도지』, 『영환지략』 등을 기초로 서양의 천문학 등 과학 기술을 정리한 『지구전요』를 저술하였다.

(3) **역법·의학의 발달**

역법	김육 등의 노력으로 아담 샬이 만든 시헌력을 도입함
의학	• 『동의보감』(허준): 중국과 우리나라의 전통 한의학을 집대성함(백과사전식 의서) • 『동의수세보원』(이제마): 사람의 체질을 구분하는 사상 의학을 확립함 • 『침구경험방』(허임): 침구학의 기초 이론과 침구술을 집대성함

(4) **농서의 편찬:** 신속의 『농가집성』(벼농사 중심의 농법 소개), 박세당의 『색경』(인삼, 고추 등 상품 작물 재배법 소개), 서유구의 『임원경제지』(농촌 생활 백과사전), 홍만선의 『산림경제』(농업과 일상생활에 관한 지식) 등이 저술되었다.

10초 컷! 핵심 키워드 암기
1. 실학
   - 중농학파 실학자: 유형원, 이익, 정약용
   - 중상학파 실학자: 유수원, 홍대용, 박제가
2. 조선 후기의 문화
   - 문학: 한글 소설, 시사 조직
   - 그림: 인왕제색도(정선), 씨름(김홍도), 단오풍정(신윤복)
   - 건축: 보은 법주사 팔상전

18강 개념 확인 퀴즈

1. 조선 후기의 문화유산이 맞으면 O표, 틀리면 X표를 하세요.

(1) ( )   (2) ( )   (3) ( )

2. 다음 괄호 안의 내용 중 옳은 것에 O표 하세요.

(1) (박세당 / 정제두)은/는 강화도에서 양명학을 연구하며 강화 학파를 형성하였다.
(2) (유형원 / 유수원)은 『우서』에서 사농공상의 직업적 평등을 주장하였다.
(3) (박지원 / 박제가)은/는 「양반전」을 지어 양반의 허례와 무능을 풍자하였다.

기출 분석 특강

기출자료 1 조선 후기의 서예·공예

(1) 청화 백자 68회 출제   ✓ 출제TIP 청화 백자를 만드는 데 사용된 재료가 힌트로 제시됩니다!

초벌 구이한 백자 위에 **코발트로 그림 그린 후 유약을 발라 구운 자기**다. 코발트는 수입산 안료였기에 예종은 관찰사를 통해 백성들이 **회회청(코발트)**을 구해오도록 독려할 정도였다.

[자료 분석]
조선 후기에는 백자 위에 코발트 안료를 사용하여 푸른 색의 무늬를 넣는 청화 백자가 유행하였다.

함께 나올 기출선택지
- 백자 청화죽문 각병

49회

기출자료 2 조선 후기의 건축

✓ 출제TIP 조선 후기에는 여러 층으로 구성된 목조 건축물이 만들어졌다는 사실이 출제돼요!

(1) 구례 화엄사 각황전 31회 출제

문화유산 카드
- 종목: 국보 제67호
- 소재지: 전라남도 구례군
- 소개: 정면 7칸, 측면 5칸의 다포계 중층 팔작지붕 건물이다. 현존하는 중층의 불전 중에서 가장 큰 규모로 **내부 공간은 층의 구분 없이 통층(通層)으로 구성되어** 웅장한 느낌을 준다. 임진왜란 때 소실되었으나 **1702년(숙종 28)에 중건**되어 현재에 이르고 있다.

[자료 분석]
구례 화엄사 각황전은 임진왜란 때 불에 타 소실되었던 것을 조선 후기 숙종 때 다시 만든 것이다. 외부에서 보면 중층의 형태이나 내부는 층의 구분이 없는 통층 형태이다.

함께 나올 기출선택지
- 김제 금산사 미륵전

55회

- 구례 화엄사 각황전

65·57·55회

(2) 보은 법주사 팔상전 55회 출제

#국보 #충청북도 #보은군
#조선 시대 #불교 건축 #부처의 생애
정유재란으로 소실되었다가 **인조 때 중건**되었다고 해. **현존하는 유일한 조선 시대 목탑**이야.

[자료 분석]
보은 법주사 팔상전은 임진왜란 때 소실되었다가 인조 때 다시 만든 것이다. 이는 현존하는 유일한 조선 시대 목탑이다.

- 보은 법주사 팔상전

65·64·61회

---

3. 질문에 맞는 답을 고르세요.

(1) 이익의 활동은?
① 『열하일기』를 저술하였다.
② 『성호사설』을 저술하였다.

(2) 홍대용에 대한 설명은?
① 『의산문답』에서 무한 우주론을 주장하였다.
② 자동 시보 장치를 갖춘 자격루를 제작하였다.

(3) 김정희에 대한 설명은?
① 100리 척을 사용하여 동국지도를 제작하였다.
② 북한산비가 진흥왕 순수비임을 처음으로 밝혀냈다.

(4) 조선 후기의 모습은?
① 한글 소설을 읽어주는 전기수
② 염포의 왜관에서 교역하는 상인

정답
1. (1) ○
   (2) X (조선 전기 고사관수도)
   (3) ○
2. (1) 정제두 (2) 유수원
   (3) 박지원
3. (1) ② (①은 박지원)
   (2) ① (②은 조선 전기 장영실)
   (3) ② (①은 정상기)
   (4) ① (②은 조선 전기)

개념 적용 기출문제

01
37회 29번

(가) 인물에 대한 설명으로 옳은 것은? [2점]

이 책은 (가) 의 글을 모아 펴낸 문집이다. 그는 「학변(學辨)」, 「존언(存言)」 등의 글에서 심(心)과 이(理)를 구별하는 주자의 견해를 비판하였다. 또한 지(知)와 행(行)을 둘로 구분하는 것은 물욕에 가려진 것이라고 하면서 양지(良知)의 본체에서 보면 지와 행은 하나라고 주장하였다. 그의 학문은 스승인 박세채, 윤증과의 교류를 통해 심화되었다.

『하곡집』 중 「존언」 부분

① 계유정난을 계기로 정계에서 축출되었다.
② 일본에 다녀와서 『해동제국기』를 편찬하였다.
③ 서얼 출신으로 규장각 검서관에 임용되었다.
④ 양명학을 연구하여 강화 학파 형성의 기초를 마련하였다.
⑤ 『성학집요』를 저술하여 군주가 수양해야 할 덕목을 제시하였다.

02
67회 25번

(가), (나) 인물에 대한 설명으로 옳은 것은? [2점]

① (가) - 100리 척을 사용하여 동국지도를 제작하였다.
② (가) - 『곽우록』에서 토지 매매를 제한하는 한전론을 제시하였다.
③ (나) - 『의산문답』에서 중국 중심의 세계관을 비판하였다.
④ (나) - 여전론을 통해 마을 단위의 공동 경작을 주장하였다.
⑤ (가), (나) - 양명학을 연구하여 강화 학파를 형성하였다.

03
70회 26번

(가) 인물에 대한 설명으로 옳은 것은? [2점]

① 북한산비가 진흥왕 순수비임을 고증하였다.
② 청으로부터 시헌력을 도입하자고 건의하였다.
③ 『우서』에서 사농공상의 직업적 평등을 주장하였다.
④ 「양반전」을 지어 양반의 허례와 무능을 풍자하였다.
⑤ 10리마다 눈금을 표시한 대동여지도를 완성하였다.

04
66회 24번

다음 인물에 대한 설명으로 옳은 것은? [3점]

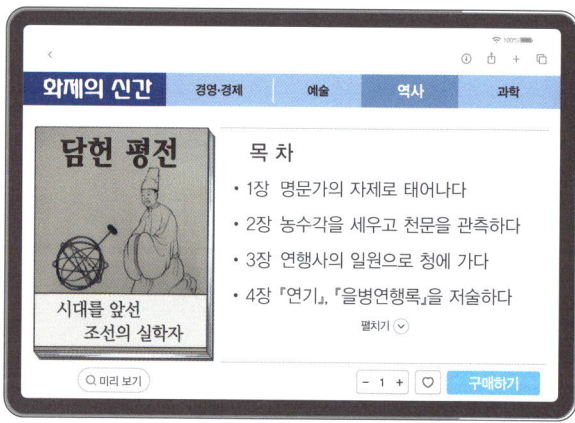

① 『지봉유설』에서 『천주실의』를 소개하였다.
② 『의산문답』에서 무한 우주론을 주장하였다.
③ 「양반전」을 지어 양반의 허례와 무능을 풍자하였다.
④ 『북학의』를 저술하여 청의 문물 수용을 강조하였다.
⑤ 『동의수세보원』을 편찬하여 사상 의학을 정립하였다.

해설

01 정제두 정답 ④

자료 분석
『하곡집』 + 주자의 견해를 비판 + 지와 행은 하나라고 주장
→ 정제두

하곡 정제두는 양명학을 사상적으로 체계화한 인물로, 정제두는 『하곡집』에서 주자의 견해를 비판하고, 아는 것(지)과 행동하는 것(행)이 일치해야 한다는 양명학의 지행합일을 중요시하였다.

선택지 분석
① 계유정난을 계기로 정계에서 축출되었다. → 김종서, 황보인 등
② 일본에 다녀와서 『해동제국기』를 편찬하였다. → 신숙주
③ 서얼 출신으로 규장각 검서관에 임용되었다.
→ 박제가, 이덕무 등
④ 양명학을 연구하여 강화 학파 형성의 기초를 마련하였다.
→ 정제두
ㄴ 정제두는 양명학을 연구하여 강화도를 중심으로 강화 학파가 형성되는데 기초를 마련하였다.
⑤ 『성학집요』를 저술하여 군주가 수양해야 할 덕목을 제시하였다. → 이이

02 박제가와 정약용 정답 ④

자료 분석
(가) 『북학의』를 저술함 → 박제가
(나) 『경세유표』를 저술함 → 정약용

(가) 초정 박제가는 조선 후기의 실학자로, 청에 다녀온 후 『북학의』를 저술하여 청과의 통상 강화와 청의 문물 도입, 소비를 촉진시켜야 국가 경제가 발전한다고 주장하였다.
(나) 다산 정약용은 조선 후기의 실학자로 거중기를 제작하여 수원 화성 건설에 큰 공헌을 하였다. 또한 국가 제도의 개혁 방향을 제시한 『경세유표』를 집필하였다.

선택지 분석
① (가) - 100리 척을 사용하여 동국지도를 제작하였다. → 정상기
② (가) - 『곽우록』에서 토지 매매를 제한하는 한전론을 제시하였다. → 이익
③ (나) - 『의산문답』에서 중국 중심의 세계관을 비판하였다.
→ 홍대용
④ (나) - 여전론을 통해 마을 단위의 공동 경작을 주장하였다.
→ 정약용
ㄴ 정약용은 토지 제도 개혁론으로 여전론을 제시하여 한 마을을 단위로 토지의 공동 소유와 공동 경작을 주장하였다.
⑤ (가), (나) - 양명학을 연구하여 강화 학파를 형성하였다.
→ 정제두

03 박지원 정답 ④

자료 분석
『열하일기』 → 박지원

연암 박지원은 조선 후기 중상학파 실학자로, 청의 문물을 적극 수용하여 부국강병에 힘쓸 것을 강조하였다. 박지원은 연행사를 따라 청나라에 다녀온 후 『열하일기』를 저술하여 상공업 진흥과 수레와 선박의 이용, 화폐 유통의 필요성 등을 주장하였다.

선택지 분석
① 북한산비가 진흥왕 순수비임을 고증하였다. → 김정희
② 청으로부터 시헌력을 도입하자고 건의하였다. → 김육
③ 『우서』에서 사농공상의 직업적 평등을 주장하였다. → 유수원
④ 「양반전」을 지어 양반의 허례와 무능을 풍자하였다.
→ 박지원
ㄴ 박지원은 소설 「양반전」을 지어 조선 후기 양반의 허례와 무능을 풍자하였다.
⑤ 10리마다 눈금을 표시한 대동여지도를 완성하였다. → 김정호

04 홍대용 정답 ②

자료 분석
담헌 + 연행사의 일원으로 청에 감 → 홍대용

홍대용은 조선 후기의 중상학파 실학자로, 호는 담헌이다. 그는 연행사의 일원으로 청을 왕래하면서 얻은 경험을 토대로 기술의 혁신과 문벌의 철폐, 성리학의 극복이 부국강병의 근본이라고 주장하였다. 또한 과학 연구에도 힘써 천체의 운행과 위치를 측정하는 기구인 혼천의를 개량하였다. 이 밖에도 그의 대표적인 저서로는 『연기』, 『을병연행록』, 『임하경륜』, 『담헌서』 등이 있다.

선택지 분석
① 『지봉유설』에서 『천주실의』를 소개하였다. → 이수광
② 『의산문답』에서 무한 우주론을 주장하였다. → 홍대용
ㄴ 홍대용은 『의산문답』에서 무한 우주론을 주장하여 중국 중심의 세계관에서 벗어나고자 하였다.
③ 「양반전」을 지어 양반의 허례와 무능을 풍자하였다. → 박지원
④ 『북학의』를 저술하여 청의 문물 수용을 강조하였다. → 박제가
⑤ 『동의수세보원』을 편찬하여 사상 의학을 정립하였다.
→ 이제마

개념 적용 기출문제

05
[54회 28번]
(가)에 대한 설명으로 옳은 것은? [3점]

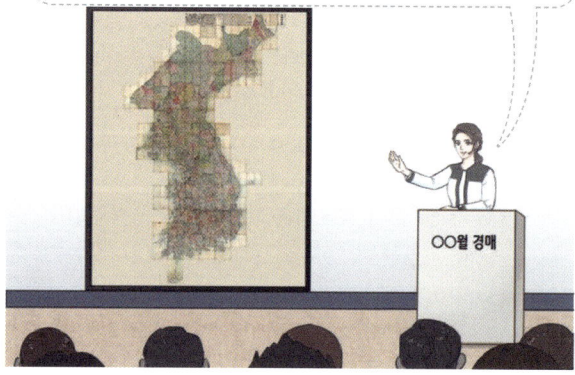

이번 경매 물건은 김정호가 당시 조선의 지도 제작 기술을 집대성하여 만든 [(가)] 입니다. 10리마다 눈금을 표시하여 거리를 알 수 있게 하였고, 개개의 산보다 산줄기를 표시하는 데 역점을 두었습니다. 또한 군현별로 다른 색이 칠해진 채색본으로는 국내에 유일하게 남아 있는 것입니다.

① 최초로 100리 척이 적용되었다.
② 전체 22첩의 목판본으로 되어 있다.
③ 우리나라에서 제작된 현존 최고(最古)의 지도이다.
④ 각 지방의 연혁, 산천, 풍속 등이 자세히 나타나 있다.
⑤ 전국의 지리 정보에 주요 인물과 역사적 사실을 병기하였다.

06
[64회 25번]
밑줄 그은 '시기'의 문화에 대한 설명으로 옳지 않은 것은? [1점]

이 그림은 조영석과 김홍도의 풍속화입니다. 인부들이 말발굽에 징을 박는 모습과 기와를 이어나가는 모습을 묘사하고 있습니다. 이를 통해 이 그림이 그려진 시기 서민들의 일상생활을 생생하게 살펴볼 수 있습니다.

① 금강전도 등 진경 산수화가 그려졌다.
② 새로운 역법으로 수시력이 도입되었다.
③ 양반 사회를 풍자한 탈춤이 성행하였다.
④ 춘향가, 흥보가 등의 판소리가 유행하였다.
⑤ 「홍길동전」, 「박씨전」 등의 한글 소설이 널리 읽혔다.

07
[56회 33번]
다음 기사에 보도된 문화유산으로 옳은 것은? [2점]

□□신문
제△△호   ○○○○년 ○○월 ○○일

국민의 품에 안긴 조선 후기 명화

추사 김정희의 대표작이 소장자의 뜻에 따라 ○○박물관에 기증되었다. 그동안 기탁 형태로 관리되었으나 온전히 국가에 귀속된 것이다. 이 작품은 김정희가 제주도 유배 중일 때 사제의 의리를 변함없이 지킨 제자 이상적에게 그려준 것으로, 시서화(詩書畵)의 일치를 추구하였던 조선 시대 문인화의 진수를 보여준다.

①  ②
③  ④
⑤

08
[49회 27번]
(가)에 들어갈 문화유산으로 옳은 것은? [1점]

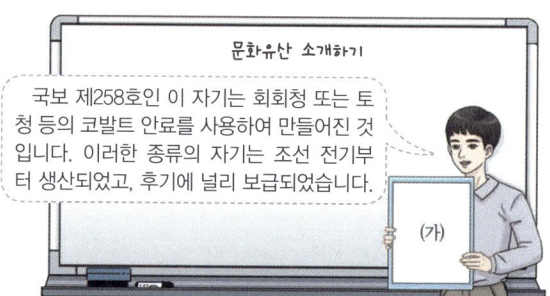

문화유산 소개하기

국보 제258호인 이 자기는 회회청 또는 토청 등의 코발트 안료를 사용하여 만들어진 것입니다. 이러한 종류의 자기는 조선 전기부터 생산되었고, 후기에 널리 보급되었습니다. (가)

①  ②  ③
④  ⑤

해설

05 대동여지도   정답 ②

자료 분석
김정호 + 10리마다 눈금을 표시 → 대동여지도

대동여지도는 조선 후기에 김정호가 당시 조선의 지도 제작 기술을 집대성하여 제작한 전국 지도이다. 10리마다 눈금을 표시하여 거리를 알 수 있게 하였다.

선택지 분석
① 최초로 100리 척이 적용되었다. → 동국지도(정상기)
② 전체 22첩의 목판본으로 되어 있다. → 대동여지도(김정호)
   ㄴ 대동여지도는 조선 후기에 김정호가 제작한 총 22첩의 목판본 지도로, 10리마다 눈금을 표시하여 거리를 알 수 있게 하였다.
③ 우리나라에서 제작된 현존 최고(最古)의 지도이다.
   → 혼일강리역대국도지도
④ 각 지방의 연혁, 산천, 풍속 등이 자세히 나타나 있다.
   → 『신증동국여지승람』
⑤ 전국의 지리 정보에 주요 인물과 역사적 사실을 병기하였다.
   → 조선팔도고금총람도

07 세한도   정답 ④

자료 분석
추사 김정희의 대표작 + 제자 이상적에게 그려준 것 → 세한도

세한도는 추사 김정희의 대표작으로, 그가 제주도에서 유배 중일 때 그린 그림이다. 그림의 끝 부분에는 김정희가 직접 쓴 글이 있는데, 세한도가 중국에서 귀한 책을 구해다 준 제자 이상적에 대한 답례로 그린 것임을 밝히고 있다.

선택지 분석

①  → 인왕제색도
②  → 영통동구도
③  → 몽유도원도
④  → 세한도
   ㄴ 세한도는 추사 김정희의 대표작으로, 김정희가 제주도에서 유배중일 때 제자 이상적에게 그려준 그림이다.
⑤  → 월하정인

08 청화 백자   정답 ④

자료 분석
코발트 안료를 사용 + 조선 후기에 널리 보급됨 → 청화 백자

청화 백자는 백토로 틀을 만들고 회회청 또는 토청이라고 불리는 코발트(청색) 안료로 무늬를 그리는 방식의 자기이다. 이러한 방식의 청화 백자는 조선 전기부터 생산되어 조선 후기에 널리 보급되었다.

선택지 분석

①  → 분청사기 박지연화어문 편병
② → 청동 은입사 포류수금문 정병
③  → 청자 상감 운학문 매병
④  → 백자 청화죽문 각병
   ㄴ 백자 청화죽문 각병은 조선 후기에 만들어진 것으로 추정되는 백자로, 회회청 또는 토청 등의 코발트 안료를 사용해 만들어졌다.
⑤  → 청자 참외모양 병

06 조선 후기의 문화   정답 ②

자료 분석
김홍도의 풍속화 → 조선 후기

단원 김홍도는 조선 후기 도화서 화원 출신의 대표적인 화가로, 풍속화, 산수화, 인물화 등 다양한 분야에서 뛰어난 작품을 남겼다.

선택지 분석
① 금강전도 등 진경 산수화가 그려졌다. → 조선 후기
② 새로운 역법으로 수시력이 도입되었다. → 고려 시대
   ㄴ 고려 시대에 새로운 역법으로 원으로부터 수시력이 도입되었다.
③ 양반 사회를 풍자한 탈춤이 성행하였다. → 조선 후기
④ 「춘향가」, 「흥보가」 등의 판소리가 유행하였다. → 조선 후기
⑤ 「홍길동전」, 「박씨전」 등의 한글 소설이 널리 읽혔다.
   → 조선 후기

조선 후기 핵심 키워드 마무리 체크

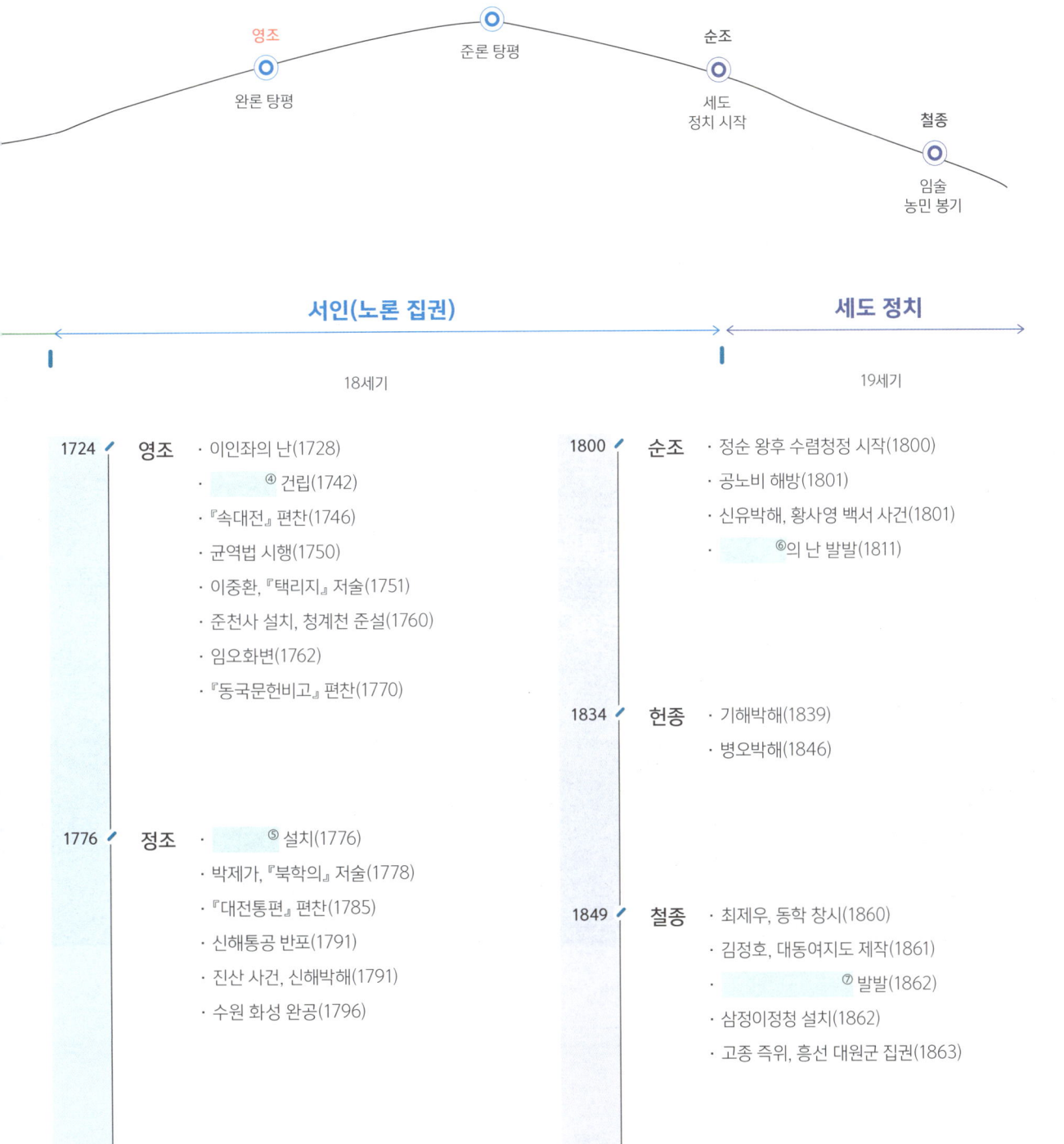

해커스 한국사능력검정시험 심화(1·2·3급) **한권합격**

VI. 근대

- **19강** 흥선 대원군 집권 시기와 개항
- **20강** 근대의 구국 운동과 근대 국가 수립 노력
- **21강** 일제의 침략과 국권 수호 운동
- **22강** 근대의 문화

구석기 시대 시작 약 70만 년 전	삼국 건국 기원전 1세기경	고려 건국 918년
선사 시대	고대	고려 시대

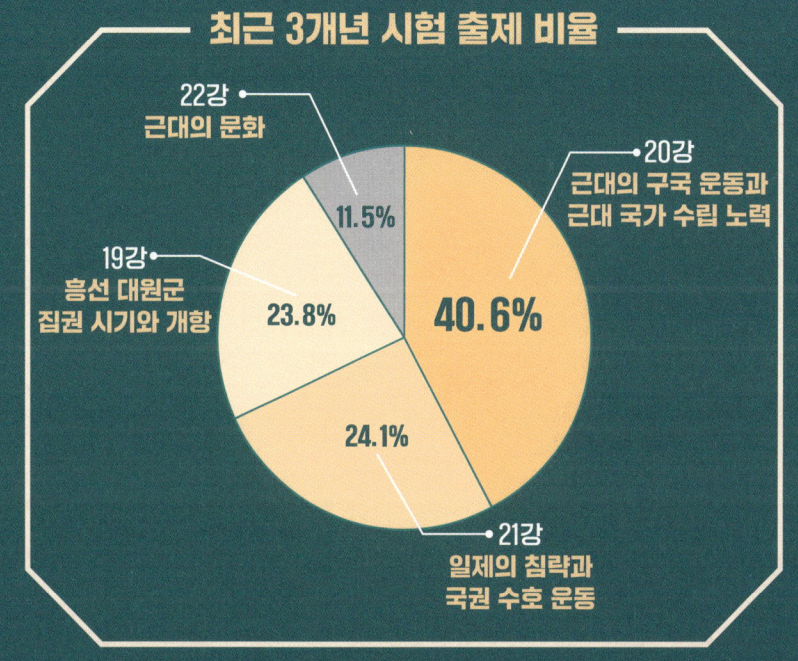

1위 20강 근대의 구국 운동과 근대 국가 수립 노력 **40.6%**

임오군란과 갑신정변, 동학 농민 운동 당시의 주장과 갑오·을미개혁의 내용이 주로 출제됩니다.

2위 21강 일제의 침략과 국권 수호 운동 **24.1%**

각 조약의 내용과 그에 대한 저항, 각 단체의 활동에 대해 파악해야 합니다.

3위 19강 흥선 대원군 집권 시기와 개항 **23.8%**

흥선 대원군의 개혁으로는 서원 철폐가, 초기 개화 정책으로는 통리기무아문이 주로 출제되니, 두 내용을 잘 구분해야 합니다.

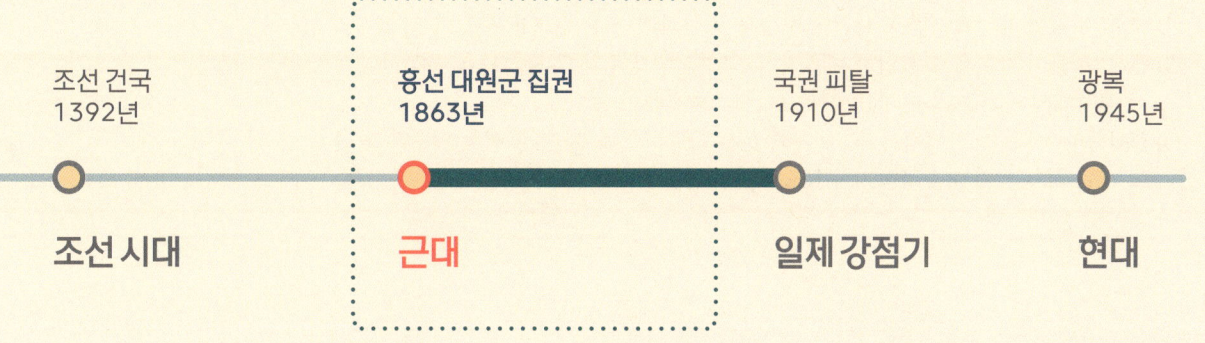

19강 흥선 대원군 집권 시기와 개항

1 흥선 대원군의 개혁과 외세의 침입 　최근 3개년 시험 중 13회 출제!

1. 흥선 대원군의 개혁 정치 　기출자료 1

비변사 폐지	비변사를 축소·폐지하여 의정부의 기능을 회복하고 삼군부를 부활시킴
통치 체제 정비	『대전회통』, 『육전조례』 등의 법전을 편찬함
경복궁 중건	· 목적: 임진왜란 중 소실된 경복궁을 중건하여 왕실의 권위를 회복하기 위함 · 내용: 공사비 마련을 위해 당백전◆을 발행하고, 기부금인 원납전을 강제로 징수함
서원 철폐	· 목적: 지방 양반들의 거점이자 백성을 수탈하던 서원을 철폐하여 국가의 지방 통제력을 강화하고자 함 · 내용: 전국의 서원을 47개소만 남기고 정리하였으며, 만동묘◆도 철폐함 · 결과: 서원에 딸린 토지와 노비를 몰수하여 국가 재정을 확충함, 양반 유생들의 반발을 불러 일으킴
삼정의 개혁	· 군정: 양반에게도 군포를 부과하는 호포제를 실시함 · 환곡: 환곡 대신 향촌민들이 자치적으로 운영하는 사창제를 실시함

2. 통상 수교 거부 정책과 외세의 침입 　기출자료 2

(1) **병인박해(1866. 1.)**: 조선 정부가 프랑스 신부와 천주교도들을 처형하며 천주교를 탄압하였다.

(2) **제너럴셔먼호 사건(1866. 7.)**
　① 배경: 미국 상선 제너럴셔먼호가 대동강을 거슬러 올라와 통상을 요구하였다.
　② 전개: 제너럴셔먼호가 통상 요구를 거부당하자 관리를 납치하고 민가를 약탈하였다. 이에 평안도 관찰사 박규수와 평양 관민들이 제너럴셔먼호를 불태웠다.

(3) **병인양요(1866. 9.)**
　① 배경: 프랑스가 병인박해를 구실로 조선과의 통상 수교를 시도하였다.
　② 전개: 프랑스 로즈 제독의 함대가 강화도를 점령하고 한성으로 진격하려 하였으나 한성근(문수산성), 양헌수(정족산성) 부대가 프랑스군을 격퇴하였다.
　③ 결과: 프랑스군이 퇴각 과정에서 『의궤』를 포함한 외규장각의 도서◆ 등 각종 문화재를 약탈하였다.

(4) **오페르트 도굴 사건(1868)**: 독일 상인 오페르트는 남연군(흥선 대원군의 아버지) 묘 도굴을 시도하였으나 실패하였다. 이후 통상 수교 거부 정책은 더욱 강화되었다.

(5) **신미양요(1871)**
　① 배경: 미국이 제너럴셔먼호 사건을 구실로 조선과의 통상 수교를 시도하였다.
　② 전개: 미군이 강화도로 침입하여 초지진·덕진진을 점령하고 광성보를 공격하였으나 어재연이 이끄는 조선 수비대가 결사적으로 저항하였다.
　③ 결과: 미군이 퇴각 과정에서 수(帥)자기 등을 약탈하였다. 한편, 흥선 대원군은 외세에 대한 척화 의지를 표명하기 위해 전국 각지에 척화비를 건립하였다.

빈출 키워드 랭킹
1위 오페르트 도굴 사건　7번 출제
2위 척화비 건립　6번 출제
3위 병인양요　3번 출제

◆ **당백전**
· 고종 때 발행된 화폐
· 액면가가 상평통보의 100배였으나, 실질 가치가 5배 정도에 지나지 않아 인플레이션을 야기함

◆ **만동묘**
임진왜란 때 조선을 도와준 명 신종과 명의 마지막 황제 의종의 제사를 지내던 사당

◆ **외규장각 도서**
· 규장각의 부속 도서관인 외규장각에서 보관하던 왕실 서적
· 2011년에 대여 형식으로 모두 반환됨

기출 분석 특강

기출자료1 흥선 대원군의 개혁 정치

(1) 경복궁 중건 60회 출제

> "(가)은/는 우리 왕조에서 수도를 세울 때 맨 처음 지은 정궁이다. …… 그러나 불행하게도 전란에 의해 불타버린 후 미처 다시 짓지 못하여 오랫동안 뜻있는 선비들의 개탄을 자아내었다. …… 이 궁궐을 다시 지어 중흥의 큰 업적을 이루려면 여러 대신과 함께 의논해보지 않을 수 없다." – 『고종실록』

(가) → 경복궁
임금이 거처하는 궁궐

자료 분석
고종이 어린 나이로 왕위에 오르자, 왕의 아버지로 실권을 장악한 흥선 대원군은 왕실의 권위 회복을 위해 임진왜란 때 소실된 경복궁을 중건하였다.

(2) 서원 철폐 58회 출제

✔ 출제TIP "만동묘"와 "서원"이 자료의 힌트로 출제됩니다!

> 창녕의 관산 서원 터에서 매주(埋主) 시설이 발견되었습니다. 이 시설은 서원에 모셔져 있던 신주를 옹기에 넣고 기와로 둘러싼 뒤 묻은 것입니다. 이번 발굴로 만동묘 철거 이후 서원을 철폐하던 시기에 신주를 어떻게 처리했는지 알 수 있게 되었습니다.

→ 흥선 대원군 집권기

자료 분석
흥선 대원군은 민생을 안정시키기 위해 우선 만동묘를 철폐하고, 서원을 47개소만 남기고 모두 철폐하였다.

함께 나올 기출선택지

- 삼군부를 부활시켜 군국 기무를 전담하게 하였다. 72·58회
- 통치 체제를 정비하기 위해 『대전회통』을 편찬하였다. 70·68·59회
- 전국의 서원을 47개소만 남기고 모두 철폐하였다. 34회
- 왕실의 위엄을 높이기 위해 경복궁을 중건하였다. 65회
- 재정 문제를 해결하기 위해 당백전을 발행하였다. 71회
- 호포제 – 양반에게도 군포를 부과하였다. 72·65·57회

기출자료2 통상 수교 거부 정책과 외세의 침입

✔ 출제TIP 병인양요와 신미양요 때 외세에 맞서 싸운 인물의 이름이 힌트로 제시돼요!

(1) 병인양요 70회 출제

> 순무영에서 정족산성 수성장 양헌수가 보내온 보고에 의하면, "…… 오늘 저들은 우리가 지키고 있는 성을 점령할 계책으로 그 우두머리가 말을 타고 나귀를 끌고 짐바리와 술과 음식을 가지고 동문과 남문으로 나누어 들어왔습니다. 이때 우리 군사들이 좌·우에 매복하였다가 일제히 총탄을 퍼부었습니다.……"라고 하였습니다.

자료 분석
로즈 제독이 이끄는 프랑스군이 강화도를 점령하고 한성으로 진격하려 하였으나, 정족산성의 양헌수 부대가 프랑스군을 격퇴하였다.

(2) 오페르트 도굴 사건 38회 출제

> 방금 남연군방의 차지중사가 아뢴 바를 들으니, 덕산 묘지에 서양놈들이 침입하여 무덤을 훼손한 변고가 있었다고 하니 아주 놀랍고 황송한 일이다. 조정에서 임기응변의 계책을 세웠다가 도신의 장계가 올라오기를 기다려 논의하도록 하라.

→ 흥선 대원군의 아버지

자료 분석
독일 상인 오페르트가 통상을 요구하기 위해 충남 덕산에 있는 흥선 대원군의 아버지인 남연군 묘의 도굴을 시도하였으나, 지역 주민들의 저항으로 실패하였다.

(3) 신미양요 70회 출제

> 4월 24일에 계속해서 올린 강화 진무사 정기원의 치계에, "미국 배가 다시 항구로 들어와서 광성진을 습격하여 함락하였는데, 중군 어재연이 힘껏 싸우다가 목숨을 바쳤고, 사망한 군사가 매우 많습니다.

자료 분석
로저스 제독이 이끄는 미군이 강화도를 침입하자, 어재연 부대가 광성보에서 항전하였으나 결국 패배하였다.

함께 나올 기출선택지

- 병인박해로 천주교 선교사와 신자들이 처형되었다. 56회
- 제너럴셔먼호 사건 – 평양 관민이 제너럴셔먼호를 불태웠다. 65·63·61회
- 병인양요 – 양헌수 부대가 정족산성에서 프랑스군을 격퇴하였다. 60회
- 병인양요의 결과 – 외규장각의 『의궤』가 국외로 약탈되었다. 71회
- 오페르트 도굴 사건 – 오페르트가 남연군 묘 도굴을 시도하였다. 70·65·61회
- 신미양요 – 제너럴셔먼호 사건을 구실로 미군이 강화도를 침입하였다. 66·58회
- 신미양요 – 어재연 부대가 광성보에서 항전하였다. 67회
- 신미양요의 결과 – 흥선 대원군이 종로와 전국 각지에 척화비를 건립하였다. 71·69·61회

19강 흥선 대원군 집권 시기와 개항

2 통상 조약의 체결 최근 3개년 시험 중 8회 출제!

1. 일본과의 조약 체결 [기출자료1]
(1) 배경
① **고종의 친정**: 통상 수교 거부 정책을 전개하던 흥선 대원군이 물러나고 고종의 친정이 시작되었다.
② **운요호 사건**: 일본이 운요호 사건을 구실로 조선 정부에 개항을 요구하였다.

(2) 강화도 조약(조·일 수호 조규, 1876)
① **주요 내용**: 조선에 대한 청의 종주권을 부인하였고(조선은 자주국), 부산·원산·인천에 개항장을 설치하였으며, 치외 법권을 인정하였다.
② **성격**: 우리나라가 외국과 맺은 최초의 근대적 조약이자 불평등 조약이었다.
③ **부속 조약**

조·일 수호 조규 부록	개항장에서 일본 화폐 유통 허용, 일본 상인의 활동 범위를 10리로 제한함
조·일 무역 규칙 (조·일 통상 장정)	· 양곡(쌀·잡곡)의 무제한 유출(수출·수입)을 허용함 · 일본 수출입 상품에 대한 관세를 설정하지 않음(무관세)
조·일 통상 장정 개정	일본 상품에 대한 관세 설정, 최혜국 대우(불평등) 규정, 방곡령 규정 명시

2. 서양 열강과의 조약 체결
(1) 조·미 수호 통상 조약(1882) [기출자료2]
① **배경**: 2차 수신사로 파견되었던 김홍집이 들여온 『조선책략』과 청의 알선이 계기가 되었다.
② **주요 내용**: 거중조정, 최혜국 대우 최초 규정, 치외 법권 허용, 관세 부과 등을 내용으로 하였다.
③ **성격**: 조선이 서양 국가와 맺은 최초의 근대적 조약이자 불평등 조약이었다.

(2) 조·프 수호 통상 조약(1886): 천주교 포교의 자유를 인정받는 계기가 되었다.

빈출 키워드 랭킹
- 1위 운요호 사건 10번 출제
- 2위 『조선책략』 4번 출제
- 3위 방곡령 3번 출제

◆ **운요호 사건(1875)**
- 일본이 조선의 문호를 개방하기 위해 일으킨 사건
- 운요호를 강화도 근처로 보내 조선의 포격을 유도한 뒤 초지진을 공격하고 영종도에 상륙하여 민가를 습격

◆ **치외 법권**
외국인이 체류 국가의 법 대신 본국 법을 적용받도록 하여, 본국에서 파견된 영사나 관리가 재판하는 제도

◆ **방곡령**
곡물의 수출을 금지할 수 있는 명령으로, 시행 1개월 전 지방관이 일본 영사관에 통고하도록 함

◆ **『조선책략』의 내용**
조선이 러시아를 막기 위해서는 미국과 외교 관계를 맺어야 한다는 내용이 들어있음.

◆ **거중조정**
조약을 맺은 양국 중 한 나라가 제3국의 위협을 받을 경우 서로 돕기로 규정함

◆ **최혜국 대우**
어느 한 나라에 혜택을 부여했을 때 최혜국 대우를 맺은 국가에도 동일한 혜택을 부여해야 한다는 것

---

3 개화 정책과 위정척사 운동 최근 3개년 시험 중 2회 출제!

1. 개화 세력의 형성과 분화 [기출자료3]
(1) **개화 세력의 형성**: 북학파의 실학 사상을 바탕으로 개화 사상이 형성되어 박규수, 오경석 등의 초기 개화파가 형성되었고, 이들의 지도를 받은 김옥균, 박영효 등이 개화파로 성장하였다.

(2) **개화 세력의 분화**

구분	온건 개화파	급진 개화파
주요 인물	김홍집, 어윤중, 김윤식, 곽기락 등	김옥균, 박영효, 홍영식 등
특징	동도 서기론에 기반을 둔 점진적 개혁	문명 개화론에 기반을 둔 급진적 개혁

빈출 키워드 랭킹
- 1위 별기군 8번 출제
- 2위 통리기무아문 7번 출제
- 3위 보빙사 6번 출제

◆ **동도 서기론**
전통적 유교 사상을 지키면서 서양의 기술을 수용하자는 입장

◆ **문명 개화론**
서양의 과학 기술과 정치·사상까지 수용하자는 입장

기출 분석 특강

기출자료 1 · 일본과의 조약 체결
✓ 출제 TIP 일본과 맺은 각 조약의 핵심 내용이 자료로 출제돼요!

(1) 강화도 조약 61회 출제

> ┌ 조선에 대한 청의 종주권 부인
> 제1관 조선국은 자주 국가로서 일본국과 평등한 권리를 보유한다. ……
> 제10관 일본국 인민이 조선국 지정의 각 항구에 머무르는 동안 죄를 범한 것이 조선국 인민에게 관계되는 사건은 모두 일본국 관원이 심리하여 판결한다. ……
> └ 치외 법권

자료 분석 강화도 조약은 우리나라가 외국과 맺은 최초의 근대적 조약이자 불평등 조약으로 조선에 대한 청의 종주권을 부인하였으며, 치외 법권을 인정하였다.

함께 나올 기출선택지
- 강화도 조약의 배경 – 일본 군함 **운요호**가 **영종도**를 공격하였다. 72·70·66·65회
- **부산, 원산, 인천에 개항장**이 설치되는 계기가 되었다. 70·62회
- 조·일 무역 규칙 – **양곡의 무제한 유출** 조항을 포함하고 있다. 41회
- 조·일 통상 장정 개정 – **방곡령** 시행에 대한 규정을 명시하였다. 53회

(2) 조·일 통상 장정 개정 72회 출제

> 제37관 조선국에서 가뭄과 홍수, 전쟁 등의 일로 국내에 양식이 부족할 것을 우려하여 **일시 쌀 수출을 금지**하려고 할 때에는 1개월 전에 지방관이 일본 영사관에 통지하고, 미리 그 기간을 항구에 있는 일본 상인들에게 전달하여 일률적으로 준수하는 데 편리하게 한다.

자료 분석 조·일 통상 장정 개정은 조·일 무역 규칙(1876)의 불합리하고 불평등한 내용을 개정하기 위해 1883년에 개정된 것이다. 이때 방곡령 규정 등이 명시되었다.

기출자료 2 · 조·미 수호 통상 조약

(1) 『조선책략』 36회 출제

> 그러므로 오늘날 조선의 제일 급선무는 러시아를 막는 것이다. 러시아를 막는 책략은 무엇인가. **중국을 가까이 하며[親中國], 일본과 관계를 공고히 하고[結日本], 미국과 연계하여[聯美國]** 자강을 도모할 따름이다.

자료 분석 『조선책략』에서는 조선이 러시아를 막기 위해 중국을 가까이 하고, 일본과 관계를 공고히 하고, 미국과 연계(수교)해야 함을 주장하였다.

함께 나올 기출선택지
- 제2차 수신사 **김홍집**이 『**조선책략**』을 들여왔다. 68·67·62회
- 『**조선책략**』 – 미국과 외교 관계를 맺어야 한다고 제안하였다. 30회
- 『**조선책략**』의 영향으로 체결되었다. 45회
- **최혜국 대우**를 처음으로 규정하였다. 70·59회
- **거중조정 조항**을 포함한 조약이 체결되었다. 57회

(2) 조·미 수호 통상 조약 61회 출제

> 제5관 …… **미국 상인과 상선이 조선에 와서 무역을 할 때 입출항 하는 화물은 모두 세금을 바쳐야 하며**, 세금을 거두는 권한은 조선이 자주적으로 행사한다.

자료 분석 조·미 수호 통상 조약은 우리나라가 서양과 맺은 최초의 근대적 조약이며, 거중 조정, 관세 부과 등이 규정되었다.

기출자료 3 · 개화 세력의 형성과 분화

(1) 동도 서기론 48회 출제

> ┌ 조선책략
> 비록 황준헌의 책자로 말하더라도 그 글이 바른가 바르지 못한가 그 말이 좋은가 나쁜가에 대해 신은 진실로 모르지만 …… **기계에 관한 기술과 농업 및 식목에 대한 책이 이익이 된다면 선택하여 시행할 것이지, 굳이 그들의 것이라고 해서 좋은 법까지 배척할 필요는 없습니다**.
> – 곽기락의 상소

자료 분석 동도 서기론은 온건 개화파가 주장한 것으로, 전통적 유교 사상을 유지하면서 서양의 과학 기술을 받아들여 점진적인 개혁을 전개하자는 주장이다.

함께 나올 기출선택지
- 오경석이 『**해국도지**』, 『**영환지략**』을 들여와 국내에 소개하였다. 49회
- 유길준이 『**서유견문**』을 집필하여 서양 근대 문명을 소개하였다. 67·64회

19강 흥선 대원군 집권 시기와 개항 53

19강 흥선 대원군 집권 시기와 개항

2. 개화 정책의 추진 [기출자료1]

(1) 초기 개화 정책
① **통리기무아문 설치**: 개화 정책을 총괄하는 핵심 기구로 통리기무아문을 설치하여 군국 기밀과 일반 정치를 총괄하도록 하였으며, 그 아래 12사를 두어 관련 업무를 분담시켰다.
② **군제 개편**: 신식 군대인 별기군을 창설하여 근대적 군사 훈련을 실시하고, 기존의 5군영을 2영◆으로 축소하였다.
③ **근대 시설 설치**: 기기창(근대 무기 제조 공장, 1883), 박문국(인쇄 담당, 1883), 전환국(화폐 발행, 1883), 광혜원(병원, 알렌의 건의, 1885) 등을 설치하였다.

(2) 사절단 파견

수신사(일본)	· 1차(1876): 김기수가 파견되어 일본의 신식 기관과 근대 시설을 시찰함 · 2차(1880): 김홍집이 파견되어 귀국 후 『조선책략』을 국내에 들여옴
조사 시찰단 (일본)	개화 반대 여론으로 박정양, 어윤중, 홍영식 등이 암행어사의 형태로 비밀리에 파견됨
영선사(청)	· 청의 무기 제조술 등 근대 기술을 도입하기 위해 김윤식 등이 파견된 사절단(1881) · 청의 기기국에서 무기 제조 기술을 습득하고, 귀국 후 기기창 설립에 기여함
보빙사◆(미국)	조·미 수호 통상 조약 체결을 계기로 파견된 우리나라 최초의 구미 사절단 (1883)

3. 위정척사◆ 운동의 전개 [기출자료2]

통상 반대 운동 (1860년대)	· 계기: 프랑스가 병인양요를 일으키며 통상을 요구함 · 전개: 이항로, 기정진 등이 척화 주전론을 주장하며 서양과의 통상 반대를 주장함
개항 반대 운동 (1870년대)	· 계기: 일본이 운요호 사건을 일으키며 개항을 요구함 · 전개: 최익현 등이 왜양 일체론과 개항 불가론을 주장하며 개항 반대 운동을 전개함
개화 반대 운동 (1880년대)	· 계기: 정부의 개화 정책 추진과 『조선책략』의 유포 · 전개: 이만손 등이 영남 만인소를 올려 개화 정책 및 미국과의 수교를 반대함

◆ **2영**
궁궐 방위를 담당한 무위영과 수도 방위를 담당한 장어영으로 구성됨

◆ **보빙사**
미국 공사 부임에 대한 답례로 1883년 7월에 전권대사 민영익 및 홍영식, 서광범 등을 사절단으로 파견함

◆ **위정척사**
정을 지키고 사를 물리친다는 의미로, '정'은 성리학적 질서를, '사'는 성리학 이외의 종교와 사상을 가리킴

10초 컷! 핵심 키워드 암기
1. 흥선 대원군의 개혁: 비변사 폐지, 『대전회통』 편찬, 경복궁 중건, 서원 철폐, 호포제 실시, 사창제 실시
2. 강화도 조약: 청의 종주권 부인, 개항장 설치, 해안 측량권, 치외 법권
3. 조선 정부의 사절단 파견: 수신사·조사 시찰단(일), 영선사(청), 보빙사(미)

19강 개념 확인 퀴즈

1. 다음 설명이 맞으면 O표, 틀리면 X표를 하세요.
(1) 흥선 대원군은 삼정의 문란을 바로잡기 위하여 삼정이정청을 설치하였다. ( )
(2) 병인양요 때 정족산성에서 양헌수 부대가 승리를 거두었다. ( )
(3) 조·미 수호 통상 조약에는 최혜국 대우 조항이 포함되었다. ( )

2. 다음 괄호 안의 내용 중 옳은 것에 O표 하세요.
(1) 신미양요는 (제너럴셔먼호 사건 / 운요호 사건)이 계기가 되어 발생하였다.
(2) (강화도 조약 / 조·미 수호 통상 조약)에는 거중 조정이 포함되었다.
(3) (수신사 / 조사 시찰단)은/는 암행어사의 형태로 비밀리에 파견되었다.

기출 분석 특강

기출자료 1 개화 정책의 추진

(1) 통리기무아문 36회 출제

고종 17년(1880)에 만들어진 개화 정책 총괄 기구이다. 개항 이후의 정세 변화에 대응하기 위하여 의정부, 6조와는 별도로 신설되었다. 소속 부서에 교린사, 군무사, 통상사 등의 12사를 두었다.

자료 분석
정부는 개화 정책을 추진하는 핵심 기구로 통리기무아문을 설치하고, 그 아래에 12사를 두어 관련 업무를 분담하게 하였다.

함께 나올 기출선택지
- 개화 정책을 총괄하는 통리기무아문이 설치되었다. 69·68·66·62회
- 신식 군대인 별기군을 창설하였다. 72·71·69·66회
- 무기 제조 공장인 기기창이 설립되었다. 59회
- 1차 수신사 – 김기수를 수신사로 일본에 파견하였다. 69·61·60회
- 2차 수신사 – 『조선책략』을 처음으로 소개하였다. 62회
- 조사 시찰단 – 암행어사의 형태로 비밀리에 파견되었다. 72회
- 김윤식이 청에 영선사로 파견되었다. 66회
- 영선사 – 기기국에서 무기 제조 기술을 습득하고 돌아왔다. 68회
- 미국에 보빙사를 파견하였다. 60회

(2) 보빙사 68회 출제

미국 공사의 부임에 대한 답례로 (가) 이/가 파견되었습니다. 8명의 조선 관리로 구성된 이들은 40여 일 동안 미국에 체류하면서 뉴욕의 전등 시설과 우체국, 보스턴 박람회 등을 시찰하였습니다.

자료 분석
보빙사는 조선 정부가 조·미 수호 통상 조약의 체결과 미국 공사의 부임에 대한 답례로 전권대신 민영익을 중심으로 미국에 파견한 사절단이다.

기출자료 2 위정척사 운동

(1) 왜양 일체론 31회 출제

저들이 비록 왜인이라고 하지만 본질적으로 서양 오랑캐와 다를 것이 없습니다. 강화가 이루어지면 사악한 서적과 천주교가 다시 들어와 사악한 기운이 온 나라를 덮게 될 것입니다.

자료 분석
1870년대에 최익현은 일본과 서양은 다를 바가 없다는 왜양 일체론을 주장하며 개항에 반대하였다.

함께 나올 기출선택지
- 최익현 – 지부복궐척화의소를 올려 왜양 일체론을 주장함 67·60회
- 이만손 등이 영남 만인소를 올렸다. 65·64회

---

3. **질문에 맞는 답을 고르세요.**

(1) 흥선 대원군 집권 시기의 사실은?
  ① 삼군부가 부활하였다.
  ② 초계문신제가 시행되었다.

(2) 신미양요에 대한 설명은?
  ① 외규장각 도서가 약탈되었다.
  ② 어재연 부대가 광성보에서 항전하였다.

(3) 조·미 수호 통상 조약에 대한 설명은?
  ① 거중조정 조항을 포함하였다.
  ② 방곡령 시행 규정을 명시하였다.

(4) 『조선책략』 유포 이후의 사실은?
  ① 이만손 등이 영남 만인소를 올렸다.
  ② 전국에 척화비가 건립되었다.

정답
1. (1) X(철종) (2) O (3) O
2. (1) 제너럴셔먼호 사건
   (2) 조·미 수호 통상 조약
   (3) 조사 시찰단
3. (1) ①(②은 조선 정조)
   (2) ②(①은 병인양요)
   (3) ①(②은 조·일 통상 장정 개정)
   (4) ①(②은 『조선책략』 유포 이전)

개념 적용 기출문제

01 [55회 29번]
밑줄 그은 '중건' 시기에 있었던 사실로 옳은 것을 <보기>에서 고른 것은? [2점]

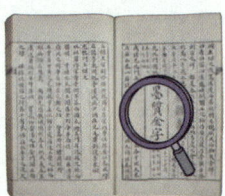

『경복궁 영건일기』는 한성부 주부 원세철이 경복궁 중건의 시작부터 끝날 때까지의 상황을 매일 기록한 것이다. 이 일기에 광화문 현판이 검은색 바탕에 금색 글자였음을 알려 주는 '묵질금자(墨質金字)'가 적혀 있어 광화문 현판의 옛 모습을 고증하는 근거가 되었다.

<보기>
ㄱ. 비변사가 설치되었다.
ㄴ. 사창제가 실시되었다.
ㄷ. 원납전이 징수되었다.
ㄹ. 『대전통편』이 편찬되었다.

① ㄱ, ㄴ   ② ㄱ, ㄷ   ③ ㄴ, ㄷ   ④ ㄴ, ㄹ   ⑤ ㄷ, ㄹ

02 [69회 29번]
(가) 사건에 대한 설명으로 옳은 것은? [1점]

대한민국 방방곡곡 – 전등사
한국사 채널   조회수 82,461

전등사는 강화도 정족산성 안에 위치한 사찰로 대웅전, 약사전 등 많은 문화유산을 보유하고 있다. 사찰 내에는 『조선왕조실록』을 보관하였던 정족산 사고가 복원되어 있다. 뿐만 아니라 (가) 때 프랑스군을 물리친 양헌수 장군의 승전비도 있다.

① 운요호 사건을 빌미로 일어났다.
② 왕이 공산성으로 피란하는 계기가 되었다.
③ 전개 과정에서 외규장각 도서가 약탈당했다.
④ 사태 수습을 위해 이용태가 안핵사로 파견되었다.
⑤ 황사영이 외국 군대의 출병을 요청하는 원인이 되었다.

03 [38회 23번]
다음 사건이 일어난 시기를 연표에서 옳게 고른 것은? [2점]

방금 남연군방(南延君房)의 차지중사(次知中使)가 아뢴 바를 들으니, 덕산의 묘지에 서양놈들이 침입하여 무덤을 훼손한 변고가 있었다고 하니 아주 놀랍고 황송한 일이다. …… 조정에서 임기응변의 계책을 세웠다가 도신(道臣)의 장계가 올라오기를 기다려 논의하도록 하라.

1862	1866	1871	1876	1884	1894
	(가)	(나)	(다)	(라)	(마)
임술 농민 봉기	병인 양요	신미 양요	강화도 조약	갑신 정변	갑오 개혁

① (가)   ② (나)   ③ (다)   ④ (라)   ⑤ (마)

04 [71회 28번]
(가) 사건 이후에 일어난 사실로 옳은 것은? [1점]

3년 전 우리나라에서 전시한 어재연 장군의 수자기를 찍은 사진이야. 어재연 장군은 미군이 강화도를 침략한 (가) 당시 광성보에서 항전하였어.

맞아. 이 수자기는 그때 빼앗겼다가 많은 노력 끝에 대여 형식으로 들어와 실물을 볼 수 있었지. 안타깝게도 지금은 미국으로 다시 돌아가 언제 돌아올 수 있을지 모른다고 해.

① 『의궤』를 비롯한 외규장각 도서가 약탈당하였다.
② 홍경래 등이 난을 일으켜 정주성을 점령하였다.
③ 종로를 비롯한 전국 각지에 척화비가 건립되었다.
④ 제너럴셔먼호가 대동강 유역에서 통상을 요구하였다.
⑤ 황사영이 외국 군대의 출병을 요청하는 백서를 작성하였다.

해설

01 흥선 대원군 집권기의 사실   정답 ③

자료 분석

경복궁 중건 → 흥선 대원군 집권기

고종이 어린 나이에 즉위하면서, 고종의 아버지인 흥선 대원군이 정치적 실권을 장악하였다(흥선 대원군 집권기). 이 시기에 흥선 대원군은 임진왜란 중 소실된 경복궁을 중건하여 왕실의 권위를 회복하고자 하였다.

선택지 분석

ㄱ. 비변사가 설치되었다. → 중종
ㄴ. 사창제가 실시되었다. → 흥선 대원군(고종)
 ㄴ 흥선 대원군 집권기에 환곡의 폐단을 바로잡기 위해 사창제가 실시되었다.
ㄷ. 원납전이 징수되었다. → 흥선 대원군(고종)
 ㄴ 흥선 대원군 집권기에 경복궁 중건을 위한 공사비를 마련하기 위해 기부금인 원납전이 강제로 징수되었다.
ㄹ. 『대전통편』이 편찬되었다. → 정조

① ㄱ, ㄴ ② ㄱ, ㄷ ③ ㄴ, ㄷ ④ ㄴ, ㄹ ⑤ ㄷ, ㄹ

02 병인양요   정답 ③

자료 분석

프랑스군을 물리친 양헌수 장군 → 병인양요

병인양요는 흥선 대원군이 프랑스 선교사들과 천주교도들을 처형한 병인박해를 구실로 프랑스 함대가 통상을 요구하며 강화도에 침입한 사건이다. 프랑스 군대는 강화도를 공격하고 한성까지 진격하려 하였으나 정족산성의 양헌수 부대에 의해 격퇴당하였다.

선택지 분석

① 운요호 사건을 빌미로 일어났다. → 강화도 조약
② 왕이 공산성으로 피란하는 계기가 되었다. → 이괄의 난
③ 전개 과정에서 외규장각 도서가 약탈당하였다. → 병인양요
 ㄴ 병인양요 때 퇴각하던 프랑스군이 『의궤』를 포함한 외규장각 도서 등 조선의 각종 문화재를 약탈하였다.
④ 사태 수습을 위해 이용태가 안핵사로 파견되었다.
 → 고부 민란
⑤ 황사영이 외국 군대의 출병을 요청하는 원인이 되었다.
 → 신유박해

03 오페르트 도굴 사건   정답 ②

자료 분석

남연군 + 덕산의 묘지에 서양놈들이 침입
→ 오페르트 도굴 사건(1868)

흥선 대원군 집권 시기인 1868년에 독일 상인 오페르트가 통상을 요구하기 위해 충청도 덕산군(현 예산군)에 위치한 흥선 대원군의 아버지인 남연군의 묘 도굴을 시도하였으나 실패하였다(오페르트 도굴 사건). 이로 인해 조선에서는 서양인을 배척하는 분위기가 만연해졌고, 흥선 대원군은 통상 수교 거부 정책을 더욱 강화하였다.

선택지 분석

① (가)
② (나)
 ㄴ 프랑스가 병인박해를 구실로 강화도를 침략한 병인양요(1866)가 일어난 이후인 1868년에 오페르트 도굴 사건이 발생하였다.
③ (다)
④ (라)
⑤ (마)

04 신미양요 이후의 사실   정답 ③

자료 분석

어재연 + 미군이 강화도를 침략함 → 신미양요(1871)

신미양요(1871)는 제너럴셔먼호 사건을 구실로 미국이 강화도에 침입한 사건이다. 로저스 제독이 이끄는 미국 함대는 제너럴셔먼호 사건에 대한 책임 추궁과 통상 수교를 목적으로 강화도 초지진과 덕진진을 점령하고 광성보를 공격하자, 어재연 부대가 미군에 맞서 결사항전하였다.

선택지 분석

① 『의궤』를 비롯한 외규장각 도서가 약탈당하였다.
 → 병인양요(1866)
② 홍경래 등이 난을 일으켜 정주성을 점령하였다.
 → 홍경래의 난(1811)
③ 종로를 비롯한 전국 각지에 척화비가 건립되었다.
 → 신미양요 이후
 ㄴ 신미양요(1871) 이후, 흥선 대원군에 의해 종로를 비롯한 전국 각지에 외세에 대한 척화 의지를 드러내는 척화비가 건립되었다.
④ 제너럴셔먼호가 대동강 유역에서 통상을 요구하였다.
 → 제너럴셔먼호 사건(1866)
⑤ 황사영이 외국 군대의 출병을 요청하는 백서를 작성하였다.
 → 신유박해(1801)

개념 적용 기출문제

05
68회 30번

다음 대화가 오갔던 회담 결과 체결된 조약에 대한 설명으로 옳은 것은? [2점]

운요호가 작년에 귀국 경내를 통과하다가 포격을 받았으니, 귀국이 교린의 우의를 저버린 것입니다.
일본 전권변리대신 구로다 기요타카

운요호는 국적과 이유를 밝히지 않고 곧장 우리가 수비하는 곳으로 진입해왔으니, 변방 수비병의 발포는 부득이한 것이었소.
조선 접견대관 신헌

① 천주교 포교가 허용되었다.
② 갑신정변의 영향으로 체결되었다.
③ 일본 측의 해안 측량권이 인정되었다.
④ 통신사가 처음 파견되는 계기가 되었다.
⑤ 외국 상인의 내지 통상권을 최초로 규정하였다.

06
70회 29번

(가) 조약에 대한 설명으로 옳은 것은? [2점]

설명: 미국에서 발행된 'Frank Leslies Illustrated Newspaper' 1883년 9월 29일자에 실린 보빙사의 사진이다. 전권 대신 민영익과 부대신 홍영식 등으로 구성된 보빙사는 (가) 체결로 미국 공사가 부임하자 그에 대한 답례로 파견되었다. 미국에서 아서 대통령을 만나고 우체국, 신문사, 병원 등 각종 근대 시설을 시찰하고 돌아왔다.

① 최혜국 대우를 최초로 규정하였다.
② 통감부가 설치되는 계기가 되었다.
③ 천주교 포교 허용의 근거가 되었다.
④ 재정 고문을 두도록 하는 조항을 담고 있다.
⑤ 부산, 원산, 인천이 개항되는 결과를 가져왔다.

07
71회 32번

(가) 기구를 통해 추진된 정책으로 옳은 것은? [2점]

이곳은 기기창 건물 중 하나인 번사창입니다. 강화도 조약 체결 이후 정부는 국내외 정세에 대응하고 개화 정책을 총괄하기 위한 기구로 (가) 을/를 설치하였습니다. 이 기구의 건의로 청에 파견한 영선사 일행에 유학생을 포함시켜 근대 문물을 배워 오도록 하였습니다. 이러한 노력의 영향으로 설치된 근대적 무기 공장이 바로 기기창이었습니다.

① 별기군을 창설하였다.
② 원수부를 설치하였다.
③ 『대전통편』을 편찬하였다.
④ 신문지법을 공포하였다.
⑤ 서당 규칙을 제정하였다.

08
68회 33번

(가) 사절단에 대한 설명으로 옳은 것은? [2점]

미국 공사의 부임에 대한 답례로 (가) 이/가 파견되었습니다. 8명의 조선 관리로 구성된 이들은 40여 일 동안 미국에 체류하면서 뉴욕의 전등 시설과 우체국, 보스턴 박람회 등을 시찰하였습니다.

① 에도 막부의 요청으로 파견되었다.
② 별기군(교련병대) 창설을 건의하였다.
③ 『조선책략』을 들여와 국내에 소개하였다.
④ 기기국에서 무기 제조 기술을 습득하고 돌아왔다.
⑤ 전권대신 민영익과 홍영식, 서광범 등으로 구성되었다.

해설

05 강화도 조약   정답 ③

자료 분석

운요호 + 구로다 + 신헌 → 강화도 조약

강화도 조약은 조선과 일본 사이에 체결된 조약으로, 조·일 수호 조규로 불리기도 한다. 일본은 운요호 사건을 일으키고 이를 구실로 조선 정부에 개항을 요구하였고 이에 강화도 연무당에서 조선 대표 신헌과 일본 대표 구로다가 만나 강화도 조약을 체결하였다. 이 조약은 조선에 대한 청의 종주권 부인, 부산 외 2곳(원산, 인천)의 항구 개항, 치외 법권 인정 등을 주요 내용으로 하였으며, 조선이 외국과 체결한 최초의 근대적 조약이자 불평등 조약이었다.

선택지 분석

① 천주교 포교가 허용되었다. → 조·프 수호 통상 조약
② 갑신정변의 영향으로 체결되었다. → 한성 조약·톈진 조약
③ 일본 측의 해안 측량권이 인정되었다. → 강화도 조약
  ㄴ 강화도 조약은 조선과 일본이 맺은 최초의 근대적 조약으로, 조선 연해에서 일본 측의 해안 측량권이 인정되었다.
④ 통신사가 처음 파견되는 계기가 되었다. → X
⑤ 외국 상인의 내지 통상권을 최초로 규정하였다. → 조·청 상민 수륙 무역 장정

06 조·미 수호 통상 조약   정답 ①

자료 분석

보빙사 + 미국 → 조·미 수호 통상 조약

조·미 수호 통상 조약은 1882년 조선과 미국이 체결한 통상 조약으로, 조선이 서양 국가와 맺은 최초의 근대적 조약이다. 이 조약의 체결과 미국의 주한 공사 파견에 대한 답례로 미국에 보빙사가 파견되었다. 이 조약에는 양국 중 한 나라가 위협을 받으면 서로 도울 것을 규정한 거중조정과 관세 부과 조항 등이 포함되어 있었다.

선택지 분석

① 최혜국 대우를 최초로 규정하였다. → 조·미 수호 통상 조약
  ㄴ 조·미 수호 통상 조약은 제3국에 유리한 혜택을 부여했을 때 미국에도 동일한 혜택을 부여해야 한다는 최혜국 대우를 최초로 규정하였다.
② 통감부가 설치되는 계기가 되었다. → 을사늑약
③ 천주교 포교 허용의 근거가 되었다. → 조·프 수호 통상 조약
④ 재정 고문을 두도록 하는 조항을 담고 있다.
  → 제1차 한·일 협약
⑤ 부산, 원산, 인천이 개항되는 결과를 가져왔다.
  → 강화도 조약

07 통리기무아문   정답 ①

자료 분석

개화 정책을 총괄하기 위한 기구 → 통리기무아문

통리기무아문은 개항 이후 조선 정부가 개화 정책을 추진하기 위해 설치(1880)한 기구이다. 통리기무아문은 하부 조직으로 12사를 두어 외교, 통상, 군사 등 개화 관련 업무를 분담시켰다. 또한 통리기무아문의 건의로 청에 파견한 영선사 일행에 유학생을 포함하여 근대 문물을 배워 오도록 하였으며, 이들이 돌아와 근대 무기 제조 공장인 기기창을 설립하는 데 기여하였다.

선택지 분석

① 별기군을 창설하였다. → 통리기무아문에서 추진한 정책
  ㄴ 통리기무아문에서 조선 정부의 초기 개화 정책을 총괄하였는데, 이때 신식 군대인 별기군을 창설하였다.
② 원수부를 설치하였다. → 광무개혁
③ 『대전통편』을 편찬하였다. → 정조의 정책
④ 신문지법을 공포하였다. → 일제가 제정한 법령
⑤ 서당 규칙을 제정하였다. → 일제가 제정한 법령

08 보빙사   정답 ⑤

자료 분석

미국 공사의 부임에 대한 답례 → 보빙사

보빙사는 우리나라에서 최초로 서양에 파견된 사절단으로, 조·미 수호 통상 조약 체결과 미국의 주한 공사 부임에 대한 답례로 1883년 미국에 파견되었다. 보빙사의 일원들은 미국에 도착한 후 미국 아서 대통령을 접견하고 정부 기관들을 시찰하면서 미국 제도에 관한 여러 지식을 습득하였다.

선택지 분석

① 에도 막부의 요청으로 파견되었다. → 통신사
② 별기군(교련병대) 창설을 건의하였다. → X
③ 『조선책략』을 들여와 국내에 소개하였다. → 제2차 수신사
④ 기기국에서 무기 제조 기술을 습득하고 돌아왔다. → 영선사
⑤ 전권대신 민영익과 홍영식, 서광범 등으로 구성되었다.
  → 보빙사
  ㄴ 보빙사는 미국에 파견된 사절단으로, 전권대신 민영익과 부대신 홍영식, 서광범 등으로 구성되었다.

19강 흥선 대원군 집권 시기와 개항

20강 근대의 구국 운동과 근대 국가 수립 노력

1 임오군란과 갑신정변 최근 3개년 시험 중 9회 출제!

빈출 키워드 랭킹
1위 거문도 사건 10번 출제
2위 갑신정변 4번 출제
3위 임오군란 3번 출제

1. 임오군란 [기출자료 1]

(1) 배경: 구식 군인들은 신식 군대인 별기군과의 차별 대우와 급료 체불 등으로 불만이 쌓여 있었다. 또한 개항 이후 일본의 경제 침탈로 쌀값이 폭등하자 하층민들의 반일 감정이 커졌다.

(2) 전개 과정

구식 군인들의 반란	급료로 지급된 쌀에 겨와 모래가 섞여있자, 구식 군인들이 선혜청과 일본 공사관을 습격하고 별기군의 일본인 교관을 살해함
민씨 정권 축출	구식 군인들이 민씨 정권의 고관들을 살해하고 도시 하층민이 합세하여 궁궐까지 습격하자, 왕비(명성 황후)는 충주로 피신함
흥선 대원군의 재집권	군란을 진정시키기 위해 재집권하게 된 흥선 대원군이 정부의 개화 정책을 중단함 (2영 폐지, 5군영 부활, 통리기무아문과 별기군을 폐지)
청의 진압	민씨 정권의 요청을 받은 청군이 대원군을 청으로 압송하고 난을 진압함

◆ 선혜청
구식 군인들의 급료 지급을 담당한 관청

(3) 결과

제물포 조약(조-일)	조선이 일본에 배상금을 지불, 일본 공사관에 일본 경비병 주둔을 인정함
조·청 상민 수륙 무역 장정(조-청)	조선을 '속방(종속국)'으로 규정하고 청의 종주권을 확인함, 청나라 상인의 내지 통상이 확대되는 계기가 됨, 치외 법권을 인정함

◆ 내지 통상
개항장 외에, 내륙으로 들어와 통상하는 것을 의미함

2. 갑신정변 [기출자료 2]

(1) 배경: 청의 내정 간섭과 민씨 정권의 견제로 개화 정책이 지연되고 있었고, 청·프 전쟁으로 조선 내에 있던 청군 일부가 철수했다.

(2) 전개 과정

갑신정변 발발	개화당(김옥균, 박영효, 홍영식 등의 급진 개화파)이 우정총국 개국 축하연에서 정변을 일으킨 후, 고종과 왕후의 거처를 경우궁으로 옮김
개화당 정부 수립	민씨 정권의 주요 인물들을 제거한 후 개화당 정부를 수립하였으며, 14개조 개혁 정강을 발표함
정변 실패	청의 군사 개입으로 일본군이 약속을 어기고 철수하여 3일만에 실패함

◆ 청의 내정 간섭
• 마젠창을 내정 고문으로, 묄렌도르프를 외교 고문으로 조선에 파견함
• 청 장군 위안스카이가 지휘하는 군대가 조선에 상주함

(3) 결과

한성 조약(조-일)	조선은 일본에 배상금을 지불하고, 일본 공사관 신축 비용을 부담함
톈진 조약(청-일)	조선에서 청·일 군대가 모두 철수하고, 조선 파병 시 상대국에 미리 알림

◆ 14개조 개혁 정강

정치	• 청에 대한 조공과 허례 폐지 • 능력에 따른 관리 등용 • 입헌 군주제 실시
경제	• 혜상공국(보부상 보호 기관) 혁파 • 국가 재정을 호조로 일원화

(4) 갑신정변 이후의 정세 [기출자료 3]
  ① **거문도 사건(1885~1887):** 조선이 청을 견제하기 위해 러시아와 교섭을 시도하자, 영국군이 러시아의 남진 견제를 구실로 거문도를 불법으로 점령하였다.
  ② **한반도 중립화론:** 한반도를 둘러싼 열강의 경쟁이 심화되자 유길준과 독일 부영사 부들러가 한반도 중립화론을 주장하였다.

기출 분석 특강

기출자료 1 임오군란

(1) 임오군란의 전개 69회 출제

> 이때 세금을 부과하는 직책의 신하들이 재물을 거두어들여 자기 배만 채우면서 **각영(各營)**[무위영과 장어영의 2영]에 소속된 군인들의 봉급은 몇 달 동안 나누어 주지 않았다. 그리하여 훈국(訓局)의 군사가 맨 먼저 난을 일으키고, 각영의 군사가 잇달아 일어났다. 이들은 이최응, 민겸호, 김보현, 민창식을 죽였고 또 중전을 시해하려 하였다. 중전은 장호원으로 피하였다.

[자료 분석] 임오군란은 별기군과의 차별 대우와 급료 체불 등에 반발한 구식 군인이 봉기한 사건이다. 구식 군인들과 난에 가담한 하층민들이 궁궐까지 습격하자, 왕비가 충주(장호원)로 피신하였다.

함께 나올 기출선택지
- **구식 군인에 대한 차별 대우**가 발단이 되었다. 70·63·61회
- **선혜청**과 **일본 공사관**을 공격하였다. 56회
- 왕비가 궁궐을 빠져 나와 **장호원으로 피신**하였다. 59회
- **흥선 대원군이 다시 집권**하는 결과를 가져왔다. 49회
- **일본 공사관에 경비병이 주둔**하는 계기가 되었다. 65회
- 청과 **조·청 상민 수륙 무역 장정**을 체결하였다. 65회

기출자료 2 갑신정변

(1) 갑신정변의 발발 60회 출제

> 우정국 총판 **홍영식**이 우정국의 **개국 축하연**을 열면서 [급진 개화파] 각국의 공사도 초청했다. …… 8시를 알리는 종이 울리자 담장 밖에서 불길이 치솟았다. …… . **민영익**이 중상을 입고 되돌아와서 대청 위에 쓰러졌다. [명성황후의 조카]
> – 『대한계년사』

[자료 분석] 김옥균, 박영효, 홍영식 등의 급진 개화파는 우정총국 개국 축하연을 이용하여 정변을 단행하였다. 이때 민씨 정권들의 고관들이 사상을 입었다.

(2) 14개조 개혁 정강 49회 출제

> 1. 대원군을 가까운 시일 안에 돌아오게 하고 **청에 조공**하는 허례를 폐지할 것.
> 2. 문벌을 폐지하여 인민 평등의 권리를 제정하고 **능력에 따라 관리**를 등용할 것.

[자료 분석] 갑신정변을 단행한 개화당은 14개조 개혁 정강을 내세워 청에 대한 조공과 허례 폐지, 능력에 따른 관리 등용 등의 개혁을 내세웠다.

함께 나올 기출선택지
- **김옥균, 박영효** 등이 주도하였다. 51회
- **우정총국 개국 축하연**을 이용하여 일어났다. 65·61회
- **입헌 군주제 수립**을 목표로 전개되었다. 65·61회
- **개화당 정부**가 수립되고 **개혁 정강**이 발표되었다. 59회
- **한성 조약**이 체결되는 결과를 가져왔다. 70·66·63회
- 청·일 간 **톈진 조약** 체결의 계기가 되었다. 50회

기출자료 3 갑신정변 이후의 정세

(1) 거문도 사건 55회 출제

> · 나으리, 지난달부터 **영국군**이 이 섬에 들어와 병영을 [거문도] 짓고 머무르는데 그 이유가 무엇입니까?
> · 영국이 **러시아의 남진을 막는다는** 구실로 조정의 허락도 없이 점령했다고 들었네.

[자료 분석] 조·러 수호 통상 조약(1884) 체결 이후 러시아가 적극적으로 남진 정책을 펼치자, 영국이 러시아의 남진을 견제한다는 구실로 거문도를 불법적으로 점령하였다.

함께 나올 기출선택지
- **영국군**이 **러시아**를 견제하기 위해 **거문도**를 불법 점령하였다. 72·70·65·63회
- 유길준 – **조선 중립화론**을 건의하였다. 63회

20강 근대의 구국 운동과 근대 국가 수립 노력

2 동학 농민 운동 _{최근 3개년 시험 중 7회 출제!}

1. 동학의 교세 확대와 교조 신원 운동 [기출자료1]
(1) **동학의 교세 확대**: 2대 교주 최시형의 포교 활동과 포접제◆의 활용으로 동학의 교세가 삼남 지방을 중심으로 확대되었다.
(2) **교조 신원 운동**: 교조 최제우의 명예 회복과 포교의 자유를 획득하기 위해 삼례 집회(교조 신원, 동학 탄압 중지), 보은 집회(보국안민, 척왜양창의◆)를 전개하였다.

2. 동학 농민 운동 [기출자료2]
(1) **제1차 동학 농민 운동의 전개**

고부 민란	고부 군수 조병갑의 횡포 → 전봉준의 주도로 농민군이 고부 관아 습격, 만석보 파괴 → 정부가 안핵사◆ 이용태를 파견
제1차 농민 봉기	안핵사 이용태의 농민 탄압 → 백산 집회(전봉준 등이 격문과 4대 강령을 발표) → 황토현·황룡촌 전투에서 농민군이 관군에게 승리 → 농민군의 전주성 점령
청·일의 군사 파견	정부가 청에 군사 지원을 요청 → 청군의 아산만 상륙 후 일본군도 텐진 조약에 근거하여 인천 상륙
전주 화약 체결	농민군이 정부와 청·일 군대의 철수와 폐정 개혁을 조건으로 화약 체결
동학 농민군의 개혁	농민군은 집강소를 설치하여 폐정 개혁안◆을 실천하고, 정부는 개혁 추진 기구로 교정청을 설치함

(2) **제2차 동학 농민 운동의 전개**

청·일 전쟁	일본이 기습적으로 경복궁 점령 → 일본의 선제 공격으로 청·일 전쟁 발발
제2차 농민 봉기	정부의 개혁 부진과 일본의 내정 간섭 심화 → 농민군 재봉기(삼례), 논산에 남접(전봉준)과 북접(손병희)이 집결 → 공주 우금치 전투에서 관군과 일본군에 패배 → 전봉준 등 동학 지도부 체포

빈출 키워드 랭킹
- 1위 집강소 6번 출제
- 2위 집강소 5번 출제
- 3위 전주 화약 4번 출제

◆ **포접제**
- 동학에서 교도들을 관리하기 위해 만든 조직 체계
- 각 지방에 포, 접의 교단을 설치하고 접주가 통솔하게 함

◆ **척왜양창의**
일본과 서양 세력을 배척하여 의병을 일으킨다는 뜻

◆ **안핵사**
조선 후기에 지방에서 발생하는 민란을 수습하기 위해 파견된 관리

◆ **폐정 개혁안 12개조의 주요 내용**
- 토지를 균등 분배함
- 탐관오리를 징계하여 쫓아냄
- 신분제를 철폐함
- 과부의 재가를 허용함

3 갑오개혁과 을미개혁 _{최근 3개년 시험 중 8회 출제!}

1. 제1차 갑오개혁(1894) [기출자료3]
(1) **배경**: 경복궁을 점령한 일본은 내정 개혁을 강요하며 제1차 김홍집 내각을 수립하였다. 이후 정부는 교정청을 폐지하고 최고 결정 기구로 군국기무처◆를 설치하여 근대적 개혁을 추진하였다.

(2) **개혁 내용**

정치	· 개국 기원(기년) 사용(청과의 사대 관계 청산) · 왕실(궁내부)과 정부(의정부) 사무 분리, 6조를 80아문으로 개편 · 과거제 폐지(신분 구분 없이 인재 등용)
경제	국가 재정을 탁지아문으로 일원화, 은 본위제 실시, 조세의 금납화
사회	공·사 노비법 혁파, 조혼 금지, 과부 재가 허용, 고문과 연좌제 등의 악습 폐지

빈출 키워드 랭킹
- 1위 홍범 14조 7번 출제
- 2위 군국기무처 6번 출제
- 3위 태양력 5번 출제

◆ **군국기무처**
- 제1차 갑오개혁 때 설치된 초정부적인 입법·정책 회의 기구로, 영의정 김홍집이 총재를 겸임함
- 정치·경제·사회 등 국가 전반에 대한 개혁을 추진함

기출 분석 특강

기출자료 1 동학의 교세 확대와 교조 신원 운동

(1) 교조 신원 운동 65회 출제

복합 상소 이후에도 "물러나면 원하는 바를 시행할 것이다."라던 국왕의 약속과 달리 관리들의 침학이 날로 심해졌다. …… 최시형은 도탄에 빠진 교도들을 구하고 최제우의 억울함을 씻기 위해 보은 집회를 개최하였다.

[자료 분석]
동학 교도들은 처형된 교조 최제우의 명예 회복과 포교의 자유를 획득하기 위해 교조 신원 운동을 전개하였다.

[함께 나올 기출선택지]
- **최시형**이 동학의 2대 교주로 **교조 신원 운동**을 주도하였다. 49회
- **교조 신원**을 요구하는 **삼례 집회**가 개최되었다. 64회
- **보은**에서 **교조 신원**을 요구하는 **집회**가 열렸다. 67·63회
- 보은 집회 – **척왜양창의**를 기치로 내걸었다. 56회

기출자료 2 동학 농민 운동 ✅ 출제TIP 동학 농민 운동의 주요 사건이 전개된 지역이 힌트로 자주 출제됩니다!

(1) 제1차 동학 농민 운동 65회 출제

동학 농민군은 거짓으로 패한 것처럼 꾸며 **황토현**에 진을 쳤다. 관군은 밀고 들어가 그 아래에 진을 쳤다. …… 농민군이 삼면을 포위한 채 한쪽 모퉁이만 빼고 크게 함성을 지르며 압박하자 **관군은 일시에 무너졌다**.

[자료 분석]
제1차 동학 농민 운동 때 전봉준을 중심으로 한 동학 농민군은 백산에서 4대 강령을 발표하며 봉기하였다. 이후 동학 농민군은 황토현과 황룡촌 전투에서 관군을 격파하고 전주성까지 점령하였다.

(2) 우금치 전투 50회 출제

이곳은 공주 우금치 전적으로 ┌우금치 전투┐ [(가)] 당시 남접과 북접 연합군이 북상하던 중 관군과 일본군을 상대로 격전을 벌인 장소입니다. 우금치는 도성으로 올라가는 길목으로 전략상 매우 중요한 지역이었습니다.

[자료 분석]
제2차 동학 농민 운동 때 전봉준의 남접과 손병희의 북접 연합군이 공주 우금치에서 전투를 벌였으나 관군과 일본군에 패배하였다.

[함께 나올 기출선택지]
- 고부 민란 – **조병갑**의 탐학에 저항해 **고부에서 농민 봉기**가 일어났다. 72회
- 제1차 농민 봉기 – 농민군이 **백산**에서 **4대 강령**을 발표하였다. 58회
- 제1차 농민 봉기 – **황토현**에서 **전라 감영군을 격파**하였다. 58회
- 정부와 농민군 사이에 **전주 화약**이 체결되었다. 64회
- 정부와 약조를 맺고 **집강소**를 설치하였다. 70회
- 개혁 추진 기구로 **교정청**을 설치하였다. 72·65·63회
- 제2차 농민 봉기 – **일본**이 군대를 동원하여 **경복궁을 점령**하였다. 65회
- 제2차 농민 봉기 – **남접과 북접이 연합**하여 전개되었다. 67·62회
- 제2차 농민 봉기 – **보국안민**을 기치로 **우금치**에서 일본군 및 관군과 맞서 싸웠다. 64회

기출자료 3 제1차 갑오개혁

(1) 개혁 내용 61회 출제

1. 문벌, 양반과 상인들의 등급을 없애고 **귀천에 관계없이 인재를 선발하여 등용한다.**
1. 과부가 재가하는 것은 귀천을 막론하고 **자신의 의사대로 하게 한다.**
1. **공노비와 사노비에 관한 법을 일체 혁파하고** 사람을 사고파는 일을 금지한다.

[자료 분석]
제1차 갑오개혁 때 과거제를 폐지하여 신분의 구분 없이 인재를 등용하고, 과부의 재가를 허용하였으며 공·사 노비법을 폐지하였다.

[함께 나올 기출선택지]
- **군국기무처**를 설치하여 근대적 개혁을 추진하였다. 51회
- 행정 기구를 6조에서 **8아문**으로 개편하였다. 49회
- **공·사 노비법을 혁파**하였다. 72·71·69·59회
- **과부의 재가를 허용**하였다. 71·64회
- **연좌제를 금지**하였다. 47회

20강 근대의 구국 운동과 근대 국가 수립 노력 63

20강 근대의 구국 운동과 근대 국가 수립 노력

2. 제2차 갑오개혁(1894~1895) 기출자료1

(1) **배경**: 청·일 전쟁의 승기를 잡은 일본은 군국기무처를 폐지하고, 제2차 김홍집·박영효 연립 내각(친일)을 구성하였다. 한편 고종은 독립 서고문을 바치고 개혁의 기본 방향을 제시하는 홍범 14조를 반포하였다.

(2) **개혁 내용**

정치	· 의정부와 8아문 체제를 내각과 7부로 개편 · 지방 행정 구역을 8도에서 23부로 개편 · 재판소를 설립하여 사법권을 독립시킴, 훈련대·시위대를 설치함
문화	교육 입국 조서에 따라 한성 사범 학교 관제 공포 → 한성 사범 학교 설립

◆ **홍범 14조의 주요 내용**
- 청에 의존하는 생각을 버리고 자주 독립의 기초를 세움
- 왕실 사무와 국정 사무를 혼동하지 않음
- 조세와 관련된 사항은 탁지아문에서 관할함

◆ **교육 입국 조서**
근대적 교육의 중요성을 강조하는 고종의 조서

3. 을미개혁(1895~1896)과 아관 파천(1896) 기출자료2

(1) **을미개혁**

① **배경**: 삼국 간섭 이후, 고종과 명성 황후는 친러 내각을 수립하여 조선 내 일본 세력을 견제하려고 하였다. 친러 정책에 위기를 느낀 일본은 을미사변을 일으킨 뒤 친일 내각을 수립하고 개혁을 강요하였다.

② **개혁 내용**

정치	'건양' 연호 제정, 군대로 친위대(중앙)·진위대(지방)를 설치함
사회	단발령 시행, 태양력 채택, 소학교 설립

(2) **아관 파천**

① **배경**: 을미사변으로 고종은 신변의 위협을 느꼈고, 러시아는 조선 내 영향력을 강화하려 하였다.

② **전개**: 친러파가 러시아 공사 베베르와 함께 고종의 거처를 러시아 공사관으로 옮겼다.

③ **결과**: 을미개혁이 중단되었으며, 러시아의 내정 간섭과 열강의 이권 침탈이 본격화되었다.

◆ **삼국 간섭**
청·일 전쟁에서 승리한 일본이 시모노세키 조약을 통해 청으로부터 랴오둥 반도를 획득하였으나, 러시아·프랑스·독일의 압력으로 랴오둥 반도를 반환한 사건

◆ **을미사변**
조선 정부의 친러 정책에 위기를 느낀 일본이 경복궁을 습격하여 명성 황후를 시해한 사건

4 독립 협회와 대한 제국 최근 3개년 시험 중 15회 출제!

1. 독립 협회

(1) **독립 협회의 창립**: 서재필, 남궁억 등이 자주 독립 국가 건설을 목표로 독립 협회를 창립하였다.

(2) **독립 협회의 활동** 기출자료3

만민 공동회 개최	근대적 민중 집회인 만민 공동회를 열어 민권 신장을 추구함
이권 수호 운동	러시아의 절영도 조차 요구에 반대함, 한·러 은행의 폐쇄와 러시아 재정 고문과 군사 교관 철수 등을 요구함
관민 공동회 개최	관민 공동회를 개최(1898)하여 헌의 6조를 결의하고 고종의 재가를 받음
민중 계몽 운동	독립문과 독립관을 건립함, 토론회·강연회를 개최함

빈출 키워드 랭킹
1위 지계 발급 12번 출제
2위 원수부 설치 8번 출제
3위 헌의 6조 4번 출제

◆ **서재필**
- 갑신정변 실패 후 미국으로 망명함
- 귀국 후 정부의 지원을 받아 독립신문을 창간함

◆ **헌의 6조의 주요 내용**
- 외국에 의존하지 말고 관민이 협력하여 전제 황권을 공고히 할 것
- 탁지부에서 국가 재정을 전담할 것

기출 분석 특강

기출자료 1 제2차 갑오개혁

(1) 홍범 14조 반포 40회 출제

이것은 고종이 종묘에 바친 독립 서고문으로 홍범 14조가 포함되어 있습니다. 홍범 14조는 김홍집과 박영효의 연립 내각이 주도한 이 개혁(→제2차 갑오개혁)의 기본 방향이 되었습니다.

자료 분석
제2차 갑오개혁 때 고종이 종묘에 나가 독립 서고문을 바치고 홍범 14조를 반포하여 개혁의 기본 방향을 제시하였다.

함께 나올 기출선택지
- 개혁의 기본 방향을 제시한 홍범 14조를 반포하였다. 72·67·65·63회
- 교육의 기본 방향을 제시한 교육 입국 조서를 반포하였다. 72·71·64·57회
- 지방 행정 구역을 전국 8도에서 23부로 개편하였다. 71·68·61회
- 재판소를 설치하여 사법권을 독립시켰다. 63회

기출자료 2 을미개혁과 아관 파천

(1) 을미개혁 51회 출제

대군주 폐하께서 내리신 조칙에서 "짐이(→임금이 자기를 가리키는 말) 신민(臣民)에 앞서 머리카락을 자르니, 너희들은 짐의 뜻을 잘 본받아 만국과 나란히 서는 대업을 이루라."라고 하셨다.

자료 분석
을미개혁 때 상투를 자르고 머리카락을 짧게 자르는 단발령을 시행하였다.

(2) 아관 파천 47회 출제

왕이 경복궁을 나오니 이범진, 이윤용 등이 러시아 공사관으로 옮기게 하였다. 김홍집 등이 군중에게 잡혀 살해되자 유길준, 장박 등은 도주하였다.

자료 분석
을미사변으로 신변의 위협을 느낀 고종은 거처를 러시아 공사관으로 옮기는 아관 파천을 단행하였다.

함께 나올 기출선택지
- 을미개혁 – 건양이라는 독자적인 연호를 사용하였다. 69·66·64회
- 을미개혁 – 태양력을 공식 채택하였다. 63·59회
- 아관 파천 – 고종이 러시아 공사관으로 거처를 옮겼다. 63·59회

기출자료 3 독립 협회의 활동

(1) 이권 수호 운동 46회 출제

서울에서 러시아 교관들과 재정 고문의 체류를 반대하려는 움직임이 점점 거세졌습니다. 이를 주도하는 [(가)] 을/를 따라서 전 국민이 같은 입장을 취하였고 길거리에서 모임을 갖고 있습니다. ……

자료 분석
독립 협회는 만민 공동회를 개최하여 러시아 재정 고문과 군사 교관 철수 등을 요구하였다.

(2) 독립문 건립 69회 출제

신 등은 [(가)](→독립 협회) 을/를 설립하여 독립문을 세우고 위로는 황상의 지위를 높이며, 아래로는 인민의 뜻을 확고히 함으로써 억만년 무궁한 기초를 확립하고자 하였던 것입니다.

자료 분석
독립 협회는 독립 의식 고취를 위해 청의 사신을 맞이하던 영은문이 있던 자리 부근에 독립문을 건립하였다.

함께 나올 기출선택지
- 서재필 등이 독립 협회를 창립하고 독립문을 세웠다. 41회
- 독립 협회가 중심이 되어 독립문을 건립하였다. 51회
- 러시아의 절영도 조차 요구를 저지시켰다. 72·64·62회
- 만민 공동회를 열어 민권 신장을 추구하였다. 61회
- 관민 공동회를 개최하여 헌의 6조를 결의하였다. 69·63회

20강 근대의 구국 운동과 근대 국가 수립 노력

20강 근대의 구국 운동과 근대 국가 수립 노력

(3) 독립 협회의 의회 설립 운동과 해산 과정 〔기출자료 1〕

박정양 내각 수립	중추원 관제 반포	익명서 사건	독립 협회 해산
독립 협회의 활동을 제한하는 보수 내각 대신 진보적인 박정양 내각이 수립됨	박정양 내각과 협상하여 중추원 관제 반포, **중추원 개편**을 통한 **의회 설립 운동**을 추진함	보수 세력이 꾸민 익명서 사건으로 독립 협회 해산령이 내려지고 박정양 내각이 와해됨	고종이 **황국 협회◆와 군대를 동원하여 만민 공동회를 해산**시켜 독립 협회가 해산됨

◆ **황국 협회**
정부의 보수 세력이 독립 협회에 대항하기 위해 보부상과 연합하여 만든 단체로, 독립 협회와 만민 공동회를 탄압하는 데 이용됨

◆ **지계**
근대적 토지 소유권 증명서로, 토지 소유권과 관련된 내용이 기록되어 있음

2. 대한 제국(1897~1910)과 광무개혁 〔기출자료 2〕

(1) 대한 제국의 성립
① **배경**: 고종이 아관 파천 이후 약 1년 만에 러시아 공사관에서 경운궁(덕수궁)으로 환궁하였으며, 당시 국외 정세는 러시아와 일본의 세력 균형이 이루어진 상황이었다.
② **성립**: 고종은 **연호를 '광무'로** 고친 후 환구단에서 **황제 즉위식을 거행**하고 **국호를 '대한 제국'**으로 선포하였다.

(2) 광무개혁: **구본신참의 원칙** 아래 복고적인 성향을 띤 점진적인 개혁을 추진하였다.

정치	· **대한국 국제를 반포**(1899)하여 대한 제국이 전제 정치 국가이며, 황제권은 무한함을 강조함 · 지방 행정 구역 개편(23부 → 13도) · 황제 직속 군사 기관인 **원수부를 설치**함(1899)
외교	· 북간도 지역으로 이주한 교민들을 보호하기 위해 간도 관리사로 이범윤을 임명함 · **대한 제국 칙령 제41호 반포**: 독도가 울도군의 관할 영토임을 명시함
경제	· 양지아문을 설치하여 근대적인 토지 소유권 제도를 확립하기 위한 양전 사업을 실시함 · 지계아문을 설치(1901)하여 **토지 소유자에게 지계◆**를 발급함
문화	관립 실업 학교인 상공 학교(1899)와 기술 교육 기관을 설립함

10초 컷! 핵심 키워드 암기
1. 임오군란: 구식 군인들의 봉기, 제물포 조약, 조·청 상민 수륙 무역 장정
2. 갑신정변: 급진 개화파의 주도, 한성 조약, 톈진 조약
3. 동학 농민 운동: 고부 민란, 황토현·황룡촌 전투, 우금치 전투
4. 갑오개혁과 을미개혁: 군국 기무처 설치 및 공·사 노비법 혁파(제1차 갑오개혁), 홍범 14조 반포(제2차 갑오개혁), 단발령 및 태양력 시행(을미개혁)
5. 독립 협회: 만민 공동회, 관민 공동회, 헌의 6조
6. 대한 제국: 대한국 국제, 원수부 설치, 지계 발급

20강 개념 확인 퀴즈

1. 다음 설명이 맞으면 O표, 틀리면 X표를 하세요.
(1) 임오군란은 구식 군인에 대한 차별 대우가 발단이 되어 일어났다. ( )
(2) 갑신정변은 우정총국 개국 축하연을 이용하여 일어났다. ( )
(3) 전주 화약 이후, 농민군은 자치 기구인 교정청을 설치하였다. ( )
(4) 독립 협회는 러시아의 절영도 조차 요구 반대 운동을 전개하였다. ( )

2. 다음 괄호 안의 내용 중 옳은 것에 O표 하세요.
(1) 임오군란의 결과 조선과 일본 사이에 (제물포 조약 / 한성 조약)이 체결되었다.
(2) 영국군은 러시아 견제를 구실로 (거문도 / 거제도)를 불법으로 점령하였다.
(3) 제2차 갑오개혁 때 고종이 (홍범 14조 / 대한국 국제)를 반포하였다.
(4) (을미개혁 / 광무개혁) 때 태양력을 채택하였다.

기출 분석 특강

기출자료 1 독립 협회의 의회 설립 운동과 해산 과정

(1) 익명서 사건 43회 출제

익명서는 "(가)[독립 협회]이/가 11월 5일 본관에서 대회를 열고, 박정양을 대통령으로, 윤치호를 부통령으로, 이상재를 내부대신으로 …… 임명하여 나라의 체제를 공화 정치 체제로 바꾸려 한다."라고 꾸며서 폐하께 모함하고자 한 것이다.
— 『대한계년사』

자료 분석
독립 협회가 박정양 내각과 협상하여 의회 설립 운동을 추진하자, 보수 세력은 독립 협회가 공화정을 수립하려 한다는 익명서 사건을 꾸며 독립 협회를 모함하였다.

함께 나올 기출선택지
- 중추원 개편을 통해 의회 설립을 추진하였다. 69·65·62회
- 박정양 - 독립 협회의 제안을 받아들여 중추원 관제 개편을 추진하였다. 67회

기출자료 2 대한 제국과 광무개혁 ✔출제TIP 고종과 황제, 광무개혁의 주요 내용이 자료의 힌트로 출제돼요!

(1) 대한 제국 성립 45회 출제

천지에 고하는 제사를 지냈다. 왕태자가 배참하였다. 예를 마친 뒤 의정부 의정 심순택이 백관을 거느린 채 무릎을 꿇고 아뢰기를, "제례를 마쳤으므로 황제의 자리에 오르소서." 라고 하였다. …… 임금이 두 번 세 번 사양하다가 옥새를 받고 황제의 자리에 올랐다.
— 『고종실록』

자료 분석
고종은 러시아 공사관에서 경운궁으로 환궁한 후, 환구단에서 황제 즉위식을 거행하고 국호를 '대한 제국'으로 선포하였다.

(2) 대한국 국제 45회 출제

이제 본소(本所)에서 대한국 국제(國制)를 잘 상의하고 확정하여 보고하라는 조칙을 받들어서, …… 본국의 정치는 어떤 정치이고 본국의 군권은 어떤 군권인가를 밝히려 합니다.
— 『고종실록』

자료 분석
대한 제국 수립 이후 고종은 대한국 국제를 반포(1899)하여 대한 제국은 전제 정치 국가이며 황제권이 무한함을 강조하였다.

함께 나올 기출선택지
- 고종이 환구단에서 황제 즉위식을 거행하였다. 49회
- 구본신참에 입각하여 개혁을 추진하였다. 52회
- 대한국 국제가 반포되었다. 65·60회
- 양전 사업을 실시하고 지계를 발급하는 관리 59회
- 황제의 군사권을 강화하기 위하여 원수부를 설치하였다. 65·63·60회
- 이범윤을 간도 관리사로 임명하였다. 60회

---

3. 질문에 맞는 답을 고르세요.

(1) 갑신정변에 대한 설명은?
① 통리기무아문이 설치되는 배경이 되었다.
② 김옥균, 박영효 등이 주도하였다.

(2) 폐정 개혁안의 내용은?
① 토지의 균등 분배를 추진하였다.
② 국가 재정을 호조로 일원화하고자 하였다.

(3) 을미사변 이후의 사실은?
① 고종이 러시아 공사관으로 거처를 옮겼다.
② 김옥균 등 개화 세력이 정변을 일으켰다.

(4) 광무개혁에 대한 내용은?
① 황제 직속의 원수부를 설치하였다.
② 과거제를 폐지하였다.

정답
1. (1) ○ (2) ○ (3) X(집강소) (4) ○
2. (1) 제물포 조약 (2) 거문도 (3) 홍범 14조 (4) 을미개혁
3. (1) ②(①은 초기 개화 정책)
   (2) ①(②은 14개조 개혁 정강)
   (3) ①(②은 갑신정변, 을미사변 이전)
   (4) ①(②은 제1차 갑오개혁)

개념 적용 기출문제

01
[69회 30번]

다음 자료에 나타난 사건의 영향으로 가장 적절한 것은? [2점]

> 이때 세금을 부과하는 직책의 신하들이 재물을 거두어들여 자기 배만 채우면서 각영(各營)에 소속된 군인들의 봉급을 몇 달 동안 나누어 주지 않았다. 그리하여 훈국(訓局)의 군사가 맨 먼저 난을 일으키고, 각영의 군사가 잇달아 일어났다. 이들은 이최응, 민겸호, 김보현, 민창식을 죽였고 또 중전을 시해하려 하였다. 중전은 장호원으로 피하였다.

① 강화도 조약이 체결되었다.
② 김기수가 수신사로 일본에 파견되었다.
③ 종로와 전국 각지에 척화비가 세워졌다.
④ 일본 공사관 경비 명목으로 일본군이 주둔하였다.
⑤ 통리기무아문을 설치하고 그 아래에 12사를 두었다.

02
[70회 30번]

(가)에 대한 설명으로 옳은 것은? [2점]

1/3: 우정총국 개국 축하연에서 일부 급진 개화파가 □(가)□을/를 일으켰습니다.
2/3: 권력을 장악한 그들은 청과의 사대 관계 청산 등을 담은 개혁 정강을 발표하였습니다.
3/3: 청군의 개입으로 3일 만에 실패하여 김옥균 등 주요 인물은 일본으로 망명하였습니다.

① 전개 과정에서 집강소가 설치되었다.
② 수신사가 파견되는 데 영향을 주었다.
③ 한성 조약이 체결되는 결과를 가져왔다.
④ 사태 수습을 위해 박규수가 안핵사로 파견되었다.
⑤ 구식 군인에 대한 차별 대우가 발단이 되어 일어났다.

03
[65회 31번]

(가), (나) 사이의 시기에 있었던 사실로 옳은 것은? [2점]

> (가) 복합 상소 이후에도 "물러나면 원하는 바를 시행할 것이다."라던 국왕의 약속과 달리 관리들의 침학이 날로 심해졌다. …… 최시형은 도탄에 빠진 교도들을 구하고 최제우의 억울함을 씻기 위해 보은 집회를 개최하였다.
>
> (나) 동학 농민군은 거짓으로 패한 것처럼 꾸며 황토현에 진을 쳤다. 관군은 믿고 들어가 그 아래에 진을 쳤다. …… 농민군이 삼면을 포위한 채 한쪽 모퉁이만 빼고 크게 함성을 지르며 압박하자 관군은 일시에 무너졌다.

① 논산으로 남접과 북접이 집결하였다.
② 개혁을 추진하기 위해 교정청이 설치되었다.
③ 일본이 군대를 동원하여 경복궁을 점령하였다.
④ 고부 농민들이 조병갑의 탐학에 맞서 만석보를 파괴하였다.
⑤ 공주 우금치에서 농민군이 관군과 일본군에게 패배하였다.

04
[67회 32번]

다음 가상 뉴스에서 보도하는 사건 이후에 전개된 사실로 옳은 것은? [1점]

속보: 전주 화약 체결
지난달 전주성을 점령한 동학 농민군이 마침내 정부와 화약을 체결하였습니다. 농민군은 곧 집강소를 중심으로 폐정 개혁에 착수할 것으로 예상됩니다.

① 남접과 북접이 논산에서 연합하였다.
② 농민군이 황룡촌 전투에서 관군에 승리하였다.
③ 교조 신원을 요구하는 보은 집회가 개최되었다.
④ 사태 수습을 위해 안핵사 이용태가 파견되었다.
⑤ 전봉준이 농민을 이끌고 고부 관아를 습격하였다.

해설

01 임오군란
정답 ④

자료 분석

각영에 소속된 군인들의 봉급은 몇 달 동안 나누어 주지 않음 + 중전을 시해하려 함 → 임오군란

임오군란은 신식 군대(별기군)와의 차별 대우와 개화 정책에 대한 구식 군인들의 불만이 폭발하면서 일어난 사건이다. 밀려 있던 급료로 지급된 쌀에 겨와 모래가 섞여있자, 구식 군인들은 급료 지급을 담당한 선혜청과 일본 공사관을 습격하였다. 이에 왕비인 명성 황후는 궁궐을 빠져나가 장호원으로 피신하였고 고종은 흥선 대원군에게 사태 수습을 맡겼다. 그러나 민씨 정권의 출병 요청을 받은 청군에 의해 진압되었다.

선택지 분석

① 강화도 조약이 체결되었다. → 운요호 사건
② 김기수가 수신사로 일본에 파견되었다.
 → 강화도 조약 체결의 영향
③ 종로와 전국 각지에 척화비가 세워졌다. → 신미양요의 영향
④ 일본 공사관 경비 명목으로 일본군이 주둔하였다.
 → 임오군란
  ㄴ 임오군란의 결과 조선은 일본과 제물포 조약을 맺어 일본 공사관에 경비 명목으로 일본군이 주둔하는 것을 허용하였다.
⑤ 통리기무아문을 설치하고 그 아래에 12사를 두었다.
 → 초기 개화 정책

02 갑신정변
정답 ③

자료 분석

우정총국 개국 축하연 + 급진 개화파 + 김옥균 → 갑신정변

갑신정변은 김옥균, 박영효 등의 개화당이라 불리는 급진 개화파가 우정총국 개국 축하연을 이용해 일으킨 정변이다. 이들은 일본의 지원을 약속받아 정변을 단행하여 정권을 장악하였고, 근대적 개화 정책을 추진하기 위해 14개조 혁신 정강을 발표하였다. 그러나 일본의 배신과 청군의 개입으로 3일 만에 실패하였고, 주동자였던 김옥균, 박영효 등은 일본으로 망명하였다.

선택지 분석

① 전개 과정에서 집강소가 설치되었다. → 동학 농민 운동
② 수신사가 파견되는 데 영향을 주었다. → 초기 개화 정책
③ 한성 조약이 체결되는 결과를 가져왔다. → 갑신정변
 ㄴ 갑신정변의 결과 조선과 일본 사이에 한성 조약이 체결되어, 조선은 일본에 배상금을 지불하고 일본 공사관 신축 비용을 부담하였다.
④ 사태 수습을 위해 박규수가 안핵사로 파견되었다.
 → 임술 농민 봉기
⑤ 구식 군인에 대한 차별 대우가 발단이 되어 일어났다.
 → 임오군란

03 보은 집회와 황토현 전투 사이의 사실
정답 ④

자료 분석

(가) 최시형 + 보은 집회를 개최함 → 보은 집회(1893. 3.)
(나) 동학 농민군 + 황토현 → 황토현 전투(1894. 4.)

- (가) 1893년 3월 동학 교도들은 최시형(2대 교주)을 중심으로 혹세무민의 죄로 처형당한 교조 최제우의 신원 회복과 포교의 자유를 요구하는 보은 집회를 개최하였다.
- (나) 1894년 4월 황토현과 황룡촌에서 관군을 격파하였다. 관군에 승리한 동학 농민군은 기세를 몰아 전주성까지 점령하였다.

선택지 분석

① 논산으로 남접과 북접이 집결하였다.
 → 1894년 10월, (나) 이후
② 개혁을 추진하기 위해 교정청이 설치되었다.
 → 1894년 6월, (나) 이후
③ 일본이 군대를 동원하여 경복궁을 점령하였다.
 → 1894년 6월, (나) 이후
④ 고부 농민들이 조병갑의 탐학에 맞서 만석보를 파괴하였다.
 → 1894년 1월
 ㄴ 1894년 1월에 전봉준을 중심으로 한 고부 농민들이 군수 조병갑의 탐학에 맞서 고부 관아를 습격하고 축조된 만석보(저수지)를 파괴하였다 (고부 민란).
⑤ 공주 우금치에서 농민군이 관군과 일본군에게 패배하였다.
 → 1894년 11월, (나) 이후

04 전주 화약 체결 이후의 사실
정답 ①

자료 분석

전주 화약 체결(1894. 5.)

동학 농민 운동은 고부 민란을 수습하기 위해 파견된 이용태가 관련자들을 탄압한 것이 원인이 되어 일어났다. 전봉준의 주도로 백산에 집결한 동학 농민군은 황토현·황룡촌 전투에서 승리하고 전주성까지 점령하였다. 이에 정부는 동학 농민군과 전주 화약을 체결하였다.

선택지 분석

① 남접과 북접이 논산에서 연합하였다. → 1894년 10월
 ㄴ 전주 화약 체결 이후인 1894년 10월에 남접과 북접이 논산에서 연합하였다(제2차 동학 농민 운동).
② 농민군이 황룡촌 전투에서 관군에 승리하였다. → 1894년 4월
③ 교조 신원을 요구하는 보은 집회가 개최되었다. → 1893년 3월
④ 사태 수습을 위해 안핵사 이용태가 파견되었다. → 1894년 2월
⑤ 전봉준이 농민을 이끌고 고부 관아를 습격하였다.
 → 1894년 1월

개념 적용 기출문제

05
(가)에 들어갈 내용으로 적절한 것은? [2점] 69회 31번

> 한국사 챗봇
> Q 군국기무처에 대해 알려줘.
> A 군국기무처는 국정 전반에 걸친 개혁을 담당한 기구입니다. 총재는 김홍집이었으며, 유길준 등 개화파와 박준양 등 흥선 대원군 계열의 인사로 구성되었습니다. 개혁을 추진하면서 수개월 동안 200여 건의 안건을 의결하였습니다.
> Q 이 기구에서 의결한 주요 개혁 내용을 알려줘.
> A (가)

① 공·사 노비법을 혁파하였습니다.
② 5군영을 2영으로 통합하였습니다.
③ 건양이라는 연호를 제정하였습니다.
④ 한성 사범 학교 관제를 반포하였습니다.
⑤ 지계아문을 설치하여 지계를 발급하였습니다.

06
밑줄 그은 '개혁'의 내용으로 옳은 것은? [2점] 59회 33번

- 김홍집과 박영효를 중심으로 구성된 내각에서 여러 개혁을 추진했다더군.
- 수령의 권한을 축소시키고 재판소를 설치했다고 들었네.

① 원수부를 설치하였다.
② 기기창을 설립하였다.
③ 공·사 노비법을 혁파하였다.
④ 태양력을 공식 채택하였다.
⑤ 한성 사범 학교 관제를 반포하였다.

07
(가) 단체의 활동으로 옳은 것은? [2점] 71회 34번

> 독립문 주춧돌 놓는 예식을 독립 공원 부지에서 열었다. …… 회장 안경수 씨가 연설하기를, "(가)이/가 처음에 시작할 때 단지 회원이 네다섯 명이더니 오늘날 회원은 수천 명이다. 조선 인민들이 나라가 독립되는 것을 좋아하기에 심지어 궁벽한 시골에 사는 인민 중에서 독립문 세우는 데 돈을 보조하는 사람들이 있으며, 외국 사람 중에서도 돈 낸 사람들이 많이 있었다. 이것을 보면 조선 사람들도 오늘부터 조선에서 모든 일을 (가) 하듯이 시작하여 모두 합심하기를 바란다."라고 하였다.

① 고종 강제 퇴위 반대 운동을 전개하였다.
② 일제의 황무지 개간권 요구를 저지시켰다.
③ 중추원 개편을 통한 의회 설립을 추진하였다.
④ 대성 학교를 설립하여 민족 교육을 실시하였다.
⑤ 독립운동 자금 마련을 위해 독립 공채를 발행하였다.

08
밑줄 그은 '개혁'의 내용으로 옳은 것은? [2점] 72회 35번

덕수궁 내에 있는 정관헌은 전통 건축 양식에 근대적 요소를 결합한 것으로 평가받고 있습니다. 고종이 황제로 즉위한 후 구본신참을 바탕으로 개혁을 추진할 때 건립되었습니다.

① 홍범 14조를 반포하였다.
② 공·사 노비법을 혁파하였다.
③ 신식 군대인 별기군을 창설하였다.
④ 근대 교육 기관인 육영 공원을 설립하였다.
⑤ 지계아문을 설치하여 토지 소유자에게 지계를 발급하였다.

해설

05 제1차 갑오개혁   정답 ①

자료 분석

> **군국기무처 → 제1차 갑오개혁**
> 제1차 갑오개혁은 일본이 경복궁을 강제로 점령하고 제1차 김홍집 내각을 수립하면서 추진되었다. 개혁 추진을 위한 기구로 군국기무처가 설치되었고, 김홍집이 총재를 겸임하였다. 제1차 갑오개혁 때에는 청의 연호를 폐지하고 '개국' 기원을 사용하였고, 행정 조직을 6조에서 8아문으로 개편하였다. 사회적으로 과거제를 폐지하여 신분의 구별이 없는 새로운 임용 관리 제도를 실시하였으며, 과부의 재가를 허용하고 연좌제와 조혼을 금지하는 등 봉건적 악습을 철폐하였다.

선택지 분석

① 공·사 노비법을 혁파하였습니다. → 제1차 갑오개혁
   ㄴ 제1차 갑오개혁 때 공·사 노비법을 혁파하여 신분 제도를 철폐하였다.
② 5군영을 2영으로 통합하였습니다. → 초기 개화 정책
③ 건양이라는 연호를 제정하였습니다. → 을미개혁
④ 한성 사범 학교 관제를 반포하였습니다. → 제2차 갑오개혁
⑤ 지계아문을 설치하여 지계를 발급하였습니다. → 광무개혁

06 제2차 갑오개혁   정답 ⑤

자료 분석

> **김홍집과 박영효를 중심으로 구성된 내각 + 재판소를 설치함 → 제2차 갑오개혁**
> 제2차 갑오개혁은 청·일 전쟁에서 승기를 잡은 일본에 의해 군국기무처가 폐지된 이후 실시되었다. 이때 구성된 김홍집·박영효 연립 내각은 지방 행정 구역을 8도에서 23부로 개편하고, 재판소를 설치하여 사법권을 독립시키는 등 여러 개혁 정책을 추진하였다.

선택지 분석

① 원수부를 설치하였다. → 광무개혁
② 기기창을 설립하였다. → 초기 개화 정책
③ 공·사 노비법을 혁파하였다. → 제1차 갑오개혁
④ 태양력을 공식 채택하였다. → 을미개혁
⑤ 한성 사범 학교 관제를 반포하였다. → 제2차 갑오개혁
   ㄴ 제2차 갑오개혁 때 반포된 교육 입국 조서에 따라 한성 사범 학교 관제가 반포되었다.

07 독립 협회   정답 ③

자료 분석

> **독립문 → 독립 협회**
> 독립 협회는 서재필, 이상재, 남궁억 등 신지식인이 중심이 되어 창립한 단체로, 자주 독립 국가 건설을 목표로 활동하였다. 이들은 독립 의식 고취를 위해 청 사신을 맞이하던 문인 영은문을 헐고 그 부근에 독립문을 건립하였으며, 근대적 민중 집회인 만민 공동회를 열어 러시아의 절영도 조차 요구를 저지하는 등 이권 수호 운동을 전개하였다.

선택지 분석

① 고종 강제 퇴위 반대 운동을 전개하였다. → 대한 자강회
② 일제의 황무지 개간권 요구를 저지시켰다. → 보안회
③ 중추원 개편을 통한 의회 설립을 추진하였다. → 독립 협회
   ㄴ 독립 협회는 관민 공동회를 열어 헌의 6조를 결의하고, 중추원 개편을 통해 의회 설립을 추진하였다.
④ 대성 학교를 설립하여 민족 교육을 실시하였다. → 신민회
⑤ 독립운동 자금 마련을 위해 독립 공채를 발행하였다. → 대한민국 임시 정부

08 광무개혁   정답 ⑤

자료 분석

> **고종이 황제로 즉위 + 구본신참 → 광무개혁**
> 광무개혁은 고종이 대한 제국의 황제로 즉위한 뒤 '옛 것을 근본으로 삼고 새것을 참고한다'는 구본신참을 바탕으로 추진한 개혁이다. 광무개혁에서는 황제가 군사권을 장악하기 위해 원수부를 설치하였고, 상공업의 발달에 따라 기술·실업 교육을 위한 관립 실업 학교인 상공 학교를 설립하였다.

선택지 분석

① 홍범 14조를 반포하였다. → 제2차 갑오개혁
② 공·사 노비법을 혁파하였다. → 제1차 갑오개혁
③ 신식 군대인 별기군을 창설하였다. → 초기 개화 정책
④ 근대 교육 기관인 육영 공원을 설립하였다. → 초기 개화 정책
⑤ 지계아문을 설치하여 토지 소유자에게 지계를 발급하였다. → 광무개혁
   ㄴ 광무개혁 때 지계아문을 설치하여 토지 소유자에게 근대적 토지 소유 증명서인 지계를 발급하였다.

20강 근대의 구국 운동과 근대 국가 수립 노력

21강 일제의 침략과 국권 수호 운동

1 일제의 국권 침탈 과정 최근 3개년 시험 중 4회 출제!

1. 러·일의 대립
(1) **러·일 전쟁 이전의 상황:** 용암포 사건(1903)◆으로 러시아와 일본의 대립이 격화되어 러·일 전쟁이 일어날 조짐이 보이자 고종은 국외 중립을 선언하였다(1904. 1.).
(2) **러·일 전쟁 발발(1904. 2.):** 한반도와 만주의 지배권을 둘러싸고 전쟁이 일어났다.

2. 일제의 국권 침탈 과정 기출자료1

한·일 의정서 (1904. 2.)	· 체결: 일본이 대한 제국의 국외 중립 선언을 무시하고 강제로 체결함 · 내용: 일본이 군사상 필요한 대한 제국의 군사적 요지와 시설을 사용할 수 있음
제1차 한·일 협약(1904. 8.)	· 체결: 러·일 전쟁 중 전세가 유리해진 일본이 조약 체결을 강요함 · 내용: 외교에 스티븐스, 재정에 메가타를 고문으로 파견하여 고문 정치를 실시함
을사늑약 (제2차 한·일 협약, 1905. 11.)	· 체결: 일본이 덕수궁 중명전에서 고종의 비준 없이 강제로 체결함 · 내용: 통감부를 설치하여 통감 정치를 실시하고, 대한 제국의 외교권을 박탈함 · 저항: 민영환·조병세 등의 자결, 장지연의 '시일야방성대곡' 게재(황성신문), 고종의 헤이그 특사 파견(1907)◆
한·일 신협약 (정미 7조약, 1907)	· 체결: 일본은 헤이그 특사 파견을 구실로 고종을 강제 퇴위시키고, 뒤이어 즉위한 순종을 협박하여 한·일 신협약을 강제로 체결함 · 내용: 통감의 권한 강화, 부속 밀약◆을 통해 대한 제국의 군대를 강제로 해산함
기유각서 (1909. 7.)	대한 제국의 사법권과 감옥 사무 처리권을 박탈함
한·일 병합 조약(1910)	일본이 대한 제국의 국권을 피탈함

빈출 키워드 랭킹
1위 을사늑약 9번 출제
2위 헤이그 특사, 기유각서 4번 출제
3위 제1차 한·일 협약 3번 출제

◆ **용암포 사건**
압록강 주변에서 벌채 사업을 추진하던 러시아가 용암포 및 압록강 하구 일대를 불법으로 점령하고 조차를 요구한 사건

◆ **헤이그 특사 파견**
고종이 이상설, 이준, 이위종을 네덜란드 헤이그에서 열리는 만국 평화 회의에 파견하여 을사늑약의 무효와 일제의 침략을 알리게 한 사건

◆ **한·일 신협약의 부속 밀약**
일본은 한·일 신협약의 부속 밀약을 통해 대한 제국 각 부서에 일본인 차관을 파견하는 차관 정치를 실시함

2 항일 의병 운동과 애국 계몽 운동 최근 3개년 시험 중 2회 출제!

1. 항일 의병 운동의 전개 기출자료2
(1) **을미의병**
① **원인:** 을미사변과 단발령(을미개혁) 시행 등에 대한 반발로 일어났다.
② **주도 세력:** 위정척사 사상을 가진 유생 출신 유인석, 이소응 등이 주도하였다.
③ **활동:** 유인석이 이끄는 의병이 충주성을 점령하였다.
④ **해산:** 단발령이 철회되고, 고종의 해산 권고 조칙에 따라 해산하였다.
(2) **을사의병**
① **원인:** 을사늑약이 체결되고 통감부가 설치되자, 이에 반발하며 일어났다.
② **주도 세력:** 유생인 최익현, 민종식 등이 중심이 되었지만 평민 의병장(신돌석)이 활약하기도 하였다.
③ **활동:** 최익현◆이 태인에서 거병하였으며, 민종식은 홍주성을 점령하였다.

빈출 키워드 랭킹
1위 105인 사건 9번 출제
2위 13도 창의군 8회 출제
3위 보안회 3회 출제

◆ **최익현**
전북 태인에서 의병을 일으킨 최익현은 의병을 이끌고 순창으로 진격하여 진위대(관군)와 대치하였으나, 동포끼리 싸울 수 없다 하여 스스로 체포되었고, 결국 쓰시마 섬(대마도)에서 순국함

기출 분석 특강

기출자료 1 일제의 국권 침탈 과정

(1) 한·일 의정서 42회 출제

제4조 …… 대한 제국 정부는 대일본 제국 정부의 행동이 용이하도록 충분한 편의를 제공한다. 대일본 제국 정부는 …… 군사 전략상 필요한 지점을 수시로 사용할 수 있다.

자료 분석
일본은 강제로 한·일 의정서를 체결하여 대한 제국의 군사적 요지와 시설을 점령하였다.

(2) 을사늑약 50회 출제

사건 일지
11월 15일 이토, 고종을 접견하고 협상 초안 제출
11월 16일 이토, 대한 제국 대신들에게 조약 체결 강요
11월 17일 일본군을 동원한 강압적 분위기 속에서 조약 체결 진행
11월 18일 이토, 외부인(外部印)을 탈취하여 고종의 윤허 없이 조인

자료 분석
일본은 이토 히로부미를 통해 강압적 분위기 속에서 고종의 동의 없이 을사늑약을 체결하였다.

(3) 한·일 신협약 53회 출제

제2조 한국 정부의 법령 제정 및 중요한 행정상의 처분은 미리 통감의 승인을 거친다.
제5조 한국 정부는 통감이 추천한 일본인을 한국 관리로 임명한다.

자료 분석
일본은 통감의 권한을 강화하는 한·일 신협약을 강제로 체결하였다.

함께 나올 기출선택지
- 제1차 한·일 협약 – 재정 고문을 두도록 하는 조항을 담고 있다. 70회
- 제1차 한·일 협약 – 메가타가 대한 제국의 재정 고문으로 부임하였다. 64·59회
- 제1차 한·일 협약 – 스티븐스가 외교 고문으로 임명되었다. 41회
- 을사늑약 – 외교권이 박탈되고 통감부가 설치되었다. 52회
- 통감부가 설치되는 계기가 되었다. 70·67·59회
- 을사늑약에 대한 저항 – 조약 체결에 반대하여 민영환이 자결하였다. 48회
- 을사늑약에 대한 저항 – 고종이 헤이그 만국 평화 회의에 특사를 파견하였다. 70·67회
- 한·일 신협약 – 대한 제국의 군대 해산을 규정하였다. 51회

기출자료 2 항일 의병 운동의 전개 ✓ 출제 TIP 각 의병을 일으킨 주요 인물의 이름이 힌트로 출제됩니다!

(1) 을미의병 43회 출제

이곳은 의암 유인석의 위패가 모셔져 있는 충청북도 제천의 자양영당입니다. 이곳에서 유인석은 국모의 원수를 갚고 전통을 보전한다는 복수보형(復讐保形)을 기치로 8도의 유림을 모아 의병을 일으키려는 비밀 회의를 열었습니다.

자료 분석
유생 출신 유인석은 을미사변과 단발령에 반발하여 을미의병을 일으켰다.

(2) 을사의병 32회 출제

┌ 최익현
을사늑약이 체결되었다는 소식을 들은 나는 을사오적을 처벌하라는 상소를 올린 후 태인에서 의병을 일으켰으나 체포되어 쓰시마 섬으로 끌려갔소.

자료 분석
최익현은 을사의병 때 태인에서 의병을 일으켰다가 체포되어 쓰시마 섬으로 끌려갔고, 그곳에서 순국하였다.

함께 나올 기출선택지
- 을미의병 – 단발령의 시행에 반발하여 봉기하였다. 50회
- 을미의병 – 이소응, 유인석 등이 주도하였다. 58회
- 을미의병 – 유생 출신 유인석이 이끄는 의병이 충주성을 점령하였다. 54회
- 을사의병 – 을사늑약에 반발하여 봉기하였다. 45회
- 을사의병 – 최익현, 민종식 등이 주도하였다. 52회
- 최익현이 태인에서 궐기하였다. 72·70회
- 을사의병 – 민종식이 이끄는 의병 부대가 홍주성을 점령하였다. 70·59회

21강 일제의 침략과 국권 수호 운동

(3) 정미의병 기출자료 1
① **원인**: 고종 황제가 강제 퇴위되고, 한·일 신협약의 부속 밀약에 따라 **대한 제국의 군대가 해산**되었다.
② **특징**: **해산 군인이 의병에 합류**하면서 군사력이 강화되었고, 의병 전쟁으로 발전하였다.
③ **활동**: **13도 창의군**◆을 **결성**하여 각국 영사관에 의병을 국제법상 교전 단체로 승인해줄 것을 요구하고, 양주에 집결하여 **서울 진공 작전**◆을 **전개**하였으나 실패하였다.

◆ **13도 창의군**
총대장 이인영. 군사장 허위를 중심으로 결성된 의병 연합 부대

2. 항일 의거 활동 기출자료 2

전명운·장인환	미국 샌프란시스코에서 친일 외교 고문인 스티븐스를 사살함(1908)
안중근	· 만주 하얼빈 역에서 **초대 통감인 이토 히로부미를 사살**함(1909) · 뤼순 감옥에 수감되어 『**동양평화론**』을 **저술**하던 중 순국함
이재명	명동 성당 앞에서 이완용을 습격하여 중상을 입힘(1909)

◆ **서울 진공 작전**
· 전국의 의병이 서울에 주둔한 일본군을 몰아내고자 한 작전
· 1만여 명의 의병이 양주에 집결 후 선발대가 동대문 일대까지 진격하였으나, 일본군의 강한 반격으로 후퇴한 후 해산함

3. 애국 계몽 운동 기출자료 3

보안회	**일본의 황무지 개간권 요구를 저지**하기 위한 운동을 펼쳐 이를 철회시킴
대한 자강회	· 강연회 개최, 월보 간행 등을 통해 국권 회복 운동을 전개함 · **고종의 강제 퇴위 반대 운동**을 전개하다 보안법◆ 위반으로 해산됨
신민회	· **조직**: **안창호, 양기탁** 등을 중심으로 조직된 비밀 결사 단체(1907) · **목표**: 실력 양성을 통한 국권 회복, **공화 정치 체제의 근대 국가 수립** · **활동**: 대성 학교(안창호, 평양)·오산 학교(이승훈, 정주) 설립, 자기 회사(민족 산업 육성)·태극 서관(계몽 서적 출판) 설립, 국권 피탈 이후 남만주(서간도) 삼원보에 독립운동 기지 건설 및 신흥 강습소 설립 · **해산**: 일제가 조작한 **105인 사건**◆으로 와해됨(1911)

◆ **보안법**
집회·결사·언론의 자유를 탄압하기 위해 일본의 강요로 제정(1907)된 법률

◆ **105인 사건**
조선 총독부가 신민회를 비롯한 민족 운동 지도자들을 탄압하기 위하여 데라우치 총독 암살 음모를 조작한 사건

3 열강의 경제 침탈과 경제적 구국 운동
최근 =3개년 시험 중 7회 출제!

빈출 키워드 랭킹
1위 국채 보상 운동 10회 출제
2위 동양 척식 주식회사 7번 출제
3위 화폐 정리 사업 4회 출제

1. 열강의 경제 침탈
(1) 일본의 침탈
① **토지 약탈**: **동양 척식 주식회사**◆(1908)를 설립하여 토지를 수탈하고자 하였다.
② **이권 침탈**: 경인선, 경의선, 경부선 등 철도 부설권을 독점하였다.
③ **화폐 정리 사업**

주도	재정 고문 **메가타**의 주도로 실시됨
전개	일본 제일은행권을 본위 화폐(기준이 되는 화폐)로 지정하고, 조선 화폐인 **구 백동화를 등급에 따라 제일은행권으로 교환하도록 강요**함
결과	일본의 경제적 영향력이 강화됨

◆ **동양 척식 주식회사**
일본이 한국의 토지와 자원을 빼앗기 위해 만든 식민지 착취 기구

기출 분석 특강

기출자료 1 정미의병

(1) 13도 창의군 65회 출제

이인영을 총대장으로 추대하고, 허위를 군사장으로 삼아 …… 각 도에 격문을 전하니 전국에서 불철주야 달려온 지원자들이 만여 명이더라. 이에 서울로 진군하여 국권을 회복하고자 …… 먼저 이인영은 심복을 보내 각국 영사에게 진군의 이유를 상세히 알리며 도움을 요청하고, 각 도의 의병으로 하여금 일제히 진군하게 하였다.

[자료 분석] 정미의병 때 이인영을 총대장, 허위를 군사장으로 하는 전국 의병 연합 부대인 13도 창의군이 결성되어 서울 진공 작전을 전개하였다.

[함께 나올 기출선택지]
- 국제법상 교전 단체로 승인해 줄 것을 요구하였다. 43회
- 13도 창의군이 서울 진공 작전을 전개하였다. 69·67회
- 의병 부대가 연합하여 서울 진공 작전을 전개하였다. 70회
- 양주에 집결하여 서울 진공 작전을 전개하였다. 40회

기출자료 2 항일 의거 활동

(1) 안중근 71회 출제   **출제 TIP** 안중근이 옥중에서 저술하던 책의 이름이 힌트로 자주 제시됩니다!

[(가)]은/는 뤼순 감옥에서 사형 집행을 눈앞에 두고 온 힘을 다해 『동양평화론』을 집필하였다. 안타깝게도 그는 원고를 완성하지 못하고 형장의 이슬로 사라졌지만, 국가 간의 평등과 상호 협력으로 평화를 이룩하자는 그의 주장은 오늘날에도 시사점을 준다.

[자료 분석] 안중근은 이토 히로부미를 처단한 직후 체포되어 중국 뤼순(여순) 감옥에 수감되었으며, 감옥에서 『동양평화론』을 저술하던 중 순국하였다.

[함께 나올 기출선택지]
- 전명운·장인환 – 친일 인사인 스티븐스를 사살하였다. 71·62·59회
- 안중근 – 하얼빈 역에서 이토 히로부미를 사살하였다. 71·59회
- 이재명 – 명동 성당 앞에서 이완용을 습격하여 중상을 입혔다. 71·63·59회

기출자료 3 애국 계몽 운동

(1) 보안회 50회 출제

종로에서 송수만, 심상진 씨 등이 각 부(府)·부(部)·원(院)·청(廳)과 각 대관가(大官家)에 알리노라. 지금 산림과 하천 및 못, 원야, 황무지를 일본인이 청구하니, 국가의 존망과 인민의 생사가 경각에 달려 있노라.
– 황성신문

[자료 분석] 송수만 등은 보안회를 조직하여 집회를 열고 반대 운동을 벌여 일본의 황무지 개간권 요구를 철회시켰다.

(2) 신민회 61회 출제

이 편지는 비밀 결사인 이 단체[신민회]의 재무를 총괄한 전덕기가 안창호에게 보낸 것이다. 105인 사건으로 이 단체의 주요 회원인 양기탁, 이승훈 등이 형을 선고받은 사실과 대성 학교가 재정적으로 어려움을 겪고 있는 상황 등을 전하고 있다.

[자료 분석] 신민회는 안창호, 양기탁 등이 조직한 비밀 결사 단체로, 평양에 대성 학교를 세워 민족 교육을 추진하였다. 그러나 신민회는 일제가 꾸며낸 105인 사건으로 인해 해체되었다.

[함께 나올 기출선택지]
- 보안회 – 일본의 황무지 개간권 요구를 저지하였다. 71·69·68·67회
- 대한 자강회 – 고종의 강제 퇴위 반대 운동을 전개하였다. 71·63·61회
- 신민회 – 대성 학교와 오산 학교를 세워 민족 교육을 전개하였다. 71회
- 신민회 – 계몽 서적의 보급을 위해 태극 서관을 설립하였다. 65·64회
- 신민회 – 평양에 자기 회사를 설립하였다. 50회
- 신민회 – 일제가 꾸며낸 105인 사건으로 해체되었다. 69·68·67회

21강 일제의 침략과 국권 수호 운동

21강 일제의 침략과 국권 수호 운동

(2) 열강의 침탈

러시아	경원·종성 광산 채굴권, 두만강 유역과 울릉도 삼림 채벌권 등
미국	경인선 철도 부설권(이후 일본에 부설권 양도), 운산 금광 채굴권 등
프랑스	경의선 철도 부설권(이후 일본이 부설권 획득) 등
독일	강원도의 당현 금광 채굴권 등

2. 경제적 구국 운동 [기출자료1]

(1) 방곡령 시행
① 전개: 일본으로의 곡물 유출로 조선 내 식량이 부족해지고 곡물 가격이 폭등하자, 함경도(조병식)와 황해도(조병철)의 관찰사가 방곡령을 선포하였다.
② 결과: 일본은 방곡령 시행 1개월 전에 통고해야 한다는 조·일 통상 장정 개정(1883)을 구실로 방곡령 철회와 거액의 배상금을 요구하였다.

(2) 상권 수호 운동: 외국 상인의 상권 침탈이 심화되자 시전 상인들이 황국 중앙 총상회◆를 조직하고 상권 수호 운동을 전개하였다.

(3) 국채 보상 운동

배경	일본이 화폐 정리 사업, 개화 정책 실시를 이유로 차관(빌린 자금)을 강요하여 국채가 증가함
목적	국민의 성금을 모아 국채를 갚고 경제적 주권을 회복하고자 함
전개	· 대구에서 서상돈, 김광제 등의 발의로 시작됨 · 서울에서 국채 보상 기성회가 조직됨, 금주·금연 운동 및 모금을 통해 국채 갚기 운동이 전개됨 · 대한매일신보의 후원으로 전국적으로 확산됨
결과	통감부가 양기탁에게 횡령 혐의를 씌워 구속함, 일진회◆의 방해로 실패함

◆ **황국 중앙 총상회**
시전 상인들이 자신들의 이익 수호를 위해 조직한 단체

◆ **일진회**
을사늑약에 찬성하고 고종의 강제 퇴위 등에 앞장선 친일 단체

10초 컷! 핵심 키워드 암기
1. 일제의 국권 침탈 과정: 한·일 의정서 → 제1차 한·일 협약 → 을사늑약 → 한·일 신협약 → 기유각서 → 한·일 병합 조약
2. 항일 의병 운동: 을미의병(을미사변과 단발령), 을사의병(을사늑약), 정미의병(고종의 강제 퇴위와 군대 해산)
3. 국채 보상 운동: 국민의 힘으로 대한 제국의 외채를 갚기 위한 운동

21강 개념 확인 퀴즈

1. 다음 설명이 맞으면 O표, 틀리면 X표를 하세요.
(1) 을사늑약을 통해 대한 제국에서는 고문 정치가 시작되었다. ( )
(2) 을사의병 때 최익현, 민종식 등이 의병장으로 활약하였다. ( )
(3) 국채 보상 운동은 평양에서 시작해 전국적으로 확대되었다. ( )

2. 다음 괄호 안의 내용 중 옳은 것에 O표 하세요.
(1) (을사늑약 / 한·일 신협약)은 고종이 헤이그에 특사를 파견하는 계기가 되었다.
(2) (보안회 / 대한 자강회)는 고종의 강제 퇴위 반대 운동을 펼쳤다.
(3) (미국 / 러시아)은/는 운산 금광 채굴권을 침탈하였다.

기출 분석 특강

기출자료 1 경제적 구국 운동

(1) 방곡령 57회 출제

> 함경도 관찰사로부터 보고를 받았는데, …… "큰 수해를 당하여 조만간 여러 곡식의 피해가 클 듯한데, 콩 등은 더욱 심하여 모두 흉작이 될 것이라고 고하고 있으니, 궁핍하여 식량난을 겪을 것이 장차 불을 보듯 훤합니다. 도내(道內)의 쌀과 콩 등의 곡물에 대해서는 삼아 잠정적으로 유출을 금지하여 백성들의 식량 사정을 넉넉하게 하는 것이 마땅할까 합니다. 바라건대 통촉하시어 유출 금지 시행 1개월 전까지 일본 공사에게 알리시어, 일본의 상민들이 일체 준수하게 해주십시오."

자료 분석
일본으로의 곡물 유출로 조선 내 식량이 부족해지고 곡물 가격이 폭등하자, 함경도와 황해도에서 지방관의 직권으로 곡물 유출을 금지하는 방곡령이 선포되었다.

(2) 국채 보상 운동 69회 출제

> 거액의 외채 1,300만 원을 해마다 미루다가 갚지 못할 지경에 이른다면 나라를 보존하기 어려울 것이니, 나라를 보존하지 못하면, 아! 우리 동포는 장차 무엇에 의지하겠습니까? …… 영남에서 시작하여 서울에 이르기까지 담배를 끊어 나라의 빚을 갚자는 논의가 시작되었고, 발기한 지 며칠이 되지 않아 의연금을 내는 자들이 날마다 이른다 하니, 우리 백성들이 임금에게 충성하고 나라를 사랑하는 마음을 통쾌하게 볼 수 있습니다.

자료 분석
국채 보상 운동은 일본의 강요로 도입된 총 1,300만원의 국채(차관)를 국민의 힘으로 상환하자는 운동이다. 대구에서 김광제, 서상돈 등의 발의로 시작되었으며, 서울에서 국채 보상 기성회가 조직되며 확대되었다.

함께 나올 기출선택지

- **함경도**에서 **방곡령**이 선포되었다. 71·60회
- 상권 수호 운동 - 상권 수호를 위해 **황국 중앙 총상회**가 조직되었다. 71·69·67·63회
- 국채 보상 운동 - **김광제, 서상돈** 등이 주도하였다. 70·63회
- 국채 보상 운동 - **대구에서 시작**되어 전국으로 확산되었다. 49회
- 일본에 진 빚을 갚자는 **국채 보상 운동**이 전개되었다. 51회
- 국채 보상 운동 - **대한매일신보** 등 당시 언론이 적극적으로 참여하였다. 69·68·67회
- 국채 보상 운동 - **통감부의 탄압**으로 중단되었다. 72·70·64·63회

---

3. 질문에 맞는 답을 고르세요.

(1) 한·일 신협약에 대한 설명은?
 ① 천주교 포교를 허용하는 조항이 들어있다.
 ② 대한 제국 군대 해산을 규정하였다.

(2) 을미의병에 대한 설명은?
 ① 국제법상 교전 단체로 승인해 줄 것을 요구하였다.
 ② 단발령의 시행에 반발하여 봉기하였다.

(3) 신민회에 대한 설명은?
 ① 중추원 개편을 통해 의회 설립을 추진하였다.
 ② 계몽 서적 출판을 위해 태극 서관을 운영하였다.

(4) 화폐 정리 사업에 대한 설명은?
 ① 은 본위제가 본격적으로 시작되는 배경이 되었다.
 ② 재정 고문 메가타의 주도로 시행되었다.

정답
1. (1) X(제1차 한·일 협약) (2) O (3) X(대구)
2. (1) 을사늑약 (2) 대한 자강회 (3) 미국
3. (1) ②(①은 조·프 수호 통상 조약)
  (2) ②(①은 정미의병)
  (3) ②(①은 독립 협회)
  (4) ②(①은 제1차 갑오개혁)

개념 적용 기출문제

01 [64회 35번]
밑줄 그은 '전쟁' 중에 있었던 사실로 옳지 않은 것은? [3점]

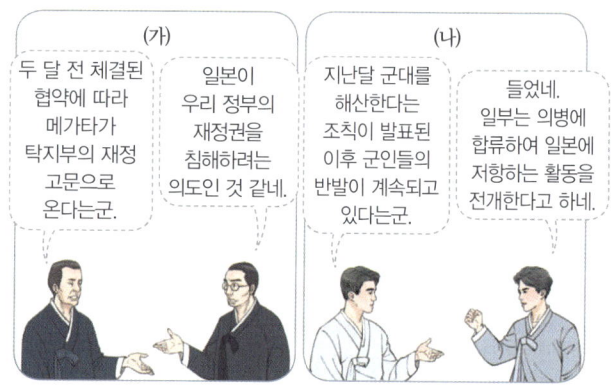

① 일본이 독도를 불법적으로 편입하였다.
② 일본과 미국이 가쓰라·태프트 밀약을 맺었다.
③ 일본인 메가타가 대한 제국의 재정 고문으로 초빙되었다.
④ 대한 제국이 기유각서를 통해 일제에 사법권을 박탈당하였다.
⑤ 군사 전략상 필요한 지역을 일본에 제공하는 한·일 의정서가 강요되었다.

03 [67회 36번]
(가), (나) 사이의 시기에 있었던 사실로 옳은 것은? [2점]

(가) 두 달 전 체결된 협약에 따라 메가타가 탁지부의 재정 고문으로 온다는군. / 일본이 우리 정부의 재정권을 침해하려는 의도인 것 같네.

(나) 지난달 군대를 해산한다는 조칙이 발표된 이후 군인들의 반발이 계속되고 있다는군. / 들었네. 일부는 의병에 합류하여 일본에 저항하는 활동을 전개한다고 하네.

① 데라우치가 초대 총독으로 부임하였다.
② 13도 창의군이 서울 진공 작전을 전개하였다.
③ 기유각서를 통해 일제에 사법권을 박탈당하였다.
④ 상권 수호를 위해 황국 중앙 총상회가 조직되었다.
⑤ 헤이그에서 열린 만국 평화 회의에 특사가 파견되었다.

02 [50회 34번]
다음 사건이 전개된 결과로 옳은 것은? [2점]

사건 일지
- 11월 10일 이토, 고종에게 일왕의 친서 전달
- 11월 15일 이토, 고종을 접견하고 협상 초안 제출
- 11월 16일 이토, 대한 제국 대신들에게 조약 체결 강요
- 11월 17일 일본군을 동원한 강압적 분위기 속에서 조약 체결 진행
- 11월 18일 이토, 외부인(外部印)을 탈취하여 고종의 윤허 없이 조인

① 대한국 국제가 반포되었다.
② 별기군 교관으로 일본인이 임명되었다.
③ 외교권이 박탈되고 통감부가 설치되었다.
④ 고종이 러시아 공사관으로 거처를 옮겼다.
⑤ 제물포에서 러시아 함대가 일본 해군에게 격침되었다.

04 [55회 35번]
(가)~(다) 학생이 발표한 내용을 일어난 순서대로 옳게 나열한 것은? [2점]

주제: 항일 의병 운동의 전개
- (가) 을사늑약 체결에 반대하여 최익현, 신돌석 등이 의병을 일으켰어요.
- (나) 을미사변과 단발령 시행에 반발하여 유인석, 이소응 등 유생들의 주도하에 일어났어요.
- (다) 13도 창의군이 결성되어 서울 진공 작전을 펼쳤어요.

① (가) - (나) - (다)
② (가) - (다) - (나)
③ (나) - (가) - (다)
④ (나) - (다) - (가)
⑤ (다) - (나) - (가)

해설

01 러·일 전쟁 기간의 사실 　　　정답 ④

자료 분석

포츠머스 조약 → 러·일 전쟁(1904. 2.~1905. 9.)

러·일 전쟁은 한반도를 둘러싸고 일본과 러시아의 갈등이 깊어진 상황에서 일본의 기습 공격으로 발발하였다. 러·일 전쟁에서 승기를 잡은 일본은 1905년 9월 포츠머스 조약을 체결하여, 일본이 대한 제국에서 정치·군사·경제상의 이익을 갖는다는 것을 인정받았다.

선택지 분석

① 일본이 독도를 불법적으로 편입하였다. → 1905년 2월
② 일본과 미국이 가쓰라·태프트 밀약을 맺었다. → 1905년 7월
③ 일본인 메가타가 대한 제국의 재정 고문으로 초빙되었다. → 1904년 8월
④ 대한 제국이 기유각서를 통해 일제에 사법권을 박탈당하였다. → 1909년, 러·일 전쟁 이후
　ㄴ 러·일 전쟁 이후인 1909년에 대한 제국이 기유각서를 통해 일제에 사법권을 박탈당하였다.
⑤ 군사 전략상 필요한 지역을 일본에 제공하는 한·일 의정서가 강요되었다. → 1904년 2월

02 을사늑약 　　　정답 ③

자료 분석

이토 + 고종의 윤허 없이 조인 → 을사늑약(1905)

을사늑약(1905)은 일본 측 대표자 이토 히로부미가 고종의 동의 없이 강제로 체결한 조약이다. 그 결과 대한 제국의 외교권이 박탈되었으며, 통감부가 설치되어 이토 히로부미가 초대 통감의 자리에 올랐다.

선택지 분석

① 대한국 국제가 반포되었다. → 1899년, 을사늑약 체결 이전
② 별기군 교관으로 일본인이 임명되었다. → 1881년, 을사늑약 이전
③ 외교권이 박탈되고 통감부가 설치되었다.
　→ 을사늑약 체결(1905)의 결과
　ㄴ 을사늑약(1905)의 결과, 대한 제국의 외교권이 박탈되고 통감부가 설치되었다.
④ 고종이 러시아 공사관으로 거처를 옮겼다. → 1896년, 을사늑약 체결 이전
⑤ 제물포에서 러시아 함대가 일본 해군에게 격침되었다. → 1904년, 을사늑약 체결 이전

03 제1차 한·일 협약과 한·일 신협약(정미 7조약) 체결 사이의 사실 　　　정답 ⑤

자료 분석

(가) 메가타 + 재정 고문 → 제1차 한·일 협약(1904. 8.)
(나) 군대를 해산한다는 조칙
　→ 한·일 신협약(정미 7조약, 1907. 7.)

- (가) 제1차 한·일 협약은 러·일 전쟁 중 일본과 체결한 조약으로, 재정 고문으로 메가타가 부임하게 되는 계기가 되었다.
- (나) 한·일 신협약은 일제가 고종의 뒤를 이어 즉위한 순종을 압박하여 체결한 조약으로, 부속 밀약을 통해 대한 제국의 군대를 강제로 해산하였다.

선택지 분석

① 데라우치가 초대 총독으로 부임하였다. → 1910년, (나) 이후
② 13도 창의군이 서울 진공 작전을 전개하였다.
　→ 1908년, (나) 이후
③ 기유각서를 통해 일제에 사법권을 박탈당하였다.
　→ 1909년, (나) 이후
④ 상권 수호를 위해 황국 중앙 총상회가 조직되었다.
　→ 1898년, (가) 이전
⑤ 헤이그에서 열린 만국 평화 회의에 특사가 파견되었다.
　→ 1907년
　ㄴ 고종은 을사늑약의 부당함을 알리기 위해 1907년 네덜란드 헤이그에서 열린 만국 평화 회의에 특사를 파견하였다.

04 항일 의병 운동 　　　정답 ③

자료 분석

(가) 을사늑약 체결에 반대 → 을사의병(1905)
(나) 을미사변과 단발령 시행에 반발 → 을미의병(1895)
(다) 13도 창의군 + 서울 진공 작전 → 정미의병(1907)

- (가) 을사늑약 체결에 반발하여 을사의병이 일어났으며(1905) 유생 의병장 최익현과 평민 출신 의병장 신돌석이 활약하였다.
- (나) 을미사변과 을미개혁으로 단발령이 내려지자, 이에 반발하여 유생 출신 유인석, 이소응 등이 을미의병을 일으켰다(1895).
- (다) 고종의 강제 퇴위와 대한 제국의 군대 해산에 반발하여 정미의병이 일어났다(1907). 이때 의병 연합 부대인 13도 창의군이 결성되어 서울 진공 작전(1908)을 펼쳤으나 실패하였다.

선택지 분석

① (가) - (나) - (다)
② (가) - (다) - (나)
③ (나) - (가) - (다)
　ㄴ 순서대로 나열하면 (나) 을미의병(1895) - (가) 을사의병(1905) - (다) 정미의병(1907)이다.
④ (나) - (다) - (가)
⑤ (다) - (나) - (가)

개념 적용 기출문제

05
(가) 인물의 활동으로 옳은 것은? [1점]

> **신간 도서 소개**
> "슬프도다! 천만 뜻밖에도 일본이 승리한 이후에 가장 가깝고 친하며 어질고 약한, 같은 인종인 한국을 억눌러 강제로 조약을 맺었다."
> [(가)] 은/는 뤼순 감옥에서 사형 집행을 눈앞에 두고 온 힘을 다해 『동양평화론』을 집필하였다. 안타깝게도 그는 원고를 완성하지 못하고 형장의 이슬로 사라졌지만, 국가 간의 평등과 상호 협력을 평화로 이룩하자는 그의 주장은 오늘날에도 시사점을 준다.

① 명동 성당 앞에서 이완용을 습격하였다.
② 하얼빈에서 이토 히로부미를 사살하였다.
③ 타이중에서 일본 육군 대장을 저격하였다.
④ 샌프란시스코에서 D.W.스티븐스를 처단하였다.
⑤ 서울역에서 신임 총독의 마차에 폭탄을 투척하였다.

07
(가) 단체에 대한 설명으로 옳은 것은? [2점]

이 자료는 [(가)]의 활동 목적이 잘 드러나 있는 통용 장정의 일부입니다. [(가)]은/는 안창호와 양기탁 등이 중심이 된 비밀 결사로 태극 서관을 설립하여 회원들의 연락 장소로 사용하였습니다.

> 본회의 목적은 ……
> 쇠퇴한 교육과 산업을 개량하고 사업을 유신시켜 유신된 국민이 통일 연합해서 유신이 된 자유 문명국을 성립시킨다.

① 복벽주의를 표방하였다.
② 13도 창의군을 결성하였다.
③ 일제의 황무지 개간권 요구를 저지하였다.
④ 근대 교육을 위해 배재 학당을 설립하였다.
⑤ 일제가 조작한 105인 사건으로 해체되었다.

06
다음 취지서를 발표한 단체의 활동으로 옳은 것은? [2점]

> 나라의 독립은 오직 자강(自强)의 여하에 달려 있을 뿐이다. 우리나라가 예전부터 자강할 방법을 배우지 않아 인민이 저절로 우매해지고 국력이 쇠퇴의 길로 나아가, 마침내 오늘날의 어려운 처지에 이르러 끝내는 다른 나라의 보호를 받게 되었다. 이는 모두 자강할 방법에 뜻을 두지 않았기 때문이다. 이러함에도 불구하고 완고함과 게으름으로 말미암아 자강의 방도에 힘쓸 생각을 하지 않으면 끝내는 멸망에 다다를 뿐이니 ……

① 고종의 강제 퇴위 반대 운동을 전개하였다.
② 중추원 개편을 통한 의회 설립을 추진하였다.
③ 가갸날을 제정하고 기관지인 『한글』을 발행하였다.
④ 일본의 토지 약탈을 막고자 농광 회사를 설립하였다.
⑤ 대성 학교와 오산 학교를 세워 민족 교육을 실시하였다.

08
(가)~(다)를 일어난 순서대로 옳게 나열한 것은? [3점]

주제: 일본의 경제 침탈에 대한 저항

(가) 상권을 수호하기 위해 황국 중앙 총상회가 창립되었어요.
(나) 일본의 황무지 개간권 요구를 저지하기 위해 보안회가 조직되었어요.
(다) 대구에서 서상돈을 중심으로 금주, 금연 등을 통한 국채 보상 운동이 시작되었어요.

① (가) - (나) - (다)
② (가) - (다) - (나)
③ (나) - (가) - (다)
④ (나) - (다) - (가)
⑤ (다) - (가) - (나)

해설

05 안중근 정답 ②

자료 분석

뤼순 감옥 + 『동양평화론』 → 안중근

안중근은 대한 제국 말에 활동한 독립운동가로, 1909년 만주 하얼빈 역에서 초대 통감이었던 이토 히로부미를 사살하였다. 안중근은 이토 히로부미를 처단한 직후 체포되어 중국 뤼순(여순) 감옥에 수감되었으며, 감옥에서 한·중·일 삼국의 협력과 평화를 구상한 『동양평화론』을 저술하던 중 순국하였다.

선택지 분석

① 명동 성당 앞에서 이완용을 습격하였다. → 이재명
② 하얼빈에서 이토 히로부미를 사살하였다. → 안중근
  ㄴ 안중근은 만주 하얼빈 역에서 초대 통감인 이토 히로부미를 사살하였다.
③ 타이중에서 일본 육군 대장을 저격하였다. → 조명하
④ 샌프란시스코에서 D.W.스티븐스를 처단하였다.
  → 전명운·장인환
⑤ 서울역에서 신임 총독의 마차에 폭탄을 투척하였다. → 강우규

06 대한 자강회 정답 ①

자료 분석

나라의 독립은 오직 자강의 여하에 달려있음 → 대한 자강회

대한 자강회는 장지연 등이 조직한 애국 계몽 운동 단체로, 교육과 산업의 진흥을 통한 실력 양성(자강)을 목표로 삼아 활동하였다. 대한 자강회는 전국에 지회를 설치하였고, 교육 진흥·산업 개발의 필요성을 알리기 위해 월보를 간행하였으며 강연회 개최 등을 통해 국권 회복 운동을 전개하였다.

선택지 분석

① 고종의 강제 퇴위 반대 운동을 전개하였다. → 대한 자강회
  ㄴ 대한 자강회는 고종 강제 퇴위 반대 운동을 전개하다가 일본의 탄압을 받아 해산되었다.
② 중추원 개편을 통한 의회 설립을 추진하였다. → 독립 협회
③ 가갸날을 제정하고 기관지인 『한글』을 발행하였다.
  → 조선어 연구회
④ 일본의 토지 약탈을 막고자 농광 회사를 설립하였다. → X
⑤ 대성 학교와 오산 학교를 세워 민족 교육을 실시하였다.
  → 신민회

07 신민회 정답 ⑤

자료 분석

안창호와 양기탁 등이 중심이 된 비밀 결사 + 태극 서관
→ 신민회

신민회는 실력 양성을 통한 국권 회복과 공화 정치 체제의 국민 국가 건설을 목표로 삼은 근대의 애국 계몽 운동 단체로, 안창호, 양기탁 등이 비밀 결사의 형태로 조직하였다. 이들은 신지식 보급과 민족 의식 고취를 위해 서점인 태극 서관을 설립하였으며, 평양에 대성 학교, 정주에 오산 학교를 세워 민족 교육을 추진하였다.

선택지 분석

① 복벽주의를 표방하였다. → 독립 의군부
② 13도 창의군을 결성하였다. → 정미의병
③ 일제의 황무지 개간권 요구를 저지하였다. → 보안회
④ 근대 교육을 위해 배재 학당을 설립하였다. → 개신교
⑤ 일제가 조작한 105인 사건으로 해체되었다. → 신민회
  ㄴ 신민회는 일제가 민족 운동을 탄압하기 위해 조작한 105인 사건으로 신민회 인사 다수가 체포되면서 해체되었다.

08 일제의 경제 침탈에 대한 저항 정답 ①

자료 분석

(가) 황국 중앙 총상회가 창립됨 → 1898년
(나) 보안회가 조직됨 → 1904년
(다) 대구 + 서상돈 + 국채 보상 운동이 시작됨 → 1907년

(가) 황국 중앙 총상회는 서울의 시전 상인들이 상권을 수호하기 위해 1898년에 창립한 단체로, 외국 상인의 상권 침탈 저지를 요구하며 상권 수호 운동을 전개하였다.
(나) 보안회는 송수만 등이 1904년에 조직한 단체로, 일본의 황무지 개간권 요구에 반대하는 운동을 전개하여 일본의 요구를 철회시켰다.
(다) 국채 보상 운동은 1907년에 대구에서 서상돈 등의 발의로 시작된 운동으로, 금주·금연 등을 통해 모금에 동참하였다. 이 운동은 대한매일신보 등 민족 언론이 적극적으로 참여하면서 전국적으로 확산되었으나, 통감부의 탄압으로 실패하였다.

선택지 분석

① (가) - (나) - (다)
  ㄴ 순서대로 나열하면 (가) 황국 중앙 총상회 창립(1898) - (나) 보안회 조직(1904) - (다) 국채 보상 운동(1907)이다.
② (가) - (다) - (나)
③ (나) - (가) - (다)
④ (나) - (다) - (가)
⑤ (다) - (가) - (나)

22강 근대의 문화

1 근대의 시설·건축물과 신문 최근 3개년 시험 중 9회 출제!

빈출 키워드 랭킹
1위 대한매일신보 12번 출제
2위 박문국 7번 출제
3위 전차 4번 출제

1. 근대의 주요 시설과 건축물

(1) 시설 [기출자료1]

전기	· 경복궁 건청궁에 최초의 전등을 설치함(1887) · 대한 제국 황실과 미국인 콜브란이 합작하여 한성 전기 회사를 설립함(1898)
교통	· 전차: 한성 전기 회사가 서대문~청량리에 전차를 가설함(1899) · 철도: 경인선(1899, 최초), 경부선(1905), 경의선(1906) 등
통신	서울 ~ 인천 간에 전신을 가설함(1885)
의료	알렌의 건의로 최초의 근대식 병원인 광혜원(1885)이 세워짐 → 제중원(1885)으로 개칭됨 → 세브란스 병원(1904)으로 개편됨
정부 기구	전환국(화폐 주조 담당, 1883), 기기창(무기 제조 공장, 1883), 박문국(출판 담당, 1883), 우정총국(우편 사무 관장, 1884)

(2) 건축물: 독립문(1897), 명동 성당(중세 고딕 양식, 1898), 덕수궁 석조전(서양식, 1910) 등의 건축물이 건립되었다.

▲ 독립문

▲ 명동 성당

▲ 덕수궁 석조전

◆ 독립문
· 독립 협회의 주도로 세운 건축물
· 프랑스의 개선문을 모방함

◆ 덕수궁 석조전
· 대한 제국 시기의 서양식 건물
· 황궁의 정전으로 만들어 사용함
· 광복 이후 석조전에서 제1차 미·소 공동 위원회가 개최됨

2. 근대의 신문 [기출자료2]

한성순보 (1883~1884)	· 박문국에서 발행한 우리나라 최초의 근대 신문 · 순 한문 신문으로 10일에 한 번씩 간행함 · 정부 정책을 알리는 일종의 관보 역할을 담당함
한성주보 (1886~1888)	· 박문국에서 일주일에 한 번씩 발행한 신문 · 국·한문 혼용체를 사용하였으며, 최초로 상업 광고가 게재됨
독립신문 (1896~1899)	· 서재필 등이 정부의 지원을 받아 발행한 우리나라 최초의 민간 신문 · 한글판과 영문판을 함께 발행하여 외국인도 읽을 수 있도록 함 · 최초로 한글에 띄어쓰기를 도입하여 한글 발전에 기여함
제국신문 (1898~1910)	이종일이 한글로 발행한 신문으로, 민중 계몽에 힘씀
황성신문 (1898~1910)	· 유생층을 대상으로 한 민족주의적 성격의 국·한문 혼용 신문 · 을사늑약 체결 직후 장지연의 논설인 '시일야방성대곡'을 게재함
대한매일신보 (1904~1910)	· 양기탁과 영국인 베델이 창간하였으며 가장 많은 독자층을 보유함 · 의병 운동을 호의적으로 보도하였고 국채 보상 운동의 확산에 기여함 · 을사늑약이 무효임을 주장하는 고종의 친서를 게재하고, 그 부당성을 주장함

◆ 독립신문

◆ 양기탁
· 독립 협회의 만민 공동회 간부로 활약함
· 영국인 베델과 대한매일신보를 창간함
· 국채 보상 운동을 주도함
· 신민회를 조직함

기출 분석 특강

기출자료 1 | 근대의 시설

출제 TIP 근대 시설의 설치 시기가 시험에 자주 나오니 연도를 함께 외워두세요!

(1) 전등 설치 50회 출제

이 문서는 에디슨이 설립한 전기 회사가 프레이저를 자사의 조선 총대리인으로 위촉한다는 내용을 담고 있다. 이 회사는 총대리인을 통해 경복궁 내의 전등 가설 공사를 수주하였다. 이에 따라 **경복궁** 내에 발전 설비를 마련하고, ㉠**건청궁에 조선 최초의 전등을 가설**하였다.

[자료 분석] 1887년에 에디슨 전기 회사의 도움으로 경복궁 건청궁에 조선 최초의 전등이 가설되었다.

(2) 전차 개통 73회 출제

- 자네 들었는가? 며칠 전 **한성 전기 회사에서 개통한 전차**에 어린아이가 깔려 죽었다고 하네.
- 나도 들었네. 사고를 보고 격분한 사람들이 전차를 전복시키고 불태웠다더군.

[자료 분석] 1899년에 한성 전기 회사의 주도로 서대문–종로–동대문–청량리를 연결하는 전차가 개통되었다. 전차 운행 중 어린이가 전차에 치여 죽는 사건이 발생하여 사회 문제가 되기도 하였다.

(3) 광혜원 53회 출제

헤론은 **우리나라 최초의 근대식 병원**인 이곳에서 의사로 근무하였다. 그는 초기에 운영을 주도했던 **알렌**이 미국으로 돌아간 후 이곳의 진료 업무를 전담하였으며, 고종에게 2품의 품계를 받았다.

[자료 분석] 1885년에 미국인 알렌의 건의로 우리나라 최초의 근대식 (서양식) 병원인 광혜원이 설립되었다.

함께 나올 기출선택지

- 1883년 – 무기 제조 공장인 **기기창이 설립**되었다. 59회
- 1883년 – 박문국을 설치하여 **한성순보를 발행**하였다. 68·62회
- 1885년 – 알렌의 건의로 **광혜원**이 세워졌다. 58회
- 1885년 – **제중원**에서 치료받는 환자 46회
- 1898년 – 미국과 합작하여 **한성 전기 회사를 설립**하였다. 61회
- 1899년 – 노량진에서 제물포를 잇는 **경인선이 개통**되었다. 50회
- 1905년 – 서울과 부산을 연결하는 **경부선이 개통**되었다. 58회

기출자료 2 | 근대의 신문

(1) 독립신문 56회 출제

1896년 4월 7일 **서재필이 창간한 근대적 민간 신문**이다. 창간 당시에는 한글판 3면과 영어판 1면으로 발행되었다. 띄어쓰기를 시행하는 등 한글 발전에 기여하였다.

[자료 분석] 독립신문은 1896년 서재필이 창간한 우리나라 최초의 근대적 민간 신문으로, 띄어쓰기를 도입하여 한글 발전에 기여하였다.

(2) 대한매일신보 42회 출제

영국인 베델과 양기탁이 함께 창간하고 박은식, 신채호 등이 항일 논설을 실었다. 외국인이 발행하는 신문이어서 일본의 사전 검열을 받지 않았다.

[자료 분석] 대한매일신보는 영국인 베델이 발행인으로 참여하여 일본이 함부로 검열할 수 없었기 때문에 항일 논설을 실을 수 있었다.

함께 나올 기출선택지

- 한성순보 – **순 한문** 신문으로 **열흘마다 발행**하는 것이 원칙이었다. 67·64회
- 한성주보 – **최초로 상업 광고**를 실었다. 72·64회
- 독립신문 – **우리나라 최초의 민간 신문**이었다. 55회
- 독립신문 – 외국인이 읽을 수 있도록 **영문으로도 발행**되었다. 67회
- 황성신문에 **시일야방성대곡**이 게재되었다. 67회
- 베델과 양기탁이 **대한매일신보를 창간**하였다. 59회
- 대한매일신보 – **을사늑약의 부당성**을 주장하였다. 47회

22강 근대의 문화

2 근대의 교육 기관과 국학 연구·문예 활동 최근 3개년 시험 중 2회 출제!

1. 근대의 교육 기관 기출자료 1

원산 학사	· 덕원 부사 정현석과 덕원·원산 주민들이 합심하여 설립한 우리나라 최초의 근대식 사립 학교(1883) · 외국어 등 근대 학문과 무술 교육을 실시함
동문학	· 정부가 통역관 양성을 목표로 설립한 외국어 교육 기관
육영 공원	· 정부가 설립한 서양식 근대 교육 기관으로, 외국어와 근대 학문을 교육함 · 좌원에는 젊은 현직 관리를, 우원에는 관직에 나아가지 않은 양반 자제를 입학시킴 · 미국인 헐버트◆, 길모어 등을 외국인 교사로 초빙함
한성 사범 학교	고종이 반포한 교육 입국 조서를 계기로 설립된 관립 학교로, 교원 양성을 목적으로 함
기타	배재 학당(아펜젤러, 1885), 이화 학당(스크랜튼, 1886) 등

2. 국학 연구와 문예 활동

(1) 국학 연구 기출자료 2
① **국어 연구:** 주시경(한힌샘)·지석영 등이 국문 연구소◆에서 한글의 문자 체계를 정리하였다.
② **국사 연구:** 신채호는 『이순신전』·『을지문덕전』을, 박은식은 『연개소문전』을 저술하는 등 위인 전기문을 보급하여 민족 의식을 고취시켰다.

(2) 문예 활동
① **문학:** 이인직의 「혈의 누」(1906), 안국선의 「금수회의록」(1908) 등의 신소설이 등장하였으며, 최남선의 '해에게서 소년에게'(1908) 등의 신체시가 『소년』 등의 잡지에 게재되었다.
② **연극:** 최초의 서양식 극장인 원각사(1908)에서 은세계, 치악산 등이 공연되었다.

빈출 키워드 랭킹
1위 배재 학당 7번 출제
2위 육영 공원, 한성 사범 학교 6번 출제
3위 동문학 4번 출제

◆ **헐버트**
· 육영 공원에서 외국어를 가르친 미국인 선교사
· 세계 지리 교과서인 『사민필지』를 한글로 저술함
· 을사늑약 체결 이후 고종 황제의 밀서를 미국 대통령에게 전달하려 하였으나 실패함

◆ **국문 연구소**
· 1907년 대한 제국의 학부(學部) 안에 설치된 기구
· 주시경, 지석영 등이 중심이 되어 활동함
· 한글의 문자 체계와 맞춤법의 원리를 정리함

10초 컷! 핵심 키워드 암기
1. 근대의 시설과 건축물: 전등, 전차(서대문~청량리), 철도(경인선, 경부선), 광혜원(근대식 병원), 덕수궁 석조전
2. 근대의 신문: 한성순보, 독립신문, 대한매일신문
3. 근대의 교육 기관: 원산 학사, 육영 공원
4. 국학 연구: 주시경(국어), 신채호, 박은식(역사)

22강 개념 확인 퀴즈

1. 다음 설명이 맞으면 O표, 틀리면 X표를 하세요.
(1) 1887년 경복궁 건청궁에 최초로 전등이 가설되었다. (   )
(2) 한성주보는 1883년에 창간된 우리나라 최초의 신문이다. (   )
(3) 원산 학사는 우리나라 최초의 근대식 사립 교육 기관이다. (   )

2. 다음 괄호 안의 내용 중 옳은 것에 O표 하세요.
(1) 1899년에 우리나라 최초의 철도인 (경인선 / 경부선)이 개통되었다.
(2) 육영 공원에는 (묄렌도르프 / 헐버트)가 교사로 초빙되었다.
(3) (박은식 / 주시경)은 『연개소문전』을 써서 애국심을 고취하였다.

기출 분석 특강

기출자료 1 | 근대의 교육 기관

(1) 원산 학사 30회 출제 ✓출제TIP 학교가 설립된 지역이나 연관된 인물이 자주 힌트로 제시돼요!

> 덕원 부사 정현석이 장계를 올립니다. 신이 다스리는 이곳 읍은 해안의 요충지에 있고 아울러 개항지가 되어 소중함이 다른 곳에 비할 바가 아닙니다. 개항지를 빈틈 없이 운영해 나가는 방도는 인재를 선발하여 쓰는 데 달려 있고, 인재 선발의 요체는 교육에 있습니다. 그러므로 학교를 설립하고자 합니다. - 「덕원부계록」

자료 분석
원산 학사는 덕원 부사 정현석과 덕원·원산의 주민들이 공동으로 설립한 최초의 근대식 사립 학교로, 외국어·자연 과학 등 근대 학문과 무술 등을 교육하였다.

(2) 육영 공원 60회 출제

> 좌원과 우원을 두었는데, 좌원에는 젊은 현직 관리를, 우원에는 관직에 나아가지 않은 명문가 자제들을 입학시켰다. 외국인 3명을 교사로 초빙하였으며, 학생들은 졸업할 때까지 공원(公院)에서 학습에 전념하도록 하였다.

자료 분석
육영 공원은 정부가 설립한 서양식 교육 기관으로, 좌원과 우원으로 구성되었다. 미국인 헐버트, 길모어 등을 교사로 초빙하여 외국어와 근대 학문을 가르쳤다.

함께 나올 기출선택지
- 함경도 덕원 지방의 관민들이 원산 학사를 설립하였다. 64회
- 정부가 외국어 교육 기관인 동문학을 세웠다. 64·60회
- 서양식 근대 교육 기관인 육영 공원을 설립하였다. 72·57회
- 육영 공원 - 미국인 헐버트, 길모어 등을 교사로 초빙하였다. 67·64회
- 교원 양성을 위해 한성 사범 학교가 설립되었다. 60회
- 한성 사범 학교 - 교육 입국 조서 반포를 계기로 세워졌다. 67·60회
- 아펜젤러 - 배재 학당을 세워 신학문 보급에 기여하였다. 67·66회
- 스크랜턴 - 여성 교육 기관인 이화 학당을 설립하였다. 62회

기출자료 2 | 근대의 국학 연구

(1) 주시경 61회 출제 ✓출제TIP 주시경의 호인 '한힌샘'이 힌트로 자주 나온답니다

> · 국어 연구에 앞장선 (가) 에 대해 알려주세요.
> · 호는 한힌샘으로, 독립신문사의 교보원으로 활동하였습니다. 큰 보자기에 책을 넣고 다니며 학생들에게 국어를 가르쳐 '주보따리'라는 별명을 얻었습니다.

자료 분석
한힌샘 주시경은 국어 연구에 앞장선 국어학자로, 독립신문의 교정을 담당하였으며 국문 연구소에서 한글의 문자 체계를 정리하였다.

함께 나올 기출선택지
- 국문 연구소 - 한글 연구를 목적으로 학부 아래에 설립되었다. 55회
- 주시경 - 국문 연구소의 연구 위원으로 활동하였다. 72·67·64회

---

3. 질문에 맞는 답을 고르세요.

(1) 광혜원에 대한 설명은?
① 고종의 황제 즉위식이 거행되었다.
② 알렌의 건의로 세워졌다.

(2) 독립신문에 대한 설명은?
① 최초로 상업 광고를 실었다.
② 우리나라 최초의 민간 신문이었다.

(3) 한성 사범 학교에 대한 설명은?
① 교육 입국 조서 반포를 계기로 설립되었다.
② 전국의 부·목·군·현에 하나씩 설립되었다.

(4) 전차가 개통된 이후의 사실은?
① 경의선이 완공되었다.
② 기기창이 설치되었다.

정답
1. (1) ○ (2) X(한성순보) (3) ○
2. (1) 경인선 (2) 헐버트 (3) 박은식
3. (1) ②(①은 환구단)
 (2) ②(①은 한성주보)
 (3) ①(②은 향교)
 (4) ①(②은 1883년, 전차 개통 이전)

개념 적용 기출문제

01
[53회 32번]

밑줄 그은 '이곳'이 운영되던 시기에 볼 수 있는 모습으로 가장 적절한 것은? [3점]

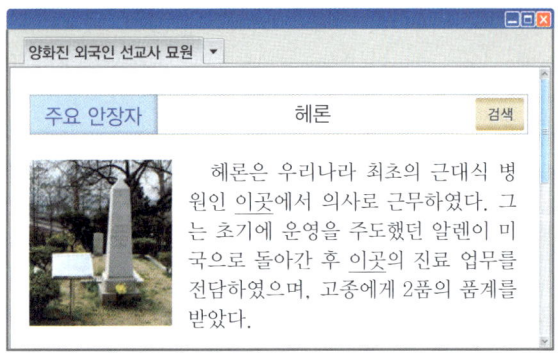

양화진 외국인 선교사 묘원
주요 안장자: 헤론

헤론은 우리나라 최초의 근대식 병원인 이곳에서 의사로 근무하였다. 그는 초기에 운영을 주도했던 알렌이 미국으로 돌아간 후 이곳의 진료 업무를 전담하였으며, 고종에게 2품의 품계를 받았다.

① 배재 학당에 입학하는 학생
② 영선사 일행으로 청에 가는 생도
③ 우정총국 개국 축하연에 참석하는 외교관
④ 연무당에서 일본과 조약을 체결하는 관리
⑤ 제너럴셔먼호의 통상 요구를 거부하는 평양 관민

02
[60회 36번]

다음 기사가 보도된 이후의 사실로 옳은 것은? [2점]

역사 신문
제△△호   ○○○○년 ○○월 ○○일

전차 운행 중 사망 사고 발생

오늘 종로 거리를 달리던 전차에 다섯 살 난 아이가 치여 죽는 사고가 발생하였다. 이를 목격한 사람들이 격분하여 전차를 부수었고, 이어 달려오던 전차까지 전복시켜 파괴하고 기름을 뿌려 불태웠다. 동대문에서 성대한 개통식을 열고 전차를 운행한 지 한 달도 되지 않아 참혹한 사건이 발생한 것이다.

① 미국에 보빙사를 파견하였다.
② 베델이 대한매일신보를 창간하였다.
③ 이만손 등이 영남 만인소를 올렸다.
④ 신식 군대인 별기군(교련병대)이 창설되었다.
⑤ 통리기무아문을 설치하여 개혁을 추진하였다.

03
[70회 33번]

㉠ 시기에 볼 수 있는 모습으로 가장 적절한 것은? [2점]

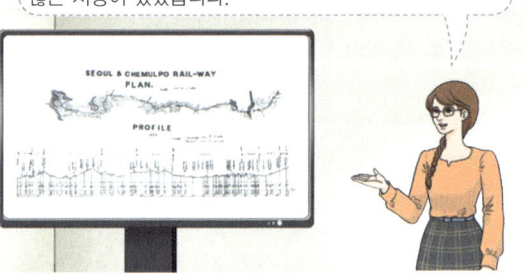

이것은 경인선 철도의 노선 계획도입니다. 경인선은 미국인 모스로부터 부설권을 사들인 일본에 의해 서울에서 인천을 잇는 철도로 개통되었습니다. 완공 후 ㉠서대문 정거장에서 철도 개통식이 열렸습니다. 이후 경부선, 경의선 철도가 차례로 개통되었습니다. 그 과정에서 많은 토지가 철도 부지로 수용되고 농민들이 공사에 강제로 동원되면서 많은 저항이 있었습니다.

① 학도 지원병을 독려하는 지식인
② 금난전권 폐지에 반대하는 시전 상인
③ 근우회가 주최하는 강연에 참여하는 여성
④ 두모포에서 무력시위를 벌이는 일본 군인
⑤ 근대 학문을 가르치는 한성 사범 학교 교사

04
[72회 29번]

(가)~(라)에 들어갈 내용으로 옳은 것을 <보기>에서 고른 것은? [2점]

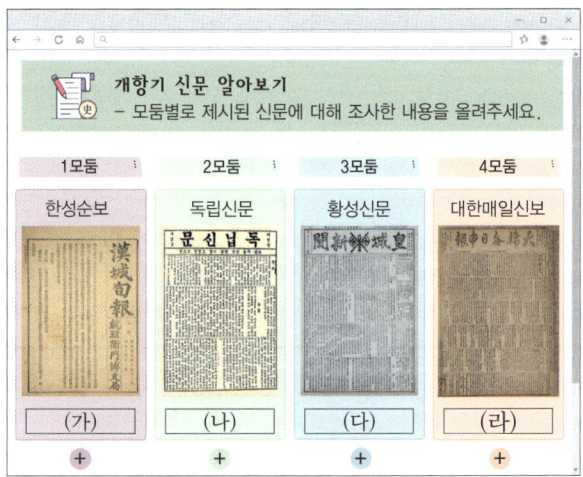

개항기 신문 알아보기
– 모둠별로 제시된 신문에 대해 조사한 내용을 올려주세요.

1모둠	2모둠	3모둠	4모둠
한성순보	독립신문	황성신문	대한매일신보
(가)	(나)	(다)	(라)

〈보기〉
ㄱ. (가) - 정부에서 발행한 순 한문 신문이었어요.
ㄴ. (나) - 서재필의 주도로 창간되었어요.
ㄷ. (다) - 일장기를 삭제한 손기정 사진이 실렸어요.
ㄹ. (라) - 상업 광고가 처음으로 게재되었어요.

① ㄱ, ㄴ   ② ㄱ, ㄷ   ③ ㄴ, ㄷ   ④ ㄴ, ㄹ   ⑤ ㄷ, ㄹ

해설

01 광혜원 운영 시기의 모습   정답 ①

자료 분석

우리나라 최초의 근대식 병원 → 광혜원(1885)

광혜원은 우리나라 최초의 근대식 병원으로, 1885년에 조선 정부가 미국 선교사이자 의사였던 알렌의 건의를 받아들여 설립하였다. 광혜원은 같은 해 제중원으로 개칭되었으며, 이후 세브란스 병원으로 개편되었다.

선택지 분석

① 배재 학당에 입학하는 학생 → 1885년
    ┗ 광혜원이 운영되던 시기인 1885년에 미국 선교사인 아펜젤러가 근대식 교육 기관인 배재 학당을 설립하였다.
② 영선사 일행으로 청에 가는 생도 → 1881년
③ 우정총국 개국 축하연에 참석하는 외교관 → 1884년
④ 연무당에서 일본과 조약을 체결하는 관리 → 1876년
⑤ 제너럴셔먼호의 통상 요구를 거부하는 평양 관민 → 1866년

02 전차 개통 이후의 사실   정답 ②

자료 분석

전차 운행 + 개통식 → 전차 개통(1899)

대한 제국이 수립된 이후에는 황실의 투자로 한성 전기 회사가 설립(1898)되었으며, 1899년에 한성 전기 회사가 서대문과 청량리를 잇는 전차를 최초로 개통하였다.

선택지 분석

① 미국에 보빙사를 파견하였다. → 1883년
② 베델이 대한매일신보를 창간하였다. → 1904년
    ┗ 전차 개통(1899) 이후인 1904년에 영국인 베델이 양기탁과 함께 대한매일신보를 창간하였다.
③ 이만손 등이 영남 만인소를 올렸다. → 1881년
④ 신식 군대인 별기군(교련병대)이 창설되었다. → 1881년
⑤ 통리기무아문을 설치하여 개혁을 추진하였다. → 1880년

03 경인선 철도 개통 시기의 모습   정답 ⑤

자료 분석

경인선 + 철도 개통식 → 경인선 철도 개통식(1900)

개항 이후 조선에는 교통·통신·전기 등 새로운 근대 문물이 도입되었다. 서울에서 인천을 연결하는 철도인 경인선은 처음에 미국이 부설권을 획득하였으나, 자금 조달에 실패하면서 일본으로 부설권이 넘어가 1899년에 노량진~인천 구간 운행을 시작하였다. 이후 1900년에 경인선 전 구간이 개통되고 전 구간의 개통식이 열렸다.

선택지 분석

① 학도 지원병을 독려하는 지식인 → 1943년
② 금난전권 폐지에 반대하는 시전 상인 → 1791년
③ 근우회가 주최하는 강연에 참여하는 여성 → 1927년
④ 두모포에서 무력시위를 벌이는 일본 군인 → 1878년
⑤ 근대 학문을 가르치는 한성 사범 학교 교사 → 1895년~1911년
    ┗ 한성 사범 학교는 교원 양성을 위해 1895년에 설립되어 1911년까지 운영된 학교로, 제2차 갑오개혁 때 반포된 교육 입국 조서에 따라 설치되었다.

04 근대의 주요 신문   정답 ①

자료 분석

한성순보 + 독립신문 + 황성신문 + 대한매일신보 → 근대의 주요 신문

근대에는 여러 신문들이 발행되었다. 박문국에서 발행한 우리나라 최초의 근대 신문인 한성순보는 정부 정책을 알리는 일종의 관보 역할을 담당하였으며, 서재필 등이 발행한 독립신문은 우리나라 최초의 민간 신문이었다. 또한 황성신문은 유생층을 대상으로 한 국·한문 혼용 신문이었으며, 양기탁과 영국인 베델이 창간한 대한매일신보는 가장 많은 독자층을 보유하고 있었다.

선택지 분석

ㄱ. (가) - 정부에서 발행한 순 한문 신문이었어요. → 한성순보
    ┗ 한성순보는 정부에서 발행한 우리나라 최초의 근대 신문이자 순 한문 신문으로, 10일에 한 번씩 간행되었다.
ㄴ. (나) - 서재필의 주도로 창간되었어요. → 독립신문
    ┗ 독립신문은 우리나라 최초의 민간 신문으로, 서재필의 주도로 창간되었다.
ㄷ. (다) - 일장기를 삭제한 손기정 사진이 실렸어요.
    → 동아일보, 조선중앙일보
ㄹ. (라) - 상업 광고가 처음으로 게재되었어요. → 한성주보

① ㄱ, ㄴ   ② ㄱ, ㄷ   ③ ㄴ, ㄷ   ④ ㄴ, ㄹ   ⑤ ㄷ, ㄹ

개념 적용 기출문제

05
(가) 신문에 대한 설명으로 옳은 것은? [1점]

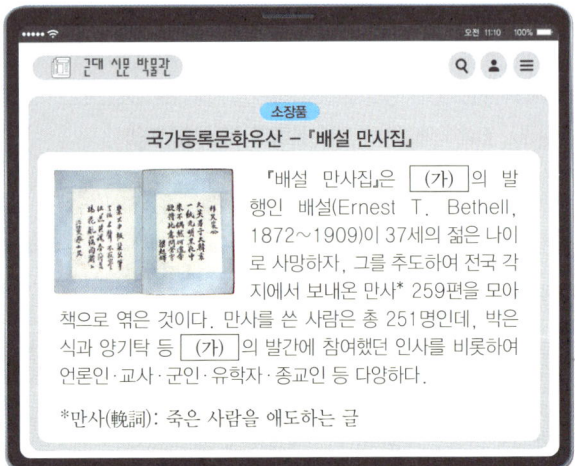

① 박문국에서 발행하였다.
② 브나로드 운동을 주도하였다.
③ 여권통문을 처음 게재하였다.
④ 국채 보상 운동을 지원하였다.
⑤ 순 한글판으로 발행된 최초의 신문이었다.

06
다음 자료에 해당하는 교육 기관에 대한 설명으로 옳은 것은? [2점]

> 덕원 부사 정현석이 장계를 올립니다. 신이 다스리는 이곳 읍은 해안의 요충지에 있고 아울러 개항지가 되어 소중함이 다른 곳에 비할 바가 아닙니다. 개항지를 빈틈없이 운영해 나가는 방도는 인재를 선발하여 쓰는 데 달려있고, 인재 선발의 요체는 교육에 있습니다. 그러므로 학교를 설립하고자 합니다.
> ─ 『덕원부계록』

① 최초로 설립된 여성 교육 기관이다.
② 교원 양성을 목적으로 한 사범 학교이다.
③ 관민이 합심하여 만든 근대식 학교이다.
④ 교육 입국 조서 반포를 계기로 설립되었다.
⑤ 헐버트, 길모어 등 외국인 교사를 초빙하였다.

07
다음 대화에 해당하는 교육 기관에 대한 설명으로 옳은 것은? [2점]

① 7재라는 전문 강좌가 개설되었다.
② 조선 총독부의 탄압으로 폐교되었다.
③ 교육 입국 조서에 근거하여 세워졌다.
④ 주요 건물로 대성전과 명륜당을 두었다.
⑤ 헐버트, 길모어 등이 교사로 초빙되었다.

08
(가) 인물에 대한 설명으로 옳은 것은? [2점]

① 국문 연구소의 연구 위원으로 활동하였다.
② 조선어 학회 사건으로 구속되어 옥고를 치렀다.
③ 국권 피탈 과정을 정리한 『한국통사』를 집필하였다.
④ 세계 지리 교과서인 『사민필지』를 한글로 저술하였다.
⑤ 『여유당전서』를 간행하고 조선학 운동을 전개하였다.

해설

05 대한매일신보 정답 ④

자료 분석

배설(배델) + 박은식과 양기탁 → 대한매일신보

대한매일신보는 양기탁과 영국인 기자 베델(배설)이 1904년에 함께 창간한 신문으로 많은 독자층을 보유하였다. 당시 외국인이 발행하는 신문의 경우 일본의 검열 대상이 아니기 때문에 대한매일신보는 의병 운동에 대한 호의적 기사 및 박은식과 신채호 등의 항일 논설을 싣기도 하였다.

선택지 분석

① 박문국에서 발행하였다. → 한성순보, 한성주보
② 브나로드 운동을 주도하였다. → 동아일보
③ 여권통문을 처음 게재하였다. → 황성신문, 독립신문
④ 국채 보상 운동을 지원하였다. → 대한매일신보
　ㄴ 대한매일신보는 국채 보상 운동을 지원하여 국채 보상 운동이 전국적으로 확산되는 데 기여하였다.
⑤ 순 한글판으로 발행된 최초의 신문이었다. → 독립신문

06 원산 학사 정답 ③

자료 분석

덕원 부사 + 개항지 + 학교 설립 → 원산 학사

원산은 강화도 조약에 따라 최초로 개항된 곳으로, 개항과 동시에 일본 상인 거류지가 형성되어 일본 상인들의 상업 활동이 시작된 곳이었다. 이에 덕원·원산의 주민들은 일본 상인의 침투에 대응할 교육의 필요성을 느끼게 되어, 덕원 부사와 관민들이 합심하여 최초의 근대식 사립 학교인 원산 학사를 설립하였다.

선택지 분석

① 최초로 설립된 여성 교육 기관이다. → 이화 학당
② 교원 양성을 목적으로 한 사범 학교이다. → 한성 사범 학교
③ 관민이 합심하여 만든 근대식 학교이다. → 원산 학사
　ㄴ 원산 학사는 덕원 부사와 덕원·원산 관민들이 합심하여 만든 최초의 근대식 사립 학교이다.
④ 교육 입국 조서 반포를 계기로 설립되었다. → 한성 사범 학교 등
⑤ 헐버트, 길모어 등 외국인 교사를 초빙하였다. → 육영 공원

07 육영 공원 정답 ⑤

자료 분석

관립 교육 기관 + 좌원 + 우원 → 육영 공원

개항 이후 근대 문물이 유입되자 서양식 교육의 필요성이 높아지면서 근대 교육 기관이 설립되었다. 그중 '영재를 기른다'는 뜻을 가진 육영 공원은 정부 주도로 설립된 근대식 관립 학교로, 좌원과 우원으로 구성되었다. 좌원에서는 양반 출신의 젊고 유능한 관리들을 선발하여 교육하고, 우원에서는 양반 자제 중 인재를 뽑아 교육하였다.

선택지 분석

① 7재라는 전문 강좌가 개설되었다. → 국자감(국학)
② 조선 총독부의 탄압으로 폐교되었다. → X
③ 교육 입국 조서에 근거하여 세워졌다. → X
④ 주요 건물로 대성전과 명륜당을 두었다. → 성균관, 향교
⑤ 헐버트, 길모어 등이 교사로 초빙되었다. → 육영 공원
　ㄴ 육영 공원은 헐버트, 길모어 등 외국인 교사를 초빙하여 근대 학문을 가르쳤다.

08 주시경 정답 ①

자료 분석

국어 연구에 앞장섬 + 한힌샘 + 주보따리 → 주시경

주시경은 국어 학자로, 한글 보급을 위해 순우리말인 한힌샘이라는 호를 사용하였다. 그는 한·일 병합 이후 조선어 강습원에서 큰 보자기에 책을 넣고 다니며 학생들에게 국어를 가르쳐 '주보따리'라는 별명을 얻었다. 주시경의 대표적인 저술로는 국어 문법서인 『국어문법』, 『말의 소리』 등이 있다.

선택지 분석

① 국문 연구소의 연구 위원으로 활동하였다. → 주시경
　ㄴ 주시경은 대한 제국의 학부 아래에 설립된 국문 연구소에서 연구 위원으로 활동하며 한글 연구를 체계화하였다.
② 조선어 학회 사건으로 구속되어 옥고를 치렀다.
　→ 이윤재, 최현배 등
③ 국권 피탈 과정을 정리한 『한국통사』를 집필하였다. → 박은식
④ 세계 지리 교과서인 『사민필지』를 한글로 저술하였다.
　→ 헐버트
⑤ 『여유당전서』를 간행하고 조선학 운동을 전개하였다.
　→ 정인보, 안재홍 등

근대 핵심 키워드 마무리 체크

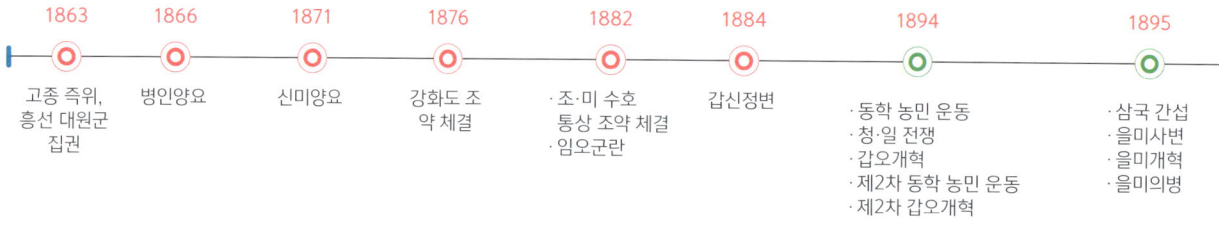

1863	1866	1871	1876	1882	1884	1894	1895
고종 즉위, 흥선 대원군 집권	병인양요	신미양요	강화도 조약 체결	·조·미 수호 통상 조약 체결 ·임오군란	갑신정변	·동학 농민 운동 ·청·일 전쟁 ·갑오개혁 ·제2차 동학 농민 운동 ·제2차 갑오개혁	·삼국 간섭 ·을미사변 ·을미개혁 ·을미의병

1863~1873 **흥선 대원군 집권기**
- 고종 즉위, ① 집권(1863)
- 병인박해(1866)
- 제너럴셔먼호 사건(1866)
- 병인양요(1866)
- 오페르트 도굴 사건(1868)
- 신미양요, ② 건립(1871)
- 흥선 대원군 하야, 고종의 친정(1873)

1876~ **개항과 개화 정책**
- 강화도 조약 체결(1876)
- 조·일 수호 조규 부록 체결(1876)
- 조·일 통상 장정 체결(1876)
- 통리기무아문 설치(1880)
- 별기군 창설(1881)
- 조·미 수호 통상 조약 체결(1882)
- ③ 발발(1882)
- 제물포 조약 체결(1882)
- 조·일 수호 조규 속약 체결(1882)
- 조·청 상민 수륙 무역 장정 체결(1882)
- 조·일 통상 장정 개정 체결(1883)
- ④(1884)
- 한성 조약 체결(1884)
- 톈진 조약 체결(1885)
- 거문도 사건(1885~1887)

1894~1895 **동학 농민 운동과 갑오·을미 개혁**
- 고부 민란(1894)
- 황토현·황룡촌 전투 승리(1894)
- 전주성 점령(1894)
- 청군, 아산만 상륙(1894)
- 일본군, 인천 상륙(1894)
- ⑤ 체결, 집강소 설치(1894)
- 정부, 교정청 설치(1894)
- 일본의 경복궁 침입(1894)
- 청·일 전쟁 발발(1894)
- 군국기무처 설치, 제1차 갑오개혁 추진(1894)
- 동학 농민군의 재봉기(1894)
- 공주 ⑥ 전투(1894)
- 제2차 갑오개혁 추진(1894)
- 고종, 홍범 14조 반포(1894)
- 교육 입국 조서 발표(1895)
- 삼국 간섭(1895)
- 을미사변(1895)
- 을미개혁(1895)
- 을미의병(1895)

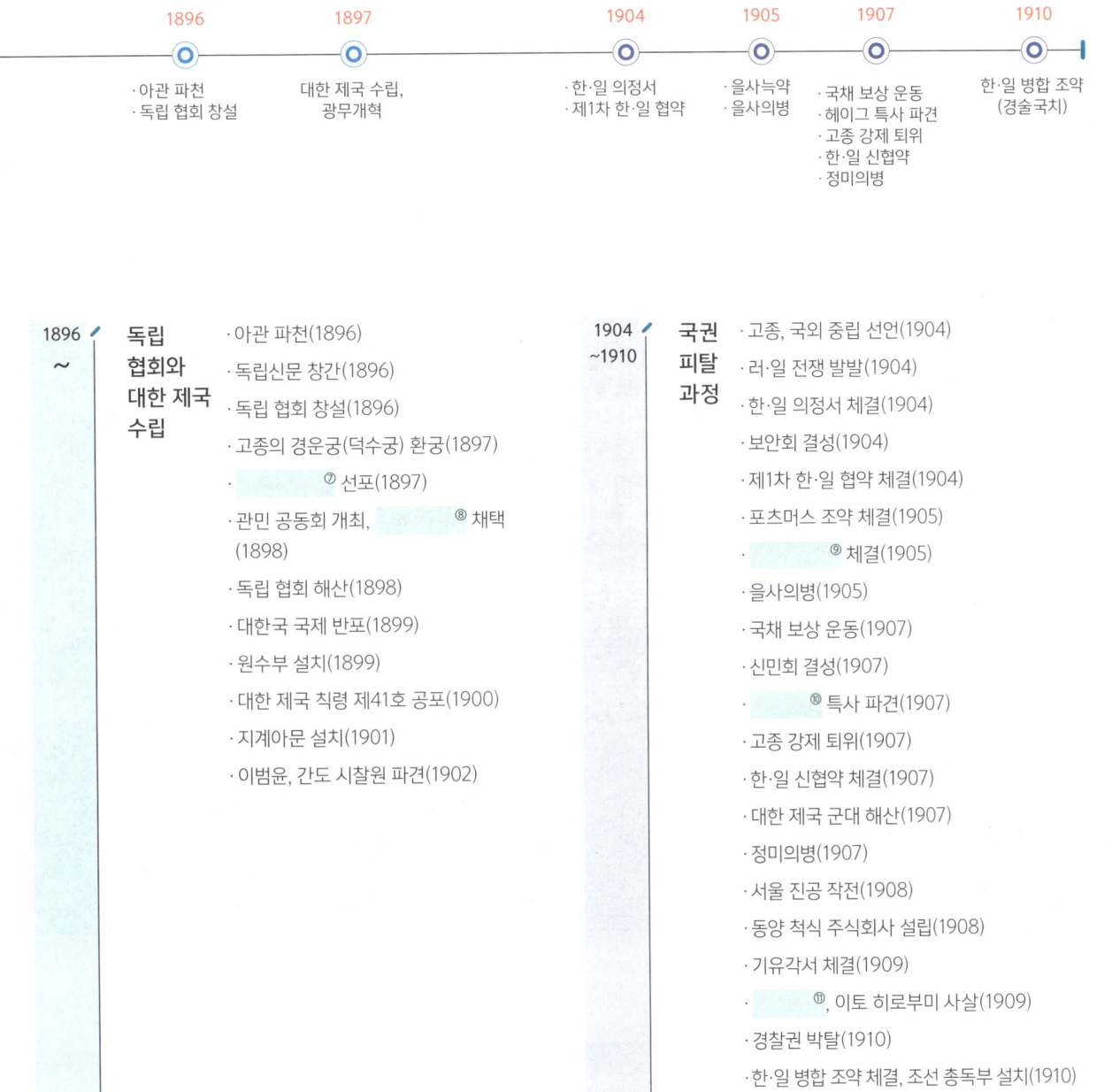

근대 핵심 키워드 마무리 체크

해커스 한국사능력검정시험 심화(1·2·3급) **한권합격**

VII. 일제 강점기

- **23강** 1910년대의 통치와 민족 운동
- **24강** 1920년대의 통치와 민족 운동
- **25강** 1930년대 이후의 통치와 민족 운동
- **26강** 일제 강점기의 문화

| 구석기 시대 시작 | 삼국 건국 | 고려 건국 |
| 약 70만 년 전 | 기원전 1세기경 | 918년 |

선사 시대 · 고대 · 고려 시대

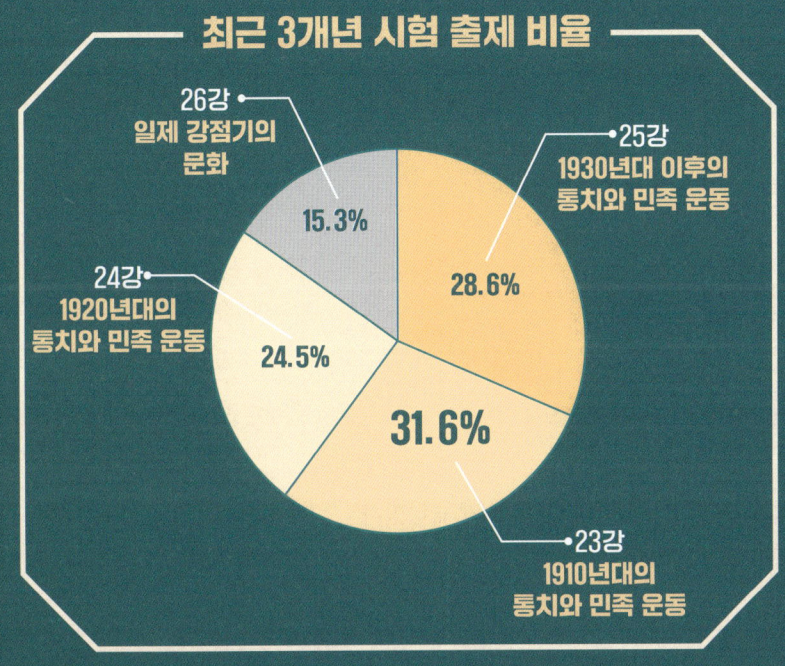

최근 3개년 시험 출제 비율

- 26강 일제 강점기의 문화 15.3%
- 25강 1930년대 이후의 통치와 민족 운동 28.6%
- 23강 1910년대의 통치와 민족 운동 31.6%
- 24강 1920년대의 통치와 민족 운동 24.5%

1위 23강 1910년대의 통치와 민족 운동 **31.6%**
3·1 운동의 전개 과정과 해외 각 지역 독립 운동 단체의 활동을 묻는 문제가 자주 출제됩니다.

2위 25강 1930년대 이후의 통치와 민족 운동 **28.6%**
각 독립군 부대가 활약한 전투와, 독립운동 단체의 활동을 잘 파악해야 합니다.

3위 24강 1920년대의 통치와 민족 운동 **24.5%**
6·10 만세 운동과 신간회 결성 등 민족 운동에 대한 문제가 자주 출제됩니다.

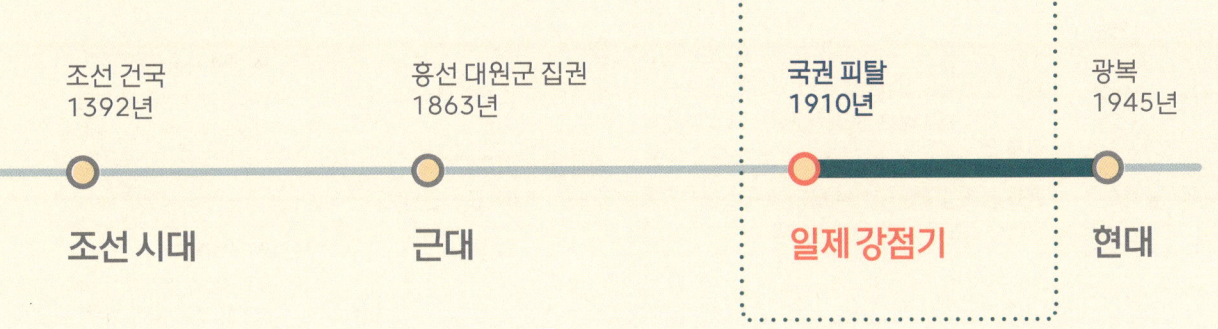

- 조선 건국 1392년 — 조선 시대
- 흥선 대원군 집권 1863년 — 근대
- 국권 피탈 1910년 — 일제 강점기
- 광복 1945년 — 현대

23강 1910년대의 통치와 민족 운동

1 일제의 무단 통치와 경제 수탈 최근 3개년 시험 중 8회 출제!

빈출 키워드 랭킹
1위 회사령 9번 출제
2위 조선 태형령 7번 출제
3위 헌병 경찰제 6번 출제

1. 무단 통치(1910년대) [기출자료1]
(1) **조선 총독부 설치**: 일제의 식민 통치 중심 기관으로 조선 총독부가 설치되었으며, 총독은 일본 군인(무관) 중에서 임명되었다.

(2) 무단 통치의 내용

헌병 경찰제 실시	강압적 통치를 목적으로 군인인 헌병 경찰이 범죄 즉결례◆에 의해 한국인을 처벌할 수 있게 함
조선 태형령 시행	한국인에 한하여 재판 없이 태형◆을 가할 수 있는 법령을 제정하여 독립운동가를 탄압함
기본권 박탈	한국인의 언론·출판·집회·결사의 자유를 박탈하고, 정치 참여를 제한함
공포 분위기 조성	일반 관리, 교사에게도 제복을 입고 칼을 착용하게하여 공포 분위기를 조성함
제1차 조선 교육령 제정	· 보통학교의 수업 연한을 일본(6년)보다 짧은 4년으로 함 · 실업 교육 위주로 한정하여 한국인에게 하급 기술을 가르치는 데 목적을 둠

2. 1910년대 일제의 경제 수탈 [기출자료2]
(1) 토지 조사 사업

목적	· 명분: 공평한 지세 부담, 토지 소유권 보호를 위한 근대적 토지 소유권 확립 · 실상: 안정적 지세 확보를 통한 식민지 통치의 재정 기반 확대, 조선의 토지 약탈
방법	토지 조사령(1912)을 공포하여 시행, 기한부 신고제◆로 운영
결과	조선 총독부의 재정 수입 증대, 동양 척식 주식회사◆의 보유 토지 확대

(2) 산업 침탈
① **회사령◆ 제정**: 회사령을 제정하여, 회사 설립 시 조선 총독의 허가를 받게 하였다.
② **기타 산업별 침탈**: 삼림령(1911), 어업령(1911), 광업령(1915) 등을 제정하였다.

◆ **범죄 즉결례**
· 일제가 조선에 대한 지배를 강화하기 위해 제정한 법령
· 일정한 범죄나 법규 위반 행위에 대해서 재판을 거치지 않고 바로 처벌하도록 함

◆ **태형**
작은 곤장으로 볼기를 치는 형벌

◆ **기한부 신고제**
· 정해진 기한 내에 서류를 갖추어 신고해야 소유권을 인정한 제도
· 신고 기간이 짧고 절차가 복잡해 미신고 토지가 많아지는 결과를 초래함

◆ **동양 척식 주식회사**
1908년에 일본이 대한 제국의 토지와 자원을 수탈하기 위해 설치한 기관

◆ **회사령**
· 일제가 민족 자본 성장을 억제하기 위해 제정한 법령
· 회사의 해산도 총독이 명할 수 있게 함

2 1910년대의 독립운동 최근 3개년 시험 중 11회 출제!

빈출 키워드 랭킹
1위 대한 광복회 7번 출제
2위 권업회 5번 출제
3위 신흥 강습소 3번 출제

1. 국내의 독립운동 [기출자료3]
(1) **배경**: 일제가 안악 사건◆, 105인 사건 등을 통해 민족 인사들을 탄압하자, 국내에서는 일제의 감시를 피하기 위해 비밀 결사 형태로 독립운동을 전개하였다.

(2) 주요 단체

독립 의군부	· 임병찬이 고종의 밀지를 받아 결성한 비밀 결사로, 복벽주의◆를 내세움 · 조선 총독부에 국권 반환 요구서를 제출하려 함
대한 광복회	· 풍기 광복단과 조선 국권 회복단을 통합하여 결성, 총사령 박상진이 주도함 · 공화 정체의 국민 국가 수립을 목표로 군자금을 모금하고, 친일파를 처단함 · 군대식 조직을 갖춘 비밀 결사임

◆ **안악 사건**
안중근의 사촌동생 안명근 등이 서간도에 무관 학교 설립을 위한 자금을 모금하다 체포된 사건

◆ **복벽주의**
독립 후 군주정(대한 제국)으로 복귀할 것을 주장한 정치 사상

기출 분석 특강

기출자료 1 무단 통치

(1) 조선 총독부 설치 55회 출제

- 조선에 조선 총독부를 설치한다.
- 조선 총독부에 조선 총독을 두고 위임 범위 내에서 육·해군을 통솔하고 일체의 정무를 통할하도록 한다.

자료 분석
일제는 무단 통치 시기에 식민 통치의 중심 기관으로 조선 총독부를 설치하고, 일본 군인(무관) 중에서 총독을 임명하였다.

함께 나올 기출선택지
- 강압적 통치를 목적으로 헌병 경찰제가 실시되었다. 70·67·66·65회
- 한국인에 한하여 적용하는 조선 태형령을 공포하였다. 70·67회
- 조선인에게 태형을 집행하는 헌병 경찰 69·63회
- 보통학교의 수업 연한을 4년으로 정하였다. 62회

(2) 헌병 경찰제 48회 출제
출제 TIP '헌병'과 '경찰'이 자료의 키워드로 출제돼요!

제1조 조선 주차(駐箚) 헌병은 치안 유지에 관한 경찰 및 군사 경찰을 담당한다.
제5조 헌병은 직무에 관해 정당한 직권을 가진 사람의 요구가 있을 때에는 즉시 응해야 한다.

자료 분석
일제는 강압적 통치를 목적으로 군인인 헌병이 일반 경찰 업무를 담당하는 헌병 경찰제를 실시하였다.

기출자료 2 1910년대 일제의 경제 수탈

(1) 토지 조사 사업 36회 출제

제4조 토지 소유자는 조선 총독이 정하는 기간 내에 주소, 씨명, 명칭 및 소유지의 소재, 지목, 자번호, 사표, 등급, 지적, 결수를 임시 토지 조사 국장에게 신고해야 한다.

자료 분석
일제는 1910년대에 토지 조사 사업을 실시하였는데, 이때 토지 소유자는 정해진 기간 내에 서류를 구비하여 직접 신고해야 토지 소유권을 인정받을 수 있었다.

함께 나올 기출선택지
- 근대적 토지 소유권 확립을 명분으로 토지 조사 사업을 실시하였다. 73회
- 기한 내에 토지를 신고하게 하는 토지 조사령을 제정하였다. 62회
- 회사 설립 시 총독의 허가를 받도록 하는 회사령이 공포되었다. 73·70회

(2) 회사령 66회 출제

회사를 설립할 때 조선 총독의 허가를 받도록 하는 법령이 제정되었다. 이후 한인의 회사는 큰 영향을 받아 손해가 적지 않기에 실업계의 원성이 자자하다. …… 몇 개 되지 않는 한인의 회사는 상업 경쟁에 밀리고 회사 세납에 몰려 도무지 유지하기가 어렵다고 한다.

자료 분석
일제는 민족 자본의 성장을 억제하기 위해 회사령을 제정하고, 회사 설립 시 조선 총독의 허가를 받도록 하였다.

기출자료 3 1910년대 국내의 독립운동

(1) 대한 광복회 61회 출제
출제 TIP 대한 광복회의 주요 활동이 자료의 힌트로 출제돼요!

군자금 모집과 친일파 처단 등의 활동을 전개한 (가) 의 총사령 박상진 의사의 유물이 국가등록문화재로 등록되었다. 이 유물은 친일 부호 처단 사건으로 체포된 박상진의 옥중 상황과 (가) 의 비밀 연락 거점이었던 상덕태상회의 규모 등을 보여준다는 점에서 귀중한 가치를 지니고 있다.

자료 분석
대한 광복회는 총사령 박상진이 주도하여 결성한 단체로, 군자금을 모집하고 친일파를 처단하는 등의 활동을 전개하였다.

함께 나올 기출선택지
- 고종의 밀지를 받아 독립 의군부를 조직하였다. 63회
- 독립 의군부 - 일본에 국권 반환 요구서를 제출하려 하였다. 70회
- 박상진이 대한 광복회를 조직하여 친일파를 처단하였다. 67·64·62회
- 대한 광복회 - 공화 정체의 국가 건설을 지향하였다. 61회

23강 1910년대의 통치와 민족 운동 95

23강 1910년대의 통치와 민족 운동

2. 국외의 독립운동 기출자료1
(1) 배경: 남한 대토벌 작전◆ 등 일제의 탄압으로 국내에서 독립운동이 어려워졌다.
(2) 지역별 주요 단체

서간도 (남만주)	• 삼원보: 국권 피탈 이후 신민회 계열이 중심이 되어 세운 독립운동 기지 • 경학사◆: 이회영, 이동녕 등이 삼원보에 설립한 한인 자치 기구 • 신흥 강습소: 독립군을 양성하기 위한 교육 기관, 이후 신흥 무관 학교로 개편됨
북간도	• 중광단: 대종교 신자들이 조직한 항일 무장 단체로, 김좌진 중심의 북로 군정서로 확대·개편됨 • 민족 교육 실시: 서전서숙(이상설), 명동 학교(김약연) 등의 학교가 건립됨
연해주	• 신한촌: 블라디보스토크의 한인 집단 거주 지역이자 독립운동 기지 • 한민회: 을사늑약 체결 이후 조직되었고, 해조신문을 발행함 • 권업회: 신한촌에 조직된 자치 기관으로, 권업신문을 발행함 • 대한 광복군 정부: 권업회가 블라디보스토크에서 이상설과 이동휘를 정·부통령으로 하여 수립함
중국 상하이	• 신한청년당: 여운형을 중심으로 조직됨, 파리 강화 회의◆에 김규식을 파견함 • 대동 단결 선언◆: 신규식, 박은식 등이 주권 재민 사상을 담아 발표함(1917) • 동제사: 신규식, 박은식 등이 조직함, 한·중 교류를 통해 중국인의 지지를 받고자 함
미주	• 대한인 국민회: 미국 샌프란시스코에 중앙 총회를 둔 독립운동 단체 • 흥사단: 안창호가 재미 한인을 중심으로 샌프란시스코에서 조직함 • 대조선 국민 군단: 박용만이 독립군 양성을 위해 하와이◆에서 조직한 군대 • 숭무 학교: 멕시코에 설립된 학교로, 독립군을 양성함
일본	도쿄의 유학생들을 중심으로 결성된 조선 청년 독립단이 2·8 독립 선언서를 발표함

◆ **남한 대토벌 작전**
일제가 삼남 지역의 의병 운동을 탄압하기 위하여 1909년 9월부터 2개월간 진행한 대규모 군사 작전

◆ **경학사**
경학사는 이후 부민단, 한족회 순으로 개편되었으며, 산하에는 서로 군정서가 조직됨

◆ **파리 강화 회의**
제1차 세계 대전(1914~1918)의 전후 처리에 관한 회의로, 1919년 1월부터 약 1년 간 평화 체제를 논의함

◆ **대동 단결 선언**
• 상하이에서 신규식, 박은식, 신채호, 조소앙 등 14인의 명의로 발표됨
• 국민 주권과 공화주의를 토대로 임시 정부의 수립을 제창함

◆ **하와이 한인 사회의 형성**
1900년대 초부터 하와이로 이민을 떠난 한인들이 사탕수수 농장에서 노동을 하며 한인 사회가 형성되기 시작함

3 3·1 운동과 대한민국 임시 정부 최근 3개년 시험 중 12회 출제!

빈출 키워드 랭킹
1위 3·1 운동 13번 출제
2위 독립 공채 7번 출제
3위 국민 대표 회의 5번 출제

1. 3·1 운동
(1) 배경

국외 정세	• 파리 강화 회의에서 미국 대통령 윌슨이 민족 자결주의◆를 제창함 • 신한청년당이 파리 강화 회의에 김규식을 대표로 파견함 • 도쿄 유학생들이 조선 청년 독립단을 결성하여 2·8 독립 선언서를 발표함
국내 정세	• 무단 통치에 대한 반발이 고조됨 • 고종의 죽음에 일제가 연관되어 있다는 독살설이 유포됨

◆ **민족 자결주의**
모든 민족에게는 정치적 운명을 스스로 결정할 권리가 있으며, 다른 민족의 간섭을 받을 수 없다는 주장

(2) 준비 및 전개 과정 기출자료2

계획	천도교·기독교·불교 단체와 학생들이 고종의 인산일(장례일)에 맞춰 만세 운동을 계획함
전개	민족 대표 33인의 이름으로 3월 1일에 태화관에서 독립 선언서 낭독 → 학생·시민들이 탑골 공원에서 독립 선언서 낭독, 만세 시위 전개 → 지방 도시로 확산 → 농촌으로 확산(무력 저항으로 변모) → 만주와 연해주, 미국, 일본 등 해외까지 확산됨
일제의 탄압	• 일제가 화성 제암리 학살◆ 등을 자행함 • 유관순 열사가 3·1 운동에 참여하였다가 체포된 후 옥중에서 순국함

◆ **제암리 학살**
• 수원(현재 화성시) 제암리에서 일본군이 주민들을 교회에 감금한 후 무차별 학살을 자행한 사건
• 선교사 스코필드에 의해 세계에 알려짐

기출 분석 특강

기출자료 1 | 1910년대 국외의 독립운동

> **출제 TIP** 자료에 제시되는 지역별 주요 단체의 이름을 통해 해당 지역의 독립운동을 묻는 문제가 출제돼요!

(1) 북간도 61회 출제

- 주제: (가) 지역에 서린 항일 독립 정신을 찾아서
- 조사 내용
  1. 김약연의 명동 학교 설립과 교육 활동
  2. 이상설이 세운 민족 교육의 요람, 서전서숙
  3. 윤동주와 송몽규의 민족 의식이 싹튼 용정촌

자료 분석
북간도로 이주한 동포들은 용정촌, 명동촌 등 한인 집단촌을 형성하고, 서전서숙과 명동학교 등을 설립하였다.

(2) 연해주 72회 출제

사실 이 지역에는 신한촌 등 한인 집단 거주지가 있었습니다. 그러나 이곳에 살던 한인들은 1937년에 중앙아시아로 강제 이주를 당하였습니다.

자료 분석
연해주의 블라디보스토크에서는 한인 집단 거주 지역이자 독립운동 기지인 신한촌이 건립되었다.

(3) 멕시코 47회 출제

1. 주제: (가) 지역 이주민의 삶
2. 탐구 방법: 문헌 조사, 인터넷 검색 등
3. 탐구 내용
   가. 에네켄 농장의 열악한 노동 조건
   나. 독립군 양성을 위한 숭무 학교 설립
   다. 성금 모금을 통한 독립운동 지원
   └ 1905년에 멕시코로 이민 온 한인들이 생계를 잇기 위해서 일하였던 농장

자료 분석
멕시코의 한인들은 에네켄 농장의 열악한 환경 속에서 노동을 하며 생계를 이어갔다. 멕시코의 한인들은 어려움 속에서도 숭무학교를 설립하여 독립군을 양성하는 등 독립운동을 이어나갔다.

함께 나올 기출선택지

- 서간도 – **신흥 강습소**를 세워 독립군을 양성하였다. 65·61회
- 북간도 – 무장 투쟁을 전개하기 위해 **중광단**을 조직하였다. 70회
- 연해주 – **권업회**를 조직하여 권업신문을 발행하였다. 71·61·58회
- **상하이**에서 **대동 단결 선언**을 발표하였다. 73·57회
- 미주 – **대한인 국민회**를 조직하여 외교 활동을 펼쳤다. 49·46회
- 미주 – **대조선 국민군단**을 조직하여 군사 훈련을 실시하였다. 73·71회
- 미주 멕시코 – **숭무 학교**를 설립하여 무장 투쟁을 준비하였어요. 56회
- 일본 도쿄 – 유학생들이 중심이 되어 **2·8 독립 선언서**를 발표하였다. 73·71·70회

기출자료 2 | 3·1 운동의 준비 및 전개 과정

(1) 3·1 운동의 전개 48회 출제

그날 오후 2시 10분 파고다 공원에 모였던 수백 명의 학생들이 10여 년간 억눌려 온 감정을 터뜨려 '만세, 독립 만세'를 외치자 뇌성 벽력 같은 소리에 공원 근처에 살던 시민들도 크게 놀랐다. …… 시위 학생들은 덕수궁 문 앞에 당도하자 붕어하신 고종에게 조의를 표하고 잠시 멎었다.   – 스코필드 기고문
└ 탑골 공원
└ 임금이 세상을 떠남

자료 분석
각 종교 단체와 학생들은 고종의 인산일(장례일)에 맞춰 만세 운동을 계획하였으며, 이에 3월 1일 학생과 시민들은 탑골 공원에서 독립 선언서를 낭독한 후 만세 시위를 전개하였다.

(2) 일제의 탄압 42회 출제

지난 4월 15일, 경기도 수원군(현재 화성시) 제암리에서 일본군에 의한 참혹한 학살이 자행되었다. 일본군은 주민들을 교회에 모이게 하여, 밖에서 문을 잠그고 무차별 사격을 가한 후 불을 질러 약 30명을 살해하는 만행을 저질렀다. 이는 최근 만세 시위 운동이 전국으로 확산되는 과정에서 가해진 일본군의 탄압으로 보인다.
└ 제암리 학살

자료 분석
일제는 3·1 운동으로 만세 시위가 확산되자, 이를 탄압하고자 수원(현재 화성시) 제암리에서 주민들을 교회에 감금한 후 무차별 학살을 자행하기도 하였다.

함께 나올 기출선택지

- 전개 – **민족 대표 33인** 명의의 **독립 선언서**가 발표되었다. 56·51회
- 전개 과정에서 일제가 **제암리 학살** 등을 자행하였다. 63회
- 영향 – 일제가 이른바 **문화 통치를 실시하는 배경**이 되었다. 73·70·67회
- 영향 – **대한민국 임시 정부가 수립되는 계기**가 되었다. 69회

23강 1910년대의 통치와 민족 운동

(3) 의의와 영향: 3·1 운동을 계기로 대한민국 임시 정부가 수립되었고, 일제의 통치 방식이 무단 통치에서 문화 통치로 전환되었다. 또한 중국의 5·4 운동 등에도 영향을 미쳤다.

2. 대한민국 임시 정부 [기출자료1]

(1) 수립: 3·1 운동 직후 조직적으로 독립운동을 추진해야 할 필요성이 대두하였고, 이에 따라 상하이에 3권 분립에 입각한 통합 임시 정부가 수립되었다(대통령 이승만, 국무총리 이동휘).

(2) 초기 활동(1919~1923)

비밀 연락망 조직	· 연통제: 국내 비밀 행정 조직으로, 독립운동 자금을 모음 · 교통국: 이륭양행◆에 설치된 통신 기관으로, 국내와의 연락을 취함
군자금 모금	해외의 동포들에게 독립 공채를 발행하여 독립운동 자금을 마련함
외교 활동	파리 위원부(프랑스)와 구미 위원부(미국)를 설치하여 외교 활동을 추진함
문화 활동	· 임시 사료 편찬회를 두어 『한·일관계사료집』을 편찬함 · 독립군 비행사 육성을 위해 미국에 한인 비행 학교를 세움

◆ **이륭양행**
- 만주 단둥에서 아일랜드 사람인 조지 루이스 쇼가 운영한 무역 선박 회사
- 임시 정부의 교통국이 입주하였음

(3) 대한민국 임시 정부의 재정비

① 국민 대표 회의(1923)

배경	· 일제의 탄압으로 비밀 연락망인 연통제와 교통국이 발각됨 · 이승만이 미국 정부에 위임 통치 청원서를 보낸 것이 논란이 됨
개최	독립운동이 나아갈 방향을 논의하기 위해 개최됨
결과	회의가 성과 없이 결렬되고, 많은 독립운동 세력의 이탈로 임시 정부가 침체됨

② **이승만 탄핵(1925):** 이승만이 탄핵되고 박은식이 제2대 대통령으로 취임하였다.
③ **제2·3차 개헌(1925·1927):** 내각 책임제와 국무령제를 채택한 제2차 개헌(1925)과 국무 위원 중심의 집단 지도 체제로 개편한 제3차 개헌이 추진되었다.

10초 컷! 핵심 키워드 암기
1. 1910년대 일제의 통치: 헌병 경찰제, 조선 태형령, 토지 조사 사업, 회사령
2. 1910년대의 독립운동: 독립 의군부 및 대한 광복회(국내), 신흥 강습소(서간도), 북로 군정서(북간도), 권업회(연해주), 대조선 국민 군단(미주)
3. 대한민국 임시 정부: 연통제, 교통국, 독립 공채, 국민 대표 회의

23강 개념 확인 퀴즈

1. 다음 설명이 맞으면 O표, 틀리면 X표를 하세요.
(1) 일제는 무단 통치 시기에 회사령을 제정하였다. ( )
(2) 독립 의군부는 공화 정체의 국민 국가 수립을 목표로 하였다. ( )
(3) 서간도에는 한인 자치 기관인 권업회가 설립되었다. ( )

2. 다음 괄호 안의 내용 중 옳은 것에 O표 하세요.
(1) (독립 의군부 / 대한 광복회)는 임병찬이 고종의 밀지를 받아 결성한 단체이다.
(2) 3·1 운동은 (고종 / 순종)의 인산일에 맞춰 계획되었다.
(3) 대한민국 임시 정부는 비밀 연락망으로 (교통국 / 구미 위원부)을/를 설치하여 국내와 연락을 취하였다.

기출 분석 특강

기출자료 1 대한민국 임시 정부

(1) 대한민국 임시 정부의 수립 57회 출제

[제4관] 국외 독립운동의 전개
이 전시관은 국권 피탈 이후 국외에서 전개된 독립운동을 주제로 구성되어 있습니다. 특히 3·1 운동의 영향으로 수립된 (가) 의 활동에 대한 자료가 전시되어 있습니다. 자료를 잘 살펴보고 스탬프를 찍어 보세요.

제4관 이번에 찍은 스탬프는?
상하이에서 (가) 의 수립 초기에 청사로 사용한 건물 모양입니다.

자료 분석
3·1 운동 이후 조직적인 독립운동의 필요성이 대두하였다. 이에 따라 상하이에서 3권 분립에 입각한 통합 임시 정부인 대한민국 임시 정부가 수립되었다.

(2) 국민 대표 회의 68회 출제

─국민 대표 회의
본 회의는 2천만 민중의 공의(公意)를 지키는 국민적 대회합으로서, 최고의 권위에 의해 국민의 완전한 통일을 견고하게 하며 광복 대업의 근본 방침을 수립하고, 이로써 우리 민족의 자유를 만회하고 독립을 완성하기를 기도하며 이에 선언하노라. 삼일 운동으로써 우리 민족의 정신적 통일은 이미 표명되었다. …… 본 대표들은 국민이 위탁한 사명을 받아 국민적 대단결을 힘써 도모하며, 독립 전도의 대방책을 확립하여 통일적 기관 하에서 대업을 기성(期成)하려 한다.

자료 분석
일제의 탄압으로 임시 정부의 운영이 어려워지고, 이승만의 위임 통치 청원서가 논란이 되자 대한민국 임시 정부는 독립운동이 나아갈 방향을 논의하기 위해 국민 대표 회의를 개최하였다.

함께 나올 기출선택지
- 이륭양행에 교통국을 설치하여 국내와 연락을 취하였다. 72·67·61회
- 독립운동 자금 마련을 위해 독립 공채를 발행하였다. 71·69회
- 임시 사료 편찬회를 두어 『한·일관계사료집』을 간행하였다. 57회
- 독립운동의 방략을 논의하기 위한 국민 대표 회의가 개최되었다. 73회
- 국민 대표 회의 – 창조파와 개조파가 대립하였다. 68회

---

3. 질문에 맞는 답을 고르세요.

(1) 토지 조사 사업의 결과는?
① 청과 조·청 상민 수륙 무역 장정을 체결하였다.
② 조선 총독부의 재정 수입이 증대되었다.

(2) 미주 지역의 독립운동은?
① 민족 교육을 위해 서전서숙을 설립하였다.
② 대조선 국민군단을 조직하였다.

(3) 3·1 운동에 대한 설명은?
① 중국의 5·4 운동에 영향을 주었다.
② 여권통문을 발표하였다.

(4) 대한민국 임시 정부의 활동은?
① 독립 공채를 발행하였다.
② 오산 학교를 설립하여 민족 교육을 실시하였다.

정답
1. (1) ○ (2) X(대한 광복회) (3) X(연해주)
2. (1) 독립 의군부 (2) 고종 (3) 교통국
3. (1) ②(①은 임오군란의 결과)
   (2) ②(①은 북간도)
   (3) ①(②은 여성 운동)
   (4) ①(②은 신민회)

개념 적용 기출문제

01
70회 36번

밑줄 그은 '시기'에 시행된 일제의 정책으로 옳은 것은? [1점]

① 애국반을 조직하였다.
② 신문지법을 제정하였다.
③ 조선 태형령을 시행하였다.
④ 산미 증식 계획을 실시하였다.
⑤ 황국 신민 서사의 암송을 강요하였다.

02
36회 43번

다음 법령의 시행 결과로 옳지 않은 것은? [2점]

> 제1조 토지의 조사 및 측량은 이 영(令)에 의한다.
> ⋮
> 제4조 토지의 소유자는 조선 총독이 정하는 기간 내에 그 주소, 성명 또는 명칭 및 소유지의 소재, 지목, 자번호, 사표, 등급, 지적, 결수를 임시 토지 조사 국장에게 신고하여야 한다. 다만, 국유지는 보관 관청에서 임시 토지 조사 국장에게 통지하여야 한다.
> 제5조 토지의 소유자 또는 임차인, 기타 관리인은 조선 총독이 정하는 기간 내에 그 토지의 사방 경계에 표지판을 세우되, 민유지에는 지목 및 자번호와 소유자의 성명 또는 명칭을, 국유지에는 지목 및 자번호와 보관 관청명을 기재하여야 한다.

① 조선 총독부의 재정 수입이 증대되었다.
② 지계아문이 설치되어 지계가 발급되었다.
③ 일본에서 한국으로의 농업 이민이 증가하였다.
④ 만주와 연해주로 이주하는 농민들이 늘어났다.
⑤ 동양 척식 주식회사의 보유 토지가 확대되었다.

03
59회 35번

(가) 단체에 대한 설명으로 옳은 것은? [2점]

① 일본 도쿄에서 독립 선언서를 발표하였다.
② 일제가 제정한 치안 유지법으로 탄압받았다.
③ 서간도에 신흥 강습소를 세워 독립군을 양성하였다.
④ 독립운동 자금을 모으기 위해 독립 공채를 발행하였다.
⑤ 조선 총독에게 제출하기 위해 국권 반환 요구서를 작성하였다.

04
66회 38번

(가) 단체에 대한 설명으로 옳은 것은? [3점]

> **판결문**
> 피고인: 박상진, 김한종
> 주 문: 피고 박상진, 김한종을 사형에 처한다.
> 이 유
> 피고 박상진, 김한종은 한·일 병합에 불평을 가지고 구한국의 국권 회복을 명분으로 (가) 을/를 조직하고 국권 회복을 위한 자금 조달을 위해 조선 각도의 자산가에게 공갈로 돈을 받아내기로 하고 …… 채기중 등을 교사하여 장승원의 집에 침입하여 자금을 강취하고 살해하도록 한 죄가 인정되므로 위와 같이 판결한다.

① 중·일 전쟁 발발 직후에 결성되었다.
② 군대식 조직을 갖춘 비밀 결사였다.
③ 파리 강화 회의에 대표를 파견하였다.
④ 일제가 꾸며낸 105인 사건으로 와해되었다.
⑤ 만민 공동회를 열어 열강의 이권 침탈을 비판하였다.

해설

01 무단 통치 시기 정답 ③

자료 분석

토지 조사 사업이 실시됨 → 무단 통치 시기

일제는 무단 통치 시기인 1912년에 토지 조사령을 공포하여 임시 토지 조사국을 설치하고 토지 조사 사업을 본격적으로 실시하였다. 그 결과 조선 내 많은 토지가 조선 총독부에 귀속되었으며, 만주와 연해주 등으로 이주하는 농민들이 늘어났다.

선택지 분석

① 애국반을 조직하였다. → 민족 말살 통치 시기
② 신문지법을 제정하였다. → 국권 피탈 이전
③ 조선 태형령을 시행하였다. → 무단 통치 시기
　ㄴ 무단 통치 시기에 일제는 한국인에 한하여 재판 없이 태형을 가할 수 있는 조선 태형령을 시행하였다.
④ 산미 증식 계획을 실시하였다. → 문화 통치 시기
⑤ 황국 신민 서사의 암송을 강요하였다. → 민족 말살 통치 시기

빈출 개념 무단 통치 시기 일제의 정책

정치	헌병 경찰제 실시, 조선 태형령 제정
경제	토지 조사 사업 실시, 회사령 제정
사회·문화	· 언론·출판·집회·결사의 자유 박탈 · 제1차 조선 교육령 제정(보통학교 수업 연한 4년)

02 토지 조사 사업 정답 ②

자료 분석

토지의 조사 및 측량 + 조선 총독이 정하는 기간 → 토지 조사 사업

일제는 무단 통치 시기인 1912년에 토지 조사령을 공포하여 토지 조사 사업을 본격적으로 실시하였다. 조선 총독부는 이 법령에 따라 토지 소유자가 지정된 기간 내에 임시 토지 조사국에 보유 토지를 신고하게 하였으나, 신고 기간이 짧고 절차가 복잡하여 조선 내 많은 토지가 조선 총독부에 귀속되었다.

선택지 분석

① 조선 총독부의 재정 수입이 증대되었다. → 토지 조사 사업
② 지계아문이 설치되어 지계가 발급되었다. → 광무개혁
　ㄴ 대한 제국이 실시한 광무개혁 때 지계아문이 설치되어 근대적 토지 소유 증명서인 지계가 발급되었다.
③ 일본에서 한국으로의 농업 이민이 증가하였다.
　→ 토지 조사 사업
④ 만주와 연해주로 이주하는 농민들이 늘어났다.
　→ 토지 조사 사업
⑤ 동양 척식 주식회사의 보유 토지가 확대되었다.
　→ 토지 조사 사업

03 독립 의군부 정답 ⑤

자료 분석

임병찬 + 복벽주의 → 독립 의군부

독립 의군부는 1912년에 고종의 밀지를 받은 임병찬이 의병과 유생을 모아 조직한 국내 독립운동 단체로, 고종을 복위시켜 대한 제국을 회복해야 한다는 복벽주의를 내세웠다.

선택지 분석

① 일본 도쿄에서 독립 선언서를 발표하였다.
　→ 조선 청년 독립단
② 일제가 제정한 치안 유지법으로 탄압받았다. → 조선어 학회
③ 서간도에 신흥 강습소를 세워 독립군을 양성하였다.
　→ 신민회
④ 독립운동 자금을 모으기 위해 독립 공채를 발행하였다.
　→ 대한민국 임시 정부
⑤ 조선 총독에게 제출하기 위해 국권 반환 요구서를 작성하였다. → 독립 의군부
　ㄴ 독립 의군부는 임병찬이 조직한 단체로, 국권 반환 요구서를 작성하여 조선 총독에게 제출하려 하였다.

04 대한 광복회 정답 ②

자료 분석

박상진 + 국권 회복을 위한 자금 조달 → 대한 광복회

대한 광복회는 1915년에 대구에서 조직된 국내 독립운동 단체로, 총사령 박상진이 이끌었다. 주로 독립군을 위한 군자금을 모집하고 친일파를 색출 및 처단하는 활동을 하였다. 또한 대구에 비밀 연락 거점인 상덕태상회를 설치하였다. 그러나 1918년에 박상진, 채기중 등의 주요 인물들이 체포되면서 조직이 크게 와해되었다.

선택지 분석

① 중·일 전쟁 발발 직후에 결성되었다. → X
② 군대식 조직을 갖춘 비밀 결사였다. → 대한 광복회
　ㄴ 박상진, 채기중 등이 조직한 대한 광복회는 군대식 조직을 갖춘 비밀 결사 단체였다.
③ 파리 강화 회의에 대표를 파견하였다. → 신한청년당
④ 일제가 꾸며낸 105인 사건으로 와해되었다. → 신민회
⑤ 만민 공동회를 열어 열강의 이권 침탈을 비판하였다.
　→ 독립 협회

개념 적용 기출문제

05
밑줄 그은 '이 지역'에서 있었던 민족 운동으로 옳은 것은?
[70회 34번] [3점]

> □□신문
> 제△△호 ○○○○년 ○○월 ○○일
>
> 『원병상 회고록』으로 본 국외 민족 운동
>
> 한국 독립운동사의 일면을 살펴볼 수 있는 책이 발간되었다. 이 책은 신흥 무관 학교 졸업생이자 교관으로 독립군 양성에 헌신한 원병상의 회고록이다. 책에는 이 지역에 세워진 신흥 무관 학교의 변화 과정과 학생들의 생활상이 구체적으로 담겨 있을 뿐만 아니라, 국권 피탈 이후 망명해 온 독립지사들이 힘겹게 정착해 나가는 과정이 생생하게 기록되어 있어 독립운동사와 생활사 자료로서 가치가 크다.

① 한인 자치 기구인 경학사가 설립되었다.
② 권업회가 조직되어 기관지를 발행하였다.
③ 유학생들을 중심으로 2·8 독립 선언서가 발표되었다.
④ 대조선 국민 군단이 결성되어 군사 훈련을 실시하였다.
⑤ 흥사단이 창립되어 교민들에게 민족 의식을 심어주고자 하였다.

06
(가) 운동에 대한 설명으로 옳은 것은?
[72회 36번] [1점]

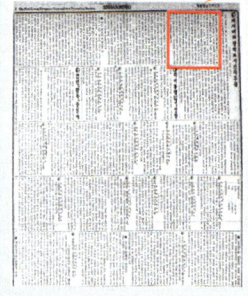

언론 보도로 본 만세 기념일

> 3월 1일에 배화 여학교 학생 일동은 학교 동산에 올라가서 우리 독립 선언 기념을 경축하기 위하여 만세를 부르고, 배재 학교 생도 일동은 3월 1일에 일제히 결석하고 3월 2일에 등교하여 갑자기 그 학교 마당에서 만세를 불렀으니 …… 저와 같은 불미한 행동을 허락한 까닭으로 그 학교 교장들은 파직하고 심하면 그 학교를 폐쇄할 지경에 이르겠다더라.

[해설] 이 자료는 신한민보 1920년 4월 20일자에 실린 기사이다. 민족 최대의 독립 운동이었던 (가) 의 1주년 무렵 배화 여학교와 배재 학교 학생들이 만세 운동을 전개하여 학교가 폐쇄될 위기에 처했다는 내용이 담겨 있다.

① 통감부의 방해와 탄압으로 중단되었다.
② 러시아의 절영도 조차 요구를 저지하였다.
③ 순종의 인산일을 기회로 삼아 추진되었다.
④ 대한민국 임시 정부 수립의 계기가 되었다.
⑤ 성진회와 각 학교 독서회에 의해 전국적으로 확산되었다.

07
(가) 정부의 활동에 대한 설명으로 옳은 것은?
[65회 41번] [2점]

> 도내 관공서의 조선인 관리·기타 조선인 부호 등에게 빈번하게 불온 문서를 배부하는 자가 있어서 수사한 결과 이○○의 소행으로 판명되어 그의 체포에 노력하고 있다. …… 그는 (가) 의 교통부 차장과 재무부 총장 등으로부터 여러 가지 명령을 받았다. 조선에 돌아가서 인쇄물을 뿌리는 등 인심을 교란하는 동시에 (가) 이/가 발행한 독립 공채를 판매하는 한편, 조선 내부와의 연락 및 기타 기관을 충분히 갖추게 하는 것 등이었다.
> – 「고등 경찰 요사」

① 무장 투쟁을 위해 중광단을 결성하였다.
② 민족 교육을 위해 서전서숙을 설립하였다.
③ 독립군 양성을 위해 신흥 강습소를 세웠다.
④ 외교 활동을 위해 구미 위원부를 설치하였다.
⑤ 농촌 계몽을 위해 브나로드 운동을 전개하였다.

08
밑줄 그은 '회의'에 대한 설명으로 옳은 것은?
[68회 38번] [3점]

> 본 회의는 2천만 민중의 공의(公意)를 지키는 국민적 대회합으로서, 최고의 권위에 의해 국민의 완전한 통일을 견고하게 하며 광복 대업의 근본 방침을 수립하고, 이로써 우리 민족의 자유를 만회하고 독립을 완성하기를 기도하며 이에 선언하노라. 삼일 운동으로써 우리 민족의 정신적 통일은 이미 표명되었다. …… 본 대표들은 국민이 위탁한 사명을 받아 국민적 대단결을 힘써 도모하며, 독립 전도의 대방책을 확립하여 통일적 기관 하에서 대업을 기성(期成)하려 한다.

① 창조파와 개조파가 대립하였다.
② 대일 선전 성명서를 공표하였다.
③ 삼균주의를 기초로 하는 건국 강령을 발표하였다.
④ 파리 강화 회의에 김규식을 파견할 것을 결정하였다.
⑤ 지청천을 사령관으로 하는 한국광복군을 조직하였다.

해설

05 서간도 지역의 민족 운동   정답 ①

자료 분석
신흥 무관 학교 → 서간도

서간도(남만주)는 신민회의 주요 인사인 이회영, 이상룡 등이 삼원보를 개척하여 독립운동 기지로 삼은 지역으로 독립군 양성을 위해 설립한 신흥 강습소가 있었다. 한편 신흥 강습소는 신흥 무관 학교로 확대·개편되어 독립군 간부를 양성하는 데 큰 역할을 하였다.

선택지 분석
① 한인 자치 기구인 **경학사**가 설립되었다. → 서간도
   ㄴ 서간도 지역에서는 한인 자치 기구인 경학사가 설립되었다.
② **권업회**가 조직되어 기관지를 발행하였다. → 연해주
③ 유학생들을 중심으로 **2·8 독립 선언서**가 발표되었다.
   → 일본 도쿄
④ **대조선 국민 군단**이 결성되어 군사 훈련을 실시하였다.
   → 하와이
⑤ **흥사단**이 창립되어 교민들에게 민족 의식을 심어주고자 하였다. → 미국

06 3·1 운동   정답 ④

자료 분석
3월 1일 + 만세를 부름 + 민족 최대의 독립 운동 → 3·1 운동

3·1 운동은 고종의 인산일(장례일)을 계기로 시작된 만세 운동이다. 이 운동은 천도교·기독교·불교 등 종교계 인사들로 구성된 민족 대표들이 태화관에서 독립 선언서를 낭독한 것을 시작으로, 탑골 공원에 모여 있던 학생과 시민들이 만세 시위를 전개하면서 전국적으로 확산되었다. 그러나 일제는 온갖 무력을 동원하여 이를 진압하였다.

선택지 분석
① **통감부의 방해와 탄압**으로 중단되었다. → 국채 보상 운동
② **러시아의 절영도 조차 요구**를 저지하였다.
   → 독립 협회의 이권 수호 운동
③ **순종의 인산일**을 기회로 삼아 추진되었다. → 6·10 만세 운동
④ **대한민국 임시 정부 수립의 계기**가 되었다. → 3·1 운동
   ㄴ 3·1 운동의 결과 조직적으로 독립운동을 추진해야 할 필요성이 대두하여 중국 상하이에서 대한민국 임시 정부가 수립되었다.
⑤ **성진회와 각 학교 독서회**에 의해 전국적으로 확산되었다.
   → 광주 학생 항일 운동

07 대한민국 임시 정부   정답 ④

자료 분석
교통부 + 독립 공채 → 대한민국 임시 정부

대한민국 임시 정부는 3·1 운동 이후 조직적인 독립운동의 필요성이 대두되면서, 상하이에 수립된 통합 임시 정부이다. 대한민국 임시 정부는 국내와의 연락을 담당하는 교통부의 하부 조직인 교통국과 국내 비밀 행정 조직인 연통제를 두었으며, 독립 공채를 발행해 독립운동 자금을 마련하였다.

선택지 분석
① 무장 투쟁을 위해 **중광단을 결성**하였다. → 대종교
② 민족 교육을 위해 **서전서숙을 설립**하였다. → 이상설 등
③ 독립군 양성을 위해 **신흥 강습소**를 세웠다. → 신민회
④ 외교 활동을 위해 **구미 위원부**를 설치하였다.
   → 대한민국 임시 정부
   ㄴ 대한민국 임시 정부는 외교 활동을 위해 미국 워싱턴에 구미 위원부를 설치하였다.
⑤ 농촌 계몽을 위해 **브나로드 운동을 전개**하였다. → 동아일보

08 국민 대표 회의   정답 ①

자료 분석
국민적 대화합 + 삼일 운동 + 통일적 기관 하에서 대업을 기성하려 함 → 국민 대표 회의(1923)

국민 대표 회의는 일제의 탄압으로 비밀 연락망인 연통제와 교통국이 발각되고, 이승만의 위임 통치 청원이 알려지면서 내부의 갈등이 커지자, 독립운동의 새로운 활로와 방향을 모색하기 위해 박은식 등의 주도로 1923년에 상하이에서 개최되었다.

선택지 분석
① **창조파와 개조파가 대립**하였다. → 국민 대표 회의
   ㄴ 국민 대표 회의는 임시 정부의 방향을 두고 임시 정부를 해산하고 새 정부를 만들자는 창조파와 임시 정부를 그대로 두고 개편하자는 개조파의 대립으로 결렬되었다.
② **대일 선전 성명서를 공표**하였다. → 1941년
③ **삼균주의를 기초로 하는 건국 강령을 발표**하였다.
   → 1941년
④ **파리 강화 회의에 김규식을 파견**할 것을 결정하였다.
   → 1918년
⑤ **지청천을 사령관으로 하는 한국광복군을 조직**하였다.
   → 1940년

23강 1910년대의 통치와 민족 운동 **103**

24강 1920년대의 통치와 민족 운동

1 일제의 문화 통치와 경제 수탈 최근 3개년 시험 중 3회 출제!

1. 문화 통치(1920년대) 기출자료1

(1) 배경과 목적
① 배경: 3·1 운동으로 식민 통치에 대한 한국인의 반발이 표출되고 일제에 대한 국제 여론이 악화되자, 총독 사이토 마코토가 문화 통치를 실시하였다.
② 목적: 친일파를 양성하여 우리 민족을 분열시키기 위해 실시되었으며, 일제의 문화 통치에 동조하여 자치론◆과 타협론을 주장하는 지식인들이 등장하였다.

(2) 문화 통치의 내용과 실상

구분	내용	실상
총독 임명	문관도 총독에 임명될 수 있게 함	문관 총독은 단 한 명도 임명되지 않음
경찰 제도	헌병 경찰제를 폐지하고 보통 경찰제를 실시함	· 경찰 인원과 장비가 크게 증가함 · 치안 유지법◆ 제정(1925)
언론 정책	한국인의 신문 발행을 허용함	신문 검열, 삭제, 정간을 통해 언론 탄압을 강화함
지방 행정 정책	도 평의회, 부·면 협의회 등의 자문 기구를 설치하여 지방 행정에 한국인이 참여할 수 있도록 함	의결권이 없었으며, 친일파와 일본인만 지방 행정에 참여할 수 있었음
교육 정책	제2차 조선 교육령◆ 시행(1922)	· 초등·실업 교육 위주로 진행함 · 경성 제국 대학◆ 설립

2. 1920년대 일제의 경제 수탈

(1) 산미 증식 계획 기출자료2

목적	공업화 정책에 따라 일본 본토의 식량이 부족해지자, 일제는 한반도의 쌀 수확량을 늘려 수탈함으로써 일본의 부족한 식량을 충당하고자 함
내용	· 토지 개량: 수리 시설 개선과 개간·간척 사업 등을 통한 쌀 생산량 증대 · 농사 개량: 품종·농법·농기구·시비 개량 등을 추진하여 쌀 생산량 증대
결과	· 증산량이 목표량에 미달되었음에도 수탈을 계획대로 진행 · 국내 식량 부족으로 만주에서 잡곡을 수입하여 부족분 충당 · 과도한 수리 조합비와 비료 대금 부담으로 농민층 몰락 → 식민지 지주제가 강화됨

(2) 산업 침탈
① **회사령 철폐(1920)**: 일제는 한국의 값싼 노동력과 자원을 약탈하기 위해 회사령을 철폐하고, 일본 자본이 한국에 대거 유입될 수 있도록 회사 설립을 신고제로 변경하였다.
② **관세 철폐(1923)**: 일제는 일본 자본의 자유로운 한반도 진출을 위해 일본에서 한국으로 들어오는 일본 상품에 대한 관세를 철폐하여, 그 결과 국내 기업이 큰 타격을 입었다.

빈출 키워드 랭킹
1위 경성 제국 대학 10번 출제
2위 치안 유지법 8번 출제
3위 산미 증식 계획 4번 출제

◆ **자치론**
일제가 허용하는 범위 내에서 자치를 이루자는 주장

◆ **치안 유지법**
· 일제가 사회주의 운동이나 반정부·반체제 운동을 탄압하기 위해 제정한 법
· 조선에서도 실시되어 민족 해방 운동과 사회주의자들을 탄압하는 데 적용됨

◆ **제2차 조선 교육령**
· 보통 학교의 수업 연한을 6년으로 함
· 조선어를 필수 과목화 함
· 사범 학교와 대학 설치를 허용함

◆ **경성 제국 대학**
· 일제가 조선 내의 민립 대학 설립 운동을 무마시키기 위해 설립한 대학
· 조선에 거주하는 일본인들의 고등 교육을 진행하기 위함

기출 분석 특강

기출자료 1 문화 통치   ✓ 출제 TIP 문화 통치 실시로 인해 변화한 일제의 정책들이 자료로 출제돼요!

(1) 문화 통치의 내용 55회 출제

총독 임용의 범위를 확장하고 경찰 제도를 개정하며, 또한 일반 관리나 교원 등의 복제를 폐지함으로써 시대의 흐름에 순응하고 …… 정치·사회상의 대우에서도 내지인과 동일한 취급을 할 궁극의 목적을 달성하고자 하는 바이다.

[자료 분석] 일제는 3·1 운동을 계기로 통치 방식을 문화 통치로 전환하였다. 이에 문관도 총독에 임명될 수 있도록 총독 임용 범위를 확장하고, 헌병 경찰제를 보통 경찰제로 개정하였다.

함께 나올 기출선택지
- 치안 유지법을 공포하였다. 70·65회
- 사회주의 운동을 탄압하기 위한 치안 유지법을 제정하였다. 58회
- 도 평의회, 부·면 협의회 등의 자문 기구를 설치하였다. 44회
- 제2차 조선 교육령을 시행하였다. 46회
- 경성 제국 대학 설립을 추진하는 관리 73·72·69회
- 경성 제국 대학에서 공부하는 학생 61회

(2) 문화 통치 시기의 지방 행정책 42회 출제

다른 한편으로는 지방 자치를 실시하여 민의 창달의 길을 강구하고, …… 일본인과 조선인 사이의 차별 대우를 철폐하고 동시에 조선인 소장층 중 유력자를 발탁하는 방법을 강구하여, 군수·학교장 등에 발탁된 자가 적지 않다.
— 사이토 마코토, 「조선 통치에 대하여」
┗ 제3대 조선 총독으로, 문화 통치를 실시함

[자료 분석] 일제는 문화 통치의 일환으로 지방 행정에 한국인이 참여할 수 있도록 하였으나, 실질적으로는 친일파와 일본인만 지방 행정에 참여할 수 있었다.

(3) 경성 제국 대학 설립 57회 출제

제2조 총장은 조선 총독의 감독을 받아 경성 제국 대학 일반 사무를 담당하며 소속 직원을 통독(統督)한다.
┗ 모두 관할하여 감독함
제4조 경성 제국 대학에 예과를 둔다.

[자료 분석] 일제는 조선 내의 민립 대학 설립 운동을 무마시키기 위해 고등 교육 기관인 경성 제국 대학을 설립하였다.

기출자료 2 산미 증식 계획

(1) 산미 증식 계획의 목적 55회 출제

┌일본
내지(內地)는 심각한 식량 부족을 보여 매년 300만 석에서 500만 석의 외국 쌀을 수입하였다. …… 내지에서는 쌀의 증산에 많은 기대를 걸 수 없었다. 반면 조선은 …… 대부분의 논이 빗물에 의존하는 상태였기에, 토지 개량 사업을 시작한다면 천혜의 쌀 생산지가 될 수 있었다.

[자료 분석] 일제는 일본 본토의 식량 부족 현상이 심화하자, 한반도에서 산미 증식 계획을 통해 쌀 수확량을 늘려 수탈함으로써 일본의 부족한 식량을 충당하고자 하였다.

함께 나올 기출선택지
- 일본의 쌀 부족 현상을 해결하기 위해 시행되었다. 68회
- 쌀 수탈을 목적으로 하는 산미 증식 계획을 실시하였다. 50·45회
- 산미 증식 계획의 실상을 조사한다. 57회

(2) 산미 증식 계획의 결과 68회 출제

- 이 계획 실시로 인하여 수리 조합비 부담이 커졌어. 가뜩이나 지세도 부담되는데 개량 종자 구입비로 돈이 더 들어가네. 이래서 살겠나.
- 우리 마을 박서방은 소작농으로 전락하였다지. 우리 집은 쌀이 없어 만주에서 들여온 잡곡만 먹고 있다네.

[자료 분석] 산미 증식 계획 결과 국내의 식량 부족 현상이 심해져, 만주에서 잡곡을 수입하여 부족분을 충당하였다. 또한 수리 조합비, 비료 대금 부담으로 농민층이 몰락하였다.

24강 1920년대의 통치와 민족 운동

2 1920년대의 의열 투쟁과 국외 무장 투쟁
최근 3개년 시험 중 8회 출제!

빈출 키워드 랭킹
- 1위 「조선혁명선언」 12번 출제
- 2위 청산리 전투 7번 출제
- 3위 미쓰야 협정 6번 출제

1. 의열단 기출자료1

조직	김원봉, 윤세주 등을 중심으로 만주 길림(지린)에서 조직됨
목표	일제의 식민 통치 기관 파괴와 주요 요인 사살(5파괴 7가살◆)
활동 지침	신채호의 「조선혁명선언」◆을 지침서로 삼음
의거 활동	부산 경찰서(박재혁, 1920), 조선 총독부(김익상, 1921), 종로 경찰서(김상옥, 1923), 일본 궁성 이중교(김지섭, 1924), 동양 척식 주식회사와 조선 식산 은행(나석주, 1926)에 폭탄 투척함
활동 방향 전환	· 단원 일부가 황푸 군관 학교에 입학하여 군사 훈련을 받음(1926) · 조선 혁명 간부 학교를 설립하여 군사 훈련에 힘씀(1932) · 중국 내 독립운동 세력을 통합하기 위해 민족 혁명당을 결성함(1935)

◆ **5파괴 7가살**

5파괴	조선 총독부, 동양 척식 주식회사, 매일신보사, 경찰서, 왜적 중요 기관
7가살	총독 이하 고관, 일본 군부 수뇌, 대만 총독, 매국노, 친일파, 밀정, 악덕 지주

◆ **「조선혁명선언」**
- 신채호가 의열단장 김원봉의 부탁으로 작성한 선언서
- 오직 민중의 직접 혁명만으로 독립을 이룰 수 있다고 주장함

2. 국외 무장 투쟁 기출자료2

(1) 무장 투쟁의 전개

봉오동 전투 (1920. 6.)	· 배경: 국외 독립군 부대들이 활발한 국내 진입 작전을 감행함 · 참가 부대: 홍범도의 대한 독립군을 중심으로 대한 국민회군 등이 연합함 · 전개: 독립군 연합 부대가 봉오동을 급습한 일본군에 승리를 거둠
청산리 전투 (1920. 10.)	· 배경: 일본군이 봉오동 전투에 대한 보복을 위해 만주에 진입하려 하였으나, 중국이 거부하자, 훈춘 사건◆을 조작하여 일본군을 만주에 투입함 · 참가 부대: 북로 군정서(김좌진)를 비롯한 대한 독립군(홍범도) 등이 연합함 · 전개: 백운평, 완루구, 어랑촌 등 청산리 일대에서 일본군을 격퇴함
간도 참변 (1920. 10.)	· 배경: 일본군이 봉오동 전투 등에서 패배한 후 보복하고자 함 · 전개: 일제는 독립군 근거지를 소탕한다는 명분으로 간도의 한국인들을 학살함 · 결과: 간도의 한인 사회가 초토화되고, 독립군들은 간도를 탈출함
대한 독립 군단 결성 (1920. 12.)	· 배경: 간도에서 탈출한 독립군들이 밀산부(러시아·중국의 국경 지대)에 집결함 · 전개: 서일을 총재로 대한 독립 군단을 결성하고, 자유시로 이동(1921)
자유시 참변 (1921)	러시아 자유시에서 독립군 부대의 내부 분쟁이 일어나자, 무장 해제를 요구하는 러시아 적색군에 의해 독립군들이 희생되고, 대한 독립 군단의 세력이 약화됨

◆ **훈춘 사건**
봉오동 전투의 패배에 대한 보복을 위해 일본군이 중국의 마적단과 내통하여 일본 관공서를 습격한 사건

(2) 3부◆의 성립과 통합 운동

① **3부의 성립(1923~1925):** 자유시 참변 이후 만주로 돌아온 독립군이 통합 운동을 추진하여, 육군 주만 참의부(1923), 정의부(1924), 신민부(1925)가 성립되었다.

② **미쓰야 협정(1925):** 일제가 독립군의 활동을 위축시키고자 중국(만주)의 군벌 장작림(장쮜린)과 미쓰야 협정을 체결하였다.

③ **3부 통합 운동(1928~1929):** 민족 독립운동 전선의 통일을 위해 3부 통합 운동이 추진되어, 혁신 의회(북만주, 한국 독립당)와 국민부(남만주, 조선 혁명당)로 통합되었다.

◆ **3부**

참의부	임시 정부의 직할 부대로, 압록강 연안 지역을 관할함
정의부	남만주 일대를 관할함
신민부	소련에서 돌아온 독립군 중심의 부대로, 북만주 일대를 관할함

기출 분석 특강

기출자료1　의열단

(1) 김익상의 의거 45회 출제

> 어제 12일 상오 10시 20분에 조선 총독부에 폭탄 두 개가 투척되었다. …… 폭탄을 던진 사람은 즉시 종적을 감추었으므로 지금 엄중 탐색 중이요, 폭발 소리가 돌연히 일어나자 총독부 안은 물 끓듯 하여 한바탕 아수라장을 이루었다더라.

자료 분석
의열단 단원이었던 김익상은 1921년 조선 총독부에 폭탄을 투척하는 의거를 일으켰다.

(2) 의열단의 활동 방향 전환 44회 출제

> 개별적인 의거 활동에 한계를 느낀 김원봉을 비롯한 단원들은 황푸 군관 학교에 입교하여 군사 훈련을 받은 후 새로운 활동 방향을 모색하였다. … 이를 위해 먼저 정기 대표 회의에서 한·중 합작으로 군관 학교를 설립하여 '통일적 총지휘 기관'의 전위 투사를 양성하기로 결정하고, 조선 혁명 간부 학교를 설립하였다.

자료 분석
개별적 의거 활동에 한계를 느낀 의열단은 활동 방향을 변경하였다. 이에 단원 일부가 황푸 군관 학교에 입학하여 군사 훈련을 받았으며, 이후에는 중국 국민당 정부의 지원을 받아 조선 혁명 간부 학교를 설립하였다.

함께 나올 기출선택지
- 「조선혁명선언」을 활동 지침으로 삼았다. 73·69·66·65회
- 박재혁이 경찰서에서 폭탄을 터뜨렸다. 69회
- 김상옥이 종로 경찰서에 폭탄을 투척하였다. 51회
- 단원 일부가 황푸 군관 학교에 입학해 군사 훈련을 받았다. 43회
- 조선 혁명 간부 학교를 설립하였다. 73·63·62회

기출자료2　1920년대의 국외 무장 투쟁

출제TIP 주요 전투와 사건이 일어난 지역이 자료의 힌트로 출제돼요!

(1) 봉오동 전투 52회 출제

> 북간도에 주둔한 아군 7백 명은 북로 사령부 소재지인 봉오동을 향해 행군하다가 적군 3백 명을 발견하였다. 아군을 지휘하는 홍범도, 최진동 두 장군은 즉시 적을 공격하여 120여 명을 살상하고 도주하는 적을 추격하였다. - 『독립신문』

자료 분석
홍범도의 대한 독립군 등 독립군 연합 부대는 봉오동에서 일본군을 상대로 승리를 거두었다.

(2) 청산리 전투 46회 출제

> 천수평에서 북로 군정서의 기습 공격을 받아 참패한 일본군은 그들을 추격하여 어랑촌으로 들어갔다. …… 교전 중 독립군 연합 부대가 합류하였고, 치열한 접전 끝에 일본군에 큰 승리를 거두었다.

자료 분석
김좌진이 이끄는 북로 군정서를 비롯한 독립군 연합 부대는 어랑촌 등 청산리 일대에서 일본군을 상대로 큰 승리를 거두었다.

(3) 간도 참변 59회 출제

> 경신년 시월에 일본 토벌대들이 전 만주를 휩쓸어 애국 지사들은 물론이고 농민들도 무조건 잡아다 학살하였다. …… 독립군의 성과가 컸기 때문에 그에 대한 보복으로 일본군이 대학살을 감행한 것이었다. 이것이 이른바 경신 참변이다. ……
> - 『아직도 내 귀엔 서간도 바람소리가』
> └ 1920년이 경신년이어서, 경신 참변이라고도 함

자료 분석
봉오동·청산리 등에서 패배한 일본군은 독립군 근거지를 소탕한다는 명분으로 간도의 한인 촌락을 습격하여 대학살을 자행하였다.

함께 나올 기출선택지
- 봉오동 전투 - 대한 독립군 등이 봉오동에서 일본군을 격파하였다. 59회
- 청산리 전투 - 김좌진이 홍범도 부대와 연합하여 청산리에서 일본군과 교전하였다. 73·69회
- 청산리 전투 - 북로 군정서군 등 연합 부대가 청산리 일대에서 일본군에 승리하였다. 52·51회
- 일본군의 보복으로 간도 참변이 발생하였다. 52회
- 간도 참변 이후 조직을 정비하고 자유시로 이동하였다. 73·67·64·63회
- 일제가 중국 군벌과 미쓰야 협정을 체결하였다. 73·66·65회

24강 1920년대의 통치와 민족 운동

3 실력 양성 운동과 사회적 민족 운동 최근 3개년 시험 중 8회 출제!

빈출 키워드 랭킹
1위 형평 운동 9번 출제
2위 물산 장려 운동 8번 출제
3위 원산 총파업 7번 출제

1. 실력 양성 운동 기출자료1

(1) 물산 장려 운동

배경	일제의 회사령 폐지와 관세 철폐 움직임으로 조선 기업가들의 위기 의식이 심화됨
전개	• 평양에서 조만식을 중심으로 조선 물산 장려회가 조직됨 → 전국으로 확산됨 • 자작회와 토산 애용 부인회 등 다양한 단체가 참여함 • '내 살림 내 것으로', '조선 사람 조선 것' 등의 구호를 외치며 국산품 애용을 주장함
한계	사회주의자들이 '유산 계급인 자본가(부르주아)와 상인의 이익만 도모하는 운동'이라고 비판함

(2) 민립 대학 설립 운동

배경	• 제2차 조선 교육령이 공포되어 대학 설립이 가능해짐 • 일제의 식민지 차별 교육에 대항하기 위해 고등 교육의 필요성이 나타남
전개	• 조만식, 이상재 등이 조선 민립 대학 기성회를 조직(1922)하며 시작됨 • '한민족 1천만이 한 사람이 1원씩'이라는 구호로 모금 운동을 전개함
결과	• 일제의 방해와 가뭄·수해 등으로 모금 운동이 실패함 • 일제는 한국인의 고등 교육 열기를 무마하기 위해 회유책으로 경성 제국 대학을 설립함(1924)

(3) 문맹 퇴치 운동

문자 보급 운동	• 조선일보의 주도로 '아는 것이 힘, 배워야 산다!'라는 표어 아래 전개됨 • 한글 교재인 『한글원본』을 간행·보급함
브나로드◆ 운동	• '배우자! 가르치자! 다 함께! 브나로드!'라는 표어 아래 전개됨 • 동아일보를 중심으로 문맹 타파와 근검절약, 미신 타파 등의 계몽 운동을 전개함

2. 사회적 민족 운동 기출자료2

(1) 농민 운동과 노동 운동

농민 운동 (소작 쟁의)	• 소작료 인하와 소작권 이전 반대 요구 → 조선 농민 총동맹(1927)이 주도함 • 대표적 쟁의: 암태도 소작 쟁의◆(1923)
노동 운동 (노동 쟁의)	• 임금 인상, 노동 조건 개선 요구 → 조선 노동 총동맹(1927)이 주도함 • 대표적 쟁의: 원산 총파업◆(1929), 강주룡의 고공 농성(1931)

(2) 사회 각 계층의 민족 운동

소년 운동	• 천도교 소년회의 방정환, 김기전 등이 주도함 • 어린이날을 제정하고 잡지 『어린이』를 간행함
여성 운동	• 근우회(1927)를 중심으로 진행됨 • '기관지로 『근우』를 발행하고, 여성 계몽과 차별, 구습 타파를 주장함
형평 운동	• 백정에 대한 사회적 차별 철폐와 모욕적 칭호 폐지, 교육 장려 등을 목표로 함 • 진주에서 결성된 조선 형평사(이학찬)를 중심으로 전국으로 확산됨

◆ **브나로드**
• '민중 속으로'라는 뜻의 러시아어
• 1870년대 러시아에서 지식 계층이 민중 계몽 운동을 전개하기 위해 내세운 슬로건

◆ **암태도 소작 쟁의**
• 지주 문재철과 그를 비호하는 일제에 대항하여 소작인들이 일으킨 쟁의
• 소작인들의 소작료 인하 요구가 받아들여져 성공을 거둠

◆ **원산 총파업**
• 원산에 위치한 석유 회사에서 노동자들이 일본인 감독의 폭행과 민족 차별적인 언행에 분노하여 일으킨 사건
• 일본과 프랑스 등의 노동 단체로부터 격려 전문을 받기도 함

기출 분석 특강

기출자료 1 실력 양성 운동
출제 TIP 물산 장려 운동의 구호가 자료로 제시돼요!

(1) 물산 장려 운동 64회 출제

- 이것은 **평양**에서 **조만식** 등의 주도로 시작된 이 운동의 선전 행렬을 보여주는 사진이야.
- 이 운동은 '**조선 사람 조선 것**' 등의 구호를 내세웠지만, 자본가의 이익만을 추구하는 이기적인 운동이라고 비판받기도 했어.

자료 분석
물산 장려 운동은 평양에서 조만식을 중심으로 시작된 민족 운동으로, 국산품 애용을 통한 민족 산업의 경제적 실력 양성을 추구하였다. '조선 사람 조선 것', '내 살림 내 것으로' 등의 구호를 내세웠다.

(2) 민립 대학 설립 운동 54회 출제

조선 민립 대학 기성회 발기 총회(민대총회)가 오후 1시부터 종로 중앙청년회관에서 열렸다. 만천하 동포에게 **민립 대학의 설립**을 제창하노니, 자매형제는 모두 와서 성원하라.'라는 요지의 발기 취지서를 발표하였다.

자료 분석
조만식, 이상재 등은 조선 민립 대학 기성회를 조직하여 한국인의 힘으로 고등 교육 기관인 대학을 설립하고자 하였다.

함께 나올 기출선택지
- 물산 장려 운동 – **조만식** 등의 주도로 **평양**에서 시작되었다. 47·46회
- 물산 장려 운동 – **조선 물산 장려회**가 평양에서 창립되었다. 71회
- 물산 장려 운동 – **자작회, 토산 애용 부인회** 등의 단체가 활동하였다. 61회
- 민립 대학 설립 운동 – **이상재** 등이 주도하여 **모금 활동**을 전개하였다. 54·51회
- 민립 대학 설립 운동 – **조선 민립 대학 기성회**가 창립되었다. 65·57회
- **조선 민립 대학 기성회** 창립 총회에 참석하는 교사 52회

기출자료 2 사회적 민족 운동

(1) 암태도 소작 쟁의 49회 출제

최근 개통된 천사대교를 건너면 일제 강점기 대표적인 소작 쟁의가 전개된 암태도를 만날 수 있습니다. 당시 암태도의 농민들은 고율의 소작료를 징수하는 지주 문재철에 맞서 목포까지 나가 단식을 벌이는 등 약 1년에 걸친 투쟁으로 소작료를 낮추는 성과를 거두었습니다.

자료 분석
암태도 소작 쟁의는 지주 문재철과 그를 비호하는 일제에 대항하여 소작인들이 일으킨 소작 쟁의로, 소작인들은 투쟁 끝에 소작료 인하에 성공하였다.

(2) 소년 운동 40회 출제

방정환이 이끈 **천도교 소년회**는 "씩씩하고 참된 소년이 됩시다. 그리고 늘 서로 사랑하며 도와갑시다."를 신조로 잡지 『**어린이**』를 간행하였다. ……

자료 분석
방정환이 중심이 된 천도교 소년회는 잡지 『어린이』를 간행하고 어린이날을 제정하는 등 소년 운동을 전개하였다.

(3) 형평 운동 63회 출제

이것은 ┌형평 운동 (가) ┘을/를 주도한 단체의 제7회 전국 대회 포스터입니다. …… **진주**에서 시작된 (가) 은/는 '**공평은 사회의 근본**이요, 애정은 인류의 본량(本良)'이라는 구호 아래 전개되었습니다.

자료 분석
형평 운동은 백정에 대한 사회적 차별 철폐와 모욕적 칭호 폐지 등을 목표로 전개되었으며, 진주에서 처음 시작되었다.

함께 나올 기출선택지
- 지주 문재철의 횡포에 맞서 **암태도 소작 쟁의**가 전개되었다. 63·61회
- **조선 노동 총동맹과 조선 농민 총동맹**이 창립되었다. 66·58회
- 일본인 감독의 한국인 구타 사건을 계기로 **원산 총파업**이 일어났다. 60회
- 원산 총파업 – **일본, 프랑스** 등의 노동 단체로부터 **격려 전문**을 받았다. 73회
- 소년 운동 – **천도교 세력**이 중심이 되어 추진하였다. 51회
- 형평 운동 – **백정에 대한 사회적 차별 철폐**를 요구하였다. 73·69·63·61회
- 여성 운동 – **조선 여성의 단결과 지위 향상**을 목표로 하였다. 56회

24강 1920년대의 통치와 민족 운동

24강 1920년대의 통치와 민족 운동

4 1920년대의 대중 투쟁과 민족 유일당 운동 최근 3개년 시험 중 6회 출제!

1. 6·10 만세 운동(1926) 기출자료1

전개	순종의 인산일을 기회로 민족주의 세력(천도교 일부 세력)과 사회주의 세력, 학생 단체가 시위를 준비함 → 사회주의 세력과 천도교 연합의 계획이 사전에 발각됨 → 학생 단체의 시위는 예정대로 진행되어 서울에서 만세 시위가 전개됨 → 일제의 탄압으로 전국적인 대규모 만세 시위로 확산되지는 못함
의의	만세 시위를 계획하는 과정에서 사회주의 세력과 민족주의 세력이 연합 → 국내에서 민족 유일당 운동이 전개되는 계기가 됨

2. 신간회의 창립과 해소(1927~1931) 기출자료2

창립	정우회 선언◆ 이후, 비타협적 민족주의 세력과 사회주의 세력이 연합하여 결성
강령	'민족의 정치적·경제적·사회적 각성, 민족 대단결, 기회주의 배격'을 강령으로 내세움
활동	광주 학생 항일 운동에 진상 조사단을 파견하고 민중 대회를 준비함
해소	코민테른◆의 노선 변경(민족주의 세력과의 연합 중단) → 사회주의 세력의 이탈로 해소

3. 광주 학생 항일 운동(1929) 기출자료3

발단	광주에서 나주로 가는 통학 열차 안에서 일본 남학생이 한국 여학생을 희롱하여 한·일 학생 간의 충돌이 발생함 → 일본 경찰의 편파적 수사로 한국 학생들의 불만이 고조됨
전개	• 광주에서 검거자 탈환, 식민지 차별 교육 철폐, 한국인 본위의 교육 제도 확립 등을 요구하며 일어난 학생 시위가 전국적인 항일 투쟁으로 확산됨 • 신간회가 진상 조사단을 파견하고 민중 대회를 개최할 것을 계획하였으나 일제에 의해 실패함
의의	3·1 운동 이후 일어난 최대 규모의 민족 운동, 전국 각지에서 동맹 휴학이 일어나는 계기가 됨

빈출 키워드 랭킹

1위 신간회 11번 출제
2위 광주 학생 항일 운동 10번 출제
3위 6·10 만세 운동 9번 출제

◆ 정우회 선언
- 사회주의 계열의 단체인 정우회가 발표한 선언
- 비타협적 민족주의 세력과의 제휴 등을 주장함

◆ 코민테른
1919년 모스크바에서 레닌의 주도 하에 조직된 국제 공산당 기구

10초 컷! 핵심 키워드 암기
1. 1920년대 일제의 통치: 치안 유지법, 산미 증식 계획
2. 1920년대의 독립운동: 의열단, 봉오동 전투, 청산리 전투
3. 실력 양성 운동과 사회적 민족 운동: 물산 장려 운동, 민립 대학 설립 운동, 소년 운동, 형평 운동
4. 1920년대의 대중 투쟁과 민족 유일당 운동: 6·10 만세 운동, 신간회, 광주 학생 항일 운동

24강 개념 확인 퀴즈

1. 다음 설명이 맞으면 O표, 틀리면 X표를 하세요.
(1) 일제는 문화 통치 시기에 산미 증식 계획을 실시하였다. (   )
(2) 대한 독립군은 신채호의 「조선혁명선언」을 활동 지침으로 삼았다. (   )
(3) 소년 운동은 근우회를 중심으로 진행되었다. (   )

2. 다음 괄호 안의 내용 중 옳은 것에 O표 하세요.
(1) (의열단 / 북로 군정서)은/는 김원봉이 만주 길림(지린)에서 조직한 단체이다.
(2) 일제는 독립군의 활동을 위축시키고자 중국의 군벌과 (치안 유지법 / 미쓰야 협정)을 체결하였다.
(3) (물산 장려 / 민립 대학 설립) 운동은 사회주의자들의 비판을 받았다.

기출 분석 특강

기출자료 1 6·10 만세 운동

(1) 6·10 만세 운동의 전개 57회 출제

피고인들은 이왕(李王) [순종] 전하 국장 의식을 거행할 즈음, 이를 봉송하기 위하여 지방에서 다수 조선인이 경성부로 모이는 기회를 이용하여 조선 독립운동을 선동하는 불온 문서를 비밀리에 인쇄하여 국장 당일 군중 가운데 살포하여 조선 독립 만세를 소리 높여 외쳐 조선 독립의 희망을 달성하고자 기도하였다.

자료 분석
6·10 만세 운동은 순종의 인산일을 기회로 전개되었다. 민족주의 계열과 사회주의 계열의 연합이 사전에 발각되어 학생 단체만 시위를 진행하였다.

함께 나올 기출선택지
- 순종의 인산일을 계기로 발생하였다. 73·72·68·63회
- 민족주의 진영과 사회주의 진영이 함께 준비하였다. 54회
- 국내에서 민족 유일당 운동이 전개되는 계기가 되었다. 55회

기출자료 2 신간회의 창립과 해소

(1) 신간회 50회 출제

[(가)], 좌우가 힘을 합쳐 창립하다
■ 장면별 구성 내용
- 정우회 선언을 작성하는 장면
- 이상재가 회장으로 추대되는 장면
- 전국 주요 도시에 지회가 설립되는 장면
- 순회 강연단을 조직하고 농민 운동을 지원하는 장면

자료 분석
신간회는 정우회 선언의 영향을 받아 비타협적 민족주의 계열과 사회주의 계열이 연합한 단체로, 전국에 140여 개의 지회를 설치하고 농민 운동 등을 지원하였다.

함께 나올 기출선택지
- 사회주의 세력의 활동 방향을 밝힌 정우회 선언이 발표되었다. 55회
- 신간회 - 정우회 선언의 영향으로 결성되었다. 61회
- 신간회 - 민족 협동 전선으로 결성되었다. 64회
- 광주 학생 항일 운동에 진상 조사단을 파견하였다. 72회

기출자료 3 광주 학생 항일 운동

(1) 광주 학생 항일 운동의 전개 72회 출제

우리 2천만 생령(生靈)을 사랑하고 조국을 사랑하는 광주 학생 남녀 수십 명이 중상을 입었다. 고뇌하는 청년 학생 2백 명이 불법으로 철창 속에 갇혀 있다. …… 우리들은 광주 학생의 석방을 요구하는 동시에 참을 수 없는 피눈물로 시위 대열에 나가는 것이다.

자료 분석
일본 경찰의 편파적인 수사에 분노한 한국 학생들은 검거자 탈환 등을 요구하며 시위를 전개하였다.

함께 나올 기출선택지
- 한국인 학생과 일본인 학생 간의 충돌에서 비롯되었다. 61회
- 신간회 중앙 본부가 진상 조사단을 파견하여 지원하였다. 68·67회
- 전국적인 시위와 동맹 휴학으로 확산하였다. 73회
- 광주 학생 항일 운동을 주도하는 학생 40회

---

3. 질문에 맞는 답을 고르세요.

(1) 문화 통치 시기 일제의 정책은?
 ① 회사령을 적용하였다.
 ② 도 평의회, 부·면 협의회를 설치하였다.

(2) 청산리 전투 이후의 사실은?
 ① 일제가 이른바 남한 대토벌 작전을 전개하였다.
 ② 독립군이 자유시로 이동하였다.

(3) 민립 대학 설립 운동에 대한 설명은?
 ① 통감부의 방해와 탄압으로 실패하였다.
 ② 조만식, 이상재 등의 주도로 시작되었다.

(4) 광주 학생 항일 운동에 대한 설명은?
 ① 신간회로부터 진상 조사단이 파견되었다.
 ② 동아일보의 적극적인 지원을 받아 진행되었다.

정답
1. (1) ○ (2) X(의열단) (3) X(천도교 소년회)
2. (1) 의열단 (2) 미쓰야 협정 (3) 물산 장려
3. (1) ②(①은 무단 통치 시기)
 (2) ②(①은 청산리 전투 이전)
 (3) ②(①은 국채 보상 운동)
 (4) ①(②은 브나로드 운동)

개념 적용 기출문제

01
다음 대책이 발표된 이후 일제가 시행한 정책으로 옳은 것은? [1점]

> 1. 친일 단체 조직의 필요
>   …… 암암리에 조선인 중 …… 친일 인물을 물색케 하고, 그 인물로 하여금 …… 각기 계급 및 사정에 따라 각종의 친일적 단체를 만들게 한 후, 그에게 상당한 편의와 원조를 제공하여 충분히 활동토록 할 것.
>   ⋮
> 1. 농촌 지도
>   …… 조선 내 각 면에 ○재회 등을 조직하고 면장을 그 회장에 추대하고 여기에 간사 및 평의원 등을 두어 유지(有志)가 단체의 주도권을 잡고, 그 단체에는 국유 임야의 일부를 불하하거나 입회를 허가하는 등 당국의 양해 하에 각종 편의를 제공할 것.
>   － 「사이토 마코토 문서」

① 한국인에 한하여 적용되는 조선 태형령이 공포되었다.
② 사회주의 운동을 탄압하기 위한 치안 유지법이 마련되었다.
③ 기한 내에 토지를 신고하게 하는 토지 조사령이 제정되었다.
④ 헌병대 사령관이 치안을 총괄하는 경무총감부가 신설되었다.
⑤ 회사 설립 시 총독의 허가를 얻도록 하는 회사령이 발표되었다.

02
밑줄 그은 '이 계획'에 대한 설명으로 옳은 것은? [1점]

① 독립 협회 결성의 계기가 되었다.
② 국채 보상 운동의 배경이 되었다.
③ 재정 고문 메가타의 주도로 시행되었다.
④ 토지 조사 사업이 시행되는 배경이 되었다.
⑤ 일본의 쌀 부족 현상을 해결하기 위해 시행되었다.

03
(가) 단체에 대한 설명으로 옳은 것은? [2점]

이달의 독립운동가

황상규

경상남도 밀양 출생이다. 1918년 만주로 망명하였으며 김동삼, 김좌진, 안창호 등과 대한 독립 선언서를 발표하였다. 1919년 11월 김원봉 등과 (가) 을/를 조직하여 일제 기관의 파괴와 조선 총독 이하의 관리 및 매국노의 암살 등을 꾀하였다. 1920년에 국내로 폭탄을 들여와 의거를 준비하던 중 발각되어 7년의 징역형을 선고받았다. 1963년 건국훈장 독립장이 추서되었다.

① 「조선혁명선언」을 활동 지침으로 삼았다.
② 삼균주의를 기초로 한 건국 강령을 발표하였다.
③ 잡지 『개벽』 등을 발행하여 민족 의식을 고취하였다.
④ 훙커우 공원에서 일어난 윤봉길 의거를 계획하였다.
⑤ 조선 총독부에 국권 반환 요구서를 제출하려 하였다.

04
(가)~(다)를 일어난 순서대로 옳게 나열한 것은? [2점]

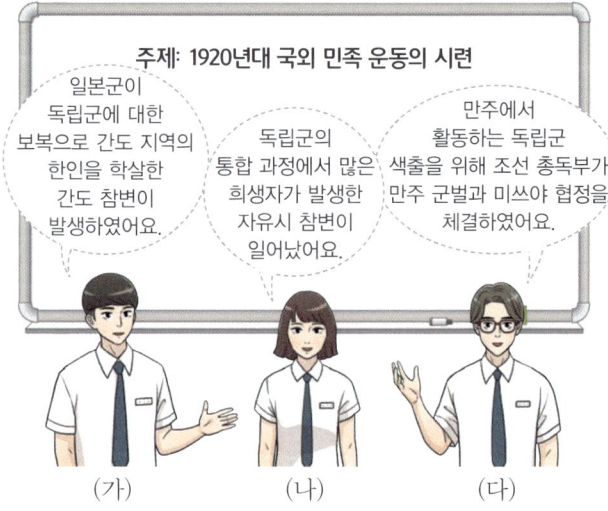

① (가) - (나) - (다)
② (가) - (다) - (나)
③ (나) - (가) - (다)
④ (나) - (다) - (가)
⑤ (다) - (가) - (나)

해설

01 문화 통치 시기　　　　정답 ②

자료 분석

친일 인물 + 친일적 단체 → 문화 통치 시기

문화 통치 시기에 일제는 친일 세력을 양성하여 민족을 분열시키기 위해 지식인과 자본가들을 포섭하였다. 지방에는 한국인의 정치 참여를 위해 도 평의회와 부·면 협의회를 설치하였으나, 실제로 한국인은 의결권이 없어 자문 기구에 불과하였다.

선택지 분석

① 한국인에 한해 적용되는 조선 태형령이 공포되었다.
　→ 무단 통치 시기
② 사회주의 운동을 탄압하기 위한 치안 유지법이 마련되었다.
　→ 문화 통치 시기
　ㄴ 문화 통치 시기인 1925년에 일제는 사회주의 운동을 탄압하기 위한 치안 유지법을 제정하고, 이를 독립운동가 탄압에 이용하였다.
③ 기한 내에 토지를 신고하게 하는 토지 조사령이 제정되었다.
　→ 무단 통치 시기
④ 헌병대 사령관이 치안을 총괄하는 경무총감부가 신설되었다. → 무단 통치 시기
⑤ 회사 설립 시 총독의 허가를 얻도록 하는 회사령이 발표되었다. → 무단 통치 시기

02 산미 증식 계획　　　　정답 ⑤

자료 분석

수리 조합비 부담이 커짐 + 만주에서 들여온 잡곡만 먹음
→ 산미 증식 계획

산미 증식 계획은 일제가 자국의 식량 부족 문제를 해결하기 위해 조선의 쌀 생산량을 늘리고자 한 정책이다. 토지 개량, 수리 시설 개선 등의 방법을 통해 쌀 생산이 늘어나기는 하였으나, 일제는 생산 증가량이 목표량에 미달하였음에도 불구하고 목표량만큼 쌀을 일본으로 반출하였다. 이에 국내에서는 식량 부족 문제가 심해져 만주에서 잡곡을 수입해야 했으며, 수리 시설 개선을 위한 수리 조합비와 비료 대금 등이 소작농에게 전가되면서 농민의 생활이 점차 궁핍해졌다.

선택지 분석

① 독립 협회 결성의 계기가 되었다. → 자주 독립 국가의 건설
② 국채 보상 운동의 배경이 되었다. → 일본의 차관 도입
③ 재정 고문 메가타의 주도로 시행되었다. → 화폐 정리 사업
④ 토지 조사 사업이 시행되는 배경이 되었다.
　→ 근대적 토지 소유권 확립
⑤ 일본의 쌀 부족 현상을 해결하기 위해 시행되었다.
　→ 산미 증식 계획
　ㄴ 산미 증식 계획은 일제가 조선의 쌀 생산량을 늘려 일본의 쌀 부족 현상을 해결하기 위해 시행된 정책으로, 실제 쌀 생산량이 목표에 미달하였음에도 목표량만큼 일본으로 반출하였다.

03 의열단　　　　정답 ①

자료 분석

1919년 + 김원봉 + 일제 기관 파괴 → 의열단

의열단은 일제 강점기에 중국 지린성에서 김원봉, 황상규 등이 조직한 의열 단체로, 식민 통치 기관 파괴와 일제의 주요 요인 암살을 목표로 하였다. 이에 따라 의열단 단원인 황상규가 1920년에 국내로 폭탄을 들여와 밀양에서 의거를 준비하던 중 발각되어 검거되었다.

선택지 분석

① 「조선혁명선언」을 활동 지침으로 삼았다. → 의열단
　ㄴ 의열단은 민중의 직접 혁명을 주장하는 신채호의 「조선혁명선언」을 활동 지침으로 삼았다.
② 삼균주의를 기초로 한 건국 강령을 발표하였다.
　→ 대한민국 임시 정부
③ 잡지 『개벽』 등을 발행하여 민족 의식을 고취하였다.
　→ 천도교
④ 훙커우 공원에서 일어난 윤봉길 의거를 계획하였다.
　→ 한인 애국단
⑤ 조선 총독부에 국권 반환 요구서를 제출하려 하였다.
　→ 독립 의군부

04 1920년대 국외 민족 운동의 시련　　　　정답 ①

자료 분석

(가) 간도 참변이 발생함 → 1920년
(나) 자유시 참변이 일어남 → 1921년
(다) 미쓰야 협정을 체결함 → 1925년

(가) 봉오동 전투와 청산리 전투에서 패배한 일제가 보복을 위해 간도의 한인 촌락을 습격하여 조선인들을 대대적으로 학살하는 간도 참변이 일어났다(1920. 10).
(나) 독립군 부대들은 밀산부에서 대한 독립 군단을 조직하고 일제의 탄압을 피해 러시아의 자유시로 이동하였다. 그러나 독립군 내부의 지휘권 다툼이 발생하였고 러시아 적색군이 무장 해제를 요구하면서 수많은 독립군들이 희생된 자유시 참변이 일어났다(1921).
(다) 일제는 독립군의 활동을 위축시키기 위해 중국의 만주 군벌 장작림과 미쓰야 협정을 체결하였다(1925).

선택지 분석

① (가) - (나) - (다)
　ㄴ 순서대로 나열하면 (가) 간도 참변(1920) - (나) 자유시 참변(1921) - (다) 미쓰야 협정 체결(1925)이다.
② (가) - (다) - (나)
③ (나) - (가) - (다)
④ (나) - (다) - (가)
⑤ (다) - (가) - (나)

개념 적용 기출문제

05
69회 35번

밑줄 그은 '이 운동'에 대한 설명으로 옳은 것을 <보기>에서 고른 것은? [2점]

[해설] 이것은 경성 방직 주식회사의 광목 광고이다. 조선인 기업이 만든 상품의 사용을 장려하고자 전개된 이 운동 당시의 상황을 반영하여 '조선 사람의 자본과 기술로 된 광목'이라는 문구가 광고에 사용되었다.

<보기>
ㄱ. 회사령 폐지 등이 배경이 되었다.
ㄴ. 황국 중앙 총상회의 주도하에 전개되었다.
ㄷ. 평양에서 시작되어 전국적으로 확산되었다.
ㄹ. 대동 상회 등 근대적 상회사가 설립되는 계기가 되었다.

① ㄱ, ㄴ ② ㄱ, ㄷ ③ ㄴ, ㄷ ④ ㄴ, ㄹ ⑤ ㄷ, ㄹ

06
71회 40번

다음 자료가 발표된 시기를 연표에서 옳게 고른 것은? [2점]

대학을 세운다는 일은 극히 거창하여 여간 몇 사람의 힘으로는 도저히 성취할 바가 아니므로 금일까지 실지의 운동이 일어나지 못하였던 것이라. 그러나 일이 거창하고 어렵다고 시작을 아니하면 언제까지든지 조선 사람의 대학이라는 것은 생겨볼 수가 없다. 그러므로 이번에 조선 전도의 다수한 유지를 망라하여 민중적 운동으로 될 수 있는 대로 많은 사람의 힘을 합하여 민립 대학 한 곳을 세워 보고자 이상재, 이승훈 등의 주창으로 수일 전에 민립 대학 기성 준비회를 조직하고 집행위원을 선정하였는데, 장차 각 부·군에서 다수한 발기인의 참가를 구하여 경성에서 발기회를 열고 실행 방법을 결정할 터이다.

1895	1911	1919	1924	1938	1942
(가)	(나)	(다)	(라)	(마)	
한성 사범학교 설립	제1차 조선 교육령	3·1 운동	경성 제국 대학 개교	제3차 조선 교육령	조선어학회 사건

① (가) ② (나) ③ (다) ④ (라) ⑤ (마)

07
49회 40번

(가) 민족 운동에 대한 설명으로 옳은 것은? [2점]

이것은 순종의 인산일에 일어난 (가) 당시 장례 행렬에 모인 사람들에게 뿌려진 격문의 일부입니다.

• 대한 독립운동가여 단결하라!
• 일체 납세를 거부하자!
• 일본 물자를 배척하자!
• 언론·출판·집회의 자유를!
• 보통 교육은 의무 교육으로!
• 교육 용어는 조선어로!

① 대구에서 시작되어 전국으로 확산되었다.
② 대한민국 임시 정부 수립에 영향을 주었다.
③ 민족주의 진영과 사회주의 진영이 함께 준비하였다.
④ 일제가 이른바 문화 통치를 실시하는 배경이 되었다.
⑤ 신간회 중앙 본부가 진상 조사단을 파견하여 지원하였다.

08
67회 38번

밑줄 그은 '이 운동'에 대한 설명으로 옳은 것을 <보기>에서 고른 것은? [1점]

이것은 1929년 11월 한·일 학생 간의 충돌을 계기로 시작된 이 운동을 기념하는 탑입니다. 당시 민족 차별에 분노한 광주 지역 학생들이 대규모 시위를 전개하였고, 전국의 많은 학교가 동맹 휴학으로 동참하였습니다. 이 기념탑은 학생들의 단결된 의지를 타오르는 횃불로 형상화한 것입니다.

<보기>
ㄱ. 조선인 본위의 교육 제도 확립 등을 요구하였다.
ㄴ. 대한매일신보의 후원 속에 전국으로 확산하였다.
ㄷ. 신간회에서 진상 조사단을 파견하여 지원하였다.
ㄹ. 일제가 이른바 문화 통치를 실시하는 배경이 되었다.

① ㄱ, ㄴ ② ㄱ, ㄷ ③ ㄴ, ㄷ ④ ㄴ, ㄹ ⑤ ㄷ, ㄹ

해설

05 물산 장려 운동 정답 ②

자료 분석

> 조선인 기업이 만든 상품의 사용을 장려 → 물산 장려 운동
>
> 물산 장려 운동은 회사령의 폐지로 일본의 자본이 유입되고, 일본 상품에 대한 관세 철폐 움직임이 나타나던 상황에서 평양에서 조만식을 중심으로 시작되었다. 조선인 기업이 만든 상품의 사용을 장려하여 민족 기업을 육성하여 민족 경제의 자립을 이루는 것을 목표로 전개하였고, '내 살림 내 것으로', '조선 사람 조선 것' 등의 구호를 내세웠다.

선택지 분석

ㄱ. 회사령 폐지 등이 배경이 되었다. → 물산 장려 운동
 └ 물산 장려 운동은 회사령 폐지와 관세 철폐 움직임 등이 배경이 되어 시작되었다.
ㄴ. 황국 중앙 총상회의 주도하에 전개되었다. → 상권 수호 운동
ㄷ. 평양에서 시작되어 전국적으로 확산되었다.
 → 물산 장려 운동
 └ 물산 장려 운동은 조만식 등의 주도로 평양에서 시작되어 전국적으로 확산되었다.
ㄹ. 대동 상회 등 근대적 상회사가 설립되는 계기가 되었다. → X

① ㄱ, ㄴ ②ㄱ, ㄷ ③ ㄴ, ㄷ ④ ㄴ, ㄹ ⑤ ㄷ, ㄹ

06 민립 대학 설립 운동 정답 ③

자료 분석

> 이상재, 이승훈 + 민립 대학 기성 준비회
> → 민립 대학 설립 운동(1922)
>
> 3·1 운동 이후 1922년에 일제가 제2차 조선 교육령을 제정하여 식민 교육 방침을 수정하였다. 이로 인해 한국인이 다니는 보통학교의 수업 연한이 일본과 동일하게 6년이 되었으며, 고등 교육을 허용해 대학 설립이 가능해지게 되었다. 이상재, 이승훈 등의 주도로 1922년에 조선 민립 대학 기성 준비회를 조직하고 민립 대학 설립 운동을 전개하였다. 이에 일제는 민립 대학 설립 운동을 저지하고, 여론을 무마하기 위해 1924년에 경성 제국 대학을 설립하였다.

선택지 분석

① (가)
② (나)
③ (다)
 └ 3·1 운동(1919) 이후 일제가 제2차 조선 교육령을 통해 조선인의 대학 설립을 허용하자, 1922년에 이상재 등이 조선 민립 대학 기성 준비회를 조직하고, 일제의 식민지 차별 교육에 대항하기 위해 민립 대학 설립 운동을 전개하였다.
④ (라)
⑤ (마)

07 6·10 만세 운동 정답 ③

자료 분석

> 순종의 인산일에 일어남 → 6·10 만세 운동
>
> 6·10 만세 운동은 순종의 인산일을 기회로 삼아 천도교 중심의 민족주의 진영, 사회주의 진영과 학생 단체가 연합하여 준비한 민족 운동이다. 그러나 민족주의 및 사회주의 진영의 만세 운동 계획이 사전에 발각되어 학생 단체를 중심으로 서울에서 만세 시위가 전개되었다.

선택지 분석

① 대구에서 시작되어 전국으로 확산되었다. → 국채 보상 운동
② 대한민국 임시 정부 수립에 영향을 주었다. → 3·1 운동
③ 민족주의 진영과 사회주의 진영이 함께 준비하였다.
 → 6·10 만세 운동
 └ 6·10 만세 운동은 천도교 계열의 민족주의 진영과 사회주의 진영이 함께 준비한 운동이다.
④ 일제가 이른바 문화 통치를 실시하는 배경이 되었다.
 → 3·1 운동
⑤ 신간회 중앙 본부가 진상 조사단을 파견하여 지원하였다.
 → 광주 학생 항일 운동

08 광주 학생 항일 운동 정답 ②

자료 분석

> 한·일 학생 간의 충돌 + 광주 → 광주 학생 항일 운동
>
> 광주 학생 항일 운동은 광주에서 나주로 가는 통학 열차 안에서 발생한 한·일 학생 간의 충돌 사건을 일본 경찰이 편파적으로 수사한 것이 발단이 되어 일어났다(1929). 이에 분노한 학생들은 대규모 시위를 전개하였고, 전국의 많은 학교가 동맹 휴학으로 동참하였다.

선택지 분석

ㄱ. 조선인 본위의 교육 제도 확립 등을 요구하였다.
 → 광주 학생 항일 운동
 └ 광주 학생 항일 운동은 조선인 본위의 교육 제도 확립 등을 요구하였다.
ㄴ. 대한매일신보의 후원 속에 전국으로 확산하였다.
 → 국채 보상 운동
ㄷ. 신간회에서 진상 조사단을 파견하여 지원하였다.
 → 광주 학생 항일 운동
 └ 신간회는 광주 학생 항일 운동에 진상 조사단을 파견하여 지원하고 대대적인 민중 대회 개최를 계획하였다.
ㄹ. 일제가 이른바 문화 통치를 실시하는 배경이 되었다.
 → 3·1 운동

① ㄱ, ㄴ ②ㄱ, ㄷ ③ ㄴ, ㄷ ④ ㄴ, ㄹ ⑤ ㄷ, ㄹ

25강 1930년대 이후의 통치와 민족 운동

1 일제의 민족 말살 통치와 경제 수탈 최근 3개년 시험 중 14회 출제!

빈출 키워드 랭킹
1위 황국 신민 서사 8번 출제
2위 조선 사상범 예방 구금령 7번 출제
3위 국가 총동원법 6번 출제

1. 민족 말살 통치(1930~1940년대)

(1) 배경과 목적
① 배경: 일제는 경제 공황의 상황을 타개하기 위해 만주 사변◆(1931), 중·일 전쟁(1937) 등 대륙 침략을 강행하고 태평양 전쟁(1941)을 일으켰다.
② 목적: 일제는 한국인의 민족 정신을 말살하여 일본인에 동화시킴으로써 한국의 인적·물적 자원을 대륙 침략 전쟁에 효율적으로 동원하고자 하였다.

(2) 통치 내용 기출자료1

황국 신민화 정책	· 한국인을 충성스러운 백성으로 만들고자 '내선일체'◆, '일선동조론' 등을 주장 · **황국 신민 서사** 암송: 천황에게 충성을 맹세하는 내용을 강제로 외우게 함 · **신사 참배**: 전국에 일본의 신을 모신 신사를 세우고 강제로 참배하게 함 · 창씨 개명: 한국인의 이름을 일본식으로 바꾸는 창씨 개명을 강요함(1939)
교육 정책	· 제3차 조선 교육령(1938): 조선어를 선택(수의) 과목으로 바꿈 · **국민학교령**(1941): 소학교의 명칭을 국민학교◆로 변경함 · 제4차 조선 교육령(1943): 조선어와 조선사 과목을 폐지함
독립운동 탄압	· 조선 사상범 보호 관찰령(1936): 독립운동가들을 감시하고 탄압함 · **조선 사상범 예방 구금령**(1941): 독립운동가들을 재판 없이 구금할 수 있음
신문 폐간	조선일보와 동아일보 등 우리말 신문을 폐간하여 언론을 탄압함

2. 1930~1940년대 일제의 경제 수탈

(1) 농촌 진흥 운동

배경	소작 쟁의가 심화되고 사회주의 세력이 농촌으로 확산되면서 일제의 위기의식 고조
내용	조선 농지령(1934)을 제정하여 농민의 불만을 무마하고 농민의 자력 갱생을 강조
한계	농민들의 반발을 무마하고 통제를 강화하기 위한 회유책이었음

(2) 병참 기지화 정책 기출자료2

배경	· 경제 공황 극복을 위해 일본이 대륙 침략 정책을 강행함 · 대륙 침략 전쟁에 필요한 군수 물자를 공급하기 위해 한반도를 병참 기지화함
내용	**중·일 전쟁(1937)으로 침략 전쟁을 확대함** → 한국에도 국가 총동원법(1938)을 공포하여 물적·인적 자원 수탈을 강화함
물적 수탈	· 산미 증식 계획 재개: 중단되었던 산미 증식 계획을 재개하여 군량을 확보함 · **공출**◆ 제도 실시: 군량을 마련하기 위하여 미곡 공출제를 시행함 · 금속류 회수령: 전쟁 물자가 부족해지자 놋그릇 등 금속 제품까지 공출함(1941) · 식량 통제: 식량 소비를 규제하기 위하여 식량 배급제를 실시함
인적 수탈	· 징병: 육군 특별 지원병제(1938), 학도 지원병제(1943), 징병제(1944)를 실시함 · 징용: **국민 징용령**(1939)을 제정하여 공사, 광산 등에 노동력을 동원함 · 여성 동원: **여자 정신 근로령**(1944)을 공포하여 여성들을 군수 공장에 강제로 동원하고, 젊은 여성을 일본군 '**위안부**'로 전쟁터에 강제 동원함

◆ **만주 사변**
일제가 만주를 중국 침략의 병참 기지로 만들기 위해 벌인 침략 전쟁

◆ **내선일체**
· 내(内)는 내지인(일본인)을, 선(鮮)은 한국인을 의미함
· 한국인을 일본인으로 동화시키고자 일본과 조선이 하나라고 주장함

◆ **국민학교**
'황국 신민의 학교'라는 뜻을 가지고 있음

◆ **공출**
· 일제가 전쟁에 사용할 식량을 확보하기 위하여 1939년부터 실시한 농산물 수탈 정책
· 전쟁 물자가 부족해지자 전쟁 무기를 제조할 목적으로 금속 제품까지 공출함

기출 분석 특강

기출자료 1 | 민족 말살 통치의 내용

(1) 국민학교령 40회 출제

제2조 국민학교에서는 항상 다음 각 호의 사항에 유의하여 아동을 교육하여야 한다.
1. 교육에 관한 칙어의 취지에 의하여 교육의 전반에 걸쳐 황국의 도를 수련하게 하고 특히 국체에 대한 신념을 공고히 하여 황국 신민이라는 자각에 철저하게 하도록 힘써야 한다.
14. 수업 용어는 국어를 사용하여야 한다.
  └ 일본어를 뜻함

[자료 분석] 일제는 민족 말살 통치 시기인 1941년에 국민학교령을 제정하여 소학교의 명칭을 '황국 신민의 학교'라는 뜻의 국민학교로 변경하였다.

(2) 조선 사상범 보호 관찰령 54회 출제

제1조 치안 유지법의 죄를 범한 자에 대해 형의 집행 유예 언도가 있었을 경우 또는 소추를 필요로 하지 않기 때문에 공소를 제기하지 않은 경우에는 보호 관찰 심사회의 결의에 따라 보호 관찰에 부칠 수 있다. 형의 집행을 마치거나 또는 가출옥을 허락 받았을 경우도 역시 같다.

[자료 분석] 일제는 민족 말살 통치 시기인 1936년에 독립운동가들을 감시하고 탄압하기 위해 조선 사상범 보호 관찰령을 제정하였다.

함께 나올 기출선택지
- 내선일체를 강조한 황국 신민 서사의 암송이 강요되었다. 73·70·67회
- 황국 신민 서사를 암송하는 학생 71·69회
- 신사 참배를 강요하는 교사 49회
- 독립운동 탄압을 위한 조선 사상범 보호 관찰령을 공포하였다. 45·44회
- 조선 사상범 예방 구금령을 제정하였다. 73·70·69회

기출자료 2 | 병참 기지화 정책

(1) 국가 총동원법 52회 출제

🔵 출제 TIP 중·일 전쟁 이후 침략 전쟁을 확대하던 시기라는 표현이 힌트로 제시됩니다!

이 문서에는 국가 총동원법을 위반했다는 죄목으로 벌금이 부과된 사실이 기록되어 있습니다. 일제는 중·일 전쟁 이후 침략 전쟁을 확대하던 시기에 이 법을 근거로 전쟁에 필요한 인적·물적 자원을 수탈하고, 국민의 일상생활까지 통제하였습니다.

[자료 분석] 일제는 1937년 중·일 전쟁을 일으켜 침략 전쟁을 확대한 후, 1938년 한국에도 국가 총동원법을 공포하여 물적·인적 수탈을 강화하였다.

(2) 공출 제도 54회 출제

┌ 송진으로 만든 기름
송탄유(松炭油) 자재 공출 명령서
일제가 태평양 전쟁으로 물자 부족에 시달리던 시기에 송탄유와 목탄의 할당량 공출을 명령한 문서

[자료 분석] 일제는 중·일 전쟁과 태평양 전쟁 등 침략 전쟁을 수행하기 위한 물자를 마련하고자 공출 제도를 실시하였다.

(3) 국민 징용령 58회 출제

재일본 대한민국 민단 주도로 나가사키에 위령비가 세워졌다. 국민 징용령이 공포된 이후의 시기에 노동자 등으로 끌려갔다가 원폭으로 희생된 한국인을 추모하는 이 비의 건립은 강제 동원과 전쟁의 참상을 기억하려는 노력의 일환으로 평가된다.

[자료 분석] 일제는 1939년 국민 징용령을 제정하여 공사, 광산 등에 한국인의 노동력을 동원하였다.

함께 나올 기출선택지
- 국가 총동원법을 공포하였다. 73·65회
- 육군 특별 지원병제를 실시하였다. 48회
- 학도병 출전 권고 연설을 하는 친일파 인사 49회
- 노동력 동원을 위해 국민 징용령을 시행하였다. 55회
- 여자 정신 근로령을 공포하였다. 66·61회
- 식량 배급 및 미곡 공출 제도를 시행하였다. 62·55회
- 공출한 놋그릇, 수저를 정리하는 면사무소 관리 49회

25강 1930년대 이후의 통치와 민족 운동

25강 1930년대 이후의 통치와 민족 운동

2 1930년대 이후의 항일 무장 투쟁 최근 3개년 시험 중 14회 출제!

빈출 키워드 랭킹
- 1위 한국광복군 12번 출제
- 2위 조선 혁명군 11번 출제
- 3위 조선 의용대 10번 출제

1. 항일 의거 활동

(1) 한인 애국단 기출자료 1
- ① 배경: 김구는 국민 대표 회의가 결렬된 이후 침체된 임시 정부의 위상을 높이고자 하였다.
- ② 조직: 김구가 상하이에서 독립운동에 활기를 불어넣고자 결성하였다(1931).
- ③ 주요 의거 활동

이봉창의 의거	· 내용: 이봉창이 일본 도쿄에서 일왕의 마차에 폭탄을 투척하였으나 실패함(1932) · 영향: 이봉창의 의거 실패에 대해 중국 신문이 '안타깝게도 일본 국왕이 죽지 않았다.'라는 식으로 표현하자, 일제는 이를 문제 삼아 상하이 사변◆을 일으킴
윤봉길의 의거	· 내용: 윤봉길이 상하이 훙커우 공원에서 열린 일왕 탄생 축하 겸 상하이 점령 축하식에서 단상에 폭탄을 던져 일본군 장군과 고위 관리를 처단함(1932) · 영향: 일본의 탄압이 강화되어 대한민국 임시 정부가 상하이를 떠나게 되었으며, 중국 국민당 정부가 대한민국 임시 정부의 활동을 지원하는 계기가 됨

◆ **상하이 사변**
이봉창 의사의 의거 활동에 대한 중국 언론의 반일적인 보도 등을 구실로 일본이 상하이를 침략한 사건

(2) 기타 의거: 대한 애국 청년당이 경성 부민관에 폭탄을 설치하여 친일파 제거를 시도하였다(경성 부민관 의거).

2. 1930년대의 무장 투쟁 기출자료 2

(1) 한·중 연합 전선: 일제가 만주 사변을 일으키자, 만주의 독립군과 중국군이 연합하였다.
- ① **한국 독립군(지청천◆):** 북만주 일대에서 중국 호로군 등과 연합 작전을 수행하여 쌍성보·사도하자·동경성·대전자령 전투 등에서 대승을 거두었다.
- ② **조선 혁명군(양세봉):** 남만주 일대에서 중국 의용군 등과 연합하여 영릉가·흥경성 전투 등에서 일본군을 격파하였다.

◆ **지청천**
- 신흥 무관 학교에서 독립군 양성
- 한국 독립군 총사령관으로 쌍성보·대전자령 전투에서 승리
- 한국광복군 총사령관에 취임

(2) 중국 관내의 항일 투쟁
- ① 민족 혁명당

조직	의열단을 중심으로 한국 독립당, 조선 혁명당 등 여러 단체의 인사들이 참여하여 결성됨(1935)
개편	· 의열단 계열의 독주로 지청천, 조소앙 등 민족주의 계열이 탈퇴함 · 의열단을 중심으로 조선 민족 혁명당으로 개편됨(1937) → 중·일 전쟁 이후 조선 민족 전선 연맹◆이 결성됨(1937)

◆ **조선 민족 전선 연맹**
조선 민족 혁명당을 중심으로 결성된 사회주의 계열의 항일 민족 연합 조직

- ② 조선 의용대

조직	김원봉이 중국 한구(우한)에서 중국 국민당의 지원을 받아 조선 민족 전선 연맹의 산하 부대로 창설함(1938)
특징	중국 관내(關內)에서 결성된 최초의 한인 무장 부대
활동	일본군에 대한 심리전이나 후방 공작 활동을 펼침

기출 분석 특강

기출자료 1 　한인 애국단
출제 TIP 이봉창과 윤봉길의 이름이 자료의 힌트로 제시됩니다!

(1) 이봉창의 의거 42회 출제

이달의 독립 운동가 이봉창
서울 출신으로 1925년에 일본으로 건너가 막일로 생계를 유지하다 민족 차별에 분노하여 독립운동에 투신할 것을 결심하고 상하이로 갔다. 1931년 김구가 조직한 (가) 에 가입하고, 1932년 1월 도쿄에서 일왕이 탄 마차를 향해 폭탄을 던졌다.

자료 분석
이봉창은 1931년 김구가 조직한 한인 애국단의 단원으로, 1932년 일본 도쿄에서 일왕이 탄 마차를 향해 폭탄을 던지는 의거를 일으켰다.

(2) 윤봉길의 의거 51회 출제

이 사진은 1945년 9월 2일 일왕을 대신하여 일본의 외무 대신이 연합군 앞에서 항복 문서에 서명하는 장면입니다. 서명하는 인물은 시게미쓰 마모루인데, 그는 윤봉길의 상하이 훙커우 공원 의거 당시 폭탄에 맞아 다리를 다쳤습니다.

자료 분석
윤봉길은 상하이 훙커우 공원에서 열린 일왕 탄생 축하 겸 상하이 점령 축하식의 단상에 폭탄을 던져 일본군 장군과 고위 관리들을 처단하였다.

함께 나올 기출선택지
- 김구에 의해 상하이에서 결성되었다. 66회
- 김구를 단장으로 하여 활발한 의열 활동을 펼쳤다. 51회
- 이봉창, 윤봉길 등이 단원으로 활동하였다. 60회
- 단원인 이봉창이 일왕의 행렬에 폭탄을 투척하였다. 61·58회
- 단원인 윤봉길이 훙커우 공원 의거를 실행하였다. 73회

기출자료 2 　1930년대의 무장 투쟁

(1) 한국 독립군 67회 출제
출제 TIP 한국 독립군과 조선 혁명군의 총사령관 및 활약한 전투가 힌트로 제시됩니다.

대전자령은 태평령이라고도 하는데, …… 이 전투에 (가) 의 주력 부대 500여 명, 차이시잉(柴世榮)이 거느리는 중국 의용군인 길림구국군 2,000여 명이 참가하였다. …… 한·중 연합군은 계곡 양편 산기슭에 구축되어 있는 참호 속에 미리 매복·대기하여 일본군 습격 준비를 마쳤다.
- 『청천 장군의 혁명 투쟁사』
  └ 지청천

자료 분석
한국 독립군은 지청천을 총사령관으로 한 독립군 부대이다. 이들은 북만주 일대에서 중국군과 연합 전선을 형성하여 쌍성보, 대전자령 전투 등에서 일본군을 상대로 승리를 거두었다.

(2) 조선 혁명군 54회 출제

(가) 의 총사령 양세봉, 참모장 김학규 등은 일부 병력을 이끌고 중국 의용군 부대와 합세하였다. 일본군과 만주군이 신빈현성의 고지대를 거점으로 삼아 먼저 공격했으나 아군이 응전하여 이를 탈취하였다. 아군은 승세를 몰아 적들을 추격한 끝에 당일 오후 3시경 영릉가성을 점령하였다. ……

자료 분석
조선 혁명군은 양세봉을 총사령관으로 한 독립군 부대이다. 이들은 남만주 일대에서 중국군과 연합하여 영릉가 전투에서 일본군을 격파하였다.

(3) 조선 의용대 65회 출제

자료는 (가) 의 창립 1주년을 기념하며 계림에서 촬영된 사진이다. 중국 국민당 정부의 지원을 받아 김원봉 등을 중심으로 창설된 (가) 은/는 중국 관내(關內)에서 만들어진 최초의 한인 무장 부대이다.

자료 분석
조선 의용대는 김원봉이 중국 국민당의 지원을 받아 창설한 부대로, 중국 관내에서 결성된 최초의 한인 무장 부대였다.

함께 나올 기출선택지
- 한국 독립군 - 대전자령 전투에서 일본군에 대승을 거두었다. 68·66·62회
- 한국 독립군 - 쌍성보 전투에서 한·중 연합 작전을 전개하였다. 71·69회
- 조선 혁명군 - 총사령 양세봉의 지휘 아래 활동하였다. 60회
- 조선 혁명군 - 중국 의용군과 연합하여 흥경성 전투를 이끌었다. 59·54·51회
- 조선 혁명군 - 영릉가 전투에서 일본군에게 승리하였다. 72·71·69회
- 조선 의용대 - 중국 관내(關內)에서 결성된 최초의 한인 무장 부대였다. 67·66회

25강 1930년대 이후의 통치와 민족 운동

3. 1940년대의 항일 무장 투쟁 [기출자료 1]

(1) 대한민국 임시 정부의 체제 정비

① **한국 독립당 재창당:** 한국 국민당, 조선 혁명당, 한국 독립당이 각각 자기 당을 해소한 후, 임시 정부를 이끌어 갈 한국 독립당을 재창당하였다(1940).

② **체제 정비:** 충칭에 정착한 임시 정부는 1940년 주석 중심의 단일 지도 체제(제4차 개헌, 주석: 김구)로 개편하고, 1941년 조소앙의 삼균주의에 기초한 건국 강령을 발표하였다. 이후 1944년 주석·부주석 체제로 개편하여 김구를 주석, 김규식을 부주석으로 선출하였다.

③ **한국광복군의 창설과 활동**

창설	지청천과 김구 등을 중심으로 충칭에서 중국 국민당 정부의 지원을 받아 창설함(1940)
통합	일본군에서 탈출한 학도병과 김원봉의 조선 의용대 일부를 흡수하여 전력을 보강함
활동	• 대일 선전 포고: 태평양 전쟁이 일어나자 대일 선전 성명서를 발표함(1941) • 인도·미얀마 전선 투입: 영국군의 요청에 따라 연합군의 일원으로 투입되었으며, 전선에서 포로 심문, 암호문 번역 등을 담당함 • 국내 진공 작전 추진: 미국과 연계하여 국내 진공 작전(1945)을 추진하였으나, 일본의 무조건 항복으로 실현하지 못함

(2) 조선 의용군: 조선 의용대 화북 지대◆가 개편되어 만들어진 조선 독립 동맹◆ 산하의 군사 조직으로, 중국 팔로군과 연합하여 대일 항전을 전개하였다.

◆ **삼균주의**
정치, 경제, 교육 각 분야의 균등을 통해 개인과 민족, 국가의 균등을 이루자는 새로운 국가 건설의 이념

◆ **조선 의용대 화북 지대**
- 조선 의용대 일부가 적극적인 항일 투쟁을 위해 중국 화북 지역으로 이동하여 결성
- 호가장 전투 등에서 활약함

◆ **조선 독립 동맹**
김두봉을 중심으로 1942년에 사회주의 계열 인사들이 조직한 단체

10초 컷! 핵심 키워드 암기

1. 민족 말살 통치: 황국 신민 서사, 조선 사상범 예방 구금령, 국가 총동원법, 공출 제도

2. 1930년대 이후의 항일 무장 투쟁: 한인 애국단, 한국 독립군, 조선 혁명군, 조선 의용대, 한국광복군

25강 개념 확인 퀴즈

1. 다음 설명이 맞으면 O표, 틀리면 X표를 하세요.

(1) 일제는 민족 말살 통치 시기에 조선 사상범 예방 구금령을 제정하여 독립운동을 탄압하였다. ( )

(2) 일제는 민족 말살 통치 시기에 국가 총동원법을 통해 한국에 대한 물적·인적 수탈을 강화하였다. ( )

(3) 한인 애국단은 김원봉의 의열단을 중심으로 여러 단체의 인사들이 참여하여 결성된 단체이다. ( )

2. 다음 괄호 안의 내용 중 옳은 것에 O표 하세요.

(1) 일제는 (무단 통치 / 민족 말살 통치) 시기에 한국인의 성과 이름을 일본식으로 바꾸는 창씨 개명을 강요하였다.

(2) (윤봉길 / 이봉창)은 상하이 훙커우 공원에서 의거를 일으켜 일본군 장군과 고위 관리를 처단하였다.

(3) (한국 독립군 / 조선 혁명군)은 남만주 일대에서 한·중 연합 작전을 전개하여 영릉가 전투 등에서 일본군을 격파하였다.

기출 분석 특강

기출자료1 1940년대의 항일 무장 투쟁

(1) 한국광복군 71회 출제

사진에는 대한민국 임시 정부 주석 김구와 함께 이 부대의 총사령관인 지청천이 '광복 조국'이 쓰인 기를 들고 있는 모습이 보인다. (가) 은/는 영국군의 요청으로 인도, 미얀마 전선에서 작전을 펼치는 등 활발한 활동을 전개하였다.

자료 분석
한국광복군은 대한민국 임시 정부의 산하부대로, 지청천을 총사령관으로 하였다. 또한 영국군의 요청으로 인도·미얀마 전선에 투입되었다.

(2) 조선 의용대 화북 지대 60회 출제

중국 우한(武漢)에서 창설된 한인 무장 부대의 일부는 화북으로 이동하여 1941년 7월 타이항산에서 (가) 을/를 결성하였다. (가) 의 무장선전대로 활동하던 손일봉, 최철호, 박철동, 이정순은 호가장 전투에서 다른 대원들이 포위망을 벗어날 때까지 일본군과 싸우다 장렬히 순국하였다. 정부는 이들의 공훈을 기려 1993년 애국장을 추서하였다.

자료 분석
조선 의용대의 일부 대원은 적극적인 항일 투쟁을 위해 중국 화북 지역으로 이동하여 조선 의용대 화북 지대를 결성하였다. 이들은 호가장 전투 등에서 활약하였으며, 이후 조선 의용군으로 개편되었다.

함께 나올 기출선택지
- 삼균주의에 입각한 대한민국 건국 강령을 선포하였다. 69·68회
- 한국광복군 – 영국군의 요청으로 인도, 미얀마 전선에 투입되었다. 68·67·63회
- 한국광복군 – 미국 전략 정보국(OSS)의 지원을 받았다. 50회
- 한국광복군 – 미군과 연계하여 국내 진공 작전을 계획하였다. 72·71·69회
- 조선 의용군 – 조선 독립 동맹 산하의 군사 조직으로 개편되었다. 63·60회

---

3. 질문에 맞는 답을 고르세요.

(1) 민족 말살 통치 시기의 사실은?
  ① 소학교 명칭을 국민학교로 변경
  ② 경성 제국 대학 설립

(2) 중·일 전쟁 발발 이후의 사실은?
  ① 국가 총동원법을 제정하였다.
  ② 제2차 조선 교육령을 시행하였다.

(3) 조선 의용대에 대한 설명은?
  ① 중국 관내 최초의 한인 무장 부대였다.
  ② 대전자령 전투에서 일본군에 승리하였다.

(4) 한국광복군에 대한 설명은?
  ① 국내 진공 작전을 추진하였다.
  ② 중국 팔로군에 편제되어 항일 전선에 참여하였다.

정답
1. (1) ○ (2) ○
   (3) X(민족 혁명당)
2. (1) 민족 말살 통치
   (2) 윤봉길
   (3) 조선 혁명군
3. (1) ①(②은 문화 통치 시기)
   (2) ①(②은 중·일 전쟁 이전)
   (3) ①(②은 한국 독립군)
   (4) ①(②은 조선 의용대)

개념 적용 기출문제

01
70회 40번

밑줄 그은 '이 시기'에 시행된 일제의 정책으로 옳은 것은?
[1점]

이 사진은 어느 국민학교의 수업 장면입니다. 중·일 전쟁 이후 일제가 침략 전쟁을 확대하던 이 시기에는 학생들도 '대동아 전쟁'이라는 주제로 일제의 침략 행위를 정당화하는 교육을 받아야 했습니다.

① 회사령을 공포하였다.
② 치안 유지법을 제정하였다.
③ 헌병 경찰제를 실시하였다.
④ 경성 제국 대학을 설립하였다.
⑤ 조선 사상범 예방 구금령을 시행하였다.

02
71회 44번

밑줄 그은 '시기'에 볼 수 있는 모습으로 적절하지 않은 것은?
[2점]

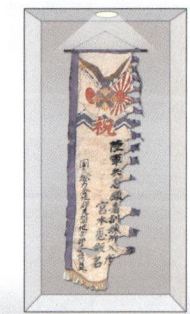

장행기

장행기는 지원병 형식으로 끌려가는 청년을 환송하기 위해 국민 총력 조선 연맹 지부에서 만들어 준 깃발이다. 이 장행기의 주인공은 일제가 중·일 전쟁을 일으키고 침략을 확대하던 시기에 지원병으로 끌려가 전사하였다. 장행기에는 창씨개명한 그의 일본식 이름이 적혀 있다.

① 국방헌금 모금에 적극 협력하는 부호
② 황국 신민 서사 암송을 강요받는 학생
③ 원각사에서 연극 은세계를 공연하는 배우
④ 내선일체에 협력하자는 논설을 쓰는 언론인
⑤ 국민 징용령에 의해 강제로 동원되는 노동자

03
66회 43번

교사의 질문에 대한 학생의 답변으로 가장 적절한 것은?
[1점]

조선 민사령 중 개정의 건 (제령 제19호)

조선인 호주는 본령 시행 후 6개월 이내에 새로 씨(氏)를 정하고 이를 부윤 또는 읍면장에게 신고해야 한다. …… 신고를 하지 않을 때는 본령 시행 당시 호주의 성을 씨로 삼는다.

일제는 조선 민사령을 개정하여 일본식 씨명을 사용하도록 강요하였습니다. 이렇게 개정한 이후에 일제가 추진한 정책에 대해 말해 볼까요?

① 통감부를 설치하였습니다.
② 조선 태형령을 시행하였습니다.
③ 헌병 경찰제를 실시하였습니다.
④ 여자 정신 근로령을 공포하였습니다.
⑤ 동양 척식 주식회사를 설립하였습니다.

04
60회 40번

(가) 단체에 대한 설명으로 옳은 것은?
[2점]

이것은 (가) 소속 최흥식이 관동군 사령관 등을 처단하기 위해 만주에서 활동하던 중 김구에게 보낸 편지라고 하는데, 어떤 역사적 가치가 있나요?

김구가 일제의 요인들을 제거하기 위해 만든 (가) 이/가 다양한 의거를 시도하였음을 보여주는 중요한 문서입니다. 그 가치를 인정받아 국가 등록문화재로 지정되었습니다.

① 중·일 전쟁 발발 이후에 조직되었다.
② 조선 혁명 간부 학교를 설립하였다.
③ 이봉창, 윤봉길 등이 단원으로 활동하였다.
④ 대전자령 전투에서 일본군을 상대로 승리하였다.
⑤ 일제가 조작한 105인 사건으로 조직이 해체되었다.

해설

01 민족 말살 통치 시기 정답 ⑤

자료 분석
**중·일 전쟁 이후 일제가 침략 전쟁을 확대
→ 민족 말살 통치 시기**

민족 말살 통치 시기에 일제는 중·일 전쟁(1937)과 태평양 전쟁(대동아 전쟁, 1941)을 일으키며 침략 전쟁을 확대하였다. 이에 한국인들을 전쟁에 동원하기 위해 내선일체(일본과 조선은 하나라는 주장)를 내세우는 등의 황국 신민화 정책을 시행하였다.

선택지 분석
① 회사령을 공포하였다. → 무단 통치 시기
② 치안 유지법을 제정하였다. → 문화 통치 시기
③ 헌병 경찰제를 실시하였다. → 무단 통치 시기
④ 경성 제국 대학을 설립하였다. → 문화 통치 시기
⑤ 조선 사상범 예방 구금령을 시행하였다.
  → 민족 말살 통치 시기
  ㄴ 민족 말살 통치 시기에 일제는 독립운동을 탄압하기 위해 조선 사상범 예방 구금령을 시행하였다.

02 민족 말살 통치 시기 정답 ③

자료 분석
일제가 중·일 전쟁을 일으키고 침략을 확대하던 시기 + 창씨개명 → 민족 말살 통치 시기

민족 말살 통치 시기에 일제는 중·일 전쟁(1937)과 태평양 전쟁(1941)을 일으키며 침략 전쟁을 확대하였다. 이에 전쟁에 필요한 인력 동원을 위해 육군 특별 지원병제, 징병제, 여자 정신 근로령 등을 제정하여 한국의 젊은 여성들과 청년들을 강제로 동원하였다. 또한 한국인의 성과 이름을 일본식으로 바꾸는 창씨개명을 강요하였다.

선택지 분석
① 국방헌금 모금에 적극 협력하는 부호 → 민족 말살 통치 시기
② 황국 신민 서사 암송을 강요받는 학생 → 민족 말살 통치 시기
③ 원각사에서 연극 은세계를 공연하는 배우 → 국권 피탈 이전
  ㄴ 국권 피탈 이전인 1908년에 이인직 등에 의해 우리나라 최초의 서양식 극장인 원각사가 설립되었으며, 은세계, 치악산 등의 신극이 공연되었다. 한편 원각사는 1909년에 문을 닫았다.
④ 내선일체에 협력하자는 논설을 쓰는 언론인
  → 민족 말살 통치 시기
⑤ 국민 징용령에 의해 강제로 동원되는 노동자
  → 민족 말살 통치 시기

03 민족 말살 통치 시기 정답 ④

자료 분석
**조선 민사령을 개정함 + 일본식 씨명을 사용하도록 강요
→ 창씨개명(1940)**

일제는 황국 신민화 정책의 하나로 조선 민사령을 개정하고 한국인의 성과 이름을 일본식으로 바꾸는 창씨개명을 강요하였다. 처음에는 자발적인 신고를 원칙으로 하였으나, 신고율이 저조해지자 학교 입학과 식량 배급 대상에서 제외하는 등 불이익을 주어 강제로 신고하도록 하였다.

선택지 분석
① 통감부를 설치하였습니다. → 1906년
② 조선 태형령을 시행하였습니다. → 1912~1920년
③ 헌병 경찰제를 실시하였습니다. → 1910~1919년
④ 여자 정신 근로령을 공포하였습니다. → 1944년
  ㄴ 창씨개명(1940) 이후인 1944년에 일제는 여자 정신 근로령을 공포하여 군수 공장 등에 여성 인력을 강제 동원하였다.
⑤ 동양 척식 주식회사를 설립하였습니다. → 1908년

04 한인 애국단 정답 ③

자료 분석
김구가 일제의 요인들을 제거하기 위해 만듦 → 한인 애국단

한인 애국단은 김구가 일제의 요인들을 제거하기 위해 상하이에서 조직한 단체이다. 한인 애국단의 이봉창은 일본 도쿄에서 일왕의 마차에 폭탄을 투척하였으나 처단에는 실패하였다. 이후 한인 애국단의 윤봉길은 상하이 훙커우 공원에서 열린 일왕 탄생 축하 겸 상하이 점령 축하식에서 단상에 폭탄을 던져 일본 장군과 고관들을 살상하였다.

선택지 분석
① 중·일 전쟁 발발 이후에 조직되었다. → X
② 조선 혁명 간부 학교를 설립하였다. → 의열단
③ 이봉창, 윤봉길 등이 단원으로 활동하였다. → 한인 애국단
  ㄴ 한인 애국단은 김구가 침체된 임시 정부의 활동을 타개하기 위해 조직한 단체로, 이봉창, 윤봉길 등이 단원으로 소속되어 활동하였다.
④ 대전자령 전투에서 일본군을 상대로 승리하였다.
  → 한국 독립군
⑤ 일제가 조작한 105인 사건으로 조직이 해체되었다.
  → 신민회

개념 적용 기출문제

05
(가) 부대에 대한 설명으로 옳은 것은? [2점]

주제: (가) 의 무장 독립 투쟁
- 국민부 산하 군사 조직으로 편성되었다가 이후 여러 부대를 통합하며 재편되었습니다.
- 총사령에 양세봉, 참모장에 김학규가 임명되어 부대를 이끌었습니다.
- 만주 사변 이후 중국 의용군과 함께 남만주 일대에서 항일 투쟁을 벌였습니다.

① 간도 참변 이후 자유시로 이동하였다.
② 영릉가 전투에서 일본군과 싸워 크게 승리하였다.
③ 조선 독립 동맹 산하의 군사 조직으로 개편되었다.
④ 영국군의 요청으로 인도·미얀마 전선에 투입되었다.
⑤ 중국 국민당 정부의 지원을 받아 우한에서 창설되었다.

07
(가)에 대한 설명으로 옳은 것은? [2점]

전자 사료관
○ 표시된 인물이 김원봉
자료는 (가) 의 창립 1주년을 기념하며 계림에서 촬영된 사진이다. 중국 국민당 정부의 지원을 받아 김원봉 등을 중심으로 창설된 (가) 은/는 중국 관내(關內)에서 만들어진 최초의 한인 무장 부대이다.

① 자유시 참변으로 시련을 겪었다.
② 대원 일부가 한국광복군에 합류하였다.
③ 쌍성보 전투에서 한·중 연합 작전을 전개하였다.
④ 독립군 양성 기관인 한인 소년병 학교를 설립하였다.
⑤ 홍범도 부대와 연합하여 청산리에서 일본군과 교전하였다.

06
(가) 부대에 대한 설명으로 옳은 것은? [2점]

남대관, 권수정 등은 전 한족총연합회 간부였던 지청천, 신숙 등과 함께 아성현(阿城縣)에서 한국대독립당을 조직하고 지청천을 총사령, 남대관을 부사령으로 하는 (가) 을/를 편성하였다. …… (가) 은/는 딩차오(丁超)의 군으로부터 무기를 지급받고 대원을 모집하여 일본 측 기관의 파괴, 일본 요인의 암살 등을 기도하였다.

① 청산리에서 일본군을 크게 격파하였다.
② 미군과 연계하여 국내 진공 작전을 준비하였다.
③ 대전자령 전투에서 일본군을 상대로 승리를 거두었다.
④ 중국 관내(關內)에서 결성된 최초의 한인 무장 부대였다.
⑤ 대한 국민회군 등과 연합하여 봉오동 전투에서 승리하였다.

08
(가) 부대에 대한 설명으로 옳은 것은? [2점]

사진으로 보는 독립운동사

[해설] 이 사진은 충칭에서 열린 대한민국 임시 정부의 (가) 총사령부 성립 전례식' 기념 사진 중 하나이다. 사진에는 대한민국 임시 정부 주석 김구와 함께 이 부대의 총사령관인 지청천이 '광복 조국'이 쓰인 기를 들고 있는 모습이 보인다. (가) 은/는 영국군의 요청으로 인도, 미얀마 전선에서 작전을 펼치는 등 활발한 활동을 전개하였다.

① 자유시 참변으로 세력이 약화되었다.
② 영릉가에서 일본군에 승리를 거두었다.
③ 봉오동 전투에서 일본군을 크게 물리쳤다.
④ 미군과 연계하여 국내 진공 작전을 준비하였다.
⑤ 쌍성보 전투에서 한·중 연합 작전을 전개하였다.

해설

05 조선 혁명군 정답 ②

자료 분석

총사령에 양세봉 → 조선 혁명군

조선 혁명군은 1930년대 초에 남만주 일대에서 총사령관 양세봉을 중심으로 활동한 조선 혁명당 산하의 군사 조직이다. 조선 혁명군은 1930년 초반에 일제가 만주 사변을 일으켜 만주국을 수립하자, 중국 의용군과 연합하여 영릉가(1932), 흥경성(1933) 전투에서 일본군을 상대로 크게 승리하였다.

선택지 분석

① 간도 참변 이후 자유시로 이동하였다. → 대한 독립 군단
② 영릉가 전투에서 일본군과 싸워 크게 승리하였다.
　→ 조선 혁명군
　└ 조선 혁명군은 중국 의용군과 연합하여 영릉가 전투에서 일본군에게 크게 승리하였다.
③ 조선 독립 동맹 산하의 군사 조직으로 개편되었다.
　→ 조선 의용군
④ 영국군의 요청으로 인도·미얀마 전선에 투입되었다.
　→ 한국광복군
⑤ 중국 국민당 정부의 지원을 받아 우한에서 창설되었다.
　→ 조선 의용대

06 한국 독립군 정답 ③

자료 분석

한국대독립당을 조직함 + 지청천을 총사령 → 한국 독립군

한국 독립군은 1930년대 초에 북만주 일대에서 총사령관 지청천을 중심으로 활동한 한국 독립당 산하의 군사 조직이다. 한국 독립군은 중국 호로군 등과 연합하여 쌍성보, 대전자령 전투 등에서 일본군을 상대로 크게 승리하였다. 이후 지청천 등의 주요 간부들이 만주를 떠나 임시 정부에 합류하면서 사실상 해체되었다.

선택지 분석

① 청산리에서 일본군을 크게 격파하였다. → 북로 군정서 등
② 미군과 연계하여 국내 진공 작전을 준비하였다. → 한국광복군
③ 대전자령 전투에서 일본군을 상대로 승리를 거두었다.
　→ 한국 독립군
　└ 한국 독립군은 북만주 일대에서 중국 호로군 등과 연합하여 대전자령 전투에서 일본군을 상대로 승리를 거두었다.
④ 중국 관내(關內)에서 결성된 최초의 한인 무장 부대였다.
　→ 조선 의용대
⑤ 대한 국민회군 등과 연합하여 봉오동 전투에서 승리하였다.
　→ 대한 독립군

07 조선 의용대 정답 ②

자료 분석

중국 국민당 정부의 지원 + 김원봉 + 중국 관내(關內)에서 만들어진 최초의 한인 무장 부대 → 조선 의용대

조선 의용대는 김원봉이 윤세주 등과 중국 한구(한커우)에서 중국 국민당의 지원을 받아 조직한 군사 조직이다. 이는 중국 관내에서 결성된 최초의 한인 무장 조직으로, 중국군과 연합하여 정보 수집, 포로 심문 등의 대일 항전을 전개하였다.

선택지 분석

① 자유시 참변으로 시련을 겪었다. → 대한 독립 군단
② 대원 일부가 한국광복군에 합류하였다. → 조선 의용대
　└ 김원봉이 이끄는 조선 의용대 대원 일부가 한국광복군에 합류하였다.
③ 쌍성보 전투에서 한·중 연합 작전을 전개하였다.
　→ 한국 독립군
④ 독립군 양성 기관인 한인 소년병 학교를 설립하였다.
　→ 박용만
⑤ 홍범도 부대와 연합하여 청산리에서 일본군과 교전하였다.
　→ 북로 군정서

08 한국광복군 정답 ④

자료 분석

총사령관 지청천 + 영국군의 요청으로 인도, 미얀마 전선에서 작전을 펼침 → 한국광복군

한국광복군은 1940년 충칭에서 창설된 대한민국 임시 정부 산하의 부대로, 지청천을 총사령관으로 하였다. 태평양 전쟁(1941)이 일어나자 대한민국 임시 정부는 대일 선전 포고를 하였고, 한국광복군은 연합군의 일원으로 전쟁에 참여하여 미얀마·인도 전선에서 영국군과 연합 작전을 수행하였다.

선택지 분석

① 자유시 참변으로 세력이 약화되었다. → 대한 독립 군단
② 영릉가에서 일본군에 승리를 거두었다. → 조선 혁명군
③ 봉오동 전투에서 일본군을 크게 물리쳤다. → 대한 독립군 등
④ 미군과 연계하여 국내 진공 작전을 준비하였다.
　→ 한국광복군
　└ 한국광복군은 대한민국 임시 정부의 산하 부대로, 미군과 연계하여 국내 진공 작전을 준비하였으나 실행에 옮기지는 못하였다.
⑤ 쌍성보 전투에서 한·중 연합 작전을 전개하였다.
　→ 한국 독립군

26강 일제 강점기의 문화

1 일제 강점기의 국학 연구 최근 3개년 시험 중 7회 출제!

빈출 키워드 랭킹
1위 박은식 13번 출제
2위 조선어 학회 9번 출제
3위 신채호 8번 출제

1. 한국사 연구 [기출자료1]

(1) **일제의 한국사 왜곡**: 일제는 식민 통치를 합리화하고 한국사의 자율성을 부정하기 위해 식민 사관◆을 연구하여 우리 민족에게 주입시켰으며, 식민 사관을 토대로 『조선사』를 편찬하였다.

(2) **민족주의 사학**
  ① **특징**: 우리 민족 문화의 우수성과 한국사의 주체적 발전을 강조하였다.
  ② **대표 학자**

박은식	• 민족 정신으로 '혼' 강조 • 나라는 '형체(껍데기)'이고 역사는 '정신(민족 혼)'임을 강조함 • 저서: 「유교구신론」, 『한국통사』, 『한국독립운동지혈사』
신채호	• 고대사 연구에 관심을 가졌으며, 우리 민족의 전통과 정신을 강조함 • 역사를 '아(我)'와 '비아(非我)'의 투쟁으로 규정 • 묘청의 난을 '일천년래 제일 대사건'으로 평가 • 저서: 「독사신론」, 『조선상고사』, 『조선사연구초』

  ③ **조선학 운동**: 조선학 운동은 1934년에 정인보, 문일평, 안재홍 등의 민족주의 사학자들이 정약용 서거 99주기를 기념하며 『여유당전서』를 간행한 것이 계기가 되어 전개되었다.

(3) **사회 경제 사학**
  ① **특징**: 사회주의의 영향을 받아 유물 사관◆의 입장에서 한국사를 연구하고자 하였다.
  ② **대표 학자**: 백남운이 『조선사회경제사』, 『조선봉건사회경제사』를 통해 한국사가 세계사적인 역사 법칙에 따라 다른 민족과 거의 같은 궤도로 발전해왔음을 주장하며 일제의 식민 사관인 정체성론을 반박하였다.

(4) **실증주의 사학**
  ① **특징**: 역사적 사실을 실증적·객관적 사실에 근거하여 연구하였다.
  ② **활동**: 이병도·손진태 등이 진단 학회를 조직하고, 『진단학보』를 발행하였다.

2. 국어 연구 [기출자료2]

조선어 연구회	• 조직: 대한 제국 시기의 한글 연구 기관인 국문 연구소의 전통을 계승함 • 활동: '가갸날'을 제정(1926), 잡지 『한글』 간행(1927), 강습·강연회 개최
조선어 학회	• 조직: 조선어 연구회가 개편된 단체, 최현배, 이극로, 이윤재 등이 주도함 • 활동: 한글 교재 편찬, '한글 맞춤법 통일안' 및 '표준어' 제정, 『조선말 큰사전(우리말 큰사전)』 편찬 시도 • 탄압: 일제가 일으킨 조선어 학회 사건◆으로 해산됨

◆ **식민 사관**

타율성론	한국사는 외세의 간섭을 받아 타율적으로 전개된다는 주장
정체성론	한국 사회는 고대 사회 단계에 정체되어 있다는 주장
당파성론	한국인은 분열성이 강한 민족이며, 오랜 당파 싸움으로 국력이 약화되어 결국 식민 지배를 받게 되었다는 주장

◆ **유물 사관**
사회주의 사상에 기초한 역사관으로, 역사 발전의 원동력을 정신이 아닌 물질적인 생산력과 생산 관계의 변화로 보는 역사관

◆ **조선어 학회 사건**
일제가 조선어 학회를 독립운동 단체로 간주하여 회원들에게 치안 유지법을 적용해 체포·투옥함으로써 강제 해산시킨 사건

기출 분석 특강

기출자료 1 일제 강점기의 한국사 연구

출제 TIP 박은식은 '국혼', 신채호는 '아와 비아의 투쟁'이 힌트로 제시됩니다!

(1) 박은식 55회 출제

국혼을 강조하며 민족 의식을 고취한 역사학자이자 독립운동가이다. 일찍부터 민족 교육의 중요성을 인식하여 서우학회에서 애국 계몽 운동을 펼쳤으며, 국권 피탈 과정을 정리한『한국통사』를 저술하였다. 1925년에는 대한민국 임시 정부 제2대 대통령에 취임하였다. 정부에서는 그의 공훈을 기리어 건국훈장 대통령장을 추서하였다.

자료 분석
박은식은 일제 강점기에 활동한 민족주의 사학자로, 국혼을 강조하였다. 그의 대표적인 저술로는 국권 피탈 과정을 정리한『한국통사』가 있다.

(2) 신채호 60회 출제

나는 일제 침략에 맞서 민족 의식을 고취하기 위해 국난을 극복한 영웅의 전기인「이순신전」과「을지문덕전」을 집필하였습니다. 또『조선상고사』에서는 역사를 아(我)와 비아(非我)의 투쟁으로 정의하였습니다.

자료 분석
신채호는『조선상고사』를 저술하였다. 그는 이 책에서 역사를 '아'와 '비아'의 투쟁으로 정의하였다.

(3) 백남운 42회 출제

우리 조선의 역사적 발전의 전 과정은 …… 외관상의 이른바 특수성이 다른 문화 민족의 역사적 발전 법칙과 구별될 만큼 독자적인 것은 아니며, 세계사적인 일원론적 역사 법칙에 의해 다른 여러 민족과 거의 같은 궤도의 발전 과정을 거쳐 왔던 것이다. ……

자료 분석
백남운은 한국사가 세계사적인 역사 법칙에 따라 다른 민족과 같은 궤도로 발전해 왔음을 주장하며 일제의 식민 사관 중 정체성론을 반박하였다.

함께 나올 기출선택지
- 박은식 - 국권 피탈 과정을 정리한『한국통사』를 집필하였다. 65·64·63회
- 박은식 - 독립 투쟁 과정을 서술한『한국독립운동지혈사』를 저술하였다. 70·69·67회
- 신채호 - 고대사 연구를 바탕으로『조선상고사』를 저술하였습니다. 50회
- 정인보, 문일평 등 -『여유당전서』를 간행하고 조선학 운동을 전개하였다. 66·61회
- 백남운 -『조선사회경제사』에서 식민 사학의 정체성론을 반박하였다. 60회

기출자료 2 일제 강점기의 국어 연구

(1) 조선어 학회 55회 출제

이것은 (가) 이/가 1933년에 만든 한글 맞춤법 통일안의 총론입니다. (가) 은/는 기관지『한글』을 간행하고 외래어 표기법 통일안을 마련하는 등 우리말을 지키기 위해 노력하였습니다. 그러나 일제가 1942년에 치안 유지법 위반 명목으로 회원들을 구속하면서 활동이 중단되었습니다.

자료 분석
조선어 학회는 한글 맞춤법 통일안과 표준어를 제정하는 등의 활동을 펼쳤다. 그러나 일제가 조선어 학회를 독립운동 단체로 간주하여 구속한 조선어 학회 사건으로 해산되었다.

(2)『조선말 큰사전』편찬 시도 50회 출제

『조선말 큰사전』편찬 원고
(가) 에서 조선말 사전 편찬을 위해 1929년부터 13년 동안 작성한 원고이다. 이 원고는 1942년 일제에 압수되었다가, 1945년 9월 서울역 창고에서 발견되었다.

자료 분석
조선어 학회는『조선말 큰사전』편찬을 시도하였으나 조선어 학회 사건으로 중단되었고, 광복 후『조선말 큰사전』편찬이 완성되었다.

함께 나올 기출선택지
- 한글 맞춤법 통일안과 표준어를 제정하였다. 73·63·62회
- 『우리말 큰사전』편찬 사업을 추진하였다. 69회
- 이윤재, 최현배 등 - 조선어 학회 사건으로 구속되어 옥고를 치렀다. 66·65·61회

26강 일제 강점기의 문화

2 일제 강점기의 문화 활동 최근 3개년 시험 중 8회 출제!

1. 종교·언론 활동

(1) 종교 단체의 활동 기출자료 1

천도교	• 동학의 제3대 교주였던 손병희가 동학을 바탕으로 발전시킨 종교로, 3·1 운동을 주도함 • 방정환 중심의 천도교 소년회가 소년 운동을 전개함 • 기관지로 만세보를 발행, 『개벽』과 『신여성』 등의 잡지를 간행하여 민족 의식을 높임
대종교	• 나철이 단군 신앙을 기반으로 창시한 종교(1909) • 국권 피탈 후 북간도에서 중광단 결성 → 북로 군정서로 개편
불교	한용운의 주도로 조선 불교 유신회를 조직하여 사찰령◆ 폐지 운동을 전개함
개신교	배재 학당, 이화 학당 등 사립 학교를 설립하여 신학문 보급에 기여함
천주교	• 기관지로 경향신문을 발행하여 민중 계몽에 기여함 • 만주에서 항일 무장 단체인 의민단을 조직하여 무장 투쟁을 전개함
원불교	박중빈을 중심으로 간척 사업을 추진하고 새 생활 운동을 전개함

(2) 언론 활동: 1920년대에는 신문·잡지 발행이 허용되었으나, 검열과 삭제가 강화되었다. 이후 1936년에는 일장기 삭제 사건◆으로 동아일보와 조선중앙일보가 무기한 정간되기도 하였다.

2. 문학·예술 활동 기출자료 2

(1) 문학 활동: 1920년대 중반에는 신경향파 작가들이 카프(KAPF)◆를 결성하였으며, 1930년 이후부터 저항 문학가인 이육사(「광야」, 「절정」), 윤동주(「서시」), 심훈(『상록수』, 「그날이 오면」) 등이 작품을 통해 민족 의식과 독립 사상을 고취시키고자 하였다.

(2) 예술 활동: 나운규가 영화 아리랑(1926)을 제작하여 식민 지배를 받던 한국인의 고통스러운 삶을 표현하였다.

빈출 키워드 랭킹
1위 천도교 13번 출제
2위 대종교 8번 출제
3위 원불교 7번 출제

◆ 사찰령
조선 총독이 절의 주지를 임명한다는 내용의 법령

◆ 일장기 삭제 사건
동아일보와 조선중앙일보가 1936년 베를린 올림픽 마라톤 우승자 손기정 선수의 사진을 게재하면서 유니폼의 일장기를 지운 사건

◆ 카프(KAPF)
• 프롤레타리아 문학 단체이자 최초의 전국적인 문학 단체
• 초기에는 문예 운동을 통한 정치 운동의 형태를 띠다가 점차 계급 투쟁적인 성격을 강조함

10초 컷! 핵심 키워드 암기
1. 일제 강점기의 국학 연구: 박은식, 신채호, 백남운, 조선어 학회
2. 일제 강점기의 문화 활동: 천도교, 대종교, 이육사, 윤동주, 아리랑

26강 개념 확인 퀴즈

1. 다음 설명이 맞으면 O표, 틀리면 X표를 하세요.
(1) 박은식은 『한국독립운동지혈사』를 저술하였다. (　)
(2) 진단 학회는 한글 맞춤법 통일안을 제정하였다. (　)
(3) 대종교는 나철이 단군 신앙을 기반으로 창시한 종교이다. (　)

2. 다음 괄호 안의 내용 중 옳은 것에 O표 하세요.
(1) (신채호 / 백남운)은/는 유물 사관의 입장에서 한국사를 연구하였다.
(2) 일제는 (국문 연구소 / 조선어 학회)를 치안 유지법의 내란죄로 몰아 강제 해산 시켰다.
(3) (불교 / 원불교)는 박중빈을 중심으로 새 생활 운동을 전개하였다.

기출 분석 특강

기출자료 1 일제 강점기 종교 단체의 활동

(1) 천도교 67회 출제

우리 박물관에서는 『어린이』 창간 100주년을 기념하는 특별전을 준비하였습니다. 동학을 계승한 종교인 (가) 계열의 방정환 등이 어린이들에게 다양한 읽을거리를 제공하기 위해 발간한 잡지 『어린이』의 전시와 함께 여러 체험 행사를 준비하였으니 많은 관심 바랍니다.

[자료 분석] 천도교는 손병희가 동학을 바탕으로 발전시킨 종교이다. 한편 방정환 중심의 천도교 소년회는 어린이날을 제정하고 아동 잡지인 『어린이』를 창간하는 등 소년 운동을 전개하였다.

(2) 대종교 55회 출제

공의 이름은 인영(寅永)인데, 뒤에 철(喆)로 고쳤다. ······ 보호 조약이 체결된 뒤에 동지와 함께 오적의 처단을 모의하였는데, 1907년에 계획이 새어 나가 일을 그르쳤다. 뒤에 (가) 을/를 제창하고 교주를 자임하였는데, 이를 바탕으로 국민을 진흥하려고 하였다. 일찍이 북간도에 가서 그의 무리와 함께 발전을 도모하였다.
└ 나철

[자료 분석] 대종교는 나철이 단군 신앙을 기반으로 창시한 종교로, 국권 피탈 후 북간도로 교단을 옮겨 항일 무장 단체인 중광단을 결성하였다.

함께 나올 기출선택지
- 천도교 – 만세보를 발행하여 민중 계몽에 힘썼다. 69·67·65회
- 천도교 – 『개벽』, 『신여성』 등의 잡지를 발행하였다. 70회
- 대종교 – 단군 숭배 사상을 통해 민족 의식을 높이다. 61회
- 대종교 – 중광단을 조직하여 무장 투쟁을 전개하였다. 70·66·65회
- 불교 – 일제의 통제에 맞서 사찰령 폐지 운동을 벌였다. 70·67회
- 천주교 – 의민단을 조직하여 무장 투쟁을 전개하다. 67회
- 원불교 – 박중빈을 중심으로 새 생활 운동을 전개하였다. 70·67·66회

기출자료 2 일제 강점기 문학·예술 활동

(1) 윤동주 57회 출제

도시샤 대학에 있는 이 시비는 민족 문학가인 (가) 을/를 기리기 위해 세워졌습니다. 비석에는 '죽는 날까지 하늘을 우러러'로 시작되는 그의 작품인 「서시」가 새겨져 있습니다. 북간도 출신인 그는 일본 유학 중 치안 유지법 위반 혐의로 체포되어 옥중에서 순국하였습니다.

[자료 분석] 윤동주는 일본에 유학하던 중 치안 유지법 위반 혐의로 체포되어 옥중에서 순국하였다. 그의 대표적인 작품으로는 「서시」, 「참회록」 등이 있다.

함께 나올 기출선택지
- 이육사 – 저항시 「광야」, 「절정」 등을 발표하였다. 66회
- 윤동주 – 「별 헤는 밤」, 「참회록」 등의 시를 남겼다. 72회
- 심훈 – 소설 『상록수』를 신문에 연재하였다. 72·66·57회

---

3. 질문에 맞는 답을 고르세요.

(1) 박은식의 활동은?
① 진단 학회를 창립하고 『진단학보』를 발행하였다.
② 「유교구신론」을 저술하였다.

(2) 조선어 연구회에 대한 설명은?
① 기관지인 『한글』을 발행하였다.
② 주시경, 지석영 등이 중심이 되어 활동하였다.

(3) 천도교의 활동은?
① 잡지 『개벽』을 발행하여 민족 의식을 고취하였다.
② 경향신문을 발간하여 민중 계몽에 힘썼다.

정답
1. (1) ○ (2) X(조선어 학회) (3) ○
2. (1) 백남운 (2) 조선어 학회 (3) 원불교
3. (1) ②(①은 이병도)
   (2) ①(②은 국문 연구소)
   (3) ①(②은 천주교)

개념 적용 기출문제

01
41회 40번

다음 글을 쓴 인물의 활동으로 옳은 것은? [2점]

> 대륙의 원기는 동으로는 바다로 뻗어 백두산으로 솟았고, 북으로는 요동 평야를 열었으며, 남으로는 한반도를 이루었다. …… 저들이 일찍이 우리를 스승으로 섬겨 왔는데, 이제는 우리를 노예로 삼았구나. …… 옛 사람이 이르기를 나라는 멸할 수 있으나 역사는 멸할 수 없다고 하였다. 나라는 형체이고 역사는 정신이다. 이제 한국의 형체는 허물어졌으나 정신만을 홀로 보존하는 것이 어찌 불가능하겠는가.
>
> 태백광노(太白狂奴) 지음

① 진단 학회를 창립하고 『진단학보』를 발행하였다.
② 『여유당전서』를 간행하고 조선학 운동을 주도하였다.
③ 『한국독립운동지혈사』에서 독립 투쟁 과정을 정리하였다.
④ 「독사신론」을 저술하여 민족주의 사관의 기초를 마련하였다.
⑤ 『조선사회경제사』에서 식민 사학의 정체성 이론을 반박하였다.

02
60회 35번

밑줄 그은 '나'의 활동으로 옳은 것은? [2점]

> 나는 일제 침략에 맞서 민족 의식을 고취하기 위해 국난을 극복한 영웅의 전기인 『이순신전』과 『을지문덕전』을 집필하였습니다. 또 『조선상고사』에서는 역사를 아(我)와 비아(非我)의 투쟁으로 정의하였습니다.

① 『여유당전서』를 간행하고 조선학 운동을 주도하였다.
② 유교의 개혁을 주장하는 「유교구신론」을 제창하였다.
③ 조선사 편수회에 들어가 『조선사』 편찬에 참여하였다.
④ 『조선사회경제사』에서 식민 사학의 정체성론을 반박하였다.
⑤ 민중의 직접 혁명을 주장한 「조선혁명선언」을 작성하였다.

03
69회 40번

다음 가상 인터뷰의 주인공에 대한 설명으로 옳은 것은? [2점]

> 며칠 전 경성에서 『조선사회경제사』 출판 축하회가 있었습니다. 저자로서 책에 대한 소개를 부탁드립니다.

> 저는 우리 역사의 전개 과정을 세계사의 보편적인 발전 법칙에 따라 네 단계로 나누어 파악하였습니다. 이 책에서는 그 중 원시 씨족 사회와 삼국 정립기의 노예제 사회에 대해 서술하였습니다.

① 진단 학회를 조직하였다.
② 『한국독립운동지혈사』를 저술하였다.
③ 식민 사학의 정체성론을 반박하였다.
④ 『우리말 큰사전』 편찬 사업을 추진하였다.
⑤ 민족의 얼을 강조하고 조선학 운동을 주도하였다.

04
63회 39번

다음 검색창에 들어갈 단체에 대한 설명으로 옳은 것은? [2점]

① 한글 신문인 제국신문을 간행하였다.
② 태극 서관을 설립하여 서적을 보급하였다.
③ 파리 강화 회의에 독립 청원서를 제출하였다.
④ 한글 맞춤법 통일안과 표준어 사정안을 제정하였다.
⑤ 국문 연구소를 두어 한글을 체계적으로 연구하였다.

해설

01 박은식   정답 ③

자료 분석

> 나라는 형체이고 역사는 정신 → 박은식
>
> 박은식은 일제 강점기의 대표적인 민족주의 사학자이다. 그는 자신의 대표적인 저서인 『한국통사』에서 나라는 '형(形)'이요, 역사는 '정신(神)'임을 강조하고 민족 정신인 국혼을 지킬 것을 주장하며 민족의 독립 의식을 고취시켰다.

선택지 분석

① 진단 학회를 창립하고 『진단학보』를 발행하였다.
　→ 이병도, 손진태 등
② 『여유당전서』를 간행하고 조선학 운동을 주도하였다.
　→ 정인보, 안재홍 등
③ 『한국독립운동지혈사』에서 독립 투쟁 과정을 정리하였다.
　→ 박은식
　└ 박은식은 『한국독립운동지혈사』에서 갑신정변부터 3·1 운동까지의 독립 투쟁 과정을 정리하였다.
④ 「독사신론」을 저술하여 민족주의 사관의 기초를 마련하였다. → 신채호
⑤ 『조선사회경제사』에서 식민 사학의 정체성 이론을 반박하였다. → 백남운

02 신채호   정답 ⑤

자료 분석

> 『이순신전』과 『을지문덕전』 + 『조선상고사』 → 신채호
>
> 신채호는 일제의 식민 사학에 맞서 우리 민족의 주체적인 역사를 강조한 민족주의 사학자로, 『이순신전』, 『을지문덕전』 등 외국의 침략에 대항하여 승리한 우리나라 영웅들의 전기를 저술·보급하여 민족 의식을 고취시켰다. 또한 『조선상고사』에서 역사를 '아(我)'와 '비아(非我)'의 투쟁으로 정의하였다.

선택지 분석

① 『여유당전서』를 간행하고 조선학 운동을 주도하였다.
　→ 정인보, 안재홍 등
② 유교의 개혁을 주장하는 「유교구신론」을 제창하였다.
　→ 박은식
③ 조선사 편수회에 들어가 『조선사』 편찬에 참여하였다.
　→ 이병도 등
④ 『조선사회경제사』에서 식민 사학의 정체성론을 반박하였다.
　→ 백남운
⑤ 민중의 직접 혁명을 주장한 「조선혁명선언」을 작성하였다.
　→ 신채호
　└ 신채호는 의열단장 김원봉의 부탁을 받고, 의열단의 활동 지침인 「조선혁명선언」을 작성하여 민중의 직접 혁명을 주장하였다.

03 백남운   정답 ③

자료 분석

> 『조선사회경제사』 출판 → 백남운
>
> 백남운은 일제 강점기의 역사학자로, 사회주의 사상에 기초한 역사관인 유물 사관에 입각하여 『조선사회경제사』와 『조선봉건사회경제사』를 저술하였다. 특히 백남운은 그의 저서를 통해 한국사가 세계사적인 일원론적 역사 법칙에 따라 발전해 왔음을 입증하였다.

선택지 분석

① 진단 학회를 조직하였다. → 이병도, 손진태 등
② 『한국독립운동지혈사』를 저술하였다. → 박은식
③ 식민 사학의 정체성론을 반박하였다. → 백남운
　└ 백남운은 『조선사회경제사』에서 한국사가 세계사의 보편적인 발전 법칙에 따라 발전했음을 주장하며, 식민주의 사학의 정체성론을 반박하였다.
④ 『우리말 큰사전』 편찬 사업을 추진하였다.
　→ 이극로, 최현배 등
⑤ 민족의 얼을 강조하고 조선학 운동을 주도하였다. → 정인보

04 조선어 학회   정답 ④

자료 분석

> 최현배, 이극로 + 치안 유지법 + 『조선말 큰사전』
> → 조선어 학회
>
> 조선어 학회는 이윤재, 최현배, 이극로 등이 주도한 단체로, 한글 교재를 편찬하고 강연회를 통하여 한글을 보급하였다. 또한 한글 맞춤법 통일안과 표준어를 제정하였으며, 『조선말 큰사전』 편찬을 준비하였다. 그러나 일제가 치안 유지법 위반 명목으로 조선어 학회 회원들을 구속(조선어 학회 사건, 1942)하며 학회가 강제 해산되었고, 사전은 편찬되지 못하였다.

선택지 분석

① 한글 신문인 제국신문을 간행하였다. → 이종일
② 태극 서관을 설립하여 서적을 보급하였다. → 신민회
③ 파리 강화 회의에 독립 청원서를 제출하였다. → 신한청년당
④ 한글 맞춤법 통일안과 표준어 사정안을 제정하였다.
　→ 조선어 학회
　└ 조선어 학회는 한글 맞춤법 통일안과 표준어 사정안을 제정하였다.
⑤ 국문 연구소를 두어 한글을 체계적으로 연구하였다.
　→ 대한 제국의 학부

개념 적용 기출문제

05
(가)~(마)에 들어갈 내용으로 옳은 것은? [2점] 〈61회 42번〉

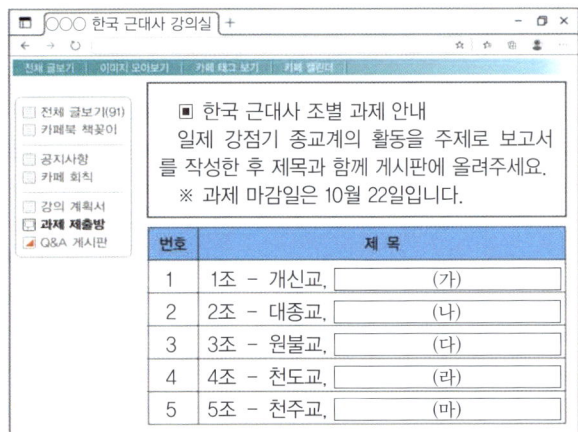

① (가) - 단군 숭배 사상을 통해 민족 의식을 높이다
② (나) - 의민단을 조직하여 무장 투쟁을 전개하다
③ (다) - 간척 사업을 진행하고 새 생활 운동을 펼치다
④ (라) - 배재 학당을 세워 신학문 보급에 기여하다
⑤ (마) - 어린이날을 제정하고 소년 운동을 추진하다

07
밑줄 그은 '이 사건' 이후의 사실로 옳은 것은? [2점] 〈42회 44번〉

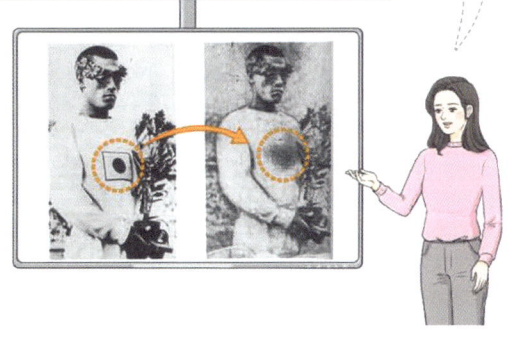

이 사진은 베를린 올림픽에서 우승한 손기정 선수의 시상식 모습입니다. 일부 신문들이 손기정 선수의 가슴에 있던 일장기를 삭제했는데, 이 사건으로 해당 신문들은 무기 정간을 당하거나 자진 휴간했습니다.

① 일제에 의해 경성 제국 대학이 설립되었다.
② 신경향파 작가들이 카프(KAPF)를 결성하였다.
③ 나운규가 제작한 영화 아리랑이 처음 개봉되었다.
④ 여성 계몽과 구습 타파를 주장하는 근우회가 창립되었다.
⑤ 일제가 한글 학자들을 구속한 조선어 학회 사건이 일어났다.

06
밑줄 그은 '시기'에 볼 수 있는 모습으로 가장 적절한 것은? [3점] 〈70회 39번〉

① 관민 공동회에서 연설하는 백정
② 교육 입국 조서를 발표하는 관리
③ 원각사에서 은세계 공연을 보는 관객
④ 전차 개통식에 참여하는 한성 전기 회사 직원
⑤ 카프(KAPF)를 형성하여 활동하는 신경향파 작가

08
(가) 인물에 대한 설명으로 옳은 것은? [3점] 〈66회 40번〉

문학으로 보는 한국사

내 고장 칠월은
청포도가 익어가는 시절

이 마을 전설이 주저리주저리 열리고
먼 데 하늘이 꿈꾸며 알알이 들어와 박혀

하늘 밑 푸른 바다가 가슴을 열고
흰 돛단배가 곱게 밀려서 오면

내가 바라는 손님은 고달픈 몸으로
청포(靑袍)를 입고 찾아온다고 했으니

내 그를 맞아 이 포도를 따 먹으면
두 손은 함뿍 적셔도 좋으련

아이야, 우리 식탁엔 은쟁반에
하이얀 모시 수건을 마련해 두렴

[해설] 이 시는 독립 운동가이자 문학가인 (가)의 「청포도」이다. 그는 이 시를 비롯한 다양한 작품에서 식민지 현실에 맞서 꺼지지 않는 민족 의식을 표현하였다. 그의 본명은 이원록으로 안동에서 태어났고, 1927년 장진홍의 조선은행 대구 지점 폭탄 의거에 연루되어 투옥되었다. 이후에도 그는 중국을 오가며 독립운동에 힘쓰다가 1943년 체포되어 이듬해 베이징의 일본 감옥에서 생을 마감하였다.

① 소설 『상록수』를 신문에 연재하였다.
② 「광야」, 「절정」 등의 저항시를 발표하였다.
③ 타이완에서 일본 육군 대장을 저격하였다.
④ 삼균주의를 바탕으로 한 건국 강령을 만들었다.
⑤ 『여유당전서』를 간행하고 조선학 운동을 전개하였다.

해설

05 일제 강점기 종교계의 활동   정답 ③

자료 분석

일제 강점기 종교계의 활동

일제 강점기에는 종교계에서 다양한 활동을 전개하였다. 대종교는 중광단을, 천주교는 의민단을 조직하여 항일 무장 투쟁을 전개하였다. 개신교는 일제에 맞서 1930년대에 신사 참배 거부 운동을 벌였다. 또한 천도교는 어린이날을 제정하고 아동 잡지인 『어린이』를 창간하는 등 소년 운동을 전개하였고, 원불교는 저축 운동, 허례허식 폐지, 금주·단연 등 새 생활 운동을 전개하였다.

선택지 분석

① (가) - 단군 숭배 사상을 통해 민족 의식을 높이다 → 대종교
② (나) - 의민단을 조직하여 무장 투쟁을 전개하다 → 천주교
③ (다) - 간척 사업을 진행하고 새 생활 운동을 펼치다
    → 원불교
    └ 원불교는 박중빈을 중심으로 간척 사업을 추진하고 허례허식 폐지, 금주·단연 등의 새 생활 운동을 전개하였다.
④ (라) - 배재 학당을 세워 신학문 보급에 기여하다 → 개신교
⑤ (마) - 어린이날을 제정하고 소년 운동을 추진하다 → 천도교

06 영화 아리랑이 처음 개봉된 시기의 모습   정답 ⑤

자료 분석

나운규 + 아리랑 → 영화 아리랑(1926)

일제 강점기인 1926년에 식민 지배를 받던 우리 민족의 비애를 표현한 나운규의 영화 아리랑이 서울의 단성사에서 처음 개봉되었다.

선택지 분석

① 관민 공동회에서 연설하는 백정 → 1898년
② 교육 입국 조서를 발표하는 관리 → 1895년
③ 원각사에서 은세계 공연을 보는 관객 → 1908~1909년
④ 전차 개통식에 참여하는 한성 전기 회사 직원 → 1899년
⑤ 카프(KAPF)를 형성하여 활동하는 신경향파 작가
    → 1925년~1935년
    └ 카프(KAPF)는 1925년에 설립되어 1935년에 해산된 문예 단체로, 식민지 현실과 계급 의식 고취를 강조하였다.

07 일장기 말소 사건 이후의 사실   정답 ⑤

자료 분석

손기정 선수 + 일장기를 삭제 → 일장기 말소 사건(1936)

동아일보와 조선중앙일보는 베를린 올림픽의 마라톤 우승자 손기정 선수의 사진을 게재하면서 유니폼에 그려진 일장기를 삭제하였다(일장기 말소 사건, 1936). 이 사건으로 인해 동아일보와 조선중앙일보는 일제에 의해 무기한 정간되었다.

선택지 분석

① 일제에 의해 경성 제국 대학이 설립되었다. → 1924년
② 신경향파 작가들이 카프(KAPF)를 결성하였다. → 1925년
③ 나운규가 제작한 영화 아리랑이 처음 개봉되었다.
    → 1926년
④ 여성 계몽과 구습 타파를 주장하는 근우회가 창립되었다.
    → 1927년
⑤ 일제가 한글 학자들을 구속한 조선어 학회 사건이 일어났다. → 1942년
    └ 일제는 1942년 조선어 학회를 독립운동 단체로 간주하여 한글 학자들을 구속하는 조선어 학회 사건을 일으켰으며, 이로 인해 조선어 학회가 해산되었다.

08 이육사   정답 ②

자료 분석

「청포도」 + 조선은행 대구 지점 폭탄 의거 → 이육사

이육사(본명은 이원록)는 일제 강점기의 대표적인 저항 시인이다. 그는 1925년에 독립운동 단체인 의열단에 가입하였고, 1927년에 장진홍의 조선은행 대구 지점 폭탄 의거에 연루되어 3년 형을 받고 대구 형무소에 투옥되었다. 수감 당시 그의 수인(囚人, 교도소에 구금된 사람) 번호가 264번이어서, 호를 '육사(陸史)'로 지었다고 전해진다.

선택지 분석

① 소설 『상록수』를 신문에 연재하였다. → 심훈
② 「광야」, 「절정」 등의 저항시를 발표하였다. → 이육사
    └ 이육사는 일제 강점기의 저항 시인으로, 「광야」, 「절정」 등의 저항시를 발표하여 항일 정신을 드러냈다.
③ 타이완에서 일본 육군 대장을 저격하였다. → 조명하
④ 삼균주의를 바탕으로 한 건국 강령을 만들었다. → 조소앙
⑤ 『여유당전서』를 간행하고 조선학 운동을 전개하였다.
    → 정인보, 안재홍 등

빈출 개념   일제 강점기의 대표 문학 작품

이육사	「광야」, 「절정」 등
심훈	『상록수』, 「그날이 오면」 등
윤동주	「서시」, 「별 헤는 밤」, 「참회록」 등

일제 강점기 핵심 키워드 마무리 체크

1910	1912	1919. 3.	1919. 9.	1920	1925	1926	1927	1929
국권 피탈	・조선 태형령 제정 ・토지 조사 사업 실시	3·1 운동	대한민국 임시 정부 수립	・산미 증식 계획 실시 ・봉오동·청산리 전투	치안 유지법 제정	6·10 만세 운동	신간회 결성	광주 학생 항일 운동

무단 통치 시기 | **문화 통치 시기**

1910 ~1919 | **무단 통치 시기**
- 국권 피탈, 조선 총독부 설치(1910)
- 회사령 제정(1910)
- 신흥 강습소 설립(1911)
- 105인 사건(1911)
- 토지 조사령 제정(1912)
- 조선 ① 제정(1912)
- 독립 의군부 결성(1912, 해체: 1914)
- 대한 광복군 정부 수립(1914)
- 대조선 국민군단 결성(1914)
- 대한 광복회 결성(1915, 해체: 1918)
- 2·8 독립 선언(1919)
- 3·1 운동(1919)
- 신흥 무관 학교 설립(1919)
- ② 수립(1919)
- 의열단 결성(1919)

1919 ~1931 | **문화 통치 시기**
- 산미 증식 계획 시작(1920)
- 회사령 철폐(1920)
- 조선 물산 장려회 조직(평양, 1920)
- 봉오동·③ 전투(1920)
- 간도 참변(1920)
- 자유시 참변(1921)
- ④ 개최(1923)
- 조선 민립 대학 기성회 설립(1923)
- 조선 형평사 창립(1923)
- 암태도 소작 쟁의(1923)
- 임시 정부, 이승만 탄핵(1925)
- 치안 유지법 제정(1925)
- 미쓰야 협정(1925)
- 6·10 만세 운동(1926)
- 나운규, 아리랑 상영(1926)
- 정우회 선언(1926)
- ⑤ · 근우회 결성(1927)
- 원산 노동자 총파업(1929)
- 광주 학생 항일 운동(1929)

민족 말살 통치 시기

1931~ / **민족 말살 통치 시기**
- 만주 사변(1931)
- 한인 애국단 조직(1931)
- 조선어 학회 창립(1931)
- 이봉창 · ⑥ 의거(1932)
- 한국 독립군, 쌍성보 전투 승리(1932)
- 농촌 진흥 운동 시작(1932)
- 조선 혁명군, 흥경성 전투 승리(1933)
- 조선어 학회, 한글 맞춤법 통일안 제정(1933)
- 조선 농지령 공포(1934)
- 민족 혁명당 창당(1935)
- 조선 사상범 ⑦ 제정(1936)
- 중·일 전쟁 발발(1937)
- 황국 신민 서사 제정(1937)

~1945 / **민족 말살 통치 시기**
- 지원병제 시행(1938)
- 국가 총동원법 제정(1938)
- ⑧ 창설(1938)
- 국민 징용령 공포(1939)
- 창씨개명 실시(1940)
- 임시 정부, ⑨ 창설(1940)
- 임시 정부, 대한민국 건국 강령 발표(1941)
- 조선 사상범 예방 구금령 제정(1941)
- 임시 정부, 대일 선전 포고(1941)
- 조선어 학회 사건(1942)
- 학도 지원병제 시행(1943)
- 징병제 시행(1944)
- 조선 건국 동맹 조직(1944)
- 8·15 광복(1945)

정답 ① 태형령 ② 대한민국 임시 정부 ③ 청산리 ④ 국민 대표 회의 ⑤ 신간회 ⑥ 윤봉길 ⑦ 보호 관찰령 ⑧ 조선 의용대 ⑨ 한국광복군

해커스 한국사능력검정시험 심화(1·2·3급) **한권합격**

VIII. 현대

- **27강** 대한민국 정부 수립 과정
- **28강** 이승만 정부~박정희 정부
- **29강** 전두환 정부와 민주화 운동
- **30강** 노태우 정부~문재인 정부

| 구석기 시대 시작 | 삼국 건국 | 고려 건국 |
| 약 70만 년 전 | 기원전 1세기경 | 918년 |

선사 시대   고대   고려 시대

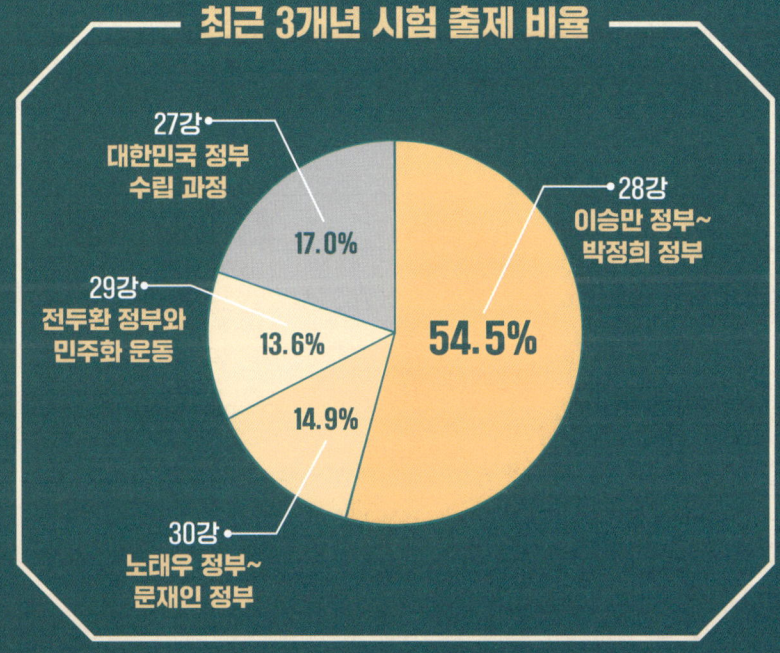

최근 3개년 시험 출제 비율

- 27강 대한민국 정부 수립 과정 17.0%
- 28강 이승만 정부~박정희 정부 54.5%
- 29강 전두환 정부와 민주화 운동 13.6%
- 30강 노태우 정부~문재인 정부 14.9%

1위 28강 이승만 정부~박정희 정부 **54.5%**
이 시기의 헌법 개정 과정과 민주화 운동을 연결 지어 학습해야 합니다.

2위 27강 대한민국 정부 수립 과정 **17.0%**
대한민국 정부 수립 과정과 6·25 전쟁을 묻는 문제가 주로 출제됩니다.

3위 30강 노태우 정부~문재인 정부 **14.9%**
각 정부의 경제 정책과 통일 노력에 대한 문제가 주로 출제됩니다.

조선 건국 1392년	흥선 대원군 집권 1863년	국권 피탈 1910년	광복 1945년
조선 시대	근대	일제 강점기	**현대**

27강 대한민국 정부 수립 과정

1 8·15 광복 전후의 상황 [기출자료 1] 최근 3개년 시험 중 1회 출제!

1. 광복 직전의 상황
(1) **국제 사회의 논의**: 연합국이 카이로 선언과 포츠담 선언에서 한국의 독립을 약속하였다.
(2) **건국 준비 활동**: 일제의 패망과 광복에 대비하여 여운형 등이 조선 건국 동맹을 결성하였다.

2. 광복 직후의 상황
(1) **조선 건국 준비 위원회 조직(1945. 8. 15.)**: 여운형이 중심이 되어 조직하였으며, 조선 인민 공화국을 수립하고 전국 각 지역에 인민 위원회를 조직하였다. 그러나 미 군정의 조선 인민 공화국 부정 이후 해체되었다.
(2) **미군정 실시**: 미군이 한반도에 설정된 38도선의 남쪽을 직접 통치하였다. 미군정은 귀속 재산을 처리하기 위해 신한공사를 설립하였으며, 미국의 6-3-3학제◆를 처음 도입하였다.

빈출 키워드 랭킹
- 1위 신한공사 5번 출제
- 2위 조선 건국 준비 위원회 4번 출제
- 3위 조선 건국 동맹 3번 출제

◆ **신한공사**
미군정의 기관으로, 동양 척식 주식회사 소유의 재산과 토지를 관리함

◆ **6-3-3학제**
초등학교 6년, 중학교 3년, 고등학교 3년으로 정한 교육 제도

2 대한민국 정부 수립 과정 최근 3개년 시험 중 14회 출제!

1. 모스크바 삼국 외상 회의와 좌·우 대립 [기출자료 2]
(1) **모스크바 삼국 외상 회의(1945. 12.)**: 미국, 영국, 소련의 외상(외무장관)이 한반도 문제에 대해 협의하였다.

내용	임시 민주 정부 수립, 임시 정부 수립을 지원하기 위한 미·소 공동 위원회 설치, 4개국(미국, 영국, 중국, 소련)의 최고 5년간 한국 신탁 통치◆ 실시 등에 대해 협의함
반발	신탁 통치를 둘러싸고 우익(김구, 이승만)은 신탁 통치 반대 운동(반탁 운동)을 펼쳤으며, 좌익은 찬성하는 쪽으로 태도를 바꾸며 갈등이 발생함

(2) **제1차 미·소 공동 위원회(1946. 3.)**: 미국과 소련이 임시 민주 정부 수립을 위한 협의에 참여할 단체 범위를 두고 논쟁하다가 결렬되었다(미국: 찬·반탁 세력 모두 포함 ↔ 소련: 찬탁 세력만 포함).
(3) **정읍 발언(1946. 6.)**: 이승만이 정읍에서 남한만의 단독 정부 수립을 주장하였다.
(4) **좌·우 합작 위원회 조직(1946. 7.)**: 남북 분단을 우려한 중도 세력 여운형(좌익)과 김규식(우익)이 민주주의 임시 정부를 수립하기 위해 조직하였으며, 좌·우 합작 7원칙◆을 발표하였다.

2. 한반도 문제의 유엔 상정과 남북 협상 [기출자료 3]
(1) **한반도 문제의 유엔 이관(1947. 10.)**: 제2차 미·소 공동 위원회(1947. 5.)가 완전히 결렬되자, 미국의 제안으로 한반도 문제가 유엔(국제 연합)에 이관되었다.
(2) **유엔 총회의 결의(1947. 11.)**: 유엔 총회가 인구 비례에 따른 남북한 총선거 실시를 결의하였다.

빈출 키워드 랭킹
- 1위 좌·우 합작 위원회 9번 출제
- 2위 5·10 총선거 4번 출제
- 3위 모스크바 삼국 외상 회의 2번 출제

◆ **신탁 통치**
국제 연합의 감독하에 특정 국가가 기한을 정해 다른 국가나 일정 지역을 대신 통치하는 제도

◆ **좌·우 합작 7원칙**
- 좌·우 합작 위원회가 좌익과 우익의 의견을 절충하여 1946년 10월에 발표한 7원칙
- 통일 임시 정부 수립, 유상 매상과 무상 분배 원칙하의 토지 개혁, 반민족 행위자 처벌 등을 제시함

기출 분석 특강

기출자료 1 · 8·15 광복 전후의 상황

(1) 미군정의 조선 인민 공화국 부정 49회 출제

> 스스로 추천하고 스스로 임무를 맡음
> 북위 38도 이남의 조선에는 오직 한 정부가 있을 뿐이다. …… 자천자임(自薦自任)한 관리라든가 경찰이라든가 국민 전체를 대표하였노라는 대소 회합이라든가 조선 인민 공화국이라든지 조선 인민 공화국 내각은 권위와 세력과 실재가 전혀 없는 것이다.
> — 미군정 장관 육군 소장 아놀드

자료 분석
광복 직후 수립된 조선 건국 준비 위원회는 조선 인민 공화국의 수립을 선포하여 한국인을 대표하고자 하였다. 그러나 미군정은 조선 인민 공화국을 정부로 인정하지 않았다.

함께 나올 기출선택지
- 일제의 패망과 광복에 대비하여 **조선 건국 동맹**을 결성하였다. 69·67회
- **조선 건국 준비 위원회**에서 **조선 인민 공화국을 선포**하였다. 64회
- 미군정 – **신한공사**가 설립되어 귀속 재산을 관리하였다. 68·66·64회
- 미군정 – 미국에서 시행되고 있던 **6-3-3학제**를 처음 도입하였다. 48회

기출자료 2 · 모스크바 삼국 외상 회의와 좌·우 대립

(1) 모스크바 삼국 외상 회의 41회 출제

> ✔ 출제TIP 모스크바 삼국 외상 회의는 '신탁 통치'가 자료의 키워드로 제시돼요!

> 3. …… 공동 위원회의 제안은 **최고 5년 기한의 4개국 신탁 통치 협약**을 작성하기 위해 미·영·소·중 4국 정부가 공동 참작할 수 있도록 조선 임시 정부와 협의한 후 제출되어야 한다.

자료 분석
모스크바 삼국 외상 회의에서는 한국에 대한 최대 5년의 신탁 통치가 결의되었다. 이에 한국에서는 신탁 통치를 두고 우익(반탁)과 좌익(찬탁)의 의견 대립이 심화되었다.

(2) 좌·우 합작 7원칙 58회 출제

> 1. 조선의 민주 독립을 보장한 3상 회의 결정에 의하여 남북을 통한 **좌·우 합작으로 민주주의 임시 정부를 수립**할 것.
> 3. **토지 개혁**에 있어 몰수, 유조건 몰수, 체감 매상 등으로 **토지를 농민에게 무상으로 나누어 주며** 시가의 기지와 큰 건물을 적정 처리하며 중요 산업을 국유화하며 …… 민주주의 건국 과업 완수에 매진할 것.

자료 분석
좌·우 합작 위원회는 좌·우익의 의견을 절충하여 좌·우 합작 7원칙을 발표하였다. 그러나 통일 임시 정부 수립과 토지 개혁, 친일파 처단 등의 내용을 둘러싸고 좌·우익 간에 입장 차이를 보여 큰 성과를 거두지 못하였다.

함께 나올 기출선택지
- 1945년 12월 – **모스크바 삼국 외상 회의**가 개최되었다. 69·66회
- 제1차 미·소 공동 위원회 – 임시 민주 정부 수립을 위한 **협의에 참여할 단체의 범위**를 두고 논쟁하였다. 47회
- 제1차 **미·소 공동 위원회**가 결렬되었다. 55회
- 이승만 – 정읍에서 **남한만의 단독 정부 수립**을 주장하였다. 54회
- **좌·우 합작 위원회**가 출범하였다. 58회
- **좌·우 합작 위원회**가 **좌·우 합작 7원칙**을 발표하였다. 62·60·57회

기출자료 3 · 한반도 문제의 유엔 상정과 남북 협상

(1) 유엔 총회의 남북한 총선거 결의문 46회 출제

> 총회가 당면하고 있는 한국 문제는 근본적으로 한국민 자체의 문제이며 그 자유와 독립에 관련된 문제이므로 …… **한국민에 의하여 실제로 정당하게 선출**된 자라는 것을 감시하기 위하여, 조속히 **유엔 한국 임시 위원단을 설치**하여 한국에 주재케 하고, 이 위원단에게 한국 전체를 여행·감시·협의할 수 있는 권한을 부여할 것을 결의한다.

자료 분석
1947년 11월 유엔 총회는 인구 비례에 따라 남북한 총선거를 시행하여 정부를 수립하기로 하고, 선거 감독을 위해 유엔 한국 임시 위원단을 파견할 것을 결의하였다.

함께 나올 기출선택지
- 유엔 총회에서 인구 비례에 따른 **남북한 총선거**를 결의하였다. 60·57회
- **유엔 한국 임시 위원단**이 설치되었다. 49회
- 유엔 소총회에서 **남한만의 단독 총선거**가 결의되었다. 58회
- 남북 협상 – **전조선 정당 사회 단체 지도자 협의회**가 성명서를 발표하였다. 44회

27강 대한민국 정부 수립 과정 **139**

27강 대한민국 정부 수립 과정

(3) **유엔 한국 임시 위원단의 내한(1948. 1.)**: 총선거 실시를 위해 유엔 한국 임시 위원단이 한국에 입국하였다. 그러나 북한과 소련은 유엔 한국 임시 위원단의 입북을 거부하였다.

(4) **유엔 소총회의 결의(1948. 2.)**: 유엔 소총회에서 남한만의 단독 총선거 실시를 결의하였다.

(5) **남북 협상 개최(1948. 4.)**

배경	· 유엔이 남한만의 단독 선거를 결의하며 분단의 가능성이 높아짐(1948. 2.) · 김구가 '삼천만 동포에게 읍고함'이라는 성명을 발표하며 단독 정부 수립에 반대함(1948. 2.)
전개	김구와 김규식이 북측에 남북 협상을 제의함 → 평양에서 북측의 김일성 등과 남북 연석 회의(전조선 제 정당 사회 단체 대표자 연석 회의)를 엶 → 남북 조선 제 정당 및 사회 단체 공동 성명서 발표

3. 대한민국 정부의 수립과 전후의 혼란 [기출자료 1]

(1) **대한민국 정부 수립**
 ① **5·10 총선거(1948. 5. 10.)**: 선거 결과 2년 임기의 제헌 국회의원이 선출되었다.
 ② **제헌 헌법 공포(1948. 7. 17.)**: 제헌 국회에서 국회의 간접 선거에 의한 대통령 선출 등의 내용을 담은 제헌 헌법을 공포하였다.
 ③ **대한민국 정부 수립(1948. 8. 15.)**: 제헌 국회에서 헌법에 따라 이승만을 대통령으로 선출하고 대한민국 정부 수립을 선포하였다.

(2) **정부 수립 전후의 혼란**

제주 4·3 사건 (1948. 4. 3.)	· 좌익 세력이 제주도에서 남한만의 단독 정부 수립을 반대하며 봉기 → 미군정과 토벌대의 무력 진압 → 무고한 제주도민들까지 희생됨 · 2000년에 희생자들의 명예 회복을 위한 특별법이 제정됨
여수 순천 10·19 사건 (1948. 10. 19.)	제주 4·3 사건 진압을 위해 파견 예정이었던 여수 주둔 국군 부대가 출동 명령을 거부하고 봉기함 → 무고한 여수·순천의 민간인들이 희생됨

◆ **유엔 한국 임시 위원단**
유엔 총회의 결정에 따라 남북 총선거의 공정한 실시를 위한 감시 및 관리를 위해 입국한 유엔 산하의 임시 기구

◆ **남북 조선 제 정당 및 사회 단체 공동 성명서**
남한만의 단독 선거와 단독 정부 수립 반대, 미·소 군대 철수 등을 요구하는 내용 등이 담긴 성명서

◆ **5·10 총선거**
· 우리나라 최초의 보통 선거로 21세 이상 모든 국민에게 투표권이 부여됨
· 제주 4·3 사건으로 인해 제주도 2곳을 제외한 선거구에서 198명의 국회의원이 선출됨

10초 컷! 핵심 키워드 암기
1. 광복 직후: 조선 건국 준비 위원회 조직, 미군정 실시
2. 대한민국 정부 수립 과정: 모스크바 삼국 외상 회의 → 제1차 미·소 공동 위원회 → 좌·우 합작 위원회 조직 → 한반도 문제의 유엔 이관 → 남북 협상 → 5·10 총선거 실시 → 제헌 국회 구성 → 대한민국 정부 수립
3. 정부 수립 전후의 혼란: 제주 4·3 사건, 여수·순천 10·19 사건

27강 개념 확인 퀴즈

1. 다음 설명이 맞으면 O표, 틀리면 X표를 하세요.
(1) 여운형은 일제 패망과 광복에 대비하여 조선 건국 준비 위원회를 결성하였다. ( )
(2) 미군정은 귀속 재산 관리를 위해 신한공사를 설립하였다. ( )
(3) 유엔 총회에서 인구 비례에 의한 남북 총선거가 의결되었다. ( )

2. 다음 괄호 안의 내용 중 옳은 것에 O표 하세요.
(1) (이승만 / 김규식)은 정읍에서 남한만의 단독 정부 수립을 주장하였다.
(2) (여운형 / 김구)을/를 중심으로 좌·우 합작 위원회가 조직되었다.
(3) 2000년에 (제주 4·3 사건 / 여수 순천 10·19 사건) 희생자들의 명예 회복을 위한 특별법이 제정되었다.

기출 분석 특강

기출자료 1 대한민국 정부의 수립과 전후의 혼란

(1) 5·10 총선거 65회 출제

- 사진으로 보는 우리나라 첫 번째 총선거
- 회의 중인 유엔 한국 임시 위원단
- 투표하는 사람들
- 투표 용지를 세는 개표 종사원

자료 분석
1948년 5월 10일, 남한에서 유엔 한국 임시 위원단의 감시 아래 최초의 민주적인 보통 선거인 5·10 총선거가 실시되었다.

(2) 제주 4·3 사건 62회 출제

- 기념관에 있는 이 비석은 왜 아무 글자도 새겨져 있지 않은 걸까?
- (가) 의 역사적 평가가 아직 마무리되지 못했음을 상징하는 거래. 제주도에서 일어난 (가) 은/는 남한만의 단독 선거를 반대하는 무장대와 이를 진압하는 토벌대 간의 무력 충돌이 있었고, 그 뒤 진압 과정에서 수많은 사람이 희생된 사건이야.

자료 분석
1948년 4월 3일, 좌익 세력이 남한만의 단독 정부 수립에 반대하며 봉기를 일으켰다. 이때 미군정과 토벌대의 무력 진압으로 무고한 제주도민이 큰 피해를 보았다.

(3) 여수·순천 10·19 사건 55회 출제

출제 TIP 사건이 일어난 날짜와 지역이 자료의 힌트로 출제돼요!

올해 10월 19일 제주도 사건 진압 차 출동하려던 여수 제14연대 소속 3명의 장교 및 40여 명의 하사관들은 각 대대장의 결사적 제지에도 불구하고 남로당 계열 분자 지도하에 반란을 일으켰다. 동월 20일 8시 여수를 점령하는 한편, 좌익 단체 및 학생들을 인민군으로 편성하여 동일 8시 순천을 점령하였다.

자료 분석
이승만 정부는 여수 주둔 국군 부대에 제주도 출동 명령을 내렸다. 그러나 부대 내의 좌익 세력은 제주도 출동 반대와 통일 정부 수립을 내세우며 무장 봉기하여 여수와 순천 지역을 장악하였다.

함께 나올 기출선택지
- 우리나라 최초의 보통 선거인 5·10 총선거가 실시되었다. 64회
- 5·10 총선거 – 2년 임기의 국회의원이 선출되었다. 46회
- 5·10 총선거 – 제헌 국회의원을 선출하기 위해 실시되었다. 71·65회
- 4·3 사건으로 많은 주민이 희생되었다. 50회
- 제주 4·3 사건 – 단독 정부 수립에 대한 반발로 일어난 사실들을 조사한다. 39회
- 제주 4·3 사건 – 희생자들의 명예 회복을 위해 특별법이 제정되었다. 62·53회
- 제주 4·3 사건 – 정부 차원에서 진상 조사 보고서를 발간하고 공식 사과하였다. 72회
- 여수 순천 10·19 사건이 일어났다. 69·63·60·58회

---

3. 질문에 맞는 답을 고르세요.

(1) 신탁 통치 결정의 배경은?
 ① 모스크바 삼국 외상 회의가 개최되었다.
 ② 좌·우 합작 7원칙이 발표되었다.

(2) 제헌 국회 수립 이전의 사실은?
 ① 여수·순천 10·19 사건
 ② 5·10 총선거

(3) 미·소 공동 위원회에 대한 설명은?
 ① 임시 민주 정부 수립을 위한 협의에 참여할 단체의 범위를 두고 논쟁하였다.
 ② 조선 인민 공화국을 수립하고 전국 각 지역에 인민 위원회를 조직하였다.

정답
1. (1) X(조선 건국 동맹)
   (2) ○ (3) ○
2. (1) 이승만 (2) 여운형
   (3) 제주 4·3 사건
3. (1) ①(②은 신탁 통치와 관련 X)
   (2) ②(①은 제헌 국회 수립 이후)
   (3) ①(②은 조선 건국 준비 위원회)

27강 대한민국 정부 수립 과정

개념 적용 기출문제

01
[61회 45번]
밑줄 그은 '군정청'이 있었던 시기의 사실로 옳은 것은? [2점]

□□ 신문
제△△호   ○○○○년 ○○월 ○○일

서윤복 선수 환영회, 중앙청 광장에서 개최

중앙청 관사에 모인 환영 인파

제51회 보스턴 세계 마라톤 대회에서 세계 신기록을 세우며 우승한 서윤복 선수의 환영회가 중앙청 광장에서 열렸다. 하지 중장, 헬믹 준장 등 군정청의 주요 인사와 김규식, 여운형, 안재홍 등 정계 인사를 비롯한 수많은 군중이 참석하여, 우리 민족의 의기를 세계에 과시한 서윤복 선수의 우승을 함께 기뻐하였다.

① 한·미 상호 방위 조약이 체결되었다.
② 제1차 경제 개발 5개년 계획이 추진되었다.
③ 반민족 행위 특별 조사 위원회가 설치되었다.
④ 신한공사가 설립되어 귀속 재산을 관리하였다.
⑤ 국가 보안법 개정안을 통과시킨 보안법 파동이 일어났다.

02
[57회 46번]
(가), (나) 사이의 시기에 있었던 사실로 옳은 것은? [2점]

(가) 본관(本官)은 본관에게 부여된 태평양 미국 육군 최고 지휘관의 권한을 가지고 조선 북위 38도 이남의 지역과 주민에 대하여 군정을 설립함. 따라서 점령에 관한 조건을 다음과 같이 포고함.
제1조 조선 북위 38도 이남의 지역과 동 주민에 대한 모든 행정권은 당분간 본관의 권한하에서 시행함.

(나) 대한민국 임시 정부는 28일 김구와 김규식의 명의로 '4개국 원수에게 보내는 결의문'을 채택하고, 각계 대표 70여 명으로 신탁 통치 반대 국민 총동원 위원회를 결성하였다. 여기서 강력한 반대 투쟁을 결의하고 김구·김규식 등 9인을 위원회의 '장정위원'으로 선정하였다.

① 카이로 선언이 발표되었다.
② 조선 건국 동맹이 결성되었다.
③ 모스크바 삼국 외상 회의가 개최되었다.
④ 좌·우 합작 위원회에서 좌·우 합작 7원칙을 합의하였다.
⑤ 유엔 총회에서 인구 비례에 따른 남북한 총선거를 결의하였다.

03
[35회 47번]
다음 두 주장이 제기된 계기로 가장 적절한 것은? [1점]

○ 우리는 피로써 건립한 독립국과 정부가 이미 존재하였음을 다시 선언한다. 5천 년의 주권과 3천 만의 자유를 전취하기 위하여 자기의 정치 활동을 옹호하고 외래의 탁치 세력을 배격함에 있다.

○ 신탁 제도 역시 그 내용이 조선 독립을 달성하는 순서상 과도적 방도인 한 충분히 진보적 역할을 하는 것이며, 8월 15일 해방으로부터의 위대한 일보 전진이다. 그것은 을사 조약이나 위임 통치와는 전연 다른 것일 뿐 아니라 우리가 통상 이해하는 신탁과도 아주 판이할 것이다.

① 이승만 정부가 반공 포로를 석방하였다.
② 김구, 김규식 등이 남북 협상에 참석하였다.
③ 제헌 국회에서 반민족 행위 처벌법이 제정되었다.
④ 모스크바 3국 외상 회의의 결정 사항이 보도되었다.
⑤ 유엔이 한반도에서 인구 비례에 따른 총선거 실시를 결의하였다.

04
[64회 42번]
(가) 시기에 있었던 사실로 옳은 것은? [2점]

신문을 보니 며칠 전 정읍에서 이승만이 단독 정부 수립을 시사하는 발언을 했다네. / 한국 독립당에서는 단독 정부 수립은 안 된다고 했다더군. ➡ (가) ➡ 우리 소련의 주장은 작년 제1차 미·소 공동 위원회 때와 같습니다. / 우리 미국은 신탁 통치에 반대하는 단체를 제외하는 것은 부당하다고 생각합니다.

① 여수·순천 10·19 사건이 발생하였다.
② 유엔 한국 임시 위원단이 서울에 도착하였다.
③ 송진우, 김성수 등이 한국 민주당을 창당하였다.
④ 여운형 등의 주도로 좌·우 합작 위원회가 발족되었다.
⑤ 조선 건국 준비 위원회에서 조선 인민 공화국을 선포하였다.

해설

01 미 군정기의 사실   정답 ④

자료 분석

하지 중장 + 군정청 → 미 군정기

미 군정기는 1945년 9월부터 1948년 8월 15일 대한민국 정부가 수립되기까지 실시한 군사 통치 시기이다. 광복 이후 하지 중장의 지휘 아래 남한에 주둔한 미군은 통치 기관으로 군정청을 설치하고 직접 통치 방식으로 남한을 통치하였다.

선택지 분석

① 한·미 상호 방위 조약이 체결되었다. → 이승만 정부
② 제1차 경제 개발 5개년 계획이 추진되었다. → 박정희 정부
③ 반민족 행위 특별 조사 위원회가 설치되었다. → 이승만 정부
④ 신한공사가 설립되어 귀속 재산을 관리하였다. → 미 군정기
　└ 미 군정기에는 신한공사를 설립하여 일제가 남기고 간 귀속 재산을 관리하였다.
⑤ 국가 보안법 개정안을 통과시킨 보안법 파동이 일어났다.
　→ 이승만 정부

02 1945년 한반도의 정세   정답 ③

자료 분석

(가) 조선 북위 38도 이남의 지역과 주민에 대하여 군정을 설립 → 1945년 9월
(나) 신탁 통치 반대 국민 총동원 위원회 결성 → 1945년 12월

(가) 광복(1945. 8. 15.) 직후인 1945년 9월 미국이 태평양 미국 육군 총사령부 포고 제1호를 발표하며, 미군이 한반도 이남을 통치하였다.
(나) 김구, 김규식 등 대한민국 임시 정부의 요인들은 한반도에 대한 최고 5년의 신탁 통치 결의에 반발하여, 1945년 12월 신탁 통치 반대 국민 총동원 위원회를 결성하였다.

선택지 분석

① 카이로 선언이 발표되었다. → 1943년 12월, (가) 이전
② 조선 건국 동맹이 결성되었다. → 1944년 8월, (가) 이전
③ 모스크바 삼국 외상 회의가 개최되었다. → 1945년 12월
　└ 1945년 12월에 열린 모스크바 삼국 외상 회의에서 한반도에 대한 신탁 통치가 결정되자, 국내에서 신탁 통치 반대 국민 총동원 위원회가 결성되었다.
④ 좌·우 합작 위원회에서 좌·우 합작 7원칙을 합의하였다.
　→ 1946년 10월, (나) 이후
⑤ 유엔 총회에서 인구 비례에 따른 남북한 총선거를 결의하였다. → 1947년 11월, (나) 이후

03 신탁 통치 문제   정답 ④

자료 분석

· 외래의 탁치 세력을 배격 → 신탁 통치 반대
· 신탁 제도 + 조선 독립을 달성하는 순서상 과도적 방도
　→ 신탁 통치 찬성

모스크바 삼국 외상 회의에서 결의된 신탁 통치에 대해 김구, 이승만 등의 우익은 반대 운동을 전개하였다. 좌익도 초기에 이를 반대하였으나, 이후 신탁 통치를 독립을 위한 지원으로 받아들이며 모스크바 삼국 외상 회의의 결정을 지지하였다.

선택지 분석

① 이승만 정부가 반공 포로를 석방하였다.
　→ 6·25 전쟁의 정전 반대
② 김구, 김규식 등이 남북 협상에 참석하였다.
　→ 남한 단독 정부 수립 반대
③ 제헌 국회에서 반민족 행위 처벌법이 제정되었다.
　→ 친일파 청산
④ 모스크바 삼국 외상 회의의 결정 사항이 보도되었다.
　→ 신탁 통치 실시
　└ 모스크바 삼국 외상 회의에서 한반도에 대한 신탁 통치 실시를 결정하자 우익과 좌익이 이를 둘러싸고 대립하였다.
⑤ 유엔이 한반도에서 인구 비례에 따른 총선거 실시를 결의하였다. → 남북한 총선거 실시

04 정읍 발언과 제2차 미·소 공동 위원회 사이의 사실   정답 ④

자료 분석

· 정읍 + 이승만 → 이승만의 정읍 발언(1946. 6.)
· 소련 + 제1차 미·소 공동 위원회 때와 같음 + 미국
　→ 제2차 미·소 공동 위원회(1947. 5.)

· 이승만이 정읍에서 남한만의 단독 정부 수립을 주장하였다(정읍 발언, 1946. 6.).
· 미국과 소련은 제2차 미·소 공동 위원회를 재개(1947. 5.)하였으나, 여전히 이견을 좁히지 못한 채 결렬되었다.

선택지 분석

① 여수·순천 10·19 사건이 발생하였다. → 1948년 10월
② 유엔 한국 임시 위원단이 서울에 도착하였다. → 1948년 1월
③ 송진우, 김성수 등이 한국 민주당을 창당하였다.
　→ 1945년 9월
④ 여운형 등의 주도로 좌·우 합작 위원회가 발족되었다.
　→ 1946년 7월
　└ 1946년 7월에 여운형과 김규식의 주도로 좌·우 합작 위원회가 발족되었다.
⑤ 조선 건국 준비 위원회에서 조선 인민 공화국을 선포하였다.
　→ 1945년 9월

개념 적용 기출문제

05
46회 47번

다음 결의문이 채택된 시기를 연표에서 옳게 고른 것은? [2점]

> 총회가 당면하고 있는 한국 문제는 근본적으로 한국민 자체의 문제이며 그 자유와 독립에 관련된 문제이므로 …… 총회는 한국 대표가 한국 주재 군정 당국에 의하여 지명된 자가 아니라 한국민에 의하여 실제로 정당하게 선출된 자라는 것을 감시하기 위하여, 조속히 유엔 한국 임시 위원단을 설치하여 한국에 주재케 하고, 이 위원단에게 한국 전체를 여행·감시·협의할 수 있는 권한을 부여할 것을 결의한다.

1945. 8.	1945. 12.	1946. 3.	1946. 10.	1947. 5.	1948. 8.
	(가)	(나)	(다)	(라)	(마)
8·15 광복	모스크바 3국 외상 회의 개최	제1차 미·소 공동 위원회 개최	좌·우 합작 7원칙 발표	제2차 미·소 공동 위원회 개최	대한민국 정부 수립

① (가) ② (나) ③ (다) ④ (라) ⑤ (마)

07
70회 42번

다음 편지가 작성된 시기를 연표에서 옳게 고른 것은? [2점]

> 친애하는 메논 박사
> 남북 지도자 회담에 관하여 귀하와 귀 위원단에게 우리의 의견과 각서를 이미 제출한 바이오니와 우리는 가급적 우리 양인의 명의로 남에서 이에 찬동하는 제 정당의 대표 회담을 소집하여 이미 제출한 바에 제1차 보조를 하겠습니다. 이 회의에서 남쪽이 대표를 선출하면 북쪽에 연락할 인원과 방법에 대한 것을 결정하겠습니다. 귀 위원단이 이에 대하여 원만하고 적극적인 협조를 직접 간접으로 하여 주시면 대단히 감사하겠으며 우리 양방의 노력으로 하여금 우리가 공동으로 목적하는 바를 이루어지기를 믿습니다. 끝으로 우리의 심각한 경의를 표합니다.
> 김구, 김규식

(가)	(나)	(다)	(라)	(마)
8·15 광복	모스크바 3국 외상 회의	이승만 정읍 발언	좌·우 합작 7원칙 발표	유엔 총회 남북한 총선거 결정	제헌 국회 구성

① (가) ② (나) ③ (다) ④ (라) ⑤ (마)

06
72회 43번

(가) 사건에 대한 설명으로 가장 적절한 것은? [3점]

> 이것은 냉전과 분단의 상징물인 독일 베를린 장벽의 일부로, (가) 을/를 기념하는 이 공원에 기증되었습니다. 이곳 제주도에서 일어난 (가) 은/는 남한만의 단독 선거에 반대하는 무장대와 이를 진압하는 토벌대 간의 무력 충돌, 그 뒤 토벌대의 진압 과정에서 수많은 제주도민이 희생된 사건으로, 6·25 전쟁이 끝나고 나서야 종결되었습니다.

① 허정 과도 정부가 구성되는 결과를 가져왔다.
② 국가 보위 비상 대책 위원회가 설치되는 배경이 되었다.
③ 장기 독재를 비판하는 3·1 민주 구국 선언을 발표하였다.
④ 민주화를 위한 개헌 청원 100만인 서명 운동을 전개하였다.
⑤ 정부 차원에서 진상 조사 보고서를 발간하고 공식 사과하였다.

08
71회 47번

밑줄 그은 '총선거'에 대한 설명으로 옳은 것은? [1점]

공보물로 본 우리나라 선거의 역사

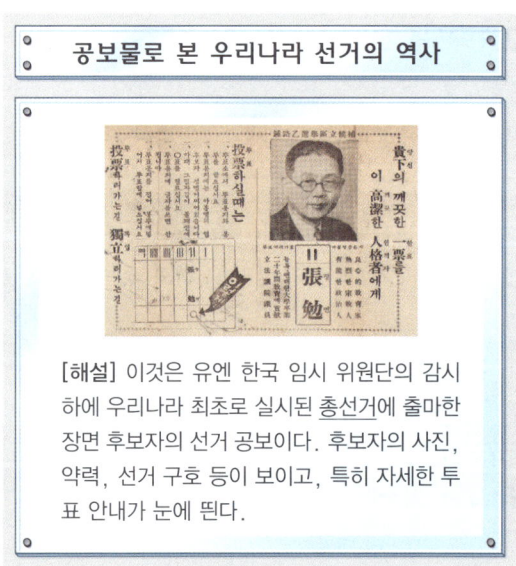

[해설] 이것은 유엔 한국 임시 위원단의 감시 하에 우리나라 최초로 실시된 총선거에 출마한 장면 후보자의 선거 공보이다. 후보자의 사진, 약력, 선거 구호 등이 보이고, 특히 자세한 투표 안내가 눈에 띈다.

① 5·16 군사 정변 이후에 실시되었다.
② 제헌 국회의원을 선출하기 위해 시행되었다.
③ 통일 주체 국민 회의 대의원이 투표에 참여하였다.
④ 민의원, 참의원으로 구성된 양원제 국회가 탄생하였다.
⑤ 신한 민주당이 창당 한 달 만에 제1 야당이 되는 결과를 가져왔다.

해설

05 유엔 총회의 남북한 총선거 결의안 채택 정답 ⑤

자료 분석

총회 + 유엔 한국 임시 위원단 설치
→ 유엔 총회의 남북한 총선거 결의안 채택

1947년 5월에 개최된 제2차 미·소 공동 위원회가 의견 대립으로 완전히 결렬되자, 미국은 한반도 문제를 유엔으로 이관하였다(1947. 10.). 이에 유엔 총회는 남북한 총선거 결의문을 채택(1947. 11.)하고, 총선거 실시를 위해 유엔 한국 임시 위원단을 파견하였다.

선택지 분석

① (가)
② (나)
③ (다)
④ (라)
⑤ (마)
  ┗ 제2차 미·소 공동 위원회가 개최(1947. 5.)되었으나 미국과 소련의 대립으로 결렬되자, 미국은 한반도 문제를 유엔에 이관하였다. 이에 유엔 총회는 인구 비례에 의한 남북한 총선거 결의문을 채택(1947. 11.)하고, 선거를 관리 감독하기 위해 유엔 한국 임시 위원단을 설치하여 한국에 파견하였다.

06 제주 4·3 사건 정답 ⑤

자료 분석

남한만의 단독 선거 반대 + 제주도민이 희생 → 제주 4·3 사건

광복 이후인 1948년에 제주도에서는 좌익 세력의 주도 아래 남한만의 단독 선거 반대와 통일 정부 수립을 주장하는 무장 봉기가 발생하였다. 이에 미군정은 경찰 및 우익 단체를 동원하여 봉기를 강력하게 탄압하였는데, 이때 무장 봉기 세력과 토벌대 간의 무력 충돌 및 미군정의 진압 과정에서 수많은 제주도민들까지 희생되었다(제주 4·3 사건).

선택지 분석

① 허정 과도 정부가 구성되는 결과를 가져왔다. → 4·19 혁명
② 국가 보위 비상 대책 위원회가 설치되는 배경이 되었다. → X
③ 장기 독재를 비판하는 3·1 민주 구국 선언을 발표하였다.
  → 유신 체제 반대 운동
④ 민주화를 위한 개헌 청원 100만인 서명 운동을 전개하였다.
  → 유신 체제 반대 운동
⑤ 정부 차원에서 진상 조사 보고서를 발간하고 공식 사과하였다. → 제주 4·3 사건
  ┗ 제주 4·3 사건은 노무현 정부 때인 2003년에 정부 차원에서 진상 조사 보고서를 발간하고 유족들에게 공식 사과하였다.

07 남북 협상 정답 ⑤

자료 분석

남북 지도자 회담 + 김구, 김규식 → 남북 협상(1948. 4.)

미국이 한반도 문제를 유엔으로 이관하였고(1947. 10.), 이에 유엔 총회에서 인구 비례에 따른 남북한 총선거 실시를 결의(1947. 11.)하였다. 그러나 소련이 유엔 한국 임시 위원단의 북한 입국을 거부하자, 1948년 2월에 유엔 소총회에서 유엔 한국 임시 위원단의 접근이 가능한 남한만의 단독 총선거를 결의하였다. 이에 분단을 우려한 김구와 김규식이 북측에 남북 협상을 제의하였으며, 같은 해 4월 평양에서 북측의 김일성, 김두봉과 함께 회의를 개최하였다.

선택지 분석

① (가)
② (나)
③ (다)
④ (라)
⑤ (마)
  ┗ 유엔 총회 남북한 총선거 결정(1947. 11.) 이후 1948년 4월에 분단을 우려한 김구와 김규식이 북측에 남북 협상을 제의하였고 같은 해 4월 평양에서 남북 지도자 회의를 개최하고 남북 조선 제 정당 및 사회 단체 공동 성명서를 발표하였다.

08 5·10 총선거 정답 ②

자료 분석

우리나라 최초로 실시된 총선거 → 5·10 총선거

5·10 총선거는 우리나라 최초로 실시된 첫 번째 총선거로, 임기 2년의 제헌 국회의원을 선출하기 위해 실시되었다. 5·10 총선거는 만 21세 이상의 모든 국민에게 투표권을 부여한 우리나라 최초의 보통 선거이자, 직접·평등·비밀·보통 원칙에 따른 민주 선거였다.

선택지 분석

① 5·16 군사 정변 이후에 실시되었다. → X
② 제헌 국회의원을 선출하기 위해 시행되었다. → 5·10 총선거
  ┗ 5·10 총선거는 임기 2년의 제헌 국회의원을 선출하기 위해 시행되었다.
③ 통일 주체 국민 회의 대의원이 투표에 참여하였다.
  → 유신 헌법 제정 이후
④ 민의원, 참의원으로 구성된 양원제 국회가 탄생하였다.
  → 제3차 개헌
⑤ 신한 민주당이 창당 한 달 만에 제1야당이 되는 결과를 가져왔다. → X

28강 이승만 정부~박정희 정부

1 제헌 국회의 활동과 6·25 전쟁 최근 3개년 시험 중 13회 출제!

1. 제헌 국회의 활동 [기출자료1]

(1) 반민족 행위 처벌법 제정

내용	한·일 병합에 협력한 자, 한국의 주권을 침해하는 데 도움을 준 자, 일본 치하 독립운동자나 그 가족을 살상·박해한 자 등을 처벌함
시행	· 반민족 행위 처벌법(반민법) 제정: 일제의 잔재를 청산하기 위함 · **반민족 행위 특별 조사 위원회**(반민특위) 설치: 반민족 행위자를 조사·구속함
한계	· 친일파 청산보다 반공을 내세운 이승만 정부가 비협조적인 태도를 보임 · 국회 프락치 사건◆과 반민특위 습격 사건◆ 등 발생 → 활동 기간이 축소되어 해체됨

(2) 농지 개혁법 제정

내용	· 한 가구 당 3정보 이상의 토지 소유 금지 · **유상 매수·유상 분배**의 원칙 → 연평균 수확량의 30%를 5년간 상환하면 소유권 인정
시행 과정	1949년 농지 개혁법이 제정됨 → 1950년 농지 개혁이 시행됨 → 6·25 전쟁으로 개혁이 잠시 중단되었다가 휴전 이후 농지 개혁이 재개됨
결과	소작농이 감소하고 자영농이 증가하면서 경자유전◆의 원칙을 실현함

(3) 귀속 재산 처리법 제정: 일본인 소유의 공장과 주택 등이 민간인에게 저렴한 가격으로 불하되었으나, 귀속 재산 불하 과정에서 특혜 문제가 발생하여 재벌이 탄생하는 계기가 되었다.

2. 6·25 전쟁 [기출자료2]

(1) 전쟁 전 정세: 주한 미군이 한반도에서 철수하였으며, **애치슨 선언**◆이 발표되었다.

(2) 전쟁의 전개 과정

북한의 남침	유엔군 참전	국군과 유엔군의 반격
북한군의 기습 남침(1950. 6. 25.) → 3일 만에 서울이 함락됨 → 정부 부산 피난, 낙동강 방어선을 구축함(**다부동 전투**◆)	→ 유엔 안전 보장 이사회가 참전을 결정하고 대한민국에 유엔군을 파견함 →	국군과 유엔군의 **인천 상륙 작전**(1950. 9.) 성공 → 서울 수복 → 평양을 점령하고 압록강까지 진격함

중국군의 개입	정전 회담 시작	정전 협정 체결
→ 중국군이 북한군을 지원함 → **흥남 철수 작전**◆ → 1·4 후퇴(서울 재함락, 1951. 1.) → 국군과 유엔군의 서울 재탈환 → 38도선 부근에서 전쟁이 교착 상태에 빠짐	→ 소련의 제의로 정전 회담 시작(1951. 7.) → 군사 분계선 설정 및 포로 송환 문제로 체결이 지연됨 → 이승만 대통령의 반공 포로◆ 석방 (1953. 6.)	→ **판문점**에서 유엔군, 중국군, 북한군이 정전 협정을 체결함(1953. 7.)

빈출 키워드 랭킹

1위 한·미 상호 방위 조약 9번 출제
2위 농지 개혁법 8번 출제
3위 인천 상륙 작전 4번 출제

◆ **국회 프락치 사건**
국회 의원 10여 명이 남조선 노동당의 첩자 활동을 하였다는 혐의를 받고 경찰에 연행된 사건

◆ **반민특위 습격 사건**
독립운동가들을 고문한 혐의로 고위급 경찰이 체포되자, 일부 경찰이 반민특위 사무실을 습격해 특위 위원들을 불법 체포한 사건

◆ **경자유전**
농사짓는 사람이 밭을 소유해야 한다는 뜻

◆ **애치슨 선언**
미국의 국무장관 애치슨이 1950년 1월에 발표한 것으로, 미국의 극동 방위선에서 한반도와 대만(타이완)을 제외한다는 내용이 담김

◆ **다부동 전투**
낙동강 방어선 전투 중 국군이 대구 다부동에서 미군과 함께 북한군을 격멸한 전투

◆ **흥남 철수 작전**
· 중국군의 개입으로 후퇴하던 국군과 유엔군이 전개한 흥남 해상으로의 대규모 철수 작전
· 군 수송선뿐만 아니라 민간 선박까지 동원되어 약 10만 명의 피난민을 남한으로 수송함

◆ **반공 포로**
· 북한군 포로 중 공산주의에 반대한 포로
· 이승만 대통령이 포로 수용소에 수용되어 있던 반공 포로를 일방적으로 석방시킴

기출 분석 특강

기출자료 1 · 제헌 국회의 활동

(1) 반민족 행위 처벌법 제정 42회 출제

지난 5·10 총선을 통해 구성된 국회가 반민족 행위자를 처벌할 수 있는 법안을 통과시켰습니다. 이 법의 적용을 받는 자는 한·일 합방에 협력한 자, 한국의 주권을 침해하는 데 도움을 준 자, 일본 치하 독립운동자나 그 가족을 살상·박해한 자 등입니다.
└ 제헌 국회
└ 반민족 행위 처벌법

자료 분석
제헌 국회는 일제의 식민 지배에 협력했던 민족 반역자를 청산하기 위해 제헌 헌법의 특별 규정에 따라 반민족 행위 처벌법을 제정하였다.

(2) 국회 프락치 사건 38회 출제

반민족 행위 특별 조사 위원회(반민특위)가 본격적으로 친일 청산에 나서자, 친일 경력이 있던 일부 경찰과 친일파들은 '공산당과 싸우는 애국지사를 잡아 간 반민특위 위원은 공산당'이라며 시위를 벌였다. 대통령은 특별 담화를 발표하고, 공산당과 내통했다는 구실로 반민특위 소속 국회의원들을 구속하였다.

자료 분석
국회 직속으로 설치된 반민특위 소속 국회의원들이 친일파 청산에 나서자, 반민특위 소속 국회의원들이 간첩 혐의로 구속되는 국회 프락치 사건이 일어났다.

함께 나올 기출선택지
- 반민족 행위 처벌법이 제정되었다. 63·62회
- 반민족 행위 특별 조사 위원회가 설치되었다. 70·69·61회
- 경찰이 반민족 행위 특별 조사 위원회를 습격하였다. 64·58회
- 반민특위를 이끌던 국회 의원들에게 간첩 혐의를 씌워 체포하였다. 53회
- 유상 매수, 유상 분배 원칙의 농지 개혁법이 제정되었다. 72·71·70·62회
- 일제가 남긴 재산 처리를 위한 귀속 재산 처리법이 처음 제정되었다. 63회

기출자료 2 · 6·25 전쟁

(1) 애치슨 선언 58회 출제

군사적 안전 보장의 입장에서 볼 때 태평양 지역의 정세 및 이 지역에 대한 미국의 정책은 어떤 것인가. 태평양 지역 방위선은 알류샨 열도에서 일본을 거쳐 오키나와, 필리핀 군도로 이어진다.

자료 분석
미국이 발표한 애치슨 선언으로 한국이 미국의 방위선에서 제외되면서, 북한이 남침을 계획할 수 있는 환경이 조성되었다.

(2) 인천 상륙 작전 39회 출제   ✓출제 TIP 인천 상륙 작전은 '인천'이 자료에서 키워드로 제시돼요!

말씀하신 대로 인천항은 많은 난점을 안고 있습니다. 이곳은 좁은 단일 수로로 대규모 함정의 진입이 불가능하고, 적이 기뢰를 매설할 경우 많은 피해가 예상됩니다. 이와 같은 어려운 조건 때문에 적군도 이 작전이 불가능하다고 판단할 것입니다. 하지만 바로 그 점이 적을 기습할 수 있는 충분한 요소라고 확신합니다.
└ 북한군   └ 인천 상륙 작전

자료 분석
낙동강 방어선을 지키던 국군과 유엔군은 유엔군 총사령관 맥아더의 지휘 아래 인천 상륙 작전을 실시하여 전세를 역전하고 서울을 되찾았다.

함께 나올 기출선택지
- 6·25 전쟁 이전 - 애치슨 선언이 발표되었다. 71·70·69·66회
- 북한의 전면적인 남침으로 6·25 전쟁이 발발하였다. 44회
- 국군이 다부동 전투에서 북한군의 공세를 방어했어요. 55회
- 인천 상륙 작전 이후 서울을 수복하였다. 61회
- 흥남 철수 작전이 전개되었다. 61회
- 소련의 제안으로 정전 회담이 개최됐어요. 55회
- 반공 포로가 석방되었다. 68회
- 판문점에서 6·25 전쟁 정전 협정이 조인되었다. 50회

28강 > 이승만 정부~박정희 정부

(3) 전쟁 이후의 상황
① **한·미 상호 방위 조약** 체결(1953. 10.): 대한민국과 미국이 서로의 군사적 안전을 보장하는 내용의 조약을 체결하였다.
② **삼백 산업 발달:** 미국의 경제 원조로 원조 물자(밀가루·설탕·면화)를 가공하는 삼백(제분·제당·면방직) 산업 중심의 소비재 산업이 발달하였다.

2 이승만 정부의 장기 집권 추진과 4·19 혁명 최근 3개년 시험 중 15회 출제!

빈출 키워드 랭킹
1위 조봉암 9번 출제
2위 발췌 개헌 6번 출제
3위 3·15 부정 선거 5번 출제

1. 이승만 정부의 장기 집권 추진 기출자료1

(1) 제1차 개헌(발췌 개헌)과 제2차 개헌(사사오입 개헌)

제1차 개헌 (발췌 개헌◆, 1952)	• 배경: 국회에서 대통령을 뽑는 간선제로는 이승만의 재선이 어렵다고 판단함 • 과정: 6·25 전쟁 중 임시 수도였던 부산에서 계엄령을 선포하고 기립 표결로 개헌안을 통과시킴 • 내용: 정·부통령 직선제, 내각 책임제 등
제2차 개헌 (사사오입 개헌, 1954)	• 배경: 6·25 전쟁 이후 자유당이 이승만의 장기 집권을 추구함 • 과정: 개헌 의석 수 1표 차이로 개헌안이 통과되지 않음 → 사사오입(반올림)의 논리로 개헌안을 불법 통과시킴 • 내용: 개헌 당시의 대통령(이승만)에 한하여 중임 제한을 철폐함

◆ **발췌 개헌**
정부와 여당이 요구한 대통령 직선제와 야당이 요구한 내각 책임제를 절충하였다는 의미에서 '발췌 개헌'이라고 불림

(2) 독재 체제 강화

진보당 사건	• 배경: 제3대 대통령 선거(1956)에서 선전한 조봉암이 진보당을 창당함 • 전개: 조봉암과 진보당 간부들을 북한의 간첩과 내통하고 북한의 통일 방안(평화 통일론)을 주장했다는 혐의로 구속(1958. 1.)한 후, 조봉암을 처형함
보안법 파동	반공 태세 강화 등의 내용을 담은 국가 보안법◆ 개정안을 통과시킴(1958. 12.)

◆ **국가 보안법**
국가의 안전을 위태롭게 하는 반국가활동을 규제함으로써, 국가의 안전과 국민의 생존, 자유를 확보하기 위하여 제정된 법률

2. 4·19 혁명 기출자료2

(1) 배경: 자유당이 부통령에 이기붕을 당선시키기 위해 **3·15 부정 선거◆**를 자행하였다.

(2) 전개 과정

마산 시위	경찰이 마산 시민들의 부정 선거 규탄 시위를 무력으로 진압하면서 수많은 사상자 발생 → 시위에 참가했던 김주열의 시신이 발견됨
4·19 혁명	고려대 학생들의 시위 → 학생과 시민들이 대규모 시위를 전개함 → 이승만 정부가 계엄령을 선포함 → 대학 교수단이 대통령 퇴진을 요구하며 시위 행진을 벌임

◆ **3·15 부정 선거**
• 이승만 대통령이 고령인 점을 고려하여 부통령에 이기붕을 당선시키기 위해 자행한 부정 선거
• 4할 사전 투표, 투표함 바꿔치기 등으로 조작함

(3) 결과
① **허정 과도 정부◆ 수립:** 이승만이 하야하고 외무 장관 허정을 수반으로 하는 과도 정부가 수립되었다.
② **제3차 개헌:** 허정 과도 정부에서 의원 내각제와 양원제(참의원·민의원) 등의 내용을 담은 제3차 개헌을 단행하였다.
③ **장면 내각 수립:** 제3차 개헌안의 내각 책임제에 따라 장면이 국무 총리가 되어 장면 내각이 수립되었다.

◆ **과도 정부**
완전한 정부를 수립할 때까지 일시적으로 성립하는 정부

기출 분석 특강

기출자료 1 이승만 정부의 장기 집권 추진

(1) 발췌 개헌 60회 출제

…… 전원 위원회의 '발췌 조항 전원 합의' 보고를 접수한 후 김종순 의원의 각 조항 설명이 있은 다음, 질의도 대체 토의도 아무것도 없이 …… 표결은 기립 표결로 작정하여 재석 166인 중 163표로써 실로 역사적인 결정을 보았다.

[자료 분석] 국회에서 대통령을 뽑는 간선제로는 이승만의 재선이 어렵다고 판단한 이승만 정부는 임시 수도였던 부산에서 발췌 개헌안을 기립 표결로 통과시켰다.

(2) 진보당 사건 59회 출제

1. 이 사건은 검찰이 아무런 증거도 없이 공소 사실도 특정하지 못한 채 조봉암 등 진보당 간부들에 대해 국가 변란 혐의로 기소를 하였고 ……
5. 이 사건은 정권에 위협이 되는 야당 정치인을 제거하려는 의도에서 표적 수사에 나서 극형인 사형에 처한 것으로 민주국가에서 있어서는 안 될 비인도적, 반인권적 인권 유린이자 정치 탄압 사건이다.

[자료 분석] 제3대 대통령 선거에서 선전한 조봉암이 진보당을 창당하자, 이에 위협을 느낀 이승만 정부는 조봉암과 진보당 간부들을 북한의 간첩과 내통했다는 혐의를 씌워 구속한 진보당 사건을 일으켰다.

함께 나올 기출선택지
- 비상 계엄이 선포된 가운데 발췌 개헌안이 통과되었다. 71·70·68·66회
- 발췌 개헌 – 계엄령 아래 국회에서 기립 표결로 통과되었다. 50회
- 사사오입 개헌 – 초대 대통령에 한해 중임 제한을 폐지하는 개헌안이 통과되었다. 67회
- 국가 보안법 개정안을 통과시킨 보안법 파동이 일어났다. 61·59·58회
- 조봉암을 중심으로 진보당이 창당되었다. 54·52회
- 평화 통일론을 주장한 진보당의 조봉암과 간부들이 구속되었다. 64·63·62·61회

기출자료 2 4·19 혁명

(1) 마산 시위 52회 출제 **출제 TIP** 마산 시위 도중 실종되었던 "김주열"이 자료에서 힌트로 제시됩니다.

오늘은 부정 선거를 규탄하는 시위에 가담했다가 실종되었던 마산상고 김주열 학생의 사망이 확인된 날이다. 그가 눈에 최루탄을 맞은 상태로 마산 앞바다에서 발견된 이 사건을 계기로 시민들의 시위가 전국적으로 확산되었다.

[자료 분석] 마산에서 3·15 부정 선거에 항의하는 시위가 전개된 후, 경찰이 쏜 최루탄에 사망한 김주열 학생의 시신이 마산 앞바다에서 발견되며 시민의 분노가 폭발하였다.

(2) 이승만 하야 54회 출제

첫째는 국민이 원한다면 대통령직을 사임할 것이며, 둘째는 지난번 정·부통령 선거에 많은 부정이 있었다고 하니, 선거를 다시 하도록 지시하였고, 셋째는 선거로 인연한 모든 불미스러운 것을 없애게 하기 위해서, 이미 이기붕 의장이 공직에서 완전히 물러나겠다고 결정한 것이다.

[자료 분석] 4·19 혁명이 전국으로 확산되자, 이승만이 결국 대통령직에서 물러나겠다는 성명을 발표하였다. 이에 따라 당시 외무장관이었던 허정이 이끄는 과도 정부가 수립되었다.

함께 나올 기출선택지
- 3·15 부정 선거에 항의하며 시위가 시작되었다. 61·58·56회
- 대학 교수단이 대통령 퇴진을 요구하며 시위 행진을 벌였다. 50회
- 이승만이 대통령직에서 물러나는 결과를 가져왔다. 66·64·63회
- 허정 과도 정부가 출범하는 계기가 되었다. 72·69·63·61회
- 제3차 개헌 – 의원 내각제를 골자로 하는 개헌이 이루어졌다. 54회
- 장면 내각이 출범하는 배경이 되었다. 68·65회

28강 이승만 정부~박정희 정부

3 박정희 정부 최근 3개년 시험 중 21회 출제!

빈출 키워드 랭킹
1위 3·1 민주 구국 선언 11번 출제
2위 6·3 시위 3번 출제
3위 유신 헌법 2번 출제

1. 박정희 정부의 정책과 장기 집권 추진 [기출자료 1]

(1) 박정희 정부 수립 과정

5·16 군사 정변	박정희 중심의 군부 세력이 군사 정변을 일으켜 장면 내각을 붕괴시킴 → 군사 혁명 위원회가 반공을 국시로 내건 혁명 공약을 발표함
군정 실시(1961)	국가 재건 최고 회의◆와 중앙정보부를 창설하여 군정을 실시함
제5차 개헌 (1962)	대통령 직선제와 단원제를 주요 내용으로 개헌하여 박정희가 대통령으로 당선됨

(2) 박정희 정부의 주요 정책

한·일 국교 정상화	한·일 회담◆ → 6·3 시위(굴욕적인 한·일 국교 정상화에 반대) → 한·일 협정◆(국교 정상화)
베트남 파병	• 미국의 요청에 따라 베트남전(월남전)에 군대를 파병함 • 추가 파병에 대한 대가로 브라운 각서를 체결하여 경제 발전을 위한 원조를 받음

(3) 박정희 정부의 장기 집권 추진
① **3선 개헌(제6차 개헌, 1969)**: 제6대 대통령 선거(1967)에서 박정희가 당선된 이후, 장기 집권을 위해 대통령의 3선 연임을 허용하는 개헌안을 통과시켰다.
② **야당의 성장**: 제7대 대통령 선거(1971)에서 박정희가 야당의 김대중 후보를 힘겹게 이기고, 총선에서 야당이 과반에 가까운 의석을 차지하는 등 야당 세력이 성장하였다.

2. 유신 체제의 성립과 전개 [기출자료 2]

(1) **10월 유신 선포**: 박정희 정부가 유신과 비상 계엄을 선포하고 국회를 해산하였다.
(2) **유신 헌법(제7차 개헌, 1972) 제정**: 박정희 정부가 유신 헌법을 제정하고 국민 투표로 확정하였다.
  ① **장기 독재 체제 마련**: 통일 주체 국민회의에서 간선제로 대통령을 선출하고, 대통령 임기를 6년(중임 제한 폐지)으로 연장하였다.
  ② **대통령 권한 강화**: 국회의원 1/3 선출권, 국회 해산권, 긴급 조치권◆ 등을 부여하였다.
(3) **유신 체제 반대 운동**: 장준하 등이 개헌 청원 100만인 서명 운동(1973)을 전개하였으며, 재야 인사와 야당 지도자들이 3·1 민주 구국 선언을 발표하였다(1976).
(4) **유신 체제의 붕괴(1979)**
  ① **YH 무역 사건**: YH 무역의 여성 노동자가 부당한 폐업 조치에 항의하는 과정에서 사망하였다.
  ② **부·마 민주 항쟁**: YH 무역 사건을 강하게 비판한 야당 총재 김영삼이 국회의원에서 제명되자, 부산과 마산에서 유신 체제 반대 시위를 전개하였다.
  ③ **붕괴**: 부·마 민주 항쟁의 진압에 대한 정부 내의 갈등으로 10·26 사태◆가 일어나 유신 체제가 붕괴되었다.

◆ **국가 재건 최고 회의**
5·16 군사 정변 당시의 군사 혁명 위원회가 재편된 것으로, 최고 통치 기구의 역할을 수행함

◆ **한·일 회담**
국교 정상화 이전에 한국과 일본 사이에 열린 회담으로, 중앙정보부장 김종필과 일본 외상 오히라가 무상 원조와 차관의 대략적인 금액을 비밀 메모 형태(김종필·오히라 비밀 메모)로 합의하였음

◆ **한·일 협정**
일본이 독립 축하금이라는 명목으로 무상 3억 달러·정부 차관 2억 달러·민간 차관 3억 달러를 제공하는 것에 합의하면서 국교가 정상화됨

◆ **긴급 조치권**
헌법상 국민의 자유·권리를 잠정적으로 정지할 수 있는 권리

◆ **10·26 사태**
1979년 10월 26일, 박정희 대통령이 중앙정보부장 김재규에게 피살된 사건

기출 분석 특강

기출자료 1 박정희 정부의 정책과 장기 집권 추진

(1) 한·일 회담(김종필·오히라 메모) 45회 출제

> 1. 무상 원조에 대해 한국 측은 3억 5천만 달러, 일본 측은 2억 5천만 달러를 주장한 바 3억 달러를 10년에 걸쳐 공여하는 조건으로 양측 수뇌에게 건의함
> ⋮
> 3. …… 양측 합의에 따라 국교 정상화 이전이라도 협력하도록 추진할 것을 양측 수뇌에게 건의함

자료 분석
일본이 한국에 '무상 3억 달러, 정부 차관 2억 달러, 민간 차관 1억 달러 이상'의 경제 협력 자금을 식민 지배에 대한 배상이 아닌 '독립 축하금' 명목으로 제공하기로 하였다.

(2) 3선 개헌 투쟁 61회 출제

> – 당시 정부와 여당인 민주 공화당이 3선 개헌을 추진하자 학생들이 반대 시위를 벌이는 모습이네요.
> – 야당인 신민당과 재야 세력도 3선 개헌 반대 범국민 투쟁 위원회를 결성해서 이를 막아내려 했지요.

자료 분석
박정희 정부가 대통령의 3선 연임을 허용하는 3선 개헌을 추진하자 야당과 학생들이 3선 개헌에 반대하는 시위를 전개하였다.

함께 나올 기출선택지
- 6·3 시위 – 굴욕적인 한·일 국교 정상화에 반대하였다. 72·69·64·63회
- 미국의 요청에 따라 베트남 파병이 시작되었다. 50회
- 베트남 파병에 관한 브라운 각서가 체결되었다. 58회
- 3선 개헌 – 대통령의 연임을 3회로 제한하였다. 60회
- 대통령의 3선 연임을 허용하는 개헌안이 통과되었다. 55회

기출자료 2 유신 체제의 성립과 전개

(1) 유신 헌법 72회 출제 ✓출제TIP 유신 헌법의 주요 내용이 자료로 출제 됩니다!

> 제39조 대통령은 통일 주체 국민회의에서 토론 없이 무기명 투표로 선거한다.
> 제47조 대통령의 임기는 6년으로 한다.
> 제59조 대통령은 국회를 해산할 수 있다.

자료 분석
박정희 정부는 통일 주체 국민회의에서 간선제로 임기 6년의 대통령을 선출하고, 대통령에게 국회 해산권 등을 부여한 유신 헌법을 제정하였다.

(2) 유신 체제에 대한 저항 57회 출제

> 사상계 전 대표 장준하, 백범 사상 연구소 백기완이 함석헌, 계훈제 등과 개헌 청원 100만인 서명 운동에 대해 논의하고 긴급 조치를 비판하였다는 이유로 각각 징역 및 자격 정지 15년, 12년을 선고 받았다.

자료 분석
장준하 등을 중심으로 개헌 청원 100만인 서명 운동을 벌이면서 유신 체제 반대 운동이 활발해졌다.

(3) 부·마 민주 항쟁 46회 출제

> 이것은 부산과 마산 지역의 시민과 학생들이 일으킨 (가) 을/를 기념하는 탑입니다. 야당 총재의 국회의원직 제명으로 촉발된 (가) 은/는 민주화에 기여한 점을 인정받아 2019년에 국가 기념일로 지정되었습니다.
> (당시 신민당 총재 김영삼)

자료 분석
부·마 민주 항쟁은 당시 야당이었던 신민당 총재 김영삼의 국회의원직 제명이 계기가 되어 일어났다. 부산과 마산에서 시민과 학생들이 유신 체제 반대 시위를 전개하였다.

함께 나올 기출선택지
- 국회 해산, 헌법의 일부 효력 정지를 담은 10월 유신이 선포되었다. 61회
- 통일 주체 국민회의에서 대통령이 선출되었다. 67회
- 민주 회복을 위한 개헌 청원 백만인 서명 운동이 전개되었다. 69·68회
- 부·마 민주 항쟁 – 유신 체제가 붕괴되는 결과를 가져왔다. 71·60회

28강 이승만 정부~박정희 정부

3. 박정희 정부의 경제·사회 정책과 통일 노력 기출자료1

(1) 박정희 정부의 경제 정책

제1·2차 경제 개발 5개년 계획 (1962~1971)	• 특징: 경공업 육성, 자립 경제 구축, 소비재 수출 산업 육성을 내세움 • 내용: 경부 고속도로(1970)를 완성하고, 저임금 정책 등을 추진함 • 한계: 낮은 임금과 열악한 노동 환경으로 전태일이 근로 기준법 준수를 주장하며 분신함◆(1970), 급속한 산업화로 도시 빈민층이 증가함(광주 대단지 사건◆)
제3·4차 경제 개발 5개년 계획 (1972~1981)	• 특징: 수출 주도형 중화학 공업 육성을 내세움 • 내용: 포항 제철 등 경상도 해안 지역에 대규모 중화학 공업 단지를 육성함 → 중화학 공업 성장으로 수출 100억 달러를 달성함(1977)

(2) 박정희 정부의 사회 정책
① **새마을 운동:** 1970년부터 농촌 환경 개선을 목표로 전개되었다.
② **경범죄처벌법 개정:** 장발, 미니스커트 착용을 단속할 수 있도록 하였다.
③ **국민 교육 헌장 공포:** 교육의 지표를 제시한 국민 교육 헌장을 선포하였다(1968).

(3) 박정희 정부의 통일 노력
① **남북 적십자 회담 개최:** 남한의 대한 적십자사가 이산가족 찾기를 위한 남북 적십자 회담을 제안하였고, 북한이 수용하면서 분단 이후 최초로 남북 대화가 시작되었다.
② **7·4 남북 공동 성명 발표:** 통일의 3대 원칙(자주·평화·민족 대단결)과 남북 조절 위원회 설치 등에 합의하였다(1972).

◆ **전태일 분신 사건**
평화 시장에서 재단사로 일하던 전태일이 노동자의 권리를 요구하며 분신한 사건

◆ **광주 대단지 사건**
서울 도심을 정비하기 위해 10만여 명의 주민들을 광주 대단지(지금의 성남시)로 강제 이주시키는 과정에서 발생한 대규모 시위

10초 컷! 핵심 키워드 암기
1. 제헌 국회: 반민족 행위 처벌법, 농지 개혁법
2. 6·25 전쟁: 북한의 남침 → 인천 상륙 작전 → 1·4 후퇴 → 정전 협정
3. 이승만 정부: 발췌 개헌, 사사오입 개헌, 진보당 사건, 3·15 부정 선거 → 4·19 혁명
4. 박정희 정부: 한·일 국교 정상화, 베트남 파병, 3선 개헌, 유신 체제, 경제 개발 5개년 계획, 7·4 남북 공동 성명

28강 개념 확인 퀴즈

1. 다음 설명이 맞으면 O표, 틀리면 X표를 하세요.
(1) 4·19 혁명은 신군부의 비상 계엄 확대가 원인이 되어 일어났다. ( )
(2) 제3차 개헌으로 정부 형태가 의원 내각제로 바뀌게 되었다. ( )
(3) 부·마 민주 항쟁은 유신 체제가 붕괴되는 계기가 되었다. ( )

2. 다음 괄호 안의 내용 중 옳은 것에 O표 하세요.
(1) (발췌 개헌 / 사사오입 개헌)으로 개헌 당시의 대통령에 한해 중임 제한이 철폐되었다.
(2) (조봉암 / 전태일)이 근로 기준법 준수를 외치며 분신하였다.
(3) (3선 개헌 / 유신 헌법)에 대통령의 긴급 조치권 등이 규정되었다.

기출 분석 특강

기출자료 1 | 박정희 정부의 경제·사회 정책과 통일 노력

(1) 박정희 정부 시기의 경제 66회 출제

서울-부산 간 고속도로 준공식이 대구에서 열렸습니다. 대전-대구 구간을 마지막으로 경부 고속도로가 완공되면서 서울에서 부산까지의 이동 시간이 4시간 30분 정도로 줄어들게 되었습니다. 하지만 2년 5개월여의 단기간에 고속도로를 완공하면서 다수의 사상자가 발생하는 등 안타까운 일도 있었습니다.

자료 분석
박정희 정부는 제1·2차 경제 개발 5개년 계획을 통해 노동 집약적인 경공업의 성장을 추구하였으며, 경부 고속도로 등 사회 간접 자본을 확충하였다.

(2) 7·4 남북 공동 성명 32회 출제

첫째, 통일은 외세에 의존하거나 외세의 간섭을 받음이 없이 자주적으로 해결하여야 한다.
둘째, 통일은 서로 상대방을 반대하는 무력행사에 의거하지 않고 평화적 방법으로 실현하여야 한다.
셋째, 사상과 이념·제도의 차이를 초월하여 우선 우리는 하나의 민족으로서 민족적 대단결을 도모하여야 한다.

✅ **출제 TIP** 7·4 남북 공동 성명은 '자주, 평화, 민족 대단결'이라는 핵심 키워드로 자료에 출제돼요!

자료 분석
박정희 정부는 한반도의 통일은 자주·평화·민족 대단결의 원칙에 따라 이루어져야 함을 천명한 7·4 남북 공동 성명을 발표하였다.

함께 나올 기출선택지

· 제1차 경제 개발 5개년 계획이 추진되었다. 68·61회
· 경부 고속도로를 준공하였다. 72·64회
· 포항 제철소 1기 설비가 준공됐어요. 53회
· 처음으로 수출액 100억 달러가 달성되었다. 70·68·61회
· 농촌의 근대화를 표방한 새마을 운동이 전개되었다. 60·57회
· 7·4 남북 공동 성명을 실천하기 위한 남북 조절 위원회를 구성하였다. 70·67·64·61회

---

3. 질문에 맞는 답을 고르세요.

(1) 제헌 국회에 대한 설명은?
① 농지 개혁법을 제정하였다.
② 민의원, 참의원의 양원으로 구성되었다.

(2) 4·19 혁명에 대한 설명은?
① 3·15 부정 선거에 항의하는 시위에서 시작되었다.
② 5년 단임의 대통령 직선제 개헌이 이루어졌다.

(3) 박정희 정부 시기의 사실은?
① 6·3 시위가 일어났다.
② 진보당의 조봉암이 구속되었다.

(4) 박정희 정부의 경제 상황은?
① 포항 제철소 1기 설비가 준공되었다.
② 경제 협력 개발 기구(OECD)에 가입하였다.

정답
1. (1) X(5·18 민주화 운동)
   (2) ○ (3) ○
2. (1) 사사오입 개헌
   (2) 전태일 (3) 유신 헌법
3. (1) ①(②은 제5대 국회)
   (2) ①(②은 6월 민주 항쟁)
   (3) ①(②은 이승만 정부)
   (4) ①(②은 김영삼 정부)

28강 이승만 정부~박정희 정부

개념 적용 기출문제

01
63회 41번

밑줄 그은 '국회'에 대한 설명으로 옳지 않은 것은? [3점]

이 우표는 우리나라 최초로 실시된 총선거를 기념하기 위해 발행되었습니다. 보통·직접·평등·비밀 선거 원칙에 따라 치른 이 선거를 통해 구성된 국회에서 활동한 의원의 임기는 2년이었습니다

① 반민족 행위 처벌법을 제정하였다.
② 의원들의 선거로 대통령을 선출하였다.
③ 민의원과 참의원의 양원제로 운영되었다.
④ 일부 지역의 국회의원이 선출되지 못한 채 출범하였다.
⑤ 일제가 남긴 재산 처리를 위한 귀속 재산 처리법을 만들었다.

03
72회 44번

교사의 질문에 대한 학생의 대답으로 적절하지 않은 것은? [2점]

이것은 그의 84세 생일을 위해 기획된 LP 음반의 재킷으로, '제84회 탄신 기념'이라고 적혀 있습니다. 음반에는 '애국가', '만수무강하시리', '우남 행진곡' 등이 수록되어 있습니다. 그러나 그는 다음 해에 일어난 4·19 혁명으로 하야했습니다. 그가 대통령으로 재임하던 시기에 있었던 사실을 말해볼까요?

① 경부 고속도로가 개통되었어요.
② 한·미 상호 방위 조약이 체결되었어요.
③ 진보당의 당수였던 조봉암이 처형되었어요.
④ 반민족 행위 특별 조사 위원회가 해체되었어요.
⑤ 유상 매수, 유상 분배 원칙의 농지 개혁법이 제정되었어요.

02
68회 42번

교사의 질문에 대한 학생의 답변으로 적절하지 않은 것은? [2점]

이 우표는 6·25 전쟁이 발발하고 북한군에 점령당했던 서울을 되찾은 것을 기념해 만들어졌습니다. 9월 28일 서울 수복 이후에 벌어진 상황에 대해 말해 볼까요?

① 반공 포로가 석방되었어요.
② 한·미 상호 방위 조약이 체결되었어요.
③ 흥남에서 대규모 철수가 이루어졌어요.
④ 유엔군이 인천 상륙 작전을 전개하였어요.
⑤ 비상 계엄이 선포된 가운데 발췌 개헌안이 통과되었어요.

04
68회 44번

(가) 민주화 운동에 대한 설명으로 옳은 것은? [2점]

이것은 1959년 이승만의 84세 생일을 기념하는 '대통령 탄신 경축식' 사진입니다. 이러한 행사는 1949년부터 진행되었습니다. 이승만 대통령의 장기 독재는 3·15 부정 선거에 항거하며 일어난 (가) (으)로 결국 종말을 고했습니다.

① 긴급 조치 철폐를 요구하였다.
② 장면 내각이 출범하는 배경이 되었다.
③ 전남 도청에서 시민군이 계엄군에 맞서 싸웠다.
④ 민주화를 위한 개헌 청원 100만인 서명 운동이 전개되었다.
⑤ 5년 단임의 대통령 직선제 개헌이 이루어지는 계기가 되었다.

해설

01 제헌 국회   정답 ③

자료 분석

우리나라 최초로 실시된 총선거 + 의원의 임기는 2년
→ 제헌 국회

제헌 국회는 1948년에 우리나라 최초의 보통 선거인 5·10 총선거에 의해 구성된 2년 임기의 국회로, 제주 4·3 사건으로 인해 제주도만 국회의원이 선출되지 못한 채 출범하였다. 제헌 국회는 4년 임기의 대통령 중심제, 국회의 간접 선거에 의한 대통령 선출 등을 담은 제헌 헌법을 공포하였다.

선택지 분석

① 반민족 행위 처벌법을 제정하였다. → 제헌 국회
② 의원들의 선거로 대통령을 선출하였다. → 제헌 국회
③ 민의원과 참의원의 양원제로 운영되었다. → 제5대 국회
   └ 제3차 개헌안에 따라 선출된 제5대 국회는 민의원과 참의원의 양원제로 운영되었다.
④ 일부 지역의 국회의원이 선출되지 못한 채 출범하였다.
   → 제헌 국회
⑤ 일제가 남긴 재산 처리를 위한 귀속 재산 처리법을 만들었다. → 제헌 국회

02 서울 수복 이후의 사실   정답 ④

자료 분석

서울 수복 → 1950년 9월 28일

6·25 전쟁은 1950년 6월 북한이 남한을 기습 남침하면서 시작되었다. 전쟁 시작 후 3일 만에 서울이 함락되자, 국군과 유엔군은 북한군에 밀려 낙동강에 방어선을 구축하였다. 이러한 상황에서 국군은 맥아더 장군의 지휘 아래 인천 상륙 작전을 성공시켜 서울을 수복(1950. 9.)하고, 압록강까지 진격하였다.

선택지 분석

① 반공 포로가 석방되었어요. → 1953년 6월
② 한·미 상호 방위 조약이 체결되었어요. → 1953년 10월
③ 흥남에서 대규모 철수가 이루어졌어요. → 1950년 12월
④ 유엔군이 인천 상륙 작전을 전개하였어요. → 1950년 9월
   └ 1950년 9월 국군과 유엔군이 맥아더 장군의 지휘 하에 인천 상륙 작전을 전개한 후 10여 일 만에 서울을 수복하였다.
⑤ 비상 계엄이 선포된 가운데 발췌 개헌안이 통과되었어요.
   → 1952년

03 이승만 정부 시기의 사실   정답 ①

자료 분석

4·19 혁명으로 하야 → 이승만 정부

이승만 정부는 1960년에 시행된 정·부통령 선거에서 자유당 정권의 장기 집권을 위해 3·15 부정 선거를 자행하였다. 이에 4·19 혁명이 일어났고, 그 결과 대통령 이승만이 하야하였다.

선택지 분석

① 경부 고속도로가 개통되었어요. → 박정희 정부
   └ 박정희 정부는 경부 고속도로를 개통하는 등 사회 간접 자본을 확충하였다.
② 한·미 상호 방위 조약이 체결되었어요. → 이승만 정부
③ 진보당의 당수였던 조봉암이 처형되었어요. → 이승만 정부
④ 반민족 행위 특별 조사 위원회가 해체되었어요.
   → 이승만 정부
⑤ 유상 매수, 유상 분배 원칙의 농지 개혁법이 제정되었어요.
   → 이승만 정부

04 4·19 혁명   정답 ②

자료 분석

3·15 부정 선거에 항거하며 일어남 → 4·19 혁명

4·19 혁명은 이승만 정부 때 3·15 부정 선거에 항거하여 일어난 민주화 운동이다. 여당이었던 자유당이 부정 선거를 자행하자, 이에 맞서 마산을 중심으로 학생들의 시위가 전개되었다(3·15 의거). 이후 시위 도중 실종되었던 김주열의 시신이 발견되면서 시위가 전국적으로 확산되었다. 이승만 정부는 계엄령을 선포하고 시민들에게 총격을 가했으나 시위는 점점 거세졌고, 대학 교수단이 이승만의 퇴진을 요구하는 시국 선언문을 발표하였다. 결국 이승만이 대통령직에서 하야하고 허정 과도 정부가 수립되었다.

선택지 분석

① 긴급 조치 철폐를 요구하였다. → 유신 체제 반대 운동
② 장면 내각이 출범하는 배경이 되었다. → 4·19 혁명
   └ 4·19 혁명은 이승만 정부의 3·15 부정 선거를 규탄한 민주화 운동으로, 이승만이 대통령직에서 하야하고 장면 내각이 출범하는 계기가 되었다.
③ 전남 도청에서 시민군이 계엄군에 맞서 싸웠다.
   → 5·18 민주화 운동
④ 민주화를 위한 개헌 청원 100만인 서명 운동이 전개되었다.
   → 유신 체제 반대 운동
⑤ 5년 단임의 대통령 직선제 개헌이 이루어지는 계기가 되었다. → 6월 민주 항쟁

개념 적용 기출문제

05
49회 47번

(가), (나) 사이의 시기에 있었던 사실로 옳은 것을 <보기>에서 고른 것은? [2점]

> (가) 국군 장교가 위원으로 선출되었으며, 3권을 장악하고 국회의 권한을 행사하는 최고 통치 기구인 국가 재건 최고 회의가 출범하였다.
> (나) 국민의 직접 선거로 대의원이 선출되었으며, 통일 정책을 최종 결정하고 대통령 선거권 등을 행사하는 통일 주체 국민 회의가 발족하였다.

〈보기〉
ㄱ. 장기 집권을 위한 3선 개헌안이 통과되었다.
ㄴ. 제2차 석유 파동으로 경제 불황이 심화되었다.
ㄷ. 베트남 파병에 관한 브라운 각서가 체결되었다.
ㄹ. 대통령 긴급 명령으로 금융 실명제가 실시되었다.

① ㄱ, ㄴ ② ㄱ, ㄷ ③ ㄴ, ㄷ ④ ㄴ, ㄹ ⑤ ㄷ, ㄹ

07
69회 46번

(가) 정부 시기의 경제 상황으로 옳은 것은? [1점]

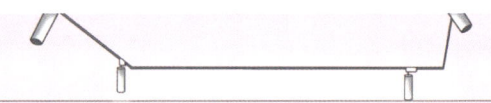

사진으로 보는 (가) 정부

경부 고속도로 개통

포항 제철소 1기 준공

① 제3차 경제 개발 5개년 계획을 추진하였다.
② 미국과 자유 무역 협정(FTA)을 체결하였다.
③ 대통령 긴급 명령으로 금융 실명제를 실시하였다.
④ 국제 통화 기금(IMF)의 구제 금융 지원금을 조기 상환하였다.
⑤ 저임금 노동자의 생활 안정을 위해 최저 임금법을 제정하였다.

06
69회 45번

(가) 헌법이 시행된 시기의 사실로 옳은 것은? [2점]

> 사진은 인민혁명당 재건위 사건 재판 당시의 모습입니다. 이 사건은 (가) 헌법에 의거하여 발동한 긴급 조치 제4호 등으로 정부에 비판적인 인물들을 반국가 세력으로 몰아 처벌한 것입니다. 당시 사형을 당한 8명은 2007년에 열린 재심 공판에서 무죄를 선고 받았습니다.

① 김주열이 최루탄을 맞고 사망하였다.
② 부천 경찰서 성 고문 사건이 발생하였다.
③ 개헌 청원 백만인 서명 운동이 전개되었다.
④ 국민 보도 연맹원에 대한 학살이 자행되었다.
⑤ 민주화 시위 도중 대학생 강경대가 희생되었다.

08
39회 47번

다음 자료를 발표한 정부의 통일 정책으로 옳은 것을 <보기>에서 고른 것은? [2점]

> 국민 여러분! 나는 오늘 다시 이 자리를 빌어 북괴에 대해 지금이라도 늦지 않았으니 우리의 평화 통일 제의를 하루 속히 수락하고, 무력과 폭력을 포기할 것을 거듭 촉구하면서 평화 통일만이 우리가 추구하는 통일의 길임을 다시 한 번 천명하는 바입니다. …… 특히 이번에 우리 대한 적십자사가 제의한 인도적 남북 회담은 1천만 흩어진 가족을 위해서 뿐만 아니라, 5천만 동포들의 오랜 갈증을 풀어 주는 복음의 제의로서 나는 이를 여러분과 함께 환영하며 그 성공을 빌어 마지 않습니다.
> – 제26주년 광복절 경축사 중에서

〈보기〉
ㄱ. 남북 조절 위원회를 구성하였다.
ㄴ. 남북 기본 합의서를 채택하였다.
ㄷ. 7·4 남북 공동 성명을 발표하였다.
ㄹ. 한반도 비핵화 공동 선언에 합의하였다.

① ㄱ, ㄴ ② ㄱ, ㄷ ③ ㄴ, ㄷ ④ ㄴ, ㄹ ⑤ ㄷ, ㄹ

해설

05 국가 재건 최고 회의와 통일 주체 국민회의 사이의 사실
정답 ②

자료 분석
(가) 국가 재건 최고 회의가 출범 → 1961년
(나) 통일 주체 국민회의가 발족 → 1972년

(가) 박정희를 중심으로 한 군부 세력은 5·16 군사 정변을 일으킨 후 국가 최고 통치 기관으로 국가 재건 최고 회의를 출범시켰다 (1961).
(나) 박정희 정부 시기인 1972년에는 유신 헌법(제7차 개헌)을 제정함에 따라 간접 선거로 대통령을 선출하는 통일 주체 국민회의가 발족하였다.

선택지 분석
ㄱ. 장기 집권을 위한 3선 개헌안이 통과되었다.
→ 1969년(박정희 정부)
ㄴ 박정희 정부 시기인 1969년에 3선 개헌안이 통과되었다. 이로써 대통령의 3선 연임이 허용되어 장기 집권이 가능하게 되었다.
ㄴ. 제2차 석유 파동으로 경제 불황이 심화되었다.
→ 1978~1980년, (나) 이후
ㄷ. 베트남 파병에 관한 브라운 각서가 체결되었다.
→ 1966년(박정희 정부)
ㄴ 박정희 정부 시기인 1966년에 미국과 베트남 파병에 관한 브라운 각서를 체결하여 미국으로부터 경제 발전을 위한 원조를 받았다.
ㄹ. 대통령 긴급 명령으로 금융 실명제가 실시되었다.
→ 1993년(김영삼 정부), (나) 이후

① ㄱ, ㄴ ② ㄱ, ㄷ ③ ㄴ, ㄷ ④ ㄴ, ㄹ ⑤ ㄷ, ㄹ

06 유신 헌법 시행 시기의 사실
정답 ③

자료 분석
긴급 조치 제4호
→ 유신 헌법 시행 시기(박정희 정부, 1972~1980)

박정희 정부는 1972년 10월 유신을 단행하고, 대통령에게 국회 해산권과 헌법상 국민의 자유와 권리를 잠정적으로 정지할 수 있는 긴급 조치권을 부여한 유신 헌법을 선포하였다. 한편 박정희 정부는 긴급조치를 이용해 민주주의를 요구하는 학생들과 국민들을 탄압하였으며, 1974년부터 1975년까지 총 9차례 발동하였다.

선택지 분석
① 김주열이 최루탄을 맞고 사망하였다. → 이승만 정부
② 부천 경찰서 성고문 사건이 발생하였다. → 전두환 정부
③ 개헌 청원 백만인 서명 운동이 전개되었다. → 박정희 정부
ㄴ 유신 체제 시기에 장준하 등을 중심으로 민주 회복을 위한 개헌 청원 백만인 서명 운동이 전개되었다.
④ 국민 보도 연맹원에 대한 학살이 자행되었다. → 이승만 정부
⑤ 민주화 시위 도중 대학생 강경대가 희생되었다.
→ 노태우 정부

07 박정희 정부
정답 ①

자료 분석
경부 고속도로 개통 → 박정희 정부

박정희 정부는 정권의 정당성을 확보하기 위해 경제 제일주의를 내세워 경제 개발 5개년 계획을 수립하고 국가 주도의 경제 성장 정책을 추진하였다. 제1·2차 경제 개발 계획 시기(1962~1971)에는 노동 집약적인 경공업의 성장을 추구하였으며, 제3·4차 경제 개발 계획 시기(1972~1981)에는 이전 시기의 경제적 성과를 바탕으로 포항 제철과 같은 대규모 공업 단지를 조성하는 등 수출 주도형 중화학 공업 분야에 집중적으로 투자하였다.

선택지 분석
① 제3차 경제 개발 5개년 계획을 추진하였다. → 박정희 정부
ㄴ 박정희 정부는 1972년부터 수출 주도형 중화학 공업의 육성을 내세운 제3차 경제 개발 5개년 계획을 추진하였다.
② 미국과 자유 무역 협정(FTA)을 체결하였다. → 노무현 정부
③ 대통령 긴급 명령으로 금융 실명제를 실시하였다.
→ 김영삼 정부
④ 국제 통화 기금(IMF)의 구제 금융 지원금을 조기 상환하였다. → 김대중 정부
⑤ 저임금 노동자의 생활 안정을 위해 최저 임금법을 제정하였다. → 전두환 정부

08 박정희 정부의 통일 정책
정답 ②

자료 분석
대한 적십자사가 제의한 남북 회담 → 박정희 정부

박정희 정부 시기에는 닉슨 독트린 등 미국의 정책 변화, 냉전 체제의 완화 등으로 평화 공존의 분위기가 형성되었다. 이에 남한의 대한 적십자사가 이산가족 찾기를 위한 남북 적십자 회담을 제안하였고, 북한이 수용하면서 분단 이후 최초로 남북 대화가 시작되었다.

선택지 분석
ㄱ. 남북 조절 위원회를 구성하였다. → 박정희 정부
ㄴ 박정희 정부는 통일 문제를 협의하기 위한 기구인 남북 조절 위원회를 구성하였다.
ㄴ. 남북 기본 합의서를 채택하였다. → 노태우 정부
ㄷ. 7·4 남북 공동 성명을 발표하였다. → 박정희 정부
ㄴ 박정희 정부는 자주·평화·민족 대단결의 통일 3대 원칙을 명시한 7·4 남북 공동 성명을 발표하였다.
ㄹ. 한반도 비핵화 공동 선언에 합의하였다. → 노태우 정부

① ㄱ, ㄴ ② ㄱ, ㄷ ③ ㄴ, ㄷ ④ ㄴ, ㄹ ⑤ ㄷ, ㄹ

29강 전두환 정부와 민주화 운동

1 신군부의 등장과 5·18 민주화 운동 _{최근 3개년 시험 중 3회 출제!}

빈출 키워드 랭킹
1위 5·18 민주화 운동 7번 출제
2위 비상 계엄 확대 4번 출제
3위 유네스코 세계 기록유산 3번 출제

1. 신군부의 등장
(1) **12·12 사태**: 10·26 사태 이후 최규하가 제10대 대통령으로 선출되었으나 정국이 불안하자 **전두환, 노태우 등의 신군부**가 쿠데타를 일으켜 정권을 장악하였다.
(2) **서울의 봄**: 학생과 시민들이 유신 헌법 폐지, 신군부 퇴진, 비상 계엄 철폐, 민주적 절차를 통한 민간 정부 수립 등을 요구하며 시위를 전개하였다.

2. 5·18 민주화 운동(1980)
(1) **배경**: 신군부가 **전국에 비상 계엄을 확대**(1980. 5. 17.)하고, 김대중 등 야당의 주요 정치 인사와 학생 운동 지도부를 체포·구속하였다.
(2) **전개 과정** [기출자료1]

시위 발생	신군부의 진압◆	시민군 조직
광주 지역 학생과 시민들이 계엄령 철폐와 김대중 석방을 요구하며 민주화 운동을 전개함	→ 신군부가 **공수 부대**를 투입하여 무지비한 진압을 시도함	→ 일부 시민이 **시민군을 조직**하여 대항하였으나 신군부에 의해 무력으로 진압됨

◆ **신군부의 진압**
신군부의 5·18 민주화 운동 진압 모습은 위르겐 힌츠페터라는 독일 기자가 취재한 기록에 의해 전 세계에 알려짐

(3) **영향**: 5·18 민주화 운동 관련 기록물이 **유네스코 세계 기록유산**으로 등재되었다.

2 전두환 정부와 6월 민주 항쟁 _{최근 3개년 시험 중 9회 출제!}

빈출 키워드 랭킹
1위 이산가족 고향 방문 12번 출제
2위 3저 호황 5번 출제
3위 4·13 호헌 조치 4번 출제

1. 전두환 정부 [기출자료2]
(1) **신군부의 정권 장악과 전두환 정부의 수립**
① **신군부의 정권 장악**: 5·18 민주화 운동을 무력 진압한 신군부는 **국가 보위 비상 대책 위원회**를 구성하여 **3권**◆을 장악한 후, **삼청 교육대**◆ 운영, 과외 전면 금지, 대입 본고사 폐지, 대학 졸업 정원제 등을 실시하였다.
② **전두환 정부 수립**: 통일 주체 국민회의에서 전두환을 제11대 대통령으로 선출하였다.
③ **제8차 개헌**: 선거인단에 의한 대통령 간선제와 7년 단임제를 내용으로 한 개헌(1980)을 통해 제12대 대통령에도 전두환이 당선되었다(1981).

(2) **전두환 정부의 주요 정책**

강압 정책	언론 통제◆, 민주화 운동 탄압
유화 정책	**프로 야구**·축구 출범, 중학교 의무 교육 실시, 야간 통행 금지 해제 등
경제 성장	**3저 호황**(저달러·저유가·저금리)으로 물가가 안정되고 수출이 증가함
통일 정책	**최초의 이산가족 고향 방문**과 예술 공연단 교환을 실현함

◆ **3권**
입법·사법·행정의 3권을 의미함

◆ **삼청 교육대**
국가 보위 비상 대책 위원회가 사회 정화 정책의 일환으로 전국 각지의 군부대 내에 설치한 기관

◆ **전두환 정부의 언론 통제**
언론 통폐합, 언론 기본법 등을 제정하여 언론을 통제함

기출 분석 특강

기출자료 1 5·18 민주화 운동의 전개 과정
출제 TIP 신군부, 계엄군, 시민군 등이 주로 힌트로 제시됩니다!

(1) 신군부의 진압 61회 출제

지금 광주에서는 젊은 대학생들과 시민들이 피를 흘리며 싸우고 있습니다. 대학생들의 평화적 시위를 질서 유지, 진압이라는 명목 아래 저 잔인한 공수 부대를 투입하여 시민과 학생을 무차별 살육하였고 더군다나 발포 명령까지 내렸던 것입니다.

[자료 분석] 신군부가 전국에 비상 계엄을 확대하자, 광주에서 학생들을 중심으로 이에 저항하는 시위가 전개되었다. 이에 신군부는 공수 부대를 투입하여 무자비한 진압을 시도하였다.

함께 나올 기출선택지
- 배경 – 신군부가 비상 계엄을 전국으로 확대하였다. 53회
- 신군부의 비상 계엄 확대와 무력 진압에 저항하였다. 62·57회
- 시위 과정에서 시민군이 자발적으로 조직되었다. 72·66·64회
- 관련 기록물이 유네스코 세계 기록유산으로 등재되었다. 69·63회

(2) 시민군 조직 62회 출제

- 임을 위한 행진곡
  [(가)] 당시 계엄군에 맞서 시민군으로 활동하다 희생된 윤상원과 광주에서 야학을 운영하다 사망한 박기순의 영혼 결혼식에 헌정된 노래입니다. 여러 나라에서 민주화를 염원하는 사람들이 이 곡을 함께 부르고 있습니다.

[자료 분석] 신군부가 5·18 민주화 운동을 무자비하게 진압하자, 일부 시민은 시민군을 조직하여 대항하였다. 그러나 이는 신군부에 의해 무력으로 진압되었다.

기출자료 2 전두환 정부

(1) 제8차 개헌 70회 출제

제39조 ① 대통령은 대통령 선거인단에서 무기명 투표로 선거한다.
       ③ 대통령 선거인단에서 재적 대통령 선거인 과반수의 찬성을 얻은 자를 대통령 당선자로 한다.
제45조 대통령의 임기는 7년으로 하며, 중임할 수 없다.

[자료 분석] 전두환 정부는 대통령 선거인단에 의한 대통령 간선제와 7년 단임제를 내용으로 한 제8차 개헌을 추진하였다.

함께 나올 기출선택지
- 국가 보위 비상 대책 위원회가 설치되었다. 71·65회
- 언론의 통폐합이 단행되고 언론 기본법을 제정하였다. 56회
- 제8차 개헌 – 대통령 선거인단에 의한 간접 선거제를 규정하였다. 50회
- 프로 야구가 6개 구단으로 출범되었다. 63·60회
- 남북 간 이산가족 상봉을 처음 실현하였다. 56·52회
- 남북 이산가족 고향 방문단의 교환 방문이 최초로 성사되었다. 73·71·70·68회

(2) 중학교 의무 교육 실시 44회 출제

정부가 대학 입시 본고사를 폐지하고 대학의 졸업 정원제를 실시한 데 이어, 중학교 의무 교육을 처음 도입하기로 하였습니다. 이에 따라 올해 도서·벽지 중학교 1학년부터 의무 교육이 시작되어 내년에는 도서·벽지 중학교 전 학년으로 확대 적용될 예정입니다.

[자료 분석] 전두환 정부는 유화 정책의 일환으로 중학교 의무 교육을 실시하여, 교육의 기회를 확대하고자 하였다.

(3) 야간 통행 금지 해제 41회 출제

오는 1월 5일 24시를 기하여, 지난 37년간 지속되어 온 야간 통행 금지가 전국적으로 해제될 예정이다. 이번 야간 통행 금지의 해제로 국민 생활의 편익이 증진되고 관광과 경제 활동이 활성화될 전망이다.

[자료 분석] 전두환 정부는 유화 정책의 일환으로 야간 통행 금지를 해제하였다.

29강 전두환 정부와 민주화 운동

29강 전두환 정부와 민주화 운동

2. 6월 민주 항쟁(1987) 기출자료1

(1) **배경**: 전두환 정부의 권위주의적 통치와 강압적 통제로 인해 직선제 개헌 운동◆ 등 민주화 운동이 활성화되었다.

(2) **전개 과정**

박종철 고문 치사 사건◆	4·13 호헌 조치
서울대학교 학생인 박종철이 경찰의 고문으로 사망하는 사건이 발생함 → 정부가 사건을 축소·은폐하려다 발각됨	전두환 정부가 대통령 간선제, 7년 단임제의 현행 헌법을 유지하겠다는 내용의 4·13 호헌 조치를 발표함

→

이한열 피격 사건◆	6·10 국민 대회
4·13 호헌 조치에 반대하는 시위 도중 연세대 학생 이한열이 최루탄에 맞아 쓰러지는 사건이 발생함	전국의 시민과 학생들이 6·10 국민 대회를 개최하여 호헌 철폐·독재 타도 등을 구호로 시위를 전개함

(3) **결과**
① **6·29 민주화 선언**: 당시 여당(민주 정의당)의 대통령 후보였던 노태우가 5년 단임의 대통령 직선제 개헌 등을 내용으로 하는 선언을 발표하였다.
② **제9차 개헌**: 여야 합의로 5년 단임의 대통령 직선제 개헌이 이루어졌다.

◆ **직선제 개헌 요구 운동**
야당 정치인들과 재야 세력들이 대통령 직선제 개헌을 위해 1천만명 서명 운동을 전개함(1985. 12.)

◆ **박종철 고문 치사 사건 (1987. 1.)**
1987년 1월 14일 서울대생 박종철이 남영동 대공분실에서 조사를 받던 중 고문·폭행으로 사망한 사건

◆ **이한열 피격 사건(1987. 6.)**
1987년 6월 9일, 연세대 정문 앞에서 1,000여 명의 학생들이 대정부 시위를 벌이던 중 연세대생 이한열이 경찰이 쏜 최루탄에 맞은 사건

10초 컷! 핵심 키워드 암기

1. 5·18 민주화 운동: 신군부의 비상 계엄 전국 확대와 무력 진압에 반발함
2. 6월 민주 항쟁의 전개 과정: 박종철 고문 치사 사건 → 4·13 호헌 조치 → 이한열 피격 사건 → 6·10 국민 대회 → 6·29 선언 → 제9차 개헌

29강 개념 확인 퀴즈

1. 다음 설명이 맞으면 O표, 틀리면 X표를 하세요.
(1) 5·18 민주화 운동은 신군부의 비상 계엄 확대에 저항하여 일어났다. (   )
(2) 전두환 정부 때 3저 호황으로 경제가 성장하였다. (   )
(3) 6월 민주 항쟁은 3·15 부정 선거에 저항하여 일어났다. (   )

2. 다음 괄호 안의 내용 중 옳은 것에 O표 하세요.
(1) (5·18 민주화 운동 / 6월 민주 항쟁)의 관련 기록물이 유네스코 세계 기록유산에 등재되었다.
(2) (박정희 / 전두환) 정부는 야간 통행 금지를 해제하였다.
(3) (제8차 / 제9차) 개헌은 5년 단임의 대통령 직선제를 주요 내용으로 한다.

기출 분석 특강

기출자료 1 6월 민주 항쟁

(1) 6·10 국민 대회 49회 출제

민주 헌법 쟁취를 위한 국민 대회 열려
경찰이 사상 최대 규모인 5만 8천여 명의 병력을 동원하여 전국 집회장을 원천 봉쇄한다는 방침을 밝힌 가운데 서울을 비롯한 전국 20여 개 도시에서 국민 대회가 열렸다. 민주 헌법 쟁취 국민 운동 본부는 "국민 합의를 배신한 4·13 호헌 조치는 무효임을 전 국민의 이름으로 선언한다."라고 발표하면서 민주 헌법 쟁취를 통한 민주 정부 수립 의지를 밝혔다.

자료 분석
전두환 정부가 대통령 간선제, 7년 단임제를 주요 내용으로 하는 현행 헌법을 유지하겠다는 4·13 호헌 조치를 발표하자, 전국의 시민과 학생들이 호헌 철폐 등을 구호로 내세우며 시위를 전개하였다.

(2) 제9차 개헌 56회 출제

제67조 대통령은 국민의 보통·평등·직접·비밀 선거에 의하여 선출한다.
제1항의 선거에 있어서 최고 득표자가 2인 이상인 때에는 국회의 재적 의원 과반수가 출석한 공개 회의에서 다수표를 얻은 자를 당선자로 한다.
제70조 대통령의 임기는 5년으로 하며, 중임할 수 없다.

자료 분석
6월 민주 항쟁의 결과 당시 여당의 대통령 후보였던 노태우가 5년 단임의 직선제 개헌을 약속하는 6·29 민주화 선언을 발표하였다. 이후 여야 합의로 5년 단임의 대통령 직선제 개헌(제9차 개헌)이 이루어졌다.

함께 나올 기출선택지
- 박종철 고문 치사 사건의 진상 규명을 요구하였다. 62·60회
- 시위 도중 대학생 이한열이 희생되었다. 69회
- 호헌 철폐와 독재 타도 등의 구호를 내세웠다. 69·66회
- 호헌 철폐 등을 내세운 시위로 6·29 민주화 선언이 발표되었다. 46회
- 5년 단임의 대통령 직선제 개헌이 이루어졌다. 68·65·63회

---

3. 질문에 맞는 답을 고르세요.

(1) 5·18 민주화 운동에 대한 설명은?
 ① 박종철과 이한열의 희생으로 확산되었다.
 ② 시민군이 조직되었다.

(2) 전두환 정부 시기의 사실은?
 ① 프로 야구단이 정식으로 창단되었다.
 ② 제1차 경제 개발 5개년 계획이 추진되었다.

(3) 전두환 정부의 통일 정책은?
 ① 남북 이산가족 고향 방문이 최초로 이루어졌다.
 ② 개성 공업 지구 조성에 합의하였다.

(4) 6월 민주 항쟁에 대한 설명은?
 ① 5년 단임의 대통령 직선제 개헌이 이루어졌다.
 ② 대학 교수단이 시위 행진을 벌였다.

정답
1. (1) ○ (2) ○
   (3) X(4·19 혁명)
2. (1) 5·18 민주화 운동 (2) 전두환 (3) 제9차
3. (1) ②(①은 6월 민주 항쟁)
   (2) ①(②은 박정희 정부 시기)
   (3) ①(②은 김대중 정부)
   (4) ①(②은 4·19 혁명)

개념 적용 기출문제

01
(가) 민주화 운동에 대한 설명으로 옳은 것은? [1점]

이곳은 옛 전남도청 본관으로 (가) 당시 시민군이 계엄군에 항쟁한 장소입니다. 정부는 본관을 포함한 옛 전남도청을 복원하여 (가) 의 의미를 기억하고 추모하는 공간으로 되살리겠다고 하였습니다. 건물 내부에는 당시 상황을 알 수 있는 실물 또는 가상 콘텐츠 공간 등이 조성될 예정입니다.

① 3·1 민주 구국 선언을 발표하였다.
② 시위 도중 대학생 이한열이 희생되었다.
③ 호헌 철폐, 독재 타도 등의 구호를 외쳤다.
④ 허정 과도 정부가 출범하는 계기가 되었다.
⑤ 관련 기록물이 유네스코 세계 기록유산으로 등재되었다.

03
다음 기사 내용이 보도된 정부 시기의 사실로 옳은 것을 <보기>에서 고른 것은? [2점]

□□신문

야간 통행 금지 해제

오는 1월 5일 24시를 기하여, 지난 37년간 지속되어 온 야간 통행 금지가 전국적으로 해제될 예정이다. 다만 국방상 중요한 전방 지역과 후방 해안 도서 지역은 대상에서 제외되었다.
이번 야간 통행 금지의 해제로 국민 생활의 편익이 증진되고 관광과 경제 활동이 활성화될 전망이다.

〈보기〉
ㄱ. 한국 프로 야구가 6개 구단으로 출범하였다.
ㄴ. 언론의 통폐합이 강제로 단행되고 언론 기본법이 제정되었다.
ㄷ. 허례허식을 없애기 위해 법령으로 가정 의례 준칙이 제정되었다.
ㄹ. 재건 국민 운동 본부를 중심으로 혼·분식 장려 운동이 전개되었다.

① ㄱ, ㄴ ② ㄱ, ㄷ ③ ㄴ, ㄷ ④ ㄴ, ㄹ ⑤ ㄷ, ㄹ

02
(가) 민주화 운동에 대한 설명으로 옳은 것은? [1점]

이 곡은 (가) 기념식에서 제창하는 노래입니다. (가) 당시 계엄군에 맞서 시민군으로 활동하다 희생된 윤상원과 광주에서 야학을 운영하다 사망한 박기순의 영혼 결혼식에 헌정된 노래입니다. 여러 나라에서 민주화를 염원하는 사람들이 이 곡을 함께 부르고 있습니다.

① 시위 도중 대학생 이한열이 희생되었다.
② 경무대로 향하던 시위대가 경찰의 총격을 받았다.
③ 박종철 고문 치사 사건의 진상 규명을 요구하였다.
④ 신군부의 비상 계엄 확대와 무력 진압에 저항하였다.
⑤ 3·1 민주 구국 선언을 통해 긴급 조치 철폐 등을 주장하였다.

04
밑줄 그은 '정부' 시기에 있었던 사실로 옳은 것은? [2점]

이것은 부천 경찰서에서 자행된 여성 노동자에 대한 성고문 사건을 축소, 은폐하기 위해 내린 정부의 보도 지침 내용입니다. 당시 정부는 언론의 보도 방향을 통제하고, 민주화 운동을 탄압하였습니다. 이후 박종철 고문 치사 사건도 단순 쇼크사로 날조하였습니다.

부천서 성 고문 사건 지침
· 검찰 발표 결과만 보도할 것
→ 사건 명칭을 성추행이 아닌 '성 모욕 행위'로 할 것
· 독자적 취재 보도 불가

① 야당 총재가 국회의원직에서 제명되었다.
② 5년 단임의 대통령 직선제 개헌이 이루어졌다.
③ 국가 재건 최고 회의를 기반으로 군정이 실시되었다.
④ 평화 통일론을 내세우던 진보당의 조봉암이 처형되었다.
⑤ 긴급 조치 철폐 등을 포함한 3·1 민주 구국 선언이 발표되었다.

해설

01 5·18 민주화 운동   정답 ⑤

자료 분석

시민군 + 계엄군 → 5·18 민주화 운동

5·18 민주화 운동은 전두환 등의 신군부 세력이 쿠데타를 일으켜 권력을 장악한 후 비상 계엄을 확대하고 저항하는 시민들을 무력으로 진압하자, 이에 반발하여 일어났다. 광주의 시민들이 시위를 전개하자 계엄군은 학생과 시민을 무차별 공격하였다. 일부 시민들은 이에 맞서 자발적으로 시민군을 조직하여 대항하였으나, 계엄군에 의해 무력으로 진압당하였다.

선택지 분석

① 3·1 민주 구국 선언을 발표하였다. → 유신 체제 반대 운동
② 시위 도중 대학생 이한열이 희생되었다. → 6월 민주 항쟁
③ 호헌 철폐, 독재 타도 등의 구호를 외쳤다. → 6월 민주 항쟁
④ 허정 과도 정부가 출범하는 계기가 되었다. → 4·19 혁명
⑤ 관련 기록물이 유네스코 세계 기록유산으로 등재되었다.
  → 5·18 민주화 운동
  ↳ 5·18 민주화 운동의 관련 기록물은 2011년에 유네스코 세계 기록유산으로 등재되었다.

02 5·18 민주화 운동   정답 ④

자료 분석

계엄군에 맞서 시민군으로 활동함 + 광주 → 5·18 민주화 운동

5·18 민주화 운동은 신군부 세력이 쿠데타를 일으켜 권력을 장악하고 계엄령을 확대하자 이에 반발하여 일어났다. 광주 시민들의 시위가 이어지자 신군부는 시위를 막는 과정에서 군대를 투입하여 학생과 시민을 무차별 공격하였다. 일부 시민들은 이에 맞서 자발적으로 시민군을 조직하여 대항하였으나, 계엄군에 의해 무력으로 진압당하였다.

선택지 분석

① 시위 도중 대학생 이한열이 희생되었다. → 6월 민주 항쟁
② 경무대로 향하던 시위대가 경찰의 총격을 받았다.
  → 4·19 혁명
③ 박종철 고문 치사 사건의 진상 규명을 요구하였다.
  → 6월 민주 항쟁
④ 신군부의 비상 계엄 확대와 무력 진압에 저항하였다.
  → 5·18 민주화 운동
  ↳ 5·18 민주화 운동은 신군부의 비상 계엄 확대와 무력 진압에 저항하여 발생하였다.
⑤ 3·1 민주 구국 선언을 통해 긴급 조치 철폐 등을 주장하였다.
  → 유신 체제 반대 운동

03 전두환 정부   정답 ①

자료 분석

야간 통행 금지 해제 → 전두환 정부

5·18 민주화 운동을 진압한 이후 정식으로 출범한 전두환 정부는 국민의 정치적 관심을 다른 데로 돌리기 위한 유화 정책을 실시하였다. 이에 치안 유지 등을 명목으로 시행되어 오던 야간 통행 금지를 해제하였다.

선택지 분석

ㄱ. 한국 프로 야구가 6개 구단으로 출범하였다. → 전두환 정부
  ↳ 전두환 정부 때 유화 정책의 일환으로 한국 프로 야구가 6개의 구단으로 출범하였다.
ㄴ. 언론의 통폐합이 강제로 단행되고 언론 기본법이 제정되었다. → 전두환 정부
  ↳ 전두환 정부 때 언론을 통제하기 위해 언론 매체의 통폐합을 강제로 단행하고 언론 기본법을 제정하였다.
ㄷ. 허례허식을 없애기 위해 법령으로 가정 의례 준칙이 제정되었다. → 박정희 정부
ㄹ. 재건 국민 운동 본부를 중심으로 혼·분식 장려 운동이 전개되었다. → 박정희 정부

① ㄱ, ㄴ ② ㄱ, ㄷ ③ ㄴ, ㄷ ④ ㄴ, ㄹ ⑤ ㄷ, ㄹ

04 전두환 정부   정답 ②

자료 분석

박종철 고문 치사 사건 + 날조 → 전두환 정부

전두환 정부 시기에 직선제 개헌 요구 운동 과정에서 서울대학교 학생인 박종철이 경찰의 고문으로 사망하는 사건이 발생하였다. 정부는 이 사건을 축소·은폐하여 단순 쇼크사인 것처럼 날조하였으나, 의혹이 제기되자 물고문 사실을 인정하였다.

선택지 분석

① 야당 총재가 국회의원직에서 제명되었다. → 박정희 정부
② 5년 단임의 대통령 직선제 개헌이 이루어졌다.
  → 전두환 정부
  ↳ 전두환 정부 시기에는 당시 여당 대통령 후보였던 노태우가 6·29 선언을 통해 직선제로 개헌할 것을 약속하였고, 5년 단임의 대통령 직선제 개헌이 이루어졌다.
③ 국가 재건 최고 회의를 기반으로 군정이 실시되었다.
  → 박정희 군부 시기
④ 평화 통일론을 내세우던 진보당의 조봉암이 처형되었다.
  → 이승만 정부
⑤ 긴급 조치 철폐 등을 포함한 3·1 민주 구국 선언이 발표되었다. → 박정희 정부

29강 전두환 정부와 민주화 운동 163

개념 적용 기출문제

05
다음 뉴스가 보도된 정부 시기의 사실로 옳은 것은? [2점]

> 문교부가 중고등학생의 교복과 두발을 자율화하겠다고 발표한 데 이어, 오늘부터 야간 통행 금지 해제가 본격 적용되었습니다. 시민들은 새벽 거리를 활보하며 37년 만에 되찾은 24시간의 자유를 만끽하게 되었습니다.

① 서울 올림픽 대회가 개최되었다.
② 보도 지침으로 언론이 통제되었다.
③ 삼풍 백화점 붕괴 사고가 일어났다.
④ 양성 평등의 실현을 위해 호주제가 폐지되었다.
⑤ 사회 통합을 위한 다문화 가족 지원법이 시행되었다.

06
(가), (나) 헌법이 제정된 시기 사이에 있었던 사실로 옳은 것은? [3점]

> (가) 제39조 ① 대통령은 대통령 선거인단에서 무기명 투표로 선거한다.
> 제40조 ① 대통령 선거인단은 국민의 보통·평등·직접·비밀 선거에 의하여 선출된 대통령 선거인으로 구성한다.
> 제45조 대통령의 임기는 7년으로 하며, 중임할 수 없다.

> (나) 제67조 ① 대통령은 국민의 보통·평등·직접·비밀 선거에 의하여 선출한다.
> ② 제1항의 선거에 있어서 최고 득표자가 2인 이상인 때에는 국회의 재적 의원 과반수가 출석한 공개 회의에서 다수표를 얻은 자를 당선자로 한다.
> 제70조 대통령의 임기는 5년으로 하며, 중임할 수 없다.

① 국가 재건 최고 회의를 기반으로 군정이 실시되었다.
② 조봉암이 혁신 세력을 규합하여 진보당을 창당하였다.
③ 3·15 부정 선거에 항의하는 시위가 전국으로 확산되었다.
④ 유신 체제에 저항하여 부산, 마산 등지에서 시위가 일어났다.
⑤ 호헌 철폐, 독재 타도를 요구하는 6·10 국민 대회가 개최되었다.

07
(가) 민주화 운동에 대한 설명으로 적절한 것은? [2점]

① 굴욕적인 한·일 국교 정상화에 반대하였다.
② 5년 단임의 대통령 직선제 개헌을 이끌어냈다.
③ 시위 과정에서 시민군이 자발적으로 조직되었다.
④ 3선 개헌 반대 범국민 투쟁 위원회를 결성하였다.
⑤ 대통령 중심제에서 의원 내각제로 바뀌는 계기가 되었다.

08
(가) 민주화 운동에 대한 설명으로 옳은 것은? [1점]

① 유신 체제가 붕괴되는 계기가 되었다.
② 굴욕적인 한·일 국교 정상화에 반대하였다.
③ 양원제 국회가 출현하는 결과를 가져왔다.
④ 신군부의 비상 계엄 확대가 원인이 되었다.
⑤ 호헌 철폐와 독재 타도 등의 구호를 내세웠다.

해설

05 전두환 정부   정답 ②

자료 분석

> 야간 통행 금지 해제 → 전두환 정부
>
> 5·18 민주화 운동을 진압한 이후 정식으로 출범한 전두환 정부는 국민의 정치적 관심을 다른 곳으로 돌리기 위한 유화 정책을 실시하였다. 치안 유지 등을 명목으로 시행되어 오던 야간 통행 금지가 해제되었으며, 중고등 학생의 교복과 두발 자유화가 실시되었다.

선택지 분석

① 서울 올림픽 대회가 개최되었다. → 노태우 정부
② 보도 지침으로 언론이 통제되었다. → 전두환 정부
   ㄴ 전두환 정부는 언론 통제 보도 지침을 통해 신문과 방송 등 언론을 통제하였다.
③ 삼풍 백화점 붕괴 사고가 일어났다. → 김영삼 정부
④ 양성 평등의 실현을 위해 호주제가 폐지되었다.
   → 노무현 정부
⑤ 사회 통합을 위한 다문화 가족 지원법이 시행되었다.
   → 이명박 정부

06 제8차 개헌과 제9차 개헌 사이의 사실   정답 ⑤

자료 분석

> (가) 대통령 선거인단 + 대통령의 임기는 7년
>   → 제8차 개헌(1980)
> (나) 대통령은 국민의 보통·평등·직접·비밀 선거에 의하여 선출함 + 대통령의 임기는 5년 → 제9차 개헌(1987)
>
> (가) 제8차 개헌은 1980년에 전두환 정부에서 단행한 개헌으로, 대통령 선거인단에 의한 간선제와 7년 단임제를 내용으로 하였다.
> (나) 제9차 개헌은 1987년에 전두환 정부에서 단행한 개헌이다. 이 개헌은 6월 민주 항쟁의 결과 이루어졌으며, 5년 단임의 대통령 직선제를 주요 내용으로 하였다.

선택지 분석

① 국가 재건 최고 회의를 기반으로 군정이 실시되었다.
   → 1961~1963년
② 조봉암이 혁신 세력을 규합하여 진보당을 창당하였다.
   → 1956년
③ 3·15 부정 선거에 항의하는 시위가 전국으로 확산되었다.
   → 1960년
④ 유신 체제에 저항하여 부산, 마산 등지에서 시위가 일어났다. → 1979년
⑤ 호헌 철폐, 독재 타도를 요구하는 6·10 국민 대회가 개최되었다. → 6월 민주 항쟁(1987)
   ㄴ 제8차 개헌 이후 수립된 전두환 정부 시기에 호헌 철폐와 독재 타도를 요구하는 6·10 국민 대회가 개최되었다(6월 민주 항쟁).

07 6월 민주 항쟁   정답 ②

자료 분석

> 호헌 철폐 + 전두환 → 6월 민주 항쟁
>
> 6월 민주 항쟁은 국민들의 직선제 개헌 요구를 묵살하고 대통령 간선제를 유지하겠다는 전두환 정부의 4·13 호헌 조치에 반발하여 일어났다. 호헌 조치 발표 이후 전두환 정부가 경찰의 고문으로 박종철이 사망한 사건을 은폐·조작하였다는 정황이 발표되면서 국민들의 분노가 폭발하였다. 이에 민주 헌법 쟁취 국민운동 본부가 결성되어 전국적인 민주화 운동이 전개되었으며, 이때 전국의 시민과 학생들은 호헌 철폐와 독재 타도를 구호로 내세웠다(6·10 국민 대회).

선택지 분석

① 굴욕적인 한·일 국교 정상화에 반대하였다. → 6·3 시위
② 5년 단임의 대통령 직선제 개헌을 이끌어냈다.
   → 6월 민주 항쟁
   ㄴ 6월 민주 항쟁의 결과 5년 단임의 대통령 직선제 개헌을 이끌어냈다.
③ 시위 과정에서 시민군이 자발적으로 조직되었다.
   → 5·18 민주화 운동
④ 3선 개헌 반대 범국민 투쟁 위원회를 결성하였다.
   → 3선 개헌 반대 운동
⑤ 대통령 중심제에서 의원 내각제로 바뀌는 계기가 되었다.
   → 4·19 혁명

08 6월 민주 항쟁   정답 ⑤

자료 분석

> 박종철 + 대통령 직선제 개헌을 요구 + 6·29 선언 + 이한열
> → 6월 민주 항쟁
>
> 6월 민주 항쟁은 대통령 간선제를 유지하겠다는 전두환 정부의 4·13 호헌 조치에 반발하여 일어났다. 정부가 박종철 고문 치사 사건을 은폐·조작한 정황이 드러나고, 시위 도중 이한열이 최루탄에 맞아 쓰러지자 학생과 시민들은 더욱 거세게 시위를 전개하였다. 그 결과 여당의 대통령 후보 노태우는 6·29 선언을 통해 직선제 개헌을 약속하였고, 5년 단임의 대통령 직선제 개헌(제9차 개헌)이 이루어졌다.

선택지 분석

① 유신 체제가 붕괴되는 계기가 되었다. → 부·마 민주 항쟁
② 굴욕적인 한·일 국교 정상화에 반대하였다. → 6·3 시위
③ 양원제 국회가 출현하는 결과를 가져왔다. → 4·19 혁명
④ 신군부의 비상 계엄 확대가 원인이 되었다.
   → 5·18 민주화 운동
⑤ 호헌 철폐와 독재 타도 등의 구호를 내세웠다.
   → 6월 민주 항쟁
   ㄴ 6월 민주 항쟁은 대통령 간선제를 유지하겠다는 전두환 정부의 4·13 호헌 조치에 반발하여, 호헌 철폐와 독재 타도 등을 요구하며 일어났다.

30강 노태우 정부~문재인 정부

1 노태우 정부~김영삼 정부 최근 3개년 시험 중 8회 출제!

빈출 키워드 랭킹
1위 금융 실명제 11번 출제
2위 서울 올림픽 7번 출제
3위 남북 기본 합의서 5번 출제

1. 노태우 정부(1988~1993) 기출자료 1
(1) 정책
① 3당 합당: 여소야대◆를 극복하고자 3당 합당◆을 통해 다수 의석을 차지하였다.
② 88 서울 올림픽 개최: 서울 올림픽을 개최하여 국제적 지위를 향상시켰다.
③ 북방 외교: 소련, 중국 등 공산 국가들과 외교 관계를 수립하였다.
(2) 통일 노력: 남북 고위급 회담을 통해 남북이 유엔에 동시 가입하였으며, 남북 기본 합의서◆와 한반도 비핵화 공동 선언◆을 채택하였다.

2. 김영삼 정부(1993~1998) 기출자료 2
(1) 정책
① 금융 실명제 실시: 대통령 긴급 명령으로 금융 실명제를 전격 실시하였다.
② 역사 바로 세우기 운동: 국민학교를 초등학교로 개칭하였으며, 조선 총독부 건물 철거와 전직 대통령(전두환, 노태우) 구속 등을 통해 역사를 바로 세우고자 하였다.
③ 시장 개방 추진: 경제 협력 개발 기구(OECD)에 가입해 시장 개방을 추진하였다.
(2) 민주 노총 창립: 전국 노동 조합의 연합 단체인 전국 민주 노동 조합 총연맹이 창립되었다.
(3) 외환 위기: 외환 부족 등으로 경제 위기에 직면하여 국제 통화 기금(IMF)에 지원을 요청하였다.

◆ **여소야대**
의회에서 여당의 국회의원 수보다 야당의 국회의원 수가 많은 형태

◆ **3당 합당**
여당인 민주 정의당과 야당인 통일 민주당(김영삼), 신민주 공화당(김종필)이 합당하여 민주 자유당을 창립함

◆ **남북 기본 합의서**
- 남북 사이의 화해와 불가침 및 교류·협력에 관한 합의서
- 상호 체제 인정, 상호 불가침, 교류·협력 확대 등에 대해 합의함

◆ **한반도 비핵화 공동 선언**
남북이 핵무기의 시험·생산·보유·사용의 금지, 핵에너지의 평화적 이용 등에 합의한 선언

2 김대중 정부~문재인 정부 최근 3개년 시험 중 13회 출제!

빈출 키워드 랭킹
1위 한·미 자유 무역 협정(FTA) 9번 출제
2위 6·15 남북 공동 선언 7번 출제
3위 개성 공단 6번 출제

1. 김대중 정부(1998~2003) 기출자료 3
(1) 정책
① 외환 위기 극복: 대통령 직속 자문 기구인 노사정 위원회◆를 구성하였으며, 금 모으기 운동 등을 통해 국제 통화 기금(IMF)의 채무를 조기 상환하였다.
② 복지 제도 확대: 경제적 취약 계층을 위해 국민 기초 생활 보장법◆을 제정하였다.
③ 국가 인권 위원회 설립: 국민의 인권을 보호하고자 국가 인권 위원회를 설립하였다.
④ 국제 스포츠 대회 개최: 2002 한·일 월드컵, 2002 부산 아시안 게임을 개최하였다.
(2) 통일 노력

햇볕 정책◆	현대 그룹 정주영 명예 회장이 소 떼를 몰고 북한을 방문하였고, 금강산 해로 관광이 시작됨
제1차 남북 정상 회담 (2000)	• 내용: 6·15 남북 공동 선언을 발표하고 남북한 통일 방안의 유사성 인정, 통일 문제의 자주적 해결, 남북 교류 확대, 경제 협력 활성화 등에 대해 합의함 • 결과: 개성 공업 지구(개성 공단) 조성에 합의함, 경의선(서울과 신의주) 복원 공사, 이산가족 상봉 등을 진행함

◆ **노사정 위원회**
경제 위기와 국제 통화 기금(IMF) 관리 체제를 극복하기 위해 만든 사회적 협의 기구

◆ **국민 기초 생활 보장법**
국가와 지방 자치 단체가 국민의 최저 생활 보장과 자립을 돕기 위한 목적으로 제정한 법

◆ **햇볕 정책**
김대중 정부가 추진한 대북 화해 협력 정책으로, 나그네의 외투를 벗게 만드는 것은 햇볕이라는 우화에서 인용함

기출 분석 특강

기출자료 1   노태우 정부
✅ 출제 TIP   노태우 정부의 통일 노력에 대한 내용이 힌트로 자주 나와요!

(1) 남북 기본 합의서 채택 66회 출제

서울에서 열린 제5차 남북 고위급 회담에서 남북 사이의 화해와 불가침 및 교류·협력 등을 주요 내용으로 하는 남북 기본 합의서를 채택하였다. 특히 이번 합의서에서는 분단 이후 처음으로 남북 양측의 국호를 사용하였다.

자료 분석
노태우 정부는 남북 고위급 회담을 통해 남북 기본 합의서를 채택하여 상호 체제의 인정, 상호 불가침, 교류·협력 확대 등에 대해 합의하였다.

함께 나올 기출선택지
- 북방 외교를 추진하여 사회주의 국가인 소련과 국교를 수립하였다. 69회
- 남북한이 유엔에 동시 가입하였다. 73·68·67회
- 남북한 간 최초의 공식 합의서인 남북 기본 합의서를 교환하였다. 71·68·57회
- 남북한 비핵화 공동 선언이 채택되었다. 65회

기출자료 2   김영삼 정부
✅ 출제 TIP   금융 실명제는 자료와 선택지에 골고루 출제되니 잘 기억해두세요!

(1) 금융 실명제 실시 56회 출제

헌법 제76조 제1항의 규정에 의거하여 「금융실명거래 및 비밀보장에 관한 대통령 긴급재정경제명령」을 반포합니다. …… 금융 실명제는 '신한국'의 건설을 위해서 그 어느 것보다도 중요한 제도 개혁입니다.

자료 분석
김영삼 정부는 부정부패를 막고자 대통령 긴급 명령으로 모든 금융 거래 시 실제 명의를 사용하는 금융 실명제를 실시하였다.

함께 나올 기출선택지
- 대통령 긴급 명령으로 금융 실명제가 실시되었다. 69·68·66회
- 국민학교라는 명칭을 초등학교로 변경하였다. 48회
- 경제 협력 개발 기구(OECD)에 가입하였다. 64·63·60회
- 전국 민주 노동조합 총연맹이 창립되었다. 70회

기출자료 3   김대중 정부

(1) 국민 기초 생활 보장법 제정 46회 출제

어떤 경우에라도 굶주리거나 자식 교육을 못 시키거나 의료 혜택을 받지 못하는 일이 없도록 하자는 것이 국민 기초 생활 보장 제도의 취지입니다.

자료 분석
김대중 정부는 생활이 어려운 국민의 최저 생활을 보장하고자 국민 기초 생활 보장법을 제정하였다.

(2) 햇볕 정책 61회 출제

정주영의 소 떼 방북을 계기로 남북한의 교류와 협력이 본격화되면서 금강산 관광 사업이 시작되었습니다. 이 사업은 남북 교류 활성화에 크게 기여할 것으로 보입니다.

자료 분석
김대중 정부의 햇볕 정책 일환으로 현대그룹 정주영 명예 회장이 소 떼를 이끌고 북한을 방문하였다.

(3) 6·15 남북 공동 선언 62회 출제

2. 남과 북은 나라의 통일을 위한 남측의 연합제 안과 북측의 낮은 단계의 연방제 안이 서로 공통성이 있다고 인정하고, 앞으로 이 방향에서 통일을 지향시켜 나가기로 하였다. - 「6·15 남북 공동 선언」

자료 분석
김대중 정부는 최초로 남북 정상 회담을 개최하여, 남북한 통일 방안의 유사성을 인정하는 내용 등을 담은 6·15 남북 공동 선언을 발표하였다.

함께 나올 기출선택지
- 대통령 직속 자문 기구인 노사정 위원회가 구성되었다. 64회
- 외환 위기 극복을 위해 금 모으기 운동이 전개되었다. 71·57회
- 국제 통화 기금(IMF)의 채무를 조기 상환하였다. 69회
- 경제적 취약 계층을 위한 국민 기초 생활 보장법이 시행되었다. 69·61회
- 한·일 월드컵 축구 대회가 개최되었다. 57회
- 금강산 해로 관광 사업을 시작하였다. 68회
- 남북 정상 회담을 처음으로 성사시켰다. 51회
- 6·15 남북 공동 선언을 채택하였다. 71·68·66회
- 남북한의 교류 협력을 위한 개성 공업 지구 건설에 합의하였다. 64·63·60회

30강 노태우 정부~문재인 정부

2. 노무현 정부(2003~2008) 기출자료1

(1) 정책
① **호주제 폐지**: 양성 평등의 실현을 위해 호주제◆를 폐지하였다.
② **FTA 체결**: 칠레, 미국 등과 자유 무역 협정(FTA)을 체결하였다.
③ **과거사 정리**: 현대의 반민주적, 반인권적 사건에 대한 진실을 밝혀내기 위해 진실·화해를 위한 과거사 정리 위원회를 구성하였으며, 친일파 청산을 위한 친일 반민족 행위 진상 규명 위원회가 출범하였다.
④ **복지 정책**: 노인 장기 요양 보험법◆, 다문화 가족 지원법 등을 제정하였다. 또한 국민 보건 증진을 위하여 질병 관리 본부를 설치하였다.

(2) 통일 노력

개성 공단 건설	남북 간 경제 교류 활성화를 위한 개성 공단이 건설됨
제2차 남북 정상 회담	10·4 남북 공동(정상) 선언에서 6·15 남북 공동 선언의 적극 구현, 한반도의 평화 및 핵 문제 해결, 남북 경제 협력 사업의 활성화 등을 합의함(2007)

3. 이명박 정부(2008~2013)

(1) **한·미 FTA 비준**◆: 노무현 정부 때 체결된 한·미 자유 무역 협정(FTA)을 비준하였다.
(2) **G20 정상 회의 개최**: 서울에서 국제 경제 협의 기구인 G20 정상 회의가 개최되었다(2010).

4. 문재인 정부(2017~2022) 기출자료2

(1) **평창 동계 올림픽 개최**: 평창 동계 올림픽을 개최하였으며, 개막식에서 남북 선수단이 공동으로 입장하였다(2018).
(2) **제3차 남북 정상 회담**: 핵 없는 한반도 실현, 연내 종전 선언 등을 포함한 한반도의 평화와 번영, 통일을 위한 판문점 선언을 발표하였다(2018).

◆ **호주제**
호주를 중심으로 가족 구성원들의 출생·혼인·사망 등의 신분 변동을 기록하는 제도로 여성 차별적 제도라는 비판을 받아 2005년에 폐지됨

◆ **노인 장기 요양 보험법**
일상 생활을 혼자 하기 어려운 노인들에게 신체 활동, 가사 활동 지원 등의 장기 요양 급여를 제공하는 법

◆ **비준**
조약을 헌법상의 조약 체결권자가 최종적으로 확인·동의하는 절차로, 우리나라에서는 대통령이 국회의 동의를 얻어 행함

10초 컷! 핵심 키워드 암기
1. 노태우 정부~김영삼 정부: 북방 외교(노태우 정부), 남북 기본 합의서 채택(노태우 정부)
2. 김대중~문재인 정부: 6·15 남북 공동 선언(김대중 정부), 10·4 남북 정상(공동) 선언(노무현 정부), 4·27 판문점 선언(문재인 정부)

30강 개념 확인 퀴즈

1. 다음 설명이 맞으면 O표, 틀리면 X표를 하세요.
(1) 노태우 정부는 북방 외교를 추진하여 공산권 국가들과 외교 관계를 수립하였다. ( )
(2) 김영삼 정부는 국민 기초 생활 보장법을 제정하였다. ( )
(3) 노무현 정부는 제2차 남북 정상 회담을 통해 10·4 남북 공동 선언을 발표하였다. ( )

2. 다음 괄호 안의 내용 중 옳은 것에 O표 하세요.
(1) (노태우 / 노무현) 정부 때 남북한이 유엔에 동시 가입하였다.
(2) (김영삼 / 김대중) 정부는 금융 실명제를 실시하였다.
(3) (노무현 / 김대중) 정부 때 양성 평등의 실현을 위해 호주제를 폐지하였다.

기출 분석 특강

기출자료1 노무현 정부

(1) 개성 공단 건설 44회 출제

> 출제TIP '개성 공단 건설'이 노무현 정부 관련 자료와 정답 선택지로 자주 출제돼요!

정부는 30일 11시 **개성 공단** 착공식이 북한 개성 현지 1단계 지구에서 남측과 북측 인사 300여 명이 참석한 가운데 열린다고 발표하였다. 남북이 분단 이후 처음으로 공동 조성하는 대규모 수출 공업 단지인 개성 공단은 남측의 기술력 및 대외 무역 능력과 북측의 노동력을 바탕으로 만들어지는 남북 경협의 마중물이 될 것으로 기대된다.

[자료 분석] 노무현 정부는 남북 간 경제 교류 활성화를 위해 개성 공단 착공식을 개최한 후 건설을 완료하였다.

(2) 10·4 남북 정상 선언 73회 출제

1. 남과 북은 **6·15 공동 선언을 고수**하고 적극 구현해 나간다.
   ⋮
3. 남과 북은 **군사적 적대 관계를** 종식하고 한반도에서 긴장 완화와 평화를 보장하기 위해 긴밀히 협력하기로 하였다.

[자료 분석] 노무현 정부는 제2차 남북 정상 회담을 개최하고 한반도의 평화 정착, 통일 등에 관한 현안에 협의한 10·4 남북 정상(공동) 선언을 발표하였다.

함께 나올 기출선택지

- 양성 평등의 실현을 위해 **호주제를 폐지**하였다. 68회
- **한국과 미국** 사이에 **자유 무역 협정(FTA)이 체결**되었다. 69·63·61·60회
- **진실·화해를 위한 과거사 정리 위원회**가 처음으로 출범하였다. 54회
- **친일 반민족 행위 진상 규명 위원회**가 출범하였다. 59회
- **노인 장기 요양 보험법**이 제정되었다. 50회
- 사회 통합을 위한 **다문화 가족 지원법**을 시행하였다. 56회
- **제2차 남북 정상 회담**이 개최되었다. 60회
- **10·4 남북 정상 선언**을 발표하였다. 67·64회
- 남북한의 교류 협력을 위한 **개성 공업 지구**가 조성되었다. 66회

기출자료2 문재인 정부

(1) 판문점 선언 73회 출제

1. 남과 북은 남북 관계의 전면적이며 획기적인 개선과 발전을 이룩하여 공동 번영과 자주 통일의 미래를 앞당겨 나갈 것이다.
   ⋮
3. 남과 북은 항구적이며 공고한 평화 체제를 구축하기 위해 적극 협력해 나갈 것이다.
   - 「한반도의 평화와 번영, 통일을 위한 **판문점 선언**」

[자료 분석] 문재인 정부는 판문점에서 남북 정상 회담을 개최하고 한반도 비핵화와 연내 종전 선언 추진 등을 담은 4·27 판문점 선언을 발표하였다.

함께 나올 기출선택지

- **판문점**에서 **남북 정상 회담**을 개최하였다. 70·65·59회
- **평창 동계 올림픽이 개최**되었다. 70회

---

3. 질문에 맞는 답을 고르세요.

(1) 김영삼 정부 시기의 사실은?
① 경제 협력 개발 기구(OECD)에 가입하였다.
② 미국과 자유 무역 협정(FTA)을 체결하였다.

(2) 김대중 정부 시기에 볼 수 있는 모습은?
① 금 모으기 운동에 참여하는 학생
② 거리에서 자를 들고 미니스커트를 단속하는 경찰

(3) 노태우 정부 시기의 사실은?
① 6·15 남북 공동 선언을 채택하였다.
② 남북 기본 합의서를 채택하였다.

(4) 김대중 정부의 통일 노력은?
① 남북 조절 위원회를 구성하였다.
② 개성 공업 지구 건설에 합의하였다.

[정답]
1. (1) ○ (2) X(김대중 정부) (3) ○
2. (1) 노태우 (2) 김영삼 (3) 노무현
3. (1) ①(②은 노무현 정부)
   (2) ①(②은 박정희 정부)
   (3) ②(①은 김대중 정부)
   (4) ②(①은 박정희 정부)

개념 적용 기출문제

01 71회 48번
다음 기사가 보도된 정부 시기의 사실로 옳은 것은? [3점]

① 국민 교육 헌장이 발표되었다.
② 3당 합당으로 민주 자유당이 창당되었다.
③ 군 내부의 사조직인 하나회가 해체되었다.
④ 사회 정화를 명분으로 삼청 교육대가 설치되었다.
⑤ 외환 위기 극복을 위한 금 모으기 운동이 전개되었다.

02 56회 50번
다음 연설이 있었던 정부 시기의 통일 노력으로 옳은 것은? [2점]

① 남북 정상 회담을 처음으로 개최하였다.
② 한반도 비핵화 공동 선언을 채택하였다.
③ 개성 공단 조성 사업을 추진하기로 하였다.
④ 남북 조절 위원회를 운영하기로 합의하였다.
⑤ 남북 간 이산가족 상봉을 최초로 실현하였다.

03 69회 50번
다음 뉴스가 보도된 정부 시기에 있었던 사실로 옳은 것은? [3점]

① 굴욕적인 대일 외교에 반대하는 6·3 시위가 일어났다.
② 북방 외교를 추진하여 사회주의 국가인 소련과 수교하였다.
③ 통일 방안을 논의하기 위해 남북 조절 위원회를 설치하였다.
④ 경제적 취약 계층을 위한 국민 기초 생활 보장법을 시행하였다.
⑤ 역사 바로 세우기를 내세우며 옛 조선 총독부 건물을 철거하였다.

04 52회 49번
다음 문서가 작성된 이후의 사실로 옳은 것은? [2점]

> 미셸 캉드쉬 총재 귀하
> 1. 첨부된 경제 계획 각서에는 향후 3년 이상 한국이 실행할 정책이 요약되어 있습니다. 이 정책은 현재의 재정적 어려움을 초래한 근본 원인을 해결하여 시장의 신뢰를 회복하며, 한국 경제를 강력하고 지속 가능한 성장의 길로 이끌 수 있을 것입니다. 이 경제 계획을 지원하기 위해 한국 정부는 향후 3년간 특별 인출권(SDR) 155억 달러 규모의 국제 통화 기금(IMF) 대기성 차관을 요청합니다.

① 전국 민주 노동조합 총연맹이 창립되었다.
② 저유가, 저금리, 저달러의 3저 호황이 있었다.
③ 제2차 석유 파동으로 경제 불황이 심화되었다.
④ 대통령 긴급 명령으로 금융 실명제가 실시되었다.
⑤ 대통령 직속 자문 기구인 노사정 위원회가 구성되었다.

해설

01 노태우 정부   정답 ②

자료 분석

> 서울 올림픽 개회식 → 노태우 정부

노태우 정부는 서울 올림픽을 개최하여 국민의 일체감을 증대시키고 대한민국의 국제적 지위를 향상시켰다.

선택지 분석

① 국민 교육 헌장이 발표되었다. → 박정희 정부
② 3당 합당으로 민주 자유당이 창당되었다. → 노태우 정부
   └ 노태우 정부 때 야당의 의석수가 여당보다 많은 이른바 여소야대의 국정을 극복하기 위해 3당 합당을 단행하였으며, 그 결과 민주 자유당이 창당되었다.
③ 군 내부의 사조직인 하나회가 해체되었다. → 김영삼 정부
④ 사회 정화를 명분으로 삼청 교육대가 설치되었다.
   → 신군부 집권기
⑤ 외환 위기 극복을 위한 금 모으기 운동이 전개되었다.
   → 김대중 정부

02 노태우 정부의 통일 노력   정답 ②

자료 분석

> 서울 올림픽 + 남북한이 다른 의석으로 유엔에 가입
> → 노태우 정부

노태우 정부는 서울 올림픽을 개최하여 국민의 일체감을 증대시키고 대한민국의 국제적인 지위를 향상시켰다. 또한 중국·소련 등 사회주의 국가와 북한을 대상으로 적극적인 북방 외교 정책을 추진하였고, 그 결과 남북한이 동시에 유엔에 가입하였다.

선택지 분석

① 남북 정상 회담을 처음으로 개최하였다. → 김대중 정부
② 한반도 비핵화 공동 선언을 채택하였다. → 노태우 정부
   └ 노태우 정부는 핵 전쟁의 위험을 제거하고 평화 통일의 기반을 다지기 위해 한반도 비핵화 공동 선언을 채택하였다.
③ 개성 공단 조성 사업을 추진하기로 하였다. → 김대중 정부
④ 남북 조절 위원회를 운영하기로 합의하였다. → 박정희 정부
⑤ 남북 간 이산가족 상봉을 최초로 실현하였다. → 전두환 정부

03 김영삼 정부   정답 ⑤

자료 분석

> 문민 정부 → 김영삼 정부

김영삼 정부는 5·16 군사 정변 이후 33년 만에 세워진 민간인 정부로 문민 정부라고 불렸다. 김영삼 정부는 모든 금융 거래를 실제 본인의 이름으로 하도록 하는 금융 실명제를 실시하였다. 그러나 무분별한 외화 도입과 대기업의 문어발식 확장 등으로 인해 임기 말 외환 위기를 맞게 되었고, 결국 국제 통화 기금(IMF)에 구제 금융을 요청하였다.

선택지 분석

① 굴욕적인 대일 외교에 반대하는 6·3 시위가 일어났다.
   → 박정희 정부
② 북방 외교를 추진하여 사회주의 국가인 소련과 수교하였다.
   → 노태우 정부
③ 통일 방안을 논의하기 위해 남북 조절 위원회를 설치하였다.
   → 박정희 정부
④ 경제적 취약 계층을 위한 국민 기초 생활 보장법을 시행하였다. → 김대중 정부
⑤ 역사 바로 세우기를 내세우며 옛 조선 총독부 건물을 철거하였다. → 김영삼 정부
   └ 김영삼 정부는 역사 바로 세우기 운동을 전개하여 경복궁 내에 세워져 있던 옛 조선 총독부 건물을 철거하였다.

04 국제 통화 기금(IMF) 대기성 차관 요청 이후의 사실   정답 ⑤

자료 분석

> 국제 통화 기금(IMF) 대기성 차관을 요청함 → 김영삼 정부

김영삼 정부는 세계화를 표방하여 경제 협력 개발 기구(OECD)에 가입하는 등 시장 개방 정책을 추진하였다. 그러나 무분별한 외화 도입과 대기업의 문어발식 확장 등으로 인해 임기 말에 외환 위기를 맞게 되었고, 결국 정부는 국제 통화 기금(IMF)에 대기성 차관을 요청(1997)하였다.

선택지 분석

① 전국 민주 노동조합 총연맹이 창립되었다. → 김영삼 정부
② 저유가, 저금리, 저달러의 3저 호황이 있었다. → 전두환 정부
③ 제2차 석유 파동으로 경제 불황이 심화되었다. → 박정희 정부
④ 대통령 긴급 명령으로 금융 실명제가 실시되었다.
   → 김영삼 정부
⑤ 대통령 직속 자문 기구인 노사정 위원회가 구성되었다.
   → 김대중 정부
   └ 김영삼 정부 이후인 김대중 정부 시기에 외환 위기를 극복하기 위해 대통령 직속 자문 기구인 노사정 위원회가 구성되었다.

개념 적용 기출문제

05
다음 기사가 보도된 정부 시기의 사실로 옳은 것은? [2점]

제17회 FIFA 한·일 월드컵 개막식이 열리다

제17회 FIFA 한·일 월드컵 개막식이 어제 저녁 서울 월드컵 경기장에서 성공적으로 열렸다. 오후 7시 25분부터 취타대 등을 앞세운 32개 참가국 입장이 끝난 뒤 진행된 개막 행사는 환영·소통·어울림·나눔으로 구성되었다. 이후 세계 평화와 인류 화합의 새 시대가 열리고 한·일 양국 간 우호 친선의 21세기가 열리기를 기원하는 대통령의 개막 선언으로 화려하게 마무리되었다.

① 중앙정보부가 창설되었다.
② 국가 인권 위원회가 출범하였다.
③ 세계 무역 기구(WTO)에 가입하였다.
④ G20 정상 회의를 서울에서 개최하였다.
⑤ 37년 만에 야간 통행 금지가 해제되었다.

06
다음 연설이 있었던 정부의 통일 노력으로 옳은 것은? [2점]

> 노벨 위원회가 긍정적으로 평가해 준 최근의 남북 관계에 대해 몇 말씀드리겠습니다. 저는 지난 6월에 북한의 김정일 국방위원장과 역사적인 남북 정상 회담을 가졌습니다. …… 우리의 일관되고 성의 있는 자세와 노르웨이를 비롯한 전 세계 모든 나라의 햇볕 정책에 대한 지지는 북한의 태도를 바꾸게 만들었습니다.

① 남북 기본 합의서를 교환하였다.
② 7·4 남북 공동 성명을 발표하였다.
③ 6·15 남북 공동 선언을 채택하였다.
④ 한반도 비핵화 공동 선언에 합의하였다.
⑤ 남북 이산가족 고향 방문단의 교환을 최초로 실현하였다.

07
밑줄 그은 '정부' 시기에 있었던 사실로 옳은 것은? [3점]

① 평창 동계 올림픽이 개최되었다.
② 전국 민주 노동 조합 총연맹이 창립되었다.
③ 헝가리와 상주 대표부 설치 협정을 체결하였다.
④ 진실·화해를 위한 과거사 정리 기본법이 제정되었다.
⑤ 중학교 입시 제도가 폐지되고 무시험 추첨제가 실시되었다.

08
다음 연설이 있었던 정부의 통일 노력으로 옳은 것은? [2점]

> 진작부터 꼭 한 번 와 보고 싶었습니다. 참여 정부 와서 첫 삽을 떴기 때문에 …… 지금 개성 공단이 매출액의 증가 속도, 그리고 근로자의 증가 속도 같은 것이 눈부시지요. …… 경제적으로 공단이 성공하고, 그것이 남북 관계에서 평화에 대한 믿음을 우리가 가질 수 있게 만드는 것이거든요. 또 함께 번영해 갈 수 있는 가능성에 대해서 우리가 믿음을 갖게 되는 것이기 때문에 이것이 선순환되면 앞으로 정말 좋은 결과가 있을 것입니다.

① 남북한이 국제 연합(UN)에 동시 가입하였다.
② 민족 자존과 통일 번영을 위한 7·7 선언을 발표하였다.
③ 남북 이산가족 고향 방문단의 교환 방문을 최초로 성사시켰다.
④ 7·4 남북 공동 성명 실천을 위해 남북 조절 위원회를 구성하였다.
⑤ 남북 관계 발전과 평화 번영을 위한 10·4 남북 정상 선언을 발표하였다.

해설

05 김대중 정부 정답 ②

자료 분석

한·일 월드컵 → 김대중 정부

김대중 정부는 외환 위기가 발생한 상황에서 출범하여 이를 극복하기 위해 대통령 직속 자문 기구인 노사정 위원회를 설치하였고, 국민들은 금 모으기 운동을 전개하여 외환 위기를 극복하였다. 한편 김대중 정부 시기인 2002년에는 한·일 월드컵이 개최되었다.

선택지 분석

① 중앙정보부가 창설되었다. → 박정희 군부 시기
② 국가 인권 위원회가 출범하였다. → 김대중 정부
 ㄴ 김대중 정부 시기에 사회적 약자와 소수자를 보호하기 위해 국가 인권 위원회가 출범하였다.
③ 세계 무역 기구(WTO)에 가입하였다. → 김영삼 정부
④ G20 정상 회의를 서울에서 개최하였다. → 이명박 정부
⑤ 37년 만에 야간 통행 금지가 해제되었다. → 전두환 정부

06 김대중 정부의 통일 노력 정답 ③

자료 분석

남북 정상 회담 + 햇볕 정책 → 김대중 정부

김대중 정부는 대북 화해 협력 정책인 햇볕 정책의 결과 김대중 대통령이 2000년 6월 13일 평양을 방문하며, 최초로 제1차 남북 정상 회담이 개최되었다.

선택지 분석

① 남북 기본 합의서를 교환하였다. → 노태우 정부
② 7·4 남북 공동 성명을 발표하였다. → 박정희 정부
③ 6·15 남북 공동 선언을 채택하였다. → 김대중 정부
 ㄴ 김대중 정부는 최초의 남북 정상 회담을 개최하고, 통일 문제의 자주적 해결 등에 합의한 6·15 남북 공동 선언을 채택하였다.
④ 한반도 비핵화 공동 선언에 합의하였다. → 노태우 정부
⑤ 남북 이산가족 고향 방문단의 교환을 최초로 실현하였다.
 → 전두환 정부

07 노무현 정부 정답 ④

자료 분석

호주제 폐지 → 노무현 정부

노무현 정부는 양성 평등의 실현을 위해 남성(호주)을 중심으로 가족 구성원들의 출생·혼인·사망 등의 신분 변동을 기록하는 제도인 호주제를 폐지하였다.

선택지 분석

① 평창 동계 올림픽이 개최되었다. → 문재인 정부
② 전국 민주 노동 조합 총연맹이 창립되었다. → 김영삼 정부
③ 헝가리와 상주 대표부 설치 협정을 체결하였다.
 → 노태우 정부
④ 진실·화해를 위한 과거사 정리 기본법이 제정되었다.
 → 노무현 정부
 ㄴ 노무현 정부 시기에 진실·화해를 위한 과거사 정리 기본법이 제정되었고, 진실·화해를 위한 과거사 정리 위원회가 출범하였다.
⑤ 중학교 입시 제도가 폐지되고 무시험 추첨제가 실시되었다.
 → 박정희 정부

08 노무현 정부의 통일 노력 정답 ⑤

자료 분석

개성 공단의 첫 삽을 떴음 → 노무현 정부

노무현 정부는 김대중 정부의 대북 정책인 햇볕 정책을 계승·발전하여 평화 통일 정책을 추진하였다. 이에 따라 김대중 정부 때 북한과 합의하였던 개성 공단 건설 사업을 실현시켰으며, 남북 간의 교류와 협력을 위해 경의선 철도를 시험 운행하기도 하였다. 또한 2007년 10월에는 제2차 남북 정상 회담을 개최하였다.

선택지 분석

① 남북한이 국제 연합(UN)에 동시 가입하였다. → 노태우 정부
② 민족 자존과 통일 번영을 위한 7·7 선언을 발표하였다.
 → 노태우 정부
③ 남북 이산가족 고향 방문단의 교환 방문을 최초로 성사시켰다. → 전두환 정부
④ 7·4 남북 공동 성명 실천을 위해 남북 조절 위원회를 구성하였다. → 박정희 정부
⑤ 남북 관계 발전과 평화 번영을 위한 10·4 남북 정상 선언을 발표하였다. → 노무현 정부
 ㄴ 노무현 정부 시기에 제2차 남북 정상 회담을 개최하여 10·4 남북 정상(공동) 선언을 발표하였다.

현대 핵심 키워드 마무리 체크

1945. 8.	1945. 12.	1946	1948. 5.	1948. 8.	1950	1960. 3.	1960. 4.	1960. 8.
광복	모스크바 3국 외상 회의	좌·우 합작 운동	5·10 총선거	대한민국 정부 수립	6·25 전쟁	3·15 부정 선거	4·19 혁명	장면 내각 성립

정부 수립 과정 | **이승만 정부** | **장면 내각**

1945~1948 정부 수립 시기
- 광복(1945. 8. 15.)
- 모스크바 3국 외상 회의 개최(1945)
- 제1차 ① 개최 (1946)
- 이승만, 정읍 발언(1946)
- 좌·우 합작 위원회 조직, 좌·우 합작 7원칙 발표(1946)
- 제2차 미·소 공동 위원회 개최(1947)
- 유엔 총회 개최(1947)
- 유엔 소총회 개최(1948)
- ② 4·3 사건(1948)
- 남북 협상(1948)
- 5·10 총선거(1948)
- 제헌 헌법 공포(1948)
- 대한민국 정부 수립(1948)

1948~1960 이승만 정부
- ③ 처벌법 제정(1948)
- 여수·순천 10·19 사건(1948)
- 농지 개혁법 제정(1949, 실시: 1950)
- 귀속 재산 처리법 제정(1949)
- 6·25 전쟁 발발(1950)
- ④ (1950)
- 1·4 후퇴(1951)
- 발췌 개헌(1952)
- 휴전 협정 체결(1953)
- 한·미 상호 방위 조약 체결(1953)
- 사사오입 개헌(1954)
- 제3대 대선(1956)
- 진보당 사건(1958)
- 경향신문 폐간(1959)
- 3·15 ⑤ (1960)
- 4·19 혁명(1960)

1960~1961 장면 내각
- 허정 과도 정부 수립(1960)
- 제3차 개헌(1960)
- 제4대 대선, 장면 내각 출범(1960)
- 5·16 군사 정변(1961)

해커스한국사
history.Hackers.com

해커스 한국사능력검정시험 심화(1·2·3급) **한권합격**

실력 점검
기출 모의고사

조선 후기 ~ 현대

* 시험 전 준비물: 필기도구, 시계

한국사능력검정시험 심화
기출 모의고사 조선 후기 ~ 현대

01 (가) 시기에 있었던 사실로 옳은 것은?

① 무신 이징옥이 반란을 일으켰다.
② 송시열이 유배된 후 사사되었다.
③ 자의 대비의 복상 문제로 예송이 일어났다.
④ 정여립 모반 사건을 빌미로 기축옥사가 발생하였다.
⑤ 붕당 정치의 폐해를 막기 위해 탕평비가 건립되었다.

02 밑줄 그은 '왕'의 재위 시기에 있었던 사실로 옳은 것은?

> 『대전통편』이 완성되었는데, 나라의 제도 및 법식에 관한 책이다. …… 왕이 말하기를, "속전(續典)은 갑자년에 이루어졌는데, 선왕의 명령으로서 갑자년 이후에 이루어진 것도 많으니 어찌 감히 지금과 가까운 것만을 내세우고 먼 것은 소홀히 할 수 있겠는가?" 라고 하였다. 이에 김치인 등에게 명하여 원전(原典)과 속전 및 지금까지의 왕명을 모아 한 책으로 편찬한 것이었다.

① 인재 양성을 위해 초계문신제를 시행하였다.
② 홍경래 등이 봉기하여 정주성을 점령하였다.
③ 자의 대비의 복상 문제로 예송이 전개되었다.
④ 이인좌를 중심으로 소론 세력 등이 난을 일으켰다.
⑤ 신류가 조총 부대를 이끌고 흑룡강에서 전투를 벌였다.

03 다음 가상 대화가 이루어진 시기의 사회 모습으로 가장 적절한 것은?

① 빈민 구제를 위해 흑창이 설치되었다.
② 원종과 애노가 사벌주에서 봉기하였다.
③ 홍건적의 침입으로 개경이 함락되었다.
④ 지배층을 중심으로 변발과 호복이 유행하였다.
⑤ 안동 김씨 등의 세도 정치로 매관매직이 성행하였다.

04 밑줄 그은 '사건'에 대한 설명으로 옳은 것은?

① 청의 군대에 의해 진압되었다.
② 삼정이정청이 설치되는 계기가 되었다.
③ 서북인에 대한 차별에 반발하여 일어났다.
④ 남접과 북접이 연합하여 조직적으로 전개되었다.
⑤ 함경도와 황해도에 방곡령이 선포되는 결과를 가져왔다.

05 다음 상인이 등장한 배경으로 가장 적절한 것은?

(앞면)

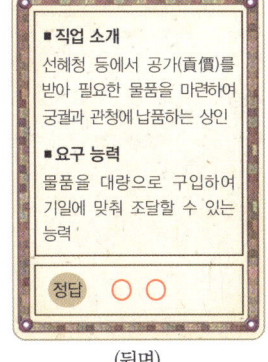
(뒷면)

① 관수 관급제가 시행되었다.
② 금속 화폐인 건원중보가 주조되었다.
③ 근대적 상회사인 대동 상회가 설립되었다.
④ 공납의 폐단을 시정하기 위해 대동법이 실시되었다.
⑤ 육의전을 제외한 시전 상인의 금난전권이 폐지되었다.

06 (가) 인물에 대한 설명으로 옳은 것은?

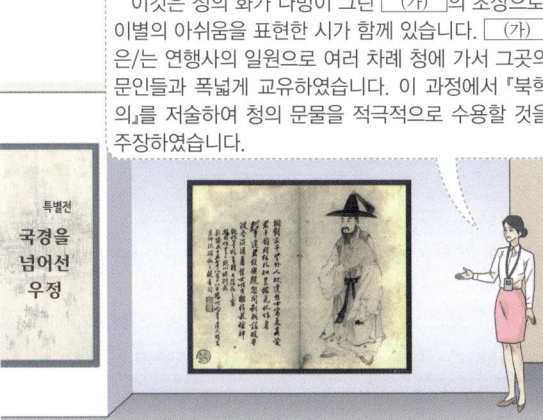

이것은 청의 화가 나빙이 그린 (가) 의 초상으로, 이별의 아쉬움을 표현한 시가 함께 있습니다. (가) 은/는 연행사의 일원으로 여러 차례 청에 가서 그곳의 문인들과 폭넓게 교유하였습니다. 이 과정에서 『북학의』를 저술하여 청의 문물을 적극적으로 수용할 것을 주장하였습니다.

① 세계 지리서인 『지구전요』를 저술하였다.
② 『의산문답』에서 무한 우주론을 주장하였다.
③ 『기기도설』을 참고하여 거중기를 설계하였다.
④ 서자 출신으로 규장각 검서관에 기용되었다.
⑤ 「양반전」을 지어 양반의 허례와 무능을 풍자하였다.

07 (가) 인물의 작품으로 옳은 것은?

이 작품은 조선 후기 대표적 풍속 화가인 단원 (가) 이/가 나귀를 타고 유람하는 나그네의 시점으로 그린 행려풍속도병입니다. 8폭 병풍에는 계절에 따라 변해가는 산수와 대장간, 나루터 등 다양한 세상살이의 모습이 생동감 있게 표현되어 있습니다. 각 폭의 그림 위쪽에는 그의 스승인 강세황의 그림평이 적혀 있습니다.

①  ②  ③

④  ⑤

08 다음 상황이 나타난 시기에 볼 수 있는 모습으로 적절하지 <u>않은</u> 것은?

① 벽란도에서 인삼을 사는 송의 상인
② 호랑이를 소재로 민화를 그리는 화가
③ 광산 노동자에게 품삯을 나눠주는 덕대
④ 여러 장시를 돌며 물품을 판매하는 보부상
⑤ 저잣거리에서 영웅 소설을 읽어주는 전기수

09 밑줄 그은 '시기'에 있었던 사실로 옳은 것은?

창녕의 관산 서원 터에서 매주(埋主) 시설이 발견되었습니다. 이 시설은 서원에 모셔져 있던 신주를 옹기에 넣고 기와로 둘러싼 뒤 묻은 것입니다. 이번 발굴로 만동묘 철거 이후 서원을 철폐하던 시기에 신주를 어떻게 처리했는지 알 수 있게 되었습니다.

서원 철폐 관련 매주 시설 첫 발견

① 나선 정벌에 조총 부대가 동원되었다.
② 박규수의 건의로 삼정이정청이 설치되었다.
③ 지역 차별에 반발하여 홍경래가 봉기하였다.
④ 제너럴셔먼호 사건을 구실로 미군이 침입하였다.
⑤ 시전 상인의 특권을 축소하는 신해통공이 단행되었다.

10 (가) 사건에 대한 설명으로 옳은 것은?

이 척화비는 자연석에 비문을 새긴 것이 특징입니다. 척화비는 제너럴셔먼호 사건을 구실로 일어난 (가) 이후 전국 각지에 세워졌습니다. 이를 통해 서양 세력과의 통상 수교를 거부한 역사의 한 장면을 엿볼 수 있습니다.

① 청군의 개입으로 종결되었다.
② 외규장각 도서가 약탈되는 결과를 가져왔다.
③ 에도 막부에 통신사가 파견되는 계기가 되었다.
④ 사태 수습을 위해 박규수가 안핵사로 파견되었다.
⑤ 전개 과정에서 어재연 부대가 광성보에서 항전하였다.

11 다음 검색창에 들어갈 조약에 대한 설명으로 옳은 것은?

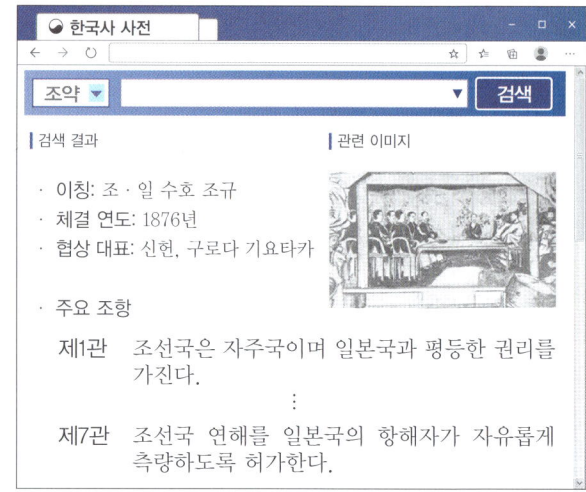

한국사 사전
조약 ▼ [   ] 검색

검색 결과 | 관련 이미지

· 이칭: 조·일 수호 조규
· 체결 연도: 1876년
· 협상 대표: 신헌, 구로다 기요타카

· 주요 조항
제1관 조선국은 자주국이며 일본국과 평등한 권리를 가진다.
       ⋮
제7관 조선국 연해를 일본국의 항해자가 자유롭게 측량하도록 허가한다.

① 최혜국 대우를 최초로 규정하였다.
② 통감부가 설치되는 계기가 되었다.
③ 천주교 포교 허용의 근거가 되었다.
④ 일본 경비병의 공사관 주둔을 명시하였다.
⑤ 부산 외 2곳에 개항장이 설치되는 결과를 가져왔다.

12 (가), (나) 사이의 시기에 있었던 사실로 옳은 것은?

(가) 수신사 김기수가 나와 엎드리니 왕이 말하였다. "전선, 화륜과 농기계에 관하여 들은 것은 없는가? 저 나라에서 이 세 가지 일을 제일 급하게 힘쓰고 있다고 하는데, 그러하던가?" 김기수가 "과연 그러하였습니다."라고 아뢰었다.

(나) 어윤중이 동래부 암행어사로 임명되어 왕에게서 받은 봉해진 서신을 열어보니, "일본 조정의 논의와 정국의 형세, 풍속·인물·교빙·통상 등의 대략을 염탐하는 것이 좋겠다. 그러니 너는 일본으로 건너가 크고 작은 일들을 보고 듣되 시간에 구애받지 말고 낱낱이 탐지해서 별도의 문서로 조용히 보고하라."라는 내용이었다.

① 미국에 보빙사가 파견되었다.
② 통리기무아문과 12사가 설치되었다.
③ 운요호가 강화도와 영종도를 무단 침입하였다.
④ 교원 양성을 위해 한성 사범 학교가 설립되었다.
⑤ 프랑스와 조약을 체결하여 천주교 포교가 허용되었다.

13 밑줄 그은 '이 사건'에 대한 설명으로 옳은 것은?

① 보국안민, 제폭구민을 기치로 내걸었다.
② 한성 조약이 체결되는 결과를 가져왔다.
③ 개혁 추진을 위해 교정청을 설치하였다.
④ 구식 군인에 대한 차별 대우가 발단이 되었다.
⑤ 민영익 등이 보빙사로 파견되는 계기가 되었다.

14 (가), (나) 조약에 대한 설명으로 옳은 것은?

> (가) 제4조 …… 조선 상인이 북경에서 규정에 따라 교역하고, 중국 상인이 조선의 양화진과 서울에 들어가 영업소를 개설한 경우를 제외하고 각종 화물을 내지로 운반하여 상점을 차리고 파는 것을 허가하지 않는다. ……
>
> (나) 제37관 조선국에서 가뭄과 홍수, 전쟁 등의 일로 국내에 양식이 부족할 것을 우려하여 일시 쌀 수출을 금지하려고 할 때에는 1개월 전에 지방관이 일본 영사관에 통지하고, 미리 그 기간을 항구에 있는 일본 상인들에게 전달하여 일률적으로 준수하는 데 편리하게 한다.

① (가) – 통감부가 설치되는 계기가 되었다.
② (가) – 조선의 관세 자주권을 최초로 인정하였다.
③ (나) – 최혜국 대우를 규정한 조항을 담고 있다.
④ (나) – 일본 공사관의 경비병 주둔을 명시하였다.
⑤ (가), (나) – 갑신정변의 영향으로 체결되었다.

15 (가)에 들어갈 내용으로 옳은 것은?

① 교정청 설치
② 전봉준 체포
③ 13도 창의군 결성
④ 안핵사 이용태 파견
⑤ 남접과 북접의 연합

16 (가) 시기에 있었던 사실로 옳은 것은?

① 과거제가 폐지되었다.
② 호포제가 실시되었다.
③ 교정청이 설치되었다.
④ 5군영이 2영으로 통합되었다.
⑤ 교육 입국 조서가 반포되었다.

17 (가) 종교에 대한 설명으로 옳은 것은?

> 외무부 장관께
>
> 몇 달 전부터 서울에서는 (가) 이야기밖에 없습니다. …… 사흘 전 이들의 대표 21명이 궁궐문 앞에 모여 엎드려 절하고 상소를 올렸으나 국왕은 상소 접수를 거부하였습니다. 교도들은 처형된 교조 최제우를 복권하고 (가) 을/를 인정해 줄 것을 정부에 청원하였습니다. …… 그러나 이는 조선 국왕이 들어줄 수 없는 사안들이었습니다.
>
> 조선 주재 프랑스 공사 H. 프랑댕

① 정혜쌍수와 돈오점수를 주장하였다.
② 포접제를 활용하여 교세를 확장하였다.
③ 박중빈을 중심으로 새 생활 운동을 추진하였다.
④ 중광단을 조직하여 항일 무장 투쟁을 전개하였다.
⑤ 제사와 신주를 모시는 문제로 정부의 탄압을 받았다.

18 다음 상황의 배경으로 가장 적절한 것은?

> 근일에 의병을 일으킨 이들이 각처에 글을 보내어 말하기를, "정부에 변란이 자주 나고 각처에 도적이 일어나며 대군주 폐하께서 외국 공사관에 파천하여 환궁하실 기약이 없고 일본 사람들이 조선 인민을 어지럽게 하는 고로, 의병을 일으켜 서울에 올라와 궁궐을 지키고 대군주 폐하를 환궁하시게 한다."라고 하였다.

① 을미사변이 일어났다.
② 을사늑약이 체결되었다.
③ 용암포 사건이 발생하였다.
④ 헤이그에 특사가 파견되었다.
⑤ 대한 제국의 군대가 해산되었다.

19 (가) 단체의 활동으로 옳은 것은?

> 11월 4일 밤, 조병식 등은 건의소청 및 도약소의 잡배들로 하여금 광화문 밖의 내국 조방 및 큰길가에 익명서를 붙이도록 하였다. …… 익명서는 "(가) 이/가 11월 5일 본관에서 대회를 열고, 박정양을 대통령으로, 윤치호를 부통령으로, 이상재를 내부대신으로 …… 임명하여 나라의 체제를 공화 정치 체제로 바꾸려 한다."라고 꾸며서 폐하께 모함하고자 한 것이다. – 『대한계년사』

① 일본의 황무지 개간권 요구를 저지하였다.
② 러시아의 절영도 조차 요구에 반대하였다.
③ 고종의 강제 퇴위 반대 운동을 전개하였다.
④ 계몽 서적 출판을 위해 태극 서관을 설립하였다.
⑤ 일본에게 진 빚을 갚자는 국채 보상 운동을 주도하였다.

20 (가) 인물에 대한 설명으로 옳은 것은?

월간 역사 2023년 4월호

특집 (가) 의 상소, 조선의 정치를 뒤흔들다!

- 흥선 대원군의 하야를 요구하는 상소를 올리다
- 지부복궐척화의소를 올려 왜양 일체론을 주장하다
- 단발령에 반대하는 상소를 올리다

① 대한 광복회를 조직하여 친일파를 처단하였다.
② 국권 피탈 과정을 정리한 『한국통사』를 집필하였다.
③ 을사늑약 체결에 반대하여 태인에서 의병을 일으켰다.
④ 13도 창의군을 지휘하여 서울 진공 작전을 전개하였다.
⑤ 보국안민을 기치로 우금치에서 일본군 및 관군에 맞서 싸웠다.

21 (가)에 들어갈 내용으로 가장 적절한 것은?

> **한국사 특강**
>
> 우리 학회에서는 고종이 황제로 즉위한 이후 구본신참에 입각하여 추진한 정책을 주제로 강좌를 마련하였습니다. 많은 관심과 참여 바랍니다.
>
> ▣ 강좌 내용 ▣
>
> 제1강   (가)
> 제2강 대한국 국제 반포와 황제 중심 정치 구조
> 제3강 지계 발급과 근대적 토지 소유권
>
> ● 기간: 2023년 10월 ○○일~○○일
> ● 일시: 매주 토요일 14:00~16:00
> ● 장소: △△ 연구원

① 통역관 양성을 위한 동문학 설립
② 개혁 방향을 제시한 홍범 14조 반포
③ 통리기무아문 설치와 개화 정책 추진
④ 원수부 창설과 황제의 군 통수권 강화
⑤ 23부로의 지방 제도 개편과 지방관 권한 축소

22 다음 의병 부대에 대한 설명으로 옳은 것은?

> 이인영을 총대장으로 추대하고, 허위를 군사장으로 삼아 …… 각 도에 격문을 전하니 전국에서 불철주야 달려온 지원자들이 만여 명이더라. 이에 서울로 진군하여 국권을 회복하고자 …… 먼저 이인영은 심복을 보내 각국 영사에게 진군의 이유를 상세히 알리며 도움을 요청하고, 각 도의 의병으로 하여금 일제히 진군하게 하였다.

① 「조선혁명선언」을 지침으로 삼았다.
② 이만손이 주도하여 영남 만인소를 올렸다.
③ 상덕태상회를 통하여 군자금을 모집하였다.
④ 일본에 국권 반환 요구서를 제출하고자 하였다.
⑤ 고종의 강제 퇴위와 군대 해산에 반발하여 결성되었다.

23 다음 자료에 나타난 민족 운동에 대한 설명으로 옳은 것은?

> 우리나라가 채무를 지고 우리 백성이 채노(債奴)*가 된 것이 여러 해가 되었습니다. …… 대황제 폐하께서 진 외채가 1,300만 원이지만 채무를 청산할 방법이 없어 밤낮으로 걱정하시니, 백성된 자로서 있는 힘을 다하여 보상하려고 해도 겨를이 없습니다. …… 우리 동포는 빨리 단체를 결성하여 열성적으로 의연금을 내어 채무를 상환하고 채노에서 벗어나, 머리는 대한의 하늘을 이고, 발은 대한의 땅을 밟도록 해 주시기를 눈물을 머금고 간절히 요구합니다.
>
> *채노(債奴): 빚을 갚지 못해 노비가 된 사람

① 일제가 치안 유지법을 적용하여 탄압하였다.
② 백정에 대한 사회적 차별 철폐를 요구하였다.
③ 독립문 건립을 위한 모금 활동을 전개하였다.
④ 자작회, 토산 애용 부인회 등의 단체가 활동하였다.
⑤ 대한매일신보 등 당시 언론이 적극적으로 참여하였다.

24 (가)~(마)에 대한 설명으로 옳은 것은?

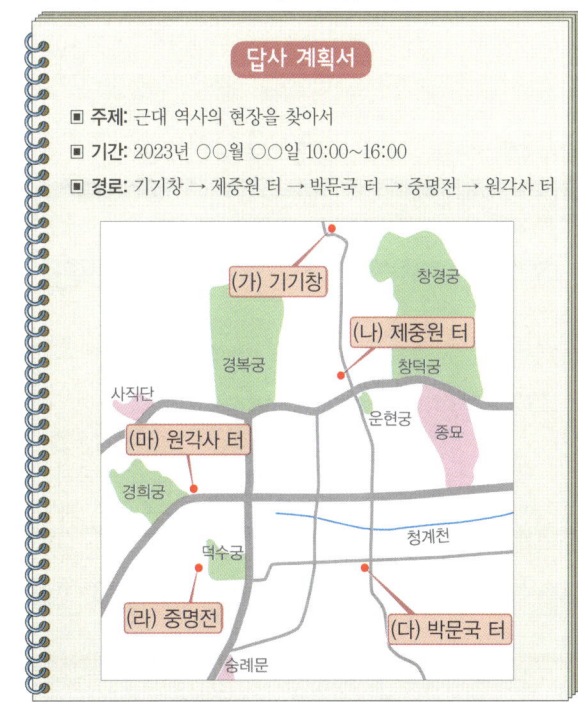

① (가) - 우리나라 최초의 근대 신문이 간행되었다.
② (나) - 고종의 황제 즉위식이 거행된 장소이다.
③ (다) - 백동화가 주조되었다.
④ (라) - 을사늑약이 체결되었다.
⑤ (마) - 나운규의 아리랑이 처음 상영된 곳이다.

25 다음 판결이 내려진 시기에 있었던 사실로 옳은 것은?

> **판결문**
> 피고인: 박○○
> 주 문: 피고인을 태 90에 처한다.
> 이 유
> 피고 박○○은 이○○가 '구한국의 국권 회복을 도모한다'고 각지를 돌아다니며 유세한 것에 찬동하였다. …… 법률에 비추어 보니 피고의 소행은 …… 태형에 처함이 타당하다고 인정하여 조선 태형령 제1조, 제4조에 준하여 처단해야 한다. 따라서 주문과 같이 판결한다.

① 원수부가 설치되었다.
② 신간회가 창립되었다.
③ 치안 유지법이 적용되었다.
④ 헌병 경찰제가 실시되었다.
⑤ 동양 척식 주식회사가 설립되었다.

26 (가)~(마)에 들어갈 내용으로 옳은 것은?

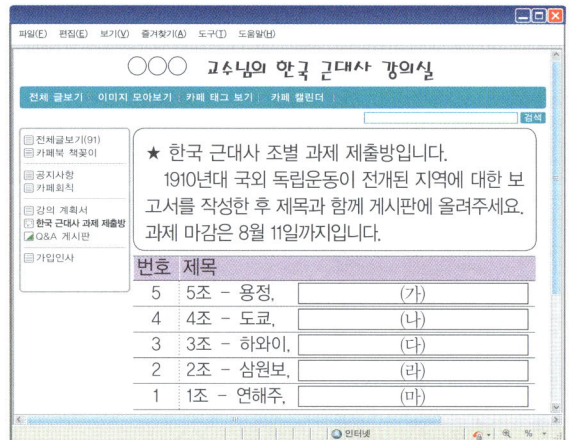

① (가) - 신흥 강습소를 세워 독립군을 양성하다
② (나) - 서전서숙을 설립하여 민족 교육에 힘쓰다
③ (다) - 유학생을 중심으로 2·8 독립 선언서를 발표하다
④ (라) - 대조선 국민 군단을 결성하여 군사 훈련을 실시하다
⑤ (마) - 대한 광복군 정부를 수립하여 무장 독립 전쟁을 준비하다

27 (가) 단체에 대한 설명으로 옳은 것은?

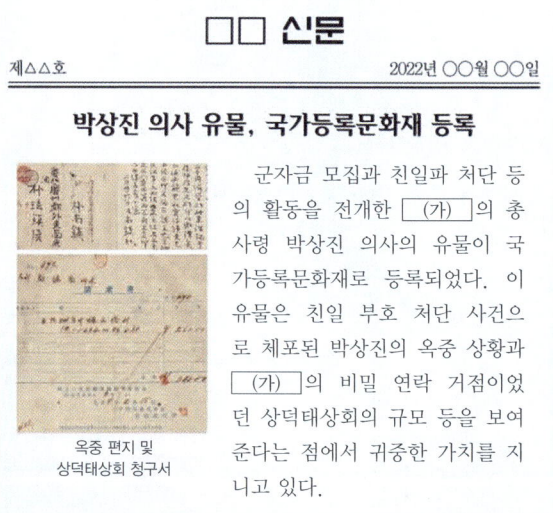

군자금 모집과 친일파 처단 등의 활동을 전개한 (가) 의 총사령 박상진 의사의 유물이 국가등록문화재로 등록되었다. 이 유물은 친일 부호 처단 사건으로 체포된 박상진의 옥중 상황과 (가) 의 비밀 연락 거점이었던 상덕태상회의 규모 등을 보여준다는 점에서 귀중한 가치를 지니고 있다.

옥중 편지 및 상덕태상회 청구서

① 고종 강제 퇴위 반대 운동을 전개하였다.
② 공화 정체의 국민 국가 수립을 목표로 삼았다.
③ 파리 강화 회의에 독립 청원서를 제출하였다.
④ 미군과 연합하여 국내 진공 작전을 계획하였다.
⑤ 만민 공동회를 개최하여 민권 신장을 추구하였다.

28 다음 자료에 나타난 민족 운동에 대한 설명으로 옳지 <u>않은</u> 것은?

한국인들이 독립 선언을 하다
- 집회에 참가한 수천 명 체포 -

일본 당국은 고종의 장례식을 계기로 문제가 발생할 것으로 예상하고 많은 헌병을 서울로 집결시켰다. …… 전국의 모든 도시와 마을에서 독립을 위한 행진과 시위가 일어났다. 일본 측은 당황했지만 곧 재정비하여 강력하고 신속한 진압에 나섰다. 그 결과 수천 명의 시위대가 체포되었지만 일본 측 보고서에는 수백 명으로 기록되어 있다.

① 중국의 5·4 운동에 영향을 주었다.
② 대한민국 임시 정부 수립의 계기가 되었다.
③ 신간회에서 진상 조사단을 파견하여 지원하였다.
④ 국외로도 확산되어 필라델피아에서 한인 자유 대회가 열렸다.
⑤ 평화적 만세 운동에서 무력 투쟁 사례가 늘어나기 시작하였다.

29 (가)에 대한 설명으로 옳은 것을 <보기>에서 고른 것은?

저는 이동녕으로 이곳 충남 천안에서 태어났습니다. 저는 임시 의정원 초대 의장으로 삼권 분립에 기초한 (가) 의 헌법 제정에 기여하였습니다. 또한 국무총리와 주석 등을 역임하였고, (가) 이/가 상하이를 떠나 이동하는 과정을 함께하며 독립운동에 전념하였습니다.

<보기>
ㄱ. 만세보를 발행하여 민중 계몽에 힘썼다.
ㄴ. 신흥 강습소를 세워 독립군을 양성하였다.
ㄷ. 구미 위원부를 조직하여 외교 활동을 전개하였다.
ㄹ. 이륭양행에 교통국을 설치하여 국내와 연락을 취하였다.

① ㄱ, ㄴ   ② ㄱ, ㄷ   ③ ㄴ, ㄷ   ④ ㄴ, ㄹ   ⑤ ㄷ, ㄹ

30 (가)~(다) 학생이 발표한 내용을 일어난 순서대로 옳게 나열한 것은?

<1920년대 만주 지역의 독립운동>
(가) 참의부, 정의부, 신민부 등 3부가 성립되었습니다.
(나) 대한 독립군 등이 봉오동으로 일본군을 유인하여 크게 무찔렀습니다.
(다) 북로 군정서 등이 청산리 일대에서 일본군에 대승을 거두었습니다.

① (가) - (나) - (다)
② (가) - (다) - (나)
③ (나) - (가) - (다)
④ (나) - (다) - (가)
⑤ (다) - (나) - (가)

31 (가) 단체에 대한 설명으로 옳은 것은?

판결문
피고: 오복영 외 1인
주문: 피고 두 명을 각 징역 7년에 처한다.
이유
제1. 피고 오복영은 이전부터 조선 독립을 희망하고 있었다.
1. 대정 11년(1922) 11월 중 김상옥, 안홍한 등이 조선 독립 자금 강탈을 목적으로 권총, 불온문서 등을 가지고 조선에 오는 것을 알고 천진에서 여비 40원을 조달함으로써 동인 등으로 하여금 조선으로 들어오게 하고
2. 대정 12년(1923) 8월 초순 (가) 단원으로 활약할 목적으로 피고 이영주의 권유에 의해 동 단에 가입하고
3. 이어서 피고 이영주와 함께 (가) 단장 김원봉 및 단원 유우근의 지휘 하에 피고 두 명은 조선 내 관리를 암살하고 주요 관아, 공서를 폭파함으로 민심의 동요를 초래하고 ……

① 일제의 황무지 개간권 요구를 저지하였다.
② 일제가 조작한 105인 사건으로 큰 타격을 입었다.
③ 단원인 나석주가 동양 척식 주식회사에 폭탄을 던졌다.
④ 조선 총독부에 국권 반환 요구서를 제출하고자 하였다.
⑤ 이륭양행에 교통국을 설치하여 국내와 연락을 취하였다.

32 다음 기사에 보도된 민족 운동에 대한 설명으로 옳은 것은?

역사 신문
제△△호   ○○○○년 ○○월 ○○일

민대총회(民大總會) 개최, 460여 명의 대표 참석

조선 민립 대학 기성회 발기 총회(민대총회)가 오후 1시부터 종로 중앙청년회관에서 열렸다. 총회에서는 사업 계획을 확정하고 '이제 우리 조선인도 생존을 위해서는 대학의 설립을 빼고는 다른 길이 없도다. 만천하 동포에게 민립 대학의 설립을 제창하노니, 자매형제는 모두 와서 성원하라.' 라는 요지의 발기 취지서를 발표하였다.

▲ 조선 민립 대학 기성회 발기 총회

① 중국의 5·4 운동에 영향을 주었다.
② 사립 학교령 공포의 계기가 되었다.
③ 이상재 등이 모금 활동을 주도하였다.
④ 통감부의 방해와 탄압으로 실패하였다.
⑤ 여성 교육의 중요성을 강조한 여권통문을 발표하였다.

33 (가) 사건 이후에 전개된 사실로 옳은 것은?

<탐구 활동 보고서>
○학년 ○○반 이름: ○○○

◉ 주제: (가) 에 대한 국외 반응

◉ 탐구 목적
라이징 선 석유 주식회사의 문평 공장에서 일본인 감독이 조선인 노동자를 구타한 일이 발단이 되어 일어난 일제 강점기 최대 규모의 노동 운동에 대한 국외 반응을 당시 자료를 통해 살펴본다.

◉ 자료 및 해설
이것은 재일본노총에서 (가) 을/를 조사하기 위해 변호사를 파견한다는 당시 신문 기사이다. 기사에 보도된 일본의 조선인 노동 단체뿐 아니라 중국 지역의 여러 노동 단체도 격려와 후원을 하였다.

① 동양 척식 주식회사가 설립되었다.
② 강주룡이 을밀대 지붕에서 고공 농성을 벌였다.
③ 황실의 지원을 받아 대한 천일 은행이 창립되었다.
④ 전국 단위의 조직인 조선 노농 총동맹이 조직되었다.
⑤ 고율의 소작료에 반발하여 암태도 소작 쟁의가 발생하였다.

34 (가) 단체에 대한 설명으로 옳은 것은?

역사 신문
제△△호 　○○○○년 ○○월 ○○일

민중 대회 개최 모의로 지도부 대거 체포

허헌, 홍명희 등 (가) 의 지도부는 광주 학생 항일 운동을 전국적 시위 운동으로 확산시키기 위한 민중 대회 개최를 추진하다가 경찰에 체포되었다. 이 단체는 사건 진상 조사 보고를 위한 유인물 배포 및 연설회 개최를 계획하고, 각 지회에 행동 지침을 내리는 등 시위 확산을 도모하였다.

① 암태도 소작 쟁의를 지원하였다.
② 민족 협동 전선으로 결성되었다.
③ 부민관 폭파 사건을 주도하였다.
④ 「조선혁명선언」을 활동 지침으로 하였다.
⑤ 어린이날을 제정하고 잡지 『어린이』를 간행하였다.

35 (가), (나)가 공포된 시기의 사이에 있었던 사실로 옳은 것은?

(가) 회사령 폐지에 관한 건
　회사령은 폐지한다.
　－ 부칙
　1. 이 영은 공포일로부터 시행한다.
　2. 구령에 의하여 설립한 회사로 이 영 시행 당시 존재하는 것은 조선 민사령에 의하여 설립한 것으로 본다.

(나) 조선 총독부 농촌 진흥 위원회 규정
　제1조 조선의 농산 어촌 진흥에 관한 방침, 시설 및 통제에 관한 중요 사항을 심의하기 위하여 조선 총독부에 조선 총독부 농촌 진흥 위원회를 둔다.
　제3조 위원장은 조선 총독부 정무총감으로 한다.

① 함경도에서 방곡령이 선포되었다.
② 조선 물산 장려회가 평양에서 창립되었다.
③ 황국 중앙 총상회의 상권 수호 운동이 전개되었다.
④ 유상 매수, 유상 분배를 규정한 농지 개혁법이 제정되었다.
⑤ 국가 총동원법을 제정하여 인력과 물자를 강제 동원하였다.

36 밑줄 그은 '시기'에 시행된 일제의 정책으로 옳은 것은?

이 자료는 중·일 전쟁 이후 일제가 침략 전쟁을 확대하던 시기에 만든 황국 신민 체조 실시 요령입니다. 일제는 이 체조를 보급하기 위해 '황국 신민 체조의 날'을 정하고 전국 곳곳에서 강습회를 개최하였습니다.

① 회사령을 제정하였다.
② 미쓰야 협정을 체결하였다.
③ 경성 제국 대학을 설립하였다.
④ 토지 조사 사업을 실시하였다.
⑤ 조선 사상범 예방 구금령을 공포하였다.

37 (가) 부대의 활동으로 옳은 것은?

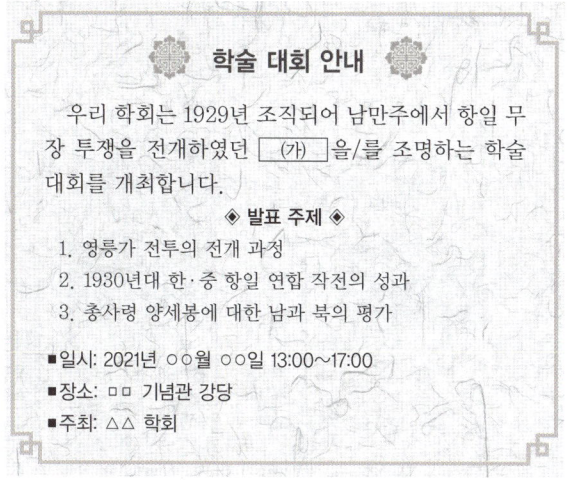

① 흥경성에서 일본군을 격퇴하였다.
② 호가장 전투에서 크게 활약하였다.
③ 대전자령 전투에서 큰 전과를 올렸다.
④ 중국 팔로군에 편제되어 항일 전선에 참여하였다.
⑤ 연합군과 함께 인도·미얀마 전선에서 활동하였다.

38 (가) 부대에 대한 설명으로 옳은 것은?

① 미국과 연계하여 국내 진공 작전을 계획하였다.
② 쌍성보, 대전자령 전투에서 일본군을 격파하였다.
③ 조선 민족 전선 연맹의 무장 조직으로 결성되었다.
④ 중국 의용군과 연합하여 영릉가 전투에서 승리하였다.
⑤ 간도 참변 이후 조직을 정비하고 자유시로 이동하였다.

39 (가)에 들어갈 내용으로 가장 적절한 것은?

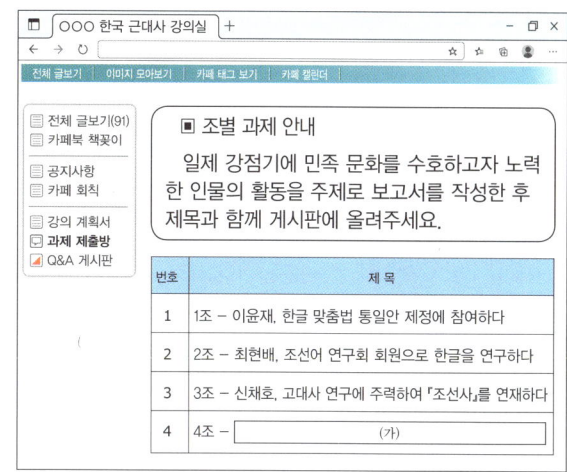

① 정인보, 민족의 얼을 강조하고 조선학 운동을 전개하다
② 장지연, 황성신문에 시일야방성대곡이라는 논설을 싣다
③ 유길준, 『서유견문』을 집필하여 서양 근대 문명을 소개하다
④ 최익현, 지부복궐척화의소를 올려 왜양 일체론을 주장하다
⑤ 신헌, 강화도 조약 체결의 전말을 기록한 『심행일기』를 남기다

40 (가) 종교에 대한 설명으로 옳은 것은?

① 『개벽』, 『신여성』 등의 잡지를 발간하였다.
② 한용운 등이 사찰령 폐지를 주장하였다.
③ 박중빈을 중심으로 새 생활 운동을 펼쳤다.
④ 김창숙의 주도로 파리 장서 운동을 전개하였다.
⑤ 무장 투쟁을 전개하기 위해 중광단을 조직하였다.

41 (가)에 들어갈 내용으로 적절한 것은?

이 자료는 일제 강점기에 발행된 극장 홍보지로, 심훈이 감독한 무성 영화 먼동이 틀 때를 소개한 것이다. 이 영화는 나운규의 아리랑에 이어 한국 영화 초기 명작으로 평가받기도 한다. 이외에도 심훈은 다수의 시나리오와 영화 평론을 집필하였으며, _____(가)_____

① 「별 헤는 밤」, 「참회록」 등의 시를 남겼다.
② 국문 연구소의 연구위원으로 활동하였다.
③ 근대극 형식을 도입한 토월회를 조직하였다.
④ 실천적인 유교 정신을 강조하는 「유교구신론」을 저술하였다.
⑤ 브나로드 운동을 소재로 한 소설 『상록수』를 신문에 연재하였다.

42 (가), (나) 법령이 발표된 사이의 시기에 있었던 사실로 옳은 것은?

(가) 제1조 신한공사를 조선 정부에서 독립한 기관으로써 창립함. 공사는 군정장관 또는 그의 수임자가 후임자를 임명할 때까지 10명의 직무를 집행하는 취체 역이 관리함.
제4조 …… 동양 척식 주식회사가 소유하던 조선 내 법인의 일본인 재산은 전부 신한공사에 귀속됨.

(나) 제4조 본법 시행에 관한 사무는 농림부 장관이 관장한다.
제12조 농지의 분배는 농지의 종목, 등급 및 농가의 능력 등에 기준한 점수제에 의거하되 1가당 총경영 면적 3정보를 초과하지 못한다.
제13조 분배받은 농지에 대한 상환액 및 상환 방법은 다음에 의한다.
1. 상환액은 해당 농지의 주 생산물 생산량의 12할 5푼을 5년간 납입케 한다.

① 조선 건국 동맹이 결성되었다.
② 한·미 상호 방위 조약이 체결되었다.
③ 조선 사상범 예방 구금령이 공포되었다.
④ 5·10 총선거로 제헌 국회가 구성되었다.
⑤ 정부에 비판적인 경향신문이 폐간되었다.

43 (가), (나) 인물에 대한 설명으로 옳은 것을 <보기>에서 고른 것은?

〈보기〉
ㄱ. (가) - 상하이에서 한인 애국단을 조직하였다.
ㄴ. (가) - 조선 혁명 간부 학교를 세워 독립군을 양성하였다.
ㄷ. (나) - 조선 건국 준비 위원회의 활동을 주도하였다.
ㄹ. (나) - 미국에서 귀국하여 독립 촉성 중앙 협의회를 이끌었다.

① ㄱ, ㄴ ② ㄱ, ㄷ ③ ㄴ, ㄷ ④ ㄴ, ㄹ ⑤ ㄷ, ㄹ

44 밑줄 그은 '개헌안'의 시행 결과로 옳은 것은?

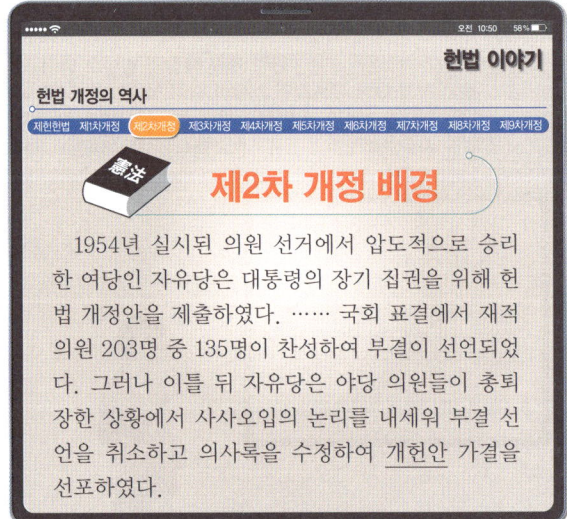

1954년 실시된 의원 선거에서 압도적으로 승리한 여당인 자유당은 대통령의 장기 집권을 위해 헌법 개정안을 제출하였다. …… 국회 표결에서 재적 의원 203명 중 135명이 찬성하여 부결이 선언되었다. 그러나 이틀 뒤 자유당은 야당 의원들이 총퇴장한 상황에서 사사오입의 논리를 내세워 부결 선언을 취소하고 의사록을 수정하여 개헌안 가결을 선포하였다.

① 통일 주체 국민 회의에서 대통령이 선출되었다.
② 5년 단임의 대통령이 직선제에 의해 선출되었다.
③ 대통령이 국회의원의 3분의 1을 추천하게 되었다.
④ 국회에서 간접 선거 방식으로 대통령이 선출되었다.
⑤ 개헌 당시의 대통령에 한하여 중임 제한이 철폐되었다.

45 밑줄 그은 '이 사건' 이후에 있었던 사실로 옳은 것은?

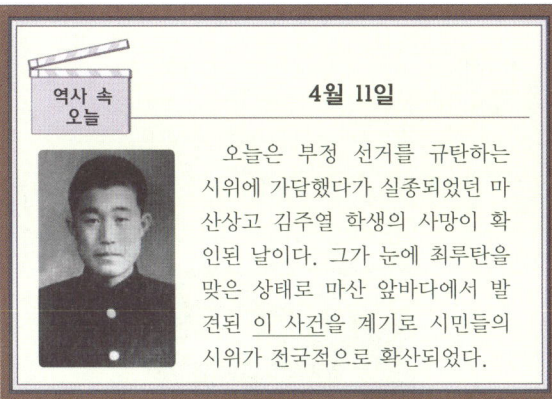

① 조봉암을 중심으로 진보당이 창당되었다.
② 반민족 행위 특별 조사 위원회가 설치되었다.
③ 허정을 수반으로 하는 과도 정부가 수립되었다.
④ 귀속 재산 관리를 위해 신한공사가 설립되었다.
⑤ 자유당이 정권 연장을 위해 직선제 개헌안을 통과시켰다.

46 밑줄 그은 '전쟁' 중에 있었던 사실로 옳은 것은?

① 애치슨 라인이 발표되었다.
② 가쓰라·태프트 밀약이 체결되었다.
③ 모스크바 3국 외상 회의가 개최되었다.
④ 흥남에서 대규모 철수 작전이 전개되었다.
⑤ 김구, 김규식 등이 남북 협상에 참여하였다.

47 다음 뉴스가 보도된 정부 시기의 경제 상황으로 옳은 것은?

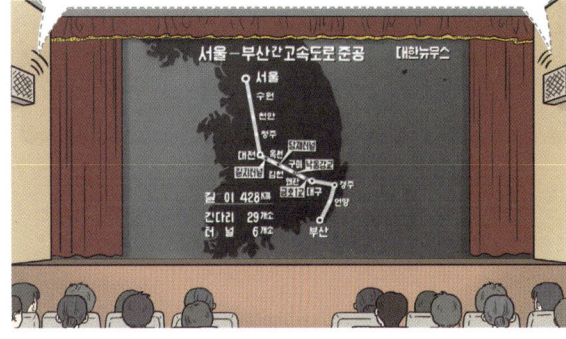

① 제2차 경제 개발 5개년 계획이 추진되었다.
② 미국의 경제 원조로 삼백 산업이 발달하였다.
③ 귀속 재산 처리를 위해 신한 공사가 설립되었다.
④ 대통령 긴급 명령으로 금융 실명제가 실시되었다.
⑤ 최저 임금 결정을 위한 최저 임금 위원회가 설치되었다.

48 (가) 민주화 운동에 대한 설명으로 옳은 것은?

● 하계 답사 안내 ●

우리 문화원에서는 부산과 마산 지역의 시민과 학생들이 일으킨 (가) 의 의미를 조명하는 답사를 준비하였습니다. YH 무역 사건, 야당 총재의 국회의원직 제명 등 일련의 사건으로 당시 정부에 대한 민심 이반이 가속화하는 가운데 일어난 (가) 의 유적지를 둘러보면서 민주주의의 소중함을 되새기는 기회가 되길 바랍니다.

◆ 기간: 2024년 ○월 ○○일 ~ ○월 ○○일
◆ 답사 일정
 • 1일차: 부산대 10·16 기념관 - 국제 시장 - 부산 양서 협동조합 터
 • 2일차: 경남대 교내 기념석 - 서항 공원 - 창동 사거리
◆ 주요 답사지

10·16 기념관

서항 공원 내 기념물

◆ 주관: △△ 문화원

① 유신 체제 붕괴의 배경이 되었다.
② 시민군을 조직하여 계엄군에 대항하였다.
③ 시위 도중 김주열이 최루탄을 맞고 사망하였다.
④ 직선제 개헌을 약속한 6·29 선언을 이끌어냈다.
⑤ 대통령이 하야하여 미국으로 망명하는 결과를 가져왔다.

49 밑줄 그은 '정부' 시기의 사실로 옳은 것은?

대통령은 신년사에서 월드컵과 부산 아시안 게임 개최로 국운 융성의 한 해를 만들자고 강조하며, 공명한 대통령 선거와 지방 자치 선거에 최선을 다하겠다고 밝혔습니다. 아울러 정부도 경제적 정의 실현과 사회 안전망을 강화하여 중산층과 서민 생활 안정에 노력하겠다고 발표했습니다.

대통령, 공명 선거와 사회 정책 방향 제시

① 호주제가 폐지되었다.
② 대학 졸업 정원제가 시행되었다.
③ 노인 장기 요양 보험법이 제정되었다.
④ 국민 기초 생활 보장법이 실시되었다.
⑤ 중학교 무시험 진학 제도가 시작되었다.

50 (가) 정부의 통일 노력으로 옳은 것은?

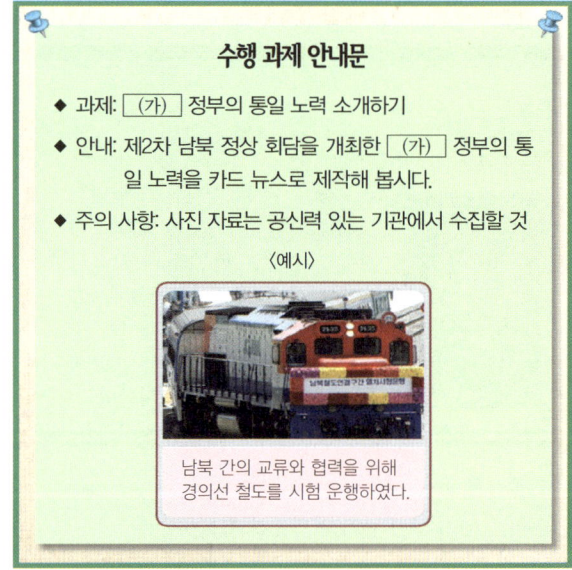

① 남북 기본 합의서를 채택하였다.
② 남북한이 유엔에 동시 가입하였다.
③ 10·4 남북 공동 선언을 발표하였다.
④ 남북 조절 위원회를 운영하기로 합의하였다.
⑤ 남북 이산가족 고향 방문단의 교환 방문을 최초로 성사하였다.

실력 점검
기출 모의고사 정답 및 해설

문번	정답	출제 포인트
1	②	기사환국과 갑술환국 사이의 사실
2	①	정조 재위 시기의 사실
3	⑤	세도 정치 시기의 모습
4	②	임술 농민 봉기
5	④	대동법
6	④	박제가
7	①	단원 김홍도
8	①	조선 후기의 모습
9	④	흥선 대원군 집권기의 사실
10	⑤	신미양요
11	⑤	강화도 조약
12	②	제1차 수신사 파견과 조사 시찰단 파견 사이의 사실
13	②	갑신정변
14	③	조·청 상민 수륙 무역 장정과 조·일 통상 장정 개정
15	⑤	동학 농민 운동
16	⑤	김홍집·박영효 연립 내각 성립과 을미개혁 사이의 사실
17	②	동학
18	①	아관 파천의 배경
19	②	독립 협회
20	③	최익현
21	④	광무개혁
22	⑤	13도 창의군
23	⑤	국채 보상 운동
24	④	근대의 주요 건물
25	④	무단 통치 시기

문번	정답	출제 포인트
26	⑤	1910년대 국외 독립운동
27	②	대한 광복회
28	③	3·1 운동
29	⑤	대한민국 임시 정부
30	④	1920년대 만주 지역의 독립운동
31	③	의열단
32	③	민립 대학 설립 운동
33	②	원산 총파업 이후의 사실
34	②	신간회
35	②	회사령 폐지와 농촌 진흥 운동 사이의 사실
36	⑤	민족 말살 통치 시기
37	①	조선 혁명군
38	①	한국광복군
39	①	민족 문화 수호를 위한 노력
40	⑤	대종교
41	⑤	심훈
42	④	신한공사 설립과 농지 개혁법 발표 사이의 사실
43	②	김구와 여운형
44	⑤	사사오입 개헌안(제2차 개헌안)
45	③	김주열 시신 발견 이후의 사실
46	④	6·25 전쟁
47	①	박정희 정부
48	①	부·마 민주 항쟁
49	④	김대중 정부
50	③	노무현 정부의 통일 노력

01 [조선 후기] 기사환국과 갑술환국 사이의 사실 정답 ②

정답 치트키
- 희빈 장씨가 낳은 왕자를 원자로 삼음
  → 기사환국(숙종)
- 장씨에게 내렸던 왕후의 지위를 거둠
  → 갑술환국(숙종)

② 숙종 때 희빈 장씨가 낳은 아들의 명호를 원자(왕의 적장자)로 책봉하는 것에 대한 문제로 기사환국이 발생하였고, 이때 송시열이 이에 반대하다가 관작을 삭탈당하고 유배된 후 사사되었다.

오답 클리어
① 단종 때 수양 대군이 계유정난을 일으켜 집권한 뒤 함길도 도절제사인 이징옥을 파직하자 반란을 일으켰다.
③ 현종 때 효종과 효종비의 사망 후 자의 대비의 상복 착용 기간을 두고 남인과 서인 사이에 두 차례의 예송이 전개되었다.
④ 선조 때 정여립 모반 사건을 빌미로 동인 다수가 제거된 기축옥사가 발생하였다.
⑤ 영조 때 붕당 정치의 폐해를 막기 위해 성균관 입구에 탕평비가 건립되었다.

02 [조선 후기] 정조 재위 시기의 사실 정답 ①

정답 치트키 『대전통편』 → 정조 재위 시기의 사실

① 정조는 인재 양성을 위해 젊은 문신들을 선발하여 재교육하는 초계문신제를 시행하였다.

오답 클리어
② 순조: 홍경래 등이 서북 지역에 대한 차별에 불만을 품고 봉기하여 정주성을 점령하였으나, 관군에 의해 진압되었다.
③ 현종: 효종과 효종비의 국상 당시 자의 대비의 복상 문제로 서인과 남인 사이에 두 차례 예송이 전개되었다.
④ 영조: 이인좌를 중심으로 소론 세력 등이 경종의 죽음에 영조와 노론이 관계가 있다고 주장하며 난을 일으켰다.
⑤ 효종: 청의 요청에 따라 신류가 조총 부대를 이끌고 나선 정벌에 참여하여 흑룡강에서 전투를 벌였다.

03 [조선 후기] 세도 정치 시기의 모습 정답 ⑤

정답 치트키 진주 + 경상 우병사 백낙신 + 유계춘
→ 임술 농민 봉기 → 세도 정치 시기

⑤ 세도 정치 시기에는 안동 김씨, 풍양 조씨 등의 특정 가문이 권력을 독점하는 정치 형태인 세도 정치로 매관매직이 성행하였다.

오답 클리어
① 고려 태조 왕건 때 빈민 구제를 위해 흑창을 처음으로 설치하여 춘궁기에 백성에게 곡식을 빌려주었다가 추수기에 갚도록 하였다.
② 신라 하대: 진성 여왕 때 원종과 애노가 가혹한 수탈에 반발하여 사벌주(상주)에서 봉기하였다.
③ 공민왕 때 홍건적의 2차 침입으로 수도 개경이 함락되면서 공민왕과 노국 공주는 복주(안동)로 피난하였다.
④ 원 간섭기: 지배층을 중심으로 몽골의 풍습인 변발과 호복이 유행하였다.

04 [조선 후기] 임술 농민 봉기 정답 ②

정답 치트키 진주의 난민들이 경상 우병사 백낙신을 협박 + 박규수 → 임술 농민 봉기

② 임술 농민 봉기의 수습을 위해 안핵사로 파견되었던 박규수의 건의에 따라, 삼정이정청이 설치되어 삼정의 문란을 해결하고자 하였다.

오답 클리어
① 청에 의해 진압된 사건으로는 임오군란, 갑신정변 등이 있다.
③ 홍경래의 난: 순조 때 홍경래의 주도로 서북(평안도)인에 대한 차별에 반발하여 일어났다.
④ 제2차 동학 농민 운동: 전봉준이 이끄는 남접과 손병희가 이끄는 북접이 연합하여 조직적으로 전개하였다.
⑤ 개항 이후 일본으로 미곡이 대량 유출되어 조선 내에서 식량 부족 현상이 일어나자, 함경도와 황해도에 방곡령이 선포되었다.

05 [조선 후기] 대동법 정답 ④

정답 치트키 공가를 받음 + 물품을 마련하여 궁궐과 관청에 납품함 → 공인 → 대동법

④ 공납의 폐단을 시정하기 위해 토산물(현물)로 납부하던 공납을 쌀, 베, 동전 등으로 납부하는 대동법이 실시되었고, 그 결과 관청에 필요한 물품을 납부하는 상인인 공인이 등장하였다.

오답 클리어
① 조선 성종 때 소재지의 관청에서 직접 전세를 거둔 뒤 관리들에게 나눠 지급하는 관수 관급제가 시행되었다.
② 고려 성종 때 우리나라 최초의 금속 화폐인 건원중보가 주조되었다.
③ 조선 고종 때 평안도 상인들에 의해 민족 자본을 토대로 근대적 상회사인 대동 상회가 설립되었다.
⑤ 조선 정조 때 신해통공이 반포되어 육의전을 제외한 시전 상인의 금난전권이 폐지되었다.

06 [조선 후기] 박제가 정답 ④

정답 치트키 『북학의』를 저술 → 박제가

④ 박제가는 서얼 출신임에도 능력을 인정받아 규장각 검서관에 기용되었다.

오답 클리어
① 최한기: 세계 지리서인 『지구전요』를 저술하여 지구의 자전과 공전을 주장하였다.

② 홍대용: 『의산문답』에서 무한 우주론을 주장하여 중국 중심의 세계관을 비판하였다.
③ 정약용: 서양 선교사가 펴낸 『기기도설』을 참고하여 거중기를 설계하였다.
⑤ 박지원: 「양반전」이라는 한문 소설을 지어 양반의 허례와 무능을 풍자하였다.

07 [조선 후기] 단원 김홍도   정답 ①

정답 치트키   단원 → 단원 김홍도

① 씨름은 김홍도의 풍속화로, 씨름하는 사람들의 모습을 그려냈다.

오답 클리어

② 금강전도: 조선 후기의 화가인 정선의 진경 산수화로, 금강산을 이상향으로 그리며 산수화의 새로운 경지를 구축하였다.
③ 파적도: 조선 후기의 화가 김득신의 풍속화로, 한적한 봄날 앞마당의 정경을 묘사하였다.
④ 월하정인: 조선 후기의 풍속 화가 신윤복의 작품으로, 달빛 속에서 두 연인이 남몰래 만나 사랑을 속삭이는 장면을 생동감 있게 묘사하였다.
⑤ 영통동구도: 조선 후기의 화가 강세황의 작품으로, 서양화의 원근법 등을 동양화와 접목시켰다.

08 [조선 후기] 조선 후기의 모습   정답 ①

정답 치트키   산대놀이 + 상평통보 + 고추, 담배 → 조선 후기

① 고려 시대에는 예성강 하구의 벽란도가 국제 무역항으로 번성하여, 송·일본·아라비아와 활발한 무역 활동을 전개하였다.

오답 클리어

② 조선 후기에 서민층에서는 호랑이, 까치 등을 소재로 한 민화가 유행하였다.
③ 조선 후기에는 광업이 발달하여 물주의 자금으로 광산을 경영하는 전문가인 덕대가 등장하였다.
④ 조선 후기에는 송파장, 강경장 등과 같은 각지의 장시를 돌아다니며 봇짐이나 등짐을 지고 물건을 파는 보부상들이 장시를 연결하는 역할을 하였다.
⑤ 조선 후기에는 저잣거리에서 영웅 소설이나 한글 소설 등을 읽어주는 전기수가 등장하였다.

09 [근대] 흥선 대원군 집권기의 사실   정답 ④

정답 치트키   만동묘 철거 + 서원을 철폐 → 흥선 대원군 집권기

④ 흥선 대원군 집권기에 미국이 제너럴셔먼호 사건을 구실로 침입한 신미양요가 일어났다.

오답 클리어

① 효종: 청나라의 요청으로 나선(러시아) 정벌에 조총 부대가 동원되었다.

② 철종: 임술 농민 봉기의 수습을 위해 안핵사로 파견된 박규수의 건의에 따라 삼정의 문란을 해결하기 위한 기구로 삼정이정청이 설치되었다.
③ 순조: 홍경래 등이 세도 정치기의 수탈과 평안도 지역에 대한 차별에 반발하여 봉기하였다.
⑤ 정조: 육의전을 제외한 시전 상인의 금난전권(난전을 단속하는 권리)을 폐지하는 신해통공이 단행되었다.

10 [근대] 신미양요   정답 ⑤

정답 치트키   제너럴셔먼호 사건을 구실로 일어남 → 신미양요

⑤ 신미양요 때 어재연 부대가 강화도 광성보에서 미군에 맞서 항전하였다.

오답 클리어

① 구식 군인들의 주도로 일어난 임오군란(1882)은 청군에 의해 난이 진압되었으며, 급진 개화파가 일으킨 갑신정변(1884)은 일본의 배신과 청군의 개입으로 3일 만에 실패하였다.
② 병인양요: 프랑스군이 퇴각하는 과정에서 외규장각에 보관되어 있던 『의궤』를 비롯한 각종 문화재를 약탈하였다.
③ 왜란 이후 일본 에도 막부의 요청으로 선조 때인 1607년에서 순조 때인 1811년까지 12회에 걸쳐 통신사가 파견되었다.
④ 임술 농민 봉기: 사건 수습을 위하여 박규수가 안핵사로 파견되었다.

11 [근대] 강화도 조약   정답 ⑤

정답 치트키   조·일 수호 조규 + 신헌 + 구로다 → 강화도 조약

⑤ 강화도 조약은 조선과 일본이 맺은 최초의 근대적 조약으로, 조약 체결로 부산 외 2곳(원산, 인천)에 개항장이 설치되었다.

오답 클리어

① 조·미 수호 통상 조약: 한 나라가 제3국에 부여하고 있는 가장 유리한 조건을 상대국에도 자동으로 부여하는 최혜국 대우를 최초로 규정하였다.
② 을사늑약: 일본의 이토 히로부미가 고종의 동의 없이 강제로 체결하였으며, 이로 인해 대한 제국의 외교권이 박탈되고 통감부가 설치되었다.
③ 조·프 수호 통상 조약: 프랑스가 조선 내에서 천주교를 포교할 수 있는 근거가 되었다.
④ 제물포 조약: 임오군란의 결과 조선과 일본 사이에 체결되었으며, 일본 경비병의 공사관 주둔을 인정하였다.

12 [근대] 제1차 수신사 파견과 조사 시찰단 파견 사이의 사실   정답 ②

정답 치트키   (가) 수신사 김기수 → 제1차 수신사 파견(1876)
               (나) 어윤중 + 암행어사 + 일본으로 건너감
                   → 조사 시찰단 파견(1881)

② 1880년에 개화 정책을 총괄하는 기구로 통리기무아문을 설치하였으며, 그 아래 12사를 두어 외교, 통상, 군사 등의 업무를 분담하게 하였다.

오답 클리어

① (나) 이후: 1883년에 조·미 수호 통상 조약 체결과 미국의 주한 공사 파견에 대한 답례로 미국에 보빙사가 파견되었다.
③ (가) 이전: 1875년에 일본의 군함 운요호가 강화도와 영종도를 무단 침입하였다.
④ (나) 이후: 1895년에 교원 양성을 위해 한성 사범 학교가 설립되었다.
⑤ (나) 이후: 1886년에 프랑스와 조·프 수호 통상 조약을 체결하여 천주교 포교가 허용되었다.

13 [근대] 갑신정변   정답 ②

정답 치트키 김옥균 등이 일으킴 + 급진 개화파를 중심으로 개혁을 추진 → **갑신정변**

② 갑신정변의 결과 조선과 일본 사이에 한성 조약이 체결되어, 조선은 일본에 배상금을 지불하고 일본 공사관 신축 비용을 부담하였다.

오답 클리어

① 동학 농민 운동: 전봉준의 주도 아래 보국안민, 제폭구민을 기치로 내걸고 봉기하였다.
③ 동학 농민 운동: 전주 화약 이후 조선 정부는 개혁 추진을 위해 교정청을 설치하였다.
④ 임오군란: 구식 군인에 대한 차별 대우가 발단이 되었다.
⑤ 조·미 수호 통상 조약: 미국의 공사 파견에 대한 답례로 민영익 등이 미국에 보빙사로 파견되었다.

14 [근대] 조·청 상민 수륙 무역 장정과 조·일 통상 장정 개정   정답 ③

정답 치트키
(가) 중국 상인이 조선의 양화진과 서울에 들어가 영업소를 개설 → **조·청 상민 수륙 무역 장정(1882)**
(나) 쌀 수출을 금지 + 1개월 전에 지방관이 일본 영사관에 통지함 → **방곡령 규정** → **조·일 통상 장정 개정(1883)**

③ 조·일 통상 장정 개정(1883)은 최혜국 대우를 규정한 조항을 담고 있어, 이 조항을 바탕으로 일본 상인들이 내륙까지 상권을 확대할 수 있게 되었다.

오답 클리어

① 을사늑약: 통감부가 설치되고 이토 히로부미가 초대 통감으로 부임하였다.
② 조·미 수호 통상 조약: 출입 상품에 대한 관세 부과 조항이 규정되어, 조선의 관세 자주권을 최초로 인정하였다.
④ 제물포 조약: 임오군란의 영향으로 체결된 조약으로, 일본 공사관의 경비병 주둔을 명시하였다.
⑤ 갑신정변의 영향으로 조선과 일본 사이에 한성 조약이 체결되었으며, 청과 일본 사이에는 톈진 조약이 체결되었다.

15 [근대] 동학 농민 운동   정답 ⑤

정답 치트키
· 일본군의 경복궁 점령 → **1894년 6월 21일**
· 우금치 전투 → **1894년 11월**

⑤ 일본군이 경복궁을 점령(1894. 6.)한 이후인 1894년 10월에 전봉준의 남접과 손병희의 북접이 논산에 집결한 뒤 일본군과 전투를 벌였으나 우금치 전투에서 패배하였다(1894. 11.).

오답 클리어

① 1894년 6월 11일에 조선 정부는 개혁 추진 기구로 교정청을 설치하였다.
② 1894년 12월에 전봉준이 순창에서 체포되었다.
③ 정미의병 때인 1907년에 양주에서 의병 연합 부대인 13도 창의군이 결성되었다.
④ 1894년 2월에 조선 정부는 고부 민란의 수습을 위해 안핵사로 이용태를 파견하였다.

16 [근대] 김홍집·박영효 연립 내각 성립과 을미개혁 사이의 사실   정답 ⑤

정답 치트키
· 박영효가 귀국 + 김홍집과 함께 새로운 정부를 주도
 → **김홍집·박영효의 연립 내각 성립(1894)**
· 단발령이 공포 → **을미개혁(1895)**

⑤ 제2차 갑오개혁 때인 1895년에 근대적 교육의 중요성을 강조하는 내용의 교육 입국 조서가 반포되었다.

오답 클리어

① 1894년에 조선 정부는 군국기무처를 설치하여 과거제 폐지 등 제1차 갑오개혁을 실시하였다.
② 흥선 대원군 집권기인 1871년에 군역의 폐단을 시정하기 위해 양반에게도 군포를 부과하는 호포제가 실시되었다.
③ 1894년에 전주 화약이 체결된 후, 조선 정부에 의해 개혁 추진을 위한 기구로 교정청이 설치되었다.
④ 1881년에 개화 정책의 일환으로 조선 후기의 중앙군인 5군영이 2영(무위영, 장어영)으로 통합되었다.

17 [근대] 동학   정답 ②

정답 치트키 교조 최제우 → **동학**

② 동학은 마을이나 군 단위로 접을 조직하고, 수십 개의 접을 포로 묶어 관리하는 포접제를 활용하여 교세를 확장하였다.

오답 클리어

① 불교: 고려 시대의 승려인 지눌이 선정과 지혜를 함께 닦아 수행해야 한다는 정혜쌍수와 불성을 깨달은 다음에도 꾸준히 수행해야 한다는 돈오점수를 주장하였다.
③ 원불교: 박중빈을 중심으로 새 생활 운동을 추진하여 남녀 평등과 허례허식 폐지 등을 주장하였다.

④ 대종교: 북간도에 독립운동 단체인 중광단을 조직하여 항일 무장 투쟁을 전개하였다.
⑤ 천주교: 조상에 대한 제사와 신주를 모시는 문제로 정부의 탄압을 받았다.

18 [근대] 아관 파천의 배경 정답 ①

> **정답 치트키** 대군주(고종) + 외국 공사관에 파천함
> → 아관 파천

① 을미사변(1895)으로 신변에 위협을 느낀 고종은 러시아 공사관으로 피신하는 아관 파천을 단행하였다(1896).

오답 클리어

② 일본의 강요로 을사늑약(1905)이 체결되어 대한 제국의 외교권이 박탈되고 통감부가 설치되자, 조약 폐기와 친일 내각 타도를 요구하며 을사의병이 일어났다.
③ 러시아가 용암포 및 압록강 하구 일대를 불법 점령하고 조차를 요구한 사건(용암포 사건, 1903)이 발생하였는데, 이는 러시아와 일본의 대립을 격화시켜 러·일 전쟁의 계기가 되었다.
④ 고종은 을사늑약의 부당성을 세계에 알리기 위해 네덜란드 헤이그에서 열린 만국 평화 회의에 특사를 파견(1907)하였으나, 일본의 방해로 큰 성과를 거두지는 못하였고, 일본은 이를 구실로 고종을 강제 퇴위시켰다.
⑤ 한·일 신협약(정미 7조약)의 부속 밀약에 의해 대한 제국의 군대가 강제로 해산되었다.

19 [근대] 독립 협회 정답 ②

> **정답 치트키** 익명서 + 박정양, 윤치호, 이상재 + 공화 정치 체제로 바꾸려 함 → **독립 협회**

② 독립 협회는 러시아가 부산 절영도의 조차(타국의 영토를 빌리는 행위)를 요구하자, 이에 반대하는 운동을 전개하였다.

오답 클리어

① 보안회: 일본의 황무지 개간권 요구에 반대하는 운동을 전개해 일본의 요구를 저지시켰다.
③ 대한 자강회: 고종의 강제 퇴위 반대 운동을 전개하여 일본에 의해 해산되었다.
④ 신민회: 계몽 서적 출판을 위해 태극 서관을 설립하였다.
⑤ 국채 보상 기성회: 일본에게 진 빚을 갚아 경제적 주권을 회복하자는 국채 보상 운동을 주도하였다.

20 [근대] 최익현 정답 ③

> **정답 치트키** 흥선 대원군의 하야를 요구 + 왜양 일체론
> → **최익현**

③ 최익현은 을사늑약 체결에 반대하여 태인에서 의병을 일으켰다.

오답 클리어

① 박상진 등: 대구에서 공화 정체의 국민 국가 수립을 목표로 대한 광복회를 조직하여 친일파를 처단하였다.
② 박은식: 국권 피탈 과정을 정리한 『한국통사』를 집필하였다.
④ 이인영 등: 정미의병 때 연합 부대인 13도 창의군을 지휘하여 서울 진공 작전을 전개하였다.
⑤ 동학 농민군은 보국안민을 기치로 공주 우금치에서 일본군 및 관군에 맞서 싸웠다.

21 [근대] 광무개혁 정답 ④

> **정답 치트키** 고종이 황제로 즉위(1897) + 구본신참에 입각하여
> 추진한 정책 → **광무개혁**

④ 광무개혁 때 황제 직속의 군 통수 기관인 원수부를 창설(1899)하여 황제의 군사권을 강화하였다.

오답 클리어

① 초기 개화 정책: 정부가 통역관 양성을 위한 외국어 교육 기관인 동문학(1883)을 설립하였다.
② 제2차 갑오개혁: 고종이 개혁의 방향을 제시한 홍범 14조를 반포하였다.
③ 초기 개화 정책: 개화 정책을 총괄하는 핵심 기구로 통리기무아문을 설치하여 군국 기밀과 일반 정치를 총괄하도록 하였다.
⑤ 제2차 갑오개혁: 지방 행정 구역을 8도에서 23부로 개편하였으며, 지방관의 권한을 축소하고 재판소를 설치하였다.

22 [근대] 13도 창의군 정답 ⑤

> **정답 치트키** 이인영을 총대장으로 추대 + 서울로 진군
> → **13도 창의군**

⑤ 일본이 고종을 강제 퇴위시키고 대한 제국의 군대를 강제 해산시킨 것이 원인이 되어 정미의병(1907)이 일어났다. 이때 이인영과 허위를 중심으로 의병 연합 부대인 13도 창의군이 결성되어 서울 진공 작전(1908)을 전개하였다.

오답 클리어

① 의열단: 신채호가 저술한 「조선혁명선언」을 지침으로 삼았다.
② 미국과의 외교를 주장하는 내용을 담은 『조선책략』이 유포되자, 이만손을 중심으로 한 영남 지역의 유생들이 개화 정책과 미국과의 수교를 반대하는 내용의 영남 만인소를 올렸다.
③ 대한 광복회: 대구에 설치한 비밀 연락 거점인 상덕태상회를 통하여 군자금을 모집하였다.
④ 독립 의군부: 조선 총독부와 일본 정부에 국권 반환 요구서를 제출하고자 하였다.

23 [근대] 국채 보상 운동 정답 ⑤

정답 치트키 우리나라가 채무를 짐 + 의연금을 내어 채무를 상환함 → **국채 보상 운동**

⑤ 국채 보상 운동에는 대한매일신보 등 당시의 민족 언론이 적극적으로 참여하였다.

오답 클리어

① 조선어 학회 사건: 일제가 독립운동 단체로 간주하고 치안 유지법을 적용하여 회원들을 탄압하였다.
② 형평 운동: 진주에서 결성된 조선 형평사를 중심으로 백정에 대한 사회적 차별 철폐를 요구하였다.
③ 독립 협회는 청 사신을 맞이하던 영은문이 있던 자리 부근에 독립문을 건립하기 위한 모금 활동을 전개하였다.
④ 물산 장려 운동: 조선 물산 장려회를 중심으로 자작회와 토산 애용 부인회 등 다양한 단체가 참여하였다.

24 [근대] 근대의 주요 건물 정답 ④

정답 치트키 기기창 + 제중원 터 + 박문국 터 + 중명전 + 원각사 터 → **근대의 주요 건물**

④ 고종의 비준 없이 일본에 의해 덕수궁 중명전에서 을사늑약(제2차 한·일 협약)이 체결되었다.

오답 클리어

① 박문국: 우리나라 최초의 근대 신문인 한성순보가 간행되었다.
② 환구단: 고종의 황제 즉위식이 거행된 장소이다.
③ 전환국: 근대에 발행한 화폐인 백동화가 주조되었다.
⑤ 단성사: 1926년에 나운규의 아리랑이 처음 상영된 곳이다.

25 [일제 강점기] 무단 통치 시기 정답 ④

정답 치트키 조선 태형령 → **무단 통치 시기(1910년대)**

④ 무단 통치 시기에 일제는 강압적 통치를 목적으로 군인인 헌병이 일반 경찰의 역할을 수행하도록 한 헌병 경찰제를 실시하였다.

오답 클리어

① 대한 제국 시기: 1899년에 황제 직속의 군 통수 기관인 원수부가 설치되었다.
② 문화 통치 시기: 1927년에 민족 협동 전선인 신간회가 창립되었다.
③ 문화~민족 말살 통치 시기: 1925년에 일제에 의해 사회주의자를 탄압하기 위해 치안 유지법이 제정되었으며, 광복 때까지 적용되었다.
⑤ 대한 제국 시기: 1908년에 대한 제국의 토지를 약탈하기 위해 동양 척식 주식회사가 설립되었다.

26 [일제 강점기] 1910년대 국외 독립운동 정답 ⑤

정답 치트키 **1910년대 국외 독립운동**

⑤ 연해주의 한인 자치 기관인 권업회는 대한 광복군 정부를 수립하여 무장 독립 전쟁을 준비하였다.

오답 클리어

① 서간도 삼원보: 신민회 인사들이 신흥 강습소를 세워 독립군을 양성하였다.
② 북간도 용정: 이상설이 서전서숙을 설립하여 민족 교육에 힘썼다.
③ 일본 도쿄: 유학생을 중심으로 결성된 조선 청년 독립단이 2·8 독립 선언서를 발표하였다.
④ 미주 하와이: 박용만이 대조선 국민 군단을 결성하여 군사 훈련을 실시하였다.

27 [일제 강점기] 대한 광복회 정답 ②

정답 치트키 군자금 모금과 친일파 처단 + 박상진 → **대한 광복회**

② 대한 광복회는 박상진 등이 의병 계열과 애국 계몽 운동 계열을 통합하여 조직한 단체로, 공화 정체의 국민 국가 수립을 목표로 삼고 활동하였다.

오답 클리어

① 대한 자강회: 근대의 애국 계몽 운동 단체로, 고종 강제 퇴위 반대 운동을 전개하다 해산되었다.
③ 대한민국 임시 정부: 제1차 세계 대전이 종결된 이후 열린 파리 강화 회의에 독립 청원서를 제출하였다.
④ 한국광복군: 미군과 연계하여 국내 진공 작전을 추진하였으나, 일본의 무조건 항복으로 실현하지 못했다.
⑤ 독립 협회: 근대적인 민중 집회인 만민 공동회를 열어 민권 신장을 추구하였다.

28 [일제 강점기] 3·1 운동 정답 ③

정답 치트키 고종의 장례식 + 독립을 위한 행진과 시위 → **3·1 운동**

③ 광주 학생 항일 운동이 일어나자, 신간회에서 진상 조사단을 파견하여 지원하였다.

오답 클리어

① 3·1 운동은 중국의 5·4 운동 등 해외의 반제국주의 민족 운동에 영향을 주었다.
② 3·1 운동에서 조직적인 독립운동의 필요성이 대두되었으며, 이는 대한민국 임시 정부가 수립되는 계기가 되었다.
④ 3·1 운동은 국외로도 확산되어 만주와 연해주, 일본 등에서 만세 시위가 전개되었으며, 미국 필라델피아에서는 한인 자유 대회가 열렸다.
⑤ 3·1 운동은 농민들의 참여로 시위가 농촌까지 확산되었으며, 점차 평화

적 만세 운동에서 무력 투쟁으로 바뀌게 되었다.

29 [일제 강점기] 대한민국 임시 정부 정답 ⑤

정답 치트키 임시 의정원 + 삼권 분립에 기초한 헌법
→ **대한민국 임시 정부**

⑤ 옳은 것을 모두 고르면 ㄷ, ㄹ이다.
ㄷ. 대한민국 임시 정부는 미국 워싱턴에 구미 위원부를 설치하여 외교를 통한 독립 활동을 전개하였다.
ㄹ. 대한민국 임시 정부는 만주의 무역 회사인 이륭양행 내에 교통국을 설치하여 국내와의 연락을 취하였다.

오답 클리어
ㄱ. 천도교: 기관지로 만세보를 발행하여 민중 계몽에 힘썼다.
ㄴ. 신민회: 주요 인사들이 서간도에 신흥 강습소를 설립하여 독립군을 양성하였으며, 신흥 강습소는 이후 신흥 무관 학교로 개편되었다.

30 [일제 강점기] 1920년대 만주 지역의 독립운동 정답 ④

정답 치트키
(가) 참의부, 정의부, 신민부 등 3부가 성립
→ **3부의 성립(1923~1925)**
(나) 대한 독립군 + 봉오동
→ **봉오동 전투(1920. 6.)**
(다) 북로 군정서 + 청산리 일대
→ **청산리 전투(1920. 10.)**

④ 순서대로 나열하면 (나) 봉오동 전투(1920. 6.) - (다) 청산리 전투(1920. 10.) - (가) 3부의 성립(1923~1925)이다.
(나) 국외 독립군 부대들이 활발한 국내 진입 작전을 감행하자, 일제는 병력을 동원하여 두만강을 건너 독립군을 공격하였다. 이때 홍범도가 이끄는 대한 독립군을 중심으로 대한 국민회군 등이 연합하여 봉오동을 급습한 일본군을 상대로 전투를 벌여 승리를 거두었다(봉오동 전투, 1920. 6.).
(다) 봉오동에서 크게 패한 일본군이 보복을 위해 만주에 대규모 군대를 투입하자, 김좌진의 북로 군정서와 홍범도의 대한 독립군 등이 연합하여 청산리 일대에서 일본군을 격퇴하였다(청산리 전투, 1920. 10.).
(가) 봉오동·청산리 전투 등에서 패배한 일제가 독립군 근거지를 소탕한다는 명분으로 간도 참변을 일으키자, 독립군들은 간도를 탈출하여 러시아의 자유시로 이동하였다. 그러나 자유시 참변을 겪고 다시 만주로 돌아온 독립군이 조직을 재정비하여 참의부(1923)·정의부(1924)·신민부(1925)의 3부가 성립되었다.

31 [일제 강점기] 의열단 정답 ③

정답 치트키 김상옥 + 단장 김원봉 → **의열단**

③ 의열단 단원 나석주는 동양 척식 주식회사와 조선 식산 은행에 폭탄을 투척하였다.

오답 클리어
① 보안회: 일제의 황무지 개간권 요구를 저지하는 운동을 전개하여 일본의 요구를 철회시켰다.
② 신민회: 일제가 데라우치 총독 암살 사건을 조작하여 독립운동가들을 잡아들인 105인 사건으로 해체되었다.
④ 독립 의군부: 임병찬이 조직한 단체로, 국권 반환 요구서를 작성하여 조선 총독부에 제출하려 하였다.
⑤ 대한민국 임시 정부: 영국인이 설립한 무역 선박 회사인 이륭양행에 국내와의 연락을 취하기 위한 통신 기관인 교통국을 설치하였다.

32 [일제 강점기] 민립 대학 설립 운동 정답 ③

정답 치트키 조선 민립 대학 기성회 + 대학의 설립
→ **민립 대학 설립 운동**

③ 민립 대학 설립 운동은 일제의 식민지 차별 교육에 반발하여 고등 교육 기관인 대학의 설립을 추진한 운동으로, 이상재 등이 주도하여 대학 설립을 위한 모금 활동을 전개하였다.

오답 클리어
① 3·1 운동: 중국에서 일어난 항일 운동이자 반제국주의 운동인 5·4 운동에 영향을 주었다.
② 1900년대 후반에 사립 학교 설립이 증가하자, 일제가 사립 학교령을 공포하여 사립 학교 설립을 규제하였다.
④ 국채 보상 운동: 일본의 강요로 도입된 차관(빌린 자금)을 갚기 위해 일어났으나, 통감부의 방해와 탄압으로 실패하였다.
⑤ 서울 북촌의 양반 부인들이 최초의 여성 권리 선언문인 여권 통문을 발표하고, 곧이어 찬양회를 조직하였다.

33 [일제 강점기] 원산 총파업 이후의 사실 정답 ②

정답 치트키 라이징 선 석유 주식회사 + 일본인 감독이 조선인 노동자를 구타한 일 → **원산 총파업(1929)**

② 원산 총파업(1929) 이후인 1931년에 평양 평원 고무 공장 노동자였던 강주룡이 임금 삭감에 저항하여 을밀대 지붕에서 고공 농성을 벌였다.

오답 클리어
모두 원산 총파업(1929) 이전의 사실이다.
① 1908년에 대한 제국의 토지를 약탈하기 위해 동양 척식 주식회사가 설립되었다.
③ 1899년에 대한 제국 황실의 지원을 받아 민족계 은행인 대한 천일 은행이 창립되었다.
④ 1924년에 서울에서 전국 단위의 조직인 조선 노농 총동맹이 조직되었다.
⑤ 1923년에 신안군 암태도에서 고율의 소작료를 징수한 지주 문재철의 횡포에 맞서 암태도 소작 쟁의를 전개하였다.

34 [일제 강점기] 신간회 정답 ②

정답 치트키 광주 학생 항일 운동 + 확산시키기 위한 민중 대회 개최를 추진함 → **신간회**

② 신간회는 민족 협동 전선으로 사회주의 세력과 비타협적 민족주의 세력이 결합하여 결성되었다(1927).

오답 클리어

① 암태도 소작 쟁의는 신안군 암태도의 소작인들이 고율의 소작료를 징수한 지주 문재철의 횡포에 맞서 전개한 소작 쟁의(1923)로, 신간회와 관련이 없다.
③ 대한 애국 청년당: 경성 부민관 폭파 사건을 주도하였다.
④ 의열단: 신채호가 저술한 「조선혁명선언」을 활동 지침으로 하였다.
⑤ 천도교 소년회: 어린이들의 처우를 개선하기 위해 어린이날을 제정하고 잡지 『어린이』를 간행하는 등 소년 운동을 추진하였다.

35 [일제 강점기] 회사령 폐지와 농촌 진흥 운동 사이의 사실 정답 ②

정답 치트키 (가) 회사령 폐지 → 1920년 3월
(나) 조선 총독부 농촌 진흥 위원회 → 농촌 진흥 운동 → 1932년

② 회사령 폐지(1920. 3.) 이후 일본 기업이 조선으로 침투하여 국내 기업이 타격을 입자, 1920년 8월에 조선 물산 장려회가 평양에서 창립되었다.

오답 클리어

① (가) 이전: 1889년에 함경도 관찰사 조병식이 조·일 통상 장정 개정에 따라 방곡령을 선포하였다.
③ (가) 이전: 1898년에 시전 상인을 중심으로 황국 중앙 총상회가 조직되어 상권 수호 운동을 전개하였다.
④ (나) 이후: 1949년에 제헌 국회가 유상 매수, 유상 분배를 규정한 농지 개혁법을 제정하였다.
⑤ (나) 이후: 1938년에 일제는 국가 총동원법을 제정하여 전쟁에 필요한 인력과 물자를 강제 동원하였다.

36 [일제 강점기] 민족 말살 통치 시기 정답 ⑤

정답 치트키 중·일 전쟁 이후 일제가 침략 전쟁을 확대 → **민족 말살 통치 시기**

⑤ 일제는 민족 말살 통치 시기에 독립운동을 탄압하기 위해 조선 사상범 예방 구금령을 공포하였다.

오답 클리어

① 무단 통치 시기: 일제는 민족 자본의 성장을 억제하기 위하여 회사 설립 시 총독의 허가를 받도록 하는 회사령을 제정하였다.
② 문화 통치 시기: 일제가 독립군의 활동을 위축시키기 위해 중국의 만주 군벌 장작림과 미쓰야 협정을 체결하였다.
③ 문화 통치 시기: 일제는 한국인의 고등 교육 요구 열기를 무마하기 위해 경성 제국 대학을 설립하였다.
④ 무단 통치 시기: 일제는 식민 통치에 필요한 재정을 확보하고 조선의 토지를 약탈하기 위하여 토지 조사 사업을 실시하였다.

37 [일제 강점기] 조선 혁명군 정답 ①

정답 치트키 남만주 + 영릉가 전투 + 1930년대 한·중 항일 연합 작전 + 총사령 양세봉 → **조선 혁명군**

① 조선 혁명군은 한·중 연합 작전을 전개하여 흥경성 전투에서 일본군을 격퇴하였다.

오답 클리어

② 조선 의용대 화북 지대: 조선 의용대가 개편된 항일 무장 투쟁 단체로, 호가장 전투에서 일본군을 상대로 크게 활약하였다.
③ 한국 독립군: 북만주 일대에서 중국 호로군 등과 연합하여 쌍성보, 대전자령, 사도하자 전투에서 일본군에게 승리하였다.
④ 조선 의용군: 조선 독립 동맹의 산하 부대로, 중국 팔로군과 연합하여 항일 전선에 참가하였다.
⑤ 한국광복군: 대한민국 임시 정부의 산하 부대로, 연합군의 일원이 되어 인도, 미얀마 전선에서 활동하였다.

38 [일제 강점기] 한국광복군 정답 ①

정답 치트키 대한민국 임시 정부 + 충칭 + 지청천을 총사령으로 함 → **한국광복군**

① 한국광복군은 대한민국 임시 정부의 산하 부대로, 미국과 연계하여 국내 진공 작전을 계획하였으나 실행에 옮기지는 못하였다.

오답 클리어

② 한국 독립군: 중국군과 한·중 연합 작전을 전개하여 쌍성보, 대전자령 전투 등에서 일본군을 격파하였다.
③ 조선 의용대: 김원봉 등이 중심이 되어 중국 국민당 정부의 지원을 받아 우한에서 조선 민족 전선 연맹의 산하 무장 조직으로 결성되었다.
④ 조선 혁명군: 중국 의용군과 한·중 연합 작전을 전개하여 영릉가 전투에서 일본군을 상대로 승리하였다.
⑤ 대한 독립 군단: 간도 참변 이후 조직을 정비하고 자유시로 이동하였다.

39 [일제 강점기] 민족 문화 수호를 위한 노력 정답 ①

정답 치트키 일제 강점기에 민족 문화를 수호하고자 노력함 → **민족 문화 수호를 위한 노력**

① 일제 강점기에 정인보는 민족 문화를 수호하기 위해 민족의 '얼'을 강조하였으며, 안재홍 등과 함께 조선학 운동을 전개하였다.

오답 클리어

모두 일제 강점기 이전의 사실이다.
② 을사늑약 체결(1905) 직후 장지연은 황성신문에 논설 시일야방성대곡을 게재해 을사늑약을 규탄하였다.

③ 유길준은 미국을 유학하며 느낀 것들을 기록한 기행문인 『서유견문』을 국·한문 혼용체로 집필하여(1895), 서양의 근대 문명을 소개하였다.
④ 최익현은 개항에 반대하는 상소인 지부복궐척화의소를 올려(1876), 왜(일본)는 양(서양)과 같다는 왜양 일체론을 주장하였다.
⑤ 신헌은 조선 측 대표로 일본과 강화도 조약(1876)을 체결하였으며, 강화도 조약 체결의 전말을 기록한 『심행일기』를 저술하였다.

40 [일제 강점기] 대종교   정답 ⑤

정답 치트키   나철 + 단군 신앙을 기반으로 창시함 → 대종교

⑤ 대종교는 무장 투쟁을 전개하기 위해 북간도에 독립 운동 단체인 중광단을 조직하였다.

오답 클리어

① 천도교: 일제 강점기에 『개벽』, 『신여성』 등의 잡지를 발간하여 민족 의식을 높이는 데 기여하였다.
② 불교: 일제 강점기에 한용운 등이 조선 불교 유신회를 조직하여 사찰령 폐지를 주장하였다.
③ 원불교: 일제 강점기에 박중빈을 중심으로 저축 운동, 허례허식 폐지, 금주·단연 등 새 생활 운동을 전개하였다.
④ 유교: 김창숙의 주도로 3·1 운동에 호응하기 위해 파리 장서 운동을 전개하였다.

41 [일제 강점기] 심훈   정답 ⑤

정답 치트키   심훈

⑤ 심훈은 소설가이자 시인으로, 브나로드 운동을 소재로 한 장편 소설 『상록수』를 동아일보에 연재하였다.

오답 클리어

① 윤동주: 일제 강점기에 활동한 민족 문학가이자 저항 시인으로, 「별 헤는 밤」, 「참회록」 등의 시를 남겼다.
② 주시경 등: 한글 연구를 목적으로 학부 아래에 설립된 국문 연구소의 연구위원으로 활동하였다.
③ 박승희, 김기진 등: 일본 도쿄의 유학생들이 근대극 형식을 도입한 모임인 토월회를 조직하였다.
④ 박은식: 실천적인 유교 정신을 강조한 논문인 「유교구신론」을 저술하였다.

42 [현대] 신한공사 설립과 농지 개혁법 발표 사이의 사실   정답 ④

정답 치트키   (가) 신한공사를 조선 정부에서 독립한 기관으로써 창립함 → 신한공사 설립(1946. 3.)
(나) 농지 + 면적 3정보를 초과하지 못함 → 농지 개혁법 발표(1949. 6.)

④ 1948년 5월에 우리나라 최초의 보통 선거인 5·10 총선거에 의해 2년 임기의 제헌 국회가 구성되었다.

오답 클리어

① (가) 이전: 1944년 8월에 일제의 패망에 대비하여 여운형 등을 중심으로 조선 건국 동맹을 결성하였다.
② (나) 이후: 1953년 10월에 대한민국과 미국은 서로의 군사적 안전을 보장하는 한·미 상호 방위 조약을 체결하였다.
③ (가) 이전: 1941년 2월에 일제가 독립운동을 탄압하기 위해서 조선 사상범 예방 구금령을 공포하였다.
⑤ (나) 이후: 1959년 4월에 이승만 정부는 언론 통제를 위해 경향신문을 폐간하였다.

43 [시대 통합] 김구와 여운형   정답 ②

정답 치트키   (가) 백범 + 대한민국 임시 정부 주석 역임 → 김구
(나) 몽양 + 신한청년당 결성 + 좌·우 합작 위원회 조직 → 여운형

② 옳은 것을 모두 고르면 ㄱ, ㄷ이다.
ㄱ. 김구는 침체된 임시 정부에 활기를 불어넣고자 상하이에서 한인 애국단을 조직하였다.
ㄷ. 여운형은 광복 직후 조선 건국 준비 위원회를 결성하였으며, 조선 인민 공화국을 수립하고 전국에 인민 위원회를 조직하였다.

오답 클리어

ㄴ. 김원봉: 중국 국민당 정부의 지원 아래 조선 혁명 간부 학교를 세워 독립군을 양성하였다.
ㄹ. 이승만: 광복 이후 미국에서 귀국하여 독립 촉성 중앙 협의회를 이끌었다.

44 [현대] 사사오입 개헌안(제2차 개헌안)   정답 ⑤

정답 치트키   1954년 + 사사오입의 논리를 내세움 → 사사오입 개헌안(제2차 개헌안, 1954)

⑤ 사사오입 개헌안(제2차 개헌안) 결과, 개헌 당시의 대통령에 한하여 중임 제한이 철폐되었다.

오답 클리어

① 제7차 개헌안(유신 헌법): 통일 주체 국민 회의에서 대통령이 선출되었다.
② 제9차 개헌안(현행 헌법): 5년 단임의 대통령이 직선제에 의해 선출되었다.
③ 제7차 개헌안(유신 헌법): 대통령이 국회의원의 3분의 1을 추천하게 되었다.
④ 제헌 헌법: 5·10 총선거의 실시로 수립된 제헌 국회에서 제정된 헌법으로, 제헌 헌법 제정 결과 국회에서 간접 선거 방식으로 대통령이 선출되었다.

45 [현대] 김주열 시신 발견 이후의 사실   정답 ③

정답 치트키 부정 선거를 규탄하는 시위 + 김주열 + 마산 앞바다에서 발견 → **김주열 시신 발견(1960)**

③ 김주열 학생의 시신이 발견(1960)되면서 전국적으로 확산된 4·19 혁명의 결과, 외무부 장관 허정을 수반으로 한 과도 정부가 수립되었다.

오답 클리어

모두 김주열 시신 발견(1960) 이전의 사실이다.
① 1956년에 조봉암을 중심으로 한 혁신 세력이 진보당을 창당하였다.
② 1948년에 반민족 행위 처벌법이 제정되어 반민족 행위 특별 조사 위원회가 설치되었다.
④ 1946년에 귀속 재산 관리를 위해 신한공사가 설립되었다.
⑤ 1952년에 자유당이 정권 연장을 위해 임시 수도 부산에서 직선제 개헌안을 통과시켰다.

46 [현대] 6·25 전쟁   정답 ④

정답 치트키 북한군의 남침으로 시작 → **6·25 전쟁(1950. 6.~1953. 7.)**

④ 6·25 전쟁 때 중국군의 참전으로 전세가 역전되자, 1950년 12월에 흥남에서 대규모 철수 작전이 전개되었다.

오답 클리어

모두 6·25 전쟁(1950. 6.) 이전의 사실이다.
① 1950년 1월에 미국의 극동 방위선에서 한반도와 대만을 제외한다는 내용의 애치슨 라인이 발표되었다.
② 1905년 7월에 일본과 미국이 가쓰라·태프트 밀약을 체결하여 일본은 미국으로부터 대한 제국에 대한 지배권을 사실상 인정받았다.
③ 1945년 12월에 광복 이후의 한반도 문제를 논의하기 위해 열린 모스크바 3국 외상 회의가 개최되었다.
⑤ 1948년 4월에 김구, 김규식 등이 분단을 막기 위해 평양으로 건너가 남북 협상에 참여하였다.

47 [현대] 박정희 정부   정답 ①

정답 치트키 서울 – 부산 간 고속도로 준공식 → **박정희 정부**

① 박정희 정부 시기인 1967년에 공업화 추진, 과학 기술의 발전 등을 목표로 한 제2차 경제 개발 5개년 계획이 추진되었다. 이때 비료·시멘트·정유 산업 등을 육성하여 사회 간접 자본을 확충하고 산업 구조를 개편하는 데 주력하였다.

오답 클리어

② 이승만 정부: 미국의 경제 원조로 제분·제당·면방직의 삼백 산업이 발달하였다.
③ 미 군정기: 일본인의 소유였던 귀속 재산 처리를 위해 신한공사가 설립되었다.
④ 김영삼 정부: 대통령 긴급 명령으로 금융 거래에서 당사자의 실명 사용을 의무화한 금융 실명제가 실시되었다.
⑤ 전두환 정부: 최저 임금 결정을 위한 최저 임금 위원회가 설치되었다.

48 [현대] 부·마 민주 항쟁   정답 ①

정답 치트키 부산과 마산 + 야당 총재의 국회의원직 제명 → **부·마 민주 항쟁**

① 부·마 민주 항쟁은 야당 총재인 김영삼의 국회의원직 제명을 계기로 일어난 민주화 운동으로, 유신 체제가 붕괴되는 배경이 되었다.

오답 클리어

② 5·18 민주화 운동: 신군부가 군대를 투입하여 학생과 시민을 무차별 진압하자, 자발적으로 시민군을 조직하여 계엄군에 대항하였다.
③ 4·19 혁명: 마산 시위(3·15 의거)에서 김주열이 최루탄을 맞고 사망하였다.
④ 6월 민주 항쟁: 5년 단임의 대통령 직선제 개헌(제9차 개헌)을 약속한 6·29 선언을 이끌어냈다.
⑤ 4·19 혁명: 이승만 대통령이 하야하여 미국으로 망명하는 결과를 가져왔다.

49 [현대] 김대중 정부   정답 ④

정답 치트키 월드컵 + 부산 아시안 게임 → **김대중 정부**

④ 김대중 정부는 서민 계층의 삶의 질 향상을 위해 국민 기초 생활 보장법을 제정하였다.

오답 클리어

① 노무현 정부: 양성 평등의 실현을 위해 호주제가 폐지되었다.
② 전두환 정부: 대학 입학을 위한 과외 성행과 재수생 문제에 대한 해소 대책으로 대학 졸업 정원제를 시행하였다.
③ 노무현 정부: 사회 보험인 노인 장기 요양 보험법이 제정되었다.
⑤ 박정희 정부: 중학교 입시 제도를 폐지하고 무시험 진학 제도를 실시하였다.

50 [현대] 노무현 정부의 통일 노력   정답 ③

정답 치트키 제2차 남북 정상 회담 → **노무현 정부**

③ 노무현 정부는 제2차 남북 정상 회담을 개최하고 6·15 남북 공동 선언의 적극 구현 등을 내용으로 하는 10·4 남북 공동 선언을 발표하였다.

오답 클리어

① 노태우 정부: 남북 고위급 회담에서 상호 불가침, 교류·협력 확대 등의 내용을 담은 남북 기본 합의서를 채택하였다.
② 노태우 정부: 적극적인 북방 외교 정책의 결과, 남북한이 유엔에 동시 가입하였다.
④ 박정희 정부: 7·4 남북 공동 성명의 합의 사항을 추진하고 통일 문제를 해결할 목적으로 북한과 남북 조절 위원회 운영에 합의하였다.
⑤ 전두환 정부: 남북 이산가족 고향 방문과 남북 예술 공연단 교환을 최초로 성사시켰다.

해커스 한국사능력검정시험 교재 시리즈

한국사능력검정시험 **1위*** 해커스!

* 주간동아 선정 2022 올해의 교육 브랜드 파워 온·오프라인 한국사능력검정시험 부문 1위

빈출 개념과 기출 분석으로
기초부터 문제 해결력까지
꽉 잡는 기본서

해커스 한국사능력검정시험
한권합격 **심화 [1·2·3급]**

스토리와 마인드맵으로 개념잡고!
기출문제로 점수잡고!

해커스 한국사능력검정시험
2주 합격 **심화 [1·2·3급]** **기본 [4·5·6급]**

 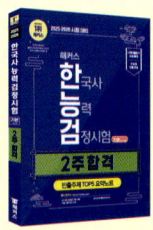

시대별/회차별 기출문제로
한 번에 합격 달성!

해커스 한국사능력검정시험
시대별/회차별 기출문제집 **심화 [1·2·3급]**

개념 정리부터 실전까지!
한권완성 기출문제집

해커스 한국사능력검정시험
한권완성 기출 500제 **기본 [4·5·6급]**

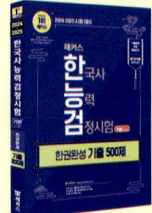

빈출 개념과 기출 선택지로
빠르게 합격 달성!

해커스 한국사능력검정시험
초단기 5일 합격 **심화 [1·2·3급]**
기선제압 막판 3일 합격 **심화 [1·2·3급]**

해커스잡 · 해커스공기업 누적 수강건수 700만 선택

취업교육 1위 해커스

합격생들이 소개하는 단기합격 비법

삼성 그룹 최종 합격!
오*은 합격생

정말 큰 도움 받았습니다!
삼성 취업 3단계 중 많은 취준생이 좌절하는 GSAT에서 해커스 덕분에 합격할 수 있었다고 생각합니다.

국민건강보험공단 최종 합격!
신*규 합격생

모든 과정에서 선생님들이 최고라고 느꼈습니다!
취업 준비를 하면서 모르는 것이 생겨 답답할 때마다, 강의를 찾아보며 그 부분을 해결할 수 있어 너무 든든했기 때문에 모든 선생님께 감사드리고 싶습니다.

해커스 대기업/공기업 대표 교재

GSAT 베스트셀러
279주 1위

7년간 베스트셀러
1위 326회

[279주 베스트셀러 1위] YES24 수험서 자격증 베스트셀러 삼성 GSAT 분야 1위(2014년 4월 3주부터, 1판부터 20판까지 주별 베스트 1위 통산)
[326회] YES24/알라딘/반디앤루니스 취업/상식/적성 분야, 공사 공단 NCS 분야, 공사 공단 수험서 분야, 대기업/공기업/면접 분야 베스트셀러 1위 횟수 합계
(2016.02.~2023.10/1~14판 통산 주별 베스트/주간 베스트/주간집계 기준)
[취업교육 1위] 주간동아 2024 한국고객만족도 교육(온·오프라인 취업) 1위
[700만] 해커스 온/오프라인 취업강의(특강) 누적신청건수(중복수강/무료 강의 포함/2015.06~2024.11.28)

대기업 **공기업**

최종합격자가 수강한 강의는? 지금 확인하기!

해커스잡 **ejob.Hackers.com**

이렇게 고퀄인데 모두 무료!?

해커스한국사
무료 학습자료 모음

해커스한국사의 무료 이벤트
시험 당일 정답/채점 풀서비스, 모의고사 무료배포 등 다양한 이벤트 진행!

무료 이벤트

해커스한국사의 흥미 유발 테스트
초시생을 위한 흥미 유발성 테스트로 쉽고 재미있게 한국사 세계로 입문!

무료 테스트

해커스한국사의 무료 퀴즈
빈출 문항만 집약해놓은 데일리/챕터별 퀴즈로 한국사 합격에 한걸음 더!

무료 학습자료

한능검의 모든 것 [해커스한국사 검색] 에서 확인 가능합니다.

history.Hackers.com

해커스 한국사능력검정시험 심화 [1·2·3급] 한권합격

이런 분들께 이 책을 추천합니다.

- ✓ 한국사능력검정시험을 처음 준비하여 뭐부터 해야 할지 막막한 분들
- ✓ 한국사 개념을 기초부터 학습하며 기출문제 해결력까지 한 번에 키우고 싶은 분들
- ✓ 한 달 동안 차근차근 학습하여 단번에 합격하고 싶은 분들

해커스 한국사능력검정시험 교재 시리즈

해커스 한국사능력검정시험 심화 (1·2·3급) 한권합격

해커스 한국사능력검정시험 심화 (1·2·3급) 2주 합격

해커스 이명호 스토리로 암기하는 한국사능력검정시험 심화 (1·2·3급) 상/하

해커스 한국사능력검정시험 심화 (1·2·3급) 시대별 기출문제집

해커스 한국사능력검정시험 심화 (1·2·3급) 회차별 기출문제집

해커스 한국사능력검정시험 심화 (1·2·3급) 초단기 5일 합격

해커스 한국사능력검정시험 심화 (1·2·3급) 기선제압 막판 3일 합격

해커스 한국사능력검정시험 기본 (4·5·6급) 2주 합격

해커스 한국사능력검정시험 기본 (4·5·6급) 한권완성 기출 500제

13910

ISBN 978-89-6965-607-0

해커스
한국사
능력
검정시험 심화(1·2·3급)
한권합격

시험장까지 가져가는

빈출개념
압축노트

해커스한국사

해커스 한국사능력검정시험 심화(1·2·3급) 한권합격

빈출개념 압축노트

상권

I. 선사 시대
- 1강 구석기 시대~철기 시대 2
- 2강 고조선과 여러 나라의 성장 6

II. 고대
- 3강 고구려 10
- 4강 백제 14
- 5강 신라와 가야 16
- 6강 통일 신라와 발해 20
- 7강 고대의 경제·사회·문화 26

III. 고려 시대
- 8강 고려 초기~중기의 정치 32
- 9강 무신 집권기~ 고려 후기의 정치 38
- 10강 고려의 대외 관계 42
- 11강 고려의 경제와 사회 44
- 12강 고려의 문화 46

IV. 조선 전기
- 13강 조선 전기의 정치 50
- 14강 조선 전기의 대외 관계와 양 난 54
- 15강 조선 전기의 경제·사회·문화 56

하권

V. 조선 후기
- 16강 조선 후기의 정치 62
- 17강 조선 후기의 경제와 사회 68
- 18강 조선 후기의 문화 70

VI. 근대
- 19강 흥선 대원군 집권 시기와 개항 74
- 20강 근대의 구국 운동과 근대 국가 수립 노력 78
- 21강 일제의 침략과 국권 수호 운동 86
- 22강 근대의 문화 92

VII. 일제 강점기
- 23강 1910년대의 통치와 민족 운동 94
- 24강 1920년대의 통치와 민족 운동 98
- 25강 1930년대 이후의 통치와 민족 운동 102
- 26강 일제 강점기의 문화 106

VIII. 현대
- 27강 대한민국 정부 수립 과정 108
- 28강 이승만 정부~박정희 정부 110
- 29강 전두환 정부와 민주화 운동 116
- 30강 노태우 정부~문재인 정부 118

I. 선사 시대
1강 구석기 시대 ~ 철기 시대

상권 12쪽

1 구석기 시대와 신석기 시대
최근 3개년 시험 중 8회 출제!

📖 한눈에 보는 빈출 개념

1. 구석기 시대

뗀석기	주먹도끼, 찍개, 슴베찌르개, 찌르개, 밀개, 긁개 등
경제 생활	사냥과 채집, 어로(물고기잡이)
주거 생활	식량을 찾아 이동 생활 → 동굴이나 강가의 막집에 거주
사회 생활	계급이 없는 평등한 공동체 생활
주요 유적	공주 석장리 유적, 연천 전곡리 유적, 단양 수양개 유적 등

▲ 주먹도끼   ▲ 슴베찌르개

2. 신석기 시대

간석기	갈돌과 갈판, 돌낫, 화살촉 등
토기	빗살무늬 토기, 이른 민무늬 토기, 덧무늬 토기 등 → 식량을 조리·저장
수공업 도구	가락바퀴, 뼈바늘
경제 생활	• 농경(밭농사 중심)과 목축 시작 → 식량 생산 • 채집과 사냥·물고기 잡이도 함께 함
주거 생활	정착 생활 시작 → 주로 강가나 바닷가에 움집을 짓고 거주
사회 생활	계급이 없는 평등한 공동체 생활
주요 유적	서울 암사동 유적, 제주 고산리 유적, 부산 동삼동 유적, 양양 오산리 유적 등

  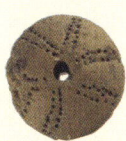
▲ 갈돌과 갈판   ▲ 빗살무늬 토기   ▲ 가락바퀴

기출자료&선택지로 개념 체크

◆ 다음 기출자료와 연관된 시대를 쓰세요.

01
> 공주 석장리 유적
> 주먹도끼, 찍개 등 (가) 시대의 대표적 유물이 한반도 남부에서 최초로 출토된 곳이다. 또한 집자리 유적도 발굴되어 (가) 시대에 사람들이 이곳에서 생활하였음을 알 수 있다.
> [53회]

(   )

02
> 부산 동삼동 유적에서 출토된 빗살무늬 토기는 농경과 정착 생활이 시작된 (가) 시대의 대표적 유물 중 하나입니다. 이 유적에서는 곡물 등을 가공하는 데 사용한 갈돌과 갈판도 출토되었습니다.
> [58회]

(   )

03
> 이것은 제주 고산리 유적에서 발굴된 이른 민무늬 토기입니다. 이 토기의 출토로 우리나라의 (가) 시대가 기원전 8000년경부터 시작되었음을 알게 되었습니다. 고산리 유적에서는 화살촉, 갈돌, 갈판 등의 석기도 나왔습니다.
> [56회]

(   )

04
> ○○○: 주먹도끼가 뭐야?
> △△△: (가) 시대의 대표적인 유물이야. 동물을 사냥하거나 가죽을 벗기는 등 다양한 용도로 사용했대.
> [66회]

(   )

◆ 옳은 키워드를 골라 기출문장을 완성하세요.

05 (① 구석기 시대 / ② 신석기 시대)에는 농경과 목축을 통하여 식량을 생산하였다. [72·61회]

06 (① 구석기 시대 / ② 신석기 시대)에는 주로 동굴에 살면서 사냥과 채집을 하였다. [56회]

07 신석기 시대에는 (① 빗살무늬 토기 / ② 민무늬 토기)를 만들어 식량을 저장하였다. [71·67회]

08 구석기 시대에는 주먹도끼, 찍개 등의 (① 뗀석기 / ② 간석기)를 처음 제작하였다. [72·69회]

09 신석기 시대에 (① 가락바퀴 / ② 슴베찌르개)와 뼈바늘을 이용하여 옷을 만들기 시작하였다. [73·70회]

◆ 옳은 기출문장에 O, 틀린 기출문장에 X 표시하세요.

10 구석기 시대에는 주로 동굴이나 막집에서 거주하였다. [73·72·71회] (O | X)

11 구석기 시대에 계급이 없는 평등한 공동체 생활을 하였다. [52회] (O | X)

12 신석기 시대에 정착 생활을 하게 되면서 움집이 처음 만들어졌습니다. [39·37회] (O | X)

13 신석기 시대에 사냥을 위해 슴베찌르개를 처음 제작하였다. [37회] (O | X)

◆ 문화유산과 명칭이 맞으면 O, 틀리면 X 표시하세요.

14 갈돌과 갈판 [32회] (O | X)

◆ (가) 시대의 생활 모습으로 옳은 것은?

15 [51회]

△△ 박물관 특별전
(가) 시대로 떠나는 시간 여행

모시는 글
우리 박물관에서는 농경과 정착 생활이 시작된 (가) 시대 특별전을 마련하였습니다. 덧무늬 토기, 흙으로 빚은 사람 얼굴상, 갈돌과 갈판 등 다양한 유물들을 전시하고 있으니 많은 관람 바랍니다.

● 기간: 2021. ○○. ○○.~○○. ○○.
● 장소: △△ 박물관 특별 전시실

① 가락바퀴를 이용하여 실을 뽑았다.
② 주로 동굴이나 강가의 막집에서 살았다.
③ 지배층의 무덤으로 고인돌을 축조하였다.
④ 거푸집을 이용하여 세형동검을 제작하였다.
⑤ 쟁기, 쇠스랑 등의 철제 농기구를 사용하였다.

정답
01 구석기 02 신석기 03 신석기 04 구석기 05 ② 06 ① 07 ① 08 ① 09 ①
10 O 11 O 12 O 13 X(구석기 시대) 14 O 15 ① 신석기 시대 ② 구석기 시대, ③ 청동기 시대, ④, ⑤ 철기 시대]

I. 선사 시대

1강 구석기 시대 ~ 철기 시대

상권 14쪽

2 청동기 시대와 철기 시대
최근 3개년 시험 중 8회 출제!

한눈에 보는 빈출 개념

1. 청동기 시대

청동기	• 거푸집 이용, 비파형동검 등 제작 • 청동 거울(거친무늬 거울), 청동 방울 제작
석기	농기구는 반달 돌칼(간석기) 사용
토기	민무늬 토기, 송국리식 토기, 미송리식 토기, 붉은 간 토기 등
계급 발생	농업 생산력 증가 → 잉여 생산물 발생 → 사유 재산과 빈부 격차 발생 → 계급 발생
지배층의 출현	• 지배자(군장) 등장 • 지배자 사망 시 고인돌, 돌널무덤 축조
주요 유적	여주 흔암리, 부여 송국리 유적, 의주 미송리 동굴 등

▲ 비파형동검   ▲ 반달 돌칼

2. 철기 시대

도구	철기	철제 농기구(호미, 쟁기, 쇠스랑)와 철제 무기 사용
	청동기	거푸집을 이용하여 세형동검 등 제작
생활 모습	경제 생활	중국과 교류 시 중국 화폐(명도전, 반량전, 오수전, 화천) 사용
	한자 사용	창원 다호리 유적에서 붓 출토 → 한자를 사용했음을 알 수 있음

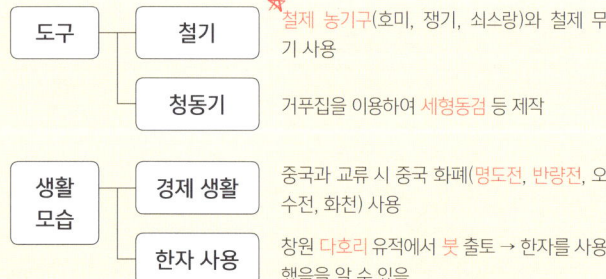

▲ 거푸집   ▲ 세형동검

▲ 명도전   ▲ 다호리붓

기출자료&선택지로 개념 체크

◆ 다음 기출자료와 연관된 시대를 쓰세요.

01
■ 대표 유물
사유 재산과 계급이 발생한 (가) 시대의 유적인 이곳에서 발견된 탄화된 쌀이다. 이를 통해 한반도에서 (가) 시대에 벼농사가 이루어졌음을 알 수 있다.

■ 함께 출토된 유물
민무늬 토기
반달 돌칼
[72회]

(   )

02
경남 창원 다호리에서 다량의 유물들이 발견되었다. 널무덤에서 발견된 붓을 비롯하여 통나무 목관, 오수전, 감과 밤 등이 담긴 옻칠 제사 용기 등이 발굴되었다. [14회]

(   )

03
김해 구산동의 무게 350톤 규모의 초대형 고인돌에서 매장 주체부가 발굴되어 무덤으로 확인되었습니다. 이 고인돌은 그 규모와 출토 유물을 통해서 사유 재산과 계급이 발생한 (가) 시대의 모습을 살펴볼 수 있는 중요한 유적으로 평가되고 있습니다. [57회]

(   )

04
<평창 하리 유적에서 비파형동검과 인골 출토>
평창군 평창읍 하리 유적에서 (가) 시대의 것으로 판단되는 비파형동검과 인골이 출토되었습니다. 당시 시신 매장 방법과 장례 풍습 등의 연구에 중요한 자료로 활용될 것으로 보입니다. [33회]

(   )

◆ 옳은 키워드를 골라 기출문장을 완성하세요.

05 (① 청동기 시대 / ② 철기 시대)에는 거푸집을 이용하여 세형동검을 만들었다. [63·58회]

06 (① 청동기 시대 / ② 철기 시대)에는 고인돌, 돌널무덤 등을 축조하였다. [61·56회]

07 (① 청동기 시대 / ② 철기 시대)에는 오수전, 화천 등의 중국 화폐를 사용하였다. [68회]

◆ 옳은 기출문장에 O, 틀린 기출문장에 X 표시하세요.

08 청동기 시대에는 반달 돌칼로 벼를 수확하였다. [68·66·62회]　(O | X)

09 청동기 시대에는 호미, 쇠스랑 등의 철제 농기구를 제작하였다. [62·56회]　(O | X)

10 철기 시대에는 비파형동검과 거친무늬 거울 등을 제작하였다. [61회]　(O | X)

11 철기 시대에 명도전, 반량전 등의 화폐가 유통되었다. [66·64회]　(O | X)

◆ 문화유산과 명칭이 맞으면 O, 틀리면 X 표시하세요.

12 미송리식 토기 [32회]　(O | X)

13 세형동검 [32회]　(O | X)

◆ 밑줄 그은 '이 시대'의 생활 모습으로 옳은 것은?

14 [65회]

부여 송국리 축제에 초대합니다.
2023.○○.○○.~○○.○○.
부여 송국리 유적 일원

모시는 글
사유 재산과 계급이 출현한 이 시대의 대표적 유적지인 부여 송국리 유적에서 축제를 개최합니다. 다양한 행사에 참여하여 당시 생활을 체험해 보시기 바랍니다.

◆ 주요 프로그램 ◆
• 비파형동검 모형 만들기
• 민무늬 토기 조각 맞추기
• 증강 현실로 환호와 목책 보기

① 소를 이용한 깊이갈이가 일반화되었다.
② 많은 인력을 동원하여 고인돌을 축조하였다.
③ 실을 뽑기 위해 가락바퀴를 처음 사용하였다.
④ 쟁기, 쇠스랑 등의 철제 농기구가 이용되었다.
⑤ 주로 동굴이나 강가에 막집을 짓고 거주하였다.

정답
01 청동기　02 철기　03 청동기　04 청동기　05 ②　06 ①　07 ②　08 O　09 X(철기 시대)
10 X(청동기 시대)　11 O　12 X(빗살무늬 토기)　13 X(비파형동검)　14 ② 청동기 시대
[① 고려 시대, ③ 신석기 시대, ④ 철기 시대, ⑤ 구석기 시대]

I. 선사 시대
2강 고조선과 여러 나라의 성장

1 고조선
상권 20쪽 · 최근 3개년 시험 중 6회 출제!

한눈에 보는 빈출 개념

1. 고조선의 건국과 발전

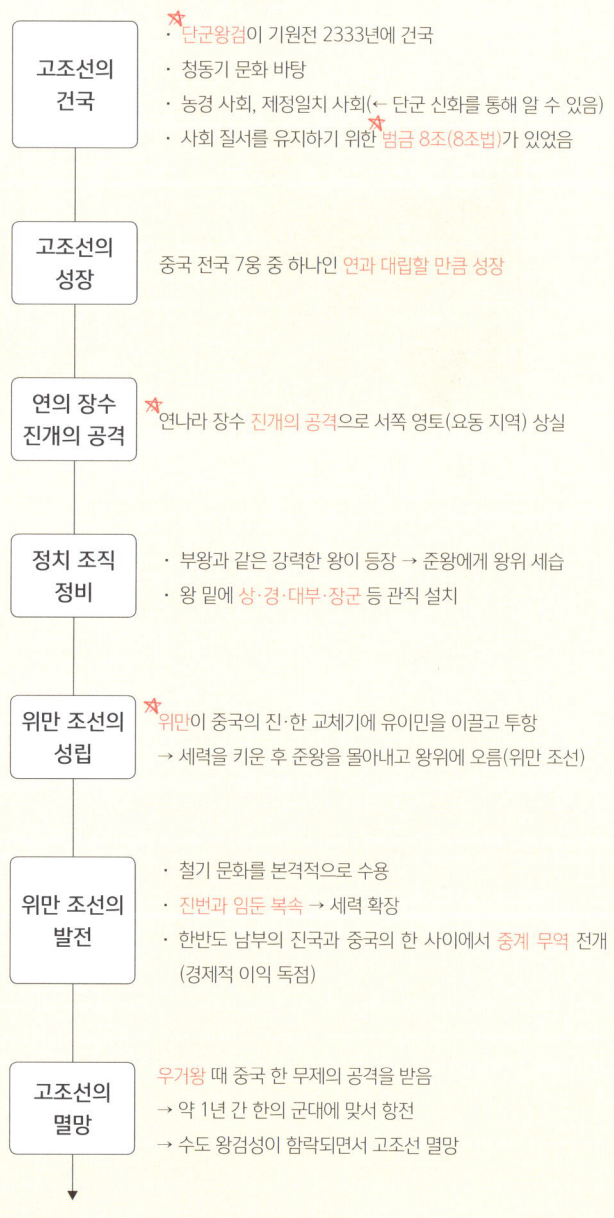

고조선의 건국
- 단군왕검이 기원전 2333년에 건국
- 청동기 문화 바탕
- 농경 사회, 제정일치 사회(← 단군 신화를 통해 알 수 있음)
- 사회 질서를 유지하기 위한 범금 8조(8조법)가 있었음

고조선의 성장
- 중국 전국 7웅 중 하나인 연과 대립할 만큼 성장

연의 장수 진개의 공격
- 연나라 장수 진개의 공격으로 서쪽 영토(요동 지역) 상실

정치 조직 정비
- 부왕과 같은 강력한 왕이 등장 → 준왕에게 왕위 세습
- 왕 밑에 상·경·대부·장군 등 관직 설치

위만 조선의 성립
- 위만이 중국의 진·한 교체기에 유이민을 이끌고 투항
- → 세력을 키운 후 준왕을 몰아내고 왕위에 오름(위만 조선)

위만 조선의 발전
- 철기 문화를 본격적으로 수용
- 진번과 임둔 복속 → 세력 확장
- 한반도 남부의 진국과 중국의 한 사이에서 중계 무역 전개 (경제적 이익 독점)

고조선의 멸망
- 우거왕 때 중국 한 무제의 공격을 받음
- → 약 1년 간 한의 군대에 맞서 항전
- → 수도 왕검성이 함락되면서 고조선 멸망

기출자료&선택지로 개념 체크

◆ 다음 기출자료의 빈칸에 들어갈 단어를 쓰세요.

01
[ ]가 있다. 남을 죽이면 즉시 죽음으로 갚고, 남을 상해하면 곡식으로 배상한다. 남의 물건을 훔친 자가 남자면 그 집의 노로 삼으며 여자면 비로 삼는데, 자신의 죄를 용서받으려는 자는 한 사람마다 50만[전]을 내야 한다.
[39회]
(   )

02
우리 역사상 최초의 국가인 고조선을 건국한 [ ]의 이야기가 뮤지컬로 탄생하였습니다.

1막 환웅이 신단수에 내려오다
2막 웅녀, 환웅과 혼인하다
3막 [ ]이 나라를 세우다
[59회]
(   )

03
- 기원전 2세기경에 위만이 준왕을 몰아내고 왕이 된 이후 고조선의 상황에 대해 이야기해볼까요?
- [ ]왕이 왕검성을 침략한 한 무제의 군대에 맞서 저항했습니다.
[42회]
(   )

04
[ ]이 망명하여 호복을 하고 동쪽의 패수를 건너 준왕에게 투항하였다. [ ]은 서쪽 변경에 거주하도록 해주면, 중국의 망명자를 거두어 고조선의 번병(藩屏)*이 되겠다고 준왕을 설득하였다.
*번병: 변경의 울타리
[49회]
(   )

◆ 옳은 키워드를 골라 기출문장을 완성하세요.

05 고조선은 전국 7웅 중 하나인 (① 연 / ② 한)과 대립할 만큼 강성하였다. [59회]

06 고조선은 연의 장수 (① 진개 / ② 이사부)의 공격을 받았다. [64·61·57회]

07 위만은 (① 부왕 / ② 준왕)을 몰아내고 왕이 되었다. [42회]

08 위만 조선은 (① 진번과 임둔 / ② 낙랑과 왜)을/를 복속하여 세력을 확장하였다. [68회]

09 고조선에는 살인, 절도 등의 죄를 다스리는 (① 1책 12법 / ② 범금 8조)이/가 있었다. [57회]

◆ 옳은 기출문장에 O, 틀린 기출문장에 X 표시하세요.

10 고조선은 왕 아래 상가, 고추가 등의 대가들이 있었다. [33회] (O | X)

11 위만 조선은 한(漢)과 진국(辰國) 사이에서 중계 무역을 하였습니다. [42회] (O | X)

12 위만 조선 시기에 부왕(否王) 등 강력한 왕이 등장하여 왕위를 세습하였습니다. [42회] (O | X)

13 고조선은 한 무제의 공격으로 멸망하였다. [64·62회] (O | X)

14 고조선은 12월에 영고라는 제천 행사를 열었다. [73·64회] (O | X)

◆ (가) 나라에 대한 설명으로 옳은 것은?

15 [58회]

> ○ 좌장군은 [(가)]의 패수 서쪽에 있는 군사를 쳤으나 이를 격파해서 나가지는 못했다. …… 누선장군도 가서 합세하여 왕검성의 남쪽에 주둔했지만, 우거왕이 성을 굳게 지키므로 몇 달이 되어도 함락시킬 수 없었다.
>
> ○ 마침내 한 무제는 동쪽으로는 [(가)]을/를 정벌하고 현도군과 낙랑군을 설치했으며, 서쪽으로는 대완과 36국 등을 병합하여 흉노 좌우의 후원 세력을 꺾었다.

① 동맹이라는 제천 행사를 열었다.
② 신지, 읍차라 불린 지배자가 있었다.
③ 도둑질한 자에게 12배로 배상하게 하였다.
④ 읍락 간의 경계를 중시하는 책화가 있었다.
⑤ 왕 아래 상, 대부, 장군 등의 관직을 두었다.

정답
01 범금 8조 02 단군왕검 03 우거 04 위만 05 ① 06 ① 07 ② 08 ① 09 ② 10 X(고구려) 11 O 12 X(위만 조선 성립 이전) 13 O 14 X(부여) 15 ⑤ 고조선 [① 고구려, ② 삼한, ③ 부여·고구려, ④ 동예]

2강 고조선과 여러 나라의 성장 7

I. 선사 시대

2강 고조선과 여러 나라의 성장

2 여러 나라의 성장
상권 20쪽
최근 3개년 시험 중 12회 출제!

한눈에 보는 빈출 개념

1. 부여와 고구려

부여
- 만주 쑹화(송화)강 유역의 넓은 평야 지대에 위치
- 왕 아래의 마가, 우가, 저가, 구가 등 가들이 사출도를 다스림
- 특산물로 말, 주옥, 모피가 생산됨
- 영고(제천 행사, 매년 12월), 순장(장례 풍속), 1책 12법(법률)

고구려
- 왕 아래에 상가·대로·패자 등 관직이 있었음
- 대가들이 사자·조의·선인 등 관리를 거느림
- 제가 회의에서 국가의 중대사를 결정함
- 집마다 부경이라는 창고가 있었음
- 동맹(제천 행사, 매년 10월), 서옥제(혼인 풍속), 1책 12법(법률)

2. 옥저와 동예

옥저
- 후, 읍군, 삼로 등의 군장이 자기 부족을 통치(군장 국가)
- 맥포(삼베), 어염(생선과 소금), 해산물 등을 고구려에 공물로 납부함
- 민며느리제(혼인 풍속), 가족 공동묘(골장제)

동예
- 후, 읍군, 삼로 등의 군장이 다스림(군장 국가)
- 단궁, 과하마, 반어피 등이 특산물로 유명함
- 무천(제천 행사, 매년 10월), 책화(다른 부족의 영역을 침범하면 노비·소·말 등으로 변상하게 함)

3. 삼한

삼한
- 한반도 남부의 마한+진한+변한(연맹체)
- 신지·읍차 등의 군장이 다스림(군장 국가)
- 제사장인 천군과 신성 지역인 소도가 존재
- 벼농사 발달, 변한은 철이 많이 생산되어 낙랑과 왜에 수출
- 5월(수릿날)과 10월(계절제)에 제천 행사 거행

기출자료&선택지로 개념 체크

◆ 다음 기출자료와 연관된 나라를 쓰세요.

01
> 그 나라의 풍속은 산천을 중요시하여 산과 내마다 각기 구분이 있어 함부로 들어가지 않는다. …… 해마다 10월이면 하늘에 제사를 지내는데, 주야로 술을 마시고 노래를 부르며 춤추니 이를 무천이라 한다.
> – 『삼국지』 「동이전」 [57회]

( )

02
> - 5월과 10월에 제천 행사를 지냈습니다.
> - 신지, 읍차 등으로 불리는 지배자가 있었습니다.
> - 목지국, 사로국, 구야국 등 여러 소국으로 이루어졌습니다. [61회]

( )

03
> 여자의 나이가 열 살이 되기 전에 혼인을 약속하고, 신랑 집에서 맞이하여 장성할 때까지 기른다. 여자가 장성하면 여자 집으로 돌아가게 한다. 여자 집에서는 돈을 요구하는데, 신랑 집에서 돈을 지불한 후 다시 데리고 와서 아내로 삼는다. [55회]

( )

04
> 그 나라의 풍속에 혼인을 할 때는 말로 미리 정한 다음, 여자 집에서는 본채 뒤에 작은 집을 짓는데 그 집을 서옥(壻屋)이라 부른다.
> – 『삼국지』 「동이전」 [41회]

( )

◆ 옳은 키워드를 골라 기출문장을 완성하세요.

05 (① 부여 / ② 고구려)에서는 여러 가(加)들이 별도로 사출도를 주관하였다. [73·72·71·70·69회]

06 고구려에는 (① 민며느리제 / ② 서옥제)라는 혼인 풍습이 있었다. [71·57회]

07 (① 부여 / ② 동예)는 12월에 영고라는 제천 행사를 열었다. [73·67·64회]

08 옥저와 동예에서는 (① 천군 / ② 삼로)(이)라 불린 우두머리가 읍락을 다스렸다. [55회]

09 (① 고구려 / ② 삼한)은/는 제가 회의에서 나라의 중대사를 결정하였다. [73·70·61회]

10 (① 옥저 / ② 동예)는 가족의 유골을 한 목곽에 안치하는 풍습이 있었다. [46회]

◆ 옳은 기출문장에 O, 틀린 기출문장에 X 표시하세요.

11 부여는 특산물로 단궁, 과하마, 반어피가 유명하였다. [68·61회] (O | X)

12 고구려에는 집집마다 부경이라는 창고가 있었다. [72·68회] (O | X)

13 옥저에서는 대가들이 사자, 조의, 선인을 거느렸습니다. [68회] (O | X)

14 동예는 무천이라는 제천 행사를 열었다. [70·67회] (O | X)

15 동예에서는 도둑질한 자에게 12배로 배상하게 하였다. [73회] (O | X)

16 삼한에는 제사장인 천군과 신성 지역인 소도가 존재하였어요. [64·62회] (O | X)

◆ (가), (나) 나라에 대한 설명으로 옳은 것을 <보기>에서 고른 것은?

17 [69회]

(가) 대군장이 없고, 그 관직으로는 후(侯)와 읍군과 삼로가 있다. …… 해마다 10월이면 하늘에 제사를 지내는데, 밤낮으로 술 마시며 노래 부르고 춤추니, 이를 무천이라 한다. 또 호랑이를 신으로 여겨 제사 지낸다.
– 『후한서』 동이열전

(나) 해마다 5월이면 씨뿌리기를 마치고 귀신에게 제사를 지낸다. 떼를 지어 모여서 노래와 춤을 즐기며 술 마시고 노는데 밤낮으로 쉬지 않는다. …… 국읍에 각각 한 사람씩을 세워서 천신의 제사를 주관하게 하는데, 이를 천군이라 부른다.
– 『삼국지』 위서 동이전

<보기>
ㄱ. (가) - 혼인 풍습으로 민며느리제가 있었다.
ㄴ. (가) - 읍락 간의 경계를 중시하는 책화가 있었다.
ㄷ. (나) - 신지, 읍차 등의 지배자가 있었다.
ㄹ. (나) - 여러 가(加)들이 별도로 사출도를 주관하였다.

① ㄱ, ㄴ
② ㄱ, ㄷ
③ ㄴ, ㄷ
④ ㄴ, ㄹ
⑤ ㄷ, ㄹ

정답
01 동예 02 삼한 03 옥저 04 고구려 05 ① 06 ② 07 ① 08 ② 09 ① 10 ①
11 X(동예) 12 O 13 X(고구려) 14 O 15 X(부여, 고구려) 16 O 17 ③ [ㄴ. 동예, ㄷ. 삼한 / ㄱ. 옥저, ㄹ. 부여]

II. 고대
3강 고구려

1 고구려의 건국과 발전
상권 32쪽
최근 3개년 시험 중 10회 출제!

한눈에 보는 빈출 개념

1. 고구려의 건국
- **주몽 (동명성왕)**: 졸본 지역에서 고구려 건국
- **유리왕**: 졸본에서 국내성으로 도읍을 옮김

2. 고구려의 성장
- **태조왕**: (동)옥저를 정복하고 동해안으로 진출
- **고국천왕**:
  - 5부 개편(부족적 → 행정적)
  - 을파소를 발탁하여 국상으로 등용
  - 진대법(빈민 구휼 제도) 실시
- **미천왕**:
  - 중국 요동 지역의 서안평 공격
  - 낙랑군과 대방군을 축출하여 영토 확장
- **고국원왕**: 백제 근초고왕과의 평양성 전투에서 전사함
-  **소수림왕**:
  - 불교 수용: 중국의 전진과 수교, 승려 순도를 통해 불교 수용 후 공인
  - 율령 반포: 국가 통치의 기본법인 율령 반포
  - 태학 설립: 우리나라 최초의 국립 대학인 태학 설립, 인재 양성 및 유학 보급

3. 고구려의 전성기
-  **광개토 대왕**:
  - 백제를 공격하여 한강 이북 지역 차지
  - 거란과 후연(선비족)을 공격하여 만주 및 요동 지역 진출
  - 신라에 침입한 왜 격퇴, 왜에 우호적이던 금관가야 공격
  - 영락이라는 독자적인 연호 사용
- **장수왕**:
  - 도읍을 국내성에서 평양으로 옮겨 남진 정책 추진
  - 백제 수도 한성을 공격해 개로왕을 전사시킴 → 한강 유역 차지
  - 아버지 광개토 대왕의 업적을 기리기 위해 광개토 대왕릉비 건립

기출자료&선택지로 개념 체크

◆ 다음 기출자료와 연관된 고구려의 왕을 쓰세요.

01
10월에 백제 왕이 병력 3만 명을 거느리고 평양성을 공격해 왔다. 왕이 군대를 내어 막다가 날아온 화살에 맞아 이 달 23일에 서거하였다. [65회]

(   )

02
진(秦)왕 부건이 사신과 승려 순도를 보내 불상과 경문을 주었다. 왕이 사신을 보내 답례로 방물(方物)을 바쳤다. [68회]

(   )

03
경자년에 왕이 보병과 기병 5만 명을 보내어 신라를 구원하게 하였다. 군대가 남거성을 거쳐 신라성에 이르니, 왜적이 가득하였다. 군대가 도착하자 왜적이 퇴각하였다. [66회]

(   )

04
고구려 왕 거련(巨連)이 몸소 군사를 거느리고 백제를 공격하였다. 백제 왕 경(慶)이 아들 문주를 (신라에) 보내 구원을 요청하였다. 왕이 군사를 내어 구해주려 했으나 미처 도착하기도 전에 백제가 이미 (고구려에) 함락되었고, 경 역시 피살되었다. [60회]

(   )

◆ 옳은 키워드를 골라 기출문장을 완성하세요.

05 (① 유리왕 / ② 미천왕)은 낙랑군을 축출하여 영토를 확장하였다. [70·69·66회]

06 (① 고국원왕 / ② 고국천왕)이 백제의 평양성 공격으로 전사하였다. [54회]

07 소수림왕은 전진의 (① 순도 / ② 마라난타)를 통해 불교를 수용하였다. [70·60회]

08 광개토 대왕은 (① 신라 / ② 백제)에 군대를 파견하여 왜를 격퇴하였다. [69·63·59회]

09 (① 장수왕 / ② 광개토 대왕)은 영락이라는 독자적 연호를 사용하였다. [72·70·68회]

10 장수왕이 (① 국내성 / ② 평양)으로 천도하고 남진을 추진하였다. [61회]

◆ 옳은 기출문장에 O, 틀린 기출문장에 X 표시하세요.

11 태조왕이 (동)옥저를 정복하여 영토를 확장하였다. [48·45회]
(O | X)

12 고국원왕이 을파소를 등용하고 진대법을 시행하였다.
[68·65·62·61회] (O | X)

13 미천왕이 서안평을 공격하여 영토를 확장하였다. [68회]
(O | X)

14 소수림왕이 국학을 설립하여 인재를 양성하였다. [61·56회]
(O | X)

15 광개토 대왕이 후연을 공격하고 요동 땅을 차지하였다. [41회]
(O | X)

16 광개토 대왕이 한성을 공격하여 함락시켰다. [58회]
(O | X)

◆ 다음 검색창에 들어갈 왕에 대한 설명으로 옳은 것은?

17 [61회]

① 영락이라는 연호를 사용하였다.
② 태학을 설립하여 인재를 양성하였다.
③ 낙랑군을 축출하여 영토를 확장하였다.
④ 을파소를 등용하고 진대법을 시행하였다.
⑤ 당의 침입에 대비하여 천리장성을 축조하였다.

정답
01 고국원왕 02 소수림왕 03 광개토 대왕 04 장수왕 05 ② 06 ① 07 ① 08 ①
09 ② 10 ② 11 O 12 X(고국천왕) 13 O 14 X(태학) 15 O 16 X(장수왕)
17 ① 광개토 대왕 [② 소수림왕, ③ 미천왕, ④ 고국천왕, ⑤ 영류왕~보장왕]

Ⅱ. 고대
3강 고구려

2 수·당과의 항쟁과 고구려의 멸망
상권 34쪽 | 최근 3개년 시험 중 6회 출제!

한눈에 보는 빈출 개념

1. 고구려의 수·당 침입 격퇴 과정

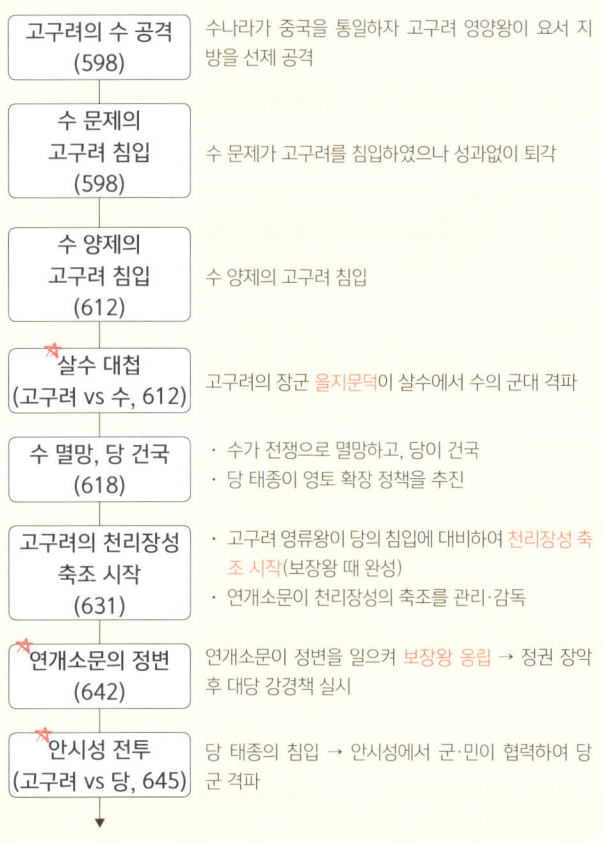

2. 고구려의 멸망과 부흥 운동

멸망
- 연개소문 사망 후 지배층 분열
- 나·당 연합군의 공격 → 평양성 함락 → 고구려 멸망(668, 고구려 보장왕)

부흥 운동
- 검모잠이 안승을 왕으로 추대하고 부흥 운동을 전개했으나 내분이 발생
- 신라 문무왕이 당을 견제하기 위해 금마저(익산)에 보덕국을 세우고 안승을 왕으로 임명

기출자료&선택지로 개념 체크

◆ 다음 기출자료의 빈칸에 들어갈 단어를 쓰세요.

01
살수에 이르러 [수의] 군대가 반쯤 건너자 ▢▢▢이 군사를 보내 그 후군을 공격하였다. 우둔위 장군 신세웅을 죽이니, [수의] 군대가 걷잡을 수 없이 모두 무너져 9군의 장수와 병졸이 도망쳐 돌아갔다. - 『삼국사기』 [49회]

( )

02
▢▢▢은 부병을 모두 불러 모아 군병을 사열한다고 말하고 …… 왕궁으로 달려 들어가 건무를 죽인 다음 대양의 아들 장을 왕으로 세우고 스스로 막리지가 되었다. - 『구당서』 동이전 [52회]

( )

03
[우리 부대가] 당군과 함께 평양을 포위하였다. ▢▢▢은 먼저 연남산 등을 보내 영공에게 항복을 청하였다. 이에 영공은 ▢▢▢왕과 왕자 복남·덕남, 대신 등 20여만 명을 끌고 본국으로 돌아갔다. [63회]

( )

04
검모잠이 국가를 다시 일으키기 위하여 당을 배반하고 보장왕의 외손 ▢▢▢을 세워 임금으로 삼았다. 당 고종이 대장군 고간을 보내 행군총관으로 삼고 병력을 내어 그들을 토벌하니, ▢▢▢이 검모잠을 죽이고 신라로 달아났다. [69회]

( )

◆ 옳은 키워드를 골라 기출문장을 완성하세요.

05 (① 연개소문 / ② 을지문덕)이 살수에서 승리하였다.
[73·71·70회]

06 고구려가 (① 연개소문 / ② 을지문덕)을 보내어 천리장성을 축조하였다. [51회]

07 고구려가 (① 당 / ② 수)의 침입에 대비하여 천리장성을 완성하였다. [61회]

08 (① 검모잠 / ② 흑치상지)이/가 안승을 왕으로 추대하고 부흥 운동을 전개하였다. [65·64·59·56회]

◆ 옳은 기출문장에 O, 틀린 기출문장에 X 표시하세요.

09 연개소문이 천리장성 축조를 감독하였다. [59회] (O | X)

10 연개소문이 정변을 일으켜 권력을 장악하였다. [72·69·61회]
(O | X)

11 영류왕이 평양성에서 나·당 연합군에 항전하였다. [33회]
(O | X)

12 고구려가 나·당 연합군에 의해 멸망하였다. [45회]
(O | X)

13 안승이 백제에 의해 보덕국왕으로 책봉되었다. [68회]
(O | X)

◆ (가), (나) 사이의 시기에 있었던 사실로 옳은 것은?

14 [50회]

> (가) 고구려 왕 거련(巨璉)이 군사 3만 명을 이끌고 와서 왕도인 한성을 포위하였다. 왕이 성문을 닫고서 나가 싸우지 못하였다. 고구려 군사가 네 길로 나누어 협공하고, 바람을 타고 불을 놓아 성문을 불태웠다. 사람들이 매우 두려워하여 나가서 항복하려는 자들도 있었다. 왕이 어찌할 바를 몰라 수십 명의 기병을 거느리고 성문을 나가 서쪽으로 달아나니, 고구려 군사가 추격하여 왕을 해쳤다.
> (나) 여러 장수가 안시성을 공격하였다. …… 60일 동안 50만 명의 인력을 동원하여 밤낮으로 쉬지 않고 토산을 쌓았다. 토산의 정상은 성에서 몇 길 떨어져 있고 성 안을 내려다 볼 수 있었다. 도중에 토산이 허물어지면서 성을 덮치는 바람에 성벽의 일부가 무너졌다. …… 황제가 여러 장수에게 명하여 안시성을 공격하였으나, 3일이 지나도록 이길 수 없었다.

① 미천왕이 서안평을 점령하였다.
② 을지문덕이 살수에서 수의 군대를 물리쳤다.
③ 고국원왕이 백제의 평양성 공격으로 전사하였다.
④ 관구검이 이끄는 위의 군대가 고구려를 침략하였다.
⑤ 광개토 대왕이 군대를 보내 신라에 침입한 왜를 격퇴하였다.

정답
01 을지문덕 02 (연)개소문 03 보장 04 안승 05 ② 06 ① 07 ① 08 ① 09 O
10 O 11 X(보장왕) 12 O 13 X(신라) 14 ② [①, ③, ④, ⑤ (가) 이전]

II. 고대
4강 백제

> 상권 40쪽
> 1 **백제의 건국과 발전** 최근 3개년 시험 중 10회 출제!
> 2 **백제의 멸망** 최근 3개년 시험 중 7회 출제!

한눈에 보는 빈출 개념

1. 백제의 건국과 성장

건국	온조가 위례성(한성)에서 건국
고이왕	· 좌평제와 16관등제 정비 · 목지국(마한 중심 세력) 병합

2. 백제의 전성기

근초고왕	· 마한의 전 지역 정복, 고구려 평양성 공격(고구려 고국원왕 전사) · 중국 요서·산둥 지방과 일본 큐슈(규슈) 지방까지 진출 · 역사서인 『서기』 편찬(고흥)
침류왕	중국 동진에서 온 마라난타를 통해 불교 수용·공인

3. 백제의 위기와 중흥 노력

비유왕	신라 눌지 마립간과 동맹 체결(나·제 동맹)
개로왕	· 중국 북위에 군사를 요청하는 국서 전송 · 장수왕의 공격으로 한성 함락, 전사
문주왕	한성이 함락되자 웅진(공주)로 천도
동성왕	신라 소지 마립간과 결혼 동맹 체결 → 나·제 동맹 강화
★무령왕	· 지방에 22담로를 두고 왕족 파견 · 중국 남조의 양과 외교 관계 강화
★성왕	· 사비 천도, 국호를 남부여로 변경 · 중앙 관청 22부, 행정 구역 5부(수도) 5방(지방)으로 정비 · 신라 진흥왕과 연합 후 고구려 공격 → 한강 하류 회복 → 진흥왕의 배신으로 한강 유역 상실 → 신라의 관산성 공격, 성왕 전사(관산성 전투)
무왕	금마저(익산)에 미륵사 건립, 금마저로의 천도 시도
의자왕	신라의 대야성 등 40여 성 함락

4. 백제의 멸망과 부흥 운동

멸망	· 황산벌 전투: 의자왕이 계백의 결사대를 황산벌로 보냈으나 패배 · 사비성 함락: 나·당 연합군의 공격으로 사비성 함락, 의자왕 항복
부흥 운동	· 복신과 도침이 주류성에서 의자왕의 아들 부여풍을 왕으로 추대 · 흑치상지가 임존성을 거점으로 부흥 운동 전개 · 백강 전투: 왜의 수군이 백제 부흥군을 지원하기 위해 왔으나 백강 하류에서 나·당 연합군에 패배

기출자료&선택지로 개념 체크

◆ 다음 기출자료와 연관된 백제의 왕을 쓰세요.

01
> 겨울에 백제왕이 태자와 함께 정병 3만 명을 거느리고 고구려를 침입하여 평양성을 공격하였다. 고구려왕 사유가 힘껏 싸우며 막다가 날아오는 화살을 맞고 죽었다. [72회]

( )

02
> 연흥 2년에 여경이 처음으로 사신을 보내 표를 올렸다. "신의 나라는 고구려와 함께 부여에서 나왔으므로 우호가 돈독하였는데, 고구려의 선조인 쇠[고국원왕]가 우호를 가벼이 깨뜨리고 직접 군사를 지휘하여 우리의 국경을 짓밟았습니다. …… 속히 장수를 보내 구원하여 주십시오."
> – 『위서』 [61회]

( )

03
> 백제 제25대 왕인 (가) 의 무덤 발굴 50주년을 기념하는 행사가 공주시에서 열립니다. (가) 은/는 왕가의 난을 평정하고 22담로에 왕족을 파견하였습니다. 그의 무덤은 피장자와 축조 연대가 확인된 유일한 백제 왕릉입니다. [53회]

( )

04
> 7월에 왕이 신라를 습격하려고 몸소 보병과 기병 50명을 거느리고 밤에 구천(狗川)에 이르렀다. 신라의 복병이 일어나 더불어 싸웠으나 [적의] 병사들에게 살해되었다. [59회]

( )

◆ 옳은 키워드를 골라 기출문장을 완성하세요.

05 (① 근초고왕 / ② 고이왕)이 내신 좌평 등 6좌평의 관제를 정비하였다. [60·52회]

06 성왕이 신라 (① 진흥왕 / ② 법흥왕)과 연합하여 한강 하류 지역을 되찾았다. [50회]

07 (① 개로왕 / ② 침류왕)이 북위에 사신을 보내 고구려 공격을 요청하였다. [70회]

08 백제의 (① 동성왕 / ② 문주왕)이 웅진으로 천도하였다. [45회]

09 무왕이 (① 사비 / ② 금마저)에 미륵사를 창건하였다. [73·72·67·64·63·61회]

10 의자왕이 윤충을 보내 (① 평양성 / ② 대야성)을 함락시켰다. [73·71·70회]

11 (① 흑치상지 / ② 복신과 도침)이/가 부여풍을 왕으로 추대하였다. [73·68회]

◆ 옳은 기출문장에 O, 틀린 기출문장에 X 표시하세요.

12 고이왕이 마한을 정벌하였다. [36회] (O | X)

13 근초고왕이 평양성을 공격하여 고국원왕을 전사시켰다. [73·69·64·59회] (O | X)

14 비유왕은 지방에 22담로를 두어 왕족을 파견하였다. [71·68·66·62·60회] (O | X)

15 무령왕이 사비로 천도하고 국호를 남부여로 고쳤다. [73·71·61·59회] (O | X)

16 성왕이 관산성 전투에서 전사하였다. [62·61회] (O | X)

◆ 밑줄 그은 '이 왕'의 업적으로 옳은 것은?

17 [50회]

이것은 능산리 절터에서 발견된 석조 사리감입니다. 이 사리감에 새겨진 글을 통해 능산리 절터가 관산성에서 전사한 이 왕의 명복을 빌기 위하여 조성된 것임을 알 수 있습니다.

① 익산에 미륵사를 창건하였다.
② 동진으로부터 불교를 수용하였다.
③ 윤충을 보내 대야성을 함락하였다.
④ 고흥에게 『서기』를 편찬하게 하였다.
⑤ 진흥왕과 연합하여 한강 하류 지역을 되찾았다.

정답
01 근초고왕 02 개로왕 03 무령왕 04 성왕 05 ② 06 ① 07 ① 08 ② 09 ② 10 ② 11 ② 12 X(근초고왕) 13 O 14 X(무령왕) 15 X(성왕) 16 O 17 성왕 [① 무왕, ② 침류왕, ③ 의자왕, ④ 근초고왕]

II. 고대
5강 신라와 가야

상권 48쪽

1 신라의 건국과 성장
최근 3개년 시험 중 3회 출제!

📖 한눈에 보는 빈출 개념

1. 신라의 건국

건국	· 진한의 소국 중 사로국(경주 지방)에서 시작 · 경주 지역의 토착민 세력 + 유이민 집단 → 박혁거세가 신라 건국
초기의 정치 형태	박·석·김의 3성이 번갈아 가며 왕위 차지

2. 신라의 성장

내물 마립간	· 최고 지배자의 칭호를 '이사금'에서 '마립간'으로 변경 · 김씨가 독점적으로 왕위를 계승하는 방식으로 변경 · 고구려 광개토 대왕의 도움을 받아 왜 격퇴
눌지 마립간	백제 비유왕과 나·제 동맹 체결
★ 지증왕	· 국호를 '신라'로 정함 · 지배자의 칭호를 '마립간'에서 '왕'으로 변경 · 장군 이사부를 보내 우산국(울릉도) 복속 · 농업 노동력을 확보하기 위해 순장 금지 · 농업 생산력을 높이기 위해 우경 장려 · 수도 경주에 시장 감독 관청인 동시전 설치
★ 법흥왕	· 군사력 강화를 위해 병부 설치 · 귀족들의 대표인 상대등 설치 · 율령 반포, 관리들의 공복 제정 · 건원이라는 독자적인 연호 사용 · 이차돈의 순교를 계기로 불교 공인 · 금관가야 정복

3. 신라의 전성기

진흥왕	· 백제 성왕과 연합 → 한강 상류 지역 점령 → 백제를 공격하여 한강 하류 지역까지 확보 · 이사부를 보내 대가야 정복 · 단양 신라 적성비, 4개의 순수비(북한산비, 창녕비, 황초령비, 마운령비) 건립 · 화랑도를 국가적인 조직으로 정비 · 역사서 『국사』 편찬(거칠부)
선덕 여왕	· 자장의 건의로 황룡사 구층 목탑 건립 · 첨성대 축조
진덕 여왕	김춘추를 당에 파견 → 당 태종과 나·당 동맹 체결

기출자료&선택지로 개념 체크

◆ 다음 기출자료와 연관된 신라의 왕을 쓰세요.

01
여러 신하들이 아뢰기를 "…… 신(新)은 '덕업이 날로 새로워진다'는 뜻이고, 라(羅)는 '사방(四方)을 망라한다'는 뜻이므로 이를 나라 이름으로 삼는 것이 마땅하다고 여겨집니다. …… 삼가 신라국왕(新羅國王)이라는 칭호를 올립니다."라고 하였다. 왕이 이를 따랐다.
— 『삼국사기』 [51회]

(   )

02
○ 정월에 율령을 반포하고, 처음으로 관리들의 공복(公服)을 제정하였다. 붉은 빛과 자주 빛으로 등급을 표시하였다.
○ 4월에 이찬 철부를 상대등으로 삼아 나라의 일을 총괄하게 하였다. 상대등의 관직은 이때 처음 생겼는데, 지금의 재상과 같다.
— 『삼국사기』 [43회]

(   )

03
왕이 다시 명령을 내려 좋은 가문 출신의 남자로서 덕행이 있는 자를 뽑아 명칭을 고쳐서 화랑이라고 하였다. 처음으로 설원랑을 받들어 국선(國仙)으로 삼으니, 이것이 화랑 국선의 시초이다.
— 『삼국유사』 [47회]

(   )

04
[거칠부가] 왕의 명령을 받들어 여러 문사(文士)를 모아 『국사』를 편찬하였다.
— 『삼국사기』 [63회]

(   )

◆ 옳은 키워드를 골라 기출문장을 완성하세요.

05 (① 내물 마립간 / ② 소지 마립간) 때 최고 지배자의 칭호가 마립간으로 바뀌었다. [62·57회]

06 지증왕이 이사부를 보내 (① 금관가야 / ② 우산국)을 복속시켰다. [71·67·64·63회]

07 (① 지증왕 / ② 법흥왕)이 시장을 관리하는 관청인 동시전을 설치하였다. [73·71·67·66회]

08 (① 법흥왕 / ② 진흥왕)이 이차돈의 순교를 계기로 불교를 공인하였다. [69·68회]

09 신라가 법흥왕 때 (① 금관가야 / ② 대가야)를 병합하였다. [66·58회]

10 진흥왕이 거칠부에게 (① 『서기』 / ② 『국사』)를 편찬하게 하였다. [73·69·68·67회]

◆ 옳은 기출문장에 O, 틀린 기출문장에 X 표시하세요.

11 내물 마립간 때부터 박, 석, 김의 3성이 교대로 왕위를 계승하였다. [50·45회]   (O | X)

12 지증왕이 국호를 신라로 확정하고 왕이라는 칭호를 사용하였다. [37회]   (O | X)

13 법흥왕이 건원이라는 독자적인 연호를 사용하였다. [67회]   (O | X)

14 진흥왕이 병부와 상대등을 설치하였다. [71회]   (O | X)

15 진흥왕이 화랑도를 국가 조직으로 개편하였다. [68·66회]   (O | X)

16 진덕 여왕이 자장의 건의로 황룡사 구층 목탑을 건립하였다. [73·68·64·59회]   (O | X)

◆ 다음 검색창에 들어갈 왕에 대한 설명으로 옳은 것은?

17 [52회]

① 불국사 삼층 석탑을 건립하였다.
② 첨성대를 세워 천체를 관측하였다.
③ 마운령, 황초령 등에 순수비를 세웠다.
④ 금관가야를 복속하여 영토를 확대하였다.
⑤ 시장을 감독하는 관청인 동시전을 설치하였다.

정답
01 지증왕 02 법흥왕 03 진흥왕 04 진흥왕 05 ① 06 ② 07 ① 08 ① 09 ②
10 ② 11 X(김씨가 독점적으로 계승) 12 O 13 O 14 X(법흥왕) 15 O 16 X(선덕 여왕)
17 ③ 진흥왕 [① 경덕왕, ② 선덕 여왕, ④ 법흥왕, ⑤ 지증왕]

II. 고대
5강 신라와 가야

2 가야 연맹
상권 50쪽 · 최근 3개년 시험 중 5회 출제!

한눈에 보는 빈출 개념

1. 가야 연맹의 정치

- **금관가야 건국**: 김수로왕이 김해 지역에서 건국
  → 『삼국유사』에 탄생 설화가 전해짐
- **전기 가야 연맹의 성립**: 3세기 경 금관가야를 중심으로 전기 가야 연맹 결성
- **전기 가야 연맹의 해체**: 고구려 광개토 대왕의 공격으로 금관가야가 큰 타격을 입어 쇠퇴 → 전기 가야 연맹 해체
- **후기 가야 연맹의 성립**: 이진아시왕이 건국한 고령의 대가야를 중심으로 후기 가야 연맹 결성
- **후기 가야 연맹의 쇠퇴**: 백제와 신라의 압박을 받아 후기 가야 연맹이 쇠퇴
- **금관가야 멸망**: 신라 법흥왕에 의해 멸망
- **대가야 멸망**: 신라 진흥왕에 의해 멸망

2. 가야의 경제와 문화유산

- **경제**: ★ 철을 낙랑과 왜에 수출, 덩이쇠를 화폐처럼 이용
- **문화유산**
  - 김해 대성동 고분군(금관가야): 철제 갑옷, 청동솥
  - 고령 지산동 고분군(대가야): 판갑옷과 투구, 금동관

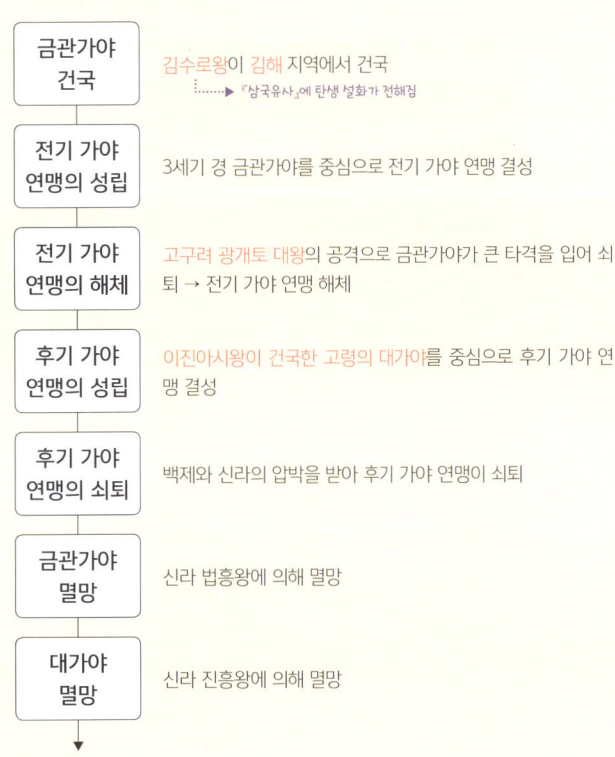
▲ 철제 갑옷   ▲ 청동솥

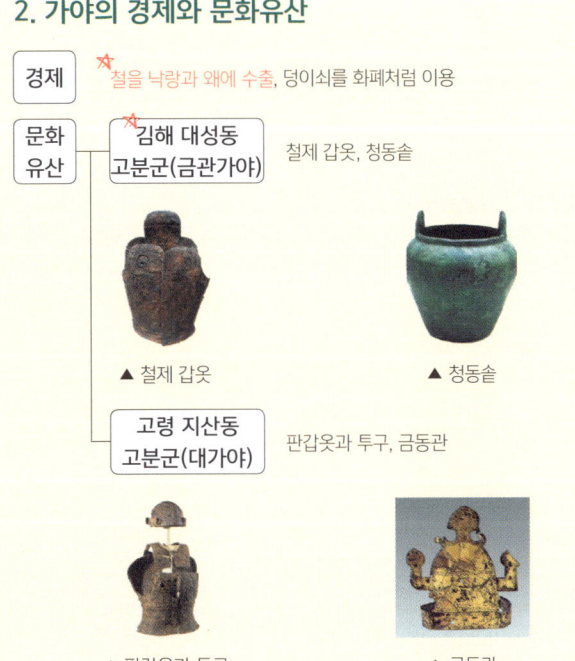
▲ 판갑옷과 투구   ▲ 금동관

기출자료&선택지로 개념 체크

◆ 다음 기출자료의 빈칸에 들어갈 단어를 쓰세요.

01
우리 박물관에서는 ☐☐왕이 건국했다고 전해지는 금관가야의 유물을 큐레이터가 직접 설명하는 행사를 마련하였습니다. 이번 행사를 통해 금관가야의 활발했던 대외 교류에 대해서 알아보는 뜻깊은 시간을 가져 보시기 바랍니다.
[71회]
(   )

02
김구해가 아내와 세 아들, 즉 큰 아들 노종, 둘째 아들 무덕, 셋째 아들 무력과 함께 나라의 창고에 있던 보물을 가지고 와서 항복하였다. ☐☐왕이 예로써 그들을 우대하여 높은 관등을 주고 본국을 식읍으로 삼도록 하였다.
– 『삼국사기』 [44회]
(   )

03
이진아시왕이 ☐☐☐ 일대에 세운 나라의 문화를 체험하는 축제에 여러분을 초대합니다.
- 금동관 모형 제작하기
- 투구와 갑옷 착용하기
- 지산동 고분군 야간 트레킹
[54회]
(   )

04
진흥왕이 이찬 이사부에게 명령하여 ☐☐☐을/를 공격하게 하였다. 이때 사다함은 나이가 15~16세였는데 종군하기를 청하였다. …… ☐☐☐ 사람들이 뜻하지 않은 병사들의 습격에 놀라 막아내지 못하였고, 대군이 승세를 타서 마침내 멸망시켰다.
[58회]
(   )

◆ 옳은 키워드를 골라 기출문장을 완성하세요.

05 금관가야 시조 김수로왕의 설화가 (① 『삼국유사』 / ② 『삼국사기』)에 전해진다. [44회]

06 금관가야는 (① 법흥왕 / ② 진흥왕) 때 신라에 복속되었다. [71·60회]

07 금관가야의 일부 왕족이 멸망 후 (① 신라 / ② 고구려)의 진골로 편입되었다. [33회]

08 (① 금관가야 / ② 대가야)의 문화유산 - 철제 갑옷 [73회]

◆ 옳은 기출문장에 O, 틀린 기출문장에 X 표시하세요.

09 금관가야는 철이 많이 생산되어 낙랑과 왜에 수출하였다. [68·63회] (O | X)

10 대가야가 후기 가야 연맹을 주도하였다. [43회] (O | X)

11 대가야는 지증왕 때 신라에 복속되었다. [73회] (O | X)

◆ 문화유산과 명칭이 맞으면 O, 틀리면 X 표시하세요.

12 고령 지산동 32호분 출토 금동관 [64회] (O | X)

◆ (가) 나라에 대한 설명으로 옳은 것은?

13 [60회]

수로왕이 건국했다고 전해지는 (가) 의 유적이다. 발굴 조사 결과 널무덤, 독무덤 등 600여 기의 유구와 토기, 청동기, 철기 등 5,200여 점에 이르는 유물이 출토되었다.

▲ 고분군 발굴 전경

① 법흥왕 때 신라에 복속되었다.
② 유학 교육 기관으로 주자감을 두었다.
③ 지방에 22담로를 두어 왕족을 파견하였다.
④ 화백 회의에서 국가의 중대사를 논의하였다.
⑤ 단궁, 과하마, 반어피 등의 특산물이 있었다.

정답
01 김수로 02 법흥 03 고령 04 대가야 05 ① 06 ① 07 ① 08 ① 09 O 10 O
11 X(진흥왕) 12 O 13 ① 금관가야 [② 발해, ③ 백제, ④ 신라, ⑤ 동예]

5강 신라와 가야

Ⅱ. 고대
6강 통일 신라와 발해

1 통일 신라
상권 56쪽
최근 3개년 시험 중 11회 출제!

한눈에 보는 빈출 개념

1. 삼국 통일 과정

- **나·당 동맹 체결(648)**: 고구려와의 동맹 실패 이후 김춘추를 당에 보내 동맹 체결 → 김춘추는 태종 무열왕으로 즉위
- **백제 멸망(660)**: 나·당 연합군의 공격으로 사비성이 함락되면서 백제 멸망 → 백제 부흥 운동을 전개했으나 실패
- **고구려 멸망(668)**: 나·당 연합군의 공격으로 평양성이 함락되면서 고구려 멸망 → 고구려 부흥 운동을 전개했으나 실패
- **매소성 전투(675)**: 당의 20만 대군을 매소성에서 격파
- **기벌포 전투(676)**: 사찬 시득이 기벌포에서 당의 수군 격파
- **삼국 통일(676)**: 신라 문무왕 때 대동강에서 원산만에 이르는 영토를 차지하며 삼국 통일

2. 통일 신라의 발전

- **문무왕**
  - 삼국 통일 달성
  - 외사정 파견(지방관 감찰)
- **★ 신문왕**
  - 김흠돌의 난 진압
  - 관료전 지급, 녹읍 폐지
  - 9주 5소경의 지방 행정 조직을 완비, 9서당(중앙군) 10정(지방군)의 군사 제도 완비
  - 국학 설립, 감은사 완공
- **경덕왕**
  - 중앙 관료의 칭호, 지방 행정 구역의 명칭을 중국식으로 변경
  - 불국사·석굴암 창건

3. 통일 신라의 통치 체제

- **중앙 통치 조직**
  - 집사부와 장관인 시중(중시)을 중심으로 국정 운영
  - 집사부 아래에 병부, 사정부 등 13부(총 14부)로 구성
- **지방 행정 제도**
  - 9주 5소경으로 구성
  - 특수 행정 구역인 향·부곡 존재
  - 외사정 파견(지방관 감찰), 상수리 제도 실시(일종의 인질 제도)
- **군사 제도**: 9서당(중앙군) 10정(지방군)으로 구성
- **관리 등용 제도**: 원성왕 때 독서삼품과 실시

기출자료&선택지로 개념 체크

◆ 다음 기출자료와 연관된 통일 신라의 왕을 쓰세요.

01
- 주제: (가) 의 자취를 따라서
- 개관: 삼국 통일의 위업을 달성한 (가) 의 발자취를 찾아가는 일정입니다.
  - 월성(반월성): 왕이 거처한 궁성
  - 동궁과 월지: 왕이 건설한 별궁
  - 감은사지: 왕을 기리기 위해 아들 신문왕이 완성한 사찰의 터
  [59회]

( )

02
제목 ○○왕, 왕권을 강화하다.
1화 진골 귀족 김흠돌의 반란을 진압하다.
2화 국학을 설치하여 인재를 양성하다.
3화 9주를 정비하여 지방 통치 체제를 갖추다.
[62회]

( )

◆ 다음 기출자료의 빈칸에 들어갈 단어를 쓰세요.

03
당에 파견되었던 이찬 ____가 오늘 무사히 귀국하였습니다. ____는 그곳에서 큰 환대를 받았고, 태종의 군사적 지원을 이끌어 내는 성과를 거두었습니다.
[48회]

( )

04
오늘은 ____를 완성한 신문왕에 대해 이야기해 볼게요. 그는 동해의 용이 되어 나라를 지키겠다는 유언을 남긴 문무왕에 감사하는 마음을 담아 ____라는 이름을 붙였다고 해요. 또한 김흠돌의 난을 진압하고 진골 귀족을 숙청하여 왕권을 강화했어요.
[46회]

( )

◆ 옳은 키워드를 골라 기출문장을 완성하세요.

05 (① 김유신 / ② 김춘추)이/가 당과의 군사 동맹을 성사시켰다. [71·65·64회]

06 사찬 시득이 (① 백강 / ② 기벌포)에서 당군을 격파하였다. [73·66·64회]

07 (① 신문왕 / ② 문무왕)이 김흠돌을 비롯한 진골 귀족 세력을 숙청하였다. [73·71·63회]

08 문무왕은 지방관을 감찰하기 위해 (① 시중 / ② 외사정)을 파견하였다. [72·69·68·61회]

09 통일 신라는 지방 행정 제도를 (① 9주 5소경 / ② 5경 15부 62주)(으)로 정비하였어요. [72·68회]

◆ 옳은 기출문장에 O, 틀린 기출문장에 X 표시하세요.

10 신문왕이 관료전을 지급하고 녹읍을 폐지하였다. [71·69·67회] (O | X)

11 경덕왕이 국학을 설립하여 유학을 교육하였다. [51회] (O | X)

12 675년에 신라가 매소성 전투에서 승리하였다. [71·59·52회] (O | X)

13 통일 신라는 군사 조직으로 9서당 10정을 편성하였다. [72·70회] (O | X)

14 통일 신라는 집사부를 비롯한 14부를 설치하였다. [45·37회] (O | X)

◆ 다음 정책을 실시한 왕의 재위 시기에 있었던 사실로 옳은 것은?

15 [57회]

> ○ 완산주를 다시 설치하고 용원을 총관으로 삼았다. 거열주를 나누어 청주(菁州)를 두니 처음으로 9주가 되었다. 대아찬 복세를 총관으로 삼았다.
> ○ 서원소경을 설치하고 아찬 원태를 사신(仕臣)으로 삼았다. 남원소경을 설치하고 여러 주와 군의 주민들을 옮겨 그곳에 나누어 살게 하였다.

① 금관가야가 멸망하였다.
② 이사부가 우산국을 복속하였다.
③ 조세를 관장하는 품주가 설치되었다.
④ 관료전이 지급되고 녹읍이 폐지되었다.
⑤ 인재 등용을 위한 독서삼품과가 실시되었다.

정답
01 문무왕 02 신문왕 03 김춘추 04 감은사 05 ② 06 ② 07 ① 08 ② 09 ①
10 O 11 X(신문왕) 12 O 13 O 14 O 15 ④ 신문왕 [① 법흥왕, ② 지증왕, ③ 진흥왕, ⑤ 원성왕]

II. 고대
6강 통일 신라와 발해

상권 58쪽
2 발해
최근 3개년 시험 중 13회 출제!

한눈에 보는 빈출 개념

1. 발해의 건국과 발전

대조영(고왕)
- 만주 지린성 동모산에서 건국

★무왕(대무예)
- 북만주 일대 장악
- 동생 대문예를 보내 흑수말갈 정벌
- 장문휴를 보내 당나라 산둥 반도의 등주 공격
- '인안' 연호 사용

★문왕(대흠무)
- 3성 6부의 중앙 정치 조직 정비
- 중경 현덕부 → 상경 용천부 → 동경 용원부로 천도
- 친당 정책 실시, 당의 선진 문물 수용
- '대흥', '보력' 연호 사용

선왕(대인수)
- 고구려의 옛 땅을 대부분 회복 → 중국으로부터 해동성국이라 불림
- 5경 15부 62주의 지방 통치 체제 완비

2. 발해의 통치 체제

중앙 통치 조직
- 당의 3성 6부제 수용, 명칭과 운영에서 독자성 유지
  - 3성: 정당성·선조성·중대성으로 구성, 정당성의 장관인 대내상이 국정 총괄
  - 6부: 좌사정과 우사정이 3부씩 관할
- 중정대(관리들의 비리 감찰), 주자감(국립 대학), 문원원(서적 관리) 등

지방 행정 제도
- 선왕 때 5경 15부 62주의 지방 행정 제도 완비

군사 제도
- 중앙군을 10위로 편성, 왕궁과 수도의 경비 담당

3. 발해의 고구려 계승 의식

주민 구성
- 고구려 출신이 지배층의 대부분 차지

명칭 사용
- 일본에 보낸 국서에 '고려' 또는 '고려 국왕(고구려왕)'이라는 명칭 사용

문화적 유사성
- 온돌 장치, 정혜 공주 묘의 모줄임 천장 구조 등이 고구려와 유사

기출자료&선택지로 개념 체크

◆ 다음 기출자료의 빈칸에 들어갈 단어를 쓰세요.

01
대무예가 대장 ___를 보내 수군을 거느리고 등주를 공격하였다. 당 현종은 급히 대문예에게 유주의 군사를 거느리고 반격하게 하고, 태복경 김사란을 보내 신라군으로 하여금 발해의 남쪽을 치게 하였다. [52회]

(   )

02
- 재위 기간: 737년~793년
- 왕 이름: ___
- 존호: 대흥보력효감금륜성법대왕
- 자녀: 정혜 공주, 정효 공주 등 [38회]

(   )

03
발해의 관제에는 선조성이 있는데, 좌상·좌평장사·시중·좌상시·간의가 소속되어 있다. 중대성에는 우상·우평장사·내사·조고사인이 소속되어 있다. ___에는 대내상 1명을 좌·우상의 위에 두었고, 좌·우사정 각 1명을 좌·우평장사의 아래에 배치하였다. [56회]

(   )

04
이곳은 해동성국이라 불렸던 발해의 온돌 유적으로 함경남도 신포시 오매리에서 발견되었습니다. …… 이는 발해가 ___의 온돌 양식을 계승하여 발전시켰다는 사실을 잘 보여줍니다. [59회]

(   )

◆ 옳은 키워드를 골라 기출문장을 완성하세요.

05 발해 (① 무왕 / ② 문왕)은 대문예로 하여금 흑수말갈을 정벌하게 하였다. [38회]

06 발해 무왕은 (① 인안 / ② 대흥)이라는 독자적인 연호를 사용하였다. [47회]

07 발해는 (① 정당성 / ② 중대성)의 대내상이 국정을 총괄하였다. [50회]

08 발해는 (① 주자감 / ② 국학)을 설치하여 인재를 양성하였다. [73·67·62회]

09 발해는 (① 사정부 / ② 중정대)를 두어 관리를 감찰하였다. [73·60회]

10 발해 (① 선왕 / ② 문왕)은 5경 15부 62주의 지방 행정 제도를 확립했어요. [70·63회]

◆ 옳은 기출문장에 O, 틀린 기출문장에 X 표시하세요.

11 대조영이 고구려 유민을 이끌고 지린성 동모산에서 건국하였다. [63·61·56회]   (O | X)

12 발해 무왕이 장문휴를 보내 흑수말갈을 공격하였다. [73·67·65회]   (O | X)

13 발해 무왕은 대흥이라는 연호를 사용하였다. [41회]   (O | X)

14 발해 문왕은 3성 6부의 중앙 관제를 정비하였다. [47회]   (O | X)

15 발해 문왕은 수도를 중경 현덕부에서 상경 용천부로 옮겼다. [38회]   (O | X)

16 발해는 전성기에 해동성국이라고도 불렸다. [46회]   (O | X)

◆ (가) 국가에 대한 설명으로 옳은 것은?

17 [70회]

> 『신라고기(新羅古記)』에 이르기를 "고(구)려의 옛 장수 조영의 성은 대씨(大氏)니 남은 군사를 모아 태백산 남쪽에서 나라를 세우고 나라 이름을 (가) (이)라고 하였다." …… 『지장도(指掌圖)』에 보면 " (가) 은/는 만리장성 동북쪽 모서리 밖에 있다."라고 하였다.

① 군사 조직으로 9서당 10정을 편성하였다.
② 정사암에 모여 국가 중대사를 논의하였다.
③ 광평성을 비롯한 각종 정치 기구를 갖추었다.
④ 5경 15부 62주의 지방 행정 제도를 마련하였다.
⑤ 상수리 제도를 시행하여 지방 세력을 견제하였다.

정답
01 장문휴 02 문왕 03 정당성 04 고구려 05 ① 06 ① 07 ① 08 ① 09 ②
10 ① 11 O 12 X(당 공격) 13 X(문왕) 14 O 15 O 16 O 17 ④ 발해 [①. 통일 신라, ②. 백제, ③. 후고구려]

II. 고대
6강 통일 신라와 발해

상권 60쪽
3 통일 신라의 혼란과 후삼국 시대
최근 3개년 시험 중 17회 출제!

한눈에 보는 빈출 개념

1. 통일 신라의 사회 혼란

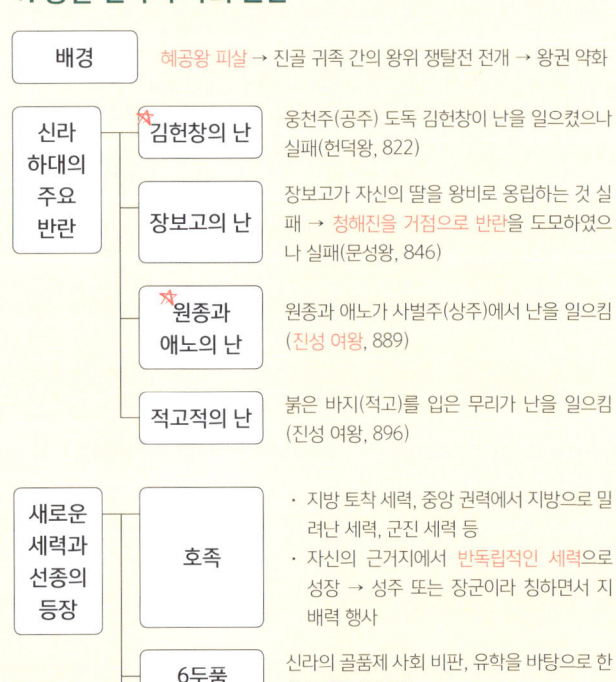

- **배경**: 혜공왕 피살 → 진골 귀족 간의 왕위 쟁탈전 전개 → 왕권 약화
- **신라 하대의 주요 반란**
  - **김헌창의 난**: 웅천주(공주) 도독 김헌창이 난을 일으켰으나 실패(헌덕왕, 822)
  - **장보고의 난**: 장보고가 자신의 딸을 왕비로 옹립하는 것 실패 → 청해진을 거점으로 반란을 도모하였으나 실패(문성왕, 846)
  - **원종과 애노의 난**: 원종과 애노가 사벌주(상주)에서 난을 일으킴 (진성 여왕, 889)
  - **적고적의 난**: 붉은 바지(적고)를 입은 무리가 난을 일으킴 (진성 여왕, 896)
- **새로운 세력과 선종의 등장**
  - **호족**
    - 지방 토착 세력, 중앙 권력에서 지방으로 밀려난 세력, 군진 세력 등
    - 자신의 근거지에서 반독립적인 세력으로 성장 → 성주 또는 장군이라 칭하면서 지배력 행사
  - **6두품**: 신라의 골품제 사회 비판, 유학을 바탕으로 한 사회 개혁안 제시
  - **선종**
    - 실천적·개혁적인 성향 → 호족과 농민들의 호응
    - 9개의 선종 사원(9산 선문) 건립

2. 후삼국 시대

- **후백제**
  - 건국: 견훤이 완산주(전주)에서 건국(900)
  - 성장: 충청도, 전라도 지역 차지, 중국의 후당·오월에 사신 파견
  - 한계: 신라 경애왕을 죽게 함, 지나친 조세 수취, 호족 포섭 실패
- **후고구려**
  - 건국: 궁예가 송악(개성)에서 건국(901)
  - 성장: 강원도, 경기도 일대 점령, 한강 유역 확보
  - 국호 변경: 후고구려에서 마진으로 국호 변경 → 철원 천도 → 태봉으로 국호 변경
  - 관제 정비: 광평성(국정 총괄 기관) 등 정치 기구 마련
  - 한계: 지나친 조세 수취, 미륵 신앙을 통한 전제 정치 → 궁예 축출, 왕건 즉위 → 고려 건국(918)

기출자료&선택지로 개념 체크

◆ 다음 기출자료의 빈칸에 들어갈 단어를 쓰세요.

01
- 며칠 전에 웅천주 도독 ▭이 난을 일으켜 나라 이름을 장안이라 하고 연호를 경운으로 정했다더군.
- 그의 아버지가 왕이 되지 못한 것에 불만을 품은 모양이야.
[61회]
( )

02
나라 안의 모든 주·군에서 공물과 부세를 보내지 않아 창고가 비고 재정이 궁핍해졌다. 왕이 관리를 보내 독촉하니 곳곳에서 도적이 벌떼처럼 일어났다. 이때 ▭, 애노 등이 사벌주를 근거지로 반란을 일으켰다.
– 『삼국사기』 [66회]
( )

03
▭이 몰래 [왕위를] 넘겨다보는 마음을 갖고 …… 드디어 무진주를 습격하여 스스로 왕이 되었으나, 아직 감히 공공연하게 왕을 칭하지는 못하였다. …… 서쪽으로 순행하여 완산주에 이르니 그 백성들이 환영하였다.
[50회]
( )

04
▭가 세운 후고구려의 도성 터를 현장 조사하고 왔습니다. 화면과 같이 도성 터는 비무장 지대에 있어 현재는 발굴 조사가 어려운 상황입니다. 앞으로 이곳에 대한 남북 공동 연구가 이뤄진다면 한반도 평화와 화합의 상징이 될 것으로 기대합니다.
[56회]
( )

◆ 옳은 키워드를 골라 기출문장을 완성하세요.

05 (① 헌덕왕 / ② 진성 여왕) 때 웅천주 도독 김헌창이 반란을 일으켰다. [73·67회]

06 (① 적고적 / ② 장보고)이/가 청해진을 거점으로 반란을 도모하였다. [41회]

07 신라 하대에는 지방에서 (① 6두품 / ② 호족)들이 반독립적인 세력으로 성장하였다. [39·31회]

08 빈공과를 준비하는 (① 6두품 / ② 진골) 출신 유학생 [65회]

09 (① 견훤 / ② 궁예)이/가 신라의 금성을 습격하여 경애왕을 죽게 하였다. [61회]

10 궁예가 국호를 마진으로 바꾸고 (① 송악 / ② 철원)으로 천도하였다. [63회]

◆ 옳은 기출문장에 O, 틀린 기출문장에 X 표시하세요.

11 진성 여왕 재위 시기에 원종과 애노가 사벌주에서 봉기하였다. [72·69·68·63·61회] (O | X)

12 견훤이 완산주를 도읍으로 후고구려를 건국하였다. [72회] (O | X)

13 궁예가 국호를 태봉으로 바꾸었다. [70·58회] (O | X)

14 견훤이 광평성 등 각종 정치 기구를 마련하였다. [73·72·71회] (O | X)

◆ 밑줄 그은 '인물'에 대한 설명으로 옳은 것은?

15 [66회]

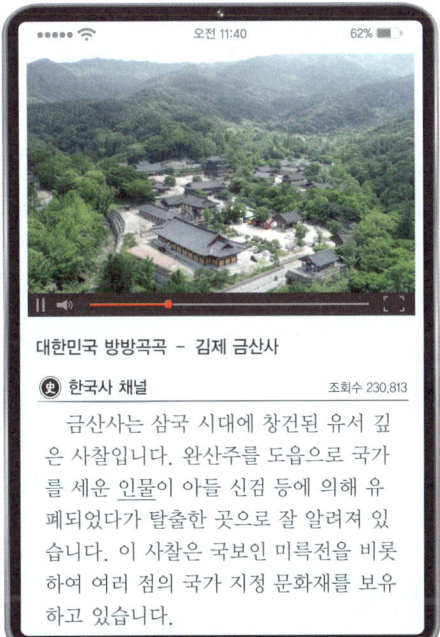

① 독서삼품과를 실시하였다.
② 동진으로부터 불교를 수용하였다.
③ 후당과 오월에 사신을 파견하였다.
④ 광평성 등의 정치 기구를 마련하였다.
⑤ 화랑도를 국가적인 조직으로 개편하였다.

> **정답**
> 01 김헌창 02 원종 03 견훤 04 궁예 05 ① 06 ② 07 ② 08 ① 09 ① 10 ②
> 11 O 12 X(후백제) 13 O 14 X(궁예) 15 ③ 견훤 [① 원성왕, ② 침류왕, ④ 궁예, ⑤ 진흥왕]

II. 고대

7강 고대의 경제·사회·문화

📍 상권 68쪽

1 고대의 경제 — 최근 3개년 시험 중 9회 출제!
2 고대의 사회 — 최근 3개년 시험 중 3회 출제!

📖 한눈에 보는 빈출 개념

1. 통일 신라의 경제

토지 제도의 변천
- 관료전 지급(신문왕): 조세만 수취할 수 있는 관료전 지급 → 왕권 강화
- 녹읍 폐지(신문왕): 귀족들의 경제적 기반 약화
- 정전 지급(성덕왕): 백성들에게 정전 지급 → 국가의 토지 지배력 강화
- 녹읍 부활(경덕왕): 진골 귀족의 반발로 부활

⭐민정 문서(신라 촌락 문서)
- 발견: 일본 도다이사(동대사) 쇼소인(정창원)
- 목적: 조세 징수, 노동력 징발에 활용
- 작성 방법: 촌주가 매년 변동 사항 조사, 3년마다 작성
- 기록 내용: 호(戶)의 등급과 변동 상황, 성별·연령별 인구 규모, 논밭의 면적 등

대외 교류
- 당항성(한강 유역), 울산항(국제 무역항)에서 교류
- 당에 신라방(거주 지역) 형성

장보고의 활동
- 완도에 청해진 설치 → 해적 소탕, 해상 무역권 장악

2. 발해의 경제

농업과 목축
- 주로 밭농사 실시
- 목축 발달, 솔빈부의 말이 특산물로 유명

대외 교류
- 영주도(당), 일본도, 거란도, 신라도 등 교역로 설치

3. 삼국의 사회

고구려
- 지배층: 고씨(왕족) + 5부 출신 귀족, 제가 회의(귀족 회의)
- 지방관으로 욕살, 처려근지 등 파견
- 고국천왕 때 빈민 구제 제도인 진대법 실시

백제
- 지배층은 부여씨(왕족) + 8성의 귀족으로 구성
- 귀족들이 정사암 회의에서 국가 중대사 논의

⭐신라
- 골품제: 골과 품으로 신분을 나눈 신라만의 제도로 관등 승진의 제한이 있으며 일상 생활까지 규제
- 화백 회의(귀족 회의)

4. 발해의 사회

사회 구조
- 지배층: 대씨(왕족)와 고씨 등 고구려계
- 피지배층: 대부분 말갈인

기출자료&선택지로 개념 체크

◆ 다음 기출자료와 연관된 나라 이름을 쓰세요.

01
- 축하드립니다. 이번에 대아찬으로 승진하셨다고 들었습니다.
- 고맙네. 하지만 6두품인 자네는 이 제도 때문에 아찬에서 더 이상 올라갈 수 없다는 것이 안타깝네그려. [55회]

( )

02
『삼국사기』에 따르면, 사냥을 나갔던 고국천왕이 길에서 슬피 우는 사람을 만나 그 연유를 물었더니, "가난하여 품을 팔며 어머니를 간신히 모셨는데, 올해는 흉년이 극심해 품을 팔 곳도 찾을 수 없고 곡식을 구하기도 어려워 어찌 어머니를 봉양할까 걱정되어 울고 있습니다."라고 답하였다. 왕이 그를 불쌍히 여겨 위로하고, 재상 을파소와 논의하여 대책을 마련하였다. [39회]

( )

03
이곳 천정대는 ___(가)___ 의 귀족들이 모여 국가의 중대사를 논의하였던 정사암(政事岩)으로 추정되는 장소이다. 『삼국유사』에는 '재상(宰相)을 선출할 때 3~4명의 후보자 이름을 적어 상자에 넣어 밀봉한 뒤 정사암에 놓아두었다가 얼마 후에 상자를 열어 이름 위에 표시가 있는 사람을 재상으로 삼았다.'라고 기록되어 있다. [30회]

( )

04
이 나라는 영주(營州)에서 동쪽으로 2천 리 밖에 위치하며 …… 동쪽은 멀리 바다에 닿았고, 서쪽으로는 거란[契丹]이 있었다. …… 막힐의 돼지, 솔빈의 말, 현주의 베, 옥주의 면, 용주의 명주, 위성의 철, 노성의 벼, 미타호의 붕어이다. …… 이 밖의 풍속은 고구려, 거란과 대개 같다.
— 『신당서』 [36회]

( )

◆ 옳은 키워드를 골라 기출문장을 완성하세요.

05 (① 백제 / ② 신라)에는 골품에 따라 관등 승진에 제한이 있었다. [72·69·63회]

06 (① 발해 / ② 통일 신라)에서는 울산항, 당항성이 무역항으로 번성하였다. [63회]

07 장보고는 (① 청해진 / ② 벽란도)을/를 설치하여 해상 무역을 전개하였다. [63·62회]

08 (① 고구려 / ② 백제)는 정사암에서 국가의 중대한 일을 결정하였다. [73·72·70·69회]

09 고구려는 (① 제가 회의 / ② 화백 회의)에서 나라의 중요한 일을 결정하였다. [73·70·61회]

◆ 옳은 기출문장에 O, 틀린 기출문장에 X 표시하세요.

10 통일 신라는 당에 신라방을 형성하여 활발히 교역하였다. [53회] (O | X)

11 고구려에는 계루부 등 5부 출신 귀족이 지배층을 형성하였다. [31회] (O | X)

12 백제는 지방 장관으로 욕살, 처려근지 등을 두었다. [73·69·68·65회] (O | X)

13 백제는 왕족인 부여씨와 8성의 귀족이 지배층을 이루었다. [73·68·61회] (O | X)

14 신라의 골품제는 집과 수레의 크기 등 일상 생활까지 규제하였다. [55회] (O | X)

◆ (가) 국가의 경제 상황으로 옳은 것은?

15 [63회]

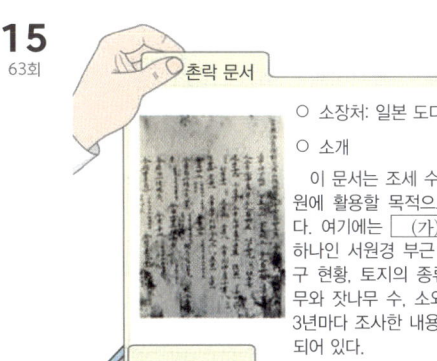

촌락 문서
○ 소장처: 일본 도다이사 쇼소인
○ 소개
　이 문서는 조세 수취와 노동력 동원에 활용할 목적으로 작성된 것이다. 여기에는 [(가)]의 5소경 중 하나인 서원경 부근 4개 촌락의 인구 현황, 토지의 종류와 면적, 뽕나무와 잣나무 수, 소와 말의 수 등을 3년마다 조사한 내용이 상세히 기재되어 있다.

해외 소재 우리나라 문화유산 카드

① 낙랑군과 왜에 철을 수출하였다.
② 집집마다 부경이라는 창고가 있었다.
③ 활구라고 불리는 은병이 유통되었다.
④ 특산품으로 솔빈부의 말이 유명하였다.
⑤ 울산항, 당항성이 무역항으로 번성하였다.

> **정답**
> 01 신라　02 고구려　03 백제　04 발해　05 ②　06 ②　07 ①　08 ②　09 ①　10 O
> 11 O　12 X(고구려)　13 O　14 O　15 ⑤ 통일 신라 [① 변한, 금관가야, ② 고구려, ③ 고려, ④ 발해]

II. 고대
7강 고대의 경제·사회·문화
3 고대의 문화 - 사상과 종교
상권 70쪽 / 최근 3개년 시험 중 13회 출제!

한눈에 보는 빈출 개념

1. 불교

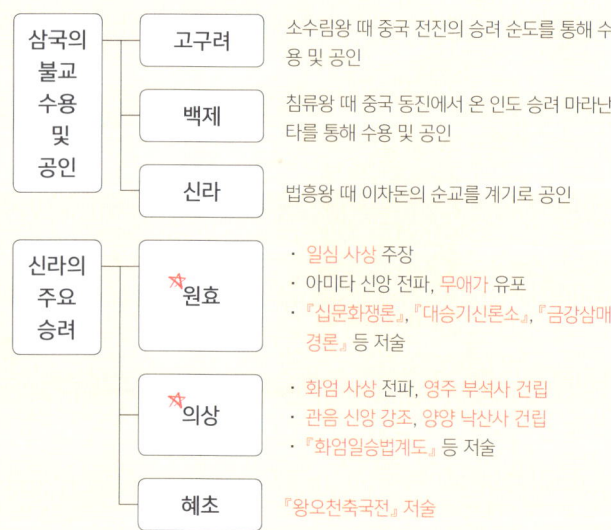

2. 도교

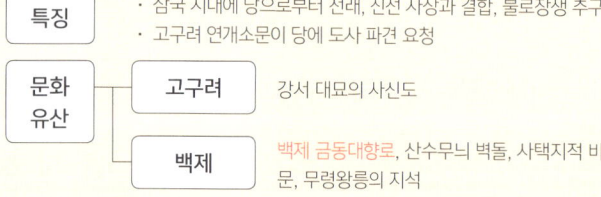

3. 유학

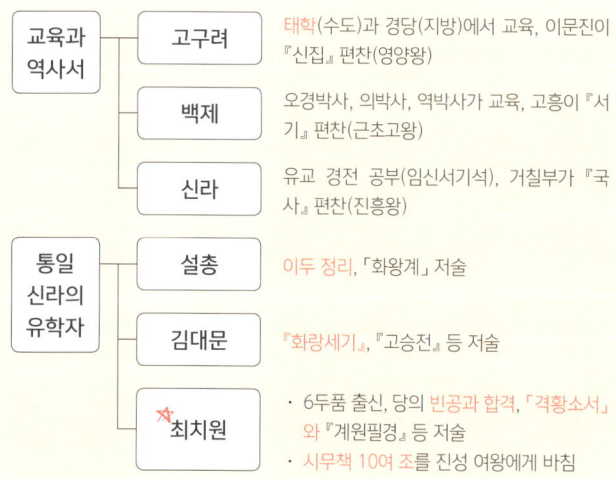

기출자료&선택지로 개념 체크

◆ 다음 기출자료와 연관된 인물의 이름을 쓰세요.

01
이곳은 (가) 의 생애와 활동을 주제로 한 전시실입니다. 그는 『금강삼매경론』, 『대승기신론소』 등을 저술하여 불교 교리 연구에 힘썼으며, 무애가를 짓고 정토 신앙을 전파하여 불교 대중화에 앞장섰습니다. [61회]

( )

02
8세기 인도와 중앙아시아의 실상을 전해주는 중요한 기록을 남긴 신라 승려가 있다. 글로벌 시대를 맞아 (가) 의 기록이 우리에게 남긴 의미를 재조명한다. [55회]

( )

03
당에 유학했던 대사가 공부를 마치고 귀국길에 오르자 그를 사모했던 선묘라는 여인이 용으로 변하여 귀국길을 도왔다. …… 이러한 연유로 이 절을 '돌이 공중에 떴다'는 의미의 부석사(浮石寺)로 불렀다. [51회]

( )

04
이곳은 중국 양저우에 있는 이 인물의 기념관입니다. 그는 당에 유학하여 빈공과에 급제하였고, 황소의 난이 일어나자 「격황소서(檄黃巢書)」를 지어 이름을 떨쳤습니다. 또한 당에서 쓴 글을 모은 『계원필경』을 남겼습니다. [52회]

( )

◆ 옳은 키워드를 골라 기출문장을 완성하세요.

05 원효는 (① 화엄 사상 / ② 일심 사상)과 화쟁 사상을 주장하였다. [61회]

06 (① 의상 / ② 원효)은/는 『대승기신론소』, 『십문화쟁론』을 저술하였다. [38회]

07 (① 의상 / ② 원효)은/는 현세의 고난에서 구제받고자 하는 관음 신앙을 강조하였다. [67회]

08 혜초는 인도와 중앙아시아를 다녀와서 (① 『왕오천축국전』 / ② 『금강삼매경론』)을 남겼다. [65·63회]

09 (① 설총 / ② 최치원)은 진성 여왕에게 시무책 10여 조를 올렸다. [65·62회]

◆ 옳은 기출문장에 O, 틀린 기출문장에 X 표시하세요.

10 원효는 무애가를 지어 불교 대중화에 힘썼다. [71·70·67회] (O | X)

11 의상은 『화엄일승법계도』를 지어 화엄 사상을 정리하였다. [70·66·60회] (O | X)

12 혜초는 부석사를 창건하였다. [47회] (O | X)

13 김대문은 한자의 음훈을 빌려 우리말을 표기한 이두를 정리하였다. [62·57회] (O | X)

14 최치원이 『화랑세기』를 저술하였다. [58회] (O | X)

◆ 밑줄 그은 '이 승려'의 활동으로 옳은 것은?

15 [60회]

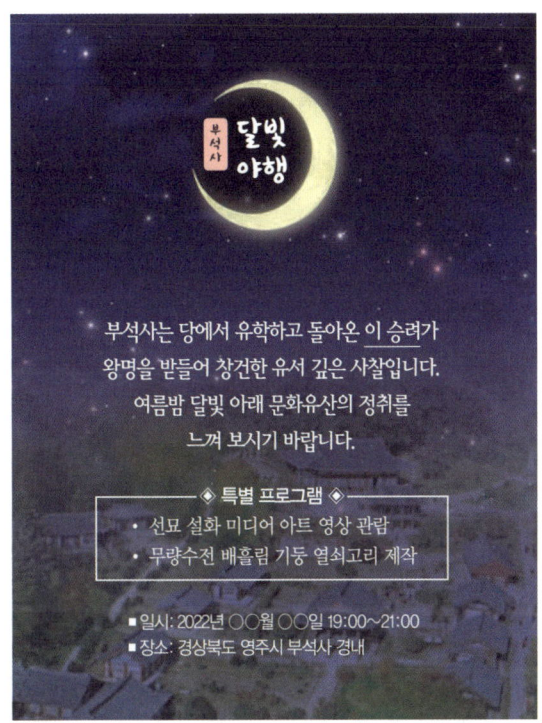

① 무애가를 지어 불교 대중화에 기여하였다.
② 화랑도의 규범으로 세속 5계를 제시하였다.
③ 구법 순례기인 『왕오천축국전』을 저술하였다.
④ 승려들의 전기를 담은 『해동고승전』을 집필하였다.
⑤ 『화엄일승법계도』를 지어 화엄 사상을 정리하였다.

정답
01 원효 02 혜초 03 의상 04 최치원 05 ② 06 ② 07 ① 08 ① 09 ② 10 O 11 O 12 X(의상) 13 X(설총) 14 X(김대문) 15 ⑤ 의상 [①원효, ②원광, ③혜초, ④각훈]

Ⅱ. 고대
7강 고대의 경제·사회·문화
4 고대의 문화 – 문화유산
상권 72쪽 | 최근 3개년 시험 중 11회 출제!

한눈에 보는 빈출 개념

1. 고대의 고분

- 고구려
  - 돌무지무덤
    - 특징: 국내성 시기에 주로 조성된 무덤
    - 대표 고분: 장군총
  - 굴식 돌방무덤
    - 특징: 벽과 천장에 벽화 O, 모줄임 천장 구조
    - 대표 고분: 무용총, 강서 대묘(사신도)
- 백제
  - 돌무지무덤
    - 특징: 고구려의 돌무지 무덤과 비슷함
    - 대표 고분: 서울 석촌동 고분군
  - ★벽돌무덤
    - 특징: 중국 남조의 영향을 받음
    - 대표 고분: 무령왕릉(공주 송산리 7호분)
  - 굴식 돌방무덤
    - 특징: 규모는 작지만 세련됨
    - 대표 고분: 부여 능산리 고분군
- 신라
  - 돌무지덧널무덤
    - 특징: 도굴이 어려운 구조
    - 대표 고분: 천마총, 호우총, 황남대총
  - 굴식 돌방무덤
    - 대표 고분: 경주 김유신묘

2. 고대의 탑

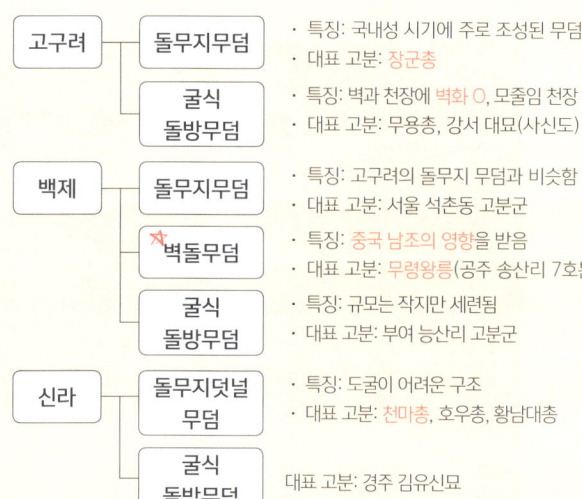

익산 미륵사지 석탑(백제) | ★부여 정림사지 오층 석탑(백제) | 경주 분황사 모전 석탑(신라)

경주 감은사지 동·서 삼층 석탑(통일 신라) | 경주 불국사 삼층 석탑(통일 신라) | 영광탑(발해)

3. 고대의 불상

★금동 연가 7년명 여래 입상(고구려) | 서산 용현리 마애 여래 삼존상(백제) | ★금동 미륵보살 반가사유상(삼국)

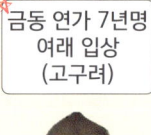

기출자료&선택지로 개념 체크

◆ 다음 기출자료와 연관된 문화유산을 쓰세요.

01
- 경상남도 의령군에서 출토되어 1964년에 국보로 지정되었어.
- 고구려 승려들이 만든 천불(千佛) 중 하나야.
- 광배 뒷면에 고구려의 연호로 추정되는 연가(延嘉)라는 글자가 새겨져 있어.
[69회]

(   )

02
- 소재지: 충청남도 부여군
- 소개: 이 탑은 목탑의 구조를 석재로 표현하고 있는 석탑이다. 세부 수법에 있어서는 목조 양식을 그대로 재현하는 데에서 탈피하여 세련되고 창의적인 조형을 보이고 있다. 1층 탑신에는 백제 멸망 후 당의 장수 소정방이 쓴 글이 새겨져 있다.
[31회]

(   )

03
- 삼산관을 쓰고 깊은 생각에 빠져 있는 모습의 이 불상을 가상 박물관에서 볼 수 있다니 너무 신기하다.
- 나도 그래. 다음 전시실에는 이 불상과 재료만 다를 뿐 모습이 매우 닮은 일본 교토 고류사의 불상이 있다고 해. 그것도 보러 가자.
[57회]

(   )

04
올해는 백제의 고분 중 피장자와 축조 연대가 확인되는 유일한 무덤인 (가) 발굴 50주년이 되는 해입니다. 우리 학회는 이를 기념하여 '(가) 출토 유물로 본 동아시아 문화 교류'를 주제로 학술 대회를 개최합니다.
[51회]

(   )

◆ 옳은 키워드를 골라 기출문장을 완성하세요.

05 무용총(고구려) - 당시 생활상을 담은 (① 수렵도 / ② 사신도) 등의 벽화가 남아 있다. [44회]

06 무령왕릉(백제) - (① 서울 석촌동 고분군 / ② 공주 송산리 고분군)에 위치하고 있다. [66·51회]

07 (① 무령왕릉(백제) / ② 장군총(고구려)) - 중국 남조의 영향을 받아 벽돌로 축조하였다. [72·68회]

08 (① 천마총(신라) / ② 김유신 묘(신라)) - 내부에서 천마도가 수습되었다. [48회]

◆ 문화유산과 명칭이 맞으면 O, 틀리면 X 표시하세요.

09 금동 연가 7년명 여래 입상 [69·68회]   (O | X)

10 익산 미륵사지 석탑 [72·67·63회]   (O | X)

11 경주 불국사 삼층 석탑 [72·71·67·63회]   (O | X)

◆ 밑줄 그은 '이 탑'으로 옳은 것은?

12
62회

◆ 유물 이야기 ◆

금제 사리봉영기가 남긴 고대사의 수수께끼

2009년 이 탑의 해체 수리 중에 사리장엄구와 금제 사리봉영기가 발견되었다. 사리봉영기에는 "우리 백제 왕후께서는 좌평 사택적덕의 따님으로 …… 가람을 세우시고 기해년 정월 29일에 사리를 받들어 맞이하셨다."라는 명문이 있어 큰 주목을 받았다. 이 탑을 세운 주체가 『삼국유사』에 나오는 선화 공주가 아니라 백제 귀족의 딸로 밝혀져 서동 왕자와 선화 공주 설화의 진위 여부에 대한 논란이 일어나기도 하였다.

①    ②   ③

④    ⑤

정답

01 금동 연가 7년명 여래 입상 02 부여 정림사지 오층 석탑 03 금동 미륵보살 반가사유상 04 무령왕릉 05 ① 06 ② 07 ① 08 ① 09 X(금동 미륵보살 반가사유상) 10 X(경주 분황사 모전 석탑) 11 O 12 ③ 익산 미륵사지 석탑 [① 경주 분황사 모전 석탑, ② 경주 정혜사지 십삼층 석탑, ④ 영광탑, ⑤ 경주 감은사지 동·서 삼층 석탑]

III. 고려 시대
8강 고려 초기 ~ 중기의 정치

1 고려의 건국과 발전
상권 84쪽 / 최근 3개년 시험 중 17회 출제!

한눈에 보는 빈출 개념

1. 고려의 건국과 후삼국 통일 과정

2. 고려의 발전

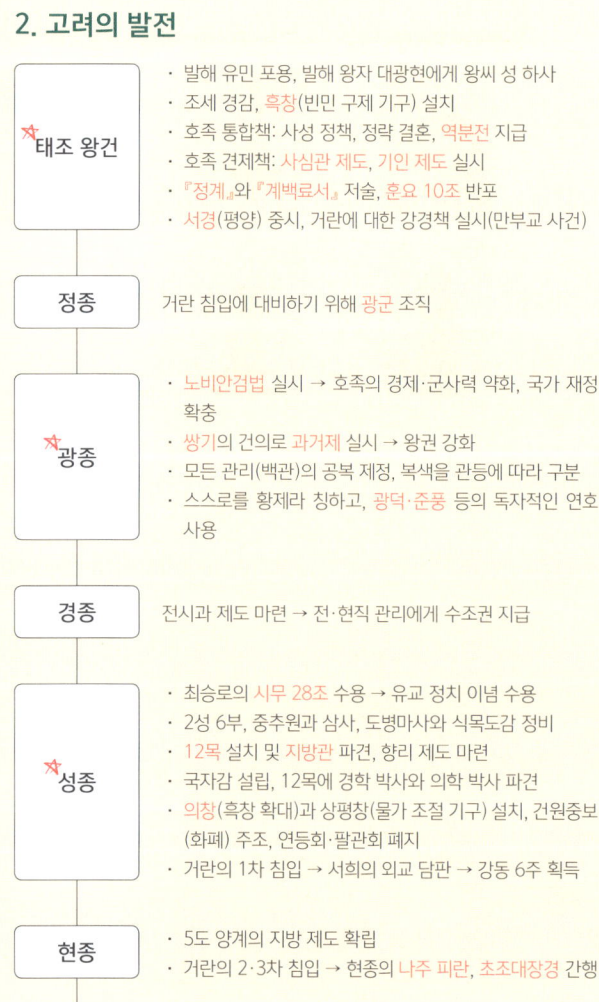

기출자료&선택지로 개념 체크

◆ 다음 기출자료와 연관된 사건의 이름을 쓰세요.

01
> 태조는 정예 기병 5천을 거느리고 공산(公山) 아래에서 견훤을 맞아서 크게 싸웠다. 태조의 장수 김락과 신숭겸은 죽고 모든 군사가 패배했으며, 태조는 겨우 죽음을 면하였다.
> – 『삼국유사』 [48회]

( )

◆ 다음 기출자료와 연관된 왕의 이름을 쓰세요.

02
> 발해가 거란의 군사에게 격파되자 그 나라 세자인 대광현 등이 우리나라가 의(義)로써 흥기하였으므로 남은 무리 수만 호를 거느리고 밤낮으로 길을 재촉하여 달려왔습니다. 왕께서는 이들을 더욱 가엾게 여기시어 영접과 대우가 매우 두터웠고, 성과 이름을 하사하시기까지 이르렀습니다. 또한 그들을 종실의 족보에 붙이고, 본국 조상들의 제사를 받들도록 하셨습니다.
> – 『고려사』 [42회]

( )

03
> 안성 망이산성에서 '준풍 4년(峻豊四年)'이라는 글씨가 새겨진 기와가 발견되었습니다. 준풍이라는 연호를 사용하였던 이 왕은 백관의 공복을 정하고 개경을 황도로 명명하는 등 국왕 중심의 통치 체제 확립을 도모하였습니다.
> [57회]

( )

04
> 왕: 몇 해 전 교육을 장려하기 위해 지방에 각각 경학 박사 1명과 의학 박사 1명을 보냈는데, 결과가 어떠하오?
> 신하: 송승연, 전보인 등 박사들이 정성스레 가르쳐 성과가 있는 듯 하옵니다.
> 왕: 12목을 설치하고, 지방민에게도 학문을 권장하는 과인의 뜻에 부합하였소.
> [58회]

( )

◆ 옳은 키워드를 골라 기출문장을 완성하세요.

05 (① 견훤 / ② 신검)이 일리천 전투에서 고려군에 패배하였다. [71·67·64·60회]

06 (① 태조 왕건 / ② 정종)은 『정계』와 『계백료서』를 지어 관리의 규범을 제시하였다. [72·71·70·69·64회]

07 광종은 (① 노비안검법 / ② 주현공거법)을 시행하여 재정을 확충하였다. [61·60회]

08 성종은 (① 최승로 / ② 최치원)의 시무 28조를 받아들여 통치 체제를 정비하였다. [72·58·53회]

09 성종 때 빈민 구제를 위해 (① 의창 / ② 흑창)이 설치되었다. [48회]

10 현종 때 국난을 극복하고자 (① 초조대장경 / ② 팔만대장경)을 간행하였습니다. [70·62·39회]

◆ 옳은 기출문장에 O, 틀린 기출문장에 X 표시하세요.

11 태조 왕건은 견훤을 경주의 사심관으로 삼았다. [72·70회]
(O | X)

12 정종은 광군을 조직하여 거란의 침략에 대비하였다. [73회]
(O | X)

13 광종은 관리의 등급에 따라 자색, 단색, 비색, 녹색으로 공복을 구분하였다. [56회]
(O | X)

14 광종은 전시과 제도를 마련하여 관리에게 토지를 지급하였다. [69·67회]
(O | X)

15 성종은 12목에 지방관을 처음으로 파견하였다. [69·67회]
(O | X)

16 현종 때 거란이 침입하여 왕이 나주까지 피난하였다. [60회]
(O | X)

◆ (가) 왕의 재위 시기에 있었던 사실로 옳은 것은?

17 [63회]

◆ 우리 고장의 유적 ◆

충주 숭선사지

유적 발굴 현장

숭선사는 [(가)]이/가 어머니인 신명 순성 왕후의 명복을 빌기 위하여 세운 절로, 현재 그 터만 남아 있다. 이곳에서는 '숭선사(崇善寺)'라는 명문이 새겨진 기와 등 다양한 고려 시대 유물이 출토되었다.
[(가)]은/는 치열한 왕위 쟁탈전 속에서 외가인 충주 유씨 세력 등 여러 호족의 도움으로 왕위에 올랐다. 하지만 즉위 이후 노비안검법 등 호족을 견제하는 정책을 펼쳤다.

① 최승로가 시무 28조를 건의하였다.
② 광덕, 준풍 등의 연호가 사용되었다.
③ 관리의 규범을 제시한 『계백료서』가 반포되었다.
④ 쌍성총관부를 공격하여 철령 이북을 수복하였다.
⑤ 지방 세력 견제를 목적으로 한 상수리 제도가 실시되었다.

정답
01 공산 전투 02 태조 왕건 03 광종 04 성종 05 ② 06 ① 07 ① 08 ① 09 ①
10 ① 11 X(김부) 12 ○ 13 ○ 14 X(경종) 15 ○ 16 ○ 17 광종 [① 성종, ③ 태조 왕건, ④ 공민왕, ⑤ 통일 신라]

III. 고려 시대
8강 고려 초기 ~ 중기의 정치

2 고려의 통치 체제
상권 86쪽 | 최근 3개년 시험 중 5회 출제!

한눈에 보는 빈출 개념

1. 중앙 정치 조직

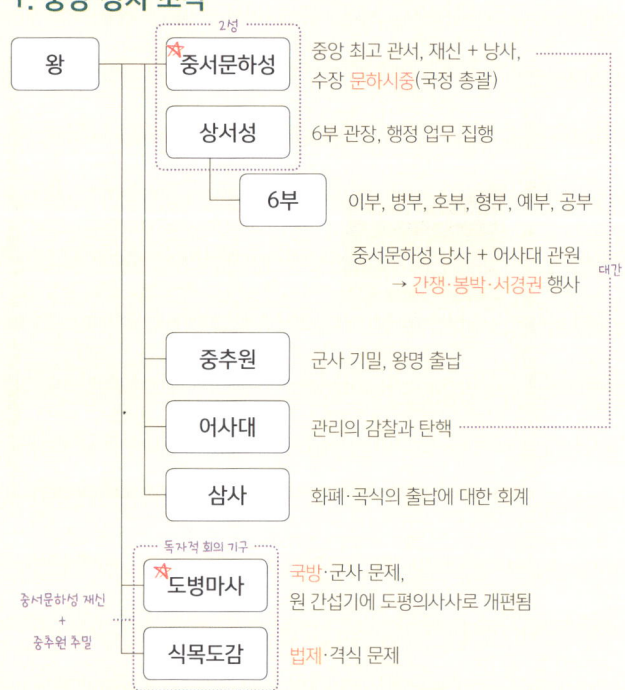

2. 지방 행정 조직

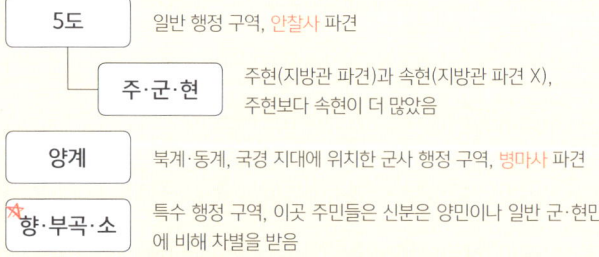

3. 군사 제도와 관리 등용 제도

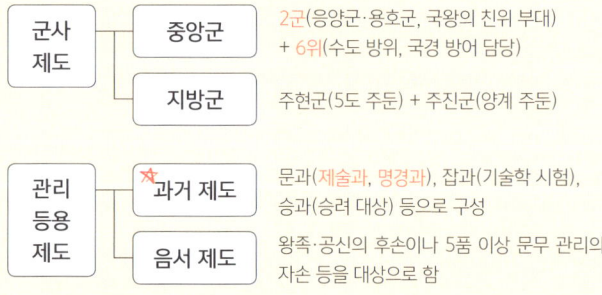

기출자료&선택지로 개념 체크

◆ 다음 기출자료와 연관된 중앙 정치 기구의 이름을 쓰세요.

01
> 시정(時政)을 논박하고 풍속을 교정하며 규찰과 탄핵 업무를 담당하였다. 국초에는 사헌대(司憲臺)라 불렸다. 성종 14년에 이름을 고쳤으며 [관원으로] 대부, 중승, 시어사 전중(殿中)시어사, 감찰어사가 있었다. [53회]

(   )

02
> 고려의 회의 기구로 중서문하성과 중추원의 고위 관료들이 모여 주로 국방과 군사 문제를 다루었다. 대내적인 법제와 격식을 관장하는 식목도감과 함께 합의제로 운영되었다. [48회]

(   )

◆ 다음 기출자료에서 빈칸에 알맞은 단어를 쓰세요.

03
> 신하 1: 이번에 ☐☐☐ 의 수장인 문하시중의 자리에 오르셨다고 들었습니다. 영전을 축하드립니다.
> 신하 2: 고맙네. 자네가 어사대에서 맡고 있는 어사대부 직책도 중요하니 열심히 하시게. [44회]

(   )

04
> 6위를 설치하였다. …… 6위에 직원(職員)과 장수를 배치하였다. 그 후에 응양군과 용호군 ☐☐ 을/를 설치하였는데, 6위보다 지위가 높았다. [35회]

(   )

◆ 옳은 키워드를 골라 기출문장을 완성하세요.

05 (① 중추원 / ② 어사대)의 소속 관원은 낭사와 함께 서경권을 행사하였다. [67회]

06 (① 식목도감 / ② 도병마사)은/는 재신, 추밀 등으로 구성되어 법제를 논의하였다. [37회]

07 (① 호부 / ② 삼사)는 화폐, 곡식의 출납과 회계를 맡았다. [67회]

08 현종 때 (① 9주 5소경 / ② 5도 양계)의 지방 제도가 확립되었다. [34회]

09 (① 주현군 / ② 주진군)은 국경 지역인 북계와 동계에 배치되었다. [58회]

10 (① 과거 제도 / ② 음서 제도)는 후주 출신인 쌍기의 건의로 실시되었다. [69·67·66회]

◆ 옳은 기출문장에 O, 틀린 기출문장에 X 표시하세요.

11 상서성은 국정을 총괄하는 최고 중앙 관서였다. [53회]
(O | X)

12 도병마사는 원 간섭기에 도평의사사로 개편되었다. [67·66회]
(O | X)

13 5도에는 지방관으로 병마사를 파견했습니다. [47회]
(O | X)

14 고려에는 특수 행정 구역으로 향, 부곡, 소가 있었다. [68회]
(O | X)

15 고려는 중앙군으로 9서당 10정을 설치하였다. [65회]
(O | X)

16 음서 제도는 5품 이상 문무 관리를 대상으로 마련되었다. [55회]
(O | X)

◆ 다음 군사 제도를 운영한 국가에 대한 설명으로 옳은 것은?

17 [51회]

> 목종 5년에 6위의 직원을 마련하여 두었는데, 뒤에 응양군(鷹揚軍)과 용호군(龍虎軍)의 2군을 설치하고, 6위의 위에 있게 하였다. 뒤에 또 중방을 설치하고, 2군·6위의 상장군과 대장군이 모두 회합하게 하였다.

① 중정대를 두어 관리를 감찰하였다.
② 9주 5소경의 지방 제도를 운영하였다.
③ 고관들의 합좌 기구인 도병마사를 설치하였다.
④ 인재를 등용하기 위하여 독서삼품과를 시행하였다.
⑤ 왕족인 부여씨와 8성의 귀족이 지배층을 이루었다.

정답

01 어사대 02 도병마사 03 중서문하성 04 2군 05 ② 06 ① 07 ② 08 ② 09 ②
10 ① 11 X(중서문하성) 12 O 13 X(안찰사) 14 O 15 X(2군 6위) 16 O 17 ③ 고려
[① 발해, ②, ④ 통일 신라, ⑤ 백제]

III. 고려 시대
8강 고려 초기 ~ 중기의 정치

상권 88쪽
3 문벌 귀족 사회의 성립과 동요
최근 3개년 시험 중 6회 출제!

한눈에 보는 빈출 개념

1. 이자겸의 난(1126)

문벌 귀족 사회의 형성	지방 호족이나 6두품 출신 유학자들이 중앙 관료로 진출하면서 문벌 귀족 가문을 형성
이자겸의 권력 독점	인종의 즉위에 공을 세운 이자겸이 딸을 인종과 혼인시켜 권력 독점 → 인종 측근 세력의 반발
★이자겸의 왕위 찬탈 시도	인종의 이자겸 제거 계획 → 이자겸이 척준경과 함께 난을 일으킴(1126) → 이자겸과 척준경이 권력 유지를 위해 금의 군신 관계 요구 수용
인종의 반격	인종이 척준경을 회유하여 이자겸 제거 → 인종이 척준경도 축출
결과	· 왕실의 권위 하락 · 김부식 등의 개경파와 묘청, 정지상 등의 서경파가 성장

2. 묘청의 서경 천도 운동(묘청의 난, 1135)

개경파와 서경파의 대립	인종의 정치 개혁 과정에서 보수 세력인 개경파(김부식 등)와 개혁 세력인 서경파(묘청, 정지상 등)가 대립
서경 천도 시도	서경 길지설 대두 → 서경파(묘청 세력)의 서경 천도 추진 → 서경에 대화궁 건설, 칭제 건원·금국 정벌 주장 → 개경파의 반대로 중단
★묘청의 난	묘청이 국호는 '대위국', 연호는 '천개'라 하며 난을 일으킴(1135) → 김부식이 이끄는 관군에 의해 약 1년 만에 진압됨
결과 및 평가	· 서경파가 몰락하고 서경의 지위 하락 · 문신 위주의 관료 체제가 심화되어 무신에 대한 차별 심화 · 민족주의 사학자인 신채호가 '조선 역사상 일천년래 제일 대사건'으로 평가함

기출자료&선택지로 개념 체크

◆ 다음 기출자료와 연관된 왕의 이름을 쓰세요.

01
> 백관을 소집하여 금을 섬기는 문제에 대한 가부를 의논하게 하니 모두 불가하다고 하였다. 유독 이자겸, 척준경만이 "금이 …… 정치를 잘하고 병력도 강성하여 날로 강대해지고 있습니다. 또 우리와 서로 국경이 맞닿아 있어 섬기지 않을 수 없는 상황입니다. 게다가 작은 나라로서 큰 나라를 섬기는 것은 선왕의 도리이니, 사신을 보내 먼저 예를 갖추어 찾아가는 것이 옳습니다."라고 하니 왕이 이 말을 따랐다. - 『고려사』 [45회]

( )

◆ 다음 기출자료와 연관된 사건의 이름을 쓰세요.

02
> 이자겸과 척준경이 왕을 위협하여 남궁(南宮)으로 거처를 옮기게 하고 안보린, 최탁 등 17인을 죽였다. 이 외에도 죽인 군사가 헤아릴 수 없을 정도였다. - 『고려사』 [65회]

( )

03
> 학생 1: 서경 천도와 금국 정벌을 주장하며 일어났어.
> 학생 2: 연호를 천개로 하는 대위국이 선포되었어.
> 학생 3: 신채호는 '조선 역사상 일천년래 제일 대사건'으로 평가하였어. [55회]

( )

◆ 다음 기출자료와 연관된 인물의 이름을 쓰세요.

04
> 왕에게 말하기를, "신들이 보건대 서경의 임원역은 음양가들이 말하는 대화세(大華勢)이니 만약 이곳에 궁궐을 세우고 옮기시면 천하를 병합할 수 있을 것이요, 금이 공물을 바치고 스스로 항복할 것입니다." 라고 하였다. [61회]

( )

◆ 옳은 키워드를 골라 기출문장을 완성하세요.

05 왕실의 외척인 (① 이자겸 / ② 정중부)이/가 난을 일으켰다. [51회]

06 이자겸이 (① 금 / ② 원)의 사대 요구 수용을 주장하였다. [63회]

07 (① 정도전 / ② 정지상) 등이 칭제 건원과 금국 정벌을 주장하였다. [70·67회]

08 묘청이 (① 서경 / ② 개경)에서 난을 일으키고 국호를 대위로 하였다. [71·69회]

09 (① 이자겸의 난 / ② 묘청의 난)은 김부식 등이 이끈 관군에 의해 진압되었다. [63회]

◆ 옳은 기출문장에 O, 틀린 기출문장에 X 표시하세요.

10 인종 때 왕실의 외척인 이자겸이 권력을 독점하였다. [55회] (O | X)

11 예종 때 이자겸과 척준경이 반란을 일으켜 궁궐을 불태웠다. [70·66회] (O | X)

12 묘청이 칭제 건원과 일본 정벌을 주장하였다. [57회] (O | X)

13 묘청 등이 중심이 되어 서경 천도를 주장하였다. [66회] (O | X)

14 묘청의 난 때 국왕이 나주까지 피란하였다. [55회] (O | X)

15 김부식이 이자겸의 반란을 진압하였다. [72·63회] (O | X)

◆ 밑줄 그은 '왕'의 재위 기간에 있었던 사실로 옳은 것은?

16 [36회]

> 중군(中軍) 김부식이 아뢰기를, "윤언이는 정지상과 결탁하여 생사를 함께하기로 맹세한 당(黨)이 되어 크고 작은 일마다 실제로 함께 의논하였습니다. 또한 임자년에 왕께서 서경으로 행차하실 때, 글을 올려 연호를 세우고 황제로 칭하기를 청하였습니다. …… 이는 모두 금나라를 격노하게 하여 이때를 틈타 방자하게도 자기 당이 아닌 사람을 처치하고 반역을 도모한 것이니 신하의 마음이 아니었습니다."라고 하였다.
> – 「고려사」

① 원종과 애노가 사벌주에서 봉기하였다.
② 경순왕 김부가 경주의 사심관이 되었다.
③ 웅천주 도독 김헌창이 반란을 일으켰다.
④ 강조가 정변을 일으켜 김치양을 제거하였다.
⑤ 왕실의 외척인 이자겸이 권력을 독점하였다.

정답
01 인종 02 이자겸의 난 03 묘청의 난 04 묘청 05 ① 06 ① 07 ② 08 ① 09 ②
10 O 11 X(인종) 12 X(금국 정벌) 13 O 14 X(거란의 2차 침입 때) 15 X(묘청의 난)
16 ⑤ 인종 [① 신라 진성 여왕, ② 태조 왕건, ③ 신라 헌덕왕, ④ 목종]

III. 고려 시대
9강
무신 집권기
~ 고려 후기의 정치

1 무신 정권의 성립과 전개
상권 96쪽 | 최근 3개년 시험 중 3회 출제!

한눈에 보는 빈출 개념

1. 무신 정권의 성립(무신 정변)

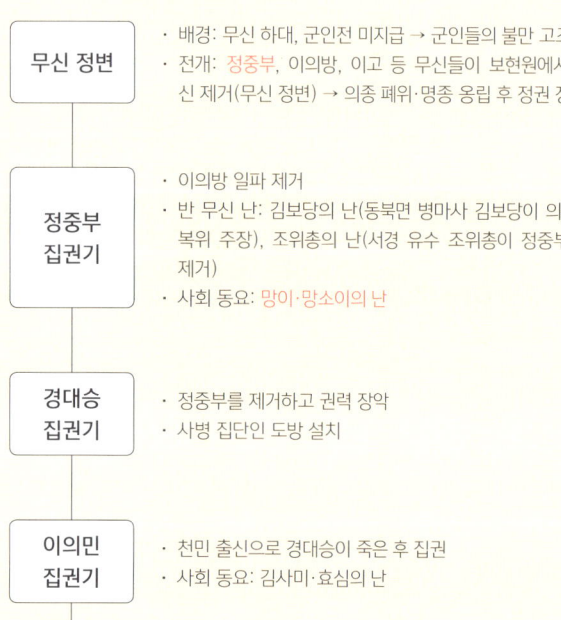

무신 정변	· 배경: 무신 하대, 군인전 미지급 → 군인들의 불만 고조 · 전개: 정중부, 이의방, 이고 등 무신들이 보현원에서 문신 제거(무신 정변) → 의종 폐위·명종 옹립 후 정권 장악
정중부 집권기	· 이의방 일파 제거 · 반 무신 난: 김보당의 난(동북면 병마사 김보당이 의종의 복위 주장), 조위총의 난(서경 유수 조위총이 정중부 등 제거) · 사회 동요: 망이·망소이의 난
경대승 집권기	· 정중부를 제거하고 권력 장악 · 사병 집단인 도방 설치
이의민 집권기	· 천민 출신으로 경대승이 죽은 후 집권 · 사회 동요: 김사미·효심의 난

2. 최씨 무신 정권의 전개

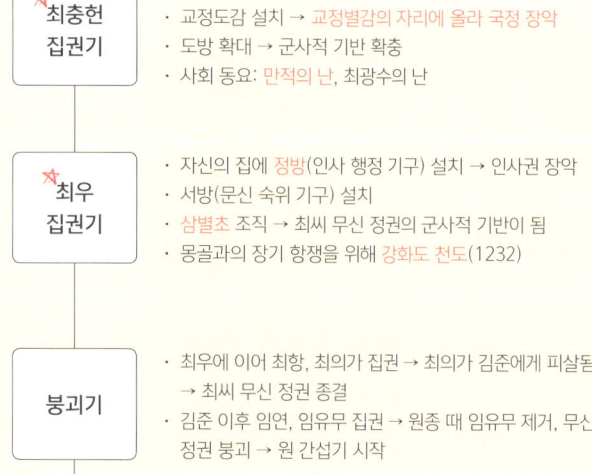

★ 최충헌 집권기	· 명종에게 봉사 10조 제시 · 교정도감 설치 → 교정별감의 자리에 올라 국정 장악 · 도방 확대 → 군사적 기반 확충 · 사회 동요: 만적의 난, 최광수의 난
★ 최우 집권기	· 자신의 집에 정방(인사 행정 기구) 설치 → 인사권 장악 · 서방(문신 숙위 기구) 설치 · 삼별초 조직 → 최씨 무신 정권의 군사적 기반이 됨 · 몽골과의 장기 항쟁을 위해 강화도 천도(1232)
붕괴기	· 최우에 이어 최항, 최의가 집권 → 최의가 김준에게 피살됨 → 최씨 무신 정권 종결 · 김준 이후 임연, 임유무 집권 → 원종 때 임유무 제거, 무신 정권 붕괴 → 원 간섭기 시작

기출자료&선택지로 개념 체크

◆ 다음 기출자료와 연관된 사건의 이름을 쓰세요.

01
이의방과 이고가 정중부를 따라가 몰래 말하기를, "오늘날 문신들은 득의양양하여 술을 취하도록 마시고 음식을 배불리 먹는데, 무신들은 모두 굶주리고 고달프니 이것을 어찌 참을 수 있습니까."라고 하였다. [59회]

( )

02
○ 명학소의 백성 망이·망소이 등이 무리를 모아서 산행 병마사라고 자칭하고는 공주를 공격하여 함락하였다.
○ 망이의 고향인 명학소를 충순현으로 승격시키고 양수탁을 현령으로, 김윤실을 현위로 임명하여 그들을 달래었다. [53회]

( )

03
만적 등 6명이 북산에서 땔나무를 하다가, 공사(公私)의 노복들을 불러 모아 모의하며 말하기를, "국가에서 경인년과 계사년 이래로 높은 관직도 천예(賤隷)에서 많이 나왔으니, 장상에 어찌 씨가 있겠는가? ……"라고 하였다. …… 가노 순정이 한충유에게 변란을 고하자 한충유가 최충헌에게 알렸다. 마침내 만적 등 100여 명을 체포하여 강에 던졌다. [67회]

( )

◆ 다음 기출자료에서 빈칸에 들어갈 인물을 쓰세요.

04
백관이 ☐☐☐의 집에 나아가 정년도목(政年都目)을 올리니, ☐☐☐이/가 청사에 앉아 받았다. 6품 이하는 당하(堂下)에서 두 번 절하고 땅에 엎드려 감히 고개를 들지 못하였다. 이때부터 ☐☐☐은/는 정방을 자기 집에 두고 백관의 인사 행정을 처리하였다. -『고려사절요』 [60회]

( )

◆ 옳은 키워드를 골라 기출문장을 완성하세요.

05 무신 정변으로 (① 의종 / ② 명종)이 왕위에서 쫓겨나 거제도로 추방되었다. [32회]

06 정중부 집권기에 (① 김사미·효심 / ② 망이·망소이)이/가 가혹한 수탈에 저항하여 봉기하였다. [68·67회]

07 경대승이 (① 정중부 / ② 이의민) 등을 제거하고 권력을 장악하였다. [69회]

08 최충헌이 (① 시무 28조 / ② 봉사 10조)를 올려 시정 개혁을 건의하였다. [71·66·64회]

09 최충헌 집권기에 (① 도방 / ② 교정도감)이 국정을 총괄하는 기구로 부상하였다. [46회]

10 최우가 (① 서경 / ② 강화도)(으)로 수도를 옮겨 장기 항전에 대비하였다. [69·65·61회]

◆ 옳은 기출문장에 O, 틀린 기출문장에 X 표시하세요.

11 의종 때 정중부, 이의방 등이 정변을 일으켰다. [62회] (O | X)

12 정중부 집권기에 조위총이 의종 복위를 주장하며 동계에서 군사를 일으켰다. [72·66·64회] (O | X)

13 중방은 경대승이 신변 보호를 위해 만든 사병 조직이다. [38회] (O | X)

14 최충헌 집권기에 만적이 개경에서 신분 해방을 도모하였다. [63·62·61회] (O | X)

15 최우가 정방을 설치하여 인사권을 장악하였다. [64회] (O | X)

16 삼별초는 최씨 무신 정권의 군사적 기반이었다. [73회] (O | X)

◆ 다음 상황 이후에 있었던 사실로 옳은 것은?

17 [63회]

> 청교역(青郊驛) 서리 3인이 최충헌 부자를 죽일 것을 모의하면서, 거짓 공첩(公牒)을 만들어 여러 사원의 승려들을 불러 모았다. 공첩을 받은 귀법사 승려들은 그 공첩을 가져온 사람을 잡아서 최충헌에게 고해바쳤다. [최충헌은] 즉시 영은관에 교정별감을 둔 후 성문을 폐쇄하고 대대적으로 그 무리를 색출하였다.

① 김부식이 묘청의 난을 진압하였다.
② 원종과 애노가 사벌주에서 봉기하였다.
③ 이자겸이 금의 사대 요구를 수용하였다.
④ 정중부 등이 정변을 일으켜 권력을 차지하였다.
⑤ 최우가 인사 행정 담당 기구로 정방을 설치하였다.

정답
01 무신 정변 02 망이·망소이의 난 03 만적의 난 04 최우 05 ① 06 ② 07 ① 08 ②
09 ② 10 ② 11 O 12 X(김보당) 13 X(도방) 14 O 15 O 16 O 17 ⑤ [①, ②, ③, ④ 교정도감 설치 이전]

III. 고려 시대

9강 무신 집권기 ~ 고려 후기의 정치

2 원 간섭기와 공민왕의 개혁 정치

상권 98쪽 | 최근 3개년 시험 중 18회 출제!

한눈에 보는 빈출 개념

1. 원 간섭기

원의 내정 간섭
- 관제와 호칭 격하: 2성 → 첨의부 / 6부 → 4사 / 중추원 → 밀직사
- 감찰관인 다루가치 파견, 정동행성 설치(충렬왕 때 일본 원정 목적)
- 쌍성총관부(화주), 동녕부(평양), 탐라총관부(제주도) 설치
- 결혼도감 설치 → 공녀 징발

충렬왕의 개혁 정치
- 전민변정도감 설치

충선왕의 개혁 정치
- 사림원 설치
- 원의 수도 연경에 학문 연구소인 만권당 설립

원 간섭기의 사회 모습
- 친원 세력인 권문세족이 도평의사사 장악 → 사회 혼란
- 변발, 호복 등 몽골풍 유행

2. 공민왕의 개혁 정책

반원 자주 정책
- 기철 등 친원 세력 숙청, 원의 연호 사용 중지, 몽골풍 폐지
- 정동행성 이문소 혁파, 관제 복구
- 쌍성총관부 수복

왕권 강화책
- 정방 폐지
- 성균관을 순수 유학 교육 기관으로 개편
- 신돈 등용 → 전민변정도감 설치

3. 고려 말의 정치 상황

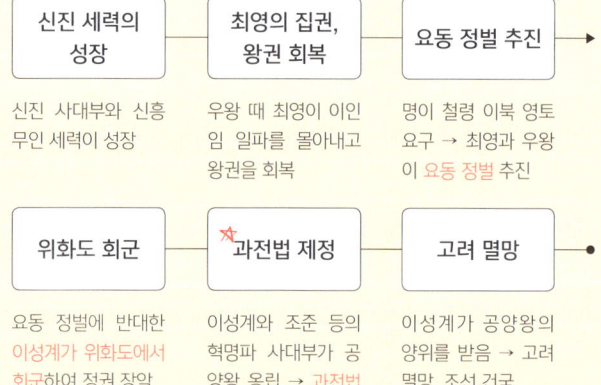

신진 세력의 성장 → 최영의 집권, 왕권 회복 → 요동 정벌 추진

신진 사대부와 신흥 무인 세력이 성장 / 우왕 때 최영이 이인임 일파를 몰아내고 왕권을 회복 / 명이 철령 이북 영토 요구 → 최영과 우왕이 요동 정벌 추진

위화도 회군 → 과전법 제정 → 고려 멸망

요동 정벌에 반대한 이성계가 위화도에서 회군하여 정권 장악 / 이성계와 조준 등의 혁명파 사대부가 공양왕 옹립 → 과전법 마련 / 이성계가 공양왕의 양위를 받음 → 고려 멸망, 조선 건국

기출자료&선택지로 개념 체크

◆ 다음 기출자료와 연관된 시기를 쓰세요.

01
다루가치가 왕을 비난하면서 말하기를, "선지(宣旨)라 칭하고, 짐(朕)이라 칭하고, 사(赦)라 칭하니 어찌 이렇게 참람합니까?"라고 하였다. ······ 이에 선지를 왕지(王旨)로, 짐을 고(孤)로, 사를 유(宥)로, 주(奏)를 정(呈)으로 고쳤다.
[54회]

( )

◆ 다음 기출자료와 연관된 왕의 이름을 쓰세요.

02
백성 1: 얼마 전에 왕께서 기철과 그 일당들을 반역죄로 숙청하셨다고 하네.
백성 2: 나도 들었네. 정동행성 이문소도 철폐하셨다고 하더군.
[59회]

( )

03
왕은 최영과 함께 요동을 공격하기로 계책을 결정하였으나, 감히 드러내어 말하지 못하고 사냥 간다는 핑계를 대고 서쪽으로 해주에 행차하였다.
[67회]

( )

◆ 다음 기출자료와 연관된 사건의 이름을 쓰세요.

04
대군이 압록강을 건너서 위화도에 머물렀다. ······ 태조가 여러 장수들에게 말하기를 "내가 글을 올려 ······ 군사를 돌이킬 것을 청했으나, 왕도 살피지 아니하고, 최영도 늙고 정신이 혼몽하여 듣지 않았다." ······ 태조가 회군한다는 소식을 듣고는 사람들이 다투어 밤낮으로 달려서 모여든 사람이 천여 명이나 되었다.
[63회]

( )

◆ 옳은 키워드를 골라 기출문장을 완성하세요.

05 원 간섭기에 중서문하성과 상서성이 (① 첨의부 / ② 사림원)(으)로 개편되었다. [66회]

06 원 간섭기에는 (① 신진 사대부 / ② 권문세족)이/가 도평의사사를 장악했어요. [72회]

07 (① 충렬왕 / ② 충선왕)은 만권당을 설립하여 원의 학자들과 교류하게 하였다. [57회]

08 공민왕은 (① 기철 / ② 이인임)을 비롯한 친원 세력을 숙청하였다. [45회]

09 공민왕은 인사 행정을 담당하던 (① 교정도감 / ② 정방)을 폐지하였다. [69·67회]

10 우왕과 최영이 (① 철령위 / ② 쌍성총관부) 설치에 반발하여 요동 정벌을 추진하였다. [72·71·64·61회]

◆ 옳은 기출문장에 O, 틀린 기출문장에 X 표시하세요.

11 충렬왕 때 일본 원정을 위해 탐라총관부가 설치되었다. [60회] (O | X)

12 원 간섭기에는 공녀를 보내기 위해 결혼도감을 설치하였다. [59회] (O | X)

13 원 간섭기에는 지배층을 중심으로 변발과 호복이 유행하였다. [70·69·68·62회] (O | X)

14 공민왕은 권문세족을 견제하기 위해 전민변정도감을 설치하였다. [54회] (O | X)

15 공민왕 때 동녕부를 공격하여 철령 이북의 영토를 되찾았다. [69·63·58·55회] (O | X)

16 우왕 때 이성계가 위화도에서 회군하여 정권을 장악하였다. [65·56회] (O | X)

◆ (가), (나) 사이의 시기에 있었던 사실로 옳은 것은?

17 [54회]

> (가) 다루가치가 왕을 비난하면서 말하기를, "선지(宣旨)라 칭하고, 짐(朕)이라 칭하고, 사(赦)라 칭하니 어찌 이렇게 참람합니까?"라고 하였다. …… 이에 선지를 왕지(王旨)로, 짐을 고(孤)로, 사를 유(宥)로, 주(奏)를 정(呈)으로 고쳤다.
>
> (나) 왕이 시해당하자 태후가 종실에서 [후사를] 골라 세우고자 하니, 시중 이인임이 백관을 거느리고 우왕을 세웠다.
> — 『고려사』

① 화통도감을 설치하여 화포를 제작하였다.
② 유인우, 이자춘 등이 쌍성총관부를 수복하였다.
③ 정중부 등이 정변을 일으켜 권력을 장악하였다.
④ 최우가 강화도로 도읍을 옮겨 장기 항전을 준비하였다.
⑤ 명의 철령위 설치에 반발하여 요동 정벌을 추진하였다.

정답
01 원 간섭기 02 공민왕 03 우왕 04 위화도 회군 05 ① 06 ② 07 ② 08 ① 09 ② 10 ① 11 X(정동행성) 12 O 13 O 14 O 15 X(쌍성총관부) 16 O 17 ② 공민왕 [①, ⑤ (나) 이후, ③, ④ (가) 이전]

III. 고려 시대
10강 고려의 대외 관계

1 거란·여진과의 대외 관계 *최근 3개년 시험 중 11회 출제!*
2 몽골·홍건적·왜구와의 대외 관계 *최근 3개년 시험 중 11회 출제!*

📖 상권 106쪽

📖 한눈에 보는 빈출 개념

1. 거란의 침입과 격퇴

1차 침입(성종)	2차 침입(현종)	3차 침입(현종)
거란 장수 소손녕 침입 → 서희가 외교 담판 (993)으로 강동 6주 획득	거란군 침입 → 개경 함락, 현종 나주 피난 → 양규가 흥화진에서 승리	거란 장수 소배압 침입 → 강감찬이 귀주에서 격퇴 → 나성·천리장성 축조

2. 여진 정벌과 금의 사대 요구 수용

별무반 조직 (숙종)	여진 정벌, 동북 9성 축조(예종)	금의 사대 요구 수용(인종)
여진과의 전투에서 패배 → 윤관의 건의로 별무반 조직	윤관이 여진 정벌 후 동북 9성 축조 → 2년 후 반환	여진이 금 건국, 사대 요구 → 이자겸·척준경이 이를 수용

3. 몽골의 침입과 대몽 항쟁

1차 침입	저고여 피살 사건을 구실로 침입 → 박서가 귀주성에서 저항
2차 침입	최우의 강화 천도 → 이를 구실로 침입 → 승려 김윤후가 처인성에서 적장 살리타 사살(처인성 전투)
3차 침입	황룡사 구층 목탑 소실, 팔만대장경(재조대장경) 조판 시작
5차 침입	김윤후와 하층민이 충주산성에서 몽골군 격퇴(충주성 전투)
6차 침입	충주 다인철소 주민들이 몽골군에 항전

4. 삼별초의 항쟁

강화도	배중손을 중심으로 몽골과의 강화와 개경 환도에 반발
진도	진도에 용장성을 쌓고 항전
제주도	김통정의 지휘 아래 항전 → 고려·원 연합군에 의해 진압

5. 홍건적·왜구의 침입과 격퇴

홍건적의 침입	개경이 함락되어 공민왕이 복주(안동)로 피난 → 정세운·최영·이성계 등이 격퇴
왜구의 침입	• 우왕 때 홍산 대첩(1376, 최영), 진포 대첩(1380, 최무선), 황산 대첩(1380, 이성계) 등에서 승리 • 창왕 때 박위가 쓰시마 섬(대마도) 정벌

기출자료&선택지로 개념 체크

◆ 다음 기출자료와 연관된 민족의 이름을 쓰세요.

01
왕이 서경에서 안북부까지 나아가 머물렀는데, 소손녕이 봉산군을 공격하여 파괴하였다는 소식을 듣자 더 가지 못하고 돌아왔다. 서희를 보내 화의를 요청하니 침공을 중지하였다. [55회]

( )

02
이곳은 오연총 장군을 모신 덕산사입니다. 원래 함경도 경성에 있던 사당을 지금의 전라남도 곡성으로 옮겨 왔습니다. 그는 신기군, 신보군, 항마군으로 편성된 별무반의 부원수로 활약하였습니다. [54회]

( )

◆ 다음 기출자료와 연관된 사건의 이름을 쓰세요.

03
적이 쳐들어와 충주성을 70여 일간 포위하니 비축한 군량이 거의 바닥났다. 김윤후가 괴로워하는 군사들을 북돋우며, "만약 힘을 다해 싸운다면 귀천을 가리지 않고 모두 관작을 제수할 것이니 불신하지 말라."라고 하였다. [60회]

( )

04
나세·심덕부·최무선 등이 왜구를 진포에서 공격해 승리를 거두고 포로 334명을 구출하였으며, 김사혁은 패잔병을 임천까지 추격해 46명을 죽였다. [60회]

( )

◆ 옳은 키워드를 골라 기출문장을 완성하세요.

05 거란의 침략을 피해 왕(현종)이 (① 나주 / ② 복주)까지 피난하였다. [60회]

06 거란의 3차 침입 때 (① 박서 / ② 강감찬)이/가 귀주에서 대승을 거두었다. [64회]

07 숙종 때 신기군, 신보군, 항마군 등으로 구성된 (① 별무반 / ② 삼별초)을/를 조직하였다. [71·68·63회]

08 몽골의 2차 침입 때 김윤후가 (① 처인성 / ② 충주성)에서 살리타를 사살하였다. [70·64·62·57회]

09 대몽 항쟁기에 대장도감을 설치하여 (① 초조대장경 / ② 팔만대장경)을 간행하였다. [57회]

10 우왕 때 (① 최영 / ② 최무선)이 진포에서 왜구를 격퇴하였다. [70회]

◆ 옳은 기출문장에 O, 틀린 기출문장에 X 표시하세요.

11 거란이 1차 침입하자 서희가 외교 담판을 벌여 강동 6주를 획득하였다. [70·67·65·64회]   (O | X)

12 거란의 침입에 대비하여 개경에 나성을 축조하였다. [70·65·61·59회]   (O | X)

13 윤관이 여진을 정벌하고 천리장성을 쌓았다. [61·56회]   (O | X)

14 몽골이 침입하자 제주도로 도읍을 옮겨 항전하였다. [42회]   (O | X)

15 배중손이 이끄는 삼별초가 진도에서 항전하였다. [67·64회]   (O | X)

16 창왕 때 이종무를 파견하여 근거지를 토벌하였다. [73회]   (O | X)

◆ (가)에 대한 고려의 대응으로 옳은 것은?

17 [61회]

> 김윤후가 충주산성 방호별감이 되었는데 (가) 의 군대가 쳐들어 와 충주성을 70여 일간 포위하였다. 군량이 거의 바닥나자 김윤후가 군사들에게 "만약 힘내 싸운다면 귀천을 가리지 않고 모두 관작을 내리겠다."라고 하였다. 마침내 관노비의 문서를 불태우고 노획한 소와 말을 나누어 주었다. 사람들이 모두 죽음을 무릅쓰고 싸우니 적의 기세가 꺾여 남쪽으로 침략하는 것을 막을 수 있었다.

① 윤관을 보내 동북 9성을 축조하였다.
② 박위로 하여금 쓰시마섬을 정벌하게 하였다.
③ 서희가 외교 담판을 통해 강동 6주를 획득하였다.
④ 최우가 강화도로 수도를 옮겨 장기 항전에 대비하였다.
⑤ 최영이 철령위 설치에 반발하여 요동 정벌을 추진하였다.

정답
01 거란 02 여진 03 충주성 전투 04 진포 대첩 05 ① 06 ② 07 ① 08 ① 09 ② 10 ② 11 O 12 O 13 X(동북 9성) 14 X(강화도) 15 O 16 X(박위) 17 ④ [① 여진, ② 왜구, ③ 거란, ⑤ 명]

III. 고려 시대
11강 고려의 경제와 사회

📍 상권 114쪽

1. **고려의 경제** — 최근 3개년 시험 중 15회 출제!
2. **고려의 사회** — 최근 3개년 시험 중 1회 출제!

📖 한눈에 보는 빈출 개념

1. 토지 제도의 변천

역분전(태조 왕건)	공신들에게 공로와 인품에 따라 토지 지급
★시정 전시과(경종)	전·현직 관리에게 인품과 공복을 기준으로 전지와 시지를 차등 지급
개정 전시과(목종)	전·현직 관리에게 인품을 배제하고 관직만 고려하여 지급
경정 전시과(문종)	현직 관리에게만 지급, 무관에 대한 대우 개선
과전법(공양왕)	경기 지역에 한정하여 과전 지급

2. 농업·수공업·상업의 발달

농업	· 문익점이 목화씨 재배 성공 · 이암이 원의 농서인 『농상집요』 보급
수공업	· 전기: 관청 수공업, 소 수공업 · 후기: 가내 수공업, 사원 수공업
상업	· 개경, 서경에 시전 설치, 관영 상점 설치 · 시전의 상행위를 감독하는 경시서 설치 · 예성강 하구의 벽란도가 국제 무역항으로 번성 · 건원중보(성종 때 주조), 삼한통보·해동통보(숙종, 주전도감에서 주조), 은병(활구, 숙종 때 제작)

3. 고려의 신분 제도

귀족	· 구성: 왕족·공신과 5품 이상의 고위 관리 · 특징: 음서와 공음전의 혜택
중간 계층	서리(하급 관리), 향리(지방 행정 실무) 등
양민	백정(일반 백성), 향·부곡·소민(특수 집단민) 등
천민	대다수가 노비로, 매매·상속·증여의 대상

4. 고려의 사회 제도

★제위보	광종 때 설치, 기금을 만들어 이자로 빈민을 구제
의창	성종 때 설치, 곡식을 빌려줌
★상평창	성종 때 설치, 물가 조절 기구
★구제도감	병자의 치료를 위해 설치한 임시 구호 시설
혜민국	예종 때 설치, 병자에게 의약품 지급
동·서 대비원	환자의 치료와 빈민 구제 담당

기출자료&선택지로 개념 체크

◆ 다음 기출자료와 연관된 토지 제도의 이름을 쓰세요.

01
> 통일할 때의 조신(朝臣)이나 군사들은 관계(官階)를 따지지 않고 그 사람의 성품과 행동의 선악과 공로의 크고 작음을 보고 차등 있게 지급하였다.
> [59회]

(　　　　　)

02
> 신하 1: 이번에 개정된 토지 제도에 대해 들었는가?
> 신하 2: 들었네. 인품을 배제하고 관직과 위계의 높고 낮음을 기준으로 전지와 시지를 지급한다고 하더군.
> 신하 3: 지급 기준이 점차 정비되어 가는군.
> [54회]

(　　　　　)

◆ 다음 기출자료와 연관된 기구의 이름을 쓰세요.

03
> 왕이 명령하기를, "백성들을 부유하게 하고 나라에 이익을 가져오게 하는 데 돈보다 중요한 것은 없다. …… 이제 금속을 녹여 돈을 주조하는 법을 제정하였으니, 주조한 돈 1만 5천 관(貫)을 여러 관리와 군인들에게 나누어 주어 이를 통용의 시초로 삼고 돈의 명칭을 해동통보라 하여라."라고 하였다.
> [37회]

(　　　　　)

04
> 1. 기능: 고려 시대에 재해가 발생했을 때 설치한 임시 기구로서 전염병 퇴치, 병자 치료 등의 임무를 수행하며 백성을 구호하였다.
> 2. 관련 사료: 왕이 명하기를, "도성 내의 백성들이 역질에 걸렸으니 이 기구를 설치하여 이들을 치료하고, 시신과 유골은 거두어 비바람에 드러나지 않게 매장하라."라고 하였다.
> [52회]

(　　　　　)

◆ 옳은 키워드를 골라 기출문장을 완성하세요.

05 태조 왕건은 공신에게 공로와 인품에 따라 (① 녹읍 / ② 역분전)을 지급하였다. [72·71·65회]

06 (① 경정 전시과 / ② 개정 전시과)는 현직 관리에게만 전지와 시지를 지급하였다. [39회]

07 고려 시대에는 (① 경시서 / ② 평시서)의 관리들이 수도의 시전을 감독하였다. [66·64·61회]

08 고려 시대에는 예성강 하구의 (① 당항성 / ② 벽란도)이/가 국제 무역항으로 번성하였다. [71·70·66회]

09 고려 시대에는 기금을 모아 그 이자로 빈민을 도와주는 (① 제위보 / ② 상평창)을/를 운영하였다. [58회]

10 성종 때 빈민 구제를 위해 (① 흑창 / ② 의창)이 설치되었다. [48회]

◆ 옳은 기출문장에 O, 틀린 기출문장에 X 표시하세요.

11 경종 때 전시과 제도를 마련하여 관리에게 토지를 지급하였다. [69·62회] (O | X)

12 개정 전시과는 관리의 인품과 공복을 기준으로 하여 토지를 지급하였다. [40회] (O | X)

13 숙종 때 주전도감을 설치하여 건원중보를 발행하였다. [69·65회] (O | X)

14 고려 시대에는 서적점, 다점 등의 관영 상점이 운영되었다. [66회] (O | X)

15 고려 시대에는 병자에게 의약품을 제공하는 상평창이 있었어요. [48회] (O | X)

16 고려 시대에는 개경에 국립 의료 기관인 동·서 대비원을 설치하였다. [52회] (O | X)

◆ 다음 대화가 이루어진 시기의 경제 상황으로 옳은 것은?

17 [58회]

① 활구라고 불리는 은병이 유통되었다.
② 특산품으로 솔빈부의 말이 유명하였다.
③ 송상이 전국 각지에 송방을 설치하였다.
④ 청해진을 설치하여 해상 무역을 전개하였다.
⑤ 시장을 감독하는 관청인 동시전이 설치되었다.

정답
01 역분전 02 개정 전시과 03 주전도감 04 구제도감 05 ② 06 ① 07 ① 08 ②
09 ① 10 ② 11 O 12 X(시정 전시과) 13 X(삼한통보·해동통보) 14 O 15 X(혜민국)
16 O 17 ① 고려 시대 [② 발해, ③ 조선 후기, ④ 통일 신라, ⑤ 신라]

III. 고려 시대
12강 고려의 문화

1 고려의 유학과 불교 사상
상권 122쪽 | 최근 3개년 시험 중 13회 출제!

📖 한눈에 보는 빈출 개념

1. 고려의 유학

(1) 유학의 발달 과정과 교육 기관

유학의 발달 과정	· 초기: 정치 이념으로 정립, 최승로 · 중기: 보수적 성향, 최충과 김부식 · 후기: 충렬왕 때 안향이 성리학 소개 → 이제현이 만권당에서 원의 학자들과 교류 뒤 이색 등에게 성리학 전파 → 이색이 정몽주, 정도전 등에게 성리학 교육
관학 (관립 학교)	중앙에 국자감, 지방에 향교 설치
사학 (사립 학교)	최충의 9재 학당(문헌공도) 포함 12개의 사학(사학 12도) 융성
★관학 진흥책	숙종(서적포 설치), 예종(7재 설치, 양현고 설치, 청연각·보문각 설치), 인종(경사 6학 정비)

(2) 주요 역사서

★『삼국사기』 (김부식)	· 인종의 명으로 편찬, 현존하는 우리나라 최고(最古)의 역사서 · 유교 사관에 입각, 기전체 형식
『동명왕편』 (이규보)	· 고구려 동명왕(주몽)의 일대기를 서사시 형태로 서술 → 고구려 계승 의식 · 『동국이상국집』에 수록
★『삼국유사』 (일연)	불교사 중심, 단군의 고조선 건국 이야기와 고대의 민간 설화, 삼국의 건국 신화 등 수록
★『제왕운기』 (이승휴)	· 고조선 건국 이야기부터 고려 충렬왕까지의 역사 정리 · 상권은 중국사, 하권은 우리나라 역사에 관한 내용 서술

2. 고려의 불교 – 주요 승려의 활동

균여	「보현십원가」 저술
각훈	『해동고승전』 편찬
★의천 (대각국사)	· 국청사 창건, 해동 천태종 창시, 교관겸수 주장 · 주전도감 설치 건의, 교장(속장경) 편찬을 위해 『신편제종교장총록』 편찬
★지눌 (불일 보조국사)	· 수선사 결사 운동 전개, 순천 송광사(수선사) 중심 · 돈오점수, 정혜쌍수 강조 · 『권수정혜결사문』 작성
혜심	유·불 일치설 주장
요세	법화 신앙을 중심으로 강진 만덕사에서 백련 결사 주도

기출자료&선택지로 개념 체크

◆ 다음 기출자료와 연관된 인물의 이름을 쓰세요.

01
문종의 아들로 태어나 11세에 출가하였다. 31세에 송으로 건너가 고승들과 불법을 토론하고 불교 서적을 수집하여 귀국하였다. 국청사를 중심으로 천태종을 창시하였으며, 교선 통합을 사상적으로 뒷받침하기 위해 교관겸수를 제창하였다. [61회]

( )

02
연경에 도착해 이제야 소식을 전하니. …… 그림을 보니 만권당에서 원의 학자들과 함께 공부하던 나의 젊은 시절이 생각난다네. 혼탁한 세상 편치만은 않지만 곧 개경에서 볼 수 있기를 바라네.   – 영원한 벗, 익재 [56회]

( )

03
우리 해동의 삼국도 역사가 오래되었으니 마땅히 책을 써야 합니다. 그러므로 폐하께서 이 늙은 신하에게 편찬하도록 하셨습니다. 폐하께서 이르시기를, "삼국은 중국과 통교하였으므로 『후한서』나 『신당서』에 모두 삼국의 열전이 있지만, 상세히 실리지 않았다. …"라고 하셨습니다. [61회]

( )

04
자기의 본성을 보면, 이 성품에는 본래 번뇌가 없다. 번뇌가 없는 지혜의 성품은 본래 스스로 갖추어져 있어서 모든 부처와 털끝만큼도 다르지 않다. 이를 돈오(頓悟)라고 한다. …… 따라서 그 깨달음에 의지해 닦고 점차 익혀 공(功)을 이루고, 오랫동안 성태(聖胎)를 기르면 성(聖)을 이루게 된다. 이를 점수(漸修)라고 한다.
– 『수심결(修心訣)』 [34회]

( )

◆ 옳은 키워드를 골라 기출문장을 완성하세요.

05 (① 『삼국사기』 / ② 『삼국유사』)는 우리나라 최고(最古)의 역사서이다. [58·51회]

06 『동명왕편』은 서사시 형태로 (① 신라 / ② 고구려) 계승 의식이 반영되었다. [67·66회]

07 숙종 때 국자감에 (① 청연각 / ② 서적포)을/를 설치하였다. [56·53회]

08 이제현이 (① 만권당 / ② 9재 학당)에서 원의 학자들과 교유하였다. [68·67회]

09 (① 요세 / ② 의천)은/는 천태종을 개창하여 불교 통합에 힘썼다. [66·63회]

10 지눌은 불교 개혁을 주장하며 (① 수선사 결사 / ② 백련 결사)를 조직하였다. [65·62회]

◆ 옳은 기출문장에 O, 틀린 기출문장에 X 표시하세요.

11 『삼국사기』 - 유교 사관에 입각하여 편년체 형식으로 서술하였다. [61·51회] (O | X)

12 일연이 불교 관련 설화를 중심으로 『삼국유사』를 저술하였다. [67·66·65회] (O | X)

13 『동명왕편』은 단군의 고조선 건국 이야기를 수록하였다. [66·58·54회] (O | X)

14 예종 때 전문 강좌인 7재가 설치되어 운영되었다. [67·64·62회] (O | X)

15 의천이 이론 연마와 수행을 함께 강조하는 교관겸수를 제시하였다. [48회] (O | X)

16 지눌이 심성의 도야를 강조한 유·불 일치설을 제창하였다. [61·56회] (O | X)

◆ (가) 인물에 대한 설명으로 옳은 것은?

17 [63회]

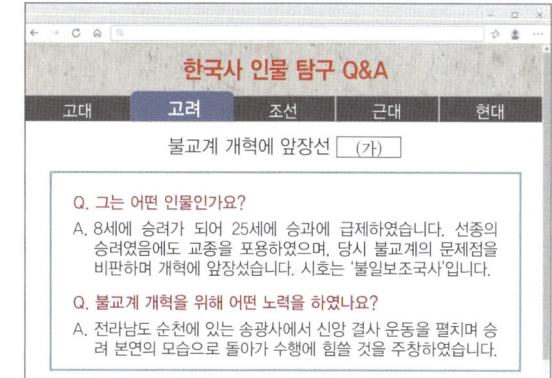

① 참선을 강조하고 돈오점수를 주장하였다.
② 불교 교단 통합을 위해 해동 천태종을 개창하였다.
③ 『선문염송집』을 편찬하고 유·불 일치설을 제창하였다.
④ 승려들의 전기를 정리하여 『해동고승전』을 편찬하였다.
⑤ 「보현십원가」를 지어 불교 교리를 대중에게 전파하였다.

> **정답**
> 01 의천 02 이제현 03 김부식 04 지눌 05 ① 06 ② 07 ② 08 ① 09 ②
> 10 ① 11 X(기전체) 12 O 13 X(『삼국유사』, 『제왕운기』) 14 O 15 O 16 X(혜심)
> 17 ① [지눌 ② 의천, ③ 혜심, ④ 각훈, ⑤ 균여]

III. 고려 시대
12강 고려의 문화

2 고려의 문화유산과 과학 기술 발달
상권 124쪽 / 최근 3개년 시험 17회 출제!

한눈에 보는 빈출 개념

1. 고려의 문화유산

사원	• 주심포 양식: 안동 봉정사 극락전, 영주 부석사 무량수전, 예산 수덕사 대웅전 • 다포 양식: 황해도 사리원 성불사 응진전
★ 탑	평창 월정사 팔각 구층 석탑, 개성 경천사지 십층 석탑, 충주 정토사지 홍법국사탑
★ 불상	하남 하사창동 철조 석가여래 좌상, 논산 관촉사 석조 미륵보살 입상, 안동 이천동 마애여래 입상, 파주 용미리 마애이불 입상, 영주 부석사 소조 여래 좌상
청자와 공예	• 청자: 순수 청자 → 상감 청자 • 공예: 은입사 기술 발달, 나전 칠기 제작

 ▲ 안동 봉정사 극락전  ▲ 영주 부석사 무량수전  ▲ 평창 월정사 팔각 구층 석탑

 ▲ 개성 경천사지 십층 석탑  ▲ 논산 관촉사 석조 미륵보살 입상  ▲ 청자 상감 운학문 매병

2. 고려의 과학 기술 발달

★ 활판 인쇄술	우왕 때 『직지심체요절』 간행(청주 흥덕사, 현존하는 가장 오래된 금속 활자본)
의학	고종 때 『향약구급방』 간행(우리나라에 현존하는 가장 오래된 의학서)
무기 제조술	최무선의 건의로 화통도감 설치, 화약·화포 제작

기출자료&선택지로 개념 체크

◆ 다음 기출자료와 관련된 문화유산을 고르세요.

01
국보 제18호인 이것은 고려 시대의 목조 건물로, 배흘림 기둥에 주심포 양식으로 축조되었습니다. 건물 내부에는 국보 제45호인 소조 여래 좌상이 봉안되어 있습니다.
[52회]

①    ②

02
유물 특징
• 원의 영향을 받아 대리석으로 만든 석탑
• 원각사지 십층 석탑에 영향을 주었음
[56회]

①    ②

03
• 종목: 보물
• 소장처: 국립중앙박물관
경기도 하남시 하사창동에서 발견된 철불이다. 고려 초기 호족의 후원을 받아 제작되었으며, 석굴암 본존불의 양식을 이어받았다.
[60회]

①    ②

◆ 옳은 키워드를 골라 기출문장을 완성하세요.

04 (① 『제왕운기』 / ② 『직지심체요절』)은/는 청주 흥덕사에서 금속 활자본으로 간행되었다. [69회]

05 고려 고종 때 우리의 약재를 소개한 (① 『향약구급방』 / ② 『향약집성방』)을 편찬했어요. [44회]

06 고려 우왕 때 (① 화통도감 / ② 주전도감)을 두어 화포를 제작하였다. [64·60회]

◆ 문화유산과 명칭이 맞으면 O, 틀리면 X 표시하세요.

07 안동 봉정사 극락전 [65·57회]　　　　　　　(O | X)

08 예산 수덕사 대웅전 [65·57회]　　　　　　　(O | X)

09 평창 월정사 팔각 구층 석탑 [72·69·66·64회]　(O | X)

10 안동 이천동 마애여래 입상 [67·55·53회]　　　(O | X)

◆ (가)에 들어갈 사진 자료로 적절한 것은?

11 [59회]

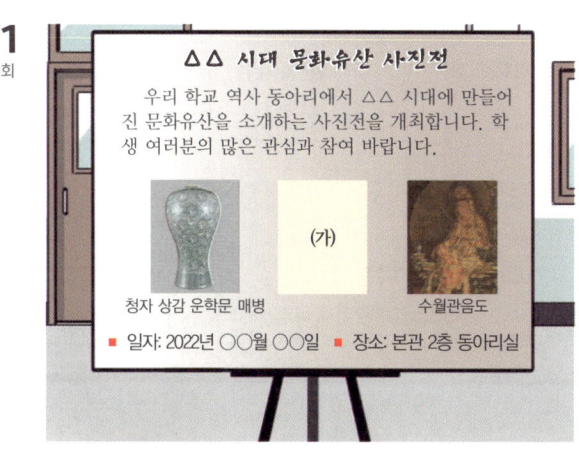

①  금동 연가 7년명 여래 입상

②  서산 용현리 마애 여래 삼존상

③  경주 분황사 모전 석탑

④  영주 부석사 무량수전

⑤  보은 법주사 팔상전

[정답]
01 ① 02 ② 03 ① 04 ② 05 ① 06 ① 07 O 08 X(영주 부석사 무량수전) 09 O 10 X(논산 관촉사 석조 미륵보살 입상) 11 ④ 고려 시대 [① 고구려, ② 백제, ③ 신라, ⑤ 조선 후기]

IV. 조선 전기
13강 조선 전기의 정치

1 조선의 건국과 발전
상권 136쪽 | 최근 3개년 시험 중 26회 출제!

📖 한눈에 보는 빈출 개념

1. 조선의 건국과 기틀 마련
(1) 조선의 건국 과정

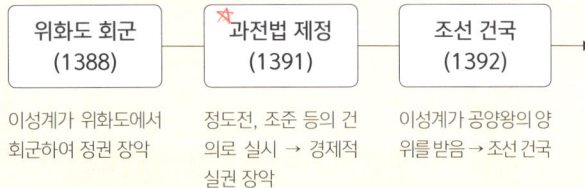

위화도 회군 (1388)	과전법 제정 (1391)	조선 건국 (1392)
이성계가 위화도에서 회군하여 정권 장악	정도전, 조준 등의 건의로 실시 → 경제적 실권 장악	이성계가 공양왕의 양위를 받음 → 조선 건국

(2) 조선의 기틀 마련

태조 이성계
- 한양 천도, 경복궁·종묘·사직 등 건설
- 정도전 등용(『조선경국전』, 『불씨잡변』 등 저술)
- 제1차 왕자의 난 발생(이방원이 세자 이방석과 정도전, 남은 등 제거)

태종 이방원
- 6조 직계제 실시, 사병 혁파, 사간원 독립
- 양전 사업, 호패법 실시
- 신문고 처음 설치
- 혼일강리역대국도지도 제작
- 주자소 설치, 계미자 주조

2. 조선의 체제와 문물 정비

세종
- 의정부 서사제 실시, 집현전 확대·개편
- 공법 실시(연분 9등법, 전분 6등법)
- 4군(최윤덕) 6진(김종서) 설치(여진), 이종무가 대마도(쓰시마 섬) 정벌(일본), 3포 개항, 계해약조 체결
- 훈민정음 창제, 「용비어천가」 등 간행
- 측우기(강우량 측정), 앙부일구(해시계), 자격루(물시계), 혼천의(천체 관측) 제작
- 『칠정산』(역법), 『농사직설』(농업), 『삼강행실도』(윤리), 『향약집성방』(의학) 편찬
- 갑인자 주조

세조 (수양 대군)
- 계유정난 → 조카 단종을 몰아낸 후 즉위
- 6조 직계제 재실시
- 단종 복위 운동 → 집현전·경연 폐지
- 이시애의 난 진압 → 유향소 폐지
- 직전법 실시

성종
- 『경국대전』 완성·반포, 홍문관 설치(경연 활성화)
- 관수 관급제 실시
- 『동문선』(문학), 『동국여지승람』(지리), 『악학궤범』(음악), 『국조오례의』(의례), 『동국통감』(역사) 등 편찬

기출자료&선택지로 개념 체크

◆ 다음 기출자료와 연관된 왕의 이름을 쓰세요.

01
계유년에 황보인 등을 제거하고 권력을 장악한 이후 즉위한 왕은 강력한 왕권을 행사하고자 육조 직계제를 부활시켰다. 이번 조치는 형조의 사형수 판결을 제외한 육조의 서무를 직접 왕에게 보고하도록 한 것이다. [51회]

( )

02
전하께서 성군을 이으셨으니, 예악(禮樂)으로 태평 시절을 일으키실 때가 바로 지금이다. …… 이에 성현 등에게 명하여 다시 교정하게 하였다. 책이 완성되자 『악학궤범』이라고 이름 지었다. [72회]

( )

03
이 서사시는 조선의 건국 시조들을 찬양하고 왕조의 창업을 합리화한 것으로, 이 왕이 정인지, 권제 등에게 명하여 훈민정음으로 편찬하도록 하였습니다.
제1장 해동의 여섯 용이 나시어서 그 행동하신 일마다 모두 하늘이 내리신 복이시니 … [58회]

( )

04
- 얼마 전에 임금께서 원통하고 억울한 일을 당한 백성들을 위해 신문고를 설치하라고 명하셨다더군.
- 뿐만 아니라 문하부를 없애고 의정부를 설치하면서 문하부 낭사를 사간원으로 독립시키셨다네. [59회]

( )

◆ 옳은 키워드를 골라 기출문장을 완성하세요.

05 (① 정도전 / ② 조준)이 『조선경국전』을 저술하여 통치 제도 정비에 기여하였다. [69·68회]

06 (① 태조 이성계 / ② 태종 이방원) 재위 기간에 왕권 강화를 위해 6조 직계제가 실시되었다. [72·70회]

07 세종이 학문 연구 기관으로 (① 집현전 / ② 홍문관)을 설치하였다. [69·66회]

08 세종 재위 기간에 (① 김종서 / ② 이종무)가 왜구의 근거지인 쓰시마 섬을 정벌하였다. [72·70·69회]

09 수양 대군은 (① 제1차 왕자의 난 / ② 계유정난)을 통해 정권을 장악하였다. [65회]

10 세조는 현직 관리에게만 수조권을 지급하는 (① 직전법 / ② 과전법)을 실시하였다. [73·68회]

11 성종 때 국가의 기본 법전인 (① 『경국대전』 / ② 『국조오례의』)이/가 완성되었다. [72·71·68·66회]

◆ 옳은 기출문장에 O, 틀린 기출문장에 X 표시하세요.

12 태종은 문하부 낭사를 분리하여 사간원으로 독립시켰다. [70·65회]　　　(O | X)

13 태종은 4군 6진을 설치하여 북방 영토를 개척하였다. [62회]　　　(O | X)

14 세종은 금속 활자인 갑인자를 제작하였다. [64회]　　　(O | X)

15 세조는 단종 복위 운동을 계기로 유향소를 폐지하였다. [72회]　　　(O | X)

16 성종은 궁중 음악을 집대성한 『악학궤범』을 편찬하였다. [73·69·66회]　　　(O | X)

◆ 다음 대화에 등장하는 왕의 재위 시기에 있었던 사실로 옳은 것은?

17 [61회]

전하께서 명하신 대로 장악원에 소장된 의궤와 악보를 새로이 교감하여 『악학궤범』을 완성하였습니다.

예조 판서 성현을 비롯하여 편찬에 공을 세운 이들에게 차등을 두어 상을 내리도록 하라.

① 주자소가 설치되어 계미자가 주조되었다.
② 전통 한의학을 집대성한 『동의보감』이 완성되었다.
③ 통치 체제를 정비하기 위해 『속대전』이 간행되었다.
④ 한양을 기준으로 역법을 정리한 『칠정산』이 제작되었다.
⑤ 전국의 지리, 풍속 등이 수록된 『동국여지승람』이 편찬되었다.

> **정답**
> 01 세조 02 성종 03 세종 04 태종 05 ① 06 ② 07 ① 08 ② 09 ② 10 ① 11 ① 12 O 13 X(세종) 14 O 15 X(집현전, 경연 폐지) 16 O 17 ⑤ 성종 [① 태종, ② 광해군, ③ 영조, ④ 세종]

IV. 조선 전기
13강 조선 전기의 정치

📍 상권 138쪽

2 조선의 통치 체제 최근 3개년 시험 중 9회 출제!

3 사화의 발생과 붕당의 형성 최근 3개년 시험 중 12회 출제!

📖 한눈에 보는 빈출 개념

1. 중앙 정치 조직

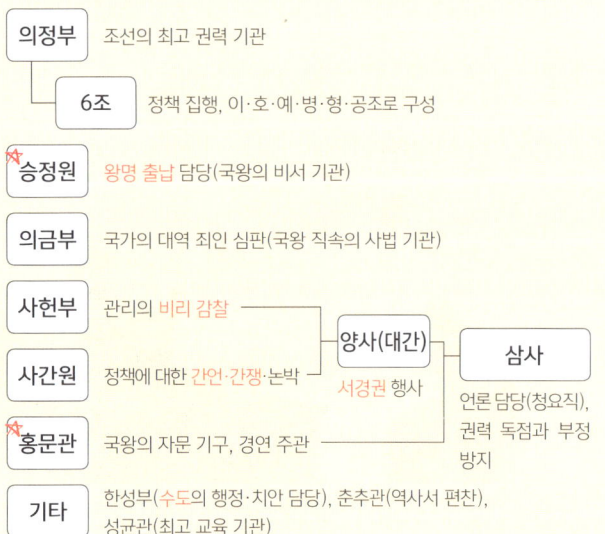

- 의정부: 조선의 최고 권력 기관
  - 6조: 정책 집행, 이·호·예·병·형·공조로 구성
- ★승정원: 왕명 출납 담당(국왕의 비서 기관)
- 의금부: 국가의 대역 죄인 심판(국왕 직속의 사법 기관)
- 사헌부: 관리의 비리 감찰 ┐
- 사간원: 정책에 대한 간언·간쟁·논박 ┘ → 양사(대간) 서경권 행사 → 삼사: 언론 담당(청요직), 권력 독점과 부정 방지
- 홍문관: 국왕의 자문 기구, 경연 주관
- 기타: 한성부(수도의 행정·치안 담당), 춘추관(역사서 편찬), 성균관(최고 교육 기관)

2. 지방 행정 조직

- 지방 행정 구역: 8도(관찰사 파견), 부·목·군·현(수령 파견)
- 향촌 사회 통제 기구
  - ★ 유향소: 수령 보좌, 향리 감찰, 좌수와 별감 선출
  - 경재소: 유향소 통제 기구

3. 사화의 전개

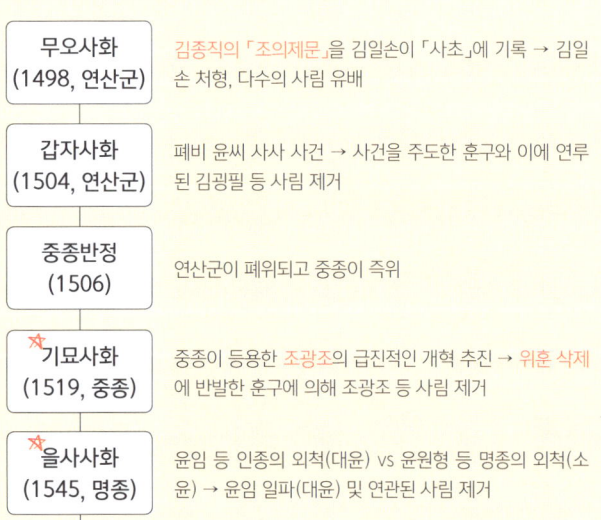

- 무오사화 (1498, 연산군): 김종직의 「조의제문」을 김일손이 「사초」에 기록 → 김일손 처형, 다수의 사림 유배
- 갑자사화 (1504, 연산군): 폐비 윤씨 사사 사건 → 사건을 주도한 훈구와 이에 연루된 김굉필 등 사림 제거
- 중종반정 (1506): 연산군이 폐위되고 중종이 즉위
- ★기묘사화 (1519, 중종): 중종이 등용한 조광조의 급진적인 개혁 추진 → 위훈 삭제에 반발한 훈구에 의해 조광조 등 사림 제거
- ★을사사화 (1545, 명종): 윤임 등 인종의 외척(대윤) vs 윤원형 등 명종의 외척(소윤) → 윤임 일파(대윤) 및 연관된 사림 제거

기출자료&선택지로 개념 체크

◆ 다음 기출자료와 연관된 조선의 정치 기구를 쓰세요.

01
이 그림은 중종 때 그려진 미원계회도(薇垣契會圖)입니다. '미원'은 (가) 의 별칭으로 간쟁과 논박을 담당한 관청이었습니다. 소나무 아래에는 계회를 하고 있는 모습이 보이고, 하단에는 참석자들의 관직, 성명, 본관 등이 기록되어 있습니다. [56회]

(   )

02
각 지역 출신 가운데 서울에 살며 벼슬하는 자들의 모임을 경재소라고 합니다. 경재소에서는 고향에 사는 유력자 중에서 강직하고 명석한 자들을 선택하여 (가) 에 두고 향리의 범법 행위를 규찰하고 풍속을 유지하였습니다. [57회]

(   )

◆ 다음 기출자료와 연관된 사건의 이름을 쓰세요.

03
정문형, 한치례 등이 의논하기를, "지금 김종직의 「조의제문」을 보니, 차마 읽을 수도 볼 수도 없습니다. …… 마땅히 대역의 죄로 논단하고 부관참시해서 그 죄를 분명히 밝혀 신하들과 백성들의 분을 씻는 것이 사리에 맞는 일이옵니다."라고 하였다. [66회]

(   )

04
정유년 이후부터 조정 신하들 사이에는 대윤이니 소윤이니 하는 말들이 있었다. …… 자전(慈殿, 임금의 어머니)은 밀지를 윤원형에게 내렸다. 이에 이기, 임백령 등이 고변하여 큰 화를 만들어 냈다. [48회]

(   )

◆ 옳은 키워드를 골라 기출문장을 완성하세요.

05 (① 승정원 / ② 의금부)은/는 왕명 출납을 맡은 왕의 비서 기관이었다. [69·68회]

06 사헌부와 (① 사간원 / ② 홍문관)은 5품 이하 관리의 임명 과정에서 서경권을 행사하였다. [71·68·61회]

07 (① 성균관 / ② 한성부)은/는 수도의 치안과 행정을 담당하였다. [71·69·68회]

08 (① 경재소 / ② 유향소)는 좌수와 별감을 선발하여 운영되었다. [69·68회]

09 무오사화는 (① 김종직 / ② 조광조)의 「조의제문」이 빌미가 되었다. [51회]

10 외척 간의 대립으로 (① 갑자사화 / ② 을사사화)가 발생하였다. [71회]

◆ 옳은 기출문장에 O, 틀린 기출문장에 X 표시하세요.

11 의금부는 국왕 직속 사법 기구로 반역죄, 강상죄 등을 처결하였다. [71·68회] (O | X)

12 사간원은 학술 기관으로 경연을 관장하였다. [69·64회] (O | X)

13 춘추관은 『실록』을 보관하고 관리하는 업무를 관장하였다. [62회] (O | X)

14 조선 시대에는 경재소를 두어 유향소를 통제하였어요. [38회] (O | X)

15 무오사화 때 폐비 윤씨 사사 사건의 전말이 알려져 김굉필 등이 처형되었다. [73·71·66·65회] (O | X)

16 기묘사화로 위훈 삭제를 주장한 조광조 일파가 축출되었다. [73·64회] (O | X)

◆ 다음 상황이 나타난 시기를 연표에서 옳게 고른 것은?

17 [63회]

> 왕이 전지하기를, "김종직은 보잘것없는 시골의 미천한 선비였는데, 선왕께서 발탁하여 경연에 두었으니 은혜와 총애가 더없이 컸다고 하겠다. 그런데 지금 그의 제자 김일손이 「사초」에 부도덕한 말로써 선왕 대의 일을 거짓으로 기록하고, 또 스승인 김종직의 「조의제문」을 신고서 그 글을 찬양하였으니, 형명(刑名)을 의논하여 아뢰어라."라고 하였다.

1468	1494	1506	1518	1545	1589
	(가)	(나)	(다)	(라)	(마)
남이의 옥사	연산군 즉위	중종 반정	소격서 폐지	명종 즉위	기축 옥사

① (가) ② (나) ③ (다) ④ (라) ⑤ (마)

정답
01 사간원 02 유향소 03 무오사화 04 을사사화 05 ① 06 ① 07 ② 08 ② 09 ①
10 ② 11 O 12 X(홍문관) 13 O 14 O 15 X(갑자사화) 16 O 17 ②

IV. 조선 전기
14강 조선 전기의 대외 관계와 양 난

1. 조선 전기의 대외 관계와 왜란 — 최근 3개년 시험 중 11회 출제!
2. 호란과 양 난 이후 통치 체제의 변화 — 최근 3개년 시험 중 10회 출제!

상권 148쪽

한눈에 보는 빈출 개념

1. 왜란 - 임진왜란과 정유재란

임진왜란 발발	수군의 활약 ★	의병의 항쟁
왜군 침입 → 충주 탄금대 전투 패배(신립) → 선조 의주 피난	옥포 해전, 사천 해전, 한산도 대첩(학익진 전법) 승리	곽재우(의령), 고경명(담양), 정문부(길주) 등이 활약

조선의 반격 ★	정유재란 발발	왜군의 철수
진주 대첩(김시민) → 조·명 연합군의 평양성 탈환 → 행주 대첩(권율) → 휴전 협상 시작	휴전 협상 결렬 → 일본의 재침입 → 명량 해전(이순신)	도요토미 히데요시 사망, 왜군 철수 → 노량 해전 승리

2. 광해군의 전란 수습책

민생 안정책	경기도에 한해서 대동법 실시, 허준이 『동의보감』 완성
중립 외교 정책	명 쇠퇴, 후금 성장 → 명이 조선에 원군 요청 → 강홍립이 사르후 전투에서 후금에 항복

3. 인조반정과 이괄의 난

인조반정	중립 외교 정책과 폐모살제에 반발한 서인이 광해군 폐위, 인조 옹립 → 서인이 정권 장악
이괄의 난	반정 공신이었던 이괄이 공신 책봉에 불만을 품고 반란

4. 호란 - 정묘호란과 병자호란

정묘호란	• 원인: 서인 정권의 후금 자극(친명배금 정책) • 전개: 후금의 침입 → 정봉수(용골산성), 이립(의주) 항전 → 정묘약조 체결(형제 관계)
병자호란 ★	• 원인: 청의 군신 관계 요구 → 주전론 우세 • 전개: 청의 침입 → 김상용(강화도) 순절, 김준룡(용인 광교산) 등 항전, 인조는 남한산성으로 피난 • 결과: 삼전도의 굴욕(군신 관계)
호란 이후	북벌 추진, 나선 정벌(효종), 백두산 정계비 건립(숙종)

5. 양 난 이후 통치 체제의 변화

비변사 기능 강화	삼포 왜란 때 처음 설치 → 을묘왜변 때 상설 기구화 → 임진왜란 이후 최고 기구화
5군영 체제	훈련도감(선조), 어영청, 총융청, 수어청(인조), 금위영(숙종)

기출자료&선택지로 개념 체크

◆ 다음 기출자료와 연관된 사건의 이름을 쓰세요.

01
권율이 정병 4천 명을 뽑아 행주산 위에 진을 치고는 책(柵)을 설치하여 방비하였다. …… 적은 올려다보고 공격하는 처지가 되어 탄환도 맞지 못하는데 반해 호남의 씩씩한 군사들은 모두 활쏘기를 잘하여 쏘는 대로 적중시켰다. …… 적이 결국 패해 후퇴하였다.
— 『선조수정실록』 [62회]

( )

02
최명길을 보내 오랑캐에게 강화를 청하면서 그들의 진격을 늦추도록 하였다. 왕이 수구문(水溝門)을 통해 남한산성으로 향했다. …… 초경을 지나 왕의 가마가 남한산성에 도착하였다. [58회]

( )

◆ 다음 기출자료에서 빈칸에 알맞은 단어를 쓰세요.

03
백성 1: 서인이 주도한 반정 이후, 공신 책봉에 불만을 품은 ☐☐☐이 반란을 일으켰지만 다행히 진압되었다고 하네.
백성 2: 그런데 ☐☐☐의 잔당이 후금으로 도망쳐 새 왕을 헐뜯고 잘못된 정보를 퍼뜨렸다고 하니 뒷일이 걱정이야. [39회]

( )

◆ 다음 기출자료와 연관된 왕의 이름을 쓰세요.

04
오라총관 목극등이 국경을 정하기 위하여 백두산에 이르렀다. 우리나라에서는 접반사 박권, 함경도 순찰사 이선부, 역관 김경문 등을 보내어 응접하게 하였다. 목극등이 중천의 물줄기가 나뉘는 위치에 앉아서 말하기를, "이곳이 분수령이라 할 수 있다."라고 하고, 그곳에 경계를 정하고 돌을 깎아서 비를 세웠다. [40회]

( )

◆ 옳은 키워드를 골라 기출문장을 완성하세요.

05 신립이 (① 동래성 / ② 탄금대)에서 배수의 진을 치고 왜군에 항전하였다. [72·67·62회]

06 이순신이 (① 한산도 대첩 / ② 진주 대첩)에서 승리하였다. [67·62회]

07 (① 권율 / ② 강홍립)이 사르후 전투에 참전하였다. [72·65회]

08 인조반정으로 (① 북인 / ② 서인)이 정국의 주도권을 장악하였다. [35회]

09 병자호란 때 (① 김상용 / ② 김준룡)이 광교산 전투에서 승리하였다. [72·65·57회]

◆ 옳은 기출문장에 O, 틀린 기출문장에 X 표시하세요.

10 임진왜란 때 김시민이 의병장이 되어 의령 등에서 활약하였다. [62회] (O | X)

11 임진왜란 때 조·명 연합군이 평양성을 탈환하였다. [65·55회] (O | X)

12 허준이 전통 한의학을 정리한 『동의보감』을 간행하였다. [69·68·64·63회] (O | X)

13 인조 때 공신 책봉 문제로 정여립이 반란을 일으켰다. [53회] (O | X)

14 숙종 때 나선 정벌에 조총 부대가 동원되었다. [73·72회] (O | X)

15 숙종 때 수도 방어를 위하여 금위영을 창설하였다. [73회] (O | X)

◆ 다음 전쟁 중 있었던 사실로 옳은 것은?

16 [60회]

> 적군은 세 길로 나누어 곧장 한양으로 향했는데, 산을 넘고 물을 건너 마치 사람이 없는 곳에 들어가듯 했다고 한다. 조정에서 지킬 수 있다고 믿은 신립과 이일 두 장수가 병권을 받고 내려와 방어했지만 중도에 패하여 조령의 험지를 잃고, 적이 중원으로 들어갔다. 이로 인해 임금의 수레가 서쪽으로 몽진하고 도성을 지키지 못하니, 불쌍한 백성들은 모두 흉적의 칼날에 죽어가고 노모와 처자식은 이리저리 흩어져 생사를 알지 못해 밤낮으로 통곡할 뿐이었다.
> — 『쇄미록』

① 김상용이 강화도에서 순절하였다.
② 임경업이 백마산성에서 항전하였다.
③ 최영이 홍산 전투에서 크게 승리하였다.
④ 곽재우가 의병장이 되어 의령 등에서 활약하였다.
⑤ 신류가 조총 부대를 이끌고 흑룡강에서 전투를 벌였다.

정답
01 행주 대첩 02 병자호란 03 이괄 04 숙종 05 ② 06 ① 07 ② 08 ② 09 ②
10 X(곽재우) 11 O 12 O 13 X(이괄) 14 X(효종) 15 O 16 ① 임진왜란 [①, ② 병자호란, ③ 홍산 전투, ⑤ 2차 나선 정벌]

IV. 조선 전기
15강 조선 전기의 경제·사회·문화

상권 158쪽
1. **조선 전기의 경제** — 최근 3개년 시험 중 0회 출제!
2. **조선 전기의 사회** — 최근 3개년 시험 중 1회 출제!

한눈에 보는 빈출 개념

1. 조선 전기 토지 제도의 변화

- **과전법 (고려 공양왕, 1391)**
  - 목적: 신진 사대부의 경제적 기반 마련, 국가 재정 확충
  - 내용: 전·현직 관리에게 등급에 따라 경기 지역에 한정하여 과전 지급, 수신전·휼양전 지급

- **직전법 (세조, 1466)**
  - 배경: 관리들의 토지 세습으로 지급할 토지 부족
  - 내용: 현직 관리에게만 토지에 대한 수조권 지급, 수신전·휼양전 폐지

- **관수 관급제 (성종, 1470)**
  - 배경: 관리들이 퇴직에 대비하여 세금을 과다하게 수취
  - 내용: 관청에서 조세를 거두어 관리에게 지급

- **직전법 폐지 (명종, 1556)**
  - 배경: 국가 재정의 부족, 농장의 확대
  - 내용: 직전법을 폐지하고 관리들에게 녹봉만 지급

2. 조선 전기의 수취 제도

- **전세**: 세종 때 공법(전분 6등법, 연분 9등법) 제정
- **공납**
  - 호를 기준으로 토산물 징수
  - 방납의 성행 → 대가를 비싸게 받는 폐단이 발생
- **역**
  - 군역과 요역
  - 역의 기피 → 방군수포와 대립 성행

3. 신분 제도

- **양반**: 본래 문·무 관료를 칭함 → 그 가문까지 칭하는 신분으로 정착
- **중인**: 서얼(양반 첩의 자식), 향리, 역관·의관 등의 기술직
- **상민**
  - 조세·공납·역의 의무를 부담한 농민과 수공업자, 상인 등
  - 신량역천
- **천민**: 노비, 백정, 무당, 광대 등

4. 향약

- **기원**: 중종 때 조광조가 시작, 이황(예안 향약)과 이이(해주 향약)에 의해 전국적으로 확산
- **구성원**: 전체 향촌민, 약정·도약정 등의 간부는 지방 사족이 담당
- **역할**: 향촌 자치 실현, 사회 풍속 교화
- **폐단**: 지방 사족이 주민들을 수탈하는 수단으로 악용

기출자료&선택지로 개념 체크

◆ 다음 기출자료와 연관된 토지 제도의 이름을 쓰세요.

01
> 도평의사사에서 글을 올려 과전을 지급하는 법을 정할 것을 청하니 그 의견을 따랐다. 경기는 사방의 근원이니 마땅히 과전을 설치하여 사대부를 우대하여야 한다. 무릇 수도에 거주하며 왕실을 지키는 자는 현직, 산직(散職)을 불문하고 각각 과(科)에 따라받게 하였다. [72회]

( )

02
> 성종: 그대들의 의견을 말해 보도록 하라.
> 김유: 우리나라의 수신전, 휼양전 등은 진실로 아름다운 것이지만 오히려 일이 없는 자가 앉아서 그 이익을 누린다고 하여 세조께서 과전을 없애고 이 제도를 만드셨습니다. [53회]

( )

03
> 한명회 등이 아뢰기를, "직전(職田)의 세(稅)는 관(官)에서 거두어 관에서 주면 이런 폐단이 없을 것입니다."라고 하였다. [대왕 대비] 전지하기를, "직전의 세는 소재지의 지방관으로 하여금 감독하여 거두어 주도록 하라."라고 하였다. [43회]

( )

◆ 다음 기출자료에서 빈칸에 알맞은 단어를 쓰세요.

04
> 하나, 나이가 많고 덕망과 학술을 지닌 1인을 여러 사람들이 도약정(都約正)으로 추대하고, 학문과 덕행을 지닌 2인을 부약정으로 삼는다. □□의 구성원 중에서 교대로 직월(直月)과 사화(司貨)를 맡는다. …… [37회]

( )

05
> 오늘 왕께서 ▢▢▢을 윤허하셨습니다. 이 법의 내용은 전품을 6등급으로, 풍흉을 9등급으로 나누어 전세를 수취하는 것입니다. 일찍이 왕께서는 법안을 논의할 때 백성들의 의견을 들어보라 명하셨고, 전제상정소에서 이를 참조하여 마련하였습니다. [55회]

( )

◆ 밑줄 그은 '왕'이 실시한 정책으로 옳은 것은?

13 39회

① 결작을 징수하여 재정 부족 문제에 대처하였다.
② 연분 9등법을 시행하여 수취 체제를 정비하였다.
③ 기유약조를 체결하여 일본과의 무역을 재개하였다.
④ 설점수세제를 시행하여 민간의 광산 개발을 허용하였다.
⑤ 직전법을 실시하여 현직 관리에게만 수조권을 지급하였다.

◆ 옳은 키워드를 골라 기출문장을 완성하세요.

06 경기 지역에 한하여 (① 전시과 / ② 과전법)이/가 실시되었다. [59회]

07 세조 때 현직 관리에게만 수조권을 지급하는 (① 직전법 / ② 관수 관급제)을/를 실시하였다. [68·63회]

08 세종 때 토지의 비옥도에 따라 (① 9등급 / ② 6등급)으로 나누어 전세를 거두었다. [50회]

◆ 옳은 기출문장에 O, 틀린 기출문장에 X 표시하세요.

09 조준 등의 건의로 직전법이 제정되었다. [60회] (O | X)

10 과전법은 수신전, 휼양전 등의 명목으로 세습되는 토지를 폐지하였다. [64·54회] (O | X)

11 세종 때 연분 9등법을 시행하여 수취 체제를 정비하였다. [58회] (O | X)

12 명종 때 관리에게 녹봉을 지급하고 수조권을 폐지하였다. [53회] (O | X)

정답
01 과전법 02 직전법 03 관수 관급제 04 향약 05 공법 06 ② 07 ① 08 ②
09 X(과전법) 10 X(직전법) 11 ○ 12 ○ 13 ② 세종 [① 영조, ③ 광해군, ④ 효종, ⑤ 세조]

IV. 조선 전기
15강 조선 전기의 경제·사회·문화

📍 상권 160쪽

3 조선 전기의 문화
최근 3개년 시험 중 8회 출제!

한눈에 보는 빈출 개념

1. 편찬 사업

『조선왕조실록』	· 태조~철종까지의 역사를 편년체 형식으로 서술 · 춘추관에서 「사초」, 「시정기」 등을 바탕으로 편찬
『고려사』	세종~문종 때 편찬, 기전체 형식으로 서술
『동국통감』	성종 때 서거정이 고조선~고려까지의 역사를 편년체로 서술
혼일강리역대국도지도	태종 때 제작, 우리나라 최초의 세계 지도
『동국여지승람』	성종 때 『팔도지리지』를 참고하여 완성, 단군 신화 수록
『삼강행실도』	세종 때 모범이 될 충신·효자·열녀의 행적을 글·그림으로 설명
『국조오례의』	성종 때 신숙주 등이 국가의 행사에 필요한 의례를 정리

2. 과학 기술

천문학	천상열차분야지도(태조), 혼천의·간의(천체 관측, 세종), 자격루·앙부일구(시계, 세종), 측우기(강우량 측정, 세종)
역법	『칠정산』(세종): 한양을 기준으로 한 역법서, 「내편」과 「외편」으로 구성됨
인쇄술	주자소 설치, 계미자(태종)·갑인자(세종) 주조
농업	· 『농사직설』(세종): 정초, 변효문 등이 우리 풍토에 맞는 농법을 종합하여 편찬 · 『금양잡록』(성종): 강희맹이 손수 농사 지은 경험 종합
의학	『향약집성방』(세종): 국산 약재 소개, 치료 예방법 제시

3. 건축과 예술

궁궐 건축	· 경복궁: 태조 때 한양으로 천도하며 지은 궁궐 · 창덕궁: 태종 때 지은 궁궐 · 종묘: 왕·왕비의 신주를 모신 사당
원각사지 십층 석탑	세조 때 건립, 경천사지 십층 석탑의 영향을 받음
그림	몽유도원도(안견), 고사관수도(강희안), 초충도(신사임당) 등
공예	분청사기(15세기), 백자(16세기)

기출자료&선택지로 개념 체크

◆ 다음 기출자료와 연관된 책의 이름을 쓰세요.

01
· 이 책에 대해 조사한 내용을 알려 줄래?
· 노사신, 양성지 등이 『팔도지리지』 등을 참고하여 성종 때 완성한 지리지야.
· 각 지역의 지도와 지리, 풍속 등을 총 50권에 수록하였고, 이후 증보되어 『신증동국여지승람』으로 편찬되었어.
[49회]

(   )

02
이 책은 성종 때 신숙주, 정척 등이 국가와 왕실의 각종 행사를 유교의 예법에 맞게 정리하여 완성한 책입니다. 국가의 기본 예식 오례, 즉 제사 의식인 길례, 관례와 혼례 등의 가례, 사신 접대 의례인 빈례, 군사 의식에 해당하는 군례, 상례 의식인 흉례에 대한 규정을 정리해 놓았습니다.
[43회]

(   )

◆ 다음 기출자료와 연관된 문화유산의 이름을 쓰세요.

03
선생님: 이 문화유산에 대해 조사한 내용을 올려 주세요.
학생 1: 세조 때 축조하였으며, 현재 국보로 지정되어 있습니다.
학생 2: 대리석으로 만든 이 탑의 각 면에는 부처, 보살, 천인상 등이 새겨져 있습니다.
학생 3: 이 탑 근처에 살던 박지원, 이덕무 등이 서로 교류하여 이들을 백탑파라고 부르기도 했습니다.
[57회]

(   )

04
이 그림은 안견이 안평대군의 꿈 이야기를 듣고 그린 것입니다. 현실 세계와 이상 세계가 대비를 이루면서도 전체적으로 통일된 분위기를 자아내고 있습니다.
[65회]

(   )

◆ 옳은 키워드를 골라 기출문장을 완성하세요.

05 『동국통감』은 고조선부터 고려까지의 역사를 (① 편년체 / ② 기전체)로 정리하였다. [67·61회]

06 성종 때 전국의 지리, 풍속 등이 수록된 (① 『동국여지승람』 / ② 『신증동국여지승람』)이 편찬되었다. [68·61회]

07 세종 때 우리 풍토에 맞는 농법을 소개한 (① 『농상집요』 / ② 『농사직설』)이/가 편찬되었다. [73·69·68·66회]

08 세종 때 강우량을 측정하기 위한 (① 자격루 / ② 측우기)가 제작되었다. [35회]

09 세조 때 (① 경천사지 / ② 원각사지) 십층 석탑이 건립되었다. [59회]

◆ 옳은 기출문장에 O, 틀린 기출문장에 X 표시하세요.

10 『고려사』는 세가, 지, 열전 등으로 구성되었다. [51회] (O | X)

11 태조 때 세계 지도인 혼일강리역대국도지도가 제작되었다. [69·68·62회] (O | X)

12 세종 때 한양을 기준으로 역법을 정리한 『칠정산』이 제작되었다. [73·72회] (O | X)

13 세종 때 국산 약재와 치료 방법을 정리한 『향약구급방』이 간행되었다. [58회] (O | X)

14 태종 때 주자소가 설치되어 계미자가 주조되었다. [72·68회] (O | X)

◆ 다음 대화의 왕이 재위했던 시기의 사실로 옳은 것은?

15 [38회]

① 주자소가 설치되어 계미자가 주조되었다.
② 전통 한의학을 정리한 『동의보감』이 완성되었다.
③ 음악 이론 등을 집대성한 『악학궤범』이 간행되었다.
④ 세계 지도인 혼일강리역대국도지도가 제작되었다.
⑤ 한양을 기준으로 한 역법서인 『칠정산』「내편」이 편찬되었다.

정답
01 『동국여지승람』 02 『국조오례의』 03 원각사지 십층 석탑 04 몽유도원도 05 ①
06 ① 07 ② 08 ② 09 ② 10 O 11 X(태종) 12 O 13 X(『향약집성방』) 14 O
15 ③ 성종 [①, ④ 태종, ② 광해군, ⑤ 세종]

IV. 조선 전기
15강 조선 전기의 경제·사회·문화

4 조선의 교육 기관과 성리학
상권 162쪽 / 최근 3개년 시험 중 3회 출제!

한눈에 보는 빈출 개념

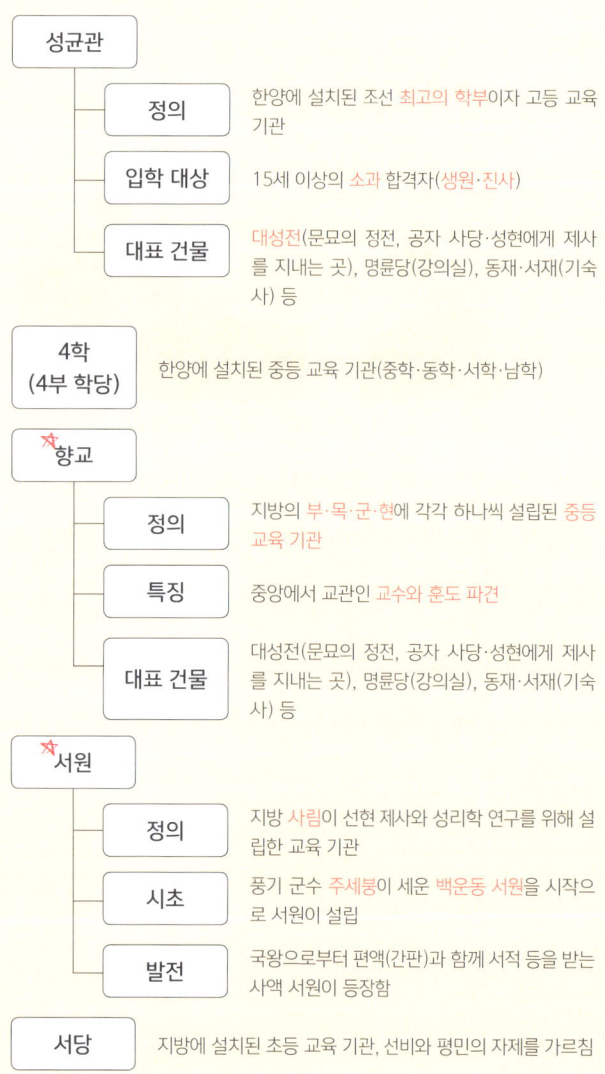

1. 조선의 교육 기관

성균관
- 정의: 한양에 설치된 조선 최고의 학부이자 고등 교육 기관
- 입학 대상: 15세 이상의 소과 합격자(생원·진사)
- 대표 건물: 대성전(문묘의 정전, 공자 사당·성현에게 제사를 지내는 곳), 명륜당(강의실), 동재·서재(기숙사) 등

4학(4부 학당): 한양에 설치된 중등 교육 기관(중학·동학·서학·남학)

향교
- 정의: 지방의 부·목·군·현에 각각 하나씩 설립된 중등 교육 기관
- 특징: 중앙에서 교관인 교수와 훈도 파견
- 대표 건물: 대성전(문묘의 정전, 공자 사당·성현에게 제사를 지내는 곳), 명륜당(강의실), 동재·서재(기숙사) 등

서원
- 정의: 지방 사림이 선현 제사와 성리학 연구를 위해 설립한 교육 기관
- 시초: 풍기 군수 주세붕이 세운 백운동 서원을 시작으로 서원이 설립
- 발전: 국왕으로부터 편액(간판)과 함께 서적 등을 받는 사액 서원이 등장함

서당: 지방에 설치된 초등 교육 기관, 선비와 평민의 자제를 가르침

2. 성리학의 발전 – 이황과 이이

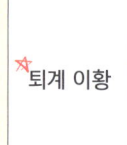

퇴계 이황
- 주세붕이 세운 백운동 서원을 사액 서원으로 공인할 것을 건의
- 경상도 안동 지역에서 예안 향약 실시
- 기대승과 사단 칠정에 대한 논쟁을 전개 → 성리학에 대한 이해 심화
- 저술: 『성학십도』(군주의 도를 도식으로 설명), 『주자서절요』(주자의 저술에서 중요한 것을 뽑음)

율곡 이이
- 황해도 해주 지역에서 해주 향약 실시
- 저술: 『성학집요』(군주의 덕목), 『동호문답』(개혁 방안), 『격몽요결』(성리학 입문서)

기출자료&선택지로 개념 체크

◆ 다음 기출자료와 연관된 교육 기관의 이름을 쓰세요.

01 이곳은 경기도 수원시에 위치한 조선 시대 지방 교육 기관입니다. 대부분 지방 관아 가까운 곳에 위치하였으며 제향 공간인 대성전, 강학 공간인 명륜당, 기숙사인 동재와 서재 등으로 이루어져 있습니다. [54회]

( )

02 주세붕이 처음 이 기관을 세울 때 세상에서는 의심하였습니다. 주세붕은 뜻을 더욱 가다듬어 많은 비웃음을 무릅쓰고 비방을 물리쳐 지금까지 누구도 하지 못했던 장한 일을 이루었습니다. 아마도 하늘이 이 기관을 세우는 가르침을 동방에 흥하게 하여 [우리나라가] 중국과 같아지도록 하려는 것인가 봅니다. – 『퇴계선생문집』 [39회]

( )

◆ 다음 기출자료와 연관된 인물의 이름을 쓰세요.

03 이 자료는 그가 지어 왕에게 바친 『성학십도』의 일부입니다. 그는 성리학에 대한 체계적 이해를 바탕으로 군주가 스스로 인격과 학문을 수양하기 위해 노력해야 함을 강조하였습니다. [52회]

( )

04 이곳 파주 자운 서원에는 이 인물의 위패가 모셔져 있습니다. 그는 군주가 수양해야 할 덕목과 지식을 담은 『성학집요』를 집필하여 임금에게 바쳤으며, 해주 향약 등을 시행하였습니다. [51회]

( )

◆ 옳은 키워드를 골라 기출문장을 완성하세요.

05 성균관은 (① 소과 / ② 대과)에 합격해야 입학 자격이 주어졌다. [56회]

06 조선 시대에는 수도에 (① 국자감 / ② 4부 학당)을 두었다. [63회]

07 (① 주세붕 / ② 이황)이 최초의 서원인 백운동 서원을 건립하였다. [73·68·64회]

08 이황 – (①『성학십도』/ ②『성학집요』)에서 군주의 도를 도식으로 설명하였다. [73·68회]

09 이이 – (① 예안 향약 / ② 해주 향약)을 시행하여 향촌 교화를 위해 노력함 [60회]

◆ 옳은 기출문장에 O, 틀린 기출문장에 X 표시하세요.

10 서당에는 중앙에서 교수와 훈도를 파견하였다. [67회]
(O | X)

11 향교는 전국의 부·목·군·현에 하나씩 설립되었다. [67회]
(O | X)

12 서원은 국왕으로부터 편액과 함께 서적 등을 받기도 하였다. [46회]
(O | X)

13 이황은 기대승과 사단 칠정 논쟁을 전개하였다. [71·60회]
(O | X)

14 이이가『격몽요결』을 통해 다양한 개혁 방안을 제시하였다. [57회]
(O | X)

◆ 다음 검색창에 들어갈 교육 기관에 대한 설명으로 옳은 것은?

15
47회

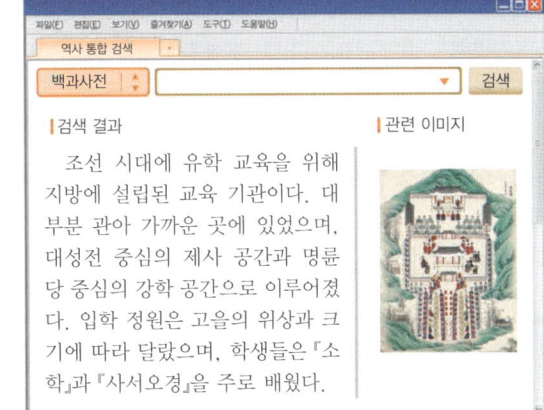

조선 시대에 유학 교육을 위해 지방에 설립된 교육 기관이다. 대부분 관아 가까운 곳에 있었으며, 대성전 중심의 제사 공간과 명륜당 중심의 강학 공간으로 이루어졌다. 입학 정원은 고을의 위상과 크기에 따라 달랐으며, 학생들은『소학』과『사서오경』을 주로 배웠다.

① 좌수와 별감을 두고 운영하였다.
② 지방의 사림 세력이 주로 설립하였다.
③ 소과에 합격해야 입학 자격이 주어졌다.
④ 흥선 대원군에 의해 대부분 철폐되었다.
⑤ 중앙에서 교수와 훈도를 파견하기도 하였다.

정답
01 향교 02 서원 03 이황 04 이이 05 ① 06 ② 07 ① 08 ① 09 ② 10 X(향교)
11 O 12 O 13 O 14 X(『동호문답』) 15 ⑤ 향교 [① 유향소, ②, ④ 서원, ③ 성균관]

V. 조선 후기
16강 조선 후기의 정치

1 붕당 정치의 전개와 변질
하권 12쪽 | 최근 3개년 시험 중 7회 출제!

📖 한눈에 보는 빈출 개념

1. 붕당 정치의 전개

광해군	북인이 서인·남인을 배제하고 정국을 주도 → 인조반정으로 북인 몰락, 서인 집권
인조	서인의 주도 하에 남인 일부 세력이 정치에 참여
효종	북벌에 대해 서인(북벌 지지)과 남인(북벌 반대)의 대립 발생
현종	효종과 효종 비 사망 후 자의 대비의 복상 기간을 두고 **예송 발생**

- **★1차 예송 (기해예송)**
  - 효종의 사망으로 발생
  - 서인: 1년복(기년복) 주장(신권 강화)
  - 남인: 3년복 주장(왕권 강화)
  - 서인 승리

- **2차 예송 (갑인예송)**
  - 효종 비의 사망으로 발생
  - 서인: 9개월복(대공복) 주장
  - 남인: 1년복 주장
  - 남인 승리

2. 붕당 정치의 변질

경신환국
- 원인: 남인 허적이 왕실의 천막을 무단으로 사용하고, 서인이 허적의 서자 허견의 역모 사건을 고발
- 결과
  - 남인 축출, 서인 집권
  - 서인이 남인 처벌을 두고 노론(강경파)과 소론(온건파)으로 분화

★기사환국
- 원인: 숙종이 희빈 장씨의 아들(경종)의 명호를 원자로 정하려 하는 것을 서인이 반대함
- 결과
  - 송시열 등 서인이 축출되고 남인이 정권 장악
  - 인현 왕후가 폐위되고 희빈 장씨가 왕비로 책봉

갑술환국
- 원인: 남인이 인현 왕후 복위 운동을 전개한 서인을 제거하려다 실패
- 결과
  - 남인이 몰락하고 인현 왕후가 복위
  - 서인이 재집권한 후 노론과 소론이 정국 주도

노론과 소론의 대립
- 경종 즉위 이후 세제 책봉과 세제 대리 청정 문제로 대립 격화

신임사화
- 소론(경종 지지)이 노론(연잉군 지지)을 제거하고 실권 장악

기출자료&선택지로 개념 체크

◆ 다음 기출자료와 연관된 왕의 이름을 쓰세요.

01
> 신하 1: 돌아가신 효종 대왕을 장자의 예로 대우하여 대왕대비의 복상(服喪) 기간을 3년으로 정하는 것이 마땅합니다.
> 신하 2: 아닙니다. 효종 대왕은 장자가 아니므로 1년으로 해야 합니다. [30회]

( )

02
> 임금이 전교하기를, "내 생각에는 허적이 혹시 허견의 모반 사실을 알지 못했는가 하였는데, 문안(文案)을 보니 준기를 산속 정자에 숨긴 사실이 지금 비로소 드러났으니, 알고서도 엄호한 정황이 분명하여 감출 수가 없었다. 그저께 허적에게 사약을 내려 죽인 것도 이 때문이다."라고 하였다. [57회]

( )

◆ 다음 기출자료와 연관된 사건의 이름을 쓰세요.

03
> 임금이 말하기를, "송시열은 산림의 영수로서 나라의 형세가 험난한 때에 감히 원자(元子)의 명호를 정한 것이 너무 이르다고 하였으니, 삭탈관작하고 성문 밖으로 내쳐라.…"라고 하였다. [61회]

( )

04
> 비망기를 내려, "국운이 안정되어 왕비가 복위하였으니, 백성에게 두 임금이 없는 것은 고금을 통한 의리이다. 장씨의 왕후 지위를 거두고 옛 작호인 희빈을 내려 주되, 세자가 조석으로 문안하는 예는 폐하지 않도록 하라."라고 하였다. [61회]

( )

◆ 옳은 키워드를 골라 기출문장을 완성하세요.

05 현종 때 자의 대비의 복상 문제로 (① 환국 / ② 예송)이 전개되었다. [69·67회]

06 서인은 기해예송에서 자의 대비의 (① 3년복 / ② 기년복)을 주장하였다. [44회]

07 (① 서인 / ② 남인)이 경신환국으로 정권을 장악하였다. [49회]

08 기사환국 때 (① 윤휴 / ② 송시열)이/가 관작을 삭탈당하고 유배되었다. [57회]

09 (① 기사환국 / ② 갑술환국) 때 남인이 권력을 장악하고 희빈 장씨가 왕비로 책봉되었다. [49회]

10 (① 남인 / ② 서인)이 갑술환국으로 정계에서 축출되었다. [45회]

◆ 옳은 기출문장에 O, 틀린 기출문장에 X 표시하세요.

11 예송은 서인과 남인 사이에 발생한 전례 문제이다. [43회] (O | X)

12 남인은 효종의 사망 이후 전개된 예송의 결과 정국을 주도하였다. [33회] (O | X)

13 경신환국 때 서인이 노론과 소론으로 갈라졌다. [30회] (O | X)

14 숙종 때 희빈 장씨 소생의 원자 책봉 문제로 환국이 발생하였다. [66회] (O | X)

15 기사환국 때 남인이 축출되고 노론과 소론이 정국을 주도하였다. [41회] (O | X)

16 갑술환국으로 인현 왕후가 폐위되고 남인이 권력을 장악하였다. [70·65회] (O | X)

◆ 다음 상황 이후에 전개된 사실로 옳은 것은?

17 [42회]

> 인평 대군의 아들 여러 복(복창군·복선군·복평군)이 본래 교만하고 억세었는데, 임금이 초년에 자주 병을 앓았으므로 그들이 몰래 못된 생각을 품고 바라서는 안 될 자리를 넘보았다. …… 남인에 붙어서 윤휴와 허목을 스승으로 삼고 …… 그들이 허적의 서자 허견을 보고 말하기를, "임금에게 만약 불행한 일이 생기면 너는 우리들을 후사로 삼게 하라. 우리는 너에게 병조 판서를 시킬 것이다."라고 하였다. …… 이 때 김석주가 남몰래 그 기미를 알고 경신년 옥사를 일으켰다.
> ─ 『연려실기술』

① 자의 대비의 복상 문제로 예송이 전개되었다.
② 정여립 모반 사건으로 서인이 정국을 주도하였다.
③ 이괄의 난이 일어나 반란군이 도성을 장악하였다.
④ 북인이 서인과 남인을 배제한 채 정국을 독점하였다.
⑤ 희빈 장씨 소생의 원자 책봉 문제로 환국이 발생되었다.

정답
01 현종 02 숙종 03 기사환국 04 갑술환국 05 ② 06 ② 07 ① 08 ① 09 ① 10 ①
11 O 12 X(효종 비의 사망 이후) 13 O 14 O 15 X(갑술환국) 16 X(기사환국)
17 ⑤ 경신환국 이후 [①, ②, ③, ④ 경신환국 이전]

V. 조선 후기
16강 조선 후기의 정치

2 영조와 정조의 탕평 정치와 개혁 정책
하권 14쪽 | 최근 3개년 시험 중 12회 출제!

📖 한눈에 보는 빈출 개념

1. 영조

이인좌의 난 진압	소론과 남인 일부 세력이 이인좌를 중심으로 난을 일으켰으나 진압됨
탕평파 등용	온건하고 타협적인 탕평파를 등용(완론 탕평)
★탕평비 건립	성균관 입구에 탕평비 건립
이조 전랑 권한 약화	이조 전랑이 갖고 있던 후임자 추천권과 삼사의 관리 선발 권한 폐지
★균역법 실시	군포를 1년에 2필에서 1필로 줄여줌
청계천 준설	홍수 대비를 위해 준천사를 설치하고 청계천 준설 사업 시행
편찬 사업	『동국문헌비고』(백과사전), 『속대전』(법전) 등

2. 정조

준론 탕평	각 붕당의 주장이 옳은지 그른지를 명백히 가림
초계문신제 시행	젊고 유능한 문신을 초계문신으로 선발하여 재교육
장용영 설치	국왕의 친위 부대 설치
★규장각 설치	왕실 도서관으로 설치, 검서관으로 유득공·박제가 등 능력 있는 서얼 출신들 등용
수원 화성 건립	수원에 화성을 건립
★신해통공 반포	육의전을 제외한 시전 상인의 금난전권 폐지
편찬 사업	『대전통편』(법전), 『동문휘고』(외교 문서 집대성), 『무예도보통지』(종합 무예서), 『일성록』(국왕의 동정·국정 기록) 등

기출자료&선택지로 개념 체크

◆ 다음 기출자료와 연관된 사건의 이름을 쓰세요.

01
> 이 책은 이승원이 이 반란의 전개 과정을 기록한 일기로, 경상도 거창에서 반란군을 이끌던 정희량 세력의 활동 내용 등이 기록되어 있다. 이 반란은 이인좌, 정희량 등이 세제(世弟)였던 왕의 즉위 과정에 의혹을 제기하며 일으킨 반란이다. [46회]

( )

◆ 다음 기출자료와 연관된 왕의 이름을 쓰세요.

02
> 그는 즉위 후 탕평 교서를 반포하고 탕평비를 건립하였다. 준천사를 신설하여 홍수에 대비하였으며, 신문고를 다시 설치하여 백성들의 억울함을 듣고자 하였다. [68회]

( )

03
> 이 왕이 지은 것으로 군주를 모든 하천에 비치는 달에 비유하여 국왕 중심의 정국 운영을 강조하는 내용이 담겨 있다. 그는 초계문신제를 실시하여 자신의 정책을 뒷받침하는 인재를 양성하고자 하였다. [59회]

( )

◆ 다음 기출자료에서 빈칸에 알맞은 단어를 쓰세요.

04
> 이곳은 [ ] 성역과 연계하여 축조된 축만제입니다. 정조는 축만제 등의 수리 시설 축조와 둔전 경영을 통해 [ ]의 수리, 장용영의 유지, 백성의 진휼을 위한 재원을 마련하였습니다. [56회]

( )

◆ 옳은 키워드를 골라 기출문장을 완성하세요.

05 영조 때 (① 정여립 / ② 이인좌)을/를 중심으로 소론 세력 등이 난을 일으켰다. [65·64·63회]

06 영조 때 붕당의 폐해를 경계하기 위한 (① 탕평비 / ② 척화비)가 건립되었다. [72·70·69·67회]

07 영조는 (①『동국문헌비고』/ ②『일성록』)을/를 편찬하여 역대 문물을 정리하였다. [73·69·66·64회]

08 정조는 국왕의 친위 부대인 (① 금위영 / ② 장용영)을 설치하였다. [73·71·70회]

09 정조 때 서얼 출신의 학자들이 (① 규장각 / ② 성균관) 검서관에 기용되었다. [69·66회]

10 정조 때 대외 관계를 정리한 (①『동문휘고』/ ②『무예도보통지』)를 간행하였다. [72·64회]

◆ 옳은 기출문장에 O, 틀린 기출문장에 X 표시하세요.

11 영조는『대전통편』을 편찬하여 통치 체제를 정비하였다. [72·70·66회] (O | X)

12 영조는 군역 부담을 줄이기 위해 대동법을 제정하였다. [68·61회] (O | X)

13 영조는 준천사를 신설하여 홍수에 대비하였다. [52회] (O | X)

14 영조 때 유능한 인재를 양성하기 위해 초계문신제를 시행하였다. [72·71·68·67회] (O | X)

15 정조 때 육의전을 제외한 시전 상인의 금난전권이 폐지되었다. [62·61회] (O | X)

16 정조 때 통치 체제를 재정비하기 위해『속대전』을 간행하였다. [71·62회] (O | X)

◆ (가) 왕의 재위 기간에 있었던 사실로 옳은 것은?

17 46회

『통정공 무신일기』

이 책은 이승원이 무신난(戊申亂)의 전개 과정을 기록한 일기로, 경상도 거창에서 반란군을 이끌던 정희량 세력의 활동 내용 등이 기록되어 있다. 무신난은 이인좌, 정희량 등이 세제(世弟)였던 (가) 의 즉위 과정에 의혹을 제기하며 일으킨 반란이다.

① 허적과 윤휴 등 남인들이 대거 축출되었다.
② 박규수의 건의로 삼정이정청이 설치되었다.
③ 자의 대비의 복상 문제로 예송이 전개되었다.
④ 붕당의 폐해를 경계하기 위한 탕평비가 건립되었다.
⑤ 왕조의 통치 규범을 재정비한『대전통편』이 편찬되었다.

정답
01 이인좌의 난 02 영조 03 정조 04 수원 화성 05 ② 06 ① 07 ① 08 ② 09 ① 10 ① 11 X(『속대전』) 12 X(균역법) 13 O 14 X(정조) 15 O 16 X(『대전통편』) 17 ④ 영조 [① 숙종, ② 철종, ③ 현종, ⑤ 정조]

V. 조선 후기
16강 조선 후기의 정치

3 세도 정치와 사회 변혁의 움직임
하권 16쪽 | 최근 3개년 시험 중 10회 출제!

한눈에 보는 빈출 개념

1. 세도 정치의 전개와 폐해

(1) 세도 정치의 전개

순조	정순 왕후의 수렴청정으로 노론 벽파 권력 장악 → 순조의 장인 김조순 중심으로 안동 김씨 가문 권력 장악 → 세도 정치 시작
헌종	외척인 풍양 조씨 가문이 득세
철종	안동 김씨 가문이 다시 권력 장악

(2) 세도 정치의 폐해

비변사 강화	비변사가 국정 총괄 기구로 자리 잡고 소수의 외척 가문이 요직 독점
삼정의 문란	전정(토지 세금), 군정(군역을 대신하는 포), 환곡의 문란 심화
부정부패 발생	매관매직이 성행

2. 세도 정치 시기 민중 봉기의 확산

★홍경래의 난 (순조, 1811)	• 원인: 세도 정치의 수탈, 서북인에 대한 차별 대우 • 전개: 몰락 양반 홍경래와 우군칙을 중심으로 영세 농민·중소 상인·광산 노동자 등이 합세 → 가산에서 봉기 → 정주성 등 청천강 이북 거의 장악 → 관군에게 진압
임술 농민 봉기 (철종, 1862)	• 원인: 경상 우병사 백낙신의 수탈 • 전개: 몰락 양반 유계춘을 중심으로 진주에서 봉기 → 전국으로 확산 → 박규수를 안핵사로 파견, 삼정이정청 설치 • 한계: 삼정이정청이 4개월 만에 폐지

3. 새로운 사상의 등장

★천주교 (서학)	사신들에 의해 서학으로 소개 → 남인 시파들이 신앙 활동 전개
신해박해(정조)	진산 사건을 일으킨 윤지충, 권상연 처형
신유박해(순조)	순조 즉위 후 노론 벽파가 남인 시파 탄압 → 이승훈, 정약종 등 처형, 정약용 유배 → 황사영 백서 사건으로 탄압 심화
기해박해(순조)	정하상 등 신도와 신부가 처형
병오박해(헌종)	한국인 최초의 신부 김대건 처형
★동학	• 철종 때 최제우가 창시 → 경주를 중심으로 삼남 지방에 확산 → 혹세무민의 죄목으로 교조 최제우 처형 • 시천주(마음속에 한울님을 모심), 인내천(평등) 사상 강조 • 2대 교주 최시형이 최제우의 『동경대전』, 『용담유사』를 간행하여 교리 정리, 교단 조직 정비

기출자료&선택지로 개념 체크

◆ 다음 기출자료와 연관된 사건의 이름을 쓰세요.

01
평안 감사가 "이달 19일에 관군이 정주성을 수복하고 두목 홍경래 등을 죽이거나 사로잡았습니다."라고 임금께 보고하였다.
[53회]
(   )

02
신하: 진주의 난민들이 경상 우병사 백낙신을 협박하고 사람을 참혹하게 죽이는 사건이 일어났다고 합니다.
왕: 난민들이 이렇게 극도에 이른 경우는 없었는데, 평소에 잘 위무했다면 어찌 이런 일이 있었겠는가? 박규수를 경상도 안핵사로 내려보내 사태를 수습토록 하라.
[54회]
(   )

03
한영규가 아뢰기를, "서양의 간특한 설이 윤리와 강상을 없애고 어지럽히니 어찌 진산의 권상연, 윤지충 같은 자가 또 있겠습니까? 제사를 폐하고 위패를 불태웠으며, 조문을 거절하고 그 부모의 시신을 내버렸으니 그 죄가 매우 큽니다."라고 하였다.
[50회]
(   )

04
사헌부에서 아뢰기를, "아! 통분스럽습니다. 이가환, 이승훈, 정약용의 죄가 무거우니 이를 어찌 다 처벌할 수 있겠습니까? 사학(邪學)이란 것은 반드시 나라에 흉악한 화를 가져오고야 말 것입니다."라고 하였다.
[50회]
(   )

◆ 옳은 키워드를 골라 기출문장을 완성하세요.

05 (① 도평의사사 / ② 비변사)가 세도 정치 시기에 외척의 세력 기반이 되었다. [40회]

06 홍경래의 난은 (① 서북인 / ② 삼남 지역민)에 대한 차별에 반발하여 일어났다. [54회]

07 임술 농민 봉기는 몰락 양반 (① 우군칙 / ② 유계춘)이 주도하였다. [46회]

08 순조 때 정약종 등이 희생된 (① 신유박해 / ② 병오박해)가 일어났다. [66회]

09 철종 때 (① 최제우 / ② 최시형)이/가 동학을 창시하였다. [53회]

10 (① 천주교 / ② 동학)은/는 마음 속에 한울님을 모시는 시천주를 강조하였다. [48회]

◆ 옳은 기출문장에 O, 틀린 기출문장에 X 표시하세요.

11 세도 정치 시기에는 안동 김씨의 세도 정치로 부정부패가 심화되었다. [69회] (O | X)

12 순조 때 지역 차별에 반발한 홍경래가 주도하여 봉기하였다. [63회] (O | X)

13 임술 농민 봉기 때 상황 수습을 위해 백낙신이 안핵사로 파견되었다. [70·69회] (O | X)

14 기해박해는 황사영 백서 사건의 원인이 되었다. [69회] (O | X)

15 동학은 제사와 신주를 모시는 문제로 정부의 탄압을 받았다. [57회] (O | X)

16 동학은 『동경대전』과 『용담유사』를 경전으로 삼았다. [66·58회] (O | X)

◆ 다음 대화에 나타난 사건에 대한 설명으로 옳은 것은?

17 [52회]

① 박규수가 안핵사로 파견되었다.
② 조병갑의 탐학이 계기가 되었다.
③ 선혜청과 일본 공사관을 공격하였다.
④ 서북인에 대한 차별에 반발하여 일어났다.
⑤ 남접과 북접이 연합하여 조직적으로 전개되었다.

정답
01 홍경래의 난 02 임술 농민 봉기 03 신해박해 04 신유박해 05 ② 06 ① 07 ②
08 ① 09 ① 10 ② 11 O 12 O 13 X(박규수) 14 X(신유박해) 15 X(천주교) 16 O
17 ④ 홍경래의 난 [① 임술 농민 봉기, ② 고부 민란, ③ 임오군란, ⑤ 제2차 동학 농민 운동]

V. 조선 후기
17강 조선 후기의 경제와 사회

📍 하권 24쪽

1 조선 후기의 경제 — 최근 3개년 시험 중 14회 출제!
2 조선 후기의 사회 — 최근 3개년 시험 중 0회 출제!

📖 한눈에 보는 빈출 개념

1. 조선 후기의 경제

(1) 조선 후기 수취 제도의 개편

| 영정법 | 전세를 풍흉에 관계없이 토지 1결당 미곡 4~6두로 고정 |

 대동법
- 공물 납부 대신 소유한 토지 결수에 따라 쌀·무명·동전 등으로 차등 납부
- 광해군 때 경기도에서 처음 시행, 숙종 때 전국 확대
- 관청에 필요한 물품을 납부하는 상인인 공인 등장

 균역법
- 1년에 2필씩 내던 군포를 1필로 줄임
- 재정 보충책으로 결작, 선무군관포 등 징수

(2) 조선 후기의 경제 발달

 농업
- 이앙법(모내기법) 확대 → 이모작 성행
- 상품 작물 재배, 구황 작물 전래

| 수공업 | 선대제 수공업과 독립 수공업자 등장 |
| 광업 | 민영 광산 증가, 잠채 성행, 덕대 등장 |

 상업
- 송상: 전국 각지에 송방 설치, 대청 무역
- 경강 상인: 정부의 세곡 운송 주도
- 기타: 동래 내상(왜관, 대일 무역), 의주 만상(책문 후시, 대청 무역), 평양 유상(대청 무역)
- 상평통보 주조(숙종 때 법화로 채택)

2. 조선 후기의 사회

(1) 조선 후기 사회 구조의 변동

| 신분제의 동요 | 납속책, 공명첩 등으로 양반이 증가 → 순조 때 세금을 내는 양민 확보를 위해 공노비 해방 실시 |

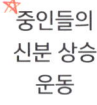 중인들의 신분 상승 운동
- 서얼: 정조 때 이덕무, 유득공 등이 규장각 검서관으로 활동 → 통청 운동으로 문과 응시, 청요직 진출 권리 획득
- 기술직 중인
  - 철종 때 신분 상승을 추구하였으나 실패
  - 문예 모임인 시사 조직 → 위항 문학

(2) 조선 후기 향촌 질서의 변화

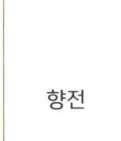 향전
- 배경: 양반의 권위가 약화되고, 부농층은 수령과 결탁하여 향회에 이름을 올리고 향회 장악을 시도 → 향촌 운영을 둘러싸고 구향과 신향의 대립 격화
- 전개: 신향은 관권과 타협적인 관계를 유지하면서 향촌 사회를 장악, 구향은 동약 등을 통해 향촌 내에서의 입지 유지 시도
- 수령의 세력 증대 → 농민에 대한 수탈 강화, 향회가 수령의 부세 자문 기구로 전락

기출자료&선택지로 개념 체크

◆ 다음 기출자료와 연관된 수취 제도의 이름을 쓰세요.

01
- 이원익의 건의로 경기도에서 시행되는 수취 제도에 대해 설명해 주세요.
- 이번에 시행되는 제도는 지방의 특산물을 징수하면서 나타난 방납의 폐단을 막아 백성들의 부담을 줄여주기 위한 것입니다. 공물을 현물 대신 토지의 결 수에 따라 쌀로 납부합니다. [70회]

( )

02
왕은 늘 양역의 폐단을 염려하여 군포 한 필을 감하고 균역청을 설치하여 각 도의 어염·은결의 세를 걷어 보충하니, 그 은택을 입은 백성들은 서로 기뻐하였다. 이런 시책으로 화기(和氣)를 끌어올려 대명(大命)을 이을 만하였다. [52회]

( )

◆ 다음 기출자료에서 빈칸에 알맞은 단어를 쓰세요.

03
선생님: 조선 후기에 활동한 상인에 대해 말해 볼까요?
학생1: 개성 상인인 송상은 사개치부법이라는 회계법을 고안했어요.
학생2: [ ]은 한강을 무대로 정부의 세곡 운송을 주도했고, 강상(江商)이라 불리기도 했어요. [44회]

( )

04
지난 을축년 영중추부사 이원익이 정승으로 있을 때에, …… [ ]의 관직 진출을 허용하도록 정하였습니다. 양첩 소생은 손자 대에 가서 허용하고, 천첩 소생은 증손 대에 가서 허용하며, 과거에 급제한 뒤에는 요직은 허용하되 청직은 허용하지 않는 것으로 임금님의 재가를 받았습니다. …… 지금부터는 전교하신 대로 재능에 따라 의망(擬望)*하는 것이 어떻겠습니까?
*의망: 관직 후보자를 추천하는 것 [35회]

( )

◆ 옳은 키워드를 골라 기출문장을 완성하세요.

05 인조 때 전세를 1결당 4~6두로 고정하는 (① 공법 / ② 영정법)을 제정하였다. [66회]

06 대동법은 관청에 물품을 조달하는 (① 공인 / ② 도고)이/가 등장하는 배경이 되었다. [72·70·69·65회]

07 조선 후기에는 담배와 면화 등이 (① 상품 작물 / ② 구황 작물)로 재배되었다. [72·61회]

08 만상은 책문 후시를 통해 (① 청 / ② 일본)과의 무역을 주도하였다. [44회]

09 조선 후기에 송상이 전국 각지에 (① 왜관 / ② 송방)을 설치하였다. [61회]

10 조선 후기에는 (① 서얼 / ② 백정)이 통청 운동을 전개하였다. [71회]

◆ 옳은 기출문장에 O, 틀린 기출문장에 X 표시하세요.

11 대동법은 특산물 대신 쌀, 베, 동전 등으로 납부하게 하였다. [73·69회] (O | X)

12 균역법은 토지 소유자에게 선무군관포를 징수하였다. [72회] (O | X)

13 조선 후기에 보부상이 포구에서 중개·금융·숙박업 등에 주력하였다. [38회] (O | X)

14 조선 후기에 덕대가 광산을 전문적으로 경영하였다. [73·69회] (O | X)

15 순조 때 각 궁방과 중앙 관서의 공노비를 해방하였다. [68회] (O | X)

16 양반들은 조선 후기 시사(詩社)를 조직해 위항 문학 활동을 하였다. [71회] (O | X)

◆ 밑줄 그은 '이 법'의 영향으로 가장 적절한 것은?

17 57회

① 관청에 물품을 조달하는 공인이 등장하였다.
② 어염세, 선박세 등이 국가 재정으로 귀속되었다.
③ 전세를 풍흉에 따라 9등급으로 차등 과세하였다.
④ 양반에게도 군포를 징수하는 호포제가 시행되었다.
⑤ 재정을 보충하기 위해 지주에게 결작이 부과되었다.

정답
01 대동법 02 균역법 03 경강 상인 04 서얼 05 ② 06 ① 07 ① 08 ① 09 ②
10 ① 11 O 12 X(결작) 13 X(객주·여각) 14 O 15 O 16 X(중인들이 조직)
17 ① 대동법 [②, ⑤ 균역법, ③ 연분 9등법, ④ 호포제]

V. 조선 후기

18강
조선 후기의 문화

1 성리학의 변화와 양명학의 수용 최근 3개년 시험 중 0회 출제!
2 실학의 등장과 국학 연구의 확대 최근 3개년 시험 중 16회 출제!

하권 34쪽

📖 한눈에 보는 빈출 개념

1. 성리학의 변화와 양명학의 수용

성리학의 변화	· 성리학의 상대화: 윤휴, 박세당(『사변록』) · 호락 논쟁: 인간과 사물의 본성에 대한 논쟁
양명학의 수용	· 심즉리, 지행합일 등을 주장하며 실천성 강조 · 정제두 → 강화 학파 형성

2. 실학

중농학파 실학자

반계 유형원	· 균전론: 신분에 따른 토지의 차등 분배 · 저술: 『반계수록』
성호 이익	· 한전론: 영업전 설정, 토지 소유의 하한선 설정 · 저술: 『성호사설』(6좀 지적), 『곽우록』

다산 정약용	· 여전론: 마을 단위의 토지 분배와 공동 경작
	  → 이후 타협안으로 정전론 주장
	· 거중기 설계(『기기도설』) → 수원 화성 축조
	· 저술: 『목민심서』(지방 행정 개혁), 『경세유표』
	  (국가 제도 개혁), 『흠흠신서』, 『마과회통』(홍역, 종두법)

중상학파 실학자

농암 유수원	『우서』에서 사농공상의 직업적 평등과 전문화 주장
담헌 홍대용	· 지전설, 무한 우주론 → 중국 중심 세계관 비판 · 혼천의 제작 · 저술: 『의산문답』, 『임하경륜』, 『담헌서』
연암 박지원	· 청의 문물 수용 주장 · 한전론: 토지 소유의 상한선 설정 · 저술: 『열하일기』, 「양반전」, 「허생전」
초정 박제가	· 절약보다 소비 권장, 수레·선박 이용 강조 · 저술: 『북학의』

3. 국학

지리 연구	· 『동국지리지』(한백겸): 삼한의 위치 고증 · 『아방강역고』(정약용): 역사 지리지 · 『택리지』(이중환): 각 지방의 풍속 등을 분석 · 동국지도(정상기): 최초로 100리 척 적용 · 대동여지도(김정호): 10리마다 눈금으로 거리 표시
역사 연구	· 『동사강목』(안정복): 고조선~고려, 강목체 · 『연려실기술』(이긍익): 조선 시대, 기사본말체 · 『발해고』(유득공): 남북국이라는 용어 처음 사용 · 『금석과안록』(김정희): 북한산비가 신라 진흥왕 순수비임을 고증

기출자료&선택지로 개념 체크

◆ **다음 기출자료와 연관된 인물의 이름을 쓰세요.**

01
> 특집: 강화 학파의 발자취를 찾아서
> 이곳은 강화 학파의 태두인 그의 묘이다. 그는 심즉리(心即理), 치양지(致良知)를 주요 내용으로 한 이 학문을 연구하였으며, 강화도에서 후진 양성에 힘을 기울여 이광사 등 많은 제자를 길러냈다.
> [30회]

( )

02
> 재물이 모자라는 것은 농사를 힘쓰지 않는 데에서 생긴다. 농사에 힘쓰지 않는 것은 여섯 가지 좀 때문이다. …… 첫째가 노비(奴婢)요, 둘째가 과업(科業)이요, 셋째가 벌열(閥閱)이요, 넷째가 기교(技巧)요, 다섯째가 승니(僧尼)요, 여섯째가 게으름뱅이(遊惰)이다.
> [33회]

( )

03
> 중국은 서양에 대해서 경도의 차이가 1백 80도에 이르는데, 중국 사람은 중국을 정계(正界)로 삼고 서양을 도계(倒界)로 삼으며, 서양 사람은 서양을 정계로 삼고 중국을 도계로 삼는다. 그러나 실제에 있어서는 하늘을 이고 땅을 밟는 사람은 지역에 따라 모두 그러하니, 횡(橫)이나 도(倒)할 것 없이 다 정계이다. — 『의산문답』 [42회]

( )

◆ **다음 기출자료와 연관된 저술의 이름을 쓰세요.**

04
> …… 부여씨가 망하고 고씨가 망하니 김씨가 그 남쪽 땅을 차지하고 대씨가 그 북쪽 땅을 차지하여 발해라 하였다. 이것을 남북국이라 한다. 그러니 마땅히 남북국사가 있어야 한다.
> [61회]

( )

◆ 옳은 키워드를 골라 기출문장을 완성하세요.

05 정제두는 (① 성리학 / ② 양명학)을 연구하여 강화 학파를 형성하였다. [68·67·64회]

06 이익은 『성호사설』에서 (① 한전론 / ② 여전론)을 주장하였다. [58회]

07 정약용은 (① 『목민심서』 / ② 『경세유표』)를 저술하여 국가 제도의 개혁 방향을 제시하였다. [68·60·58회]

08 홍대용은 (① 『의산문답』 / ② 『임하경륜』)에서 중국 중심의 세계관을 비판하였다. [67·65회]

09 박제가는 (① 『북학의』 / ② 『열하일기』)를 저술하여 수레와 배의 이용을 권장하였다. [68회]

10 (① 동국지도 / ② 대동여지도)에는 최초로 100리 척이 적용되었다. [54회]

◆ 옳은 기출문장에 O, 틀린 기출문장에 X 표시하세요.

11 이익은 『반계수록』에서 토지 제도 개혁론을 제시하였다. [41회] (O | X)

12 유형원은 『우서』에서 사농공상의 직업적 평등과 전문화를 주장하였다. [70회] (O | X)

13 정약용은 천체의 운행과 위치를 측정하는 혼천의를 제작했어. [50회] (O | X)

14 박지원은 「양반전」을 지어 양반의 허례와 무능을 풍자하였다. [72·70·69·66회] (O | X)

15 대동여지도는 목판으로 인쇄되었으며 10리마다 눈금이 표시되어 있다. [52회] (O | X)

16 『금석과안록』(김정희) - 북한산비가 진흥왕 순수비임을 고증하였다. [71·70·65회] (O | X)

◆ 다음 검색창에 들어갈 인물의 활동으로 옳은 것은?

17 [60회]

① 『지봉유설』에서 『천주실의』를 조선에 소개하였다.
② 『의산문답』에서 중국 중심의 세계관을 비판하였다.
③ 「양반전」을 지어 양반의 허례와 무능을 풍자하였다.
④ 『경세유표』를 집필하여 국가 제도의 개혁 방향을 제시하였다.
⑤ 『금석과안록』에서 북한산비가 진흥왕 순수비임을 고증하였다.

정답
01 정제두 02 이익 03 홍대용 04 『발해고』 05 ② 06 ① 07 ② 08 ① 09 ①
10 ① 11 X(유형원) 12 X(유수원) 13 X(홍대용) 14 O 15 O 16 O 17 ④ 정약용
[① 이수광, ② 홍대용, ③ 박지원, ⑤ 김정희]

V. 조선 후기
18강 조선 후기의 문화

3 조선 후기 문화의 새로운 경향
최근 3개년 시험 중 11회 출제!
하권 38쪽

한눈에 보는 빈출 개념

1. 서민 문화의 발달

공연
- 판소리: 「춘향가」·「심청가」·「흥보가」·「적벽가」·「수궁가」 등
- 탈춤(양반의 위선 풍자), 산대놀이 등

문학
- 한글 소설: 『홍길동전』, 『춘향전』, 『박씨전』 등 유행, 여성들을 중심으로 세책 성행
- 사설 시조: 서민의 감정을 솔직하게 노래와 사설로 표현
- 중인 계층이 시사를 조직하여 위항 문학 활동 전개
- 소설을 읽어주고 보수를 받는 전기수 등장

2. 예술의 새로운 경향

그림 진경 산수화가 유행하고, 풍속화가 그려졌으며 서양화 기법이 도입됨

[진경산수화]

▲ 인왕제색도 (정선)

▲ 금강전도 (정선)

[풍속화]

▲ 씨름 (단원 김홍도)

▲ 단오풍정 (혜원 신윤복)

▲ 영통동구도 (강세황)
····▶ 서양화 기법 도입

▲ 세한도 (김정희)

서예 추사 김정희가 추사체 창안

공예 백자에 청색 안료로 무늬를 넣은 청화 백자 유행

건축 다층이지만 통층 구조인 사원 건축물이 주로 건립

▲ 김제 금산사 미륵전

▲ 구례 화엄사 각황전

▲ 보은 법주사 팔상전

3. 과학 기술의 발달

의학
- 『동의보감』(허준), 『동의수세보원』(이제마), 『침구경험방』(허임)

농서
- 『농가집성』: 신속, 벼농사 중심의 농법
- 『색경』: 박세당, 인삼·고추 등 상품 작물 재배법
- 『임원경제지』: 서유구, 농촌 생활 백과사전
- 『산림경제』: 홍만선, 농업·일상생활 관련 지식

기출자료&선택지로 개념 체크

◆ 다음 기출자료와 연관된 인물의 작품을 고르세요.

01
단원 특별전
우리 미술관에서는 풍속화, 산수화, 기록화, 초상화 등 다양한 분야에서 뛰어난 작품을 남긴 단원의 예술 세계를 만날 수 있는 특별전을 마련하였습니다.
[43회]

① 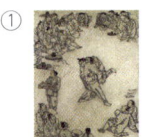   ②

02
혜원 특별전
조선 후기 풍속화의 주제와 화풍을 발전시킨 혜원의 작품을 만날 수 있는 특별전을 마련하였습니다.
[39회]

①    ②

◆ 다음 기출자료와 연관된 문화유산을 고르세요.

03
문화유산 카드
- 종목: 국보 제67호
- 소재지: 전라남도 구례군
- 소개: 정면 7칸, 측면 5칸의 다포계 중층 팔작지붕 건물이다. 현존하는 중층의 불전 중에서 가장 큰 규모로 내부 공간은 층의 구분 없이 통층(通層)으로 구성되어 웅장한 느낌을 준다. 임진왜란 때 소실되었으나 1702년(숙종 28)에 중건되어 현재에 이르고 있다.
[31회]

①
▲ 화엄사 각황전

②
▲ 법주사 팔상전

04
추사 김정희의 대표작이 소장자의 뜻에 따라 ○○ 박물관에 기증되었다. 그동안 기탁 형태로 관리되었으나 온전히 국가에 귀속된 것이다. 이 작품은 김정희가 제주도 유배 중일 때 사제의 의리를 변함없이 지킨 제자 이상적에게 그려 준 것으로, 시서화(詩書畵)의 일치를 추구하였던 조선 시대 문인화의 진수를 보여준다. [56회]

①  ②

◆ 옳은 키워드를 골라 기출문장을 완성하세요.

05 조선 후기에는 「춘향가」, 「흥보가」 등의 (① 판소리 / ② 사설 시조)가 유행하였다. [64·57회]

06 조선 후기에는 (① 「양반전」, 「허생전」 / ② 『홍길동전』, 『박씨전』) 등의 한글 소설이 널리 읽혔다. [66·57회]

07 조선 후기에는 금강전도 등 (① 진경 산수화 / ② 풍속화)가 그려졌다. [64회]

08 (① 허준 / ② 이제마)이/가 사상 의학을 정립한 『동의수세보원』을 편찬하였다. [66회]

09 신속이 모내기법 등을 소개한 (① 『농가집성』 / ② 『색경』)을 편찬하였다. [43회]

◆ 문화유산과 명칭이 맞으면 O, 틀리면 X 표시하세요.

10 인왕제색도(정선) [65·63회]   (O | X)

◆ 다음 그림이 그려진 시기의 문화에 대한 설명으로 옳지 않은 것은?

11
57회

이 그림은 김득신이 대장간의 모습을 묘사한 풍속화이다. 한 명이 화덕에서 달궈진 쇳덩어리를 방울집게로 집어 모루 위에 올려 놓자 두 명이 쇠망치로 두드리는 모습, 도리에 매어 놓은 그네에 상체를 기대고 어깨너머로 구경하는 아이의 모습 등이 생동감 있게 표현되어 있다.

① 중인들이 시사(詩社)를 조직하였다.
② 양반의 위선을 풍자한 탈춤이 공연되었다.
③ 「춘향가」, 「흥보가」 등의 판소리가 유행하였다.
④ 금속 활자본인 『직지심체요절』이 간행되었다.
⑤ 『홍길동전』, 『박씨전』 등의 한글 소설이 널리 읽혔다.

정답
01 ① 02 ② 03 ① 04 ② 05 ① 06 ② 07 ① 08 ② 09 ① 10 X(영통동구도)
11 ④ 고려 시대 [①, ②, ③, ⑤ 조선 후기]

VI. 근대
19강 흥선 대원군 집권 시기와 개항

하권 50쪽

1 흥선 대원군의 개혁과 외세의 침입
최근 3개년 시험 중 13회 출제!

한눈에 보는 빈출 개념

1. 흥선 대원군의 개혁 정치

비변사 폐지	비변사 축소·폐지 → 의정부 기능 회복, 삼군부 부활
통치 체제 정비	『대전회통』, 『육전조례』 등의 법전 편찬
경복궁 중건	• 임진왜란 중 소실된 경복궁 중건 → 왕실 권위 회복 • 당백전 발행, 원납전(기부금) 강제 징수
서원 철폐 ★	• 전국의 서원을 47개소만 남기고 정리, 만동묘 철폐 → 국가 재정 확충, 양반 유생들의 반발 ↑
삼정의 개혁	• 호포제 실시(양반에게도 군포 부과) • 사창제 실시(환곡 대신 향촌민들이 자치적으로 운영)

2. 통상 수교 거부 정책과 외세의 침입

병인박해 (1866. 1.)	조선 정부가 천주교 탄압 → 프랑스 신부와 천주교도 처형
제너럴셔먼호 사건 (1866. 7.)	미국 상선 제너럴셔먼호가 조선에 통상을 요구했다가 거부 → 조선 관리 살해, 민가 약탈 → 평안도 관찰사 박규수와 평양 관민이 제너럴셔먼호를 불태워 침몰시킴
병인양요 (1866. 9.)	프랑스가 병인박해를 구실로 조선과의 수교 시도 → 로즈 제독 함대가 강화도 점령, 한성 진격 시도 → 한성근(문수산성), 양헌수(정족산성) 부대가 격퇴 → 프랑스군이 퇴각 과정에서 『의궤』 등 외규장각 도서와 각종 문화재 약탈
오페르트 도굴 사건 (1868)	독일 상인 오페르트가 통상을 시도하였으나 실패 → 흥선 대원군의 아버지인 남연군 묘 도굴 시도 → 실패
신미양요 ★ (1871)	미국이 제너럴셔먼호 사건을 구실로 조선과 수교 시도 → 미군이 강화도 침입, 초지진·덕진진 점령, 광성보 공격 → 어재연 부대가 결사적으로 저항 → 미군 퇴각, 수자기 등 전리품 약탈 → 외세에 대한 척화 의지를 표명하기 위해 전국 각지에 척화비 건립

기출자료&선택지로 개념 체크

◆ 다음 기출자료와 연관된 인물의 이름을 쓰세요.

01
"경복궁은 우리 왕조에서 수도를 세울 때 맨 처음 지은 정궁이다. …… 그러나 불행하게도 전란에 의해 불타버린 후 미처 다시 짓지 못하여 오랫동안 뜻있는 선비들의 개탄을 자아내었다. …… 이 궁궐을 다시 지어 중흥의 큰 업적을 이루려면 여러 대신과 함께 의논해보지 않을 수 없다."
– 『고종실록』 [60회]

( )

◆ 다음 기출자료와 연관된 사건의 이름을 쓰세요.

02
순무영에서 정족산성 수성장 양헌수가 보내온 보고에 의하면, "…… 이때 우리 군사들이 좌·우에 매복하였다가 일제히 총탄을 퍼부었습니다. ………"라고 하였습니다. [70회]

( )

03
방금 남연군방의 차지중사가 아뢴 바를 들으니, 덕산의 묘지에 서양놈들이 침입하여 무덤을 훼손한 변고가 있었다고 하니 아주 놀랍고 황송한 일이다. 조정에서 임기응변의 계책을 세웠다가 도신의 장계가 올라오기를 기다려 논의하도록 하라. [38회]

( )

04
4월 24일에 계속해서 올린 강화 진무사 정기원의 치계에, "미국 배가 다시 항구로 들어와서 광성진을 습격하여 함락하였는데, 중군 어재연이 힘껏 싸우다가 목숨을 바쳤고, 사망한 군사가 매우 많습니다. [70회]

( )

◆ 옳은 키워드를 골라 기출문장을 완성하세요.

05 흥선 대원군은 (① 삼군부 / ② 비변사)를 부활시켜 군국 기무를 전담하게 하였다. [72회]

06 흥선 대원군은 통치 체제를 정비하기 위해 (①『대전회통』 / ②『대전통편』)을 편찬하였다. [70·68·59회]

07 흥선 대원군은 재정 문제를 해결하기 위해 (① 은병 / ② 당백전)을 발행하였다. [57회]

08 (① 병오박해 / ② 병인박해) 때 조선 정부가 프랑스인 선교사들을 처형하였다. [52회]

09 독일 상인 오페르트가 (① 남연군 / ② 철종) 묘 도굴을 시도하였다. [70·65·61회]

10 신미양요 때 (① 양헌수 / ② 어재연) 부대가 광성보에서 항전하였다. [67회]

◆ 옳은 기출문장에 O, 틀린 기출문장에 X 표시하세요.

11 흥선 대원군은 왕실의 위엄을 높이기 위해 창덕궁을 중건하였다. [65회] (O | X)

12 흥선 대원군은 전국의 서원을 47개소만 남기고 모두 철폐하였다. [34회] (O | X)

13 흥선 대원군은 국가 재정 확충을 위해 균역법을 실시하였다. [72회] (O | X)

14 흥선 대원군 집권기에 평양 관민이 제너럴셔먼호를 불태웠다. [65·63회] (O | X)

15 병인양요의 결과 외규장각의 『의궤』가 국외로 약탈되었다. [71회] (O | X)

16 신미양요의 결과 흥선 대원군이 종로와 전국 각지에 척화비를 건립하였다. [71·69·61회] (O | X)

◆ (가) 인물에 대한 설명으로 옳은 것은?

17 [50회]

> 신(臣) 병창이 [(가)] 앞에 나아가 품의했더니, 이르기를 '성묘(聖廟) 동서무(東西廡)에 배향된 제현 및 충절과 대의가 매우 빛나 영원토록 높이 받들기에 합당한 47곳의 서원 외에는 모두 향사(享祀)를 중단하고 사액을 철폐하라'고 하였습니다. 지시를 받들어 이미 사액된 서원 중 앞으로 계속 보존할 곳 47개를 별단에 써서 들였습니다. 계하(啓下)*하시면 각 도에 알리겠습니다.
> ―『승정원일기』
> *계하(啓下): 국왕의 재가

① 종로와 전국 각지에 척화비를 건립하였다.
② 나선 정벌을 위하여 조총 부대를 파견하였다.
③ 각 궁방과 중앙 관서의 공노비를 해방하였다.
④ 도성을 방비하기 위하여 총융청을 설치하였다.
⑤ 통치 체제를 정비하기 위하여 『경국대전』을 편찬하였다.

정답
01 흥선 대원군 02 병인양요 03 오페르트 도굴 사건 04 신미양요 05 ① 06 ① 07 ②
08 ② 09 ① 10 ② 11 X(경복궁) 12 O 13 X(호포제) 14 O 15 O 16 O
17 ① 흥선 대원군 [② 효종, ③ 순조, ④ 인조, ⑤ 성종]

VI. 근대

19강 흥선 대원군 집권 시기와 개항

📍 하권 52쪽

2 통상 조약의 체결 최근 3개년 시험 중 8회 출제!

3 개화 정책과 위정척사 운동 최근 3개년 시험 중 2회 출제!

📖 한눈에 보는 빈출 개념

1. 통상 조약의 체결

⭐ 강화도 조약 (조·일 수호 조규, 1876)
- 일본이 운요호 사건을 구실로 개항 요구 → 조약 체결
- 조선에 대한 청의 종주권 부인, 부산·원산·인천에 개항장 설치, 치외 법권 인정

⭐ 부속 조약
- 조·일 무역 규칙: 양곡 무제한 유출 허용, 무관세 규정
- 조·일 통상 장정 개정: 관세 설정, 최혜국 대우 규정, 방곡령 규정 명시

⭐ 조·미 수호 통상 조약(1882)
- 김홍집이 들여온 『조선책략』과 청의 알선으로 체결
- 거중조정, 최혜국 대우 최초 규정, 치외 법권, 관세 부과

조·프 수호 통상 조약(1886)
- 천주교 포교의 자유를 인정받는 계기가 됨

2. 개화 정책의 추진

⭐ 통리기무아문 설치
- 개화 정책 총괄 기구, 그 아래에 12사를 둠

군제 개편
- 별기군 창설, 5군영을 2영으로 축소

근대 시설
- 기기창(무기 제조, 1883), 박문국(인쇄, 1883), 전환국(화폐 발행, 1883), 광혜원(병원, 1885)

수신사(일본)
- 1차: 김기수, 일본의 신식 기관과 근대 시설 시찰
- 2차: 김홍집 파견, 『조선책략』을 국내에 들여옴

조사 시찰단 (일본)
- 개화 반대 여론 → 암행어사의 형태로 비밀리에 파견

⭐ 영선사(청)
- 김윤식을 중심으로 파견
- 청의 기기국에서 무기 제조 기술 습득 후 귀국, 기기창 설립에 기여

보빙사(미국)
- 조·미 수호 통상 조약 체결을 계기로 파견
- 우리나라 최초의 구미 사절단

사절단 파견

3. 위정척사 운동의 전개

통상 반대 운동 (1860년대)
- 이항로, 기정진 등이 척화 주전론을 주장하며 서양과의 통상 반대 주장

개항 반대 운동 (1870년대)
- 최익현 등이 왜양 일체론과 개항 불가론을 주장하며 개항 반대 운동 전개

⭐ 개화 반대 운동 (1880년대)
- 이만손 등이 『조선책략』 유포에 반발하며 영남 만인소를 올려 개화 정책 및 미국과의 수교 반대

기출자료&선택지로 개념 체크

◆ 다음 기출자료와 연관된 조약의 이름을 쓰세요.

01
> 제37관 조선국에서 가뭄과 홍수, 전쟁 등의 일로 국내에 양식이 부족할 것을 우려하여 일시 쌀 수출을 금지하려고 할 때에는 1개월 전에 지방관이 일본 영사관에 통지하고, 미리 그 기간을 항구에 있는 일본 상인들에게 전달하여 일률적으로 준수하는 데 편리하게 한다.
> [72회]

( )

02
> 제1관 앞으로 대조선국 군주와 대미국 대통령 및 그 인민은 각각 모두 영원히 화평하고 우애 있게 지낸다. ……
> 제5관 …… 미국 상인과 상선이 조선에 와서 무역을 할 때 입출항하는 화물은 모두 세금을 바쳐야 하며, 세금을 거두는 권한은 조선이 자주적으로 행사한다. ……
> [61회]

( )

◆ 다음 기출자료와 연관된 사절단의 이름을 쓰세요.

03
> 어윤중이 동래부 암행어사로 임명되어 왕에게서 받은 봉해진 서신을 열어보니, "일본 조정의 논의와 정국의 형세, 풍속·인물·교빙·통상 등의 대략을 염탐하는 것이 좋겠다. ……"라는 내용이었다.
> [54회]

( )

04
> 신하: 나는 미국 공사의 부임에 대한 답례와 양국의 친선을 위해 파견된 사절단의 전권대신으로 홍영식, 서광범 등과 미국 대통령 아서를 접견하고 국서와 신임장을 제출하였습니다.
> [43회]

( )

◆ 옳은 키워드를 골라 기출문장을 완성하세요.

05 조·일 무역 규칙은 (① 양곡의 무제한 유출 / ② 방곡령) 조항을 포함하고 있다. [41회]

06 조·미 수호 통상 조약은 (① 운요호 사건 / ② 『조선책략』)의 영향으로 체결되었다. [68·67회]

07 조선 정부는 신식 군대인 (① 별기군 / ② 2영)을 창설하였다. [72·71·69·66회]

08 (① 보빙사 / ② 조사 시찰단)은/는 암행어사의 형태로 비밀리에 파견되었다. [53회]

09 김윤식이 청에 (① 영선사 / ② 수신사)로 파견되었다. [66회]

10 (① 이항로 / ② 이만손) 등이 영남 만인소를 올렸다. [65·64·60회]

◆ 옳은 기출문장에 O, 틀린 기출문장에 X 표시하세요.

11 강화도 조약은 부산, 원산, 인천에 개항장이 설치되는 계기가 되었다. [70·62회]   (O | X)

12 『조선책략』에서는 러시아와 외교 관계를 맺어야 한다고 제안하였다. [30회]   (O | X)

13 조·일 통상 장정 개정에서는 최혜국 대우를 처음으로 규정하였다. [70·59회]   (O | X)

14 제2차 수신사 김홍집이 『조선책략』을 들여왔다. [68·67회]   (O | X)

15 1883년에 무기 제조 공장인 전환국이 설립되었다. [59회]   (O | X)

16 최익현은 지부복궐척화의소를 올려 왜양 일체론을 주장하였다. [67·60회]   (O | X)

◆ 밑줄 그은 '조약'에 대한 설명으로 옳은 것은?

17 [48회]

발신: 의정부

수신: 각 도 관찰사, 수원·광주·개성·강화의 유수, 동래 부사

제목: 조약 체결 알림

1. 관련
   가. 영종진 불법 침입 보고(강화부, 을해년)
   나. 교섭 결과 보고(신헌, 병자년)

2. 일본국과의 조약 체결에 대해 알립니다. 해당 관아에서는 연해 각 읍에 통지하여, 앞으로 일본국의 표식을 게양 또는 부착한 선박이 항해 또는 정박 시 불필요한 충돌을 방지하기 바랍니다.

붙임: 조약 본문 등사본 1부. 끝.

① 천주교 포교의 허용 근거가 되었다.
② 거중 조정에 대한 내용을 포함하였다.
③ 재정 고문을 두도록 하는 조항을 담고 있다.
④ 조약 체결에 반대하여 민영환이 자결하였다.
⑤ 부산 외 2곳에 개항장이 설치되는 결과를 가져왔다.

정답
01 조·일 통상 장정 개정 02 조·미 수호 통상 조약 03 조사 시찰단 04 보빙사 05 ①
06 ② 07 ① 08 ② 09 ① 10 ② 11 O 12 X(미국) 13 X(조·미 수호 통상 조약)
14 O 15 X(기기창) 16 O 17 ⑤ 강화도 조약 [① 조·프 수호 통상 조약, ② 조·미 수호 통상 조약, ③ 제1차 한·일 협약, ④ 을사늑약]

19강 흥선 대원군 집권 시기와 개항

VI. 근대
20강 근대의 구국 운동과 근대 국가 수립 노력

1 임오군란과 갑신정변
하권 60쪽 / 최근 3개년 시험 중 9회 출제!

📖 한눈에 보는 빈출 개념

1. 임오군란

구식 군대 차별	구식 군인들이 신식 군대인 별기군과 차별 대우를 받아 불만이 쌓임
구식 군인의 반란	급료(쌀)에 겨와 모래가 섞여 지급됨 → 구식 군인들이 선혜청과 일본 공사관 습격(임오군란), 별기군의 일본인 교관 살해
민씨 정권 축출	민씨 정권의 고관들 살해 → 도시 하층민이 합세하여 궁궐까지 습격 → 명성 황후는 충주로 피신
흥선 대원군의 재집권	· 군란을 진정시키기 위해 흥선 대원군 재집권 · 2영 폐지, 5군영 부활, 통리기무아문과 별기군 폐지
청의 군란 진압	민씨 정권이 청에 출병 요청 → 청군이 군란 진압
결과	· 제물포 조약(조-일): 배상금 지불, 일본 공사관에 일본 경비병 주둔 허용 · 조·청 상민 수륙 무역 장정: 청 상의 내지 통상이 확대되는 계기, 치외 법권 인정

2. 갑신정변
(1) 전개 과정

국내외 정세	· 청의 내정 간섭과 민씨 정권의 견제로 개화 정책 지연 · 청·프 전쟁으로 조선 내에 있던 청군 일부가 철수
갑신정변 발발	개화당(김옥균, 박영효 등)이 우정총국 개국 축하연에서 정변을 일으킴 → 고종과 왕후의 거처를 경우궁으로 옮김
개화당 정부 수립	· 민씨 정권 주요 인물들 제거 후 개화당 정부 수립 · 14개조 개혁 정강 발표
정변 실패	청의 군사 개입으로 3일 만에 정변 실패
결과	· 한성 조약(조-일): 배상금 지불, 일본 공사관 신축 비용 부담 · 톈진 조약(청-일): 청·일 군대 모두 철수, 조선 파병 시 상대국에 미리 알림

(2) 갑신정변 이후의 정세

거문도 사건 (1885~1887)	영국군이 러시아의 남진 견제를 구실로 거문도 불법 점령
한반도 중립화론	유길준과 독일 부영사 부들러가 한반도 중립화론 주장

기출자료&선택지로 개념 체크

◆ 다음 기출자료와 연관된 사건의 이름을 쓰세요.

01 이때 세금을 부과하는 직책의 신하들이 재물을 거두어들여 자기 배만 채우면서 각영(各營)에 소속된 군인들의 봉급은 몇 달 동안 나누어 주지 않았다. 그리하여 훈국(訓局)의 군사가 맨 먼저 난을 일으키고, 각영의 군사가 잇달아 일어났다. ……   [69회]

(   )

02 홍영식이 우정국에서 개업식을 명목으로 연회를 열어 세인들이 독립당이라고 칭하는 사람들과 각국 사관(使官) 등을 초대하였다. 연회가 끝날 무렵에 우정국 옆에서 불이 일어났다. …… 마침내 어젯밤의 사변에 따라 독립당이 정권을 획득하였다.   -『조난기사』[66회]

(   )

03 백성 1: 나으리, 지난달부터 영국군이 이 섬에 들어와 병영을 짓고 머무르는데 그 이유가 무엇입니까?
백성 2: 영국이 러시아의 남진을 막는다는 구실로 조정의 허락도 없이 점령했다고 들었네.   [55회]

(   )

◆ 다음 기출자료와 연관된 조약의 이름을 쓰세요.

04 제4조 …… 조선 상인이 북경에서 규정에 따라 교역하고, 중국 상인이 조선의 양화진과 서울에 들어와 영업소를 개설한 경우를 제외하고 각종 화물을 내지로 운반하여 상점을 차리고 파는 것을 허가하지 않는다. ……   [67회]

(   )

◆ 옳은 키워드를 골라 기출문장을 완성하세요.

05 구식 군인들은 (① 선혜청 / ② 통리기무아문)과 일본 공사관을 공격하였다. [56회]

06 임오군란은 (① 고종 / ② 흥선 대원군)이 다시 집권하는 결과를 가져왔다. [49회]

07 임오군란 이후 일본 공사관 경비병의 주둔을 인정한 (① 제물포 조약 / ② 강화도 조약)이 체결되었다. [67회]

08 갑신정변은 (① 김홍집, 어윤중 / ② 김옥균, 박영효) 등이 주도하였다. [51회]

09 갑신정변은 (① 공화제 / ② 입헌 군주제) 수립을 목표로 전개되었다. [65회]

10 (① 영국군 / ② 프랑스군)이 러시아를 견제하기 위해 거문도를 불법 점령하였다. [72·70회]

◆ 옳은 기출문장에 O, 틀린 기출문장에 X 표시하세요.

11 1882년에 별기군이 임오군란을 일으켰다. [48회]   (O | X)

12 임오군란 때 왕비가 궁궐을 빠져 나와 장호원으로 피신하였다. [59회]   (O | X)

13 갑신정변은 박문국 개국 축하연을 이용하여 일어났다. [61회]   (O | X)

14 갑신정변 때 개화당 정부가 수립되고 홍범 14조가 발표되었다. [59회]   (O | X)

15 갑신정변은 청·일 간 한성 조약 체결의 계기가 되었다. [50회]   (O | X)

16 갑신정변 이후 부들러가 조선의 독자적인 영세 중립국 선언을 제시하였다. [30회]   (O | X)

◆ 다음 자료에 나타난 사건에 대한 설명으로 옳은 것은?

17 [61회]

> 발신: 조선 주재 공사 하나부사 요시모토(花房義質)
> 수신: 외무경 이노우에 가오루(井上馨)
>
> 이달 23일 오후 5시 성난 군중 수백 명이 갑자기 공사관을 습격하여 돌을 던지고 총을 쏘며 방화함. 전력으로 방어한 지 7시간이 지났지만 원병이 오지 않았음. 한쪽을 돌파하여 왕궁으로 가려 해도 성문이 열리지 않았음. …… 성난 군중이 왕궁 및 민태호와 민겸호의 집도 습격했다고 들었음. …… 교관 호리모토 외 8명의 생사는 알 수 없음.

① 전주 화약이 체결되는 계기가 되었다.
② 입헌 군주제 수립을 목표로 전개되었다.
③ 김기수가 수신사로 파견되는 결과를 가져왔다.
④ 구식 군인에 대한 차별 대우가 발단이 되어 일어났다.
⑤ 3일 만에 실패로 끝나 주동자들이 해외로 망명하였다.

정답
01 임오군란 02 갑신정변 03 거문도 사건 04 조·청 상민 수륙 무역 장정 05 ①
06 ② 07 ① 08 ② 09 ② 10 ① 11 X(구식 군인) 12 O 13 X(우정총국)
14 X(14개조 개혁 정강) 15 X(톈진 조약) 16 O 17 ④ 임오군란 [① 동학 농민 운동, ②,③ 강화도 조약, ⑤ 갑신정변]

VI. 근대
20강 근대의 구국 운동과 근대 국가 수립 노력

하권 62쪽

2 동학 농민 운동
최근 3개년 시험 중 7회 출제!

한눈에 보는 빈출 개념

1. 동학의 교세 확대와 교조 신원 운동

교세 확대	2대 교주 최시형의 포교 활동과 포접제 활용 → 삼남 지방을 중심으로 동학의 교세가 확대됨
교조 신원 운동	• 교조 최제우의 명예 회복과 포교의 자유 목적 • 삼례 집회(교조 신원과 동학 탄압 중지 요구) • 보은 집회(보국안민, 척왜양창의 주장)

2. 동학 농민 운동

(1) 제1차 동학 농민 운동

고부 민란	고부 군수 조병갑의 횡포 → 전봉준의 주도로 고부 관아 습격 → 정부가 안핵사 이용태 파견
백산 봉기 (1차 봉기)	이용태의 농민 탄압 → 백산에서 전봉준 등이 격문과 4대 강령을 발표하며 봉기
황토현·황룡촌 전투	황토현·황룡촌 전투에서 동학 농민군이 승리 → 농민군의 전주성 점령
청·일의 군사 파견	정부가 청에 군사 지원 요청 → 청군 상륙 후 일본군도 톈진 조약에 근거하여 상륙
전주 화약 체결	농민군이 청·일 군대의 철수와 폐정 개혁을 조건으로 정부와 전주 화약 체결
집강소·교정청 설치	• 농민군은 집강소 설치 → 폐정 개혁안 실천 • 정부는 개혁 추진 기구로 교정청 설치

(2) 제2차 동학 농민 운동

청·일 전쟁 발발	일본이 기습적으로 경복궁 점령 → 일본의 선제공격으로 청·일 전쟁 발발
삼례 집결 (2차 봉기)	정부의 개혁 부진, 일본의 내정 간섭 심화 → 농민군 재봉기 (삼례)
남·북접 집결	남접(전봉준)과 북접(손병희)이 논산에 집결
우금치 전투	공주 우금치 전투에서 관군과 일본군에 패배
동학 농민군 패배	이후 동학 농민군은 각지에서 치러진 전투에서도 패배 → 전봉준 등 동학 지도부 체포

기출자료&선택지로 개념 체크

◆ 다음 기출자료와 연관된 사건의 이름을 쓰세요.

01
> 몇 달 전부터 서울에서는 동학 이야기밖에 없습니다. …… 사흘 전 이들의 대표 21명이 궁궐 문 앞에 모여 엎드려 절하고 상소를 올렸으나 국왕은 상소 접수를 거부하였습니다. 교도들은 처형된 교조 최제우를 복권하고 동학을 인정해 줄 것을 정부에 청원하였습니다. ……
> [57회]

( )

02
> 이곳은 동학 농민 운동 당시 남접과 북접 연합군이 북상하던 중 관군과 일본군을 상대로 격전을 벌인 장소입니다. 우금치는 도성으로 올라가는 길목으로 전략상 매우 중요한 지역이었습니다.
> [50회]

( )

◆ 다음 기출자료에서 빈칸에 알맞은 사건을 쓰세요.

03
> 동학 농민 운동의 전개 과정
> 백산 봉기 → 황룡촌 전투 승리 → □□□□ → 남·북접 논산 집결 → 우금치 전투 패배
> [43회]

( )

◆ 다음 기출자료와 연관된 인물의 이름을 쓰세요.

04
> 선고서
> 고부 군수 조병갑이 부임하여 학정을 행하니 그는 그 무리를 이끌고 고부 관아의 창고를 털어 곡식을 농민에게 나누어 주었다. …… 무장에서 일어나 장성에 이르러 관군을 격파하고, 밤낮없이 행군하여 전주성에 들어가니 전라 감사는 이미 도망하였다. …… 위에 기록한 사실은 피고와 공모자 손화중 등이 자백한 공초, 압수한 증거에 근거한 것이니 이에 피고를 사형에 처한다.
> [49회]

( )

◆ 옳은 키워드를 골라 기출문장을 완성하세요.

05 (① 최시형 / ② 손병희)이/가 동학의 2대 교주로 교조 신원 운동을 주도하였다. [49회]

06 (① 백낙신 / ② 조병갑)의 탐학에 저항해 고부에서 농민 봉기가 일어났다. [72·71회]

07 제1차 농민 봉기 때 농민군이 (① 전주 / ② 백산)에서 4대 강령을 발표하였다. [58회]

08 농민군은 정부와 약조를 맺고 (① 교정청 / ② 집강소)을/를 설치하였다. [70회]

09 (① 일본 / ② 청)이 군대를 동원하여 경복궁을 점령하였다. [65회]

10 제2차 농민 봉기 때 보국안민을 기치로 (① 황룡촌 / ② 우금치)에서 일본군 및 관군과 맞서 싸웠다. [64회]

◆ 옳은 기출문장에 O, 틀린 기출문장에 X 표시하세요.

11 동학의 교조 신원을 요구하는 삼례 집회가 개최되었다. [64회]   (O | X)

12 보은 집회는 척왜양창의를 기치로 내걸었다. [56회]   (O | X)

13 고부 민란의 사태 수습을 위해 박규수가 안핵사로 파견되었다. [67·56회]   (O | X)

14 제1차 농민 봉기 때 황토현에서 전라 감영군을 격파하였다. [50회]   (O | X)

15 동학 농민군은 집강소를 중심으로 14개조 개혁 정강을 실천하였다. [63회]   (O | X)

16 제2차 농민 봉기는 남접과 북접이 연합하여 전개되었다. [67·62회]   (O | X)

◆ (가) 시기에 전개된 동학 농민군의 활동으로 옳은 것은?

17
56회

① 황토현에서 관군에 승리하였다.
② 남접과 북접이 논산에서 연합하였다.
③ 우금치에서 일본군과 관군에 맞서 싸웠다.
④ 집강소를 중심으로 폐정 개혁안을 실천하였다.
⑤ 조병갑의 탐학에 저항하여 고부 관아를 습격하였다.

정답
01 교조 신원 운동 02 우금치 전투 03 전주 화약 체결 04 전봉준 05 ① 06 ② 07 ②
08 ② 09 ① 10 ② 11 O 12 O 13 X(이용태) 14 O 15 X(폐정 개혁안) 16 O
17 ① [②, ③, ④ 전주성 점령 이후, ⑤ 백산 봉기 이전]

VI. 근대

20강 근대의 구국 운동과 근대 국가 수립 노력

3 갑오개혁과 을미개혁

하권 62쪽 / 최근 3개년 시험 중 8회 출제!

한눈에 보는 빈출 개념

1. 제1차 갑오개혁(1894)

- **제1차 갑오개혁**: 일본이 경복궁 점령 후 내정 개혁 강요 → 제1차 김홍집 내각 수립 → 군국기무처 설치, 근대적 개혁 추진
- **개혁 내용**
  - **정치**
    - 개국 기원(기년) 사용(청과의 사대 관계 청산)
    - 왕실과 정부 사무 분리, 6조를 8아문으로 개편
    - 과거제 폐지(신분 구분 없이 인재 등용)
  - **경제**: 국가 재정을 탁지아문으로 일원화, 은 본위제, 조세의 금납화
  - **사회**: 공·사 노비법 혁파, 조혼 금지, 과부 재가 허용, 고문과 연좌제 등의 악습 폐지

2. 제2차 갑오개혁(1894~1895)

- **제2차 갑오개혁**
  - 청·일 전쟁의 승기를 잡은 일본이 군국기무처 폐지, 제2차 김홍집·박영효 연립 내각 구성
  - 고종은 독립 서고문을 바치고 개혁의 기본 방향을 제시하는 홍범 14조 반포
- **개혁 내용**
  - **정치**
    - 의정부와 8아문 → 내각과 7부로 개편
    - 지방 행정 구역을 8도 → 23부로 개편
    - 재판소 설립(사법권 독립), 훈련대·시위대 설치
  - **문화**: 교육 입국 조서에 따라 한성 사범 학교 관제 공포 → 한성 사범 학교 설립

3. 을미개혁(1895~1896)과 아관 파천(1896)

- **을미개혁**: 삼국 간섭 이후, 고종과 명성 황후가 친러 내각 수립, 일본 견제 시도 → 위기를 느낀 일본이 을미사변(명성 황후 시해)을 일으킨 뒤 친일 내각을 수립하고 개혁 강요
- **개혁 내용**
  - **정치**
    - '건양' 연호 제정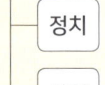
    - 군대로 친위대(중앙)·진위대(지방) 설치
  - **사회**: 단발령 시행, 태양력 채택, 소학교 설립
- **아관 파천**
  - 배경: 을미사변으로 고종이 신변의 위협을 느낌, 러시아가 조선 내의 영향력 강화를 시도
  - 전개: 친러파가 러시아 공사 베베르와 함께 고종의 거처를 러시아 공사관으로 옮김
  - 결과: 을미개혁 중단, 러시아의 내정 간섭과 열강의 이권 침탈 본격화

기출자료&선택지로 개념 체크

◆ 다음 기출자료와 연관된 개혁의 이름을 쓰세요.

01
1. 문벌, 양반과 상인들의 등급을 없애고 귀천에 관계없이 인재를 선발하여 등용한다.
1. 공노비와 사노비에 관한 법을 일체 혁파하고 사람을 사고파는 일을 금지한다.
[67회]
(   )

02
백성 1: 김홍집과 박영효를 중심으로 구성된 내각에서 여러 개혁을 추진했다더군.
백성 2: 수령의 권한을 축소시키고 재판소를 설치했다고 들었네.
[59회]
(   )

◆ 다음 기출자료와 연관된 사건의 이름을 쓰세요.

03
일본군의 엄호 속에 사복 차림의 일본인들이 건청궁으로 침입하였다. 그들은 왕과 왕후의 처소로 달려가 몇몇은 왕과 왕태자의 측근들을 붙잡았고, 다른 자들은 왕후의 침실로 향하였다. 폭도들이 달려들자 궁내부 대신은 왕후를 보호하기 위해 두 팔을 벌려 앞을 가로막아 섰다. …… 의녀가 나서서 손수건으로 죽은 왕후의 얼굴을 덮어 주었다.
[56회]
(   )

04
왕이 경복궁을 나오니 이범진, 이윤용 등이 러시아 공사관으로 옮기게 하였다. 김홍집 등이 군중에게 잡혀 살해되자 유길준, 장박 등은 도주하였다.
[47회]
(   )

◆ 옳은 키워드를 골라 기출문장을 완성하세요.

05 제1차 갑오개혁 때 (① 교정청 / ② 군국기무처)을/를 설치하여 근대적 개혁을 추진하였다. [51회]

06 제1차 갑오개혁 때 행정 기구를 6조에서 (① 8아문 / ② 7부)(으)로 개편하였다. [49회]

07 고종은 개혁의 기본 방향을 제시한 (① 홍범 14조 / ② 폐정 개혁안)을/를 반포하였다. [72·67·65회]

08 제2차 갑오개혁 때 (① 형조 / ② 재판소)를 설치하여 사법권을 독립시켰다. [63회]

09 을미개혁 때 (① 건원 / ② 건양)이라는 독자적인 연호를 사용하였다. [69·68·64회]

10 1896년에 고종이 (① 러시아 / ② 프랑스) 공사관으로 거처를 옮겼다. [63·59회]

◆ 옳은 기출문장에 O, 틀린 기출문장에 X 표시하세요.

11 제1차 갑오개혁 때 공·사 노비법을 혁파하고 과거제를 폐지하였다. [63·69·61회] (O | X)

12 제1차 갑오개혁 때 과부의 재가를 허용하였다. [71·64회] (O | X)

13 고종은 교육의 기본 방향을 제시한 교육 입국 조서를 반포하였다. [72·71·48회] (O | X)

14 제2차 갑오개혁 때 전국 8도를 13도로 개편하였다. [71회] (O | X)

15 1895년에 명성 황후가 일본에 의해 시해되었다. [34회] (O | X)

16 을미개혁 때 원수부를 설치하였다. [65회] (O | X)

◆ 밑줄 그은 '개혁'의 내용으로 옳은 것은?

17 [71회]

어제 발행된 관보를 보았는가? 지난 8월 국모 시해 사건 이후 김홍집 내각에서 추진한 개혁의 일환으로 태양력을 시행한다더니, 그에 맞추어 연호를 새로 정하라는 조칙이 내려졌군.

그래서 내일부터 양력 1월 1일이 시작되고, 새로운 연호는 건양으로 정해졌다고 하네.

① 양전 사업을 실시하여 지계를 발급하였다.
② 지방 행정 구역을 8도에서 23부로 개편하였다.
③ 군제를 개편하여 친위대와 진위대를 설치하였다.
④ 공·사 노비법을 혁파하고 과부의 재가를 허용하였다.
⑤ 교육의 기본 방향을 제시한 교육 입국 조서를 반포하였다.

정답
01 제1차 갑오개혁 02 제2차 갑오개혁 03 을미사변 04 아관 파천 05 ② 06 ① 07 ①
08 ② 09 ② 10 ① 11 O 12 O 13 O 14 X(23부) 15 O 16 X(광무개혁)
17 ③ 을미개혁 [① 광무개혁, ②, ⑤ 제2차 갑오개혁, ④ 제1차 갑오개혁]

VI. 근대
20강 근대의 구국 운동과 근대 국가 수립 노력

4 독립 협회와 대한 제국
하권 64쪽 | 최근 3개년 시험 중 15회 출제!

한눈에 보는 빈출 개념

1. 독립 협회

(1) 창립과 활동

- **창립**: 서재필, 남궁억 등이 자주 독립 국가 건설을 목표로 창립 (1896)
- **활동**
  - **만민 공동회**: 근대적 민중 집회인 만민 공동회를 열어 민권 신장 추구
  - **이권 수호 운동**
    - 러시아의 절영도 조차 요구 저지
    - 러시아 재정 고문·군사 교관 철수 등 요구
  - **관민 공동회**: 관민 공동회를 열어 헌의 6조 결의
  - **민중 계몽 운동**: 독립문·독립관 건립, 토론회·강연회 개최

(2) 의회 설립 운동과 해산 과정

- **중추원 관제 반포**: 진보적인 박정양 내각 수립 → 중추원 관제 반포, 중추원 개편을 통한 의회 설립 운동 추진
- **익명서 사건**: 보수 세력이 익명서 사건 조작 → 독립 협회 해산령, 박정양 내각 와해
- **독립 협회 해산**: 고종이 황국 협회와 군대를 동원하여 만민 공동회 해산 → 독립 협회 해산

2. 대한 제국(1897~1910)과 광무개혁

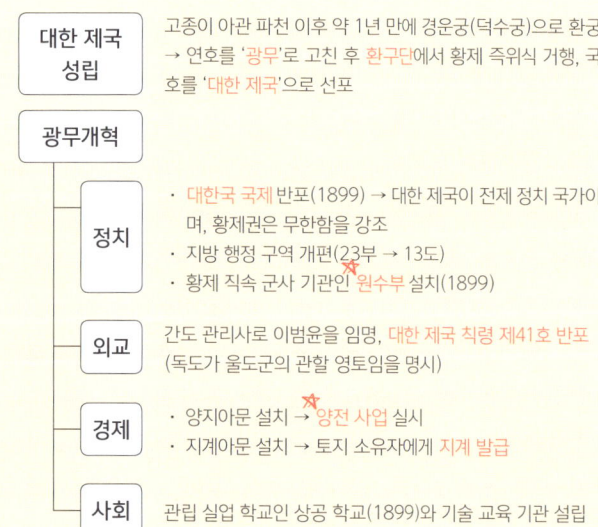

- **대한 제국 성립**: 고종이 아관 파천 이후 약 1년 만에 경운궁(덕수궁)으로 환궁 → 연호를 '광무'로 고친 후 환구단에서 황제 즉위식 거행, 국호를 '대한 제국'으로 선포
- **광무개혁**
  - **정치**
    - 대한국 국제 반포(1899) → 대한 제국이 전제 정치 국가이며, 황제권은 무한함을 강조
    - 지방 행정 구역 개편(23부 → 13도)
    - 황제 직속 군사 기관인 원수부 설치(1899)
  - **외교**: 간도 관리사로 이범윤을 임명, 대한 제국 칙령 제41호 반포 (독도가 울도군의 관할 영토임을 명시)
  - **경제**
    - 양지아문 설치 → 양전 사업 실시
    - 지계아문 설치 → 토지 소유자에게 지계 발급
  - **사회**: 관립 실업 학교인 상공 학교(1899)와 기술 교육 기관 설립

기출자료&선택지로 개념 체크

◆ 다음 기출자료와 연관된 사건의 이름을 쓰세요.

01
> 익명서는 독립 협회가 11월 5일 본관에서 대회를 열고, 박정양을 대통령으로, 윤치호를 부통령으로, 이상재를 내부대신으로 …… 임명하여 나라의 체제를 공화 정치 체제로 바꾸려 한다."라고 꾸며서 폐하께 모함하고자 한 것이다.
> — 『대한계년사』 [43회]

( )

◆ 다음 기출자료에서 빈칸에 들어갈 알맞은 단어를 쓰세요.

02
> 서울에서 러시아 교관들과 재정 고문의 체류를 반대하려는 움직임이 점점 거세졌습니다. 이를 주도하는 [   ]을/를 따라서 전 국민이 같은 입장을 취하였고 길거리에서 모임을 갖고 있습니다. …… [46회]

( )

03
> 이 어진은 황룡포를 입은 고종의 모습을 그린 것입니다. 본래 조선의 왕은 홍룡포를 입었는데, 고종은 황룡포를 입고 황제 즉위식을 올린 후 새로운 국호인 [   ]을/를 선포하였습니다. [42회]

( )

◆ 다음 기출자료와 연관된 개혁의 이름을 쓰세요.

04
> 이제 본소(本所)에서 대한국 국제(國制)를 잘 상의하고 확정하여 보고하라는 조칙을 받들어서, 감히 여러 사람들의 의견을 수집하고 공법(公法)을 참조하여 국제 1편을 정함으로써, 본국의 정치는 어떤 정치이고 본국의 군권은 어떤 군권인가를 밝히려 합니다.
> — 『고종실록』 [45회]

( )

◆ 옳은 키워드를 골라 기출문장을 완성하세요.

05 (① 김홍집 / ② 서재필) 등이 독립 협회를 창립하고 독립문을 세웠다. [41회]

06 독립 협회는 러시아의 (① 절영도 / ② 용암포) 조차 요구를 저지시켰다. [72·64·62회]

07 (① 박정양 / ② 김옥균)은 독립 협회의 제안을 받아들여 중추원 관제 개편을 추진하였다. [67회]

08 고종이 (① 환구단 / ② 경운궁)에서 황제 즉위식을 거행하였다. [49회]

09 대한 제국 때 (① 교육 입국 조서 / ② 대한국 국제)가 반포되었다. [65·60회]

10 고종은 이범윤을 (① 간도 / ② 독도) 관리사로 임명하였다. [60회]

◆ 옳은 기출문장에 O, 틀린 기출문장에 X 표시하세요.

11 독립 협회는 만민 공동회를 열어 민권 신장을 추구하였다. [61회] (O | X)

12 독립 협회는 관민 공동회를 개최하여 홍범 14조를 결의하였다. [69·63회] (O | X)

13 독립 협회는 민중 계몽을 위해 토론회와 강연회를 개최하였다. [31회] (O | X)

14 고종은 구본신참에 입각하여 개혁을 추진하였다. [52회] (O | X)

15 대한 제국 때 황제의 군사권을 강화하기 위하여 원수부를 설치하였다. [65·63·60회] (O | X)

16 광무개혁 때 토지 조사 사업을 실시하여 지계를 발급하였다. [59회] (O | X)

◆ (가)에 들어갈 내용으로 가장 적절한 것은?

17 [63회]

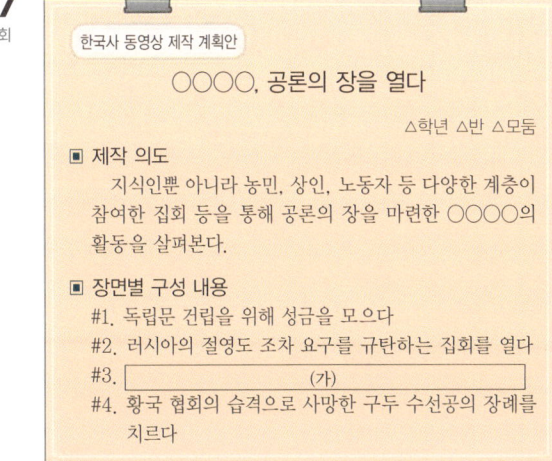

한국사 동영상 제작 계획안

○○○○, 공론의 장을 열다

△학년 △반 △모둠

■ 제작 의도
지식인뿐 아니라 농민, 상인, 노동자 등 다양한 계층이 참여한 집회 등을 통해 공론의 장을 마련한 ○○○○의 활동을 살펴본다.

■ 장면별 구성 내용
#1. 독립문 건립을 위해 성금을 모으다
#2. 러시아의 절영도 조차 요구를 규탄하는 집회를 열다
#3. (가)
#4. 황국 협회의 습격으로 사망한 구두 수선공의 장례를 치르다

① 평양에 대성 학교를 설립하다
② 고종 강제 퇴위 반대 운동을 주도하다
③ 집강소를 중심으로 폐정 개혁안을 실천하다
④ 관민 공동회를 개최하여 헌의 6조를 결의하다
⑤ 개혁의 기본 방향을 제시한 홍범 14조를 반포하다

정답
01 익명서 사건 02 독립 협회 03 대한 제국 04 광무개혁 05 ② 06 ① 07 ① 08 ①
09 ② 10 ① 11 O 12 X(헌의 6조) 13 O 14 O 15 O 16 X(양전 사업) 17 ④ 독립 협회 [① 신민회, ② 대한 자강회, ④ 동학 농민군, ⑤ 제2차 갑오개혁]

20강 근대의 구국 운동과 근대 국가 수립 노력 85

VI. 근대
21강 일제의 침략과 국권 수호 운동

1 일제의 국권 침탈 과정
하권 72쪽 | 최근 3개년 시험 중 4회 출제!

한눈에 보는 빈출 개념

1. 러·일의 대립

고종의 국외 중립 선언 (1904. 1.)
용암포 사건(1903)으로 러시아와 일본의 대립 격화
→ 고종은 국외 중립을 선언함

러·일 전쟁 발발 (1904. 2.)
한반도와 만주의 지배권을 둘러싸고 러·일 간에 전쟁 발발

2. 일제의 국권 침탈 과정

한·일 의정서 (1904. 2.)
- 체결: 일본이 대한 제국의 국외 중립 선언을 무시하고 강제로 체결
- 내용: 일본이 군사상 필요한 대한 제국의 군사적 요지와 시설을 사용할 수 있음

★제1차 한·일 협약 (1904. 8.)
- 체결: 러·일 전쟁 중 전세가 유리해진 일본이 조약의 체결 강요
- 내용: 외교에 스티븐스, 재정에 메가타를 고문으로 파견, 고문 정치 실시

★을사늑약 (제2차 한·일 협약, 1905. 11)
- 체결: 일본이 덕수궁 중명전에서 고종의 비준 없이 강제로 체결
- 내용: 통감부를 설치하여 통감 정치 실시, 대한 제국의 외교권 박탈
- 저항: 민영환·조병세 등 자결, 장지연의 '시일야방성대곡' 게재(황성신문), 고종의 헤이그 특사 파견(1907)

★한·일 신협약 (정미 7조약, 1907)
- 체결: 일본이 헤이그 특사 파견을 구실로 고종을 강제 퇴위 → 뒤이어 즉위한 순종을 협박하여 한·일 신협약 강제 체결
- 내용: 통감의 권한 강화, 부속 밀약을 통해 대한 제국의 군대 강제 해산

기유각서 (1909. 7.)
대한 제국의 사법권과 감옥 사무 처리권 박탈

한·일 병합 조약 (1910)
일본이 대한 제국의 국권 피탈

기출자료&선택지로 개념 체크

◆ 다음 기출자료와 연관된 조약의 이름을 쓰세요.

01
제4조 …… 대한 제국 정부는 대일본 제국 정부의 행동이 용이하도록 충분한 편의를 제공한다. 대일본 제국 정부는 …… 군사 전략상 필요한 지점을 수시로 사용할 수 있다. [42회]

( )

02
사건 일지
11월 15일 이토, 고종을 접견하고 협상 초안 제출
11월 16일 이토, 대한 제국 대신들에게 조약 체결 강요
11월 17일 일본군을 동원한 강압적 분위기 속에서 조약 체결 진행
11월 18일 이토, 외부인(外部印)을 탈취하여 고종의 윤허 없이 조인 [50회]

( )

03
제2조 한국 정부의 법령 제정 및 중요한 행정상의 처분은 미리 통감의 승인을 거친다.
제5조 한국 정부는 통감이 추천한 일본인을 한국 관리로 임명한다. [42회]

( )

◆ 다음 기출자료와 연관된 사건의 이름을 쓰세요.

04
대한 제국이 여러 국가와 외교 관계를 단절한 것은 우리의 의사가 아니라 일본의 폭력에 의해 이루어진 것이다. 우리가 만국 평화 회의에 참석하여 이를 폭로할 수 있도록 귀국 총통 및 대표의 호의적인 중재를 부탁한다. [48회]

( )

◆ 옳은 키워드를 골라 기출문장을 완성하세요.

05 제1차 한·일 협약의 결과 (① 묄렌도르프 / ② 스티븐스)가 외교 고문으로 임명되었다. [41회]

06 을사늑약은 (① 통감부 / ② 총독부)가 설치되는 계기가 되었다. [70·67회]

07 을사늑약에 반발하여 (① 독립 신문 / ② 황성신문)에 시일야방성대곡이 게재되었다. [67회]

08 을사늑약 체결에 반대하여 (① 민영환 / ② 이상설)이 자결하였다. [48회]

09 대한 제국은 (① 기유각서 / ② 한·일 신협약)을/를 통해 일제에 사법권을 박탈당하였다. [69·67회]

◆ 옳은 기출문장에 O, 틀린 기출문장에 X 표시하세요.

10 제1차 한·일 협약은 재정 고문을 두도록 하는 조항을 담고 있다. [70회]   (O | X)

11 을사늑약의 결과 초대 통감으로 데라우치가 부임하였다. [69·67·58회]   (O | X)

12 을사늑약 이후 고종이 헤이그 만국 평화 회의에 특사를 파견하였다. [54회]   (O | X)

13 한·일 신협약 체결 이후 고종이 강제로 퇴위당하였다. [48회]   (O | X)

14 한·일 신협약의 부속 밀약에서는 대한 제국의 군대 해산을 규정하였다. [51회]   (O | X)

◆ (가)에 대한 설명으로 옳은 것은?

15
51회

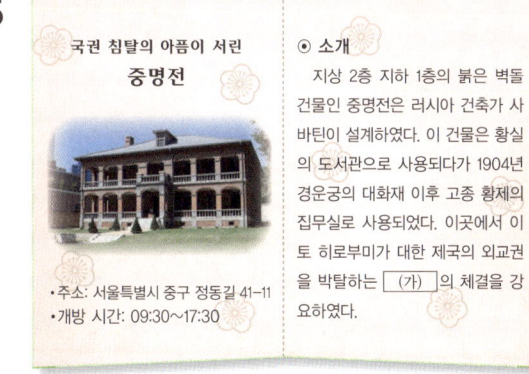

① 아관 파천의 배경이 되었다.
② 청·일 전쟁 발발의 원인이 되었다.
③ 통감부가 설치되는 결과를 가져왔다.
④ 대한 제국의 군대 해산을 규정하였다.
⑤ 천주교 포교를 허용하는 조항이 들어있다.

정답
01 한·일 의정서 02 을사늑약(제2차 한·일 협약) 03 한·일 신협약(정미 7조약) 04 헤이그 특사 파견 05 ② 06 ① 07 ② 08 ① 09 ② 10 O 11 X(이토 히로부미) 12 O 13 X(한·일 신협약 체결 이전) 14 O 15 ③ 을사늑약 [① 을미사변, ② 톈진 조약, ④ 한·일 신협약(정미 7조약), ⑤ 조·프 수호 통상 조약]

VI. 근대
21강 일제의 침략과 국권 수호 운동

2 항일 의병 운동과 애국 계몽 운동
하권 72쪽 | 최근 3개년 시험 중 2회 출제!

한눈에 보는 빈출 개념

1. 항일 의병 운동의 전개

을미의병
- 원인: 을미사변과 단발령에 대한 반발
- 주도 세력: 유인석, 이소응 등의 유생이 주도
- 해산: 단발령이 철회되고, 고종의 해산 권고 조칙에 따라 해산

을사의병
- 원인: 을사늑약 체결
- 주도 세력: 유생 의병장 최익현(태인), 민종식(홍주성) 등과 평민 의병장 신돌석이 활약

정미의병
- 원인: 고종의 강제 퇴위, 대한 제국의 군대 해산
- 특징: 해산 군인이 의병에 합류 → 군사력 강화
- 활동: 13도 창의군(총대장 이인영, 군사장 허위) 결성 → 서울 진공 작전(1908)을 전개하였으나 실패

2. 항일 의거 활동

전명운·장인환
- 미국 샌프란시스코에서 외교 고문 스티븐스 사살(1908)

안중근
- 만주 하얼빈 역에서 이토 히로부미 사살(1909)
- 뤼순 감옥에 수감, 『동양평화론』 저술 도중 순국

이재명
- 명동 성당 앞에서 이완용 습격(1909)

3. 애국 계몽 운동

보안회
- 송수만 등이 조직
- 일본의 황무지 개간권 요구 저지

대한 자강회
- 강연회 개최, 월보 간행
- 고종 강제 퇴위 반대 운동을 전개하다 강제 해산

신민회
- 안창호, 양기탁 등이 조직한 비밀 결사 단체(1907)
- 목표: 실력 양성을 통한 국권 회복, 공화 정치 체제의 근대 국가 수립
- 활동: 대성 학교(안창호, 평양)·오산 학교(이승훈, 정주) 설립, 자기 회사(민족 산업 육성)·태극 서관(계몽 서적 출판) 설립, 국권 피탈 이후 남만주(서간도) 삼원보에 독립운동 기지 건설 및 신흥 강습소 설립
- 해산: 일제가 조작한 105인 사건으로 와해(1911)

기출자료&선택지로 개념 체크

◆ 다음 기출자료와 연관된 의병의 이름을 쓰세요.

01
이곳은 의암 유인석의 위패가 모셔져 있는 충청북도 제천의 자양영당입니다. 이곳에서 유인석은 국모의 원수를 갚고 전통을 보전한다는 복수보형(復讐保形)을 기치로 8도의 유림을 모아 의병을 일으키려 비밀 회의를 열었습니다.
[42회]
(   )

02
지금 서울 근처 각 지방에 의병이 많이 모여 서울을 치고자 하는 모양인데, 수효는 얼마나 되는지 알 수 없으나 한 곳에는 800명 정도 된다고 한다. 해산된 한국 군인들이 선봉이 되어 기동하는데 …… 녹도 땅에 의병을 치러 갔던 일본 원정대는 처참하게 몰살되었다고 한다.
[52회]
(   )

◆ 다음 기출자료와 연관된 단체의 이름을 쓰세요.

03
종로에서 송수만, 심상진 씨 등이 각 부(府)·부(部)·원(院)·청(廳)과 각 대관가(大官家)에 알리노라. 지금 산림과 하천 및 못, 원야, 황무지를 일본인이 청구하니, 국가의 존망과 인민의 생사가 경각에 달려 있노라.
– 황성신문 [50회]
(   )

04
이것은 대한매일신보에 태극 서관이 게재한 서적 할인 광고입니다. 태극 서관은 신지식 보급과 민족의식 고취를 위해 이 단체가 운영한 기관입니다. 인재 양성을 위해 대성 학교도 설립한 이 단체에 대해 말해 볼까요?
[62회]
(   )

◆ 옳은 키워드를 골라 기출문장을 완성하세요.

05 을미의병은 (① 아관 파천 / ② 단발령 시행)에 반발하여 일어났다. [50회]

06 을사의병 때 (① 이소응 / ② 민종식)이 이끄는 의병 부대가 홍주성을 점령하였다. [70회]

07 (① 이인영 / ② 신돌석)은 13도 창의군을 결성하여 서울 진공 작전을 전개하였다. [69·67회]

08 전명운·장인환은 친일 인사인 (① 이완용 / ② 스티븐스)을/를 사살하였다. [71·62회]

09 (① 보안회 / ② 대한 자강회)는 일본의 황무지 개간권 요구를 저지하였다. [71·69·68회]

10 신민회는 계몽 서적의 보급을 위해 (① 자기 회사 / ② 태극 서관)을 설립하였다. [65·64회]

◆ 옳은 기출문장에 O, 틀린 기출문장에 X 표시하세요.

11 을미의병은 고종의 해산 권고 조칙에 따라 해산하였다. [40회] (O | X)

12 을사의병은 을사늑약에 반발하여 봉기하였다. [45회] (O | X)

13 정미의병 때 최익현이 태인에서 의병을 일으켰다. [72회] (O | X)

14 이재명은 하얼빈 역에서 이토 히로부미를 사살하였다. [71·63·59회] (O | X)

15 신민회는 고종의 강제 퇴위 반대 운동을 전개하였다. [63·61회] (O | X)

16 신민회는 일제가 꾸며낸 105인 사건으로 해체되었다. [69·68·67회] (O | X)

◆ 밑줄 그은 '이 단체'에 대한 설명으로 옳은 것은?

17 61회

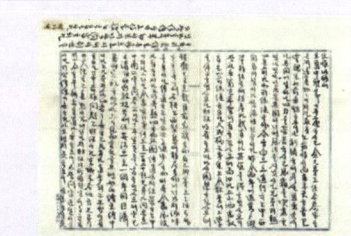

이 편지는 비밀 결사인 이 단체의 재무를 총괄한 전덕기가 안창호에게 보낸 것이다. 105인 사건으로 이 단체의 주요 회원인 양기탁, 이승훈 등이 형을 선고받은 사실과 대성 학교가 재정적으로 어려움을 겪고 있는 상황 등을 전하고 있다.

① 정우회 선언의 영향으로 결성되었다.
② 「조선혁명선언」을 활동 지침으로 삼았다.
③ 일제의 황무지 개간권 요구를 저지하였다.
④ 중추원 개편을 통해 의회 설립을 추진하였다.
⑤ 계몽 서적의 보급을 위해 태극 서관을 운영하였다.

정답
01 을미의병 02 정미의병 03 보안회 04 신민회 05 ② 06 ② 07 ① 08 ② 09 ①
10 ② 11 O 12 O 13 X(을사의병) 14 X(안중근) 15 X(대한 자강회) 16 O
17 ⑤ 신민회 [① 신간회, ② 의열단, ③ 보안회, ④ 독립 협회]

VI. 근대
21강 일제의 침략과 국권 수호 운동

3 열강의 경제 침탈과 경제적 구국 운동
하권 74쪽 | 최근 3개년 시험 중 7회 출제!

한눈에 보는 빈출 개념

1. 열강의 경제 침탈

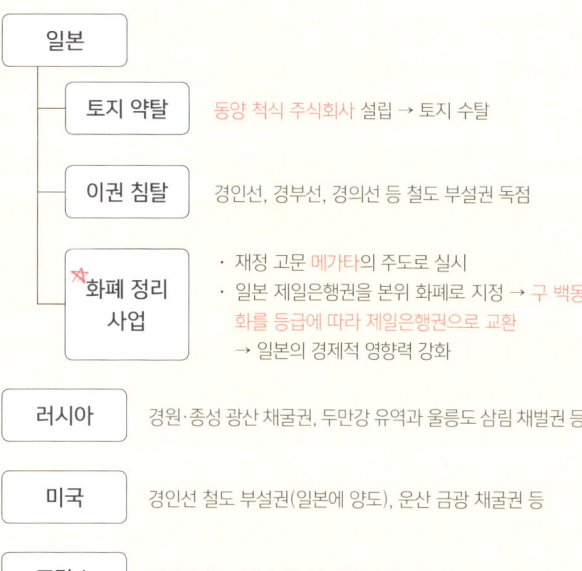

일본	
토지 약탈	동양 척식 주식회사 설립 → 토지 수탈
이권 침탈	경인선, 경부선, 경의선 등 철도 부설권 독점
★ 화폐 정리 사업	• 재정 고문 메가타의 주도로 실시 • 일본 제일은행권을 본위 화폐로 지정 → 구 백동화를 등급에 따라 제일은행권으로 교환 → 일본의 경제적 영향력 강화
러시아	경원·종성 광산 채굴권, 두만강 유역과 울릉도 삼림 채벌권 등
미국	경인선 철도 부설권(일본에 양도), 운산 금광 채굴권 등
프랑스	경의선 철도 부설권(이후 일본이 획득) 등
독일	강원도의 당현 금광 채굴권 등

2. 경제적 구국 운동

 방곡령 시행
일본으로의 곡물 유출로 조선 내 식량 부족, 곡물 가격 폭등 → 함경도(조병식)·황해도(조병철)의 관찰사가 방곡령 선포 → 일본은 조·일 통상 장정 개정을 구실로 방곡령 철회·거액의 배상금 요구

상권 수호 운동
외국 상인의 상권 침탈 심화 → 시전 상인들이 황국 중앙 총상회를 조직, 상권 수호 운동 전개(철시 투쟁 등)

 **국채 보상 운동**
• 배경: 일본이 화폐 정리 사업, 개화 정책 등을 이유로 차관 강요 → 국채 증가
• 목적: 국민의 성금을 모아 국채를 갚고 경제적 주권 회복 시도
• 전개: 대구에서 서상돈, 김광제 등의 발의로 시작 → 서울에 국채 보상 기성회 조직 → 금주·금연 운동 및 모금을 통해 국채 갚기 운동 전개 → 대한매일신보의 후원으로 전국적으로 확산
• 결과: 통감부가 양기탁에게 횡령 혐의를 씌워 구속, 일진회의 방해로 실패

기출자료&선택지로 개념 체크

◆ 다음 기출자료와 연관된 사업의 이름을 쓰세요.

01
백동화(白銅貨)는 전환국에서 발행한 액면가 2전 5푼의 동전이다. …… 러·일 전쟁 중에 재정 고문으로 임명된 메가타 다네타로의 주도하에 전환국을 폐지하고 백동화와 엽전을 일본 제일은행권으로 교환하는 사업을 추진하면서, 백동화의 발행이 중단되었다.
[71회]

( )

◆ 다음 기출자료와 연관된 사건의 이름을 쓰세요.

02
함경도 관찰사로부터 보고를 받았는데, 그 내용은 다음과 같았습니다. "큰 수해를 당하여 조만간 여러 곡식의 피해가 클 듯한데, 콩 등은 더욱 심하여 모두 흉작이 될 것이라고 고하고 있으니, 궁핍하여 식량난을 겪을 것이 장차 불을 보듯 훤합니다. …… 유출 금지 시행 1개월 전까지 일본 공사에게 알리시어, 일본의 상민들이 일체 준수하게 해주십시오."
[57회]

( )

◆ 다음 기출자료와 연관된 운동의 이름을 쓰세요.

03
…… 대황제 폐하께서 진 외채가 1,300만 원이지만 채무를 청산할 방법이 없어 밤낮으로 걱정하시니, 백성된 자로서 있는 힘을 다하여 보상하려고 해도 겨를이 없습니다. …… 우리 동포는 빨리 단체를 결성하여 열성적으로 의연금을 내어 채무를 상환하고 채노에서 벗어나, 머리는 대한의 하늘을 이고, 발은 대한의 땅을 밟도록 해 주시기를 눈물을 머금고 간절히 요구합니다.
[61회]

( )

◆ 옳은 키워드를 골라 기출문장을 완성하세요.

04 (① 일본 / ② 청)에 의해 동양 척식 주식회사가 설립되었다. [73·71회]

05 독일이 침탈한 이권 – (① 당현 / ② 운산) 금광 채굴권 [52회]

06 미국이 침탈한 이권 – (① 경의선 / ② 경인선) 철도 부설권 [52회]

07 상권 수호를 위해 (① 황국 협회 / ② 황국 중앙 총상회)가 조직되었다. [67·63회]

08 국채 보상 운동은 (① 평양 / ② 대구)에서 시작되어 전국으로 확산되었다. [49회]

09 국채 보상 운동은 (① 총독부 / ② 통감부)의 탄압으로 중단되었다. [72·70회]

◆ 옳은 기출문장에 O, 틀린 기출문장에 X 표시하세요.

10 메가타가 당백전을 제일은행권으로 교환하는 사업을 시행하였다. [36회] (O | X)

11 러시아가 침탈한 이권 – 울릉도 삼림 채벌권 [52회] (O | X)

12 프랑스가 침탈한 이권 – 경부선 철도 부설권 [33회] (O | X)

13 1889년에 함경도 관찰사 조병식이 방곡령을 선포하였다. [63회] (O | X)

14 국채 보상 운동은 김광제, 서상돈 등이 주도하였다. [70·63회] (O | X)

15 국채 보상 운동에는 대한매일신보 등 당시 언론이 적극적으로 참여하였다. [69·67·64·61회] (O | X)

◆ 밑줄 그은 '이 운동'에 대한 설명으로 옳은 것은?

16 [48회]

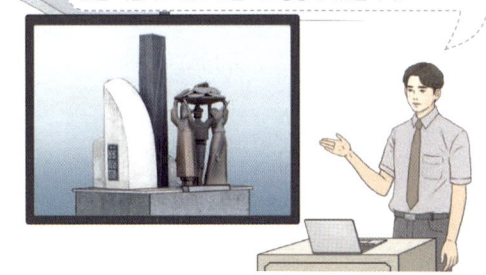

이것은 일제로부터 도입한 차관을 갚기 위해 일어난 이 운동을 기념하여 대구에 세운 조형물입니다. 개화 지식인, 상인, 여성이 엽전을 떠받치고 있는 모습으로 형상화되었습니다.

① 황국 중앙 총상회의 주도로 전개되었다.
② 러시아의 절영도 조차 요구에 반대하였다.
③ 조선 총독부의 방해와 탄압으로 실패하였다.
④ 대한매일신보 등 당시 언론이 적극적으로 참여하였다.
⑤ 일본, 프랑스 등의 노동 단체로부터 격려 전문을 받았다.

정답
01 화폐 정리 사업 02 방곡령 선포 03 국채 보상 운동 04 ① 05 ① 06 ② 07 ② 08 ② 09 ② 10 X(백동화) 11 O 12 X(경의선 철도 부설권) 13 O 14 O 15 O 16 ④ 국채 보상 운동 [① 상권 수호 운동, ② 이권 수호 운동, ③ 민립 대학 설립 운동, ⑤ 원산 총파업]

VI. 근대
22강 근대의 문화

1. 근대의 시설·건축물과 신문 — 최근 3개년 시험 중 9회 출제!
2. 근대의 교육 기관과 국학 연구·문예 활동 — 최근 3개년 시험 중 2회 출제!

하권 82쪽

한눈에 보는 빈출 개념

1. 근대의 시설·건축물

전기	• 경복궁 건청궁에 최초의 전등 설치(1887) • 미국과 합작하여 한성 전기 회사 설립(1898)
교통	전차(1899), 경인선(1899)·경부선(1905)·경의선(1906)
의료	광혜원(알렌의 건의, 1885) → 제중원으로 개칭(1885)
정부 기구	전환국(화폐 주조, 1883), 기기창(무기 제조, 1883), 박문국(출판, 1883), 우정총국(우편 사무, 1884)
건축물	독립문(1897), 명동 성당(1898), 덕수궁 석조전(1910) 등

2. 근대의 신문

★한성순보	박문국, 최초의 근대 신문, 순 한문체, 열흘마다 발행
한성주보	박문국, 최초의 상업 광고 게재, 국·한문 혼용체
독립신문	서재필 등, 최초의 민간 신문, 한글판·영문판 발행
제국신문	이종일, 한글로 발행
황성신문	• 민족주의적 성격의 국·한문 혼용 신문 • 장지연의 '시일야방성대곡' 게재
★대한매일신보	• 양기탁·영국인 베델, 국채 보상 운동 확산에 기여 • 을사늑약의 부당성 주장, 고종의 친서 게재

3. 근대의 교육 기관

★원산 학사	덕원 부사 정현석과 덕원·원산 관민이 설립한 우리나라 최초의 근대식 사립 학교
동문학	통역관 양성을 목표로 설립한 외국어 교육 기관
★육영 공원	• 정부가 설립, 근대식 교육 기관, 좌·우원으로 운영 • 미국인 헐버트, 길모어 등을 외국인 교사로 초빙
한성 사범 학교	교육 입국 조서를 계기로 설립, 교원 양성 목적
기타	배재 학당(아펜젤러), 이화 학당(스크랜튼)

4. 국학 연구와 문예 활동

국학 연구	• 국어: 주시경·지석영 등 국문 연구소에서 한글 체계 정리 • 국사: 신채호(『이순신전』·『을지문덕전』 등), 박은식(『연개소문전』 등)
문예 활동	• 신소설: 「혈의 누」(이인직), 「금수회의록」(안국선) 등 • 신체시: 해에게서 소년에게(최남선, 1908) • 연극: 원각사(1908)에서 은세계, 치악산 등 공연

기출자료&선택지로 개념 체크

◆ 다음 기출자료와 연관된 근대 문물의 이름을 쓰세요.

01
헤론은 우리나라 최초의 근대식 병원인 이곳에서 의사로 근무하였다. 그는 초기에 운영을 주도했던 알렌이 미국으로 돌아간 후 이곳의 진료 업무를 전담하였으며, 고종에게 2품의 품계를 받았다. [53회]

( )

02
1896년 4월 7일 서재필이 창간한 근대적 민간 신문이다. 창간 당시에는 한글판 3면과 영어판 1면으로 발행되었다. 띄어 쓰기를 시행하는 등 한글 발전에 기여하였다. [56회]

( )

◆ 다음 기출자료와 연관된 교육 기관의 이름을 쓰세요.

03
덕원 부사 정현석이 장계를 올립니다. 신이 다스리는 이곳 읍은 해안의 요충지에 있고 아울러 개항지가 되어 소중함이 다른 곳에 비할 바가 아닙니다. 개항지를 빈틈 없이 운영해 나가는 방도는 인재를 선발하여 쓰는 데 달려 있고, 인재 선발의 요체는 교육에 있습니다. 그러므로 학교를 설립하고자 합니다. – 「덕원부계록」 [30회]

( )

04
• 이 학교는 신학문을 가르치는 관립 교육 기관이야.
• 젊은 관리가 소속된 좌원과 명문가의 자제를 선발한 우원으로 구성되었어.
• 주요 과목으로 영어, 산학, 지리 등이 있었어. [67회]

( )

◆ 옳은 키워드를 골라 기출문장을 완성하세요.

05 1885년에 알렌의 건의로 (① 세브란스 병원 / ② 광혜원)이 세워졌다. [58회]

06 1898년에 (① 미국 / ② 일본)과 합작하여 한성 전기 회사를 설립하였다. [61회]

07 (① 한성순보 / ② 한성주보)는 최초로 상업 광고를 실었다. [64회]

08 황성신문에 (① 고종의 친서 / ② 시일야방성대곡)이/가 게재되었다. [67회]

09 (① 동문학 / ② 육영 공원)은 미국인 헐버트, 길모어 등을 교사로 초빙하였다. [67·64회]

10 스크랜튼은 여성 교육 기관인 (① 이화 학당 / ② 배재 학당)을 설립하였다. [62회]

◆ 옳은 기출문장에 O, 틀린 기출문장에 X 표시하세요.

11 1883년에 무기 제조 공장인 우정총국이 설립되었다. [59회] (O | X)

12 1905년에 서울과 부산을 연결하는 경부선이 개통되었다. [58회] (O | X)

13 한성순보는 국·한문 혼용 신문으로 열흘마다 발행하는 것이 원칙이었다. [67·64회] (O | X)

14 독립신문은 우리나라 최초의 민간 신문이었다. [55회] (O | X)

15 원산 학사는 덕원 지방의 관민들이 합심하여 설립하였다. [64회] (O | X)

16 주시경은 국문 연구소의 연구 위원으로 활동하였다. [72·67회] (O | X)

◆ (가) 신문에 대한 설명으로 옳은 것은?

17 [64회]

① 상업 광고를 처음으로 실었다.
② 천도교의 기관지로 발행되었다.
③ 국채 보상 운동의 확산에 기여하였다.
④ 일장기를 삭제한 손기정 사진을 게재하였다.
⑤ 순 한문 신문으로 열흘마다 발행하는 것이 원칙이었다.

정답
01 광혜원 02 독립신문 03 원산 학사 04 육영 공원 05 ② 06 ① 07 ② 08 ② 09 ② 10 ① 11 X(기기창) 12 ○ 13 X(순 한문 신문) 14 ○ 15 ○ 16 ○ 17 ③ 대한매일신보 [① 한성주보, ② 만세보, ④ 동아일보, 조선중앙일보, ⑤ 한성순보]

VII. 일제 강점기

23강 1910년대의 통치와 민족 운동

1. 일제의 무단 통치와 경제 수탈 (최근 3개년 시험 중 8회 출제!)
2. 1910년대의 독립운동 (최근 3개년 시험 중 11회 출제!)

한눈에 보는 빈출 개념

1. 일제의 무단 통치와 경제 수탈

(1) 무단 통치(1910년대)

헌병 경찰제	헌병 경찰이 범죄 즉결례에 근거해 한국인 처벌
조선 태형령 ★	한국인에 한하여 재판 없이 태형을 가할 수 있음
공포 분위기 조성	일반 관리, 교원이 제복을 입고 칼을 착용함
제1차 조선 교육령	보통학교의 수업 연한을 4년으로 함

(2) 1910년대 일제의 경제 수탈

토지 조사 사업 ★	· 근대적 토지 소유권 확립을 명분으로 내세움 · 토지 조사령(1912) 공포 → 기한 내에 토지를 신고하게 함
산업 침탈	· 회사령: 회사 설립 시 조선 총독의 허가를 받도록 함 · 삼림령(1911), 어업령(1911), 광업령(1915) 등

2. 1910년대의 독립운동

국내

독립 의군부 ★	· 임병찬이 고종의 밀지를 받아 결성, 복벽주의를 내세움 · 조선 총독부에 국권 반환 요구서 제출 시도
대한 광복회	· 박상진이 결성, 공화 정체의 국민 국가 수립 목표 · 군자금 모금, 친일파 처단

국외

서간도 (남만주) ★	· 삼원보(독립운동 기지), 경학사(한인 자치 기구) 설립 · 신흥 강습소: 독립군 양성, 신흥 무관 학교로 개편
북간도	· 중광단: 대종교 신자 중심, 북로 군정서로 개편 · 서전서숙(이상설), 명동 학교(김약연) 등 건립
연해주 ★	· 권업회: 자치 기관, 권업신문 발행 · 대한 광복군 정부: 이상설과 이동휘를 정·부통령으로 선임
중국 상하이	· 신한청년당: 파리 강화 회의에 김규식 파견 · 대동 단결 선언: 신규식, 박은식 등이 발표
미주	· 대한인 국민회, 흥사단(안창호) 조직 · 하와이에 대조선 국민 군단(박용만) 조직, 멕시코에 숭무 학교 설립
일본 도쿄	조선 청년 독립단: 2·8 독립 선언서 발표

기출자료&선택지로 개념 체크

◆ 다음 기출자료와 연관된 제도의 이름을 쓰세요.

01
> 제1조 조선 주차(駐箚) 헌병은 치안 유지에 관한 경찰 및 군사 경찰을 담당한다.
> 제5조 헌병은 직무에 관해 정당한 직권을 가진 사람의 요구가 있을 때에는 즉시 응해야 한다.
> 제18조 헌병의 복무 및 헌병 보조원에 관한 규정은 조선 총독이 정한다.
> [48회]

( )

◆ 다음 기출자료와 연관된 단체의 이름을 쓰세요.

02
> 이것은 고종이 임병찬에게 내린 밀지의 일부입니다. 그는 이 밀지를 받고 복벽주의를 내건 이 단체를 조직하였습니다.
> "애통하다! 일본 오랑캐가 배신하고 합병하니 종사가 폐허가 되고 국민은 노예가 되었다. …… 짐이 믿는 것은 너희들이니, 너희들은 힘써 광복하라."
> [59회]

( )

◆ 다음 기출자료와 연관된 지역의 이름을 쓰세요.

03
> 허은 지사, 독립 유공자로 서훈
> 대한민국 임시 정부 초대 국무령 석주 이상룡 선생의 손부(孫婦) 허은 지사에게 건국훈장 애족장이 추서되었다. 허 지사는 이 지역의 삼원보에서 결성된 서로 군정서의 숨은 공로자였다. 그녀는 기본적인 생계 활동과 공식적인 행사 준비 외에도 서로 군정서 대원들의 군복을 제작·배급하는 등 독립운동에 힘을 보탰다. 허은 지사의 회고록에는 당시의 상황이 생생하게 담겨 있다.
> [49회]

( )

◆ 옳은 키워드를 골라 기출문장을 완성하세요.

04 무단 통치 시기에는 강압적 통치를 목적으로 (① 보통 경찰제 / ② 헌병 경찰제)가 실시되었다. [70·67·66·65회]

05 무단 통치 시기에 근대적 토지 소유권 확립을 명분으로 (① 양전 사업 / ② 토지 조사 사업)을 실시하였다. [58회]

06 독립 의군부는 (① 복벽주의 / ② 공화주의)를 내세우며 의병 전쟁을 준비하였다. [58회]

07 서간도에서는 (① 신흥 강습소 / ② 숭무 학교)를 세워 독립군을 양성하였다. [65·61회]

08 연해주에서는 (① 권업신문 / ② 독립신문)을 발간하여 민족 의식을 고취하였다. [71·61회]

09 일본 도쿄에서는 유학생들이 중심이 되어 (① 대동 단결 선언 / ② 2·8 독립 선언서)을/를 발표하였다. [73·71회]

◆ 옳은 기출문장에 O, 틀린 기출문장에 X 표시하세요.

10 제1차 조선 교육령에서는 보통학교의 수업 연한을 6년으로 정하였다. [62회] (O | X)

11 무단 통치 시기에 회사 설립 시 총독의 허가를 받도록 하는 회사령이 공포되었다. [73·70·64·61회] (O | X)

12 임병찬은 고종의 밀지를 받아 대조선 국민 군단을 조직하였다. [63회] (O | X)

13 박상진이 대한 광복회를 조직하여 친일파를 처단하였다. [67·64·62회] (O | X)

14 북간도에서는 중광단을 결성하여 항일 투쟁을 전개하였다. [70회] (O | X)

15 미주에서는 신한청년당을 중심으로 외교 활동을 전개하였다. [49회] (O | X)

◆ 다음 법령이 시행된 시기에 있었던 사실로 옳은 것은?

16 [51회]

> 제2조 즉결은 정식 재판을 하지 않으며 피고인의 진술을 듣고 증빙을 취조한 후 곧바로 언도해야 한다.
> 제11조 제8조, 제9조에 의한 유치 일수는 구류의 형기에 산입하고, 태형의 언도를 받은 자에 대하여는 1일을 태 5로 절산하여 태 수에 산입하며, 벌금 또는 과료의 언도를 받은 자에 대하여는 1일을 1원으로 절산하여 그 금액에 산입한다.

① 박문국을 설치하여 한성순보를 발행하였다.
② 황국 중앙 총상회가 상권 수호 운동을 주도하였다.
③ 근대적 개혁 추진을 위해 군국기무처가 설치되었다.
④ 강압적 통치를 목적으로 헌병 경찰제가 실시되었다.
⑤ 일본에 진 빚을 갚자는 국채 보상 운동이 전개되었다.

[정답]
01 헌병 경찰제 02 독립 의군부 03 서간도 04 ② 05 ② 06 ① 07 ① 08 ① 09 ②
10 X(4년) 11 O 12 X(독립 의군부) 13 O 14 O 15 X(상하이) 16 ④ 무단 통치 시기
[① 개항기, ②, ⑤ 대한 제국 시기, ③ 제1차 갑오개혁]

23강 1910년대의 통치와 민족 운동 95

VII. 일제 강점기
23강 1910년대의 통치와 민족 운동

23 3·1 운동과 대한민국 임시 정부
하권 96쪽 / 최근 3개년 시험 중 12회 출제!

한눈에 보는 빈출 개념

1. 3·1 운동

배경	• 국외: 미국 대통령 윌슨이 민족 자결주의 제창, 도쿄 유학생들이 2·8 독립 선언서 발표 • 국내: 무단 통치에 대한 반발, 고종의 독살설
★ 준비 및 전개 과정	• 계획: 고종의 인산일(장례일)에 만세 운동 계획 • 전개: 민족 대표들이 태화관에서 독립 선언서 낭독 → 학생·시민들이 탑골 공원에서 독립 선언서 낭독, 만세 시위 전개 → 지방 도시·농촌으로 확산 → 해외까지 확산 • 탄압: 화성 제암리 학살 등
의의	대한민국 임시 정부 수립, 일제의 통치 방식이 문화 통치로 전환, 중국의 5·4 운동 등에 영향

2. 대한민국 임시 정부

(1) 초기 활동

연통제 조직	국내 비밀 행정 조직, 독립운동 자금 모금
교통국 조직	이륭양행에 설치된 통신 기관
★ 독립 공채 발행	독립운동 자금을 모으기 위해 발행
위원부 설치	프랑스에 파리 위원부, 미국에 구미 위원부 설치
편찬 사업	임시 사료 편찬회를 두어 『한·일관계사료집』 편찬
독립군 양성	미국에 한인 비행 학교 설립

(2) 대한민국 임시 정부의 재정비

국민 대표 회의 (1923)	• 배경: 연통제·교통국 발각, 이승만의 위임 통치 청원 • 개최: 독립운동의 방략 논의를 위해 개최 • 결과: 성과 없이 결렬, 독립운동 세력이 이탈
이승만 탄핵 (1925)	이승만 탄핵, 박은식이 제2대 대통령으로 취임
제2차 개헌 (1925)	내각 책임제와 국무령제 채택
제3차 개헌 (1927)	국무위원 중심의 집단 지도 체제로 개편

기출자료&선택지로 개념 체크

◆ 다음 기출자료와 연관된 사건의 이름을 쓰세요.

01
> 그날 오후 2시 10분 파고다 공원에 모였던 수백 명의 학생들이 10여 년간 억눌려 온 감정을 터뜨려 '만세, 독립 만세'를 외치자 뇌성 벽력 같은 소리에 공원 근처에 살던 시민들도 크게 놀랐다. …… 시위 학생들은 덕수궁 문 앞에 당도하자 붕어하신 고종에게 조의를 표하고 잠시 멎었다.
> – 스코필드 기고문 [48회]

( )

02
> 지난 4월 15일, 경기도 수원군(현재 화성시) 제암리에서 일본군에 의한 참혹한 학살이 자행되었다. 일본군은 주민들을 교회에 모이게 하여, 밖에서 문을 잠그고 무차별 사격을 가한 후 불을 질러 약 30명을 살해하는 만행을 저질렀다. 이는 최근 만세 시위 운동이 전국으로 확산되는 과정에서 가해진 일본군의 탄압으로 보인다. [42회]

( )

03
> 본 회의는 이천만 민중의 공정한 뜻에 바탕을 둔 국민적 대회합으로 최고의 권위를 지녀 …… 본 대표 등은 국민이 위탁한 사명을 받들어 국민적 대단결에 힘쓰며 독립운동이 나아갈 방향을 확립하여 통일적 기관 아래서 대업을 완성하고자 하노라. [45회]

( )

◆ 다음 기출자료와 연관된 단체의 이름을 쓰세요.

04
> [제4관] 국외 독립운동의 전개
> 이 전시관은 국권 피탈 이후 국외에서 전개된 독립운동을 주제로 구성되어 있습니다. 특히 3·1 운동의 영향으로 수립된 이 단체의 활동에 대한 자료가 전시되어 있습니다. 자료를 잘 살펴보고 스탬프를 찍어 보세요. [57회]

( )

◆ 옳은 키워드를 골라 기출문장을 완성하세요.

05 신한청년당이 (① 미국 정부 / ② 파리 강화 회의)에 독립 청원서를 제출하였다. [63·61회]

06 3·1 운동은 일제가 이른바 (① 무단 통치 / ② 문화 통치)를 실시하는 배경이 되었다. [73·70·67·61회]

07 3·1 운동은 (① 대한민국 임시 정부 / ② 대한 광복군 정부) 수립의 계기가 되었다. [69회]

08 대한민국 임시 정부는 (① 구미 위원부 / ② 대한인 국민회)를 설치하여 외교 활동을 전개하였다. [65·62회]

09 대한민국 임시 정부는 임시 사료 편찬회를 두어 (① 『한국독립운동지혈사』 / ② 『한·일관계사료집』)을/를 간행하였다. [57회]

10 (① 박은식 / ② 이승만)이 국제 연맹에 위임 통치 청원을 시도하였다. [33회]

◆ 옳은 기출문장에 O, 틀린 기출문장에 X 표시하세요.

11 미국 대통령 윌슨이 민족 자결주의를 제창하였다. [35회] (O | X)

12 3·1 운동 때 민족 대표 33인 명의의 독립 선언서가 발표되었다. [56·51회] (O | X)

13 3·1 운동 때 순종의 인산을 기회로 삼아 대규모 시위를 전개하였다. [36회] (O | X)

14 대한민국 임시 정부는 이륭양행에 교통국을 설치하여 국내와 연락을 취하였다. [72·67·61회] (O | X)

15 대한민국 임시 정부는 독립군 비행사 육성을 위해 신흥 무관 학교를 세웠다. [73회] (O | X)

16 1923년에 독립운동의 방략을 논의하기 위하여 국민 대표 회의가 개최되었다. [73회] (O | X)

◆ (가) 단체의 활동으로 옳은 것은?

17 [52회]

이 책은 (가) 이/가 국제 연맹에 한국 독립의 당위성을 호소하기 위해 편찬한 것입니다. 여기에는 삼국 시대 이후의 한·일 관계사가 기록되어 있으며, 특히 일제의 잔혹한 식민 통치 방식과 3·1 운동의 전개 과정이 잘 정리되어 있습니다.

『한·일관계사료집』

① 조선 혁명 간부 학교를 설립하였다.
② 한글 맞춤법 통일안과 표준어를 제정하였다.
③ 태극 서관을 운영하며 계몽 서적을 보급하였다.
④ 독립운동 자금 마련을 위해 독립 공채를 발행하였다.
⑤ 진상 조사단을 파견하여 광주 학생 항일 운동을 지원하였다.

정답
01 3·1 운동 02 화성 제암리 학살 03 국민 대표 회의 04 대한민국 임시 정부 05 ② 06 ② 07 ① 08 ① 09 ② 10 ② 11 O 12 O 13 X(고종) 14 O 15 X(한인 비행 학교) 16 O 17 ④ 대한민국 임시 정부 [① 의열단, ② 조선어 학회, ③ 신민회, ⑤ 신간회]

Ⅶ. 일제 강점기

24강 1920년대의 통치와 민족 운동

1 일제의 문화 통치와 경제 수탈 _최근 3개년 시험 중 3회 출제!_
2 1920년대의 의열 투쟁과 국외 무장 투쟁 _최근 3개년 시험 중 8회 출제!_

하권 104쪽

한눈에 보는 빈출 개념

1. 일제의 문화 통치와 경제 수탈

치안 유지법	사회주의 운동을 탄압하는 데 적용(1925)
제2차 조선 교육령(1922)	초등·실업 교육 위주로 진행, 경성 제국 대학 설립
자문 기구 설치	도 평의회, 부·면 협의회 등의 자문 기구 설치
산미 증식 계획	한반도의 쌀 수확량을 늘려 일본으로의 수탈량을 늘림
회사령 철폐	허가제에서 신고제로 변경(1920)

2. 1920년대의 의열 투쟁과 국외 무장 투쟁

(1) 의열단

조직	김원봉, 윤세주 등이 만주 길림(지린)에서 조직
목표	일제의 식민 통치 기관 파괴와 주요 요인 사살
활동 지침	신채호의 「조선혁명선언」
의거 활동	부산 경찰서(박재혁, 1920), 조선 총독부(김익상, 1921), 종로 경찰서(김상옥, 1923), 동양 척식 주식회사와 조선 식산 은행(나석주, 1926)에 폭탄 투척
활동 방향 전환	단원 일부가 황푸 군관 학교 입학(1926) → 조선 혁명 간부 학교 설립(1932) → 민족 혁명당 결성(1935)

(2) 국외 무장 투쟁

봉오동 전투 (1920. 6.)	홍범도의 대한 독립군을 중심으로 대한 국민회군 등의 연합 부대가 봉오동에서 일본군에 승리
청산리 전투 (1920. 10.)	김좌진의 북로 군정서, 대한 독립군 등의 연합 부대가 청산리 일대에서 일본군에 대승
간도 참변 (1920. 10.)	일본군이 봉오동 전투 등의 패배에 대한 보복으로 간도의 한국인 학살
자유시 참변 (1921)	간도 참변을 피해 독립군이 밀산부에 집결 → 서일을 총재로 대한 독립 군단 결성 → 러시아 자유시로 이동 → 독립군 부대의 내부 분쟁 → 러시아 적색군이 무장 해제를 요구하는 과정에서 독립군이 희생
3부 설립과 통합 운동	육군 주만 참의부(1923), 정의부(1924), 신민부(1925) 성립 → 미쓰야 협정(1925, 독립군 위축) → 3부가 혁신 의회(북만주, 한국 독립당)와 국민부(남만주, 조선 혁명당)로 통합

기출자료&선택지로 개념 체크

◆ 다음 기출자료와 연관된 정책의 이름을 쓰세요.

01
내지(内地)는 심각한 식량 부족을 보여 매년 300만 석에서 500만 석의 외국 쌀을 수입하였다. …… 내지에서는 쌀의 증산에 많은 기대를 걸 수 없었다. 반면 조선은 …… 대부분의 논이 빗물에 의존하는 상태였기에, 토지 개량 사업을 시작한다면 천혜의 쌀 생산지가 될 수 있었다. [55회]

( )

◆ 다음 기출자료와 연관된 단체의 이름을 쓰세요.

02
어제 12일 상오 10시 20분에 조선 총독부에 폭탄 두 개가 투척되었다. …… 폭탄을 던진 사람은 즉시 종적을 감추었으므로 지금 엄중 탐색 중이요, 폭발 소리가 돌연히 일어나자 총독부 안은 물 끓듯 하여 한바탕 아수라장을 이루었다더라. [45회]

( )

◆ 다음 기출자료와 연관된 사건의 이름을 쓰세요.

03
북간도에 주둔한 아군 7백 명은 북로 사령부 소재지인 봉오동을 향해 행군하다가 적군 3백 명을 발견하였다. 아군을 지휘하는 홍범도, 최진동 두 장군은 즉시 적을 공격하여 120여명을 살상하고 도주하는 적을 추격하였다. [52회]

( )

04
이곳은 부산 해운대에 있는 '애국지사 강근호 길'입니다. 그는 1920년 10월 백운평, 어랑촌, 고동하 등지에서 일본군에 맞서 싸운 전투 당시 북로 군정서 중대장으로 활약하였습니다. [50회]

( )

◆ 옳은 키워드를 골라 기출문장을 완성하세요.

05 문화 통치 시기에 일제는 (① 치안 유지법 / ② 조선 태형령)을 공포하였다. [70·65·62회]

06 일제는 쌀 수탈을 목적으로 하는 (① 토지 조사 사업 / ② 산미 증식 계획)을 실시하였다. [50회]

07 의열단의 김상옥이 (① 종로 경찰서 / ② 부산 경찰서)에 폭탄을 투척하였다. [51·44회]

08 의열단은 (① 조선 혁명 간부 학교 / ② 신흥 무관 학교)를 설립하였다. [73·62·60회]

09 (① 대한 독립군 / ② 북로 군정서군) 등이 봉오동에서 일본군을 격파하였다. [59회]

10 간도 참변 이후 독립군이 진열을 정비하기 위해 (① 블라디보스토크 / ② 자유시)로 이동하였다. [73·67·64회]

◆ 옳은 기출문장에 O, 틀린 기출문장에 X 표시하세요.

11 문화 통치 시기에 일제는 도 평의회, 부·면 협의회 등의 자문 기구를 설치하였다. [44회] (O | X)

12 의열단은 「조선혁명선언」을 활동 지침으로 삼았다. [73·69회] (O | X)

13 의열단원 일부가 황포 군관 학교에 입학해 군사 훈련을 받았다. [62회] (O | X)

14 나석주가 조선 총독부에 폭탄을 투척하였다. [67·53회] (O | X)

15 1923년~1925년 사이에 참의부, 신민부, 정의부가 만주 지역에 성립되었다. [47회] (O | X)

16 1925년에 일제가 중국 군벌과 미쓰야 협정을 체결하였다. [73·66·65회] (O | X)

◆ (가) 단체에 대한 설명으로 옳은 것은?

17 [58회]

> 검사: 폭탄을 구해 숨겨 놓은 이유가 무엇인가?
> 곽재기: 재작년 3월 이후로 조선 독립을 평화적으로 요청했지만 아무 소용없었다. 그래서 우리는 상하이로 가서 육혈포와 폭탄을 구해 피로써 독립을 이루려고 하였다.
> 이성우: 폭탄으로 고위 관리를 죽이고 중요 건물을 파괴하여 독립을 쟁취하려고 하였다. 이것이 중국 지린성에서 김원봉과 함께 (가) 을/를 조직한 이유이다.
> – 1921년 6월 7일 밀양 폭탄 사건 공판 기록

① 「조선혁명선언」을 활동 지침으로 삼았다.
② 일제의 황무지 개간권 요구를 저지하였다.
③ 복벽주의를 내세우며 의병 전쟁을 준비하였다.
④ 삼균주의를 기초로 하는 건국 강령을 발표하였다.
⑤ 단원인 이봉창이 일왕의 행렬에 폭탄을 투척하였다.

정답
01 산미 증식 계획 02 의열단 03 봉오동 전투 04 청산리 전투 05 ① 06 ② 07 ①
08 ① 09 ① 10 ② 11 O 12 O 13 O 14 X(김익상) 15 O 16 O 17 ① 의열단
[② 보안회, ③ 독립 의군부, ④ 대한민국 임시 정부, ⑤ 한인 애국단]

VII. 일제 강점기

24강
1920년대의 통치와 민족 운동

📍 하권 108쪽

3 실력 양성 운동과 사회적 민족 운동 최근 3개년 시험 중 8회 출제!

4 1920년대의 대중 투쟁과 민족 유일당 운동 최근 3개년 시험 중 6회 출제!

📖 한눈에 보는 빈출 개념

1. 실력 양성 운동과 사회적 민족 운동

(1) 실력 양성 운동

물산 장려 운동
- 평양에서 조만식을 중심으로 조선 물산 장려회 조직 → 자작회, 토산 애용 부인회 등이 참여 → 국산품 애용 주장('내 살림 내 것으로', '조선 사람 조선 것')
- 사회주의자들이 비판

민립 대학 설립 운동
- 조만식, 이상재 등이 조선 민립 대학 기성회 조직(1922) → 모금 운동 전개('한민족 1천만이 한 사람이 1원씩')
- 일제가 회유책으로 경성 제국 대학 설립

문맹 퇴치 운동
문자 보급 운동(조선일보), 브나로드 운동(동아일보)

(2) 사회적 민족 운동

농민·노동 운동
- 암태도 소작 쟁의: 지주 문재철의 횡포에 맞서 전개
- 원산 노동자 총파업: 석유 회사의 일본인 감독이 한국인 노동자를 구타한 사건을 계기로 발생

소년 운동
천도교 소년회: 방정환 중심, 어린이날 제정, 잡지 『어린이』 간행

여성 운동
근우회: 여성 계몽 주장, 기관지 『근우』 발행

형평 운동
- 백정에 대한 사회적 차별 철폐, 모욕적 칭호 폐지 등을 목표로 함
- 진주에서 결성된 조선 형평사(이학찬)를 중심으로 전국으로 확산

2. 1920년대의 대중 투쟁과 민족 유일당 운동

6·10 만세 운동
- 순종의 인산일을 기회로 민족주의 세력, 사회주의 세력, 학생 단체가 시위 준비 → 사회주의 세력과 천도교 연합의 계획이 사전 발각 → 학생 단체 주도로 만세 시위 전개 → 일제의 탄압으로 전국적인 대규모 만세 시위로 확산되지는 못함
- 의의: 국내에서 민족 유일당 운동이 전개되는 계기가 됨

신간회
- 창립: 정우회 선언 → 비타협적 민족주의 세력과 사회주의 세력이 연합
- 활동: 광주 학생 항일 운동에 진상 조사단 파견
- 해소: 코민테른의 노선 변경 → 사회주의 세력 이탈

광주 학생 항일 운동
- 발단: 광주에서 나주로 가는 통학 열차 안에서 한·일 학생 간의 충돌 발생 → 일본 경찰의 편파적 수사
- 전개: 광주에서 식민지 차별 교육 철폐, 한국인 본위의 교육 제도 확립 등을 요구하며 학생 시위가 일어남 → 전국적으로 확산 → 신간회가 진상 조사단을 파견하고 민중 대회를 계획하였으나 실패
- 의의: 3·1 운동 이후 최대 규모의 민족 운동, 전국 각지에서 동맹 휴학 발생

기출자료&선택지로 개념 체크

◆ 다음 기출자료와 연관된 민족 운동의 이름을 쓰세요.

01
많은 사람의 힘을 합하여 민립 대학 한 곳을 세워 보고자 이상재, 이승훈 등의 주창으로 수일 전에 민립 대학 기성 준비회를 조직하고 집행위원을 선정하였는데, 장차 각 부·군에서 다수한 발기인의 참가를 구하여 경성에서 발기회를 열고 실행 방법을 결정할 터이다. [71회]

(   )

02
우리 백정들은 신분제가 폐지되었음에도 끊임없이 차별받았다. …… 우리는 저울처럼 평등한 세상을 만들기 위해 몇 해 전부터 운동을 벌이고 있지만 사람들의 인식을 바꾸기는 쉽지 않은 것 같다. [68회]

(   )

03
이것은 순종의 인산일을 기회로 전개되었던 이 운동을 기념하기 위해 세운 기념비입니다. 기념비에는 당시 중앙고보생을 비롯한 많은 학생들이 일제 경찰의 삼엄한 경비를 뚫고 시내 곳곳에서 만세 시위를 벌인 내용이 기록되어 있습니다. [43회]

(   )

◆ 다음 기출자료와 연관된 단체의 이름을 쓰세요.

04
■ 장면별 구성 내용
- 정우회 선언을 작성하는 장면
- 이상재가 회장으로 추대되는 장면
- 전국 주요 도시에 지회가 설립되는 장면
- 순회 강연단을 조직하고 농민 운동을 지원하는 장면
[55회]

(   )

◆ 옳은 키워드를 골라 기출문장을 완성하세요.

05 물산 장려 운동은 조만식 등의 주도로 (① 대구 / ② 평양)에서 시작되었다. [69회]

06 지주 문재철의 횡포에 맞서 (① 암태도 / ② 원산) 소작 쟁의가 전개되었다. [63·61회]

07 소년 운동은 (① 대종교 / ② 천도교) 세력이 중심이 되어 추진하였다. [47회]

08 6·10 만세 운동은 (① 고종 / ② 순종)의 인산일을 계기로 발생하였다. [73·72회]

09 (① 신간회 / ② 신민회)는 민족 유일당 운동의 일환으로 창립되었다. [57회]

10 (① 6·10 만세 운동 / ② 광주 학생 항일 운동)은 전국적인 시위와 동맹 휴학으로 확산하였다. [73회]

◆ 옳은 기출문장에 O, 틀린 기출문장에 X 표시하세요.

11 물산 장려 운동 때 자작회, 토산 애용 부인회 등의 단체가 활동하였다. [61회] (O | X)

12 민립 대학 설립 운동의 결과 일제에 의해 경성 제국 대학이 설립되었다. [70·67·66회] (O | X)

13 일본인 감독의 한국인 구타 사건을 계기로 평양에서 총파업이 일어났다. [65·64회] (O | X)

14 형평 운동은 백정에 대한 사회적 차별 철폐를 요구하였다. [73·69회] (O | X)

15 6·10 만세 운동은 민족주의 진영과 사회주의 진영이 함께 준비하였다. [54회] (O | X)

16 신간회는 6·10 만세 운동에 진상 조사단을 파견하였다. [72·68·67회] (O | X)

◆ 다음 자료에 나타난 민족 운동에 대한 설명으로 옳은 것은?

17 [48회]

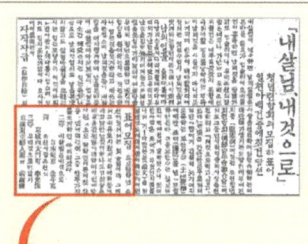

표어 모집으로 말하면 조선에 있어서는 처음 일이라 그래서 그 내용도 시원치 못하여 일등이라고 할 만한 것이 하나도 없었음은 매우 유감된 일이라 하며 이번에 당선된 것으로 말하면 이등이 셋, 삼등 넷이라는데 그 중 한두 가지를 소개하면 아래와 같다.
  2등 내 살림은 내 것으로
  2등 조선 사람 조선 것
  3등 우리 것으로만 살기

① 조선 노동 총동맹을 중심으로 전개되었다.
② 근우회의 주도로 여성의 권익을 옹호하였다.
③ 백정에 대한 사회적 차별 철폐를 목표로 하였다.
④ 자작회, 토산 애용 부인회 등의 단체가 활동하였다.
⑤ 국문 연구소를 세워 한글을 체계적으로 연구하였다.

정답
01 민립 대학 설립 운동 02 형평 운동 03 6·10 만세 운동 04 신간회 05 ② 06 ① 07 ② 08 ② 09 ① 10 ② 11 O 12 O 13 X(원산) 14 O 15 O 16 X(광주 학생 항일 운동) 17 ④ [물산 장려 운동 ① 노동 운동, ② 여성 운동, ③ 형평 운동, ⑤ 대한 제국 시기의 국어 연구]

VII. 일제 강점기
25강 1930년대 이후의 통치와 민족 운동

1 일제의 민족 말살 통치와 경제 수탈
하권 116쪽 / 최근 3개년 시험 중 14회 출제!

한눈에 보는 빈출 개념

1. 민족 말살 통치(1930~1940년대)

황국 신민화 정책	내선일체, 일선동조론 내세움
황국 신민 서사 암송	일본 천황에게 충성을 맹세하는 내용 암송 강요
신사 참배	전국에 신사를 세우고 강제 참배
창씨 개명	이름을 일본식으로 바꾸게 강요
제3차 조선 교육령(1938)	조선어를 선택(수의) 과목으로 바꿈
국민학교령(1941)	소학교의 명칭을 국민학교로 변경
제4차 조선 교육령(1943)	조선어와 조선사 과목 폐지
독립운동 탄압	• 조선 사상범 보호 관찰령(1936): 독립운동가들을 감시·탄압 • 조선 사상범 예방 구금령(1941): 독립운동가들을 재판 없이 구금 가능
신문 폐간	조선일보, 동아일보 등 폐간

2. 1930~1940년대 일제의 경제 수탈

농촌 진흥 운동	• 조선 농지령(1934) 제정: 소작 쟁의가 빈번하게 일어나자 회유책의 일환으로 제정 • 농민의 자력 갱생 강조
국가 총동원법(1938)	중·일 전쟁(1937)으로 침략 전쟁 확대 → 물적·인적 자원 수탈을 위해 제정
미곡 공출제	군량을 마련하기 위해 시행
금속류 회수령(1941)	전쟁 물자가 부족해지자 놋그릇 등 금속 제품도 공출
식량 배급제	식량 소비를 규제하기 위해 실시
징병제	육군 특별 지원병제(1938), 학도 지원병제(1943), 징병제(1944) 실시
국민 징용령(1939)	공사, 광산 등에 노동력 동원
여자 정신 근로령(1944)	여성들을 군수 공장에 강제 동원
위안부 동원	젊은 여성을 일본군 '위안부'로 강제 동원

기출자료&선택지로 개념 체크

◆ 다음 기출자료와 연관된 정책의 이름을 쓰세요.

01 이 자료는 중·일 전쟁 이후 일제가 침략 전쟁을 확대하던 시기에 만든 황국 신민 체조 실시 요령입니다. 일제는 이 체조를 보급하기 위해 '황국 신민 체조의 날'을 정하고 전국 곳곳에서 강습회를 개최하였습니다. [59회]

( )

◆ 다음 기출자료와 연관된 법령의 이름을 쓰세요.

02
제1조 소학교는 국민 도덕의 함양과 국민 생활에 필수적인 보통의 지능을 갖게 함으로써 충량한 황국 신민을 육성하는 데 있다.
제13조 심상 소학교의 교과목은 수신, 국어, 산술, 국사, 지리, 이과, 직업, 도화, 수공, 창가, 체조이다. 조선어는 수의(隨意) 과목으로 한다. [30회]

( )

03
제2조 국민학교에서는 항상 다음 각 호의 사항에 유의하여 아동을 교육하여야 한다.
1. 교육에 관한 칙어의 취지에 의하여 교육의 전반에 걸쳐 황국의 도를 수련하게 하고 특히 국체에 대한 신념을 공고히 하여 황국 신민이라는 자각에 철저하게 하도록 힘써야 한다.
14. 수업 용어는 국어를 사용하여야 한다. [40회]

( )

04
제1조 치안 유지법의 죄를 범한 자에 대해 형의 집행 유예 언도가 있었을 경우 또는 소추를 필요로 하지 않기 때문에 공소를 제기하지 않은 경우에는 보호 관찰 심사회의 결의에 따라 보호 관찰에 부칠 수 있다. 형의 집행을 마치거나 또는 가출옥을 허락 받았을 경우도 역시 같다. [54회]

( )

05
> 제4조 정부는 전시에 국가 총동원상 필요할 때에는 칙령이 정하는 바에 따라 제국 신민을 징용하여 총동원 업무에 종사하게 할 수 있다.
> 제8조 물자의 생산·수리·배급·양도 기타의 처분, 사용·소비·소지 및 이동에 관하여 필요한 명령을 내릴 수 있다. [26회]

(   )

◆ 옳은 키워드를 골라 기출문장을 완성하세요.

06 민족 말살 통치 시기에 독립운동 탄압을 위한 (① 치안 유지법 / ② 조선 사상범 보호 관찰령)을 공포하였다. [45·44회]

07 민족 말살 통치 시기에 농민의 자력갱생을 내세운 (① 산미 증식 계획 / ② 농촌 진흥 운동)을 실시하였다. [46회]

08 민족 말살 통치 시기에 (① 회사령 / ② 국가 총동원법)을 공포하였다. [73·65회]

◆ 옳은 기출문장에 O, 틀린 기출문장에 X 표시하세요.

09 민족 말살 통치 시기에는 내선일체를 강조한 국민 교육 헌장의 암송이 강요되었다. [73·70·67회] (O | X)

10 민족 말살 통치 시기에 노동력 동원을 위해 국민 징용령을 시행하였다. [55·45회] (O | X)

11 민족 말살 통치 시기에 식량 배급 및 미곡 공출 제도를 시행하였다. [62회] (O | X)

12 민족 말살 통치 시기에 육군 특별 지원병제를 실시하였다. [48회] (O | X)

◆ 밑줄 그은 '시기'에 볼 수 있는 모습으로 적절하지 <u>않은</u> 것은?

13 54회

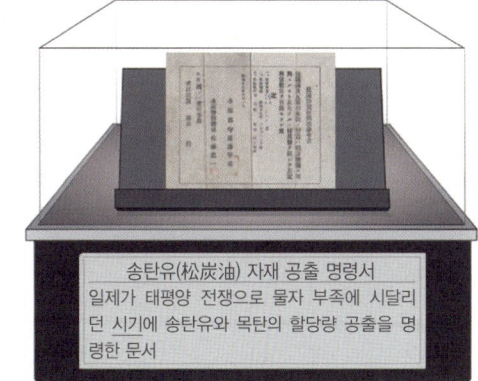

송탄유(松炭油) 자재 공출 명령서
일제가 태평양 전쟁으로 물자 부족에 시달리던 시기에 송탄유와 목탄의 할당량 공출을 명령한 문서

① 국민학교에서 공부하는 학생
② 징병제를 찬양하는 친일 지식인
③ 국민 징용령에 의해 끌려가는 청년
④ 황국 신민 서사를 암송하는 어린이
⑤ 조선 태형령을 관보에 게재하는 총독부 관리

정답
01 황국 신민화 정책 02 제3차 조선 교육령 03 국민학교령 04 조선 사상범 보호 관찰령
05 국가 총동원법 06 ② 07 ② 08 ② 09 X(황국 신민 서사) 10 O 11 O 12 O
13 ⑤ 무단 통치 시기 [①, ②, ③, ④ 민족 말살 통치 시기]

25강 1930년대 이후의 통치와 민족 운동

VII. 일제 강점기
25강 1930년대 이후의 통치와 민족 운동

2 1930년대 이후의 항일 무장 투쟁
하권 118쪽 / 최근 3개년 시험 중 14회 출제!

한눈에 보는 빈출 개념

1. 항일 의거 활동

- **한인 애국단 (1931)**: 국민 대표 회의 결렬 이후 침체된 임시 정부의 위상을 높이기 위해 김구가 상하이에서 조직(1931)
  - **이봉창 의거 (1932)**
    - 이봉창이 일본 도쿄에서 일왕의 마차에 폭탄을 투척하였으나 실패함
    - 이봉창 의거에 중국 신문이 안타까움을 표현하자 일제가 이에 대한 보복으로 상하이 사변을 일으킴
  - **윤봉길 의거 (1932)**
    - 윤봉길이 상하이 훙커우 공원에서 열린 일왕 탄생 축하 겸 상하이 점령 축하식에서 폭탄을 투척함
    - 대한민국 임시 정부가 상하이를 떠나게 되었고, 중국 국민당 정부가 임시 정부의 활동을 지원하게 됨

2. 1930년대의 무장 투쟁

- **한국 독립군**
  - 지청천을 총사령관으로 함
  - 북만주 일대에서 중국 호로군 등과 연합 → 쌍성보·사도하자·동경성·대전자령 전투 등에서 승리
- **조선 혁명군**
  - 양세봉을 총사령관으로 함
  - 남만주 일대에서 중국 의용군 등과 연합 → 영릉가·흥경성 전투 등에서 일본군 격파
- **민족 혁명당**
  - 조직: 의열단을 중심으로 한국 독립당, 조선 혁명당 등 여러 단체의 인사들이 참여
  - 개편: 의열단의 독주로 조소앙 등 민족주의 계열 탈퇴 → 의열단을 중심으로 조선 민족 혁명당으로 개편(1937) → 중·일 전쟁 이후 조선 민족 전선 연맹 결성(1937)
- **조선 의용대**
  - 조직: 김원봉이 한구(우한)에서 중국 국민당의 지원을 받아 조선 민족 전선 연맹의 산하 부대로 창설(1938)
  - 특징: 중국 관내에서 결성된 최초의 한인 무장 부대

3. 1940년대의 무장 투쟁

- **대한민국 임시 정부 체제 정비**
  - 한국 독립당 재창당
  - 주석 중심의 단일 지도 체제로 개편(제4차 개헌)
  - 조소앙의 삼균주의에 기초한 건국 강령 발표 → 주석·부주석 체제로 개편
- **한국 광복군**
  - 지청천, 김구 등이 창설
  - 대일 선전 성명서 발표
  - 영국군 요청에 따라 인도, 미얀마 전선 투입
  - 미국과 연계하여 국내 진공 작전 추진 → 일본의 항복으로 실행하지는 못함
- **조선 의용군**: 조선 의용대 화북 지대가 개편되어 만들어진 조선 독립 동맹 산하의 조직

기출자료&선택지로 개념 체크

◆ 다음 기출자료와 연관된 단체의 이름을 쓰세요.

01
이달의 독립 운동가 이봉창
서울 출신으로 1925년에 일본으로 건너가 막일로 생계를 유지하다 민족 차별에 분노하여 독립운동에 투신할 것을 결심하고 상하이로 갔다. 1931년 김구가 조직한 이 단체에 가입하고, 1932년 1월 도쿄에서 일왕이 탄 마차를 향해 폭탄을 던졌다. [42회]

( )

◆ 다음 기출자료와 연관된 군사 조직의 이름을 쓰세요.

02
총사령 양세봉, 참모장 김학규 등은 일부 병력을 이끌고 중국 의용군 부대와 합세하였다. 일본군과 만주군이 신빈현 성의 고지대를 거점으로 삼아 먼저 공격했으나 아군이 응전하여 이를 탈취하였다. 아군은 승세를 몰아 적들을 추격한 끝에 당일 오후 3시경 영릉가성을 점령하였다. …… [54회]

( )

03
이 단체는 10월 10일 한구(漢口)에서 성립, 중앙군의 이동에 따라 계림(桂林)으로 왔다. 대장 진빈 선생[김원봉]은 금년 41세로서, 1919년 조선의 3월 운동 및 조선 총독부 파괴의 의열단 사건 등도 그들에 의한 것이다. [48회]

( )

04
인도 전선에서 이 조직이 활동에 나선 이래, 각 대원은 민족의 영광을 위해 빗발치는 탄환도 두려워하지 않고 온갖 고초를 겪으며 영국군의 작전에 협조하였다. 이 조직은 적을 향한 육성 선전, 방송, 전단 살포, 포로 신문, 정찰, 포로 훈련 등 여러 부분에서 상당한 성과를 거두었다. …… 충칭에 거주하고 있는 한국 청년 동지들이 인도에서의 공작에 다수 참여하기를 희망한다. — 독립신문 [59회]

( )

◆ 옳은 키워드를 골라 기출문장을 완성하세요.

05 한인 애국단원 (① 윤봉길 / ② 이봉창)이 상하이 훙커우 공원에서 의거를 일으켰다. [73회]

06 한국 독립군은 (① 봉오동 / ② 쌍성보) 전투에서 한·중 연합 작전을 전개하였다. [71·69·65회]

07 조선 혁명군은 (① 대전자령 / ② 영릉가) 전투에서 일본군에게 승리하였다. [72·71·69회]

08 (① 김구 / ② 김원봉)이/가 중국 국민당과 협력하여 조선 의용대를 창설하였다. [53회]

09 (① 한국광복군 / ② 조선 의용군)은 영국군의 요청으로 인도, 미얀마 전선에 투입되었다. [68·67회]

◆ 옳은 기출문장에 O, 틀린 기출문장에 X 표시하세요.

10 한인 애국단은 김원봉에 의해 상하이에서 결성되었다. [66·63회] (O | X)

11 한국 독립군은 총사령 양세봉의 지휘 아래 활동하였다. [60회] (O | X)

12 조선 혁명군은 중국 의용군과 연합하여 동경성 전투를 이끌었다. [59·54·51회] (O | X)

13 조선 의용대 화북 지대는 조선 독립 동맹 산하의 군사 조직으로 개편되었다. [63·60회] (O | X)

14 대한민국 임시 정부는 삼균주의에 입각한 대한민국 건국 강령을 선포하였다. [69·68회] (O | X)

15 한국광복군은 미군과 연계하여 국내 진공 작전을 계획하였다. [72·71·69·66회] (O | X)

◆ 밑줄 그은 '의거'를 일으킨 단체에 대한 설명으로 옳은 것은?

16 [51회]

이 사진은 1945년 9월 2일 일왕을 대신하여 일본의 외무 대신이 연합군 앞에서 항복 문서에 서명하는 장면입니다.

서명하는 인물은 시게미쓰 마모루인데, 그는 윤봉길의 상하이 훙커우 공원 의거 당시 폭탄에 맞아 다리를 다쳤습니다.

① 신채호의 「조선혁명선언」을 활동 지침으로 삼았다.
② 김구를 단장으로 하여 활발한 의열 활동을 펼쳤다.
③ 조선 총독을 저격한 강우규가 단원으로 활동하였다.
④ 이상재 등의 주도로 민립 대학 설립 운동을 전개하였다.
⑤ 진상 조사단을 파견하여 광주 학생 항일 운동을 지원하였다.

정답
01 한인 애국단 02 조선 혁명군 03 조선 의용대 04 한국광복군 05 ① 06 ②
07 ② 08 ① 09 ① 10 X(김구) 11 X(지청천) 12 X(영릉가 전투) 13 O 14 O 15 O
16 ② 한인 애국단 [① 의열단, ③ 노인 동맹단, ④ 조선 민립 대학 기성회, ⑤ 신간회]

VII. 일제 강점기
26강 일제 강점기의 문화

1. 일제 강점기의 국학 연구 — 최근 3개년 시험 중 7회 출제!
2. 일제 강점기의 문화 활동 — 최근 3개년 시험 중 8회 출제!

하권 126쪽

📖 한눈에 보는 빈출 개념

1. 한국사 연구

★ 박은식	• 민족 정신으로 '혼' 강조 • 나라는 '형체'이고 역사는 '정신'임을 강조 • 저서: 『한국통사』, 『한국독립운동지혈사』
신채호	• 고대사 연구에 관심, 우리 민족의 전통과 정신 강조 • 역사를 '아(我)'와 '비아(非我)'의 투쟁으로 규정 • 묘청의 난을 '일천년래 제일 대사건'으로 평가 • 저서: 『독사신론』, 『조선상고사』, 『조선사연구초』
정인보· 문일평· 안재홍	정약용 서거 99주기를 기념하며 『여유당전서』를 간행한 것을 계기로 조선학 운동을 전개함
백남운	유물 사관을 바탕으로 『조선사회경제사』, 『조선봉건사회경제사』 저술
이병도· 손진태	실증주의 사학의 연구를 위해 진단 학회를 조직하고 『진단 학보』를 발행함

2. 국어 연구

조선어 연구회	'가갸날' 제정(1926), 잡지 『한글』 간행(1927)
★ 조선어 학회	• 조선어 연구회가 개편, 최현배, 이극로, 이윤재 등 • 활동: 한글 맞춤법 통일안 및 표준어 제정, 『조선말 큰사전(우리말 큰사전)』 편찬 시도 • 일제가 일으킨 조선어 학회 사건으로 해산

3. 종교 단체의 활동

★ 천도교	• 손병희가 동학을 바탕으로 발전시킨 종교로, 3·1 운동 주도 • 만세보 발행, 『개벽』과 『신여성』 등의 잡지 간행
★ 대종교	• 나철이 단군 신앙을 기반으로 창시(1909) • 북간도에서 중광단 결성 → 북로 군정서로 개편
불교	조선 불교 유신회 조직(한용운) → 사찰령 폐지 운동 전개
개신교	배재 학당(아펜젤러), 이화 학당(스크랜튼) 등 설립
천주교	기관지로 경향신문 발행, 만주에서 의민단 조직
원불교	박중빈을 중심으로 간척 사업 추진, 새 생활 운동 전개

4. 문학·예술 활동

이육사	저항시인 「광야」, 「절정」 등 발표
윤동주	북간도 출신, 「서시」, 「별 헤는 밤」 등 저술
나운규	영화 아리랑(1926)을 제작함

기출자료&선택지로 개념 체크

◆ 다음 기출자료와 연관된 인물의 이름을 쓰세요.

01
국혼을 강조하며 민족 의식을 고취한 역사학자이자 독립 운동가이다. 일찍부터 민족 교육의 중요성을 인식하여 서우학회에서 애국 계몽 운동을 펼쳤으며, 국권 피탈 과정을 정리한 『한국통사』를 저술하였다. 1925년에는 대한민국 임시 정부 제2대 대통령에 취임하였다. 정부에서는 그의 공훈을 기리어 건국훈장 대통령장을 추서하였다. [55회]

( )

02
나는 일제 침략에 맞서 민족 의식을 고취하기 위해 국난을 극복한 영웅의 전기인 「이순신전」과 「을지문덕전」을 집필하였습니다. 또 『조선상고사』에서는 역사를 아(我)와 비아(非我)의 투쟁으로 정의하였습니다. [60회]

( )

03
도시샤 대학에 있는 이 시비는 민족 문학가인 그를 기리기 위해 세워졌습니다. 비석에는 '죽는 날까지 하늘을 우러러'로 시작되는 그의 작품인 「서시」가 새겨져 있습니다. 북간도 출신인 그는 일본 유학 중 치안 유지법 위반 혐의로 체포되어 옥중에서 순국하였습니다. [57회]

( )

◆ 다음 기출자료와 연관된 종교의 이름을 쓰세요.

04
이곳은 동학에서 시작된 종교인 이 소속의 방정환, 김기전 등이 인내천 사상을 바탕으로 1922년 '어린이의 날'을 선포한 장소입니다. 그들은 어린이들과 함께 이곳에서 출발하여 거리 행진을 하며 선전문을 배포한 뒤 어린이날 제정 축하 기념회를 열었습니다. [59회]

( )

◆ 옳은 키워드를 골라 기출문장을 완성하세요.

05 신채호는 고대사 연구를 바탕으로 (① 『한국통사』 / ② 『조선상고사』)를 저술하였다. [50회]

06 정인보, 안재홍 등은 (① 『여유당전서』 / ② 『조선사연구초』)를 간행하고 조선학 운동을 전개하였다. [66회]

07 (① 이병도 / ② 백남운) 등은 진단 학회를 설립하여 실증주의 사학을 발전시켰다. [69회]

08 (① 조선어 연구회 / ② 조선어 학회)는 가갸날을 제정하고 기관지인 『한글』을 발행하였다. [46회]

09 천도교는 (① 만세보 / ② 경향신문)을/를 발행하여 민중 계몽에 힘썼다. [69·67회]

10 (① 이육사 / ② 윤동주)는 「별 헤는 밤」, 「참회록」 등의 시를 남겼다. [72회]

◆ 옳은 기출문장에 O, 틀린 기출문장에 X 표시하세요.

11 박은식은 『한국독립운동지혈사』를 저술하였다. [69·67회]
(O | X)

12 백남운은 『조선사회경제사』에서 식민 사학의 정체성론을 반박하였다. [60회]
(O | X)

13 조선어 연구회는 『우리말 큰사전』 편찬 사업을 추진하였다. [69회]
(O | X)

14 대종교는 의민단을 조직하여 무장 투쟁을 전개하였다. [67·61회]
(O | X)

15 원불교는 한용운을 중심으로 새 생활 운동을 전개하였다. [70·67·66회]
(O | X)

16 동아일보가 일장기를 삭제한 손기정 사진을 게재하였다. [72·64회]
(O | X)

◆ 다음 가상 인터뷰의 주인공에 대한 설명으로 옳은 것은?

17 [48회]

① 민족의 얼을 강조하고 조선학 운동을 추진하였다.
② 진단 학회를 설립하여 실증주의 사학을 발전시켰다.
③ 조선사 편수회에 들어가 『조선사』 편찬에 참여하였다.
④ 유물 사관을 바탕으로 『조선사회경제사』를 저술하였다.
⑤ 『한국통사』를 저술하고 민족주의 사학의 기초를 닦았다.

정답
01 박은식 02 신채호 03 윤동주 04 천도교 05 ② 06 ① 07 ① 08 ① 09 ① 10 ② 11 O 12 O 13 X(조선어 학회) 14 X(중광단) 15 X(박중빈) 16 O 17 ⑤ 박은식 [① 정인보, ② 이병도, 손진태 등, ③ 이병도 등, ④ 백남운]

VIII. 현대
27강 대한민국 정부 수립 과정

1. 8·15 광복 전후의 상황 (최근 3개년 시험 중 1회 출제!)
2. 대한민국 정부 수립 과정 (최근 3개년 시험 중 14회 출제!)

하권 138쪽

📖 한눈에 보는 빈출 개념

1. 8·15 광복 전후의 상황

광복 직전	• 국외: 카이로 선언·포츠담 선언에서 한국의 독립 약속 • 국내: 여운형 등이 조선 건국 동맹 결성
광복 직후	• 여운형 등이 조선 건국 준비 위원회 조직 → 조선 인민 공화국 수립 → 미 군정의 인정을 받지 못함 • 미 군정: 38도선 이남 직접 통치, 신한공사 설립

2. 대한민국 정부 수립 과정

(1) 모스크바 삼국 외상 회의와 좌·우 대립

모스크바 삼국 외상 회의 (1945. 12.)	• 미국, 영국, 소련의 외상이 한반도 문제 협의 • 미·소 공동 위원회 설치, 미·영·중·소의 최고 5년간 신탁 통치 협의 → 신탁 통치를 둘러싸고 갈등
제1차 미·소 공동 위원회 (1946. 3.~5.)	임시 민주 정부 수립을 위한 협의에 참여할 단체 범위를 두고 논쟁하다가 결렬
정읍 발언 (1946. 6.)	이승만이 정읍에서 남한만의 단독 정부 수립 주장
좌·우 합작 위원회 (1946. 7.)	• 중도 세력 여운형(좌익)과 김규식(우익)이 조직 • 좌·우 합작 7원칙 발표(1946. 10.)

(2) 대한민국 정부의 수립

한반도 문제의 유엔 이관 (1947. 9.)	제2차 미·소 공동 위원회(1947. 5.)가 완전히 결렬 → 미국의 제안으로 한반도 문제를 유엔으로 이관
유엔 총회의 결의 (1947. 11.)	인구 비례에 따른 남북한 총선거 실시 결의(1947. 11.) → 유엔 한국 임시 위원단 입국(1948. 1.)
유엔 소총회 결의 (1948. 2.)	북한과 소련이 유엔 한국 임시 위원단의 입북 거부 → 유엔 소총회에서 남한만의 단독 총선거 결의
제주 4·3 사건 (1948. 4. 3.)	좌익 세력이 남한 단독 정부 수립을 반대하며 봉기 → 진압 과정에서 무고한 제주도민까지 희생
남북 협상 (1948. 4.)	김구가 '삼천만 동포에게 읍고함' 발표(1948. 2.) → 김구와 김규식 등이 평양에서 남북 협상 개최
대한민국 정부 수립	5·10 총선거(1948. 5. 10., 2년 임기의 제헌 국회의원 선거) → 제헌 헌법 공포(1948. 7. 17.) → 대한민국 정부 수립(1948. 8. 15.)
여수·순천 10·19 사건	제주 4·3 사건 진압을 위해 파견 예정이었던 여수 주둔 국군 부대가 봉기(1948. 10. 19.)

기출자료&선택지로 개념 체크

◆ 다음 기출자료와 연관된 기구의 이름을 쓰세요.

01
> 모스크바 삼상 회의에서 결정한 조선에 관한 제3조 제2항에 의거하여 구성된 이 기구가 3천만의 큰 희망 속에 20일 드디어 덕수궁 석조전에서 출범하였다. 조선의 진로를 좌우하는 중대한 관건을 쥐고 있는 만큼 그 추이는 자못 3천만 민중의 주목을 받고 있다.
> [47회]

(   )

02
> 1. 조선의 민주 독립을 보장한 3상 회의 결정에 의하여 남북을 통한 좌·우 합작으로 민주주의 임시 정부를 수립할 것.
> 3. 토지 개혁에 있어 몰수, 유조건 몰수, 체감 매상 등으로 토지를 농민에게 무상으로 나누어 주며 시가지의 기지와 큰 건물을 적정 처리하며 중요 산업을 국유화하며 …… 민주주의 건국 과업 완수에 매진할 것.
> [48회]

(   )

◆ 다음 기출자료와 연관된 사건의 이름을 쓰세요.

03
> 제주도에서 발생한 이 사건 당시 토벌대는 남한만의 단독 선거에 반대하는 세력을 진압한다는 명분으로 초토화 작전을 벌였고, 이 과정에서 무고한 사람들이 희생되었습니다. 법원은 오늘 이 사건으로 억울한 옥살이를 했던 피해자 335명에 대해서, 재심을 통해 무죄 판결을 내렸습니다.
> [59회]

(   )

04
> 올해 10월 19일 제주도 사건 진압 차 출동하려던 여수 제14연대 소속 3명의 장교 및 40여 명의 하사관들은 각 대대장의 결사적 제지에도 불구하고 남로당 계열 분자 지도 하에 반란을 일으켰다. 동월 20일 8시 여수를 점령하는 한편, 좌익 단체 및 학생들을 인민군으로 편성하여 동일 8시 순천을 점령하였다.
> [55회]

(   )

◆ 옳은 키워드를 골라 기출문장을 완성하세요.

05 여운형은 일제의 패망과 광복에 대비하여 (① 조선 건국 준비 위원회 / ② 조선 건국 동맹)을/를 결성하였다. [69·67회]

06 미 군정기에 (① 신한공사 / ② 이륭양행)이/가 설립되어 귀속 재산을 관리하였다. [68·66회]

07 (① 모스크바 3국 외상 회의 / ② 제1차 미·소 공동 위원회)는 임시 민주 정부 수립을 위한 협의에 참여할 단체의 범위를 두고 논쟁하였다. [47회]

08 (① 김구 / ② 이승만)이/가 정읍에서 남한만의 단독 정부 수립을 주장하였다. [54회]

09 5·10 총선거에서 (① 2년 / ② 4년) 임기의 국회의원이 선출되었다. [46회]

10 제주도에서 (① 10·19 사건 / ② 4·3 사건)으로 많은 주민이 희생되었다. [59회]

◆ 옳은 기출문장에 O, 틀린 기출문장에 X 표시하세요.

11 조선 건국 준비 위원회는 조선 인민 공화국을 수립하고 전국 각 지역에 인민 위원회를 조직하였다. [64회] (O | X)

12 이승만, 김구 등이 신탁 통치에 찬성하는 운동을 전개하였다. [33회] (O | X)

13 좌·우 합작 위원회가 좌·우 합작 7원칙을 발표하였다. [62회] (O | X)

14 유엔 총회에서 남한만의 단독 총선거가 결의되었다. [58·51회] (O | X)

15 김구, 김규식 등이 남북 협상에 참석하였다. [69회] (O | X)

16 우리나라 최초의 보통 선거인 5·10 총선거가 실시되었다. [64회] (O | X)

◆ (가), (나) 사이의 시기에 있었던 사실로 옳은 것은?

17 [60회]

(가) □□일보 — 하지 중장, 특별 성명 발표
오늘 오전 조선 주둔 미군 최고사령관 하지 중장은 미·소 공동 위원회 무기 휴회에 관한 중대 성명서를 발표하였다. 이는 덕수궁 석조전에서의 역사적인 개막 이후 49일 만의 일이다.

(나) □□일보 — 제2차 미·소 공동 위원회 개막
미·소 공동 위원회는 제1차 회의가 무기 휴회된 지 1년 16일 만인 오늘 오후 2시 정각에 시내 덕수궁 석조전에서 고대하던 제2차 회의의 역사적 막을 열었다.

① 여수·순천 10·19 사건이 일어났다.
② 모스크바 삼국 외상 회의가 개최되었다.
③ 반민족 행위 특별 조사 위원회가 출범하였다.
④ 좌·우 합작 위원회가 좌·우 합작 7원칙을 발표하였다.
⑤ 유엔 총회에서 인구 비례에 의한 남북 총선거가 의결되었다.

정답
01 미·소 공동 위원회 02 좌·우 합작 위원회 03 제주 4·3 사건 04 여수·순천 10·19 사건 05 ② 06 ① 07 ② 08 ② 09 ① 10 ② 11 O 12 X(신탁 통치에 반대) 13 O 14 X(유엔 소총회) 15 O 16 O 17 ④ [①, ③, ⑤ (나) 이후, ② (가) 이전]

VIII. 현대

28강 이승만 정부 ~박정희 정부

1 제헌 국회의 활동과 6·25 전쟁

하권 146쪽 | 최근 3개년 시험 중 13회 출제!

한눈에 보는 빈출 개념

1. 제헌 국회의 활동

반민족 행위 처벌법 제정
- 한·일 병합에 협력한 자, 한국의 주권을 침해하는 데 도움을 준 자, 일본 치하 독립운동자나 그 가족을 살상·박해한 자 등을 처벌
- 반민족 행위 특별 조사 위원회(반민특위) 설치 → 반민족 행위자 조사·구속 → 반공을 내세운 이승만 정부의 비협조적 태도, 국회 프락치 사건과 반민특위 습격 사건 등 발생 → 활동 기간 축소 → 해체

농지 개혁법 제정
- 한 가구당 3정보 이상의 토지 소유 금지
- 유상 매수·유상 분배 → 연평균 수확량의 30%를 5년간 상환 → 소작농 감소, 자영농 증가

귀속 재산 처리법 제정
- 일본인 소유의 공장과 주택 등이 민간인에게 저렴한 가격으로 불하

2. 6·25 전쟁

전쟁 이전의 상황
- 주한 미군이 한반도에서 철수, 애치슨 선언 발표
- 한·미 상호 방위 원조 협정 체결

북한의 남침
- 북한군의 기습 남침 → 3일만에 서울 함락, 낙동강 방어선 구축(다부동 전투)

유엔군 참전
- 유엔 안전 보장 이사회가 참전 결정, 유엔군 파병

국군·유엔군의 반격
- 인천 상륙 작전(1950. 9.) 성공 → 서울 수복 → 압록강까지 진출

중국군의 개입
- 중국군 개입, 흥남 철수 → 1·4 후퇴 → 서울 재탈환

정전 회담 시작
- 소련의 제의로 개성에서 정전 회담 시작(1951. 7.) → 이승만 대통령의 반공 포로 석방(1953. 6.)

정전 협정 체결
- 판문점에서 유엔군, 중국군, 북한군이 정전 협정 체결(1953. 7.)

전쟁 이후의 상황
- 한·미 상호 방위 조약 체결(1953. 10.)
- 미국의 원조 물자(밀가루·설탕·면화)를 가공하는 삼백(제분·제당·면방직) 산업 중심의 소비재 산업 발달

기출자료&선택지로 개념 체크

◆ 다음 기출자료와 연관된 법령의 이름을 쓰세요.

01
지난 5·10 총선을 통해 구성된 국회가 반민족 행위자를 처벌할 수 있는 법안을 통과시켰습니다. 이 법의 적용을 받는 자는 한·일 합방에 협력한 자, 한국의 주권을 침해하는 데 도움을 준 자, 일본 치하 독립운동자나 그 가족을 살상·박해한 자 등입니다.
[42회]

(   )

◆ 다음 기출자료와 연관된 사건의 이름을 쓰세요.

02
반민족 행위 특별 조사 위원회(반민특위)가 본격적으로 친일 청산에 나서자, 친일 경력이 있던 일부 경찰과 친일파들은 '공산당과 싸우는 애국지사를 잡아 간 반민특위 위원은 공산당'이라며 시위를 벌였다. 대통령은 특별 담화를 발표하고, 공산당과 내통했다는 구실로 반민특위 소속 국회 의원들을 구속하였다.
[38회]

(   )

03
북한군의 공격에 밀려 낙동강 방어선으로 후퇴한 제1사단은 다부동 일대에서 북한군 제2군단의 공세에 맞서 8월 3일부터 9월 2일까지 치열한 전투를 벌였다. 이 전투에서 제1사단 12연대는 특공대를 편성, 적 전차 4대를 파괴하는 등 중요한 역할을 수행하며 전투를 승리로 이끌었다.
[51회]

(   )

04
말씀하신 대로 인천항은 많은 난점을 안고 있습니다. 이곳은 좁은 단일 수로로 대규모 함정의 진입이 불가능하고, 적이 기뢰를 매설할 경우 많은 피해가 예상됩니다. 이와 같은 어려운 조건 때문에 적군도 이 작전이 불가능하다고 판단할 것입니다. 하지만 바로 그 점이 적을 기습할 수 있는 충분한 요소라고 확신합니다.
[39회]

(   )

◆ 옳은 키워드를 골라 기출문장을 완성하세요.

05 (① 미 군정 / ② 이승만 정부)은/는 반민특위를 이끌던 국회의원들에게 간첩 혐의를 씌워 체포하였다. [53회]

06 제헌 국회에 의해 (① 유상 매수, 유상 분배 / ② 무상 몰수, 무상 분배) 원칙의 농지 개혁법이 제정되었다. [72·71회]

07 인천 상륙 작전 이후 (① 부산 / ② 서울)을 수복하였다. [61회]

08 (① 소련 / ② 미국)의 제안으로 정전 회담이 개최됐어요 [55회]

09 6·25 전쟁 이후 (① 한·미 상호 방위 원조 협정 / ② 한·미 상호 방위 조약)이 체결되었다. [72·68회]

◆ 옳은 기출문장에 O, 틀린 기출문장에 X 표시하세요.

10 제헌 국회에서 반민족 행위 처벌법이 제정되었다. [63·62회]
(O | X)

11 제헌 국회에 의해 일제가 남긴 재산 처리를 위하여 귀속 재산 처리법이 제정되었다. [63회] (O | X)

12 국군과 유엔군의 서울 수복 이후 국군이 다부동 전투에서 북한군의 공세를 방어했어요. [55회] (O | X)

13 판문점에서 6·25 전쟁 정전 협정이 조인되었다. [50회]
(O | X)

14 6·25 전쟁 이후 애치슨 선언이 발표되었다. [71·70회]
(O | X)

◆ 밑줄 그은 '국회'에 대한 설명으로 옳은 것은?

15
42회

지난 5·10 총선을 통해 구성된 국회가 반민족 행위자를 처벌할 수 있는 법안을 통과시켰습니다. 이 법의 적용을 받는 자는 한·일 합방에 협력한 자, 한국의 주권을 침해하는 데 도움을 준 자, 일본 치하 독립운동자나 그 가족을 살상·박해한 자 등입니다. 아울러 반민족 행위를 예비 조사하기 위해 특별 조사 위원회를 설치하기로 했습니다.

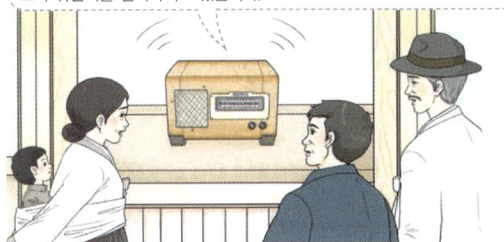

① 민의원, 참의원의 양원으로 운영되었다.
② 한·미 자유 무역 협정(FTA)을 비준하였다.
③ 초대 대통령에 한해 중임 제한을 철폐하였다.
④ 유상 매수·유상 분배 원칙의 농지 개혁법을 제정하였다.
⑤ 의원 정수 3분의 1이 통일 주체 국민회의에서 선출되었다.

정답
01 반민족 행위 처벌법 02 국회 프락치 사건 03 다부동 전투 04 인천 상륙 작전 05 ② 06 ① 07 ② 08 ① 09 ② 10 O 11 O 12 X(서울 수복 이전) 13 O 14 X(6·25 전쟁 이전) 15 ④ 제헌 국회 [① 제5대 국회(장면 내각), ② 제18대 국회(이명박 정부), ③ 제3대 국회(이승만 정부), ⑤ 제9대 국회~제10대 국회(박정희 정부)]

VIII. 현대
28강 이승만 정부 ~ 박정희 정부

2 이승만 정부의 장기 집권 추진과 4·19 혁명
하권 148쪽
최근 3개년 시험 중 15회 출제!

한눈에 보는 빈출 개념

1. 이승만 정부의 장기 집권 추진

제1차 개헌 (발췌 개헌, 1952)
- 배경: 국회에서 대통령을 뽑는 간선제로는 이승만의 재선이 어렵다고 판단
- 과정: 6·25 전쟁 중 임시 수도 부산에서 계엄령 선포 → 기립 표결로 개헌안 통과
- 내용: 정·부통령 직선제, 내각 책임제 등

제2차 개헌 (사사오입 개헌, 1954)
- 배경: 자유당이 이승만의 장기 집권 추구
- 과정: 개헌 의석 수 1표 차이로 개헌안 부결 → 사사오입(반올림)의 논리로 개헌안 불법 통과
- 내용: 개헌 당시의 대통령(이승만)에 한하여 중임 제한 철폐

진보당 사건
- 배경: 제3대 대통령 선거에서 선전한 조봉암이 진보당 창당
- 전개: 조봉암과 진보당 간부들을 북한의 간첩과 내통하고 북한의 통일 방안(평화 통일론)을 주장했다는 혐의로 구속 (1958. 1.) → 조봉암 처형

보안법 파동
반공 태세 강화 등을 내용으로 하는 국가 보안법 개정안 통과 (1958. 12.)

↳ 독재 체제 강화

2. 4·19 혁명

3·15 부정 선거
자유당이 이기붕을 부통령에 당선시키기 위해 3·15 부정 선거 자행

마산 시위
경찰이 마산 시민들의 부정 선거 규탄 시위를 무력 진압, 수많은 사상자 발생 → 시위에 참가했던 김주열의 시신 발견

4·19 혁명
고려대 학생들의 시위 → 학생과 시민들이 대규모 시위 전개 → 이승만 정부가 계엄령 선포 → 대학 교수단이 대통령 퇴진을 요구하며 시위 행진

이승만 하야
이승만 하야, 외무 장관 허정을 수반으로 하는 과도 정부 수립

제3차 개헌
의원 내각제와 양원제(참의원·민의원) 등 → 장면 내각 수립

기출자료&선택지로 개념 체크

◆ 다음 기출자료와 연관된 개헌의 이름을 쓰세요.

01
…… 전원 위원회의 '발췌 조항 전원 합의' 보고를 접수한 후 김종순 의원의 각 조항 설명이 있은 다음, 질의도 대체 토의도 아무것도 없이 …… 표결은 기립 표결로 작정하여 재석 166인 중 163표로써 실로 역사적인 결정을 보았다.
[60회]

( )

02
이번 개헌 안건의 의결에 있어서 찬성표 수가 135이고 재적의원 수가 203인 것은 변하지 않는 수이다. 그러면 재적인 수의 3분의 2는 135.333이니 이 선에 도달하려면 동일한 표수가 있어야 될 것이다. …… 사사오입이라는 구실로 떼어버리고 정족수인 3분의 2와 동일한 수라고 하는 것은 헌법 위반이 되는 것이므로 법조인으로서 이를 이해하기 곤란하다.
[69회]

( )

◆ 다음 기출자료와 연관된 사건의 이름을 쓰세요.

03
1. 이 사건은 검찰이 아무런 증거도 없이 공소 사실도 특정하지 못한 채 조봉암 등 진보당 간부들에 대해 국가 변란 혐의로 기소를 하였고 ……
5. 이 사건은 정권에 위협이 되는 야당 정치인을 제거하려는 의도에서 표적 수사에 나서 극형인 사형에 처한 것으로 민주국가에서 있어서는 안 될 비인도적, 반인권적 인권 유린이자 정치 탄압 사건이다.
[59회]

( )

04
이곳은 이승만의 장기 독재에 저항하여 일어난 사건 당시 희생된 김주열 열사의 묘소입니다. 3·15 부정 선거를 규탄하는 시위에 참가하였던 열사가 마산 앞바다에서 시신으로 발견되면서, 시위가 전국적으로 확산되었습니다.
[36회]

( )

◆ 옳은 키워드를 골라 기출문장을 완성하세요.

05 임시 수도 부산에서 대통령 (① 직선제 / ② 간선제) 개헌 안이 통과되었다. [52회]

06 이승만 정부 때 평화 통일론을 주장한 진보당의 (① 장면 / ② 조봉암)과 간부들이 구속되었다. [64·63회]

07 4·19 혁명은 (① 사사오입 개헌 / ② 3·15 부정 선거)에 항의하는 시위에서 시작되었다. [61회]

08 제3차 개헌 때 (① 대통령 중심제 / ② 의원 내각제)를 골자로 하는 개헌이 이루어졌다. [54회]

09 제3차 개헌은 (① 허정 과도 정부 / ② 장면 내각)이/가 출범하는 배경이 되었다. [68회]

◆ 옳은 기출문장에 O, 틀린 기출문장에 X 표시하세요.

10 비상 계엄이 선포된 가운데 발췌 개헌안이 통과되었다. [71회] (O | X)

11 사사오입 개헌 – 초대 대통령에 한해 중임 제한을 폐지하는 개헌안이 통과되었다. [67회] (O | X)

12 이승만 정부 때 국가 보안법 개정안을 통과시킨 보안법 파동이 일어났다. [61회] (O | X)

13 이승만 정부 때 여당 부통령 후보 당선을 위한 5·10 총선거가 자행되었다. [46회] (O | X)

14 제3차 개헌 때 국회를 참의원과 민의원의 양원제로 규정하였다. [60회] (O | X)

◆ (가) 민주화 운동에 대한 설명으로 옳은 것은?

15 [60회]

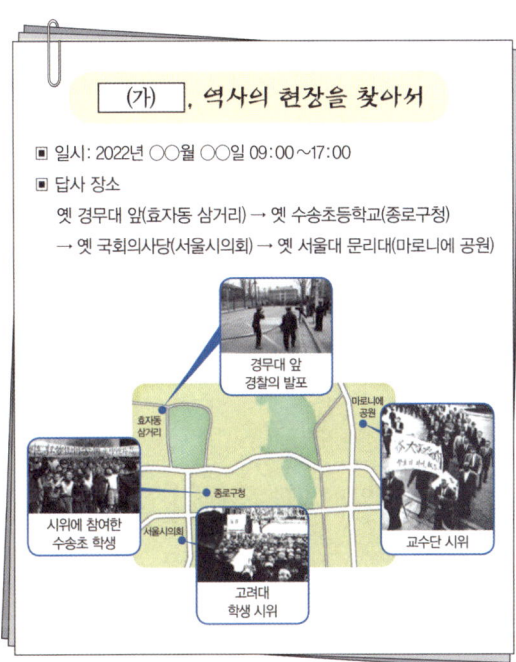

① 장면 내각이 출범하는 배경이 되었다.
② 유신 체제가 붕괴되는 결과를 가져왔다.
③ 한·일 국교 정상화에 반대하여 일어났다.
④ 신군부의 비상 계엄 확대가 원인이 되었다.
⑤ 호헌 철폐와 독재 타도 등의 구호를 내세웠다.

정답
01 발췌 개헌 02 사사오입 개헌 03 진보당 사건 04 4·19 혁명 05 ① 06 ② 07 ② 08 ② 09 ② 10 O 11 O 12 O 13 X(3·15 부정 선거) 14 O 15 ① 4·19 혁명 [② 부·마 민주 항쟁, ③ 6·3 시위, ④ 5·18 민주화 운동, ⑤ 6월 민주 항쟁]

VIII. 현대
28강 이승만 정부 ~ 박정희 정부

3 박정희 정부
하권 150쪽 / 최근 3개년 시험 중 21회 출제!

한눈에 보는 빈출 개념

1. 박정희 정부의 정책과 장기 집권 추진

박정희 정부 수립 과정	5·16 군사 정변으로 장면 내각 붕괴, 혁명 공약 발표 → 군정 실시, 국가 재건 최고 회의와 중앙정보부 창설 → 제5차 개헌 (직선제, 단원제) 이후 박정희가 대통령 당선
한·일 국교 정상화	한·일 회담 → 6·3 시위(굴욕적인 한·일 국교 정상화 반대) → 한·일 협정(국교 정상화)
베트남 파병	· 미국의 요청으로 베트남전에 파병 · 추가 파병에 대한 대가로 브라운 각서 체결 → 경제 발전을 위한 원조를 받음
3선 개헌 (제6차 개헌, 1969)	박정희가 장기 집권을 위해 3선 개헌안 편법 통과 (대통령 3선 연임 허용)

2. 유신 체제의 성립과 전개

유신 선포	10월 유신과 비상 계엄 선포, 국회 해산
★유신 헌법 (제7차 개헌, 1972)	· 통일 주체 국민회의에서 간선제로 대통령 선출, 대통령 임기를 6년(중임 제한 폐지)으로 연장 · 대통령에게 국회의원 1/3 선출권, 국회 해산권, 긴급 조치권 등을 부여
유신 체제 반대 운동	개헌 청원 100만인 서명 운동(장준하, 1973), 3·1 민주 구국 선언(1976)
유신 체제 붕괴	YH 무역 사건 → 사건을 비판한 야당 총재 김영삼의 국회의원직 제명 → 부산·마산에서 유신 체제 반대 시위 전개 → 10·26 사태로 유신 체제 붕괴(1979)

3. 박정희 정부의 경제·사회 정책과 통일 노력

★제1·2차 경제 개발 5개년 계획	· 경공업 육성, 경부 고속도로 완성(1970) · 한계: 낮은 임금, 열악한 노동 환경 → 전태일 분신 사건 (1970)
제3·4차 경제 개발 5개년 계획	· 수출 주도형 중화학 공업 육성 → 포항 제철 등 대규모 중화학 공업 단지 육성 · 수출 100억 달러 달성(1977)
사회 정책	새마을 운동 전개, 경범죄처벌법 개정, 국민 교육 헌장 공포
통일 노력	7·4 남북 공동 성명 발표 → 남북 조절 위원회 설치 등에 합의

기출자료&선택지로 개념 체크

◆ 다음 기출자료와 연관된 사건의 이름을 쓰세요.

01
> 1. 무상 원조에 대해 한국 측은 3억 5천만 달러, 일본 측은 2억 5천만 달러를 주장한 바 3억 달러를 10년에 걸쳐 공여하는 조건으로 양측 수뇌에게 건의함
> 3. …… 양측 합의에 따라 국교 정상화 이전이라도 협력하도록 추진할 것을 양측 수뇌에게 건의함 [45회]

( )

02
> 오늘 오후 2시경 서울 평화 시장에서 있었던 노동자들의 시위 도중 재단사 전태일 씨가 분신하는 사건이 발생하였습니다. 전 씨는 "근로 기준법을 지켜라!", "우리는 기계가 아니다!"라고 절규하며 열악한 노동 환경 개선을 요구하였습니다. [63회]

( )

◆ 다음 기출자료에서 빈칸에 알맞은 단어를 쓰세요.

03
> 이 만화는 민생고 해결을 외치는 여성 노동자들이 경찰에게 과잉 진압되는 모습을 풍자하고 있다. 가발 생산 공장의 여성 노동자 180여 명이 업주의 폐업 조치에 맞서 신민당사에서 농성을 하자, 1천여 명의 무장 경찰이 폭력적으로 진압하였다. 이후 이 사건은 '[   ]'(으)로 역사에 기록되었다. [52회]

( )

04
> 이것은 부산과 마산 지역의 시민과 학생들이 일으킨 [   ]을/를 기념하는 탑입니다. 야당 총재의 국회의원직 제명으로 촉발된 [   ]은/는 민주화에 기여한 점을 인정받아 2019년에 국가 기념일로 지정되었습니다. [46회]

( )

◆ 옳은 키워드를 골라 기출문장을 완성하세요.

05 박정희 정부 시기에 굴욕적 대일 외교 반대를 주장하는 (① 6·3 시위 / ② 마산 시위)가 일어났다. [72·69회]

06 박정희 정부 시기에 베트남 파병에 관한 (① 한·미 원조 협정 / ② 브라운 각서)이/가 체결되었다. [58회]

07 (① 3선 개헌 / ② 사사오입 개헌)은 대통령의 연임을 3회로 제한하였다. [60회]

08 국회 해산, 헌법의 일부 효력 정지를 담은 (① 10월 유신 / ② 혁명 공약)이 선포되었다. [61회]

09 박정희 정부 시기에 (① 개성 공단 / ② 경부 고속도로)이/가 개통되었다. [64회]

10 박정희 정부 시기에 (① 교육 입국 조서 / ② 국민 교육 헌장)이/가 공포되었다. [49회]

◆ 옳은 기출문장에 O, 틀린 기출문장에 X 표시하세요.

11 박정희 정부는 한·일 협정을 체결하여 국교 정상화를 추진하였다. [41회] (O | X)

12 유신 체제에서는 국가 재건 최고 회의에서 대통령이 선출되었다. [67회] (O | X)

13 박정희 정부 시기에 민주 회복을 위한 개헌 청원 백만인 서명 운동이 전개되었다. [69·68회] (O | X)

14 베트남 파병은 유신 체제가 붕괴되는 배경이 되었다. [71회] (O | X)

15 박정희 정부 시기에 처음으로 수출액 100억 달러가 달성되었다. [70·68회] (O | X)

16 박정희 정부는 통일의 3대 원칙을 명시한 10·4 남북 공동 선언을 발표하였다. [70·67회] (O | X)

◆ (가) 정부 시기의 경제 상황으로 옳은 것은?

17 [60회]

① 한·미 자유 무역 협정(FTA)이 체결되었다.
② 저유가·저금리·저달러의 3저 호황이 있었다.
③ 원조 물자를 가공하는 삼백 산업이 발달하였다.
④ 대통령 긴급 명령으로 금융 실명제가 실시되었다.
⑤ 농촌의 근대화를 표방한 새마을 운동이 전개되었다.

정답
01 한·일 회담 02 전태일 분신 사건 03 YH 무역 사건 04 부·마 민주 항쟁 05 ① 06 ② 07 ① 08 ① 09 ② 10 ② 11 O 12 X(통일 주체 국민회의) 13 O 14 X(부·마 민주 항쟁) 15 O 16 X(7·4 남북 공동 성명) 17 ⑤ [박정희 정부 ① 노무현 정부, ② 전두환 정부, ③ 이승만 정부, ④ 김영삼 정부]

VIII. 현대
29강 전두환 정부와 민주화 운동

하권 158쪽

1 **신군부의 등장과 5·18 민주화 운동** (최근 3개년 시험 중 3회 출제!)
2 **전두환 정부와 6월 민주 항쟁** (최근 3개년 시험 중 9회 출제!)

한눈에 보는 빈출 개념

1. 신군부의 등장과 5·18 민주화 운동(1980)

신군부의 등장	전두환, 노태우 등의 신군부가 쿠데타를 일으켜 정권을 장악 (12·12사태)
비상 계엄 전국 확대	신군부의 비상 계엄 전국 확대, 야당의 주요 인사 구속
★5·18 민주화 운동	• 광주의 학생·시민들이 계엄령 철폐, 김대중 석방을 요구하며 민주화 운동 전개 → 신군부가 공수 부대를 동원하여 무력 진압 → 시민군을 조직하여 저항하였으나 진압됨 • 관련 기록물이 유네스코 세계 기록유산으로 등재
국가 보위 비상 대책 위원회 구성	삼청 교육대 운영, 과외 금지, 대입 본고사 폐지, 대학 졸업 정원제 등 실시

2. 전두환 정부

전두환 정부 수립	• 전두환이 제11대 대통령에 당선 • 제8차 개헌(선거인단에 의한 간선제, 7년 단임) 단행 → 12대 대통령에도 당선
강압 정책	언론 통폐합, 민주화 운동 탄압
유화 정책	프로 야구·축구 출범, 야간 통행 금지 해제
경제 성장	3저 호황(저달러·저유가·저금리) → 물가 안정, 수출 증가
★통일 정책	최초의 이산가족 고향 방문과 예술 공연단 교환

3. 6월 민주 항쟁(1987)

배경	전두환 정부의 권위주의적 통치, 강압적 통제 → 직선제 개헌을 위한 1천만명 서명 운동 등 민주화 운동 활성화
전개 과정	서울대 학생 박종철이 경찰 고문으로 사망 → 정부가 사건을 축소·은폐하려다 발각됨, 4·13 호헌 조치(현행 헌법 유지) 발표 → 시위 도중 연세대 학생 이한열이 최루탄에 피격 → 6·10 국민 대회(호헌 철폐·독재 타도) 전개
결과	★6·29 민주화 선언(당시 여당 대통령 후보 노태우가 대통령 직선제 개헌 등을 내용으로 하는 선언 발표) → 제9차 개헌(5년 단임의 대통령 직선제)

기출자료&선택지로 개념 체크

◆ 다음 기출자료와 연관된 민주화 운동의 이름을 쓰세요.

01
지금 광주에서는 젊은 대학생들과 시민들이 피를 흘리며 싸우고 있습니다. 대학생들의 평화적 시위를 질서 유지, 진압이라는 명목 아래 저 잔인한 공수 부대를 투입하여 시민과 학생을 무차별 살육하였고 더군다나 발포 명령까지 내렸던 것입니다. ……
[61회]

(   )

02
서울을 비롯한 전국 20여 개 도시에서 국민 대회가 열렸다. 민주 헌법 쟁취 국민 운동 본부는 "국민 합의를 배신한 4·13 호헌 조치는 무효임을 전 국민의 이름으로 선언한다."라고 발표하면서 민주 헌법 쟁취를 통한 민주 정부 수립 의지를 밝혔다.
[49회]

(   )

◆ 다음 기출자료와 연관된 개헌의 이름을 쓰세요.

03
제39조 대통령은 대통령 선거인단에서 무기명 투표로 선거 한다.
제40조 대통령 선거인단은 국민의 보통·평등·직접·비밀 선거에 의하여 선출된 대통령 선거인으로 구성한다.
제45조 대통령의 임기는 7년으로 하며, 중임할 수 없다.
[56회]

(   )

04
시민 1: 이번 대통령 선거에 나오는 후보들이군.
시민 2: 마침내 국민의 손으로 대통령을 직접 뽑을 수 있게 되었으니 신중하게 투표하세.
[46회]

(   )

◆ 옳은 키워드를 골라 기출문장을 완성하세요.

05 신군부에 의해 (① 국가 재건 최고 회의 / ② 국가 보위 비상 대책 위원회)가 설치되었다. [71회]

06 제8차 개헌에서는 (① 대통령 선거인단 / ② 통일 주체 국민 회의)에 의한 간접 선거제를 규정하였다. [50회]

07 전두환 정부 시기에 (① 석유 파동 / ② 3저 호황)으로 물가가 안정되고 수출이 증가하였다. [43회]

08 전두환 정부 시기에 직선제 개헌을 청원하는 (① 1천만 명 / ② 개헌 청원 100만인) 서명 운동이 전개되었다. [47회]

09 전두환 정부 시기에 (① 박종철 / ② 김주열) 고문 치사 사건이 발생하였다. [62·60회]

10 전두환 정부가 국민의 직선제 요구를 거부한 (① 10월 유신 / ② 4·13 호헌 조치)을/를 발표하였다. [39회]

◆ 옳은 기출문장에 O, 틀린 기출문장에 X 표시하세요.

11 신군부 세력이 5·16 군사 정변을 일으켜 권력을 장악하였다. [39회] (O | X)

12 5·18 민주화 운동은 신군부의 비상 계엄 확대가 원인이 되어 일어났다. [60회] (O | X)

13 전두환 정부는 최초의 이산가족 고향 방문과 예술 공연단 교환을 실현하였다. [73·71회] (O | X)

14 전두환 정부 시기에 호헌 철폐 등을 내세운 시위로 6·29 민주화 선언이 발표되었다. [46회] (O | X)

15 제9차 개헌안에서는 대통령의 임기를 7년 단임제로 정하였다. [68·65회] (O | X)

16 6월 민주 항쟁의 관련 기록물이 유네스코 세계 기록유산으로 등재되었다. [69·63회] (O | X)

◆ (가) 민주화 운동에 대한 설명으로 옳은 것은?

17 [58회]

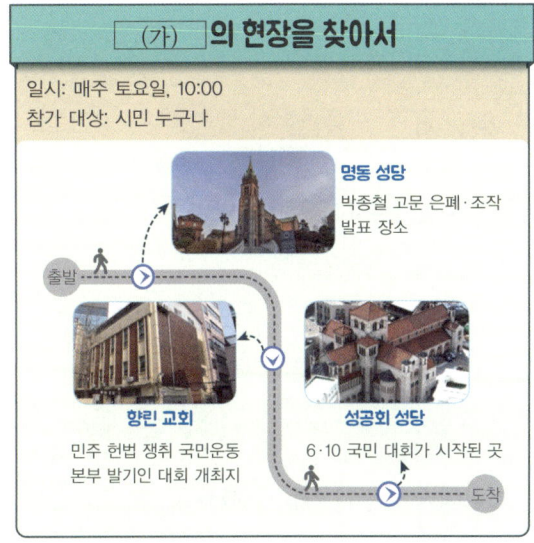

① 신군부의 비상 계엄 확대가 원인이 되어 일어났다.
② 관련 기록물이 유네스코 세계 기록유산으로 등재되었다.
③ 3·15 부정 선거에 항의하며 시위대가 경무대로 행진하였다.
④ 3·1 민주 구국 선언을 통해 긴급 조치 철폐 등을 요구하였다.
⑤ 호헌 철폐와 독재 타도 등의 구호를 내세운 시위가 확산되었다.

정답
01 5·18 민주화 운동 02 6월 민주 항쟁 03 제8차 개헌 04 제9차 개헌 05 ② 06 ① 07 ② 08 ① 09 ① 10 ② 11 X(12·12 사태) 12 O 13 O 14 O 15 X(제8차 개헌) 16 X(4·19 혁명, 5·18 민주화 운동) 17 ⑤ 6월 민주 항쟁 [① 5·18 민주화 운동, ② 4·19 혁명, 5·18 민주화 운동, ③ 4·19 혁명, ④ 유신 체제 반대 운동]

VIII. 현대
30강 노태우 정부~문재인 정부

하권 166쪽

1 **노태우 정부~김영삼 정부** — 최근 3개년 시험 중 8회 출제!
2 **김대중 정부~문재인 정부** — 최근 3개년 시험 중 13회 출제!

한눈에 보는 빈출 개념

1. 노태우 정부(1988~1993)
서울 올림픽	88 서울 올림픽 개최
북방 외교	소련, 중국 등 공산권 국가들과 외교 관계 수립
통일 노력	남북한 유엔 동시 가입, 남북 기본 합의서와 한반도 비핵화 공동 선언 채택

2. 김영삼 정부(1993~1998)
경제 정책	금융 실명제 전격 실시, 경제 협력 개발 기구(OECD) 가입
역사 바로 세우기 운동	국민학교 → 초등학교 개칭, 조선 총독부 건물 철거, 전직 대통령(전두환, 노태우) 구속
외환 위기	외환 부족으로 경제 위기 → 국제 통화 기금(IMF)에 지원 요청

3. 김대중 정부(1998~2003)
외환 위기 극복	노사정 위원회 구성, 금 모으기 운동 → 국제 통화 기금(IMF)의 채무 조기 상환
기타 정책	• 국민 기초 생활 보장법 제정, 국가 인권 위원회 설립 • 2002 한·일 월드컵, 2002 부산 아시안 게임 개최
통일 노력	• 햇볕 정책: 정주영의 소 떼 방북, 금강산 해로 관광 • 제1차 남북 정상 회담 → 6·15 남북 공동 선언 → 개성 공단 조성에 합의, 경의선 복원 공사, 이산가족 상봉

4. 노무현 정부(2003~2008)
호주제 폐지	양성 평등 실현을 위한 호주제 폐지
FTA 체결	칠레, 미국 등과 자유 무역 협정(FTA) 체결
과거사 정리	진실·화해를 위한 과거사 정리 위원회 구성, 친일 반민족 행위 진상 규명 위원회 출범
복지 정책	노인 장기 요양 보험법, 다문화 가족 지원법 제정, 질병 관리 본부 설치
통일 노력	• 개성 공단 건설 • 제2차 남북 정상 회담 → 10·4 남북 공동(정상) 선언

5. 이명박 정부(2008~2013)
G20 정상 회의	서울에서 G20 정상 회의 개최

6. 문재인 정부(2017~2022)
통일 노력	제3차 남북 정상 회담: 한반도의 평화와 번영, 통일을 위한 판문점 선언 발표

기출자료&선택지로 개념 체크

◆ 다음 기출자료와 연관된 정부의 이름을 쓰세요.

01
9월 27일부터 30일까지 대통령이 대한민국 대통령으로는 최초로 중국을 공식 방문하였다. 베이징에서 진행된 회담에서 양국 정상은 지난달 성사된 한·중 수교의 의의를 높이 평가하면서 우호 협력 관계를 발전시키자고 하였다. 또한 양국 정상은 한반도의 긴장 완화가 한국 국민의 이익에 부합될 뿐 아니라 동북아시아 평화와 안정에 유익하며, 이와 같은 추세가 계속 발전해 나가야 한다는 데 합의하였다.
[51회]

(   )

02
대통령은 오늘 금융 실명 거래 및 비밀 보장에 관한 대통령 긴급 재정 경제 명령을 발동하였습니다. 또한 특별 담화문을 통해 금융 실명제 실시 없이는 이 땅의 부정부패를 원천적으로 봉쇄할 수 없음을 강조하였습니다.
[32회]

(   )

03
대통령은 신년사에서 월드컵과 부산 아시안 게임 개최로 국운 융성의 한 해를 만들자고 강조하며, 공명한 대통령 선거와 지방 자치 선거에 최선을 다하겠다고 밝혔습니다. 아울러 정부도 경제적 정의 실현과 사회 안전망을 강화하여 중산층과 서민 생활 안정에 노력하겠다고 발표했습니다.
[50회]

(   )

04
정부는 30일 11시 개성 공단 착공식이 북한 개성 현지 1단계 지구에서 남측과 북측 인사 300여 명이 참석한 가운데 열린다고 발표하였다. 남북이 분단 이후 처음으로 공동 조성하는 대규모 수출 공업 단지인 개성 공단은 남측의 기술력 및 대외 무역 능력과 북측의 노동력을 바탕으로 만들어지는 남북 경협의 마중물이 될 것으로 기대된다.
[44회]

(   )

◆ 옳은 키워드를 골라 기출문장을 완성하세요.

05 노태우 정부는 (① 7·4 남북 공동 성명 / ② 남북 기본 합의서)을/를 채택하였다. [71·68회]

06 김영삼 정부는 (① 국민학교 / ② 소학교)라는 명칭을 초등학교로 변경하였다. [48회]

07 김대중 정부 시기에 외환 위기 극복을 위해 (① 국채 보상 운동 / ② 금 모으기 운동)이 전개되었다. [71회]

08 노무현 정부는 (① 6·15 남북 공동 선언 / ② 10·4 남북 공동(정상) 선언)을 채택하였다. [67회]

09 노무현 정부 때 (① 노인 장기 요양 보험법 / ② 국민 기초 생활 보장법)이 제정되었다. [50회]

10 이명박 정부 때 (① 아시아·태평양 경제 협력체(APEC) / ② G20 서울) 정상 회의가 개최되었다. [70회]

◆ 옳은 기출문장에 O, 틀린 기출문장에 X 표시하세요.

11 노태우 정부 때 남북한이 경제 협력 개발 기구에 동시 가입하였다. [63회] (O | X)

12 김영삼 정부는 대통령 긴급 명령으로 금융 실명제를 실시하였다. [69·66회] (O | X)

13 김대중 정부 때 외환 위기 극복을 위한 금 모으기 운동이 전개되었다. [71회] (O | X)

14 김대중 정부는 남북한의 교류 협력을 위한 개성 공업 지구 건설에 착수하였다. [60회] (O | X)

15 노무현 정부 때 제1차 남북 정상 회담이 개최되었다. [60회] (O | X)

16 판문점에서 남북 정상 회담을 개최하였다. [70회] (O | X)

◆ 다음 뉴스가 보도된 정부 시기에 있었던 사실로 옳은 것은?

17 [54회]

① 경제 협력 개발 기구(OECD)에 가입하였다.
② 칠레와 자유 무역 협정(FTA)을 체결하였다.
③ 양성평등의 실현을 위해 호주제가 폐지되었다.
④ 5년 단임의 대통령 직선제 개헌안이 통과되었다.
⑤ 굴욕적인 대일 외교에 반대하는 6·3 시위가 일어났다.

정답
01 노태우 정부 02 김영삼 정부 03 김대중 정부 04 노무현 정부 05 ② 06 ① 07 ② 08 ② 09 ① 10 ② 11 X(유엔) 12 O 13 O 14 X(노무현 정부) 15 X(제2차 남북 정상 회담) 16 O 17 ① 김영삼 정부 [②, ③ 노무현 정부, ④ 전두환 정부, ⑤ 박정희 정부]

해커스한국사
history.Hackers.com

해커스한국사 history.Hackers.com에서
가장 빠른 합격을 위해 **더** 준비했습니다!

시대 흐름 정리로 탄탄한 기본기 쌓기

탄탄한 기초 쌓기!
시대흐름잡기 무료 특강

데일리 학습으로 한국사 단번에 끝내기

폰 안에 쏙! 시험 직전 막판 암기자료 3종
· 빈출 문화재 퀴즈
· 빈출 인물 프로필 사전
· 혼동 포인트 30

온라인 모의고사로 완벽하게 실전 대비하기

실전을 미리 경험하는
무료 온라인 모의고사

FINAL 실력 점검 기출문제
제73회 (2025년 2월 시행)

시험 시작 전 문제지를 넘기면 부정행위로 간주됩니다.

- 자신이 선택한 종류의 문제지인지 확인하십시오.
- 답안지에 성명과 수험번호를 쓰고, 수험번호와 답은 컴퓨터용 사인펜으로 표시란에 정확히 표시하십시오.
- 시험 시간은 10시 20분부터 11시 40분까지 80분입니다.

※ 응시자 유의사항을 수험표에서 다시 한 번 확인하시기 바랍니다.

해커스한국사

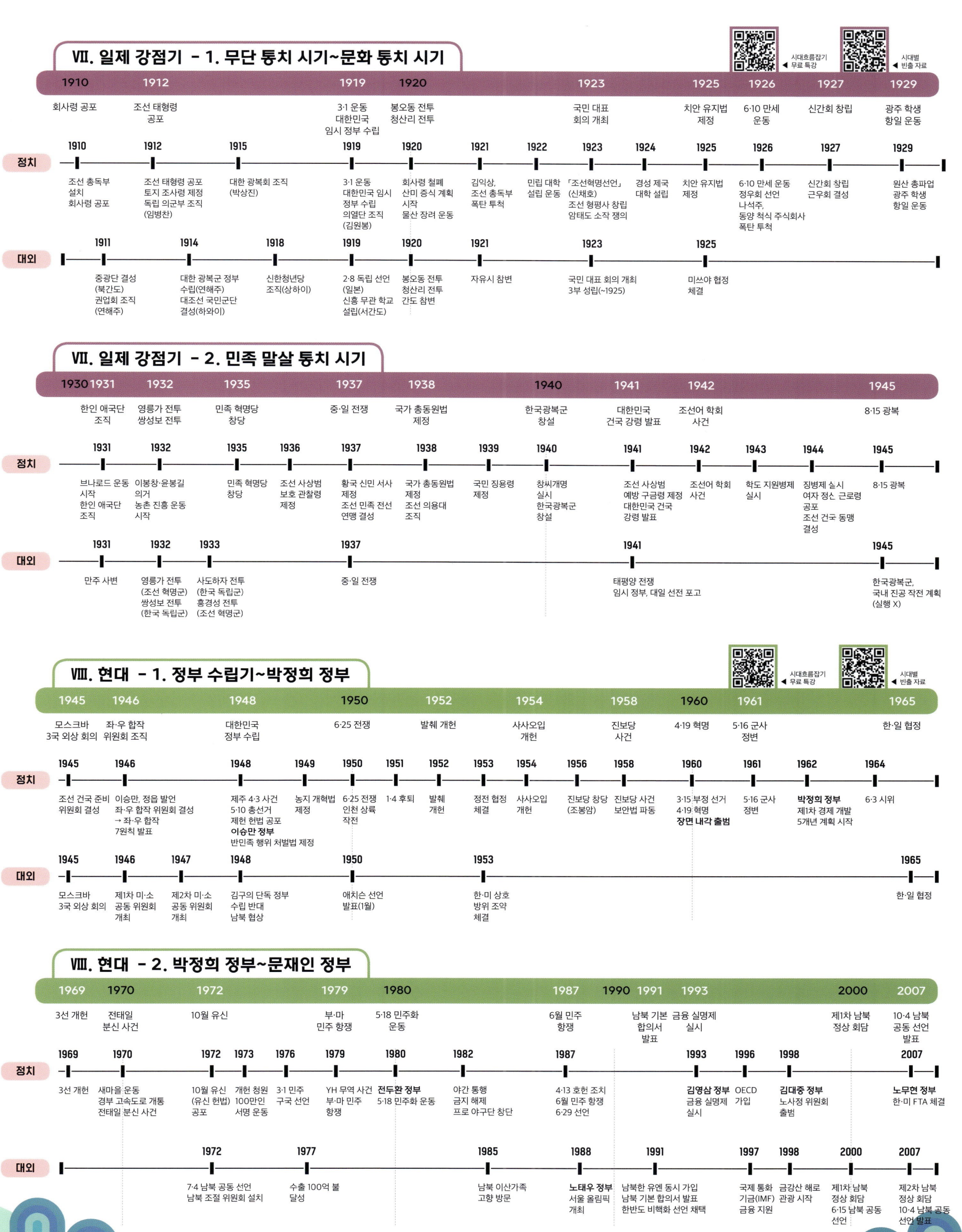

시험장까지 가져가는 한능검 빈출 연표&자료

조선 후기 ~ 현대

활용법
1. 시대흐름잡기 무료 특강과 함께 학습할 시대 흐름 파악하기
2. 본문 학습시 빈출 연표&자료를 함께 연계하여 정리하고 암기하기

V. 조선 후기

연도	1636	1650	1680	1689	1694	1700	1725	1750	1791	1800	1801	1811	1850	1862
사건	병자호란		경신환국	기사환국	갑술환국		탕평책 실시	균역법 실시	신해통공 반포		공노비 해방	홍경래의 난		임술 농민 봉기

조선

- **17세기 초반**
  - 광해군: 대동법 실시(경기도), 영정법 시행, 정묘·병자호란
  - 인조: 어영청 설치, 영정법 시행
- **17세기 후반**
  - 효종: 북벌 정책 추진, 나선 정벌
  - 현종: 1,2차 예송
  - 숙종: 환국, 대동법 전국 시행, 금위영 설치
- **18세기 초반**
  - 영조: 탕평책 실시 → 탕평비 건립, 이인좌의 난, 균역법 시행, 『속대전』 편찬
- **18세기 후반**
  - 정조: 수원 화성 축조, 규장각 설치, 『대전통편』 편찬, 신해통공 반포
- **19세기 초반**
  - 순조: 세도 정치 시작, 공노비 해방, 홍경래의 난
- **19세기 후반**
  - 철종: 임술 농민 봉기 → 삼정이정청 설치

대외

1618	1637	1654	1658	1712	1791	1801
군대 파견 (강홍립)	삼전도의 굴욕	1차 나선 정벌	2차 나선 정벌	백두산 정계비 건립	신해박해	신유박해, 황사영 백서 사건

문화

1653	1770	1778	1818	1860	1861
시헌력 채택	『동국문헌비고』 편찬	박제가, 『북학의』 저술	정약용, 『목민심서』 완성	최제우, 동학 창시	김정호, 대동여지도 제작

VI. 근대 - 1. 흥선 대원군 집권기~개항기

연도	1860	1863	1866	1868	1870	1871	1873	1876	1880	1881	1882	1884
사건		고종 즉위	병인양요	오페르트 도굴 사건		신미양요	고종 친정	강화도 조약 체결		별기군 설치	임오군란	갑신정변

정치

1863	1866	1868	1871	1873	1880	1881	1882	1884
흥선 대원군 집권(고종)	병인박해	서원 철폐	척화비 건립	흥선 대원군 하야, 고종 친정	통리기무아문 설치	영남 만인소, 별기군 설치	임오군란	갑신정변

대외

1866	1868	1871	1875	1876	1880	1881	1882	1883	1884	1885
제너럴셔먼호 사건, 병인양요 (프랑스)	오페르트 도굴 사건	신미양요 (미국)	운요호 사건 (일본)	강화도 조약 체결 → 제1차 수신사 파견	제2차 수신사 파견	조사 시찰단 (일본), 영선사 파견(청)	조·미 수호 통상 조약, 조·청 상민 수륙 무역 장정, 제물포 조약(일본)	보빙사 파견 (미국), 조·일 통상 장정 개정	한성 조약 (일본)	톈진 조약 (청, 일본), 거문도 사건 (영국)

VI. 근대 - 2. 개항기~국권 피탈기

연도	1890	1894	1895	1896	1899	1900	1904	1905	1907	1908	1910
사건		동학 농민 운동	을미개혁, 을미의병	독립 협회 창립	대한국 국제 반포		제1차 한·일 협약	을사늑약	고종 강제 퇴위	동양 척식 주식회사 설립	국권 피탈

정치

1892	1893	1894	1895	1896	1897	1898	1899	1904	1905	1907	1908
삼례 집회	보은 집회	동학 농민 운동, 제1차 갑오개혁, 제2차 갑오개혁	을미사변, 을미개혁, 을미의병	아관 파천, 독립 협회 창립	대한 제국 수립	한성 전기 회사 설립, 만민 공동회 개최	대한국 국제 반포, 원수부 설치, 전차 개통	보안회 결성	경부선 개통, 화폐 정리 사업 실시, 을사의병	국채 보상 운동, 신민회 창립, 고종 강제 퇴위, 정미의병	동양 척식 주식회사 설립

대외

1894	1895	1903	1904	1905	1907	1908	1909	1910
청·일 전쟁	시모노세키 조약 체결(청, 일본), 삼국 간섭	용암포 사건 (러시아)	러·일 전쟁, 한·일 의정서, 제1차 한·일 협약	가쓰라·태프트 밀약(미, 일본), 포츠머스 조약(러, 일본), 을사늑약	헤이그 특사 파견, 한·일 신협약 (정미 7조약)	서울 진공 작전	기유각서	한·일 병합 조약

심화 FINAL 실력 점검 기출문제(제73회) 문제지

1. (가) 시대의 생활 모습으로 옳은 것은? [1점]

〈집에서 만나는 박물관〉 2월호

부여 송국리 출토 유물

이번 호에서는 부여 송국리에서 출토된 대표적인 유물을 소개합니다. 사유 재산과 계급이 발생한 (가) 시대의 유물을 통해 당시 사람들의 생활 모습을 상상해 보세요.

◆ 유물 소개

◈ 비파형동검
검몸[劍身] 아랫부분의 폭이 넓고 둥근 비파 모양을 이루며, 중앙보다 약간 위에 뚜렷한 좌우 돌기가 있는 것이 특징임. 또한 검몸과 자루를 따로 만들어 결합하는 방식으로 제작됨.

◈ 민무늬 토기
무늬가 없는 토기를 일컬음. 지역과 시기에 따라 다양한 형태를 보이는데 송국리형 토기는 평평한 바닥의 작은 굽, 계란 모양의 몸체와 바깥으로 벌어진 입구 부분이 특징임.

① 소를 이용한 깊이갈이가 일반화되었다.
② 반달 돌칼을 사용하여 벼를 수확하였다.
③ 주로 동굴이나 강가의 막집에서 살았다.
④ 주먹도끼, 찍개 등의 뗀석기를 처음 제작하였다.
⑤ 가락바퀴와 뼈바늘을 이용하여 옷을 만들기 시작하였다.

2. (가), (나) 사이의 시기에 있었던 사실로 옳은 것은? [3점]

(가) 연개소문은 왕의 조카인 장을 왕으로 세우고 스스로 막리지가 되었다. 그 관직은 당의 병부상서 겸 중서령의 직임과 같다.

(나) 검모잠은 남은 백성을 모아 궁모성에서 패강 남쪽으로 내려와 당나라관인 및 승려 법안 등을 죽이고 신라로 향하였다. 사야도에 이르러 고구려 대신 연정토의 아들 안승을 알현하고, 한성으로 모셔와 임금으로 받들었다.

① 을지문덕이 살수에서 대승을 거두었다.
② 사찬 시득이 기벌포에서 당군을 격파하였다.
③ 관구검이 이끄는 군대가 환도성을 함락하였다.
④ 김춘추가 당으로 건너가 군사 동맹을 체결하였다.
⑤ 장문휴가 자사 위준이 관할하는 당의 등주를 공격하였다.

3. (가) 나라에 대한 설명으로 옳은 것은? [2점]

이 그림은 (가) 의 시조인 이진아시왕의 표준 영정입니다. 『신증동국여지승람』 등의 기록에 따르면 수로왕과 형제인 그는 고령 일대를 중심으로 나라를 세웠다고 합니다.

① 진흥왕 때 신라에 복속되었다.
② 집사부를 비롯한 14부를 설치하였다.
③ 지방 장관으로 욕살, 처려근지 등을 두었다.
④ 여러 가(加)들이 별도로 사출도를 주관하였다.
⑤ 왕족인 부여씨와 8성의 귀족이 지배층을 이루었다.

4. (가), (나) 나라에 대한 설명으로 옳은 것은? [2점]

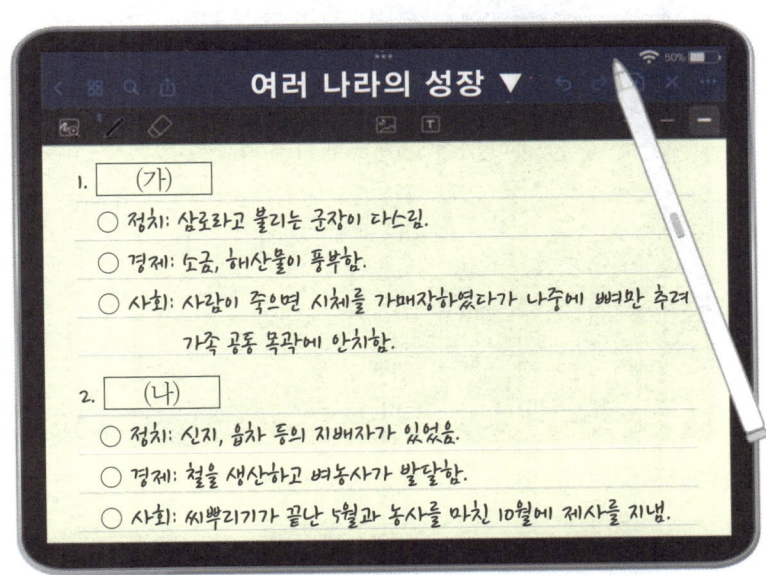

여러 나라의 성장 ▼

1. (가)
○ 정치: 삼로라고 불리는 군장이 다스림.
○ 경제: 소금, 해산물이 풍부함.
○ 사회: 사람이 죽으면 시체를 가매장하였다가 나중에 뼈만 추려 가족 공동 묘곽에 안치함.

2. (나)
○ 정치: 신지, 읍차 등의 지배자가 있었음.
○ 경제: 철을 생산하고 벼농사가 발달함.
○ 사회: 씨뿌리기가 끝난 5월과 농사를 마친 10월에 제사를 지냄.

① (가) – 영고라는 제천 행사를 열었다.
② (가) – 사회 질서를 유지하기 위해 범금 8조를 만들었다.
③ (나) – 신성 지역인 소도가 존재하였다.
④ (나) – 제가 회의에서 나라의 중대사를 결정하였다.
⑤ (가), (나) – 도둑질한 자에게 12배로 배상하게 하였다.

5. 밑줄 그은 '왕'에 대한 설명으로 옳은 것은? [2점]

> ○ 고구려가 군사를 일으켜 쳐들어왔다. 왕이 듣고 군사를 패하(浿河)가에 매복시켜 그들이 이르기를 기다렸다가 급히 치니 고구려 군사가 패배하였다.
>
> ○ 옛 기록에 이르기를, "백제는 나라를 연 이래 문자로 일을 기록한 적이 없는데 이 왕 때에 이르러 박사 고흥을 얻어 처음으로 『서기』가 있게 되었다."라고 하였다.

① 금마저에 미륵사를 창건하였다.
② 윤충을 보내 대야성을 함락하였다.
③ 사비로 천도하고 국호를 남부여로 고쳤다.
④ 평양성을 공격하여 고국원왕을 전사시켰다.
⑤ 동진에서 온 마라난타를 통해 불교를 수용하였다.

6. 다음 특별전에 전시될 문화유산으로 가장 적절한 것은? [2점]

7. 밑줄 그은 '시기'에 있었던 사실로 옳은 것은? [3점]

> 이것은 보령 성주사지 대낭혜화상탑비로, 진성 여왕의 명을 받아 최치원이 비문을 작성했습니다. 혜공왕 피살 이후 왕위 쟁탈전이 치열했던 <u>시기</u>에 당에서 수행하고 돌아와 9산 선문 중 하나인 성주산문을 개창한 낭혜화상의 행적이 기록되어 있습니다.

① 김흠돌 등 진골 세력이 숙청되었다.
② 김헌창이 웅천주에서 반란을 일으켰다.
③ 거칠부가 왕명에 의해 『국사』를 편찬하였다.
④ 복신과 도침이 부여풍을 왕으로 추대하였다.
⑤ 자장의 건의로 황룡사 구층 목탑이 건립되었다.

8. (가) 국가에 대한 설명으로 옳지 않은 것은? [2점]

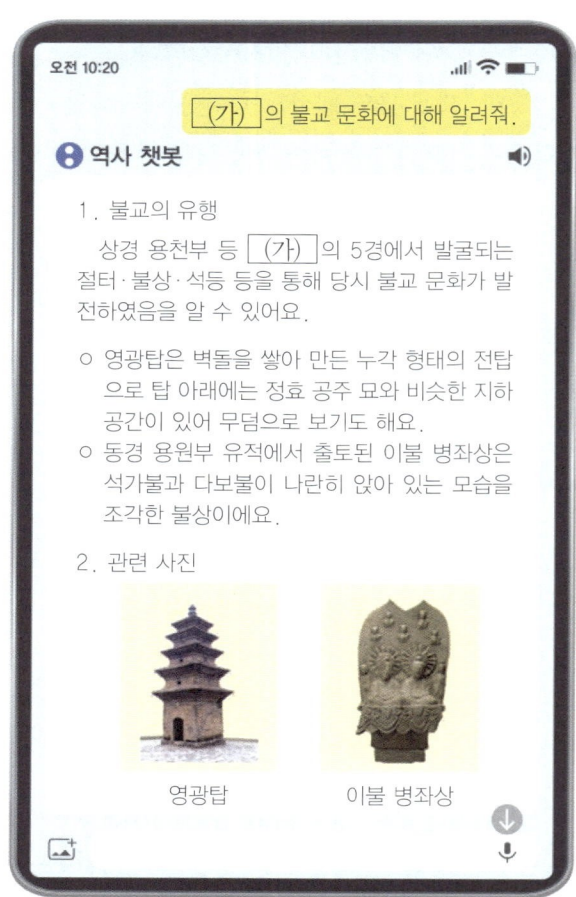

① 교육 기관으로 주자감을 설립하였다.
② 감찰 업무를 담당하는 중정대가 있었다.
③ 인안, 대흥 등 독자적인 연호를 사용하였다.
④ 거란도, 영주도 등을 통해 주변국과 교역하였다.
⑤ 내신좌평, 내두좌평 등 6좌평의 관제를 마련하였다.

FINAL 실력 점검 기출문제(제73회)

9. (가) 제도를 시행한 국가에 대한 설명으로 옳은 것은? [1점]

> ○ 풍월주(風月主), 원화(源花)의 법이 폐하여진 지 이미 여러 해였다. 왕은 나라를 일으키려면 풍월도를 먼저 하여야 한다고 생각하여 다시금 영(令)을 내려 귀인과 양가의 자제 중에서 얼굴이 아름답고 덕행이 있는 자를 선발해서 분장을 시켜 (가) 또는 국선(國仙)이라 이름하였다.
> ○ 좋은 가문 출신의 남자로서 덕행이 있는 자를 뽑아 (가) (이)라 하였다. 처음 설원랑을 받들어 국선으로 삼았는데 이것이 시초이다.

① 태학과 경당을 두어 인재를 양성하였다.
② 유랑민을 구휼하는 활인서를 설치하였다.
③ 정사암 회의에서 국가 중대사를 결정하였다.
④ 도병마사에서 변경의 군사 문제 등을 논의하였다.
⑤ 골품에 따라 관등 승진, 일상 생활 등을 엄격히 제한하였다.

10. (가) 인물에 대한 설명으로 옳은 것은? [3점]

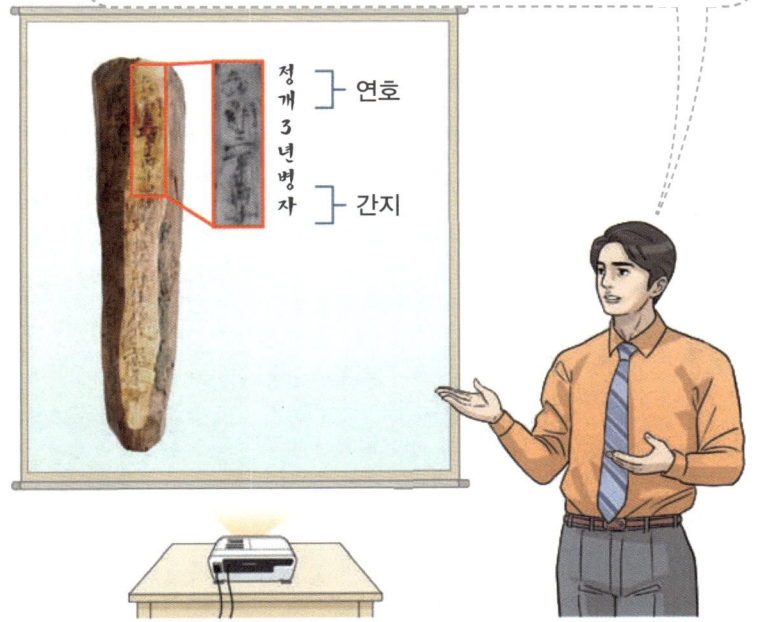

> 경기도 양주 대모산성에서 태봉의 연호가 기록된 목간이 출토되었습니다. 태봉은 신라 왕족 출신으로 알려진 (가) 이/가 세운 나라입니다. 목간의 정개 3년 병자는 916년에 해당합니다.

① 경주의 사심관으로 임명되었다.
② 12목에 지방관을 처음으로 파견하였다.
③ 폐정 개혁을 목표로 정치도감을 설치하였다.
④ 광평성을 비롯한 각종 정치 기구를 마련하였다.
⑤ 오월(吳越)에 사신을 보내고 검교태보의 직을 받았다.

11. (가) 왕에 대한 설명으로 옳은 것은? [2점]

> **교외 체험 학습 보고서**
> △학년 △반 △△번 이름 □□□
>
> ◎ 날짜: 2025년 ○○월 ○○일
> ◎ 장소: 경상북도 안동 태사묘
> ◎ 학습 내용
>
>
>
> 안동 태사묘는 고창 전투에서 (가) 을/를 도와 견훤을 물리치는 데 공을 세워 향직을 수여받은 권행, 김선평, 장길(장정필)의 위패를 봉안하고 있는 사당이다. 이번 체험 학습을 통해 안동이라는 지명이 고창 전투에서 승리한 (가) 이/가 고창군을 안동부로 승격시킨 데서 유래하였다는 것을 알 수 있었다.

① 한양을 남경으로 승격시켰다.
② 주전도감을 설치하여 해동통보를 발행하였다.
③ 쌍기의 건의를 받아들여 과거제를 실시하였다.
④ 청연각과 보문각을 두어 학문 연구를 장려하였다.
⑤ 『정계』와 『계백료서』를 지어 관리의 규범을 제시하였다.

12. 다음 상황이 나타난 국가의 경제 모습으로 옳은 것은? [2점]

> 무릇 장마·가뭄·병충해·서리 피해로 작황이 부실한 경작지를 촌전(村典)이 수령에게 보고하면 수령이 직접 검사하여 호부에 신고하고, 호부에서는 다시 삼사에 보낸다. 삼사에서는 넘겨받은 문서를 조사한 뒤에 다시 그 지역 안찰사로 하여금 따로 사람을 보내 자세히 살펴 조사하게 하여 재해로 피해를 입었다면 조세를 감면한다.
> *촌전: 촌의 대표

① 벽란도가 국제 무역항으로 번성하였다.
② 고추, 담배 등이 상품 작물로 재배되었다.
③ 시장을 감독하는 관청인 동시전이 설치되었다.
④ 광산을 전문적으로 경영하는 덕대가 활동하였다.
⑤ 삼남 지방의 농법을 소개한 『농사직설』이 보급되었다.

FINAL 실력 점검 기출문제(제73회)

13. 다음 검색창에 들어갈 왕의 재위 시기에 있었던 사실로 옳은 것은? [2점]

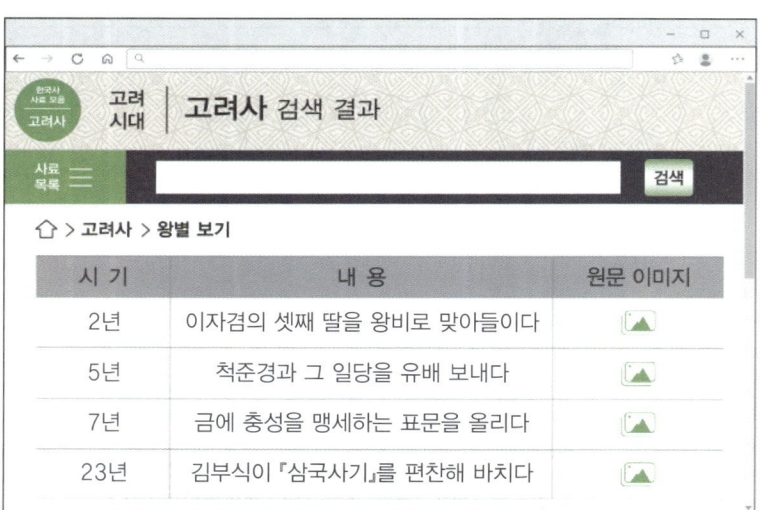

① 최충헌이 봉사 10조를 올렸다.
② 동북 9성이 여진에 반환되었다.
③ 국자감이 성균관으로 개칭되었다.
④ 묘청 등이 서경에서 난을 일으켰다.
⑤ 광덕, 준풍 등의 독자적 연호가 사용되었다.

14. 다음 사건에 대한 탐구 활동으로 가장 적절한 것은? [1점]

> 망이 등이 홍경원에 불을 지르고 절에 있던 승려 10여 인을 죽였으며, 주지승을 위협하여 개경으로 서신을 가져가게 하였다. 그 서신에 대략 이르기를, "이미 우리 고을을 현으로 승격시키고 또 수령을 두어 안무하더니, 돌이켜 다시 군대를 내어 토벌하러 와서 우리 어머니와 아내를 옥에 가두었으니 그 뜻은 어디에 있는가? 차라리 칼날 아래 죽을지언정 끝내 항복하여 포로가 되지 않을 것이며, 반드시 개경까지 가고야 말겠다."라고 하였다.

① 안동 도호부가 설치된 경위를 알아본다.
② 특수 행정 구역인 소에 대한 차별을 조사한다.
③ 신라 말 호족 세력이 성장하게 된 계기를 살펴본다.
④ 통청 운동을 통해 청요직으로 진출한 인물을 검색한다.
⑤ 경기에 한하여 설치된 과전이 농민에게 미친 영향을 파악한다.

15. (가) 군사 조직에 대한 설명으로 옳은 것은? [2점]

① 거란의 침입에 대비하여 설치되었다.
② 최씨 무신 정권의 군사적 기반이었다.
③ 원의 요청으로 일본 원정에 참여하였다.
④ 신기군, 신보군, 항마군으로 편성되었다.
⑤ 최영의 지휘 아래 홍산에서 왜구를 격퇴하였다.

16. 다음 검색창에 들어갈 역사서에 대한 설명으로 옳은 것은? [3점]

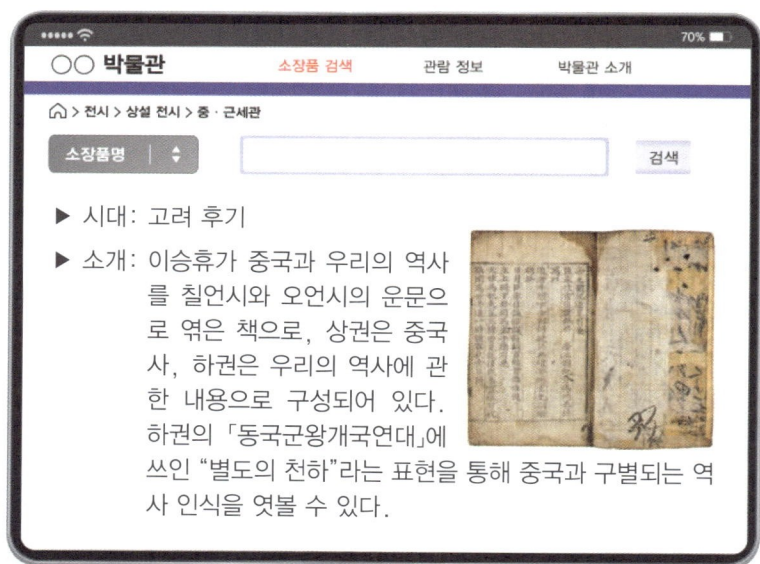

① 남북국이라는 용어가 처음 사용되었다.
② 불교사를 중심으로 민간 설화를 담았다.
③ 단군의 고조선 건국 이야기가 수록되었다.
④ 왕명에 의해 고승들의 전기가 기록되었다.
⑤ 본기, 열전 등으로 구성된 기전체 형식으로 서술되었다.

17. (가) 왕의 재위 시기에 있었던 사실로 옳은 것은? [2점]

(가) 께서 돌아가신 후 어린 왕을 새로 옹립한 이인임이 원과의 관계 회복에 나섰다는군.

나도 들었네. 기철 세력을 숙청하고, 쌍성총관부를 수복했던 (가) 의 정책이 중단될까 염려되네.

① 대각국사 의천이 천태종을 개창하였다.
② 신돈을 중심으로 전민변정 사업이 추진되었다.
③ 만적이 개경에서 노비를 모아 반란을 모의하였다.
④ 최충이 문헌공도를 설립하여 유학 교육에 힘썼다.
⑤ 이규보가 고구려 계승 의식을 강조한 『동명왕편』을 지었다.

19. (가)~(마)에 대한 설명으로 옳지 않은 것은? [3점]

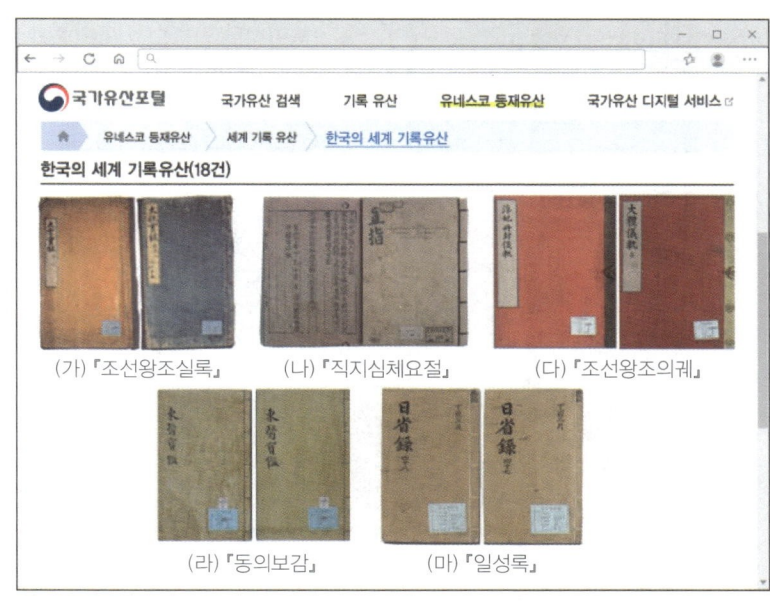

① (가) – 「사초」와 「시정기」 등을 종합하여 편찬하였다.
② (나) – 청주 흥덕사에서 금속 활자본으로 간행되었다.
③ (다) – 병인양요 당시 일부가 프랑스군에게 약탈되었다.
④ (라) – 허준이 우리나라와 중국의 의서를 망라하여 집대성하였다.
⑤ (마) – 국왕의 비서 기관에서 발행한 관보이다.

18. (가)에 대한 고려의 대응으로 옳은 것은? [2점]

특별 기획
최무선과 화포 이야기

우리 박물관은 화약과 화기를 제조한 최무선 탄생 700주년 기념 특별전을 개최합니다. 특히 진포 대첩에서 나세, 심덕부 등과 함께 화포를 이용해 (가) 을/를 물리친 장면을 실감 영상으로 만나보실 수 있습니다. 많은 관람 바랍니다.

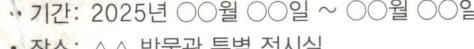
• 기간: 2025년 ○○월 ○○일 ~ ○○월 ○○일
• 장소: △△박물관 특별 전시실

① 광군을 조직하여 침입에 대비하였다.
② 경성과 경원에 무역소를 설치하였다.
③ 박위를 파견하여 근거지를 토벌하였다.
④ 어영청을 중심으로 북벌을 추진하였다.
⑤ 대장도감을 설치하여 팔만대장경을 간행하였다.

20. (가) 인물에 대한 설명으로 옳은 것은? [2점]

사료로 보는 한국사

임금의 자질에는 어리석은 자질도 있고 현명한 자질도 있으며 강한 자질도 있고 유약한 자질도 있어서 한결같지 않으니, 재상은 임금의 아름다운 점은 순종하고 나쁜 점은 바로잡으며, 옳은 일은 받들고 옳지 않은 것은 막아서, 임금으로 하여금 가장 올바른 경지에 들게 해야 한다.

[해설] 이 글은 이성계를 도와 조선 건국을 주도한 (가) 이/가 저술한 『조선경국전』의 일부입니다. 그는 국가 운영을 위한 종합적인 통치 규범을 제시하고, 재상의 역할을 강조하였습니다.

① 『불씨잡변』을 지어 불교를 비판하였다.
② 계유정난을 계기로 정계에서 축출되었다.
③ 최초의 서원인 백운동 서원을 건립하였다.
④ 일본에 다녀와서 『해동제국기』를 편찬하였다.
⑤ 성리학의 개념을 도식으로 설명한 『성학십도』를 지었다.

FINAL 실력 점검 기출문제(제73회)

21. (가) 왕의 업적으로 옳은 것은? [2점]

말풍선1: 『월인천강지곡』이라는 제목에는 하나의 달이 천 개의 강물에 비친다는 뜻이 담겨 있는데요. 이 책의 편찬 경위를 말씀해 주세요.

말풍선2: 훈민정음 창제되고 3년 후에 왕비가 세상을 떠나자 (가) 은/는 명복을 빌기 위해 아들 수양 대군에게 부처의 일대기와 설법을 담은 『석보상절』을 편찬하도록 명했습니다. 그 내용을 (가) 이/가 한글 노랫말로 옮긴 것이 『월인천강지곡』입니다.

① 수도 방어를 위해 금위영을 설치하였다.
② 음악 이론 등을 집대성한 『악학궤범』을 완성하였다.
③ 한양을 기준으로 한 역법서인 『칠정산』을 간행하였다.
④ 역대 문물 제도를 정리한 『동국문헌비고』를 편찬하였다.
⑤ 현직 관리에게만 수조지를 지급하는 직전법을 실시하였다.

22. (가) 국가에 대한 조선의 정책으로 옳은 것은? [2점]

말풍선: 그림 속 장소는 창덕궁에 있었던 대보단으로, 임진왜란 때 조선에 원군을 보낸 (가) 의 황제를 기리고자 숙종 대에 건립한 제단입니다. 조선은 이곳에서 제사를 지내 이미 멸망한 (가) 에 대한 의리를 지키고자 하였습니다.

① 나선 정벌에 조총 부대를 파견하였다.
② 하정사, 천추사 등 사절단을 보내었다.
③ 백두산 정계비를 세워 국경을 확정하였다.
④ 한성에 동평관을 두어 무역을 허용하였다.
⑤ 공녀를 보내기 위해 결혼도감을 설치하였다.

23. (가)에 들어갈 내용으로 가장 적절한 것은? [2점]

[역사 다큐멘터리 기획안]

폭정으로 흔들리는 조선

■ 기획 의도
　국왕이 대신, 삼사 등과 함께 국정을 운영한 선왕 대의 정치 구조를 깨고 폭정을 일삼다가 폐위된 ○○○. 그의 재위 시기에 일어난 정치적 혼란을 살펴본다.

■ 구성 내용
1부. 선왕 대에 성장한 삼사와 대립하다
2부. 「조의제문」을 구실로 사림을 탄압하다
3부. (가)
4부. 반복된 폭정으로 반정이 일어나 폐위되다

① 이괄의 난이 일어나 공주로 피란하다
② 단종의 복위를 꾀한 성삼문 등을 처형하다
③ 영창 대군을 죽이고 인목 대비를 유폐하다
④ 위훈 삭제를 주장한 조광조 일파를 제거하다
⑤ 폐비 윤씨 사사 사건을 빌미로 신하들을 숙청하다

24. (가)~(마)에서 있었던 사실로 옳은 것은? [1점]

답사 계획서

● 주제: 우리나라 성곽의 역사를 찾아서(서울·경기·인천 편)
● 기간: 2025년 ○○월 ○○일~○○월 ○○일(4박 5일)
● 경로: 강화산성 → 북한산성 → 서울 한양도성 → 남한산성 → 수원 화성

(가) 강화산성　(나) 북한산성　(다) 서울 한양도성
(마) 수원 화성　(라) 남한산성

① (가) – 정봉수가 후금의 침입에 맞서 싸웠다.
② (나) – 김준룡이 근왕병을 이끌고 적장을 사살하였다.
③ (다) – 신립이 배수의 진을 치고 전투를 벌였다.
④ (라) – 병자호란 때 인조가 피란하여 항전하였다.
⑤ (마) – 임진왜란 때 권율이 일본군을 크게 물리쳤다.

25. (가) 기구에 대한 설명으로 옳은 것은? [3점]

> ○ 지방 고을에는 그곳의 유력한 집안이 있습니다. 그 가운데 서울에 살면서 벼슬하는 자들의 모임을 (가) (이)라고 합니다. …… 간사한 향리의 범법 행위를 살펴서 지방의 풍속을 유지했는데, 그 유래가 오래되었습니다.
> ― 『성종실록』
>
> ○ 평소에 각 고을을 담당하는 (가) (이)라고 부르는 곳도 원래는 지방의 풍속이 법에 어긋나는지 살피기 위하여 설치한 것입니다. 그런데 지금은 향리를 침학하여 사람들이 대부분 괴롭게 여기고 있습니다. ― 『선조실록』

① 사헌부, 사간원과 함께 3사로 불렸다.
② 소속 관원을 은대 학사라고도 칭하였다.
③ 서얼 출신 학자들이 검서관에 등용되었다.
④ 관할 유향소 임원의 임명권을 행사하였다.
⑤ 대사성 이하 좨주, 직강 등의 관직을 두었다.

26. (가) 인물의 작품으로 옳은 것은? [1점]

이곳 철원 삼부연 폭포는 겸재 (가) 이/가 그린 그림으로도 유명합니다. 우리 산천의 아름다움을 사실적으로 표현한 진경 산수화를 실제 모습과 함께 감상해 보세요.

① ② ③
④ ⑤

27. (가) 왕의 재위 시기에 있었던 사실로 옳은 것은? [2점]

(가) 어진

이 그림은 (가) 의 초상화로, 조선 시대에 그려진 현존하는 어진 가운데 군복을 입고 있는 유일한 사례이다. 강화 도령으로 불렸던 그는 안동 김씨인 순원 왕후의 명으로 왕위에 올랐지만, 임술 농민 봉기가 일어나는 등 혼란한 상황 속에서 승하하였다. 6·25 전쟁 때 화재로 어진의 일부가 소실되었다.

① 윤지충 등이 처형된 신해박해가 일어났다.
② 오페르트가 남연군 묘 도굴을 시도하였다.
③ 국왕의 친위 부대인 장용영이 창설되었다.
④ 경신환국 등 여러 차례 환국이 발생하였다.
⑤ 박규수의 건의로 삼정이정청이 설치되었다.

28. 다음 자료를 활용한 탐구 주제로 가장 적절한 것은? [2점]

> 선무군관 직책을 특별히 설치하고 서북을 제외한 6도에서 벼슬이 없는 자들 중 선정한다. 사족이 아니거나 음서를 받지 않은 자들, 군보(軍保) 역할에 그치기에는 아까운 자들을 대상으로 한다. 평시에는 입번(立番)과 훈련을 면해주고 다만 베 1필을 받는데, 유사시에는 관할 수령이 지도하여 방비에 임하도록 한다.

① 토산물을 쌀, 동전 등으로 납부하게 한 원인
② 균역법 실시로 인한 세입 감소분의 보충 방안
③ 시전 상인의 특권을 축소한 신해통공 단행 배경
④ 전세를 풍흉에 따라 9등급으로 차등 부과한 이유
⑤ 설점수세제를 시행하여 민간의 광산 개발을 허용한 목적

29. 다음 자료에 나타난 사건에 대한 설명으로 옳은 것은? [2점]

> 아, 고금 천하에 김옥균, 홍영식 등의 역적들처럼 극악하고 무도한 자들이 있겠습니까? …… 처음에는 연회를 베풀어 사람들을 찔러 죽이고 끝에는 변고가 일어났다고 선언하고는 전하를 강박하여 처소를 옮기게 하였습니다. 일본 사람들을 끼고 병기를 휘둘러 재상들을 모두 죽여 궁궐에 피를 뿌리고 장상(將相)의 중직을 잠깐 동안에 차지하여 종묘사직을 위태롭게 하였습니다.

① 청군의 개입으로 3일 만에 실패하였다.
② 전개 과정에서 홍범 14조가 반포되었다.
③ 통리기무아문이 설치되는 계기가 되었다.
④ 조·일 통상 장정이 체결되는 결과를 초래하였다.
⑤ 구식 군인에 대한 차별 대우가 발단이 되어 일어났다.

30. 밑줄 그은 '이 시기'에 볼 수 있는 모습으로 적절하지 않은 것은? [1점]

이것은 경상도 단성현 김○봉 가계의 직역 변화입니다. 사노비였던 그는 노력 끝에 면천되었고, 후손들도 꾸준히 신분 상승을 도모하여 유학 직역을 획득하였습니다. 이와 같이 신분 질서가 크게 동요한 이 시기에는 구향과 신향 간의 향전이 발생하기도 하였습니다.

본인	김○봉	사노비
아들	김○발	보인(保人)
...		
5세손	김○려	유학(幼學)
6세손	김○흠	유학(幼學)

〈김○봉 가계의 직역 변화〉

① 빈민을 구휼하는 제위보의 관리
② 시사(詩社)에서 시를 낭송하는 중인
③ 상평통보로 물건을 거래하는 보부상
④ 세책가에서 홍길동전을 빌리는 부녀자
⑤ 송파장에서 산대놀이 공연을 하는 광대

31. (가), (나) 사이의 시기에 있었던 사실로 옳은 것은? [2점]

(가) 통문으로 장터에 모이라는 기별이 왔다. 저녁 먹은 후 여러 마을에서 징 소리며 나팔 소리, 고함 소리가 천지에 뒤끓더니 수천 명 군중들이 우리 마을 앞길로 몰려와 군수 조병갑을 죽인다며 소요를 일으켰다. 군중이 사방으로 포위하고 몰아갈 때 조병갑은 서울로 도망갔다.

(나) 우두머리는 선화당을 점거하고 다른 동학 도당들은 나누어 사대문을 막으니 성 안의 백성과 아전, 군교 등이 미처 나오지 못하고 화염 속에 빠진 자가 많아 그 수를 알지 못하였습니다. 전주성이 삼시간에 함락된 것은 감영이나 전주부의 관속 무리 중 내응하는 자가 많았기 때문입니다.

① 남접과 북접이 논산에서 연합하였다.
② 최제우가 혹세무민의 죄로 처형되었다.
③ 일본이 군대를 동원하여 경복궁을 점령하였다.
④ 농민군이 황룡촌 전투에서 관군에 승리하였다.
⑤ 우금치에서 농민군이 관군과 일본군에 맞서 싸웠다.

32. 다음 상황의 배경으로 가장 적절한 것은? [3점]

역사 신문

제△△호   ○○○○년 ○○월 ○○일

시전 상인, 외국 상인의 퇴거를 요구하다

며칠 전 시전 상인 수백 명이 가게 문을 닫고 외아문(통리교섭통상사무아문) 앞에서 연좌시위를 시작하였다. 시전 상인들은 몇 해 전부터 외국 상인의 한성 침투로 인해 입는 피해가 크다는 점을 주장하며 퇴거를 요구하였다. 향후 정부가 이 문제를 어떻게 해결해 나갈 것인지 귀추가 주목된다.

① 동양 척식 주식회사가 설립되었다.
② 일제가 황무지 개간권을 요구하였다.
③ 조·청 상민 수륙 무역 장정이 체결되었다.
④ 메가타의 주도로 화폐 정리 사업이 시행되었다.
⑤ 회사 설립을 허가제로 하는 회사령이 공포되었다.

33. (가) 운동에 대한 설명으로 옳은 것은? [2점]

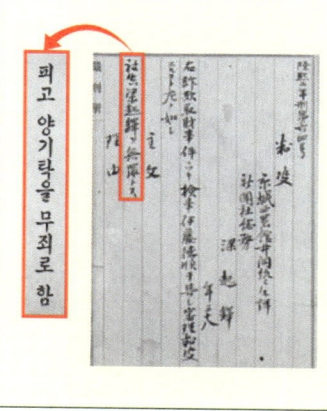

이 자료는 (가) 에 참여한 양기탁에 대한 판결문의 일부이다. 양기탁은 일본에서 들어온 차관을 갚기 위해 일어난 (가) 의 의연금을 횡령하였다는 이유로 기소되었다. 판결문에는 피고인 양기탁이 증거 불충분으로 무죄를 선고받은 내용이 담겨 있다.

① 대한매일신보의 지원을 받아 확산되었다.
② 조선 총독부의 탄압과 방해로 실패하였다.
③ 백정에 대한 사회적 차별 철폐를 요구하였다.
④ 조선 민립 대학 기성회에서 모금 활동을 주도하였다.
⑤ 일본, 프랑스 등의 노동 단체로부터 격려 전문을 받았다.

34. (가) 조약에 대한 설명으로 옳은 것은? [1점]

저는 지금 워싱턴에 있는 옛 주미대한제국공사관 건물 앞에 나와 있습니다. 이곳은 1889년부터 외교 공관으로 사용되었으나, (가) 으로 외교권을 박탈당하여 그 기능을 상실하였습니다. 현재 이 건물을 대한민국 정부가 매입하여 전시관으로 활용하고 있습니다.

① 러·일 전쟁 중에 체결되었다.
② 최혜국 대우를 최초로 규정하였다.
③ 천주교 포교 허용의 근거가 되었다.
④ 통감부가 설치되는 결과를 초래하였다.
⑤ 스티븐스가 외교 고문으로 파견되는 배경이 되었다.

35. 다음 가상 대화가 이루어진 시기 이후에 볼 수 있는 모습으로 가장 적절한 것은? [2점]

 자네 들었는가? 며칠 전 한성 전기 회사에서 개통한 전차에 어린아이가 깔려 죽었다고 하네.

 나도 들었네. 사고를 보고 격분한 사람들이 전차를 전복시키고 불태웠다더군.

① 척화비를 세우기 위해 돌을 다듬는 석공
② 거문도를 불법 점령하고 있는 영국 군인
③ 연무당에서 일본과 조약을 체결하는 관리
④ 보빙사의 일원으로 미국에 파견되는 역관
⑤ 경부선 철도 개통식을 취재하는 신문 기자

36. (가) 지역에서 있었던 민족 운동에 대한 설명으로 옳은 것은? [2점]

이것은 (가) 에 세워진 신흥 강습소의 구성원이 만든 신흥 교우단의 기관지입니다. 이 기관지에는 군사, 교육, 역사 등 다양한 분야의 글이 게재되어 동포들의 민족의식을 고취하였습니다. 특히, 신흥 무관 학교의 전신인 신흥 강습소의 조직과 활동을 알려주는 내용이 많아 (가) 에서 전개된 독립운동을 연구하는 데 가치가 있습니다.

① 한인 자치 기구인 경학사를 조직하였다.
② 유학생을 중심으로 2·8 독립 선언서를 발표하였다.
③ 대조선 국민 군단을 조직하여 군사 훈련을 실시하였다.
④ 대한 광복군 정부를 수립하여 무장 투쟁을 준비하였다.
⑤ 독립군 비행사 양성을 위해 한인 비행 학교를 설립하였다.

37. 밑줄 그은 '시기'에 시행된 일제의 정책으로 옳은 것은? [1점]

이것은 어느 공립 보통학교의 졸업식 사진으로, 교원이 제복을 입고 칼을 차고 수업하던 당시 일제의 식민지 지배 정책을 잘 보여주고 있어.

맞아. 헌병이 일반 경찰 업무를 맡아 재판 없이 체포 또는 구금하고, 벌금을 물리거나 태형에 처하기도 했던 시기였지.

① 국가 총동원법을 공포하였다.
② 산미 증식 계획을 시행하였다.
③ 토지 조사 사업을 실시하였다.
④ 황국 신민 서사의 암송을 강요하였다.
⑤ 조선 사상범 예방 구금령을 제정하였다.

FINAL 실력 점검 기출문제(제73회)

38. (가) 단체에 대한 설명으로 옳은 것은? [2점]

> 한 나라 한 사회나 한 집안의 장래를 맡은 사람은 누구인가. 곧 그 집안이나 그 사회나 그 나라의 아들과 손자일 것이다. …… (가) 은/는 어린이를 위한 부모의 도움이 두터워지기를 바라는 마음에서 5월 1일 오늘을 기회로 삼아 '어린이의 날'이라고 이름하고, 소년 회원이 거리마다 늘어서서 "항상 10년 후의 조선을 생각하십시오."라고 쓴 인쇄물을 배포하며 취지를 선전했다. 이러한 일은 조선 소년 운동의 처음이며, 다른 사회에서도 많이 응원하여 노력하기를 바란다.

① 한글 맞춤법 통일안을 제정하였다.
② 기관지로『진단학보』를 발행하였다.
③ 오산 학교를 설립하여 인재를 양성하였다.
④ 김기전, 방정환 등이 주축이 되어 활동하였다.
⑤ 여성 교육의 중요성을 강조한 여권통문을 발표하였다.

39. 밑줄 그은 '시기'에 볼 수 있는 모습으로 가장 적절한 것은? [2점]

① 근우회 창립 총회에 참여하는 학생
② 경성 제국 대학 설립을 추진하는 관리
③ 원각사에서 연극 은세계를 공연하는 배우
④ 서울 진공 작전에 참여하는 13도 창의군 의병
⑤ 혁명적 농민 조합을 결성하여 일제에 저항하는 농민

40. 밑줄 그은 '사건'에 대한 설명으로 옳은 것은? [2점]

> □□ 신문
> 제△△호 1929년 ○○월 ○○일
>
> **신간회, 최고 간부를 광주로 특파하다**
>
> 지난 3일 전남 광주에서 일어난 고등보통학교 학생 대 중학생의 충돌 사건에 대하여 신간회 본부에서는 지난 5일 중앙 상무 집행위원회의 결의로 장성, 송정, 광주 세 지회에 긴급 조사를 지시하며 사태의 진전을 주시하고 있었다. 지난 8일 밤에는 신간회 주요 간부들이 긴급 상의한 결과, 사건 내용을 철저히 조사하는 동시에 구금된 학생들의 석방을 교섭하기 위하여 신간회 중앙집행위원장 허헌 씨와 서기장 황상규 씨, 회계장 김병로 씨 등 최고 간부를 광주까지 특파하였다고 한다.

① 순종의 인산일을 기회로 삼아 일어났다.
② 조선어 학회가 해산되는 결과를 가져왔다.
③ 정우회 선언을 발표하는 데 영향을 주었다.
④ 전국적인 시위와 동맹 휴학으로 확산하였다.
⑤ 일제가 이른바 문화 통치를 실시하는 계기가 되었다.

41. (가)~(마)에 들어갈 내용으로 적절하지 않은 것은? [3점]

일제 강점기 대중 문화 탐구 안내

일제 강점기에는 매체의 발달과 함께 대중 문화가 유행하였습니다. 이 시기 대중 문화는 다양한 측면에서 식민지 조선인의 일상에 영향을 미쳤습니다. 그러나 일제는 식민 지배를 합리화하기 위한 선전 도구로 대중 문화를 이용하기도 하였습니다.

모둠별로 담당한 주제를 탐구하여 보고서로 제출하세요.
※ 과제 마감일은 2월 16일입니다.

모둠	문화 영역	주제
1	가요	(가)
2	영화	(나)
3	방송	(다)
4	소비	(라)
5	잡지	(마)

① (가) – 아침 이슬, 건전 가요에서 금지곡으로 지정되다
② (나) – 병정님, 조선인에 대한 징병제 실시를 미화하다
③ (다) – 경성 방송국, 우리말 방송을 검열하여 송출하다
④ (라) – 미쓰코시 백화점, 자본주의적 소비 문화가 이식되다
⑤ (마) – 신여성, 여권 신장 등의 내용으로 여성을 계몽하다

FINAL 실력 점검 기출문제(제73회)

42. (가) 단체의 활동으로 옳은 것은? [2점]

【우리 고장의 독립운동가】

조선 총독 암살을 시도했던 청년

유진만
(1912~1966)

세종특별자치시 연서면 출생으로 김구가 일제의 요인 제거 및 주요 기관 파괴를 목적으로 상하이에서 조직한 [(가)]의 단원이다. 조선 총독 우가키 가즈시게를 암살하라는 지령을 받고 국내에 잠입하였으나 거사 전 검거되었다. 치안 유지법 등 위반 혐의로 징역 6년의 형을 선고받았다. 1990년 건국훈장 애국장이 추서되었다.

① 일제가 조작한 105인 사건으로 와해되었다.
② 파리 강화 회의에 독립 청원서를 제출하였다.
③ 단원인 윤봉길이 훙커우 공원 의거를 실행하였다.
④ 신채호가 작성한「조선혁명선언」을 지침으로 삼았다.
⑤ 군사 훈련을 위해 조선 혁명 간부 학교를 설립하였다.

43. (가) 부대에 대한 설명으로 옳은 것은? [3점]

우리들은 군사 통일에 대한 구체적 의견으로 [(가)] 와/과 한국광복군을 합병하여 조선 민족 혁명군으로 편성하자는 방안을 제출하였다. …… 그러나 대한민국 임시 정부와 한국 광복군 측에서는 우리들의 주장을 종래 찬성하지 아니하였고, 결국 본대는 한국 광복군 제1지대로 개편하게 되었다. …… [(가)]은/는 1938년 10월 10일 우한(武漢)에서 성립된 이래로 김원봉 대장의 정확한 영도 하에서 가장 우수한 수백 청년 간부의 희생적 분투와 노력에 의하여 모든 험로와 난관을 충파하면서 전진하여 왔으며 또 이런 과정을 통하여 과거 43개월간 광영한 역사를 창조하였다. …… 본대 전체 동지는 한국 광복군을 확대 발전시키기 위해 노력할 것을 언명한다.

① 동북 항일 연군으로 개편되어 유격전을 전개하였다.
② 간도 참변 이후 조직을 정비하고 자유시로 이동하였다.
③ 쌍성보, 대전자령 전투 등에서 일본군을 크게 물리쳤다.
④ 조선 민족 전선 연맹 산하의 군사 조직으로 결성되었다.
⑤ 홍범도 부대와 연합하여 청산리에서 일본군과 교전하였다.

44. 밑줄 그은 '운동'에 대한 설명으로 옳은 것은? [2점]

 선생님께서 참여하신 운동은 '조선 사람 조선 것'이라는 구호를 내세웠다는 점에서 사실상 독립 운동이 아니냐고 일제 경찰이 심문할 때 어떻게 대응하셨나요?

 조선 물산의 생산과 소비를 장려하는 운동에 조선인이 참여하는 것은 당연한 일이 아닌가. 오사카 사람이 오사카의 물산을 장려하는 것도 문제 삼을 것이냐고 반문하니 주의만 주고 가더군요.

① 조선 노동 총동맹을 중심으로 전개되었다.
② 보국안민, 제폭구민 등이 구호로 사용되었다.
③ 조선 관세령 폐지 등을 배경으로 확산하였다.
④ 황국 중앙 총상회가 설립되는 결과를 가져왔다.
⑤ 일본 제일은행권 화폐가 유통되는 계기가 되었다.

45. 교사의 질문에 대한 학생의 답변으로 가장 적절한 것은? [1점]

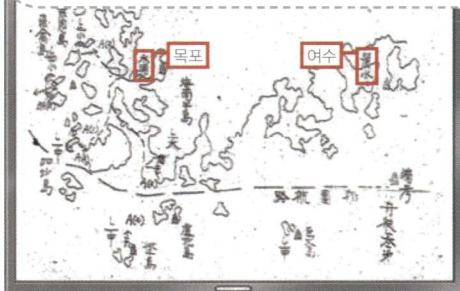 지도는 목포와 여수 일대의 일본군 방어 시설을 표시한 것입니다. 일본군은 아시아·태평양 전쟁 말기 연합군의 상륙을 저지하기 위해 한반도 남서 해안 지역에 대규모 군사 방어 시설을 구축했습니다. 이 시기에 있었던 사실에 대해 말해볼까요?

① 고종의 밀지를 받아 독립 의군부가 결성되었어요.
② 만주 군벌과 일제가 미쓰야 협정을 체결하였어요.
③ 여자 정신 근로령으로 여성들이 강제 동원되었어요.
④ 상하이에서 주권 재민을 천명한 대동 단결 선언이 발표되었어요.
⑤ 독립운동의 방략을 논의하고자 국민 대표 회의가 개최되었어요.

46. 다음 상황이 나타난 시기를 연표에서 옳게 고른 것은? [2점]

미·소 공동 위원회를 속개시킴으로써 국제적으로 약속된 조선 민주주의 임시 정부 수립을 촉진하려는 좌·우 합작 운동은 김규식의 입원과 여운형의 피습사건으로 말미암아 합작의 앞날이 우려되는 상황이었다. 그러나 최근 김규식이 퇴원하고 여운형의 치료도 순조로워, 22일 오후 7시 시내 모처에서 김규식, 여운형 두 사람을 비롯한 좌·우 대표가 참석한 가운데 정식으로 예비 회담이 개최되었다.

(가)	(나)	(다)	(라)	(마)
8·15 광복	모스크바 3국 외상 회의	5·10 총선거 실시	대한민국 정부 수립	6·25 전쟁 발발	한·미 상호 방위 조약 체결

① (가) ② (나) ③ (다) ④ (라) ⑤ (마)

FINAL 실력 점검 기출문제(제73회)

47. (가)에 들어갈 주제로 가장 적절한 것은? [2점]

2025년 연속 기획 강좌
헌법으로 보는 한국 현대사

우리 학회에서는 헌법의 변천에 따른 민주주의 발전의 역사를 살펴보는 강좌를 마련하였습니다. 이번 달에는 '제헌 헌법'에 대한 강의를 준비하였으니 많은 관심과 참여 바랍니다.

■ 강의 주제 ■
[제1강] 헌법 전문, 3·1운동의 정신을 담다
[제2강] 민주 공화국의 명문화로 주권 재민의 원칙을 다시 천명하다
[제3강] (가)
[제4강] 농민에게 농지를 분배하는 경자유전의 실현을 추구하다

■ 일시: 2025년 ○○월 매주 토요일 15:00~17:00
■ 장소: □□학회 회의실

① 양원제 국회와 내각 책임제 정부를 구성하다
② 반민족 행위자를 처벌할 수 있는 근거를 마련하다
③ 국민의 직접 선거로 5년 단임제 대통령을 선출하다
④ 초대 대통령의 중임 제한 철폐, 장기 집권 체제를 강화하다
⑤ 긴급 조치, 대통령이 국민의 기본권을 제한할 수 있게 하다

48. 다음 자료에 나타난 민주화 운동에 대한 설명으로 옳은 것은? [1점]

우리는 왜 총을 들 수밖에 없었는가? 그 대답은 너무나 간단합니다. 너무나 무자비한 만행을 더 이상 보고 있을 수만 없어서 너도나도 총을 들고 나섰던 것입니다. …… 계엄 당국은 공수 부대를 대량으로 투입하여 시내 곳곳에서 학생, 젊은이들에게 무차별 살상을 자행하였으니 …… 너무나 경악스러운 또 하나의 사실은 20일 밤부터 계엄 당국은 발포 명령을 내려 무차별 발포를 시작했다는 것입니다. 이 고장을 지키고자 이 자리에 모이신 민주 시민 여러분! 그런 상황에 우리가 할 수 있는 일은 무엇이겠습니까?

① 4·13 호헌 조치 철폐를 요구하였다.
② 시민군을 조직하여 계엄군에 대항하였다.
③ 시위 도중 김주열이 최루탄을 맞고 사망하였다.
④ 직선제 개헌을 약속한 6·29 민주화 선언을 이끌어냈다.
⑤ 국민의 요구에 굴복하여 대통령이 하야하는 결과를 가져왔다.

49. (가) 정부 시기에 볼 수 있는 모습으로 가장 적절한 것은? [2점]

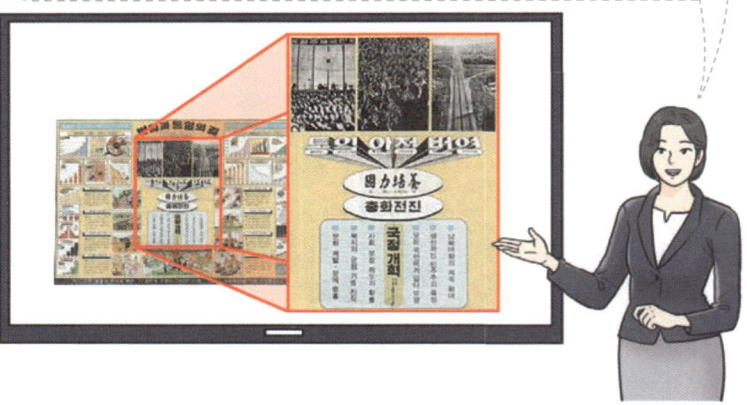

이것은 통일 주체 국민 회의에서 대통령을 선출하도록 헌법을 개정한 (가) 정부의 홍보물입니다. "우리 모두 불굴의 투지와 굳은 단결로써 조국의 안정과 번영, 그리고 평화통일을 위해 전진합시다."라는 문구 등으로 헌법을 미화하였습니다.

① 거리에서 장발과 미니스커트를 단속하는 경찰
② 교복 자율화 조치로 사복을 입고 등교하는 학생
③ 금융 실명제에 따라 신분증 제시를 요구하는 은행원
④ 칠레와의 자유 무역 협정(FTA) 비준을 보도하는 기자
⑤ 전국 민주 노동 조합 총연맹 창립 대회에 참가하는 노동자

50. (가), (나) 사이의 시기에 있었던 사실로 옳은 것은? [3점]

(가) 1. 남과 북은 6·15 공동 선언을 고수하고 적극 구현해 나간다.
⋮
3. 남과 북은 군사적 적대 관계를 종식하고 한반도에서 긴장 완화와 평화를 보장하기 위해 긴밀히 협력하기로 하였다.
– 「10·4 남북 정상 선언」

(나) 1. 남과 북은 남북 관계의 전면적이며 획기적인 개선과 발전을 이룩하여 공동 번영과 자주 통일의 미래를 앞당겨 나갈 것이다.
⋮
3. 남과 북은 항구적이며 공고한 평화 체제를 구축하기 위해 적극 협력해 나갈 것이다.
– 「한반도의 평화와 번영, 통일을 위한 판문점 선언」

① 7·4 남북 공동 성명이 발표되었다.
② 개성 공업 지구 조성이 합의되었다.
③ 남북한이 국제 연합(UN)에 동시 가입하였다.
④ 남북 이산가족 고향 방문단의 교환이 최초로 실현되었다.
⑤ 평창 동계 올림픽 개막식에서 남북 선수단이 공동 입장하였다.

FINAL 실력 점검 기출문제
정답 및 빠른 해설

● 정답

문번	정답	배점	문번	정답	배점	문번	정답	배점	문번	정답	배점	문번	정답	배점
1	②	1	11	⑤	2	21	③	2	31	④	2	41	①	3
2	④	3	12	①	2	22	②	2	32	③	3	42	③	2
3	①	2	13	④	2	23	⑤	2	33	①	2	43	④	3
4	③	2	14	②	1	24	④	1	34	④	1	44	③	2
5	④	2	15	②	2	25	④	3	35	⑤	2	45	③	1
6	⑤	2	16	③	3	26	①	1	36	①	2	46	②	2
7	②	3	17	②	2	27	⑤	2	37	③	2	47	⑤	2
8	⑤	2	18	③	2	28	②	2	38	④	2	48	②	1
9	⑤	1	19	⑤	3	29	①	2	39	⑤	2	49	①	2
10	④	3	20	①	2	30	①	1	40	④	2	50	⑤	3

● 빠른 해설

01 청동기 시대   정답 ②
제시된 자료에서 부여 송국리, 사유 재산과 계급 발생, 비파형동검, 민무늬 토기를 통해 청동기 시대임을 알 수 있다.
② 청동기 시대에는 반달 모양의 간석기인 반달 돌칼을 사용하여 벼를 수확하였다.

02 연개소문의 정변과 고구려 부흥 운동 전개 사이의 사실   정답 ④
(가)는 연개소문이 스스로 막리지가 되었다는 내용을 통해 연개소문의 정변(642)임을 알 수 있다.
(나)는 검모잠, 안승을 통해 고구려 부흥 운동(670년)임을 알 수 있다.
④ 연개소문 정변(642) 이후인 648년에 신라 김춘추가 당으로 건너가, 당 태종과 군사 동맹을 성사시켰다.

03 대가야   정답 ①
제시된 자료에서 시조로 이진아시왕과 고령 일대를 중심으로 나라를 세웠다는 내용을 통해 대가야임을 알 수 있다.
① 대가야는 진흥왕 때 신라에 복속되었다.

04 옥저와 삼한   정답 ③
(가)는 사람이 죽으면 시체를 가매장하였다가 나중에 뼈만 추려 가족 공동 목곽에 안치한다는 내용을 통해 옥저임을 알 수 있다.
(나)는 신지, 읍차 등의 지배자가 있었다는 내용을 통해 삼한임을 알 수 있다.
③ 삼한은 제사장인 천군이 다스리는 신성 지역인 소도가 존재하였다.

05 근초고왕   정답 ④
제시된 자료에서 박사 고흥, 『서기』를 통해 백제 근초고왕임을 알 수 있다.
④ 백제 근초고왕은 고구려의 평양성을 공격하여 고국원왕을 전사시켰다.

06 호우총 청동 그릇(호우명 그릇)   정답 ⑤
제시된 자료에서 고구려, '영락'이라는 연호 사용을 통해 광개토 대왕과 관련된 문화유산인 호우총 청동 그릇(호우명 그릇)임을 알 수 있다.
⑤ 호우명 그릇은 경주의 호우총(무덤)에서 출토된 그릇으로, 그릇 밑바닥에 '을묘년국강상광개토지호태왕호우십'이라는 명문이 새겨져 있는데, 이를 통해 고구려 광개토 대왕 사후에 광개토 대왕을 기념하기 위해 만들어진 것으로 추정하고 있다.

07 신라 하대의 사실   정답 ②
제시된 자료에서 혜공왕 피살 이후 왕위 쟁탈전이 치열했다는 내용을 통해 신라 하대임을 알 수 있다.
② 신라 하대인 헌덕왕 때 웅천주(공주) 도독 김헌창이 자신의 아버지인 김주원이 왕위에 오르지 못한 것에 불만을 품고 반란을 일으켰다.

08 발해   정답 ⑤
제시된 자료에서 상경 용천부, 영광탑, 정효 공주 묘, 이불 병좌상을 통해 발해임을 알 수 있다.
⑤ 백제는 고이왕 때 관등제를 정비하여 내신좌평, 내두좌평 등 6좌평의 중앙 관제를 마련하였다.

09 신라   정답 ⑤
제시된 자료에서 얼굴이 아름답고 덕행이 있는 자를 선발했다는 것과 국선을 통해 화랑도를 시행한 신라임을 알 수 있다.
⑤ 신라는 골품에 따라 관등 승진, 일상 생활 등을 엄격히 제한한 신분 제도인 골품제가 있었다.

10 궁예   정답 ④
제시된 자료에서 태봉, 신라 왕족 출신을 통해 궁예임을 알 수 있다.
④ 궁예는 국정 총괄 기관인 광평성을 비롯한 각종 정치 기구를 마련하였다.

11 태조 왕건   정답 ⑤
제시된 자료에서 고창 전투를 통해 태조 왕건임을 알 수 있다.
⑤ 태조 왕건은 『정계』와 『계백료서』를 지어 관리가 지켜야 할 규범을 제시하였다.

12 고려의 경제 모습   정답 ①
제시된 자료에서 호부, 안찰사를 통해 고려임을 알 수 있다.
① 고려 시대에는 예성강 하구의 벽란도가 국제 무역항으로 번성하여 송, 일본, 아라비아 상인들과 교역하였다.

13 인종   정답 ④
제시된 자료에서 이자겸, 척준경, 『삼국사기』를 통해 인종임을 알 수 있다.
④ 인종 때인 1135년에 묘청이 서경에서 국호를 대위국, 연호를 천개라 하며 난을 일으켰다(묘청의 난).

14 소에 대한 차별   정답 ②
제시된 자료에서 망이와 우리 고을 현으로 승격시켰다는 내용을 통해 공주 명학소에서 일어난 망이·망소이의 난임을 알 수 있다.
② 고려에는 특수 행정 구역으로 향·부곡·소가 있었는데, 이곳의 주민들은 일반 농민보다 더 많은 세금을 부담하는 등 차별을 받았다.

15 삼별초   정답 ②
제시된 자료에서 개경 환도에 반발하여 강화도에서 봉기하였다는 것과 진도, 제주도를 통해 삼별초임을 알 수 있다.
② 삼별초는 고려 무신 집권기에 최우가 설치한 야별초에서 비롯된 군사 조직으로, 최씨 무신 정권의 군사적 기반이었다.

16 『제왕운기』   정답 ③
제시된 자료에서 고려 후기, 이승휴를 통해 『제왕운기』임을 알 수 있다.
③ 『제왕운기』에는 단군의 고조선 건국 이야기를 포함하여 단군 조선부터 고려 충렬왕 때까지의 역사를 기록한 역사서이다.

17 공민왕   정답 ②
제시된 자료에서 기철 세력을 숙청하고, 쌍성총관부를 수복하였다는 내용을 통해 공민왕임을 알 수 있다.
② 공민왕은 신돈을 중심으로 전민변정 사업을 추진하여, 권문세족에게 부당하게 빼앗긴 토지와 강압에 의해 노비가 된 백성들을 원래의 상태로 되돌려 놓고자 하였다.

18 일본에 대한 고려의 대응   정답 ③
제시된 자료에서 최무선, 진포 대첩을 통해 일본임을 알 수 있다.
③ 고려 창왕 때 박위를 파견하여 왜구(일본)의 근거지였던 대마도(쓰시마 섬)를 토벌하였다.

19 한국의 세계 기록유산   정답 ⑤
⑤ 『조보』는 조선 시대에 조정의 소식을 알린 관보로, 일종의 신문 역할을 하였으며 국왕의 비서 기관인 승정원에서 발행하였다.

20 정도전   정답 ①
제시된 자료에서 이성계를 도와 조선 건국을 주도하였다는 것과 『조선경국전』을 통해 정도전임을 알 수 있다.
① 정도전은 『불씨잡변』을 저술하여 불교의 사회적 폐단을 비판하였다.

21 세종   정답 ③
제시된 자료에서 훈민정음, 아들 수양 대군을 통해 세종임을 알 수 있다.

③ 세종은 한양을 기준으로 천체 운동을 계산한 역법서인 『칠정산』을 간행하였다.

22 명에 대한 조선의 정책 정답 ②
제시된 자료에서 대보단과 임진왜란 때 조선에 원군을 보냈다는 내용을 통해 명나라임을 알 수 있다.
② 조선은 명에 하정사, 천추사 등의 사절단을 보냈다.

23 연산군 재위 시기의 사실 정답 ⑤
제시된 자료에서 「조의제문」을 구실로 사림을 탄압하고 반정이 일어나 폐위되었다는 내용을 통해 연산군임을 알 수 있다.
⑤ 연산군 때 폐비 윤씨 사사 사건의 전말이 알려져 김굉필 등의 신하들이 숙청되었다.

24 우리나라의 성곽 정답 ④
④ 남한산성은 병자호란 때 인조가 피란하여 항전한 곳으로, 경기도 광주·성남·하남시 일대에 위치하고 있다.

25 경재소 정답 ④
제시된 자료에서 서울에 살면서 벼슬하는 자들의 모임과 지방의 풍속이 법에 어긋나는지 살피기 위해 설치한 것이라는 내용을 통해 경재소임을 알 수 있다.
④ 경재소는 지방의 유향소를 통제하기 위해 중앙에 설치된 기구로, 관할 유향소 임원의 임명권을 행사하였다.

26 정선의 작품 정답 ①
제시된 자료에서 겸재, 진경 산수화를 통해 정선임을 알 수 있다.
① 겸재 정선의 금강내산으로, 해악전신첩 안에 합장된 21면의 그림 중 한 폭으로 내금강 전경을 한 화폭 안에 남아내었다.

27 철종 재위 시기의 사실 정답 ⑤
제시된 자료에서 안동 김씨와 임술 농민 봉기를 통해 철종 재위 시기임을 알 수 있다.
⑤ 철종 재위 시기인 1862년에 임술 농민 봉기의 사태 수습을 위해 안핵사로 파견된 박규수의 건의로 삼정이정청이 설치되었다.

28 균역법 실시로 인한 세입 감소분의 보충 방안 정답 ②
제시된 자료에서 선무군관 직책을 통해 균역법임을 알 수 있다.
② 영조 때 균역법 실시로 부족해진 세입을 보충하기 위해 지방의 토호나 부유한 집안 등 일부 부유한 양민에게 선무군관이라는 명예직을 수여한 후 선무군관포를 징수하였다.

29 갑신정변 정답 ①
제시된 자료에서 김옥균, 홍영식, 연회를 베풀었다는 내용을 통해 갑신정변임을 알 수 있다.
① 갑신정변은 일본의 배신과 청군의 개입으로 3일 만에 실패하였다.

30 조선 후기의 모습 정답 ①
제시된 자료에서 신분 질서가 크게 동요하고 구향과 신향 간의 향전이 발생하기도 하였다는 내용을 통해 조선 후기임을 알 수 있다.
① 고려 광종 때 기금을 모아 그 이자로 빈민을 구제하는 제위보를 설치하고 운영하였다.

31 고부 민란과 전주성 점령 사이의 사실 정답 ④
(가)는 통문, 군수 조병갑을 통해 고부 민란(1894. 1.)임을 알 수 있다.
(나)는 전주성이 삽시간에 함락되었다는 내용을 통해 전주성 점령(1894. 4.)임을 알 수 있다.
④ 1894년 4월에 동학 농민군이 황룡촌 전투에서 관군에 승리하였다.

32 외국 상인의 한성 침투 배경 정답 ③
③ 조·청 상민 수륙 무역 장정은 임오군란 이후 청과 체결한 조약으로, 청나라 상인의 내지 통상이 확대되는 계기가 되었다. 이후 일본이 최혜국 조항을 들며 이를 요구하였고, 청·일 상인의 상권 경쟁이 심해지자 시전 상인들이 철시로써 항거하였다.

33 국채 보상 운동 정답 ①
제시된 자료에서 양기탁과 일본에서 들여온 차관을 갚기 위해 일어났다는 내용을 통해 국채 보상 운동임을 알 수 있다.
① 국채 보상 운동은 대한매일신보의 지원을 받아 전국적으로 확산되었다.

34 을사늑약 정답 ④
제시된 자료에서 외교권을 박탈당하였다는 내용을 통해 을사늑약임을 알 수 있다.
④ 을사늑약의 체결 결과, 통감부가 설치되고 이토 히로부미가 초대 통감으로 부임하였다.

35 전차 개통 이후의 모습 정답 ⑤
제시된 자료에서 한성 전기 회사에서 개통한 전차를 통해 전차가 개통된 1899년임을 알 수 있다.
⑤ 전차가 개통(1899)된 이후인 1905년에 일본에 의해 군사적 목적으로 경부선이 개통되었다.

36 서간도 지역의 민족 운동 정답 ①
제시된 자료에서 신흥 강습소, 신흥 무관 학교를 통해 서간도 지역임을 알 수 있다.
① 서간도 지역에서는 한인 자치 기구인 경학사가 설립되었다.

37 무단 통치 시기 정답 ③
제시된 자료에서 헌병이 일반 경찰 업무를 맡았다는 것과 태형에 처하기도 했다는 내용을 통해 무단 통치 시기임을 알 수 있다.
③ 무단 통치 시기에 일제는 조선의 토지를 약탈하기 위하여 토지 조사 사업을 실시하였다.

38 천도교 소년회 정답 ④
제시된 자료에서 어린이의 날, 소년 운동을 통해 천도교 소년회임을 알 수 있다.
④ 천도교 소년회는 김기전, 방정환 등이 주축이 되어 활동한 단체로, 어린이날을 제정하고 아동 잡지인 『어린이』를 창간하는 등 소년 운동을 전개하였다.

39 농촌 진흥 운동을 추진하던 시기 정답 ⑤
제시된 자료에서 농촌 진흥 운동을 추진하던 시기를 통해 1930년대임을 알 수 있다.
⑤ 1930년대에 농민들은 사회주의와 연계하여 비합법적이고 혁명적인 농민 조합을 결성하여 일제에 저항하였다.

40 광주 학생 항일 운동 정답 ④
제시된 자료에서 신간회, 광주를 통해 광주 학생 항일 운동임을 알 수 있다.
④ 광주 학생 항일 운동은 전국적인 시위와 동맹 휴학으로 확산하였다.

41 일제 강점기의 대중 문화 정답 ①
① 박정희 정부 시기인 1970년대에 아침 이슬이 건전 가요에서 금지곡으로 지정되었다.

42 한인 애국단 정답 ③
제시된 자료에서 김구가 일제의 요인 제거 및 주요 기관을 파괴를 목적으로 상하이에서 조직하였다는 내용을 통해 한인 애국단임을 알 수 있다.
③ 한인 애국단의 단원인 윤봉길이 홍커우 공원 의거를 실행하였다.

43 조선 의용대 정답 ④
제시된 자료에서 한국광복군, 우한에서 성립, 김원봉 대장을 통해 조선 의용대임을 알 수 있다.
④ 조선 의용대는 김원봉 등이 중심이 되어 우한에서 조선 민족 전선 연맹 산하의 군사 조직으로 결성되었다.

44 물산 장려 운동 정답 ③
제시된 자료에서 '조선 사람 조선 것', 조선 물산의 생산과 소비를 장려한다는 내용을 통해 물산 장려 운동임을 알 수 있다.
③ 물산 장려 운동은 1920년대 초에 회사령 폐지, 조선 관세령 폐지 등으로 인해 일본 기업과 상품이 조선에 침투하여 국내 기업이 타격을 입자, 국산품 애용을 목적으로 전개되어 전국으로 확산되었다.

45 민족 말살 통치 시기 정답 ③
제시된 자료에서 아시아·태평양 전쟁 말기를 통해 민족 말살 통치 시기임을 알 수 있다.
③ 민족 말살 통치 시기에 일제가 제정한 여자 정신 근로령으로 한국인 여성이 군수 공장 등에 강제로 동원되었다.

46 좌·우 합작 운동 정답 ②
제시된 사료에서 좌·우 합작 운동, 김규식, 여운형을 통해 좌·우 합작 운동이 전개되던 시기임을 알 수 있다.
② 모스크바 3국 외상 회의(1945. 12.) 이후 좌·우 세력의 대립이 격화되는 상황에서 김규식과 여운형이 함께 좌·우 합작 위원회를 조직(1946. 7.)하여 좌·우 합작 운동을 전개하였다.

47 제헌 헌법 정답 ②
② 제헌 헌법 제헌 국회에서 공포한 대한민국 최초의 헌법으로, 101조에 반민족 행위를 처벌하는 특별법을 제정할 수 있다고 규정하여 반민족 행위자를 처벌할 수 있는 근거를 마련하였다.

48 5·18 민주화 운동 정답 ②
제시된 자료에서 계엄 당국, 공수 부대를 통해 5·18 민주화 운동임을 알 수 있다.
② 5·18 민주화 운동 시위 과정에서 시민군을 조직하여 계엄군에 대항하였다.

49 박정희 정부 정답 ①
제시된 자료에서 통일 주체 국민 회의에서 대통령을 선출하도록 헌법을 개정하였다는 내용을 통해 박정희 정부임을 알 수 있다.
① 박정희 정부는 경범죄처벌법을 개정하여 장발, 주정, 과다 노출 등에 관해 구체적인 단속 기준을 정한 뒤 젊은이들의 장발과 미니스커트 착용을 대대적으로 단속하였다.

50 10·4 남북 공동 선언과 한반도의 평화와 번영, 통일을 위한 판문점 선언 사이의 사실 정답 ⑤
(가)는 10·4 남북 정상 선언(2007. 10.), (나)는 한반도의 평화와 번영, 통일을 위한 판문점 선언(2018. 4.)이다.
⑤ 10·4 남북 정상 선언(2007. 10.) 이후인 2018년 2월에 평창 동계 올림픽 개막식에서 남북 선수단이 공동 입장하였다.

III. 고려 시대 - 2. 무신 집권기~신진 사대부 집권기

1176	1196	1200	1231	1232	1270	1300	1314	1356	1388	1391	1392
망이·망소이의 난	최충헌 집권 (최씨 무신 정권)		몽골의 1차 침입	처인성 전투	고려, 개경 환도		만권당 설치	공민왕, 쌍성총관부 수복	위화도 회군	과전법 실시	고려 멸망

고려

- **12세기 — 명종**: 망이·망소이의 난, 이의민 집권, 김사미·효심의 난, 『동명왕편』 편찬(이규보)
- **신종**: 최충헌 집권, 만적의 난
- **13세기 — 고종**: 최우의 정방 설치, 강화 천도, 팔만대장경 조판
- **원종**: 개경 환도, 원 간섭기 시작
- **충렬왕**: 정동행성 설치
- **14세기 — 충숙왕**: 만권당 설치
- **공민왕**: 정동행성 이문소 폐지, 쌍성총관부 수복, 전민변정도감 설치
- **우왕**: 『직지심체요절』 인쇄, 화통도감 설치(최무선), 이성계의 위화도 회군
- **공양왕**: 과전법 실시, 정몽주 피살, 고려 멸망

대외

- 1231 몽골의 1차 침입
- 1232 강화 천도, 몽골의 2차 침입, 처인성 전투(김윤후)
- 1253 몽골의 5차 침입, 충주산성 전투(김윤후)
- 1270 삼별초의 항쟁(~1273)
- 1359 홍건적의 1차 침입
- 1361 홍건적의 2차 침입 → 복주(안동) 피난
- 1376 최영의 홍산 대첩(왜구)
- 1380 최무선의 진포 대첩, 이성계의 황산 대첩(왜구)
- 1389 박위의 쓰시마 섬 토벌(왜구)

IV. 조선 전기 - 1. 체제 정비 시기

1392	1394	1398	1400	1403	1419	1426	1450	1453	1466	1470	1485
조선 건국	한양 천도	제1차 왕자의 난		주자소 설치	이종무의 대마도 정벌	3포 개항		계유정난	직전법 시행	관수 관급제 시행	『경국대전』 반포

조선

- **14세기 — 태조(이성계)**: 조선 건국, 한양 천도, 제1차 왕자의 난(정도전 피살)
- **15세기 전반 — 태종(이방원)**: 6조 직계제 시행, 신문고 설치, 호패법 시행, 주자소 설치
- **세종**: 의정부 서사제 시행, 훈민정음 창제, 4군(최윤덕) 6진(김종서) 개척, 공법 시행
- **15세기 후반 — 문종**: 계유정난(수양 대군의 정권 장악)
- **세조**: 단종 복위 운동, 직전법 실시, 집현전 폐지, 경연·유향소 폐지
- **성종**: 관수 관급제 시행, 홍문관 설치, 『경국대전』 반포

대외

- 1398 요동 정벌 중단
- 1406 경성·경원에 여진 무역소 설치
- 1419 이종무의 대마도 정벌
- 1426 3포 개항(부산포·제포·염포)
- 1443 계해약조 체결(일본)

IV. 조선 전기 - 2. 사화~붕당 정치와 양난

1498	1500	1504	1506	1519	1545	1550	1559	1575	1592	1593	1597	1600	1623	1627
무오사화		갑자사화	중종반정	기묘사화	을사사화		임꺽정의 난	동·서 분당	임진왜란	행주 대첩	정유재란		인조반정	정묘호란

조선

- **15세기 후반 — 연산군**: 무오사화, 갑자사화
- **16세기 초반 — 중종**: 중종반정, 조광조의 개혁, 기묘사화
- **16세기 후반 — 명종**: 을사사화, 양재역 벽서 사건, 임꺽정의 난, 직전법 폐지
- **선조**: 동·서 분당, 정여립 모반 사건
- **17세기 초반 — 광해군**: 중립 외교 정책
- **인조**: 인조반정, 이괄의 난

대외

- 1510 3포 왜란 → 비변사 설치
- 1555 을묘왜변 → 비변사 상설 기구화
- 1592 임진왜란 발발, 한산도 대첩 승리(7월), 진주 대첩(10월)
- 1593 조·명 연합군의 평양성 탈환(1월), 행주 대첩(2월)
- 1597 정유재란, 명량 해전(9월)
- 1609 기유약조 체결(일본)
- 1627 정묘호란
- 1636 병자호란

문화

- 1519 중종, 현량과 시행(조광조)
- 1543 주세붕, 백운동 서원 설립
- 1554 『구황촬요』 발간
- 1568 이황, 『성학십도』 저술
- 1575 이이, 『성학집요』 저술
- 1610 허준, 『동의보감』 편찬

시험장까지 가져가는 한능검 빈출 연표&자료

선사 시대 ~ 조선 전기

활용법
1. 시대흐름잡기 무료 특강과 함께 학습할 시대 흐름 파악하기
2. 본문 학습시 빈출 연표&자료를 함께 연계하여 정리하고 암기하기

I. 선사 시대

 시대흐름잡기 무료 특강
 시대별 빈출 자료

약 70만년 전	기원전 8천년경	기원전 2333	기원전 2000	기원전 400	기원전 2C초	기원전 194	기원전 109	기원전 108
구석기 시대 시작	신석기 시대 시작	단군왕검, 고조선 건국	청동기 문화의 보급 (청동기 시대 시작)	철기 문화의 보급 (철기 시대 시작)	위만이 연나라에서 고조선으로 망명	위만 조선 성립	한 무제의 고조선 침입	고조선 멸망

II. 고대 - 1. 삼국 시대

기원전	0	56	100	194	200	300	371	400	427	500	538	554	600	612	645	660	668
		고구려, 옥저 정복		고구려, 진대법 시행			백제, 평양성 공격		고구려, 평양 천도		백제, 사비 천도	관산성 전투		살수 대첩	안시성 전투	백제 멸망	고구려 멸망

고구려

기원전 37	1세기	2세기	3세기	4세기		5세기		7세기	
주몽, 고구려 건국	태조왕 계루부 고씨 왕위 독점 세습, (동)옥저 정복	고국천왕 5부 개편, 진대법 시행	동천왕 위나라 장수 관구검의 고구려 침입	미천왕 서안평 점령 낙랑군 축출	소수림왕 불교 수용(전진) 태학 설립 율령 반포	광개토 대왕 신라에 침입한 왜구 격퇴	장수왕 평양 천도(남진 정책) 백제 수도 한성 함락 (한강 유역 차지) 광개토 대왕릉비 건립	영양왕 을지문덕의 살수 대첩 (수 격퇴)	보장왕 안시성 전투 (당 격퇴)

백제

기원전 18	3세기	4세기		5세기	6세기		7세기	
온조, 백제 건국	고이왕 공복제, 16관등제 정비 율령 반포	근초고왕 마한 정복 고구려 평양성 공격 『서기』 편찬(고흥)	침류왕 불교 수용 (마라난타)	비유왕 나·제 동맹 체결	무령왕 22담로 설치	성왕 사비 천도 '남부여'로 국호 변경 관산성 전투	무왕 익산에 미륵사 창건	의자왕 신라 대야성 함락 황산벌 전투에서 계백 결사대 패배

신라

기원전 57	4세기	5세기	6세기			7세기	
박혁거세, 신라 건국	내물 마립간 김씨의 왕위 독점 세습 마립간 칭호 사용 광개토 대왕의 도움으로 왜를 격퇴	눌지 마립간 나·제 동맹 체결	지증왕 왕 칭호 우산국 복속 동시전 설치	법흥왕 상대등, 병부 설치 율령 반포 불교 공인 (이차돈의 순교)	진흥왕 한강 유역 점령 화랑도 개편 『국사』 편찬(거칠부)	선덕 여왕 첨성대 건립 황룡사 구층 목탑 건립	

*42 김수로왕, 금관가야 건국   *금관가야 쇠퇴   *532 금관가야 멸망   *562 대가야 멸망

II. 고대 - 2. 남북국 시대 ~ 후삼국 시대

675	676	698	700	722	732	780	800	822	828	889	900	901	926
매소성 전투	기벌포 전투	대조영, 발해 건국		성덕왕, 정전 지급	무왕, 당의 등주 공격	혜공왕 피살 (신라 하대 시작)		헌덕왕, 김헌창의 난	흥덕왕, 청해진 설치	진성 여왕, 원종·애노의 난	견훤, 후백제 건국	궁예, 후고구려 건국	발해 멸망

통일 신라

7세기		8세기			9세기			10세기
문무왕 나·당 전쟁 승리 삼국 통일 달성 외사정 파견	신문왕 국학 설립 관료전 지급, 녹읍 폐지 9주 5소경 체제 완비	성덕왕 정전 지급	경덕왕 녹읍 부활 석굴암, 불국사 창건	원성왕 독서삼품과 실시	헌덕왕 웅천주 도독 김헌창의 난	흥덕왕 청해진 설치 (장보고)	진성 여왕 원종과 애노의 난 『삼대목』 편찬 최치원, 시무 10여 조 건의	경순왕 고려에 항복 신라 멸망

발해

		698		8세기		9세기		10세기
		대조영 발해 건국		무왕 당의 등주(산둥 반도) 공격(장문휴)		성왕 5경 15부 62주(지방 체제 정비) 해동성국(전성기)		대인선 발해 멸망 (거란의 공격)

III. 고려 시대 - 1. 호족 집권기~문벌 귀족 집권기

 시대흐름잡기 무료 특강
 시대별 빈출 자료

900	918	936	956	976	993	1000	1009	1019	1100	1107	1126	1135	1170
	왕건, 고려 건국	후삼국 통일	노비안검법 실시	시정 전시과 실시	서희의 외교 담판		강조의 정변	귀주 대첩		윤관의 여진 정벌	이자겸의 난	묘청의 난	무신 정변

고려

10세기					11세기			12세기				
태조 왕건 역분전 지급 사심관 제도, 기인 제도 실시	정종 광군 조직	광종 노비안검법 실시 과거제 실시(쌍기) 관리의 공복 제정	경종 시정 전시과 실시	성종 유교 정치 이념 확립 최승로의 시무 28조 12목 설치(지방관 파견)	목종 개정 전시과 실시 강조의 정변	현종 5도 양계 정비 초조대장경 조판 시작		문종 경정 전시과 실시	숙종 주전도감 설치 해동통보 주조 별무반 조직	예종 7재 설치 양현고 설치	인종 이자겸의 난 묘청의 난 『삼국사기』 편찬(김부식)	명종 김보당의 난 조위총의 난

대외

927	936	942		993		1010	1018	1033		1107	1115		
공산 전투	일리천 전투	만부교 사건 (거란)		거란의 1차 침입		거란의 2차 침입	거란의 3차 침입	천리장성 축조 (~1044)		윤관의 동북 9성 축조(여진)	금 건국		